Buhls Großes Rätsellexikon

BUHLS GROSSES RÄTSEL LEXIKON

MOEWIG

Originalausgabe

Überarbeitet von Dagmar Claus
Umschlaggestaltung:
Werbeagentur Zeuner, Ettlingen
Printed in Austria 1997
ISBN 3-8118-1172-X

Lieber Rätselfreund,

dieses Lexikon, zusammengestellt nach Rätselfragen und Sachgebieten, soll Ihnen ein wertvoller Helfer beim Lösen sein. Blättern Sie einmal in Ruhe die vielen Seiten durch und schaffen Sie sich einen Überblick, was Ihnen das Lexikon alles an Informationen und Wissen bietet. Für ein gesuchtes Wort gibt es mitunter mehrere Definitionen. Deshalb denken Sie bitte daran, daß die Rätselfrage dann, wenn sie anders formuliert wird, auf das Stichwort oder Sachgebiet im Lexikon hinweisen kann und hier zum Lösungswort führt. Die Lösungswörter sind nach Anzahl der Buchstaben geordnet; die Buchstabenanzahl ergibt sich durch die vorangestellte Ziffer deutlicher. Alle länderbezogenen Daten finden Sie unter dem betreffenden Staat. Suchen Sie z. B. einen Fluß oder eine Stadt in Mexiko, dann schauen Sie unter „Mexiko" nach. Hier werden Ihnen vom (mexikan.) Agaveschnaps bis zur (mexikan.) Währungseinheit viele Informationen zu dem betreffenden Land in alphabetischer Reihenfolge geboten.

A

Aachener Gebäck: 6 Printe,
aalartige Fische: 6 Seeaal, Suttis, **7** Meeraal, Muraene, Wangorz, **8** Angurgis, Flussaal
Aalfanggerät: 5 Reuse
Aalgabel: 5 Elger
Aalraupe: 5 Rutte, **6** Quappe, Ruette, Rufolk, **8** Truesche, **10** Welsquappe
Aare-Zuflüsse: 2 Aa, **3** Sur, **4** Emme, Murg, Oenz, Orbe, Suhr, Wina, Zihl, **5** Oesch, Reuss, Saane, Simme, **6** Kander, Limmat, Thiele, Wigger, **8** Duennern
Aas: 5 Luder, **7** Kadaver, **10** Tierleiche
Aasblume: 8 Stapelie
Aasfresser: 5 Geier, **6** Hyaene, **7** Schakal
Aasinsekt: 11 Speckkaefer, **12** Totengraeber
Abänderung: 5 Umbau, **9** Variation, **12** Modifikation
Abart: 8 Spielart, Variante, **9** Varietaet, **10** Wandelform
abartig: 6 abnorm, anormal, **7** pervers
Abbasidenresidenz: 7 Samarra
Abbau: 7 Abbruch, **9** Demontage, **12** Demontierung
Abbauanlage: 4 Mine, **5** Grube, **8** Bergwerk
Abbaugebiet: 6 Revier
abbauwürdige Nutzschicht im Bergbau: 5 Floez
Abbild: 5 Kopie, **6** Abguss, **8** Ebenbild, Portraet, Portrait, **9** Konterfei, **10** Wiedergabe
Abbild der Erde: 6 Globus, **9** Landkarte
Abbildung: 12 Illustration, Reproduktion
Abbruch: 6 Abriss, **9** Demontage
abbrühen: 11 blanchieren
ABC-Staat: 5 Chile, **9** Brasilien, **11** Argentinien
Abdankung: 10 Abdikation
Abdecker: 8 Schinder
Abdichtung: 9 Isolation, **10** Isolierung
Abdichtungsmittel: 4 Kitt, Werg, **5** Gummi, **9** Glaswolle
Abdruck: 5 Kopie, Mater, **7** Moulage, Stempel, **8** Praegung, **12** Reproduktion
Abendandacht: 6 Vesper
Abendbrot: 9 Nachtmahl
Abendessen: 6 Souper, Supper, **9** Nachtmahl
Abendgebet: 7 Komplet
Abendgesellschaft: 6 Soirée
Abendkleid: 4 Robe
Abendland: 8 Okzident
Abendmahl: 9 Kommunion, **11** Eucharistie
Abendmahlsbrot: 6 Hostie, Oblate
Abendmusik: 8 Serenade, **10** Staendchen
Abendstern: 5 Venus, **7** Luzifer, **8** Hesperos, **10** Phosphorus, **11** Morgenstern
Abenteuer: 6 Wagnis, **8** Erlebnis, **11** Robinsonade, **12** Seitensprung
Abenteuerlust: 7 Wagemut
Abenteurer: 6 Vagant, **7** Waghals, **10** Aventurier, **13** Gluecksritter
Aberglaube: 4 Wahn, **12** Superstition
abermals: 6 wieder
Abessinien: 10 Aethiopien → Äthiopien

Abfahrt: **5** Start, **6** Abgang, **7** Abreise, **8** Aufbruch
Abfahrtslauf: **6** Slalom, **12** Riesenslalom
Abfall: **4** Hede, Span, Werg, **5** Abhub, Bafel, Kleie, Muell, Spreu, Unrat, **6** Abraum, Lumpen, Schutt, **7** Schrott, Strazza, **8** Kehricht, Schlacke, **9** Ausschuss, Geruempel, **9** Saegemehl
Abfall vom Glauben: **9** Apostasie
abfallendes Gelände: **4** Hang
abfassen: **10** redigieren, **11** konzipieren
Abfassung: **7** Konzept
abfertigen: **8** bedienen, **9** erledigen, **10** expedieren
Abfertigung: **10** Expedition
Abfertigungsfenster: **8** Schalter
Abfeuern einer Waffe: **6** Schuss, **9** Schiessen
Abfindung: **7** Abstand, Apanage, **9** Abgeltung, Ausgleich, Pauschale, **14** Entschaedigung
Abflug: **5** Start
Abfluß: **5** Gosse, Gully, Kanal, Rinne, **6** Kloake, **9** Rinnstein
Abflußgraben: **8** Kuenette
Abflußvorrichtung: **7** Ausguss
Abfolge allen Geschehens: **4** Zeit
Abführmittel: **4** Aloe, **5** Aloin, **6** Laxans, Sennes, **7** Laxativ, Rizinus, **8** AgarAgar, Aperiens, Latwerge, Paraffin, **9** Drastikum, Laxativum, Lenitivum, **10** Belladonna, Bittersalz, Rizinusoel, **11** Glaubersalz, **13** Faulbaumrinde
Abfüllgerät: **8** Trichter
Abgabe: **4** Maut, Zins, Zoll, **6** Obolus, Steuer, Tribut, **7** Beitrag, Gebuehr, **11** Praestandum
Abgang: **6** Exitus
abgebrochen: **6** abrupt
abgebrüht: **3** roh, **4** kalt, **7** herzlos, **8** gerissen
abgedroschen: **3** fad, **4** fade, **5** banal, platt, **7** trivial, **8** geistlos, **9** stereotyp
abgefeimt: **6** listig, **8** gerissen, **9** tueckisch, **10** raffiniert
abgegrenztes Gebiet: **4** Bann
abgeholzt: **4** kahl
abgeholztes Waldstück: **8** Kahlhieb, **10** Kahlschlag
abgeklärt: **8** gelassen
abgekürzt: **7** praezis
Abgekochtes: **3** Sud
abgelaichter Hering: **4** Ihle
Abgeld: **7** Disagio
abgelegen: **4** fern, **6** einsam, **8** abseitig, entlegen
abgeleiert: **5** platt
Abgeleitetes: **7** Derivat
abgelten: **10** begleichen
abgemacht: **7** perfekt
abgemessene Menge: **5** Dosis, **6** Ration, **7** Portion
abgeneigt: **6** unhold
Abgeordnetengruppe: **8** Fraktion
Abgeordnetenhaus: **6** Plenum, **8** Kongress, **9** Parlament, **15** Volksvertretung
Abgeordneter: **8** Mandatar, **11** Delegierter, Deputierter, **14** Parlamentarier
Abgesandter: **8** Emissaer, Sendbote, **9** Missionar, **11** Delegierter
Abgesang: **5** Epode, **8** Ausklang
abgeschieden: **6** einsam
abgeschlossen: **7** perfekt, separat, **8** isoliert, komplett, **9** vollendet
abgeschlossener Klosterteil: **5** Cella, Zelle, **6** Klause, **7** Klausur
abgeschmackt: **3** fad, **4** fade, **5** banal, platt, schal, **7** insipid, **8** kitschig
Abgeschmacktheit: **6** Kitsch, **7** Fadaise, Fadheit, **10** Banalitaet, Platituede
abgeschrägte Kante: **4** Fase

abgesondert: **7** diskret, separat, **8** isoliert, **11** partikulaer
abgespannt: **4** matt, **5** muede, **7** schlaff, schlapp, **10** erschoepft
abgesperrter Klosterraum: **6** Klause, **7** Klausur
abgestanden: **5** schal
abgesteckte
– ***Linie:*** **6** Trasse
– ***Strecke:*** **4** Bahn, Kurs, **5** Piste, Route, Runde, **6** Etappe, **8** Rundkurs, **9** Abschnitt
abgestecktes Goldgräberfeld: **5** Claim
abgestorben: **3** tot, **10** nekrotisch
Abgestumpftheit: **9** Lethargie
abgetan: **3** aus, **5** passé, **7** beendet
abgeteilter Raum: **7** Séparée
abgetönt: **6** dezent
abgezehrt: **5** mager
abgezogenes Fell: **4** Balg
Abglanz: **6** Reflex, **10** Spiegelung, **11** Widerschein
Abgott: **4** Idol, **6** Goetze
Abgötterei: **9** Idolatrie, **11** Idololatrie
Abgottschlange: **3** Boa, **8** Anakonda
Abgrenzung: **4** Rand, **5** Kante, **11** Demarkation
Abgrund: **5** Kluft, Leere, Tiefe, **6** Hoelle, Krater, Nichts, **7** Abyssus, Schlund, **8** Schlucht, Tartarus, **9** Verderben
abgrundtief: **7** abyssal, **9** abyssisch
Abgunst: **4** Neid, **11** Scheelsucht
Abguß: **7** Moulage
abhanden: **3** weg, **4** fort, **8** verloren
Abhandenkommen: **7** Verlust
Abhandlung: **5** Essay, **7** Traktat
Abhang: **5** Halde, **7** Neigung, **8** Gefaelle, Schraege, **9** Boeschung
abhängig: **6** hoerig, unfrei, **8** gebunden
Abhängigkeit: **11** Vasallitaet, **14** Subalternitaet
abhärten: **8** staehlen
abhauen: **6** kappen
abhelfen: **7** aendern, **10** remidieren, verbessern
Abhilfe: **7** Remedur, **9** Aenderung, Besserung, **12** Verbesserung
abholzen: **7** faellen
Abholzung: **7** Abtrieb
abirren: **9** abweichen
Abirrung: **6** Laster, **10** Aberration, Abweichung
Abitur: **5** Matur, **7** Maturum, **12** Reifezeugnis, **13** Reifepruefung
abkanzeln: **8** schelten
abkapseln: **9** isolieren
Abklatsch: **5** Abzug, Kopie, **6** Abbild, **7** Abdruck, **8** Klischee
Abknickung: **7** Flexion
Abkochung: **5** Absud, **6** Dekokt
Abkömmlinge: **10** Deszendent
Abkommen: **4** Pakt, **7** Entente, Vertrag, **8** Buendnis, Kontrakt, **9** Abmachung, Agreement, **10** Konvention, **12** Vereinbarung, **13** Uebereinkunft
Abkömmling einer chemischen Verbindung: **7** Derivat
Abkömmlinge: **8** Parentel
Abkunft: **8** Ursprung
Abkürzung: **11** Abbreviatur, **12** Abbreviation
Abkürzungszeichen: **5** Sigel
Ablage: **4** Bord, **5** Regal, **6** Archiv, **7** Magazin, **9** Garderobe, **11** Registratur
Ablagerung: **4** Satz, **6** Sinter, **8** Sediment, **12** Akkumulation, Niederschlag, Pigmentation
Ablaß: **9** Indulgenz
Ablaßprediger: **6** Tetzel
Ablauf: **4** Zeit, **5** Folge, **7** Prozess, Verlauf, **9** Geschehen, **11** Mechanismus
Ablauf auf Schiffen: **4** Gatt, **8** Speigatt
Ablaufstelle: **5** Start

Ableben: **3** Tod, **6** Exitus
Ableger: **6** Senker, Spross, **11** Sproessling
Ablegung eines Ordensgelübdes: **7** Profess
ablehnen: **6** tadeln, **8** abweisen, negieren, **9** verachten, **10** verweigern, **11** ausschlagen, refuesieren, **12** missbilligen, verschmaehen, **13** zurueckweisen
Ablehnung: **3** nie, **4** nein, **5** nicht, **7** niemals, **11** Animositaet
ableisten: **11** absolvieren
ableitend: **8** deduktiv
Ableitung: **8** Nachweis, **9** Deduktion, **10** Derivation
Ablenkung: **7** Beugung, **8** Brechung, **10** Aberration
Ablichtung: **9** Fotokopie, **10** Photokopie
Ablieferung: **9** Uebergabe
Ablösung: **9** Abfindung, **10** Revirement
Abmachung: **4** Pakt, **7** Vertrag, **8** Abkommen, Kontrakt, **9** Absprache, Agreement, **10** Kompromiss, **11** Verabredung, **12** Vereinbarung, **13** Uebereinkunft
Abmagerung: **8** Atrophie, **10** Emaziation
Abmessung: **9** Dosierung, Zuteilung, **10** Alignement, Begrenzung
Abnahme: **4** Kauf, **6** Erwerb, **7** Schwund, Verlust, **8** Gradient, **9** Dekrement, Rueckgang, **10** Dekreszenz, **12** Verminderung
abnehmend: **9** degressiv
Abnehmer: **5** Kunde, **7** Kaeufer, **9** Konsument, **11** Verbraucher
Abneigung: **4** Hass, **6** Dégoût, Unlust, **7** Abscheu, **8** Aversion, **10** Antipathie, Widerwille, **11** Animositaet, **12** Widerstreben
abnutzen: **8** abtragen, **11** verbrauchen, **12** strapazieren, **13** verschleissen
Abnutzung: **4** Usur, **11** Verschleiss
Abonnement: **5** Bezug, **7** Anrecht, **9** Stammiete, **10** Dauerbezug, Dauerkarte, Dauermiete
Abordnung: **10** Delegation, Deputation, Vertretung
Abort: **7** Klosett, Latrine, **8** Retirade, Toilette, **10** Fehlgeburt
Abraum: **6** Abfall, Schutt
Abrechnung: **5** Rache, **6** Bilanz, **9** Ausgleich, Vergeltung, **11** Liquidation, **12** Rechenschaft
Abrechnungsverkehr: **8** Clearing
Abrede: **5** Luege, **7** Dementi, **8** Leugnung, Widerruf
Abreibung: **5** Keile, Senge, **7** Pruegel, Schelte, **11** Frottierung
abreißen: **8** abtragen, **10** demolieren
abrichten: **6** lehren, **10** dressieren
Abrichter: **7** Trainer, **8** Dompteur, Dresseur, **10** Tierlehrer, **13** Tierbaendiger
Abrichtung von Tieren: **7** Dressur
Abriß: **4** Bild, Plan, **6** Auszug, Skizze, Umriss, **7** Entwurf, **10** Abhandlung, Kompendium, **11** Darstellung, **12** Beschreibung
Abrücken: **13** Disengagement
abrunden: **9** ergaenzen, **11** arrondieren
abrüsten: **14** demobilisieren
Abrüstung: **14** Demobilisation, **15** Demobilisierung
Absage: **4** Nein, **8** Verzicht, **9** Ablehnung, Abweisung
Absatz: **5** Markt, Hacken, Passus, Sockel, **7** Verkauf, **9** Abschnitt, Paragraph
absatzloser Schuh: **6** Opanke
Absauggebläse: **9** Exhaustor
Abschabung: **8** Abrasion
Abschattierung: **6** Nuance, **9** Schraffur, **13** Schraffierung
abschätzen: **8** taxieren, **9** zensieren, **10** bonitieren

Abschätzer: 7 Taxator
Abschätzung: 8 Taxation, **11** Bonitierung
Abschaum: 6 Poebel, **7** Auswurf, **8** Gesindel
Abscheu: 4 Ekel, **5** Graus, **6** Dégoût, Grauen, Greuel, Horror, **7** Grausen, **8** Schauder, **9** Abneigung, **10** Widerwille, **11** Widerwillen
abscheulich: 5 uebel, **8** ekelhaft, greulich, infernal, **9** widerlich, **10** abominabel, detestabel, graesslich, **11** entsetzlich, schaendlich, scheusslich, schrecklich, **12** widerwaertig
Abschied: 3 Ade, **7** Weggang, **8** Laufpass, Lebewohl, Scheiden
Abschiedsgruß: 1 Ade, **5** Adieu, Valet, **6** Servus, **7** Tschues, **8** Lebewohl
Abschlag: 7 Disagio, **13** Akontozahlung
Abschlagzahlung: 4 Rate
abschließen: 7 sperren, **9** absperren, isolieren, zusperren, **11** absolvieren
abschließend: 9 definitiv
Abschluß: 4 Ende, **5** Reife, **6** Bilanz, Finale, Finish, Sperre, **7** Stretta, **8** Ergebnis, Resultat, **12** Vereinbarung
Abschmelzung am Gletscher: 8 Ablation
abschneiden: 6 kappen, **8** kupieren
Abschnitt: 3 Akt, **4** Teil, **5** Kupon, Szene, **6** Absatz, Coupon, Etappe, Partie, Passus, Pensum, Sektor, **7** Kapitel, Stadium, **9** Paragraph
abschrägen: 9 dossieren
Abschrägung einer Kante: 4 Fase
abschreckend: 12 exemplarisch
Abschreckung: 11 Praevention
abschreiben: 8 kopieren, **10** plagiieren, **16** vervielfaeltigen
Abschreibung einer Schuld: 12 Amortisation
Abschrift: 5 Kopie, **8** Duplikat, **12** Zweitschrift
Abschürfung: 11 Exkoriation
Abschweifung: 6 Exkurs, **9** Abstecher, **10** Digression
abseits: 4 fern, **8** entlegen, **9** abgelegen, **10** unberuehrt
absenden: 10 expedieren
Absender: 9 Adressant, Expedient
Absendung: 10 Expedition
Absicht: 4 Plan, Ziel, **5** Dolus, Telos, Wille, Zweck, **6** Taktik, **7** Gedanke, Methode, Tendenz, **8** Begehren, Vorhaben, **9** Intention, Verlangen
Absichten haben: 12 reflektieren
absichtlich: 7 bewusst, **10** vorbedacht, **11** willentlich, **12** demonstrativ, vorsaetzlich, **13** ausdruecklich
absichtslos: 13 unabsichtlich, **14** unwillkuerlich
absolut: 4 ewig, **7** restlos, voellig, **8** durchaus, **9** gaenzlich, unbedingt
absolute Atmosphäre: 3 ata
absoluter Superlativ: 6 Elativ
absonderlich: 6 bizarr, **7** komisch, seltsam, **9** originell, **11** exzentrisch
Absonderlichkeit: 4 Tick, **10** Bizarrerie, **14** Exzentrizitaet
absondern: 7 trennen, **9** isolieren, **10** abscheiden, freisetzen, separieren, **11** ausscheiden, sekretieren, sezernieren
Absonderung: 6 Sekret, **7** Schleim, **8** Schweiss, Speichel, Trennung, **9** Isolation, Sekretion, Sezession
Absonderungsorgan: 5 Leber, Niere, **6** Druese
Absonderungsstoff: 6 Exkret
Abspaltung: 8 Haeresie, **9** Sezession
Abspannung: 9 Ermattung, Ermuedung, **10** Muedigkeit, **12** Erschoepfung
absperren: 10 blockieren, schliessen,

12 zuschliessen
Absperrung: 6 Kordon, **8** Blockade
Absperrvorrichtung: 4 Zaun, **5** Kette, **6** Gatter, Gitter, Klappe, Riegel, Ventil, **8** Barriere, Schieber **9** Barrikade, **10** Abzaeunung, Schlagbaum, Umzaeunung
Absprache: 8 Abkommen, **9** Abmachung, Agreement, Kollusion, **11** Verabredung, **12** Vereinbarung, **13** Uebereinkunft, **14** Uebereinkommen
Abstammung: 7 Abkunft, **8** Herkunft **9** Filiation, **10** Derivation, Deszendenz, Herleitung
Abstammlungslehre: 11 Darwinismus, **17** Evolutionstheorie
Abstammungsnachweis: 8 Herdbuch, **9** Stammbaum, Zuchtbuch
Abstand: 6 Luecke, **7** Distanz, **9** Intervall, **10** Entfernung, **12** Zwischenraum
Abstand
– ***eines Gebäudes vom Nachbargrundstück:*** **7** Bauwich
– ***zwischen zwei Tönen:*** **9** Intervall
Abstandszahlung: 7 Apanage, **9** Abfindung
Abstecher: 4 Trip, **7** Ausflug
Absteckpfahl: 5 Jalon
Abstellen von Fahrzeugen: 6 parken
Abstellraum: 6 Garage, Keller, Remise, **8** Schuppen, **9** Verschlag, **12** Rumpelkammer
Absterben von Gewebeteilen: 7 Nekrose, **10** Nekrobiose
Abstieg: 9 Descensus, **10** Niedergang
abstimmen: 7 stimmen, **8** anpassen, **10** ausrichten, intonieren, **11** ausgleichen
Abstimmender: 7 Waehler
Abstimmung: 4 Wahl, **8** Wahlgang, Votation, **9** Anpassung, Befragung, Plebiszit, **11** Akklamation, **12** Koordination
Abstimmungsart: 4 Wahl, **6** Ballot, **9** Ballotage, **11** Akklamation, **12** Hammelsprung
Abstinenz: 6 Askese, **10** Enthaltung, **14** Enthaltsamkeit
abstoßend: 8 repulsiv
abstrahieren: 7 folgern, **8** ableiten
abstrakt: 6 irreal, **10** unwirklich, **11** begrifflich, **14** gegenstandslos
Abstreicher (Drucktechnik): 5 Rakel
abstreiten: 7 leugnen, **8** negieren
Abstufung: 4 Grad, **6** Nuance, **7** Toenung, **9** Gradation, **15** Differenzierung
Absud: 6 Dekokt, **7** Extrakt
absurd: 6 albern, **8** toericht, **9** ungereimt, **10** sinnwidrig, **11** widersinnig, **13** hirnverbrannt, **15** unverstaendlich
Abtei: 7 Kloster
Abteil: 5 Coupé, Kupee
Abteilung: 4 Fach, **5** Rayon, Rotte, **6** Gruppe, Rubrik, Sparte, **7** Artikel, Gattung, Ressort, Sektion
Abteilungsleiter: 9 Dezernent, Rayonchef, **12** Sektionschef
Äbtissin zu Trier: 3 Ada
Abtönung: 6 Nuance, **9** Schraffur, **13** Schraffierung, **15** Differenzierung
Abtötung: 13 Mortifikation
Abtragung: 7 Erosion, Tilgung, **12** Amortisation
abtrennen: 11 segregieren, sezernieren
Abtretung: 7 Abandon, Zession, **12** Ueberlassung
Abtropfstein: 9 Stalaktit
abtrünnig: 7 treulos, **10** abgefallen, haeretisch, **12** wortbruechig, **15** fahnenfluechtig
Abtrünniger: 6 Ketzer, Rebell, **7** Apostat, Renegat, **9** Verraeter, **10** Haeretiker, **10** Schismatiker
Abtstab: 5 Pedum
ab und zu: 8 manchmal, zuweilen,

9 bisweilen, 12 gelegentlich
Aburteilung: 10 Judikation
abwägen: 8 bedenken, 10 ueberlegen
abwandelbar: 8 variabel
abwandeln: 7 aendern, 9 variieren, 10 veraendern
Abwandlung: 5 Abart, 8 Spielart, Variante, 9 Varietaet, Variation, 10 Abweichung, Modulation, 12 Modifikation
abwartend: 9 skeptisch, 10 reserviert
abwärts: 5 herab, hinab, 6 nieder
Abwässerkanal: 4 Siel, 12 Kanalisation
abwechselnd: 10 alternativ, 11 umschichtig
Abwechslung: 7 Wechsel, 9 Alternanz, Variation, 11 Alternation
Abwechslungslosigkeit: 8 Einerlei
abwegig: 6 falsch
Abwehr: 6 Parade, 9 Defensive, Gegenwehr, 10 Repression, Widerstand, 12 Verteidigung
abwehren: 8 parieren
Abwehrstoff im Blut: 11 Antikoerper
abweichen: 7 abirren, 9 variieren, 11 differieren
abweichend von der Regel: 6 abnorm, anomal, 7 anormal, 9 divergent, 10 diskrepant
Abweichung: 5 Abart, Abweg, 6 Nuance, 8 Abirrung, Spielart, Variante, Verstoss, 9 Aenderung, 10 Aberration, 11 Abnormitaet, Deklination, 12 Perturbation
abweisen: 8 ablehnen, abwehren, 9 abstossen, abwimmeln, 10 rejizieren, verweigern
Abwendung: 6 Abfall, Abkehr
Abwertung: 9 Minderung, 11 Devalvation
abwesend: 3 weg, 4 fort, 6 absent, 12 unaufmerksam
Abwesenheit: 5 Alibi, 6 Absenz, 7 Absence
abwickeln: 8 abrollen, 9 erledigen, vollenden, 11 liquidieren, 12 durchfuehren
Abzahlung: 4 Rate, 12 Amortisation
Abzeichen: 5 Fahne, 6 Devise, Emblem, Symbol, Wappen, 7 Insigne, Kokarde, Merkmal, 8 Sinnbild, 9 Insignien
abzeichnen: 11 paraphieren
abziehen: 7 haeuten, mindern, 8 absetzen, kopieren, 12 subtrahieren
Abziehen: 11 Subtraktion
Abzug: 5 Damno, Kopie, 6 Dekort, Rabatt, Skonto, 7 Disagio, Diskont, 8 Abschlag, Kuerzung
abzüglich: 4 ohne, 5 minus, 7 weniger
Abzugsgraben: 4 Dole, 5 Draen, 6 Rigole
abzuziehende Zahl: 10 Subtrahend
Abzweigung: 3 Ast, 8 Gabelung
Achsel: 8 Schulter
Achselstück: 8 Epaulett, 9 Epaulette
Achsenpunkt: 3 Pol
Acht: 4 Bann, 6 Verruf, 8 Aechtung, 10 Ausschluss, Verdammung, 11 Verstossung, 12 Proskription
achtbar: 6 ehrsam, 9 ehrenhaft, 10 ansehnlich, 12 reputierlich, 14 respektierlich
achtbarer Mann: 9 Ehrenmann
Achteck: 7 Oktogon
Achtelgröße: **(Papierbogen)** 5 Oktav
Achtelkreis: 6 Oktant
achten: 5 ehren, 6 merken, sorgen, 9 achtgeben, achthaben, aufpassen, wuerdigen, 10 anerkennen, 12 respektieren
achte Stufe der Tonleiter: 6 Oktave
Achtflächner: 8 Oktaeder
Achtfüßler: 8 Oktopode
achtgeben, achthaben: 9 aufpassen
achtlos: 12 leichtfertig, unaufmerksam
achtsam: 9 umsichtig, 10 vorsichtig
Achtung: 4 Ehre, 6 Obacht, Wuerde,

7 Ansehen, Pietaet, Respekt, Umsicht, **8** Vorsicht, **9** Attention
Ächtung: 4 Acht, Bann, **6** Verruf, **7** Boykott, **10** Ausschluss, **11** Verstossung, **12** Proskription
Achtzehneck: 11 Oktodekagon
Ackerbau: 10 Agrikultur
Ackerbaukunde: 9 Agronomie
Ackerbaukundiger: 7 Agronom
Ackerblume: 4 Mohn, **9** Kornblume
Ackergeräte: 4 Egge, **5** Forke, Hacke, Harke, Pflug, Sense, **6** Binder, Rechen, Sichel, **7** Kombine, **8** Drescher, Heugabel, **9** Mistgabel, **10** Kultivator, **12** Maehdrescher, **13** Drillmaschine, Feldhaecksler
Ackerknecht: 3 Enk
Ackerkrume: 5 Humus, **10** Muttererde, **11** Mutterboden
Ackermaß: 2 Ar, **4** Rute, **5** Acker, **6** Hektar, Morgen, **7** Juchart, Juchert, Tagwerk, **8** Tagewerk
Ackerrand: 4 Rain
Ackerschachtelhalm: 9 Zinnkraut
Ackerstreifen: 6 Gewann
Ackerunkraut: 4 Rade, **5** Lolch, Segge, Simse, Winde, **6** Distel, Quecke, Trespe, Twalch, **8** Hederich, **9** Gauchheil, **11** Ochsenzunge
Adda-Zuflüsse: 5 Bitto, Serio, Serlo, **6** Boalzo, Brembo, Frodol, Malero, Masino, Matero, Roasco, **7** Tartano
Additionsergebnis: 5 Summe
Adel: 8 Noblesse, **10** Nobilitaet, **12** Aristokratie
Adelskalender: 5 Gotha
Adelskaste im alten Peru: 4 Inka
Adelsprädikat: 3 von
Adelstitel: 4 Edle, Graf, **5** Baron, Edler, Prinz, **6** Freiin, Fuerst, Herzog, Ritter, **7** Baronin, Graefin, Komtess, **8** Baroness, Burggraf, Freifrau, Freiherr, Fuerstin, Herzogin, Komtesse, Landgraf, Markgraf, **9** Kurfuerst, Pfalzgraf, **10** Prinzessin, **11** Kurfuerstin, **12** Pfalzgraefin
Ader: 4 Vene, **5** Aorta, **7** Arterie, Karotis, **8** Karotide, **11** Blutgefaess
Aderschlag: 4 Puls
Äderung des Blattes: 8 Nervatur
Aderverstopfung: 7 Embolie, **9** Thrombose
Adler: 3 Aar
Adlerstein: 5 Aetit
adlig: 4 edel, **5** nobel
Adliger: 9 Patrizier, **10** Aristokrat
Administration: 10 Verwaltung
Admiral Alexanders des Großen: 8 Nearchos
Adressat eines Paulusbriefes: 5 Titus, **6** Roemer, **7** Epheser, Galater, **8** Kolosser, Philemon, **9** Korinther, Philipper, Timotheus
Adresse: 9 Anschrift
Adriahäfen: 4 Bari, Pola, Pula, **5** Fiume, Kotor, Split, Trani, **6** Ancona, Durres, Pesaro, Ragusa, Rijeka, Triest, Trogir, **7** Durazzo, Pescara, Venedig, Venezia, **8** Barletta, Brindisi, Molfetta, **9** Dubrovnik
Adriahalbinsel: 7 Istrien
Adriainseln: 2 Iz, **3** Ist, Krk, Pag, Rab, Vir, Vis, Zut, **4** Brac, Cres, Hvar, Olib, **5** Lissa, Mljet, Prvic, Silba, Solta, Susak, Uljan, Unije, Zirje, **6** Kornat, Losinj, **7** Korcula, Lastovo, Plavnik, Premuda, **8** Dugiotok
Adriawind: 4 Bora
Adverb: 2 da, **3** nie, nun oft, **4** bald, dann, dort, eher, ganz, hier, mehr, noch, sehr, viel, **5** einst, frueh, heute, immer, jetzt, lange, nicht, schon, spaet, stets, wenig, zuvor, **6** abends, bisher, damals, danach, ehedem, fortan, jemals,

nachts, immer, oefter, selten, soeben, vordem, vorher, vorhin, **7** bereits, endlich, mittags, morgens, nachher, seitdem, **8** manchmal

Advokat: 6 Anwalt, **12** Rechtsanwalt

Advokatenbirne: 6 Calavo

Aera: 6 Epoche

Affen

Gibbonaffen: **3** Lar, **4** Unka, **6** Gibbon, Hulock, Wauwau, **7** Siamang, **12** Silbergibbon, **15** Weisshandgibbon

Halbaffen: **4** Maki, Vari, **5** Avahi, Indri, Katta, Komba, Lemur, Potto, **6** Ayeaye, Bandro, Galago, Kukang, Lemure, Mongoz, Sifaka, Vareka, Waluwy, **7** Endrina, Tarsius, Varikia, **8** Babakoto, Bokombul, Faulmaki, Halbmaki, Mausmaki, Wollmaki, **9** Amboanala, Bilchmaki, Buschbaby, Duennleib, Fotsifaka, Fuchsaffe, Fuchsmaki, Hapalemur, Indrimaki, Ohrenmaki, Plumplori, Vliesmaki, Zwergmaki, **10** Baerenmaki, Fingertier, Katzenmaki, Koboldmaki, Kronenmaki, Larvenmaki, Miliusmaki, Mohrenmaki, Rattenmaki, Wieselmaki, **11** Angwangtibo, Schlanklori, Zwerggalago, **12** Allensgalago, Diademsifaka, Gespensttier, Riesengalago, Rotbauchmaki, Rotstirnmaki

Hundskopfaffen: **5** Drill, Magot, Makak, **6** Babuin, Bandar, Bunder, Makadu, Markat, Pavian, Rhesus, Schadi, **7** Hutaffe, Wanderu, **8** Bartaffe, Lapunder, Mandrill, Tschakma, **9** Dschelada, Hamadryas, Hundsaffe, **10** Berberaffe, Rhesusaffe, **11** Baerenmakak, Javaneraffe, Mohrenmakak, Schopfmakak, Webbipavian, **12** Anubispavian, Baerenpavian, Grauarmmakak, Mantelpavian, Schopfpavian, Schweinsaffe, Sphinxpavian

Kapuziner(verwandte): **3** Sai, **4** Mono, **5** Koata, **6** Aluata, Aluate, Caraya, Miriki, **7** Saimiri, **8** Alouatta, Faunaffe, Heulaffe, Tschamek, Wollaffe, **9** Barrigudo, Kapuziner, Marimonda, **10** Bruellaffe, **11** Klammeraffe, Spinnenaffe, **12** Schieferaffe, **13** Kapuzineraffe, **14** Totenkoepfchen, **15** Rollschwanzaffe

Krallenäffchen: **6** Pinche, Saguin, **7** Uistiti, **8** Marmoset, **10** Witwenaffe, **13** Lisztaeffchen, **14** Loewenaeffchen, Mohrenaeffchen, Pinselaeffchen, Roetelaeffchen, Seidenaeffchen, Silberaeffchen, **19** Schnurrbartaeffchen, Weisspinselaeffchen, **21** Schwarzpinselaeffchen

Meerkatzen(verwandte): **3** Duk, **4** Mona, **5** Diana, Kahau, Mbega, Patas, **6** Budeng, Grivet, Hulman, Langur, **7** Colobus, Guareza, Guereza, Hanuman, Mangabe, **8** Malbruck, **9** Dianaaffe, Meerkatze, Nasenaffe, **10** Blaubeutel, Seidenaffe, **11** Husarenaffe, Kleideraffe, Schlankaffe, Stummelaffe, **13** Mantelmangabe, Schopfmangabe

Menschenaffen: **6** Bonobo, **7** Gorilla, Tschego, **8** Waldaffe, **9** Buschaffe, Orang-Utan, **10** Schimpanse, **11** Berggorilla, **14** Kuestengorilla, **15** Zwergschimpanse, **16** Guineaschimpanse

Nacht- und Schweifaffen:

4 Saki, 5 Kuxio, Schiu, 6 Uakari, 7 Cacajao, 8 Bartaffe, Durukuli, Mirikina, 9 Nachtaffe, 10 Satansaffe, Zottelaffe, 11 Schweifaffe, 13 Weisskopfaffe, 15 Kurzschwanzaffe, 16 Scharlachgesicht

Affenbrotbaum: **6** Baobab

affig: **5** eitel, **14** gefallsuechtig

Affront: **4** Tort, **7** Schimpf, **11** Beleidigung

Afghanistan: (Staat in W-Asien)

Berg: **10** Tirisch Mir

Flüsse: **5** Kabul, **7** Herirud, Hilmend, **8** Hilmaend

Gebirge: **10** Hindukusch

Hauptstadt: **5** Kabul

König: **9** Amanullah

Politiker: **4** Daud, **6** Karmal

Sprache: **4** Dari, **5** Farsi, **7** Paschtu, **8** Persisch

Städte: **5** Farah, Herat, Kalat, Tagab, **6** Kundus, **7** Baghlan, **8** Charekar, Faisabad, Kandahar, **9** Jalalabad, **13** Mesar-i-Scherif

Völker: **6** Afridi, Durani, Hazara, **7** Durrani, **10** Paschtunen, Tadschiken

Währung: **3** Pul, **7** Afghani

Afrika (Erdteil)

Berge: **3** Kon, Sil, Ulu, **4** Kibo, Meru, **5** Dendi, Kenia, **7** Kirunga, Mawensi, **8** Kuroworo, **9** Ruwenzori, Tafelberg, **10** Karissimbi, Ras Daschan, **11** Kamerunberg, Tsaratanana, **14** Kilimandscharo

Bier: **5** Pombe

Feigenbaum: **8** Sykomore

Flüsse u. Ströme: **3** Nil, **4** Bani, Dawa, Ruki, Tana, Vaal, **5** Benue, Kafue, Komoe, Kongo, Lulua, Niger, Sobat, Uhehe, Volta, **6** Atbara, Gambia, Kassai, Kuando, Kuango, Kunene, Logone, Oranje, Rovuma, Sanaga, Schari, Ubangi, **7** Kubango, Limpopo, Sambesi, Senegal, **8** Komadugu, Okawango

Gebirge: **3** Rif, **5** Atlas, **7** Habesch, Tibesti, **9** Ruwenzori

Geheimbund: **6** Mau-Mau

Hauptstädte: **4** Lomé, **5** Accra, Akkra, Bisho, Dakar, Kairo, Lagos, Praia, Rabat, Tunis, **6** Algier, Bamako, Bangui, Banjul, Dodoma, Harare, Jaunde, Kigali, Luanda, Lusaka, Malabo, Maputo, Maseru, Moroni, Niamey, Umtata, **7** Abidjan, Conakry, Kampala, Khartum, Mbabane, Nairobi, Sao Tomé, Windhuk, Yaoundé, **8** Djibouti, El Alaiun, Freetown, Gaborone, Khartoum, Kinshasa, Lilongwe, Mmabatho, Monrovia, N'Djamena, Pretoria, Tripolis, Victoria, Wagadugu, Windhoek, **9** Abidschan, Bujunbura, Dschibuti, Port Louis, Porto Novo, **10** Addis Abeba, Daressalam, Libreville, Mogadischu, Tananarive, Thohoyandu, **11** Brazzaville, Madina do Boé, Nouakschott, Quagadougou, **12** Antananarivo

Inseln: **5** Bioko, Mafia, Palma, Pemba, **6** Pagalu, **7** Annabon, Canaria, **8** Principe, Sansibar, Sao Tomé, **9** Teneriffa, **10** Madagaskar, **11** Fernando Po

Jagdausflug: **6** Safari

Muschelgeld: **5** Kauri

Naturschutzgebiete: **8** Kalahari, **9** Serengeti, **11** Kruegerpark

Reise: **6** Safari

Runddorf: **4** Kral

Seen: **4** Meru, Tana, **5** Mweru, **6** Njassa, Tschad, **7** Merusee, Tanasee, **8** Mwerusee, **9** Albertsee Eduardsee, Njassasee, Rudolfsee, Tschadsee, **10** Tan-

A

ganjika, **11** Viktoriasee
Staaten: **4** Mali, Togo, **5** Benin, Gabun, Ghana, Kenia, Kongo, Niger, Sudan, Venda, Zaire, **6** Angola, Ciskei, Gambia, Guinea, Libyen, Malawi, Ruanda, Rwanda, Sambia, Tschad, Uganda, Zambia, **7** Burundi, Kamerun, Lesotho, Liberia, Marokko, Namibia, Nigeria, Sao Tomé, Senegal, Somalia, **8** Aegypten, Algerien, Botswana, Djibouti, Kap Verde, Mosambik, Simbabwe, Tansania, Transkei, Tunesien, Zimbabwe, **9** Dschibuti, Swasiland, **10** Aethiopien, Kwandebele, Madagaskar, Mocambique, Suedafrika, Westsahara, **11** Burkina Faso, Mauretanien, Sierra Leone, **12** Guinea Bissau, **14** Bophuthatswana, **15** Elfenbeinkueste, **17** Aequatorial-Guinea, **27** Zentralafrikanische Republik
Viehseuche: **6** Nagana
Völker, Volksstämme: **3** Edo, Ewe, Ibo, Kru, **4** Akka, Nama, Zulu, **5** Banda, Bantu, Bongo, Duala, Mossi, **6** Araber, Batuti, Berber, Haussa, Herero, Joruba, Kololo, Libyer, Massai, Obongo, Ovambo, Owambo, Somali, Tuareg, Ubangi, Wahuma, **7** Amakosa, Kabylen, Kaffern, Suaheli, Watussi, **8** Aschanti, Niam-Niam, Pygmaeen, **11** Betschuanen, **12** Buschmaenner, Hottentotten
Vulkane: **4** Fako, Meru
Wüsten: **5** Namib, **6** Sahara, **8** Kalahari
Wüstensandsturm: **5** Samum
Zwergvölker: **4** Akka, **6** Batuti, **8** Pygmaeen

Afrikaforscher: **5** Barth, **6** Rohlfs, **7** Stanley, **8** Wissmann, **9** Nachtigal, **11** Livingstone, **12** Schweinfurth

Ägadische Inseln (Ziegeninseln): **7** Levanzo, **9** Favignana, Marettimo

Ägäische Inseln: **3** los, Kea, Kos, **5** Anafi, Chios, Delos, Imroz, Leros, Milos, Naxos, Paros, Psara, Samos, Syros, Tilos, Timos, **6** Andros, Ikaria, Lesbos, Limnos, Patmos, Rhodos, Sykros, Thasos, **7** Serifos, **8** Kykladen, Santorin, Sporaden, **9** Antiparos, Dodekanes, Karpathos, **10** Samothraki

Agavefaser: **5** Sisal

Agavengewächse: **5** Agave, **6** Nalina, **8** Dracaena, Tuberose, **9** Bogenhanf, Fourcraea, Palmlilie, **10** Doryanthes, Dasylirien, Sisalagave, **12** Tequilaagave

Aggregatzustand des Wassers: **3** Eis, **5** Dampf

Agitation: **5** Hetze

Ägypten (Staat in NO-Afrika)
arab. Name: **4** Misr
Astronom: **10** Ptolemaeus
Bauer: **6** Fellah, **8** Fellache
Baumwolle: **4** Mako
Beamter: **5** Mudir
Bilderschrift: **12** Hieroglyphen
christl. Nachkomme: **5** Kopte
Feigenbaum: **8** Sykomore
Felsentempel: **9** Abu Simbel
Flächenmaß: **6** Feddan
Flüsse: **3** Nil, **6** Atbara
Gebirge: **5** Sinai
Gestalt der Epik: **6** Sinuhe
Getreidemaß: **5** Ardeb
Gewand: **9** Kalasiris
Gewichte: **5** Rattl, **6** Dirhem, Kantar, Rothel, Rotolo
Götter: **2** Re, **3** Bes, Geb, Hor, Min, Nun, Set, Shu, **4** Amon, Amun, Apis, Aton, Atum, Hapi, Heka, Ptah, Schu, Seth, Thot, **5** Ammon, Chnum, Chons,

Horos, Horus, Month, Montu, Nilus, Sobek, Sokar, Thoth, **6** Anubis, Mendes, Osiris, Suchos, **7** Ammon-Re, Imhotep, Serapis
Göttinnen: **3** Mat, Mut, Nut, Uto, **4** Bast, Buto, Isis, Ma'at, Neit, **5** Athor, Baste, Elkab, Neith, Satis, **6** Bastet, Hathor, Sechee, Selket, Tefnut, **7** Sachmet, **8** Bubastis, Menuthis, Nephthys
Grabbau: **7** Mastaba, **8** Pyramide
Hafenstädte: **4** Sues, Suez, **6** Abukir, Kosser, **8** Ismailia, Port Said, **10** Alexandria
Halbinsel: **5** Sinai
Hauptstadt: **5** Kairo
heil. Stier: **4** Apis
heil. Vogel: **4** Ibis
Herrschergeschlecht: **10** Mamelucken, Ptolemaeer
Herrschertitel: **6** Pharao
Kanal: **4** Sues, Suez
Könige (alt): **4** Titi, **5** Menes, Necho, Zoser, **6** Amasis, Apries, Cheops, Djoser, Hophra, Kemose, Ramses, Sethos, Snofru, **7** Harmais, Sabakon, Tirhaka, **8** Chephren, Echnaton, Tutmosis, **9** Amenemhet, Amenophis, Amenhotep, Merneptah, Sesostris, Thutmosis, **10** Menephthes, Psammetich, **11** Tutanchamon, Tutenchamun
Könige (neu): **4** Fuad, **5** Faruk
Königinnen (alt): **4** Teje, **9** Kleopatra, Nofretete
Königstitel: **6** Pharao
Längenmaße: **3** Dra, **4** Draa, Dhra, **5** Dhraa, Diraa, Kirat, **6** Qasaba
Nationalpartei: **4** Wafd
Nilboot: **8** Dahabije
Nobelpreisträger
– *für Literatur:* **6** Mahfuz
Oasen: **4** Siwa, **6** Dachla, Kargeh, Kargha, **8** Baharije, Farafrah
Politiker: **5** Nagib, Sadat, **6** Nasser, **7** Mubarak
Provinz, Verw.-Bezirk: **8** Mudirije
Rasselinstrument: **7** Sistrum
Ruinenstätte: **6** Amarna, Theben
Sagenvogel: **4** Benu, **7** Phoenix
Schöpfwerk für Bewässerungen: **6** Sakije
Schriftzeichen: **12** Hieroglyphen
Schwingbrunnen: **7** Schaduf
Siegelstein: **10** Skarabaeus
Städte u. Orte: **4** Daba, Edfu, Esna, Gisa, Gise, Kena, Kene, Sues, Suez, **5** Asiut, Benha, Fajum, Giseh, Gizeh, Kairo, Kenah, Keneh, Luxor, Menuf, Sohag, Tanta, **6** Abukir, Assiut, Assuan, el Daba, Heluan, Imbaba, Kharga, Kosser, Luksor, Sollum, Theben, **7** Kosseir, Mansura, Memphis, Rosetta, Sagazig, **8** Damanhur, Ismailia, Mansurah, Port Said, **10** Alexandria, Heliopolis
Staudamm: **6** Assuan
Steinfigur bei Giseh: **6** Sphinx
Sultane: **5** Kamil, **7** Saladin
Tempel: **8** Serapeum
Tempeltor: **5** Pylon, **6** Pylone
Urne: **6** Kanope
Vizekönig: **7** Khedive
Vizekönige: **4** Said, **5** Abbas, **6** Ismail, Taufik
Währungseinheit: **5** Pfund, **7** Piaster
Weiser: **6** Kophta
Wüstenwind: **6** Kamsin, **7** Chamsin

Ahle: **6** Pfriem
Ahn: **7** Vorfahr, **10** Stammvater
ahnden: **7** raechen, strafen
Ahne: **10** Stammutter
Ahnenforschung: **10** Genealogie
Ahnentafel: **9** Stammbaum

Ahnenverehrung: **8** Manismus
ähnlich: **6** analog
Ähnlichkeit: **8** Analogie
Ahnung: **6** Animus, **8** Instinkt, Verdacht, **9** Vermutung, Vorahnung, **10** Divination, Mutmassung, Vorgefuehl, **11** Voraussicht
ahnungslos: **4** naiv, **6** arglos, **9** unwissend
Ährenborste: **6** Granne
Ährenbündel: **5** Garbe
Ahr-Zuflüsse: **5** Wirft, **6** Adenau
Airport: Fughafen
akademische(r)
– ***Examensnote:*** **4** rite, **8** cum laude, **13** magna cum laude, summa cum laude
– ***Grad:*** **6** Doktor, **8** Magister, **12** Bakkalaureus
– ***Titel in England:*** **6** Master
Akkordlohn im Bergbau: **7** Gedinge
Akkumulator: **7** Sammler
akkurat: **5** exakt, genau, **11** sorgfaeltig, **12** gewissenhaft
Akrobat: **6** Artist
akrobatische Übung: **6** Spagat
Akt: **5** Szene, **6** Aufzug, **7** Vollzug, Vorgang, **8** Handlung, Vorgehen, **9** Massnahme, Verfahren
Akte: **7** Urkunde, **9** Beschluss, Protokoll, **13** Schriftstueck
Aktenbündel: **8** Faszikel, Konvolut
Aktenheft: **7** Dossier
Aktenhefter: **6** Ordner
Aktenmappe: **6** Missiv, **12** Portefeuille
Aktensammlung: **5** Aktei, **11** Registratur
Aktenschrank: **11** Registratur
Aktentasche: **5** Mappe
Aktion: **3** Tat, **4** Werk, **7** Vorgang, **8** Ereignis, Handlung, **9** Geschehen, Verfahren, **10** Taetigkeit, **12** Unternehmung
aktiv: **4** rege, **6** taetig, **7** lebhaft, wirksam, **8** lebendig, **9** beweglich, energisch, **11** tatkraeftig
Aktiva: **5** Haben, **6** Besitz, **8** Guthaben, **9** Vermoegen
Aktivkonto: **5** Haben
aktuell: **3** neu, **6** jetzig, **7** zeitnah, **9** dringlich, **11** zeitgemaess
akustisch: **9** klanglich
akustischer Begriff: **3** Ton, **4** Echo, Phon, **5** Klang, Krach, **6** Schall, **8** Resonanz, **9** Geraeusch, Widerhall
Akzent: **3** Ton, **7** Gewicht, Tonfall, **8** Betonung, Tonfarbe, **9** Nachdruck, **10** Aussprache, Tonzeichen
akzeptabel: **9** annehmbar
Alarmgeräte: **4** Hupe, **6** Sirene, **9** Nebelhorn, **11** Feuermelder
Albaner: **8** Skipetar
Albanien (Staat auf dem Balkan)
Berg: **4** Deja, Guka, **8** Valamare
Dichter: **4** Rada
Flüsse: **3** Fan, Mat, **4** Drin, **5** Devol, Drino, Seman, Vjose, **6** Devoli, Semeni, **7** Vojussa, **8** Schkumbi
Hafenstädte: **5** Vlore, **6** Durres, Valona, **7** Durazzo, Sarande
Hauptstadt: **6** Tirana
Insel: **5** Sasan, **6** Saseno
König: **4** Zogu
Nachrichtenbüro: **3** ATA
Nationaltracht: **10** Fustanella
See: **10** Skutarisee
Staatsmänner: **5** Meksi, **7** Berisha, Hodscha
Städte: **4** Fier, Puke, **5** Berat, Korca, Korce, Vlona, Vlora, **6** Durres, Tirana, Valona, **7** Durazzo, Durresi, Elbasan, Sarande, Skutari
Volkshelden: **9** Kastriota, **10** Skanderbeg
Währung: **3** Lek, **7** Quintar
albern: **4** dumm, **8** daemlich, kindisch, **9** naerrisch, **10** einfaeltig
alberner Mensch: **4** Narr, **6** Kasper,

9 Hanswurst
Albernheit: 7 Fadaise, **8** Schnurre, **9** Firlefanz
Albernheiten: 10 Sperenzien, **11** Sperenzchen
Albino: 9 Weissling
Albinoart des Iltis: 9 Frettchen
Alepponuß: 8 Pistazie
Alëuteninseln: 4 Atka, **6** Unimak,**8** Unalaska
alexandrischer Priester: 5 Arius
Algenart: 4 Tang, **5** Chara
Algenforscher: 8 Algologe
Algenkunde: 10 Phykologie
Algerien (Staat in N-Afrika)
Berberstamm: **7** Kabylen
Berge: **3** Sab, **5** Tahat
Gebirge: **5** Atlas, **7** Ahaggar
Hafenstädte: **4** Oran, **6** Algier, Annaba
Hauptstadt: **6** Algier
Kap: **3** Fer, **6** Bengut
Oasengruppe: **4** Tuat
Staatsmänner: **10** Abdessalam, **11** Boumedienne
Städte: **4** Kafi, Oran, **5** Blida, Setif, **6** Abadla, Algier, Annaba, Bejaja, Biskra, Skikda, **11** Constantine
Währung: **5** Dinar, **7** Centime
alias: 5 sonst, **6** anders
Alkalimetalle: 6 Kalium, **7** Caesium, Lithium, Natrium, Zaesium, **8** Francium, Rubidium
alkalische Lösung: 5 Lauge
Alkaloide: 4 Kola, Tein, **5** Opium, Thein, **6** Chinin, Kodein, Kokain, Koniin, Kurare, **7** Atropin, Koffein, Narzein, Nikotin, Phasein, Solanin, Zytisin, **8** Akonitin, Meskalin, Morphium, Narkotin, Yohimbin, **9** Kolchizin, Papaverin, Strychnin, **10** Skopolamin, Theobromin
Alkaloid der (des)
– ***Bohne:*** **7** Phasein
– ***Brechnuß:*** **9** Strychnin
– ***Chinarinde:*** **6** Chinin
– ***Eisenhutes:*** **8** Akonitin
– ***Fieberrinde:*** **6** Chinin
– ***Goldregens:*** **7** Zytisin
– ***Herbstzeitlosen:*** **9** Kolchizin
– ***Kaffees:*** **7** Koffein
– ***Kakaos:*** **10** Theobromin
– ***Kartoffel:*** **7** Solanin
– ***Kokastrauches:*** **6** Kokain
– ***Kolanuß:*** **4** Kola
– ***Mohns:*** **5** Opium, **8** Morphium
– ***Schierlings:*** **6** Koniin
– ***Tabaks:*** **7** Nikotin
– ***Tees:*** **4** Tein, **6** Thein, **7** Koffein
– ***Tollkirsche:*** **7** Atropin
alkenartige Vögel: **3** Alk, **4** Lund, **5** Lumme, **6** Teiste, **7** Tordalk, **8** Hornlund, **9** Polarente, Riesenalk, **11** Gryllteiste, Ringellumme, **12** Trottellumme, **14** Krabbentaucher, **16** Papageientaucher
Alkohol: 8 Spiritus, **9** Weingeist
Alkoholiker: 7 Saeufer, Trinker
alkohol. Getränke: → Biere, → Branntweine, → Liköre, → Weine
Heißgetränke: **4** Grog, **5** Negus, Toddy, **6** Punsch, **9** Gluehwein, Teepunsch, **10** Bierpunsch, Blue Blazer, **11** Krambambuli, Milchpunsch, **12** Ananaspunsch, Whiskypunsch, **13** Himbeerpunsch, Orangenpunsch, **14** Brahminenpunsch, Imperialpunsch, Schwedenpunsch, **15** Burgunderpunsch, Schlummerpunsch, Silvesterpunsch, **16** Feuerzangenbowle, Maraschinopunsch, Schnapsgluehwein
Mixgetränke: **4** Fizz, Flip, Sour, **5** Sling, Smash, **6** Crusta, **7** Cobbler, Egg-Nogg, **8** Cocktail, **9** Longdrink, **10** Fancydrink, Pousse Café, Shortdrink,

13 Knickerbocker
Alkoholschmuggler: **10** Bootlegger
Alkoholverbindung: **5** Ester
Alkoholverbot: **11** Prohibition
All: **4** Welt, **5** Natur, **6** Kosmos, **8** Weltraum, **9** Universum, **13** Unendlichkeit
All in der chinesichen Philosophie: **3** Tao
allbekannt: **6** publik, **9** notorisch, **11** offenkundig
Alle-Zuflüsse: **3** Abt, Elm, **4** Dost, Ilma, Omet, Piss, Taim, Tain, **5** Guber, Oissa, Swine, **6** Simser
Allee: **6** Avenue, **7** Avenida
Allegorie: **6** Symbol, **8** Sinnbild, **9** Gleichnis, **15** Personifikation
allein: **4** mono, solo, **5** ledig, **6** einsam, **7** einzeln, **9** verlassen
Alleinerbe von Landbesitz: **6** Anerbe
Alleingang: **4** Solo
Alleinherrschaft: **8** Diktatur, **9** Monarchie, **12** Absolutismus
Alleinherrscher: **7** Monarch, **8** Diktator
Alleinrecht: **7** Monopol
Alleinvortrag: **4** Solo
allemal: **5** immer
allenthalben: **6** passim, **8** ueberall
Allerbarmer: **8** Christus
allerdings: **8** freilich
allergische Erkrankung: **12** Heuschnupfen, Nesselfieber
allerhand: **8** allerlei, **9** vielerlei, **10** mancherlei, mannigfach
Allerheiligstes: **6** Abaton, **12** Sanktissimum
Allerlei: **5** Varia, **9** Potpourri, Quodlibet, **10** Tuttifrutti
allerlei: **6** divers
allerliebst: **7** reizend, **11** entzueckend
Allerneuestes: **9** Nouveauté, **10** Dernier Cri
allerorts: **8** ueberall
allerseits: **9** allgemein
Allerweltskerl: **11** Allroundman, **12** Tausendsassa
Aller-Zuflüsse: **3** Aue, Ise, **4** Fuse, Ihma, Ilme, **5** Ecker, Leine, Ruhme, Wiehe, **6** Boehme, Lachte, Lehrde, Meisse, Mieste
Allesfresser: **9** Omnivoren
Alleskönner: **14** Universalgenie
allezeit: **5** immer
allgemein: **5** vulgo, **8** allseits, generell, **9** gemeinsam, umfassend, universal, **10** allerseits, universell, **11** gewoehnlich, oekumenisch, schlechthin
allgemeine Wetterlage: **5** Klima
Allgemeiner Studentenausschuß: **4** AStA
Allgemeinheit: **14** Universalitaet, **15** Oeffentlichkeit
allgemeinverständlich: **8** populaer, **10** exoterisch
Allgewalt: **10** Omnipotenz
Allgottlehre: **11** Pantheismus
Allheilmittel: **7** Arkanum, Panazee
Allianz: **4** Bund, Liga, **8** Buendnis, **9** Koalition, **11** Vereinigung, **15** Zusammenschluss
Allmacht: **4** Gott, **10** Omnipotenz
allmählich: **6** gemach, **7** langsam, **8** graduell, **9** sukzessiv
Allotria: **3** Jux, **5** Spass, Unfug, **6** Scherz, **8** Narretei, **11** Schabernack
allseitig: **7** ringsum, **9** universal
Allseitigkeit: **14** Universalitaet
Alltag: **7** Werktag, **9** Wochentag
alltäglich: **5** banal, **6** profan, **7** trivial, **8** ordinaer
Alltagsgang: **5** Trott
allumfassend: **9** universal
Almanach: **8** Jahrbuch, Kalender
Almhirt: **4** Senn, **5** Senne, **6** Senner
Almhirtin: **6** Sennin, **8** Sennerin
Almosen: **4** Gabe, **6** Spende, **10** Bakschisch, Liebesgabe
Alpdruck: **5** Angst, **7** Inkubus,

Sukkuba, **12** Angstgefuehl
Alpenberg, -bergstock: **2** Ot, **3** Err, **5** Eiger, Mythe, Toedi, **6** Moench, Ortler, **7** Ankogel, Pilatus, Saentis, Schlern, **8** Hochobir, Jungfrau, Pfaender, Watzmann, **9** Dachstein, Hochstuhl, Marmolata, Montblanc, Monte Rosa, Nebelhorn, Sonnblick, Venediger, Zugspitze, **10** Drei Zinnen, Matterhorn, Wetterhorn, Wildspitze, **14** Finsteraarhorn, **16** Dreiherrenspitze
Alpenblumen: **6** Enzian, **9** Alpenrose, Edelraute, Edelweiss, **10** Silberwurz, **13** Alpenveilchen
Alpenflüsse: **2** Po, **3** Inn, Mur, Sau, **4** Aare, Adda, Arve, Drau, Enns, Gail, Isar, Lech, Raab, Save, Sawa, **5** Drave, Drôme, Etsch, Isère, Oglio, Piave, Rhein, Rhône, Traun, **6** Eisack, Maggia, **7** Durance, Salzach, **11** Tagliamento
Alpengebirgszug: **4** Rigi, **5** Sella, **6** Tauern, **7** Bernina, **9** Dolomiten, Karwendel, Monte Rosa, Silvretta, **10** Hohe Tauern, Karawanken
Alpengletscher: **5** Roseg, **6** Ferner, Gorner, **7** Aletsch, **8** Pasterze
Alpenhirt: **4** Senn, **5** Senne, **6** Senner
Alpenhirtin: **6** Sennin, **8** Sennerin
Alpenjäger: **6** Alpini
Alpenpässe: **3** Foo, **4** Fern, **5** Furka, Gemmi, Loibl, Pyhrn, Tenda, **6** Albula, Gerlos, Iseran, Jaufen, Julier, Maloja, Mendel, Pordoi, Predil, Lusten, Tonale **7** Arlberg, Brenner, Flueela, Grimsel, Predeal, Reschen, Simplon, Toblach, **8** Ploecken, Spluegen, **9** Lukmanier, Mont Cenis, Scheidegg, Semmering, **10** Bernardino, **11** Loetschberg, **12** Stilfserjoch, **13** Sankt Bernhard, Sankt Gotthard, **15** Sankt Bernhardin
Alpenpflanzen: **5** Speik, **6** Enzian, **9** Almrausch, Alpenrose, Edelraute, Edelweiss, **10** Silberwurz, Soldanelle, **13** Alpenveilchen
Alpenschilderer: **3** Noe
Alpengewässer: **6** Eibsee, **7** Mondsee, **8** Bodensee, Comer See, Gardasee, **9** Genfer See, **10** Koenigssee, Walchensee, Weissensee, **10** Woerther See
Alpental
– ***beim Comer See:*** **7** Veltlin
– ***in den Dolomiten:*** **9** Pustertal
– ***in Graubünden:*** **5** Davos, **10** Praetigau
– ***im Kanton Wallis:*** **4** Saas
– ***in der Steiermark:*** **8** Gesaeuse
– ***in Südtirol:*** **8** Passeier
– ***in Tirol:*** **9** Zillertal
Alpenveilchen: **7** Zyklame
Alpenweide: **3** Alm, Alp, **4** Alpe, **5** Senne
Alpenwind: **5** Foehn
Alpenwirtschaft: **8** Sennerei
Älplertanz: **8** Plattler
alphabetisches Inhaltsverzeichnis: **8** Register
Alraunwurzel: **10** Mandragora, Mandragore
alsbald: **6** gleich, sofort
also: **4** ergo, **8** folglich
als ob: **5** quasi, **6** fiktiv
alt: **5** antik, **6** betagt, **7** bejahrt, hutzlig **8** abgelebt, **9** gebraucht, vergangen, **12** antiquarisch
altaischer Volksstamm: **8** Tungusen
Altan: **6** Balkon, **7** Soeller
altarabisches Reich: **4** Saba
Altaraufsatz: **7** Retabel
Altarbaldachin: **8** Ziborium, **10** Tabernakel
Altarbild: **10** Triptychon
altarischer Lichtgott: **6** Mithra, **7** Mithras
Altarnische: **5** Apsis
Altarplatte: **5** Mensa
Altarraum: **11** Sanktuarium

A

Altartisch: **5** Mensa
Altartuch: **5** Mappa, **8** Parament
Altarüberbau: **8** Ziborium
Altarverkleidung: **11** Antependium
Altbuchhändler: **8** Antiquar
Altbuchhandlung: **11** Antiquariat
Alteisen: **7** Schrott
altenglische Münze: **6** Guinee, **9** Rosenobel
altenglisches Heldengedicht: **7** Beowulf
ältere Frau: **7** Greisin, Matrone
alternativ: **9** wahlweise
Alternsforschung: **12** Gerontologie
Altersgeld: **5** Rente, **7** Pension, **10** Ruhegehalt
Altersheilkunde: **9** Geriatrie
Altersheim: **5** Stift, **6** Spital, **7** Spittel, **8** Hospital
altersschwach: **5** senil
Altersschwäche: **8** Marasmus, **10** Senilitaet
Altertum: **6** Antike
Altertümer: **13** Antiquitaeten
altertümlich: **5** antik, **9** archaisch
Altertumsforscher: **11** Archaeologe
Altertumskunde: **12** Archaeologie
altes Buch: **9** Scharteke
Ältestenrat: **5** Senat
Ältestenrecht: **7** Majorat, **8** Seniorat
Ältester: **6** Nestor, Senior, **9** Presbyter, **10** Altmeister
altfriesischer Richter: **5** Asega
altgedienter Soldat: **7** Veteran
Altgeige: **5** Viola, **8** Bratsche
Althändler: **8** Troedler
altindianisches Kulturvolk: **4** Maya, **5** Inkas, **7** Azteken, **8** Tolteken
altjüngferlich: **7** spinoes
altkirchlicher Lobgesang: **6** Tedeum
altklug: **7** vorlaut, **8** naseweis
altmalaiisches Volk: **5** Batak
altmärkisches Adelsgeschlecht: **8** Bismarck
Altmeister: **6** Senior
Altmetall: **7** Schrott
altmexikanisches Volk: **4** Maya, **5** Nahua, **8** Tolteken
altmodisch: **5** passé, **6** zopfig, **8** unmodern, **9** ueberholt, **10** antiquiert
Altmühl-Zuflüsse: **4** Sulz, **5** Laber, **7** Rohrach
Altpapier: **9** Makulatur
altpersische(r)
– ***Dynastie:*** **12** Achaemeniden
– ***König:*** **6** Darius, Xerxes
– ***Landschaft:*** **8** Baktrien
– ***Statthalter:*** **6** Satrap
altperuanische Herrenschicht: **4** Inka
altsprachlich: **12** humanistisch
altsprachliches Schulfach: **6** Latein, **10** Griechisch
Altstadt: **4** City
Altstadt von Istanbul: **7** Stambul
Altsteinzeit: **14** Palaeolithikum
Alttertiärzeit: **9** Palaeogen
alttürkischer Provinzstatthalter: **9** Beglerbeg
altväterlich: **10** ehrwürdig, **15** patriarchalisch
altvenezianische Goldmünze: **7** Zechine
Altware: **6** Ramsch
Aluminiumerz: **6** Bauxit
Aluminiumfolie: **8** Stanniol
Aluminium-Nickel-Legierung: **4** Alni
Aluminiumoxid: **7** Tonerde
am Tage vorher: **7** gestern
Amaryllisgewächse: **6** Clivia, Clivie, Crinum, Nerine, **7** Lycoris, Tazette, Vallota, **8** Eucharis, Narzisse, Blutblume, Jonquille, **10** Brunsvigia, **11** Jakobslilie, Knotenblume, Osterglocke, Ritterstern, Zephirblume, **12** Pankrazlilie, **16** Schneegloeckchen, **17** Trompetennarzisse
Amateur: **4** Laie, **9** Dilettant, Liebhaber
Amazonaspalme: **7** Attalea

Amazonas-Zuflüsse: 3 Ica, **4** Jary, Napo, Paru, **5** Jurua, Purus, Teffe, Xingu, **6** Japura, Uatuma, Yapura, **7** Jamunda, Madeira, Tapajos, Tapajoz, Ucayali, **8** Putumayo, Rio Negro, **9** Trombetas
Amazonenkönigin: 7 Antiope, **9** Hippolyte, Melanippe, **11** Penthesilea
Ambition: 7 Ehrgeiz, **9** Bestreben
Ameise: 4 Emse
Ameisenbär: 8 Pangolin
Ameisenkunde: 12 Myrmekologie
Amerika (Erdteil)
***Amerikaner:* 7** Bahamer, Chilene, Guyaner, Haitier, **8** Bahamaer, Bolivier, Jamaiker, Kanadier, Panamaer, Peruaner, **9** Barbadier, Haitianer, Kolumbier, Mexikaner, Surinamer, Uruguayer, **10** Antiguaner, Bolivianer, Honduraner, Jamaikaner, Paraguayer, Venezueler, **11** Argentinier, Brasilianer, Costaricaner, Dominikaner, Kolumbianer, Nicaraguaner, Venezolaner, Venezueller, **12** Ecuadorianer, Guatemalteke, Venezollaner, **13** Puertoricaner, Salvadorianer
***Amerikaner (USA):* 3** Ami, **6** Yankee
***Berge:* 8** Cotopaxi, Illimani, 9 Aconcagua, Mac Kinley, Tajumulco, **10** Chimborazo, **11** Chimborasso, **12** Popocatepetl
***Flüsse u. Ströme:* 4** Ohio, **5** Yukon, **6** Hudson, Parana, **7** La Plata, Niagara, Orinoco, **8** Amazonas, Arkansas, Colorado, Columbia, Illinois, Missouri, Paraguay, Rio Negro, **9** Makkenzie, Magdalena, Rio Grande, Tennessee, **11** Mississippi, **12** Rio de la Plata
***Gebirge:* 5** Anden, **8** Seealpen, **10** Blaue Berge, **11** Kordilleren, Sierra Madre, **12** Sierra Nevada, **14** Rocky Mountains
***Halbinseln:* 6** Alaska, Avalon, Valdes, **7** Boothia, Florida, Yucatan, **8** Labrador, Melville
***Hauptstädte:* 4** Lima, **5** La Paz, Quito, Sucre, **6** Bogota, Nassau, Ottawa, Roseau, **7** Caracas, Cayenne, Havanna, Managua, San José, **8** Asuncion, Belmopan, Brasilia, Castries, Kingston, Santiago, **10** Basse-Terre, Bridgetown, Georgetown, Montevideo, Oranjestad, Paramaribo, Saint Johns, Washington, **11** Buenos Aires, Port-au-Prince, Port-of-Spain, San Salvador, Tegucigalpa, **12** Fort-de-France, Saint George's, Santo Domingo, **15** Ciudad de Mexico, Ciudad de Panama, **17** Ciudad de Guatemala
Indianerstämme
Mittelamerika: **3** Mam, **4** Maya, **5** Otomi, **7** Azteken, **8** Misquito, Tarasken, Tolteken, **9** Chorotega, Huaxteken, Talamanca, Zapoteken
Nordamerika: **4** Crow, Dene, Erie, Hopi, Pani, **5** Creek, Omaha, Sioux, **6** Dakota, Navaho, Pawnee, Pueblo, **7** Apachen, Huronen, Kaiowae, Maskoki, Sonoren, **8** Algonkin, Irokesen, **9** Delawaren, Koloschen, Mohikaner, Tlinkiten, Winnebago, **10** Assiniboin, Athapasken, **11** Komantschen, Schoschonen, Schwarzfuss, **12** Tscherokesen, **13** Tschippiwaeer
Südamerika: **3** Kri, Ona, **4** Inka, Kame, Pano, Tupi, **5** Aruak, Chimu, Kolla, **6** Abipon, Aimara, Jivaro, **7** Chibcha, Guarani,

Kariben, Puelche, Quechua, **8** Chiquito, Karaiben, Ketschua, **9** Araukaner, Botokuden, **11** Tehueltsche
Kanal: **11** Panamakanal
Staaten: **3** USA, **4** Peru, **5** Aruba, Chile, Haiti, **6** Belize, Canada, Guyana, Kanada, Mexico, Mexiko, Panama, **7** Antigua (und Barbuda), Bahamas, Ecuador, Ekuador, Grenada, Jamaika, Surinam, Uruguay, **8** Barbados, Bolivien, Dominica, Dominika, Honduras, Paraguay, Trinidad (und Tobago), **9** Brasilien, Costa Rica, Guatemala, Kolumbien, Nicaragua, Venezuela, **10** El Salvador, Saint Lucia, **11** Argentinien, **12** Saint Vincent, **15** Saint Kitts-Nevis, **22** Dominikanische Republik

Ammoniakverbindung: **7** Salmiak
Amoretten: **6** Eroten, Putten
Amoritergott: **6** Amurru
amorph: **7** formlos, **9** ungeformt, **10** gestaltlos
amortisieren: **6** tilgen, **8** loeschen, **11** abschreiben
Amper-Zuflüsse: **3** Ach, **4** Glon, **5** Eyach, Wuerm, **7** Maisach, Starzel
Amphibie: **5** Lurch
Amphitheater in Rom: **9** Kolosseum
am Rande liegend: **8** peripher
Amt: **6** Charge, Posten, **8** Behoerde, Stellung
Amt niederlegen: **10** quittieren
Amt des Papstes: **10** Pontifikat
Ämterherrschaft: **11** Buerokratie
amtlich: **9** offiziell, **10** dienstlich, urkundlich, **11** behoerdlich
amtliche(r)
– ***Bekanntgabe:*** **8** Bulletin, **10** Communiqué
– ***Bekanntmachung:*** **12** Proklamation
– ***Erlaß:*** **5** Edikt, **6** Dekret, **9** Anordnung, **10** Verfuegung, Verordnung
– ***Zulassung:*** **10** Konzession
Amtsabzeichen der Bischöfe und Marschälle: **4** Stab
Amtsbereich: **7** Ressort
Amtsbezeichnung: **5** Titel
Amtsbezirk eines Bischofs: **6** Bistum, **8** Dioezese, Sprengel
amtsbrüderlich: **9** kollegial
Amtseinführung: **10** Ordination
Amtsenthebung: **10** Suspension
Amtsgebäude: **10** Praesidium
Amtsgehilfe: **7** Adjunkt, **9** Koadjutor
Amtsgenosse: **7** Kollege
Amtskleidung: **4** Robe, **5** Habit, Talar
Amtsniederlegung: **9** Demission
Amtssiegel: **7** Stempel, **8** Sigillum
Amtsstelle: **7** Instanz
Amtsstube: **7** Kanzlei
Amtszeichen: **6** Siegel, **7** Stempel
Amtszeit: **10** Pontifikat
Amulett: **8** Talisman, **9** Anhaenger, **12** Zauberschutz, **14** Gluecksbringer
Amundsens Luftschiff: **5** Norge
Amur-Zuflüsse: **2** Ui, **3** Gan, Kur, Una, Tyr, **4** Chor, Kura, Onon, Seja, Unma, Unna, **5** Amgun, Argun, Chara, Gorin, Kerin, Oldoi, Panga, **6** Bidsch, Bureja, Churpi, Dondon, Hinkan, Kumara, Niumen, Ussuri, **7** Bidshan, Gornaja, Schilka, Songari, Sungari, **8** Bistraja, Chungari, **9** Albaschia, Ischikiri
amüsant: **6** lustig, **7** spassig, **10** kurzweilig, **12** unterhaltend, unterhaltsam
amusischer Mensch: **7** Banause
an der Spitze: **4** oben, vorn, **5** vorne
an diesem Tag: **5** heute
an dieser Stelle: **4** hier
an jener Stelle: **2** da, **4** dort
an keine Tonart gebunden: **6** atonal
analog: **8** aehnlich, **12** entsprechend

Analogie: **12** Aehnlichkeit, Entsprechung, **16** Uebereinstimmung
Analyse: **9** Zerlegung, **10** Aufloesung, **12** Untersuchung
Anarchie: **15** Gesetzlosigkeit
Anarchist: **6** Rebell, **10** Aufruehrer
anatomisch zerlegen: **8** sezieren
anbahnen: **5** ebnen, **11** vorbereiten
anbändeln: **7** flirten, **10** poussieren
Anbau: **5** Annex, Erker, **6** Kultur, Vorbau, **9** Pflanzung, **10** Dependance
anbauen: **8** pflanzen, **11** kultivieren
Anbetung: **9** Adoration, Verehrung
anberaumen: **9** festlegen, **10** festsetzen
anbieten: **8** antragen, **9** anpreisen, kredenzen, **10** offerieren, **13** praesentieren
Anblick: **6** Aspekt
anbrennen: **6** sengen
anbringen: **9** montieren, **10** befestigen, **12** installieren
Andacht: **5** Gebet, **8** Devotion, Inbrunst, **12** Gottesdienst, **13** Versunkenheit
andächtig: **5** fromm, innig, **9** ergriffen, feierlich
Andächtiger: **5** Beter
andächtiges Nachdenken: **10** Meditation
Andachtsbuch: **8** Postille
andauernd: **4** stet, **6** stetig, **7** immerzu
Andengipfel: **6** Sajama, **8** Illimani, **9** Aconcagua, Huascaran, **10** Chimborazo
Andenken: **8** Reliquie, Souvenir, **10** Erinnerung
andernfalls: **5** sonst
ändern: **7** wandeln, **8** umbilden, wechseln, **9** abwandeln, **10** revidieren, **11** umgestalten, **12** konvertieren
anders: **5** alias, **9** heterogen, **11** verschieden
andersgläubig: **9** heterodox
Änderung: **10** Revirement, **13** Modifizierung, **14** Transformation
andeuten: **9** markieren, **10** skizzieren, **11** konturieren
Andeutung: **3** Tip, **4** Wink, **6** Schein
andeutungsweise: **3** vag, **4** vage, **10** unbestimmt
Andorra (Fürstentum in SW Europa)
Berg: **10** Tossa Plana
Hauptstadt: **14** Andorra-la-Vella
Orte: **6** Encamp, Ordino, Soldeu, **7** Canillo, **11** Les Escaldes
Währung: **5** Franc, **6** Peseta
Andrang: **3** Run, **6** Fuelle, Zulauf, **7** Zustrom, **9** Gedraenge
anecken: **9** anstossen, auffallen
aneignen: **9** lernen, nehmen
Aneignung: **8** Annexion, **10** Okkupation, **13** Inbesitznahme, **16** Besitzergreifung
Aneinanderhaften: **9** Adhaesion
anekeln: **11** degoutieren
Anerbieten: **7** Offerte
anerkannt: **7** gueltig, legitim, **9** arriviert, notorisch, offiziell
anerkennen: **5** loben, **6** achten, danken, **7** zugeben, **8** billigen, **9** wuerdigen, **10** tolerieren, **12** legitimieren, ratifizieren
Anerkennung: **3** Lob, **4** Dank, Ehre, Lohn, **7** Beifall, **11** Honorierung, **12** Ratifikation
anfachen: **7** beleben, **9** ermuntern, **11** verstaerken
anfahren: **7** starten
Anfall: **6** Regung, **7** Angriff
Anfall von Raserei: **6** Raptus
Anfälligkeit: **10** Labilitaet, **11** Morbiditaet
Anfang: **5** Start, **6** Beginn, **7** Auftakt, **8** Ursprung, **10** Einleitung
Anfänger: **7** Neuling, **8** Lehrling, Schueler, **9** Debuetant, Greenhorn
anfänglich: **6** zuerst, **7** erstens, primaer, **9** zunaechst, **13** ur-

spruenglich
Anfangsbuchstabe: **6** Versal, **7** Initial, Unziale, **8** Initiale
anfertigen: **6** machen, **8** bereiten, **10** herstellen, **11** fabrizieren, produzieren
Anfertigung: **10** Produktion, **11** Fabrikation, Herstellung
anfeuchten: **7** naessen, **8** benetzen
anfeuern: **6** heizen, **7** treiben, **8** anheizen, **9** antreiben, **10** aufmuntern, begeistern
Anflug: **5** Hauch, **11** Kleinigkeit
anfordern: **9** verlangen
Anfrage: **11** Erkundigung, **14** Interpellation
Anfressung: **9** Korrosion
anführen: **6** narren, **8** zitieren, **9** erwaehnen, **10** befehligen
Anführer: **4** Boss, Chef, **6** Leiter, **10** Haeuptling, **12** Befehlshaber
Anführungsstriche: **15** Gaensefuesschen
Angabe: **7** Anzeige, Aussage, **8** Auskunft, **9** Angeberei, Prahlerei, Protzerei
Angaben zur Person: **11** Personalien
angängig: **8** passabel
Angeber: **5** Protz, **7** Prahler, **9** Renommist, **12** Aufschneider
Angeberei: **9** Snobismus
angeboren: **6** genuin, **10** kongenital
angeborene Fähigkeit: **6** Talent
angeborener Naturtrieb: **8** Instinkt
Angebot: **6** Antrag, **7** Offerte, **9** Vorschlag, **10** Anerbieten, Submission
angebracht: **8** opportun
angefault: **7** karioes
angefügter Wortteil: **5** Affix
angeführte Schriftstelle: **5** Zitat
angefüllt: **4** voll
angegriffen: **4** matt, **6** marode, **8** ermattet
angeheitert: **7** trunken, **10** beschwipst
angehen: **9** tangieren
Angehörige: **5** Sippe, **7** Familie, **9** Verwandte
Angeklagter: **10** Delinquent
Angel: **5** Haspe, **9** Scharnier
Angelegenheit: **4** Fall, **5** Chose, Sache, Thema, **6** Handel, Passus, **7** Affaere, **8** Anliegen
angelegentlich: **6** eifrig
Angelköder: **6** Fliege
angeln: **6** locken, **7** fischen, greifen, **9** einfangen
Angelsachse: **5** Brite
angelsächsischer König: **6** Eduard, Harold
Angelstock: **4** Rute
angemessen: **8** adaequat, gehoerig, **9** geziemend, zustehend, **10** angebracht, **11** gebuehrlich, **12** entsprechend
angenehm: **4** lieb, **6** kommod, **7** anmutig, passend, **8** passabel, **9** annehmbar, behaglich gefaellig, **10** erfreulich, **11** sympathisch, **12** plaesierlich
angenehm warm: **6** mollig
angenehme Empfindung: **6** Genuss
angenommen: **6** fiktiv
angenommener Wechsel: **6** Akzept
angeordnet: **8** disponiert
Angerapp-Zuflüsse: **5** Pissa, **7** Goldapp
angeregt: **6** munter, **7** lebhaft, **8** animiert
angereichert: **12** konzentriert
angeschlagen: **6** groggy
angesehen: **7** namhaft, **8** geachtet, **10** geschaetzt, renommiert, **11** respektabel
angesehene Personen: **8** Notabeln
Angesicht: **7** Antlitz
angetrunken: **3** dun, **4** blau, **10** beschwipst
angewandte Naturwissenschaft: **7** Technik

angewiesen: **9** abhaengig
Angewohnheit: **6** Manier, **7** Marotte
angezeigt: **9** indiziert
Angleichung: **9** Anpassung, **12** Assimilation
Angola (Staat in SW-Afrika)
Berg: **4** Moco
Flüsse: **5** Dande, Kasai, Kuito, **6** Kuando, Kuanza, Kunene, **7** Kubango
Gebirge: **6** Elongo
Grashochland: **4** Biné
Hauptstadt: **6** Luanda
Städte: **6** Huambo, Lobito, **8** Benguela, **9** Mocamedes, **10** Nova Lisboa
Stammessprachen: **5** Lunda, **7** Kikongo, Umbundu, **8** Kimbundu
Währung: **4** Lwei, **6** Kwanza
Angorawolle: **6** Mohaer, Mohair
angreifend: **9** korrosiv, offensiv, **9** aggressiv
Angreifer: **9** Aggressor
Angrenzer: **7** Nachbar, **8** Anrainer, Anwohner
Angriff: **7** Attacke, **8** Anschlag, Vorstoss, **9** Offensive, Ueberfall, **10** Aggression
angriffslustig: **8** offensiv, **9** aggressiv
Angst: **5** Bange, Scheu, Sorge, **6** Bammel, Furcht, Horror, Phobie, **10** Beklemmung
Angsthase: **8** Bangbuex, Feigling
ängstigen: **6** bangen, **7** graulen, **9** fuerchten
ängstlich: **4** bang, feig, **5** bange, feige, scheu, timid, **6** mutlos, **7** besorgt, **9** furchtsam, **11** schreckhaft
Angsttraum: **3** Alp, **4** Mahr
anhaften: **6** kleben
anhaftend: **9** inhaerent
anhalten: **6** dauern, mahnen, **7** stoppen, **10** arretieren, festhalten
anhaltend: **9** andauernd, permanent, **10** persistent
Anhalter: **9** Autotramp
Anhaltspunkt: **7** Zeichen, **8** Handhabe, Verdacht
Anhang: **5** Annex, **6** Exkurs, **7** Familie, Gefolge, Trabant, **8** Nachtrag, **10** Ergaenzung, **11** Nachschrift, **12** Gefolgschaft
Anhänger: **6** Anhang, **7** Amulett, **8** Beiwagen, **10** Anhaengsel, Mitlaeufer
Anhänger
– ***einer bejahenden Weltanschauung:*** **8** Optimist
– ***einer griechischen Philosophenschule:*** **6** Eleate, **7** Stoiker, **9** Epikureer, **10** Platoniker
– ***der Idee des Königtums:*** **8** Royalist, **10** Monarchist
– ***des Islam:*** **6** Moslem, Muslim, **8** Muselman, **12** Mohammedaner
– ***einer kommunistischen Lehre:*** **6** Maoist, **7** Marxist, **8** Leninist, **9** Stalinist, Trotzkist
– ***einer Kunstrichtung:*** **6** Kubist, **7** Dadaist, **11** Pointilist, **13** Expressionist, Impressionist
– ***der Lehre Jesu:*** **6** Christ
– ***der Lehre Laotses:*** **6** Taoist
– ***der Lehre Mohammeds:*** **6** Moslem, Muslim, **8** Muselman, **12** Mohammedaner
– ***der Lehre Zarathustras:*** **5** Parse
– ***des Marxismus:*** **7** Marxist, **9** Kommunist
– ***einer nationaljüdischen Bewegung:*** **7** Zionist
– ***einer politischen Anschauung:*** **6** Maoist, **7** Marxist, **8** Demokrat, Faschist, Pazifist, **9** Anarchist, Liberaler, Sozialist, **10** Chauvinist, Liberalist, Monarchist, **11** Nationalist
– ***eines Reformators:*** **6** Hussit, **9** Calvinist, **10** Lutheraner,

11 Zwinglianer
– ***einer verneinenden Weltanschauung:*** **8** Nihilist, **9** Pessimist
– ***des Weltfriedens:*** **8** Pazifist
– ***des Zoroaster:*** **5** Parse
anhänglich: **4** treu
Anhänglichkeit: **5** Treue, **7** Pietaet
Anhängsel: **7** Annex, **8** Appendix
Anhäufung: **4** Pulk, **5** Halde, **7** Ballung, Hortung, **10** Agglomerat, Kumulation, **11** Aggregation, **13** Agglomeration
anheimelnd: **10** gemuetlich
anhimmeln: **8** verehren
Anhöhe: **4** Berg, **6** Huegel, **8** Erhebung
animalisch: **8** tierisch
animieren: **7** anregen, **9** ermuntern, verlocken
Anisbranntwein, Anislikör: **7** Anisett, **8** Anisette
Ankauf: **6** Erwerb, **9** Erwerbung
Ankerplatz: **4** Pier, **5** Hafen, Reede
Ankertonne: **4** Boje
Ankerwinde: **5** Spill, **9** Gangspill
an Kindes Statt annehmen: **10** adoptieren
Ankläger: **12** Staatsanwalt
Anklage: **13** Inkrimination
Anklagezustand: **4** Reat
Anklang: **7** Beifall, **8** Resonanz, **11** Reminiszenz
Ankleideraum: **7** Boudoir, **9** Garderobe
Ankleidetisch: **8** Toilette
anknüpfen: **8** anbahnen
ankommen: **6** landen, **9** erreichen
ankündigen: **6** melden, **8** anzeigen, **9** einleiten, **11** vorhersagen
Ankündigung: **4** Avis, **6** Ansage, **8** Prognose, **11** Bekanntgabe
Ankunft: **7** Landung, **9** Einlaufen, **10** Eintreffen, Erscheinen
Anlage: **4** Keim, **7** Habitus, **11** Disposition, Investition, **12** Installation, **13** Etablissement
Anlage zur Salzgewinnung: **6** Saline
Anlaß: **5** Grund, **7** Anstoss, Ursache, **11** Gelegenheit
Anlasser: **7** Starter
anlegen: **6** landen, **9** errichten, **10** festmachen, **11** investieren
anlehnen: **8** stuetzen, **9** nachahmen
Anleihe: **4** Borg, Pump, **6** Kredit
Anleihepapier: **4** Bond, **10** Obligation, Pfandbrief
anleiten: **6** lehren, **7** beraten, **8** anhalten
Anleitung: **7** Hinweis, **8** Beratung, **9** Anweisung, Leitfaden, **10** Unterricht, Vorschrift, **11** Instruktion
Anliegen: **6** Wunsch
Anlieger: **7** Nachbar, **8** Anrainer, Anwohner
anmaßend: **8** arrogant, insolent, **9** vermessen, **11** impertinent, **12** praetentioes, ueberheblich, unverschaemt
anmelden: **8** anzeigen, **11** deklarieren
Anmerkung: **4** Nota, **5** Notiz, **6** Glosse, **8** Fussnote, **9** Bemerkung, Kommentar, **10** Ergaenzung, **12** Erlaeuterung
Anmut: **6** Charme, Grazie, Scharm, **8** Liebreiz, **13** Holdseligkeit
anmutig: **7** huebsch, reizend, **8** charmant, grazioes, grazioso, **9** gefaellig
annähernd: **4** etwa, **5** circa, zirka, **8** ziemlich, **9** ungefaehr
Annäherung: **6** Konnex, **10** Konvergenz
Annäherungsgraben: **5** Sappe
Annahme: **7** Empfang, Fiktion, Meinung, **8** Aufnahme, **9** Hypothese, Rezeption, Vermutung, **11** Praesumtion, **12** Praesumption, **13** Unterstellung
Annahme an Kindes Statt: **8** Adoption
annehmbar: **8** passabel, **9** plausibel, tolerabel, **10** akzeptabel
Annehmlichkeit: **6** Genuss, **14** Be-

quemlichkeit, Gemuetlichkeit
anonym: 8 namenlos, **8** ungenannt
anordnen: 8 befehlen, **11** disponieren
Anordnung: 6 Befehl, **9** Regulativ, **11** Arrangement
anorganischer Stoff: 7 Mineral
Anpassung: 7 Mimikry, **8** Adaption, **10** Gewoehnung, **12** Assimilation, **13** Akkommodation, **15** Akklimatisation
anpassungsfähig: 9 adaptabel
Anpassungsvermögen: 10 Adaptation
Anpfiff: 5 Ruege, Tadel
Anpflanzung: 5 Anbau, **8** Plantage
Anprall: 5 Stoss
Anpreisung: 7 Reklame, Werbung
Anrainer: 7 Nachbar
Anrede
– ***an Gott:*** **4** Abba
– ***für Bischöfe:*** **9** Exzellenz
– ***für Dekane:*** **14** Spektabilitaet
– ***für Fürsten:*** **11** Durchlaucht
– ***für Geistliche:*** **10** Ehrwuerden, **11** Hoechwuerden
– ***für Kaiser:*** **9** Majestaet
– ***für Kardinäle:*** **7** Eminenz
– ***für Könige:*** **9** Majestaet
– ***für Prinzen:*** **11** Durchlaucht
– ***für Universitätsrektoren:*** **11** Magnifizenz
– ***für den Papst:*** **10** Heiligkeit
– ***im diplomatischen Verkehr:*** **9** Exzellenz
Anredefall: 7 Vokativ
anreden: 10 titulieren
anregen: 7 beleben, **8** anreizen, **9** animieren, **11** stimulieren, veranlassen
anregendes Mittel: 9 Stimulans
Anreger: 9 Initiator, **10** Inspirator
Anregung: 6 Impuls, **7** Anstoss, Hinweis, **10** Initiative, **11** Ermunterung, Inspiration, **12** Aufmunterung
Anregungsmittel: 8 Exzitanz, **11** Analeptikum
Anreiz: 6 Impuls, **7** Ansporn
Anrichte: 7 Buefett, Kredenz, **9** Sideboard
Anrichteraum auf Schiffen: 6 Pantry
anrüchig: 7 ominoes, **11** zweifelhaft
Anrüchigkeit: 8 Hautgout
Anruf: 9 Telefonat
Anrufung Gottes: 5 Gebet, **10** Invokation
Ansage: 6 Diktat, **10** Conférence
Ansager: 8 Sprecher, **12** Conférencier
Ansammlung: 5 Haufe, **7** Auflauf, **13** Agglomeration
ansässig: 6 hiesig, **8** heimisch, sesshaft, **11** eingesessen
Ansässiger: 5 Sasse, **9** Einwohner
Ansatz: 6 Anfang, **13** Verlaengerung
Ansatzrohrstück: 6 Muffe, **7** Stutzen
anschaffen: 6 kaufen, **8** erwerben
Anschaffung: 4 Kauf, **6** Erwerb, **11** Akquisition
anschaulich: 6 farbig, **8** bildlich, lebendig, **9** plastisch, **12** demonstrativ, eindringlich, **13** verstaendlich
Anschaulichkeit: 12 Plastizitaet
Anschauung: 6 Glaube, **7** Ansicht, Meinung, **9** Denkweise, Intuition, **11** Betrachtung, Vorstellung
Anschauungsweise: 11 Mentalitaet
Anschein: 3 Air, **8** Aussehen
anscheinend: 10 vermutlich
Anschlag: 6 Kabale, Plakat, Raenke, **7** Affiche, Aushang, Intrige, **8** Attentat, Sabotage, **14** Bekanntmachung
Anschlagsäule: 13 Litfasssaeule
Anschluß: 7 Kontakt, **12** Installation
Anschluß an Wasserleitung: **7** Hydrant
anschmiegsam: 5 weich, **9** zaertlich, **10** zutraulich, **16** anpassungsfaehig
Anschrift: 7 Adresse
anschuldigen: 8 anklagen, **10** verleumden, **12** anschwaerzen, beschuldigen

A

Anschuldigung: **7** Anklage, **11** Verleumdung, **13** Inkrimination
Ansehen: **3** Air, Ruf, **4** Ehre, **6** Nimbus, Wuerde, **7** Achtung, Geltung, **8** Prestige, Renommee, **10** Autoritaet, **11** Distinktion
ansehnlich: **9** bedeutend, stattlich, **11** respektabel, **12** reputierlich, **13** eindrucksvoll, betraechtlich, **14** repraesentabel, repraesentativ
Ansicht: **6** Aspekt, **7** Anblick, Fassade, Meinung, **8** Prospekt, **10** Standpunkt
Ansiedler: **8** Kolonist
Ansiedlung: **3** Ort, **4** Dorf, **5** Stadt, **6** Kurort, **7** Badeort, Kolonie **8** Gemeinde, **10** Grossstadt, Kleinstadt, **13** Niederlassung
Ansinnen: **8** Zumutung, **9** Verlangen
Anspannung: **9** Intension
anspielen: **8** andeuten
Ansporn: **5** Drang, **6** Anreiz, **7** Vorbild, **8** Auftrieb, Beispiel, Stimulus, **10** Triebfeder
Ansprache: **4** Rede, **6** Speech
ansprechen: **7** anreden, **8** gefallen
ansprechend: **9** attraktiv, **11** sympathisch
Anspruch: **6** Anteil, **7** Monopol, **9** Forderung, **11** Praetention
anspruchslos: **9** genuegsam, **10** bescheiden, **11** spartanisch
anspruchsvoll: **9** ambitioes, anmassend, **12** praetentioes, **12** unbescheiden
Anstalt: **4** Heim, **5** Stift, **6** Schule, **8** Institut, Internat, **9** Pensionat, **11** Heilanstalt
Anstaltszögling: **5** Eleve, **6** Alumne, **7** Alumnus
Anstand: **5** Moral, Mores, Sitte, Zucht, **6** Dehors, Tugend, Wuerde, **7** Dekorum, Schliff, **8** Benehmen, Betragen
Anstand des Jägers: **8** Hochsitz, Jagdsitz
anständig: **4** fair, **5** loyal, **6** dezent, honett, **7** korrekt, serioes, sittsam, **8** gehoerig, **10** manierlich, ordentlich, **11** einwandfrei, **13** gentlemanlike, rechtschaffen
Anständigkeit: **8** Fairness, **10** Reellitaet, **11** Seriositaet
Anstandsbuch: **6** Knigge
anstarren: **8** fixieren
Ansteckblume: **11** Boutonniere
anstecken: **10** infizieren
ansteckend: **8** virulent, **10** kontagioes
Ansteckung: **6** Infekt, **9** Infektion
Ansteigen der Börsenkurse: **6** Hausse
ansteigend: **5** steil
anstelle: **5** statt
anstellig: **6** begabt, **9** geschickt
Anstellerei: **5** Getue, **6** Gehabe, **7** Geziere, **8** Biererei, **9** Pruederie
Anstellung: **3** Job, **6** Arbeit, **10** Engagement
Anstellungsurkunde: **6** Patent
anstiften: **10** verfuehren, **11** veranlassen
Anstifter: **7** Urheber, **9** Initiator, **10** Verfuehrer
anstimmen: **10** intonieren
Anstoß: **6** Anlass, Impuls, Signal, **7** Ansporn, Ursache, **8** Anregung
anstoßen: **7** rempeln, **8** schubsen
anstößig: **8** shocking, **9** schockant, **10** skandaloes, **12** unanstaendig
anstreben: **11** intendieren, **12** reflektieren
anstreichen: **5** malen, **7** bemalen, **8** tuenchen, **9** lackieren
Anstreichmittel: **4** Kalk, Lack, Teer, **5** Farbe, **6** Firnis, **7** Tuenche, **8** Oelfarbe
anstrengend: **9** muehevoll, **11** strapazioes
Anstrengung: **5** Muehe, **6** Arbeit, **8** Strapaze

Ansturm: **3** Run, **4** Rush
anstürmen: **7** branden, **8** anrennen
Ansuchen: **5** Bitte, **8** Petition
antarktische Halbinsel: **10** Grahamland
antarktischer Vulkan: **6** Erebus
Antarktisforscher: **4** Byrd, Cook, Ross, **5** Fuchs, Scott, **6** Wilkes, **7** Hillary, Wilkins, **8** Amundsen, **10** Shackleton
Anteil: **4** Part, Teil, **5** Aktie, Claim, Quote, **6** Ration, **7** Beitrag, Portion, Quantum, **9** Interesse, **10** Kontingent, Teilbesitz
Anteil am Gemeindewald: **3** Hau
anteilig: **8** partiell
Anteilnahme: **7** Beileid, Mitleid, **9** Interesse
Anteilschein: **3** Kux, Los, **5** Aktie, Share, **10** Wertpapier
Antennentyp: **5** Dipol, **10** Kreuzdipol, **11** Stabantenne, **14** Parabolantenne
Antialkoholiker: **12** Abstinenzler, Blaukreuzler
Antibiotikum: **10** Penicillin
Antigua und Barbadua (Inselstaat in der Karibik):
Hauptstadt: **9** Saint John
Koralleneiland: **7** Redonda
Währung: **4** Cent, **6** Dollar
antike(r, s)
– ***Hafen Athens:*** **8** Phaleron
– ***Hochzeitsgesang:*** **5** Hymen
– ***Kriegsschiff:*** **6** Bireme, Triere, **7** Galeere, Pentere, Trireme, **10** Quadrireme
– ***Krug:*** **7** Amphora, Amphore
– ***Landschaft am Schwarzen Meer:*** **7** Kolchis
– ***Landschaft in Griechenland:*** **5** Doris, **6** Attika, Epirus, Lokris, Phokis, **7** Argolis, **8** Aetolien, Arkadien, Boeotien, Lakonien **9** Messenien
– ***Landschaft in Kleinasien:*** **5** Troas, **6** Lydien, Lykien, Mysien, **7** Aeolien, **8** Kilikien, Phrygien, Pisidien, Zilizien, **9** Bithynien, **12** Paphlagonien
– ***Landschaft in Italien:*** **6** Latium, **8** Etrurien
– ***Landschaft in Palästina:*** **6** Judaea, **8** Galilaea
– ***Landschaft in Persien:*** **6** Medien, **8** Baktrien
– ***Landschaft in Südarabien:*** **4** Saba
– ***Landschaft in Syrien:*** **10** Phoenizien
– ***Leuchtturm:*** **6** Pharos
– ***Name von Deutschland:*** **9** Germanien
– ***Name von Frankreich:*** **7** Gallien
– ***Name von Italien:*** **6** Italia
– ***Name von Troja:*** **5** Ilion
– ***Orakelstätte:*** **5** Cumae, **6** Delphi, Didyma, Dodona
– ***Rechenbrett:*** **6** Abakus
– ***Reitervolk:*** **5** Saken, **7** Skythen
– ***Saiteninstrument:*** **4** Lyra, **5** Leier, **8** Barbiton
– ***Schreibmaterial:*** **6** Stilus, **7** Papyrus, **9** Diptychon, Pergament
– ***Schriftzeichen:*** **4** Rune, **11** Hieroglyphe
– ***Seeungeheuer:*** **6** Scylla, **9** Charybdis
– ***Sprache:*** **6** Latein, **10** Griechisch
– ***Stadt am Maeander:*** **8** Magnesia
– ***Stadt am Vesuv:*** **7** Pompeji, Stabiae, **11** Herculaneum, Herkulaneum
– ***Stadt auf Kreta:*** **7** Knossos
– ***Stadt auf Sizilien:*** **7** Segesta, **8** Selinunt
– ***Stadt auf Zypern:*** **6** Paphos, **7** Salamis
– ***Stadt bei Athen:*** **7** Eleusis
– ***Stadt bei Tunis:*** **8** Karthago
– ***Stadt im Libanon:*** **5** Sidon
– ***Stadt in Ägypten:*** **4** Sais, **6** Theben

- ***Stadt in Arkadien:*** **8** Mantinea
- ***Stadt in Bithynien:*** **6** Nicaea, Nikaea
- ***Stadt in Böotien:*** **8** Plataeae
- ***Stadt in Griechenland:*** **5** Argos, **6** Abdera, Croton, Olynth, Sikyon, Sparta, Theben, Tiryns, **7** Chalkis, Eleusis, Mykenae, Stagira, Tanagra, **9** Epidaurus
- ***Stadt in Italien:*** **4** Elea, **7** Pompeji, Stabiae, Sybaris, **8** Tusculum, **11** Herculaneum, Herkulaneum
- ***Stadt in Kleinasien:*** **5** Milet, Troja, **6** Abydos, Nicaea, Nikaea, Sardes, **7** Ephesos, Ephesus, **8** Magnesia, Pergamon, **13** Halikarnassos
- ***Stadt in Lydien:*** **8** Kolophon
- ***Stadt in Mazedonien:*** **5** Pydna, **8** Philippi
- ***Stadt in Mesopotamien:*** **8** Seleucia
- ***Stadt in Nordafrika:*** **4** Zama, **5** Utica, **8** Karthago
- ***Stadt in Persien:*** **4** Susa, **5** Ekbatana, **10** Persepolis
- ***Stadt in Phrygien:*** **8** Kolossae
- ***Stadt in Phönizien:*** **5** Sidon
- ***Stadt in Spanien:*** **8** Numantia
- ***Stadt in Syrien:*** **5** Emesa, **7** Palmyra
- ***Stadt in Tunesien:*** **8** Karthago
- ***Stadt in Unteritalien:*** **4** Elea, **7** Sybaris
- ***Sturmbock:*** **5** Aries
- ***Urne:*** **5** Zista, Ziste
- ***Vase:*** **7** Amphora, Amphore
- ***Versmaß:*** **6** Jambus, **8** Anapaest, Daktylus, **9** Hexameter, Trochaeus, **10** Pentameter
- ***Volk in Griechenland:*** **5** Dorer, **6** Dorier, **7** Achaeer, Aeolier
- ***Volk in Italien:*** **6** Italer, **7** Latiner, Sabiner, **8** Etrusker, Samniter
- ***Volk in Kleinasien:*** **5** Lyder, **6** Lydier, **7** Galater, **8** Hethiter, Phrygier
- ***Volk in Syrien:*** **10** Phoenizier
- ***Volk in Vorderasien:*** **5** Meder, **7** Parther, Sumerer, **10** Phoenizier
- ***Weissagerin:*** **6** Pythia, **9** Kassandra
- ***Weissagung:*** **6** Orakel
- ***Wettkampf:*** **4** Agon
- ***Wurfgeschütz:*** **6** Balliste

Antilleninseln: **4** Cuba, Kuba, Saba, **5** Aruba, Haiti, **6** Tobago, **7** Curacao, Jamaica, Jamaika, **8** Barbados, **10** Puerto Rico

Antilopen, Gazellen: **3** Gnu, Goa, **4** Kama, Oryx, Pala, **5** Beisa, Kaama, Nyala, Oribi, Sassa, **6** Dseren, Impala, Passan, **7** Adenota, Dibatag, Gemsbock, Rehbock, Gerenuk, Kongoni, **8** Antilope, Buntbock, Korrigum, Riedbock, Waldbock, **9** Blessbock, Buschbock, Chousinga, Onotragus, Sitatunga, Sumpfbock, **10** Hartebeest, Pferdebock, Spiessbock, Springbock, Wasserbock, Wildebeest, **11** Damagazelle, Edmegazelle, Kuhantilope, Lamagazelle, Streifengnu, **12** Addragazelle, Bergriedbock, Damara-Dik-Dik, Grantgazelle, Kropfgazelle, Lodergazelle, Moorantilope, Oryxantilope, Tibetgazelle, Waldantilope, Weissbartgnu, **13** Blauboeckchen, Burenantilope, Dorkasgazelle, Duenengazelle, Klippspringer, Leierantilope, Sumpfantilope, Ziegengazelle, Zwergspringer, **14** Hirschantilope, Mendesantilope, Pferdeantilope, Rappenantilope, Saebelantilope, **15** Bleichboeckchen, Giraffengazelle, Isabellantilope, Maehnenantilope, Tschirrantilope, Weissschwanzgnu, **16** Bueschelohrbeisa, Moschusboeckchen, Soemmeringazelle, Vierhornantilope, **17** Przewalski-Gazelle, Schwarz-

schwanzgnu, Senegalwasserbock, Windspielantilope, **18** Ellipsenwasserbock, **20** Hirschziegenantilope, **21** Schwarzfersenantilope
Antlitz: **7** Gesicht, **9** Angesicht
Antrag: **5** Bitte, **6** Gesuch, **7** Eingabe, **8** Petition
Antreten (milit.): **6** Appell
Antrieb: **5** Drang, Motiv, **6** Impuls, **7** Ansporn, **8** Stimulus
Antriebskraft: **3** Gas, **5** Dampf, **6** Wasser, **13** Elektrizitaet
Antriebsmaschine: **5** Motor, **7** Turbine
Antriebsriemen: **4** Pese
Antriebsvorrichtung: **6** Goepel, **8** Rosswerk, Wellbaum
Antwort: **4** Echo, **6** Replik, **8** Bescheid, **10** Entgegnung, Erwiderung
Antwort auf Kontra (Skat): **1** Re
Anwalt: **7** Advokat, Berater, **8** Beistand, Sprecher, **9** Konsulent, **12** Fuersprecher, **13** Rechtsberater, **14** Rechtsbeistand
Anwaltsbüro: **7** Kanzlei
Anwaltsrede: **9** Plaedoyer
Anwärter: **8** Aspirant, Kandidat, **9** Volontaer, **10** Exspektant
anweisen: **6** zeigen, **8** zuweisen, **11** instruieren, **12** vorschreiben
Anweisung: **5** Regie, **6** Rezept, **9** Anordnung, Belehrung, Direktive, **11** Instruktion
anwenden: **12** praktizieren
Anwendung: **7** Praktik, **8** Gebrauch
anwerben: **8** anheuern
Anwesen: **3** Gut, Hof, **8** Hofstatt, **9** Besitztum, **11** Grundbesitz, Grundstueck
anwesend: **5** dabei, **7** zugegen, **8** greifbar, praesent, **9** vorhanden, **12** gegenwaertig
Anwesenheit: **6** Dasein, **9** Praesenz, **9** Dabeisein, Gegenwart, Teilnahme, Vorkommen
anwidern: **5** ekeln, **8** anekeln, **11** degoutieren
Anwohner: **7** Nachbar, **8** Anrainer
Anzahl: **5** Herde, Menge, Rudel, Schar, **6** Haufen, **7** Quantum
Anzahlung: **6** Akonto, Vadium, **8** Handgeld, **9** Draufgabe, Draufgeld
Anzapfung: **7** Anstich
Anzeichen: **4** Omen, **5** Indiz, **7** Merkmal, Symptom, **10** Indikation
Anzeige: **4** Avis, **6** Insert, **7** Annonce, Inserat, **8** Delation
anzeigen: **10** indizieren
anzeigend: **13** symptomatisch
Anzeiger: **9** Indikator
anzetteln: **9** anstiften, **10** verfuehren
anziehend: **9** attraktiv, **10** magnetisch, **11** interessant, sympathisch
anziehender Gegenstand: **6** Magnet
Anziehungskraft: **4** Reiz, **9** Kohaesion, **10** Attraktion, **11** Gravitation, Magnetismus, Schwerkraft
Anzug: **5** Dress, **7** Overall, **9** Fulldress
anzüglich: **6** pikant, **10** zweideutig
anzünden: **9** anbrennen, anstecken, entfachen, **10** entflammen, entzuenden
Anzünder: **7** Fidibus, **9** Feuerzeug, **11** Streichholz
apart: **5** eigen, **7** reizend, **8** reizvoll, **9** besonders, **11** eigenwillig, **13** geschmackvoll
apathisch: **12** teilnahmslos
Apeninnenhalbinsel: **7** Italien
Apfelsine: **6** Orange
Apfelsorten: **5** Mutsu, **6** Boskop, Idared, Rambur, **7** Alkmene, Boskoop, Kalvill, Ontario, Renette, **8** Delizius, Jonagold, Jonathan, Kalville, Parmaene, **9** Berlepsch, Bohnapfel, Cox'Orange, Kantapfel, Klarapfel, Taeubling, **10** Jakob Lebel, Morgenduft, Rosenapfel, Streifling, **11** Goldrenette, Granny Smith, Ingrid Marie, James Grieve, Landsberger, Winterapfel,

12 Glockenapfel, Goldparmaene, Martiniapfel, Prinzenapfel, **13** Albrechtapfel, Gravensteiner, Winterrambour, **15** Golden Delicious
Apfelwein: 5 Cider, Zider
Aphrodite: 5 Venus
apodiktisch: 14 unwiderleglich
Apogäum: 8 Erdferne
Apokalypse: 11 Offenbarung
Apollopriesterin: 6 Pythia
Apostel: 7 Juenger, **8** Sendbote
Apostelamt: 9 Apostolat
Apostelbrief: 7 Epistel
Apostel
– ***der Angelsachsen:*** **10** Augustinus
– ***der Bayern:*** **7** Emmeram
– ***der Deutschen:*** **10** Bonifatius
– ***der Franken:*** **6** Kilian
– ***der Friesen:*** **10** Willibrord
– ***der Grönländer:*** **5** Egede
– ***der Iren:*** **7** Patrick
– ***Jesu:*** **5** Judas, Simon, **6** Markus, Paulus, Petrus, Thomas, **7** Andreas, Jakobus, **8** Johannes, Matthias, **9** Matthaeus, Philippus, Thaddaeus, **13** Bartholomaeus
– ***des Nordens:*** **6** Ansgar
– ***der Pommern:*** **4** Otto
– ***der Preußen:*** **8** Adalbert
– ***der Slawen:*** **6** Kyrill, **8** Cyrillus
Apotheke: 7 Offizin
Apotheker: 8 Magister, Provisor, **10** Pharmazeut
Apothekergewicht: 4 Gran, Unze, **5** Graen
Apothekerkunst: 9 Pharmazie
Apparat: 4 Werk, **6** Geraet, **7** Automat, **10** Instrument, **11** Mechanismus, Vorrichtung
Apparatur: 11 Maschinerie, **12** Geraetschaft, **15** Instrumentarium
Appell: 6 Aufruf, **7** Mahnruf, Mahnung, **8** Antreten, **12** Aufforderung
appellieren: 7 anrufen
Appetit: 4 Lust, **7** Esslust, **9** Verlangen
Appetitanreger: 8 Aperitif, **10** Aperitivum
appetitlich: 6 lecker, **9** delizioes, koestlich
Appetitlosigkeit: 8 Anorexie
Applaus: 7 Beifall, **11** Akklamation
Aprikose: 7 Marille
Aprikosenhaut: 8 Duvetine
Aprikosenlikör: 13 Apricot-Brandy
April: 9 Ostermond, **11** Wandelmonat
apropos: 9 uebrigens
Aquarienpflanzen: 6 Elodea, Riccia, **8** Helodea, Wolffia, **8** Salvinia, **10** Sagittaria
Äquatorial-Guinea (Staat in W-Afrika)
Berg: **11** Santa Isabel
Bevölkerung (Stammesgruppen): **4** Bubi, Fang, **5** Benga, Kombe, **6** Pangwe
Fluß: **6** Benito
Gebiet des Festlands: **5** Mbini
Hauptstadt: **6** Malabo
Inseln: **5** Bioko (früher: **11** Fernando Póo) **6** Pagalu, **7** Annobon
Politiker: **6** Macias
Stadt: **4** Bata
Währung: **5** Franc, **6** Ekuele, **7** Centimo
Äquivalent: 9 Ausgleich, Gegenwert
Ära: 6 Epoche, Zeitalter
Araber: 8 Sarazene
Araberhengst bei Karl May: 3 Rih
Arabervölker: 5 Anese, **7** Senussi, **8** Beduinen, **10** Amalekiter
Arabervolk i.d. Dichtung: 4 Asra
arabisch
behagliche Ruhe: **3** Kef
Berg, Gebirge: **8** Dschebel
Berggipfel: **3** Ras
Boden, Land: **4** Ardh
böser Geist, Teufel: **4** Jinn, **7** Dschinn
Brunnen: **3** Bir
Dorfschulze: **7** Muchtar

Erde, Land: **4** Ardh
Fluß, Meer: **4** Bahr
Gebäude, Wohnung: **6** Imaret
Geröllwüste: **5** Serir
Glaube: **4** Iman
Häuptling: **3** Ras
Haus: **3** Dar
Herr: **4** Said, Sidi
Hügel: **3** Tel
Jerusalem: **6** El Kuds
Jesus: Isa
Kap: **3** Ras
Knecht: **3** Abd
König: **5** Malik, Melik
Land: **3** Dar
Meerenge: **3** Bab
Nichtmohammedaner: **5** Kafir
Null: **4** Sifr
Sandwüste: **3** Erg
Sohn: **3** Ibn
Tagesanbruch: **5** Sabah
Tor: **3** Bab
trockenlieg. Flußtal: **4** Wadi
Vater: **3** Abu
Vorgebirge: **3** Ras

arabische (r, s)
– *Artikel:* **2** al, el, il
– *Astronomen:* **6** Alsufi, **7** Battani
– *Bauer:* **6** Fellah, **8** Fellache
– *Derwisch:* **5** Fakir
– *Dichter:* **5** Antar, **6** Hariri, Tarafa, **9** Abu Tamman
– *Dorf:* **4** Duar
– *Dynastien, Herrschergeschlechter:* **7** Ibn Saud, **8** Omajaden, **9** Fatimiden, Lachmiden, **11** Ghassaniden
– *Feldherr:* **5** Tarik
– *Fürstentitel:* **4** Emir
– *Fürstentum:* **6** Emirat
– *Gebetsrufer:* **7** Muezzin
– *Gedichtform:* **5** Gasel, **6** Gasele
– *Geigen:* **5** Rebab, **6** Kissar
Gelehrter, Wissenschaftler: **5** Hakim
– *Gewänder:* **3** Aba, **4** Haik, **6** Abajeh, Burnus, **10** Dschellaba
– *Grußwörter:* **5** Salam, Salem, Selam
– *Kopfschleier:* **6** Litham
– *Krummschwert:* **4** Seif
– *Lastträger:* **6** Hammal
– *Männernamen:* **3** Ali, **4** Omar, **5** Ahmed, Selim, **6** Achmed, Jussuf, Mahmud, Mehmed, **7** Ibrahim, Mustafa, **8** Mohammed, Muhammed
– *Märchenvogel:* **3** Rok, **4** Roch
– *Markt:* **3** Suk, **4** Souk
– *Messerwaffe:* **9** Handschar
– *Monatsnamen:* → Monatsnamen
– *Muttergöttin:* **4** Ilat
– *Nomade:* **7** Beduine
– *Ochsenwagen:* **5** Araba
– *Ornament:* **8** Arabeske
– *Ortsvorsteher:* **4** Kaid
– *Räuberkarawane:* **3** Gum
– *Richter:* **4** Kadi
– *Schrift:* **6** Neschi
– *Schriftsteller:* **6** Damiri
– *Schwert:* **4** Seif
– *Segelschiffe:* **3** Dau, **4** Dhau, Dhaw, **7** Baggala, **8** Dahabije
– *Stammeshäuptling:* **6** Scheik, **7** Scheich
– *Stegreifdichtung:* **6** Makame
– *Theologe:* **6** Damiri
– *Trommel:* **4** Duff, **7** Darbuka, **9** Darabukka
– *Volksliedersammlung:* **6** Hamasa
– *Wasserschöpfrad:* **5** Naura
– *Weltreisender:* **9** Ibn Batuta

Arbeit: **3** Job, **4** Werk, **6** Dienst, Erwerb, Pensum, **8** Leistung, **10** Taetigkeit, **14** Beschaeftigung
Arbeit für den Lehnsherrn: **4** Fron
arbeiten: **6** werken, wirken, **8** schaffen, **10** herstellen
Arbeiter: **8** Werkmann, **12** Arbeitnehmer, Arbeitskraft, Werktaetiger
Arbeitgeber: **11** Unternehmer

Arbeitnehmer: **8** Arbeiter, **12** Angestellter
Arbeitnehmervereinigung: **12** Gewerkschaft
arbeitsam: **8** fleissig
Arbeitseinheit: **3** Erg
Arbeitsentgelt: **4** Gage, Lohn, **5** Heuer, **6** Gehalt, Salaer, **7** Deputat, Honorar
Arbeitsergebnis: **7** Produkt
Arbeitsgang: **7** Prozess, **9** Operation
Arbeitsgebiet: **7** Domaene, Ressort
Arbeitsgemeinschaft: **4** Team, **7** Kolonne, Schicht, Teamwork, **9** Kollektiv
Arbeitsgerät: **8** Werkzeug
Arbeitskamerad: **6** Kumpel, **7** Kollege, **11** Mitarbeiter
Arbeitskampfmittel: **6** Streik, **11** Aussperrung
Arbeitskleidung: **6** Kittel, Montur, **7** Overall
Arbeitskollektiv: **7** Brigade
Arbeitsmittel: **9** Werkstoff
Arbeitsniederlegung: **6** Streik
Arbeitsnorm: **6** Akkord
Arbeitsplatz: **3** Job, **6** Stelle
Arbeitsscheuer: **7** Bettler, **8** Faulpelz
Arbeitsstätte: **4** Werk, **5** Labor, **6** Fabrik, Stelle, Studio, **7** Betrieb, **9** Werkstatt, **12** Laboratorium
Arbeitsuntauglicher: **6** Kranker, **8** Invalide
Arbeitsunterbrechung: **4** Rast, **5** Pause, **6** Streik
Arbeitsweise: **7** Technik
Arbeitszeit: **7** Schicht
architektonische Begriffe: **3** Bau, Dom, Hof, Tor, **4** Aula, Burg, Chor, Dach, Esse, Fuge, Haus, Holm, Joch, Keil, Luke, Putz, Sims, Stil, Tuer, Turm, Wand, **5** Altan, Apsis, Basis, Bogen, Bohle, Daube, Erker, Etage, First, Foyer, Fries, Halle, Kamin, Mauer, Rampe, Stuck, Stufe, Villa, Zinne, **6** Arkade, Balken, Balkon, Blende, Empore, Fliese, Gesims, Giebel, Kachel, Kanzel, Keller, Klinke, Kuppel, Loggia, Nische, Palast, Portal, Quader, Saeule, Schiff, Schlot, Sockel, Tempel, **7** Alkoven, Baracke, Fassade, Festung, Galerie, Kapelle, Kastell, Parkett, Pergola, Pfeiler, Plafond, Schacht, Schloss, Soeller, Traeger, Veranda, **8** Beletage, Bungalow, Fachwerk, Gewoelbe, Kapitell, Lichthof, Ornament, Pultdach, Terrasse, Walmdach, **9** Bruestung, Dachboden, Dachstuhl, Flachdach, Fundament, Vestibuel, **10** Balustrade, Dachgarten, Maisonette, Satteldach, Souterrain, **11** Maisonnette, Mauersockel
Architektur: **8** Baukunst
Archivbeamter: **8** Archivar
arg: **5** boese, **7** schlimm
Argentinien (Staat in S-Amerika):
Berge: **5** Maipo, **9** Aconcagua
Flüsse: **6** Chubut, Parana, Salado, **7** Bermejo, San Juan, **8** Colorado, Rio Negro
Gebirge: **5** Anden
Halbinsel: **6** Valdes
Hauptstadt: **11** Buenos Aires
Indianer: **7** Guarani, **9** Araukaner
Landschaften: **5** Pampa, **6** Pampas, **9** Gran Chaco, Santa Cruz, **10** Patagonien
Nationalgericht: **7** Puchero
Nobelpreisträger
– *für Medizin:* **8** Milstein
Provinzen: **7** Mendoza, Santa Fé, Tucuman, **8** Misiones, **9** Entre Rios, **11** Buenos Aires
Rinderhirt: **6** Gaucho
Staatsmänner: **5** Illia, Menem, Mitre, Ortiz, Peron, **7** Lanusse, Ramirez, **8** Alfonsin, Belgrano,

9 Rivadavia
Städte: **5** Jujuy, Salta, **6** Arenas, Parana, Rawson, Viedma, **7** Cordoba, Deseado, La Plata, Mendoza, Neuquen, Posadas, Rosario, San Juan, Santa Fé, Tucuman, Ushuaia, **8** Porvenir, **9** Pergamino, Rio Cuarto, **10** Corrientes, **11** Bahia Blanca, Buenos Aires, San Fernando
Sturm: **7** Pampero
Tanz: **5** Tango
Währung: **4** Peso, **7** Austral, Centavo, **9** Argentino
Wasserfälle: **6** Iguazu

ärgerlich: 6 zornig, **9** missmutig, **10** skandaloes, ungehalten

ärgerliches Aufsehen: 5 Eklat, **7** Blamage, Skandal

Ärgernis: 5 Plage, **6** Aerger, Greuel, **7** Anstoss, Missmut, Skandal, **8** Verdruss

Arglist: 5 Dolus, **6** Malice, Tuecke

arglos: 4 naiv, **7** harmlos, **10** einfaeltig, zutraulich

Argonauten (Gefährten des Jason): **4** Idas, **5** Butes, Hylas, Zetes, **6** Areios, Augias, Castor, Idunas, Kalais, Neleus, Oileus, Peleus, Pollux, Talaos, Tiphys, **7** Admetos, Akastos, Ankaios, Erginos, Kepheus, Klytios, Koronos, Laokoon, Lynkeus, Orpheus, Telamon, Theseus, **8** Euphemos, Herakles, Meleager, Nauplios, Palaimon, Phrontis, **9** Menoitios, Meleagros, **10** Amphidamas, Polyphemos

Argonautenschiff: 4 Argo

Argwohn: 8 Verdacht, **10** Misstrauen

Aristokrat: 7 Adliger, **8** Edelmann

Aristokratie: 4 Adel

Arktisbewohner: 6 Eskimo

Arktisforscher: 3 Rae, **4** Byrd, Cook, **5** Peary, **6** Nansen, **8** Amundsen, **9** Ellsworth, Rasmussen, **10** Stefansson, **13** Nordenskioeld

arktische(r, s)
– *Jagdtier:* **3** Wal, **5** Robbe, Seehund
– *Naturerscheinung:* **9** Nordlicht, **10** Polarlicht
– *Raubtier:* **7** Eisbaer
– *Schneehütte d. Eskimo:* **4** Iglu
– *Seevogel:* **5** Lumme
– *Tauchvogel:* **3** Alk
– *Volk:* **6** Eskimo, **7** Eskimos

arm: 4 karg, **5** knapp, **9** besitzlos, mittellos, **10** beduerftig, notleidend, **11** unbemittelt

Armee: 4 Heer

Ärmelabschluß an Hemden: 10 Manschette

Ärmelaufschlag: 5 Patte, **6** Stulpe

ärmellose Jacke: 5 Gilet, Weste

ärmelloser Mantel: 6 Poncho

ärmelloser Umhang: 4 Cape

ärmelloses Jäckchen: 6 Bolero

Ärmelschnittform: 6 Raglan

Ärmelstulpe: 10 Manschette

Armenhaus: 6 Spital, **8** Hospital

Armenien (Staat in Transkaukasien)
Berg: **6** Ararat
Fluß: **4** Aras, Kura
Hauptstadt: **6** Erewan, Eriwan, **7** Jerewan
Mütze: **6** Kalpak, Kolpak
Ruinenstadt: **3** Ani
See: **8** Sewansee
Staatsmann: **12** Terpetrosjan
Städte: **4** Kars, **5** Batum, **7** Ardahan, Kumairi
Währung: **5** Rubel, **6** Kopeke

Armenwesen: 9 Fuersorge

armer Kerl: 9 Schlucker

Armgelenk: 8 Ellbogen, **10** Ellenbogen

Armknochen: 4 Elle, **7** Speiche

Armlehnsessel: 8 Fauteuil

Armleuchter: 8 Flambeau, **9** Girandola, **10** Kandelaber

ärmlich: **4** karg, **8** duerftig, **11** kuemmerlich
armselig: **5** trist, **9** miserabel
Armschmerzen: **11** Brachialgie
Armseligkeit: **3** Not, **5** Elend, **6** Misere, **12** Duerftigkeit
Armut: **3** Not, **5** Elend, **6** Dalles, Mangel
Arno-Zuflüsse: **3** Era, **4** Elsa, Pesa, **5** Greve, Sieve, **6** Chiana, Ombone, Pescia
Aroma: **4** Duft, **10** Wohlgeruch
aromatische Flüssigkeit: **6** Essenz
aromatisches Getränk: **3** Tee, **6** Kaffee
Aronstabgewächs: **5** Calla, Kalla
Arrangement: **9** Anordnung, **13** Uebereinkunft
arrangieren: **6** ordnen, **8** anordnen, **12** veranstalten
Arrest: **4** Haft, **6** Karzer
Arrestant: **9** Haeftling
Arrestlokal: **5** Zelle, **6** Karzer
Arroganz: **7** Duenkel, **8** Insolenz, **9** Anmassung, **16** Ueberheblichkeit
Arsenal: **8** Zeughaus
Art: **4** Stil, **5** Genre, Genus, Rasse, Sorte, Typus, **6** Fasson, **7** Gattung, Spezies
arteigen: **10** spezifisch
artenreichste Tierklasse: **8** Insekten
Art und Weise: **5** Modus, **6** Manier, **10** Modalitaet
artig: **4** brav, lieb, **7** folgsam, sittsam, **8** gehorsam, gesittet, hoeflich, **10** manierlich, **11** wohlerzogen
Artigkeit: **9** Politesse, **10** Kompliment, Nettigkeit
Artikel: **4** Ware, **7** Aufsatz, **10** Abhandlung
Artillerieeinheit: **8** Batterie, Regiment, **9** Abteilung
Artilleriegeschoß: **7** Granate, **11** Kartaetsche
Artisten: **5** Clown, **6** Magier, **7** Akrobat, **8** Dompteur, Jongleur, **9** Voltigeur, **11** Exzentriker, Illusionist, Seiltaenzer, **12** Aequilibrist, Messerwerfer, **13** Kontorsionist, Kunstschuetze, Ventriloquist, **15** Parterreakrobat, Zauberkuenstler
Artistenbühnen: **6** Zirkus, **7** Varieté
Artistengeräte: **6** Perche, **9** Piedestal, Trampolin
artverschieden: **8** disparat, **9** heterogen
Arzneiauszug: **7** Tinktur
Arzneibehälter aus Glas: **7** Ampulle
Arzneibuch: **13** Pharmakopoele, **14** Dispensatorium
Arzneigabe: **5** Dosis
Arzneikundiger: **9** Apotheker, **10** Pharmazeut
Arzneimenge: **5** Dosis
Arzneimischung: **6** Mixtur
Arzneimittel: **5** Pille, Salbe, **6** Dragée, Liquor, Mixtur, Pulver, **7** Medizin, **8** Tablette, **9** Pharmakon, Zaepfchen, **10** Heilmittel, Medikament
Arzneimittelhändler: **9** Apotheker
Arzneimittelhersteller: **10** Pharmazeut
Arzneimittelherstellung: **9** Pharmazie
Arzneimittelkunde: **13** Pharmakologie
Arzneimittellösung: **8** Solution
Arzneipflanze: **4** Aloe, **5** Alant, **6** Arnika, Salbei, **7** Kamille, Melisse, **9** Engelwurz, **10** Eukalyptus
Arzneirohstoff: **5** Droge
Arzneirohstoffkunde: **14** Pharmakognosie
Arzneitrank: **7** Ptisane
Arzneivorschrift: **6** Rezept
Arzneizäpfchen: **13** Suppositorium
Ärzte: **6** Doktor, **7** Medikus, Notarzt, **8** Amtsarzt, Chefarzt, Kliniker, Oberarzt, Tierarzt, Wundarzt, Zahnarzt, **9** Mediziner, Therapeut, **10** Frauenarzt, Kinderarzt, **12** Heilkundiger, Stationsarzt,

Assistenzarzt, **14** Vertrauensarzt
Arztarbeitsraum: 6 Praxis
Arztausbildung: 8 Klinikum
Arzt für
– ***Altersheilkunde:*** **8** Geriater
– ***Augenkrankheiten:*** **13** Ophthalmologe, **14** Ophthalmologin
– ***Bewegungsorgane:*** **10** Orthopaede, **11** Orthopaedin
– ***Blutkrankheiten:*** **11** Haematologe, **12** Haematologin
– ***ein Heilverfahren:*** **10** Homoeopath, **12** Homoeopathin
– ***Frauenkrankheiten:*** **11** Gynaekologe, **12** Gynaekologin
– ***Hautkrankheiten:*** **11** Dermatologe, **12** Dermatologin
– ***Innere Krankheiten:*** **9** Internist, **11** Internistin
– ***Kehlkopf:*** **11** Laryngologe, **12** Laryngologin
– ***Nase:*** **9** Rhinologe, **10** Rhinologin
– ***Narkose:*** **12** Anaesthesist, **14** Anaesthesistin
– ***Naturheilung:*** **9** Physiater, **11** Physiaterin
– ***Nerven:*** **9** Neurologe, **10** Neurologin
– ***Ohren:*** **7** Otologe, **8** Otologin
– ***Operation:*** **7** Chirurg, **9** Chirurgin, Operateur, **11** Operateurin
– ***seel. Störungen:*** **9** Psychiater, **11** Psychiaterin
– ***Strahlen:*** **9** Radiologe, **10** Radiologin, **13** Roentgenologe, **14** Roentgenologin
Arztinstrumente: 5 Nadel, Sonde, **6** Klemme, **7** Kanuele, Spritze, **8** Hoerrohr, Lanzette, Pinzette, Skalpell, **10** Stethoskop
ärztliche(r, s)
– ***Anordnung:*** **3** Kur
– ***Behandlungsstelle:*** **8** Ambulanz
– ***Bescheinigung:*** **6** Attest
– ***Betäubung:*** **7** Narkose
– ***Eingriff:*** **9** Operation
– ***Heilbehandlung:*** **8** Therapie
– ***Hilfsperson:*** **10** Sanitaeter
– ***Verordnung:*** **10** Ordination
Asbestart: 6 Amiant, **9** Serpentin
Asbestzementschiefer: 7 Eternit
Aschenbecher: 6 Ascher
Aschengefäß: 4 Urne
Aschensalz: 9 Pottasche
äsen: 6 grasen, weiden, **7** fressen
Aserbaidschan (Staat in Transkaukasien)
Flüsse: **4** Arax, Kura
Gebirge: **8** Kaukasus
Hauptstadt: **4** Baku
Sprache: **5** Aseri
Währung: **5** Rubel, **6** Kopeke
Asien
Berge: **3** Apo, **6** Ararat, **7** Belucha, Everest, Nilgiri, **8** Demawend, Kuh-i-Dena, **10** Chantengri, **11** Fudschijama, Nanga Parbat
Eroberer: **5** Etzel, Timur, **6** Attila, **8** Tamerlan, **10** Temudschin, **13** Dschingis-Chan
Flüsse: **2** Ob, **3** Tas, **4** Amur, Jana, Lena, **5** Indus, Tarim, **6** Ganges, Kolyma, Mekong, Saluen, Salwin, Tigris, **7** Euphrat, Hilmend, Hoangho, Irawadi, Narbada, Sikiang, Sungari, **8** Amudarja, Jenissei, Syr Darja, **11** Brahmaputra, **12** Jangtsekiang
Gebirge: **4** Alai, **5** Altai, Pamir, **6** Elburs, Taurus, **7** Kwenlun, **8** Himalaja, Kaukasus, **9** Karakorum, Tienschan, **10** Hindukusch
Halbinseln: **5** Korea, **6** Malaya, **7** Arabien, **10** Kleinasien, **11** Kamtschatka
Hauptnahrungsmittel: **4** Reis
Hauptstädte: **4** Aden, Baku, Doha, Malé, Riad, Sana, **5** Amman, Dacca, Delhi, Dhaka,

Hanoi, Kabul, Seoul, Tokio, Tokyo, **6** Ankara, Bagdad, Beirut, Kuwait, Manama, Manila, Maskat, Muskat, Peking, Rangun, Taipeh, Thimbu, Tiflis, **7** Abu Sabi, Alma Ata, Bangkok, Colombo, Er Rijad, Jakarta, Jerewan, Rangoon, Teheran, Thimphu, **8** Abu Dhabi, Al Manama, Bischkek, Damaskus, Djakarta, Katmandu, Neu Delhi, Phnom Pen, Singapur, Ventiane, **9** Duschanbe, Islamabad, Jerusalem, Phnom Penh, Taschkent, Ulan Bator, **10** Aschchabad, Kuala Lumpur, Pjoengjang, Quezon City, **17** Bandar Seri Begawan, **18** Sri Jayewardenepura

Herrschertitel: **3** Mir, **4** Chan, Khan, **5** Kalif, Mogul, Schah, **6** Sultan, **7** Radscha, **11** Maharadscha

Hochland: **4** Iran, **5** Dekan, Pamir, Tibet, **8** Mongolei

Inseln: **4** Bali, Buru, Java, Nias, **5** Banka, Ceram, Luzon, Panay, Sumba, Timor, **6** Borneo, Ceylon, Flores, Guinea, Hainan, Negros, Taiwan, **7** Celebes, Formosa, Mindoro, Okinawa, Palawan, Sokotra, Sumatra, Sumbawa, **8** Mindanao, Sachalin, Sri Lanka, Sulawesi, **10** Kalimantan

Inselgruppen: **11** Philippinen, Sunda-Inseln

Lastenträger: **4** Kuli

Reitervolk: **6** Awaren, Hunnen

Seen: **3** Wan, **4** Aral, **6** Baikal, Wansee, **7** Aralsee, Arpatso, Biwasee, Issykul, Kukunor, Ubsanor, **8** Kaspisee, Urmiasee, **9** Baikalsee, Totes Meer

Staaten: **4** Irak, Iran, Laos, Oman, **5** Birma, Burma, China, Japan, Jemen, Katar, Korea, Nepal, **6** Bhutan, Brunei, Indien, Israel, Kuwait, Syrien, Taiwan, **7** Bahrain, Libanon, Myanmar, Persien, Tuerkei, Vietnam, **8** Armenien, Georgien, Malaysia, Pakistan, Singapur, Sri Lanka, Russland, Thailand, **9** Jordanien, Kampuchea, Malediven, **10** Bangladesh, Indonesien, Kambodscha, Kasachstan, Usbekistan, **11** Afghanistan, Bangladesch, Kamputschea, Kirgisistan, Philippinen, **12** Saudi-Arabien, Turkmenistan, **13** Aserbaidschan, Tadschikistan, **24** Mongolische Volksrepublik, **26** Vereinigte Arabische Emirate

Teil der Türkei: **9** Anatolien

Tempel: **6** Pagode

Völker: **2** Ho, Li, **3** Kha, Lao, Man, Meo, Moi, Mon, Tai, Yao, **4** Aeta, Ainu, Akit, Bhil, Bugi, Gond, Juit, Komi, Kubu, Kuki, Lolo, Lubu, Mari, Miao, Moso, Naga, Nung, Paii, Rade, Sikh, Thai, Tjam, Toda, **5** Badju, Bicol, Dajak, Inder, Jaken, Jakun, Kafir, Karen, Khmer, Khond, Luren, Mansi, Meder, Moken, Moros, Nanak, Nayer, Newar, Oraon, Oriya, Ossen, Pnong, Punan, Sakai, Samal, Schan, Selon, Senoi, Tamil, Toala, Udehe, Wedda, **6** Afridi, Alanen, Araber, Awaren, Bagobo, Bihari, Bisaya, Brahui, Djarai, Galela, Golden, Gurier, Gurkha, Hunnen, Ifugao, Kurden, Manobo, Parsen, Perser, Raglai, Russen, Santal, Sarten, Semang, Swanen, Sherpa, Sindhi, Teluga, Tobelo,

Tschin, Ugrier, Waziri, **7** Alfuren, Altaier, Atjeher, Bhutija, Eskimos, Ilocano, Itelmen, Jakuten, Japaner, Javanen, Jesiden, Lamuten, Luschai, Malaien, Miautse, Mohmand, Mundari, Oiraten, Osseten, Palaung, Tagalen, Tataren, Tibeter, Tingian, Tuerken, Tuwiner, Uiguren, Usbeken, Wogulen, **8** Abchasen, Afghanen, Armenier, Bengalen, Birmanen, Burjaten, Chinesen, Draviden, Georgier, Giljaken, Goanesen, Igoroten, Kacheten, Kasachen, Katschin, Kirgisen, Koreaner, Korjaken, Kurumbar, Leptscha, Mandschu, Manipuri, Mongolen, Siamesen, Tadschik, Torguten, Tungusen, Udmurten, Weddiden, **9** Adscharen, Ambonesen, Andamaner, Assamesen, Burjaeten, Chewsuren, Filipinos, Inguschen, Juerueken, Jukagiren, Kanaresen, Kaschmiri, Maduresen, Mahratten, Malabaren, Mordwinen, Samojeden, Tschingpo, Turkmenen, **10** Bachtiaren, Baschkiren, Belutschen, Kabardiner, Kalmuecken, Karagassen, Karalpaken, Makassaren, Pandschabi, Sundanesen, Tadschiken, **11** Gudscherati, Radschputen, Singhalesen, Vietnamesen, **12** Tscherkessen, Tschuktschen, Tschuwaschen, **13** Tschetschenen, **15** Aserbaidschaner

Vulkane: **4** Taal, **6** Merapi, Semuru, **8** Krakatau, **11** Fudschijama

Wirbelsturm: **6** Taifun

Wüsten: **3** Lut, **4** Gobi, Thar, **5** Kewir, Nefud, Negeb, Tharr

As im Kartenspiel: **4** Daus

Asket: **4** Jogi, Yogi, **7** Buesser

Aspekt(astrolog): **13** Konfiguration

Aspik: **6** Suelze

Aspirant: **8** Bewerber, **9** Anwaerter

Assekuranz: **12** Versicherung

Assessor: **9** Beisitzer

Assistent: **6** Helfer, **7** Gehilfe, **10** Hilfskraft, **11** Mitarbeiter

Assistenz: **5** Hilfe, **8** Beistand

Assoziation: **10** Verbindung, **12** Verknuepfung

assyrische(r)

– ***Feldherr:*** **10** Holofernes

– ***Götter u. Göttinnen:*** **3** Anu, **4** Adar, Apsu, Asur, **5** Assur, Chiun, Istar, Kingu, Nintu, **6** Alluta, Lachmu, Lilith, Namtar, Tiamat, **7** Lachamu, Nisroch, Remphan, **8** Schulman, **11** Schulmanitu

– ***Hauptstadt:*** **5** Assur, **6** Ninive

– ***Könige:*** **6** Sargon, **8** Sanherib, **10** Sardanapal, **11** Salmanassar, **12** Assurbanipal

– ***Königin:*** **9** Semiramis

– ***Stufentempel:*** **8** Zikkurat

– ***Volk:*** **7** Sumerer

Ast: **5** Zweig, **6** Abzweig

Astralleib: **14** Metaorganismus

Astrologe: **11** Sterndeuter

Astrologe Wallensteins: **4** Seni

Astrologie: **12** Sterndeutung

astrologische Deutung der Gestirnskonstellation: **8** Horoskop

astrologischer Aspekt: **6** Trigon, **11** Konjunktion

Astronom: **13** Sternkundiger

Astronomen: **4** Hale, Hall, Witt, Wolf, **5** Adams, Brahe, Brown, Encke, Euler, Galle, Gauss, Havel, **6** Bessel, Halley, Hansen, Kepler, Lowell, Newton, **7** Barnard, Galilei, Laplace, **8** Herschel, Hipparch, Huyghens, Riccioli, **10** Kopernikus, Ptolemaeus, Tycho Brahe

Astronom im alten Alexandria: **10** Ptolemaeus
Astronomie: **10** Sternkunde, **12** Himmelskunde
astronomische(r, s)
– ***Begriffe:*** **3** Pol, **4** Apex, Mond, Nova, **5** Komet, Nadir, Nebel, Sonne, Stern, Zenit, **6** Albedo, Azimut, Himmel, Korona, Meteor, Planet, **7** Galaxie, Galaxis, Gestirn, Neumond, Perihel, Trabant, **8** Asteroid, Ekliptik, Fixstern, Halbmond, Horizont, Lunation, Meteorit, Satellit, Vollmond, **9** Firmament, Lichtjahr, Lichtzeit, Planetoid, Sternbild, Supernova, Tierkreis, **10** Opposition, Pfeilstern, Wendekreis, **11** Deklination, Doppelstern, Praezession, Protuberanz, Sonnenfleck, Spiralnebel, Wandelstern, **12** Milchstrasse
– ***Beobachtungsstätten:*** **10** Sternwarte, **13** Observatorium
– ***Instrumente:*** **6** Oktant, **7** Bussole, Sextant, **8** Fernrohr, Teleskop, **10** Astrograph, Heliometer, Sternkarte, Theodolith, **11** Koronograph, Spektroskop
Astwerk: **6** Geaest
Asyl: **4** Heim, **6** Bleibe, Obdach, **8** Herberge, **9** Freistatt
Atelier: **6** Studio
Atem: **4** Luft, Odem, **5** Hauch, Puste
Atemfilter: **1o** Respirator
Atemlähmung: **5** Apnoe
Atemmesser: **10** Spirometer
Atemnot: **6** Asthma
Atemröhre der Muschel: **5** Sipho
Athener Wahrzeichen: **9** Akropolis
athenische(r)
– ***Bildhauer:*** **5** Myron, **6** Lysipp, **7** Phidias, **8** Lysippos, **10** Praxiteles
– ***Feldherren:*** **5** Kimon, **6** Nikias, **9** Miltiades
– ***Geschichtsschreiber:*** **8** Xenophon
– ***Gesetzgeber:*** **5** Solon, **6** Drakon
– ***Hetäre:*** **6** Phryne
– ***Komödiendichter:*** **12** Aristophanes
– ***Philosoph:*** **5** Plato
– ***Säulenhalle:*** **4** Stoa
– ***Staatsmänner:*** **5** Solon, Timon, **8** Perikles, **9** Aristides, **10** Alkibiades, **12** Themistokles
– ***Tempel:*** **9** Parthenon, **11** Erechtheion
– ***Tyrann:*** **11** Pisistratus
– ***Tyrannenmörder:*** **9** Harmodius, **11** Aristogiton
ätherisch: **6** astral
Äthiopien (Staat in NO-Afrika)
Berge: **5** Dendi, Kollo, **10** Ras Daschan
Feldmaß: **5** Kalad
Flüsse: **3** Nil, Omo, **4** Baro, Baua, **5** Abbai, Abeba, Ghela, Sagan, Uraga, **6** Atbara, Ganali, **9** Blauer Nil
Flüssigkeitsmaße: **4** Goba, Koba, Kuba, **6** Medane
Fürstentitel: **3** Ras
Getreidemaß: **5** Ardeb
Getreidepflanze: **3** Taf, Tef
Hafenstadt: **5** Assab, **7** Massaua
Hauptstadt: **10** Addis Abeba
Herrschertitel: **5** Negus
Hochland: **6** Amnara
Kaiser: **13** Haile Selassie
Könige: **7** Menelik, **9** Theodorus
Landschaft: **6** Ogaden
Provinzen: **5** Boran, Galla, Gojam, Kaffa, Schoa, Tigre, **6** Amhara, Harrar, Somali, **7** Danakil, Eritrea
Seen: **7** Tanasee, **8** Abajasee, **12** Stephaniesee
Städte: **3** Imi, **4** Adua, Dolo, **5** Aksum, **6** Aselle, Asmara, Gondar, Harrar, Sokota, Weldia,

7 Massaua, 9 Direh Daua, 10 Addis Abeba, Debra Tabor
Volk: 5 Galla, 6 Amhara, 7 Danakil
Vulkan: 10 Ras Daschan
Währung: 4 Birr, Cent
Athlet: 5 Boxer, 6 Ringer, Werfer, 7 Laeufer, 8 Sportler, Springer, Sprinter, 11 Kraftmensch, 12 Gewichtheber, Wettkaempfer
athletisch: 9 muskuloes
Äthylalkohol: 9 Weingeist
Atlantikinseln: 3 Aix, Yen, 4 Fogo, 5 Fayal, Palma, 6 Irland, Island, St. Paul, 7 Madeira, 8 Bissagos, Jan Mayen, Kap Verde, St. Helena, 9 Ascension, Teneriffa
Atlantikinselgruppen: 6 Azoren, Orkney, 7 Kanaren, 8 Antillen, Bermudas, Faeroerer, Hebriden, Malwinen, Shetland, 14 Falklandinseln
Atmosphäre: 6 Umwelt, 8 Stimmung, 10 Lufthuelle
Atmosphärenüberdruck: 4 atue
atmosphärische(r)
– *Druckeinheit:* 3 ata
– *Lichterscheinung:* 5 Blitz, 9 Nordlicht, 10 Polarlicht, Regenbogen
– *Niederschlag:* → Niederschläge
– *Strahlenbrechung:* 10 Refraktion
Atmung: 11 Respiration
Atmungsgerät: 10 Respirator
Atmungsorgane: 5 Kieme, Lunge, 7 Trachee
Atoll der Marschallinseln: 6 Bikini, 8 Eniwetok
Atommeiler: 4 Pile, 7 Reaktor
Atommüll: 7 Fallout
Atom-U-Boot: 8 Nautilus
Atomverbindung: 7 Molekel, 8 Molekuel
Atomzerfall: 15 Radioaktivitaet
Atride: 8 Menelaos, 9 Agamemnon
Attacke: 7 Angriff
Attest: 7 Zeugnis, 9 Gutachten, 13 Bescheinigung
Attraktion: 3 Hit, 4 Clou, 8 Schlager, 9 Zugnummer, Zugstueck, 15 Anziehungskraft
Attraktion des Wiener Praters: 9 Riesenrad
attraktiv: 9 anziehend, 11 interessant, zugkraeftig
Attribut: 7 Beigabe, Beiwort, Merkmal, 10 Beifuegung, 11 Eigenschaft
ätzen: 6 beizen, 10 touchieren
ätzend: 9 kaustisch
ätzende Flüssigkeit: 5 Lauge, 6 Saeure
Ätzkunst: 7 Kaustik
Ätzmittel: 12 Hoellenstein
Auerochse: 2 Ur
auf dem laufenden: 5 à jour, 8 up to date
auf diese Art: 2 so, 6 derart
auf frischer Tat: 11 in flagranti
auf Kosten anderer leben: 11 schmarotzen
auf Umwegen: 8 indirekt, 9 mittelbar
Aufbahrungsgerüst: 8 Katafalk
Aufbau: 4 Plan, 6 System, 7 Gefuege, Montage, 8 Struktur, 10 Gliederung, 11 Arrangement, 12 Konstruktion, Organisation
Aufbau auf dem Schiff-Vordeck: 4 Back
Aufbauchung: 5 Wulst
aufbauend: 11 konstruktiv
Aufbaustoff der Knochen: 4 Kalk
aufbegehren: 6 maulen, murren, 7 trotzen, 9 auflehnen, 11 rebellieren
aufbewahren: 6 horten, lagern, 7 sammeln, 9 verwahren, 11 reservieren
Aufbewahrungsgefäß für Hostien: 8 Ziborium
Aufbewahrungsort: 5 Depot, Lager,

9 Sakristei
Aufbewahrungsort für das Allerheiligste: **10** Tabernakel
Aufbewahrungsort für Wertsachen: **4** Safe, **6** Tresor
aufblasen: **7** blaehen
aufbrausen: **10** moussieren
aufbrausend: **7** graetig, reizbar, **10** cholerisch
Aufbrausender: **10** Choleriker
Aufbruch: **5** Start, **7** Abreise
aufdrängen: **11** oktroyieren
aufdringlich: **6** dreist, **7** laestig, **9** penetrant, **11** zudringlich
aufdringlicher Kundenwerber: **9** Anreisser
Aufeinanderfolge: **5** Reihe, Serie
Aufenthalt: **4** Rast, **5** Pause, **7** Station, **8** Stockung, **11** Anwesenheit
Aufenthalt
– ***der gefallenen Helden:*** **7** Walhall, **8** Walhalla
– ***der gestürzten Titanen:*** **8** Tartarus
– ***der Seligen:*** **7** Elysium
Aufenthaltsnachweis: **5** Alibi
Aufenthaltsraum auf Schiffen: **6** Kabine, **7** Kajuete
Auferstehungsfest: **6** Ostern
Auffahrt: **5** Korso, Rampe
auffallend: **7** markant, **8** deutlich, eklatant, frappant, merklich
auffallender Unterschied: **10** Diskrepanz
auffällig: **10** ostensibel
Auffangbecken für Regenwasser: **8** Zisterne
Auffassung: **6** Lesart, **7** Ansicht, Meinung
Auffassungsgabe: **5** Grips
Auffassungsweise: **11** Mentalitaet
Aufforderung: **6** Appell, **9** Ultimatum
Aufforderung zum Erscheinen vor Gericht: **6** Ladung
auffrischen: **8** erneuern, **10** renovieren, **12** regenerieren
aufführen: **8** benehmen, **9** errichten, erwaehnen, **10** aufzaehlen, **11** wiedergeben, **12** veranstalten
Aufgabe: **3** Amt, **5** Thema, **6** Pensum, **7** Problem, Exempel, Lektion, Pflicht, **8** Funktion, **9** Preisgabe, **12** Obliegenheit
Aufgabengebiet: **7** Ressort
Aufgang: **6** Treppe
Aufgangspunkt eines Gestirns: **9** Aszendent
aufgeblasen: **5** eitel, **11** eingebildet, prahlerisch
Aufgebot: **7** Einsatz, **14** Bekanntmachung
aufgebracht: **6** erregt, zornig, **7** fuchtig, **10** indigniert
aufgebrachtes Schiff: **5** Prise
Aufgeld: **4** Agio
aufgeräumt: **6** heiter, jovial, **10** ordentlich
aufgeregt: **6** erregt, **7** nervoes, reizbar, unruhig, **8** zitterig, **9** alteriert, exaltiert, **11** echauffiert
Aufgeregtheit: **10** Exaltation
aufgeschichteter Haufen: **6** Stapel
aufgeschlossen: **5** offen, **12** empfaenglich
aufgeschwollen: **10** schwulstig
aufgespeichert: **6** latent
aufgeweckt: **3** vif, **4** klug, **5** alert, **6** munter, **7** lebhaft
aufgeworfen: **10** schwulstig
Aufguß: **5** Infus
Aufgußgetränk: **3** Tee, **6** Kaffee
Aufgußtierchen: **10** Infusorium
aufhalten: **7** bremsen, hindern, **8** anhalten, **10** verzoegern, **11** retardieren
Aufhänger: **5** Haken, **6** Buegel
aufheben: **9** streichen, **10** beseitigen, widerrufen, **11** annullieren
aufhebend: **9** suspensiv, **12** peremtorisch, **13** peremptorisch

Aufhebung: **8** Negation, **13** Nullifikation
Aufhebung
– *einer Verpflichtung:* **7** Dispens
– *eines Urteils:* **9** Kassation
aufheitern: **9** animieren
aufhetzen: **9** agitieren
aufhören: **5** enden, **7** beenden, **10** innehalten
aufklären: **8** belehren, erhellen, **11** informieren, **12** unterrichten
Aufklebbild: **7** Collage
Aufkleber: **7** Etikett
Auflage: **9** Bedingung, **10** Bestimmung, **13** Verpflichtung
Auflauf: **6** Tumult, **7** Soufflé, **9** Getuemmel, **10** Ansammlung
auflaufen: **8** stranden, zunehmen
aufleben: **7** erholen, **8** gedeihen
Auflehnung: **5** Trotz, **6** Fronde, Putsch, **7** Revolte, **8** Aufstand, Meuterei, **9** Rebellion, **10** Revolution
aufleuchten: **13** fluoreszieren
auflösbar: **7** solubel, **8** solvabel
auflösen: **8** zerlegen, **9** solvieren, **11** analysieren, liquidieren
Auflösung: **7** Analyse, **11** Liquidation, **14** Demoralisation
aufmerksam: **4** rege, **6** galant, **7** achtsam, wachsam, **11** sorgfaeltig, **12** konzentrisch
Aufmerksamkeit: **6** Obacht, **7** Achtung, **8** Praesent, Sorgfalt, **9** Augenmerk, Teilnahme, **12** Hoeflichkeit, **13** Konzentration
aufmuntern: **9** animieren, ermutigen
Aufnahme: **7** Empfang, **8** Akkolade, Beitritt, **9** Rezeption, **15** Immatrikulation
Aufnahmefähigkeit: **10** Kapazitaet
Aufnahmegeräte: **6** Kamera, **8** Orthikon, Recorder, **11** Magnetophon
Aufnahmeraum: **6** Studio, **7** Atelier
aufnehmen: **5** heben, **6** filmen, leihen, **8** anfangen, **10** aufgreifen
aufnehmend: **8** rezeptiv
Aufopferung: **7** Hingabe
Aufpasser: **6** Hueter, **8** Waechter
Aufprall: **5** Stoss
aufputschen: **5** dopen
Aufputschung: **6** Doping
aufraffen: **8** ermannen, **10** aufrappeln
aufräumen: **6** ordnen, **10** beseitigen
aufrechnen: **8** addieren, **12** kompensieren
Aufrechnung: **8** Addition, **9** Summation, **12** Kompensation
Aufregung: **6** Unruhe, Wirbel, **7** Emotion, Theater, **10** Alteration, Exaltation
aufreizend: **10** sueffisant
Aufreizung: **9** Agitation, **11** Provokation
aufrichten: **7** erheben, **8** troesten, **9** errichten
aufrichtig: **5** offen, reell, **7** ehrlich, veritabel, **10** wahrhaftig
Aufriß: **4** Plan, **6** Abriss, Muster, Schema, Skizze
aufrücken: **10** avancieren
Aufruf: **6** Appell, **8** Manifest, **12** Proklamation
Aufruhr: **6** Emeute, Tumult, Unruhe, **7** Krawall, Revolte, **8** Aufstand, **9** Rebellion, **12** Insurrektion
Aufrührer: **6** Rebell, **9** Insurgent
aufrührerisch: **10** rebellisch
aufrütteln: **6** wecken
aufsagen: **9** vortragen, **10** rezitieren, **11** deklamieren
aufsässig: **5** frech, **8** renitent, **10** abtruennig, rebellisch, ungehorsam, **13** revolutionaer, **14** aufruehrerisch
Aufsässiger: **6** Rebell, **8** Meuterer
Aufsässigkeit: **15** Insubordination
Aufsatz: **5** Essay, **7** Artikel, Beitrag, Bericht, **10** Abhandlung
aufsaugen: **11** absorbieren, resorbieren

aufschieben: **8** vertagen
aufschiebend: **9** suspensiv, **11** dilatorisch
Aufschlag: **5** Stoss, **8** Aufprall
Aufschlag an Kleidungsstücken: **6** Krempe, Revers, **8** Dubluere
aufschlußreich: **10** instruktiv, **11** interessant
Aufschneider: **7** Angeber, Prahler, **9** Bramarbas, Prahlhans, Renommist, **10** Scharlatan, Windmacher, **12** Muenchhausen
Aufschneiderei: **6** Humbug, **9** Flunkerei, Geflunker, **12** Jaegerlatein, Seemannsgarn, **14** Muenchhausiade, Scharlatanerie
Aufschnitt: **5** Belag
aufschreiben: **8** notieren
Aufschrift: **5** Titel, **8** Epigraph, **9** Inschrift, **11** Bezeichnung
Aufschub: **5** Frist, Pause, **8** Dilation, Stundung, **9** Vertagung, **10** Aussetzung, Moratorium, **11** Prorogation, **12** Prolongation, Verzoegerung
Aufschüttung: **4** Damm, Wall, Warf, Wurt, **5** Halde, Warft, Wurte
Aufschwung: **4** Boom, **6** Hausse, **8** Aufstieg
Aufsehen: **5** Eklat, Glanz, **6** Furore, **7** Skandal, **9** Sensation
aufsehenerregend: **7** epochal, **8** eklatant, **12** sensationell, spektakulaer
Aufseher: **4** Baas, **7** Waerter, **8** Waechter, **9** Inspektor, Inspizient
Aufsicht: **3** Hut, **5** Wache, **9** Kontrolle, **10** Inspektion, **12** Ueberwachung
Aufsichtsbeamter: **6** Kustos, **7** Kurator, **9** Inspektor, **11** Kontrolleur
Aufsichtsbeamter im Bergbau: **7** Steiger
Aufsichtsbehörde: **10** Kuratorium
Aufsichtsführender: **4** Wart, **8** Aufseher
aufstacheln: **6** reizen
Aufstand: → Aufruhr
Aufständischer: → Aufrührer
aufstellen: **9** aufbieten, errichten, formieren, postieren, **10** statuieren
Aufstellung: **5** Liste, **7** Tabelle, **9** Formation, **10** Uebersicht, **11** Verzeichnis
aufstocken: **8** erhoehen, **12** vergroessern
Auftrag: **5** Order, **6** Befehl, Mandat, **7** Mission, Sendung, Weisung, **10** Kommission
Auftragebrett: **7** Tablett
auftragen: **9** servieren
Aufträge vergeben: **6** ordern, **9** bestellen
Auftraggeber: **5** Kunde, **6** Klient, **7** Mandant, **8** Abnehmer, **9** Besteller
auftragsweise: **13** kommissarisch
Auftreten: **6** Aplomb, Debuet, **8** Allueren
Auftreten der Wundmale Jesu: **14** Stigmatisation
Auftrieb: **7** Ansporn, **11** Ermunterung
Auftritt: **5** Krach, Szene, **7** Vorgang
Auftropfstein in Höhlen: **9** Stalagmit
auf und davon: **5** perdu
Aufwand: **5** Luxus, Staat, **6** Kosten, Pracht, Spesen, **9** Verbrauch, **13** Verschwendung, **15** Repraesentation
aufwarten: **6** dienen, **8** bedienen
Aufwärter: **6** Diener, **7** Kellner, Steward, **9** Kalfaktor
aufwärts: **5** empor, **8** steigend
Aufwärtsentwicklung: **9** Anagenese
Aufwärtshaken beim Boxkampf: **8** Uppercut
Aufwartung: **6** Besuch, **9** Bedienung
Aufwiegelei: **5** Hetze, **9** Agitation, **11** Provokation
Aufwiegler: **8** Demagoge, **11** Provokateur

aufwühlen: 7 erregen
aufzeichnen: 8 notieren, **9** eintragen, **12** registrieren, **14** protokollieren
Aufzeichnung: 5 Notiz, **7** Chronik, Vermerk, **9** Protokoll, Phonogramm, **13** Niederschrift
Aufzeichnung von Tanzbewegungen: 13 Choreographie
Aufzug: 3 Akt, **4** Lift, **5** Szene, **8** Elevator, **9** Fahrstuhl, **11** Paternoster
aufzwingen: 9 diktieren, **11** oktroyieren
Auge im Würfelspiel: 5 Point
Augenarzt (veraltet): 7 Okulist
Augenausdruck: 5 Blick
Augenblick: 2 Nu, **6** Moment
augenblicklich: 3 nun, **5** jetzt, **6** sofort, **8** momentan, **10** ploetzlich
Augendiagnostiker: 9 Iridologe
augenfällig: 8 deutlich, eklatant, offenbar
Augenglas: 7 Monokel, **13** Kontaktschale
Augenheilkunde: 14 Ophthalmologie
Augenhöhle: 6 Orbita
Augenkrankheiten: 4 Star, **6** Iritis, **7** Glaukom, Trachom, **9** Granulose, Keratitis
Augenmerk: 9 Beachtung
Augenschein: 7 Evidenz, **8** Autopsie
Augenspiegel: 13 Ophthalmoskop
Augenteile: 3 Lid, **4** Iris, **5** Linse, **6** Cornea, Retina, Sklera, Wimper, **7** Pupille, Sehnerv, **8** Aderhaut, Augapfel, Hornhaut, Netzhaut, **9** Lederhaut, **11** Glaskoerper
Augenwassertropfen: 6 Traene, Zaehre
Augenweide: 6 Freude, Labsal
Augsburger
– ***Maler:*** **7** Holbein
– ***Patrizierfamilie:*** **6** Fugger, Welser
– ***Schutzgöttin:*** **4** Cisa
– ***Siedlung:*** **8** Fuggerei
Auktion: 4 Gant, **13** Versteigerung
aus dem Altertum: 5 antik
aus der Art schlagen: 8 entarten
aus Edelmetall: 6 golden, **7** silbern
aus eigenem Antrieb: 7 spontan
aus Erz: 5 ehern
aus gebrannter Erde: 5 irden
aus Metall: 8 metallen
aus Ton: 5 irden
aus voller Kehle: 8 lauthals
Ausarbeitung: 6 Skript, **8** Elaborat, Skriptum, **9** Expertise, **10** Manuskript
Ausatmung: 10 Exhalation, **11** Exspiration
ausbessern: 7 flicken, **10** reparieren, **12** restaurieren
Ausbesserung: 9 Reparatur
Ausbesserungsanlage für Schiffe: 5 Werft
Ausbeute: 6 Ertrag
ausbeuten: 7 abbauen, **9** ausnutzen, ausrauben, **10** schroepfen, **12** auspluendern
Ausbeuter: 10 Schroepfer
ausbilden: 6 lehren, **11** kultivieren
Ausbilder: 7 Trainer, **10** Instruktor
Ausbildung: 5 Lehre, **8** Training
Ausblick: 11 Perspektive
ausbreiten: 6 dehnen, **9** ausdehnen, entfalten
Ausbreitung: 9 Expansion
Ausbruch: 8 Eruption
ausbürgern: 12 expatriieren
Ausbürgerung: 12 Expatriation
Ausdauer: 6 Geduld, **9** Resistenz
ausdehnen: 9 schwellen, **10** verbreiten
Ausdehnung: 5 Hoehe, Tiefe, Weite, **6** Breite, Kuerze, Laenge, **7** Ektasie, **9** Dimension, Expansion, Extension **11** Erweiterung
Ausdehnungsbegriff: 4 hoch, kurz, lang, tief, weit, **5** breit
Ausdruck: 4 Form, Stil, **6** Formel,

7 Floskel, 10 Expression
ausdrücklich: 6 eigens, 8 deutlich, 9 explizite
Ausdrucksbewegung: 5 Geste, 8 Gebaerde
Ausdrucksform: 9 Stil, 12 Formulierung
Ausdruckskunst: 5 Mimik
ausdruckslos: 4 kalt, 12 nichtssagend
ausdrucksvoll: 6 sinnig, 9 expressiv, 10 pathetisch
Ausdrucksweise: 4 Stil, 7 Diktion
Ausdünstung: 10 Exhalation, 13 Transpiration
Auseinandergehen: 9 Divergenz
Auseinanderklaffen: 10 Diskrepanz
auseinandernehmen: 8 zerlegen, 11 demontieren
Auseinandersetzung: 4 Zank, 5 Krieg, Zwist, 6 Rezess, Streit, 7 Debatte, Polemik, 11 Kontroverse, Liquidation
Auserlesenes: 5 Elite, 10 Exquisites, 11 Delikatesse
auserwählt: 10 auserkoren
Ausfahrt: 3 Tor
Ausfuhrverbot: 7 Embargo
Ausfall: 5 Manko, 7 Verlust, 8 Versagen
Ausfertigung: 6 Unikat
Ausflucht: 5 Finte, 6 Flause, 7 Evasion, 8 Notluege
Ausflüchte: 10 Sperenzien, 11 Sperenzchen, 12 Fisimatenten
Ausflug: 4 Ritt, Tour, Trip, 6 Partie, 9 Abstecher, Exkursion, Wanderung
Ausflügler: 7 Tourist
Ausflugswagen: 7 Kremser
ausforschen: 9 sondieren
Ausfuhr: 6 Export
ausführbar: 11 praktikabel
ausführen: 9 erledigen, 11 exportieren
Ausfuhrkaufmann: 9 Exporteur
ausführlich: 9 umfassend, 11 detailliert
Ausfuhrwaren: 8 Exporten
Ausführung: 7 Diegese, 10 Erledigung
Ausführungsart: 10 Modalitaet
Ausgabe von Büchern: 7 Edition
Ausgabe von Wertpapieren: 8 Emission
Ausgaben: 6 Kosten, 8 Unkosten
Ausgang: 6 Exitus, Urlaub, 8 Ergebnis, Oeffnung
Ausgangsleistung: 6 Output
Ausgangspunkt: 5 Basis, 7 Prinzip, 8 Ursprung, Zentrale
Ausgangsstoff für synthetische Farben: 6 Anilin
Ausgeber von Anleihen: 8 Emittent
ausgedehnt: 4 lang, weit, 5 breit, 8 extensiv
ausgedienter Soldat: 7 Veteran
ausgefüllt: 6 massiv
ausgeglichen: 5 quitt, 10 harmonisch, 11 apollinisch
Ausgeklügeltes: 7 Finesse
ausgekocht: 8 gerissen, 12 durchtrieben
ausgelassen: 4 toll, 9 turbulent, 12 bacchantisch
Ausgelassenheit: 5 Gaudi, 7 Gaudium, 8 Uebermut
ausgelernter Handwerker: 7 Geselle
ausgeliehene Summe: 6 Kredit, 8 Darlehen
ausgeprägt: 7 markant, typisch
ausgerechnet: 4 just
ausgeruht: 6 erholt
ausgesetztes Kind: 10 Findelkind
ausgestochenes Rasenstück: 4 Sode
ausgestorbene(r, s)
- ***Elefant:*** 6 Mammut, 8 Mastodon
- ***Riesenechse:*** 7 Saurier, 10 Dinosaurus, 12 Brontosaurus
- ***Riesenvogel:*** 3 Moa, 6 Dronte
- ***Wildpferd:*** 6 Quagga, Tarpan
- ***Wildrind:*** 2 Ur, 9 Auerochse

Ausgestoßener: 5 Paria
ausgesucht: 7 erlesen, 8 exquisit

ausgetrocknet: **8** duerr
ausgewachsen: **4** reif
Ausgewogenheit: **8** Harmonie
ausgezeichnet: **5** famos, prima, **7** erlesen, **8** exquisit, **9** exzellent, fulminant, picobello, **12** hervorragend
Ausgleich: **7** Entgelt, **8** Handikap, **9** Abfindung, Vergleich, **10** Kompromiss, **11** Aequivalent, **12** Kompensation, **13** Gleichgewicht
ausgleichen: **11** egalisieren, temperieren
Ausgleichsgetriebe: **12** Differential
Ausguck: **3** Lug, **5** Warte, **6** Auslug, **11** Kraehennest
Ausgußröhrchen: **6** Tuelle
Ausgußverschluß: **4** Trap
Aushändigung: **9** Uebergabe
Aushang: **6** Plakat, **7** Affiche, **8** Anschlag
Aushauchung: **10** Exhalation
Aushebemaschine: **6** Bagger
Ausheben von Rekruten: **7** mustern, **10** einberufen, **11** rekrutieren
Aushilfskraft: **6** Helfer, **8** Helferin, Tournant
Aushorcher: **7** Spitzel, **9** Kalfaktor
Ausklang: **4** Ende, **6** Epilog, **9** Nachspiel
ausklügeln: **12** spintisieren
Auskommen: **8** Existenz, **9** Unterhalt
auskundschaften: **6** suchen, **8** forschen, **9** baldowern, **10** spionieren, **12** ausbaldowern, **14** rekognoszieren
Auskundschafter: **5** Spion, **7** Spitzel
Auskundschaftung: **8** Spionage
Auskunft: **11** Information
Auskunft erteilen: **11** informieren
Auskunftsdame: **7** Hostess
Auskunftsersuchen: **5** Frage, **7** Anfrage
ausladen: **8** loeschen
Auslage: **7** Etalage
Auslagen: **6** Kosten, Spesen
Ausländer: **4** Exot, **7** Fremder
ausländische Geldwährung: **6** Valuta
ausländisches Geld: **7** Devisen
Auslandsvertreter: **6** Konsul
Auslandsvertretung: **7** Mission
auslassen: **9** elidieren
Auslassungszeichen: **9** Apostroph
Ausläufer des Muskels: **5** Sehne
auslaugen: **11** extrahieren
Auslaugung: **7** Erosion, **9** Digestion, **10** Extraktion
Ausleger: **8** Traverse, **9** Interpret
Auslegung: **6** Glosse, Lesart, **7** Deutung, Exegese, **9** Kommentar, **10** Erklaerung, **12** Erlaeuterung, **14** Interpretation
Auslese: **5** Elite, **9** Selektion
auslesen: **9** sortieren, **11** selektieren
auslöschen: **9** radieren
Auslieferung: **7** Versand
Auslöschung: **7** Tilgung, **12** Amortisation
Auslosung: **8** Lotterie
Auslösung: **4** Reiz, **9** Induktion
ausmalen: **10** kolorieren
Ausmaß: **6** Format, **9** Dimension
ausmerzen: **11** eliminieren
Ausnahme: **9** Exzeption, Vorbehalt
ausnahmslos: **4** alle, **5** jeder, total
Ausrede: **5** Luege, **6** Flause, **7** Vorwand, **8** Notluege, **9** Ausflucht
ausreichend: **5** genug, **9** genuegend, **10** suffizient, **11** zulaenglich
ausreißen: **5** roden, **6** jaeten, **7** fliehen, tuermen, **9** entfernen, **10** entfliehen
ausrotten: **10** beseitigen, vernichten
Ausruf des Archimedes: **7** heureka
Ausrufer: **6** Herold, **7** Ansager, **13** Marktschreier
Ausrufewort: **12** Interjektion
Ausrufung: **12** Proklamation
ausruhen: **6** rasten, **7** erholen
ausrüsten: **8** armieren

Ausrüstung: **6** Geraet, **7** Armatur, Gepaeck, **9** Armierung, Ruestzeug
Ausrüstung eines Segelschiffes: **8** Takelage
Aussage: **6** Angabe, **7** Zeugnis, **9** Bekundung, **10** Aeusserung, Behauptung, Mitteilung, **11** Gestaendnis
Aussagebekräftigung: **3** Eid, **6** Schwur
Aussageform: **5** Modus, **9** Kategorie
Aussagender vor Gericht: **5** Zeuge, **9** Kronzeuge
Aussatz: **5** Lepra
aussaugen: **10** schroepfen
Ausschank: **5** Theke, **7** Buefett
Ausschankgefäß: **6** Siphon
ausscheiden: **7** sichten, **9** absondern, **11** eliminieren
Ausscheidung: **4** Harz, **6** Sekret, **7** Auswurf, Schleim, **8** Schweiss, Speichel, **9** Exkrement, **11** Absonderung
Ausscheidung des Pottwals: **5** Amber, Ambra
Ausschlag: **4** Akne, **5** Ekzem, **7** Flechte, **8** Eruption, Exanthem
ausschlagen: **7** knospen, **8** ablehnen, **9** spriessen, **10** abschlagen
ausschließen: **8** auslassen, **10** beseitigen
ausschließlich: **3** nur, **6** ausser, einzig, **8** alleinig, exklusiv, **9** ungeteilt
Ausschluß aus der Rechtsgemeinschaft: **4** Acht, Bann, **10** Verbannung, **11** Verstossung, **15** Exkommunikation
ausschmücken: **9** drapieren, garnieren, **10** dekorieren
Ausschmückung: **4** Zier, **5** Dekor, **6** Zierat, **10** Dekoration
ausschneiden: **10** dekupieren
Ausschneidewerkzeug: **6** Stanze
Ausschneidung: **7** Ektomie, **8** Exzision, **9** Resektion
Ausschnitt: **4** Teil **6** Luecke
Ausschreibung: **10** Submission
Ausschreitung: **6** Exzess, Pogrom
Ausschuß: **7** Gremium, Komitee, **10** Deputation, Kommission
Ausschußware: **5** Bafel, **6** Ramsch, Tinnef
ausschweifendes Gelage: **5** Orgie, **9** Bacchanal
Ausschweifung: **5** Orgie, **6** Exzess, Laster
Ausschwitzung: **7** Exsudat
Aussehen: **3** Air, **4** Look
außen: **8** peripher
Außenlinie: **4** Rand, **5** Kante
Außenministerium in
– ***Frankreich:*** **10** Quai d'Orsay
– ***Großbritannien:*** **13** Foreign Office
– ***USA:*** **15** State Department
Außenseite: **9** Aeusseres, Exterieur
Außenseiter: **7** Outcast, **8** Outsider, **10** Sonderling
Außenstände: **9** Forderung
Außenstehender: **10** Exoteriker
außeramtlich: **6** privat
außerdem: **4** auch, **5** extra, **6** ferner, **9** obendrein
außer Dienst: **7** inaktiv
außerdienstlich: **11** inoffiziell
außerehelich: **9** illegitim
Äußeres: **4** Form, **6** Huelle, Schale, Schein, **8** Anstrich, **9** Exterieur, **11** Aussenseite, Erscheinung
außergewöhnlich: **5** enorm, **11** phaenomenal, **13** extraordinaer
äußerlich: **6** extern, formal **7** formell
Äußerlichkeiten: **9** Formalien
außerordentlich: **5** enorm, **7** eminent, **10** gigantisch, **11** phaenomenal
außerordentl. Professor: **15** Extraordinarius
äußerst: **6** extrem, **7** hoechst, **10** hochgradig
äußerste Aufforderung: **9** Ultimatum

äußerste Sorgfalt: **7** Akribie
äußerster Preis: **5** Limit
äußerst günstig: **7** optimal
Äußerung: **4** Wort, **7** Aussage, Verbale, **9** Bemerkung
Aussicht: **6** Chance, **7** Zukunft, **8** Bellevue, Hoffnung, **9** Belvedere
Aussichten: **9** Auspizien
Aussichtsturm in Paris: **10** Eiffelturm
Aussiedler: **8** Kolonist
Aussiedlung: **11** Evakuierung
Ausspielung: **7** Tombola, **8** Lotterie
Aussprache: **6** Akzent, **7** Beichte, Debatte, Tonfall, **8** Betonung, **9** Gespraech, **10** Diskussion, **11** Eroerterung
Aussprachezeichen: **5** Tilde, Trema, **7** Cedille
Ausspruch: **4** Wort, **5** Zitat, **6** Diktum, Orakel, Spruch, **7** Sentenz, **9** Bemerkung, **10** Aeusserung
Ausspruchsammlung: **13** Zitatenschatz
Ausspülung: **10** Irrigation
Ausstand: **6** Streik
ausstatten: **9** garnieren, **10** staffieren, **11** assortieren
Ausstattung: **7** Mitgift, **8** Dotation, Staffage, **9** Aussteuer, **10** Dekoration
Ausstattung eines Innenraumes: **9** Interieur
Ausstattungsstück: **4** Show, **5** Revue, Schau, **6** Feerie
ausstechen: **7** stanzen
Ausstellung: **4** Show, **5** Messe, Schau
Ausstellungsraum: **5** Salon, **7** Galerie
Ausstellungsstand: **4** Koje
Aussteuer: **7** Mitgift, **10** Heiratsgut, **11** Ausstattung
Ausstopfen von Tierbälgen: **12** Praeparation
Ausstoß: **6** Output
Ausstoß aus der Kirche: **4** Bann, **15** Exkommunikation
ausstoßen: **9** elidieren
Ausstrahlung: **6** Schein, **7** Fluidum, **8** Emission, **9** Emanation, **11** Irradiation
Ausstrahlung des menschlichen Körpers: **2** Od
austauschbar: **10** kommutabel, permutabel
Australien (Erdteil u. Bundesstaat):
abhängige Gebiete (und ihre Hauptstädte): **12** Kokosinseln (**6** Bantam), **13** Norfolkinseln (**8** Kingston), **15** Weihnachtsinsel
Berge: **3** Isa, **4** Hann, **5** Bruce, Cooke, **9** Koscunsko, **10** Capoonpeta
Bergsteiger: **7** Hillary
Beuteltiere: **4** Kusu, **5** Koala, **6** Wombat, **9** Kaenguruh
Buschwald: **5** Mulga, Scrub
Flüsse: **3** Ord, **6** Cooper, Murray, **7** Darling, Fitzroy, **8** Flinders
Gebirge: **10** Blaue Berge, **12** Darlingkette
Hauptstadt: **8** Canberra
Holzgewächse: **6** Akazie, **8** Grasbaum, **9** Kasuarine, **10** Eukalyptus, Keulenbaum, Silberbaum, **12** Flaschenbaum
Hund: **5** Dingo
Inseln: **4** Cato, **5** Adele, Bigge, Elcho, **6** Barrow, **8** Melville, Tasmanien, **10** Mornington
Inselwelt: **10** Melanesien
Koralleninselkette: **12** Barriereriff
Laufvögel: **3** Emu, **4** Kiwi, **6** Kasuar
Raketenversuchsgelände: **7** Woomera
Schafzüchter: **8** Squatter
See: **7** Eyresee
Staaten (und ihre Hauptstädte): **8** Victoria (**9** Melbourne), **9** Tasmanien (**6** Hobart), **10** Queensland (**8** Brisbane), **12** Neusuedwales (**6** Sidney), **14** Nordterritorium (**10** Port

Darwin), Suedaustralien (**8** Adelaide), Westaustralien (**5** Perth), **26** Australien Capital Territory (**8** Canberra)
Städte: **5** Derby, Eucla, Perth, **6** Albany, Boulia, Darwin, Sydney, **7** Bunbury, **8** Adelaide, Brisbane, Canberra, Windorah, **9** Carnarvon, Esperance, Longreach, Melbourne, Newcastle, **10** Kalgoorlie, **12** Alice Springs
Tanz der Aborigines: **9** Korrobori
Ureinwohner: **10** Aborigines
Vögel: **3** Emu, **4** Kiwi, **6** Kakadu, Kasuar, **9** Lachvogel, Leiervogel, **11** Laubenvogel, **13** Grossfussvogel, Paradiesvogel, Wellensittich
Währung: **4** Cent, **6** Dollar
Wildhund: **5** Dingo
Wurfholz: **8** Bumerang
Wüsten: **12** Gibsonwueste, Tanamiwueste, **13** Simpsonwueste, **14** Victoriawueste
Wüstenechse: **6** Moloch
Austreibung: **10** Exorzismus
Austritt: **9** Apostasie
Ausübung: **6** Praxis, **7** Praktik
Auswahl: **5** Elite, Kanon, **7** Siebung, **9** Selektion, Sortiment, **10** Kollektion
auswählen: **7** sichten
auswählend: **8** selektiv
Auswanderer: **8** Emigrant
Auswanderung: **10** Emigration
Auswandererzug: **5** Treck
auswärtig: **6** extern
auswärtige Besitzung: **7** Kolonie
Auswaschung: **7** Erosion
auswechseln: **8** erneuern, tauschen, ersetzen
Ausweglosigkeit: **6** Aporie
Ausweis: **4** Pass, **7** Urkunde, **8** Nachweis, **9** Kennkarte, Zertifikat, **12** Legitimation
ausweisen: **6** zeigen, **8** beweisen, **10** vertreiben, **11** exmittieren, **12** legitimieren
Ausweisung: **9** Exmission, **12** Exmittierung
auswendig lernen: **10** memorieren
Auswuchs: **7** Knorren
Auswurf: **6** Sputum
Auswurfgestein: **4** Tuff
Auszehrung: **8** Atrophie
Auszeichnung: **3** Lob, **5** Orden, Preis, **11** Distinktion
ausziehen: **11** extrahieren
Ausziehen: **10** Extraktion
Auszug: **5** Infus, Probe, **6** Digest, Essenz, Exodus, **7** Elixier, Extrakt, Exzerpt, **8** Ausreise, Raeumung, **12** Auswanderung
authentisch: **4** echt
Auto: → Kraftfahrzeuge
Autobiographie: **8** Memoiren, **10** Lebenslauf
Autogestell: **7** Chassis
Autogramm: **9** Namenszug, **10** Schriftzug, **12** Unterschrift
Autofahrerhotel: **5** Motel
Autokennzeichen: → Kfz-Kennzeichen
automatische Bewegung: **6** Reflex
Automobil: → Kraftfahrzeuge
Autor: **7** Dichter, Urheber, **9** Verfasser, **14** Schriftsteller
Autor des Bühnenwerks (ohne Artikel)
– ***Abendröte:*** **6** Hamsun
– ***Acharner:*** **12** Aristophanes
– ***Agamemnon:*** **9** Aischylos
– ***Agamemnons Tod:*** **9** Hauptmann
– ***Agnes Bernauer:*** **6** Hebbel
– ***Aias:*** **9** Sophokles
– ***Alchimist:*** **6** Jonson
– ***Alkestiade:*** **6** Wilder
– ***Alkestis:*** **9** Euripides
– ***Alle meine Söhne:*** **6** Miller
– ***Alpenkönig:*** **7** Raimund
– ***Amédée:*** **7** Ionesco
– ***Amphitryo:*** **7** Plautus
– ***Amphitryon:*** **6** Kleist, **7** Molière,

Plautus, **9** Giraudoux
– ***Anatol:*** **10** Schnitzler
– ***An des Reiches Pforten:*** **6** Hamsun
– ***Androklus und der Löwe:*** **4** Shaw
– ***Andromache:*** **6** Racine, **9** Euripides
– ***Anna Christie:*** **6** O'Neill
– ***Antigone:*** **7** Anouilh, **9** Sophokles
– ***Antonius und Cleopatra:*** **11** Shakespeare
– ***Archelaos:*** **9** Euripides
– ***Ardèle:*** **7** Anouilh
– ***Argonauten:*** **11** Grillparzer
– ***Arzt am Scheideweg:*** **4** Shaw
– ***Athalie:*** **6** Racine
– ***Atriden-Tetralogie:*** **9** Hauptmann
– ***Aulularia:*** **7** Plautus
– ***Automobilsalon:*** **7** Ionesco
– ***Baal:*** **6** Brecht
– ***Bacchus:*** **7** Cocteau
– ***Bajazet:*** **6** Racine
– ***Bakchen:*** **9** Euripides
– ***Balkon:*** **5** Genet
– ***Ball der Diebe:*** **7** Anouilh
– ***Bär:*** **9** Tschechow
– ***Barbara Blomberg:*** **9** Zuckmayer
– ***Barbarossa:*** **6** Grabbe
– ***Bärenhäuter:*** **7** Willems
– ***Bauer als Millionär:*** **7** Raimund
– ***Belagerungszustand:*** **5** Camus
– ***Bérénice:*** **6** Racine
– ***Bernarda Albas Haus:*** **5** Lorca
– ***Besessenen:*** **5** Camus
– ***Besuch der alten Dame:*** **11** Duerrenmatt
– ***Biberpelz:*** **9** Hauptmann
– ***Biedermann und die Brandstifter:*** **6** Frisch
– ***Blick von der Brücke:*** **6** Miller
– ***Blick zurück im Zorn:*** **7** Osborne
– ***Blutbad von Paris:*** **7** Marlowe
– ***Bluthochzeit:*** **5** Lorca
– ***Bogen des Odysseus:*** **9** Hauptmann
– ***Bonaventure:*** **7** Nestroy
– ***Boot ohne Fischer:*** **6** Casona
– ***Brand:*** **5** Ibsen
– ***Braut von Messina:*** **8** Schiller
– ***Britannicus:*** **6** Racine
– ***Brüder:*** **6** Terenz
– ***Bruderzwist im Hause Habsburg:*** **11** Grillparzer
– ***Büchse der Pandora:*** **8** Wedekind
– ***Bunbury:*** **5** Wilde
– ***Bund der Jugend:*** **5** Ibsen
– ***Bürge:*** **7** Claudel
– ***Bürger als Edelmann:*** **7** Molière
– ***Bürger Schippel:*** **9** Sternheim
– ***Bürger von Calais:*** **6** Kaiser
– ***Bus Stop:*** **4** Inge
– ***Caligula:*** **5** Camus
– ***Candida:*** **4** Shaw
– ***Cäsar und Cleopatra:*** **4** Shaw
– ***Catilina:*** **5** Ibsen
– ***Cécile:*** **7** Anouilh
– ***Cenodoxus:*** **9** Bidermann
– ***Christinas Heimreise:*** **12** Hofmannsthal
– ***Cid:*** **9** Corneille
– ***Cinna:*** **9** Corneille
– ***Clavigo:*** **6** Goethe
– ***Cocktail-Party:*** **5** Eliot
– ***Colombe:*** **7** Anouilh
– ***Coriolan:*** **11** Shakespeare
– ***Cymbeline:*** **11** Shakespeare
– ***Cyprienne:*** **6** Sardou
– ***Dame ist nicht fürs Feuer:*** **3** Fry
– ***Dame Kobold:*** **8** Calderon
– ***Dantons Tod:*** **8** Buechner
– ***Demetrius:*** **6** Hebbel, **8** Schiller
– ***Diamant:*** **6** Hebbel
– ***Dido, Königin von Karthago:*** **7** Marlowe
– ***Diener zweier Herren:*** **7** Goldoni
– ***Doña Rosita bleibt ledig:*** **5** Lorca
– ***Don Carlos:*** **8** Schiller
– ***Don Gil von den grünen Hosen:*** **6** Molina
– ***Don Juan:*** **6** Frisch, **9** Sternheim
– ***Dorf in Flammen:*** **4** Vega
– ***Dorothea Angermann:*** **9** Haupt-

mann
- ***Drachenthron:*** **12** Hildesheimer
- ***Draußen vor der Tür:*** **8** Borchert
- ***Dreigroschenoper:*** **6** Brecht
- ***Drei Schwestern:*** **9** Tschechow
- ***Dunkel ist licht genug:*** **3** Fry
- ***Egmont:*** **6** Goethe
- ***Ehe des Herrn Mississippi:*** **11** Duerrenmatt
- ***Ehrbare Dirne:*** **6** Sartre
- ***Ehre:*** **9** Sudermann
- ***Ehre Gottes:*** **7** Anouilh
- ***Einen Jux will er sich machen:*** **7** Nestroy
- ***eingebildete Kranke:*** **7** Molière
- ***Einladung ins Schloß:*** **7** Anouilh
- ***Einsame Menschen:*** **9** Hauptmann
- ***Eismann kommt:*** **6** O'Neill
- ***Elektra:*** **9** Euripides, Giraudoux, Hauptmann, Sophokles, **12** Hofmannsthal
- ***Emilia Galotti:*** **7** Lessing
- ***Ende gut, alles gut:*** **11** Shakespeare
- ***Endspiel:*** **7** Beckett
- ***Endstation Sehnsucht:*** **8** Williams
- ***Engel kommt nach Babylon:*** **11** Duerrenmatt
- ***Entertainer:*** **7** Osborne
- ***Erdgeist:*** **8** Wedekind
- ***Erster Klasse:*** **5** Thoma
- ***Esther:*** **6** Racine, **11** Hochwaelder
- ***Eumeniden:*** **9** Aischylos
- ***Eunuch:*** **6** Terenz
- ***Eurydike:*** **7** Anouilh
- ***Fall Pinedus:*** **4** Levi
- ***Familientag:*** **5** Eliot
- ***Fanny:*** **6** Pagnol
- ***Fast ein Poet:*** **6** O'Neill
- ***Faust:*** **6** Goethe
- ***Fedora:*** **6** Sardou
- ***Feinde:*** **4** Levi
- ***Fest auf Solhaug:*** **5** Ibsen
- ***Feuerprobe:*** **6** Kleist
- ***Figaros Hochzeit:*** **12** Beaumarchais
- ***Findling:*** **7** Barlach
- ***Fliegen:*** **6** Sartre
- ***Florian Geyer:*** **9** Hauptmann
- ***Frank V.:*** **11** Duerrenmatt
- ***Franziska:*** **8** Wedekind
- ***Frau im Morgengrauen:*** **6** Casona
- ***Fräulein Else:*** **10** Schnitzler
- ***Fräulein Julie:*** **10** Strindberg
- ***Frau ohne Bedeutung:*** **5** Wilde
- ***Frau vom Meer:*** **5** Ibsen
- ***Frau Warrens Gewerbe:*** **4** Shaw
- ***Freier:*** **11** Eichendorff
- ***Freiheit in Kräwinkel:*** **7** Nestroy
- ***Friede:*** **12** Aristophanes
- ***Friedensfest:*** **9** Hauptmann
- ***fröhliche Weinberg:*** **9** Zuckmayer
- ***Frösche:*** **12** Aristophanes
- ***Frühlings Erwachen:*** **8** Wedekind
- ***Fuhrmann Henschel:*** **9** Hauptmann
- ***Gas:*** **6** Kaiser
- ***Gastfreund:*** **11** Grillparzer
- ***Gehorsam:*** **7** Ionesco
- ***Geisterkomödie:*** **6** Coward
- ***Geizige:*** **7** Molière
- ***General Quixotte:*** **7** Anouilh
- ***Genoveva:*** **6** Hebbel
- ***Gerechten:*** **5** Camus
- ***Gesang im Feuerofen:*** **9** Zuckmayer
- ***Geschichte von Vasco:*** **8** Schehadé
- ***Geschlossene Gesellschaft:*** **5** Camus
- ***Geschwister:*** **6** Goethe
- ***Gespenster:*** **5** Ibsen
- ***Gespenstersonate:*** **10** Strindberg
- ***Gioconda:*** **8** Annunzio
- ***Glasmenagerie:*** **8** Williams
- ***Glas Wasser:*** **6** Scribe
- ***Goldene Vlies:*** **9** Corneille, **11** Grillparzer
- ***Goldhaupt:*** **7** Claudel
- ***Goldtopf:*** **7** Plautus
- ***Gottes Utopia:*** **6** Andres
- ***Götz von Berlichingen:*** **6** Goethe
- ***Graf von Ratzeburg:*** **7** Barlach

- ***Griselda:*** **9** Hauptmann
- ***Große Welttheater:*** **8** Calderon, **11** Eichendorff
- ***Guerillas:*** **8** Hochhuth
- ***Gute Mensch von Sezuan:*** **6** Brecht
- ***G'wissenswurm:*** **11** Anzengruber
- ***Gyges und sein Ring:*** **6** Hebbel
- ***Hamlet:*** **11** Shakespeare
- ***Hanneles Himmelfahrt:*** **9** Hauptmann
- ***Hannibal:*** **6** Grabbe
- ***Harte Brot:*** **7** Claudel
- ***Hauptmann von Köpenick:*** **9** Zuckmayer
- ***Haus in Montevideo:*** **5** Goetz
- ***Hedda Gabler:*** **5** Ibsen
- ***Heilige Johanna:*** **4** Shaw
- ***Heimat:*** **9** Sudermann
- ***Heinrich IV.:*** **10** Pirandello, **11** Shakespeare
- ***Heinrich VI.:*** **6** Grabbe, **11** Shakespeare
- ***Heirat:*** **5** Gogol
- ***Heiratsantrag:*** **9** Tschechow
- ***Heiratsvermittlerin:*** **6** Wilder
- ***Hekabe:*** **9** Euripides
- ***Hekyra:*** **6** Terenz
- ***Helden:*** **4** Shaw
- ***Helena:*** **9** Euripides
- ***Hermannsschlacht:*** **6** Grabbe, Kleist
- ***Hermelin:*** **7** Anouilh
- ***Herodes und Mariamne:*** **6** Hebbel
- ***Hero und Leander:*** **11** Grillparzer
- ***Herrenhaus:*** **5** Wolfe
- ***Herr Ornifle:*** **7** Anouilh
- ***Herr Puntila und sein Knecht Matti:*** **6** Brecht
- ***Hexenjagd:*** **6** Miller
- ***Hidalla:*** **8** Wedekind
- ***Hippolytos:*** **9** Euripides
- ***Hofmeister:*** **4** Lenz, **6** Brecht
- ***Hokuspokus:*** **5** Goetz
- ***Horatier:*** **7** Aretino
- ***Horatius:*** **9** Corneille
- ***Hose:*** **9** Sternheim
- ***Idealer Gatte:*** **5** Wilde
- ***Ingeborg:*** **5** Goetz
- ***Intermezzo:*** **9** Giraudoux
- ***Iphigenie auf Tauris:*** **6** Goethe
- ***Iphigenie bei den Taurern:*** **9** Euripides
- ***Iphigenie in Aulis:*** **6** Racine, **9** Euripides, Hauptmann
- ***Iphigenie in Delphi:*** **9** Hauptmann
- ***Irre von Chaillot:*** **9** Giraudoux
- ***Iwanow:*** **9** Tschechow
- ***Jakob:*** **7** Ionesco
- ***Jeanne oder die Lerche:*** **7** Anouilh
- ***Jedermann:*** **12** Hofmannsthal
- ***Jeder wie er kann:*** **6** Jonson
- ***Jeppe vom Berge:*** **7** Holberg
- ***Johannisnacht:*** **5** Ibsen, **6** Barrie
- ***Judith:*** **6** Hebbel, **9** Giraudoux
- ***Jugend:*** **5** Halbe
- ***Julia:*** **6** Hebbel
- ***Julius Cäsar:*** **11** Shakespeare
- ***Jungfrau von Orleans:*** **8** Schiller
- ***Juno und der Pfau:*** **6** O'Casey
- ***Kabale und Liebe:*** **8** Schiller
- ***Kaffeehaus:*** **7** Goldoni
- ***Kameliendame:*** **5** Dumas
- ***Kammersänger:*** **8** Wedekind
- ***Kampf mit dem Engel:*** **8** Bruckner
- ***Kapitän Brassbounds Bekehrung:*** **4** Shaw
- ***Kareno-Trilogie:*** **6** Hamsun
- ***Katharina Knie:*** **9** Zuckmayer
- ***Käthchen von Heilbronn:*** **6** Kleist
- ***Katze auf dem heißen Blechdach:*** **8** Williams
- ***Kaufmann von Venedig:*** **11** Shakespeare
- ***kaukasische Kreidekreis:*** **6** Brecht
- ***Keine Zeit für Heilige:*** **8** Wichmann
- ***Kirschgarten:*** **9** Tschechow
- ***Kleinbürger:*** **6** Gorkij
- ***Kleine Teehaus:*** **7** Patrick
- ***Kollege Crampton:*** **9** Hauptmann

– ***Komm zurück, kleine Sheba:*** **4** Inge
– ***König Heinrich IV.:*** **11** Shakespeare
– ***König Hirsch:*** **5** Gozzi
– ***König Lear:*** **11** Shakespeare
– ***König Ödipus:*** **9** Sophokles, **10** Hoelderlin, **12** Hofmannsthal
– ***König Ottokars Glück und Ende:*** **11** Grillparzer
– ***König Richard II.:*** **11** Shakespeare
– ***König Richard III.:*** **11** Shakespeare
– ***Konzert:*** **4** Bahr
– ***Korczak und die Kinder:*** **8** Sylvanus
– ***Kreis:*** **7** Maugham
– ***Kreuzelschreiber:*** **11** Anzengruber
– ***Kriemhilds Rache:*** **6** Hebbel
– ***Kyklop:*** **9** Euripides
– ***Lady Windermeres Fächer:*** **5** Wilde
– ***langen Tages Reise in die Nacht:*** **6** O'Neill
– ***Lassen wir uns scheiden:*** **6** Sardou
– ***Laune des Verliebten:*** **6** Goethe
– ***Lebende Leichnam:*** **7** Tolstoi
– ***Leben des Galilei:*** **6** Brecht
– ***Leben ist Traum:*** **8** Calderon
– ***Leocadia:*** **7** Anouilh
– ***Leonce und Lena:*** **8** Buechner
– ***Libussa:*** **11** Grillparzer
– ***Liebelei:*** **10** Schnitzler
– ***Liebesarzt:*** **6** Molina
– ***Liebestrank:*** **8** Wedekind
– ***Liebe zu den drei Orangen:*** **5** Gozzo
– ***Liebe zur Geometrie:*** **6** Frisch
– ***Liliom:*** **6** Molnar
– ***Lily Dafon:*** **7** Saroyan
– ***Lügner:*** **9** Goldoni, **9** Corneille
– ***Luise Millerin:*** **8** Schiller
– ***Lulu:*** **8** Wedekind
– ***Lumpazivagabundus:*** **7** Nestroy
– ***lustigen Weiber von Windsor:*** **11** Shakespeare
– ***Macbeth:*** **11** Shakespeare
– ***Macht der Finsternis:*** **7** Tolstoi
– ***Madame sans Gêne:*** **6** Sardou
– ***Mädchen von Andros:*** **6** Terenz
– ***Mädel aus der Vorstadt:*** **7** Nestroy
– ***Major Barbara:*** **4** Shaw
– ***Maria Magdalena:*** **6** Hebbel
– ***Mariana Pineda:*** **5** Lorca
– ***Maria Stuart:*** **8** Schiller
– ***Marius-Trilogie:*** **6** Pagnol
– ***Marquise von Arcis:*** **9** Sternheim
– ***Marquis von Keith:*** **8** Wedekind
– ***Mary Rose:*** **6** Barrie
– ***Maß für Maß:*** **11** Shakespeare
– ***Medea:*** **0** Corneille, Euripides, **11** Grillparzer
– ***Meeres und der Liebe Wellen:*** **11** Grillparzer
– ***Meineidbauer:*** **11** Anzengruber
– ***Mein Freund Harvey:*** **5** Chase
– ***Mélite:*** **9** Corneille
– ***Menschenfeind:*** **7** Molière
– ***Mensch und Übermensch:*** **4** Shaw
– ***Merlin:*** **9** Immermann
– ***Meteor:*** **11** Duerrenmatt
– ***Michael Kramer:*** **9** Hauptmann
– ***Michelangelo:*** **6** Hebbel
– ***Minna von Barnhelm:*** **7** Lessing
– ***Misanthrop:*** **7** Molière
– ***Miß Sara Sampson:*** **7** Lessing
– ***Mißverständnis:*** **5** Camus
– ***Mittagswende:*** **7** Claudel
– ***Moloch:*** **6** Hebbel
– ***Mond für die Beladenen:*** **6** O'Neill
– ***Mord im Dom:*** **5** Eliot
– ***Möwe:*** **9** Tschechow
– ***Musik:*** **8** Wedekind
– ***Mutter Courage und ihre Kinder:*** **6** Brecht
– ***Nach Damaskus:*** **10** Strindberg
– ***Nachtasyl:*** **5** Gorki, **6** Gorkij
– ***Nashörner:*** **7** Ionesco
– ***Nathan der Weise:*** **7** Lessing
– ***Nebeneinander:*** **6** Kaiser
– ***Neue Mieter:*** **7** Ionesco
– ***Nibelungen:*** **6** Hebbel

- ***Nora:*** **5** Ibsen
- ***Nun singen sie wieder:*** **6** Frisch
- ***Ödipus:*** **8** Voltaire, **9** Corneille
- ***Onkel Wanja:*** **9** Tschechow
- ***Orest:*** **9** Euripides
- ***Orestie:*** **9** Aischylos
- ***Orpheus:*** **7** Cocteau
- ***Ostern:*** **10** Strindberg
- ***Othello:*** **11** Shakespeare
- ***O Wildnis:*** **6** O'Neill
- ***Paolo Pauli:*** **6** Adamov
- ***Pastorale:*** **12** Hildesheimer
- ***Paternoster:*** **5** Lunin
- ***Peer Gynt:*** **5** Ibsen
- ***Pelleas und Melisande:*** **11** Maeterlinck
- ***Penthesilea:*** **6** Kleist
- ***Perser:*** **5** Braun, **9** Aischylos
- ***Phädra:*** **6** Racine
- ***Philemon und Baukis:*** **6** Ahlsen
- ***Philoktet:*** **9** Sophokles
- ***Phönikerinnen:*** **9** Euripides
- ***Phormio:*** **6** Terenz
- ***Piccolomini:*** **8** Schiller
- ***Picnic:*** **4** Inge
- ***Ping-Pong:*** **6** Adamov
- ***Plutos:*** **12** Aristophanes
- ***Postamt:*** **6** Tagore
- ***Prinz Friedrich von Homburg:*** **6** Kleist
- ***Privatsekretär:*** **5** Eliot
- ***Probe:*** **7** Anouilh
- ***Publikumsbeschimpfung:*** **6** Handke
- ***Pygmalion:*** **4** Shaw
- ***Rabe:*** **5** Gozzi
- ***Ratten:*** **9** Hauptmann
- ***Räuber:*** **8** Schiller
- ***Regenmacher:*** **4** Nash
- ***Reigen:*** **10** Schnitzler
- ***Requiem für eine Nonne:*** **8** Faulkner
- ***Revisor:*** **5** Gogol
- ***Richard (II., III.):*** **11** Shakespeare
- ***Richter von Zalamea:*** **8** Calderon
- ***Ritter Blaubart:*** **5** Tieck
- ***Ritter vom Mirakel:*** **4** Vega
- ***Robert Guiscard:*** **6** Kleist
- ***Romeo und Julia:*** **11** Shakespeare
- ***Romulus der Grosse:*** **11** Duerrenmatt
- ***Rose Bernd:*** **9** Hauptmann
- ***Rosmersholm:*** **5** Ibsen
- ***Santa Cruz:*** **6** Frisch
- ***Sappho:*** **7** Durrell, **11** Grillparzer
- ***Schinderhannes:*** **9** Zuckmayer
- ***Schlaf Gefangener:*** **3** Fry
- ***Schluck und Jau:*** **9** Hauptmann
- ***Schmutzige Hände:*** **6** Sartre
- ***Schule der Frauen:*** **7** Molière
- ***Schweyk im zweiten Weltkrieg:*** **6** Brecht
- ***Schwierige:*** **12** Hofmannsthal
- ***seidene Schuh:*** **7** Claudel
- ***Seltsames Zwischenspiel:*** **6** O'Neill
- ***Siegfried:*** **9** Giraudoux
- ***Sklavin ihres Geliebten:*** **4** Vega
- ***Soldaten:*** **4** Lenz
- ***Soldat Tanaka:*** **6** Kaiser
- ***Sommernachtstraum:*** **11** Shakespeare
- ***Sophonisbe:*** **8** Trissino, **9** Corneille
- ***Spieler:*** **5** Gogol
- ***Spiel von Tod und Liebe:*** **7** Rolland
- ***Stadt:*** **7** Claudel
- ***Stella:*** **6** Goethe
- ***Stellvertreter:*** **8** Hochhuth
- ***Stühle:*** **7** Ionesco
- ***Sturm:*** **11** Shakespeare
- ***Stützen der Gesellschaft:*** **5** Ibsen
- ***Süßer Vogel Jugend:*** **8** Williams
- ***Tage ohne Ende:*** **6** O'Neill
- ***Talisman:*** **7** Nestroy
- ***Tartüffe:*** **7** Molière
- ***Taube:*** **7** Anouilh
- ***Tausch:*** **7** Claudel
- ***Thomas Becket:*** **7** Anouilh
- ***Tochter des Brunnenmachers:*** **6** Pagnol
- ***Tod des Empedokles:*** **10** Hoelderlin

- ***Tod des Handlungsreisenden:*** **6** Miller
- ***Torquato Tasso:*** **6** Goethe
- ***Totentanz:*** **10** Strindberg
- ***Tote Stadt:*** **8** Annunzio
- ***Tote Tage:*** **7** Barlach
- ***Trachinierinnen:*** **9** Sophokles
- ***Trauer muß Elektra tragen:*** **6** O'Neill
- ***Traum ein Leben:*** **11** Grillparzer
- ***Traumspiel:*** **10** Strindberg
- ***Treuer Diener seines Herrn:*** **11** Grillparzer
- ***Troerinnen:*** **9** Euripides
- ***Troilus und Cressida:*** **11** Shakespeare
- ***Trojanische Krieg findet nicht statt:*** **9** Giraudoux
- ***Trommeln in der Nacht:*** **6** Brecht
- ***Turandot:*** **5** Gozzi, **8** Schiller
- ***Über allem Zauber Liebe:*** **8** Calderon
- ***Über unsere Kraft:*** **9** Bjoernson
- ***Ulla Winblad:*** **9** Zuckmayer
- ***Unbestechliche:*** **12** Hofmannsthal
- ***Undine:*** **9** Giraudoux
- ***Und Pippa tanzt:*** **9** Hauptmann
- ***Unsere kleine Stadt:*** **6** Wilder
- ***Unter dem Milchwald:*** **6** Thomas
- ***Vater:*** **10** Strindberg
- ***Venus im Licht:*** **3** Fry
- ***Verhör des Lukullus:*** **6** Brecht
- ***Verkündigung:*** **7** Claudel
- ***Verschwender:*** **7** Raimund
- ***Verschwörung des Fiesco zu Genua:*** **8** Schiller
- ***Viel Lärm um nichts:*** **11** Shakespeare
- ***Vögel:*** **12** Aristophanes
- ***Volksfeind:*** **5** Ibsen
- ***Volpone:*** **6** Jonson
- ***Vom Teufel geholt:*** **6** Hamsun
- ***Von Mäusen und Menschen:*** **9** Steinbeck
- ***Vor Sonnenaufgang:*** **9** Hauptmann
- ***Wald:*** **10** Ostrowskij
- ***Wallenstein:*** **8** Schiller
- ***Walzer der Toreros:*** **7** Anouilh
- ***Warten auf Godot:*** **7** Beckett
- ***Was ihr wollt:*** **11** Shakespeare
- ***Weber:*** **9** Hauptmann
- ***Weh dem, der lügt:*** **11** Grillparzer
- ***Welttheater:*** **8** Calderon, **11** Eichendorff
- ***Wenn der junge Wein blüht:*** **9** Bjoernson
- ***Wespen:*** **12** Aristophanes
- ***Widerspenstigen Zähmung:*** **11** Shakespeare
- ***Wie es euch gefällt:*** **11** Shakespeare
- ***Wildente:*** **5** Ibsen
- ***Wilhelm Tell:*** **8** Schiller
- ***Winterballade:*** **9** Hauptmann
- ***Wintermärchen:*** **11** Shakespeare
- ***Wir sind noch einmal davongekommen:*** **6** Wilder
- ***Wölfe und Schafe:*** **10** Ostrowskij
- ***Wolken:*** **12** Aristophanes
- ***Woyzeck:*** **8** Buechner
- ***Yerma:*** **5** Lorca
- ***Zeit und die Conways:*** **9** Priestley
- ***zerbrochene Krug:*** **6** Kleist
- ***Zofen:*** **5** Genet
- ***Zwillinge:*** **7** Plautus

Autor des Romans (ohne Artikel)

- ***Abel mit der Mundharmonika:*** **8** Hausmann
- ***Abenteuer des braven Soldaten Schwejk:*** **5** Hašek
- ***abenteuerliche Simplicissimus:*** **14** Grimmelshausen
- ***Abenteuer Telemachs:*** **7** Fénelon
- ***Abenteuer Tom Sawyers:*** **5** Twain
- ***Abenteuer und Fahrten des H. Finn:*** **5** Twain
- ***Abu Telfan:*** **5** Raabe
- ***Adrian der Tulpendieb:*** **7** Rombach
- ***Agathon und Abderiten:*** **7** Wieland
- ***Agostino:*** **7** Moravia

- ***Ahnen:*** **7** Freytag
- ***Alle Menschen werden Brüder:*** **6** Simmel
- ***Alpentragödie:*** **4** Voss
- ***Alptraum:*** **6** Mailer
- ***Alraune:*** **5** Ewers
- ***alte Mann und das Meer:*** **9** Hemingway
- ***Altherrensommer:*** **11** Hagelstange
- ***Amadeus:*** **7** Knittel
- ***amerikanische Tragödie:*** **7** Dreiser
- ***An heiligen Wassern:*** **4** Heer
- ***Angélique:*** **5** Golon
- ***Anna Karenina:*** **7** Tolstoi
- ***Ansichten eines Clowns:*** **5** Boell
- ***Apostel:*** **4** Asch
- ***Ariane:*** **4** Anet
- ***arme Chatterton:*** **8** Penzoldt
- ***Arzt Gion:*** **7** Carossa
- ***Atlantis:*** **7** Dominik
- ***Auferstehung:*** **7** Tolstoi
- ***Aufruhr der Engel:*** **6** France
- ***Aufstand der Fischer von St. Barbara:*** **7** Seghers
- ***Aus dem Leben eines Taugenichts:*** **11** Eichendorff
- ***Aus der Triumphgasse:*** **4** Huch
- ***Babbitt:*** **5** Lewis
- ***Barbara:*** **6** Werfel
- ***Barrabas:*** **10** Lagerkvist
- ***Barrings:*** **7** Simpson
- ***Bauern, Bonzen und Bomben:*** **7** Fallada
- ***Bel Ami:*** **10** Maupassant
- ***Ben Hur:*** **7** Wallace
- ***Berlin-Alexanderplatz:*** **7** Doeblin
- ***Bildnis des Dorian Gray:*** **5** Wilde
- ***Billard um halb zehn:*** **5** Boell
- ***Bis zur bitteren Neige:*** **6** Simmel
- ***Blechtrommel:*** **5** Grass
- ***Bonjour tristesse:*** **5** Sagan
- ***Borgia-Trilogie:*** **4** Huna
- ***Brot:*** **7** Waggerl
- ***Brücke über die Drina:*** **6** Andric
- ***Brücke von San Luis Rey:*** **6** Wilder
- ***Buddenbrooks:*** **4** Mann
- ***Butt:*** **5** Grass
- ***Cabanis:*** **6** Alexis
- ***Chérie:*** **7** Colette
- ***Chronik der Sperlingsgasse:*** **5** Raabe
- ***Cimarron:*** **6** Ferber
- ***Clérambault:*** **7** Rolland
- ***Clique:*** **8** McCarthy
- ***Consuelo:*** **4** Sand
- ***Dämonen:*** **7** Doderer
- ***Daniela:*** **6** Rinser
- ***David Copperfield:*** **7** Dickens
- ***Decameron:*** **9** Boccaccio
- ***Demian:*** **5** Hesse
- ***Demimonde:*** **5** Dumas
- ***Desirée:*** **7** Selinko
- ***Deutschstunde:*** **4** Lenz
- ***Die guten Willens sind:*** **7** Romains
- ***Doktor Schiwago:*** **9** Pasternak
- ***Don Quijote:*** **9** Cervantes
- ***Dorf:*** **5** Bunin
- ***Drei Männer im Schnee:*** **8** Kaestner
- ***drei Musketiere:*** **5** Dumas
- ***dritte Mann:*** **6** Greene
- ***dunkle Blume:*** **10** Galsworthy
- ***Du hast das Leben noch vor dir:*** **4** Ajar
- ***Durward:*** **5** Scott
- ***Effi Briest:*** **7** Fontane
- ***Efraim:*** **8** Andersch
- ***Egoist:*** **8** Meredith
- ***Ehepaare:*** **6** Updike
- ***einfache Leben:*** **8** Wiechert
- ***Einst wird kommen der Tag:*** **8** Caldwell
- ***eiserne Gustav:*** **7** Fallada
- ***Elenden:*** **4** Hugo
- ***El Hakim:*** **7** Knittel
- ***Elixiere des Teufels:*** **8** Hoffmann
- ***Émile:*** **8** Rousseau
- ***Emil und die Detektive:*** **8** Kaestner
- ***Ende einer Dienstfahrt:*** **5** Boell
- ***Erbarmen mit den Frauen:***

11 Montherlant
- ***Erbe von Björndal:*** **11** Gulbranssen
- ***Erfolg:*** **12** Feuchtwanger
- ***erste Kreis der Hölle:*** **12** Solschenizyn
- ***Es blinkt ein einsam Segel:*** **7** Katajew
- ***Es führt kein Weg zurück:*** **5** Wolfe
- ***Es muß nicht immer Kaviar sein:*** **6** Simmel
- ***Exemplar:*** **4** Kolb
- ***Exodus:*** **4** Uris
- ***Fabian:*** **8** Kaestner
- ***Fackeln im Sturm:*** **5** Jakes
- ***Fall Deruga:*** **4** Huch
- ***Fall Mauritius:*** **10** Wassermann
- ***Familie auf Gilje:*** **3** Lie
- ***Farm der Tiere:*** **6** Orwell
- ***Ferien vom Ich:*** **6** Keller
- ***Feuerzangenbowle:*** **6** Spoerl
- ***Fiesta:*** **9** Hemingway
- ***Flachsacker:*** **9** Streuvels
- ***Flamme:*** **6** Morgan
- ***Flucht nach Ägypten:*** **7** Deledda
- ***Flug in die Hölle:*** **7** Bertram
- ***Forsyte Saga:*** **10** Galsworthy
- ***Frau Marie Grubbe:*** **8** Jacobsen
- ***Frau Sorge:*** **9** Sudermann
- ***Fremde:*** **5** Camus
- ***Früchte des Zorns:*** **9** Steinbeck
- ***Frühstück bei Tiffany:*** **6** Capote
- ***Gefährliche Jahre:*** **8** Macaulay
- ***Geheimnisse von Paris:*** **3** Sue
- ***geheimnisvolle Reiter:*** **4** Grey
- ***Germinal:*** **4** Zola
- ***Giganten:*** **6** Ferber
- ***Gigi:*** **7** Colette
- ***Gil Blas:*** **6** Lesage
- ***Glasperlenspiel:*** **5** Hesse
- ***Glöckner von Notre-Dame:*** **4** Hugo
- ***Glückliche Menschen:*** **6** Kesten
- ***Golgatha:*** **4** Huna
- ***Golem:*** **7** Meyrink
- ***Gösta Berling:*** **9** Lagerloef
- ***Götter, Gräber und Gelehrte:*** **5** Ceram
- ***Göttinnen:*** **4** Mann
- ***Graf von Monte Christo:*** **5** Dumas
- ***große Regen:*** **9** Bromfield
- ***Großtyrann und das Gericht:*** **11** Bergengruen
- ***grüne Heinrich:*** **6** Keller
- ***Gruppenbild mit Dame:*** **5** Boell
- ***Gullivers Reisen:*** **5** Swift
- ***gute Erde:*** **4** Buck
- ***Guzman:*** **6** Aleman
- ***Hampit der Jäger:*** **6** Kneip
- ***Handvoll Staub:*** **5** Waugh
- ***häßliche Herzogin:*** **12** Feuchtwanger
- ***Hauptmann Sorrell und sein Sohn:*** **7** Deeping
- ***Hauptstrasse:*** **5** Lewis
- ***Haus der Erde:*** **4** Buck
- ***Haut:*** **9** Malaparte
- ***Heiligenhof:*** **5** Stehr
- ***Herr der Ringe:*** **7** Tolkien
- ***Hiob:*** **4** Roth
- ***Hiroshima mon amour:*** **5** Duras
- ***Homo Faber:*** **6** Frisch
- ***Hosen des Herrn von Bredow:*** **6** Alexis
- ***Hotel:*** **6** Hailey
- ***Hund von Baskerville:*** **5** Doyle
- ***Hundejahre:*** **5** Grass
- ***Hunger:*** **6** Hamsun
- ***Hungerpastor:*** **5** Raabe
- ***Ich stelle mich:*** **4** Habe
- ***Iden des März:*** **6** Wilder
- ***Idiot:*** **11** Dostojewski
- ***Im Namen der Rose:*** **3** Eco
- ***Im Westen nichts Neues:*** **8** Remarque
- ***In einem anderen Land:*** **9** Hemingway
- ***Irrungen Wirrungen:*** **7** Fontane
- ***Ivanhoe:*** **5** Scott
- ***Jan Lobel aus Warschau:*** **6** Rinser
- ***Jedermann:*** **8** Wiechert
- ***Jenseits von Eden:*** **9** Steinbeck

- ***Jerominkinder:*** **8** Wiechert
- ***Johann Christof:*** **7** Rolland
- ***Josef-Tetralogie:*** **4** Mann
- ***Jud Süß:*** **12** Feuchtwanger
- ***Junggesellen:*** **11** Montherlant
- ***Kaiser von Mexico:*** **4** Huch
- ***Kajütenbuch:*** **10** Sealsfield
- ***Kameliendame:*** **5** Dumas
- ***Kampf um Rom:*** **4** Dahn
- ***Kapitän West:*** **7** Knittel
- ***Kaputt:*** **9** Malaparte
- ***Kapuzinergruft:*** **4** Roth
- ***Kaspar Hauser:*** **10** Wassermann
- ***Kater Murr:*** **9** Hoffmann
- ***Katzensteg:*** **9** Sudermann
- ***Kautschuk:*** **7** Dominik
- ***Kean:*** **5** Dumas
- ***Kenilworth:*** **5** Scott
- ***Kim:*** **7** Kipling
- ***Kinder der Erde:*** **11** Gudmundsson
- ***Kinder der Welt:*** **5** Heyse
- ***Kleiner Mann, was nun:*** **7** Fallada
- ***Klosterjäger:*** **9** Ganghofer
- ***Knabe im Brunnen:*** **6** Andres
- ***Knecht Jan:*** **9** Streuvels
- ***König Alkohol:*** **6** London
- ***Kontrapunkt des Lebens:*** **6** Huxley
- ***Kraft und die Herrlichkeit:*** **6** Greene
- ***Kraniche:*** **6** Talvio
- ***Krebsstation:*** **12** Solschenizyn
- ***Kreutzersonate:*** **7** Tolstoi
- ***Krieg mit den Molchen:*** **5** Capek
- ***Krieg und Frieden:*** **7** Tolstoi
- ***Kristin Lavranstochter:*** **6** Undset
- ***Kronenwächter:*** **5** Arnim
- ***Labyrinth:*** **6** Seidel
- ***Lady Chatterley:*** **8** Lawrence
- ***Lampioon küßt Mädchen und kleine Birken:*** **8** Hausmann
- ***Landstreicher:*** **6** Hamsun
- ***Leibhaftige:*** **6** Thiess
- ***Lélia:*** **4** Sand
- ***Lennacker:*** **6** Seidel
- ***letzten Tage von Pompeji:*** **6** Bulwer
- ***Liebe in Fesseln:*** **7** Deeping
- ***Lieben Sie Brahms:*** **5** Sagan
- ***Lied von Bernadette:*** **6** Werfel
- ***Lolita:*** **7** Nabokov
- ***Lord Jim:*** **6** Conrad
- ***Lotte in Weimar:*** **4** Mann
- ***Love Story:*** **5** Segal
- ***Madame Bovary:*** **8** Flaubert
- ***Mädchen von Fanö:*** **10** Weisenborn
- ***Maigret:*** **7** Simenon
- ***Majorin:*** **8** Wiechert
- ***Mann im Strom:*** **4** Lenz
- ***Mann ohne Eigenschaften:*** **5** Musil
- ***Martinsklause:*** **9** Ganghofer
- ***Mary Anne:*** **7** Maurier
- ***Meer:*** **10** Kellermann
- ***Mein Name sei Gantenbein:*** **6** Frisch
- ***Mein Onkel Benjamin:*** **7** Tillier
- ***Meister:*** **4** Brod
- ***Menschen im Hotel:*** **4** Baum
- ***Michaela:*** **6** Seidel
- ***Mitsou:*** **7** Colette
- ***Mitternacht:*** **5** Green
- ***Moby Dick:*** **8** Melville
- ***Moderato Cantabile:*** **5** Duras
- ***Momo:*** **4** Ende
- ***Monpti:*** **7** Vaszary
- ***Morgen des Lebens:*** **11** Gudmundsson
- ***Moskau:*** **8** Plievier
- ***Muschelhorn:*** **4** Leip
- ***Mutter:*** **5** Gorki
- ***Nachkommen:*** **5** Stehr
- ***Nachsommer:*** **7** Stifter
- ***Nackten und die Toten:*** **6** Mailer
- ***Nana:*** **4** Zola
- ***Narrenschiff:*** **6** Porter
- ***Narziß und Goldmund:*** **5** Hesse
- ***Nathanael Mächler:*** **5** Stehr
- ***Nazarener:*** **4** Asch
- ***Neunzehnhundertvierundachtzig:*** **6** Orwell
- ***Niels Lyhne:*** **8** Jacobsen

- *Nullacht/fünfzehn:* **5** Kirst
- *Oger:* **6** Loerke
- *Olav Audunssohn:* **6** Undset
- *Oliver Twist:* **7** Dickens
- *Orientexpreß:* **6** Greene
- *Orlando:* **5** Woolf
- *Örtlich betäubt:* **5** Grass
- *Pan:* **6** Hamsun
- *Papillon:* **9** Charrière
- *Parasiten:* **7** Maurier
- *Pate:* **4** Puzo
- *Pelle:* **8** Anderson
- *Pest:* **5** Camus
- *Peter Brindeisener:* **5** Stehr
- *Peter Camenzind:* **5** Hesse
- *Petroleum:* **8** Sinclair
- *Porta Nigra:* **5** Kneip
- *Powenzbande:* **8** Penzoldt
- *Professor Unrat:* **4** Mann
- *Prozeß:* **5** Kafka
- *Quell:* **6** Morgan
- *Quentin:* **5** Scott
- *Quo vadis:* **11** Sienkiewicz
- *Radetzkymarsch:* **4** Roth
- *Räuberbande:* **5** Frank
- *Rebecca:* **9** Du Maurier
- *Redburn:* **8** Melville
- *Reise um die Erde in 80 Tagen:* **5** Verne
- *Rettung:* **6** Conrad
- *Rinaldo Rinaldini:* **7** Vulpius
- *Robinson Crusoe:* **5** Defoe
- *Römerin:* **7** Moravia
- *Rote:* **8** Andersch
- *Ruf der Wildnis:* **6** London
- *Salammbô:* **8** Flaubert
- *Schatzinsel:* **9** Stevenson
- *Schau heimwärts, Engel:* **5** Wolfe
- *Schlafwandler:* **5** Broch
- *Schloß:* **5** Kafka
- *Schloß von Otranto:* **7** Walpole
- *Schmetterlinge weinen nicht:* **8** Heinrich
- *Schneider von Ulm:* **4** Eyth
- *Schüdderump:* **5** Raabe
- *Schuld und Sühne:* **11** Dostojewski
- *Schwarze Haut:* **5** Ruark
- *Seespeck:* **7** Barlach
- *Seewolf:* **6** London
- *Segen der Erde:* **6** Hamsun
- *Seltsame Ehe:* **8** Meredith
- *sieben Hauptsünden:* **3** Sue
- *Sie fielen aus Gottes Hand:* **7** Richter
- *Sigismund Rüstig:* **7** Marryat
- *Sintflut:* **6** Andres
- *Söhne und Liebhaber:* **8** Lawrence
- *Soll und Haben:* **7** Freytag
- *Später Sieg:* **6** Cronin
- *Spielball der Götter:* **11** Hagelstange
- *Spion im Haus der Liebe:* **3** Nin
- *Stadt hinter dem Strom:* **6** Kasack
- *Stalingrad:* **8** Plievier
- *Stechlin:* **7** Fontane
- *Stern der Ungeborenen:* **6** Werfel
- *stille Don:* **10** Scholochow
- *Stiller:* **6** Frisch
- *Stine:* **7** Fontane
- *Stoff, aus dem die Träume sind:* **6** Simmel
- *Straße ohne Ende:* **8** Konsalik
- *Streit um den Sergeanten Grischa:* **5** Zweig
- *Stundenglas:* **5** Stehr
- *Sumpf:* **8** Sinclair
- *Suzie Wong:* **5** Mason
- *Sylvia:* **10** Cunningham
- *Tal der Puppen:* **6** Susann
- *Tancred:* **8** Disraeli
- *Tarnowska:* **4** Habe
- *Tauben im Gras:* **7** Koeppen
- *Tod des Vergil:* **5** Broch
- *Tolldreisten Geschichten:* **6** Balzac
- *Tom Jones:* **8** Fielding
- *Totenschiff:* **6** Traven
- *Träumer:* **7** Deeping
- *Triumphbogen:* **8** Remarque
- *Tsushima:* **6** Thiess
- *Tunnel:* **10** Kellermann

– ***Turmbau:*** **6** Loerke
– ***Tycho Brahes Weg zu Gott:*** **4** Brod
– ***Uli, der Knecht:*** **8** Gotthelf
– ***Ulysses:*** **5** Joyce
– ***Und ewig singen die Wälder:*** **11** Gulbranssen
– ***Und fänden die Liebe nicht:*** **4** Buck
– ***Und Jimmy ging zum Regenbogen:*** **6** Simmel
– ***Und sagte kein einziges Wort:*** **5** Boell
– ***Unendliche Geschichte:*** **4** Ende
– ***Ungeduld des Herzens:*** **5** Zweig
– ***Unterm Rad:*** **5** Hesse
– ***Unterwegs:*** **7** Kerouac
– ***unverwesliche Erbe:*** **6** Seidel
– ***Vanadis:*** **4** Kurz
– ***Verdammten:*** **6** Thiess
– ***Verdammt in alle Ewigkeit:*** **5** Jones
– ***Verlobten:*** **7** Manzoni
– ***verlorene Handschrift:*** **7** Freytag
– ***veruntreute Himmel:*** **6** Werfel
– ***Via mala:*** **7** Knittel
– ***Vivian Grey:*** **8** Disraeli
– ***Vom Winde verweht:*** **8** Mitchell
– ***Von Zeit und Strom:*** **5** Wolfe
– ***Vorbild:*** **4** Lenz
– ***Wackere neue Welt:*** **6** Huxley
– ***Wälder und Menschen:*** **8** Wiechert
– ***Wandlungen des Mattia Pascal:*** **10** Pirandello
– ***Waverley:*** **5** Scott
– ***Wehrwolf:*** **5** Loens
– ***Wem die Stunde schlägt:*** **9** Hemingway
– ***Wendekreis des Krebses:*** **6** Miller
– ***Werthers Leiden:*** **6** Goethe
– ***Wesire und Konsuln:*** **6** Andrić
– ***Wetterwart:*** **4** Heer
– ***Winnetou:*** **3** May
– ***Witiko:*** **7** Stifter
– ***Wohin die Liebe führt:*** **7** Robbins
– ***Wolfsblut:*** **6** London
– ***Wunschkind:*** **6** Seidel
– ***Yarrabee:*** **4** Eden
– ***Zauberberg:*** **4** Mann
– ***Zitadelle:*** **6** Cronin
– ***Zwei Menschen:*** **4** Voss
– ***Zwerg:*** **10** Lagerkvist
– ***Zwillinge von Nürnberg:*** **6** Kesten

Autoreifen: **4** Pneu

Autorennstrecken: **5** Monza, **6** Le Mans, Zolder, **7** Sebring, **8** Solitude, **9** Montlhéry, **10** Hockenheim, Monte Carlo, **11** Silverstone, Watkins Glenn, **12** Indianapolis, Nuerburgring

Autorität: **7** Ansehen, Geltung, **9** Obrigkeit

Autosternfahrt: **6** Rallye

Autotramp: **8** Anhalter, **10** Hitchhiker

Autounterstellraum: **6** Garage

Autoversicherung: **5** Kasko

Autozubehör: **4** Hupe, **6** Lenker, Reifen, **7** Blinker, **12** Scheinwerfer, Winterreifen

Avantgarde: **6** Vorhut, **8** Vortrupp

Axt als Waffe: **5** Barte, **8** Tomahawk, **9** Streitaxt

Azoren (port. Inselgruppe im Atlantik)
Hauptorte: **5** Horta, **12** Ponta Delgada
Inseln: **4** Pico, **5** Corvo, Faial, **6** Flores, **7** Sao Jorg, **8** Graciosa, Terceira, **9** Sao Miguel, **10** Santa Maria

aztek. Kriegsgott: **7** Mexitli

Aztekenkönige: **9** Montezuma, **10** Cuauhtemoc

B

Babykost: **4** Brei
Babylon: **5** Babel, **8** Chaldaea
babylonische(r, s)
– ***Epos:*** **10** Gilgamesch
– ***Feldherr:*** **10** Holofernes
– ***Gewichtseinheit:*** **5** Sekel
– ***Götter:*** **2** Ea, **3** Anu, Bal, Bel, Sin, **4** Apsu, Baal, Nabu, **5** Belos, Enlil, Etana, Kingu, Samas, **6** Marduk, Nimrod, Tammuz, **9** Schamasch
– ***Göttinnen:*** **4** Gula, **5** Belta, Istar, Nintu, **6** Adagea, Alluta, Nanaea, Omorka, Tiamat, **7** Ischtar, Lachamu, Mylitta
– ***Hochtempel:*** **8** Zikkurat
– ***König:*** **10** Gilgamesch, **12** Nabopolassar, Nebukadnezar
– ***Münzeinheit:*** **5** Sekel
– ***Stadt:*** **5** Akkad, Babel, **7** Babylon
Babyserviette: **4** Latz
Bacchantenstab: **7** Thyrsus
Bacchusfest: **9** Bacchanal
backbord: **5** links
Backe: **5** Wange
Backenbart: **10** Koteletten
Backenstreich: **7** Dachtel, Schelle, **8** Ohrfeige, **10** Backpfeife, **11** Maulschelle
Backenzahn: **5** Molar
Backfett: **8** Frituere
Backfisch: **7** Flapper, **8** Teenager
Backgewürz: **4** Anis, **6** Safran, **8** Zitronat
Backmasse: **4** Teig
Backstein: **6** Ziegel, **7** Klinker
Backtrog: **5** Molle, Mulde
Backwaren: **4** Brot, Kipf, Weck, Zopf, **5** Wecke, **6** Brezel, Kipfel, Semmel, Stuten, Wecken, **7** Brioche, Kipferl, **8** Graubrot, Hefezopf, Knueppel, Schrippe, **9** Broetchen, Mischbrot, Sesambrot, Weissbrot, **10** Kleberbrot, Rundstueck, Schrotbrot, Weizenbrot, **11** Knaeckebrot, Kommissbrot, Rosinenbrot, Schwarzbrot, **12** Fruechtebrot, Pumpernickel, Vollkornbrot, **14** Milchbroetchen, Sesambroetchen, **15** Kaiserbroetchen
Bad: **6** Kurort, Solbad, Therme, **7** Heilbad, Luftbad, Moorbad, **8** Dampfbad, **9** Sonnenbad, Wannenbad, **10** Schwimmbad, Schwitzbad, Thermalbad
Badegelände: **6** Strand
Badekleidung: **5** Tanga, **6** Bikini, **8** Badehose, Minikini, **9** Badeanzug, Badekappe
Baden-Württemberg (Land der Bundesrepublik)
Berge: **3** Ipf, **6** Blauen, Hohloh, Kandel, Lupfen, **7** Belchen, Heuberg, Kniebis, Lemberg, **8** Feldberg, Mooskopf, Rossberg, **11** Kaiserstuhl, Plettenberg, **12** Hohenkarpfen, Hornisgrinde, Schauinsland
Flüsse: **3** Alb, Elz, Enz, Oos, **4** Aich, Blau, Breg, Erms, Fils, Main, Murg, Murr, Rems, Sulm, **5** Argen, Donau, Glatt, Jagst, Laber, Ulfen, Wehra, Zaber, **6** Ablach, Elsenz, Kinzig, Kocher, Nagold, Neckar, Wutach, **7** Brigach, Wolfach
Gebirge: **3** Alb, **8** Odenwald,

11 Schwarzwald
Hauptstadt: **9** Stuttgart
Landschaften: **5** Hegau, **7** Linzgau, Ortenau, **8** Breisgau
Seen: **7** Titisee, **8** Bodensee, Federsee, **9** Illmensee, Mummelsee, **10** Schluchsee
Städte und Orte: **3** Ulm, **4** Calw, Horb, Kehl, Lahr, Owen, Weil, **5** Aalen, Buehl, Imnau, **6** Achern, Buchau, Buchen, Nagold, Singen, Wangen, **7** Ebingen, Ehingen, Lauffen, Mosbach, Rastatt, Saulgau, Wolfach, **8** Albstadt, Backnang, Balingen, Biberach, Breisach, Bruchsal, Freiburg, Gaggenau, Konstanz, Leonberg, Loerrach, Mannheim, Neustadt, Rottweil, Sinsheim, Stockach, Tettnang, Waldshut, Wertheim, **9** Esslingen, Ettlingen, Hechingen, Heilbronn, Karlsruhe, Meersburg, Muellheim, Oehringen, Offenburg, Pforzheim, Stuttgart, Tuebingen, Vaihingen, Villingen, **10** Baden-Baden, Blaubeuren, Boeblingen, Crailsheim, Goeppingen, Heidelberg, Heidenheim, Kuenzelsau, Muensingen, Nuertingen, Ravensburg, Reutlingen, Saeckingen, Tuttlingen, Waiblingen, **11** Emmendingen, Ludwigsburg, Mergentheim, Rheinfelden, Sigmaringen, Ueberlingen, **12** Freudenstadt, **14** Donaueschingen, **15** Friedrichshafen, Schwaebisch Hall, **17** Schwaebisch Gmuend, **18** Tauberbischofsheim

Bäderkunde: **11** Balneologie
Badestrand
– ***in Honolulu:*** **7** Waikiki
– ***in Rio de Janeiro:*** **10** Copacabana
– ***bei Venedig:*** **4** Lido
Bagage: **4** Pack, **5** Bande, Tross, **7** Gepaeck, **8** Gesindel, **9** Gelichter
Bagatelle: **8** Lappalie, **10** Banalitaet, Nebensache, **11** Kleinigkeit
Bagger: **7** Greifer, **9** Bulldozer, Schrapper
Bahamas (Inselstaat in der Karibik):
Hauptstadt: **6** Nassau
Inseln: **3** Cat, Lee, **5** Abaco, Exuma, **6** Acklin, Caicos, Inagua, **9** Eleuthera, Mariguana, **13** Watlingsinsel
Währung: **4** Cent, **6** Dollar
Bahn: **3** Weg, Zug, **4** Spur, **5** Linie, **8** Streifen
Bahn der Himmelskörper: **5** Orbit
Bahn für Pferde- und Wagenrennen: **9** Hippodrom
bahnbrechend: **6** genial
Bahnbrecher: **7** Pionier
bahnen: **5** ebnen
Bahnhof: **7** Station, **11** Haltestelle
Bahnschiene: **5** Gleis
Bahnsteig: **6** Perron
Bahrain (Scheichtum am Pers. Golf):
Hauptstadt: **6** Manama
Währung: **3** Fil, **5** Dinar
Bahre: **5** Trage
Bai: **4** Golf, **5** Bucht
Bajuware: **5** Bayer
Bakel: **5** Stock
Bakschisch: **4** Gabe, **7** Almosen, **9** Trinkgeld
Bakterie: **5** Kokke, **6** Kokkus, Vibrio, **8** Bazillus, **9** Spaltpilz, **10** Gonokokkus, Salmonelle, **11** Schizomyzet
Bakteriengift: **5** Toxin
Bakterienzucht: **6** Kultur
Balance: **5** Waage, **7** Schwebe, **13** Gleichgewicht
bald: **4** fast, **6** beinah, schier, **7** beinahe, **8** ehestens
Baldriangewächs: **3** Narde
Balearen (span. Inselgruppe im westl. Mittelmeer)

Inseln: **5** Ibiza, **7** Cabrera, Menorca, **8** Mallorca, Pityusen
Orte: **4** Inca, **5** Ibiza, Mahon, **7** Manacor, **8** Fornells, La Sabina, **9** Ciudadela
Verw.-Sitz: **5** Palma

Balge: **5** Priel

balgen: **6** raufen, **8** pruegeln

Balkanbewohner: **5** Serbe, **6** Kroate, **7** Albaner, Bulgare, Grieche, Rumaene, Slovene, **8** Mazedone, Skipetar

Balkanfluß: **3** Sau, **4** Drin, Save, **5** Donau, Drina, **6** Morawa, Wardar, **7** Maritza

Balkangebirge: **6** Balkan, Pindus, **7** Rhodope,

Balkanhauptstadt: **5** Athen, Sofia, **6** Skopje, Tirana, Zagreb, **7** Belgrad, **8** Bukarest, Sarajevo, **9** Podgorica

Balkanstaat: **7** Serbien, **8** Albanien, Kroatien, **9** Bulgarien, Rumaenien, **10** Makedonien, Montenegro, **12** Griechenland, **18** Bosnien-Herzegowina

Balkenstütze: **7** Konsole

balkonartiger Vorbau: **5** Altan, Erker

Balkon-, Zimmerpflanzen: **4** Efeu, Eibe, Hoya, **5** Agave, Erika, Ixora, Pilea, Piper, Rhoeo, Vanda, Vinca, Yucca, **6** Aralie, Aukube, Azalee, Azalie, Cissus, Citrus, Clivia, Cobaea, Coffea, Coleus, Croton, Datura, Fatsia, Gynura, Hedera, Kaktus, Kentie, Klimme, Krokus, Laurus, Limone, Mimose, Myrtus, Nerium, Oxalis, Primel, Pteris, Punica, Rhodea, Rochea, Scilla, **7** Aechmea, Aeonium, Alyssum, Begonie, Brassia, Cyperus, Cytisus, Episcia, Fuchsie, Gazanie, Geranie, Helxine, Ipomoea, Iresine, Kamelie, Lantana, Lobelie, Luzerne, Maranta, Nertera, Opuntie, Papyrus, Parodia, Pellaea, Petunie, Phoenix, Rizinus, Senecio, Skimmia, Solanum, Tagetes, Tolmiea, Vallota, Vriesea, Zebrina, **8** Abutilon, Acalypha, Adiantum, Ageratum, Anthurie, Baumlieb, Blechnum, Bleiwurz, Bromelie, Buntwurz, Caladium, Camellia, Capsicum, Clematis, Codiaeum, Columnea, Crassula, Cyclamen, Drazaene, Efeutute, Einblatt, Erdstern, Euonymus, Gardenie, Gasteria, Geldbaum, Gesneria, Goldfarn, Guzmania, Gloxinie, Haarfarn, Hibiskus, Jakobine, Ministar, Monstera, Nestfarn, Oleander, Pandanus, Plumbago, Rubiazee, Saumfarn, Waldrebe, **9** Achimenes, Aglaonema, Allamanda, Amaryllis, Anthurium, Araukarie, Asparagus, Asplenium, Balsamine, Bergpalme, Blutblume, Bogenhanf, Browallia, Brutblatt, Buntlippe, Campanula, Ceropegia, Chinarose, Cinerarie, Colchicum, Cordyline, Cucurbita, Cymbidium, Cyrtomium, Dickblatt, Duftwicke, Echeveria, Eisenfarn, Eselskopf, Euphorbie, Ewigblatt, Geissklee, Grevillea, Gummibaum, Hanfpalme, Haworthia, Heliotrop, Hortensie, Hyazinthe, Hypoestes, Impatiens, Jacaranda, Jacobinia, Judenbart, Juniperus, Kahnorche, Kalanchoe, Kiemblatt, Lackblatt, Medinille, Mininelke, Mondwinde, Mooskraut, Palmlilie, Pellefarn, Peperomia, Pfeilwurz, Pharbitis, Phyllitis, Reineckia, Samtblume, Saxifraga, Sinningia, Syngonium, Tigeraloe, Venushaar, Wurzellob, Zahnzunge, Zypergras, **10** Ampelkraut, Ampelopsis, Aphelandra, Aronskelch, Aspidistra, Ballprimel, Baumfreund, Beloperone, Bergkaffee, Billbergia, Blattfahne, Borsigiana, Brunfelsie,

Buntnessel, Crossandra, Dichtaehre, Dipladenia, Doldenrebe, Drehfrucht, Elchgeweih, Efeuaralie, Eisbegonie, Epiphyllum, Fatshedera, Feigenbaum, Flamboyant, Geweihfarn, Gruenlilie, Haemanthus, Hartriegel, Immergruen, Lebensbaum, Nestfichte, Nidularium, Ophiopogon, Passiflora, Pelargonie, Phlebodium, Poinsettie, Prunkwinde, Purpurtute, Rachenrebe, Rexbegonie, Rippenfarn, Schamblume, Schefflera, Scheinrebe, Schildfarn, Scindapsus, Silberfarn, Sparmannia, Steinbrech, Steinkraut, Strelitzia, Thompsonii, Thunbergia, Tillandsia, Venusschuh, Veltheimia, Wachsblume, Watsoniana, Wunderbaum, Zebrakraut, **11** Aschenblume, Blattkaktus, Baumfuchsie, Blutpflaume, Brautprimel, Bryophyllum, Calceolaria, Callistemon, Chamaedorea, Cryptanthus, Dattelpalme, Dizygotheca, Dornenkrone, Drachenbaum, Efeugeranie, Farnbegonie, Fluegelfarn, Geigenfeige, Glokkenrebe, Gluecksklee, Granatapfel, Hippeastrum, Hirschzunge, Kentiapalme, Kerchoveana, Keulenlilie, Koenigswein, Kolbenfaden, Kugelfichte, Leberbalsam, Leuchtstern, Lorbeerbaum, Maennertreu, Microcoelum, Mittagsgold, Nephrolepis, Nestrosette, Osterkaktus, Pfeifenlack, Platycerium, Polystichum, Prachtwinde, Puderquaste, Rheinhardtia, Riemenblatt, Ritterstern, Saintpaulia, Samtpflanze, Sansevieria, Schiefblatt, Schildblume, Schneeheide, Schoenmalve, Schwertfarn, Seideneiche, Selaginella, Silbereiche, Silberkerze, Silberpilea, Smithiantha, Stephanotis, Sternschild, Tetrastigma, Tuepfelfarn, Walzenlilie, Wasserranke, Zierkuerbis, Zierpaprika, Zimmerhafer, Zimmerkalla, Zimmerlinde, Zimmertanne, Zwergorange, **12** Ampelbegonie, Becherprimel, Blattbegonie, Blattpfeffer, Blumennessel, Bostoniensis, Chlorophytum, Christusdorn, Drachenlilie, Elefantenohr, Federspargel, Feigenkaktus, Fensterblatt, Fingeraralie, Glockenblume, Goldtrompete, Greisenhaupt, Kaukasusefeu, Kissenprimel, Kletterficus, Kletterphilo, Kletterwinde, Korallenmoos, Massliebchen, Mittagsblume, Mottenkoenig, Namenspatron, Nesselschoen, Pachystachys, Philodendron, Plectranthus, Prinzesswein, Raphidophora, Rhododendron, Roseneibisch, Rosengeranie, Rosenlorbeer, Sauerzitrone, Scheinquitte, Schiefteller, Schopfcereus, Streifenfarn, Tempelglocke, Trachycarpus, Tradeskantie, Vanilleblume, Winterrakete, Zantedeschia, Zimmeraralie, Zimmerdistel, Zimmerhopfen, Zimmerbalsam, Zwergpfeffer, **13** Aeschynanthus, Alpenveilchen, Bastardaralie, Blausternchen, Bougainvillea, Bubikoepfchen, Cephalocereus, Cleistocactus, Dieffenbachia, Felsenstrauch, Flamingoblume, Fliederprimel, Fransenbeutel, Garnelenblume, Gliederkaktus, Harfenstrauch, Kaenguruhwein, Kaffeestrauch, Kanonierblume, Kaplandklimme, Kastanienwein, Katzenschwanz, Korallenbeere, Kranzschlinge, Kussmaeulchen, Lanzenrosette, Leuchterblume, Louisianamoos, Mosaikpflanze, Muehlenbeckia, Paphiopedilum, Passionsblume, Pfauenradfarn,

Schlangenbart, Schraubenbaum, Schuppengruen, Schusterpalme, Spathiphyllum, Streptocarpus, Tausendschoen, Trichterblume, Vogelnestfarn, Zimmerginster, Zwergkonifere, **14** Bluetenbegonie, Chinesenprimel, Drillingsblume, Engelstrompete, Flammenschwert, Fliederfuchsie, Frauenhaarfarn, Glanzkoelbchen, Guertelgeranie, Henne mit Kueken, Herbstzeitlose, Knollenbegonie, Kokospaelmchen, Lorbeerkirsche, Papageienwinde, Pantoffelblume, Paradiesnessel, Pfeffergesicht, Schattenroehre, Scheinzypresse, Schmuckpfeffer, Schosskindchen, Spanisches Moos, Spindelstrauch, Strahlenaralie, Strauchbegonie, Studentenblume, Wassergeranium, Zwergapfelsine, Zwergmargerite, Zwergwacholder, Zylinderputzer, **15** Ampelbuntnessel, Dschungelglocke, Fuchsienbegonie, Flinker Heinrich, Kaenguruhklimme, Kapuzinerkresse, Korallenkirsche, Korallenstrauch, Riotradeskantie, Sommeramaryllis, Spornbuechschen, Stechpalmenfarn, Weihnachtsstern, Zimmeramaryllis, Zuckerhutfichte, Zwergkokospalme, **16** Koenigin der Nacht, Madagaskar-Jasmin, Madagaskarkaktus, Ruehrmichnichtan, Schlaechterpalme, Stiefmuetterchen, Strauchmargerite, Usambaraveilchen, Vergissmeinnicht, Weihnachtskaktus, Zwergdattelpalme

Ballade von
- ***Bürger:*** **6** Lenore
- ***Goethe:*** **9** Erlkoenig
- ***Schiller:*** **10** Der Taucher

Ballen: **4** Pack, Kolli, **5** Kollo, **7** Klumpen

Ballettmusikwerk von
- ***Adam:*** **7** Giselle
- ***Bayer:*** **9** Puppenfee
- ***Blacher:*** **6** Hamlet, **8** Chiarina, **9** Quadrille, **10** Lysistrata, **11** Harlekinade
- ***Chatschaturian:*** **6** Gayane
- ***Delibes:*** **5** Naila, **6** Sylvia, **8** Coppelia
- ***Dukas:*** **6** La Péri
- ***de Falla:*** **9** Dreispitz, **12** Liebeszauber
- ***Egk:*** **7** Abraxas, **8** Georgica
- ***Hindemith:*** **6** Daemon, **8** Antiquar, **9** Herodiade
- ***Honegger:*** **9** Semiramis
- ***Krenek:*** **6** Mammon
- ***Milhaud:*** **6** Salade
- ***Prokofieff:*** **10** Cinderella, **13** Romeo und Julia
- ***Ravel:*** **7** La valse
- ***Rimsky-Korssakow:*** **12** Schéhérazade
- ***Satie:*** **6** Parade
- ***Strauss, Richard:*** **11** Schlagobers
- ***Strawinsky:*** **7** Orpheus, **10** Feuervogel, Kuss der Fee, Petruschka, Pulcinella, **11** Kartenspiel, **12** Reineke Fuchs, **14** Bauernhochzeit, Apollon Musagète, Fruehlingsopfer
- ***Tschaikowsky:*** **11** Nussknacker, Schwanensee, **12** Dornroeschen

Balletteinstudierung: **13** Choreographie

Ballettgruppe: **13 Corps de ballet**

Ballettänzerin: **4** Girl, **9** Ballerina, **11** Balletteuse

Ballspiele: **4** Golf, Polo, **5** Rugby, **6** Squash, Pelota, Tennis, **7** Kricket, Krocket, Radball, Radpolo, **8** Baseball, Flugball, Fussball, Football, Handball, Korbball, Lacrosse, Minigolf, Pingpong, Pushball, Softball, **9** Badminton, Faustball, Federball, Prellball, Stockball, **10** Basketball, Schlagball, Volleyball, Wasserball, **11** Tischtennis,

Voelkerball
Balsam: **6** Labsal, **9** Linderung, **10** Erquickung
Balten: **5** Esten, Kuren, Selen, **6** Letten, **7** Litauer, Pruzzen, **9** Semgallen, **10** Lettgallen
baltendeutscher Schriftsteller: **6** Thiess
Baltenland: **7** Litauen, Estland, **8** Lettland
Baltikum: → Estland, → Lettland, → Litauen
baltische
– ***Hauptstädte:*** **4** Riga, **5** Reval, Wilna, **6** Tallin, **7** Tallinn
– ***Landschaft:*** **7** Livland
Balustrade: **9** Bruestung, Gelaender
banal: **4** fade, **5** flach, platt, **11** alltaeglich, **12** abgedroschen
Bananenart: **4** Musa, **6** Pisang, **10** Mehlbanane, Obstbanane, **11** Faserbanane, Zwergbanane
Band: **4** Gurt, **5** Litze, **6** Fessel, Tresse, **7** Strippe, **8** Borduere, Ligament, Streifen
Band eines Schriftwerks: **7** Volumen
Bande: **4** Gang, Pack, **5** Horde, Meute, Schar, **6** Clique, **7** Fesseln, **8** Gesindel
Bandenkrieg: **8** Guerilla
bandförmiges Gewinde: **8** Girlande
bändigen: **7** zaehmen, zuegeln
Bandit: **5** Bravo, **7** Raeuber, **8** Gangster, **9** Desperado
Bandrücklauf: **8** Playback
Bandschleife: **7** Rosette
Bandschlinge: **4** Oese, **8** Schleife
Bandwürmer: **8** Zestoden
Bange: **5** Angst, **6** Furcht
Bangladesh (Staat in S-Asien):
Flüsse: **6** Ganges, **12** Brahmaputra
Hauptstadt: **5** Dacca, Dhaka
Sprache: **7** Bengali
Städte: **6** Khulna, **10** Chittagong
Währung: **4** Taka, **6** Poisha
Zwischenstromland: **4** Doab
Bankansturm: **3** Run
Bankbegriffe: **3** Run, **4** Agio, Avis, Bond, Giro, Kurs, Mise, Zins, **5** Aktie, Bonus, Debet, Depot, Kasse, Saldo, Talon, **6** Aktiva, Akzept, Coupon, Kredit, Scheck, Storno, Tratte, Valuta, Zinsen, **7** Allonge, Anleihe, Debitor, Defizit, Devisen, Disagio, Diskont, Inkasso, Kapital, Kaution, Konkurs, Rendite, Rimesse, Solvenz, Trassat, Wechsel, Zession, **8** Agiotage, Banknote, Bankrott, Bonitaet, Clearing, Darlehen, Effekten, Emission, Exchange, Finanzen, girieren, Hypothek, Kreditor, Promesse, Trassant, **9** Aktionaer, Akzeptant, Bezogener, Deflation, Depositen, Dividende, Falliment, Inflation, Insolvenz, Notierung, Provision, **10** Obligation, **11** Datowechsel, finanzieren, kreditieren, Transaktion, **12** Amortisation, Bonifikation, Fallissement, lombardieren
Bänkelsängerlied: **7** Moritat
Bankfach: **4** Safe, **6** Tresor
Bankierfamilie: **10** Rothschild
Bankpanik: **3** Run
Bankrott: **4** Ruin, **6** Pleite, **7** Konkurs
Bankzentrum in New York: **10** Wallstreet
Bann: **4** Acht, **6** Verruf, **10** Auschluss, **11** Ausstossung
bannen: **7** aechten
Banner: **5** Fahne, **6** Panier, **7** Stander, **9** Standarte, **11** Feldzeichen
Bannware: **11** Konterbande
Bantustamm: **3** Ewe, **4** Ambo, Zulu, **5** Duala, **6** Baluba, Basuto, Herero, Owambo, Wagogo, **7** Kaffern, Suaheli, **11** Betschuanen
bar: **5** nackt, **10** entbloesst
Barbados (Inselstaat i.d. Karibik):

Hauptstadt: **10** Bridgetown
Währung: **4** Cent, **6** Dollar
barbarisch: **3** roh
Barbarossa: **7** Rotbart
Barbesitzer: **9** Barkeeper
Barbier: **5** Bader, **6** Figaro, **7** Friseur, **8** Coiffeur
Bären: **4** Petz, **5** Coati, Panda, **6** Grisly, Schupp, **7** Baribal, Eisbaer, Grizzly, Kinkaju, **9** Alpenbaer, Andenbaer, Braunbaer, Cacomixtl, Cuataquil, Honigbaer, Kakamizli, Kleinbaer, Nasenbaer, Waschbaer, **10** Bambusbaer, Katzenbaer, Kragenbaer, Lippenbaer, Sonnenbaer, Wickelbaer, **11** Brillenbaer, Hoehlenbaer, Katzenfrett, Malaienbaer, Riesenpanda, Ruesselbaer, Schlankbaer, Schwarzbaer, **13** Bergnasenbaer, **16** Krabbenwaschbaer
Bargetränke: → alkohol. Mixgetränke
Barmeister: **5** Mixer, **6** Keeper
barmherzig: **6** guetig, **7** gnaedig, **9** mitleidig
barmzherziger Helfer: **9** Samariter
Barmherzigkeit: **7** Karitas, Pietaet
Barockverzierung: **9** Kartusche
Barometer: **7** Aneroid
Baron: **8** Freiherr
Baronesse: **13** Freifraeulein
Baronin: **6** Freiin, **8** Freifrau
Barras: **7** Kommiss, **8** Militaer
Barre: **6** Stange, **8** Sandbank, Schranke, **11** Schlammbank
Barriere: **6** Sperre, **8** Schranke, **10** Schlagbaum
barsch: **4** grob, **6** bruesk
Bartabnahme: **5** **Rasur**
Bartfäden bei Fischen: **7** Barteln
Barttrachten: **6** Fliege, Fraese, **8** Vollbart, **9** Schnauzer, Spitzbart, **10** Backenbart, Kaiserbart, Knebelbart, Koteletten, **11** Henriquatre, Schnauzbart, Schnurrbart, Zwirbelbart
Barzahlungsnachlaß: **6** Skonto
Bastard: **6** Hybrid, **7** Bankert, Hybride, **9** Mischling
Bastelwerkzeug: **9** Laubsaege
bastfarben: **4** écru, **5** ekrue
Bastfaser: **4** Jute, **5** Ramie
Bastion: **6** Bastei, **7** **Festung**
Batzen: **7** Klumpen
Bau: **8** Struktur
Bauart: **3** Typ, **12** Konstruktion
Bauch: **5** Wampe, **7** Abdomen, **10** Embonpoint
Bauchfell: **10** Peritoneum
bauchige Flasche: **7** Karaffe
bauchiges Gefäß: **7** Ampulle
Bauchmitte: **5** Nabel
Bauchredner: **13** Ventriloquist
Bauchspeicheldrüse: **8** Pankreas
Bauelement der Elektronik: **10** Transistor
Bauer: **8** Agrarier, Landwirt
Bauer im Orient: **6** Fellah, **8** Fellache
Bauer in Rußland: **5** Kulak, **7** Muschik
bäuerlich: **5** rural, **8** rustikal, **9** laendlich
bäuerliche Dienerschaft: **7** Gesinde
Bauernbühne in Innsbruck: **3** Exl
Bauernfänger: **6** Gauner, **9** Schlepper
Bauerngut: **3** Hof
Bauernlied: **10** Villanella
Bauernrose: **7** Paeonie
Bauernschuh: **9** Bundschuh
baufällig: **6** morsch, **7** ruinoes, **8** bruechig
Bauführer: **6** Polier
Baugelände: **7** Terrain
Bauhandwerker: **5** Maler, **6** Glaser, Maurer, **8** Klempner, Zimmerer, **9** Schlosser, Schreiner, Steinmetz, **10** Dachdecker, Ofensetzer, Stukkateur, Tapezierer, Verschaler, Zimmermann, **11** Anstreicher, **12** Betongiesser, Fliesenleger, Installateur

Bauholz: **5** Bohle, Brett, Diele, Latte, **6** Balken, Pfette
Baukunst: **11** Architektur
bauliche Veränderung: **5** Anbau, Umbau
Baum: → Laubbäume, → Nadelbäume
Baum der Mittelmeerländer: **5** Pinie, **8** Zypresse
Baumaschine: **4** Kran, **5** Ramme, **6** Bagger
Baumbestand: **4** Wald, **7** Gehoelz
baumbewohnende Eidechse: **6** Leguan, **10** Chamaeleon
Baumeister: **9** Architekt
Baumfrucht: → Obst
Baumfrucht: **4** Nuss, **5** Ecker, **6** Eichel, Marone, **8** Kastanie
Baumgruppe: **5** Horst
Baumkunde: **11** Dendrologie
Baumkundiger: **10** Dendrologe
baumlose Pflanzenregion: **6** Steppe, Tundra
baumloser Streifen im Wald: **8** Schneise
Baummeßgerät: **11** Dendrometer
Baumnymphe: **6** Dryade
Baumrinde: **5** Borke
Baumrinde zum Gerben: **4** Lohe
Baumteile: **3** Ast, **4** Laub, **5** Blatt, Krone, Rinde, Stamm, Zweig
Baumwollgarn: **5** Twist
Baumwollgewebe: **3** Boi, Boy, **4** Ciré, Mako, Mull, Opal, **5** Kapok, Linon, Pikee, Twill, **6** Chintz, Cotton, Croisé, Etamin, Gingan, Kaliko, Kattun, Perkal, Velvet, Vichy, Zephir, **7** Etamine, Gingham, Kambrai, Kambrik, Mollino, Organdy, Swanboy, **8** Barchent, Cretonne, Kretonne, Moleskin, Perkalin, Renforcé, Tarlatan, **9** Madapolam, Schirting
Baumwollgewicht: **6** Ballen
Baumwollsamt: **6** Velvet, **8** Velveret
Baumwollstoff für Federbetten: **6** Inlett
bauschig: **6** puffig
Baustein: **6** Quader, Ziegel, **7** Klinker
Baustein
- ***der Materie:*** **4** Atom
- ***des Atomkerns:*** **7** Nukleon

Baustelle: **8** Parzelle
Baustoffe: **4** Gips, Glas, Holz, Kalk, Kies, Sand, **5** Beton, Stein, **6** Zement, **7** Moertel
Bauwerke: **3** Dom, Tor, **4** Burg, Haus, Turm, **5** Halle, Mauer, Villa, **6** Kirche, Palais, Palast, **7** Kapelle, Kaserne, Schloss, Stadion, Theater, **8** Bungalow, Gebaeude, Hochhaus, Pavillon, **10** Kathedrale, **13** Wolkenkratzer
Bauwerk in
- ***Athen:*** **9** Parthenon
- ***Berlin:*** **8** Funkturm, Zeughaus, **9** Reichstag, **14** Olympiastadion, **16** Brandenburger Tor, Deutschlandhalle, **17** Gedaechtniskirche
- ***Danzig:*** **7** Krantor, **8** Artushof, **12** Marienkirche
- ***Dresden:*** **7** Zwinger
- ***Frankfurt am Main:*** **6** Roemer
- ***London:*** **5** Tower
- ***Lübeck:*** **10** Holstentor
- ***Moskau:*** **5** Kreml
- ***Paris:*** **6** Louvre, **10** Eiffelturm, **12** Invalidendom, **13** Arc de Triomphe
- ***Rom:*** **9** Kolosseum, **10** Engelsburg, Titusbogen, **12** Peterskirche
- ***Trier:*** **8** Basilika, **10** Porta Nigra, **13** Roemerbruecke
- ***Venedig:*** **11** Dogenpalast, **12** Markuskirche, **13** Rialtobruecke
- ***Washington:*** **7** Capitol, Kapitol
- ***Wien:*** **7** Steffel, **11** Stephansdom

Bayern (Freistaat und Land der Bundesrepublik):

Berge: **4** Wank, **5** Arber, Osser, **6** Rachel, **8** Kreuzeck, Watzmann, **9** Alpspitze, Zugspitze, **10** Hochkalter, Hoher Goell, **12** Obersalzberg

Flüsse: **3** Alz, Ilm, Inn, Ohe, **4** Isar, Lech, Main, Naab, Vils, **5** Ammer, Amper, Donau, Regen, Traun, Wuerm, **6** Laaber, Mindel, **7** Loisach, Pegnitz, Rednitz, **8** Altmuehl

Hauptstadt: **8** Muenchen

Landschaft: **9** Hallertau

Seen: **6** Eibsee, **7** Riegsee, Simssee, **8** Ammersee, Badersee, Chiemsee, Wuermsee, **9** Kochelsee, Tegernsee, **10** Forggensee, Koenigssee, Schliersee, Staffelsee, Walchensee, **11** Waginger See, **14** Starnberger See

Städte: **3** Hof, **4** Cham, Lauf, Lohr, Selb, **5** Bogen, Ebern, Naila, Regen, Rehau, Toelz, **6** Amberg, Coburg, Dachau, Erding, Fuerth, Landau, Lauten, Lindau, Neu-Ulm, Passau, Roding, Weiden, **7** Aibling, Aichau, Alzenau, Ansbach, Bamberg, Fuessen, Hofheim, Kemnath, Kempten, Kronach, Nabburg, Neuburg, Pegnitz, Simbach, Zwiesel, **8** Augsburg, Bayreuth, Erlangen, Freising, Garching, Grafenau, Hassfurt, Kehlheim, Krumbach, Landshut, Mainburg, Miesbach, Muenchen, Neumarkt, Neunburg, Neustadt, Parsberg, Schongau, Steinach, Weilheim, Zirndorf, **9** Dillingen, Ebersberg, Forchheim, Friedberg, Gemuenden, Griesbach, Guenzburg, Hersbruck, Karlstadt, Kissingen, Kitzingen, Koetzting, Landsberg, Memmingen, Muehldorf, Nuernberg, Obernburg, Plattling, Rosenberg, Rosenheim, Schwabach, Sonthofen, Starnberg, Straubing, Uffenheim, Vilshofen, Wegscheid, Wertingen, Wolfstein, Wuerzburg, Wunsiedel, **10** Alt-Oetting, Beilngries, Brueckenau, Deggendorf, Dingolfing, Eichstaett, Eschenbach, Hammelburg, Hoechstadt, Ingolstadt, Kaufbeuren, Miltenberg, Mindelheim, Muenchberg, Ochsenfurt, Regensburg, Riedenburg, Rothenburg, Scheinfeld, Schwandorf, Traunstein, Vilsbiburg, Wasserburg, **11** Donauwoerth, Eggenfelden, Gerolzhofen, Illertissen, Lichtenfels, Mallersdorf, Noerdlingen, Schweinfurt, Taufkirchen, Weissenburg, **12** Dinkelsbuehl, Feuchtwangen, Gunzenhausen, Hilpoltstein, Koenigshofen, Marktredwitz, Pfaffenhofen, Pfarrkirchen, Staffelstein, Waldmuenchen, **13** Aschaffenburg, Berchtesgaden, Ebermannstadt, Mellrichstadt, Oberviechtach, Tirschenreuth, **14** Burglengenfeld, **21** Garmisch-Partenkirchen

Verwaltungsgebiete: **8** Schwaben, **9** Oberpfalz, **10** Oberbayern, **11** Oberfranken, **12** Niederbayern, Unterfranken, **13** Mittelfranken

bayer.

– ***Abtei:*** **5** Ettal
– ***Alpenschilderer:*** **3** Noe
– ***Barockkünstler:*** **4** Asam
– ***Herrschergeschlecht:*** **11** Wittelsbach
– ***Herzog:*** **5** Odilo, **7** Tassilo
– ***Humoristen:*** **8** Valentin, **10** Weissferdl
– ***Kirchenmusiker:*** **3** Ett

– ***Könige:*** **6** Ludwig, **10** Maximilian
– ***Königsschlösser:*** **9** Linderhof, **14** Hohenschwangau, Neuschwanstein
– ***Maler:*** **6** Haider, **7** Lenbach, **8** Spitzweg
– ***Prozellanstädte:*** **4** Selb, **6** Weiden
– ***Puppenspieler:*** **5** Pocci
– ***Schriftsteller:*** **5** Thoma, **9** Ganghofer

Beamtenanwärter: **10** Referendar
Beamtenherrschaft: **11** Buerokratie
Beamtentitel: **3** Rat, **6** Baurat, Hofrat, Rektor, **7** Amtmann, Amtsrat, Attaché, Kanzler, Postrat, **8** Assessor, Direktor, Foerster, Minister, Schulrat, **9** Assistent, Inspektor, Kommissar, Konrektor, Professor, Sekretaer, **10** Gouverneur, Praesident, Referendar, Studienrat, **11** Oberamtmann, **12** Bundesanwalt, Forstmeister, Legationsrat, Staatsanwalt, **13** Oberinspektor, Regierungsrat, **14** Ministerialrat, **15** Amtsgerichtsrat, Staatssekretaer, **16** Senatspraesident, Oberregierungsrat
Beamtenwechsel: **10** Revirement
Beamter im alten Rom: **5** Aedil, **6** Konsul, Liktor, Tribun, **7** Auditor
beanspruchen: **7** fordern, **12** reflektieren, strapazieren
beanstanden: **6** tadeln, **8** monieren, **11** kritisieren, reklamieren
Beanstandung: **5** Tadel, **7** Monitum, **11** Reklamation, **13** Missbilligung
bearbeiten: **10** redigieren, **11** kultivieren
bearbeitete Tierhaut: **5** Leder
beaufsichtigen: **6** hueten, warten, **11** inspizieren
Beauftragter: **5** Agent, **8** Mandatar, **9** Kommissar, Vertreter, **11** Funktionaer
beben: **7** zittern, **9** vibrieren
Beben: **6** Tremor, **7** Tremolo, Zittern, **9** Vibration
bebend: **7** vibrato
bebildern: **12** illustrieren
Bebilderung: **12** Illustration
Becher: **5** Kelch, Pokal
Becherwerk: **8** Conveyer, **11** Paternoster
Becken: **5** Bidet, **6** Bassin, Kessel, Schale, Zimbel
Becken zw. Fränk. u. Schwäb. Alb: **4** Ries
Bedacht: **7** Umsicht, **8** Sorgfalt, Vorsicht, **11** Ueberlegung
Bedarf: **6** Fehlen, Mangel
bedauerlicherweise: **6** leider
bedauerlicher Zustand: **3** Not, **5** Elend, **6** Misere
Bedauern: **4** Reue, **7** Mitleid, **9** Leidwesen
bedauernswert: **10** deplorabel
bedeckt: **6** wolkig, **8** bewoelkt
bedeckter Abzugsgraben: **4** Dole
Bedeckung: **6** Geleit, Schutz, **7** Eskorte
Bekenken: **7** Skrupel
bedenkenlos: **10** skrupellos
bedenklich: **6** dubios, mulmig, **7** ominoes, prekaer, suspekt, **8** kritisch
Bedenkzeit: **5** Frist
bedeuten: **6** gelten, **7** heissen, besagen
bedeutend: **7** eminent, epochal, **8** beruehmt, wertvoll, **9** gewichtig, prominent, **12** hervorragend
bedeutsames Geschehen: **8** Ereignis
Bedeutung: **4** Sinn, Wert, **6** Belang, **7** Geltung, **9** Interesse
bedeutungslos: **4** fade, **5** banal, **6** gering
Bedeutungslehre: **8** Semantik, **12** Semasiologie
Bedeutungslosigkeit: **9** Nullitaet, **10** Irrelevanz

Bedienentracht: **6** Livree
Bedienung: **4** Ober, **7** Kellner, Service, **9** Kellnerin, **11** Oberkellner
bedingt: **7** relativ, **10** konjunktiv
Bedingtheit: **12** Relativitaet
Bedingung: **4** Aber, **7** Auflage, **9** Kondition
bedingunglos: **7** absolut
Bedrängnis: **3** Not, **4** Leid, **7** Notlage, **10** Bredouille, Zwangslage, **11** Schlamassel
bedrängte Lage: **3** Not, **5** Armut, Elend, **6** Misere
Bedrängung: **5** Zwang
Bedrohung: **6** Gefahr
bedrückend: **6** genant
bedrückt: **10** deprimiert
Beduinenhäuptling: **7** Scheich
Beduinenmantel: **6** Burnus
Bedürfnis: **6** Mangel, **9** Verlangen
bedürfnislos: **10** bescheiden
bedürftig: **3** arm, **5** elend, **9** mittellos, **10** notleidend
Bedürftigkeit: **5** Armut
beeindrucken: **10** imponieren
beeinflußbar: **11** suggestibel
beeinflussen: **6** lenken, **7** anregen, **9** einwirken, **11** inspirieren, suggerieren, **13** hynotisieren
Beeinflussung: **7** Hypnose, **9** Demagogie, **10** Suggestion, **11** Inspiration
Beerenobst: **8** Erdbeere, Himbeere, **9** Blaubeere, Brombeere, **10** Kronsbeere, **11** Heidelbeere, **12** Preiselbeere, Stachelbeere, **13** Johannisbeere
Beerensaft: **6** Agrest
beeinträchtigen: **7** hindern, stoeren
beenden: **11** absolvieren
Beeteinfassung: **7** Rabatte
Beethovens
– ***Geburtsstadt:*** **4** Bonn
– ***Lehrer:*** **5** Neefe
– ***Oper:*** **7** Fidelio (Leonore)
– ***Ouvertüren:*** **6** Egmont, **8** Coriolan
– ***3. Sinfonie:*** **6** Eroica
– ***6. Sinfonie:*** **9** Pastorale
befähigt: **8** geeignet, **12** qualifiziert
Befähigung: **6** Talent, **8** Fakultas, **10** Fertigkeit, **13** Qualifikation
Befehl: **5** Gebot, Order, **7** Auftrag, Weisung, **8** Kommando
befehlend: **9** imperativ
Befehlsform: **9** Imperativ
Befehlsgewalt: **8** Kommando
Befehlshaber: **10** Kommandant, Kommandeur
befestigen: **8** armieren, **10** solidieren
Befestigung: **4** Wehr, **7** Fassung
Befestigungsanlage: → Festungsanlage
Befestigungsmittel: **4** Gips, Kitt, Leim, Niet, **5** Nagel, **6** Klemme, Spange, **7** Klammer, **8** Kleister, Schraube, **10** Heftzwecke, Reissnagel, Stecknadel
Befinden: **7** Ergehen, Meinung, Zustand
beflissen: **5** emsig, **6** eifrig, **7** bemueht, **8** fleissig, **9** gefaellig
Beflissenheit: **5** Eifer
beförderbar: **13** transportabel
befördern: **6** senden, **9** spedieren, **14** transportieren
befördert werden: **10** avancieren
Beförderung: **9** Transport, **10** Avancement, Expedition
Befragung: **9** Interview, **12** Konsultation
befreien: **6** loesen, retten, **8** erloesen, **9** entbinden, entlassen, eximieren, **12** dispensieren
Befreier
– ***Roms:*** **6** Brutus
– ***Südamerikas:*** **7** Bolivar
Befreiung: **6** Indult, **7** Dispens, Rettung, **8** Exemtion, **10** Degagement, Liberation, **12** Emanzipation
befremdend: **8** frappant

befriedigen: **10** saturieren
befristen: **11** terminieren
Befruchtung: **10** Kopulation, **12** Insemination
befugen: **11** berechtigen, lizenzieren, **12** ermaechtigen
Befugnis: **5** Recht, Lizenz, Patent, **8** Anspruch, **9** Kompetenz
befugt: **9** kompetent
Befund: **8** Ergebnis, **12** Feststellung
befürworten: **9** empfehlen
begabt: **4** klug, **6** faehig, **10** talentiert, **11** intelligent
Begabung: **6** Talent, **8** Ingenium, **10** Faehigkeit
Begegnung: **4** Date, **7** Treffen
Begehren: **6** Wunsch, **7** Geluest, **8** Begierde, Gelueste, **9** Forderung, Verlangen
begehrlich: **6** gierig
Begeisterter: **3** Fan, **10** Enthusiast
Begeisterung: **4** Elan, **5** Eifer, Jubel, Verve, **6** Freude, Furore, **7** Beifall, Ekstase, Hingabe, Schwung, **8** Inbrunst, **10** Entzuecken, Exaltation, Fanatismus, **12** Enthusiasmus
Begierde: **4** Gier, Lust, **5** Drang, Trieb, **6** Begehr, Libido, Wunsch, **8** Begehren
Beginn: **5** Start, **6** Anfang, **7** Anbruch, **8** Ursprung, **10** Eroeffnung, **13** Ausgangspunkt
beglaubigt: **9** offiziell
Beglaubigung: **6** Attest, Testat, Diplom, **10** Akkreditiv, Vidimation, Zertifikat, **12** Legitimation, Verifikation
Beglaubigungsschreiben: **10** Akkreditiv
begleichen: **6** tilgen, zahlen, **8** abgelten, bezahlen, **10** bereinigen
Begleitboot: **6** Tender
begleiten: **6** folgen, **8** mitgehen, **11** eskortieren

Begleiter: **6** Freund, Kumpan, Sozius, **7** Kamerad, Trabant, **8** Satellit, **9** Gefaehrte, **11** Gefolgsmann
Begleiter
– ***des Achill:*** **9** Patroklos, Patroklus
– ***des Amor:*** **9** Amoretten
– ***des Apostels Paulus:*** **5** Titus, **8** Barnabas
– ***der Aphrodite:*** **4** Eros
– ***des Bacchus:*** **4** Faun, **5** Silen, **6** Faunus, **8** Bacchant
– ***des Dionysos:*** **4** Faun, **5** Satyr, Silen
– ***des Don Giovanni:*** **9** Leporello
– ***des Don Quichotte:*** **11** Sancho Pansa
– ***des Jason:*** → Argonauten
– ***Karls des Großen:*** **6** Alkuin, Oliver, Roland, **7** Einhard, **8** Paladine
– ***des Orest:*** **7** Pylades
– ***des Patroklos:*** **6** Achill, **8** Achilles, **9** Achilleus
– ***Robinsons:*** **7** Freitag
– ***des Telemach:*** **6** Mentor
– ***der Toten in den Hades:*** **6** Hermes
– ***der Venus:*** **4** Amor, **6** Cupido, Kupido
Begleiterin
– ***der Artemis:*** **4** Aura
– ***von Reisegesellschaften:*** **7** Hostess
Begleitschiff des Kolumbus: **4** Nina, **5** Pinta
Begleitung: **6** Geleit, **7** Eskorte, Gefolge
beglückwünschen: **11** gratulieren
Beglückwünschung: **11** Gratulation
Begnadigung: **8** Amnestie
Begräbnisstätte: **4** Grab, **5** Gruft, **8** Friedhof, **9** Katakombe, Mausoleum, **10** Nekropolis
begreifen: **8** erkennen, kapieren, **9** verstehen

begreiflich: **9** plausibel
begrenzend: **12** determinativ
begrenzt: **3** eng, **5** knapp, **9** limitiert
Begrenzung: **4** Fenz, Saum, Rand, Zaun, **6** Grenze, **10** Limitation
Begrenzungslinie zwischen Himmel und Erde: **8** Horizont
Begriff: **8** Terminus, **10** Abstraktum, **11** Vorstellung
begrifflich: **6** formal, **8** abstrakt
Begriffsbestimmung: **6** Formel, **10** Definition
Begriffsfanatiker: **8** Ideologe
Begriffsform: **9** Kategorie
Begriffslehre: **9** Ideologie
Begriffsschrift: **11** Ideographie
Begriffszeichen: **9** Ideogramm
begrenzen: **10** limitieren, **12** beschraenken, **13** einschraenken
begründen: **9** erklaeren, **10** etablieren, motivieren, **13** argumentieren
begründend: **6** kausal
Begründer(s)
– ***Anthroposophie:*** **7** Steiner
– ***Bakteriologie:*** **4** Koch
– ***Bergbaukunde:*** **8** Agricola
– ***chinesischen Staatsreligion:*** **8** Konfutse, **9** Konfuzius
– ***des Eisenbahnwesens:*** **10** Stephenson
– ***dt. Postwesen:*** **7** Stephan
– ***Elektrotechnik:*** **7** Siemens
– ***Gesteinskunde:*** **8** Agricola
– ***griechischen Tragödie:*** **7** Thespis
– ***Homöopathie:*** **9** Hahnemann
– ***katholischen Gesellenvereine:*** **7** Kolping
– ***klassischen Medizin:*** **11** Hippokrates
– ***Lehre vom Sozialismus:*** **4** Marx
– ***Mengenlehre:*** **6** Cantor
– ***modernen Türkei:*** **5** Kemal, **8** Atatuerk
– ***Psychoanalyse:*** **5** Freud
– ***Relativitätstheorie:*** **8** Einstein
– ***Religion der Perser:*** **9** Zoroaster, **11** Zarathustra
– ***schwed. Gymnastik:*** **4** Ling
begründet: **8** fundiert
Begründung: **11** Motivierung
begünstigen: **8** foerdern, **9** vorziehen, **11** erleichtern, **12** favorisieren
Begutachtung: **9** Expertise
begütert: **5** reich, **10** wohlhabend
begütigen: **8** troesten, **9** beruhigen, **10** versoehnen
behaarte Tierhaut: **4** Fell
behäbig: **8** dicklich
behagen: **6** passen, **8** gefallen
behaglich: **6** bequem, kommod, mollig, **8** angenehm, **10** gemuetlich, **11** komfortabel
Behälter: **3** Box, **4** Dose, Etui, Fass, Korb, Krug, Lade, Sack, Tank, Tube, Urne, **5** Eimer, Kiste, Mappe, Tonne, Truhe, Tuete, **6** Beutel, Huelse, Kapsel, Kasten, Kessel, Koffer, Tasche, **7** Buechse, Flasche, Hobbock, Koecher, Magazin, Schrein, **8** Futteral, Kanister, Kassette, Suitcase, **9** Reservoir, Schachtel, Schatulle, Tabatiere, **10** Necessaire
Behälter für
– ***Fische:*** **8** Aquarium
– ***Gas:*** **9** Gasometer
– ***Injektionslösungen:*** **7** Ampulle
– ***Kriechtiere:*** **9** Terrarium
– ***lebende Tiere:*** **8** Vivarium
– ***Obst:*** **6** Steige
– ***Pfeile:*** **7** Koecher
– ***Regenwasser:*** **8** Zisterne
– ***Wahlzettel:*** **4** Urne
behandeln: **7** pflegen, **8** kurieren, **10** traktieren
behandelnder Arzt: **9** Therapeut
Behandlung: **6** Pflege, **7** Wartung
Behandlungslehre: **11** Therapeutik
Behandlung von Textilien: **8** Appretur
Behandlungsraum: **12** Ambulatorium

Behandlungsweise: **7** Methode, **8** Prozedur
Behang: **8** Draperie
beharrend: **11** konservativ
beharrlich: **4** fest, stur, **6** stetig, **8** konstant, **9** standhaft, **10** konsequent, persistent, **11** hartnaeckig
Beharrlichkeit: **10** Konsequenz, Persistenz, **11** Perseveranz
Behauptung: **5** Dogma, These, **6** Angabe, **7** Aussage, Meinung
Behausung: → Häuser
beheben: **6** heilen, **9** abstellen, **10** ausbessern, beseitigen, reparieren
Behelf: **6** Ausweg, Ersatz, **8** Surrogat, **9** Notloesung, **11** Provisorium
Behelfshaus: **7** Baracke
behend: **4** agil, **5** alert, flink, **7** gewandt, schnell
Beherbergungsbetrieb: → Gasthäuser
beherrschen: **8** meistern, regieren, **9** bezwingen, **10** dominieren, **13** kontrollieren
beherrschend: **8** dominant
beherrscht: **7** stoisch
beherzt: **5** kuehn, mutig, **6** tapfer, **7** resolut, **10** couragiert, **13** unerschrocken
Beherztheit: **3** Mut, **4** Mumm, **10** Tapferkeit
behexen: **8** becircen, **10** verzaubern
behilflich: **9** gefaellig
behindert: **11** gehandikapt
Behörde: **3** **Amt,** **6** Kammer, **9** Magistrat, Regierung, **10** Verwaltung, **11** Ministerium, **12** Dienststelle
Behördenstelle: **7** Instanz
Behördenzuständigkeit: **9** Kompetenz
behördlich zugelassen: **10** approbiert
behutsam: **4** fein, zart, **5** sacht, **7** achtsam, **8** schonend, **10** vorsichtig
Beiboot: **3** Gig, **5** Dingi, Jolle, **6** Kutter, **7** Pinasse, **8** Barkasse, **9** Schaluppe
beibringen: **6** lehren, **11** applizieren
beichten: **8** gestehen, **10** offenbaren
Beichtvater: **9** Spiritual, **12** Poenitentiar
beidäugig: **9** binokular
beidlebig: **10** amphibisch
Beifahrer: **6** Sozius
Beifahrerin: **5** Sozia
Beifall: **3** Lob, **5** Jubel, **6** Furore, **7** Anklang, Applaus, Ovation, **10** Zustimmung, **11** Akklamation, **12** Begeisterung
Beifall klatschen: **12** applaudieren
Beifallklatscher: **8** Claqueur
Beifallsruf: **3** Olé, **5** Bravo, **6** Dakapo, **10** Bravissimo
Beifügung: **8** Attribut
Beifuß: **6** Wermut, **7** Absinth, **8** Estragon, **9** Eberraute, **11** Mutterkraut
Beigabe: **5** Annex, **6** Anlage, **8** Attribut
Beigeordneter: **7** Attaché
beigeordneter Offizier: **8** Adjutant
Beiguß: **5** Sauce, Sosse, Tunke
Beihilfe: **10** Subvention, **14** Unterstuetzung
Beil: **3** Axt, **5** Barte
Beilage: **6** Anlage, Zugabe, **8** Beiblatt, **10** Ergänzung
beiläufig: **8** nebenbei, **9** en passant
beilegen: **10** schlichten
Beileid: **9** Kondolenz, Teilnahme, **11** Anteilnahme
beinahe: **4** fast, **6** schier
Beiname: **8** Kognomen
Beiname
– ***des Achill:*** **6** Pelide
– ***der Aphrodite:*** **10** Anadyomene, Kallipygos
– ***des Apoll:*** **7** Musaget, Phoebus
– ***der Artemis:*** **6** Phoebe
– ***der Athene:*** **6** Ergane, Pallas
– ***Buddhas:*** **6** Gotama, **7** Gautama

– ***Dantes:*** **9** Alighieri
– ***der Demeter:*** **5** Chloe
– ***des Esau:*** **4** Edom
– ***Friedrich Wilhelms I. von Preußen:*** **14** Soldatenkoenig
– ***General Francos:*** **8** Caudillo
– ***des Gottes Hades:*** **5** Pluto
– ***des Jesus:*** **5** Soter, **8** Christus, Immanuel, Salvator, **9** Galilaeer, Nazaraeer, Nazarener
– ***des Judas:*** **9** Ischariot
– ***der Juno:*** **6** Moneta
– ***des Jupiter:*** **7** Pluvius
– ***des Kaisers von Äthiopien:*** **12** Loewe von Juda
– ***Kaiser Friedrichs I.:*** **7** Rotbart, **10** Barbarossa
– ***Ludwigs XIV.:*** **12** Sonnenkoenig
– ***Ludwig Wilhelms I. von Baden:*** **12** Tuerkenlouis
– ***Richards I.:*** **10** Loewenherz
– ***des römischen Kaisers Oktavian:*** **8** Augustus

Beinbekleidung: 5 Socke, **7** Strumpf, **8** Gamasche
Beinhaus: 6 Karner, **8** Ossarium
Beinhaut: 7 Periost
Beinkleid: 4 Hose
beinlose Unterhose: 4 Slip
Beinspreizen: 6 Spagat
Beinteile: 4 Fuss, Knie, Wade, **8** Schenkel, **9** Kniekehle, **10** Schienbein, **12** Oberschenkel, **13** Unterschenkel
beiordnen: 12 koordinieren
Beiordnung: 12 Koordination
beipflichten: 9 zustimmen
beirren: 10 irritieren
Beisatz: 10 Apposition
Beisitzer: 12 Nebenrichter
Beispeise: 5 Salat
Beispiel: 6 Muster, **7** Exempel, **9** Paradigma
Beispielsfall: 10 Praezedens
beispringen: 6 helfen
beißen: 5 kauen, nagen, **8** knabbern
beißend: 6 bissig, scharf, **9** kaustisch, satirisch
beißender Spott: 4 Hohn, **9** Sarkasmus
Beißverletzung: 4 Biss
Beißwerkzeug: 4 Zahn
Beistand: 5 Hilfe, **6** Helfer, **7** Adlatus, Stuetze, **9** Assistenz, **14** Unterstuetzung
Beistand im Zweikampf: 9 Sekundant
beistimmen: 11 assentieren
Beistrich: 5 Komma
Beitrag: 5 Hilfe, **6** Abgabe, Anteil, Obolus, Spende, Umlage, **7** Gebuehr, Praemie, **8** Zuschuss, **10** Kontingent, Scherflein
Beitreibung: 7 Inkasso, **10** Einziehung, **12** Kontribution
Beiwagen: 6 Tender, **9** Anhaenger
Beiwerk: 8 Staffage, **10** Ergaenzung
Beiwort: 8 Adjektiv, **9** Epitheton
beizen: 6 aetzen, **9** tannieren
bejahend: 7 positiv
bejahrt: 3 alt
Bejahrtheit: 5 Alter
bekannt: 7 ruchbar, **8** beruehmt, offenbar, vertraut, **9** angesehen, notorisch
bekanntmachen: 10 verbreiten, vorstellen, **13** praesentieren
Bekanntmachung: 5 Edikt, **6** Erlass, **8** Bulletin, **11** Publikation, **12** Proklamation
Bekanntschaft: 6 Konnex
bekennen: 7 zugeben, **8** beichten, gestehen, **10** offenbaren, versichern
Bekenntnis: 5 Lehre, 6 Glaube, **8** Religion, **10** Konfession, **11** Gestaendnis
Bekleidung: 9 Garderobe
Bekleidung: → Kleidungsstücke
Beklemmung: 3 Alp, **5** Angst, Sorge, **7** Bangnis
bekömmlich: 6 gesund, **7** heilsam,

8 nahrhaft, **11** zuträglich
beköstigen: **7** naehren, speisen, **8** bewirten
Bekräftigung: **3** Eid, **6** Schwur
bekränzen: **8** umwinden, **10** dekorieren
bekunden: **8** aussagen, bezeugen, **13** dokumentieren, manifestieren
Belag: **7** Schicht, **10** Aufschnitt, **11** Deckschicht
Belang: **9** Bedeutung, Interesse, **11** Wichtigkeit
belanglos: **6** gering, **9** unwichtig, **10** irrelevant, **14** nebensaechlich
Belanglosigkeit: **8** Lappalie, **9** Bagatelle, **10** Irrelevanz
belastend: **10** gravierend, **11** erschwerend
belästigen: **7** stoeren, **8** genieren, **10** behelligen, **11** molestieren, **13** inkommodieren
Belästigung: **8** Stoerung
Belastung: **5** Debet, Druck
beleben: **7** anregen, **8** staerken, 9 ermuntern, **10** erfrischen, **12** vitalisieren
belebt: **9** organisch
Beleg: **6** Beweis, **8** Nachweis, **9** Unterlage
belegen: **8** beweisen, **10** nachweisen, **11** reservieren
Belegschaft: **4** Crew, **7** Schicht, **8** Personal, **9** Besatzung, **10** Mannschaft
belegt: **6** heiser, **10** reserviert
belegte Weißbrotschnitte: **8** Sandwich
belehren: **11** informieren
belehrende Erzählung: **5** Fabel
Belehrung: **7** Lektion, **11** Information
beleibt: **4** dick, **9** korpulent
beleidigt: **7** pikiert
Beleidigung: **4** Tort, **6** Insult, **7** Affront, Injurie, Sottise, **9** Invektive, Kraenkung, **10** Schmaehung
beleihen: **12** lombardieren
beleuchten: **8** erhellen, **9** erklaeren, **10** anstrahlen, **12** illuminieren
beleuchtet: **4** hell
Beleuchtungskörper: **5** Ampel, Kerze, Lampe, **6** Fackel, 7 Laterne, Leuchte, **8** Gaslampe, Leuchter, Oellampe, **9** Leselampe, Spotlight, Stehlampe, Wandlampe, Warnlampe, **10** Bogenlampe, Kandelaber, Neonroehre, Tischlampe, Tranfunzel, **11** Armleuchter, Deckenlampe, Haengelampe, Grubenlampe, Wandleuchte, **12** Blendlaterne, Kronleuchter, Leuchtroehre, Scheinwerfer, Taschenlampe, Tiefstrahler, **13** Deckenleuchte, Strassenlampe, **14** Peitschenlampe, **15** Nachttischlampe, Strassenlaterne
Beleuchtungsstärkeeinheit: **3** Lux
Belgien (Staat in W-Europa)
Atomforschungszentrum: **3** Mol
Badeort: **3** Spa, **7** Ostende
Bakteriologe: **6** Bordet
Baumeister: **4** Suys, **5** Bourla, **7** Guimard, **8** Poelaert, Roelandt
Berg: **8** Botrange
Biere: **4** Faro, Mars, **6** Lambic
Bildhauer: **5** Minne, **7** Meunier
Chemiker: **6** Solvay
Dichter: **11** Maeterlinck
Festungsstadt: **5** Namur
Flüsse: **3** Lys, **4** Maas, Yser, **5** Nethe, **6** Sambre, **7** Schelde
Gebirge: **8** Ardennen, **9** Hohes Venn
Hafenstädte: **4** Gent, **7** Bruegge, Ostende, **9** Antwerpen
Hauptstadt: **8** Bruessel
Holzschneider: **8** Masereel
Industriegebiet: **8** Borinage
Komponisten: **6** Franck, Grétry, **8** Gassmann, **10** Schoemaker
Königin: **6** Astrid, **7** Fabiola
Königsnamen: **6** Albert, **7** Leopold, **8** Baudouin

Königschloß: **6** Laeken
Landschaften: **5** Fagne, **7** Brabant, **8** Flandern, Hageland, Hennegau, Marlagne, **9** Haspengau, **10** Kempenland
Luftfahrtgesellschaft: **6** Sabena
Maler: **4** Rops, **5** Ensor, **6** Cantre, **7** Wappers, **8** Courtens, Laermans
Mediziner: **7** Heymans
Nationalhymne: **11** Brabançonne
Politiker: **5** Spaak, **7** Dehaene, Eyskens, Martens, **9** Tindemans
Provinzen: **5** Namur, **7** Brabant, Limburg, **8** Hennegau, Luettich, **9** Antwerpen, Luxemburg, **11** Ostflandern, **12** Westflandern
Reformator: **4** Bray
Schlachtort: **8** Waterloo, **13** Belle-Alliance
Schriftsteller: **5** Claes, Moens, **6** Coster, **7** Eekhoud, Simenon, **8** Herreman, **9** Rodenbach, Streuvels, Verhaeren, **10** Timmermans, Verschaeve, **11** Maeterlinck
Städte: **3** Ath, Hal, Huy, Mol, Spa, **4** Gand, Genk, Gent, Lier, Mons, **5** Aalst, Alost, Arlon, Eupen, Liège, Namur, Ypern, **6** Bergen, Deurne, Dinant, Loewen, **7** Bruegge, Hasselt, Hoboken, Limburg, Lokeren, Ostende, Seraing, Tournai, **8** Bruessel, Luettich, Mechelen, Verviers, **9** Antwerpen, Charleroi, Roeselare, **10** Borgerhout, Maastricht
Volksteile: **6** Flamen, **8** Wallonen
Währung: **5** Franc, **7** Centime

belgischer Volksstamm in Gallien: **5** Remer
belichten: **10** exponieren
beliebig: **12** willkuerlich
beliebt: **7** begehrt, gaengig, gefragt, **8** populaer, **10** geschaetzt, willkommen
Beliebtheit: **5** Gunst
Belize (Staat in Mittelamerika, früher: Brit.-Honduras):
Gebirge: **11** Mayagebirge
Hauptstadt: **8** Belmopan
Stadt: **10** Belize City
Währung: **4** Cent, **6** Dollar

bellen: **7** belfern, **8** klaeffen, **10** anschlagen
Belohnung: **5** Preis, **7** Praemie, **10** Honorierung
Belüfter: **10** Ventilator
belustigen: **9** erheitern, **10** vergnuegen, **11** delektieren
belustigend: **7** komisch, **8** amuesant
Bemächtigung: **4** Raub, **7** Zugriff, **9** Aneignung, Eroberung, **10** Okkupation, **12** Konfiskation
bemängeln: **6** tadeln, **7** maekeln, meckern, **8** monieren, **11** kritisieren
bemänteln: **9** verdecken, **12** beschoenigen
bemerken: **8** gewahren, notieren, **10** wahrnehmen
bemerkenswert: **7** wichtig, **9** bedeutend, **11** interessant, **15** aufschlussreich
Bemerkung: **6** Glosse, **9** Ausspruch, Kommentar, **10** Aphorismus
bemittelt: **5** reich, **10** vermoegend, wohlhabend
Bemühung: **5** Eifer, **7** Einsatz, **11** Anstrengung
benachrichtigen: **6** melden, **9** mitteilen, **11** informieren, **12** unterrichten
benachteiligt: **11** gehandikapt
Benachteiligung: **8** Handikap
benedeien: **6** segnen, **12** seligpreisen
Benediktinerabtei
– *an der Donau:* **4** Melk
– *in der Eifel:* **10** Maria Laach
– *in Frankreich:* **5** Cluny, **15** Mont-Saint-Michel

– *bei Höxter:* **6** Corvey
– *in Italien:* **6** Bobbio, **9** Camaldoli, **12** Monte Cassino
– *im Kanton Schwyz:* **10** Einsiedeln
– *am Main:* **4** Banz
– *in Oberbayern:* **5** Ettal, **10** Wessobrunn
– *in Prüm:* **6** Regino
– *bei Sigmaringen:* **6** Beuron
Benediktion: **5** Weihe, **7** Segnung
Benefizium: **7** Wohltat
Benehmen: **3** Art, Pli, **5** Tenue, **7** Alluere, Anstand, Gehaben, **8** Allueren, Betragen, Etikette, Manieren, **9** Verhalten, **10** Courtoisie, **11** Umgangsform
Beneluxstaat: **7** Belgien, **9** Luxemburg, **11** Niederlande
benennen: **10** bezeichnen, nominieren
Benennung: **4** Name, **10** Nomination
Bengel: **5** Junge, Range, **7** Bursche, Lausbub, Luemmel, **8** Wildfang, **9** Schlingel, **10** Lausejunge
Benin (Staat in W-Afrika, früher: Dahomé, Dahomey)
Fluß: **5** Ouéme
Gebirge: **7** Atakora
Hauptstadt: **9** Porto Novo
Städte: **5** Kandi, **6** Abomey, **7** Cotonou, Parakou
Volksstämme: **3** Ewe, Fon, **4** Adja, **6** Joruba, Yoruba
Währung: **5** Franc, **7** Centime
benommen: **9** somnolent
Benommenheit: **5** Amenz, Sopor, **7** Amentia
benutzbar: **11** praktikabel
Benzinbehälter: **4** Tank, **8** Kanister
beobachten: **6** peilen, **8** belauern, **10** bespitzeln, **11** observieren
Beobachtung: **11** Observation
Beobachtungsgeräte: **8** Fernglas, Fernrohr, Teleskop, **9** Mikroskop
Beobachtungsgerät am Fenster: **5** Spion
Beobachtungsmarke an Meßinstrumenten: **4** Mire
Beobachtungsstation: **5** Warte, **13** Observatorium
Beobachtungszeit: **11** Quarantaene
bequem: **4** faul, **5** leger, **6** kommod, **7** laessig, passend, **8** angenehm, guenstig, muehelos, **10** gemuetlich, **11** komfortabel
Bequemlichkeit: **7** Komfort, **10** Konvenienz
beratend: **11** konsultativ
Berater: **6** Mentor, **8** Ratgeber, **9** Dramaturg
beratschlagen: **11** konferieren
Beratung: **9** Konferenz, Konsilium, **11** Eroerterung, **12** Konsultation
Beratungsraum: **8** Kabinett
berauschend: **10** narkotisch
berauscht: **10** euphorisch
Berber: **5** Targi
Berberstämme: **6** Tuareg, **7** Kabylen, **8** Guanchen, **10** Rifkabylen
berechnen: **8** bewerten, **9** schaetzen, **11** kalkulieren, kombinieren
Berechnung: **7** Kalkuel, **11** Kalkulation, Kombination, Spekulation
Berechnungsgrundlage bei Bauwerken: **6** Statik
berechtigen: **7** befugen, **8** erlauben, zulassen, **12** autorisieren, ermaechtigen
beredsam: **6** beredt, **8** eloquent
Beredsamkeit: **5** Suada, Suade, **8** Eloquenz, Rhetorik
beredt: **8** eloquent
Bereich: **3** Gau, **4** Raum, Zone, **6** Bezirk, Gebiet, Gegend, Region, **7** Sektion, Sphaere, Terrain, **8** Distrikt, **9** Dimension
bereinigen: **7** klaeren, **10** schlichten
bereit: **3** fit, **5** parat, **6** fertig, willig, **7** willens, **9** geruestet
bereiten: **6** machen, **8** fertigen, **9** anrichten, zurichten, **10** anfertigen,

herstellen, **11** fabrizieren
bereits: 5 schon, **7** laengst
bereitwillig: 4 gern
Beresina-Zuflüsse: 3 Ola, Spa, **4** Bobr, Olsa, Ussa, **5** Jessa, Klewa, Uscha, Wolka, **6** Plisse, **9** Olschanka, Sergutsch, **10** Swislotsch
Berg der Gesetzgebung: 5 Horeb
Berg mit der Gralsburg: 13 Montsalwatsch
Bergabhang: 5 Leite
Bergarbeiter: 5 Hauer, **6** Knappe, Kumpel, **7** Steiger, Hallore, **8** Bergmann
Bergbahn: 4 Lift, **7** Skilift, **8** Seilbahn, **10** Sessellift, **11** Schwebebahn, Zahnradbahn
Bergbauanlage: 4 Kaue, Mine, **5** Floez, Grube, Halde, Lutte, Pumpe, Streb, Zeche, **7** Querbau, Rutsche, Schacht, Stollen, Tagebau, Versatz, **8** Bohrloch, Tuebbing, **9** Bremsberg, Tuerstock, **11** Foerderband, Foerderkorb, Foerderturm, **13** Wetterschacht
Bergbaugebiet in Afrika: 5 Shaba
Bergbaugeräte: 4 Haue, **5** Picke, **6** Bohrer, **8** Faeustel, Schlegel, **9** Schlaegel, **11** Wetterlampe
Bergdurchstich: 6 Tunnel
Bergeinschnitt: 3 Tal
bergen: 6 retten
Bergerbse: 4 Orbe
Bergfeste in Messenien: 3 Ira
Bergfried: 6 Donjon, **8** Belfried, Wehrturm
Berggasthof: 5 Baude
Berggeist: 4 Gnom, **6** Kobold, **9** Ruebezahl
Berggipfel: 3 Ras, **5** Kofel, Kogel
Berghang: 5 Leite
Berghütte: 5 Baude
Bergkamm: 4 Grat
Bergmann: 5 Hauer, Muter, **6** Knappe, Kumpel, **7** Steiger, **14** Schiessmeister
bergmännische Begriffe: 3 Bau, Gut, Kux, Ort, Tag, **4** Ader, Gang, Haue, Hund, Kaue, Korb, Mine, Trum, **5** Abbau, Bruch, Ferch, Floez, Gagat, Grube, Gumpe, Halde, Lutte, Mugel, Picke, Sohle, Streb, Teufe, Zeche, **6** Abraum, Gezaeh, Mutung, Schurf, Wetter, **7** Gebrech, Lachter, Schacht, Stempel, Stollen, Strecke, Tagebau, Versatz, **8** Geleucht, Scharung, Strebbau, **10** Querschlag, Schuerfung, **11** Bewetterung, Foerderband, Foerderkorb, Foerderturm, Grubenlampe, Grubenlicht, **12** Schlagwetter
Bergmannsgruß: 9 Glueckauf
Bergnymphe: 6 Oreade
Bergpfad: 5 Steig, Stieg, **10** Serpentine
Bergrettungsschlitten: 4 Akia, Akja
Bergrücken: 4 Grat, Kamm
Bergschlucht: 5 Klamm
Bergspitze: 3 Pic, Pik, Piz, **4** Horn, Peak, Peña, Pico, **5** Kogel, **6** Gipfel
Bergsteiger: 8 Alpinist
Bergsteigergeräte: 4 Seil, **6** Pickel, **9** Biwaksack, **10** Steigeisen, **13** Kletterhammer
Bergübergang: 4 Pass
Berg- und Talbahn: 10 Achterbahn
Bergung der Früchte: 5 Ernte
Bergweide: 3 Alm, Alp, **4** Alme, Alpe, Mahd, **5** Matte
Bergwerk: 4 Mine, **5** Grube, Puett, Zeche
Bergwerksanteil: 2 Kux
Bergwild: 4 Gams, **5** Gemse, **9** Steinbock
Bericht: 6 Exposé, Report, **7** Rapport, Referat, **8** Bulletin, **9** Reportage, **10** Erzaehlung, Mitteilung
Berichterstatter: 8 Referent, Reporter, **11** Korreferent, **13** Kor-

respondent
Berichterstattung: **9** Reportage, **11** Information
berichtigen: **9** klarieren, revidieren, **10** verbessern, **11** dementieren, klarstellen, korrigieren
Berichtigung: **6** Storno, **7** Dementi, **9** Korrektur
berittene Söldner im Mittelalter: **7** Reisige
Berlin (Hauptstadt und Land der Bundesrepublik):
Ärzte: **4** Bier, **7** Virchow, **8** Hufeland, **10** Sauerbruch
Ausflugswagen: **7** Kremser
Baumeister: **8** Schinkel
Bauwerke: **8** Funkturm, Zeughaus, **10** Interhotel, Staatsoper, **11** Fernsehturm, Weltzeituhr, **12** Europa-Center, **13** Kongresshalle, **14** Olympiastadion, **16** Brandenburger Tor, Deutschlandhalle, **17** Gedaechtniskirche, **18** Reichstagsgebaeude, **19** Luftbrueckendenkmal
Bildhauer: **7** Schadow, **9** Schlueter
Eckensteher: **5** Nante
Flughäfen: **5** Gatow, Tegel, **9** Tempelhof, **11** Schoenefeld
Flüsse: **5** Dahme, Havel, Panke, Spree
früh. Autorennstrecke: **4** Avus
früh. Kabarett: **9** Insulaner
Kabarett: **15** Stachelschweine
Operettenkomponisten: **5** Kollo, **6** Lincke, **8** Kuenneke
Prachtstraßen: **6** Ku-damm, **14** Unter den Linden, **15** Kurfuerstendamm
Reg. Bürgermeister: **4** Suhr, **5** Vogel, **6** Brandt, Momper, Reuter, Stobbe, **7** Albertz, Diepgen, Schuetz, **9** Schreiber, **11** Weizsaecker
Seen: **7** Wannsee, **9** Seddinsee, **10** Mueggelsee, Nikolassee, Tegeler See, **11** Krumme Lanke, Ploetzensee, **12** Grunewaldsee
Sender: **3** SFB, **4** RIAS
Spezialitäten: **5** Molle, **6** Weisse, **7** Bulette, Eisbein
Stadtteile u. Ausflugsziele: **4** Buch, **5** Britz, Gatow, Karow, Rudow, Tegel, **6** Buckow, Dahlem, Kladow, Moabit, **7** Frohnau, Gruenau, Luebars, Malchow, Marzahn, Nordend, Rixdorf, Schloss, Staaken, Stralau, Wannsee, Westend, **8** Biesdorf, Buchholz, Halensee, Kiekemal, Lankwitz, Ruhleben, Schildow, Schoenow, Suedende, Tegelort, Wittenau, **9** Adlershof, Altkoelln, Bohnsdorf, Eichwalde, Friedenau, Glienicke, Grunewald, Hermsdorf, Herzberge, Kaulsdorf, Mahlsdorf, Rahnsdorf, Rosenthal, Witzleben, Wuhlheide, Zitadelle, **10** Amalienhof, Falkenberg, Hakenfelde, Haselhorst, Joersfelde, Karlshorst, Mariendorf, Nikolassee, Saatwinkel, Tiefwerder, Uhlenhorst, Wartenberg, Wuhlgarten, **11** Blankenburg, Borsigwalde, Falkenhorst, Heerstrasse, Heiligensee, Heinersdorf, Hellersdorf, Lichtenrade, Pfaueninsel, Pichelsdorf, Ploetzensee, Marienfelde, Mueggelheim Rummelsburg, Wilhelmsruh, Wolfsgarten, **12** Altglienicke, Blankenfelde, Hirschgarten, Johannisthal, Klosterfelde, Konradshoehe, Lichterfelde, Schmoeckwitz, Schulzendorf, Siemensstadt, Sophienstadt, Wilhelmstadt, **13** Gesundbrunnen, Jungfernheide, Pichelswerder, Schlach-

tensee, Schmargendorf, Schoenerlinde, Spindlersfeld, Waidmannslust, **14** Baumschulenweg, Charlottenburg, Dorotheenstadt, **15** Friedrichsfelde, Friedrichshagen, Friedrichsstadt, **16** Friedrichswerder, Oberschoeneweide, **17** Hohenschoenhausen, **18** Niederschoeneweide, Niederschoenhausen
Symbolfigur: **8 Berolina**
Verwaltungsbezirke: **5** Mitte, **6** Pankow, **7** Spandau, Treptow, Wedding, **8** Steglitz, Kreuzberg, Neukoelln, Tempelhof, **9** Koepenick, **10** Tiergarten, Weissensee, Zehlendorf, **11** Lichtenberg, Schoeneberg, Wilmersdorf, **13** Reinickendorf, **14** Charlottenburg, Friedrichshain, Prenzlauer Berg
Wahrzeichen: **8** Funkturm, **16** Brandenburger Tor
Wappentier: **4** Baer
Zeichner: **5** Zille
Bermudas (brit. Inselgruppe im Atlantik)
Hauptort: **8** Hamilton
Inseln: **7** Ireland, **8** Somerset, **11** Saint George
Berner Alpengipfel: 5 Eiger, **6** Moench, **8** Jungfrau, **10** Wetterhorn, **14** Finsteraarhorn
bersten: 7 krachen, platzen, **9** krepieren, **10** detonieren, **11** explodieren, zerspringen
berüchtigt: 8 verrufen
Beruf: 5 Stand, **6** Metier, Praxis, **10** Profession
Berufsgenosse: 7 Kollege
berufsmäßig: 13 professionell
Berufsreiter: 6 Jockey
Berufssoldat: 8 Soeldner
Berufsspieler: 9 Hasardeur
Berufssportler: 5 Profi, **12** Professional
Berufstätigkeit: 6 Arbeit
Berufsvereinigung: 5 Gilde, Zunft, **6** Innung, **7** Verband, **12** Gewerkschaft
Berufung: 6 Rekurs, **8** Charisma, **9** Ernennung, **11** Appellation
beruhen: 8 basieren
beruhigen: 7 lindern, **8** glaetten
beruhigt: 7 sorglos
Beruhigungsmittel: 4 Brom, **7** Quietiv, Sedativ, **8** Baldrian, Laudanum, Morphium, **9** Sedativum
berühmt: 7 bekannt, beliebt, namhaft, **8** illuster, populaer, **10** renommiert
berühmter Diamant: 5 Orlow, **8** Cullinan, Kohinoor, **10** Grossmogul
Berühmtheit: 4 Star, **9** Koryphaee
Berühmtheiten: 8 Notabeln
berührbar: 6 taktil
berühren: 8 anfassen, betasten, **9** tangieren
Berührung: 7 Kontakt
Berührungsangst: 10 Mysophobie
Berührungslinie: 8 Tangente
Berührungsverbot: 4 Tabu
Besatz: 5 Biese, Borte, Gimpe, Litze, **6** Falbel, Galone, Tresse, Volant, **7** Ruesche, **8** Borduere, Posament
Besatzung: 8 Garnison, **9** Bemannung, **10** Mannschaft
beschädigen: 9 laedieren, verletzen, **11** ramponieren
Beschädigung: 4 Leck, Riss, **7** Havarie
beschaffen: 8 besorgen, erwerben
Beschaffenheit: 5 Guete, **7** Zustand, **9** Qualitaet, **12** Konstitution
Beschäftigung: 3 Job, **6** Arbeit
beschämen: 9 blamieren, **10** demuetigen, **12** blossstellen
beschämend: 8 blamabel
Beschämung: 7 Blamage

beschatten: **8** belauern, **9** verfolgen, **11** ueberwachen
Beschau: **8** Pruefung, Revision, **9** Musterung, **10** Inspektion, **12** Besichtigung
beschaulich: **5** ruhig, 10 besinnlich, **12** kontemplativ
Beschaulichkeit: **5** Musse, Otium
Bescheid: **7** Antwort, **8** Auskunft, Reskript, **9** Nachricht
bescheiden: **6** modest, **7** einfach, maessig, sittsam, **8** duerftig, **9** genuegsam
Bescheidenheit: **5** Demut
bescheinigen: **10** quittieren, **11** attestieren, beglaubigen, **13** zertifizieren
Bescheinigung: **6** Attest, Testat, **7** Ausweis, Zeugnis, **10** Zertifikat
Beschießung: **8** Kanonade, **12** Bombardement
beschimpfen: **9** schmaehen
Beschimpfung: **6** Insult, **10** Blasphemie, Schmaehung
beschlagen: **4** firm, **5** smart, **6** kundig, **8** versiert
Beschlagnahme: **6** Kaptur, **7** Embargo, **8** Kaperung, **10** Einziehung, **11** Requisition, **12** Konfiskation, **13** Sequestration, **14** Sicherstellung
beschlagnahmen: **9** einziehen, **11** requirieren, **12** konfiszieren
Beschleuniger zur Atomumwandlung: **9** Zyklotron
beschleunigt: **7** stretto, **11** accelerando
Beschleunigung: **4** Eile, Hast, **5** Spurt
Beschluß: **6** Dekret, **10** Resolution
beschneiden: **6** kappen, **7** kuerzen
beschränkend: **10** restriktiv
beschränkt: **3** eng, **4** doof, dumm, **5** knapp, **6** stupid, schmal, **8** borniert, **11** philistroes
Beschränktheit: **11** Stupiditaet, **12** Borniertheit
Beschränkung: **9** Einengung, **10** Konklusion, Limitation, **11** Restriktion
beschreiben: **9** schildern
Beschreibung: **11** Darstellung, Deskription, Schilderung, Signalement
Beschriftung: **4** Text, **11** Inskription
beschuldigen: **8** anklagen, **9** vorwerfen, **11** bezichtigen, **13** inkriminieren
Beschuldiger: **7** Klaeger
Beschuldigter: **11** Angeklagter
Beschuldigung: **5** Klage, **7** Anklage
Beschützer: **6** Patron, **9** Protektor
Beschützerin: **7** Patrona
Beschwerde: **5** Klage, Muehe, **6** Leiden, Rekurs, **7** Querele, **9** Einspruch, **11** Reklamation
beschweren: **6** klagen
beschwerlich: **6** laestig, **9** muehevoll, **11** kompliziert, strapazioes
Beschwerlichkeit: **8** Strapaze
beschwichtigen: **9** beruhigen
beschwören: **6** bannen, bitten, mahnen
beseitigen: **6** toeten, **9** ausrotten, entfernen, **10** abschaffen, **11** ausschalten, eliminieren
Besenginster: **4** Bram
besessen: **6** gierig, **7** gebannt, **9** triebhaft, verzueckt
Besessenheit: **5** Manie, Sucht, **11** Verzueckung
Besetzung: **10** Okkupation
besichtigen: **7** ansehen, **10** betrachten
Besichtigung: **8** Autopsie, **10** Inspektion, Visitation
besiedeln: **12** kolonisieren
Besiegter: **9** Verlierer
besinnlich: **11** beschaulich, **12** kontemplativ, nachdenklich
Besinnung: **8** Vernunft, **11** Bewusstsein
besinnungslos: **11** ohnmaechtig

Besitz: **3** Gut, Hof, **4** Habe, **7** Anwesen, **8** Eigentum, Reichtum, **9** Vermoegen
besitzanzeigend: **9** possessiv
besitzanzeigendes Fürwort: **3** ihr, **4** dein, euer, mein, sein, **5** unser
Besitzer: **6** Eigner, Mieter, Patron, **7** Inhaber, **8** Hausherr, Paechter, **11** Eigentuemer
Besitzergreifung: **4** Raub, **9** Aneignung, Diebstahl, **10** Okkupation, Usurpation
besitzlos: **3** arm
besitzlose Klasse: **11** Proletariat
Besitzlosigkeit: **5** Armut
Besitznachfolger: **4** Erbe
Besitztitel: **5** Claim
Besitzvermerk: **8** Exlibris
Besoldung: **4** Lohn, **6** Gehalt, Salaer
Besonderheit: **5** Abart, **7** Merkmal, **9** Eigenheit, **11** Spezifitaet, **12** Spezialitaet, **13** Singularitaet, **15** Individualitaet
besonders: **5** apart, extra, **6** eigens, **8** reizvoll, speziell, **11** partikulaer, **13** eigentuemlich
besonnen: **8** gelassen, **9** umsichtig
bespitzeln: **8** belauern, **11** ueberwachen
besprechen: **7** beraten, **10** beurteilen, verhandeln, **11** diskutieren, rezensieren
Besprechung: **6** Kritik, **7** Debatte, **9** Konferenz, Rezension, **10** Diskussion
besser machen: **8** veredeln, **11** meliorieren
Besserwisser: **8** Noergler, **10** Rechthaber, Staenkerer
Bestallung: **11** Approbation
Bestand: **3** Ist, **5** Dauer, Fonds, Masse, **6** Fundus, Status, Vorrat, **8** Inventar
beständig: **4** stet, treu, **6** stabil, stetig, **8** konstant, **9** dauerhaft, **13** unaufhoerlich
Beständigkeit: **11** Stabilitaet
Bestandsaufnahme: **8** Inventur
Bestandteil: **5** Glied, **8** Substanz, Zubehoer, **10** Ingrediens, Ingredienz, Komponente
– ***der Erdatmosphäre:*** **4** Luft, Ozon, **7** Edelgas, **10** Sauerstoff, Stickstoff, **11** Wasserdampf, **12** Kohlendioxid, Kohlensaeure
Bestärkung: **11** Affirmation, **12** Versicherung
bestätigen: **7** bejahen, **9** besiegeln, zustimmen, **10** genehmigen, quittieren, **11** affirmieren, **13** sanktionieren
Bestätigung: **6** Placet, Plazet, **8** Sanktion, **11** Approbation, **12** Ratifikation
bestatten: **9** beerdigen, beisetzen
bestechlich: **7** korrupt
Bestechung: **10** Korruption
Besteckteil: **6** Gabel, **6** Messer, **7** Loeffel, **10** Obstmesser, **11** Kuchengabel
bestehen: **10** existieren
Besteller: **8** Abonnent, **12** Auftraggeber
Bestellung: **5** Order, **7** Auftrag, **10** Kommission
bestens: **5** prima, **8** herrlich, **10** primissima
Bestfall: **7** Optimum
bestialisch: **6** brutal, **7** grausam, **8** viehisch, **12** unmenschlich
Bestie: **6** Untier, **8** Unmensch
bestimmen: **7** berufen, waehlen, **8** anordnen, befehlen, **9** einsetzen, **10** definieren, statuieren, **13** konstituieren
bestimmend: **9** suggestiv, **12** determinativ
bestimmt: **4** fest, **6** gewiss, sicher, **7** dezisiv, fraglos, positiv, **9** energisch, **10** konsequent, **11** kate-

gorisch
Bestimmung: 3 Los, **5** Fatum, **6** Kismet, **7** Aufgabe, Fuegung, Mission, **9** Bedingung, Regulativ, Schicksal, **10** Vorschrift, **11** Designation, Destination
Bestleistung: 6 Rekord
bestmöglich: 7 optimal
Bestrahlungsgerät: 11 Hoehensonne
bestreiten: 7 leugnen, **8** negieren, **9** anfechten, verwehren, **12** kontestieren
bestricken: 9 bezaubern
Bestseller: 3 Hit, **7** Reisser, **8** Schlager
bestücken: 8 armieren
Bestückung: 9 Armierung
bestürzt: 6 ratlos, **7** perplex, **11** fassungslos, **12** konsterniert
Bestürzung: 9 Konfusion
Bestwert: 7 Optimum
Besuch: 6 Visite, **8** Frequenz
Besucher: 4 Gast
Besucherschaft: 8 Publikum
Besuchstag: 6 Athome
betagt: 3 alt
Betätigung: 6 Arbeit
betäuben: 7 laehmen, **10** berauschen, **13** einschlaefern, narkotisieren, **15** chloroformieren
Betäubung: 7 Narkose, **11** Anaesthesie
Betäubungsmittel: 5 Opiat, Opium, **6** Aether, Kokain, **7** Lachgas, Prokain, **8** Morphium, **10** Chloroform, Narkotikum
Beteiligter: 6 Akteur
Beteiligung: 13 Partizipation, Partnerschaft
Beteiligung am Gewinn: 8 Tantieme
betende Gestalt: 5 Orans, Orant
Beteuerung: 3 Eid, **6** Schwur
betonen: 10 pointieren, **11** hervorheben, **12** akzentuieren
betont: 10 ostentativ
Betonung: 5 Iktus, **6** Akzent, **7** Emphase
Betonungszeichen: 4 Akut
Betonunterstand: 6 Bunker
betören: 8 bezirzen, **9** beruecken, **10** verfuehren
betörend (Musik): 10 lusingando
betrachten: 7 ansehen
betrachtend: 12 kontemplativ
beträchtlich: 4 sehr, viel **5** gross, **8** merklich, **9** erheblich, **11** erklecklich
Betrachtung: 9 Reflexion, **10** Meditation
Betrag: 5 Preis, Summe, **7** Quantum, **8** Ergebnis
Betragen: 8 Manieren
Betraum: 9 Oratorium
betreiben: 8 ausueben, **9** nachgehen
betreuen: 6 hueten, **7** pflegen
Betreuer: 7 Manager, Steward
Betreuerin: 7 Hostess, **10** Stewardess
Betreuung: 5 Obhut, **6** Schutz
Betrieb: 4 Werk, **5** Firma, **6** Fabrik, Rummel, Trubel, **9** Geschaeft, **11** Unternehmen
betriebsam: 4 agil, rege, **5** aktiv
Betriebsangehörige: 8 Personal
Betriebsleiter: 4 Boss, Chef, **8** Direktor
Betriebslokal: 7 Kantine
Betriebsprüfer: 7 Revisor
Betriebszusammenschluß: 8 Kombinat
betroffen: 12 konsterniert
betrogener Ehemann: 7 Hahnrei
betrübt: 7 traurig, **8** doloroso
Betrug: 3 Lug, **4** Nepp, **5** Luege, Schmu, **7** Mogelei, **8** Gaunerei, **9** Prellerei, Schwindel, **10** Baratterie, Faelschung, Taeuschung
betrügen: 6 mogeln, **7** prellen, **9** taeuschen, **11** hineinlegen, hintergehen, **14** uebervorteilen
Betrüger: 4 Filou, **6** Ganeff, Ganove, Gauner, **7** Fallott, Halunke, **9** Fael-

scher, **10** Defraudant, Scharlatan
betrunken: **3** dun, **4** blau, **6** groggy, **7** bezecht, **9** berauscht
Betrunkensein: **6** Rausch
Bettbezug: **6** Zieche, **7** Zuechen
Bettelmönch: **5** Fakir, **8** Derwisch, **9** Mendikant
Bettfedernhülle: **6** Inlett
Betthimmel: **9** Baldachin
Bettler: **9** Lazzarone, Schnorrer
Bettlersprache: **5** Argot
Bettnische: **7** Alkoven
Bettpolster: **8** Matratze
Bettsofa: **5** Couch, Diwan, **8** Ottomane
Bettzeug: **5** Laken, **8** Deckbett, **9** Bettbezug, Bettdecke, Bettlaken, **10** Kopfkissen
Beugefall: **5** Dativ, Kasus, **7** Ablativ, Genitiv, **9** Akkusativ, Nominativ
Beugemuskel: **6** Flexor
Beugemuskel des Oberarms: **6** Bizeps
beugen: **5** knien, **6** biegen, ducken, neigen, **10** flektieren, **11** deklinieren, konjugieren
Beugung: **7** Flexion, **11** Deklination, Konjugation
Beugungsfall: **5** Kasus
Beule: **10** Geschwulst, Schwellung
beurkunden: **13** dokumentieren, **14** protokollieren
Beurkundung: **9** Protokoll, **12** Verifikation
beurlaubt: **7** inaktiv, **11** dispensiert
beurteilen: **9** zensieren, **11** kritisieren
Beurteiler: **6** Zensor, **8** Kritiker, **9** Rezensent
Beurteilung: **6** Kritik, Zensur, **9** Bewertung, Rezension, **10** Judikation, **12** Abschaetzung, **13** Qualifikation
Beute: **4** Fang, Raub, **5** Kaper, Prise, **6** Rapuse, **7** Strecke, **11** Requisition, **12** Kontribution
Beutel: **4** Sack, **6** Boerse, Tasche, **7** Saeckel
beutelartige Handtasche: **9** Pompadour
Beuteltiere: **4** Kusu, Tafa, **5** Koala, Yapok, **6** Casaca, Kuskus, Quokka, Wombat, **7** Beutler, Opossum, Potoruh, Wallaby, **8** Bandikut, Wallaruh, **9** Fuchskusu, Hundskusu, Ilangurra, Kaenguruh, Pademelon, Perameles, **10** Beutelbaer, Beutelmaus, Beutelmull, Beuteltier, Beutelwolf, Erdwuehler, **11** Aeneasratte, Beutelbilch, Beuteldachs, Beuteliltis, Beutelratte, Handfuesser, Opossummaus, Ratonruncho, Raubbeutler, **12** Beutelmarder, Beutelteufel, Krebsbeutler, Nasenbeutler, Opossumratte, Plumpbeutler, Schweinsfuss, Stutzbeutler, **13** Baumkaenguruh, Fingerbeutler, Fleckenkuskus, Irmakaenguruh, Springbeutler, Tuepfelkuskus, **14** Ameisenbeutler, Beuteleichhorn, Buschkaenguruh, Hasenkaenguruh, Grosskaenguruh, Kletterbeutler, Krabbenbeutler, Ruesselbeutler, Schwimmbeutler, Zwergkaenguruh, **15** Baerenkaenguruh, Beutelspitzmaus, Felsenkaenguruh, Naarnasenwombat, Mittelkaenguruh, Rattenkaenguruh, Riesenkaenguruh, Zuegelkaenguruh
Bevollmächtiger: **8** Mandatar, **9** Prokurist, **10** Prokurator
bevollmächtigt: **11** autorisiert
bevor: **3** ehe
bevorrechten: **13** privilegieren
bevorzugen: **9** vorziehen, **10** verwoehnen, **12** beguenstigen
bewachen: **7** sichern, **9** aufpassen
Bewacher
– ***der griechischen Unterwelt:*** **8** Zerberus
– ***der Io:*** **5** Argus
– ***des Nibelungenhorts:*** **6** Fafner,

Fafnir
bewaffnen: **8** armieren
Bewaffnung: **8** Ruestung, **9** Armierung
bewahren: **7** sichern, **8** erhalten, **9** schuetzen
bewähren: **6** taugen, **8** beweisen, erproben
bewahrend: **11** konservativ
Bewahrheitung: **12** Verifikation
bewährt: **6** probat
Bewährung: **9** Probation
bewandert: **6** kundig, **8** versiert
bewegen: **7** ruehren, treiben, **9** pulsieren
Beweggrund: **5** Motiv
beweglich: **4** agil, rege, **5** flink, mobil, **7** gewandt, lebhaft, **13** transportabel
bewegliche Verbindung: **6** Gelenk
Beweglichkeit: **9** Agilitaet, **10** Mobilitaet
Bewegung: **6** Gang, Tanz, **5** Fahrt, **6** Regung, Unruhe
Bewegungslehre: **7** Dynamik, Kinetik, **8** Mechanik, **9** Hydraulik, Kinematik
Bewegungslosigkeit: **6** Starre, **7** Akinese
Bewegungsorgan: **6** Muskel
Bewegungsorgan der Fische: **6** Flosse
Bewegungsspiele: **6** Fangen, **7** Haschen, **9** Blindekuh, Tauziehen, **10** Verstecken, **11** Sackhuepfen
Bewegungsstörung: **6** Ataxie
bewehren: **8** armieren
Beweis: **5** Beleg, **7** Zeugnis, **8** Dokument, **9** Deduktion
beweisen: **6** dartun, **7** belegen, **9** erhaerten
beweisend: **12** demonstrativ
Beweisführung: **9** Deduktion, **13** Argumentation, Demonstration
Beweisgrund: **8** Argument
beweiskräftig: **11** apodiktisch
Beweislehre: **9** Apodiktik
Beweisstück: **5** Beleg, **8** Asservat, Dokument, Quittung
Bewerber: **6** Freier, **7** Petitor, **8** Aspirant, Kandidat, **9** Anwaerter, Postulant, **10** Reflektant, Submittent, **11** Interessent, Praetendent
Bewerbung: **10** Kandidatur
bewilligen: **8** erlauben, **9** gewaehren, **11** konzedieren
Bewilligung: **7** Konsens, **9** Erlaubnis, **10** Gewaehrung, Konzession
Bewohner: **6** Mieter, **7** Insasse, **9** Einwohner
bewohnter Teil der Erde: **8** Oekumene
bewunderungswürdig: **9** admirabel
Bewußtlosigkeit: **4** Koma, **5** Sopor
Bewußtsein: **5** Geist, **6** Wissen, **9** Sensorium
Bewußtseinsspaltung: **13** Schizophrenie
Bewußtseinstrübung: **8** Delirium
bezahlen: **8** berappen, **10** honorieren
Bezahlung: **4** Gage, Lohn, **6** Gehalt, Salaer, **7** Honorar, **10** Verguetung
Bezahlung der Seeleute: **5** Heuer
bezaubern: **8** becircen, betoeren, **9** beruecken, **10** begeistern, entzuecken, **11** faszinieren
bezaubernd: **7** reizend, **8** charmant
bezaubernde Anmut: **6** Charme
Bezauberung: **10** Berueckung, **11** Faszination
bezeichnen: **6** nennen, **9** markieren, signieren, **10** nominieren, **11** designieren
bezeichnend: **6** markant, **7** typisch, **12** symptomatisch, **16** charakteristisch
Bezeichnung: **4** Name, **6** Signum, **9** Inschrift, **11** Designation
Bezieher: **8** Abonnent
Beziehung: **5** Bezug, **8** Referenz, Relation, **9** Konnexion, **10** Verbin-

dung
beziehungslos: **5** fremd, **6** einsam, absolut
beziehungsweise: **10** respektive
beziffern: **10** numerieren
Bezirk: **3** Gau, **4** Zone, **5** Kreis, Rayon, **6** Gebiet, Region, Revier, Sektor, **7** Provinz, Umkreis, **8** Distrikt, **10** Departement, **11** Territorium
Bezogener im Wechselgeschäft: **9** Akzeptant
Bezug: **4** Kauf, **6** Huelle, **7** Betreff, **8** Hinsicht
bezüglich: **7** relativ, **8** reziprok
Bezüglichkeit: **12** Relativitaet
Bezugspunkt: **3** Pol
bezwingbar: **9** koerzibel
Bezwinger: **11** Triumphator
Bhutan (Staat in S-Asien):
Berge: **10** Chomo Lhari, Kula Kangri
Eigenname Bhutans: **7** Druk-Yul
Hauptstadt: **7** Thimphu
Sprache: **7** Dsongha
Städte u. Orte: **4** Paro, **7** Punakha
Währung: **7** Chetrum, **8** Ngultrum
Biafraner: **3** Ibo
Bibel:
Apokryphen (deuterokanon. Bücher): **5** Tobit, **6** Baruch, Judith
Apostel (Jünger Jesu): **5** Judas, Simon, **6** Petrus, Thomas, **7** Jakobus, Andreas, **8** Johannes, Matthias, **9** Matthaeus, Philippus, Thaddaeus, **12** Bartolomaeus, **13** Bartholomaeus
Briefe des Paulus an: **5** Titus, **6** Roemer, **7** Epheser, Galater, **8** Kolosser, Philemon, **9** Korinther, Philipper, Timotheus
Bücher des AT: **4** Amos, Esra, Hiob, Joel, Jona, Ruth, **5** Hosea, Josua, Micha, Moses, Nahum, **6** Daniel, Esther, Exodus, Haggal, Jesaja, Numeri, Obadja, Samuel, **7** Chronik, Genesis, Habakuk, Jeremia, Koenige, Nehemia, Psalmen, Richter, **8** Ezechiel, Hohelied, Maleachi, Prediger, Sacharja, Zephanja, **9** Hexateuch, Leviticus, **10** Heptateuch, Pentateuch, **11** Klagelieder, **12** Paralipomena, **13** Deuteronomium
Bücher des NT: **10** Evangelium, **11** Offenbarung, **17** Apostelgeschichte
Engel:
Erzengel: **5** Uriel, **7** Gabriel, Michael, Raphael
Höllenengel: **7** Abaddon
Lichtengel: **6** Seraph
Paradiesengel: **6** Cherub
Erz-, Stamm-, Urväter (Patriarchen): **3** Ham, Sem, **4** Adam, Enos, Esau, Noah, Seth, **5** Enoch, Isaak, Jakob, Jared, Kenan, **6** Henoch, Israel, Japhet, Lamech, **7** Abraham, Japheth, **10** Mahalaleel, Methusalem, **13** Methuschelach
Evangelisten (und ihre Symbole): **5** Lukas (**5** Stier), **6** Markus (**5** Loewe), **8** Johannes (**5** Adler), **9** Matthaeus (**6** Mensch)
Gestalten – Frauen (und ihre Männer): **3** Ada (**4** Esau, **6** Lamech), Eva (**4** Adam), Lea (**5** Jakob), **4** Ruth (**4** Boas), Sara (**7** Abraham), **5** Asuba, Bilha (**5** Jakob), Gomer, Hanna (**6** Elkana), Hulda, Lydia, Maria (**6** Joseph), Milka (**5** Nahor), Naema, Naemi (**9** Elimelech), Noemi (**9** Elimelech), Rahab, Rahel (**5** Jakob), Rhode, Sarai (**7** Abraham), Seres (**5** Haman), Tabea, Zibja, **6** Dalila, Debora (**8** Lapidoth), Delila, Ester

(**6** Xerxes), Isebel (**4** Ahab), Jedida, Jerusa, Joseba, Judith, Maacha, Martha, Mirjam, Salome (**11** Aristobulos), Sebuda, Vasthi (**6** Xerxes), Zeruja, **7** Abigail (**5** Nabal), Athalja, Batseba (**4** Uria), Damaris, Hamutal, Johanna (**5** Chusa), Nehusta, Rebekka (**5** Isaak), Saphira (**7** Ananias), Susanna, **8** Abischag, Bathseba (**4** Uria), Drusilla (**5** Felix), Herodias (**9** Philippus), Jecholja, Jochebed (**5** Amram), Mariamne (**7** Herodes), Sapphira (**8** Hananias), **9** Elisabeth (**9** Zacharias), Hephzibah, Josabeath (**6** Jojada), Priscilla (**6** Aquila)

Gestalten – Männer (und ihre Frauen und Kinder): **3** Asa, Dan, Eli (Söhne: **6** Hophni, **7** Pinehas), Eri, Gad (Sohn: **3** Eri), Ger (Frau: **6** Thamar), Ham (Kinder: **3** Put, **4** Chus, **6** Kanaan, **7** Mizraim), Kis, Lot (Söhne: **4** Ammi, Moab), Ner, Ram, Sem (Kinder: **2** Uz, **3** Hul, Lud, **4** Aram, Elam, **5** Assur, **6** Gether, Mesech, **10** Arphachsad), **4** Abel, Abia (Sohn: **3** Asa), Adam (Frau: **3** Eva. – Söhne: **4** Abel, Kain, Seth), Ahia, Amoz, Boas (Frau: **4** Ruth, – Sohn: **4** Obed), Chus, Edom → Esau, Ehud, Elia, Elon, Enak, Enos, Esra, Esau (Frauen: **3** Ada, **6** Judith, **7** Basmath, **9** Oholibama. – Söhne: **5** Jehus, Korah, **6** Jaelam, Reguel, **7** Eliphas), Hiob (Töchter: **5** Kezia, **6** Jemima), Isai (Söhne: **4** Ozem, **5** David, Eliab, Simea, **6** Raddai, **8** Abinadeb, **9** Nathanael. – Töchter: **6** Zeruja, **7** Abigail), Iddo, Joab, Joah, Juda (Frau: **3** Sua. – Söhne: **3** Ger, **4** Onan, Sela, **5** Perez, Serah), Mose, Noah (Söhne: **3** Ham, Sem, **7** Japhet, **8** Japheth), Obed, Oded, Saul (Frau: **7** Ahinoam. – Söhne: **8** Jonathan, **9** Malchisua. – Töchter: **5** Merab, **6** Michal), Seth, Uria (**7** Batseba, **8** Bathseba), **5** Aaron (Frau: **7** Eliseba. – Söhne: **5** Abihu, Nadab, **6** Gersom, **7** Eleasar, Ithamar), Abdon, Abiam, Abner, Abram → Abraham, Amram (Frau: **8** Jochebed), Annas, Asaph, Barak, Chusa (**7** Johanna), Chusi, David (Frauen: **4** Egla, **6** Abital, Maacha, Michal, **7** Abigail, Abinoam, Batseba, Haggith, **8** Bathseba, **9** Bethsabee. – Söhne: **5** Amnon, Simea, Sobab, **6** Adonia, Daniel, Nathan, Salomo, **7** Absalom, **8** Jethream, Sephatja. – Tochter: **6** Thamar), Elias, Elija, Elisa, Enoch, Felix (**8** Drusilla), Gajus, Gomer, Hadad, Haman, Isaak (Frau: **7** Rebekka. – Söhne: **4** Esau, **5** Jakob), Jakob (Frauen: **3** Lea, **5** Bilha, Rahel, **6** Rachel, Silpas. – Söhne: **3** Dan, Gad, **4** Juda, Levi, **5** Asser, Ruben, **6** Joseph, Simeon, **7** Naftali, Sebulon, **8** Benjamin, Isaschar, **9** Naphthali. – Tochter: **4** Dina), Jesus, Josua, Jubal, Judas, Kaleb, Kenan, Korah, Laban (Töchter: **3** Lea, **5** Rahel, **6** Rachel), Moses (Frau: **7** Zippora. – Söhne: **6** Gersom, **7** Elieser), Nabal (Frau: **7** Abigail), Nahor (Frau: **5** Milka. – Sohn: **5** Laban), Sabud, Silas, Simon, Thola, Titus, Urias (Frau:

7 Batseba, **8** Bathseba), Zadok, **6** Adonia, Adoram, Aeneas, Agabus, Aquila, Arioch, Baruch, Benaja, Bileam, Daniel, Elkana (Frau: **5** Hanna), Festus, Gideon, Hannas, Hanani, Henoch, Hezron, Hilkia, Hophni, Ismael, Jairus, Japhet (Kinder: **5** Gomer, Javan, Madai, Magog, **6** Mesech, Thiras, Thubal), Jethro, Jithro, Jojada, Joseph (Söhne: **7** Ephraim, Manasse), Kanaan (Kinder: **4** Heth, **5** Sidon), Lamech (Frauen: **3** Ada, **5** Zilla), Lysias, Manoah, Mesach, Naboth, Nimrod, Pashur, Raguel, Reguel, Salomo, Samgar, Samuel, Sisera, Tharah, **7** Abraham (Frauen: **4** Sara, **5** Hagar, Sarai, **6** Ketura. – Söhne: **5** Isaak, **6** Ismael), Ananias, Apollos, Aspenas, Bethuel, Elieser, Eljakim, Eljasib, Ephraim, Ethbaal, Gedalja, Gemarja, Goliath, Hamutal, Hananja, Herodes, Jephtha, Jesreel, Jethros, Kaiphas, Lazarus, Manasse, Nehemia, Pethuel, Pilatus, Pinehas, Sadrach, Sophach, **8** Abjathar, Barabbas, Barnabas, Belsazar, Hananias, Isaschar, Jonathan, Lapidoth (Frau: **6** Debora), Philemon, Rehabeam (Frauen: **6** Maacha, **7** Abihail, **8** Mahalath. – Kinder: **4** Abia, Jeus, Sisa, **5** Abiam, Saham, **6** Atthai, **7** Semarja, **8** Selomith), Potiphar, Sekundus, Zachaeus, **9** Ahasverus (Frauen: **6** Esther, Vasthi), Ahimelech, Dionysius, Elimelech (Frau: **5** Naemi, Noemi), Jerahmeel, Kornelius, Mardochai, Nathanael, Nikodemus, Stephanus, Timotheus, Zacharias (Frau: **9** Elisabeth), Zorobabel, **10** Bartimaeus, Mahalaleel, Methusalem, **11** Aristarchus, Nebusaradan, Melchisedek

Jesus (Beinamen): **5** Soter, **7** Messias, **8** Christus, Immanuel, Salvator, **9** Galilaeer, Gesalbter, Guter Hirt, Nazaraeer, Nazarener, **11** Allerbarmer

Könige von Israel: **3** Ela, **4** Ahab, Jehu, Joas, Omri, Saul, **5** Achab, Baesa, David, Joram, Hosea, Nadab, Pekah, Simri, **6** Ahasja, Joahas, Joasch, Sallum, Salomo, **7** Menahem, Pekahja, **8** Jerobeam, Sacharja

Könige von Juda: **3** Asa, **4** Abia, Ahas, Amon, Joas, **5** Abiam, Joram, Josia, **6** Josias

Könige

– *weitere:* **2** Og, **3** Gog, **4** Agag, Bela, Mesa, Phul, Thou, **5** Achis, Balak, Cyrus, Eglon, Hanon, Hiram, Jabin, Jareb, Kyros, Magog, Nahas, Reson, Sihon, Sisak, **6** Darius, Hasael, Sargon, Xerxes, **7** Ethbaal, Herodes, **8** Belsazar, Benhadad, Sanherib, **9** Ahasverus, Hadadeser, Abimelech, **10** Asar-Haddon, **12** Nebukadnezar

Propheten (große): **6** Daniel, Isaias, Jesaja, **7** Jeremia, **8** Ezechiel, Hesekiel, Jeremias

Propheten (kleine): **4** Amos, Joel, Jona, **5** Hosea, Jonas, Micha, Nahum, **6** Haggai, Obadja, **7** Habakuk, Zefanja, **8** Maleachi, Sacharja, Zephanja, **9** Malachias

Bibelauslegung: **7** Exegese

Bibelübersetzungen: **5** Itala, **7** Vulgata, **8** Peschita, **11** Septuaginta

bibl.
- ***Berge:*** **4** Zion **5** Horeb, Tabor, Sinai, **6** Hermon, Karmel, **7** Garazim
- ***Fabeltier:*** **8** Behemoth
- ***Fluß:*** **6** Jordan
- ***Gärten:*** **4** Eden, **8** Paradies, **9** Getsemani, **10** Gehtsemane, Gethsemani
- ***Gesetzgeber:*** **5** Moses
- ***Goldland:*** **5** Ophir
- ***Himmelbrot:*** **5** Manna
- ***Jäger:*** **6** Nimrod
- ***Länder:*** **5** Juda, Moab, Saba, **6** Israel, Judaea, Kanaan, **7** Idumaea, Jesreel, Samaria, **8** Galilaea, **9** Bethanien
- ***Maße:*** **3** Bat, Kab, Kor, Log, Sea, **4** Epha, Rute, **5** Homer, **6** Letech, **7** Issaron, Stadion
- ***Name Gottes:*** **5** Jahve, Jahwe, **6** Adonai, Jehova, **7** Zebaoth
- ***Orte u. Städte:*** **4** Kana, Nain, **5** Babel, Sodom, **6** Bethel, Emmaus, **7** Babylon, Jericho, **8** Bethesda, Gomorrha, Nazareth, **9** Bethanien, Bethlehem, Jerusalem, Kapernaum
- ***Riesen:*** **3** Enak, **7** Goliath

bieder: **4** brav, **5** artig, **6** wacker

Biederkeit: **8** Bonhomie

biegsam: **8** flexibel, **9** elastisch, **11** geschmeidig

Biegung: **5** Kurve

Biene: **4** Imme

Bienenarten: → Hummel, → Wespen, **9** Blutbiene, Holzbiene, Mohnbiene, Pelzbiene, Sandbiene, Wollbiene, **10** Kegelbiene, Mauerbiene, Honigbiene, Hosenbiene, **11** Buckelbiene, Seidenbiene, Trauerbiene, Wespenbiene, **12** Furchenbiene, Moertelbiene

Bienenkönigin: **6** Weisel

Bienenmännchen: **5** Drohn, **6** Drohne

Bienenprodukt: **5** Honig, Wachs

Bienenzelle: **4** Wabe

Bienenzüchter: **5** Imker

Bienenzüchterei: **7** Imkerei

Biergefäße: **4** Fass, Glas, Mass, **5** Molle, Tulpe, **6** Humpen, Seidel, Stange, **8** Masskrug, Schoppen

Bierhersteller: **6** Brauer

Bierlage: **5** Runde

Bierrettich: **4** Radi

Bierrunde: **4** Lage

Biersorten: **3** Ale, **4** Bock, Busa, Faro, Gose, Kwas, Mars, Piwo, **5** Braga, Hules, Kwass, Mumme, Pombe, Stout, **6** Kofent, Lambic, Panibe, Porter, Weisse, **7** Altbier, Eisbock, Maerzen, Maibock, Mild Ale, Pale Ale, Pilsner, **8** Bockbier, Jungbier, Malzbier, Pilsator, Pilsener, Salvator, **9** Ammenbier, Braunbier, Duennbier, Eimbecker, Hirsebier, Jopenbier, Kraftbier, Lagerbier, Maerzbier, Naehrbier, Rauchbier, Starkbier, Suessbier, Weissbier, **10** Bitterbier, Exportbier, Kulmbacher, Kulminator, Roggenbier, Weizenbier, **11** Spatenbraeu, **12** Flaschenbier, **13** Malzkraftbier

Bierwürze: **6** Hopfen

Biest: **4** Tier, Vieh

Bieter: **8** Lizitant

Bild: **4** Foto, **5** Photo, **6** Skizze, **8** Gemaelde, **11** Darstellung, **12** Illustration

Bild ländlichen Friedens: **5** Idyll, **6** Idylle

bilden: **6** formen, lehren, **8** erziehen, **11** kultivieren

bildende Kunst: **7** Graphik, Malerei, Plastik, **11** Architektur

bildender Künstler: **5** Maler, **9** Architekt, Bildhauer, Graphiker, **10** Kunstmaler, **11** Illustrator

Bilderanbetung: **9** Idolatrie

Bilderrätsel: **5** Rebus, **10** Vexierbild

Bildersammlung: **7** Galerie, **10** Pinakothek
Bilderschmuck: **8** Vignette, **12** Illustration
Bilderschriftzeichen: **11** Hieroglyphe
Bildersprache: **8** Symbolik
Bilderstürmer: **10** Ikonoklast
Bildgeschichten: **6** Comics
bildhaft: **9** plastisch, **11** anschaulich
Bildhaftigkeit: **12** Plastizitaet
Bildhauer: **9** Steinmetz, **13** Holzschnitzer
Bildhauermaterial: **3** Ton, **4** Gips, **6** Marmor
Bildhauerwerk: **6** Relief, Statue, **7** Plastik, **8** Skulptur
Bildhauerwerkzeug: **6** Bohrer, **7** Meissel, **9** Schlaegel
Bildkapsel: **9** Medaillon
bildlich: **10** figuerlich, symbolisch, **11** allegorisch, **12** metaphorisch, **13** gleichnishaft
bildliche Redewendung: **5** Trope
bildlicher Ausdruck: **8** Metapher
Bildnis: **8** Portraet, **9** Konterfei
bildsam: **9** plastisch
Bildsäule: **6** Statue
Bildstreifen: **4** Film
Bildteppich: **5** Kelim, **7** Gobelin, **10** Tapisserie
Bildung: **6** Kultur, **9** Formation, **10** Urbanitaet
Bildungsstand: **6** Niveau
Bildungsstätten: **6** Kolleg, Lyzeum, Schule, **7** College, Seminar, Theater, **8** Akademie, Institut, Internat, **9** Gymnasium, Technikum, **10** Hochschule, Oberschule, Realschule, **11** Volksschule, **12** Berufsschule, Mittelschule, Universitaet, **13** Handelsschule, Realgymnasium, **14** Fachhochschule, **15** Volkshochschule
Bildwerfer: **7** Diaskop, Episkop, **9** Projektor, **10** Epidiaskop
Bildwerke: **6** Mosaik, Relief, Statue, **7** Plastik, **8** Aquarell, Gemaelde, Skulptur, **11** Holzschnitt, Kupferstich, **12** Lithographie
bildwirksam: **7** fotogen, **8** photogen
Bildzeichen: **8** Signatur, **9** Ideogramm
Billardausdruck: **5** Bande, Effet, Point, Queue, **7** Markoer, **11** Karambolage
billig: **8** wohlfeil, **9** preiswert
billigen: **7** bejahen, **8** zulassen, **10** gutheissen, tolerieren, **11** akzeptieren, **13** sanktionieren
Bimssteintuff: **5** Trass
Binde: **7** Bandage, Verband
Bindegewebe: **4** Tela
Bindegewebsgeschwulst: **6** Fibrom
Bindehaut des Auges: **11** Konjunktiva
Bindehautentzündung: **14** Konjunktivitis
Bindehauterkrankung: **7** Trachom
Bindemittel: **3** Oel, **4** Gips, Kitt, Lehm, Leim, **6** Binder, Zement, **7** Moertel, Tragant, **8** Kleister, **9** Klebstoff
binden: **6** heften, knoten, loeten, **7** fesseln, **8** flechten, knuepfen, legieren, **10** engagieren, **11** broschieren
bindend: **13** obligatorisch
Binder: **7** Schlips, **8** Krawatte
Bindestrich: **5** Divis
Bindewort: **11** Konjunktion
Bindewörter: **2** da, ob, so, **3** als, und, **4** aber, auch, dann, dass, denn, doch, oder, wenn, weil, **5** bevor, damit, darum, somit, **6** ferner, mithin, **7** deshalb, obschon, **8** vielmehr, **9** ueberdies, uebrigens, **10** gleichwohl
Bindfaden: **6** Kordel, Schnur, Spagat, **7** Strippe
Bindung: **7** Ligatur, **10** Engagement
binnen: **9** innerhalb
Biograph Goethes: **9** Eckermann

Biograph Karls des Großen: **7** Einhard
Biologie: **11** Lebenskunde
biologische(r)
– ***Begriffe:*** **2** Id, **3** Art, Gen, **4** Keim, Same, **5** Rasse, Reife, Samen, Spore, Stamm, Wuchs, **6** Plasma, **7** Familie, Gattung
– ***Neubildung:*** **12** Regeneration
– ***Wirkstoffe:*** **11** Antibiotika
Birma →Maynmar
birnenförmiges Glasgefäß: **6** Phiole
Birnensorten: **5** Lucas, **8** Gellerts, **9** Alexander, Gute Luise, **10** Bergamotte, **11** Butterbirne, Pastorenbirne, Schinkenbirne, **14** Clapps Liebling, Williams Christ
Bisam: **7** Moschus
Bischof von Bayeux: **3** Odo
Bischof der Westgoten: **7** Ulfilas, Wulfila
bischöfliches Rundschreiben: **11** Hirtenbrief
Bischofsamt: **9** Episkopat
Bischofskirche: **3** Dom, **8** Muenster, **10** Kathedrale
Bischofsmütze: **5** Inful, Mitra
Bischofssprengel: **6** Bistum, **8** Dioezese
Bischofsstab: **5** Pedum, **9** Krummstab, **10** Hirtenstab
Bischofstitel: **9** Patriarch
Bischofsversammlung: **6** Konzil
Bischofswürde: **9** Episkopat
Bismarcks Geburtsort: **12** Schoenhausen
Bismarcks Sterbeort: **13** Friedrichsruh
Bissen: **6** Happen, Imbiss, Stueck
bissig: **6** scharf, **7** boshaft, zynisch, **9** zaenkisch, **14** streitsuechtig
bisweilen: **8** manchmal
Bittruf: **7** Eleison, **12** Kyrieeleison
Bitte: **5** Gebet, **6** Gesuch, **8** Anliegen, Ersuchen
Bitte um Antwort: **5** Frage
bitter: **4** hart, herb, **6** scharf, **11** schmerzlich
Bittererde: **8** Magnesia
Bitterkeit: **5** Groll
Bittgang: **10** Prozession
Bittgebet: **7** Litanei
Bittschrift: **6** Gesuch, **7** Eingabe, Supplik, **8** Petition
Bittsteller: **6** Petent, **7** Petitor, **10** Supplikant
Blähhals: **5** Kropf
blank: **5** glatt, nackt, **9** glaenzend
blanko: **4** leer
blank reiben: **8** polieren
Blase: **6** Beutel, Zystis
blasen: **5** tuten, wehen, **6** dudeln
Blasenbildung: **6** Schaum
Blasenentzündung: **8** Zystitis
Blasenspiegel: **9** Zystoskop
Blashorn für Kinder: **4** Tute
blasierter Angeber: **4** Snob
Blasinstrumente
Blechblasinstrumente: **4** Horn, Tuba, Zink, **5** Basso, Bugle, Corno, Zinke, **6** Lituus, Piston, Zinken, **7** Althorn, Clairon, Clarino, Fanfare, Kornett, Posaune, Salpinx, Serpent, **8** Basstuba, Hifthorn, Horntuba, Jagdhorn, Posthorn, Trompete, Waldhorn, **9** Bombardon, Euphonium, Krummhorn, Naturhorn, Sousaphon, Tenorhorn, Tenortuba, **10** Altposaune, Buegelhorn, Signalhorn, Zugposaune, **11** Baritonhorn, Bassposaune, Fluegelhorn, Klappenhorn, Pikkolohorn, Zugtrompete, **12** Aidatrompete, Bachtrompete, Basstrompete, Jazztrompete, **13** Altzugposaune, Pistonkornett, Ventilkornett, **14** Kontrabasstuba, Signaltrompete, Diskantposaune
Holzblasinstrumente: **2** Yo,

3 Nay, Nei, **5** Kawal, Tibia, **6** Czakan, Kleddi, Purten, Syrinx, **7** Fistula, Matalan, Okarina, Ottavio, Piccolo, Pikkolo, **8** Schwegel, , **9** Panfloete, Schwiegel, **10** Flageolett, Rohrfloete, Querfloete, Querpfeife, Terzpfeife, **11** Blockfloete, Nasenfloete, **12** Bambusfloete, Hirtenfloete, **13** Konzertfloete, Pikkolofloete, **14** Schnabelfloete, Weidenbastfloete

Rohrblattinstrumente: **4** Bock, Oboe, Piva, **5** Aulos, Hoboe, **6** Basson, Fagott, Pommer, **7** Altoboe, Bagpipe, Bomhard, Musette, Saxhorn, Walinga, **8** Hornpipe, Jagdoboe, Saxophon, Schalmei, Tarogato, **9** Cornemuse, Dudelsack, **10** Basspfeife, Bombardino, Heckelphon, Klarinette, Sackpfeife, **11** Altsaxophon, Baritonoboe, Bassetthorn, **12** Bass-Saxophon, Englischhorn, Kontrafagott, **13** Altklarinette, Tenorsaxophon, **14** Bassklarinette, Sopransaxophon, **15** Baritonsaxophon, **17** Baritonklarinette

blaß: **4** fahl, **6** bleich, **7** blutlos, farblos

blasser Rotwein: **9** Bleichert

Bläßhuhn: **6** Lietze, **7** Belchen

blaßrot: **4** rosa

blaßroter Wein: **7** Clairet

Blatt: **5** Bogen, Wisch, **6** Klinge, Zettel, **7** Zeitung

Blättchen: **5** Folie, **7** Lamelle

Blätterpilze: **7** Parasol, Reizker, **8** Dachpilz, Egerling, Helmling, Roetling, Ruebling, Seitling, Tintling, **9** Milchling, Roehrling, Taeubling, **10** Champignon, Hallimasch, Schirmpilz, **11** Pfifferling, Schmierling, Schneckling, Schueppling, Schwindling, **12** Schleierling, Schwefelkopf, Traeuschling, Trichterling

Blätterteigpastete: **7** Bouchée, Timbale, **8** Krustade, **9** Vol-au-vent

Blätterwerk: **4** Laub

Blattgemüse: **4** Kohl, **5** Salat, **6** Spinat

Blattgrün: **11** Chlorophyll

Blattholz: **7** Furnier

Blatthornkäfer: **9** Maikaefer, **10** Junikaefer, Mistkaefer, Rosskaefer, **11** Brachkaefer, Rosenkaefer, **12** Hirschkaefer, Pillendreher, **13** Nashornkaefer, **16** Sonnenwendkaefer

Blattkäfer: **7** Erdfloh

Blattschneiderameise: **4** Atta

blättriger Gips: **7** Selenit

Blattseite: **6** Pagina

Blattvorderseite: **5** Avers

Blattzinn: **8** Stanniol

Blaubeere: **11** Heidelbeere

blaue Farbe: **4** azur, **10** ultramarin

blauer Farbstoff: **6** Indigo

Blaufelchen: **5** Renke

Blausäure: **8** Zyankali

Blauspecht: **7** Kleiber

Blechbehälter: **4** Dose, **7** Buechse, **8** Kanister

Blechschmied: **8** Klempner, Spengler

Bleibe: **4** Asyl, **5** Logis, **8** Herberge, **10** Unterkunft

bleibend: **7** durabel, **10** stationaer

bleich: **4** fahl, **5** blass, **8** blutleer, **9** waechsern

Bleichmittel: **5** Chlor, **9** Chlorkalk

Bleichsucht: **8** Chlorose

bleiern: **4** grau, **6** schwer, **11** unbeweglich

Bleifarbe: **7** Mennige

Bleisiegel: **6** Plombe

blenden: **9** taeuschen, **11** verblueffen

blendend: **5** grell, **9** strahlend

Blendwerk: **4** Trug, **6** Humbug, **10** Hokuspokus

Blick: **5** Sicht, **8** Aussicht

blicken: **5** lugen, sehen, **6** gucken, **7** schauen
blind: **7** achtlos
Blinddarm: **7** Typhlon
Blinddarmfortsatz: **8** Appendix
blinde Leidenschaft: **10** Fanatismus
Blindenschrift (Erfinder): **7** Braille
blinder Seher: **8** Tiresias
Blindfisch: **5** Inger
Blindgänger: **8** Versager
blindgläubig: **6** bigott
Blindheit: **8** Ablepsie
Blindpackung: **8** Attrappe
Blindschacht: **6** Gesenk
blindwütig: **9** fanatisch
Blinkzeichengerät: **10** Heliograph
blinzeln: **8** zwinkern
blitzen: **6** zucken, **7** wettern
blitzend: **9** fulminant
Block: **5** Klotz, **6** Kloben, **7** Klumpen
Blockade: **6** Sperre
Blocksberg: **7** Brocken
Blocksbergfest: **14** Walpurgisnacht
Blockschrift: **7** Antiqua
blöde: **3** irr, **4** dumm, **6** albern, stupid, **9** idiotisch
Blödling: **7** Trottel
Blödsinn: **5** Anoia, **6** Demenz, Humbug, Unsinn, **7** Quatsch
blonde Frau: **8** Blondine
bloß: **3** bar, nur, **4** kahl, **5** nackt
Blöße: **6** Luecke, Mangel, **8** Nuditaet, **9** Schwaeche
bloßstellen: **9** blamieren, **12** desavouieren, **15** kompromittieren
Bloßstellung: **7** Blamage
Bluff: **5** Mache, **10** Hokuspokus, Taeuschung, **12** Irrefuehrung
bluffen: **9** taeuschen
blühen: **7** prangen, **8** gedeihen, **9** florieren
Blume: **4** Duft, **5** Aroma, **6** Bluete
Blumen: → Balkon-, Zimmerpflanzen, → Schnittblumen
Blumen: **4** Mohn, Rose, **5** Aster, Lilie, Malve, Nelke, Phlox, Tulpe, Wicke, Winde, **6** Akelei, Dahlie, Krokus, Lupine, Primel, Reseda, Zinnie, **7** Anemone, Aurikel, Begonie, Fuchsie, Geranie, Gerbera, Levkoje, Lobelie, Petunie, Tagetes, **8** Georgine, Gladiole, Gloxinie, Goldlack, Goldwurz, Narzisse, Veilchen, **9** Amaryllis, Buschrose, Hortensie, Hyazinthe, **10** Immortelle, Leberblume, Loewenmaul, Montbretie, Nachtkerze, Osterblume, Pelargonie, Strohblume, **11** Cosmosblume, Kosmosblume, Ringelblume, Rittersporn, Sonnenblume, Wucherblume, **12** Chrysantheme, Flammenblume, Glockenblume, Koenigskerze, Mittagsblume, Schwertlilie, **13** Schleierkraut, Tausendschoen, **15** Gaensebluemchen, Schlafmuetzchen, **16** Stiefmuetterchen, Vergissmeinnicht
Blumenbinder: **7** Florist
Blumenfülle: **4** Flor
Blumengebinde: **5** Kranz, **7** Strauss
Blumengefäß: **4** Vase
Blumengewinde: **5** Kranz, **6** Bukett, **6** Feston, **8** Girlande
Blumenkohl: **7** Karfiol
Blumensteckkunst: **7** Ikebana
Blumentier: **7** Koralle
Blumenwelt: **5** Flora
blusenartiger Soldatenrock: **7** Litewka
Blutandrang: **7** Wallung, **10** Kongestion
Blutarmut: **7** Anaemie
Blutbestandteil: **6** Plasma
Blutdorn: **10** Berberitze
Blüte der Silberakazie: **6** Mimose
Blüte vor der Entfaltung: **6** Knospe
Blutegelwirkstoff: **7** Hirudin
Blütenanlage: **6** Knospe

Blütenhonig: **6** Nektar
Blütenlese: **10** Anthologie
blütenlose niedere Pflanze: **4** Moos
Blütenpflanze: **5** Blume
Blütenpracht: **4** Flor
Blütensaft: **6** Nektar
Blütenschmuck: **4** Flor
Blütenstandsformen: **5** Aehre, Dolde, Rispe, **6** Kolben, Spirre, Traube, Wickel, Zapfen, **8** Geschein, **9** Kaetzchen, Koerbchen
Blütenstaub: **6** Pollen
Blütenteile: **5** Kelch, Narbe, **7** Stempel, **11** Staubbeutel
Blutentziehung: **8** Aderlass, **11** Schroepfung
Bluterguß: **8** Haematom
Blütezeit der italienischen Renaissance: **11** Cinquecento
Blutfarbstoff: **11** Haemoglobin
Blutfaserstoff: **6** Fibrin
Blutflüssigkeit: **5** Serum, **6** Plasma
Blutgefäße: **4** Ader, Vene, **5** Aorta, **7** Arterie, Karotis
Blutgefäßbild: **10** Angiogramm
Blutgefäßverengung: **8** Stenosis
Blutgerinnsel: **8** Thrombus
Blutgerinnselbildung: **9** Thrombose
Blutgerüst: **8** Schafott
Blutgeschwulst: **8** Haematom
Blutkrankheit: **7** Anaemie, Leukose, **9** Leukaemie
Blutkrankheitslehre: **12** Haematologie
Blutkraut: **11** Wiesenknopf
Blutrache: **8** Vendetta
blutsaugende Fliege: **6** Bremse
blutsaugendes Gespenst: **6** Vampir
blutsaugende Ungeziefer: **4** Floh, Laus, **5** Wanze, Zecke
Blutsauger: **4** Egel, **6** Vampir
Blutschande: **6** Inzest
Blutstauung: **5** Stase, **6** Stasis
Blutstein: **8** Haematit
blutstillendes Mittel: **5** Alaun, **11** Adstringens
Blutsverwandter: **5** Agnat, **6** Kognat
Bluttat: **4** Mord
Blutübertragung: **11** Transfusion
blutunterlaufene Stelle: **7** Strieme, **8** Striemen
Blutvergiftung: **6** Sepsis, **8** Toxaemie
Blutwasser: **5** Serum
Blutzeuge: **9** Maertyrer
Bober-Zuflüsse: **5** Queis, **6** Zacken, Zieder, **7** Kemnitz, Lomnitz, Sprotta, Sprotte
Bock: **6** Fehler, Hammel, Widder, **7** Gestell
Bockkäferart: **6** Gerber, **8** Hausbock, Heldbock, **9** Saegebock, Schreiner, **10** Eichenbock, Pappelbock, Spiersbock, Zimmerbock, **11** Moschusbock
Bocksprung: **8** Kapriole
Boden: **5** Basis, Grund, **7** Terrain
Bodenabtragung: **7** Erosion
Bodenart: **3** Ton, **4** Klei, Lehm, Sand, **5** Loess, **6** Mergel, Podsol
Bodenbelag: **5** Matte, **7** Galerie, Laeufer, Teppich
Bodenbestandteil: **5** Humus
Bodenentwässerung: **8** Draenage, Draenung, Drainage, **11** Draenierung, Drainierung
Bodenerhebung: **4** Berg, **6** Huegel
Bodenerzeugnisse: **10** Naturalien
Bodenfläche: **5** Areal
Bodengüte: **8** Bonitaet
Bodenkunde: **9** Pedologie
bodenlos: **4** tief, **10** abgruendig
Bodennahrung: **4** Dung, Kali, Mist, **6** Jauche, **7** Duenger, **8** Salpeter
Bodenplatte: **6** Fliese
Bodensatz: **6** Drusen, **8** Residuum, Sediment, **9** Sinkstoff, **10** Ablagerung
Bodenschatz: **3** Erz, **5** Kohle, **6** Erdgas, Erdoel, **7** Mineral
Bodensee: **17** Schwaebisches Meer
Bodenseeinseln: **6** Lindau, Mainau,

9 Reichenau
Bodenseeorte u. -städte: 4 Hard, 5 Arbon, 6 Bodman, Hagnau, Lindau, Lochau, Uttwil, 7 Bregenz, 8 Konstanz, 9 Meersburg, Rorschach, 10 Immenstaad, Kressbronn, Radolfzell, Romanshorn, Wasserburg, 11 Kreuzlingen, Langenargen, Ueberlingen, 11 Ludwigshafen, 14 Unteruhldingen, 15 Friedrichshafen
Bodensee-Zuflüsse: 5 Argen, Rhein, 8 Schussen
Bodenseeteile: 7 Obersee, 8 Untersee, 9 Zeller See, 14 Ueberlinger See
Bodensenke: 3 Tal
bodenständig: 8 heimisch
Bodenturnübungen: 5 Rolle, 6 Spagat, 9 Handstand, Kopfstand
Bodenverbesserung: 11 Melioration
Bode-Zuflüsse: 5 Selke, Sohre, 8 Goldbach, Holtemme
Bogen: 5 Blatt, Kurve, 6 Fornix, 7 Biegung, 9 Kruemmung
Bogengang: 6 Loggia, 7 Arkaden
Bogenhalle: 6 Loggia
Bogenhanf: 10 Sanseveria, Sanseverie
Bogenlänge: 5 Arkus
Bogenlinie: 5 Kurve
Bogen auf 2 Säulen: 6 Arkade
Bogensprung: 7 Lancade
Bogenzwickel: 10 Spandrille
Bohle: 6 Planke
böhmischer Reformator: 3 Hus
böhmischer Volkstanz: 5 Polka
Bohnenkraut: 7 Saturei
bohren: 6 graben, 7 drillen, stechen
Bolivien (Staat in S-Amerika)
Berge: 6 Sajama, Sorata, 7 Illampu, 8 Illimani
Flüsse: 4 Beni, 5 Abuna, 6 Mamore
Hauptstadt: 5 Sucre
Regierungssitz: 5 La Paz
Ruinenstätte: 10 Tiahuanaco
Seen: 8 Poopósee, 11 Titicacasee
Städte: 5 La Paz, Oruro, Sucre, 6 Potosi, Tarija, 8 Sicasica, 9 Cotagaita, Riberalta, Santa Cruz, 10 Cochabamba
Währung: 4 Peso, 7 Centavo, 9 Boliviano
Bollwerk: 4 Wall, 6 Bastei, 7 Bastion, Schanze
Bombast: 8 Schwulst
bombensicherer Raum: 6 Bunker, 9 Kasematte, 10 Unterstand
Boom: 6 Hausse
Boote: 4 Kahn, Kanu, Prau, 5 Barke, Jolle, Kajak, Umiak, Zille, 6 Gondel, Nachen, 7 Einbaum, 8 Barkasse, Kanadier
Bootsanlegestelle: 4 Steg
Bootsgast: 7 Matrose
Bootshebelarm: 10 Ruderpinne
Bootswettfahrt: 7 Regatta
Bootszubehör: 4 Mast, 5 Anker, Dolle, Ducht, Motor, Pinne, Segel, Spake, Stake, 6 Fender, Klampe, Riemen, Steuer, 8 Dollbord, 9 Ruderbank, 10 Bootshaken, Ruderblatt, Ruderpinne
Bophuthatswana (Staat in S-Afrika):
Hauptstadt: 8 Mmabatho
Währung: 4 Rand
Bordeauxweine: 5 Médoc, Palus, 6 Graves, 8 Bazadais, 9 Haut-Brion, Sauternes
Bordverschlag: 6 Kabuse
Borg: 4 Pump, 7 Anleihe
borgen: 6 leihen, pumpen, 9 ausleihen
Borke: 5 Rinde, 6 Kruste, Schorf
Borkenkäfer: 8 Ruessler
borsaures Salz: 5 Borat
Börse: 10 Geldbeutel, 12 Portemonnaie
Börsenauftrag: 5 Order
Börsenkaufmann: 6 Sensal
Börsenkurs: 8 Exchange
Börsenmakler: 6 Broker, 8 Agioteur
Börsenpanik: 3 Run

Börsenpapiere: **3** Kux, **5** Aktie, **6** Devise, Valeur, **7** Wechsel, **8** Effekten, **10** Obligation, Pfandbrief, Stammaktie, Wertpapier, **12** Konnossement
Börsenpreis: **4** Kurs
Börsenspekulant: **5** Fixer, **6** Jobber
Börsenspekulation: **8** Agiotage
börsentechnische Begriffe: **3** Bon, Run, **4** Agio, Bond, Kauf, Kurs, Pari, Zins, **5** Agent, Bonus, Depot, Limit, Medio, Talon, **6** Baisse, Coupon, Flaute, Hausse, Jobber, Kredit, Profit, Scheck, Ultimo, Valuta, Zinsen, **7** Begeben, Debitor, Devisen, Disagio, Diskont, Offerte, Rendite, Solvenz, **8** Agiotage, Bonitaet, Courtage, Effekten, Emission, Exchange, Prospekt, **9** Aktionaer, Arbitrage, Deflation, Dividende, Inflation, Insolvenz, Notierung, Provision, **10** Kurszettel, Obligation, **12** Bonifikation
Borste: **4** Haar, Seta, **7** Stachel
borstenartige Spitze an Getreideähren: **6** Granne
Borstenbüschel: **5** Quast
Borstenvieh: **3** Sau, **4** Eber, **7** Schwein
Borstenwurm: **4** Pier, **6** Palolo, **8** Sandwurm, **9** Regenwurm, **11** Roehrenwurm
Borte: **4** Band, **5** Litze, **6** Galone, Tresse, **8** Borduere, Posament
Borverbindung: **5** Borax
bösartig: **10** pernizioes
bösartige Geschwulst: **5** Gliom, **6** Sarkom
Bösartigkeit: **8** Schikane
Böschung: **4** Hang, **5** Berme, **7** Eskarpe
böse: **3** arg, **5** uebel, **6** gemein, **7** garstig, herzlos, ruchlos, schlimm, **8** schlecht
böse Absicht: **5** Dolus
böser
– ***Blick:*** **8** Malocchi, **9** Malocchio
– ***Geist:*** **5** Satan, **6** Daemon, Unhold
– ***Spott:*** **4** Hohn
böses Weib: **4** Hexe, **5** Furie, **7** Megaere, **9** Xanthippe
boshaft: **5** boese, infam, **6** gemein, giftig, **8** haemisch, **9** gehaessig, malizioes, tueckisch, **10** schikanoes, **13** heimtueckisch
boshafte Handlung: **7** Streich
Bosheit: **3** Arg, **4** List, **6** Malice, Tuecke, **7** Infamie, **8** Schikane, **10** Hinterlist, Heimtuecke
Bosnien-Herzegowina (Balkanstaat)
Flüsse: **3** Una, **4** Save, **5** Bosna, Drina, Vrbas, **7** Narenta, Neretva
Gebirge: **6** Dinara, **10** Erzgebirge
Hauptstadt: **8** Sarajevo
Städte und Orte: **4** Focq, **5** Bihac, Doboj, Jajce, Tuzla, **6** Mostar, Zenica, **7** Zvornik, **9** Banja Luka, Jablanica
Währung: **4** Para, **5** Dinar
böswillige Zerstörung: **8** Sabotage
Boß: **4** Chef
botanische Begriffe: **3** Ast, **4** Ader, Alge, Auge, Bast, Baum, Dorn, Farn, Gras, Halm, Harz, Holz, Keim, Kern, Kork, Korn, Laub, Mark, Moos, Nuss, Pilz, Rebe, Reis, Rohr, Saat, Saft, Same, **5** Aehre, Beere, Blatt, Blume, Bohne, Borke, Dolde, Ecker, Faser, Flora, Kelch, Krone, Lippe, Nadel, Narbe, Polle, Ranke, Raute, Rinde, Rispe, Samen, Spore, Stamm, Staub, Stiel, Tolle, Trieb, Zelle, Zweig, **6** Bluete, Eichel, Frucht, Gewebe, Granne, Huelle, Huelse, Kapsel, Knolle, Knospe, Knoten, Kolben, Pollen, Roehre, Schaft, Schale, Schote, Senker, Sporen, Spross, Staude, Traube, Wickel, Wurzel, Zapfen, **7** Ableger,

B

Flechte, Griffel, Lamelle, Scheide, Schuppe, Stachel, Stempel, Stengel, Strauch, Zwiebel, Zwitter, **8** Absenker, Keimling, Kernhaus, Pfropfen, Saatkorn, Saemling, Wildling, Zellwand, **9** Deckblatt, Hochblatt, Kaetzchen, Keimblatt, Kronblatt, Milchsaft, Samenhaar, Sandblatt, Steckling, Trugdolde, Veredlung, **10** Blattgruen, Huellblatt, Jahresring, Keimwurzel, Kelchblatt, Luftwurzel, Staubblatt, Staubfaden, **11** Befruchtung, Bestaeubung, Bluetenkorb, Brutzwiebel, Chlorophyll, Doldenrispe, Fruchtstand, Kreuzbluete, Pfahlwurzel, Samenkapsel, Schoessling, Staubbeutel, Staubbluete, Wurzelstock, **12** Bluetenblatt, Bluetenstaub, Fruchtknoten, Samenfluegel, Scheinfrucht, Staubgefaess, **13** Bluetenkolben

botan. Rangstufen: **3** Art, **5** Rasse, Sorte, **6** Klasse, **7** Familie, Gattung, **9** Varietaet

Bote: **6** Herold, Kurier

Bote Gottes: **5** Engel

Botin

– ***der Frigga:*** **3** Gna

– ***des Grals:*** **7** Kundrie

Botmäßigkeit: **5** Macht, Zwang, **6** Gewalt, **10** Herrschaft

Botschaft: **5** Kunde, **7** Mission, **9** Nachricht, **10** Kundgebung

Botschafter: **5** Legat, **7** Nuntius, **8** Diplomat, **9** Gesandter, **11** Ambassadeur

Botschafter des Papstes: **7** Nuntius

Botschaftsgebäude: **9** Ambassade

Botswana (Staat in S-Afrika):

Fluß: **8** Okavango

Hauptstadt: **8** Gaborone

Salzpfanne: **10** Makarikari

Sprache: **8** Setswana

Städte: **5** Kanye, **6** Serowe, **10** Molepolole

Sümpfe: **8** Okavango

Volksstämme: **6** Tswana, **8** Matebele

Währung: **4** Pula, **5** Thebe

Wüste: **8** Kalahari

Böttcher: **6** Kuefer, **8** Buettner, **10** Fassbinder, Schaeffler

Bottich: **4** Kufe, **5** Zuber, **6** Buette, Kuebel, **8** Holzfass, **9** Holzwanne

Boxhieb: **3** Jab, **5** Haken, Linke, **6** Rechte, **7** Auslage, **8** Uppercut, **9** Kinnhaken

boxtechnische Begriffe: **2** K.o., **3** Jab, **4** Ecke, Foul, Gong, Ring, **5** Break, Fight, Haken, Linke, Match, Punch, Runde, **6** Bantam, Clinch, Gerade, Groggy, Parade, Rechte, **7** Auslage, Bandage, Blocken, Deckung, Kontern, Stoppen, **8** Knockout, Sidestep, Sparring, Uppercut, **9** Doublette, Kinnhaken, Punktsieg, Schwinger, **10** Leberhaken, Tiefschlag

Boxtraining: **8** Sparring

Boxweltmeister: **4** Baer, Clay, Hart, Tate, **5** Burns, Ellis, Louis, **6** Corbet, Holmes, Liston, Norton, O'Brien, Spinks, Tunney, Weaver, **7** Carnera, Charles, Dempsey, Frazier, Johnsohn, Sharkey, Walcott, Willard, **8** Braddock, Jeffries, Marciano, Sullivan, **9** Johansson, Patterson, Schmeling, **11** Muhammad Ali

brachliegen: **5** ruhen

Brachsenfische: **4** Blei, **6** Brasse

Branche: **4** Fach, **5** Zweig

Brand: **4** Lohe, **5** Feuer, **7** Nekrose

Brandenburg (Land der Bundesrepublik):

Flüsse: **4** Elbe, Oder, Rhin, **5** Dahme, Dosse, Havel, Nuthe, Plane, Spree, **6** Neisse, Randow, Uecker, **14** Schwarze Elster

Hauptstadt: **7** Potsdam

Höhenzug: **8** Flaeming
Landschaften: **8** Prignitz, **9** Havelland, Uckermark, **13** Niederlausitz
Seen: **9** Plauer See, **10** Mueggelsee, **11** Grimnitzsee, **13** Oberueckersee, Parsteinersee, Schwielochsee, **14** Unterueckersee, **15** Scharmuetzelsee
Städte und Orte: **5** Gartz, **7** Cottbus, Schwedt, Templin, **8** Prenzlau, Rathenow, **9** Frankfurt, Luebbenau, Neuruppin, **10** Lauchhammer, Oranienburg, Strausberg, **11** Angermuende, Luckenwalde, Senftenberg, Wittenberge, **12** Finsterwalde, Fuerstenberg, Henningsdorf, Joachimsthal, Ludwigsfelde, **16** Eisenhuettenstadt

brandenburgisches Herrscherhaus: **8** Askanier, **12** Hohenzollern
Brandfackel: **5** Fanal, **11** Pechleuchte
brandmarken: **6** tadeln
Brandrückstand: **4** Russ, **5** Asche, **8** Schlacke
Brandschatzung: **12** Kontribution
Brandstifter: **8** Pyromane
Brandstiftungstrieb: **9** Pyromanie
Brandung: **6** Gischt
Brandungswelle: **7** Brecher
Brandwache: **9** Feuerwehr
Branntweine: **3** Gin, Rak, Rum, **4** Koem, Korn, Marc, Ouzu, Raki, Sake, Wina, **5** Arrak, Fusel, Klare, Toddy, Wodka, **6** Brandy, Cassis, Chicha, Dry Gin, Enzian, Grappa, Ingwer, Kirsch, Pernod, Whisky, **7** Absinth, Aquavit, Bittere, Genever, Kuemmel, Nalifka, Parfait, Persiko, Samschu, Schnaps, **8** Calvados, **9** Angostura, Doornkaat, Kornbrand, Machandel, Mirabelle, Slibowitz, Sliwowitz, **10** Eiskuemmel, Goldkirsch, Goldwasser, Schiedamer, **11** Kornkuemmel, Krambambuli, Magenbitter, Steinhaeger, **12** Bommerlunder, Himbeergeist, Kirschwasser, **13** Enzianschnaps, Ingwerschnaps, Kornwacholder, Kumysschnaps, Marillenbrand, Wermutschnaps, **14** Aprikosengeist, Hefebranntwein, Kornbranntwein, **15** Apfelbranntwein, Danziger Tropfen, Karmelitergeist, Muensterlaender, Pflaumenschnaps, Trinkbranntwein, Kartoffelschnaps, Kirschbranntwein, Korianderschnaps, Wacholderschnaps, **17** Kartaeuserschnaps, Kuemmelbranntwein, Tresterbranntwein, **18** Getreidebranntwein
Branntweinausschank: **8** Destille
Branntweinbrenner: **12** Destillateur
Brasilien (Atlantikstaat in S-Amerika)
Berge: **7** Roreima, **10** Morro Alto, **13** Pico da Neblina, **14** Pico da Bandeira
Bucht bei Rio de Janeiro: **9** Guanabara
Elendsviertel: **6** Favela
Flüsse: **3** Ica, **4** Acre, Poti, **5** Manso, **6** Parana, **8** Amazonas, Rio Negro, **9** Rio Branco, **12** Sao Francisco
Indianerstämme: **4** Pano, Tupi, **5** Aruak, **6** Tukano, **8** Karaiben
Hafenstädte: **3** Rio, **5** Belem, **6** Recife, **8** Salvador, **9** Fortaleza, **11** Porto Alegre, **12** Rio de Janeiro
Hauptstadt: **8** Brasilia
Inseln: **6** Marajo, **16** Gouverneursinsel
Kaiser: **5** Pedro
Medizinmann eines relig. Kults: **10** Macumbeiro
Religiöser Kult: **7** Macumba
Sängerin: **7** Miranda
Schwemmland: **6** Varzea
Sprache: **13** Portugiesisch

Sprachen der Indianer: **4** Tupi, **7** Guarami
Staaten: **4** Acre, Pará, **5** Amapá, Bahia, Geará, Goiás, Piaui, **6** Paraná, **7** Alagoas, Guaporé, Paraiba, Sergipe, **8** Amazonas, Maranao, **9** Rio Branco, **10** Mato Grosso, Pernambuco
Städte: **3** Ipu, Itu, Rio, **4** Bage, Para, **5** Bahia, Bauru, Belem, Goyaz, Lages, Natal, Preto, **6** Campos, Caxias, Cuyaba, Erexim, Macapa, Maceio, Manaos, Obidos, Osasio, Recife, Santos, **7** Aracaju, Caruaru, Corumba, Goiania, Niteroi, Pelotas, Sao Luiz, Uberaba, **8** Blumenau, Braganca, Brasilia, Campinas, Curitiba, Londrina, Parahyba, Piranhas, Salvador, Santarem, Sao Paulo, Teresina, Victoria, **9** Cabedello, Caratinga, Fortaleza, Guarabira, Petrolina, Rio Grande, **10** Nova Iguacu, Pernambuco, Petropolis, Santo Andre, **11** Campo Grande, Porto Alegre, Sao Salvador, **12** Rio de Janeiro, **13** Belo Horizonte, Florianopolis
Strände von Rio de Janeiro: **6** Leblon, **7** Ipanema, **10** Copacabana
Sumpfwald: **5** Igapo
Tanz: **5** Samba
Währung: **7** Centavo, Cruzado, **8** Cruzeiro
Wahrzeichen von Rio: **9** Zuckerhut
Wasserfälle: **6** Iguacu

braten: **7** grillen, roesten, **8** brutzeln
Bratensaft: **3** Jus
Bratenrock: **7** Gehrock
Bratenstück: **5** Filet, Steak, **8** Kotelett, **9** Karbonade
Braten zerlegen: **11** tranchieren
Bratgefäß: **6** Pfanne
Bratküche: **9** Grillroom
Bratrost: **5** Grill
Bratsche: **5** Viola, **8** Violetta, Violotta
Brauch: **3** Uso, **4** Usus, **5** Regel, Sitte, **6** Usance, **7** Komment, **9** Tradition
brauchbar: **6** patent, **8** geeignet, **9** nuetzlich, praktisch, **11** praktikabel
Brauerei: **5** Braeu
Brauereianlage: **7** Sudhaus, **9** Maelzerei
Braugerste: **4** Malz
Braugemisch: **7** Maische
braune Farbe: **5** Sepia, Umber, Umbra, **6** Bister
braune Tusche: **6** Bister
braunhaarig: **8** bruenett
Braunkohlenkoks: **5** Grude
Braunschweiger
– ***Bier:*** **5** Mumme
– ***Burg:*** **13** Dankwarderode
– ***Höhenzug:*** **3** Elm
– ***Schloß:*** **8** Richmond
braunschweigisches Herrschergeschlecht: **6** Welfen
Braurückstand: **6** Treber
Brause: **6** Dusche, **7** Sprudel
brausen: **5** tosen, **6** sausen, wallen, **7** duschen, **8** sprudeln, stuermen
Braut: **5** Kalle
Brautaussteuer: **7** Mitgift
Brautschau: **6** Freite
Brautschauer: **6** Freier
Brautschmuck: **5** Kranz, Myrte, **8** Schleier
Brautwerbung: **6** Freite
brav: **5** artig, **6** bieder, tapfer, wacker, **7** sittsam, **13** rechtschaffen
Bravour: **3** Mut, **7** Schneid, **10** Tapferkeit
Brechmittel: **7** Vomitiv, **8** Emetikum, **9** Vomitivum
Brechung: **10** Dispersion, Refraktion
Brechwurzel: **5** Ipeka, **6** Kuahna
Brei: **3** Mus, **4** Papp, **6** Pueree

breit: 4 weit, **5** largo
breite Straße: 6 Avenue, **9** Boulevard
breiter Schal: 5 Stola
breitkrempiger Hut: 8 Sombrero, **10** Kalabreser, **11** Florentiner
Breitling: 7 Sprotte
breittreten: 12 kolportieren
Breitwandfilm: 8 Cinerama, **11** Cinemascope, Vistavision
Bremen (Hansestadt und Land der Bundesrepublik)
Bremer Ortsteile: **4** Horn, Lehe, Vahr, **8** Firndorf, Hastedt, Vegesack, **9** Osterholz, **10** Blumenthal
Bremer Stadtmusikanten: **4** Esel, Hahn, Hund, **5** Katze
Bremer Wahrzeichen: **6** Roland
Fluß durch Bremen: **5** Weser
Patron Bremens: **6** Petrus
bremsen: 6 hemmen, **7** mindern, stoppen, **8** anhalten, drosseln, **9** maessigen, **10** arretieren, **12** verlangsamen
Bremsschwung im Skilauf: 8 Telemark
Bremsvorrichtung: 9 Hemmschuh
brennen: 6 beizen, gieren, jucken, sengen, **7** flammen, gluehen
brennend: 4 akut, **8** flagrant
Brenngas: 5 Butan, **6** Propan
Brennpunkt: 5 Fokus, Mitte, **7** Zentrum
Brennstoffe: 3 Gas, Oel, **4** Holz, Koks, Tork, **5** Grude, Kohle, **6** Erdgas, Erdoel, **7** Brikett, Kerosin, **9** Anthrazit, Eierkohle, Holzkohle, Petroleum, **10** Braunkohle, Steinkohle
Brennstoffbehälter: 4 Tank, **8** Kanister
brenzlig: 10 bedenklich
Bresche: 4 Riss, **5** Spalt, **6** Luecke
Bretagne-Flüsse: 3 Aff, **4** Oust, **5** Aulne, Elorn, Rance, **6** Blavet, Trieux, **7** Vilaine
Brett: 5 Bohle, Diele, **6** Planke, Tablar
Brettel: 3 Ski, **4** Schi
Bretterbau: 4 Bude
Brettergerüst: 6 Buehne
Brettergestell: 5 Regal
Bretterstoß: 6 Stapel
Brettverkleidung: 8 Schalung
Brettfuge: 3 Nut
Brettspiele: 2 Go, **3** Igo, **4** Dame, Puff, **5** Halma, Salta, **6** Domino, Muehle, Schach, **8** Solitaer, **9** Tokadille, **10** Tricktrack
Brettspielbegriffe: 3 Zug, **4** Feld, **5** Figur, Stein
Breve des Papstes: 5 Bulle
Brief: 7 Epistel, **9** Schreiben, **13** Sendschreiben
Briefempfänger: 8 Adressat
Briefgebühr: 5 Porto
Briefmarkenkunde: 10 Philatelie
Briefmarkensammler: 11 Philatelist
Brieftasche: 12 Portefeuille
Briefumschlag: 6 Kuvert
Briefverschluß: 6 Siegel
Briefwechsel: 13 Korrespondenz
Brillen: 7 Klemmer, Kneifer, Lorgnon, Zwicker, **9** Lorgnette, **11** Haftglaeser, Haftschalen
Brillenschlangen: 4 Naja, **5** Aspis, Kobra, **9** Speikobra, **12** Koenigskobra, **14** Uraeusschlange
Brillenteile: 4 Glas, Rand, Steg, **6** Buegel
bringen: 7 liefern, **11** apportieren
Briten: 4 Manx, **7** Nordire, Schotte, Waliser, **10** Englaender
britisch: → englisch, → Großbritannien
bröckeln: 7 brechen, **8** kruemeln
brodeln: 6 kochen, sieden, wallen
Brodem: 5 Dampf, Qualm, Wasen, **6** Wrasen
Bromverbindung: 6 Bromat, Bromit
Bronchienspiegel: 11 Bronchoskop

bronzenes Schlagbecken: **4** Gong
Bronzeposaune: **4** Lure
Brosame: **5** Krume, **7** Kruemel
Brosche: **4** Clip, **6** Spange, **7** Agraffe
Brotaufstrich: **5** Honig, Sirup, **6** Butter, **9** Margarine, Marmelade, **10** Konfituere
Brötchen: → Backware
Brote: → Backware
Brotform: **4** Laib
Brotfrüchte: **9** Zerealien
Brotgetreide: **4** Korn, **6** Dinkel, Gerste, Roggen, Weizen
Brotherr: **4** Baas, Boss, Chef
Brotkanten: **4** Knast, Knust, Ranft
Brotröster: **7** Toaster
Brotscheibe: **5** Bemme, **6** Stulle, **8** Schnitte
Bruch: **4** Riss, **6** Hernie, Knacks, Sprung, **7** Fraktur, Havarie
brüchig: **4** lose, **5** kross, **6** morsch
Bruchschrift: **7** Fraktur
Bruchrechnungsbegriff: **6** Nenner, **7** Zaehler
Bruchstück: **4** Teil, **5** Torso, **7** Scherbe, **8** Fragment, Rudiment, Truemmer
Bruchzucker: **4** Pilé
Brücke: **4** Steg, **7** Viadukt, **9** Aquaedukt
Brücke in Venedig: **6** Rialto
Brückenechse: **7** Tuatera
Brückenschiff: **6** Ponton
Brüderlichkeit: **12** Fraternitaet
Bruderschaft: **9** Hermandad
Brühe: **5** Sauce, Sosse
Brunei (Sultanat auf Borneo, SO-Asien)
Fluß: **7** Limbang
Hauptstadt: **17** Bandar Seri Begawan
Städte: **5** Seria, **7** Limbang, **11** Kuala Belait
Ureinwohner: **4** Iban, **5** Dajak, Murut, **7** Kedayan
Währung: **4** Cent, **6** Dollar
Brunnen: **4** Born, **5** Bronn, **6** Quelle, **8** Zisterne
Brunnenschacht: **10** Fontanelle
Brunnentempel: **9** Nymphaeum
Brunst: **6** Brunft, **8** Begierde
brüsk: **6** barsch
Brust: **5** Mamma, **7** Oestrus
Brust des Rindes: **3** Bug
Brustdrüse: **6** Thymus
Bruststück des Kalbes: **5** Bries, **7** Briesel
Brustfell: **6** Pleura
Brustfellentzündung: **9** Pleuritis
Brustharnisch: **7** Kuerass
Brusthöhlenspiegel: **11** Thorakoskop
Brustknochen: **5** Rippe
Brustkorb: **6** Thorax
Brustpanzer: **7** Kuerass, **8** Harnisch
Brustriemen am Pferdegeschirr: **5** Siele
Brustschutz des Fechters: **8** Plastron
Bruststück vom Geflügel: **5** Filet
Brusttuch: **5** Fichu
Brüstung: **6** Reling, **9** Gelaender, **10** Balustrade
Brustwarze: **7** Mamilla, Papille
Brustwarze der Säugetiere: **5** Zitze
brutal: **3** roh, **10** gefuehllos, **12** gewalttaetig
Brutalität: **6** Roheit
brütende Henne: **6** Glucke
Brutschrank: **8** Couveuse
Brutstätte: **4** Nest
Bruttogewicht: **6** Sporko
Bub: **5** Junge, Knabe
Bubenstück: **5** Unfug, **7** Streich
Buch: **4** Band, **7** Foliant, **8** Schwarte, **9** Schmoeker
Buch mit besonders hoher Auflage: **10** Bestseller
Buchabschnitt: **7** Kapitel
Buchausgabe: **7** Edition
Buchbindergeräte: **6** Presse, **8** Falzbein, Heftlade, **9** Leimwalze, **11** Pressbalken

Buchbinderleinen: **6** Kaliko, **7** Buckram
Buchdrucker: **9** Typograph
Buchdruckerei: **7** Offizin
Buchdruckerkunst: **11** Typographie
Buchdruckverfahren: **6** Offset, **8** Rotation, **9** Hochdruck, Rotaprint, Siebdruck, Tiefdruck, **10** Flachdruck, Gummidruck, Lichtdruck, Manuldruck, Steindruck
Buchdruckerzeichen: **6** Signet
Buchenfrucht: **5** Ecker, **6** Buchel, **8** Buchnuss
Buchenland: **8** Bukowina
Bücherbrett: **4** Bord, **5** Regal
Bücherei: **10** Bibliothek
Bücherfeind: **11** Bibliophobe
Büchergestell: **5** Regal
Bücherkunde: **13** Bibliographie
Blücherliebhaberei: **12** Bibliophilie
Bücherliebhaber: **11** Bibliophile
Büchernarr: **10** Bibliomane
Büchersammlung: **9** Buecherei, **10** Bibliothek
Bücherverzeichnis: **13** Bibliographie
Bücherwurm: **9** Leseratte, **11** Bibliophile
Bücherzeichen: **8** Exlibris
Buchformat: **3** DIN, **5** Folio, Oktav, Quart, Sedez, **6** Duodez
buchhalterische Begriffe: **4** Soll, **5** Debet, Haben, Saldo, **6** Credit, Kredit, Storno
Buchhändler (Rom): **9** Librarius
Buchleinwand: **6** Kaliko, **7** Buckram
Buchmacherkurse: **4** Odds
Buchmaler: **8** Miniator
Buchprüfung: **8** Revision
Buchschutz: **7** Einband, Schuber
Büchse: **3** Box, **4** Dose, **6** Gewehr, **7** Stutzen
Buchseite: **5** Blatt, **6** Pagina
Büchsenfleisch: **10** Cornedbeef
Büchsenlebensmittel: **9** Konserven
Buchspalte: **6** Rubrik, **7** Kolumne
Buchstabe: **6** Letter, Litera, **7** Unziale, **8** Majuskel, Minuskel
Buchstabenfolge: **3** Abc, **8** Alphabet
Buchstabenrechnung: **7** Algebra
Buchstabenreihe: **5** Zeile
Buchstabenversetzrätsel: **8** Anagramm
buchstäblich: **5** exakt, genau
Bucht: **3** Bai, **4** Golf, Haff, **5** Busen, Fjord, **6** Becken, Bodden, Foerde
Buchteile: **5** Blatt, Seite, Titel, **6** Deckel, **7** Einband, Ruecken, Titelei, Vorwort, **8** Register, Umschlag, **9** Impressum, **14** Schutzumschlag
Buchtentyp: **3** Ria
Buchtitelblatt-Verzierung: **10** Frontispiz
Buchvertrieb: **6** Verlag
Buchwahrsagerei: **12** Bibliomantie
Buckel: **7** Hoecker, Ruecken
buddeln: **6** graben
Buddha-Heiligtum auf Java: **9** Borobudur
Buddhas
– ***Beiname:*** **6** Gotama, Gautama
– ***Lieblingsjünger:*** **6** Ananda
Buddhismus: **9** Lamaismus
buddhistische(r, s)
– ***Begriff:*** **5** Karma, **7** Nirwana
– ***Glückseligkeit:*** **7** Nirwana
– ***Gottheit:*** **7** Kwannon
– ***Grabmal:*** **4** Tope
– ***Heiliger:*** **5** Arhat, Lohan
– ***Kloster:*** **6** Vihara
– ***Priester:*** **4** Lama, **5** Bonze
– ***Schriftsprache:*** **4** Pali
– ***Sekte:*** **3** Zen
– ***Tempel:*** **6** Pagode
– ***Tempelraum:*** **6** Dagoba
Budget: **4** Etat
Büfett: **8** Anrichte
Büfettier: **6** Zapfer
Buffa: **5** Posse, **7** Schwank
Büffel: → Rinder

büffeln: **6** pauken
bügeln: **8** plaetten
Bugvorbau an Schiffen: **6** Galion
Bug-Zuflüsse: **3** Lug, **4** Rata, **5** Ingul, Narew, Navar, **6** Bushok, Kodyma, **8** Sjnjucha
Buhle, Buhlerin: **5** Dirne, **7** Hetaere, **8** Geliebte
buhlen: **6** werben
Buhlteufel: **7** Inkubus
Buhmann: **11** Suendenbock, **12** Pruegelknabe, **15** Schreckgespenst
Buhne: **5** Hoeft, **6** Hoefte, Kribbe, Stacke, **8** Abweiser
Bühne: **5** Szene, **6** Podium, **7** Theater
Bühnenauftritt: **5** Szene
Bühnenaufzug: **3** Akt
Bühnenbegriffe: **3** Akt, **4** Alte, Arie, Diva, Gage, Loge, Mime, Oper, Part, Pose, Show, Solo, Star, **5** Buffo, Drama, Duett, Farce, Maske, Mimik, Naive, Posse, Probe, Rampe, Regie, Revue, Rolle, Schau, Szene, **6** Aufzug, Claque, Charge, Debuet, Dialog, Epilog, Finale, Prolog, Sketch, Solist, Studio, **7** agieren, Ballett, Billett, Galerie, Heroine, Komiker, Kothurn, Kulisse, Musical, Parodie, Parkett, Pierrot, Schwank, Statist, Tournee, Varieté, **8** Auftritt, Burleske, Claqueur, Einakter, Ensemble, Figurant, Gracioso, Harlekin, Kabarett, Komoedie, Libretto, Operette, Parterre, Premiere, Programm, Prospekt, Requisit, Soffitte, Solistin, Szenerie, Trilogie, **9** Dramolett, Dramaturg, Garderobe, Hanswurst, Intendant, Intendanz, Lustspiel, Melodrama, Mysterium, Pantomime, Pierrette, Regisseur, Rezitator, Singspiel, Soubrette, Souffleur, Taktstock, Tragoedie, **10** Engagement, Inspizient, Komoediant, Primadonna, Proszenium, Repertoire, Rezitation, Schauspiel, Souffleuse
Bühnenberühmtheit: **4** Star
Bühnenbild: **5** Szene, **8** Szenerie
Bühnenbuch: **9** Szenarium
Bühnendekoration: **7** Kulisse, **8** Soffitte
Bühnendichter: **10** Dramatiker
Bühnenfach: **4** Alte, **5** Buffo, Naive, **6** Charge, **9** Bonvivant, Hanswurst
Bühnenhaus: **7** Theater
Bühnenkünstler: **4** Mime, **12** Schauspieler
bühnenmäßig: **12** theatralisch
Bühnenschau: **5** Revue
Bühnenstück: → Bühnenwerke, → Schauspiele
Bühnenszene: **6** Sketch
Bühnentanz: **7** Ballett
Bühnenwart: **10** Inspizient
Bühnenwerke: **4** Oper, **5** Drama, Posse, Revue, **6** Musical, **8** Erotical, Komoedie, Operette, **9** Lustspiel, Melodrama, Mysterium, Pantomime, Singspiel, **10** Musikdrama, Schauspiel, **11** Ruepelspiel
Bukett: **4** Duft, **5** Blume, **13** Blumenstrauss
Bukoliker: **4** Voss, **6** Vergil, **8** Theokrit
Bulgarien (Staat in SO-Europa)
Berge: **5** Botev, Botew, **7** Mus Alla
Bevölkerung: **7** Pomaken, **8** Bulgaren, Gagausen
Bojarenbrüder: **5** Assen, Peter
Ferienorte: **6** Albena, Druzba
Flüsse: **3** Lom, **4** Arda, **5** Donau, **6** Marica, Struma, **7** Maritza
Gebirge: **4** Rila, **5** Pirin, **6** Vitosa, **8** Rhodopen, Witoscha
Gebirgsregionen: **5** Aleko, **7** Borovec, **9** Maljovica, Pamporovo
Hafenstädte: **5** Varna, Warna, **6** Burgas

Hauptstadt: **5** Sofia, **6** Sofija
Herrscher: **5** Boris, **6** Simeon, **9** Alexander, Ferdinand
Kaps am Schwarzen Meer: **5** Emine, **8** Kaliakra
Kloster: **4** Rila
Landschaft: **8** Rumelien
Städte: **3** Lom, **4** Ruse, **5** Sofia, Stara, Varna, Warna, **6** Burgas, Pernik, Pleven, Plewna, Sliven, **7** Gabrovo, Plovidiv, Schumen, Tarnovo, **8** Nessebar, **9** Dimitrovo, **11** Stara Sagora
Verwaltungseinheit: **5** Okrag
Volksvertretung: **8** Sobranje
Währung: **3** Lew, **8** Stotinka

Bullauge: **8** Skylight
Bullenbeißer: **9** Bulldogge
Bummelei: **11** Schlendrian
bummeln: **9** flanieren
Bummler: **7** Flaneur
Bund: **3** Ehe, **4** Liga, **5** Garbe, Union, **6** Ballen, **7** Buendel, Gebinde, Strauss, **8** Buendnis, **11** Foederation, Vereinigung, **15** Zusammenschluss
bündig: **9** stringent
Bündigkeit: **9** Stringenz
Bündnisse: **4** Liga, Pakt, **5** Union, **7** Allianz, Entente, **9** Koalition, **11** Foederation
bunt: **9** polychrom, **10** mehrfarbig, vielfarbig, **11** vielfaeltig
bunt bemalen: **10** kolorieren
bunte
– *Bühne:* **7** Varieté
– *Papierblättchen:* **8** Konfetti
Buntmetalle: **4** Zink, Zinn, **6** Bronze, Kupfer, **7** Messing
Bürde: **4** Last, Leid, Onus, **6** Ladung, **7** Ballast
Burenführer: **5** Smuts, **7** Krueger, **9** Pretorius
Burg: → Schloß
Burg
– *im Aargau:* **8** Habsburg
– *im Apennin:* **7** Canossa
– *in arabischen Städten:* **5** Kasba
– *von Athen:* **9** Akropolis
– *von Belgrad:* **10** Kalimegdan
– *in Deutschland:* **4** Diez, Eltz, Katz, Maus, Saba, **5** Alken, Pfalz, **6** Cobern, Cochem, Kobern, Kynast, Plesse, Runkel, **7** Lahneck, Nolling, Saaleck, **8** Habsburg, Nuerburg, Rheineck, Saalburg, Sababurg, Wartburg, **9** Gutenfels, Marksburg, Ortenburg, Rheinfels, Trausnitz, **10** Hardenberg, Hohentwiel, Marienberg, Marienburg, Miltenberg, Regenstein, Rheinstein, Rudelsburg, Treuenfels, **11** Drachenburg, Drachenfels, Wachsenburg, **12** Hohenzollern, Lichtenstein, **13** Albrechtsburg, Dankwarderode
– *von Granada:* **8** Alhambra
– *in Italien:* **7** Canossa, Capitol, Kapitol, **14** Castel del Monte
– *im Kanton Aargau:* **8** Habsburg
– *von Korinth:* **11** Akrokorinth
– *von Krakau:* **5** Wawel
– *von London:* **5** Tower
– *von Moskau:* **5** Kreml
– *von Paris:* **8** Bastille
– *von Prag:* **9** Hradschin
– *am Rhein:* **4** Katz, **5** Pfalz, **7** Lahneck, Nolling, **8** Rheineck, **9** Gutenfels, Marksburg, Rheinfels, **10** Treuenfels, **11** Drachenfels
– *von Rom:* **7** Capitol, Kapitol
– *von Salzburg:* **13** Hohensalzburg
– *in Spanien:* **7** Alkazar, **8** Alhambra, **9** Salobrena
– *von Theben:* **6** Kadmea
– *von Troja:* **8** Pergamon
Bürge: **6** Garant, Kavent
bürgen: **6** haften, **7** sichern, **8** gut-

sagen, **9** einstehen, **11** garantieren
Bürger: 8 Staedter, Zivilist, **9** Bourgeois, Patrizier
Bürgeradel: 9 Patriziat
Bürgerarmee: 5 Miliz
bürgerlich: 5 zivil
bürgerliche Kleidung: 5 Zivil
Bürgermeister: 7 Schulze, **11** Schultheiss
Bürgermeister
– ***in England:*** **5** Mayor
– ***in Frankreich:*** **5** Maire
– ***in Italien:*** **7** Podesta
– ***in Polen:*** **7** Starost
– ***in Spanien:*** **7** Alkalde
– ***in den USA:*** **5** Mayor
Bürgerschaftsvertretung: 9 Magistrat
Bürgersteig: 8 Trottoir
Bürgerwehr: 5 Miliz
Burggemach: 8 Kemenate
Burggraben: 7 Zwinger
Burgherr: 6 Ritter
Burgherrin: 8 Edelfrau
Bürgschaft: 4 Aval, **7** Gewaehr, Kaution, **8** Garantie
Bürgschaftsbrief: 10 Akkreditiv
Bürgschaftsgegenstand: 5 Pfand, **6** Vadium
Burgunderkönige: 6 Gernot, **7** Gunther, **8** Giselher
Burgunderköniginnen: 3 Ute, **8** Brunhild, **9** Bruenhild, Brunhilde
Burgunderweine: 4 Ruly, **5** Givry, Mâcon, **6** Beaune, Morgon, **7** Chablis, Fleurie, Musigny, Pommard, **8** Montagny, **9** Mâconnais, Meursault, **10** Beaujolais, Châlonnais, Chambertin, Richebourg
burgundisches Königreich: 6 Arelat
Burkina Faso (Staat in W-Afrika, früher: Obervolta)
Bevölkerung: **9** Burkinais, **11** Bourkinabès
Hauptstadt: **8** Wagadugu, **11** Ouagadougou
Städte u. Orte: **4** Dori, **6** Tambao, **9** Kondougou, **13** Bobo Dioulasso
Völker: **3** Ful, **4** Bobo, Lobi, **5** Fulbe, Mossi, **6** Haussa, **7** Gurunsi
Währung: **5** Franc, **7** Centime
Burleske: 5 Farce, Posse
Burma: → Myanmar
Büro: 6 Kontor, Office, **7** Kanzlei
burschikos: 5 flott, **7** formlos
Burundi (Staat in O-Afrika)
Flüsse: **6** Kagera, Ruvubu
Hauptstadt: **9** Bujumbura
Seen: **7** Kivusee, **13** Tanganjikasee
Sprachen: **7** Kirundi, **9** Kisuaheli
Städte: **6** Kitega, Rutana, **7** Muyinga, **9** Bujumbura
Völker: **3** Twa, **4** Hutu, **5** Tussi, **7** Watussi
Währung: **5** Franc, **7** Centime
Bürste: 11 Kardaetsche
Bürzel: 5 Sterz
Busch: 7 Strauch
Büschel: 4 Bund, **5** Quast, Tolle, **6** Schopf
Buschmesser: 7 Machete
Buschwald: 3 Loh
Buschwald der Mittelmeerländer: 7 Macchia
Buschwindröschen: 7 Anemone
Busen: 5 Brust
Busenfreund: 5 Spezi, **7** Intimus
Bußbereitschaft: 4 Reue
Buße: 6 Strafe, Suehne, **7** Auflage, **9** Poenitenz
Büßer: 5 Asket, **9** Poenitent
bußfertig: 5 reuig
Bußpsalm: 8 Miserere
Bußübung: 6 Askese, **9** Kasteiung
Büste: 5 Brust
Büstenhalterschale: 3 Cup
Büstenpfeiler: 5 Herme
Bütte: 5 Wanne, Zuber, **7** Bottich
Büttel: 7 Scherge, **8** Haescher
Butterblume: 10 Loewenzahn,

16 Sumpfdotterblume
Butterersatz: 9 Margarine
Butterfaß: 4 Karn
buttern: 6 kirnen
Büttner: 6 Kuefer, **9** Boettcher
byzantinische(r, s)
– ***Feldherren:*** **6** Narses, **7** Belisar
– ***Herrscher:*** **4** Leon, **5** Isaak, Peter, Zenon, **6** Manuel, Phokas, Robert, **7** Alexios, Balduin, Michael, Romanos, **8** Arkadios, Heinrich, Johannes, Justinos, Leontios, **9** Basileios, Markianos, Maurikios, **10** Alexandros, Anastasios, Andronikos, Herakleios, Nikephoros, Theodosios, Theophilos, **11** Justinianos, Philippikos, **12** Konstantinos
– ***Historiker:*** **6** Prokop
– ***Kaiser:*** **3** Leo, **4** Zeno, **5** Zenon, **6** Manuel, **7** Michael, **8** Basilius
– ***Kaiserhaus:*** **8** Komnenen
– ***Kaiserinnen:*** **3** Zoe, **5** Irene, **8** Theodora
– ***Prinzessin:*** **9** Theophanu
– ***Statthalter:*** **6** Exarch
– ***Theologe:*** **9** Bessarion
Byzanz: 8 Istanbul, **14** Konstantinopel

C

Campingausrüstung: 4 Zelt, **6** Hering, Kocher, Pflock, Spaten, **8** Kanister, Kochtopf, Zeltstab, **9** Blasebalg, **10** Schlafsack, Sturmleine, Wassersack, Zeltpflock, Zeltstange, **12** Luftmatratze, 14 Wasserkanister
Ceylon: → Sri Lanka
Chaiselongue: 5 Diwan, Liege
Champignon: 8 Egerling
Chaos: 4 Wust, **6** Wirbel, **8** Wirrwarr, **10** Tohuwabohu, **13** Durcheinander, **15** Desorganisation
Charakter: 3 Art, Typ, **4** Form, **5** Natur, Typus, Wesen, **7** Merkmal, **8** Gepraege, Naturell, **9** Gesinnung, Sinnesart, Wesensart, **11** Temperament
Charakterdeutung (aus der Hand): **10** Chirologie, (aus der Handschrift) **11** Graphologie
Charaktereigenschaften: 3 Mut, **4** Geiz, **5** Treue, **6** Geduld, **7** Neugier
charakterisieren: 12 kennzeichnen
Charakteristik: 13 Kennzeichnung
charakteristisch: 4 echt, **5** eigen
charakterlos: 5 infam, **6** ehrlos, gemein
Charakterrolle (kleine): 6 Charge
Charge: 4 Rang, **6** Wuerde, **10** Dienstgrad
Charitin: 6 Aglaia, Thalia, **10** Euphrosyne
Chassis: 6 Rahmen, **11** Fahrgestell
Chauffeur: 6 Fahrer, **11** Kraftfahrer
Chef: 4 Baas, Boss, **6** Leiter, **7** Meister, **9** Oberhaupt, **12** Vorgesetzter
Chefpilot: 8 Kapitaen
Chemie des MA: 8 Alchimie
Chemiefaser: → Kunstfaser
chemisch kleinster Teil: 4 Atom
chemische(r, s)
– ***Arbeitsgeräte:*** **5** Tubus, **6** Ballon, Filter, Kolben, Mensur, Tiegel, **7** Lackmus, Loesung, Pipette, Reagens, Reagenz, Retorte, **8** Buerette, Dreifuss, Messglas, Zylinder, **9** Exhaustor, Konverter, **10** Becherglas, **11** Reagenzglas, **12** Messzylinder, **13** Standzylinder
– ***Erkennungsmittel:*** **7** Reagens, Reagenz
– ***Grundstoffe (und ihre Zeichen):*** **3** Bor (B), CER (Ce), Zer (Ce), Jod (J), **4** Blei (Pb), Brom (Br), Gold (Au), Neon (Ne), Niob (Nb), Thor (Th), Uran (U), Zink (Zn), Zinn (Sn), **5** Argon (Ar), Arsen (As), Astat (At), Aurum (Au), Chlor (Cl), Chrom (Cr), Eisen (Fe), Fluor (F), Radon (Rn), Selen (Se), Titan (Ti), Xenon (X), **6** Barium (Ba), Cerium (Ce), Cuprum (Cu), Curium (Cm), Erbium (Er), Helium (He), Indium (In), Kalium (K), Kobalt (Co), Kupfer (Cu), Mangan (Mn), Neodym (Nd), Osmium (Os), Platin (Pt), Radium (Ra), Silber (Ag), Sulfur (S), Tantal (Ta), Tellur (Te), Wismut (Bi), **7** Antimon (Sb), Astatin (At), Bohrium (Ha), Calzium (Ca), Cadmium (Cd), Dubnium (Ku), Fermium (Fm), Gallium (Ga), Hafnium (Hf), Hahnium (Ha), Holmium (Ho),

Iridium (Ir), Krypton (Kr), Lanthan (La), Lithium (Li), Natrium (Na), Niobium (Nb), Plumbum (Pb), Rhenium (Re), Rhodium (Rh), Stannum (Sn), Stibium (Sb), Terbium (Tb), Thorium (Th), Thulium (Tm), Wolfram (W), Yttrium (Y), Zaesium (Cs), **8** Aktinium (Ac), Argentum (Ag), Bismutum (Bi), Cobaltum (Co), Europium (Eu), Francium (Fr), Lutetium (Lu), Phosphor (P), Polonium (Po), Rubidium (Rb), Samarium (Sm), Schwefel (S), Silicium (Si), Silizium (Si), Scandium (Sc), Tantalum (Ta), Thallium (Tl), Vanadium (V), **9** Aluminium (Al), Americium (Am), Berkelium (Bk), Beryllium (Be), Germanium (Ge), Magnesium (Mg), Molybdaen (Mo), Neptunium (Np), Oxygenium (O), Palladium (Pd), Plutonium (Pu), Praseodym (Pr), Ruthenium (Ru), Strontium (Sr), Ytterbium (Yb), Zirkonium (Zr), **10** Dysprosium (Dy), Gadolinium (Gd), Lawrencium (Lr), Promethium (Pm), Sauerstoff (O), Stickstoff (N), Technetium (Tc), **11** Californium (Cf), Einsteinium (E), Hydrogenium (H), Kohlenstoff (C), Mendelevium (Mv), Nitrogenium (N), Quecksilber (Hg), Wasserstoff (H), **12** Protactinium (Pa), **13** Rutherfordium (Ku), **14** Kurtschatovium (Ku)

- ***Kampfstoff:*** **3** Gas, **4** Lost, **8** Chlorgas
- ***Niederschlag:*** **3** Gel
- ***Reagens:*** **7** Lackmus
- ***Umsetzung:*** **8** Reaktion
- ***Untersuchung:*** **7** Analyse
- ***Verbindungen:*** **4** Amid, Amin, Base, Oxid, Rost, Salz, Soda, Zyan, **5** Alkyl, Borat, Elain, Ester, Fluat, Indol, Jodat, Jodid, Keton, Lauge, Olein, Oleum, Pinen, Purin, Seife, **6** Acetat, Aceton, Aethan, Aether, Aethyl, Alkali, Anilin, Azetat, Azeton, Benzol, Chinon, Glykol, Hydrat, Hydrid, Karbid, Kresol, Laktam, Methan, Methyl, Natron, Nitrat, Nitrid, Nitrit, Oxydul, Pektin, Pentan, Phenol, Pyrrol, Saeure, Skatol, Smalte, Sterin, Styrol, Sulfat, Sulfid, Sulfit, Tannin, Terpen, Toluol, Xylole, Xylose, **7** Aldehyd, Alkohol, Chloral, Chlorat, Chlorid, Chollin, Derivat, Dextrin, Elaidin, Glukose, Isopren, Kreosot, Kumaron, Mennige, Nitrose, Nuklein, Phosgen, Pyridin, Salmiak, Silikat, Staerke, Tartrat, Vitriol, Zeolith, **8** Acetylen, Alkaloid, Ammoniak, Ammonium, Anhydrid, Azetylen, Hydroxid, Isobutan, Karbinol, Karbonat, Kleesalz, Kochsalz, Perborat, Phosphat, Salpeter, Zyankali, **9** Anthrazen, Asparagin, Bichromat, Pottasche, Silikagel, **10** Bikarbonat, Blausaeure, Gerbsaeure, Kohlenoxid, Naphthalin, Oxalsaeure, Salzsaeure, Sulfonamid, Wasserglas, Weinsaeure, **11** Aminosaeure, Essigsaeure, Formaldehyd, Glaubersalz, **12** Kohlendioxid, Kohlenhydrat, Kohlensaeure, Pikrinsaeure
- ***Verwandtschaft:*** **10** Affinitaet
- ***Werkstatt:*** **5** Labor, **12** Laboratorium
- ***Zusatz:*** **7** Additiv

Chemotechniker: **8** Laborant

Cheruskerfürsten: **5** Armin, **7** Hermann, Segimer, **8** Arminius

Chiffre: **4** Zahl, **6** Ziffer, **8** Kennwort
Chile (Pazifikstaat in S-Amerika)
Berge: **6** Osorno, **9** Aconcagua, El Calbuco, **11** Llullailaco
Bevölkerung: **8** Chilenen
Flüsse: **3** Loa, **4** Lebu, **5** Maipo, **6** Bio-Bio
Hafenstädte: **5** Arica, Iquique, **8** Valdivia, 10 San Antonia, Valparaiso, **11** Antofagasta
Halbinsel: **6** Taitao
Hauptstadt: **8** Santiago
Indianer: **6** Aymara, Chonos, **7** Mapuche, Quechua, **8** Aimaraes, **9** Araukaner, **10** Alacalufes, **12** Feuerleander
Inseln: **6** Chiloé, **10** Osterinsel, **13** Juan-Fernandez, **14** Desaventuradas
Kurort: **11** Puerto Varas
Pianist: **5** Arrau
Politiker: **6** Aylwin, **7** Allende, **8** Pinochet
Provinzen (und ihre Hauptstädte): **5** Aysen (**11** Puerto Aysen), Maule (**9** Cauquenes), Nuble (**7** Chillán), Talca (**5** Talca), **6** Arauco (**4** Lebu), Bio-Bio (**10** Los Angeles), Cautin (**6** Temuco), Chiloé (**5** Ancud), Curicó (**6** Curicó), Osorno (**6** Osorno), **7** Atacamá (**7** Copiapó), Linares (**7** Linares), Malleco (**5** Angol), **8** Coquimbo (**8** La Serena), O'Higgins (**8** Rancagua), Santiago (**8** Santiago), Tarapacá (**7** Iquique), Valdivia (**8** Valdivia), **9** Aconcagua (**9** San Felipe), Colchagua (**11** San Fernando), **10** Concepción (**10** Concepción), Llanquihue (**11** Puerto Montt), Magallanes (**10** Magallanes), Valparaiso (**10** Valparaiso), **11** Antofagasta (**11** Antofagasta)
Sängerin: **7** Serrano
Schriftsteller: **4** Gana, **6** Neruda
Seebad: **10** Vina del Mar
Slums: **9** Callampas
Städte: **4** Lebu, **5** Ancud, Angol, Talca, **6** Curicó, Osorno, Temuco, **7** Chillan, Copiapó, Iquique, Linares, **8** La Serena, Rancagua, Santiago, Valdivia, **9** Caquenes, San Felipe, **10** Concepción, Los Angeles, Magallanes, Valparaiso, **11** Antofagasta, Puerto Aysen, Puerto Montt
Währung: **4** Peso, **7** Centavo
Wüste: **7** Atacama
Chiletanne: **9** Araukarie
China (Volksrepublik in O-Asien)
Beamtenpalast: **5** Yamen
Beamter: **8** Mandarin
Berge: **5** Gambu, **6** Tangla, **11** Niitakajama, **12** Minya Gongkar, Wutschischan
Buch der Wandlungen: **5** Iging
Buddhaname: **2** Fo
Dichter und Schriftsteller: **4** Li Po, Tu Fu, **6** Po Kuei, **7** Li-Taipo, **9** Lin Yutang
Dynastien: **3** Han, Hia, Kin, Sin, Sui, **4** Ming, Sung, Tang, Tsin, **5** Shang, **6** Schang, **8** Mandschu
Ehrenbezeigung: **5** Kotau
Eigenname Chinas: **8** Ching-kuo
Flächenmaß: **5** Ching
Flüsse: **5** Paiho, **6** Wusung, **7** Hoangho, Huangho, Jangtse, Sikiang, Takiang, **9** Perlfluss, **10** Jueankiang, Siangkiang, **11** Gelber Fluss, **12** Jangtsekiang
Geheimorganisation: **5** Boxer
Gewichtsmaße: **3** Tan, **4** Chin, Tael, **5** Picul
Gott: **4** Tien
Hafenstädte: **4** Wusi, **6** Ningpo, **7** Hongong, **8** Futschau,

Tsingtau, **9** Wentschau, **10** Hangtschou
Halbinseln: **8** Liautung, Shandong, **9** Leitschou, Schantung
Hauptgetränk: **3** Tee
Hauptstadt: **6** Peking
Heiliger Berg: **7** Tai-Shan
heilige Schrift: **9** Taoteking
Hochchinesisch: **8** Mandarin
Hohlmaße: **2** Ho, Hu, **5** Shing
Inseln: **6** Hainan, **8** Haiphong
Kunststile: **4** Chou, **5** Shang
Längenmaße: **2** Li, **5** Chang
Maler: **4** Li Ti, **6** Ni Tsan
Musikinstrumente: **2** Yo, **3** Kin, **4** Yung, **6** Tamtam
Nationaldenkmal: **5** Mauer
Nationalpartei: **9** Kuomintan
Philosophen: **4** Moti, **6** Lietse, Laotse, **7** Mengtse, **8** Konfutse, **9** Konfuzius, **11** Tschuangtse
Philosophiebegriff: **3** Tao
Politiker: **3** Hua, Mao, **4** Deng, **10** Mao-Tse-tung
Priester: **6** Taotse
Provinzen (neue Schreibweise): **5** Honan (Henan), Hopeh (Hebei), Hunan (Hunan), Hupeh (Hubei), Kansu (Gansu), Kirin (Jilin), **6** Anhwei (Anhui), Fukien (Fujian), **7** Kiangsi (Jiangxi), Kiangsu (Jiangsu), Schansi (Shanxi), Schensi (Shanxi), Yuennan (Yunnan), **8** Liaoning (Liaoning), Tsinghai (Qinghai), **9** Kwangtung (Guangdong), Schantung (Shandong), **10** Kweitschou (Guizhou), Szetschuan (Sichuan), Tschekiang (Zhejiang), **12** Heilungkiang (Heilungjiang)
Regionen – autonome (neuer Name): **5** Tibet (Xizang), **7** Kwangsi (Guangxi), Ningsia (Ningxia), **8** Sinkiang (Xinjiang), **14** Innere Mongolei (Nei Menggu)
Regierungsunmittelbare Städte (neuer Name): **6** Peking (Beijing), **8** Tientsin (Tianjin), **9** Schanghai (Shanghai)
Religion: **8** Taoismus
Religionsbegriffe: **3** Yin, **4** Yang
Schlafbank: **4** Kang
Seen: **6** Poyang, **7** Kuku-Nor, **9** Tengri-Nor
Segelschiff: **8** Dschunke
Speisespezialität: **7** Trepang
Städte: **4** Amoy, Sian, Wuhu, Wusi, Xian, **5** Aihun, Golmo, Hefei, Hofei, Kirin, Lhasa, Lueta, Pautu, Penki, Wuhan, Wushi, **6** Antung, Dairen, Fuzhou, Haikou, Hankau, Hankou, Harbin Huhhot Jinnan, Kalgan, Kanton, Ningpo, Pautou, Peking, Pengpu, Schasi, Sining, Swatao, Swatau, Tsinan, Urumgi, Wusung, Xining, **7** Anschan, Charbin, Fuschun, Hanyang, Jarkand, Jarkend, Kaifeng, Kunming, Kutscha, Kweilin, Kweisui, Lanzhou, Mengtse, Nanjing, Nanking, Nanning, Nantung, Nanyang, Taijuan, Tschifu, Wanhien, **8** Fatschan, Futschou, Hangjang, Hueining, Hutschou, Itschang, Kaschgar, Kweiyang, Ningsien, Pinkiang, Schantou, Shanghai, Shenyang, Siangtan, Sutschou, Taiyuean, Tientsin, Tsingtao, Tsingtau, Wanhsien, Wutschou, **9** Lantschou, Schanghai, Schauhing, Schenjang, Sue-tschau, Tangschan, Tschengte, Tschengtu, Tschiteng, Tsingyuan, Tsitsihar, Tsitsikar, Urumtschi, Weihaiwai, Wentschou, Wu-tschang, **10** Hangtschou, Jangtschou, Kingtschou,

Nantschang, **11** Niutschwang, Tschangscha, Tschankiang, Tschinkiang, Tschungking, **12** Taschangscha, **13** Tschangtschou, Tschangtschun
Tempel: **6** Pagode
Volk: **3** Hui
Währung: **3** Fen, **4** Jiao, **12** Renminbi Yuan
Wahrzeichen Pekings: **13** Himmelstempel
Wegemaß: **2** Li
Weiser: **4** Li-Er, **6** Laotse, Lautan
Werk von Laotse: **9** Tao-te-king
Wohnboot: **6** Sampan
Chinagras: 5 Ramie
Chinakundiger: 8 Sinologe
Chinarindenbaum: 8 Cinchona
Chinchilla: 9 Hasenmaus
Chines. Stil: 11 Chinoiserie
chirurgisch: 8 operativ
chirurgischer Eingriff: 9 Operation, **10** Amputation
chirurgisches Instrument: 6 Trepan, Trokar. **8** Lanzette, Skalpell
Chlorophyll: 10 Blattgruen
chlorsaures Salz: 7 Chlorat
Chlorverbindung: 7 Chloral, Chlorat, Chlorid, **8** Chloruer
Choreographie: 9 Tanzregie
Chorfrau: 9 Kanonisse
Chorhemd: 4 Albe, **7** Rochett
Chorherr: 9 Kanoniker, Kanonikus
chorischer Gesang: 6 Choral
Chorist: 7 Saenger
Chorlied: 7 Parodos, **8** Madrigal
Chormantel: 8 Pluviale
Chornische: 5 Apsis
Chorraum: 12 Presbyterium
Chorwerk: 5 Messe, **7** Kantate
Christbaumschmuck: 5 Kerze, Kugel, Stern, **7** Lametta, **10** Engelshaar
Christblume: 8 Nieswurz
Christdorn: 4 Ilex, **11** Gleditschie
christliche(r, s)
– ***Dankgottesdienst:*** **6** Tedeum
– ***Einsiedler:*** **9** Anachoret
– ***Feste:*** **6** Ostern, **7** Busstag, Firmung, **9** Pfingsten, Weihnacht, **10** Christfest, Karfreitag, **11** Allerseelen, Heiligabend, Himmelfahrt, Weihnachten, **12** Fronleichnam, Herz-Jesu-Fest, Konfirmation, **13** Allerheiligen, Heiliger Abend, **15** Dreikoenigsfest, Gruendonnerstag, **16** Reformationsfest
– ***Glaubensbewegung:*** **11** Reformation
– ***Heilsbotschaft:*** **10** Evangelium
– ***Konfession, Sekten:*** **7** Quaeker, **8** Hussiten, Mormonen, **9** Baptisten, Maroniten, Puritaner, Waldenser, **10** Donatisten, Hugenotten, Katholiken, Lutheraner, Mennoniten, **11** Adventisten, Calvinisten, Herrenhuter, Methodisten, Reformierte, Zwinglianer, **12** Protestanten
– ***Nachkommen der alten Ägypter:*** **6** Kopten
– ***Sinnbild:*** **5** Kreuz, **7** Phoenix
Christmond: 8 Dezember
Christus: 7 Messias, **9** Nazarener
Christusfigur am Kreuz: 8 Kruzifix
Christusmonogramm: 3 IHS
Christussymbol: 2 XP
Christwurz: 6 Germer
chromatische Handharmonika: 9 Akkordeon
Chronik: 7 Annalen, **8** Jahrbuch, Tagebuch
Chronikschreiber: 8 Chronist
Chronologie: 9 Zeitfolge, Zeitkunde
Chronometer: 3 Uhr, **10** Taktmesser, Zeitmesser
Chrysantheme: 9 Margerite, **10** Marguerite, **11** Winteraster
Ciceros Privatsekretär: 4 Tiro

Cinca-Zufluß: **5** Esera
circa: **4** etwa
Clique: **4** Gang, **5** Bande, **8** Kluengel
Cocktails: **4** Fizz, Flip, Sour, **5** Daisy, Julep, Sling, Smash, **6** Cooler, Crusta, **7** Cobbler, Collins, Egg-Nogg, **8** High Ball, **9** Longdrink, **10** Shortdrink, **13** Knickerbocker
Colorado-Zuflüsse: **4** Gila, **6** Virgin
Conférence: **6** Ansage
Conférencier: **7** Ansager, **8** Sprecher
Costa Rica (Staat in Mittelamerika)
Berge: **5** Irazu, **8** Chirripó
Bevölkerung: **12** Costaricaner
Flüsse: **8** Chirripó, **9** San Carlos
Halbinseln: **3** Osa, **6** Nicoya
Hauptstadt: **7** San José
Kap: **6** Blanco
Nobelpreisträger
– *für Frieden:* Sanchez
Orte u. Städte: **5** Limon, **7** Cartago, Golfito, Heredia, Liberia, **8** Alajuela, **10** Puntarenas
Politiker: **7** Sanchez, **8** Fournier
Währung: **5** Colon, **7** Centimo
Côte d'Ivoire (Elfenbeinküste – Staat in W-Afrika)
Berge: **5** Nimba
Flüsse: **5** Comoé, **7** Bandama, **9** Sassandra
Hauptstadt: **12** Yamoussoukro
Nationalparks: **3** Tai, **5** Bouna
See: **9** Kossousee
Sprachen: **3** Kwa, **5** Diula, **12** Franzoesisch
Städte und Orte: **3** Man, **5** Bouna, Daloa, **6** Bouaké, Fresco, **7** Abidjan, Korhogo, Odienné, Séguéla, **8** Dimbroko, San Pedro, **9** Biankouma, **11** Grand Bassam
Völker: **3** Dan, Kru, **4** Akan, **6** Senufo, **7** Malinke
Währung: **5** Franc, **7** Centime
Coup: **6** Schlag, **7** Streich
Couplet: **7** Chanson
Courage: **3** Mut, **4** Mumm, **7** Schneid, **9** Kuehnheit, **10** Tapferkeit, **11** Beherztheit
Cousin: **6** Vetter
Cousine: **4** Base, **6** Kusine
Cowboyfest: **5** Rodeo
Cowboyhut: **7** Stetson
Creme: **5** Paste, Salbe
Curling
Kapitän: **4** Skip
Kegel: **5** Dolly

D

Dach der Welt: **5** Pamir
Dachabschluß: **6** Giebel
Dachdeckergerät: **7** Haubank, **9** Deckstuhl
Dachdeckermaterial: **4** Blei, Glas, Reet, Ried, **5** Beton, Stroh, **6** Schilf, Ziegel, Pfanne, **8** Schiefer, Schindel, **9** Teerpappe, Wellblech
Dachfenster: **3** Luk, **4** Luke, **5** Gaube, Gaupe, **7** Lukarne, **10** Ochsenauge
Dachfläche: **4** Walm
Dachform: **6** Kuppel, **8** Walmdach, **9** Flachdach, **10** Satteldach
Dachgeschoß: **8** Mansarde
Dachgesellschaft: **7** Konzern
Dachraum: **5** Boden
Dachrinne: **6** Kandel, Traufe
Dachs in der Tierfabel: **8** Grimbart
Dachshund: **6** Dackel, Teckel
Dachspitze: **5** First
Dachteile: **4** Walm, **5** First, Haube, Raehm, Rinne, **6** Kandel, Pfette, Sparre, Strebe, Traufe
Dachwinkel: **3** Oke
Dachwohnung: **9** Penthouse
Dachzimmer: **8** Mansarde
dafür: **3** pro
Dafürhalten: **7** Meinung
dagegen: **4** anti
dagegen sein: **10** opponieren
Daheim: **7** Zuhause
daher: **4** ergo
dahin: **5** perdu
Dahlienart: **8** Georgine
Dalmatien: → Kroatien
damals: **5** einst
Damastgewebe: **6** Lampas
Damenhut: **5** Toque, **6** Schute, **7** Kapotte, **11** Florentiner
Damenmantel: **9** Redingote
Damenmantel mit Kapuze: **8** Capuchon
Damenreitpferd: **6** Zelter
Damenschuhe: **5** Pumps, **6** Opanke, **7** Bottine, Sandale, Slipper, **8** Trotteur, **9** Sandaline, **10** Sandalette, **11** Stiefelette
Damenunterkleidung: **2** BH, **4** Hemd, Slip, **5** Jupon, **6** Mieder, **7** Dessous, Korsett, **8** Garnitur, Hemdhose, Leibchen, **9** Petticoat, Trikotage, Unterrock, **10** Schluepfer, Unterkleid, **11** Kombination, **13** Buestenhalter
Damenzimmer: **7** Boudoir
dämlich: **4** dumm, **6** albern
Damm: **4** Wall, **5** Buhne, Deich
dämmen: **9** isolieren
Dämmerung: **9** Zwielicht, **10** Halbdunkel
Dämmerzustand: **9** Somnolenz
Dämmung: **9** Isolation
Dämon: **6** Unhold
Dämon der nordischen Mythologie: **6** Fenrir, **10** Fenriswolf
Dämonen: **8** Perchten
Dämonenfürst: **9** Beelzebub
Dampf: **5** Dunst, **6** Brodem, Wrasen, **8** Schwaden
Dampfbad: **5** Sauna
Dampfdruck: **7** Tension
dampfen: **6** kochen, **9** schwitzen
Dämpfer: **7** Sordine, Sordino
Dampfmaschine: **10** Lokomobile
Dampfmaschinenteile: **6** Kolben, Regler, Ventil, **8** Exzenter, Schieber, Zylinder, **10** Schwungrad

Dampfschiff: **7** Dampfer, Steamer
danach: **7** nachher, **8** folglich
Dänemark (Königreich in N-Europa)
Abgeordnetenhaus: **9** Folketing
Ämter (und ihre Hauptstädte): **4** Ribe (Ribe), **5** Soroe (Soroe), Veile (Veile), **6** Aarhus (Aarhus), Assens (Assens), Odense (Odense), Presto (Presto), Viborg (Viborg), **7** Aalborg (Aalborg), Holbaek (Holbaek), Randers (Randers), Thisted (Thisted), **8** Aabenraa (Aabenraa), Bornholm (Roenne), Hjoerring (Hjoerring), **9** Haderslev (Haderslev), Svendborg (Svendborg), Soenderborg (Soenderborg), **11** Skanderborg (Skanderborg), **12** Ringkjoebing (Ringkjoebing), **13** Frederiksborg (Frederiksborg), **14** Laaland-Falster (Maribo)
Astronomen: **5** Brahe, **6** Roemer
Atomphysiker: **4** Bohr
Auszeichnung, Orden: **13** Danebrogorden
Berg: **10** Himmelberg
Bildhauer: **11** Thorwaldsen
Biologe: **3** Dam
Buchten: **11** Jammerbucht
Däne (Spitzname): **9** Hannemann
Dichter: **4** Munk, **8** Andersen, **11** Pontoppidan
Filmkomiker: **3** Pat, **8** Patachon
Filmschauspielerin: **7** Nielsen
Flagge: **8** Danebrog
Fjord: **3** Lim
Flüsse: **4** Omme, **5** Stora, Varde, **6** Gudena, **7** Gudenaa
Grenzwall in Schleswig: **8** Danewerk
Halbinsel: **8** Juetland
Hauptstadt: **10** Kopenhagen
Herrschernamen: **4** Abel, Gorm, Knut, Olaf, **5** Erich, Niels, **6** Harald, Johann, Magnus, **7** Godfred, **8** Waldemar, **9** Christian, Christoph, Friedrich, Margarete, Margrethe
Hohlmaß: **3** Ahm
Inseln: **3** Fyn, **4** Moen, Roem, **5** Aaroe, Alsen, Fanoe, Manoe, **6** Amager, Anholt, Fuenen, Laesoe, Roemoe, Samsoe, **7** Falster, Lolland, Seeland, **8** Bornholm, **9** Faeroeer, **9** Groenland, Langeland
Kap: **6** Skagen
Komponist: **4** Gade
Könige der Sage: **3** Dan, **5** Iring, Krake, **6** Hawart, Herwig, Hettel, **7** Beowulf, Hadding, Hrodgar, Hunding, **9** Hildetand
Königin: **9** Margarete
Kopenhagener Flughafen: **7** Kastrup
Kopenhagener Stadtteile: **5** Husum, Valby, **6** Emdrup, **9** Amagerbro, Vesterbro
Kopenhagener Vergnügungspark: **6** Tivoli
Krebsforscher: **7** Fibiger
Längenmaß: **4** Alen
Lyriker: **8** Claussen
Meerenge: **4** Belt
Meeresbuchten: **5** Fakse, Koege, **8** Isefjord, Limfjord
Meeresstraßen: **8** Kattegat, **9** Skagerrak
Nobelpreisträger
für Frieden: **5** Bajer
für Literatur: **6** Jensen, **9** Gjellerup, **11** Pontoppidan
für Medizin: **3** Dam, **5** Krogh, **6** Finsen, **7** Fibiger
für Physik: **4** Bohr
Parlament: **7** Rigsdag, **9** Folketing
Philosophen: **6** Tetens, **7** Sibbern, **9** Hoeffding, **11** Kierkegaard
Physiker: **4** Bohr, **7** Oersted
Physiologe: **5** Krogh

Polarforscher: **9** Rasmussen
Politiker: **4** Krag, **5** Bajen, **9** Schlueter, Struensee
Sagengestalten: **4** Ogir, Toko, **5** Hagen, Ogier, **6** Holger, **9** Palnatoki
Sagenprinz: **6** Hamlet
Sänger: **9** Rosvaenge
Schloß in Kopenhagen: **11** Amalienborg
Schriftsteller: **4** Munk, **6** Jensen, Larsen, **7** Fleuron, Heiberg, Holberg, **8** Andersen, Freuchen, Jacobson, **9** Gjellerup, **11** Kierkegaard
Schriftstellerin: **6** Blixen
Seefahrer: **6** Bering
See: **7** Arresee
Sprachforscher: **4** Rask
Städte: **4** Hals, Ribe, **5** Arhus, Grenza, Koege, Skive, **6** Aarhus, Alborg, Gedser, Nyborg, Odense, Roenne, Skagen, Viborg, **7** Aalborg, Esbjerg, Holbaek, Horsens, Kolding, Korsoer, Randers, Tondern, **8** Apenrade, **9** Nykoebing, Svendborg, **10** Helsingoer, Kalundborg, Kopenhagen, Sonderburg, **11** Hadersleben
Verwaltungseinheit: **3** Amt
Währung: **4** Oere, **5** Krone

Dankgebet: **7** Gratias, **11** Eucharistie
Dantes Beiname: **9** Alighieri
Dantes Geliebte: **8** Beatrice
Dantes Hölle: **7** Inferno
Danziger
– *Bauwerk:* **7** Krantor, **8** Artushof, **12** Marienkirche
– *Dichter:* **5** Halbe
– *Kloster u. Stadtteil:* **5** Oliva
– *Likör:* **10** Goldwasser
– *Wacholderbranntwein:* **9** Machandel
darbieten: **13** praesentieren
Darbietung: **4** Show, **5** Schau, **11** Vorstellung
darbringen: **6** opfern
Darbringung: **5** Opfer
Dardanellen: **10** Hellespont
Dargebrachtes: **4** Gabe
darlegen: **6** zeigen, **9** erklaeren, vortragen, **10** darstellen, **13** demonstrieren
darlegend: **12** demonstrativ
Darlegung: **6** Exposé, **10** Erklaerung, **13** Demonstration, Manifestation
Darlehen: **6** Kredit, **7** Anleihe
Darm betreffend: **7** enteral
Darmeinlauf: **8** Klistier
Darmentzündung: **9** Enteritis
Darmkrampf: **5** Kolik, **10** Enteralgie
Darmkrankheit: **10** Dysenterie
Darmschmarotzer: **8** Bandwurm
Darmverschlingung: **8** Volvulus
Darmverschluß: **5** Ileus
Darsteller: **4** Mime, **6** Akteur, **7** Statist, **8** Komparse, **12** Schauspieler
Darstellerin: **4** Alte, **5** Naive, **6** Heroin, **7** Heroine, **9** Komparsin, Statistin, **14** Schauspielerin
Darstellung: **3** Akt, **4** Bild, **7** Version, **9** Allegorie, **10** Wiedergabe, **12** Illustration, Konstruktion, **13** Demonstration
Darstellung
– *des duldenden Christus:* **8** Ecce-Homo
– *der Himmelfahrt Mariae:* **7** Assunta
Darstellungsweise: **4** Stil
darüber: **4** oben
darunter: **5** unten
dasein: **5** leben, **8** bestehen, **9** vorkommen, **10** existieren
Dasein: **4** Usia, **5** Leben, **8** Bestehen, Existenz, **9** Gegenwart
daseinsbejahend: **10** lebensfroh
Daseinsphilosophie: **16** Existentialismus

dasselbe: **4** dito
Dasselfliege: **6** Bremse
Datenverarbeitungsanlage: **8** Computer
Dauer: **4** Zeit, **5** Frist, Weile, **9** Permanenz
Dauerbezug: **10** Abonnement
Dauergebäck: **4** Keks
dauerhaft: **4** ewig, fest, **5** solid, **6** solide, stabil, **7** durabel, **9** langlebig, **10** bestaendig
Dauerhaftigkeit: **11** Stabilitaet
Dauermiete: **10** Abonnement
dauernd: **9** permanent, **10** persistent, **13** unaufhoerlich
Dauerware: **8** Konserve
Dauerwurst: **6** Salami, **10** Mortadella, **13** Zervelatwurst
Daumenballen: **6** Thenar
Daus: **2** As
Davidstern: **9** Hexagramm
davon: **4** fort
davonbleiben: **6** meiden
dazumal: **5** einst, **6** damals
dazwischentreten: **13** intervenieren
Debakel: **4** Ruin
Debet: **4** Soll, **6** Schuld
Debütant: **7** Neuling, **9** Anfaenger
Deckbett: **7** Plumeau
Deckblatt: **6** Tektur, **7** Furnier
Decke: **4** Fell, **5** Matte, Plaid, **7** Woilach
Deckelbehälter: **4** Dose, **5** Kiste, **6** Kasten, **7** Buechse, **8** Kassette, **9** Schachtel, Schatulle
Deckendekoration: **8** Soffitte
Deckfarbenmalerei: **7** Gouache
Deckname: **9** Pseudonym
Deckoffizier: **9** Bootsmann
Deckplatte der dor. Säule: **6** Abakus
Deckung: **7** Tarnung
deckungsgleich: **9** kongruent
Deduktion: **6** Beweis
Defekt: **6** Fehler, Mangel, **7** Schaden
defekt: **6** kaputt, **9** schadhaft, **10** fehlerhaft
Defensive: **6** Abwehr, **12** Verteidigung
definieren: **9** bestimmen
Defizit: **5** Manko
deftig: **4** derb
Degen: **6** Espada, Rapier, **7** Florett
Degeneration: **9** Entartung
degenerieren: **8** entarten
Degenquaste: **8** Portepee
dehnbar: **6** duktil, **9** elastisch
dehnbares Gewebe: **7** Elastik
Dehnsonde des Arztes: **6** Bougie
Dehnung: **7** Tension, **10** Dilatation
Dehnungszeichen: **10** Zirkumflex
deichgeschütztes Land: **6** Polder
Deichschleuse: **4** Siel
deichseln: **7** managen
Dekadenz: **7** Verfall, **9** Entartung
deklamieren: **10** rezitieren
Deklaration: **10** Erklaerung, Wertangabe
deklinieren: **6** beugen, **9** abweichen
Dekor: **4** Zier, **6** Muster, Zierat
Dekoration: **5** Orden
Dekorationswand: **7** Kulisse
dekorieren: **6** zieren, **9** verzieren, **11** auszeichnen
Delegation: **9** Abordnung, **10** Deputation
Delikatesse: **4** Takt, **8** Feinheit, **12** Leckerbissen
Delikatessen: **3** Aal, **4** Salm, **5** Fasan, Krebs, Lachs, **6** Auster, Hummer, Kalmar, Kaviar, Krebse, Scampi, Zander, **7** Forelle, Karpfen, Krabben, Parfait, Pastete, Rebhuhn, Shrimps, Wachtel, **8** Morcheln, Seezunge, **9** Galantine, **10** Rehruecken, **11** Champignons, Gaensebrust, Gaenseleber, Tintenfisch, **12** Artischocken, Froschkeulen, **14** Froschschenkel
Delikatessen: **8** Feinkost
Delikt: **8** Straftat
Delinquent: **10** Verbrecher, **11** An-

geklagter, Missetaeter, Uebeltaeter
Delle: 10 Vertiefung, 11 Druckstelle
Delphine: 8 Zahnwale → Wale
dem Wind abgewandte Schiffsseite: 3 Lee
dem Wind zugekehrte Schiffsseite: 3 Luv
Demarkationslinie: 6 Grenze
demaskieren: 9 entlarven
Dementi: 8 Widerruf
demnach: 8 folglich
demnächst: 4 bald
demolieren: 10 zerstoeren
Demontage: 5 Abbau, 7 Abbruch
demütig: 7 ergeben
demütigen: 8 kraenken, 11 erniedrigen
Demütigung: 7 Kanossa, 9 Kraenkung, 11 Humiliation
den Atomkern betreffend: 7 nuklear
den Bergbau betreffend: 6 montan
den Mond betreffend: 5 lunar
den Mund betreffend: 4 oral
den Wind betreffend: 5 anemo
Denkart: 11 Mentalitaet
denkbar: 8 moeglich, 9 plausibel
denken: 6 meinen, sinnen, 8 urteilen, 10 ueberlegen
Denker: 7 Logiker, 9 Philosoph
denkfaul: 9 boeotisch
Denkfehler: 6 Irrtum
Denklehre: 5 Logik, 6 Noetik
Denkmal: 8 Monument
Denkmälersammlung: 10 Lapidarium
Denkmalspfleger: 11 Konservator
Denkmünze: 8 Medaille
denkrichtig: 7 logisch
Denkschrift: 6 Exposé, 10 Kommuniqué, Memorandum
Denkspiel: 4 Quiz
Denksportaufgabe: 7 Logical, Raetsel
Denkspruch: 5 Gnome, Motto, 7 Paroemi, Sentenz
Denkvermögen: 5 Ratio, 8 Verstand, 9 Intellekt, 11 Intelligenz
Denkweise: 9 Gesinnung, Ideologie
Denkwissenschaft: 11 Philosophie
denkwürdig: 7 epochal, 9 memorabel
Denkwürdigkeiten: 8 Memoiren, 12 Memorabilien
Denkzettel: 7 Memento, 8 Notabene
Depesche: 9 Telegramm
depeschieren: 6 kabeln, 7 drahten, 14 telegraphieren
deponieren: 11 hinterlegen
deportieren: 9 verbannen
Depression: 9 Schwermut
derart: 2 so
derb: 3 roh, 4 grob, rauh, 5 drall, plump, ruede, 6 deftig, kernig, robust, 9 drastisch, 10 konsistent
derber Mensch: 7 Grobian
derbes Gewebe: 5 Drell, 8 Drillich
derbkomische Erzählung: 8 Groteske
derbkomisches Bühnenstück: 5 Posse
derselbe (lat.): 4 idem
Derwisch: 5 Fakir
Derwischorden: 7 Rifajga, Senussi, 9 Bektaschi, Mewlewija
Derwischrock: 4 Dalk
Derwischtanz: 4 Sema
derzeit: 3 nun, 5 jetzt
desgleichen (it.): 4 dito
des Lesens und Schreibens Unkundiger: 10 Analphabet
deshalb: 5 darum
Desinfektionsmittel: 3 Jod, 5 Chlor, 6 Karbol, Kresol, Phenol, 7 Kreosot, 8 Formalin, 9 Chlorkalk, 11 Formaldehyd
desinfizieren: 9 entkeimen, 10 entseuchen, 13 sterilisieren
Despotie: 6 Terror, 8 Tyrannei, Willkuer
Dessert: 3 Eis, 7 Kompott, Pudding, 9 Nachtisch, 10 Nachspeise
Dessertweine: 5 Samos, 6 Malaga, Sherry, 7 Madeira, Marsala, Tokaier, 8 Jenerodi, Portwein, 9 Tarragona

Destillationsgefäß: **7** Retorte
determinieren: **9** abgrenzen, bestimmen, festlegen
Detonation: **5** Knall, **9** Explosion
deuten: **14** interpretieren
Deuter: **9** Interpret
deutlich: **4** klar, **9** explizite
Deutlichkeit: **7** Evidenz
deutsch-amerik. Physiker: **5** Stern
deutsch-böhmischer Komponist: **5** Benda
deutsch-franz. Komponist: **9** Offenbach
deutsch-ital. Komponist: **6** Busoni
Deutsches Reich (Staat in Mitteleuropa bis 1945) → auch Deutschland (Bundesrepublik)
Admirale: **4** Spee, **6** Hipper, Raeder, Scheer, **7** Doenitz, Tirpitz
Feldhauptmann: **10** Frundsberg
Feldherren: **4** Leeb, List, Roon, **5** Dietl, Goltz, Kluge, Kluck, Tilly, Yorck, **6** Buelow, Kleist, Moltke, Paulus, Rommel, Seeckt, Zieten, **7** Wrangel, **8** Bluecher, Guderian, Haeseler, Litzmann, Manstein, Seydlitz, **9** Gneisenau, Heeringen, Mackensen, Rundstedt, Witzleben, **10** Clausewitz, Falkenhayn, Frundsberg, Hindenburg, Kesselring, Ludendorff, Manteuffel, Schlieffen, **11** Derfflinger, Scharnhorst, Wallenstein, **13** Lettow-Vorbeck
Flieger: **4** Graf, Udet, **5** Grade, Hirth, Klemm, Koehl, Rudel, **6** Gronau, **7** Boelcke, Galland, **8** Moelders, **9** Huenefeld, Immelmann, Steinhoff, **10** Lilienthal, Richthofen
Forschungsreisende: **5** Barth, **6** Rohlfs, **8** Filchner, **9** Nachtigal, **10** Schomburgk, **12** Schweinfurth
Freiheitskämpfer: **6** Schill, **7** Luetzow
Fürstengeschlechter: **4** Wied, **6** Welfen, **8** Askanier, Wettiner, **12** Hohenzollern
Großadmirale: **6** Raeder, **7** Doenitz, Tirpitz
Hauptstadt: **6** Berlin
Kaiser: **4** Karl, Otto, **5** Franz, **6** Joseph, Konrad, Lothar, Ludwig, Rudolf, **7** Leopold, Wilhelm, **8** Heinrich, Matthias, **9** Ferdinand, Friedrich, Sigismund, **10** Maximilian
Kaisergeschlechter: **6** Salier, **10** Habsburger, Karolinger, **11** Ludolfinger, **12** Hohenstaufen, Hohenzollern
Könige: **4** Otto, **6** Arnulf, Konrad, Ludwig, Rudolf, **7** Philipp, Richard, **8** Albrecht, Heinrich, Ruprecht
Länder: **5** Baden, Lippe, **6** Anhalt, Bayern, Bremen, Hessen, **7** Hamburg, Luebeck, Sachsen, Waldeck, **8** Preussen, Saarland, **9** Oldenburg, **10** Thueringen, **11** Mecklenburg, **12** Braunschweig, Wuerttemberg, **15** Schaumburg-Lippe
Münzen: **5** Taler, **6** Batzen, Heller, Thaler, **7** Pistole, **8** Groschen
Orden: **11** Ritterkreuz, **13** Eisernes Kreuz
Politiker: **4** Cuno, Kapp, **5** Bebel, Ebert, Loebe, Papen, Wirth, **7** Caprivi, **8** Bismarck, Bruening, Humboldt, Rathenau, **9** Erzberger, Eulenburg, Hugenberg, **10** Stresemann, **11** Scheidemann, **14** Bethmann-Hollweg
Preußen (Land des Deutschen Reiches) Provinzen (und ihre Hauptstädte): **6** Berlin (**6** Berlin), **7** Pommern (**7** Stettin), Sachsen

(**5** Halle), **8** Hannover (**8** Hannover), **9** Westfalen (**8** Muenster), **11** Brandenburg (**11** Brandenburg), Ostpreussen (**11** Koenigsberg), **12** Hessen-Nassau (**6** Kassel), Hohenzollern, Rheinprovinz, **14** Oberschlesien (**6** Oppeln), **15** Niederschlesien (**7** Breslau), **17** Schleswig-Holstein (**4** Kiel), **26** Grenzmark Posen-Westpreussen (**13** Schneidemuehl)

Reichskanzler: **4** Cuno, Marx, **5** Bauer, Papen, Wirth, **6** Buelow, Luther, **7** Caprivi, Mueller, **8** Bismarck, Bruening, Hertling, **9** Hohenlohe, Michaelis, **10** Fehrenbach, Schleicher, Stresemann, **11** Scheidemann, **15** Bethmann-Hollweg

Reichspräsidenten: **5** Ebert, **10** Hindenburg

Reichstagspräsident: **5** Loebe

Volksvertretung: **9** Reichstag

Deutschland (Bundesrepublik – Staat in Mitteleuropa)

Adelsgeschlecht: **4** Wied

Adelskalender: **5** Gotha

Afrikaforscher: **5** Barth, **6** Peters, Rohlfs, **8** Wissmann, **9** Nachtigal, **12** Schweinfurth

Arbeiterdichter: **7** Barthel, Broeger, **7** Engelke

Archäologen: **6** Kuntze, **7** Curtius, Wiegand, **9** Doerpfeld, **10** Schliemann, **11** Winckelmann

Architekten: **4** Asam, **6** Parler, **7** Behrens, Gropius, Neumann, Poelzig, **8** Bartning, Ensinger, Schinkel, **9** Schlueter

Astronomen: **4** Wolf, **5** Encke, Galle, Gauss, **6** Bessel, Kepler, **8** Herschel, **10** Kopernikus, Koppernigk, **11** Coppernicus

Atomforscher: **4** Born, Hahn, Laue, **5** Bothe, **6** Geiger, Jordan, Lenard, Planck, **7** Ardenne, **8** Einstein, **10** Heisenberg

Autorennstrecken: **8** Solitude, **10** Hockenheim, **12** Nuerburgring, Schauinsland, **14** Hockenheimring

Bankier: **3** Abs

Barockbaumeister: **7** Neumann

Barockkomponisten: **4** Bach, **7** Haendel, Schuetz, **9** Buxtehude

Barockmaler: **8** Rottmayr

Berge: → betreff.: Bundesland

Bildhauer: **4** Asam, Behn, Gaul, **5** Kolbe, Kraft, Notke, Rauch, Stoss, Tieck, **6** Donner, Krafft, Marcks, Mataré, Pacher, Parler, Syrlih, **7** Barlach, Klimsch, Schadow, Vischer, **8** Permoser, Danneker, **9** Hagenauer, Lehmbruck, Schlueter, **10** Hildebrand, **15** Riemenschneider

Bildhauerin: **8** Sintenis

Biologe: **6** Mendel

Bodenstation für Fernmeldesatelliten: **8** Raisting

Boxer: **6** Scholz, **9** Schmeling

Bundeskanzler: **4** Kohl, **6** Brandt, Erhard, **7** Schmidt, **8** Adenauer, **9** Kiesinger

Bundesländer: **6** → Bayern, → Berlin, → Bremen, → Hessen, **7** → Hamburg, → Sachsen, **8** → Saarland, **10** → Thueringen, **11** → Brandenburg, **13** → Niedersachsen, → Sachsen-Anhalt, **14** → Rheinland-Pfalz, **17** → Baden-Wuerttemberg, → Schleswig-Holstein, **18** → Nordrhein-Westfalen, **21** → Mecklenburg-Vorpommern

Bundespräsidenten: **5** Heuss, **6** Luebke, Scheel, **8** Carstens, **9** Heinemann, **11** Weizsaecker

Burgen: → Burgen

Chemiker: **4** Caro, Hahn, **5** Alder, Bosch, Diels, Eigen, Frank,

Haber, Lynen, Runge, **6** Achard, Baeyer, Bunsen, Liebig, Nernst, Schott, Werner, **7** Behring, Bergius, Buchner, Fehling, Fischer, Hofmann, Ostwald, Wallach, Wieland, Windaus, Winkler, Woehler, Ziegler, **8** Duisberg, Klaproth, , **9** Butenandt, Zsigmondy, **10** Schoenbein, Staudinger, Strassmann

Chirurgen: **4** Bier, **7** Esmarch, **10** Sauerbruch

Dichter: **4** Benn, Brod, Buch, Dach, Eich, Flex, Fock, Holz, Jahn, **5** Arndt, Arnim, Barth, Gleim, Groth, Hauff, Hebel, Heine, Hesse, Loens, Opitz, Raabe, Sachs, Storm, Tieck, Vring, **6** Dehmel, Fichte, Fouqué, Geibel, George, Goethe, Grabbe, Hebbel, Herder, Hoelty, Kasack, Kerner, Kleist, Lersch, Loerke, Ludwig, Platen, Reuter, Uhland, **7** Barlach, Barthel, Bertram, Binding, Bonsels, Brockes, Broeger, Buerger, Carossa, Doeblin, Fleming, Fontane, Gellert, Koerner, Lessing, Moerike, Novalis, Schnack, Simrock, Stieler, Stifter, Wieland, **8** Borchert, Brentano, Buechner, Chamisso, Claudius, Gerhardt, Gryphius, Hatzfeld, Hausmann, Hoffmann, Jean Paul, Penzoldt, Rueckert, Schiller, Schubart, **9** Hauptmann, Klopstock, Schroeder, **10** Dauthendey, Hoelderlin, Liliencron, **11** Bergengruen, Eichendorff, Freiligrath, Hagelstange, Morgenstern, **12** Hildesheimer, Muenchhausen, Schenkendorf, **14** Feuchtersleben

Dichter der Freiheitskriege: **5** Arndt, **6** Fichte, **7** Koerner

Dichterinen: **3** Ava, **4** Huch, **6** Miegel, Seidel, **8** Bachmann, Roswitha, **15** Droste-Huelshoff

Diplomat: **8** Holstein

Dirigenten: → Dirigenten

Dombaumeister: **6** Parler

Dramatiker: **5** Halbe, **6** Brecht, Goethe, Grabbe, Hebbel, Kaiser, Kleist, **7** Goering, Lessing, **8** Buechner, Schiller, Wedekind, **9** Hauptmann, Sternheim, Zuckmayer

Druckschrift: **7** Fraktur

Erfinder: **4** Benz, Eyth, Otto, Reis, **5** Drais, Knorr, Krupp, Linde, **6** Borsig, Bunsen, Diesel, Halske, Miller, Nipkow, **7** Daimler, Dornier, Eckener, Heinkel, Henlein, Junkers, Maybach, Litfass, Porsche, Schwarz, Siemens, **8** Berliner, Flettner, Guericke, Parseval, Roentgen, Zeppelin, **9** Gutenberg, Steinheil, **10** Senefelder

evangelische Kirchenlieddichter: **5** Gerok, **7** Neander, **8** Gerhardt

Fabeldichter: **3** Hey, **7** Gellert

Festspielorte: **8** Bayreuth, **11** Bad Hersfeld, **12** Oberammergau, **14** Bad Gandersheim

Filmregisseure: **5** Wicki, **6** Berger, **8** Kaeutner, Schamoni, **10** Fassbinder

Filmschauspieler: → Schauspieler

Filmschauspielerin: → Schauspielerin

Flächenmaße: **2** Ar, **4** Hufe, Joch, **6** Hektar, Morgen, **7** Juchert, Tagwerk

Fliegerinnen: **7** Reitsch, **8** Beinhorn

Flugzeugkonstrukteure: **5** Focke, Klemm, **7** Dornier, Heinkel, Junkers, **8** Fieseler, **10** Lilienthal, **13** Messerschmitt

Flüsse: → betreff. Bundesländer

Gartenkünstler: **5** Lenné
Gebirge: → betreff. Bundesland
Geigenbauer: **5** Klotz
Generalpostmeister: **7** Stephan
Geographen: **6** Behaim, **8** Humboldt, Mercator
Germanisten: **5** Grimm, **7** Simrock
Graphiker: **5** Grosz, Nolde, Weber, **6** Heckel, **10** Hegenbarth
Graphikerin: **8** Kollwitz
Großfunkstation: **9** Norddeich
Großindustrielle: **5** Krupp, **7** Stinnes
Hafenstädte: **4** Kiel, **5** Emden, Husum, **6** Bremen, Wismar, **7** Hamburg, Luebeck, Rostock, Stettin, **8** Cuxhaven, **9** Flensburg, Stralsund, **10** Puttgarden, **11** Bremerhaven, Travemuende, Swinemuende, **12** Brunsbuettel, **13** Wilhelmshaven
Halbinseln: **5** Darss, **6** Angeln, Zingst, **7** Jasmund, **10** Eiderstedt
Hallig: → Hallig
Hauptstadt: **4** Berlin
Heidedichter: **5** Loens
Heilkünstler: **9** Eisenbart
Heldendichtung: **7** Sigenot, **10** Gudrunlied, Nibelungen, **14** Nibelungenlied
Historiker: **4** Dahn, **5** Dehio, Ranke, Sybel, **6** Haller, Marcks, Ritter, **7** Mommsen, Niebuhr, **8** Dahlmann, Gebhardt, Gervinus, Meinecke, **9** Delbrueck, Lamprecht, **10** Treitschke
Holzschneider: **7** Cranach, Holbein, **9** Altdorfer, Burgkmair
Homer-Übersetzer: **4** Voss
Hormonforscher: **9** Butenandt
Humanisten: **3** Eyb, **6** Hutten, **8** Reuchlin
Ingenieure: **4** Eyth, **5** Linde, **6** Diesel, Miller, **10** Lilienthal
Inseln: → betreff. Bundesland
Jurist: → deutscher Rechtslehrer
Kabarettist: **5** Finck, Neuss, **6** Manger, **7** Erhardt, Stiefel, **8** Valentin, **10** Havenstein, Qualtinger, Ringelnatz, Weissferdl, **11** Hildebrandt
Kabarettistinnen: **4** Geri, Vita, **5** Lenya, Noack, **6** Hancke, Wieder, **7** Herking, Lorentz, Waldoff, **9** Karlstadt, Schlueter
Kaiserstadt: **6** Aachen
Kanäle: **9** Rhinkanal, Ruhr-Kanal, **10** Finowkanal, **11** Neckar-Kanal, **12** Ems-Jade-Kanal, Kuestenkanal, Ludwigskanal, **13** Hunte-Ems-Kanal, **14** Elbe-Havel-Kanal, Elbe-Trave-Kanal, Oder-Havel-Kanal, Oder-Spree-Kanal, **15** Mittellandkanal, Nord-Ostsee-Kanal, Rhein-Donau-Kanal, Rhein-Herne-Kanal
Kap auf Rügen: **6** Arkona
Kardinäle: **3** Bea, **5** Galen, **6** Frings, Jaeger, **8** Doepfner, Hoeffner, **9** Faulhaber
Karikaturisten: **5** Busch, Zille, **6** Loriot, Simmel
Klassiker: **6** Goethe, Herder, Kleist, **7** Lessing, Wieland, **8** Schiller
Klavierbauer: **9** Bechstein
Komponisten: **3** Abt, Egk, Fux, **4** Bach, Haas, Knab, Orff, Wolf, **5** Bruch, Gluck, Goetz, Graun, Hasse, Henze, Kollo, Loewe, Reger, Spohr, Weber, Weill, **6** Brahms, Buelow, Eysler, Flotow, Goetze, Jessel, Keiser, Kuhnau, Lincke, Lothar, Quantz, Spitta, Wagner, Zelter, Zillig, **7** Blacher, Fortner, Gilbert, Graener, Haendel, Hassler, Krieger, Lachner, Nessler, Nicolai, Pepping, Pepusch, Raymond, Reutter,

Schuetz, Silcher, Stamitz, Strauss, Zilcher, **8** Goldmark, Hartmann, Honegger, Kreutzer, Kuenneke, Lortzing, Pfitzner, Schreker, Schumann, Telemann, Weismann, **9** Beethoven, Buxtehude, Cornelius, Hindemith, Marschner, Meyerbeer, Offenbach, Pachelbel, Schroeder, **10** Praetorius, Rubinstein, Schillings, Schoenberg, **11** Humperdinck, Mendelssohn

Kritiker: **4** Kerr, Luft

Kunstflieger: **4** Udet

Kunsthistoriker: **3** Eye, **5** Dehio

Kupferstecher: **5** Beham, Stoss, **9** Altdorfer, **11** Chodowiecki

Kurorte: **3** Ems, Orb, **4** Boll, **5** Essen, Grund, Imnau, Oybin, Soden, Stuer, Toelz, **6** Abbach, Buchau, Eilsen, Hartha, Honnef, Koenig, Rathen, Sachsa, Salzig, Steben, Vilbel, Wippra, **7** Aibling, Berneck, Bocklet, Driburg, Homburg, Muender, Nauheim, Pyrmont, Rehburg, Seiffen, Teinach, Waldsee, Wiessee, Wimpfen, Wurzach, **8** Bertrich, Brambach, Goegging, Harzburg, Hersfeld, Jonsdorf, Kipsdorf, Kohlgrub, Meinberg, Muenster, Nenndorf, Neuenahr, Neustadt, Oberdorf, Oldesloe, Rappenau, Segeberg, Stolberg, Suderode, **9** Bramstedt, Cannstadt, Duerkheim, Duerrheim, Godesberg, Griesbach, Heilbrunn, Helmstedt, Kissingen, Kreuznach, Krozingen, Peterstal, Rotenfels, Salzuflen, Schwartau, Wildungen, Windsheim, **10** Baden-Baden, Baerenburg, Bergzabern, Brueckenau, Ditzenbach, Hoenningen, Lauterberg, Liebenzell, Oeynhausen, Pappenheim, Rippoldsau, Salzgitter, Salzhausen, Sassendorf, Schwalbach, **11** Gandersheim, Hoehenstadt, Lippspringe, Mergentheim, Mingolsheim, Reichenhall, Rothenfelde, Salzschlirf, Ueberkingen, Volkersdorf, Woerishofen, Zwischenahn, **12** Hermannsborn, Oberschoenau, Salzdetfurth, Waldliesborn, **13** Niederbreisig, Westernkotten, **14** Friedrichshall, Oberwiesenthal, **15** Berggiesshuebel

D

Landeshauptstädte: **4** Kiel, **5** Mainz, **6** Berlin, Bremen, Erfurt, **7** Dresden, Hamburg, Potsdam, **8** Hannover, Muenchen, Schwerin, **9** Magdeburg, Stuttgart, Wiesbaden, **11** Duesseldorf, **12** Saarbruecken

Landschaften: **4** Baar, Ries, **5** Baden, Hegau, Pfalz, **7** Allgaeu, Franken, Linzgau, Ortenau, **8** Breisgau, Flaeming, Holstein, Prignitz, Rheingau, Schwaben, Spessart, Wendland, **9** Havelland, Kraichgau, Oderbruch, Rheinland, Sauerland, Spreewald, Suedbaden, Uckermark, **11** Brandenburg, Mecklenburg, Oberlausitz, Rheinhessen, Schwarzwald, **12** Muensterland, Ostfriesland, Wuerttemberg, **13** Niederlausitz, **15** Bayerischer Wald, **16** Lueneburger Heide

Landsmann: **5** Bayer, Hesse, **6** Franke, Friese, Pommer, Sachse, **7** Badener, Maerker, Schwabe, **8** Badenser, Bajuware, Berliner, Pfaelzer, Westfale, **10** Thueringer, **11** Saarlaender, **12** Niedersachse, Rheinlaender, **13** Mecklenburger

Liederkomponisten: **4** Wolf,

5 Loewe, **6** Brahms, **7** Silcher, **8** Schubert, Schumann

Liedersammler: **3** Erk

Literaturhistoriker: **7** Goedeke

Lokomotivbauer: **6** Borsig

Luftschiffer: **7** Eckener, **8** Parseval, Zeppelin

Maler: **3** Dix, Nay, **4** Asam, Fuhr, Klee, Koch, Marc, Moll, Nahl, Naue, Tamm, Uhde, Veit, Witz, Zick, **5** Beham, Busch, Ernst, Graff, Grien, Hofer, Kubin, Leibl, Macke, Moser, Nagel, Nolde, Runge, Solis, Stoss, Thoma, Zille, **6** Duerer, Heckel, Marées, Menzel, Rethel, Rohlfs, **7** Baldung, Blechen, Corinth, Cranach, Hartung, Holbein, Klinger, Lenbach, Lochner, Memling, Nadorp, Richter, Schwind, Slevogt, **8** Agricola, Amberger, Beckmann, Boecklin, Carstens, Kaulbach, Kirchner, Kulmbach, Nithardt, Overbeck, Ridinger, Rottmann, Schinkel, Spitzweg, Zeitblom, **9** Achenbach, Ackermann, Altdorfer, Burgkmair, Cornelius, Daffinger, Elsheimer, Feininger, Feuerbach, Friedrich, Kuegelgen, Pechstein, Schlemmer, Tischbein, **10** Gruenewald, Hegenbarth, Kalckreuth, Liebermann, Modersohn, Schongauer, **11** Chodowiecki, Waldmueller, **15** Schmidt-Rottluff

Malerinnen: **6** Bachem, **7** Muenter, **8** Kollwitz

Märchendichter: **5** Hauff

Märchensammler: **5** Grimm, **9** Bechstein

Mathematiker: **5** Gauss, Klein, **6** Cantor, **7** Hilbert, Lambert, Leibniz, Riemann, **9** Minkowski

Mediziner: **3** Erb, **4** Bier, Koch, **5** Chain, Credé, **6** Domagk, **7** Agrippa, Basedow, Behring, Bilharz, Ehrlich, Esmarch, Spemann, Virchow, Warburg, **8** Bergmann, Billroth, Hufeland, Schleich, Uhlenhut, **9** Eisenbart, Forssmann, Hahnemann, **10** Langerhans, Paracelsus, Sauerbruch, Schweitzer, **11** Leidenfrost, Pettenkofer

Meeresbuchten: **4** Haff, **6** Bodden, Foerde, **7** Dollart, **9** Jadebusen, **11** Kieler Bucht, **13** Deutsche Bucht, Wismarer Bucht, **14** Luebecker Bucht, Stettiner Bucht, **15** Pommersche Bucht, **17** Flensburger Foerde

Mittelgebirge: **3** Alb, **4** Harz, Jura, **5** Eifel, Hardt, Rhoen, **6** Taunus, **8** Odenwald, Spessart, **9** Hunsrueck, **10** Niederwald, Westerwald, **11** Frankenwald, Schwarzwald, Steigerwald

Mundartdichter: **5** Groth, **6** Reuter, Holtei

Mystiker: **6** Eckart, **7** Eckhart

Nationalökonomen: **4** List, **5** Weber, **7** Sombart

Naturforscher: **4** Baer, **8** Humboldt, **9** Helmholtz, **10** Paracelsus, **11** Senckenberg

Naturheilkundiger: **6** Kneipp

Nobelpreisträger

– *für Chemie:* **4** Hahn, Kuhn, **5** Adler, Bosch, Debye, Diels, Eigen, Haber, **6** Baeyer, Hubert, Michel, Nernst, Wittig, **7** Bergius, Buchner, Fischer, Ostwald, Wallach, Wieland, Windaus, Ziegler, **8** Herzberg, **9** Butenandt, Zsigmondy, **10** Staudinger, **11** Deisenhofer, **12** Willstaetter;

– *für Frieden:* **6** Brandt, Quidde, **9** Ossietzky, **10** Stresemann;

– *für Literatur:* **4** Mann, **5** Boell, Hesse, Heyse, **6** Eucken,

7 Mommsen, **9** Hauptmann;
- *für Medizin:* **4** Koch, **5** Bloch, Chain, Krebs, Lynen, Neher, **6** Domagk, Kossel, **7** Behring, Ehrlich, Koehler, Sakmann, Spemann, Warburg, **8** Meyerhof, **9** Delbrueck, Forssmann;
- *für Physik:* **4** Born, Laue, Paul, Wien, **5** Bothe, Braun, Hertz, Ruska, Stark, **6** Binnig, Franck, Jensen, Planck, Wigner, **7** Bednorz, **8** Einstein, Klitzing, Roentgen, **10** Heisenberg, Moessbauer

Nordseebucht: **7** Dollart
Nordseehäfen: **5** Emden, **6** Bremen, **7** Hamburg, **8** Cuxhaven, **11** Bremerhaven, **13** Wilhelmshaven
Nordseeinseln: **4** Sylt, **5** Amrum, Foehr, Hooge, Juist, **6** Borkum, Hallig, **7** Baltrum, Neuwerk, **8** Langeoog, Pellworm, Trischen, **9** Helgoland, Langeness, Norderney, **10** Nordstrand, Scharhoern, Spiekeroog, Wangerooge
Nordseezuflüße: **3** Ems, **4** Elbe, Jade, Oste, **5** Eider, Weser
Normmaßzeichen: **3** DIN
Odermündungsarm: **5** Peene
Operettenkomponisten: **5** Kollo, **6** Bromme, Lincke, **7** Gilbert, **8** Kuenneke, **9** Offenbach, Schroeder
Opernkomponisten: **5** Gluck, Hasse, Henze, Weber, **6** Flotow, Wagner, Zillig, **7** Blacher, Fortner, Haendel, Nicolai, Strauss, **8** Lortzing, Pfitzner, **9** Cornelius, Hindemith, Marschner, Meyerbeer, **11** Humperdinck
Ostseehäfen: **4** Kiel, **6** Wismar, **7** Luebeck, Rostock, Stettin, **11** Travemuende
Ostseeinseln: **3** Oie, **4** Poel, Vilm, **5** Ruden, **6** Ruegen, Usedom, Wollin, **7** Fehmarn
Ostseeorte und -städte: **5** Rerik, **6** Bansin, Lubmin, Wismar, Zingst, **7** Ahlbeck, Wustrow, **9** Dierhagen, Nienhagen, Zinnowitz, **11** Graal-Muertz, Heringsdorf, Peenemuende, Swinemuende, Warnemuende
Pädagogen: **4** Nohl, **7** Froebel, Basedow, **8** Salzmann
Philologen: **4** Diez, **5** Duden
Philosophen: **4** Kant, Kues, Kuno, **5** Bense, Bloch, Drews, Hegel, Lotze, Riehl, Wolff, Wundt, **6** Adorno, Boehme, Carnap, Eucken, Fichte, Hamann, Herder, Simmel, **7** Agrippa, Deussen, Dilthey, Fechner, Haeckel, Herbart, Jaspers, Leibniz, Ostwald, Stirner, Strauss, **8** Dessauer, Hartmann, Schlegel, **9** Avenarius, Feuerbach, Heidegger, Nietzsche, Schelling, Thomasius, **10** Baumgarten, Keyserling, Paracelsus, **12** Schopenhauer, **14** Schleiermacher
Physiker: **3** Ohm, **4** Abbe, Born, Hahn, Laue, Wien, **5** Bothe, Braun, Eigen, Gauss, Hertz, Justi, Mayer, Slaby, Stark, Weber, **6** Bunsen, Franck, Geiger, Jensen, Jordan, Lenard, Nernst, Planck, Ritter, **7** Ardenne, Assmann, Chladni, Hilbert, Hittorf, Karolus, Lorentz, Ostwald, Prandtl, **8** Dessauer, Einstein, Guericke, Roentgen, **9** Helmholtz, Kirchhoff, **10** Fahrenheit, Fraunhofer, Heisenberg, Moessbauer, **11** Lichtenberg
Physiologen: **6** Kossel, **7** Warburg

Pianisten: **6** Buelow, Cortot, Kempff, **7** Fischer, **8** Backhaus, **9** Gieseking
Pianistin: **3** Ney
Polarforscher: **7** Wegener
Politiker:
CDU: **4** Bohl, Kohl, **5** Bluem, Ruehe, Vogel, Wilms, **6** Barzel, Erhard, Hassel, Hintze, Krause, Luebke, Merkel, Spaeth, **7** Diepgen, Dregger, Roensch, Seiters, Toepfer, Woerner, **8** Albrecht, Carstens, Geissler, Wallmann, **9** Kiesinger, Ruettgers, Schaeuble, Suessmuth, **11** Riesenhuber, Stoltenberg, **12** Lieberknecht, **16** Schwarz-Schilling
CSU: **6** Waigel, **7** Kiechle, Stoiber, Strauss, Tandler, **8** Seehofer, Spranger, **9** Schneider, **10** Zimmermann
FDP: **4** Baum, **5** Heuss, **6** Hirsch, Kinkel, Ortleb, Scheel, **8** Genscher, Mischnik, **9** Bangemann, **10** Cronenberg, Moellemann, Schwaetzer
Grüne: **5** Kelly, **6** Schily, Weiske, **7** Schoppe, Vollmer, **8** Ebermann, Ditfurth
SPD: **3** Rau, **5** Erler, Fuchs, Leber, Vogel, **6** Brandt, Renger, Schmid, Wehner, **7** Engholm, Schmidt, **8** Dohnanyi, Schiller, Westphal, **9** Heinemann, **10** Lafontaine, Ollenhauer, Schumacher
Porzellanmanufakturen: **4** Selb, **6** Berlin, **7** Arzberg, Hoechst, **9** Krautheim, Rosenthal, **11** Frankenthal, Ludwigsburg, Nymphenburg, **12** Fuerstenberg
Psychologe: **5** Wundt
Publizisten: **6** Harden, **7** Goerres
Raketenkonstrukteur: **5** Braun
Rechenmeister: **5** Riese
Rechtschreibbuch: **5** Duden
Rechtslehrer: **6** Gierke, **7** Ihering, Savigny, **8** Jellinek, **9** Feuerbach
Reformatoren: **6** Luther, **9** Karlstadt, **11** Melanchthon
Reichsritter: **6** Hutten
Reitergeneral: **6** Zieten, **8** Seydlitz, **10** Pappenheim
Ritter: **6** Hutten, **9** Sickingen, **12** Berlichingen
Rokokomaler: **4** Zick
Rügen:
– *Kap* **6** Arkona
– *Kreidefelsen:* **13** Stubbenkammer
– *Orte:* **4** Binz, Garz, **5** Baabe, Trent, Zudar, **6** Bergen, Patzig, Putbus, Rambin, Sellin, Zingst, **7** Swantow, **8** Thiessow, **9** Putgarten, **11** Middelhagen
Sagengestalten: **3** Ute, **4** Mime, **5** Etzel, Hagen, Iwein, **6** Gernot, Gudrun, Laurin, Roland, Volker, **7** Gunther, Lorelei, Wieland, **8** Alberich, Brunhild, Dietrich, Giselher, Ruediger, Siegmund, **9** Bruenhild, Brunhilde, Kriemhild, Ruebezahl, Siegfried, **10** Hildebrand, **13** Rattenfaenger
Sänger: **3** Erb, **4** Groh, Prey, **5** Hoppe, Kollo, **6** Schock, **7** Greindl, Rebroff, **9** Schlusnus, **14** Fischer-Dieskau
Sängerin: **4** Holm, Sack, **5** Koeth, **6** Berger, **12** Rothenberger
Satiriker: **8** Fischart, **11** Lichtenberg
Schrift: **7** Fraktur
Schriftsteller: **3** Bab, May, **4** Bamm, Benn, Dahn, Eich, Ende, Eyth, Fock, Gurk, Heym, Huch, Jens, Katz, Leip, Lenz, Mann, Molo, Roth, Voss, Wolf, **5** Arndt, Arnim, Bauer, Boell, Busch, Ebers, Ernst, Ewers, Flake, Frank, Gleim, Goetz, Goltz, Grass, Groth, Halbe,

Hauff, Heine, Hesse, Heyse, Jungk, Kinau, Kirst, Kneip, Loens, Maass, Meyer, Musik, Opitz, Raabe, Sachs, Seume, Stehr, Storm, Thoma, Unruh, Weise, Weiss, Zesen, Zweig, **6** Alexis, Andres, Becher, Blunck, Boerne, Brecht, Dehmel, Fichte, Fouqué, Franke, Geibel, George, Gmelin, Goethe, Griese, Hebbel, Herder, Herzog, Hoelty, Holtei, Keller, Kesten, Kleist, Mechow, Platen, Ponten, Reuter, Schwab, Seidel, Strobl, Thiess, Uhland, Walser, Werfel, Winnig, Zierer, **7** Bonsels, Doeblin, Dominik, Fallada, Fechter, Freytag, Juenger, Klabund, Koeppen, Lessing, Nossack, Novalis, Richter, Rombach, Salomon, Simpson Simrock, Sohnrey, Vischer, Vulpius, Wichert, Wieland, **8** Alverdes, Andersch, Auerbach, Bierbaum, Borchert, Brentano, Buechner, Chamisso, Claudius, Doerfler, Edschmid, Frenssen, Gerhardt, Giordano, Gotthelf, Gryphius, Hagedorn, Hochhuth, Hoffmann, Jean Paul, Kaestner, Kiaulehn, Kotzebue, Plievier, Remarque, Rosegger, Scheffel, Schiller, Schlegel, Schnurre, Wallraff, Wedekind, Wiechert, **9** Ganghofer, Gottsched, Hartleben, Hauptmann, Immermann, Klopstock, Schneider, Sudermann, Tucholsky, Zuckmayer, **10** Hoelderlin, Kellermann, Liliencron, Ringelnatz, Schnitzler, Weisenborn, **11** Anzengruber, Bergengruen, Eichendorff, Freiligrath, Friedenthal, Gerstaecker, Grillparzer, Morgenstern, **12** Enzensberger, Fallersleben, Feuchtwanger, Hofmannsthal, Muenchhausen, Schenkendorf, **14** Grimmelshausen

Schriftstellerinnen: **4** Baum, Huch, Keun, Kolb, Kurz, Moog, **6** Le Fort, Miegel, Rinser, Seidel, Viebig, **7** La Roche, Seghers, **8** Guenther, **9** Aichinger, Kaschnitz, **13** Courths-Mahler, **15** Droste-Huelshoff, Ebner-Eschenbach

Schutzverband für musikalische Urheberrechte: **4** GEMA

Seen: → betreff. Bundesländer

Seeräuber: **12** Stoertebeker

Sender: **2** BR, DW, HR, RB, SR, **3** ARD, DDR, DFF, DLF, MDR, NDR, NWR, PRO, RTL, SAT, SDR, SFB, SWF, WDR, ZDF, **4** Nord, RIAS, Tele, West, **8** Premiere, **9** Eurosport, **10** Kabelkanal, Sportkanal

Sozialisten: **4** Marx, **6** Engels, **8** Lassalle, **10** Liebknecht, Schumacher

Spionin: **8** Mata Hari

Sportorganisatoren: **3** Rau, **4** Diem, Halt, **5** Daume

Staatsrechtler: **8** Jellinek

Städte: → betr. Bundesländer

Städtebund: **5** Hansa, Hanse

Strafrechtslehrer: **9** Feuerbach

Ströme: **4** Elbe, Donau, **5** Rhein, Weser

Tanzkapellmeister: **4** Bohn, Etté, Kuhn, Lehn, Thon, **5** Geczy, Glahé, Hause, Joost, Noris, Wende, **6** Greger, Kaiser, Lutter, Valdor, Warner, **7** Berking, Mueller, Widmann, Sanders, **8** Baumgart, Bauschke, Kermbach, Strasser, **9** Boerschel, Edelhagen, Jankowski, Kaempfert, Rehmstedt,

11 Schoenberger
Tennisspieler: **4** Graf, **5** Becker, Cramm, Huber, Stich, **7** Bungert
Theaterkritiker: **4** Kerr, Luft
Theologen: **6** Herder, **7** Francke, Strauss, Wichern, **8** Dibelius
Volksstämme: **6** Bayern, Hessen, **7** Franken, Friesen, Pommern, Sachsen, **8** Ostfalen, Schwaben, **9** Alemannen, Schlesier, Westfalen, **10** Ostfriesen, Thueringer, **11** Nordfriesen, Ostpreussen, **13** Mecklenburger, Niedersachsen
Währung: **4** Mark, **7** Pfennig
Weinbaugebiete: **3** Ahr, **4** Nahe, Saar, **5** Baden, Mosel, Pfalz, Ruwer, **7** Franken, **8** Bodensee, Rheingau, Schwaben, **10** Rheinpfalz, **11** Mainfranken, Rheinhessen
Wunderdoktor: **9** Eisenbart
Zeichner: **5** Busch, Grosz, Zille
Zirkusunternehmen: **4** Renz, **5** Busch, Krone, **6** Barnum, **7** Althoff, **9** Hagenbeck, Sarrasani
Zoodirektoren: **4** Heck, **7** Grzimek
Zoologen: **5** Brehm, **7** Haeckel

Deutschkunde: **11** Germanistik
Deutschland zur Römerzeit: **9** Germanien
Deutung der Gestirnstellung: **8** Horoskop
Devise: **5** Motto, **8** Exchange
Dezember: **7** Julmond, **10** Christmond, Wintermond
dezent: **4** zart, **9** gedaempft, verhalten, **10** schicklich
diabolisch: **9** hoellisch, teuflisch
Diadochen: **8** Seleukos, **9** Antigonos, Antipator, **10** Lysimachos, Ptolemaeus
Diagnose: **10** Ektoskopie
Dialekt: **5** Idiom, Slang, **7** Mundart
Diamant (berühmter): **5** Orlow, **8** Cullinan, Kohinoor, **10** Grossmogul
Diamant (geschliffen): **8** Brillant
Diamantenstadt
– ***in Afrika:*** **9** Kimberley
– ***in Europa:*** **9** Amsterdam
Diarium: **6** Kladde, **8** Tagebuch
dicht: **2** zu, **3** eng, **4** fest, nahe, **7** kompakt, **10** konsistent
Dichte: **9** Densitaet
dicht verschlossen: **10** hermetisch
Dichtemesser: **10** Pyknometer
dichten: **10** fabulieren
Dichter: **4** Poet, **6** Epiker, **7** Lyriker, **8** Elegiker, **10** Dramatiker
Dichter: → einzelne Länder
Dichter
– ***der amerikanischen Nationalhymne:*** **3** Key
– ***der deutschen Nationalhymne:*** **23** Hoffmann von Fallersleben
– ***des Faust:*** **6** Goethe
– ***ländlicher Idyllen:*** **9** Bukoliker
dichter Baumbestand: **4** Wald
Dichterbund: **8** Hainbund
Dichterheimat: **10** Hippokrene
dichterisch: **8** poetisch
dichterisch für
– ***Adler:*** **3** Aar
– ***Ameise:*** **4** Emse
– ***Atem:*** **4** Odem
– ***Brunnen:*** **4** Born, **5** Bronn, Quell, **7** Bronnen
– ***Diamant:*** **6** Demant
– ***edel:*** **4** hehr
– ***ehrlich:*** **6** lauter
– ***erhaben:*** **4** hehr
– ***Fährmann:*** **5** Ferge
– ***Felder:*** **7** Gefilde
– ***fliehen:*** **8** fleuchen, **11** entfleuchen
– ***Flügel:*** **7** Fittich, **8** Fittiche
– ***Flüssigkeit:*** **4** Nass
– ***Frühling:*** **4** Lenz
– ***Gedicht:*** **4** Poem
– ***Gefahr:*** **7** Faehrde, **8** Faehrnis
– ***gegen:*** **5** wider

– ***Geruch:*** **4** Ruch
– ***Glanz:*** **5** Glast
– ***Hafen:*** **4** Port
– ***golden:*** **7** guelden
– ***Hauch:*** **4** Odem
– ***Hecke:*** **3** Hag
– ***hübsch:*** **4** hold
– ***Kämpfer, Krieger:*** **6** Kaempe
– ***Kissen:*** **6** Pfuehl
– ***Knochen:*** **6** Gebein
– ***Lebenshauch:*** **4** Odem
– ***Liebe:*** **5** Minne
– ***Löwe:*** **3** Leu
– ***Lustwäldchen:*** **4** Hain
– ***Mädchen:*** **4** Maid
– ***mild:*** **4** lind
– ***nach:*** **3** gen
– ***Nadelwald:*** **4** Tann
– ***niemals:*** **6** nimmer
– ***Polster:*** **6** Pfuehl
– ***Quelle:*** **4** Born
– ***Schmuck:*** **10** Geschmeide
– ***Schutz:*** **4** Hort
– ***Träne:*** **6** Zaehre
– ***Wald:*** **3** Hag, **4** Hain, Tann
– ***Wasser:*** **4** Nass
– ***Zufluchtsort:*** **4** Port

Dichterling: **9** Poetaster
Dichterroß: **7** Pegasus
Dichtersitz: **7** Parnass
dichtes Gehölz: **7** Boskett
Dichtigkeit: **9** Densitaet, **10** Konsistenz
Dichtkunde: **6** Poetik
Dichtkunst: **4** Epik, **6** Poesie, Poetik
Dichtung: **4** Epos, Poem, **5** Drama, Lyrik, Posse, Prosa, Roman, **6** Elegie, Poesie, **7** Romanze
Dichtungsmittel des Glasers: **4** Kitt
dick: **4** fett, **5** feist, stark, **6** massig, mopsig, **9** fleischig, korpulent, stattlich
Dickblatt: **9** Fetthenne
dickbreiige Masse: **3** Mus, **4** Teig
Dickdarm: **5** Kolon
Dickdarmentzündung: **7** Kolitis
dickfellig: **4** stur
Dickfelligkeit: **7** Phlegma
dickflüssig: **6** breiig, saemig, seimig, teigig, viskos, **10** konsistent
dickflüssiger Saft: **4** Seim, **5** Sirup
Dickfuß: **5** Triel
Dickhäuter: **5** Tapir, **7** Elefant, Nashorn, Schwein, **8** Nilpferd, **10** Flusspferd, Pachiderme, Rhinozeros
Dickkopf: **9** Eigensinn, Starrsinn
Dickkopf (Fisch): **6** Doebel
Dickleibigkeit: **9** Korpulenz
dicklich: **6** mollig
Dieb: **7** Stehler, **10** Langfinger
Diebesfalle: **9** Fussangel
Diebesgut: **4** Sore
Diebsschlüssel: **8** Dietrich
Diebstahl geistigen Eigentums: **7** Plagiat
Diebstahl mit Gewaltanwendung: **4** Raub
Diele: **4** Flur, **5** Brett, **7** Vorraum, **8** Hausflur, **9** Fussboden
Diemel-Zuflüsse: **4** Egel, Erpe, Esse, Orpe, **5** Wanne, Warme, **7** Twister
Diener: **3** Boy, **4** Page, **5** Groom, Lakai, **6** Butler, Knecht, **7** Famulus, Trabant, **8** Faktotum
Diener des Don Juan: **9** Leporello
Dienerin: **4** Magd, Zofe
Dienerkleidung: **6** Livree
Dienerschaft: **8** Personal, **10** Domestiken
Dienst: **3** Amt, **4** Kult, **6** Kultus, **7** Service, **8** Leistung
Dienstältester: **5** Doyen
Dienstanweisung: **11** Instruktion
Dienstbarkeit: **8** Servitut
Dienstbereich: **7** Ressort
Dienstbezeichnung: **5** Titel
Dienstbote: **8** Domestik, **9** Domestike
Diensteinkommen: **9** Besoldung

Dienstenthebung: 10 Suspension
Dienstentlassung: 9 Kassation
Dienstgehalt der Beamten: 9 Besoldung
Dienstgrad: 4 Rang, **6** Charge
Dienstkleidung: 6 Livree, Montur, **7** Uniform
dienstliche Meldung: 7 Rapport
Dienstmann: 6 Vasall, **8** Hoeriger, **9** Lehnsmann
Dienstsiegel: 7 Stempel
Dienststelle: 3 Amt,**8** Behoerde
Dienststellung: 8 Funktion
Dienststempel: 6 Siegel
dienstunfähig: 5 krank, **7** invalid, **8** invalide
Dienstuntauglicher: 8 Invalide
Dienstvorschrift: 9 Direktive, Reglement
Dienstweg: 7 Instanz
diesige Luft: 5 Nebel
diesjährig: 6 heurig
Dietrich von Bern: 10 Theoderich
Differenz: 4 Rest, **11** Unterschied
Diktat: 10 Stenogramm
Dilettant: 4 Laie, **7** Amateur, **9** Liebhaber
Dimension: 6 Hoehe, Tiefe, **6** Breite
Ding: 5 Sache, **10** Gegenstand, **13** Angelegenheit
dinglich: 4 real
Dingwort: 10 Substantiv
dinieren: 6 tafeln
Diözesanbischof: 10 Metropolit
Diözese: 6 Bistum
Diphthong: 8 Zwielaut, **10** Doppellaut
Diplomat: 6 Konsul, **7** Attaché, Nuntius, **9** Gesandter, **11** Botschafter
Diplomatie: 11 Staatskunst
diplomatische(r, s)
– ***Aktenstück:*** **7** Dossier
– ***Bote:*** **6** Kurier
– ***Schriftstück:*** **4** Note
– ***Schritt:*** **8** Demarche
– ***Vertreter des Vatikans:*** **7** Nuntius
Direktion: 7 Leitung, **8** Richtung
Direktive: 7 Weisung, **9** Massregel, **11** Richtschnur, **15** Verhaltensregel
Direktor: 6 Leiter, **11** Schulleiter
Direktorium: 8 Vorstand
Direktübertragung: 11 Livesendung
Dirigent: 6 Kantor, **7** Maestro
Dirigenten (international): **3** Egk, Fux, Gui, **4** Bour, Gade, Maag, Muck, Muti, Neel, Nick, Ochs, **5** André, Benda, Benzi, Blech, Boehm, Boult, Busch, Dixon, Erede, Heger, Kempe, Krips, Mottl, Ozawa, Reger, Rossi, Smola, Solti, Szell, **6** Abbado, Ancerl, Beinum, Buelow, Carste, Dorati, Gielen, Iturbi, Jochum, Kempen, Klenau, Krauss, Ludwig, Maazel, Mahler, Mattes, Muench, Reiner, Rother, Sabata, Talich, Walter, **7** Beecham, Blacher, Britten, Eysoldt, Fiedler, Fricsay, Karajan, Kleiber, Kletzki, Kubelik, Lehmann, Leitner, Monteux, Nikisch, Ormandy, Rosbaud, Rowicki, Sargent, Strauss, Wal-Berg, **8** Ansermet, Cluytens, Dohnányi, Maraczek, Martinon, Otterloo, Schreker, **9** Abendroth, Ackermann, Bernstein, Braunfels, Hagestedt, Hindemith, Keilberth, Klemperer, Leinsdorf, Marscalek, Rodzinski, Scherchen, Schroeder, Schuricht, Stokowski, Toscanini, **10** Barbirolli, Fistoulari, Hollreiser, Mengelberg, Sawallisch, Schuechter, **11** Celibidache, Kondraschin, Markevitsch, Mueller-Kray, Muenchinger, Wallenstein, Weingartner, **12** Furtwaengler, **14** Knappertsbusch, **15** Mueller-Lampertz, **17** Schmidt-Isserstedt
Dirigentenstab: 9 Taktstock
dirigieren: 6 leiten
Dirne: 4 Hure, **5** Metze, **7** Kokotte,

8 Callgirl, Grisette
Disharmonie: 9 Missklang
Diskussion: 7 Debatte, **10** Aussprache, **11** Eroerterung
Diskussionsleiter: 9 Moderator
Diskussionstagung: 9 Symposion, Symposium
Dissident: 10 Freidenker
Dissonanz: 7 Misston, **9** Missklang
Distanz: 7 Abstand, **10** Entfernung
Distelfink: 9 Stieglitz
Distelgewächse: 5 Karde, **8** Eberwurz, **11** Alpendistel, Artischocke, Eselsdistel
Distrikt: 3 Gau, **5** Kreis, **6** Bezirk
Disziplin: 4 Fach, **5** Zucht, **7** Ordnung, **10** Fachgebiet, Wettbewerb
Dividende: 6 Gewinn, **12** Gewinnanteil
Dividendenschein: 5 Kupon, **6** Coupon
dividieren: 6 teilen
Divisionsergebnis: 8 Quotient
Divisor: 6 Nenner
Diwan: 5 Couch, Liege
Djibouti (auch Dschibuti – Staat in NO-Afrika)
Berg: **9** Moussa Ali
Hauptstadt: **8** Djibouti, **10** Dschibouti
Seen: **7** Abbésee, **8** Assalsee
Städte u. Orte: **4** Obok, **5** Obock, **6** Dikhil, **7** Daimoli, Madgoul, **8** Tadjoura, **10** Tadschura
Völker: **4** Afar, Issa, **7** Danakil
Währung: **5** Franc, **7** Centime
Dnjepr-Zuflüsse: 3 Ros, Soz, Wop, **4** Drut, Iput, Orel, Osma, Psel, Ross, Sula, Sura, Udai, **5** Desna, Irpen, Irput, Psiol, Supoi, **6** Pripet, Prypet, Samara, **7** Ingulez, Teterew, Tiasmin, Worskla, **8** Beresina, Konskaja, Trubesch, **9** Studoniza
Dnjestr-Zuflüsse: 3 Byk, **4** Ikel, Lipa, Piut, Reut, Stry, **5** Bacul, Bodna, Botna, Ichel, Seret, Shwan, Swica, **6** Rautul, Sereth, Strypa, **7** Podhoce, Russawa, Rybniza, Zebrucz, **8** Jagorlik, Markowka, Sbrutsch
Docke: 4 Zopf, **5** Puppe, **7** Buendel
Doge: 7 Dandolo
Dogenstadt: 7 Venedig
Doktor: 4 Arzt, **9** Mediziner
Doktorarbeit: 12 Dissertation
Doktorwürde: 8 Doktorat
Doktrin: 5 Lehre, **8** Lehrsatz
Dokument: 7 Urkunde, **8** Nachweis, **13** Schriftstueck
dokumentieren: 7 belegen, **8** beweisen, **10** beurkunden
Dolch: 7 Stilett
Dolch der Malaien: 4 Kris
Doldengewächse: 4 Anis, Dill, Merk, **5** Silau, Silgo, **6** Aralie, Kerbel, Moehre, **7** Fenchel, Kuemmel, Sanikel, **8** Opopanax, Pastinak, **9** Mannstreu, **10** Baerenklau, Pimpinelle, Waldkerbel, **12** Kaelberkropf, Liebstoeckel, Stranddistel
Dolmetscher im Orient: 8 Dragoman
Dolomitengipfel: 5 Sella, **7** Civetta, Latemar, **9** Cristallo, Marmolata, **11** Rosengarten, **13** Geislerspitze
Dom: 8 Muenster, **10** Kathedrale
Domherr: 6 Propst, **9** Kanoniker, Kapitular
Dominica (Inselstaat d. kl. Antillen)
Berge: **5** Trois, **9** Diablotin
Bevölkerung: **5** Neger, **7** Kariben
Hauptstadt: **6** Roseau
Städte u. Orte: **6** Galion, Mahaut, Wesley, **7** Dublanc, Marigot, Rosalie, **8** Atkinson, **10** Portsmouth
Währung: **4** Cent, **6** Dollar
Dominikanische Republik (Inselstaat auf Hispaniola in der Karibik)
Bucht: **4** Yuma
Hauptstadt: **12** Santo Domingo

D

Indian. Urvolk: **5** Taino
Politiker: **8** Trujillo
See: **10** Enriquillo
Städte u. Orte: **7** Higueey, **8** La Romana, Santiago, **11** Puerto Plata
Währung: **4** Peso, **7** Centavo
Domizil: **4** Heim, **8** Wohnsitz
Dompfaff: **6** Gimpel
Dompteur: **8** Dresseur, **10** Tierlehrer, **13** Tierbaendiger
Don-Zuflüsse: **3** Jug, Sal, **5** Aksei, Donez, Hawia, Ilawa, Jelan, Karai, Sosna, Sosno, Usman, **6** Bitjug, Choper, Mescha, Tschir, **7** Bolanda, Ilowlja, Kalitwa, Manesch, Tichaja, **8** Manytsch, **9** Karamysch, Woronesch
Donar: **4** Thor
Donaudurchbruch: **11** Eisernes Tor
Donaulachs: **6** Huchen
Donauquellflüsse: **4** Breg, **7** Brigach
Donau-Zuflüsse: **2** Oh, **3** Ach, Alt, Ilm, Ilz, Inn, Ipf, Lom, Nar, Nau, Ohe, Olt, Pek, Sau, Sed, Sil, Vid, Vit, **4** Aach, Aist, Asma, Bera, Drau, Egan, Egau, Elta, Enns, Erfa, Gran, Isar, Kamp, Lanz, Lech, Lone, Naab, Nera, Oltu, Osem, Osma, Paar, Raab, Raba, Riss, Rodl, Save, Skit, Vuka, Waag, Wied, Ybbs, **5** Abens, Aluta, Arzer, Biber, Bider, Brenz, Cerna, Drann, Drave, Eipel, Erlau, Guenz, Iller, Isker, Isper, Kapos, Krems, Laber, March, Muehl, Naarn, Pruth, Rakos, Ranna, Regen, Schyl, Serul, Shill, Skjet, Temes, Timok, Traun, Tulln, Ussel, Zamma, Zusam, **6** Ablach, Aistba, Bakony, Borcea, Gaissa, Jalpug, Jantra, Lauter, Leitha, Mindel, Morava, Morawa, Neutra, Ogosta, Rottum, Sartiz, Sereth, Theiss, Trasen, **7** Agostul, Altbach, Argesul, Arschis, Bielach, Brigach, Cibrica, Kamlach, Koeroes, Ostrach, Sarming, Wolfach, **8** Altmuehl, Aschbach, Sereskul, Woernitz
Donnergott: **4** Thor, **5** Donar
Don Quichotes Pferd: **9** Rosinante
Doppel: **5** Kopie, **8** Dublette, Duplikat, **9** Doublette
Doppelbildung: **11** Duplikation
Doppelehe: **7** Bigamie
Doppelfahrrad: **6** Tandem
Doppelgänger: **6** Double, **8** Stuntman
doppelgeschlechtlich: **8** androgyn
doppelgeschlechtliches Wesen: **7** Zwitter
doppelgesichtiger römischer Gott: **5** Janus
Doppelheit: **11** Duplizitaet
Doppelkegelfangspiel: **7** Diabolo
Doppellaut: **8** Zwielaut, **9** Diphthong
Doppelpunkt: **5** Kolon
Doppelsalz: **5** Alaun
Doppelschuß: **8** Dublette
doppelseitig: **9** bilateral
Doppelsinn: **10** Amphibolie
doppelsinnig: **7** homonym, **8** aequivok, **10** zweideutig
Doppelsinnigkeit: **10** Amphibolie
Doppelstück: **8** Dublette, Duplikat, **9** Doublette
doppelte Buchführung: **6** Doppik
doppeltes Vorkommen: **11** Duplizitaet
doppeltkohlensaures Salz: **6** Natron, **10** Bikarbonat
Doppeltreffer: **8** Dublette
Doppeltreffer im alten Lotto: **4** Ambe
doppelwertig: **10** ambivalent
Doppelwertigkeit: **10** Ambivalenz
Dordogne-Zuflüsse: **4** Bave, Ceon, Cere, Isle, Loue, **5** Alzon, Diege, **6** Doutre, Dronne, Luzege, Sumene, Vezère, **7** Maronne, **8** Cascande
Dorf: **4** Kaff, Kral, **6** Weiler
Dorfbarbier: **5** Bader

Dorfgemeinschaft im alten Rußland: 3 Mir
Dorfschenke: 4 Krug
Dorfsiedlung (mali.): 7 Kampong
Dorfwiese: 5 Anger
dörren: 6 darren, 7 roesten, 8 trocknen
Dörrfleisch: 8 Pemmikan
Dörrfrüchte: 8 Backobst
Dörrgerät: 5 Darre
Dörrobst: 6 Hutzel
Dorsch (eingesalz.): 8 Laberdan
dort: 2 da
Dosis: 5 Prise
Dossier: 4 Akte, 8 Faszikel, 10 Aktenstoss
dozieren: 6 lehren
Drache: 8 Lindwurm, Nidhoegg, Leviathan, 10 Tatzelwurm
Drachenechse: 5 Waran
Drahtbügel: 6 Krampe
drahten: 6 kabeln, 12 depeschieren, 14 telegraphieren
Drahtgeflecht: 6 Rastel
drahtlose Telegraphie: 4 Funk
Drahtnachricht: 8 Depesche, 9 Telegramm
Drahtplastik: 6 Mobile
Drahtschlinge: 4 Oese
Drahtseil: 6 Trosse
Drahtstift: 5 Nagel
Drahtzaun: 4 Fenz
Drahtzieher: 7 Urheber, 9 Anstifter, 10 Hintermann
Drall: 5 Effet, 7 Drehung, Torsion
Drama: 7 Mirakel, 9 Mysterium
dramatisch: 8 erregend, spannend, 9 aufregend
dramatischer Vortrag mit Musikbegleitung: 9 Melodrama
dramatisches Tonstück: 9 Oratorium
dramatischer Begriff: 3 Akt, 5 Szene, 6 Aufzug, 8 Handlung
Drang: 5 Trieb, 7 Impetus, 9 Verlangen
drängen: 10 pressieren
Drangsal: 3 Not, 4 Pein, Qual, 6 Haerte, 7 Muehsal
drangsalieren: 10 kujonieren
Draufgabe: 8 Handgeld
Draufgänger: 7 Fighter, 8 Haudegen
draufgängerisch: 4 kess
Drau-Zuflüsse: 3 Mis, Mur, 4 Ache, Dran, Gail, Glan, Gurk, Isel, Miss, Okor, Rina, Sill, 5 Miess, Moell, 6 Bednya, Genest, Lavant, Lieser, 7 Bisztra, Vellach, 8 Plicicza, 9 Poessnitz, 11 Weissenbach
Dreck: 3 Kot, 4 Mist, 5 Unrat, 7 Schlamm, Schmutz, 8 Kehricht
Dreh: 5 Drall, Finte, Kniff, Trick
drehbarer Schiffskran: 5 Davit
Drehbuch: 6 Skript
Drehbuchentwurf: 9 Treatment
Drehflügel des Hubschraubers: 5 Rotor
Drehgelenk: 9 Scharnier
Drehgriff: 6 Kurbel
Drehkörper: 5 Rotor, 7 Kreisel
Drehkreuz: 10 Tourniguet
Drehorgel: 11 Leierkasten, Orchestrion
Drehpunkt: 3 Pol
Drehstab des Rades: 5 Achse
Drehung: 4 Tour, 5 Drall, Volta, Wende, 8 Rotation
Drehung beim Tanz: 9 Pirouette
Drehzahlmesser: 10 Tachometer
Dreiecke: 6 Trigon, 8 Triangel
dreieckige Flagge: 6 Wimpel
Dreiecksegel: 3 Aap, 9 Spinnaker
Dreiecksmessung: 13 Trigonometrie
Dreiecksseite: 7 Kathete, 10 Hypotenuse
Dreieinigkeit, Dreifaltigkeit: 9 Trinitaet
Dreieinigkeitsbekenner: 11 Trinitarier
dreifach: 6 tripel, 7 ternaer, trinaer
Dreifaltigkeitsfest: 10 Trinitatis
Dreifuß: 6 Tripus
Dreigespann: 5 Triga, 6 Troika
Dreiheit: 6 Triade

dreijährig: **8** triennal
Dreikäsehoch: **6** Knirps, **9** Hosenmatz, **10** Gernegross
Dreiklang: **5** Trias
Dreikönigsfest: **10** Epiphanias
Dreimännerherrschaft: **9** Triarchie, **10** Triumvirat
Dreimarkstück: **5** Taler
dreimastiges Segelschiff: **4** Bark
Dreiphasenstrom: **9** Drehstrom
Dreipolröhre: **6** Triode
Dreiruderer: **6** Triere, **7** Trireme
Dreisatzrechnung: **10** Regeldetri
dreist: **4** kess, **5** frech
Dreistigkeit: **6** Aplomb, Chuzpe, **7** Sottise
dreistimmiges Tonstück: **4** Trio
dreiteiliges Werk der Literatur: **8** Trilogie
drei Töne im Taktteil: **6** Triole
Dreizack: **7** Trident
Dreizahl: **5** Trias, **6** Triade
Dreizehenfaultier: **2** Ai, **4** Unau
Dreizeiler: **10** Tristichon
dreizeilige Strophe: **7** Terzine
Dreschabfall: **5** Spreu
Dreschboden: **5** Tenne
Dresche: **5** Keile, Senge, **7** Pruegel
dreschen: **8** pruegeln, schlagen
Dreschplatz: **5** Tenne
Dresdener
– ***Bauwerk:*** **7** Zwinger
– ***Beiname:*** **10** Elbflorenz
Dressur: **9** Abrichten
Drill: **7** Schliff
Drina-Zuflüsse: **3** Lim, **4** Piva, Tara, **5** Draca, Jadar, Praca
dringend: **4** akut, **5** eilig, **6** urgent, **8** pressant, **9** notwendig, **14** nachdruecklich, unaufschiebbar
dringende Sendung: **6** Eilgut, **8** Eilbrief, **12** Schnellpaket
dringlich: **4** akut, **7** aktuell, **8** pressant
Dringlichkeit: **6** Urgenz
dritte Potenz: **5** Kubus
dritte Stufe der Tonleiter: **4** Terz
Drohung: **9** Ultimatum, **13** Demonstration
drollig: **5** ulkig, **6** lustig, putzig, **7** komisch, spassig, **9** schnurrig, **11** possierlich
Dromedar: **5** Kamel
Droschke: **3** Cab, **4** Taxi, **7** Kutsche
Drossel (Absperrvorrichtung): **6** Ventil
drosseln: **7** bremsen, laehmen, mindern, **9** maessigen, **10** verringern
drüben: **8** jenseits
Druck: **5** Drang, Stress, Zwang, **8** Pression
Druckabsatz: **6** Alinea
Druckberichtigung: **9** Korrektur
Druckberichtiger: **9** Korrektor
Druckbuchstabe: **4** Type, **6** Letter
Druck-Einheitsmaß: **3** Bar, **4** Atue, Torr, **11** Atmosphaere
Drückeberger: **8** Feigling
Druckeinheit: **3** Ata, **4** Atue
Drücker (Tür): **5** Griff, **6** Klinke
Druckerlaubnis: **10** Imprimatur
Druckerzeichen: **6** Signet
Druckfehler: **7** Erratum
druckfertig machen: **10** redigieren
Druckgitter: **6** Raster
Druckheft: **10** Broschuere
Druckmaschine: **6** Presse
Druckmaß: **11** Atomsphaere
Druckmesser: **9** Manometer
Druckmittel: **11** Repressalie
Druckplatte: **5** Model, Modul
Druckregler: **8** Barostat
Druckschriftarten: **7** Antiqua, Fraktur
Druckschriftgrößen: **4** Perl, **5** Petit, **6** Borgis, Cicero, Korpus, Mittel, **7** Garmond, Kolonel, **11** Nonpareille
Druckspalte: **7** Kolumne
Druckstock: **8** Klischee
drucktechnische Begriffe: **4** Band, Falz, fett, Perl, Type, **5** Abzug, Fahne, Folio, Mater, Oktav, Petit,

Quart, Seite, **6** Absatz, Alimea, Borgis, Cicero, Duodez, Einzug, Letter, Mignon, Presse, Raster, Rubrik, Signet, Spalte, Versal, **7** Affiche, Antiqua, Auflage, Ausgabe, Colonel, Edition, Elzevir, Fraktur, Galvano, Garmond, Initial, Kapitel, Kolonel, Kolumne, Konzept, Kurrent, Ligatur, Matrize, Spatium, Spiegel, Umbruch, Umdruck, **8** Akzidenz, Fuellsel, Garamond, Gravuere, halbfett, Initiale, Klischee, kompress, Majuskel, Praegung, Rotation, Signatur, Versalie, **9** Buchstabe, Copyright, Faksimile, Inkunabel, Korrektur, Makulatur, **10** Broschuere, Imprimatur, **11** Nonpareille, Numerierung, **12** Perforierung
drucktechnische Hilfsmittel: **5** Rakel, **6** Presse, Raster, **7** Tenakel
Druckverfahren: **6** Offset, **9** Buchdruck, Hochdruck, Tiefdruck, **11** Anilindruck
Druckvorlage: **10** Manuskript
Drude: **4** Hexe, **8** Zauberin, **10** Nachtgeist
Drudenfuß: **10** Pentagramm
Drüse: **7** Glandel, **8** Glandula
Drüsenabsonderung: **6** Sekret
Drüsenbläschen: **8** Follikel
Drüsengeschwulst: **6** Adenom
Drüsenstoff: **6** Hormon
Dschungelheld: **6** Tarzan
dudeln: **6** blasen, leiern
Dudelsack: **4** Piva, **7** Bagpipe, Musette, **9** Cornemuse
Duero-Zuflüsse: **3** Coa, Ega, Oca, Oja, Roa, Tao, Tua, **4** Arba, Arga, Cega, Esla, Nela, **5** Aguas, Cinca, Jalon, Jopin, Riaza, Segre, Tiron, Ulron, **6** Alhama, Aragon, Guerva, Huecha, Huerva, Iregua, Martin, **7** Eidasos, Gallego, Queiles, **9** Almonacid, Guadalope, Mataranna, Nejerilla, Naxerilla, Oroncilla
Duft: **4** Arom, **5** Aroma, Blume, Odeur, **6** Bukett
Duft des Weines: **5** Blume, **6** Bukett
duftende Blumen: **4** Iris, Rose, **5** Lilie, Nelke, Viole, Wicke, **6** Reseda, Salvie, **7** Levkoje, **8** Edelrose, Gardenie, Goldlack, Lavendel, Veilchen, **9** Heliotrop
duftende Ziersträucher: **6** Jasmin, **7** Flieder, **8** Oleander
duftreich: **10** aromatisch
Duftstoffe: **5** Amber, Ambra, Bisam, Zibet, **6** Myrrhe, Parfum, **7** Borneol, Juchten, Kumarin, Moschus, Parfuem, **8** Vanillin
dulden: **6** leiden, **8** billigen, zulassen, **10** tolerieren
duldsam: **8** tolerant
Duldsamkeit: **8** Toleranz, **9** Nachsicht
dumm: **4** doof, **5** bloed, **6** stupid, **8** daemlich
dummdreist: **11** impertinent
dummlustig: **6** albern
dummer August: **5** Clown
dummes Gerede: **10** Geschwaetz
dummes Geschwafel: **8** Zinnober, **9** Schmonzes
dummes Zeug: **6** Tinnef
Dummheit: **6** Eselei, Unsinn, **7** Torheit
Dummkopf: **4** Depp, Narr, **5** Idiot, Tropf, **6** Dussel, Kaffer, Pinsel, Schote, Simpel, **7** Stiesel, Trottel, **8** Daemlack, Ignorant, **9** Bloedling
Düna-Zuflüsse: → Dwina Zuflüsse
Dünengras: **11** Strandhafer
Dung: **4** Mist
Düngemittel: **4** Kali, Urat, **5** Guano, **6** Apatit, Jauche, **7** Kompost, **8** Salpeter
dunkel: **4** opak, **6** obskur, **7** duester, finster, **8** mystisch, pythisch, **9** delphisch
Dünkel: **7** Hochmut, **8** Arroganz
dünkelhaft: **10** sueffisant

dunkelbraun: **8** bruenett
dunkelbraune Farbe: **5** Umber, Umbra
Dunkelheit: **5** Nacht
dunkellila: **6** pensée
Dunkelnebel: **7** Globule
dünn: **7** schlank
dünnes Blättchen: **7** Lamelle
dünner Kaffee: **5** Lorke
dünnes Metallblatt: **5** Folie
Dunst: **4** Dust, **5** Dampf, Nebel, **8** Schwaden
Dunstglocke über Großstädten: **4** Smog
dunstig: **6** diesig, neblig
durch: **3** per
durchaus: **7** absolut, partout, **11** schlechthin
durchbilden: **10** trainieren
Durchblick: **11** Perspektive
durchbohren: **6** lochen, **11** perforieren
Durchbohrung: **11** Perforation
durchbrochen: **5** ajour
Durchbruch: **6** Ruptur
durchdacht: **10** methodisch
durchdringbar: **9** permeabel, **10** penetrabel
durchdringend: **5** grell, **7** schrill, **9** penetrant
Durchdringung: **12** Infiltration
Durcheinander: **4** Wust, **5** Chaos, **6** Gewirr, **8** Wirrwarr, **9** Charivari, Quodlibet, **10** Kunterbunt, Mischmasch, Tohuwabohu, **11** Ballawatsch, **12** Kuddelmuddel
Durchfahrt: **7** Passage
Durchfall: **9** Diarrhoee
Durchfuhr: **7** Transit
durchführbar: **8** moeglich
Durchgang: **5** Gasse, **7** Passage, **9** Durchlass
Durchgangsverkehr: **7** Transit
durchgehend: **9** permanent
durchgeistigt: **10** aetherisch
durchgreifend: **7** resolut
Durchhau im Walde: **8** Schneise
durchlässig: **6** poroes, **9** permeabel
durchlaufend: **14** kontinuierlich
durchleuchten: **8** roentgen
durchlochen: **11** perforieren
Durchlöcherung: **11** Perforation
Durchlüfter: **10** Ventilator
Durchmesser: **7** Kaliber, **8** Diameter
durchpausen: **8** kopieren
durchqueren: **9** passieren
Durchscheinen: **11** Transparenz
durchscheinend: **7** diaphan, **11** transparent
durchscheinender Gips: **9** Alabaster
Durchschlag: **4** Sieb, **5** Kopie, **8** Duplikat, **12** Zweitschrift
Durchschlupf: **4** Loch, **6** Ausweg
Durchschnitt: **4** Norm, **5** Regel, **8** Standard, **10** Mittelwert
durchschreiben: **8** kopieren
durchschreitbare Stelle im Fluß: **4** Furt
Durchschrift: **5** Kopie, **8** Duplikat
Durchsicht: **8** Revision, **10** Visitation
durchsichtig: **4** klar, **11** transparent
durchsichtige(r, s)
– ***Farbüberzug:*** **5** Lasur
– ***Gewebe:*** **4** Flor, Gaze, **5** Tuell, Voile
– ***Gipsart:*** **9** Alabaster
– ***Mineral:*** **4** Opal
– ***Werkstoff:*** **4** Glas
Durchsichtigkeit: **11** Transparenz
Durchsuchung: **6** Razzia, **10** Visitation
durchtrieben: **5** smart, **7** gewiegt, **10** raffiniert
durchtriebener Bursche: **5** Filou
Durchtriebenheit: **10** Raffinesse
Durchtritt von Flüssigkeiten durch Scheidewände: **6** Osmose
Durchzeichnung: **5** Pause
Dürers Lehrer: **8** Wohlgemut
dürftig: **3** mau, **4** karg, **6** gering, **8** aermlich, primitiv
dürr: **4** arid, karg, **5** mager, **7** trocken, **8** hutzlig
dürres Zweigwerk: **6** Reiser, Reisig

Dusche: **6** Brause
Düsenflugzeug: **3** Jet
Düsseldorfer Prachtstraße: **3** Koe
duster: **6** dunkel, **7** traurig
Dwina-Zuflüsse: **3** Wym, **4** Meha, Obol, Waga, **5** Jemza, Witba, Wylet, **6** Keltma, Pinega, **7** Uftjuga, Uslinga, **8** Wyschora, **10** Wytschegda
Dynamik: **4** Elan, **7** Schwung, **10** Triebkraft
Dynamomaschine: **9** Generator
Dynast: **6** Fuerst, **9** Herrscher

E

eben: **4** just, plan, **5** flach, glatt
Ebenbild: **6** Abbild, **9** Konterfei
ebenbürtig: **6** gleich, **9** kongenial
ebenda (lat.): **6** ibidem
Ebene: **7** Flaeche, **8** Tiefland, **9** Flachland
ebenfalls: **4** auch
Ebenmaß: **7** Numerus, **8** Harmonie, Rhythmus, **9** Symmetrie, **10** Gleichmass, Proportion
ebenmäßig: **10** harmonisch, **11** symmetrisch
ebenso: **4** auch, dito, item
ebnen: **6** bahnen, **8** glaetten, **9** planieren
Ebro-Zuflüsse: **3** Cea, Coa, Ega, Oca, Oja, Tua, **4** Arba, Cega, Esla, Nela **5** Adago, Adaja, Duero, Grado, Paiwa, Sabio, Sabor, Segre, Ucero, **6** Agueda, Aragon, Arvigo, Orbigo, Riazza, Tamega, Tormes, Yeltes, **7** Araduey, Arlanza, Duraton, Guarena, Linares, **8** Arlanzon, Pisuerga, Rituerto, **9** Zapardiel
Echsen: **4** Teju, **5** Agame, Gecko, Skink, Tokee, Waran, **6** Anolis, Leguan, **8** Basilisk, Eidechse, Krokodil, **9** Schleiche, Chamaeleon, **14** Blindschleiche
echt: **4** edel, **6** genuin, **8** original, **11** authentisch, **13** unverfaelscht
Echtheitserklärung: **12** Legitimation
Eckfeld des Halmabretts: **3** Hof
Ecuador (auch Ekuador – Staat in Südamerika)
Berge: **8** Cotopaxi, **10** Chimborazo, **11** Chimborasso
Bevölkerung: **12** Ecuadorianer
Flüsse: **4** Napo, **7** Curaray, **10** Esmeraldas
Gebirge: **5** Anden, **11** Kordilleren
Hauptstadt: **5** Quito
Indianerstämme: **4** Cara, **6** Kechua, **7** Jivaros, Saparos, **8** Ketschua
Inseln: **4** Puna, **7** Amistad, **9** Galapagos
Politiker: **6** Ballén, Ibarra
Provinzen (und ihre Hauptstädte): **4** Loja (**4** Loja), **5** Azuay (**6** Cuenca), Cañar (**7** Azogues), El Oro (**7** Machala), **6** Carchi (**6** Tulcán), Guayas (**9** Guayaquil), Manabi (**11** Puertoviejo), **7** Bolivar (**8** Guaranda), Los Rios (**8** Babahoya), **8** Cotopaxi (**9** Latacunga), Imbabura (**6** Ibarra), **9** Pichincha (**5** Quito), **10** Chimborazo (**8** Riobamba), Esmeraldas (**10** Esmeraldas), Tungaruhua (**6** Ambato), **11** Napo-Pastaza (**4** Tena), **14** Santiago-Zamora (**5** Macás), **15** Galapagosinseln (**12** San Cristóbal)
Ruinenstätte der Inkas: **9** Ingapirci
Sprachen: **8** Ketschua, Spanisch
Städte: **4** Loja, **6** Ambato, Cuenca, Talara, **7** Otavalo, **8** Riobamba, Santa Ana, **9** Guayaquil, Saquisili, **10** Portoviejo, Santa Elena
Vulkane: **6** Sangay, **8** Antisana, Cotopaxi
Währung: **5** Sucre, **7** Centavo
edel: **4** echt, hehr, **5** human, nobel, vornehm, **11** grossherzig
Edelgase: **4** Neon, **5** Argon, Radon,

Xenon, **6** Helium, Thoron, **7** Aktinon, Krypton
Edelholz: **4** Teak, **8** Ebenholz, Mahagoni, **10** Palisander, Sandelholz
Edelholzblatt: **7** Furnier
Edelkastanie: **6** Marone
Edelknabe: **4** Page, **6** Knappe
Edelmann: **6** Junker, Ritter, **7** Adliger, **9** Caballero, **11** Gentilhomme
Edelmetalle: **4** Gold, **6** Osmium, Platin, Silber, **7** Iridium, Rhodium, **9** Palladium, Ruthenium
Edelmetallgewicht: **4** Gran, **5** Graen
Edelmut: **12** Generositaet
Edelpilz: **10** Champignon
Edelrost: **6** Patina
Edelstein (rund geschliffen): **8** Cabochon
Edelsteine: Schmucksteine
Edelsteingewicht: **5** Karat
Edelsteinhandel: **10** Bijouterie
Edelsteinimitation: **6** Simili, Strass
Edelsteinmetropolen: **6** London, **9** Antwerpen
Edelsteinschleifgerät: **8** Lapidaer
Eder-Zuflüsse: **3** Ems, **4** Orke, **5** Itter, Netze, Nuhne, **7** Schwalm
Effekt: **6** Erfolg, **7** Wirkung
effektiv: **8** greifbar, wirklich **9** vorhanden
Egerling: **10** Champignon
Egoismus: **8** Ichsucht, **9** Eigennutz
EG-Staaten (außer Deutschland): **6** Irland, **7** Belgien, Italien, Spanien, **8** Portugal, **9** Daenemark, Luxemburg, **10** Frankreich, **11** Niederlande, **12** Griechenland, **15** Grossbritannien
ehedem: **5** einst
Ehefrau: **6** Gattin, **8** Gemahlin
ehelich: **7** legitim
ehelichen: **6** freien, **8** heiraten
ehelos: **5** ledig, **8** agamisch
Ehelosigkeit: **8** Zoelibat
Ehemann: **5** Gatte, **6** Gemahl
Ehepartner: **5** Gatte, **6** Gattin, Gemahl, **8** Gemahlin
ehern: **4** hart, **6** eisern, **8** metallen
Ehescheu: **9** Misogamie
Eheschließung: **6** Heirat, **8** Hochzeit
Eheverächter: **7** Misogam
ehrbar: **6** honett, **7** sittsam, **9** ehrenhaft, honorabel, **11** respektabel
Ehre: **4** Ruhm, **6** Gloria, Wuerde, **7** Achtung, Ansehen, Respekt
ehren: **6** achten
Ehrenbezeigung: **5** Gruss, Kotau, Salut, **8** Reverenz
Ehrenbrief: **6** Diplom
Ehrenerweisung: **8** Honneurs, Reverenz
Ehrengabe: **13** Gratifikation
Ehrengasse: **7** Spalier
Ehrengeleit: **7** Eskorte
Ehrengrabmal: **8** Pantheon
Ehrengruß: **5** Salut, Salve
ehrenhaft: **6** ehrsam, honett, **7** achtbar, honorig, **13** rechtschaffen
Ehrenmann: **9** Gentleman, **11** Gentilhomme
Ehrenname für Jesus: **8** Christus
Ehrenname der römischen Kaiser: **6** Caesar
Ehrenpreis: **3** Cup, **5** Pokal, **8** Medaille
Ehrenpreis (Pflanze): **8** Veronica
Ehrenrettung: **14** Rehabilitation
ehrenrührig: **6** ehrlos
Ehrensalve: **5** Salut
Ehrentag: **9** Jubilaeum
Ehrentempel: **8** Pantheon
Ehrentitel: **7** Eminenz, **9** Exzellenz
Ehrentitel älterer Kapitäne: **9** Kommodore
Ehrentitel frommer Inder: **5** Sadhu
ehrenvoll: **7** glorios, **9** honorabel
Ehrenvorsitzender: **9** Protektor
Ehrenvorstellung: **7** Benefiz
Ehrenzeichen: **5** Orden, **8** Medaille, **10** Dekoration
Ehrenzeugnis: **6** Diplom
Ehrerbietung: **7** Respekt, **8** Reverenz

Ehrfurcht: 7 Respekt
ehrfurchtsvoll: 5 devot, **10** devotional
Ehrgeiz: 5 Eifer, **8** Ambition
Ehrgeizling: 7 Streber
ehrlich: 4 fair, **5** reell
ehrlos: 5 infam
ehrloser Mensch: 4 Lump
Ehrlosigkeit: 7 Infamie, Schande, Schimpf
ehrwürdig: 8 erlaucht, **15** patriarchalisch
ehrwürdige alte Frau: 7 Matrone
Ei der Laus: 4 Niss, **5** Nisse
Eibe: 5 Taxus
Eibisch: 5 Malve, **6** Althee, Ibisch, **7** Athaea, **8** Hibiskus, **9** Stockrose, **10** Samtpappel, Stockmalve, **11** Kaesepappel
eichen: 8 visieren, **9** justieren, **11** adjustieren
Eichhörnchen: 3 Feh
Eichmaß: 6 Etalon
Eid: 6 Schwur
Eidbruch: 7 Meineid
Eidechsen: 5 Gecko, Waran, **6** Leguan, **7** Lazerte, **10** Chamaeleon, Flugdrache, Mauergecko, **12** Waldeidechse, **13** Mauereidechse, **14** Blindschleiche
Eidgenosse: 9 Schweizer
eidliche Versicherung: 9 Affidavit
Eidotter: 6 Eigelb
Eier im Nest: 6 Gelege
Eier von Wassertieren: 5 Laich
Eierfrucht: 9 Aubergine
Eierkuchen: 7 Omelett, Frittate, **12** Palatschinke
Eierlikör: 7 Advokat, **8** Advocaat, **10** Knickebein
Eierpflanze: 9 Aubergine
Eierspenderin: 4 Huhn, **5** Henne
Eierstein: 6 Oolith
Eierteigware: 5 Nudel
Eifelhöhe: 8 Hohe Acht
Eifer: 9 Intension
Eiferer: 3 Fan, Fex, **5** Zelot, **9** Fanatiker
Eifersucht: 10 Rivalitaet
Eiform: 4 Oval
eiförmig: 4 oval, **5** ovoid, **6** oboval
eifrig: 5 emsig, **8** fleissig, strebsam
Eigelb: 6 Dotter, **8** Eidotter
eigen: 6 proper, **7** penibel
Eigenart: 3 Typ, **4** Note, **6** Manier, **8** Naturell, **9** Charakter, **13** Originalitaet, **13** Individualitaet
eigenartig: 5 apart, **9** originell
eigengesetzlich: 7 autonom
Eigengesetzlichkeit: 9 Autonomie
Eigengift: 9 Autotoxin
eigenhändig: 6 selbst
eigenhändige Unterschrift: 6 Signum, **9** Autogramm
Eigenheim: 5 Villa, **8** Bungalow
Eigenliebe: 8 Egoismus, **11** Selbstsucht
eigenmächtig: 14 selbstherrlich
Eigennutz: 8 Egoismus, **11** Selbstsucht
Eigennütziger: 6 Egoist
eigens: 5 extra, **8** speziell, **9** besonders
Eigenschaft: 8 Attribut, **9** Qualitaet
Eigenschaftswort: 8 Adjektiv
Eigensinn: 5 Trotz, **10** Persistenz
eigensinnig: 4 stur, **7** trotzig, **8** obstinat, **10** kaprizioes
Eigensucht: 8 Egoismus, Ichsucht
Eigentum: 4 Habe, **6** Besitz, **9** Vermoegen
Eigentümer: 7 Inhaber, **8** Besitzer
eigentümlich: 7 typisch, **8** speziell, **9** besonders, originell
Eigentümlichkeit: 6 Cachet, Manier, **11** Spezifitaet
Eigentumsdelikte: 4 Raub, **6** Betrug, **8** Einbruch, **9** Diebstahl
Eigenwechsel: 11 Solawechsel
eigenwillig: 10 kaprizioes
Eignung: 13 Qualifikation, **14** Qua-

lifizierung
Eignungsprüfung: 4 Test
Eihaut: 6 Amnion
Eiklar: 7 Eiweiss
Eiland: 5 Insel
Eilbote im diplomatischen Dienst: 6 Kurier
Eile: 4 Hast
Eileiter: 4 Tuba
eilen: 6 hasten, **8** preschen
eilig: 6 urgent, **8** pressant
eiligst: 7 express
Eilnachricht: 8 Depesche, **9** Telegramm
Eilpostkutsche: 9 Diligence
Einäscherungshalle: 11 Krematorium
einatmen: 10 inhalieren
Einatmung: 10 Inhalation
einäuiger Riese: 6 Kyklop, Zyklop, **8** Polyphem
einbalsamierter Leichnam: 5 Mumie
Einbau: 12 Installation
Einbaum: 4 Kanu, **6** Piroge
einbegriffen: 9 implizite, inklusive
Einberufung: 10 Gestellung
Einbildung: 7 Duenkel, Hochmut, **8** Illusion, **9** Schimaere, **11** Spekulation
Einbildungskraft: 9 Phantasie, **11** Imagination
einblättrig: 8 unipetal
Einbrenne: 8 Schwitze
Einbringung der Früchte: 5 Ernte
Einbruch: 8 Invasion
Einbürgerung: 14 Naturalisation, Nostrifikation, **15** Naturalisierung
Einbuße: 7 Verlust
eindampfen: 11 evaporieren
eindeutig: 4 klar
eindicken (Suppe): 8 legieren
eindringen: 12 infiltrieren
eindringlich: 8 intensiv, **10** instaendig
Eindringlichkeit: 10 Intensitaet
Eindringling: 7 Invasor
Eindruck: 7 Wirkung, **10** Impression
Eindruck machen: 10 imponieren
eindrucksvoll: 8 imposant, **10** effektvoll
eine der Gezeiten: 4 Ebbe, Flut
eine der Haupttugenden: 4 Spes, **5** Fides, Liebe, **6** Glaube, **7** Caritas, Glauben, Staerke, **8** Hoffnung, Justitia, Klugheit, Weisheit, **9** Fortitudo, Prudentia, **10** Tapferkeit, **11** Maessigkeit, Temperentia, **12** Besonnenheit, **13** Gerechtigkeit
eine der schönen Künste: 4 Tanz, **5** Musik, **7** Malerei, **8** Dichtung
eine der drei
– ***Chariten:* 6** Aglaia, Thalia, **10** Euphrosyne
– ***Erinnyen:* 6** Alekto, **7** Megaere, Megaira, **9** Tisiphone
– ***Gorgonen:* 6** Medusa, Meduse, **7** Euryale, Stheino
– ***Grazien:* 6** Aglaia, Thalia, **10** Euphrosyne
– ***Horen:* 4** Dike, **6** Eirene, **7** Eunomia
– ***Horen (attisch):* 4** Auxo, **5** Karpo, **6** Thallo
– ***Nornen:* 3** Urd, **5** Skuld, **8** Werdandi
– ***eine der Musen:* 4** Klio, **5** Erato, **6** Thalia, Urania, **7** Euterpe, **8** Kalliope, **9** Melpomene, **10** Polyhymnia, **11** Terpsichore
– ***eine der Todsünden:* 4** Geiz, Neid, Zorn, **7** Hochmut, Wollust, **10** Trunksucht
Einehe: 9 Monogamie
einengend: 10 restriktiv
einer der
– ***Argonauten:* 4** Idas, **5** Iason, **6** Idunas, Kastor, Neleus, Peleus, **7** Admetos, Orpheus, Telamon, Theseus, **8** Euphemos, Herakles, **9** Mellagros
– ***Göttinger Sieben:* 5** Ewald, Grimm, Weber, **8** Albrecht, Dahlmann, Gervinus
– ***Heiligen Drei Könige:* 6** Kaspar,

8 Melchior, 9 Balthasar
- *Raben Odins:* 5 Hugin, Munin
- *sagenhaften Gründer Roms:* 5 Remus, 7 Romulus
- *sieben Epigonen:* 8 Alkmaion, Diomedes, Euryalos, 9 Aegialeus, Promachos, Sthenelos, 11 Thersandros
- *Sieben Weisen Griechenlands:* 4 Bias, 5 Solon, 6 Chilon, Thales, 8 Pittakos, 9 Kleobulos, Periander
- *Titanen:* 5 Atlas, Koios, Krios, 6 Adanos, Anytos, Helios, Kronos, Ophion, 7 Aigaion, Japetos, Okeanos, Ostasos, 8 Hyperion, Olymbros, 10 Epimetheus, Prometheus
- *vier Großen Propheten:* 6 Daniel, Jesaja, 8 Hesekiel, Jeremias
- *Wölfe Odins:* 4 Geri, 5 Freki
- *zwölf Kleinen Propheten:* 4 Amos, Joel, Jona, 5 Hosea, Micha, Nahum, 6 Haggai, Obadja, 7 Habakuk, 8 Maleachi, Sacharja, Zephanja

einerlei: 4 egal
Einerlei: 9 Monotonie
einfach: 6 frugal, simpel, 8 primitiv, schlicht, 9 elementar, 11 spartanisch
Einfachheit: 12 Simplizitaet
Einfahrt: 3 Tor, 6 Portal
Einfall: 3 Gag, 4 Idee, Raid, 7 Gedanke, 8 Invasion, 11 Erleuchtung, Inspiration
Einfalt: 8 Bonhomie, Dummheit, 9 Naivitaet, 12 Simplizitaet
einfältig: 4 doof, naiv, 6 simpel
einfältiger Mensch: 3 Tor, 4 Narr, 6 Gimpel, Schote, Simpel, 7 Abderit, Trottel, 8 Bonhomme
Einfältigkeit: 9 Naivitaet
Einfaltspinsel: 4 Depp, 6 Schote, Simpel
einfarbig: 3 uni, 9 monochrom
einfassen: 9 garnieren
Einfassung: 4 Rand, Saum, 5 Bande, Kante, Zarge, 6 Rahmen, 7 Lisiere, 8 Borduere
Einfluß: 6 Influenz
Einflußbereich: 8 Ingerenz
einflüstern: 8 vorsagen, 11 soufflieren
einförmig: 7 monoton, uniform
Einförmigkeit: 8 Einerlei, 9 Monotonie, 11 Stereotypie, 12 Uniformitaet
Einfriedung: 4 Fenz, Zaun, 5 Hecke, Knick, Mauer, 6 Gatter, Pferch
Einfuhr: 6 Import
einführend: 14 programmatisch
Einfuhrgebühr: 4 Zoll
Einfuhrkaufmann: 9 Importeur
Einführung: 9 Leitfaden, 10 Initiation, Investitur, 12 Introduktion
Einfuhrware: 7 Importe
Eingabe: 5 Input, 6 Gesuch, 8 Petition
Eingang: 4 Tuer, 6 Entree, Portal 7 Zutritt
Eingangshalle: 7 Vorraum, 8 Portikus, 9 Vestibuel
Eingangslied: 9 Introitus
eingebildet: 5 eitel, 8 arrogant, blasiert, 9 imaginaer, 10 hochmuetig, 11 snobistisch
eingebildeter Kranker: 11 Hypochonder
eingeboren: 8 heimisch
eingebrannte Falte: 7 Plissee
Eingebung: 7 Einfall, 11 Inspiration
eingedickter Fruchtsaft: 5 Gelee
eingedickter Saft der Süßholzwurzel: 8 Lakritze
eingedeichtes Land: 3 Kog, 4 Koog, 6 Polder
eingefleischter Junggeselle: 9 Hagestolz
eingehen: 9 krepieren, reagieren
eingehend: 8 speziell
eingelegte Knospe: 5 Kaper
eingelegtes Ei: 5 Solei
Eingemachtes: 8 Konserve

Eingemeindung: 13 Inkorporation
eingesalzener Kabeljau: 8 Laberdan
eingesäuertes Viehfutter: 6 Silage
eingeschlossener Teil eines Staates: 7 Enklave
Eingeschlossensein: 8 Immanenz
eingeschüchtert: 6 mutlos
eingesetztes Stoffstück: 4 Keil
Eingeweide: 6 Daerme, **7** Kutteln, **8** Gekroese, **9** Innereien, Kaldaunen
Eingeweihter: 5 Adept, **9** Mitwisser, **10** Esoteriker, Vertrauter
eingezuckerte Apfelsinenschale: 8 Orangeat
eingezuckerte Zitronenschale: 8 Zitronat
Einglas: 7 Monokel
eingliedrige Zahlengröße: 5 Monom, **7** Mononom
Eingriff: 9 Operation
Eingriff am lebenden Tier: 11 Vivisektion
Einhegung:→ Einfriedung
einheimisch: 7 indigen, **9** endemisch
Einheit des Selbstbewußtseins: 3 Ich
einheitlich: 6 gleich, **7** uniform, **9** einmuetig
einheitlich festsetzen: 6 normen
Einheitskleidung: 7 Uniform
Einheitslehre: 8 Monismus
Einheitsmuster: 4 Norm
einhöckeriges Kamel: 8 Dromedar
Einhufer: 4 Esel, **5** Pferd, Zebra, **8** Halbesel
einig: 7 konform
Einigungsbewegung der Christenheit: 8 Oekumene
einjährig: 7 annuell
einjähriges Pferd: 5 Enter
Einkaufsbehälter: 4 Korb, Netz, **6** Beutel, Tasche
Einkaufsbummel: 8 Shopping
Einkehr: 4 Reue, **9** Besinnung
einkehren: 8 besuchen, **9** absteigen
Einkerbung: 3 Nut, **4** Nute, **5** Kehle, **7** Inzisur
Einklang: 7 Unisono, **8** Harmonie
Einkommen: 4 Gage, Lohn, Sold, Zins, **5** Heuer, Rente, **6** Gehalt, Salaer, **7** Honorar, Revenue, **8** Pfruende, **9** Besoldung
Einkorn: 6 Dinkel
Einlage: 6 Inhalt, **8** Fuellung, **10** Intermezzo
Einlaß: 7 Zutritt
Einlaßkarte: 6 Ticket, **7** Billett
Einlauf: 8 Klistier
Einlegearbeit: 6 Mosaik, **8** Intarsia, **9** Intarsien
Einleitung: 6 Prolog, **9** Introitus, Praeambel, **12** Introduktion **14** Praeliminarien
Einleitungsstück: 10 Ouvertuere
einleuchtend: 7 evident, **9** plausibel
einmachen: 12 konservieren
Einmannboot: 5 Dingi, Skiff, **6** Dinghi
Einmaster: 4 Slup, **5** Barke, Tjalk, **6** Kutter
Einmischung: 12 Intervention
Einmütigkeit: 10 Konkordanz
Einnahme: 6 Erloes, **9** Eroberung
Einöde: 7 Wildnis, **9** Wuestenei
einordnen: 11 rubrizieren, **12** registrieren
einpassen: 9 justieren
Einpauker: 9 Repetitor
Einpflanzung: 12 Implantation
einprägsam: 7 markant, **9** plastisch
einrädriges Schubfahrzeug: 5 Karre
einräumen: 11 konzedieren
Einrede: 4 Veto, **7** Einwand, Einwurf, **9** Einspruch
Einreibmittel: 5 Salbe, **6** Balsam, **7** Kampfer, Tinktur
Einreibung: 7 Unktion, **8** Friktion
einreihen: 9 rangieren, **10** gruppieren
Einreihung: 10 Klassement
einreißen: 10 demolieren, **11** demontieren
einrichten: 10 etablieren, moeblieren,

12 installieren
Einrichtung: **8** Institut, **11** Institution, **12** Installation, Organisation
Einrichtungsgegenstände: **6** Moebel, **8** Inventar
Einriß: **6** Fissur
Einrücken feindlicher Truppen: **8** Invasion
Einsager: **9** Souffleur
Einsagerin: **10** Souffleuse
einsalzen: **7** poekeln
einsam: **3** oed, **4** oede, **6** allein, **9** abgelegen
einsame Gegend: **4** Oede, **9** Wuestenei
einsames Inselleben: **11** Robinsonade
einsatzbereit: **3** fit
einsaugen: **11** resorbieren
Einsaugung: **10** Resorption
Einschiebsel: **7** Episode
einschließlich: **9** implizite, inklusive
Einschließung: **8** Blockade, **9** Okklusion, **10** Zernierung
Einschnitt: **3** Nut, **4** Nute, **5** Kerbe, Kimme, **6** Zaesur, **7** Inzisur, Scharte, **8** Inzision
Einschnürung: **11** Kontraktion
einschränken: **10** reduzieren
einschränkend: **10** restriktiv
Einschränkung: **7** Klausel, **10** Limitation, **11** Restriktion, **12** Modifikation
einschreiben: **12** inskribieren, **15** immatrikulieren
Einschreibung: **15** Immatrikulation
Einsegnung: **12** Konfirmation
einseitig: **8** partiell, **9** subjektiv, **10** doktrinaer, unilateral
Einseitigkeit: **14** Subjektivitaet
einsetzen: **13** konstituieren
Einsicht: **6** Raeson
einsickern: **12** infiltrieren
Einsickerung: **12** Infiltration
Einsiedelei: **6** Klause, **8** Kartause, **9** Eremitage
Einsiedler: **6** Eremit, **7** Marabut, **8** Klausner, **9** Anachoret
Einsiedlerkloster: **5** Laura, Lawra
Einsiedlerorden: **10** Kartaeuser
Einspänner: **3** Cab, Gig, **7** Dogcart
einspritzen: **10** injizieren
Einspritzung: **9** Injektion
Einspruch: **4** Veto, **6** Rekurs, **7** Einrede, Protest, **10** Beschwerde, **14** Interpellation
Einspruchsrecht: **4** Veto
einst: **4** olim, **6** ehedem
einstehen: **11** garantieren
einstellen: **10** regulieren, **11** adjustieren
Einstellraum: **6** Garage, Remise, **8** Schuppen
Einstieg: **3** Luk, **4** Luke
einstimmiger Gesang: **7** Monodie
einstöckiges Haus: **8** Bungalow
einstufen: **11** rubrizieren
einstweilig: **12** provisorisch
einstweilige Amtsenthebung: **10** Suspension
eintägig: **7** ephemer
Eintagsfieber: **8** Ephemera
Eintagsfliege: **10** Ephemeride
Eintänzer: **6** Gigolo
einteilen: **11** disponieren, rationieren
Einteilung an Meßgeräten: **5** Skala
Einteilungsbegriff: **3** Art, **5** Kreis, Rasse, Reihe, Sorte, Stamm, Typus, **6** Klasse, **7** Familie, Gattung, Ordnung
eintönig: **7** monoton
eintöniges Gerede: **7** Litanei
Eintönigkeit: **8** Einerlei, **9** Monotonie, Tristesse
Eintracht: **7** Frieden, **8** Harmonie
einträchtig: **9** kollegial
eintragen: **8** notieren, **12** registrieren
einträglich: **8** lukrativ, rentabel
einträgliches Amt: **8** Sinekure
Eintragungsliste: **8** Matrikel
Eintreffen: **7** Ankunft
eintreten: **9** geschehen, passieren

Eintreten des Mondes in den Planetschatten: **9** Immersion
Eintritt: **6** Entree, Zugang
Eintrittsgeld: **6** Entree
Eintrittskarte: **6** Ticket, **7** Billett
einüben: **6** lehren, lernen, pauken, **7** drillen, **10** exerzieren
Einüber: **12** Korrepetitor
Einunddasselbe: **10** Identitaet
Einverleibung: **8** Annexion
Einverständnis: **9** Billigung, **10** Zustimmung
Einwand: **4** Aber, **7** Einrede, **8** Bedenken, **11** Widerspruch
Einwanderer: **9** Immigrant
einwandfrei: **4** fair, **7** korrekt, koscher, **8** makellos, tadellos
ein wenig: **4** poco, **5** etwas
Einwilligung: **7** Konsens
Einwirkung von außen: **8** Eingriff
Einwohnerverzeichnis: **10** Adressbuch
Einzahl: **8** Singular
einzäunen: **9** einfenzen
Einzäunung: **4** Fenz, **6** Gatter, Pferch, **10** Umfriedung
Einzeldarsteller: **6** Solist
Einzeldarstellung: **4** Solo, **11** Monographie
Einzelfall: **5** Kasus
Einzelgesang: **7** Monodie
Einzelhändler: **10** Detaillist
Einzelheit: **6** Detail
Einzeljagd: **6** Pirsch
Einzeller: **7** Protist, **9** Protozoon
einzelliges Lebewesen: **6** Amoebe
einzeln: **6** allein, **7** separat, **8** speziell, **9** singulaer, **11** partikulaer
einzeln aufführen: **13** spezifizieren
einzeln gefaßter Edelstein: **8** Solitaer
einzeln lebend: **8** solitaer
Einzelposten: **8** Position
Einzelraum: **7** Séparée
Einzelsänger, -spieler: **6** Solist
Einzelstück: **8** Exemplar
Einzelvortrag: **4** Solo
Einzelvortragender: **6** Solist
Einzelwesen: **10** Individuum
einziehen: **9** kassieren, **10** einberufen, **12** konfiszieren
Einziehen von Geldforderungen: **7** Inkasso
Einziehung: **12** Konfiskation
einzigartig: **8** einmalig, original, **9** originell
Einzigartiges: **6** Unikum
Einzigkeit: **7** Unitaet
eirund: **4** oval
Eisenabfälle: **7** Schrott
Eisen-Alu-Legierung: **4** Alit
eisenanziehendes Metall: **6** Magnet
Eisenbahnabteil: **5** Coupé, Kupee
Eisenbahner: **6** Heizer, **7** Bremser, **9** Rangierer, Schaffner, **10** Lokfuehrer, Zugfuehrer, **11** Kontrolleur, **14** Weichensteller, **16** Fahrdienstleiter, Schrankenwaerter
Eisenbahnfahrplan: **8** Kursbuch
Eisenbahnfährschiff: **7** Trajekt
Eisenbahnfahrzeuge: **3** Lok, **4** E-Lok, Lore, **6** Tender, Waggon, **8** Draisine, **9** Diesellok, **10** Lokomotive, Triebwagen
Eisenbahngüterwagen: **4** Lore
Eisenbahnsicherheitsanlagen: **4** Bake, **6** Indusi, Signal, **8** Schranke, **9** Notbremse, Vorsignal, Warnkreuz, **10** Laeutewerk, Signalmast, **11** Hauptsignal
Eisenbahnwagen: **6** Waggon
Eisenblock: **6** Bramme
Eisenerze: **5** Pyrit, **7** Minette, Siderit, **8** Chamosit, Haematit, Magnetit, Roteisen, **9** Eisenkies, Eisenspat, **10** Eisenglanz, Eisenstein, **12** Schwefelkies, **13** Roteisenstein, **15** Brauneisenstein, Raseneisenstein, **16** Magneteisenstein
Eisenfraß: **4** Rost
Eisenfresser: **9** Bramarbas
eisenhaltiges Mineral: **3** Erz

Eisenhut: **6** Akonit
Eisenkies: **5** Pyrit
Eisenklumpen: **5** Luppe
Eisenkraut: **7** Verbene
Eisenkrautgewächse: **7** Lantana, Losbaum, **8** Teakbaum, **9** Avicennia, **14** Moenchspfeffer, Wandelroeschen, **15** Zitronenstrauch
Eisenoxid: **4** Rost, **6** Zunder
Eisenoxid ansetzen: **6** rosten
Eisensalz: **6** Ferrit
eisern: **5** ehern
Eisgetränk: **9** Sorbet, **9** Scherbett
Eisheiliger: **6** Servaz, **7** Bonifaz, Pankraz, **8** Mamertus, **9** Servatius, **10** Bonifatius, Pankratius
Eishockeyart: **5** Bandy
Eishockeybegriffe: **5** Bully, Icing, **7** Penalty, **9** Bodycheck, Kniecheck, **11** Bandencheck, **12** Forechecking
Eishockeyscheibe: **4** Puck
eisiger Überzug: **4** Reif
Eislauffiguren: **4** Mond, **5** Bogen, Lasso, Waage, Wende, **6** Achter, Dreier, Zirkel, **7** Libelle, Spirale **8** Schlinge, **9** Pirouette, **11** Bogenachter, **12** Todesspirale, **14** Schlangenbogen
Eislaufsprünge: **4** Axel, Flip, Lutz, **5** Euler, **6** Thoren, **7** Salchow, Toelopp, **10** Rittberger, **11** Axel-Paulsen
Eismond: **6** Januar
Eisschießen: **7** Bosseln, Curling
Eisstrom: **9** Gletscher
Eiszeit: **7** Glazial, **8** Diluvium
eiszeitlich: **7** glazial
Eiszeitmensch: **9** Troglodyt
eiszeitliches Säugetier: **6** Mammut
eitel: **4** inan, **5** affig, **6** kokett, **10** affektiert
Eiterbläschen: **6** Pustel
Eiterflechte: **8** Impetigo
Eitergeschwür: **7** Abszess, **8** Furunkel, **8** Karbunkel
eitern: **9** schwaeren
Eiterpustel: **6** Ekthym
eitler Mann: **4** Geck, Snob
eitrig: **8** purulent
Eiweiß(körper): **6** Glutin, Kasein, **7** Albumin, Antigen, Proteid, Protein, **8** Globulin, Lezithin
Ekel: **6** Degout, Greuel **7** Abscheu, Grausen, **8** Scheusal, **10** Widerwille
ekelhaft: **4** fies, **9** degoutant
Eklat: **5** Glanz, **8** Aufsehen
Ekuador: → Ecuador
elastischer Stoff: **5** Gummi, **7** Gallert
elastischer Stahldraht: **5** Feder
Elbe-Zuflüsse: **3** Aue, Upa, **4** Aupa, Eger, Ehle, Elde, Este, Ihle, Iser, Ohra, Ohre, Oste, Sude, **5** Aland, Biela, Bille, Boize, Havel, Luehe, Medem, Mulde, Nuthe, Saale, Stoer, Uchte, **6** Alster, Auscha, Elster, Erlitz, Jeetze, Mettau, Moldau, Orlice, Pinnau, Polene, Polenz, **7** Cidlina, Ilmenau, Tetrowa, **8** Mueglitz, Pantsche, Rossbach, Schwinge, Wessnitz, **9** Stepenitz, **10** Weisseritz, **11** Weisswasser
Elbflorenz: **7** Dresden
Elbinsel bei Hamburg: **12** Finkenwerder
Elch: **4** Elen
Elefantenführer: **5** Mahut, **6** Kornak
Elefantenstoßzahn: **9** Elfenbein
elegant: **4** chic, fein, **6** schick, **7** modisch
Elegant: **4** Geck, **5** Dandy, **7** Stutzer
elektrisch geladenes Teilchen: **3** Ion
elektrische(r, s)
– ***Anschluß:*** **6** Buchse, **7** Kontakt, Stecker, **9** Steckdose
– ***Energie:*** **5** Strom
– ***Fisch:*** **9** Zitteraal, **10** Zitterwels, **12** Zitterrochen
– ***Generator:*** **6** Dynamo
– ***Kontaktführer:*** **7** Stecker

– ***Kraftstation:*** **8** Zentrale
– ***Leitung:*** **5** Kabel
– ***Lichterscheinung:*** **9** Elmsfeuer, Nordlicht
– ***Maßeinheiten:*** **3** Ohm, **4** Volt, Watt, **5** Farad, **6** Ampere
– ***Musikinstrumente:*** **9** Polychord, **10** Trautonium, **12** Hammondorgel
– ***Pol:*** **5** Anode, **7** Kathode
– ***Schalteinrichtung:*** **6** Relais
– ***Schutzeinrichtungen:*** **6** Erdung, **9** Isolation, Sicherung, **10** Isolierung
– ***Stromerzeuger:*** **6** Dynamo, **9** Generator
– ***Stromspeicher:*** **4** Akku, **8** Batterie, **11** Akkumulator
Elektrizitätsträger: **3** Ion
elektro-chemischer Vorgang: **11** Elektrolyse
elektro-chemisches Verfahren: **13** Galvanisieren
Elektrode: **5** Anode, **7** Kathode
Elektrokardiogramm: **3** EKG
Elektronenröhren: **5** Diode, **6** Audion, Hexode, Oktode, Triode, **7** Heptode, Pentode
Elektronenschleuder: **8** Betatron
Element: **7** Urstoff, **10** Grundstoff
Elementarlehrbuch: **5** Fibel
Elementarteilchen: **5** Meson, Quant, **6** Photon, Proton, **7** Neutron, Nukleon, **8** Elektron, Mesotron, Negatron, Neutrino, Positron
Elementarteilchenbeschleuniger: **9** Zyklotron
Elen: **4** Elch
Elend: **3** Not, **5** Armut, **6** Jammer, Misere
Elendsgäßchen: **4** Slum
Elendsviertel: **5** Slums
Elfeck: **10** Hendekagon
Elfenbeinküste (Staat in W-Afrika) → Côte d'Ivoire
Elfenkönig: **6** Oberon, **9** Erlkoenig
Elfenkönigin: **7** Titania
elfisches Wesen: **12** Rautendelein
Elitetruppe: **5** Garde
El Salvador (Pazifikstaat in Mittel-Amerika)
Bevölkerung: **13** Salvadorianer
Fluß: **5** Lempa
Hauptstadt: **11** San Salvador
Indianersprache: **4** Maya, **5** Nahua
Politiker: **6** Duarte, Magano, **9** Cristiani
Ruinenstätte: **7** Tazumal
See: **11** Ilopangosee
Städte: **7** La Unión, **8** Acajutla, Santa Ana, Usulután, **9** Sonsonaté, **10** Chalcuapa, La Libertad, Santa Tecla, San Vicente, **12** Zacatecoluca
Vulkane: **6** Izalco, **8** Santa Ana, **9** San Miguel, **10** San Vicente
Währung: **5** Colon, **7** Centavo
Elsaß (franz.: Alsace)
Berg: **14** Grosser Belchen
Flüsse: **3** Ill, **4** Zorn, **5** Moder, **7** Breusch
Gebirge: **7** Vogesen
Hauptstadt: **10** Strassburg
Hügelland: **8** Sundgau
Städte: **6** Colmar, Zabern, **7** Hagenau, **10** Muelhausen, Strassburg, **11** Weissenburg, **12** Schiltigheim, Schlettstadt
elsäss.
– ***Dichter:*** **5** Brant
– ***Humanisten:*** **5** Brant, **10** Wimpfeling
– ***Maler, Kupferstecher:*** **10** Schongauer
– ***Mystiker:*** **6** Zauler
– ***Pfarrer:*** **7** Oberlin
– ***Satiriker:*** **8** Fischart
– ***Theologe:*** **6** Spener
elternloses Kind: **5** Waise
Elternteil: **5** Vater, **6** Mutter
Emanationseinheit: **5** Curie

Emblem: 6 Wappen, **7** Kokarde
embryonales Haarkleid: 6 Lanugo
Empfang: 4 Cour, **6** Cercle, Erhalt, **7** Audienz, **8** Aufnahme, **9** Rezeption
empfangen: 11 konzipieren
empfangend: 8 rezeptiv
Empfänger: 8 Adressat
Empfänger von Altersgeld: 7 Rentner, **9** Rentnerin
empfänglich: 7 geneigt, **8** rezeptiv
Empfangsbescheinigung: 6 Acquit, **8** Quittung
Empfangserklärung: 6 Akzept
Empfangsschein: 8 Quittung, **9** Akzepisse
Empfangstag: 4 Jour, **6** Athome
Empfangsanlage: 7 Antenne
Empfangszimmer: 5 Salon
empfehlen: 5 raten
Empfehlung: 3 Rat, **8** Referenz
empfindlich: 7 penibel, **8** pingelig, sensibel, **11** mimosenhaft
empfindliche Zierpflanze: 6 Mimose
Empfindlichkeitsmesser: 12 Sensitometer
empfindsam: 8 sensibel, **11** sentimental
Empfindsamkeit: 8 Allergie, **13** Sensibilitaet, **16** Sentimentalitaet
Empfindung: 7 Gefuehl, **9** Sentiment, **10** Impression, **11** Wahrnehmung
Empfindungsart: 11 Mentalitaet
Empfindungsorgan: 4 Sinn
Empfindungsstrang: 4 Nerv, **6** Nerven
Empfindungsursache: 4 Reiz
Empfindungsvermögen: 12 Sensualitaet
empor: 9 aufwaerts
Empore: 4 Rang, **7** Galerie
empörend: 8 shocking, **10** skandaloes
empör. Geschehnis: 7 Skandal
Empörer: 6 Rebell, **8** Meuterer
emporgekommen: 9 arriviert
Emporhebung: 9 Elevation
Emporkömmling: 8 Parvenue
Empörung: 7 Aufruhr, Revolte, **8** Meuterei, **9** Rebellion
emsiges Streben: 5 Eifer, **6** Fleiss
Emszuflüsse: 3 Ahe, **4** Hase, Leda
Ende: 3 Aus, **4** Rest, **5** Neige, **6** Exitus, Finale, Finish, Grenze, Spitze, **7** Schluss
Endergebnis: 5 Fazit, **11** Quintessenz
endgültig: 9 definitiv, **12** peremtorisch
Endkampf: 6 Finish
Endkampfteilnehmer: 8 Finalist
endloses Gerede: 7 Palaver
Endpunkt der Erdachse: 3 Pol, **7** Nordpol, Suedpol
Endspiel: 6 Finale
Endspurt: 6 Finish
Endstellung im Schachspiel: 4 matt, patt, **5** remis
Endstück des Brotes: 5 Knust, **6** Kanten
Endsumme: 5 Fazit
Endwettkampf: 6 Finale
Endzustand des gläubigen Buddhisten: 7 Nirwana
Endzweck: 11 Destination
Endzwecklehre: 10 Teleologie
Energie: 5 Kraft
Energiemenge: 5 Quant
Energiequelle: 3 Gas, **4** Holz, **5** Kohle, **6** Benzin, Erdgas, Erdoel
Energiesammler: 4 Akku, **11** Akkumulator
Energieteilchen: 6 Photon
Energieumwandler: 9 Generator
energisch: 7 resolut
eng: 5 dicht, **6** schmal
enganliegendes Gewebe: 6 Trikot
Enge: 6 Klemme, **7** Defilee
enger Durchgang: 4 Gatt
enge Straße: 5 Gasse
enges Tal: 5 Klamm
Engel: 5 Ariel, Uriel, **6** Cherub, Seraph, **7** Angelus, Gabriel, Michael, Raphael
Engel von Augsburg: 8 Bernauer

Engel von Sibirien: 11 Brandstroem
Engelfisch: 6 Rochen
Engelkraut: 9 Sonnentau
Engellehre: 11 Angelologie
Engelsfigur: 5 Putte
Engelstrompete: 6 Datura
Engelsüß: 11 Tuepfelfarn
Engelwurz: 7 Theriak, **8** Angelika
enger werdendes Rohrstück: **5** Duese
England (Teil von Großbritannien)
***Adelsgeschlecht:* 5** Essex
***Adelstitel:* 4** Duke, Earl, Lady, Lord, Peer, **5** Count, **6** Knight, **7** Baronet, Duchess, **8** Countess, Marquess, Viscount, **11** Viscountess
***Admiral:* 6** Nelson
***Afrikaforscher:* 5** Bruce, **7** Stanley, **11** Livingstone
***Anatom:* 6** Harvey
Anrede
Frau: **5** Madam, **6** Mylady, **8** Mistress
Fräulein: **4** Miss
Herr: **3** Sir, **6** Mister
***Anwaltskammer:* 3** Bar
***Archäologe:* 5** Evans, **8** Hamilton
***Architekt:* 5** Jones
Arktisforscher: → englischer Polarforscher
***Artikel:* 3** the
Arzt: → englischer Mediziner
***Astronomen:* 4** Airy, Wren, **5** Adams, **6** Halley, **7** Bradley, **9** Eddington
***Autorennfahrer:* 4** Moss
***Bakteriologe:* 5** Bruce
***Bejahung:* 3** yes
***Bergsteiger:* 4** Hunt, **7** Hillary
***Bier:* 3** Ale, **5** Stout, **6** Porter
***Bildhauer:* 5** Moore, **6** Butler, **7** Dalwood, Epstein, Meadows, **8** Armitage, Chadwick, Hepworth
***Biologe:* 6** Darwin
***Chemiker:* 4** Davy, Todd, **5** Aston, Dewar, Soddy, **6** Dalton, Graham, Harden, Perkin, Ramsay, Talbot, **7** Faraday, Haworth, Hopkins, **8** Bessemer, Robinson, **9** Cavendish, Priestley
***Derbystadt:* 5** Epsom
***Dichter:* 3** Gay, **4** Pope, **5** Blake, Byron, Eliot, Keats, Wilde, Young, **6** Butler, Cowper, Milton, Sidney, Thomas, **7** Carroll, Dickens, Hopkins, Marlowe, Shelley, Southey, Spenser, Thomson, **8** Browning, Fielding, Tennyson, **9** Coleridge, Masefield, Swinburne, **10** Wordsworth, **11** Shakespeare
***Dirigent:* 7** Beecham
***Dramatiker:* 3** Fry, Kyd, **6** Coward, Jonson, **7** Marlowe, Osborne, Shirley, **8** Sheridan, **11** Shakespeare
***Dramenkönig:* 4** Lear
***Droschke:* 3** Cab
***Einspänner:* 5** Buggy, **7** Dogcart
***Entdecker:* 4** Cook, **5** Davis, Drake, Parry, Scott, **6** Baffin, Burton, Hudson, **7** Stanley, **8** Flinders, **11** Livingstone
***Erfinder:* 4** Bell, Cort, Watt, **5** Cooke, Darby, **6** Dunlop, Talbot, **7** Parsons, **8** Wedgwood, **10** Cartwright
***Feldherren:* 4** Haig, **6** Talbot, **10** Wellington, Montgomery, **11** Marlborough
***Feldmaß:* 4** Acre, Rood
***Filmkomiker:* 7** Chaplin
***Filmproduzent:* 4** Rank
***Filmregisseure:* 4** Lean, Reed, **7** Olivier, **8** Goulding, **9** Hitchcock
Filmschauspieler: → englischer Schauspieler
***Flächenmaße:* 4** Acre, Rood
***Flüsse:* 3** Cam, Exe, Nar, Nen,

Ure, **4** Aire, Avon, Nene, Ouse, Tees, **5** Clyde, Trent, **6** Severn, Themse

Frauennamen: **3** Ann, Eve, Kay, Liz, Mae, **4** Anne, Edna, Enid, Jane, Joan, June, Kate, Mary, Maud, **5** Bessy, Betty, Carol, Daisy, Diana, Dolly, Ellen, Emily, Fanny, Grace, Janet, Jenny, Julie, Linda, Moira, Nancy, Nanny, Nelly, Susan, **6** Claire, Evelyn, Joanne, Myriam, Vivian, **7** Dorothy, Harriet, Shirley, Therese, **8** Emmeline, **9** Elizabeth, Katherine

Frauenrechtlerin: **11** Suffragette

Gaststätte: **3** Pub

Geistlicher: **8** Reverend

geistlicher Titel: **4** Dean, **8** Reverend

Geologen: **5** Lyell, **6** Hutton

Getreidemaß: **6** Bushel

Gewebe: **4** Cord, **5** Tweed, **7** Bobinet, **8** Glenchek

Gewichte: **3** Ton, Tub, **7** Quarter

Goldmünze: **9** Sovereign

Grafschaften: **4** Kent, York, **5** Berks, Derby, Devon, Essex, Wilts, **6** Dorset, Durham, Oxford, Radnor, Surrey, Sussex, **7** Bedford, Denbigh, Heshire, Lincoln, Norfolk, Suffolk, Warwick, **8** Anglesey, Cardigan, Cheshire, Cornwall, Hereford, Monmouth, Pembroke, Somerset, Stafford, **9** Berkshire, Carnarvon, Glamorgan, Hampshire, Lancaster, Leicester, Middlesex, Worcester, **10** Carmarthen, Cumberland, Gloucester, Huntingdon, Montgomery, **11** Northampton, **14** Northumberland, Worcestershire

Großbürgertum: **6** Gentry

Gutsherr: **6** Squire

Hafenstadt: **5** Dover, **7** Bristol, Harwich, **8** Brighton, Plymouth, **9** Blackpool, Liverpool, **10** Birkenhead, Portsmouth, Sunderland, **12** South Shields

Halbinseln: **5** Wales, **8** Cornwall

Hauptstadt: **6** London

Haushofmeister: **6** Butler

Herzogsgeschlecht: **10** Buckingham

Historiker: **7** Carlyle, Toynbee

Hochruf: **5** cheer

Höflichkeitstitel: **7** Esquire

Hohlmaße: **4** Pint, **5** Quart, **6** Barrel, **7** Gallone, Quarter

Holzmaß: **8** Standard

Ingenieure: **6** Fowler, **10** Stephenson

Inseln: **3** Man, **4** Aran, Sark, **5** Sercq, Wight, **6** Jersey, **8** Alderney, Anglesey, Guernsey

Jugendschriftstellerin: **6** Blyton

Kanalinseln: **4** Sark, **5** Sercq, Wight, **6** Jersey, **8** Alderney, Guernsey

Karikaturist: **3** Low

Käsestadt: **7** Chester

Kirchenlehrer: **4** Beda

Komponisten: **3** Gay, **4** Byrd, **5** Bliss, Elgar, Jones, Parry, Scott, **6** Delius, Walton, **7** Britten, Purcell, **8** Sullivan, **9** Dunstable

Könige: **4** Karl, **5** Georg, Jakob, **6** Alfred, Eduard, Johann, **7** Richard, Wilhelm, **8** Heinrich

Königinnen: **4** Anna, Mary, **5** Maria, **8** Victoria, Viktoria, **9** Elisabeth, Elizabeth

Königsgeschlechter: **4** York, **5** Anjou, Tudor, **6** Stuart, **7** Windsor, **11** Plantagenet

Königshafen: **8** Ramsgate

Konservativer: **4** Tory

Krankenpflegerin: **5** Nurse

Kriminalpolizei: **12** Scotland Yard
Kriminalschriftsteller: **5** Doyle, **7** Wallace, **9** Durbridge, **10** Chesterton
Kriminalschriftstellerin: **8** Christie
Kunsttischler: **11** Chippendale
Kutsche: **3** Cab
Landadel: **6** Gentry
Landhaus: **7** Cottage
Landschaftsmaler: **9** Constable
Längenmaße: **4** Foot, Inch, Line, Mile, Yard, **6** Fathom, **7** Furlong
Liberaler: **4** Whig
London: → London
Luxusschiff (1912 gesunken): **7** Titanic
Maler: **3** Cox, **4** Hunt, Lely, Nash, Opie, **5** Blake, **6** Morris, Romney, Turner, **7** Hogarth, Millais, **8** Lawrence, Reynolds, Rossetti, **9** Constable, **12** Gainsborough
Männernamen: **2** Al, Ed, **3** Ben, Bob, Gus, Guy, Jim, Joe, Jon, Lee, Nat, Pat, Ray, Sam, Ted, Tim, Tom, **4** Adam, Alec, Bill, Dick, Eric, Fred, Hugh, Jack, John, Marc, Mike, Neil, Noel, Tony, Walt, Will, **5** Allan, Basil, Billy, Brian, Bruce, Carol, Cecil, Cliff, Danny, Edgar, Elmer, Harry, Henry, Hiram, James, Jimmy, Judge, Louis, Nevil, Paddy, Percy, Ralph, Roger, Teddy, Timmy, Tommy, **6** Archer, Arthur, Edward, Ernest, Eugene, George, Harlow, Harold, Horace, Howard, Irving, Johnny, Lester, Norman, Oliver, Philip, Robert, Rupert, Thomas, Wilbur, Willie, **7** Andrews, Bernard, Charles, Denholm, Douglas, Gilbert, Kenneth, Orville, Patrick, Raymond, Rudyard, Terence, William, **8** Franklin, Frederic, Laurence, Thornton, **9** Archibald, Broderick, Frederick, **11** Christopher
Mathematiker: **4** Wren, **6** Briggs, Napier, Russel, Stokes, **7** Simpson
Mediziner: **4** Ross, **6** Jenner, **7** Hodgkin, Simpson
Möbelstil: **11** Chippendale
Modeheld: **8** Brummell
Münzen: **5** Pence, Penny, Pfund, Pound, **8** Farthing, Shilling
Nationalökonomen: **5** Smith, **7** Malthus
Nationalspiel: **4** Golf, **7** Kricket
Naturforscher: **3** Ray, **6** Darwin, Newton
Nobelpreisträger: → Großbritannien
Orden: **14** Hosenbandorden
Pferderennplatz: **5** Ascot
Philosophen: **4** Hume, Mill, **5** Bacon, Locke, **6** Dawson, Hobbes, Russel, Toland, **7** Bentham, Carlyle, Spencer, **8** Berkeley
Physiker: **4** Dale, Davy, Kerr, **5** Boyle, Bragg, Dirac, Jeans, Joule, Young, **6** Barkla, Dalton, Hughes, Kelvin, Newton, Powell, Stokes, Talbot, Wilson, **7** Crookes, Faraday, Lockyer, Maxwell, Moseley, Thomson, **8** Appleton, Blacket, Brewster, Chadwick, Rayleigh, Reynolds, **10** Richardson, Rutherford
Physiologe: **4** Hill
Polarforscher: **3** Rae, **4** Ross, **5** Fuchs, **6** Baffin, **8** Franklin, **10** Shackleton
Politiker: **3** Fox, Pym, **4** Eden, Grey, Pitt, **5** Bacon, Bevan, Bevin, Heath, Hoare, Homes, Simon, **6** Attlee, Cripps, Curzon, Rhodes, Russel, Wilson,

7 Baldwin, Balfour, **8** Cromwell, Disraeli, Hastings, **9** Churchill, Gladstone
Politikerin: **8** Thatcher
Porzellanmanufaktur: **8** Wedgwood
Premierminister: **5** Major
Primaballerina: **7** Fonteyn
Prinzessin: **4** Anne
Quäker: **4** Penn
Rechtsanwalt: **9** Barrister
Reformatoren: **6** Wiclif, Wyclif, **7** Tyndale
Reitpferd: **6** Hunter
Rundfunkgesellschaft: **3** BBC
Sagenheld: **4** Hood
Sagenkönige: **4** Lear, **5** Artus
Schauspieler: **3** Lee, Lom, **4** Kean, Todd, **5** Finch, Grant, Mason, Moore, **6** Howard, **7** Chaplin, Granger, Olivier, Ustinov, **8** Guinness, Laughton
Schauspielerinnen: **3** Lee, **4** Kerr, **5** Leigh, **6** Addams, Harvey, Taylor, **7** Hepburn, Simmons
Schnaps: **6** Brandy
Scholastiker: **5** Occam
Schriftsteller: **3** Fry, Map, Mee, **4** Lamb, Rowe, Shaw, **5** Bacon, Burke, Burns, Byron, Defoe, Doyle, Eliot, Hardy, Joyce, Scott, Shute, Swift, Wells, Wilde, Yeats, **6** Angel, Bulwer, Conrad, Coward, Cronin, Dryden, Greene, Huxley, Jonson, Malory, Milton, Morgan, Orwell, Ruskin, Spring, Steele, Sterne, **7** Burnett, Chaucer, Deeping, Dickens, Forster, Johnson, Kipling, Marryat, Maugham, Roberts, Shelley, Wallace, Walpole, **8** Browning, Disraeli, Fielding, Forester, Gollancz, Lawrence, Marshall, Meredith, Sheridan, Tennyson, Thompson, **9** Goldsmith, Mansfield, Priestley, Swinburne, Stevenson, Thackeray, **10** Chesterton, Galsworthy, Richardson
Schriftstellerinnen: **5** Eliot, Waugh, Woolf, **6** Blyton, Brontë, **8** Christie, Macaulay, **9** Du Maurier
Schulort: **4** Eton, **6** Oxford, **9** Cambridge
Seebäder: **7** Margate, Torquay, **8** Brighton, Hastings, Ramsgate, **9** Blackpool, **10** Eastbourne, **11** Bournemouth
Seefahrer: **4** Cook, **5** Blake, Davis, Drake, **6** Hudson, **7** Raleigh
Seehelden: **5** Drake, **6** Nelson
Silbermünze: **6** Florin
Sozialpolitiker: **9** Beveridge
Städte und Orte: **3** Hay, Rye, **4** Bath, Eton, Hull, York, **5** Crewe, Derby, Dover, Epsom, Grays, Leeds, Luton, Poole, Rugby, Stoke, **6** Barrow, Bolton, Exeter, Ilford, London, Oldham, Oxford, **7** Bedford, Belfast, Bristol, Cardiff, Chatham, Chelsea, Chester, Gosport, Grimsby, Halifax, Ipswich, Lincoln, Margate, Newport, Norwich, Preston, Reading, Rhondda, Salford, Taunton, Torquay, Walsall, Watford, Windsor, **8** Bradford, Brighton, Carlisle, Coventry, Hastings, Kingston, Plymouth, Richmond, Rochdale, Stamford, Stockton, Wallasey, Yarmouth, **9** Blackburn, Blackpool, Cambridge, Doncaster, Gateshead, Greenwich, Lancaster, Leicester, Liverpool, Newcastle, Rochester, Rotherham, Salisbury, Sheffield, Smethwick, Southport, Stockport, Stratford, Tynemouth, Wakefield, Willesden,

10 Birmingham, Canterbury, Darlington, Eastbourne, Manchester, Nottingham, Portsmouth, Shrewsbury, Sunderland, Twickenham, Warrington, **11** Bournemouth, Northampton, Southampton, Walthamstow, **12** Huddersfield, **13** Middlesbrough, Wolverhampton
Stutzer: **5** Dandy
Stützpunkt in Spanien: **9** Gibraltar
Tänzerin: **7** Fonteyn
Tanzkapellmeister: **3** Fox, Ros, Roy, **4** Hall, Loss, Wood, **5** Noble, Payne, Stone, **6** Cotton, Hylton, Wilbur, **7** Ambrose, Geraldo, Gibbons, Gonella, **8** Thompson
Taxi: **3** Cab
Teegewicht: **3** Tub
Theologe: **6** Wesley
Thronfolgertitel: **13** Prince of Wales
Umgangssprache: **5** Slang
Verfassung: **11** Magna Charta
Wegemaße: **4** Link, Mile
Weihnachtsspeise: **11** Plumpudding
Weltumsegler: **4** Cook
Witzblatt: **5** Punch
Zahlwörter (bis 10): **3** one, six, ten, two, **4** five, four, nine, **5** eight, seven, three
Zeichner: **3** Low
Zeitung: **5** Times
eng verbinden: **7** liieren
eng verbunden: **6** liiert, **11** solidarisch
engmaschig: **5** dicht
Engpaß: **7** Defilee
Engpaß in Griechenland: **11** Thermopylen
engstirnig: **8** borniert
engstirniger Mensch: **8** Spiesser, **13** Spiessbuerger
entartet: **7** pervers, **8** dekadent, **11** degeneriert
Entartung: **8** Dekadenz, **12** Degeneration
Entbehrung: **3** Not, **6** Karenz, Mangel
Entbindung: **6** Geburt, Partus, **10** Degagement
Entbindung von einer Verpflichtung: **7** Dispens
entblößt: **5** bloß, nackt
Entblößung: **10** Exhibition
Entdecker
– ***Amerikas:*** **8** Kolumbus
– ***des Anilins:*** **5** Runge
– ***des Antipyrins:*** **5** Knorr
– ***der Antisepsis:*** **6** Lister
– ***des Aspirins:*** **6** Dreser
– ***des Atommodells:*** **4** Bohr
– ***der Blutdruckmessung:*** **5** Hales
– ***Brasiliens:*** **6** Cabral
– ***des Choleraerregers:*** **4** Koch
– ***des Diphtheriebazillus:*** **8** Loeffler
– ***des Diphtherieserums:*** **7** Behring
– ***des Gravitationsgesetzes:*** **6** Newton
– ***des Insulins:*** **4** Best, **7** Banting
– ***Japans:*** **5** Pinto
– ***der Kathodenstrahlen:*** **7** Hittorf
– ***der Kautschukvulkanisation:*** **8** Goodyear
– ***der Kernspaltung:*** **4** Hahn
– ***der Kohleverflüssigung:*** **7** Bergius
– ***Kolumbiens:*** **5** Ojeda
– ***Labradors:*** **5** Cabot, **6** Caboto
– ***des Lanolins:*** **9** Liebreich
– ***des Leprabazillus:*** **6** Hansen
– ***der Luftverflüssigung:*** **5** Linde
– ***Mexikos:*** **6** Cortez
– ***des Morphins:*** **10** Sertuerner
– ***Neufundlands:*** **5** Cabot, **6** Caboto
– ***des Penicillins:*** **7** Fleming
– ***Perus:*** **7** Pizarro
– ***des Pestbazillus:*** **6** Yersin, **8** Kitasato
– ***der Philippinen:*** **8** Magallan, Magellan, **9** Magalhaes
– ***des Poloniums:*** **5** Curie
– ***der Protonen:*** **10** Rutherford

– ***der Quantentheorie:*** **6** Planck
– ***des Radiums:*** **5** Curie
– ***der Relativitätstheorie:*** **8** Einstein
– ***des Sauerstoffs:*** **7** Scheele, **9** Priestley
– ***des Seewegs nach Indien:*** **4** Gama
– ***des Seewegs um S-Afrika:*** **4** Diaz
– ***der Spektralanalyse:*** **6** Bunsen, **9** Kirchhoff
– ***des Stickstoffs:*** **10** Rutherford
– ***des Südpols:*** **8** Amundsen
– ***der Sulfonamide:*** **6** Domagk
– ***des Transhimalajas:*** **5** Hedin
– ***des Tuberkelbazillus:*** **4** Koch
– ***des Typhuserregers:*** **4** Koch, **5** Ebert, **6** Gaffky
– ***der Wechselströme:*** **5** Tesla
– ***des Wundstarrkrampferregers:*** **9** Nikolaier
– ***der X-Strahlen:*** **8** Roentgen
Entdeckung: 4 Fund
Entenvögel: → Gänsevögel
entehren: 9 schaenden
enteignen: 13 depossedieren
Enteignung: 8 Ejektion, **12** Konfiskation
Enterich: 5 Erpel
Entfaltung: 9 Evolution
entfernen: 11 sezernieren, **12** distanzieren
entfernt: 4 weit
Entfernung: 7 Abstand, Distanz, **9** Resektion, **10** Extraktion
Entfernungsbegriffe: 3 nah, **4** fern, weit, **5** Ferne, Naehe, Weite
Entfernungsmesser: 9 Telemeter
Entfremdung: 10 Alienation
Entführer der Helena: 5 Paris
Entführung: 10 Kidnapping
entgegen: 5 wider, **6** kontra
entgegenarbeiten: 10 sabotieren
entgegengesetzt: 5 wider, **6** kontra, **8** kontraer, **9** diametral
Entgegenkommen: 7 Kulanz, **7** Avancen
entgegenkommend: 6 kulant, **10** konziliant
entgegnen: 7 kontern, **8** erwidern, **9** antworten, **10** opponieren
Entgegnung: 9 Replik, **7** Antwort, **10** Erwiderung
Entgelt: 4 Gage, Lohn, Sold, **5** Heuer, **6** Gehalt, Salaer, **8** Honorar, **8** Tantieme, **9** Besoldung, Provision
enthalten: 8 immanent, **9** implizite
enthaltsam: 6 keusch, **9** abstinent
enthaltsam Lebender: 5 Asket
enthaltsame Lebensweise: 6 Askese, **8** Zoelibat
Enthaltsamkeit: 6 Askese, **9** Abstinenz, Temperenz
entheben: 8 absetzen, **12** suspendieren
Enthüllung: 10 Revelation
Enthusiast: 3 Fan
Entkeimung: 12 Desinfektion, **13** Sterilisation
Entkeimungsapparat: 12 Sterilisator
Entkleidungsvorführung: 10 Striptease
entkommen: 7 fliehen
Entkommen: 6 Flucht
entkäftet: 6 marode, **9** enerviert
Entkräftung: 8 Marasmus
Entladung der Luftelektrizität: 8 Gewitter
Entladung an Mastspitzen: 9 Elmsfeuer
entlarven: 11 demaskieren
Entlassung: 8 Abschied, **9** Demission, **10** Kuendigung
Entlüfter: 9 Exhaustor, **10** Ventilator
entmannen: 10 kastrieren
Entmannter: 6 Eunuch, **7** Kastrat
entmutigen: 14 demoralisieren
entmutigt: 10 deprimiert
enträtseln: 6 loesen
entrechten: 13 depossedieren
Entrechteter: 5 Paria
entrichten: 6 zahlen

Entrückung: **6** Trance, **7** Ekstase
entrüstet: **6** zornig, **10** indigniert
Entrüstung: **11** Indignation
entsagen: **10** verzichten, **11** resignieren
Entsagung: **11** Resignation
Entsandte: **10** Delegierte
Entschädigung: **6** Ersatz, **9** Rekompens, **11** Aequivalent, **12** Kompensation, **13** Gratifikation
Entschädigungsgelder: **7** Diaeten
Entscheid des Papstes: **6** Dekretale
entscheidend: **7** dezisiv
entscheidender Umstand: **6** Moment
Entscheidung: **5** Krise, Votum, **6** Krisis, Urteil, **9** Beschluss, **10** Entschluss, **11** Alternative
Entscheidungsrecht: **6** Option
entschieden: **12** determinativ
Entschließung: **10** Resolution
entschlossen: **7** resolut, **9** energisch, **12** determinativ
Entschluß: **5** Wille, **6** Willen, **7** Vorsatz, **10** Resolution
Entschlußkraft: **10** Initiative
Entschuldigung: **6** Pardon
Entsetzen: **5** Graus, **6** Grauen, Horror, **8** Schauder
entsetzlich: **8** terribel
entseuchen: **13** desinfizieren
Entseuchung: **12** Desinfektion
entsittlichen: **14** demoralisieren
Entspannung: **4** Ruhe, **8** Erholung
Entspannungsmittel: **8** Relaxans
entsprechend: **6** analog, **7** homolog, **8** adaequat
Entsprechung: **8** Analogie
Entstehung: **6** Genese, **7** Genesis, **8** Ursprung
entstellen: **11** deformieren
entstellte Abbildung: **8** Zerrbild
Entstellung: **5** Luege, **10** Verdrehung, **11** Deformation
Enttäuschung: **10** Misserfolg, **11** Desillusion, Frustration
entwässern: **7** rigolen, **10** draenieren
Entwässerung: **8** Draenage, Draenung
Entwässerungsanlagen: **4** Siel, **5** Draen, Fleet, **6** Graben, Rigole, **10** Fontanelle, **12** Kanalisation
Entweihung: **8** Sakrileg, **11** Profanation, **12** Profanierung
entwenden: **6** klauen, rauben, **7** stehlen, **9** stibitzen
Entwendung: **4** Raub, **9** Diebstahl
entwerfen: **6** planen, **10** skizzieren, **11** konzipieren
Entwerfer: **8** Designer
Entwicklung: **6** Genese, **7** Prozess, Tendenz, **9** Evolution
Entwicklungsabschnitt: **5** Phase
Entwicklungshemmung: **10** Stagnation
Entwicklungsjahre: **9** Pubertaet
Entwicklungsprozeß: **8** Wachstum
Entwicklungsrichtung: **5** Trend
Entwicklungsstufe: **5** Larve, Phase, **7** Stadium
Entwicklungstendenz: **5** Trend
Entwurf: **4** Plan, **6** Abriss, Design, Exposé, Layout, Modell, Schema, Skizze, Studie, **7** Konzept, Projekt, **11** Disposition, **12** Konstruktion
Entwurf zu einem Wandgemälde: **6** Karton
entziffern: **5** lesen, **13** dechiffrieren
Entzücken: **5** Wonne, **6** Freude
entzückend: **7** reizend, **8** charmant, **9** scharmant
Entzug: **9** Reduktion
entzündbar: **11** inflammabel
Entzündung: **7** Katarrh, **10** Bronchitis
entzwei: **6** kaputt, **7** kapores
Enzyklopädie: **7** Lexikon
Enzym: **7** Ferment
Enz-Zuflüsse: **5** Eyach, Glems, **6** Metter, Nagold
Epiker: **7** Dichter
episches Gedicht: **4** Epos, **7** Ballade
Epoche: **4** Aera, **7** Periode

Epos von
- ***Homer:*** **5** Ilias, **6** Iliade, **7** Odyssee
- ***Klopstock:*** **7** Messias
- ***von Platen:*** **9** Abbasiden
- ***Spitteler:*** **10** Prometheus
- ***Vergil:*** **6** Aeneis
- ***Wolfram von Eschenbach:*** **8** Parsifal, Parsival, Parzival

Eppich: **4** Efeu
Erbanlage: **9** Polymerie
Erbanlagenveränderung: **8** Mutation
Erbarmedich: **7** Eleison
Erbarmen: **7** Mitleid
erbärmlich: **9** miserabel
Erbauer: **9** Architekt, **12** Konstrukteur
Erbauer
- ***der Arche:*** **3** Noe, **4** Noah
- ***Bagdads:*** **8** Almansor
- ***des Bismarckdenkmals in Hamburg:*** **7** Lederer
- ***des ersten Dampfschiffes:*** **6** Fulton
- ***des ersten Flugzeuges:*** **10** Lilienthal
- ***von halbstarren Luftschiffen:*** **8** Parseval
- ***des Hermannsdenkmals:*** **6** Bandel
- ***des Labyrinths zu Kreta:*** **8** Daedalus
- ***der ersten Lokomotive:*** **10** Stephenson
- ***des Luftschiffes:*** **8** Zeppelin
- ***des Moskauer Kremls:*** **9** Demetrius
- ***des Pantheons:*** **7** Agrippa
- ***des Pariser Wahrzeichens:*** **6** Eiffel
- ***des Suezkanals:*** **7** Lesseps
- ***des Ulmer Münsters:*** **8** Ensinger

Erbauungsschrift: **7** Traktat, **8** Postille, **9** Paraenese
Erbbild: **7** Genotyp, **9** Genotypus
Erbe: **8** Nachlass
erbeuten: **7** erlegen
Erbfaktor: **3** Gen
Erbfolgerecht: **7** Majorat, Minorat
Erbgesundheitslehre: **7** Eugenik
Erbgutträger: **2** Id
Erblasser: **8** Testator
Erblehre: **7** Genetik
erblich bedingt: **9** genetisch
erbliches Herrschergeschlecht: **8** Dynastie
erblicken: **7** sichten
Erblindung: **8** Amaurose
Erbpflege: **7** Eugenik
Erbschaft: **4** Erbe, **8** Nachlass
Erbschleicherei: **9** Kaptation
Erdabsatz: **8** Terrasse
Erdabtragung: **7** Erosion
Erdachtes: **7** Fiktion
Erdalkalimetalle: **6** Barium, Radium, **7** Calzium, **9** Beryllium, Magnesium, Strontium
Erdaltertum: **12** Palaeozoikum
Erdapfel: **9** Kartoffel, **10** Topinambur
Erdarbeiten: **7** Tiefbau
Erdarten: **3** Ton, **4** Lehm, **5** Loess
Erdaufschüttung: **4** Wall
Erdaufschüttung als Wohnplatz: **4** Warf, **5** Warft
Erdbahn: **8** Ekliptik
Erdball: **6** Globus
Erdbebenkunde: **7** Seismik, **11** Seismologie
Erdbebenmesser: **11** Seismograph
erdbeerfarbig: **6** fraise
Erdbeschreibung: **9** Periegese
Erdbirne: **5** Apios, **9** Kartoffel, **10** Topinambur
Erde (in der nordischen Mythologie): **7** Midgard
erdenklich: **10** imaginabel
Erderschütterung: **5** Beben, **8** Erdbeben
Erdfarbe: **5** Ocker, Umbra
erdfarben: **5** khaki
Erdferne: **8** Apogaeum
Erdgas: **6** Methan
Erdgeist: **4** Gnom, **5** Zwerg
erdgeschichtliche Formation: → geologische Formation

Erdgeschoß: 8 Parterre
Erdgürtel: 4 Zone
Erdhacke: 5 Karst
Erdhalbkugel: 11 Hemisphaere
erdichten: 9 fingieren
erdichtet: 6 fiktiv, **8** mythisch
Erdichtung: 7 Fiktion
Erdinneres: 5 Magma
Erdkern: 4 Nife
Erdkreis: 4 Welt, **5** Orbis
Erdkugel: 6 Globus
Erdkunde: 10 Geographie
Erdkundler: 8 Geograph
Erdloch: 5 Grube, Kuhle
Erdmessung: 9 Geodaesie
Erdmetall: → Seltenerdmetall
Erdmittelalter: 10 Mesozoikum
Erdmond: 7 Trabant
Erdnähe: 9 Perigaeum
Erdneuzeit: 9 Neozoikum
Erdnuß: 6 Peanut
Erdöl: 7 Naphtha, **9** Petroleum
Erdölleitung: 8 Pipeline
Erdpech: 7 Asphalt, Bitumen
Erdrindenbaulehre: 8 Tektonik
Erdrosselung: 13 Strangulation
Erdscholle: 6 Plagge
Erdstufe: 8 Terrasse
Erdteile: 5 Asien, **6** Afrika, Europa, **7** Amerika, **8** Eurasien, **9** Antarktis, Kontinent, **10** Australien
Erdtrabant: 4 Mond
Erdtrichter: 5 Binge, Pinge
Erdüberflutung: 8 Sintflut
Erdvermessung: 9 Geodaesie
Erdvermessungsgerät: 9 Theodolit
Erdwachs: 7 Zeresin
Erdwall: 4 Damm, **5** Deich
Erdwissenschaft: 8 Geologie
Erdwissenschaftler: 7 Geologe
Ereignis: 6 Aktion, Faktum, **7** Vorgang, **9** Geschehen, Sensation
Eremit: 7 Marabut, **8** Klausner, **10** Einsiedler
Eremitage: 11 Einsiedelei
erfahren: 8 versiert, **9** bewandert, **10** routiniert
Erfahrung: 7 Empirie, **8** Kenntnis
Erfahrungsbeweis: 10 Experiment
Erfahrungsmensch: 9 Empiriker
Erfahrungssatz: 11 Aposteriori
Erfahrungstatsache: 7 Empirem
Erfahrungswissenschaft: 7 Empirie
erfinden: entdecken
Erfinder: 12 Konstrukteur
erfinderisch: 9 ingenioes
Erfinderschutz: 6 Patent
Erfindung und Erfinder:
***Addiermaschine:* 6** Pascal
***Akkumulator:* 6** Planté
***Alphabet für Telegraphie:* 5** Morse
***Antenne:* 5** Popow
***Astronom. Fernrohr:* 6** Kepler
***Ätzkunst:* 6** Duerer
***Augenspiegel:* 9** Helmholtz
***Autogenes Schweißen:* 5** Menna
***Automobil-Benzinmotor:* 4** Benz, **7** Daimler
***Autotypie:* 10** Meisenbach
***Bakelit:* 9** Baekeland
***Bandsäge:* 8** Newberry
***Barometer:* 10** Torricelli
***Baumwollspinnmaschine:* 9** Arkwright
***Beton:* 6** Monier
***Betongußverfahren:* 6** Edison
***Bier:* 9** Gambrinus
***Bildtelegraphie:* 4** Korn, **7** Karolus
***Bleistift:* 5** Conté, **8** Staedler
***Blindenschrift:* 7** Braille
***Blitzableiter:* 8** Franklin
***Bohrmaschine:* 6** Maritz
***Bremse (Dampf-):* 10** Stephenson
***Bremse (Druckluft):* 7** Andraud
***Bremse (elektr.):* 8** Amberger
***Bremse (automat.):* 12** Westinghouse
***Brennspiegel:* 10** Archimedes
***Briefumschlag:* 6** Brewer
***Brille:* 5** Spina, **7** Salvino

Buchdruck: **4** Fust, **9** Gutenberg
Buchdruckschnellpresse: **6** Koenig
Daktyloskopie: **6** Galton
Dampfbagger: **5** Evans, **8** Grimshaw
Dampfheizung: **4** Cook
Dampfkochtopf: **5** Papin
Dampflokomotive: **10** Stephenson
Dampfmaschine: **4** Watt, **5** Papin, **6** Branca
Dampfpflug: **6** Fowler
Dampfschiff: **5** Papin, **6** Fulton, **8** Jouffroy
Dampfstrahlgebläse: **7** Siemens
Dampfturbine: **7** de Laval, Parsons
DDT: **7** Mueller
Dezimalwaage: **8** Quintens
Differentialrechnung: **7** Leibniz
Drahtlose Telegraphie: **7** Marconi
Drahtseilbahn: **7** Duecker
Drehbank: **6** Basson, Besson, **7** Pittler, **8** Maudslay
Drehflügelflugzeug: **8** La Cierva
Drehkolbenmotor: **6** Wankel
Drehstrommotor: **5** Tesla
Dreifarbendruck: **5** Vogel, **6** Ulrich, **7** Le Blond
Dreschmaschine: **6** Meikle, Turner
Druckknopf: **5** Bauer
Druckluftbremse: **5** Knorr, **9** Carpenter, **12** Westinghouse
Druckmesser (Manometer): **7** da Vinci
Düngung (künstl.): **6** Liebig
Dynamit: **5** Nobel
Dynamomaschine: **7** Siemens
Echolot: **4** Behm
Eisenbahnkupplung: **12** Scharfenberg
Eisenbetonbau: **6** Monier
Eismaschine: **5** Linde
Elektrisiermaschine: **8** Guericke
Elektromagnet: **8** Sturgeon
Elektromikroskop: **7** Faraday
Elektronenmikroskop: **5** Knoll, Ruska, **7** Brueche, **9** Johannsen
Esperanto: **8** Zamenhof
Fahrrad: **5** Drais
Fahrstuhl (Aufzug): **6** Weigel
Farbfotografie: **8** Lippmann
Fernrakete: **5** Braun
Fernrohr: **7** Galilei
Fernschreiber: **5** Morse
Fernsehen: **6** Nipkow
Fernsprecher: **4** Bell, Reis
Fernsprecher (automat.): **8** Strowger
Fesselballon: **8** Parseval
Feuchtigkeitsmesser: **7** da Vinci
Film: **6** Edison, **7** Lumière
Flachdruckschnellpresse: **6** Koenig
Flachstichstickmaschine: **8** Heilmann
Flachwirkmaschine: **6** Cotton
Flaschenzug: **10** Archimedes
Flugzeug (Gleitflug): **10** Lilienthal
Flugzeug (Leichtflugzeug): **5** Klemm
Flugzeug (Motorflug): **8** Wright
Flugzeug (Metall-): **7** Junkers
Flüssige Luft: **5** Linde
Füllfederhalter: **8** Drescher
Funkalphabet: **5** Morse
Funktelegraph: **7** Marconi
Galvanoplastik: **6** Jacobi
Gasbeleuchtung: **7** Murdock
Gasglühlicht: **4** Auer
Gasmotor: **4** Otto, **6** Lenoir
Gasturbine: **9** Holzwarth
Gewehr (Mehrlader): **6** Mauser, **10** Mannlicher
Gewehr (Hinterlader): **9** Chaumette
Gewehr (franz.): **9** Chassepot
Globus: **6** Behaim
Glühlampe: **6** Edison, Goebel
Grammophon: **8** Berliner
Grubenlampe: **4** Davy
Gußstahl: **8** Huntsman
Heißluftballon: **11** Montgolfier
Heliograph: **5** Gauss

Hobelmaschine: **6** Hatton
Hohlspiegel: **10** Archimedes
Holzwolle: **6** Anthon
Injektionsspritze: **6** Pravaz
Kalorimeter: **6** Dulong
Kältemaschine: **5** Carré, Linde, **7** Perkins
Kaltwasserkur: **10** Priessnitz
Katzenauge: **4** Shaw
Kehlkopfspiegel: **6** Garcia
Kernreaktor: **5** Fermi
Kinematograph: **7** Lumière
Kompaß: **5** Gioja
Kopierpresse: **4** Watt
Kohlemikrophon: **6** Hughes
Konservierung (Sterilisieren): **6** Appert
Kraftwagen: **4** Benz, **7** Daimler
Kran (hydraul.): **9** Armstrong
Kreiselkolbenmotor: **6** Wankel
Kreissäge: **6** Albert, **8** Gervinus
Kugellager: **7** Baughan
Kugelschreiber: **4** Biro
Kunstleder: **7** Hancock
Kunstseide: **10** Chardonnet
Kupfertiefdruck: **7** Mertens
Kurzschrift: **6** Arends, **11** Stolze-Schrey, **12** Gabelsberger
Kuvertmaschine: **4** Hill
Lampenzylinder: **7** da Vinci
Laterna magica: **7** Kircher
Leichtbauwand: **6** Rabitz
Lichtdruck: **6** Albert
Linoleum: **8** Galloway
Lithographie: **10** Senefelder
Log: **6** Bourne
Lokomotive: **10** Stephenson
Lokomotive (elektr.): **7** Siemens
Luftballon: **11** Montgolfier
Luftpumpe: **8** Guericke
Luftreifen: **6** Dunlop
Luftschiff: **8** Zeppelin
Manometer: **7** da Vinci, **8** Guericke
Manuldruckverfahren: **7** Ullmann
Margarine: **11** Mège-Mouriès
Maschinengewehr: **5** Maxim
Metronom: **7** Maelzel
Mikrophon: **6** Hughes, **7** Luedtge
Mikroskop: **6** Jansen, **7** Janssen
Motorflugzeug: **6** Wright
Motorrad: **7** Daimler
Nähmaschine: **4** Howe, **12** Madersperger
Notenschrift: **6** Arezzo
Nylon: **9** Carothers
Offsetdruck: **5** Rubel
Orgel (elektr.): **5** Mager
Papiermaschine: **6** Brahma
Pendeluhr: **7** Huygens
Perlon: **7** Schlack
Petroleumlampe: **8** Silliman
Phonograph: **6** Edison
Photographie: **6** Niepce, Talbot, **8** Daguerre
Pistole (Selbstlade-): **6** Mauser, **8** Browning, **10** Mannlicher, Parabellum
Pistole (Dreh-): **4** Colt
Plakatsäule: **7** Litfass
Pneumatik: **6** Dunlop
Porzellan: **8** Boettger
Puppenfilm: **5** Diehl
Quecksilberthermometer: **10** Fahrenheit
Radiergummi: **9** Priestley
Raketenflugzeug: **7** Heinkel
Rasierapparat: **7** Gilette
Rechenmaschine: **6** Pascal, **7** Leibniz
Rechenschieber: **6** Gunter
Revolver: **4** Colt
Rohrpost: **5** Clark
Rollfilm: **7** Eastman
Rotationspresse: **7** Bullock
Rotorschiff: **8** Flettner
Saxophon: **3** Sax
Schallplatte: **8** Berliner
Schießpulver: **7** Schwarz
Schiffschronometer: **8** Harrison
Schiffskreisel: **7** Schlick

Schiffsschraube: **8** Ressel
Schnellpresse: **6** Koenig
Schreibmaschine: **5** Soulé, **6** Sholes, **7** Gliddon, **11** Mitterhofer
Schwefelhölzer: **6** Cooper
Setzmaschine (Linotype): **12** Mergenthaler
Sicherheitslampe (Bergbau): **4** Davy
Sicherheitszündhölzer: **8** Boettger
Sofortbildkamera: **4** Land
Speisewagen (Eisenbahn): **7** Pullman
Spinnmaschine: **9** Arkwright, **10** Hargreaves
Spitzenzähler: **6** Geiger
Spiegelteleskop: **6** Newton
Staubsauger: **5** Booth
Steindruck: **10** Senefelder
Steingut: **8** Wedgwood
Storchschnabel: **8** Scheiner
Strumpfwirkmaschine: **3** Lee
Synthet. Gummi: **7** Hofmann
Taschenuhr (Nürnberger Ei): **7** Henlein
Taucherglocke: **7** Smeaton
Taucherhelm: **5** Siebe
Telefon: **4** Bell, Gray, Reis, **8** Strowger
Thermometer: **7** Réaumur, **10** Fahrenheit
Tonbandgerät: **8** Pflaumer
Tonfilm: **4** Engl, Vogt, **8** Massolle
Unterseeboot: **5** Bauer, **6** Fulton
Uranbrenner: **5** Fermi
Ventilator: **5** Hales
Vergrößerungsglas: **7** Alhazen
Vulkanisieren v. Kautschuk: **8** Goodyear
Warmluftballon: **11** Montgolfier
Warmwasserheizung: **5** Hoyle, **7** Perkins
Webmaschine: **8** Jacquard
Webstuhl (mechan.): **9** Cartwright
Wechselstrom-Induktionsmotor: **5** Tesla
Windstärkeskala: **8** Beaufort
Zahnradbahn: **10** Riggenbach
Zeitlupe: **6** Musger
Zentrifuge: **8** Guericke, Penzoldt
Zündholz: **5** Jones
Zündhütchen: **3** Egg
Zündkerze: **6** Lenoir
Erfindungskraft: **8** Ingenium
Erfolg: **3** Hit, **4** Sieg, **6** Effekt, Gewinn, **7** Vorteil, Triumph, Wirkung, **8** Ergebnis, Resultat
erfolgreicher Schlager: **3** Hit
erforderlich: **6** noetig, **7** obligat, **9** notwendig
erforschen: **9** studieren
Erforschung: **11** Exploration
Erforschung der öffentlichen Meinung: **10** Demoskopie
Erforschung des Übersinnlichen: **11** Okkultismus
erfrischen: **5** laben, **7** beleben, **9** erquicken
erfrischende Getränke: **4** Saft, **6** Brause, **7** Sprudel, **8** Limonade, **9** Eiskaffee, Orangeade
Erfrischung: **3** Bad, Eis, **4** Labe, **5** Trank, Trunk, **6** Labsal
Erfüllung: **7** Tilgung
Ergänzung: **7** Pendant, **8** Korrelat, **10** Komplement, Supplement
ergeben: **4** treu, **10** resigniert
Ergebenheit: **5** Treue
Ergebnis: **5** Fazit, Summe, **8** Produkt, **8** Resultat
ergebnislos: **7** negativ
Ergebung: **12** Kapitulation
Ergehen: **8** Befinden
ergiebig: **7** fuendig, **8** lukrativ, **9** produktiv
ergötzen: **11** delektieren
Ergötzen: **4** Lust, **6** Freude
ergötzend: **8** amuesant
ergreifend: **8** tragisch

Ergriffensein: 9 Affektion
ergründen: 8 eruieren
erhaben: 4 hehr, **6** konvex, sublim, **8** heroisch, **9** olympisch
erhaben geschnittener Edelstein: **5** Kamee
erhabener Stil: 7 Kothurn
erhalten: 12 konservieren, **13** praeservieren
erhaltend: 11 konservativ
erheblich: 4 sehr, **8** relevant
Erhebung: 5 Nocke, **6** Nocken, **7** Enquete, **8** Aufstand, **9** Empoerung, **12** Insurrektion
erheiternd: 7 komisch, **8** amuesant
erhitzt: 11 echauffiert
erhöhen: 11 potenzieren, sublimieren
erhöhte Körpertemperatur: 6 Fieber
erhöhter Fensterplatz: 7 Estrade
erhöhter Platz: 6 Empore, **7** Estrade, Galerie
Erholung: 4 Rast, **5** Pause, **6** Ferien, Labsal, Urlaub
Erholungsort: 3 Bad, **6** Kurort
Erinnerung: 5 Mneme, **7** Denkmal, Memento, **8** Andenken, Souvenir, **11** Reminiszenz
Erinnerungen: 8 Memoiren
Erinnerungsbild: 7 Engramm
Erinnerungsbuch: 8 Memorial
Erinnerungsmal für Tote: 7 Marterl, **8** Kenotaph
Erinnerungsstätte: 7 Denkmal, Mahnmal, **8** Monument
Erinnerungsstück: 8 Andenken, Souvenir
Erinnerungsverlust: 7 Amnesie
Erinnye: 6 Alekto, **7** Megaere, Megaira, **9** Tisiphone
Erkältungserscheinung: 6 Husten, Niesen
Erkältungskrankheit: 6 Grippe, **9** Influenza, Schnupfen
erkennen: 8 gewahren
Erkentnis: 8 Einsicht
Erkenntnislehre: 6 Noetik, **12** Methodologie
Erkenntnisvermögen: 9 Intellekt, **11** Intelligenz
Erkennungswort: 6 Losung
Erkennungszeichen: 3 Mal, **5** Marke, **6** Schild, **7** Merkmal
erklären: 6 deuten, **8** auslegen, **11** explizieren, **14** interpretieren
Erklärer: 9 Interpret
Erklärung: 10 Paraphrase, **11** Deklaration, **14** Interpretation
Erkrankung der Schilddrüse: **5** Kropf, **6** Struma
erkunden: 9 sondieren
Erkundigung: 5 Frage, **7** Anfrage
Erlaß: 5 Edikt, **6** Dekret, **8** Reskript, **10** Verordnung
Erlaß des
- ***Papstes:*** **5** Breve, Bulle, **9** Chirgraph
- ***Sultans:*** **5** Irade, **6** Ferman
- ***Zaren:*** **4** Ukas

erlassen: 11 amnestieren
Erlaubnis: 6 Lizenz, Placet, Plazet, **10** Konzession, Permission
erlaucht: 4 edel, **7** erlesen, **8** illuster, **10** ehrwuerdig
erläutern: 12 illustrieren, kommentieren
Erläuterung: 9 Kommentar, **12** Illustration
Erle: 5 Eller
Erlebnis: 9 Abenteuer, Aventuere
Erlebnishungriger: 10 Abenteurer
erledigen: 11 absolvieren
erledigt: 6 vakant, vorbei, **8** knockout
erlegtes Wild: 5 Beute, **7** Strecke
erlernte Tätigkeit: 5 Beruf
erlesen: 8 exquisit
Erlesenes: 5 Elite
erleuchten: 11 inspirieren
Erleuchtung: 4 Idee, **7** Einfall, **11** Inspiration
Erlogenes: 9 Schwindel

Erlös: 6 Ertrag, Gewinn
Erlöschen des Ichs: 7 Nirwana
Erlöser: 7 Heiland, **8** Salvator
Erlöser der Mohammedaner: 5 Mahdi
Erlösungsbegriff im Buddhismus: **7** Nirwana
Ermächtigung: 12 Autorisation
Ermahnung: 7 Monitum, **9** Paraenese, **10** Admonition
ermattet: 6 marode
Ermattung: 8 Asthenie
ermitteln: 8 eruieren, **11** untersuchen, **13** recherchieren
Ermittler: 8 Detektiv
Ermittlung: 9 Recherche
ermorden: 6 killen, toeten, **9** umbringen
ermüdend: 7 monoton
ermüdet: 4 matt, **7** schlaff, schlapp
ermuntern: 9 animieren
Ernährung: 4 Kost, **5** Essen, **9** Nutrition
ernennen: 7 berufen, **10** nominieren, **11** designieren
Ernennung: 10 Nomination
Erneuerer: 8 Reformer
erneuern: 10 renovieren, **11** reformieren
Erneuerung: 6 Reform, **11** Reformation, **12** Regeneration
Erneuerungsschein bei Wertpapieren: 5 Talon
ernst: 8 gemessen, sachlich
ernsthaft: 7 serioes
Ernte: 4 Lese, **6** Ertrag, **7** Schnitt
Erntearbeiter: 9 Schnitter
Erntegeräte: 5 Sense, **12** Maehdrescher
Erntemonat: 6 August, **7** Ernting
Erntemond: 6 August
Ernüchterung: 11 Desillusion
Eroberer: 7 Invasor, **12** Konquistador
Eroberer von
– ***Mexiko:*** **6** Cortez
– ***Peru:*** **7** Pizarro
Eröffnung: 10 Ouvertuere
Eröffnungsmusik (Ballett): 6 Entree
Erörterung: 7 Debatte, Diskurs, **8** Beratung, **10** Diskussion
Erotik: 3 Sex
erproben: 6 testen
erprobt: 6 probat
Erprobung: 4 Test
erquicken: 5 laben
Erquickung: 4 Labe
erregbar: 9 irritabel
erregbarer Mensch: 10 Choleriker
erregen: 10 exzitieren
erregend: 10 dramatisch
erregendes Ereignis: 9 Sensation
erregt: 11 aufgebracht
Erregung: 6 Affekt, **7** Emotion **9** Affektion, Induktion, **10** Exaltation
errichten: 12 konstruieren
Errungenschaft: 11 Akquisition
Ersatz: 7 Reserve, **8** Aushilfe, Surrogat
Ersatzanspruch: 7 Regress
Ersatzdarsteller: 6 Double, **8** Stuntman
Ersatzglied: 8 Prothese
Ersatzmann: 9 Suppleant, Substitut
Ersatzstoff: 8 Surrogat
Ersatztruppe: 7 Reserve
erschaffen: 8 kreieren
Erschaffer: 9 Schoepfer
Erscheinung: 6 Vision, **9** Exterieur, Phaenomen
Erscheinungsbild: 7 Habitus, **9** Phaenotyp
Erscheinungsfest: 10 Epiphanias
Erscheinungsform: 7 Habitus, **9** Phaenomen
Erschießungskommando: 7 Peloton
Erschlaffung: 6 Atonie, Parese
erschöpft: 4 matt, **6** kapputt, marode
Erschöpfung: 8 Asthenie
erschütternd: 8 tragisch
erschütterndes Leid: 6 Tragik
Erschütterung: 6 Schock, Trauma, **9** Vibration

erschweren: **12** komplizieren
erschwerend: **10** gravierend
Erschwerung: **12** Komplikation
ersinnbar: **10** imaginabel
erst: **5** zuvor, **7** primaer
erstarrtes Wasser: **3** Eis
Erstarrung: **10** Attonitaet
Erstaufführung: **8** Premiere
Erstauftretender: **9** Debuetant
Erstauftritt: **6** Debuet
erstaunlich: **5** enorm, **7** stupend, **11** phaenomenal
Erster: **6** Primus
Erstgeborener: **11** Stammhalter
Erstgeburtsrecht: **6** Primat
erstklassig: **5** prima
Erstlingsdrucke (15. Jh.): **10** Inkunabeln
Erstminister: **7** Premier
erstrebter Punkt: **4** Ziel
Erstrecht: **10** Prioritaet
Ertrag: **4** Zins, **5** Ernte, **6** Erloes, Gewinn, **7** Produkt, Rendite
Ertragslosigkeit: **11** Sterilitaet
ertragreich: **9** produktiv
erwägen: **12** reflektieren
erwägenswert: **10** diskutabel
erwarten: **5** ahnen, **8** erhoffen, ersehnen
erwarteter Sieger: **7** Favorit
Erwerb: **9** Akzession, Verdienst
Erwerbstätigkeit: **6** Arbeit
Erwerbsunfähiger: **8** Invalide
Erwerbsunfähigkeit: **12** Invaliditaet
Erwiderung: **6** Replik
Erwiderung auf Kontra: **2** Re
Erwünschtes: **9** Desiderat
Erzabt: **12** Archimandrit
erzählend: **6** episch
erzählende Dichtkunst: **4** Epik
erzählende Dichtung: **4** Epos, **5** Roman, **7** Ballade, Novelle
erzählender Dichter: **6** Epiker
erzählendes Gedicht: **3** Ode
Erzähler: **8** Fabulant
Erzählung: **4** Maer, Sage, **5** Conte, Fabel, Story, **6** Skizze, **7** Legende, Novelle, **8** Groteske, Maerchen, **10** Geschichte
Erzbischof: **6** Primas, **9** Patriarch, **10** Metropolit
Erzengel: **5** Uriel, **7** Gabriel, Michael, Raphael
erzeugen: **11** fabrizieren, produzieren
Erzeuger: **9** Produzent
Erzeugnis: **7** Produkt, **8** Fabrikat
Erzeugung: **10** Produktion
Erzgebirgshöhen: **8** Keilberg, **9** Auersberg, **11** Fichtelberg, Rammelsberg
Erzgebirgsstadt: **3** Aue
Erzherzog von Österreich: **6** Johann
Erzieher: **6** Eltern, Lehrer, Mentor, **7** Pfleger, Vormund, **9** Paedagoge, **10** Praezeptor
Erzieher Samuels: **3** Eli
Erzieherin: **5** Bonne, Nurse, **6** Duenja, **8** Lehrerin, **10** Paedagogin, **11** Gouvernante
Erzieherin der Haimonskinder: **3** Aja
Erziehungsbeihilfe: **10** Stipendium
Erziehungsheim: **7** Alumnat, **8** Internat, **9** Pensionat
Erziehungslehre: **10** Paedagogik
Erzschelm: **12** Eulenspiegel
erzürnt: **6** erbost, **11** aufgebracht
Erzvater: **9** Patriarch
erzwingen: **9** forcieren
Eskimo (Eigenname): **5** Inuit
Eskimoboot: **5** Kajak, Umiak
Eskimohütte: **4** Iglu
Eskorte: **6** Geleit, **7** Gefolge
Esprit: **4** Witz, **5** Geist
Eßbesteck: **5** Gabel, **6** Messer, **7** Loeffel, **10** Teeloeffel, **11** Kuchengabel
Esse: **5** Kamin, **6** Schlot
essen: **7** speisen
Essen: **4** Kost, Mahl, **5** Diner, Menue, **6** Speise

Essenz: **5** Geist, Wesen, **6** Auszug, **10** Konzentrat
Essenzubereiter: **4** Koch
Eßgeschirr: **4** Napf, **5** Satte, **6** Platte, Schale, Teller, **7** Terrine, **8** Sauciere, **9** Schuessel
Essigbaum: **4** Rhus, **6** Sumach
essigsaures Salz: **6** Acetat, Azetat
Eßkastanie: **6** Marone
Eßkultur: **11** Gastronomie
Eßlokal: **10** Restaurant
Eßlust: **6** Hunger, **7** Appetit
Eßraum (Kloster): **11** Refektorium
Eßtisch auf Schiffen: **4** Back
Estland (Baltenstaat)
Eigenname: **5** Eesti
Flüsse: **1** Aa, **5** Narwa, **6** Embach, Pernau
Hafenstädte: **5** Reval, **6** Pernau
Hauptstadt: **5** Reval, **6** Tallin, **7** Tallinn
Inseln: **4** Moon, Muhu, **5** Dagoe, Oesel, Runoe, Worms, **6** Vormsi
Kirche in Reval: **4** Olai
Lyrikerin: **5** Under
Nationalepos: **10** Kalevipoeg
Schriftsteller: **4** Liiv, **5** Suits, Vilde, **6** Tuglas, **9** Tammsaare
Seen: **7** Wirzsee, **9** Peipussee
Stadt auf Ösel: **9** Arensburg
Städte: **4** Tapa, **5** Narva, Narwa, Tartu, Valga, Werro, **6** Dorpat, Fellin, Pernau, **8** Haapsalu
Währung: **3** Lat (bis 1940), **5** Kroon, Cents
Estragon: **7** Beifuss
etablieren: **8** gruenden
Etablissement: **7** Betrieb, **9** Geschaeft, **10** Nachtlokal, Restaurant
Ethik: **5** Moral
ethischer Begriff: **3** Ruf, **4** Ehre, Reue, **5** Ethos, Luege, Moral, Sitte, Freue, **6** Schuld, Suehne, Wuerde, **7** Anstand, Leumund, **8** Gewissen, Wahrheit, **9** Gesinnung
Ethos: **5** Sitte
etruskische(n)
– *Ausgrabungsstätte:* **7** Corneto
– *Gottheit:* **4** Lusa, **5** Tinia
– *Heil-, Getreidegöttin:* **7** Ferohia
– *König:* **7** Porsena
– *Urne:* **5** Zista, Ziste, **6** Kanope
– *Wahrsager:* **8** Haruspex
Etsch-Zuflüsse: **3** Nos, **4** Noce, **5** Alpon, Fibia, Silla, Solda, Tasso, **6** Avisio, Eisack, Fratta, Isarco, **7** Valsura
etwa: **5** circa, zirka, **9** ungefaehr
Eulenvögel: **3** Uhu, **4** Eule, Kauz, **7** Ohreule, **8** Fischuhu, Waldkauz, **9** Fischeule, Fischkauz, Kaeuzchen, Kircheule, Steinkauz, **10** Schneeeule, **11** Hoehleneule, Praerieeule, Sperbereule, Waldohreule, **12** Rauhfusskauz, Schleiereule, Sumpfohreule, Zwergohreule, **13** Kanincheneule, Sperlingskauz, **14** Zwergkaeuzchen
Eure-Zufluß: **4** Iton
Europäer: **3** Ire, **4** Este, Pole, **5** Brite, Daene, Finne, Flame, Lette, Russe, Serbe, Ungar, **6** Kroate, **7** Albaner, Belgier, Bulgare, Grieche, Litauer, Rumaene, Schotte, Schwede, Slowake, Slowene, Spanier, Wallone, **8** Albanier, Franzose, Norweger, Tscheche, Ukrainer, **9** Deutscher, Italiener, Moldawier, Schweizer, **10** Englaender, Portugiese
europäisch-asiatisches Grenzgebirge: **4** Ural
Europa
Atomforschungsgemeinschaft: **7** Euratom
Binnenmeer: **6** Ostsee
Flüsse: **2** Po, **3** Aar, Ain, Bug, Dee, Don, Mur, Oka, San, Ufa, **4** Aare, Arno, Arve, Aube, Avon, Drau, Ebro, Eger, Elbe,

Enns, Iser, Maas, Main, Newa, Oder, Raab, Save, Tajo, Tejo, Ural, Yser, **6** Aisne, Donau, Donez, Drina, Etsch, Isère, Kuban, Loire, Marne, Meuse, Narew, Piave, Pruth, Rhein, Rhône, Saone, Seine, Somme, Tiber, Weser, Wolga, **6** Dnjepr, Isonzo, Limmat, Moldau, Moskwa, Njemen, Pripet, Theiss, Themse, **7** Dnjestr, Durance, Garonne, Salzach, Schelde, Wolchow, **8** Beresina, Charente, Dordogne, Weichsel, **10** Manzanares, **12** Guadalquivir

Freihandelszone: **4** EFTA

Fürstentümer: **6** Monaco, Monako, **13** Liechtenstein

Gebirge: **4** Ural, **5** Alpen, Karst, Tatra, **6** Balkan, Tauern, 7Apennin, Sudeten, Vogesen, **8** Abruzzen, Ardennen, Beskiden, Cevennen, Karpaten, **9** Apenninen, Dolomiten, Hohe Tatra, Marmolata, Pyrenaeen, Silvretta, **10** Karawanken, Wasgenwald, **11** Boehmerwald, Isergebirge, **12** Eulengebirge, **13** Kaisergebirge, Riesengebirge

Gemeinschaft für Kohle und Stahl: **11** Montanunion

Gewässer: **5** Adria, **6** Ostsee, **7** Nordsee, **8** Bodensee

Grenzgebirge: **4** Ural

Halbinseln: **4** Hela, Kola, Krim, **5** Athos, Kanin, Morea, Wales, **6** Attika, **7** Istrien, Kintyre, Porkula, Samland, **8** Bretagne, Cornwall, Cotentin, Juetland, Porkkala, **9** Chersones, Gallipoli, **10** Chalkidike, Peloponnes

Hauptstädte: **3** Rom, **4** Bern, Oslo, Prag, Wien, **5** Athen, Paris, Sofia, Vaduz, **6** Berlin, Dublin, London, Madrid, Moskau, Tirana, **7** Belgrad, **8** Bruessel, Budapest, Bukarest, Helsinki, Lissabon, Warschau, **9** Amsterdam, Luxemburg, Reykjavik, Stockholm, **10** Kopenhagen

Hochgebirge: **5** Alpen

Inseln: **5** Kreta, **6** Irland, Island, **7** Korsika, **8** Mallorca, Sizilien, **9** Sardinien

Inselbewohner: **3** Ire, **5** Brite, Korse, Sarde, **6** Kreter, **9** Islaender

Kleinstaaten: **6** Monaco, Monako, **7** Andorra, **9** San Marino, **13** Liechtenstein

Königreiche: **7** Belgien, Spanien, **8** Norwegen, Schweden, **9** Daenemark, **11** Niederlande, **15** Grossbritannien

Meere: **5** Adria, **6** Ostsee, **7** Nordsee, **10** Mittelmeer

Organisation für Weltraumforschung: **4** ESRO

Rechnungseinheit: **3** Ecu

Seen: **8** Achensee, Ammersee, Bodenssee, Chiemsee, Comer See, Enaresee, Gardasee, Ilmensee, Inarisee, Lac Leman, Onegasee, Zuger See, **9** Bieler See, Genfer See, Ladogasee, Peipussee, Thuner See, Vaenersee, **10** Lac d'Annecy, Luganer See, Plattensee, **11** Woerther See, **12** Lago Maggiore, **13** Neusiedler See, **19** Vierwaldstaetter See

Sprachen: **7** Deutsch, **8** Daenisch, Estnisch, Englisch, Finnisch, Lettisch, Polnisch, Russisch, Serbisch, Spanisch, **9** Albanisch, Litauisch, Flaemisch, Kroatisch, Ungarisch, **10** Griechisch, Norwegisch, Schwedisch, Wallonisch, **11** Italienisch,

12 Franzoesisch, Hollaendisch, **13** Portugiesisch, **15** Niederlaendisch

Staaten: **5** Polen, **6** Irland, Island, Monaco, Monako, Ungarn, **7** Andorra, Belgien, Estland, Holland, Italien, Litauen, Schweiz, Serbien, Spanien, Tuerkei, Ukraine, **8** Albanien, Finnland, Kroatien, Lettland, Norwegen, Portugal, Russland, Schweden, **9** Bulgarien, Daenemark, Moldawien, Luxemburg, Rumaenien, San Marino, Slowenien, **10** Frankreich, Makedonien, Montenegro, **11** Deutschland, Niederlande, Oesterreich, **12** Griechenland, **13** Liechtenstein, Weissrussland, **14** Bundesrepublik, **15** Grossbritannien, **16** Tschechoslowakei, **18** Bosnien-Herzegowina

Ströme: **2** Po, **4** Ebro, Elbe, Maas, Oder, **5** Donau, Loire, Rhein, Rhône, Weser, Wolga, **6** Themse, **8** Weichsel

Völkergruppen: **6** Balten, Basken, Finnen, Kelten, Lappen, Slawen, **7** Romanen, **8** Germanen, Madjaren, Magyaren

Vulkane: **5** Aetna, Askja, Hekla, Vesuv, **9** Stromboli

Wildrind: **6** Wisent

Euterteil: **5** Zitze

evakuieren: **7** raeumen, **9** umsiedeln, **10** aussiedeln

Evangelienbuch: **10** Evangeliar

evangelischer

– ***Geistlicher:*** **6** Pastor, **7** Pfarrer

– ***Kirchenliederdichter:*** **7** Neander, **6** Gerhardt

Evangelisten: **5** Lukas, **6** Markus, **8** Johannes, **9** Matthaeus

Evangelistensymbol für

Johannes: **5** Adler

Lukas: **5** Stier

Markus: **5** Loewe

Matthäus: **5** Engel

ewig: **5** immer, **6** endlos, **7** zeitlos

Ewige Stadt: **3** Rom

Ewigkeit: **4** Aeon

exakt: **5** genau

exakte Wissenschaften: **6** Chemie, Physik, **10** Astronomie, Mathematik

Examensnote: **4** rite, **8** cum laude

Exempel: **6** Muster, **8** Beispiel

exerzieren: **5** ueben

Existenz: **5** Leben, **6** Dasein

existieren: **5** leben, **8** bestehen

Exitus: **3** Tod, **4** Ende

Exodus: **6** Auszug

Expansionskraft: **7** Tension

exotische Zierpflanze: **8** Orchidee

Experiment: **4** Test, **5** Probe, **7** Versuch

explodieren: **10** detonieren

Explosion: **10** Detonation

Explosionsgeräusch: **5** Knall

Export: **7** Ausfuhr

Exposition: **5** Schau

expreß: **6** eigens, **7** schnell

Expression: **8** Ausdruck

exquisit: **7** erlesen, **10** ausgesucht, **11** auserwaehlt

Extrakt: **6** Auszug, **10** Konzentrat

Extrakt aus Süßholz: **8** Lakritze

extrem: **5** krass, **7** masslos, **9** aeusserst

F

Fabeldichter: **8** Fabulist
fabelhaft: **8** fabuloes, **10** grossartig
Fabelland: **5** Thule, **6** Dorado, Orplid, **8** Atlantis, Eldorado
Fabelnamen
Affe: **6** Martin
Äffin: **9** Rueckenau
Biber: **7** Bockert
Dachs: **8** Grimbart
Dogge: **3** Ryn
Ente: **6** Tybbke
Esel: **8** Boldewyn
Fuchs: **7** Reineke
Füchsin: **7** Ermelyn
Gans: **6** Alheid
Häher: **8** Markwart
Hahn: **7** Henning
Hase: **5** Lampe
Kater: **6** Murner
Krähe: **8** Markenau
Krähenweibchen: **13** Scharfenebbe
Kranich: **6** Luetke
Löwe: **5** Nobel
Rabe: **14** Pflueckebeutel
Storch: **7** Bartolt
Wolf: **7** Isegrim
Wölfin: **9** Gieremund
Ziege: **5** Metke
Fabeltiere: **5** Greif, **6** Drache, **7** Einhorn, **8** Basilisk, Lindwurm
Fabelwesen der griechischen Sage: **7** Centaur, Kentaur, Zentaur
Fabrik: **4** Werk, **7** Betrieb
Fabrikant: **9** Produzent
Fabrikat: **4** Ware, **7** Produkt, **9** Erzeugnis
Fabrikschornstein: **4** Esse, **6** Schlot
Fabrikspeiseraum: **7** Kantine
Fabrikzeichen: **9** Trademark
Fach: **4** Lade, **5** Regal, Zweig, **6** Gebiet, Rubrik, Sparte, **7** Branche, Ressort
Facharzt: → Arzt
Fachausdruck: **8** Terminus
Fachblatt: **5** Organ
fächeln: **6** wedeln
fächerartige Flußmündung: **5** Delta, **7** Aestuar, **10** Aestuarium
Fächerschüssel: **8** Kabarett
Fachgebiet: **6** Sparte, **7** Ressort, **9** Disziplin, **12** Spezialitaet
fachgemäß: **9** technisch
Fachgröße: **10** Kapazitaet
Fachhochschulen: **8** Akademie, **9** Technikum, **13** Polytechnikum, **14** Konservatorium
Fachkunde: **9** Pragmatik
fachkundig: **11** pragmatisch
Fachmann: **6** Kenner, **7** Experte, Koenner, **9** Koryphaee, **10** Kapazitaet, Spezialist
Fachsprache: **6** Jargon, **12** Terminologie
Fachwissenschaften: **5** Logik, **6** Chemie, Physik, **7** Botanik, Hygiene, Medizin, **8** Anatomie, Biologie, Geologie, Zoologie, **9** Geometrie, Theologie, **10** Astronomie, Mathematik, Philologie, Soziologie, **11** Philosophie, Psychologie
Fachwort: **8** Terminus
Fachzeitschrift: **5** Organ
Fackel: **8** Flambeau
Fädchen: **5** Faser, **6** Fussel
fade: **5** banal, schal, **6** albern, **10** langweilig
Faden: **4** Garn, **6** Schnur

Faden aus Schaf- oder Ziegendarm für Wundnähte: 6 Katgut
Fadenende: 5 Fluse
Fadennudeln: 9 Spaghetti
Fadenrolle: 5 Spule
Fadenschleife: 4 Oese
Fadenschlinge: 6 Franse, Masche
Fadenverschlingung: 6 Knoten
Fadenwurm: 7 Filaria, **8** Wematode, Trichine, Spulwurm, **12** Essigaelchen
fader Wortwitz: 7 Kalauer
fähig: 3 fit, **5** habil, **7** kapabel, **8** geeignet, imstande, tauglich
Fähigkeit: 4 Gabe, **6** Talent, **7** Eignung, Koennen, **8** Begabung, Geschick
Fähigkeit (Arbeit zu leisten): **7** Energie
Fähigkeit der Wahrnehmung: 4 Sinn
fahl: 6 bleich
fahles Pferd: 5 Falbe
fahnden: 6 suchen, **9** verfolgen
Fahndung: 6 Razzia
Fahndungsblatt: 10 Steckbrief
Fahndungsstreife: 6 Razzia
Fahne: 6 Banner, Flagge, Panier, Wimpel, **7** Stander, **9** Standarte
Fahnenflucht: 9 Desertion
Fahnenflüchtiger: 9 Deserteur
Fähnrich: 7 Kornett, **12** Fahnenjunker
Fahrbahn: 4 Damm, **5** Piste, **7** Strasse
fahrbar: 13 transportabel
fahrbare Dampfmaschine: 10 Lokomobile
Fähre: 7 Trajekt
fahrender Schüler: 6 Vagant, **7** Scholar, **8** Bacchant
Fahrer: 5 Pilot, **6** Lenker, **9** Chauffeur
Fahrgast: 9 Passagier
Fahrgastbetreuer: 7 Steward
Fahrgastbetreuerin: 10 Stewardess
Fahrgastraum: 5 Kupee, **6** Abteil, Kabine
Fahrgeschwindigkeitsmesser (Schiff): 3 Log
Fahrgestell des Kraftwagens: 7 Chassis
fahrig: 6 unstet, **7** nervoes, **10** schusselig
Fahrigkeit: 6 Unrast
Fahrkarte: 6 Ticket, **7** Billett
Fährmann: 5 Ferge
Fährmann in der Unterwelt: 6 Charon
Fährnis: 6 Gefahr
Fahrpromenade: 5 Korso
Fahrrad: 4 Velo, **6** Tandem, **9** Drahtesel, Stahlross, Veloziped
Fahrradteile: 3 Rad, **4** Nabe, Netz, Pneu, **5** Felge, Gabel, Kette, Lampe, Pedal, **6** Bremse, Dynamo, Glocke, Lenker, Mantel, Rahmen, Reifen, Sattel, Ventil, **7** Klingel, Speiche, **8** Freilauf, Schlauch, **9** Kettenrad, Zahnkranz, **10** Handbremse, Ruecklicht, Ruecktritt, **11** Schutzblech, **12** Scheinwerfer, **14** Gepaecktraeger
Fahrrinne: 4 Tief
Fahrschein: 6 Ticket, **7** Billett
Fährschiff: 7 Trajekt
Fahrstraße: 5 Piste, **8** Autobahn, Chaussee
Fahrstuhl: 4 Lift, **6** Aufzug, **11** Paternoster
Fahrt: 4 Tour, **5** Reise
Fahrtantritt: 5 Start, **7** Abreise
Fahrtenbuch für Schiffe: 7 Logbuch
Fahrtrichtung: 4 Kurs
Fahrtrichtungsanzeiger: 7 Blinker
Fahrwasserkundiger: 5 Lotse
Fahrwind: 5 Brise
Fahrzeuge: 3 Bus, Cab, Car, Zug, **4** Auto, Bahn, Obus, Taxi, Tram, **5** Karre, Moped, Sulky, U-Bahn, **6** Chaise, Fiaker, Karren, Roller, Schiff, **7** Autobus, Dogcart, Fahrrad, Karosse, Kremser, Kutsche, Omnibus, Traktor, Trecker, Vehikel, **8** Droschke, Equipage, Fuhrwerk, Kalesche, Kraftrad, Landauer, Lastauto,

Motorrad, Oldtimer, **9** Automobil, Lastwagen, **10** Kabriolett, **11** Lieferwagen, Schwebebahn, **12** Strassenbahn

Fahrzeug

– ***für Kinder:*** **6** Roller, **7** Dreirad

– ***für Kranke:*** **9** Rollstuhl

Fahrzeugoberbau: **10** Karosserie

Fahrzeugschaden: **5** Panne

Fakir: **7** Gaukler, **12** Bettelmoench

Faktum: **8** Tatsache

Fakultätsvorsteher: **5** Dekan

Falkenvögel: → Greifvögel

Falklandinseln: **8** Malwinen

Fall: **5** Kasus, Sache, Sturz

Fallbeil: **10** Guillotine

Falle: **4** Netz, **8** Schlinge, **9** Fangeisen, **10** Hinterhalt, **11** Tellereisen

Fallen der Börsenkurse: **6** Baisse

Fallensteller: **7** Trapper

Fallhammer: **5** Ramme

Fallhöhe: **8** Gefaelle

fällig: **6** liquid, **7** liquide

Fallklotz: **5** Ramme

Fallschirmjäger (franz.): **4** Para

Fallsucht: **6** Epilepsie

Fallwind: **4** Bora, **5** Foehn, **7** Mistral

falsch: **5** irrig, **9** unrichtig

falsch denken: **5** irren

Falscheid: **7** Meineid

Falschmeldung: **4** Ente

Falschname: **9** Pseudonym

Falschspiel: **6** Betrug, **7** Mogelei

Fälschung: **6** Falsum, **10** Falsifikat

Falsett: **6** Fistel

Falte: **4** Falz, **5** Knick, Kniff, **6** Furche, Runzel

Faltenbesatz: **7** Ruesche

Faltenstoff: **7** Plissee

Faltenwurf: **8** Draperie

Falz: **3** Nut, **4** Nute

Familienältester: **6** Senior

Familienangehörige: **4** Sohn, **5** Vater, **6** Bruder, Mutter, **7** Tochter, **9** Schwester

Familienchronik: **4** Saga

Familienfeier: **5** Taufe, **7** Firmung, **8** Hochzeit, **9** Namenstag, Verlobung, **10** Geburtstag, **11** Polterabend, **12** Hochzeitstag, Konfirmation, **13** Erstkommunion

Familienforschung: **10** Genealogie

Familienjüngster: **8** Benjamin, **12** Nesthaekchen

Familienkunde: **10** Genealogie

Familienname: **6** Zuname

Familienname Napoleons: **9** Bonaparte

Familienstammbaum: **10** Ahnentafel

Familienstand: **5** ledig, **9** verwitwet, **10** geschieden **11** verheiratet

Familienvorstand: **8** Hausherr

famos: **5** prima, patent

Famulus: **7** Gehilfe

Fanatiker: **7** Eiferer

fanatischer Nationalist: **10** Chauvinist

Fang: **5** Beute, **6** Kralle, Rachen

Fanggehege: **6** Korral

Fanggeräte: **4** Bola, Netz, **5** Angel, Falle, Hamen, Lasso, Reuse, Riata, **7** Kescher, **8** Schlinge, **9** Fallgrube, **11** Tellereisen

Fanghaare: **8** Tentakel

Fant: **4** Geck, Snob, **5** Laffe, **6** Fatzke

Fantasie (musikalisch): **10** Paraphrase

Farbe: **7** Couleur

Farben: → Symbolfarben

Farben, Farbtöne: **3** rot, **4** azur, blau, bleu, gelb, grau, gris, lila, mint, oliv, pink, rosa, **5** beige, braun, gruen, khaki, mauve, ocker, sepia, siena, umber, umbra, weiss, **6** cerise, fraise, golden, indigo, karmin, orange, purpur, safran, **7** chamois, eisblau, hellrot, rosarot, schwarz, silbern, violett, weinrot, **8** azurblau, chromrot, goldgelb, hellblau, karmesin, mausgrau, rehbraun, rotbraun, zinnober, **9** chromgelb, elfenbein, hechtgrau, hellbraun, hellgruen, kirschrot, ockergelb, rostbraun, scharlach, tizianrot, ziegelrot, **10** dunkelblau, himmelblau, kobaltblau, marineblau, quittegelb, sandfarben, tomatenrot, ultramarin, **11** bordeauxrot, indischgelb, koenigsblau, lachsfarben, **12** scharlachrot, schiefergrau, smaragdgruen, veilchenblau, zitronengelb, **13** flaschengruen, fleischfarben, isabellfarben, **14** kastanienbraun, kornblumenblau, preussischblau

Farbenblindheit: **13** Achromatopsie

Farbengrundstoff: **6** Anilin

Farbenkünstler: **5** Maler, **8** Kolorist, **10** Kunstmaler

Farbenlehre: **9** Chromatik

Farbenmischplatte: **7** Palette

Farbenpracht: **8** Buntheit

Färberbraun: **6** Sumach

Farberde: **3** Bol

Färberpflanze: **3** Wau

Färberwurzel: **5** Krapp

Farbgebung: **7** Kolorit

farbig: **4** bunt

Farbige: **7** Negerin

Farbiger: **5** Neger

Farbkörper: **7** Pigment

farblos: **3** fad, **4** fade, **5** blass

Farblosigkeit: **10** Albinismus

Farbmesser: **10** Chromoskop

Farbstift: **7** Pastell

Farbstoffe: **3** Wau, **4** Waid, **5** Eosin, Henna, Krapp, Ocker, Sepia, Umber, Umbra, **6** Anilin, Indigo, Karmin, Kobalt, Purpur, Safran, **7** Auramin, Fuchsin, Mennige, Phloxin, Pigment, **8** Alizarin, Karmesin, Korallin, Nigrosin, Zinnober, **9** Bleiweiss, Karthamin, Zinkweiss, **10** Chrysoidin, **11** Koschenille, **12** Berlinerblau

Farbstoff

brauner: **7** Vesuvin

erdbrauner: **5** Umber, Umbra

gelber: **8** Kurkumin

gelber aus Eisenoxid: **5** Ocker

gelber im Eidotter: **6** Lutein

grüner: **11** Chlorophyll

org.-chem.: **7** Lackmus

rote Blutkörperchen: **11** Haemoglobin

roter: **5** Eosin, **7** Fuchsin, Mennige, **8** Karmesin, Korallin, Krozetin

tierischer: **7** Pigment

weißer: **9** Litophone

Farbüberzug: **5** Lasur

Farbwirkung: **7** Kolorit

Farce: **5** Posse

Farm (S-Amerika): **8** Estanzia, Hazienda

Farmer: **5** Bauer, **8** Landwirt

Farngewächse: **8** Baerlapp, Kleefarn, **10** Frauenhaar, Wasserfarn

Färöerinseln: **5** Vagoe, **6** Sandoe, **7** Syderoe, **8** Osteroe, Stroemoe, **10** Norderoeer

Färöerinselhauptstadt: **8** Torshavn

Fasanengehege: **9** Fasanerie

Fasching: **8** Karneval, **9** Fastnacht

Faschingsfigur: **4** Narr

Faschingsgesellschaft: **8** Narhalla

Faselei: **6** Gerede, **7** Rederei, **10** Geschwaetz

Faser: **5** Fiber

Faser der Kokosnuß: **4** Coir

Faserbündel: **5** Riste

Fasergebilde: **5** Faden, **6** Strang

Fasergewebe: **9** Textilien

Faserlänge: **6** Stapel

Faserpflanzen: **4** Alfa, Aloe, Hanf, Jute, Lein, **5** Agave, Kapok, Ramie, **6** Flachs, Nessel, **7** Esparto, **8** Alfagras, **9** Baumwolle, Gombahanf, **10** Sisalagave, **11** Faserbanane

Faserstoff des Blutes: **6** Fibrin

Faserstofferzeugnisse: **9** Textilien
Faß: **5** Tonne, **6** Barrel
faßbar: **11** perzeptibel
Faßbrett: **5** Daube
Fasson: **3** Art, **4** Form, **6** Muster
Fassung: **7** Version, **10** Kontenance
fassungslos: **10** konsterniert
Fassungsvermögen: **6** Inhalt, **10** Kapazitaet
Faßverschluß: **5** Spund
fast: **7** beinahe, **8** ziemlich
fast gar nicht: **4** kaum
Fastenmonat der Mohammedaner: **7** Ramadan, Ramasan
Fastensonntag: **6** Judika, **9** Invokavit
Fastnacht: **8** Fasching, Karneval
Fastnachtsausschuß: **8** Elferrat
Fastnachtsgeck: **4** Narr
Fastnachtsmontag: **11** Rosenmontag
Fastnachtsruf: **5** alaaf, helau
faul: **5** aasig, inert, traeg, **6** traege
Faulbaum: **8** Frangula, **9** Kreuzdorn
faulen: **6** modern
Faulenzer: **8** Tagedieb, **10** Nichtstuer
fauler Witz: **7** Kalauer
Fäulnis: **5** Moder, **6** Sepsis
Fäulnisgift: **6** Neurin
Fäulnisstoff: **5** Moder
Faulpelz: **13** Baerenhaeuter
Faulschlamm: **8** Sapropel
Faultier: **2** Ai, **4** Unau
Faustfeuerwaffen: **4** Colt, **7** Pistole, **8** Browning, Revolver, Terzerol, **10** Parabellum, **13** Mauserpistole, **15** Trommelrevolver
Faustgewalt: **14** Brachialgewalt
Faustkampf: **5** Boxen
Faustkämpfer: **5** Boxer
Fazit: **5** Summe, **7** Wirkung, **8** Resultat
Februar: **5** Feber, **7** Hornung
Fechtgang: **6** Assaut
Fechthieb: **4** Prim, Terz, **5** Quart, Quint, **6** Parade
Fechtkampf: **6** Mensur
Fechtstoß: **4** Filo, **7** Riposte
Fechtwaffen: **5** Degen, Spada, **6** Rapier, Saebel, **7** Florett, **9** Schlaeger
Federballspiel: **9** Badminton
Federbinse: **8** Wollgras
Federbusch: **7** Panasch
Federdeckbett: **7** Plumeau
Federgras: **8** Windhalm
Federhalter: **7** Fueller
Federkraft: **12** Elastizitaet
Federkrieg: **7** Polemik
Federmappe: **6** Pennal
federnd: **9** elastisch
Federschmuck: **8** Aigrette
Federsprungbrett: **9** Trampolin
Federvieh: **4** Ente, Gans, Hahn, Huhn, Pute, **5** Erpel, Henne, Puter, Taube, **6** Ganter, Glucke, Gockel, Kueken, **7** Kuecken, Goessel, **8** Enterich, Hausente, Perlhuhn, Poularde, Truthahn, **9** Truthenne, **10** Gaenserich
Federwechsel der Vögel: **6** Mauser
Federweiß: **4** Talk, **6** Talkum, **10** Speckstein
Federweißer: **4** Most
Federwild: **5** Fasan, **7** Rebhuhn, Wachtel, **8** Auerhahn, Schnepfe, Wildente, Wildgans, **12** Waldschnepfe, **13** Sumpfschnepfe
Federwolke: **6** Cirrus, Zirrus
Federzange: **8** Pinzette
Fee: **4** Elfe
Fee
– ***der französischen Sage:*** **7** Morgana
– ***der persischen Sage:*** **4** Peri
Feenkönigin der Kelten (Dichtung): **3** Mab
Fegefeuer: **11** Purgatorium
fegen: **6** kehren, putzen, **8** saeubern
Feger: **5** Besen, Wedel
Fehde: **5** Kampf, **6** Streit
Fehl: **5** Makel, **6** Falsch
fehl am Platz: **10** deplaciert

Fehldruck: **9** Makulatur
Fehlbetrag: **5** Manko, Minus, **7** Defizit
Fehler: **5** Makel, **6** Defekt, Irrtum, Lapsus, Mangel, **9** Schnitzer
Fehler beim Fußball: **4** foul
fehlerfrei: **6** intakt, **7** korrekt
fehlerhaft: **6** defekt, **9** inkorrekt
Fehlfarbe (Spielkarte): **5** Fosse
Fehlgeburt: **5** Abort, **7** Abortus
fehlgeleiteter Gegenstand: **10** Irrlaeufer
Fehllos: **5** Niete
Fehlschlag: **6** Fiasko, **8** Versager, **10** Misserfolg
Fehlstoß (Billard): **5** Kicks
Fehltritt: **6** Suende, **7** Fauxpas, **8** Vergehen
Feier: **4** Fest, Fete
feierlich: **6** solenn, **7** festivo, **8** erhebend, festlich, pastoral, **10** pathetisch, **11** zeremoniell
feierlich begehen: **11** zelebrieren
feierliche Handlung: **5** Ritus, **6** Ritual, **9** Zeremonie
Feierlichkeit: **11** Festivitaet
Feiertage: **7** Maifest, Neujahr, **9** Erster Mai, Silvester, Totenfest, **13** Erntedankfest
Feiertage
(christlich): **6** Ostern, **7** Busstag, **9** Pfingsten, **10** Epiphanias, Karfreitag, **11** Allerseelen, Heiligabend, Himmelfahrt, Weihnachten, **12** Fronleichnam, **13** Allerheiligen, Buss- und Bettag, **16** Reformationsfest
(jüdisch): **5** Purim, **6** Passah, **7** Neujahr, **15** Laubhuettenfest, Versoehnungstag
(mohammedanisch): **6** Bairam
Feigenbaum: **6** Banian
Feigenkaktus: **7** Opuntie
Feigling: **5** Memme, **7** Poltron, **9** Angsthase, Hasenfuss
feilbieten: **10** offerieren
Feile: **6** Raspel
feilen: **8** glaetten, polieren
Feilmaschine: **6** Fraese
feilschen: **7** handeln, **9** schachern
Feime: **7** Schober
fein: **4** zart, **5** duenn, dufte, genau, **6** knorke, schick, sublim, subtil, **7** delikat, elegant, vornehm, **8** brillant, zierlich, **10** manierlich, **11** mimosenhaft
Feinarbeit: **8** Filigran
Feinbäckerei: **10** Patisserie
Feind: **6** Gegner, **8** Opponent, **11** Widersacher
Feind des Messias: **10** Antichrist
feindlich: **6** hostil, **9** aggressiv
feindliche Gesinnung: **11** Animositaet
feindlicher Einfall: **8** Invasion
Feindschaft: **4** Hass, **5** Odium, **8** Rankuene, Unfriede, **11** Animositaet
Feindseligkeit: **5** Fehde, Krieg, Zwist, **6** Streit, **11** Animositaet
feinfühlend: **8** sensibel, taktvoll, **10** empfindsam
Feingebäck: **4** Keks, **5** Torte, **6** Baiser, Waffel, **7** Biskuit, Krapfen, Makrone, Pastete, **9** Tortelett, **10** Baumkuchen, Mohrenkopf
Feingefühl: **4** Takt, **6** Dezenz
feingehacktes Fleisch: **7** Haschee
Feingehalt einer Goldmünze (franz.): **4** Aloi
Feingehaltsstempel: **7** Repunze
Feingeist: **7** Aesthet
Feingewicht bei Gold: **4** Unze, **5** Karat
Feinheit: **5** Kniff, **6** Nuance, **7** Eleganz, Finesse, **8** Brillanz, **10** Praezision
feinkeramische Erzeugnisse: **6** Fliese, Kachel, **8** Majolika, Steingut, **9** Porzellan, **10** Terrakotta
Feinkost: **11** Delikatesse
Feinmechaniker: **7** Optiker,

9 Uhrmacher
Feinmeßgeräte: **9** Optimeter, **10** Mikrometer, Passameter, Schublehre
fernnervig: **8** sensitiv
Feinschlosser: **10** Mechaniker
feinschmeckend: **6** lecker, **7** delikat, **9** delizioes, koestlich
Feinschmecker: **7** Gourmet, **8** Gourmand, **9** Geniesser
Feinschmeckerei: **11** Gastronomie
feist: **4** dick, **7** speckig
Felchen: **5** Renke
Feld: **4** Flur, Kamp, Land, **5** Acker, **7** Terrain
Feldbahnwagen: **4** Lore
Feldbefestigung: **5** Sappe, **6** Bunker, **7** Schanze, Stollen, **9** Barrikade, Brustwehr, **10** Laufgraben, **11** Drahtverhau
Feldeinfriedung: **5** Knick
Feldfrüchte: **4** Hanf, Klee, Korn, Lein, Mais, Mohn, Raps, Reis, **5** Bohne, Erbse, Hafer, Hirse, Linse, Ruebe, Wicke, Wruke, **6** Flachs, Gerste, Lupine, Roggen, Weizen, **7** Luzerne, Ruebsen, **8** Getreide, **9** Kartoffel, Kohlruebe, Ruebsamen, Seradella, **10** Buchweizen, Esparsette, Serradella, Topinambur
Feldgemeinschaft: **8** Allmende
Feldgeräte: **4** Egge, **5** Harke, Pflug, Sense, **6** Rechen, Sichel
Feldgeschütz: **6** Kanone
Feldgott: **3** Pan, **4** Faun, **6** Faumus
Feldherr: **8** Stratege
Feldherr
– ***Alexander des Großen:*** **8** Diadoche, **10** Lysimachos
– ***Davids:*** **4** Uria, **5** Urias
– ***des 30jährigen Krieges:*** **5** Tilly, **6** Gallas, **8** Mansfeld, **11** Piccolomini, Wallenstein
– ***des Großen Kurfürsten:*** **11** Derfflinger
– ***Justinians:*** **7** Belisar
– ***Karl V.:*** **4** Alba
– ***Maria Theresias:*** **4** Daun
– ***Napoleons:*** **5** Murat
– ***Nebukadnezars:*** **10** Holofernes
Feldhuhn: **7** Wachtel
Feldlager: **4** Camp, **5** Biwak
Feldmark: **4** Flur
Feldmaße: **2** Ar, **4** Hufe, Joch, Rute, **5** Acker, **6** Hektar, Morgen, **7** Juchart, Juchert, Tagwerk, **8** Tagewerk
Feldmesser: **7** Geodaet, **8** Geometer
Feldrand: **4** Rain, **7** Lisiere
Feldsalat: **8** Rapunzel
Feldspat: **6** Adular
Feldstecher: **8** Fernglas, Fernrohr, Jagdglas
Feldstück: **4** Kamp, **6** Gewann, **7** Gewende
Feldwache: **7** Vedette
Feldzeichen: **6** Banner, Panier, **9** Standarte
Feldzug: **8** Kampagne
Fell: **4** Balg, Haut, **5** Decke, **8** Schwarte
Felle
Eichhörnchen: **3** Feh
Karakulschaf: **9** Persianer
Marder: **5** Zobel
Seebär: **4** Seal
Ziege: **3** Kid
Ziesel: **6** Suslik
Fels: **3** Lei
Felsen: **4** Riff, **5** Kliff, **6** Klippe, **7** Gestein
Felsen
– ***im Harz:*** **10** Rosstrappe
– ***am Rhein:*** **7** Lorelei
– ***im Zittauer Gebirge:*** **5** Oybin
Felsengruppe
– ***des Elbsandsteingebirges:*** **6** Bastei
– ***im Teutoburger Wald:*** **12** Externsteine

Felseninsel
- *vor Marseille:* **2** If
- *vor Skandinavien:* **8** Schaeren

Felsenklippe: **4** Riff
Felshöhle: **6** Grotte
Felsnische: **3** Kar
Felsschlucht: **5** Klamm
Felsspalte: **5** Kamin
Felsüberhang: **4** Abri
Felswand: **4** Fluh, **6** Kanzel
Felswüste der Sahara: **7** Tassili
Fenster: **5** Gaube, Gaupe, **10** Ochsenauge, **11** Dachfenster, Kippfenster, **12** Erkerfenster, **13** Doppelfenster, **14** Fluegelfenster, Schiebefenster, **15** Drehkippfenster, **16** Mansardenfenster
Fensterhaken: **5** Haspe
Fensterrolladen: **8** Jalousie
Fensterschutz: **5** Rollo, **8** Jalousie, Rolladen, **11** Springrollo
Fensterteile: **5** Sturz, Zarge, **6** Rahmen, **7** Sprosse
Fenstervorhang: **5** Store, **7** Gardine
Ferien: **6** Urlaub
Ferment: **3** Lab, **5** Enzym, **6** Lipase, Pepsin, Zimase, **7** Laktase, Trypsin, **8** Diastase, Invertin, Katalase, **10** Pankreatin
fern: **4** weit, **8** entlegen
Fernbewegung: **10** Telekinese
Ferne: **5** Weite, **6** Fremde
ferner: **4** item
Ferngespräch: **5** Anruf, **9** Telefonat, **10** Telephonat
Fernglas: **11** Feldstecher
Fernkampfwaffe: **6** Rakete, **9** Geschuetz
Fernleitung: **5** Kabel
Fernrohr: **7** Binokel, **8** Teleskop, **9** Refraktor, **10** Perspektiv
Fernrohrteile: **5** Tubus, **7** Okular
Fernschreiben: **5** Telex, **9** Telegramm
Fernschreiber: **8** Telegraf, **9** Telegraph
Fernsehantenne: **5** Dipol
Fernsehaufnahmegerät: **8** Orthikon
Fernsehen: **10** Television
fernsehgeeignet: **7** telegen
Fernseh-Überwachungsgerät: **7** Monitor
Fernsprecher: **7** Telefon, **8** Telephon
Fernwirkung: **10** Telepathie
Ferse: **5** Hacke, **6** Hacken
Fersenstachel: **5** Sporn, **6** Sporen
fertig: **3** gar, **5** parat, quitt, **8** erledigt, **9** vollendet
fertiges Insekt: **5** Imago
fertiggekocht: **3** gar
Fertigkeit: **6** Uebung, **7** Routine, **8** Geschick, **12** Versiertheit
Fertigkleidung: **10** Konfektion
fesartige Kopfbedeckung: **8** Tarbusch
Fessel: **4** Band, **5** Bande, Kette, **6** Ketten, Knebel, **7** Bindung, **11** Handschelle
fesseln: **7** knebeln, **11** faszinieren
fesselnd: **11** interessant
fest: **4** firm, zaeh, **5** solid, stark, **6** gefeit, massiv, sicher, solide, stabil, **7** kompakt, **8** bestimmt, konstant, **9** standhaft, unbeugsam, **10** konsistent
Fest: **4** Fete, **5** Feier, Party

Fest
- *der Auferstehung Jesu:* **6** Ostern
- *der Wintersonnenwende:* **3** Jul

Festbeleuchtung: **12** Illumination
Feste (persönliche): **8** Hochzeit, **9** Jubliaeum, Kommunion, **10** Einsegnung, Geburtstag, **11** Polterabend, **12** Konfirmation, **15** Verlobungsfeier
Festessen: **5** Diner, **7** Bankett, **8** Gastmahl, **9** Galadiner
Festgedicht: **3** Ode, **6** Karmen
Festgelage: **5** Orgie
Festgesang: **5** Hymne

festgesetzte
- *Preisgrenze:* **5** Limit
- *Speisefolge:* **5** Menue

– *Zeit:* **5** Frist, **6** Termin
Festhalle in Köln: 10 Guerzenich
festhalten: 8 fixieren
festigen: 13 stabilisieren
Festigkeit: 7 Staerke, **8** Ausdauer, **10** Soliditaet
Festkleidung: 3 Cut, **4** Gala, Robe, **5** Frack, Stola, **8** Cutaway, Smoking, **8** Schleppe, **9** Ballkleid, **10** Abendkleid, **13** Cocktailkleid
Festkneipe: 7 Kommers
Festland: 7 Erdteil, **9** Kontinent
Festland von Europa und Asien: **8** Eurasien
festlegen: 10 definieren
festlegend: 12 determinativ
festlich: 6 solenn, **7** festivo, pomposo
festliche Fahrt: 5 Korso
festlicher Tanzabend: 7 Bal paré
festliches Gedicht: 3 Ode
Festlichkeit: 4 Fete, **5** Feier, Party, **8** Festival
Festmahl: 5 Diner, **7** Bankett, **9** Galadiner
festnehmen: 10 arretieren
Festsaal: 4 Aula, **5** Palas
festsetzen: 10 etablieren, statuieren, **13** konstituieren, stabilisieren
Festspiel: 8 Festival
Festspielort
– *in Bayern:* **8** Bayreuth, **12** Oberammergau
– *in Österreich:* **3** Erl, **7** Bregenz, **8** Salzburg
feststehend: 8 konstant, **9** stereotyp
feststehender Ausdruck: 6 Formel
feststehender Teil einer Maschine: **6** Stator
feststellen: 8 erkennen, fixieren, **12** konstatieren
Feststellung der Person: 15 Identifizierung
Festtagsverzeichnis: 11 Kalendarium
Festteilnehmer: 4 Gast
Festtracht: 4 Gala
Festtracht der Studenten: 5 Wichs
Festung: 4 Burg, Fort, **5** Feste, **7** Kastell, **9** Zitadelle
Festungsanlagen: 4 Wall, **5** Sappe, **6** Bastei, **7** Erdwall, Eskarpe, Bastion, Schanze, **8** Bollwerk, Faschine, **9** Kasematte, **10** Laufgraben
Festwert: 9 Konstante
Festzelt: 8 Pavillon
Festzug: 5 Korso, Umzug, **6** Parade, **10** Prozession
fett: 4 dick, **5** feist, oelig, **6** tranig
Fette: 3 Oel, **4** Talg, Tran, **5** Speck, Wachs, **6** Butter, Flomen, Schmer, **7** Lanolin, Schmalz, Stearin, **8** Paraffin, **9** Margarine
fettarm: 5 mager
fettartig: 6 lipoid
Fettbestandteil: 7 Stearin
fetten: 5 oelen, **9** schmieren
Fettfütterung: 4 Mast
Fettgehalt im Blut: 8 Lipaemie
Fettgeschwulst: 5 Lipom
Fetthenne: 5 Sedum, **9** Tripmadam, **11** Donnerkraut, **12** Mauerpfeffer
fettig: 5 oelig, **9** schmierig
fettleibig: 9 korpulent
Fettleibigkeit: 9 Korpulenz
Fettpflanze: 10 Sukkulente
Fettschicht: 5 Speck
Fetzen: 5 Wisch, **9** Schnitzel
feucht: 4 nass, **5** humid, klamm
Feuchtigkeit: 6 Naesse
Feuchtigkeitsmesser: 9 Hygroskop, **10** Hygrometer
feuchtwarme Witterung: 8 Schwuele
feudal: 5 nobel, **7** vornehm, **8** exklusiv
feudalistische Besitzform: 5 Lehen
Feuer: 4 Glut, Lohe, **5** Brand, **6** Flamme
Feuer (Musik): 4 Brio
Feueranzünder: 5 Flint, **7** Fidibus, **9** Feuerzeug, Zuendholz, **11** Streichholz

Feuerbestattungsanstalt: 11 Krematorium
feuerfester Ton: 9 Schamotte
feuerfestes Mineral: 6 Asbest
Feuergarbe (Feuerwerk): 9 Girandola
feuergefährliche Flüssigkeit: **3** Oel, **6** Aether, Benzin, Benzol, **8** Spiritus
Feuergott: 4 Agni, Loki, **6** Vulkan, **8** Hephaest, Vulcanus, Vulkanus, **10** Hephaestus, Hephaistos
Feuerkröte: 4 Unke
Feuerkugel: 6 Meteor
Feuerländer: 3 Ona, **6** Tahgan, **8** Alakaluf
feuern: 6 heizen, werfen, **9** schiessen
Feuersbrunst: 5 Brand
Feuerschwamm: 6 Zunder
feuerspeiender Berg: 6 Vulkan
Feuerstein: 3 Cer, **5** Flint, Silex, **6** Eolith
Feuerstelle: 4 Esse, Herd, Ofen, **5** Kamin
Feuerwaffen: 4 Colt, **6** Flinte, Gewehr, Kanone, Rakete, **7** Buechse, Moerser, Muskete, Pistole, **8** Browning, Drilling, Haubitze, Revolver, Terzerol, Tesching, **9** Geschuetz, Karabiner, **11** Minenwerfer, Panzerfaust, **15** Maschinengewehr, **16** Maschinenpistole
Feuerwasser: 7 Schnaps
Feuerwerker: 13 Pyrotechniker
Feuerwerkerei: 11 Pyrotechnik
Feuerwerkskörper: 6 Frosch, Rakete, **11** Knallfrosch
Feuerzeichen: 5 Fanal
feurig: 6 brioso, **7** con brio
Fiber: 5 Faser
Fichtenharz: 7 Galipot
Fichtenspargel: 8 Ohnblatt
Fichtenspinner: 5 Nonne
Fidschi (auch Fiji – Inselstaat in Ozeanien)
Berge: **8** Tomanivi, Victoria
Bevölkerung: **7** Fidschi, **11** Fidschianer
Fluß: **4** Rewa
Hauptstadt: **4** Suva
Inseln: **4** Koro, Ngau, Waya, **5** Rambi, **6** Nairai, Naviti, **7** Taveuni, **8** Viti Levu, **9** Vanua Levu
Sprache: **6** Fijian, **8** Englisch, **9** Fidschian
Städte: **4** Nadi, Sura, **11** Lautoka City
Währung: **4** Cent, **6** Dollar
Fieber: 5 Hitze, **9** Aufregung
fieberhaft: 6 febril, **8** hektisch
Fiebermittel: 6 Chinin, **7** Aspirin, Salizin, **9** Cinchonin
fiebern: 6 gieren, **7** zittern
Fieberwahn: 8 Delirium
fiebrig: 6 febril
Figur: 4 Form, **6** Format, Statue, Statur, **7** Gebilde, Gestalt
Figur aus: → Gestalt aus
Figur
– ***der Hohen Schule:*** **5** Volte, **6** Levade, Pesade, Piaffe, **7** Lancade, **8** Kapriole, Kruppade, **9** Courbette, Pirouette
– ***im Naumburger Dom:*** **3** Uta
– ***der Quadrille:*** **3** Ete
Figürchen: 8 Figurine
Fiji: → Fidschi
Filmatelier: 6 Studio
Filmateliergeräte: 5 Blimp, Dolly, Neger, **6** Kamera, **9** Aufheller, **10** Kamerakran
Filmarten: 7 Tonfilm, Western, **8** Lehrfilm, **9** Revuefilm, Spielfilm, Stummfilm, Trickfilm, **10** Gruselfilm, Kulturfilm, **11** Zeichenfilm, **12** Kriminalfilm, Maerchenfilm, **13** Abenteuerfilm, **14** Dokumentarfilm
Filmberufe: 6 Cutter, Double,

9 Dramaturg, Operateur, Regisseur, **10** Beleuchter, Inspizient, Kameramann, **14** Aufnahmeleiter, Regieassistent
Filmfestspiele
– ***in Berlin:*** **9** Berlinale
– ***in Venedig:*** **8** Biennale
Filmfestspielstädte: **6** Berlin, Cannes, **7** Venedig
Filmgröße: **4** Diva, Star
Filmmanuskript: **8** Drehbuch
Filmpreis: **5** Bambi, Oscar
Filmstadt der USA: **9** Hollywood
Filmtheater: **4** Kino, **6** Cinema, **7** Kintopp
Filmvorführer: **9** Operateur
Filmwitz: **3** Gag
Filter: **4** Sieb
Filterhäutchen: **7** Membran, **8** Membrane
Filzhütte asiatischer Nomaden: **5** Jurte, **7** Kibitka
Filzmütze: **6** Kalpak, Kolpak
Fimmel: **4** Tick
Finanzen: **6** Gelder, **9** Vermoegen
finanziell: **8** monetaer
finanzielles Wagnis: **6** Risiko
Finanzmann: **9** Finanzier
Finesse: **5** Kniff, **8** Feinheit
Fingerabdruck: **12** Daktylogramm
Fingerabdruckverfahren: **13** Daktyloskopie
Fingerhirse: **4** Ragi
Fingerhut: **9** Digitalis
Fingerkraut: **10** Gaensefuss, Potentilla, Tormentill
Fingernagelhalbmond: **6** Lunula
Fingerschmuck: **4** Ring
Fingerspiel: **4** Mora
Fingerspitzengefühl: **4** Takt
Fingerzeig: **3** Tip, **4** Wink, **7** Hinweis
Finish: **4** Ende, **8** Endkampf
Finkenvögel: → Singvögel
Finnland (Staat in N-Europa)
Architekten: **4** Eero, **5** Aalto, Eliel, **8** Saarinen
Bevölkerung: **6** Finnen, Lappen, **8** Karelier
Berg: **6** Otsamo
Bergrücken (finn.): **6** Selkae
Bildhauer: **6** Tappar, **7** Hartman, **8** Aaltonen, Hiltunen
Chemiker: **8** Virtanen
Dichter: **3** Aho, **4** Kivi, **11** Sillanpaeae
Dichterin: **6** Talvio
Ebene (finn.): **5** Vaara, **7** Tunturi
Eigenname der Lappen: **5** Sameh, **6** Saamen
Eigenname Finnlands: **5** Suomi
Flüsse: **3** Wyg, **4** Kala, Kemi, **5** Ivalo, **6** Vuoksi, **8** Kemijoki
Hafenstädte: **3** Abo, **4** Kemi, Vasa, **5** Turku, Vaasa, **7** Kokkola
Halbinsel **8** Porkkala
Hauptstadt (schwed. Name): **8** Helsinki (**11** Helsingfors)
Hauptstadt von Finn.-Lappland: **9** Rovaniemi
Heißluftbad: **5** Sauna
Inseln: **8** Hailuoto, **11** Alandinseln
Komponisten: **5** Krohn, Kuula, **7** Kajamus, **8** Ingelius, Palmgren, Sibelius, Wegelius, **9** Merikanto, **10** Jaernefelt
Kreise: **4** Kymi, Oulu, **5** Haeme, Lappi, Vaasa, **6** Kuopio, **7** Mikkeli, Uusimaa, **9** Turku-Pori, **10** Ahrenanmaa
Landschaften: **8** Karelien, Lappland, **12** Oesterbotten
Läufer: **5** Nurmi
Maler: **7** Lavonen, Simberg, **8** Edelfelt, Kaivanto, Sallinen, **9** Toppelius
Musikinstrument: **7** Kantele
Nationalepos: **8** Kalevala, Kalewala
Nobelpreisträger für
– *Chemie:* **8** Virtanen
– *Literatur:* **11** Sillanpaeae

Politiker: **7** Holkeri, **8** Kekkonen, Koivisto, **9** Paasikivi, Stahlberg
Sänger: **4** Borg
Schriftsteller: **3** Aho, **4** Meri, **5** Leino, **7** Lassila, Waltari, **8** Haavikko, Manninen
Seen (schwed. Name): **3** Seg, Top, **5** Inari (Enare), Saima, **7** Oulusee, **8** Inarisee (Enaresee), Saimasee
Städte und Orte (schwed. Name): **3** Eno, **4** Akaa, Kemi, Oulu (**8** Uleaborg), Pori (**11** Bjoerneborg), Salo, **5** Espoo (**4** Esbo), Hanko (**6** Hangoe), Inari (Enare), Ivalo, Kotka, Lahti, Raahe, Rauma, Turku (**3** Abo), Vaasa (**4** Vasa, Wasa), **6** Hangoe, Kuopio, Vantaa (**5** Vanda), **7** Karhula, Kokkola, Kouvola, Tampere (**11** Tammersfors), Varkaus, **9** Rovaniemi, **12** Lappeenranta (**13** Villmanstrand)
Wasserfälle: **6** Imatra
Währung: **5** Penni, **8** Finnmark

finnisch-ugrisches Volk: **5** Esten
finster: **6** dunkel, **7** duester
Finte: **4** Dreh, List, **5** Falle, Kniff, Trick, **7** Vorwand
Firlefanz: **4** Tand, **5** Posse, **6** Unsinn, **7** Torheit
Firmament: **6** Himmel
Firmeninhaber: **4** Boss, Chef, **9** Fabrikant, Produzent
Firmenwert: **8** Goodwill
First: **4** Dach, **6** Giebel
Fische: **3** Aal, Hai, Sei, **4** Alet, Alse, Anke, Bars, Blei, Butt, Leng, Nase, Orfe, Salm, Wels, **5** Aitel, Aland, Alose, Barbe, Hecht, Lachs, Orade, Stint, Stoer, Umber, **6** Barsch, Beluga, Brasse, Doebel, Dorade, Dorsch, Hausen, Hering, Merlan, Pricke, Rochen, Schlei, Ukelei, Zaerte, Zander, **7** Aalbutt, Blauhai, Brachse, Dornhai, Elritze, Felchen, Flunder, Forelle, Karpfen, Makrele, Muraene, Pfrille, Piranha, Ploetze, Rotauge, Sardine, Schleie, Scholle, Sprotte, Sterlet, **8** Aalraupe, Anchovis, Flussaal, Goldbutt, Goldorfe, Heilbutt, Kabeljau, Lamprete, Maifisch, Nerfling, Neunauge, Rotfeder, Saibling, Sardelle, Schmerle, Seelachs, Seezunge, Sterlett, **9** Goldfisch, Hammerhai, Igelfisch, Karausche, Knurrhahn, Katzenhai, Steinbutt, Stichling, Thunfisch, Zitteraal, **10** Barramunda, Bitterling, Donaulachs, Goldbrasse, Gruendling, Klippfisch, Rheinlachs, Saegefisch, Weissfisch, **11** Bachforelle, Blaufelchen, Goldmakrele, Hechtbarsch, Kofferfisch, Schellfisch, Zahnkarpfen, **12** Seepferdchen, Zitterrochen, **14** Spiegelkarpfen, **15** Schlammpeitzger
Fischbehälter: **3** Kar, **6** Laegel
Fischbein: **5** Barte
Fischbrut: **5** Laich
Fischeier: **5** Rogen, **6** Kaviar
fischen: **6** angeln
Fischerfahrzeuge: **5** Sloop, **6** Dogger, Kutter, Logger, **7** Tartane, Trawler
Fischfänger: **6** Angler
Fischfanggeräte: **4** Netz, **5** Angel, Bunge, Reuse, **7** Kescher, **8** Legangel, **11** Schleppnetz
Fischfett: **4** Tran
Fischgebiet der Nordsee: **10** Doggerbank
Fischknochen: **6** Graete
Fischkunde: **12** Ichthyologie
Fischmarder: **5** Otter
Fischnetz: **4** Wate, **5** Hamen
Fischöl: **4** Tran
Fischragout: **8** Matelote
Fischreuse: **5** Bunge

Fischspezialitäten: 8 Rollmops, **9** Bueckling, **10** Brathering, Oelsardine, Salzhering, **11** Appetitsild, Gabelbissen, Raeucheraal, **12** Matjeshering, **13** Schillerlocke, **14** Bismarckhering
Fischsuppe: 4 Ucha, **13** Bouillabaisse
Fiskus: 5 Aerar
Fistelstimme: 7 Falsett
Fittich: 7 Fluegel
fix: 6 sicher, **7** gewandt, schnell
fixe Ideen: 6 Spleen, **7** Marotte, **8** Schrulle
Fixiermittel: 7 Fixativ, **8** Sikkativ, **9** Schellack, **10** Wasserglas
Fixsterne: 4 Wega, **5** Atair, Deneb, Rigel, **6** Castor, Pollux, Sirius, **7** Antares, Canopus, Capella
Fixsterne betr.: 7 stellar
Fjord: 5 Bucht
Fjord in Norwegen: 4 Ands
Fjord in Schottland: 3 Tay, **4** Alsh
flach: 4 eben, plan, **5** banal, platt, **6** seicht, **7** trivial
Flachbildwerke: 6 Relief, **9** Basrelief
Flachdruckverfahren: 6 Offset, **10** Steindruck, **12** Lithographie
Fläche: 5 Areal, Ebene, **6** Gebiet, **7** Terrain
Flächenbegrenzung: 4 Rand
Flächeninhalt: 5 Areal
Flächenmaße: 2 Ar, **6** Hektar, Morgen
Flächenmesser: 10 Planimeter
Flächenraum: 5 Areal
flachgedrückt: 5 platt
flachgestreckt: 6 rasant
Flachheit: 10 Platituede
Flachholz: 5 Brett
Flachland: 5 Ebene
Flachs: 4 Lein
Flachsabfall: 4 Werg
Flachsbündel: 5 Riste
Flachseestreifen vor der Nordseeküste: 4 Watt
Flachserzeugnis: 9 Leinsamen
Flachspflanze: 4 Lein
flachverlaufend: 6 rasant
Flagge: 5 Fahne, **6** Banner, Goesch, Panier, Wimpel, **7** Stander, **9** Standarte
Flaggengruß: 6 Dippen
flämische(r)
– ***Dichter:*** **6** Coster, **9** Streuvels, **10** Timmermans
– ***Maler:*** **3** Fyt, **5** Orley, **6** Rubens, **7** Snyders, Teniers, **8** Jordaens
– ***Schriftsteller:*** **5** Claes, **7** Gezelle, **9** Streuvels, **10** Conscience, Timmermans
– ***Universitätsstadt:*** **4** Gand, Gent
Flamme: 4 Lohe, **5** Feuer
Flammenblume: 5 Phlox
Flammenwelt in der nordischen Mythologie: 10 Muspelheim
Flammzeichen: 5 Fanal
Flanellgewebe: 8 Barchent, Swanskin
flandrische(r)
– ***Hafenstadt:*** **4** Gent
– ***Küstenfluß:*** **4** Yser
Flanke: 5 Seite, **6** Weiche
Fläschchen: 5 Flakon
Flasche: 5 Kruke, Pulle, **6** Buddel, Buttel, **7** Karaffe, **9** Bouteille
Flaschenform: 11 Bocksbeutel
Flaschenkürbis: 9 Kalebasse
Flaschenverschluß: 4 Kork, **6** Korken, **8** Pfropfen
Flaschenzug: 4 Gien, **5** Takel, Talje
Flattertier: 10 Fledermaus
flau: 3 mau, **4** matt, **5** muede, **8** schlecht, **10** bluemerant
Flaumfeder: 5 Daune
Flaumhaar Neugeborener: 6 Lanugo
Flause: 5 Getue, Luege, **7** Ausrede, **10** Geschwaetz
Flausen: 12 Fisimatenten
Flaute: 6 Baisse, Stille, **10** Windstille
Flechten (botan.): 8 Lichenes
Flechtenpflanzen: 5 Usnea, **10** Eichenmoos, **11** Bartflechte, Laub-

flechte, **12** Fadenflechte, Mannaflechte, **13** Becherflechte, **14** Faerberflechte, Krustenflechte, Strauchflechte
Flechtmaterial: 4 Bast, Rohr
Flechtwerk: 4 Korb, **5** Matte, Zaine
Fleck: 3 Mal, **5** Makel, **6** Klecks
Flecken: 3 Ort, **5** Markt, Platz
Fledermäuse: 5 Badul, **6** Kalong, Vampir, **7** Mausohr, **8** Flughund, Grossohr, Molossus, **9** Blattnase, Flugfuchs, Glattnase, Klaffmaul, Klappmaul, **10** Blutsauger, Flederhund, Fledermaus, Fledertier, **11** Abendsegler, Flattertier, **12** Flatterfuchs, Handfluegler, **13** Grabflatterer, Pelzflatterer, **14** Bartfledermaus, Fliegender Hund, Grossflatterer, Mopsfledermaus, **15** Grossfledermaus, Kleinfledermaus, Ohrenfledermaus, Spiessblattnase, Zwergfledermaus, **16** Riesenfledermaus, Wasserfledermaus, **18** Bulldogfledermaus, Fischerfledermaus, Langohrfledermaus, **19** Grossohrfledermaus, Hammerkopfflughund, **20** Hasenmaulfledermaus
Flegel: 5 Flaps, Rekel, **6** Bengel, Ruepel, **7** Luemmel
Flegelei: 5 Unart
flehentlich: 10 instaendig
Fleisch des Wildes: 8 Wildbret
Fleischbrühe: 8 Bouillon, Consommé
Fleischer: 7 Metzger, **10** Schlachter, **11** Schlaechter
fleischfarben: 8 inkarnat
fleischfressende Pflanzen: 8 Taublatt, **9** Fettkraut, Sonnentau
Fleischfresser: 9 Karnivore
Fleischfüllung: 5 Farce
Fleischgerichte: 5 Filet, Klops, Steak, **6** Braten, Ragout, **7** Bulette, Eisbein, Gulasch, Haschee, Kassler, Pastete, Poerkel, Roulade, **8** Kotelett, Poerkelt, **9** Beefsteak, Entrecôte, Frikassee, Karbonade, Poerkoelt, Roastbeef, Rumpsteak, Schnitzel, **10** Cordon bleu, Frikadelle, Frikandeau, Rippespeer, **11** Frikandelle, Rippenspeer
Fleischgeschmack: 8 Hautgoût
fleischig: 7 pulpoes, **9** sukkulent
Fleischkonserve: 8 Pemmikan, **10** Corned beef
fleischlich: 8 leiblich, **11** koerperlich
fleischlose Ernährung: 12 Vegetarismus
Fleischpastete: 3 Pie
Fleischrolle: 7 Roulade
fleischrot: 8 inkarnat
Fleischsaftgallert: 3 Jus
Fleischscheibe: 7 Tranche
Fleischschneidemaschine: 6 Cutter
Fleischvergiftung: 10 Botulismus
Fleischware: → Fleischgerichte, → Wurstsorten
Fleischwerdung: 11 Inkarnation
Fleiß: 5 Eifer
fleißig: 5 emsig, **6** eifrig, **8** strebsam, **9** arbeitsam
fleißiges Insekt: 4 Imme, **5** Biene, **6** Ameise
Fleißiges Lieschen: 7 Begonie, **9** Balsamine
flektieren: 6 beugen, **11** deklinieren, konjugieren
Flexion: 7 Beugung, Biegung
Flickarbeit: 9 Reparatur, **12** Ausbesserung, **14** Instandsetzung
Flicken: 6 Lappen, **7** Riester
Flieder: 5 Lilak, **7** Syringe, **8** Holunder
fliederfarben: 4 lila
Fliegen: 6 Bremse, Dassel, Tsetse, **7** Brummer, **10** Biesfliege, Bohrfliege, Goldfliege, Kohlfliege, **12** Rinderbremse, Schwebfliege, Stubenfliege, **13** Fleischfliege, Schlammfliege, **14** Schmeissfliege
Fliegenblume: 8 Stapelie

fliegende(r, s)
– ***Fisch:*** **8** Flughahn
– ***Hund:*** **6** Kalong
– ***Personal:*** **5** Orter, Pilot, **7** Kopilot, **9** Navigator, **10** Bordfunker, Stewardess
– ***Säugetier:*** **10** Fledermaus
– ***Untertasse:*** **3** Ufo
Fliegenlarve: **4** Made
Fliegenpilzgift: **8** Muskarin
Flieger: **5** Pilot
Flieger der griechischen Sage: **6** Ikarus, **8** Daedalus
Fliegertruppe: **9** Luftwaffe
fließen: **6** pulsen, **9** pulsieren
fließendes Gewässer: **4** Bach, **5** Fluss, Strom **7** Rinnsal
flink: **3** fix, **4** agil, **5** alert, flott, rasch, **6** behend, hurtig, **7** behende, schnell
Flirt: **8** Liebelei, Poussage, **9** Taendelei
Flitter: **4** Tand, **10** Pailletten
florentinische(r, s)
Adelsgeschlecht: **6** Medici, **7** Strozzi
Bauwerk: **8** Uffizien
Bildhauer: **6** Majano, **7** Fiesole, **9** Donatello
Dichter: **5** Dante
Gemäldegalerie: **5** Pitti, **8** Uffizien
Maler: **5** Dolci, Lippi, Sarto, **6** Giotto, **7** Gozzoli, Uccello, **8** Masaccio, **10** Botticelli
Palast: **5** Pitti, **8** Signoria, Uffizien
Politiker: **11** Machiavelli
Prediger: **10** Savonarola
Florgewebe: **7** Pluesch
Flossenfüßer: **5** Robbe
Flöten: **6** Flauto, Pfeife, **7** Okarina, Piccolo, Pikkolo, **8** Ottavino, Schwegel, **9** Panfloete, **10** Flageolett, Rohrfloete, Querfloete, Querpfeife, **11** Blockfloete
Flötist Friedrichs des Großen: **6** Quantz
flott: **4** chic, kess, **5** fesch, flink, smart, **6** schick, **7** schnell, **10** burschikos
Flotte: **6** Armada, Marine
Flottenchef: **7** Admiral
Flottenwesen: **6** Marine
Flöz: **5** Lager, **7** Schicht
fluchen: **8** laestern
Fluchtburg: **8** Refugium
Flüchtigkeitsfehler: **9** Schnitzer
Flüchtling: **8** Emigrant
Flüchtlingszug: **5** Treck
Flugabwehrkanone: **4** Flak
Flugblatt: **7** Traktat, **8** Pamphlet, **10** Broschuere
Flügel: **5** Anbau, Trakt, **7** Fittich, Klavier, **8** Schwinge
Flügelaltar: **9** Diptychon, **10** Triptychon
Flügelhorn: **7** Kornett
Fluggast: **9** Passagier
Fluggästebetreuerin: **10** Stewardess
Fluggästehalle: **8** Terminal
Flughafen: **7** Airport
Flughafen von
– ***Amsterdam:*** **8** Schiphol
– ***Athen:*** **10** Hellenikon
– ***Atlanta (USA):*** **10** Hartsfield
– ***Bangkok:*** **8** Don Maang
– ***Barcelona:*** **8** Muntadas
– ***Basel:*** **9** Blotzheim
– ***Beirut:*** **7** Khaldeh
– ***Belgrad:*** **5** Zemun
– ***Berlin:*** **5** Gatow, Tegel, **9** Tempelhof, **11** Schoenefeld
– ***Bern:*** **4** Belp
– ***Bonn:*** **4** Wahn
– ***Brüssel:*** **9** Melsbroek
– ***Budapest:*** **8** Ferihegy
– ***Buenos Aires:*** **6** Ezeiza
– ***Bukarest:*** **7** Baneasa
– ***Chicago:*** **5** O'Hare
– ***Damaskus:*** **5** Mezze
– ***Delhi:*** **5** Palam
– ***Düsseldorf:*** **8** Lohausen

– ***Florenz:*** **8** Peretola
– ***Frankfurt/Main:*** **9** Rhein-Main
– ***Genf:*** **8** Cointrin
– ***Hamburg:*** **12** Fuhlsbuettel
– ***Hannover:*** **11** Langenhagen
– ***Helsinki:*** **5** Malmi
– ***Hongkong:*** **6** Kai Tak
– ***Istanbul:*** **9** Yesilkoey
– ***Kairo:*** **6** Al Maza
– ***Köln:*** **4** Wahn
– ***Kopenhagen:*** **7** Kastrup
– ***Lissabon:*** **7** Alverca
– ***London:*** **7** Gatwick, **8** Heathrow
– ***Madrid:*** **7** Barajas
– ***Mailand:*** **6** Linate, **8** Malpensa
– ***Marseille:*** **9** Marignane
– ***Montevideo:*** **8** Carrasco
– ***Moskau:*** **13** Scheremétjewo
– ***München:*** **4** Riem
– ***New York:*** **6** Newark, **14** Kennedy Airport, **16** Laguardia Airport
– ***Nizza:*** **5** Le Var
– ***Oslo:*** **7** Fornebu, **10** Gardermoen
– ***Palma de Mallorca:*** **10** Son San Juan
– ***Paris:*** **4** Orly
– ***Prag:*** **6** Ruzyne
– ***Rom:*** **10** Fiumincino
– ***Saarbrücken:*** **7** Ensheim
– ***Singapur:*** **6** Changi, Tengah, **7** Kallang
– ***Stockholm:*** **7** Arlanda
– ***Stuttgart:*** **12** Echterdingen
– ***Sydney:*** **9** Kingsford
– ***Teheran:*** **8** Mehrabad
– ***Tel Aviv:*** **3** Lod, **5** Lydda, **9** Ben Gurion
– ***Tokio:*** **6** Haneda, Narita
– ***Warschau:*** **6** Okecie
– ***Wien:*** **9** Schwechat
– ***Zürich:*** **6** Kloten

Flughafenanlagen: **5** Piste, **6** Hangar, **8** Rollbahn, **9** Funkfeuer, Landebahn, Startbahn

Flugkörper: **6** Ballon, Rakete, **7** Drachen

Flug ohne Unterbrechung: **7** Nonstop

Flugpioniere: **4** Udet, **5** Balbo, Grade, **6** Fokker, Gronau, Wright, **7** Blériot, Boelke, Eckener, Piccard, **8** Beinhorn, Parseval, Zeppelin, **9** Immelmann, Lindbergh, **10** Lilienthal, **11** Montgolfier, **12** Christiansen

Flugschrift: **7** Traktat, **8** Pamphlet, **10** Broschuere

Flugwesen: **7** Aviatik, **9** Luftfahrt, **10** Aeronautik

Flugzeug: **8** Aeroplan

Flugzeugführer: **5** Pilot, **7** Flieger

Flugzeugführung: **10** Navigation

Flugzeughalle: **6** Hangar

Flugzeugschleuder: **8** Katapult

Flugzeugteile: **4** Heck, **5** Duese, Rumpf, **6** Kabine, **7** Fluegel, **9** Propeller, Triebwerk, **11** Fahrgestell, Hoehenruder, Seitenruder, Tragflaeche, **12** Luftschraube

Flugzeugtypen: **3** Jet, Mig, **5** Arado, Comet, Klemm, Sabre, **6** Airbus, Boeing, Cessna, Condor, Focker, Hawker, Viking, **7** Clipper, Comuter, Curtiss, Dornier, Heinkel, Junkers, Klipper, Phantom, Rumpler, Vickers, **8** Concorde, Fieseler, Jumbo Jet, Noratlas, **9** Caravelle, Coleopter, Eindecker, Fokke-Wulf, Skymaster, Turboprop, **10** Helikopter, **11** Starfighter, **12** Doppeldecker, Hubschrauber, **13** Constellation, Curtiss-Wright, Messerschmitt, Segelflugzeug, **14** Duesenflugzeug, Duesenmaschine

Flugzeugverband: **4** Pulk, **7** Staffel, **10** Geschwader

Fluidum: **2** Od, **3** Air

Flunder: **4** Butt, **7** Elbbutt, Scholle, **9** Weserbutt

Flur: **3** Ern, **4** Eren, Gang, **5** Diele,

Flett, **8** Korridor
Flurbuch: 8 Kataster
Flurstück: 6 Gewann, **7** Gewende
Flußdelphin: 6 Tonina
Flußinsel: 6 Werder
Flußlandestelle: 6 Laende
Flußlandschaft: 2 Au, **3** Aue
Flußmündung: 5 Delta, Liman, **7** Aestuar
Flußmuschel: 6 Najade
Flußniederung: 2 Au, **3** Aue
Flußrand: 4 Ufer
Flußregelungsanlage: 4 Wehr, **5** Buhne, Deich
Flußspat: 7 Fluorit
Flußtal: 4 Wadi, **5** Cañon, **6** Canyon
Flußübergang: 4 Furt, Steg, **7** Bruecke
flüssig: 5 fluid, **6** liquid, **7** liquide
Flüssiggas: 5 Butan, Gasol, **6** Propan
Flüssigkeit: 4 Nass, Saft, Seim, **5** Lauge, **6** Bruehe, Wasser, **8** Getraenk
Flüssigkeitsbehälter: 4 Fass, Krug, Tank, **5** Eimer, Kanne, Kruke, Wanne, **6** Ballon, Kessel, **7** Flasche, **8** Kanister
Flüssigkeitsdrucklehre: 9 Hydraulik
Flüssigkeitsentnahme: 8 Punktion
Flüssigkeitsnehmer: 7 Pipette
Flüssigkeitsgemisch: 7 Loesung, **8** Emulsion
Flüssigkeitsmaße: 3 Ahm, Ohm, **5** Liter, Quart, **6** Seidel, **7** Gebinde, **8** Schoppen, **9** Deziliter, **10** Hektoliter
Flüssigkeitsmessung: 10 Hydrometrie
Flüssigkeitsrest: 5 Neige
flüstern: 6 raunen, **7** wispern
Flutmesser: 10 Limnimeter
Flutwelle in asiatischen Flußmündungen: 4 Bore
Fohlen: 5 Enter, **7** Fuellen
Folge: 5 Kette, Reihe, Serie, Suite, **6** Zyklus, **7** Produkt, Sequenz, Wirkung, **8** Resultat, **10** Konsequenz
Folge von drei Dichtwerken u.a.: 8 Trilogie
Folge von Tanzsätzen: 5 Suite
folgerichtig: 7 logisch, **10** konsequent, **11** konstruktiv, **12** systematisch
folgerichtiges Denken: 5 Logik
Folgerichtigkeit: 10 Konsequenz
Folgerung: 7 Schluss, **10** Konsequenz
folgewidrig: 9 unlogisch, **12** inkonsequent
Folgezeit: 7 Zukunft
folglich: 4 also, ergo, **5** daher, **7** deshalb
folgsam: 4 brav, **5** artig
Folie aus Zinn: 8 Stanniol
Folter: 4 Pein, Qual, **6** Marter, Tortur
foltern: 7 martern, quaelen, **8** peinigen
foppen: 4 uzen, **6** narren, necken, **9** duepieren
Fopperei: 2 Uz
Förde: 5 Bucht
Förderband: 8 Conveyer
Förderer: 6 Helfer, Maezen, **9** Protektor
fordern: 8 heischen, **9** verlangen
Forderung: 6 Begehr, **8** Postulat, Zumutung, **9** Verlangen
Förderung: 5 Gunst, Hilfe, **10** Protektion
Forderungsabtretung: 7 Zession
Forderungssicherheit: 5 Pfand
Förderwagen im Bergbau: 4 Hund
Förderwerk: 8 Elevator
Forke: 5 Gabel, **9** Mistgabel
Form: 4 Plan, **5** Model, Modus, **6** Fasson, Muster, Schema, **7** Gestalt, **8** Struktur
Form des Buddhismus: 9 Lamaismus
Formänderung: 11 Deformation
Format: 4 Mass, **5** Figur, **7** Gestalt
Formation: 7 Bildung, Verband
formbare Masse: 5 Knete, **9** Plastilin
Formbarkeit: 12 Plastizitaet
Formblatt: 8 Formular, Vordruck
formelhafte Redewendung: 7 Floskel

formen: 6 bilden, **7** praegen, **9** gestalten, **11** fassonieren, modellieren
Former: 9 Modelleur, **11** Modellierer
formieren: 6 bilden, **13** konstituieren
förmlich: 6 formal, **7** formell, **9** offiziell, **10** formaliter, **11** zeremoniell, zeremonioes, **12** konventionell
Förmlichkeit: 8 Etikette, **9** Formalien, Zeremonie, **10** Konvention, **11** Formalitaet
Förmlichkeiten: 9 Formalien
formlos: 5 leger, **6** amorph, **10** burschikos, nonchalant
formlose Übereinkunft: 9 Agreement
Formlosigkeit: 11 Nonchalance
Formosa: → Taiwan
Formsache: 11 Formalitaet
Formstück: 7 Fitting
forsch: 5 flott, kuehn, **9** munter, **9** schneidig
forschen: 9 studieren
Forschungsanstalt: 8 Institut
Forschungsreise: 10 Expedition
Forschungsstätte: 5 Labor, **8** Institut, **12** Laboratorium
Forschungsweise: 7 Methode
Forst: 4 Wald, **7** Waldung
Forstabteilung: 5 Jagen
Forstaufseher: 5 Heger, **11** Hegemeister
Forstbeamten: 8 Foerster, Forstrat, **11** Hegemeister, **12** Forstmeister, Oberfoerster
Forstbestand: 6 Gehege, **8** Dickicht, Hochwald, Jungholz, Laubwald, Schonung, **9** Gestruepp, Mischwald, Nadelwald, Pflanzung, Unterholz
Forstschädlinge: 5 Nonne, **7** Spanner, Spinner, **12** Borkenkaefer
Fort am Großen Sklavensee: 3 Rae
Fortbewegungsart: 5 gehen, **6** fahren, laufen, reiten, rennen, **7** fliegen, **8** springen, **9** schwimmen
Fortbewegungsorgan der Fische: 6 Flosse
Fortbildungskurs: 7 Seminar
Fortdauer: 10 Stetigkeit, **12** Kontinuitaet
fortdauernd: 6 stetig, **9** permanent, **14** kontinuierlich
forte: 4 laut, **5** stark
Fortgang: 7 Prozess, Verlauf, **11** Entwicklung
fortlaufend: 10 kursorisch
Fortpflanzung: 10 Vermehrung
Fortpflanzung ohne Befruchtung: 6 Agamie
Fortpflanzungszelle: 2 Ei, **4** Same, **5** Gamet, Spore
Fortsatz des Blinddarms: 8 Appendix
Fortschreiten: 11 Progression
Fortschritt: 8 Progress
fortschrittlich: 10 progressiv
fortwährend: 9 permanent, **14** kontinuierlich
fossiles Harz: 9 Bernstein
fossiles Tier: 7 Ammonit, Saurier, Urvogel, **10** Ammonshorn
Fotoapparat: 3 Box, **6** Kamera
Fotozubehör: 4 Film, **6** Platte, Stativ, **8** Farbfilm, Kassette, Rollfilm, UV-Filter, **10** Blitzlicht, Gelbfilter, **11** Lichtmesser, **15** Elektronenblitz, Selbstausloeser, **17** Belichtungsmesser, Entfernungsmesser
Fracht entladen: 8 loeschen
Frachtbrief: 12 Konnossement
Frachtkahn: 5 Prahm, Zille, **8** Leichter
Frachtnachlaß: 8 Refaktie
Frachtraum: 7 Tonnage
Frachtschiffe: 4 Ewer, **6** Tanker, **8** Frachter
Frachtstück: 4 Pack, **5** Kiste, Kollo, **6** Ballen
Frachtvertrag: 7 Charter
Frage: 7 Problem
fragend: 12 interrogativ
Fragenkreis: 7 Materie
Fragesatz: 7 Erotema

Fragestellung: **7** Problem
Frage- und Antwort-Spiel: **4** Quiz
Fragewort: **2** wo, **3** was, wem, wen, wer, wie, **5** warum, wieso, wohin, **6** wofuer, **7** weshalb, **12** Interrogativ
fraglich: **6** dubios
Fraglichkeit: **11** Problematik
Fragment: **5** Torso
fragwürdig: **6** obskur
Frankenkönige: **3** Odo, **4** Karl, **6** Lothar, Ludwig, Pippin, Rudolf, **7** Guntram, **8** Chlodwig, Chlothar, Dagobert, Karlmann, Sigibert, **9** Chlodomer, Charibert, **10** Childerich, Chilperich, Theudebald, Theudebert, Theuderich, **11** Karl Martell
Frankenweinflasche: **11** Bocksbeutel
Frankfurter
- ***Apfelweinkrug:*** **6** Bembel
- ***Bauwerk:*** **6** Roemer, **10** Goethehaus, **11** Paulskirche

fränk.
- ***Adelsgeschlecht:*** **6** Salier, **9** Hohenlohe
- ***Erzbischof:*** **3** Ebo
- ***Hausflur:*** **3** Ern, **4** Eren
- ***Hausmeier:*** **6** Pippin
- ***Herrschergeschlecht:*** **6** Salier, **10** Karolinger, Merowinger
- ***Hofbeamter:*** **10** Seneschall
- ***Klosterreformer:*** **3** Ebo
- ***Reichsstadt:*** **12** Dinkelsbuehl

Frankreich (Staat in W-Europa)
Adelsgeschlecht: **7** Orléans
Adelspartei: **6** Fronde
Adelsprädikat: **2** de
Adelstitel: **3** Duc, **4** Pair, **5** Baron, Comte, **6** Prince, **7** Baronne, Marquis, Vicomte, **8** Comtesse, Duchesse, Marquise, **9** Chevalier, Princesse, **10** Vicomtesse
Admiral: **7** Coligny
Afrikaforscher: **6** Brazza
Ägyptologe: **11** Champollion
alte Münzen: **3** Ecu, **5** Livre, **8** Louisdor, **11** Napoleondor
alte Tänze: **7** Gavotte, **9** Francaise, Quadrille
Anreden: **4** Sire, **6** Madame, **8** Monsieur, **12** Mademoiselle
Apfelbranntwein: **8** Calvados
Apfelwein: **5** Cidre
Artikel: **2** la, le, un, **3** les, une
Ärzte: **6** Carrel, **7** Laveran, **8** Cournand
Astrologe: **11** Nostradamus
Astronomen: **7** Laplace, Messier, **9** Leverrier
Bakteriologen: **7** Pasteur, Nicolle, **8** Calmette
Ballonfahrer: **6** Rozier, **9** Blanchard, **11** Montgolfier
Benediktinerabtei: **5** Cluny
Berge: **4** Dore, **6** Lozère, Mézenc, **7** Belchen, Ventoux
Bergland: **6** Morvan
Bevölkerung: **6** Basken, Korsen, **8** Bretonen, **9** Elsaesser, **10** Lothringer
Bildhauer: **4** Ada, **5** Pilon, Puget, Rodin, **6** Houdon, Pompon, **7** Colombe, Despiau, Laurens, Lemoyne, Maillol, Pigalle, Richier, **8** Falćonet, **9** Bourdelle, **10** Desjardins
Biologe: **7** Lamarck
Branntweine: **4** Marc, **6** Cassis, Cognac, Kognak, **7** Parfait, **8** Armagnac, Calvados
Buchdruckerfamilien: **5** Didot, **7** Etienne
Bürgermeister: **5** Maire
Bürgermeisterei: **6** Mairie
Chansonetten: **4** Piaf, **5** Gréco
Chansonniers: **5** Rossi, **6** Becaud, **8** Aznavour, **9** Chevalier
Chemiker: **6** Perrin, **7** Moissan, Pasteur, **8** Grignard, Sabatier,

F

9 Lavoisier

Departements (und ihre Hauptstädte): **3** Ain (**5** Bourg), Lot (**6** Cahors), Var (**6** Toulon), **4** Aube (**6** Troyes), Aude (**11** Carcassonne), Cher (**7** Bourges), Eure (**6** Evreux), Gard (**5** Nîmes), Gers (**4** Auch), Jura (**13** Lons-le-Saunier), Nord (**5** Lille), Oise (**8** Beauvais), Orne (**7** Alencon), Tarn (**4** Albi), **5** Aisne (**4** Laon), Alpes(de-Haute-Provence) (**5** Digne), Alpes(Hautes-) (**3** Gap), Corse-(-du-Sud) (**7** Ajaccio), Corse-(Haute-) (**6** Bastia), Doubs (**8** Besançon), Drôme (**7** Valence), Indre (**11** Châteauroux), Isère (**8** Grenoble), Loire (**12** Saint Etienne), Loire(Haute-) (**5** Le Puy), Marne (**15** Châlons-sur-Marne), Marne(Haute-) (**8** Chaumont), Meuse (**8** Bar-le-Duc), Paris (**5** Paris), Rhône (**4** Lyon), Rhône(Bouches-du-) (**9** Marseille), Saône(Haute-) (**6** Vesoul), Somme (**6** Amiens), Yonne (**7** Auxerre), **6** Allier (**7** Moulins), Ariège (**4** Foix), Cantal (**8** Aurillac), Creuse (**6** Guéret), Landes (**13** Monts-de-Marsan), Loiret (**7** Orleans), Lozère (**5** Mende), Manche (**7** Saint-Lô), Nièvre (**6** Nevers), Sarthe (**6** Le Mans), Savoie (**8** Chambéry), Savoie(Haute-) (**6** Annecy), Vendée (**13** La-Roche-sur-Yon), Vienne (**8** Poitiers), Vienne(Haute-) (**7** Limoges), Vosges (**6** Epinal), **7** Ardèche (**6** Privas), Aveyron (**5** Rodez), Bas-Rhin (**9** Strasbourg), Belfort (**7** Belfort), Corrèze (**5** Tulle), Côte-d'Or (**5** Dijon), Essonne (**4** Evry), Garonne(Haute-) (**8** Toulouse), Gironde (**8** Bordeaux), Hérault (**11** Montpellier), Mayenne (**5** Laval), Moselle (**4** Metz), **8** Ardennes (**19** Charleville-Mézières), Calvados (**4** Caen), Charente (**9** Angoulême), Dordogne (**9** Périgueux), Haut-Rhin (**6** Colmar), Morbihan (**6** Vannes), Pyrénées(Atlantiques) (**3** Pau), Pyrénées(Hautes-) (**6** Tarbes), Pyrénées(Orientales) (**9** Perpignan), Vaucluse (**7** Avignon), Yvelines (**10** Versailles), Val-d'Oise (**13** Cergy-Pontoise), **9** Eure-et-Loire (**8** Chartres), Finistère (**7** Quimper), Puy-de-Dôme (**15** Clermont-Ferrand), **10** Deux-Sèvres (**5** Niort), Loir-et-Cher (**5** Blois), Val-de-Marne (**7** Créteil), **11** Côtes-du-Nord (**11** Saint-Brieuc), Pas-de-Calais (**5** Arras), **12** Hauts-de-Seine (**8** Nanterre), Indre-et-Loire (**5** Tours), Lot-et-Garonne (**4** Agen), Maine-et-Loire (**6** Angers), Saône-et-Loire (**5** Mâcon), Seine-et-Marne (**5** Melun), **13** Ille-et-Vilaine (**6** Rennes), Tarn-et-Garonne (**9** Montauban), Seine-Maritime (**5** Rouen), **14** Alpes-Maritimes (**5** Nizza), **15** Loire-Atlantique (**6** Nantes), Seine-Saint-Denis (**7** Bobigny), **16** Charente-Maritime (**10** La Rochelle), Meurthe-et-Moselle (**5** Nancy)

Dichter: **4** Gide, Hugo, **5** Camus, **6** Aragon, Céline, Daudet, Musset, Racine, Valéry, Villon, **7** Bouchor, Chénier, Claudel, Cocteau, Mistral, Molière, Prévert, Regnard, Rimbaud, Rolland, Ronsard, **8** Corbière,

Laforgue, Mallarmé, Perrault, Rabelais, Verlaine, Voltaire, **10** Baudelaire, La Fontaine, **11** Montherlant
Dichterin: **4** Labé
Dramatiker: **5** Camus, **6** Achard, Pagnol, Racine, Sardou, Sartre, Scribe, **7** Anouilh, Molière, Rostand, **8** Salacrou, **9** Corneille
Druckerfamilie: **5** Didot, **7** Etienne
Eigenname Frankreichs: **6** France
Farbige Soldaten: **5** Spahi, Turko, Zuave
Festungsbaumeister: **6** Vauban
Filmregisseur: **5** Clair
Flächenmaß: **3** Are
Flagge: **9** Trikolore
Flieger: **6** Voisin, **7** Blériot
Fluggesellschaft: **9** Air France
Flüsse: **3** Ain, Arc, Lot, Tet, Var, **4** Aube, Cher, Drac, Eure, Gard, Loir, Maas, Oise, Orne, Tarn, Yser, **5** Adour, Aisne, Doubs, Isère, Loire, Marne, Meuse, Rhône, Saône, Seine, Sèvre, Somme, **6** Allier, Sambre, **7** Aveyron, Garonne, Gironde, Moselle, Schelde, **8** Charente, Dordogne
Frauennamen: **3** Eve, **4** Lulu, Rose, **5** Alice, Julie, Manon, Marie, Odile, Renée, **6** Anette, Claire, Gisèle, Hélène, Janine, Jeanne, Louise, Lucile, Marion, Mignon, Mylene, Nicole, Odette, Simone, Yvonne, **7** Annette, Babette, Blanche, Colette, Danièle, Désirée, Dorette, Eugénie, Heloise, Lisette, Lucille, Martine, Michèle, Nanette, Natalie, Suzanne, Thérèse, Valérie, **8** Béatrice, Fabienne, Germaine, Hortense, Isabelle, Juliette, Mireille, Nathalie, **9** Albertine, Angélique, Cathérine, Françoise, Geneviève, Jeannette, Josephine, Madeleine, Valentine, **10** Antoinette, Blanchette, Florentine, Marguerite, **11** Marie Louise
Fürstenhäuser: **5** Anjou, Capet, **6** Valois, **7** Bourbon, Burgund
Gartenkünstler: **7** Lenôtre
Gasthaus: **7** Auberge
Gebirge: **4** Jura, **7** Vogesen, **8** Ardennen, Cevennen, **9** Pyrenaeen
Gefängnis: **5** Bagno
Geheimpolizei: **6** Sureté
Geheimsekte: **10** Albigenser
Graphiker: **6** Callot, **7** Maillol
Hafenstädte: **4** Caën, Nice, Sète, **5** Brest, Nizza, **6** Calais, Cannes, Dieppe, Toulon, **7** Le Havre, Lorient, **8** Bordeaux, Boulogne, Rochelle, **9** Abbéville, Cherbourg, Dunkerque, Marseille, Martigues, Saint Malo, **10** Concarneau, Douarnenez, La Rochelle, **11** Duenkirchen, **12** Saint-Nazaire
Halbinseln: **8** Bretagne, Cotentin
Hauptstadt: **5** Paris
Herrscheranrede: **4** Sire
Herrschergeschlechter: **5** Anjou, Capet, **6** Valois, **7** Bourbon, Burgund, **8** Capetien, **10** Kapetinger
Historiker: **5** Taine, **6** Aulard, **8** Voltaire, **9** Bainville
Humanist: **8** Rabelais
Illustrator: **4** Doré
Infanterist: **8** Chasseur
Ingenieure: **6** Eiffel, **7** Lesseps
Inseln: **2** If, Ré, **3** Yeu, **5** Groix, Pelée, **6** Levant, Oléron, **7** Korsika, Mopelia, Réunion, **8** Belle-Ile, Ile de San, **11** Noirmoutier, **12** Porquerolles
Jakobiner: **8** Mirabeau
Kaisername: **8** Napoleon

Kampfflugzeug: **6** Mirage
Kap: **4** Agde, **5** Hague
Kardinal: **9** Richelieu
Karikaturisten: **5** Sempé, **7** Daumier
Kartenspiel: **6** Ekarte
Käsesorten: **4** Brie, **7** Gervais, Romadur, **8** Romadour, **9** Camembert, Roquefort
Kolonialtruppen: **6** Zuaven, **13** Fremdenlegion
Komponisten: **3** Amy, **4** Adam, Aimé, Eloy, Lalo, **5** Auber, Bizet, Dukas, Ibert, Lully, Méhul, Ravel, Satie, **6** Albert, Boulez, Franck, Gounod, Halévy, Rameau, Thomas, **7** Berlioz, Debussy, Delibes, Louvier, Mestral, Milhaud, Poulenc, Roussel, **8** Couperin, Maillart, Massenet, Messiaen, **9** Boieldieu, **10** Saint-Saëns, **11** Charpentier
Königsgeschlechter: **6** Valois, **7** Bourbon, **8** Captien, **10** Kapetinger
Königsnamen: **5** Franz, Henri, Louis, **7** Charles, **8** Francois, Philippe
Kräuterliköre: **8** Anisette, **10** Chartreuse, **12** Benediktiner
Kronprinz: **7** Dauphin
Kugelspiel: **5** Boule
Landschaften: **4** Brie, Foix, **5** Anjou, Aunis, Béarn, Berry, Maine, Médoc, **6** Marche, **7** Artois, Elsass, Landes, Poitou, Quercy, Vandée, **7** Burgund, Guyenne, Savoyen, **8** Auvergne, Bretagne, Camargue, Dauphiné, Flandern, Gascogne, Limousin, Périgord, Picardie, Pikardie, Provence, Touraine, **9** Bordelais, Bourgogne, Champagne, Charentes, Languedoc, Normandie, Saintonge, **10** Baskenland, Roussillon
Losungswort der franz. Revolution: **7** Egalité, Liberté, **10** Fraternité
Lustspieldichter: **7** Molière
Maler: **3** Arp, **4** Doré, Dufy, Soto, **5** Corot, David, Degas, Dénis, Léger, Manet, Monet, Pesne, Redon, **6** Braque, Breton, Buffet, Clouet, Dérain, Dubois, Greuze, Ingres, Lebrun, Millet, Moreau, Renoir, Rigaud, Seurat, Signac, Sisley, Tanguy, Vernet, **7** Bonnard, Boucher, Cézanne, Chardin, Courbet, Daumier, Duchamp, Froment, Gauguin, Gleizes, Liotard, Lorrain, Marquet, Matisse, Poussin, Prud'hon, Rouault, Soutine, Utrillo, Watteau, **8** Delaunay, Gromaire, Pissarro, Rousseau, Vuillard, **9** Delacroix, Fragnoard, Géricault, **15** Toulouse-Lautrec
Malerin: **7** Valadon
Männernamen: **3** Lou, **4** Jean, René, Yves, **5** Alain, André, Denis, Emile, Henri, Jules, Louis, Raoul, **6** Armand, Claude, Edmond, Eugène, Gaston, George, Honoré, Horace, Jérôme, Marcel, Michel, Odilon, Pierre, Romain, **7** Adolphe, Anatole, Antoine, Charles, Edouard, Etienne, Fernand, Germain, Jacques, Maurice, Nicolas, Olivier, Prosper, **8** Ambroise, Aristide, Félicien, François, Frédéric, Stéphane, **9** Sébastien, Victorien
Märchenriese: **4** Oger
Marschälle: **4** Foch, Niel, **6** Joffre, Pétain, Vauban, **7** Masseña, Turenne
Mathematiker: **5** Monge, Viéta, **6** Fermat, Moivre, Pascal,

7 Fourier, Poisson, **8** Lagrange, Poincaré, **9** Descartes
Mediziner: **6** Carrel, **7** Laveran, **8** Cournand
Minnesänger: **7** Blondel, **10** Troubadour
Modeschöpfer: **4** Dior, Fath, **5** Patou, Ricci, **6** Cardin, Carven, Lanvin, **7** Balmain, Esterel, Laroche, Rabanne, **8** Scherrer, **9** Courrèges, **12** Saint-Laurent
Modeschöpferin: **6** Chanel
Nachrichtenagentur: **3** AFP
Nationalflagge: **9** Trikolore
Nationalheldin: **10** Jeanne d'Arc, **14** Heilige Johanna, **18** Jungfrau von Orleans
Nationalhymne: **12** Marseillaise
Nationalökonom: **6** Turgot
Naturforscher: **5** Curie, **6** Ampère, **7** Lamarck, Laplace, Pasteur, Réaumur, **8** Coulombe
Nobelpreisträger für
– *Chemie:* **4** Lehn, **5** Curie, **6** Joliot, **7** Moissan, Grignard, Sabatier
– *Frieden:* **5** Passy, **6** Briand, Cassin, **7** Buisson, Jouhaux, Renault, **9** Bourgeois, **10** Schweitzer
– *Literatur:* **4** Gard, Gide, **5** Bunin, Camus, Perse, Simon, **6** France, Sartre, **7** Bergson, Mauriac, Mistral, Rolland
– *Medizin:* **7** Dausset
– *Physik:* **4** Néel, **5** Curie, **6** Gennes, Perrin, **7** Broglie, Kastler
– *Wirtschaftswissenschaften:* **6** Allais
Opernkomponisten: **4** Adam, **5** Auber, Bizet, **6** Albert, Gounod, Thomas, **8** Maillart, **9** Boieldieu
Orden: **11** Ehrenlegion
Pantomime: **7** Marceau
Pariser Polizist: **4** Flic
Pariser Prachtstrasse: **13** Champs-Élysées
Pariser Stadtteile: **5** Bercy, Passy, **7** Auteuil, **8** Chapelle, Charonne, Grenelle, **9** Vaugirard, **10** Belleville, Montmartre, **11** Batignolles, **12** Montparnasse, **13** Quartier Latin
Pariser Wahrzeichen: **10** Eiffelturm
Paß: **5** Tenda
Philosophen: **5** Alain, Bayle, Camus, Comte, Ramus, Renan, Taine, Tracy, **6** Gilson, Marcel, Nocole, Pascal, Sartre, **7** Bergson, Blondel, Bossuet, Diderot, Lavelle, **8** Abaelard, Alembert, Maréchal, Rousseau, Voltaire, **9** Descartes, Helvétius, Renouvier, **11** Malebranche
Physiker: **4** Biot, **5** Arago, Curie, Papin, **6** Ampère, Carnot, Fizeau, Perrin, Rozier, Savart, **7** Broglie, Coulomb, Fresnel, Poisson, Réaumur, **8** Foucault, Mariotte, **9** Becquerel, Gay-Lussac, Guillaume, **11** Joliot-Curie
Physikerin: **5** Curie
Physiologe: **6** Richet
Politiker: **3** Say, **4** Blum, **5** Fauré, Pinay, **6** Briand, Chirac, Pétain, Rocard, Thiers, **7** Bidault, **8** de Gaulle, Gambetta, Pompidou, **9** Clemenceau, **10** Mitterrand
Porzellanstädte: **6** Sevres, **7** Limoges
Protestanten: **10** Hugenotten
Republik (scherzh.): **8** Marianne
Revolutionäre: **5** Marat, **6** Danton, **9** Saint-Just, **10** Desmoulins, **11** Robespierre
Revolutionslieder: **10** Carmagnole, **12** Marseillaise
Revolutionsmonate: **6** Nivôse,

7 Floréal, Ventose, **8** Brumaire, Frimaire, Germinal, Messidor, Pluviôse, Prairial, **9** Fructidor, Thermidor, **11** Vendémiaire

Revolutionspartei: **9** Jakobiner

Ritter: **6** Bayard

Riviera: **9** Côte d'Azur

Rokokomaler: **7** Boucher, Watteau, **9** Fragonard

Rotweine: **5** Médoc, **6** Graves, Morgon, **7** Fleurie, Musigny, **8** Bordeaux, **10** Beaujolais, Richebourg, **12** Saint-Emilion

Schaumwein: **10** Champagner

Schauspieler: **4** Tati, **5** Boyer, Delon, Gabin, Talma, **6** Marais, **7** Philipe, Ventura, **8** Barrault, Belmondo, **9** Chevalier, Fernandel, **11** Constantine

Schauspielerinnen: **5** Carol, Caron, **6** Arnoul, Bardot, Morgan, **8** Signoret, **9** Bernhardt

Schlösser: **3** Pau, **5** Biron, Blois, **6** Annecy, Chinon, Loches, Nantes, Saumur, **7** Amboise, Avignon, Brissac, Trianon, Vendôme, **8** Chambord, Tarascon, Valençay, **9** Marseille, Perpignan, **10** Châteaudun, Versailles, **11** Carcassonne, Chenonceaux, Rambouillet, **13** Fontainebleau

Schriftsteller: **3** Sue, **4** Ajar, Aymé, Loti, Sade, Zola, **5** Camus, Dumas, Genet, Giono, Green, Verne, **6** Balzac, France, Lesage, Proust, Sartre, **7** Bourget, Diderot, Duhamel, Fénelon, Gautier, Mauriac, Maurois, Mérimée, Prévost, Rolland, Romains, Scarron, Tillier, **8** Bernanos, Constant, Flaubert, Rousseau, Sarraute, Stendhal, Voltaire, **9** Giraudoux, **10** Maupassant, **12** Beaumarchais, **13** Chateaubriand

Schriftstellerinnen: **4** Sand, **5** Duras, Sagan, Stael, **7** Colette, Monnier, **8** Beauvoir, Sarraute

Seebäder: **3** Eze, **4** Nice, **5** Nizza, Royan, **6** Bandol, Cannes, Dieppe, Dinard, Fécamp, Fréjus, Menton, **7** Antibes, Etretat, La Baule, Mentone, Miramar, Tamaris, Treport, **8** Arcachon, Beaulieu, Biarritz, Honfleur, **9** Cherbourg, Deauville, Le Touquet, Saint Malo, Trouville, **10** Trebeurden, **11** Duenkirchen, Juan-les-Pins, **12** Saint-Tropez, Villefranche

Seefahrer: **12** Bougainville

Sozialisten: **5** Blanc, **6** Auriol, **8** Lassalle

Staatsphilosoph: **11** Montesquieu

Staatspräsidenten: **3** Blum, Coty, **5** Gouin, **6** Auriol, **7** Bidault, Giscard, **8** de Gaulle, Pompidou, **10** Mitterrand

Staatspräsidentenpalast: **6** Élysée

Städte und Orte: **3** Aix, Ars, Fos, Gap, Pau, Puy, **4** Agde, Agen, Albi, Alès, Auch, Caën, Laon, Lens, Lyon, Metz, Nice, Sens, Sète, Toul, **5** Arles, Arras, Autun, Brest, Brive, Cluny, Digne, Dijon, Dinan, Douai, Laval, Lille, Melun, Nancy, Nîmes, Niort, Nizza, Paris, Reims, Rouen, Sedan, Tours, Vichy, **6** Amiens, Angers, Beaune, Cahors, Calais, Cannes, Cognac, Colmar, Dieppe, Epinal, Fecamp, Le Mans, Lievin, Longwy, Menton, Millau, Nantes, Nevers, Oloron, Orange, Rennes, Roanne, Saumur, Senlis, Tarbes, Toulon, Troyes, Verdun, Vienne, **7** Antibes, Avignon, Belfort, Béziers,

Bourges, Epernay, Hagenau, Le Havre, Limoges, Lorient, Mentone, Moulins, Orléans, Quimper, Roubaix, Valence, **8** Bergerac, Besançon, Biarritz, Bordeaux, Boulogne, Chartres, Grenoble, Libourne, Maubeuge, Narbonne, Poitiers, Rochelle, Soissons, Tarascon, Toulouse, **9** Angoulême, Cherbourg, Lunéville, Marseille, Montlucon, Périgueux, Perpignan, Rochefort, Tourcoing, **10** La Rochelle, Strasbourg, Strassburg, Versailles, **11** Carcassone, Montpellier, Muehlhausen, **12** Saint Etienne, Saint Nazaire, Saint Quentin, Valenciennes, **15** Clermont-Ferrand

Tänze: **6** Cancan, **7** Gavotte, **9** Francaise, Quadrille

Tanzschritt: **3** Pas

Theologe: **5** Renan

Thronfolger: **7** Dauphin

Tiefseetaucher: **8** Cousteau

Tragödiendichter: **6** Racine, **9** Corneille

Überseegebiete: **7** Guayana, Mayotte, Réunion, **8** Miquélon, **9** Kerguelen, **10** Martinique, **11** Gouadeloupe, Saint Pierre, **12** Crozetinseln, **13** Neukaledonien, **15** Wallis und Futuna, **22** Franzoesisch-Polynesien

Varietékünstlerin: **12** Mistinguette

Volksbuch: **8** Magelone, Melusine

Volksstämme: **6** Basken, Korsen, **8** Bretonen, **9** Normannen

Währung: **3** Sou, **5** Franc, **7** Centime

Wallfahrtsort: **7** Lourdes

Weinbrand: **6** Cognac, Kognak, **8** Armagnac

Weinsorten: **4** Ruly, **5** Givry, Médoc, Tavel, **6** Graves, **7** Chablis, Côte d'Or, Lafitte, Musigny, Pommard, **8** Bordeaux, **9** Burgunder, Haut-Brion, Hermitage, Mâconnais, Sauternes, **10** Beaujolais, Châlonnais, Chambertin, Champagner, Rivesaltes, Roussilon, **11** Préfontaine, **12** Saint-Emilion

Zoologe: **6** Cuvier

Fransenbüschel: **6** Quaste, **7** Troddel

Franziskanerorden: **9** Kapuziner, Klarissen, Minoriten, **10** Tertiarier, **11** Observanten, Spiritualen

Franzosengras: **7** Raygras, **10** Glatthafer

Fratze: **8** Grimasse, Zerrbild, **9** Karikatur

Frau: **4** Weib, **6** Gattin, **8** Gemahlin

Frau (Anrede auf)

englisch: **5** Madam, **8** Mistress

französisch: **6** Madame

indisch: **8** Memsahib

italienisch: **7** Signora

polnisch: **4** Pani

spanisch: **6** Señora

Frauenarzt: **11** Gynaekologe

Frauenbetörer: **10** Ladykiller

Frauenboot der Eskimos: **5** Umiak

Frauengemach

– ***einer Burg:*** **8** Kemenate

– ***in islamischen Wohnhäusern:*** **5** Harem, **6** Zenana

Fauengestalt als Sinnbild

– ***Bayerns:*** **8** Bavaria

– ***Berlins:*** **8** Berolina

– ***Deutschlands:*** **8** Germania

– ***Frankreichs:*** **8** Marianne

Frauenheilkunde: **12** Gynaekologie

Frauenhelden: **7** Don Juan, **8** Casanova

Frauenkittel: **6** Kasack

Frauenliebling: **4** Beau, **6** Belami

Frauenmantel (Pflanze): **5** Sinau, **8** Taublatt, **9** Hasenklee

Frauenmörder im Märchen:
8 Blaubart
Frauennamen: **3** Ada, Eva, Ida, Ina, Ira, Isa, Lia, Oda, Pia, Ria, Rut, Uta, Ute, **4** Afra, Alma, Anna, Anne, Asta, Dina, Dora, Elke, Ella, Elsa, Else, Emma, Erna, Ilka, Ilsa, Ilse, Ines, Inge, Irma, Kate, Kora, Lena, Lene, Lina, Line, Lisa, Lise, Lola, Lona, Loni, Lore, Lulu, Male, Meta, Mina, Mine, Mona, Nora, Olga, Resi, Rike, Rita, Rosa, Ruth, Suse, Susi, Thea, Tine, Toni, Ulla, Vera, Wera, Zita, **5** Adele, Agnes, Alice, Almut, Anita, Beata, Beate, Bella, Berta, Betti, Betty, Cilli, Conny, Daisy, Doris, Edith, Elisa, Elise, Ellen, Erika, Fanni, Fides, Gerda, Gerta, Grete, Hanna, Hanne, Heidi, Heike, Helga, Helma, Henni, Henny, Herta, Hilda, Hilde, Hilma, Holda, Hulda, Ilona, Irene, Jenni, Julia, Julie, Jutta, Jutte, Karin, Karia, Karla, Kaete, Klara, Laura, Liane, Liese, Lilli, Linda, Lotte, Lucia, Luise, Luzia, Luzie, Lydia, Magda, Manon, Maria, Marie, Marta, Minna, Nelli, Nette, Norma, Paula, Petra, Rosel, Sally, Seffi, Selma, Senta, Sofie, Sonja, Stine, Tilla, Toska, Trude, Viola, Vroni, Walli, Wanda, Wilma, Zenzi, Zilli, Ziska, **6** Agathe, Alwine, Amalie, Amanda, Andrea, Angela, Bertha, Carmen, Carola, Cosima, Dagmar, Daphne, Editha, Elvira, Emilia, Emilie, Ermina, Erwine, Esther, Evelyn, Fatima, Fatime, Frieda, Gisela, Gritta, Gudrun, Gudula, Hedwig, Helene, Hertha, Ingrid, Isolde, Judith, Karola, Kaethe, Korona, Kosima, Lenore, Lilian, Louise, Margit, Margot, Marion, Martha, Mignon, Monika, Ortrud, Pamela, Pamele, Regina, Regine, Regula, Renata, Renate, Sabine, Sigrid, Silvia, Sophia, Sophie, Stella, Sylvia, Thekla, Theoda, Thilde, Traute, Ulrike, Ursula, Vivian, Yvonne, **7** Alberta, Aloisia, Annette, Antonia, Antonie, Augusta, Auguste, Aurelia, Babette, Barbara, Beatrix, Bettina, Bettine, Christa, Claudia, Corinna, Dolores, Dorothy, Eiltrud, Elsbeth, Erdmute, Ernesta, Eugenie, Eulalia, Eulalie, Eveline, Felizia, Geralde, Gerhild, Gertrud, Gundula, Helmine, Hermine, Hilmara, Hiltrud, Irmgard, Johanna, Johanne, Josepha, Juliana, Juliane, Justine, Kamilla, Kirsten, Klaudia, Kordula, Korinna, Lavinia, Leonore, Lisbeth, Lisette, Malwine, Margrit, Marlene, Melanie, Melitta, Natalie, Ottilie, Pauline, Phyllis, Ricarda, Rikchen, Rosalia, Rosalie, Rotraud, Rudolfa, Ruthild, Sibylle, Susanna, Susanne, Therese, Valerie, Waltrud, Waltrun, Xaveria, Zerline, **8** Adelaide, Adelgund, Adelheid, Adeltrud, Adolfine, Angelika, Beatrice, Berenike, Bernhild, Brigitte, Brunhild, Caecilia, Caecilie, Christel, Claudine, Cornelia, Diethild, Dietlind, Dorothea, Eberhild, Edeltrud, Eilberta, Eiltraud, Eleonore, Elfriede, Emanuela, Emmeline, Ermelind, Euphemia, Gabriele, Genoveva, Gerharde, Gerhilde, Gerlinde, Gertraud, Gertrude, Gilberta, Gisberta, Gislinde, Gunthild, Helmtrud, Herlinde, Hildburg, Hiltraud, Hiltraut, Ingeborg, Ingeburg, Ingelore, Irmtraud, Isabella, Isabelle, Jakobine, Julienne, Karoline, Klarissa, Klaudine, Kordelia, Kordelie, Kornelia,

Kornelie, Kuniburg, Lamberta, Ludmilla, Luitgard, Marianne, Mathilde, Meinhild, Notburga, Preziosa, Radegund, Reingard, Reinhild, Roswitha, Ruthilde, Sieghild, Sieglind, Theodora, Theresia, Veronika, Virginia, Walpurga, Waltraud, **9** Adelgunde, Adeltraud, Albertine, Alexandra, Anastasia, Anneliese, Annemarie, Athanasia, Augustine, Benedikta, Bernharda, Berthilde, Brunhilde, Charlotte, Christina, Christine, Diethilde, Eberharda, Eberhilde, Edeltraud, Elisabeth, Ermelinde, Ernestine, Esmeralda, Euryanthe, Felizitas, Fidelitas, Filiberta, Franziska, Friedgund, Geraldine, Gertraude, Gunthilde, Helmtraud, Helmtraut, Henriette, Hildegard, Hildegund, Hildemara, Hortensia, Josephine, Katharina, Katharine, Klothilde, Konstanze, Kriemhild, Kunigunde, Liselotte, Magdalena, Magdalene, Margareta, Margarete, Mechthild, Philomele, Philomena, Radegunde, Reinhilde, Rosalinde, Rosamunde, Rosemarie, Rudolfine, Sieglinde, Stephanie, Theodosia, **10** Christiane, Florentine, Friedegund, Friederike, Gerhardine, Giselberta, Hildegunde, Klementine, Lieselotte, Margarethe, Marguerite, Reinfriede, Wendelgard, Wilhelmine

Frauenrechtlerin: **11** Suffragette

Frauenstimmlagen: **3** Alt, **6** Sopran, **11** Mezzosopran

Frauenunterkleidung: **7** Dessous

Fräulein (Anrede auf)

englisch: **4** Miss

französisch: **12** Mademoiselle

italienisch: **9** Signorina

spanisch: **8** Señorita

frech: **4** kess, **6** dreist, patzig, **7** koddrig, **11** impertinent

freche Göre: **5** Range

frecher Junge: **7** Lausbub

Frechheit: **11** Impertinenz, **12** Dreistigkeit

frei: **5** frank, **6** franko, gratis, vakant, **9** degagiert, **11** emanzipiert

Freibeuter: **5** Pirat, **6** Korsar, **10** Flibustier, Seeraeuber

Freibrief: **7** Charter, **8** Privileg

Freidenker: **9** Dissident, Freigeist

freie Zeit: **5** Musse

freier

– ***Platz vor Gebäuden:*** **9** Esplanade

– ***Überschlag:*** **5** Salto

Freifrau: **7** Baronin

Freifräulein: **6** Freiin, **9** Baronesse

freigebig: **5** nobel, **6** guetig, **7** honorig, liberal, **8** generoes, splendid, **9** spendabel

freigebiger Gönner: **6** Maezen

Freigebühr: **6** Franko

Freigeist: **8** Libertin

Freigericht: **4** Feme

freigestellt: **10** fakultativ

Freigut im Mittelalter: **5** Allod

freihängendes Ruhenetz: **11** Haengematte

Freiheit: **10** Immunitaet, **14** Souveraenitaet

freiheitlich: **7** liberal

Freiheitsentzug: **4** Haft, **5** Knast, **6** Arrest, Kerker, **9** Zuchthaus, **10** Gefaengnis, **12** Festungshaft, Jugendarrest

Freiheitsverbrechen: **7** Drohung, **9** Noetigung, **10** Kidnapping, Kindesraub, **11** Entfuehrung, **12** Menschenraub, **13** Verschleppung

Freiherr: **5** Baron

Freikirche: **9** Baptismus, **15** Bruedergemeinde

Freikörperkultur: **8** Nudismus

freilebend: **4** wild

Freilichtkino: **8** Autokino

Freilichtmalerei: **8** Pleinair

freiliegend: **9** exponiert
freimachen: **8** befreien, **9** losloesen, **10** frankieren, **11** entbloessen
Freimachung: **9** Frankatur
Freimaurervereinigung: **4** Loge
Freischärler: **8** Guerilla, Partisan, **11** Franktireur
freisinnig: **7** liberal
Freisprechung: **10** Absolution
Freistaat: **8** Republik
Freistatt: **4** Asyl, **6** Obdach, **8** Zuflucht
Freistilringer: **7** Catcher
Freitod: **7** Seppuko, **8** Harakiri, **10** Selbstmord
freiwillig: **7** spontan
freiwillig hungern: **6** fasten
Freiwilligentruppe: **6** Legion
Freizeit: **5** Musse, Pause, **6** Ferien, Urlaub
Freizeitbeschäftigung: **5** Hobby, **7** Basteln, Spielen
fremd: **6** extern
fremdartig: **8** exotisch
Fremde: **5** Ferne
Fremdenführer: **8** Cicerone, Dragoman
Fremdenheim: **5** Hotel, Motel, **6** Hospiz, **7** Gasthof, Pension **8** Gasthaus
Fremdenverkehr: **9** Tourismus, Touristik
Fremdgebiet: **7** Enklave
Fremdkapital: **4** Borg, Pump, **5** Leihe, **8** Hypothek, **10** Obligation
fremdländisch: **6** welsch, **8** exotisch
Fremdrassiger: **4** Exot
fremdstoffig: **9** heterogen
Fremdwortteil
acht: **4** okta, okto
Acker(bau): **4** Agri, Agro
allein: **4** mono
all: **3** pan
auf: **3** ana, epi
aus: **2** ex
auseinander: **2** di, **3** dis
außen: **4** ekto
bei: **3** par, **4** para
binnen: **5** intra
darauf, daneben, darüber: **3** epi
darüber hinaus: **5** ultra
doppel, doppelt: **2** bi, di, **4** ambi
drei: **3** tri
entsprechend: **3** ana
Erd: **3** Geo
falsch: **6** pseudo
fern: **4** tele
fünf: **4** pent, **5** penta
für: **3** per, pro
gegen: **3** ant, **4** anti, **6** kontra
gemäß: **3** ana
gesamt: **3** pan, **5** panto
gleich: **3** isa, iso, **4** homo
groß: **4** mega, **5** makro
halb: **4** demi, semi
hundert: **5** hekto
innen: **4** endo, ento
innerhalb: **5** intra
jenseits: **5** trans, ultra
klein: **5** mikro
Land: **3** Geo
Leben: **3** Bio
Luft: **4** Aero
mit: **2** ko, **3** Kol, kom, kon, Kor, syl, sym, syn
mittel, mitten: **4** meso
nach: **4** meta
neu: **3** neo
oberhalb: **5** supra
Raum: **6** Stereo
recht: **5** ortho
richtig: **5** ortho
rückwärts: **5** retro
schlecht: **3** dys, **4** kako
sechs: **3** hex, **4** hexa
selbst: **3** aut, **4** auto
Stein: **4** Lith, **5** Litho
Stern: **5** Astro
tausend: **4** Kilo, **5** Mille
Tausendstel: **5** milli
über: **3** tra, **5** hyper, super, trans
unter: **3** hyp, sub, suk, sup, sur,

5 entre
vier: **5** tetra
Volk: **4** Demo, **5** Demos
vor: **4** ante, prae
voraus: **3** pre
Wasser: **3** Hyd, **5** Hydro
Zehntel: **4** dezi
zurück: **5** retro
zwei: **2** bi, di, **4** ambi
zwischen: **5** entre, inter
Fressen: **6** Futter
Freßnapf: **4** Trog
Freude: **4** Lust, **5** Gaudi, Spass, Wonne, **7** Gaudium, **9** Ergoetzen, **10** Vergnuegen
Freude an Grausamkeit: **8** Sadismus
Freudengesang: **9** Halleluja
Freudenhalle in der nordischen Sage: **7** Wingolf
Freudenhaus: **7** Bordell
Freudenruf: **3** hei, **6** heissa, **8** Hosianna
freudig: **4** froh, **6** heiter, **10** begeistert
freudlos: **5** trist
Freund: **6** Kumpel, **7** Intimus, Kamerad, **9** Begleiter, Gefaehrte
Freund
– **des Achill:** **9** Patroklos, Patroklus
– ***Friedrichs des Großen:*** **5** Katte
– ***Luthers:*** **11** Melanchthon
– ***der Madame de Staël:*** **8** Constant
– ***des Orest:*** **7** Pylades
– ***des Patroklos:*** **6** Achill, **8** Achilles, **9** Achilleus
– ***des Schönen:*** **7** Aesthet
Freundin
– ***Demosthenes':*** **4** Lais
– ***Kaiser Franz Josephs:*** **7** Schratt
– ***Michelangelos:*** **7** Colonna
freundlich: **4** lieb, nett
freundlicher Hinweis: **3** Rat
Freundschaft: **9** Zuneigung, **13** Verbundenheit
Freundschaftsinsel: → Tongainsel
Frevel: **5** Untat, **6** Suende, **7** Unrecht, **10** Laesterung, Verbrechen
Frevel gegen Gott: **6** Asebie
frevelhafter Übermut: **6** Hybris
Frevler: **7** Suender, **10** Verbrecher, **11** Uebeltaeter
Friede(n): **3** Pax, **4** Ruhe, **8** Harmonie, **9** Eintracht
Friedensbewegung: **10** Pazifismus
Friedensgott: **7** Forseti
Friedensgöttin: **6** Eirene
Friedenslehre: **6** Irenik
Friedenspfeife: **7** Calumet, Kalumet
Friedhof: **8** Kirchhof, **10** Camposanto, **11** Gottesacker
Friedhofsanlage: **4** Grab, **5** Gruft, **7** Grabmal, **9** Grabkreuz, Grabstein, Mausoleum, **10** Grabhuegel, Grabstelle
friedlich: **4** zahm, **9** arkadisch, gutmuetig, idyllisch, **10** zutraulich, **12** vertraeglich
friedliches Nebeneinanderbestehen: **10** Koexistenz
frisch: **3** neu, vif, **4** jung, **5** alert, **6** gesund, munter, rezent, **7** lebhaft
Frischhaltungsverfahren: **13** Konservierung
Frischluftzufuhr im Bergbau: **11** Bewetterung
Friseur: **6** Figaro, **7** Barbier, **8** Coiffeur
Frisiergeräte, Frisiermittel: **4** Foen, Kamm, **6** Pomade, **7** Buerste, **8** Haarnetz, **9** Haarnadel, Haarspray, **10** Haarklemme, Haarspange, Haarwasser, **11** Brennschere, Brillantine, **12** Haarfestiger, Trockenhaube, **13** Lockenwickler
Frisierkunst: **8** Coiffure
Frisiertisch: **8** Toilette
fries. Inseln: **4** Sylt, **5** Amrum, Fanoe, Foehr, Juist, Manoe, Romoe, Texel, **6** Borkum, Rottum, **7** Ameland, Baltrum, **8** Halligen, Langeoog, Pellworm, Suedfall, Vlieland, **9** Norderney, **10** Nord-

strand, Spiekeroog, Wangerooge, **12** Terschelling, **15** Schiermonnikoog
fries. Schriftsteller: **8** Frenssen
Frist: **6** Spanne, Termin, **8** Aufschub, Zeitraum, **9** Intervall, **10** Bedenkzeit, Zeitspanne
froh: **6** heiter, lustig, munter, **9** froehlich
frohe Botschaft: **10** Evangelium
fröhliche Stimmung: **10** Heiterkeit
frohlocken: **6** jubeln, **8** jauchzen, **10** jubilieren, **12** triumphieren
Frohsinn: **10** Heiterkeit, **13** Froehlichkeit
fromm: **8** glaeubig, **9** religioes, **10** andaechtig
fromme Erzählung: **7** Legende
fromme Handlung: **5** Gebet, **7** Andacht, **12** Gottesdienst
Frömmelei: **10** Bigotterie
frömmelnd: **5** devot, **6** bigott
Frömmigkeit: **7** Pietaet, **12** Gottesfurcht, **13** Gottvertrauen
Fron: **4** Last, **5** Muehe
Frondienst: **4** Joch, **5** Robot
Froschgattung: **4** Rana
Froschlarve: **10** Kaulquappe
Froschlurche: **3** Aga, **4** Unke, **6** Kroete, **8** Bergunke, **9** Erdkroete, Taufrosch, **10** Grasfrosch, Laubfrosch, **11** Teichfrosch, **12** Ochsenfrosch, Springfrosch, Wasserfrosch
Frost: **4** Reif, **6** Kaelte
Frostgebilde: **8** Eisblume, **9** Eiszapfen
Frucht
– ***der Buche:*** **5** Ecker
– ***der Eiche:*** **6** Eichel
– ***der Heckenrose:*** **9** Hagebutte
– ***im Mutterleib:*** **5** Fetus, **6** Embryo, Foetus
– ***des Nadelbaumes:*** **6** Zapfen
– ***der wilden Rose:*** **9** Hagebutte
Fruchtäther: **5** Ester
Fruchtauszug: **4** Saft
fruchtbar: **9** produktiv
fruchbare(r)
– ***Boden:*** **4** Klei, **5** Humus, Loess
– ***Ebene:*** **6** Boerde
– ***Wüstengegend:*** **4** Oase
Fruchtbarkeit: **11** Fertilitaet
Fruchtbarkeitsgötter: **3** Fro, **4** Faun, Frey, **5** Freyr, **6** Faunus, Hermes, **7** Priapos, **8** Dionysos
Fruchtbarkeitsgöttinnen: **3** Deo, **5** Ceres, Freia, Freya, **6** Freyja, **7** Artemis, Demeter
Fruchtbonbon: **5** Drops
Früchte und Obst: **4** Kaki, Kiwi, Nuss, **5** Apfel, Beere, Birne, Etrog, Feige, Gurke, Mango, Olive, **6** Ananas, Banane, Calavo, Dattel, Limone, Mandel, Marone, Melone, Orange, Papaya, Quitte, Susine, Tomate, **7** Avocado, Erdnuss, Guayave, Kirsche, Kuerbis, Limetta, Limette, Litschi, Pflaume, Satsuma, Walnuss, Zitrone, **8** Aprikose, Erdbeere, Himbeere, Maracuja, Paranuss, Pfirsich, Pistazie, Zwetsche, **9** Apfelsine, Bickbeere, Blaubeere, Brombeere, Cherimoya, Guanabana, Hagebutte, Haselnuss, Kokosnuss, Mandarine, Mirabelle, Nektarine, Pomeranze, Reneklode, Tangerine, Zwetschge, **10** Bergamotte, Grapefruit, Klementine, Pampelmuse, Weintraube, **11** Granatapfel, Heidelbeere, Honigmelone, Reineclaude, **12** Preiselbeere, Stachelbeere, **13** Johannisbeere, **14** Advokatenbirne, **15** Kapstachelbeere
Fruchtflüssigkeit: **4** Saft
Fruchtform: **5** Beere, **6** Huelse, Kapsel, Schote, Traube
Fruchtgetränke: **4** Limo, Most, **5** Juice, **7** Granito, Limetta, Sorbett, Zitrone, **8** Limonade,

9 Apfelmost, Apfelsaft, Gramolata, Orangeade, **11** Traubensaft, **12** Apfelsprudel, **15** Zitronensprudel
Fruchtgirlande: 6 Feston
Fruchthülle: 6 Huelse, Kapsel, Schale, Schote
Fruchtinneres: 4 Kern
Fruchtknoten: 7 Pistill, Stempel
Fruchtkorn: 4 Keim, Same
Fruchtmark: 4 Pulp, **5** Pulpe
Fruchtmus: 3 Jam, **8** Latwerge, **9** Marmelade, **10** Konfituere
Fruchtstandsformen: 5 Aehre, Dolde, Rispe, **6** Kolben, Spirre, Traube, Wickel, Zapfen, **9** Kaetzchen
Fruchtstein: 4 Kern
Fruchtzucker: 8 Fruktose
frühchristlicher Kirchenbau: 8 Basilika
früher: 4 eher, **5** einst, **6** vorher, **7** ehemals, einstig, **8** ehemalig
frühgeschichtlicher Zeitabschnitt: 7 Eiszeit, **9** Eisenzeit, Steinzeit, **10** Bronzezeit
Frühgottesdienst: 5 Mette
Frühling: 4 Lenz, Maienzeit
Frühlingsblumen: 5 Tulpe, **6** Krokus, Primel, **7** Anemone, **8** Narzisse, Veilchen, **9** Hyazinthe, **10** Osterblume, Osterluzei, **11** Osterglocke, **13** Maigloeckchen, **15** Schluesselblume, **16** Schneegloeckchen
Frühlingsfest: 6 Ostern
Frühlingsgöttin: 6 Ostara
Frühlingsmonate: 3 Mai, **5** April, Maerz, **7** Lenzing, **9** Ostermond, Wonnemond
Frühstück: 9 Breakfast
frühstücken: 7 lunchen
Frühstücksspeck: 5 Bacon
Frühvorstellung: 7 Matinee
Fuchsbau in der Fabel: 10 Malepartus
Füchsin: 7 Faehe
Fuchsschwanz: 5 Lunte, **9** Standarte
Fuchsschwanzpflanze: 7 Amarant
Fuchtel: 4 Rute, **5** Gerte, Stock, **8** Peitsche
Fuge: 3 Nut, **4** Falz, Nute, **5** Kanon, Spalt, **6** Furche, Runzel
fugenloser Fußboden: 7 Estrich, **8** Terrazzo
Fügung: 7 Gefuege, **8** Geschick, **9** Schicksal, **10** Fatalismus
fühlbar: 8 palpabel
Fühler: 7 Antenne, **8** Tentakel
Fühlungnahme: 7 Kontakt
Fuhre: 6 Fracht, Ladung
führen: 6 leiten, lenken, **7** steuern, **8** regieren, **10** dirigieren
Führer: 6 Leader, Leiter
Führerin in einer Ausstellung: 7 Hostess
Führung: 7 Leitung, **9** Direktion
Führungsstimme (Jazz): 4 Lead
Fuhrunternehmer: 9 Spediteur
Fuhrwerk: 5 Wagen, **7** Gespann, Kutsche
Fuhrwerkslenker: 8 Kutscher
Fulda-Zuflüsse: 3 Ufe, **4** Ahne, Aule, Eder, Solz, **5** Bauna, Beise, Haune, Jassa, Losse, **6** Nieste, Schmer, **7** Altfell
Fülle: 5 Menge, **8** Reichtum, **10** Ueberfluss
Füllen: 5 Enter, **6** Fohlen
Füllmaterial: 5 Kapok
Füllung: 5 Farce, **6** Inhalt
Fundament: 5 Basis, Grund, **6** Sockel, **8** Grundlage, **10** Untergrund
Fundation: 8 Stiftung
Fundgrube: 6 Quelle
Fundort einer Venusstatue: 4 Milo
Fünf Bücher Mose: 5 Thora, **10** Pentateuch
Fünf Bücher Mose (im einzelnen): 6 Exodus, Numeri, **7** Genesis, **9** Leviticus, **13** Deuteronomium
Fünfeck: 8 Pentagon

F

Fünfflächner: 9 Pentaeder
Fünfmaß: 10 Pentameter
Fünfpolröhre: 7 Pentode
Fünfruderer: 7 Pentere
Fünfstromland: 9 Pandschab
fünfzackiger Stern: 10 Drudenfuss, Pentagramm
fungieren: 6 wirken, **7** agieren
Funk: 5 Radio
Funkdarbietung: 7 Sendung
Funkmeßverfahren: 5 Radar
Funknotruf: 3 CQD, SOS
Funkortung: 5 Radar
Funkstation: 6 Sender
Funktionsträger: 5 Organ
für: 3 per, pro
für alle Zeit: 4 ewig
Fürbittgebete: 7 Ektenie, Memento
Furche: 3 Nut, **4** Fuge, Nute, **5** Rille, Rinne, **6** Graben
furchen: 6 riefen, **7** riefeln
Furchenzieher: 7 Markoer
Furcht: 5 Angst, Bange, **6** Grauen, Phobie, **7** Schreck
furchtbar: 8 horribel
Furnierholz: 5 Limba
Furnierplatte: 9 Sperrholz
Furor: 3 Wut, **4** Rage, **7** Raserei
Furore: 7 Beifall, Raserei
Fürsorge: 5 Obhut, **6** Pflege
Fürsorgeverbände: 7 Caritas, **10** Rotes Kreuz, **13** Innere Mission
Fürsprache: 5 Gunst, **9** Fuerbitte
Fürsprecher vor Gott: 8 Paraklet
Fürst: 3 Ras, **4** Emir, Khan, **5** Prinz, **6** Dynast, Herzog, Kaiser, Koenig, Regent, **7** Monarch, **8** Erbprinz, Potentat, **9** Herrscher, Imperator, **12** Serenissimus
Fürst von Monaco: 7 Rainier
Fürstenhaus: 8 Dynastie
Fürstenhaus von Monaco: 8 Grimaldi
Fürstenhaushalt: 3 Hof
Fürstenhof: 8 Residenz
Fürstensitz: 5 Thron
Fürstentitel: 3 Duc, Ras, Zar, **4** Duke, Emir, Khan, **5** Bojar, Kalif, Mogul, Nabob, Negus, Schah, Tenno, **6** Mikado, Prince, Sultan, **7** Radscha, **8** Empereur, **9** Erzherzog, Padischah, **10** Grossmogul, **11** Grossfuerst, Maharadscha
Fürstentum
– ***in den Alpen:*** **13** Liechtenstein
– ***an der Côte d'Azur:*** **6** Monaco
Fürstin in Indien: 8 Maharani
fürstliche(r, s)
– ***Anrede:*** **6** Hoheit, **8** Erlaucht, **9** Majestaet, **11** Durchlaucht
– ***Emblem:*** **5** Krone, **6** Zepter
Fürwort: 8 Pronomen
Fuß: 6 Sockel
Fuß der Raubtiere: 5 Tatze
Fußabtreter: 5 Matte
Fußballbegriffe: 3 Aus, Elf, Tor, **4** Ecke, Foul, **5** Elfer, Kerze, Latte, **7** Abseits, Abstoss, Anstoss, Eckball, Einwurf, Torraum, **8** Eigentor, Hattrick, **9** Elfmeter, Halbzeit, Kopfball, Torlinie, **9** Dribbling, Freistoss, Querlatte, Steilpass, Strafraum, **10** Strafstoss, **11** Lattenkreuz, Mittellinie, Seitenlinie
Fußballspieler: 6 Keeper, Libero, **7** Laeufer, Stopper, Torwart, **8** Stuermer, **10** Vorstopper, **11** Verteidiger
Fußballtor: 4 Goal
Fußbekleidung: 5 Pumps, Schuh, Socke, **6** Opanke, Spikes, **7** Pantine, Sandale, Slipper, Stiefel, Strumpf, **8** Galosche, Latschen, Mokassin, **9** Fuessling, Halbschuh, Hausschuh, Holzschuh, Lackschuh, Pantoffel, Pelzschuh, Schlappen, Soeckchen, Turnschuh, **10** Sandalette, Sportschuh, Ueberschuh, **11** Stiefelette, **12** Schnuerschuh, **13** Schaftstiefel, Strassenschuh, **14** Schnuerstiefel,

Wildlederschuh
Fußbodenart: 7 Estrich, Fliesen, Parkett, **8** Terrazzo
Fußbodenbelag: 7 Balatum, Galerie, Laeufer, Parkett, Teppich, **8** Linoleum, Terrazzo
Fußbodenbrett: 5 Diele
Fußbodenerhöhung: 7 Estrade
Fußbodenplatte: 6 Fliese
Fußbodenwischer: 3 Mop
Fußgänger: 7 Passant
Fußgelenk: 6 Fessel
Fußgestell: 6 Podium, Sockel, **9** Piedestal
Fußgicht: 7 Podagra
Fußglied: 3 Zeh, **4** Zehe
Fußhebel: 5 Pedal
Fußknöchel: 5 Enkel
fußlose Insektenlarve: 4 Made
fußloses Kriechtier: 8 Schlange
Fußpfad: 3 Weg, **5** Steig
Fußpflege: 9 Pedikuere
Fußpunkt: 5 Basis, Nadir
Fußsoldaten: 9 Fuesilier, Grenadier, Musketier, **11** Infanterist
Fußspur: 5 Tapfe, **6** Stapfe, Tapfen
Fußteile: 3 Zeh, **4** Rist, **5** Ferse, Sohle, Spann, **8** Knoechel
Fußtruppe: 10 Infanterie
Fußweg: 8 Trottoir, **12** Buergersteig
Futter: 5 Frass, **6** Furage, **7** Nahrung
Futteral: 4 Etui
Futterbehälter: 4 Napf, Trog
Futtergras: 3 Ray
Futterkrippe: 5 Raufe, **8** Heuraufe
Futtermittel: 3 Heu, **4** Korn, **5** Kleie, Spreu, Stroh, **6** Silage, **8** Haecksel, **9** Fischmehl
füttern: 5 atzen
Futterpflanzen: 4 Klee, Mais, **5** Spark, Wicke, **6** Lupine, **7** Luzerne, Ruebsen, Spergel, **9** Kartoffel, **10** Esparsette, Serradella, Serradelle, Topinambur, **11** Runkelruebe
Futterspeicher: 4 Silo
Futterstoff: 5 Serge
Futtertrog: 6 Krippe
Fütterung: 6 Atzung
Futur(um): 7 Zukunft

G

Gabe: **6** Spende, **7** Almosen, **8** Geschenk, Praesent
Gabe an eine Gottheit: **5** Opfer
Gabel: **5** Forke
Gabeldeichsel: **4** Anse
Gabelfrühstück: **5** Lunch, **6** Imbiss, **8** Dejeuner
Gabelhirsch: **6** Gabler
Gabelmücke: **9** Anopheles
Gabelteil: **5** Zinke
Gabelweihe: **5** Milan
Gabun (Staat in Äquat. Afrika)
Bevölkerung: **7** Gabuner, **9** Gabonesen
Fluß: **6** Ogooué
Hauptstadt: **10** Libreville
Kap: **5** Lopez
Nationalparks: **5** Wonga, Petit-Loango
Politiker: **3** Mba, **5** Bongo
Städte u. Orte: **5** Booué, Kango, **6** Moanda, Ndjolé, Owendo, **7** Belinga, Mekambo, **8** Kinguélé, **9** Lambaréne, **10** Port Gentil, **11** Franceville
Volksstämme: **4** Fang, **5** Bantu, Mbete, **6** Bakota, Batéké, Omyene, Pangwe, **8** Eschira, Pygmaeen
Währung: **5** Franc, **8** Centime
Gähnkrampf: **7** Chasmus
Galakutsche: **7** Karosse
Galan der Ehefrau: **8** Cicisbeo
Galerie: **4** Gang, **6** Empore
Galgenvogel: **4** Lump, **6** Gauner
Galle: **3** Fel, **5** Bilis
Gallenfarbstoff: **9** Bilirubin
Gallenfett: **11** Cholesterin
Gallert: **5** Aspik, Gelee, **8** Gelatine
Gallerterzeuger: **6** Pektin, **8** Agar-Agar
gallischer Volksstamm: **5** Bojer, **6** Aeduer, **8** Arverner
Galon: **5** Borte, Litze, **6** Tresse
Galopp: **6** Kanter
Gambia (Staat in N-Afrika)
Bevölkerung: **7** Gambier
Flughafen: **6** Jundum, Yundum
Fluß: **6** Gambia
Hauptstadt: **6** Banjul
Hauptstadt (frühere): **8** Bathurst
Insel: **10** Jamesinsel
Nationalpark: **12** Baboon Island
Politiker: **6** Jawara
Volksstämme: **3** Aku, Ful, **4** Jolá, **5** Djola, Fulbe, Wolof, **6** Fulani, **7** Malinké, **8** Mandingo
Währung: **5** Butut, **6** Dalasi
Gandhis Titel: **7** Mahatma
Gang: **4** Flur, **7** Galerie, **8** Korridor
Gangart
– ***der Hohen Schule:*** **5** Volte, **6** Levade, Pesade, Piaffe, **7** Lancade, **8** Kapriole, Kurbette, **9** Courbette, Pirouette
– ***des Pferdes:*** **4** Pace, Trab, Zelt, **6** Galopp, Kanter, Parade, **7** Passage, Schritt, **8** Karriere
gangbar: **8** passieren
Ganges-Mündungsarme: **5** Hugli, **6** Meghna, **10** Haringhate
Ganges-Zuflüsse: **3** Son, **4** Kusi, **5** Gogra, Gumti, **6** Gandak, **8** Dschamna, Ramganga
Gangregler in Taschenuhren: **5** Unruh
Gangster: **6** Bandit
Ganove: **6** Ganeff, Gauner
Gänschen: **7** Goessel

Gänseblümchen: **12** Massliebchen, **13** Tausendschoen
Gänsefußgewächse: **5** Melde, Ruebe, **6** Kochia, Kochie, Spinat, **8** Radmelde, **9** Salzkraut, Salzmelde
Gänserich: **6** Ganser, Ganter
Gänse, Entenvögel: **5** Ente, Gans, **6** Anhima, Branta, Saeger, Schwan, **7** Kasarka, Nilgans, Tschaja, **8** Baumente, Bergente, Feldgans, Graugans, Halbgans, Hausgans, Meergans, Moorente, Rostgans, Saatgans, Wehrente, Wildente, **9** Andengans, Bisamente, Blessgans, Brandente, Brandgans, Brautente, Coscoroba, Bucephala, Eiderente, Glanzente, Glanzgans, Krickente, Melanitta, Pfeifente, Pfeifgans, Ruderente, Sporngans, Stockente, Tafelente, Tauchente, **10** Blaessgans, Halbschwan, Hawaiigans, Kolbenente, Kragenente, Meeresente, Mohrenente, Reiherente, Scheckente, Schellente, Singschwan, Spiessente, Sporengans, Trauerente, Warzenente, Witwenente, **11** Hoeckerente, Loeffelente, Maehnengans, Moschusente, Orinokogans, Spiegelgans, **12** Gaensesaeger, Kuckucksente, Schwanengans, Trauerschwan, **13** Baumpfeifgans, Hoeckerschwan, Hornwehrvogel, Meertauchente, Spaltfussgans, **14** Mandarinenente, **15** Coscorobaschwan, Dampfschiffente, Nonnenpfeifgans, Schopfwehrvogel, Schwarzkopfente, Trompeterschwan
ganz: **3** gar, **5** total, **6** intakt, **8** komplett
Ganzheit: **10** Totalitaet
ganzheitlich: **9** universal
gänzlich: **5** total
gar: **6** schier
Garant: **6** Buerge, Kavent
Garantie: **6** Obligo, **7** Gewaehr, **10** Sicherheit, **11** Buergschaft
Gardine: **5** Store, **7** Vorhang
Gardinengewebe: **5** Tuell, Voile, **6** Etamin **7** Estamin, **11** Marquisette
Gardinenpredigt: **6** Sermon
gärender Weinmost: **5** Sturm, **6** Sauser, **12** Federweisser
Gärfutter: **6** Silage
Gärfutterbehälter: **4** Silo
Gärfutterbereitung: **8** Ensilage
Gärmittel: **4** Hefe
Garn: **5** Faden, Zwirn, **6** Bouclé, **7** Mouliné
Garnelenart: **5** Kroat, **6** Granat, Krabbe, Shrimp, **8** Krevette
Garnfeinheitsgrad: **6** Denier
Garnrolle: **5** Spule, **6** Haspel
Garnstrang: **5** Docke
Garnwinde: **5** Weife, **6** Haspel
Garonne-Zuflüsse: **3** Lot, Lys, **4** Hers, Noue, Tarn, **5** Baise, Ciron, **6** Seoune, Touche
Gärstoff: **4** Zyma
Garten Gottes: **4** Eden, **6** Himmel, **8** Paradies
Garten am Ölberg: **9** Getsemani, **10** Gethsemane, Gethsemani
Gartenammer: **7** Ortolan
Gartenanlage: **4** Beet, Park, **5** Rasen, **7** Rabatte, Rondell
Gartenblume: → Blumen
Gartenerzeugnisse: **4** Kohl, Obst, **7** Gemuese, **8** Kraeuter, **9** Kartoffel, → Gemüse
Gartengeräte: **5** Forke, Hacke, Harke, **6** Rechen, Schere, Spaten, **8** Schaufel, **10** Baumschere, Giesskanne, **11** Rasenmaeher, **12** Heckenschere
Gartenhaus: **5** Kiosk, Laube, **8** Pavillon
Gartenmeister: **8** Gaertner
Gartenpavillon: **9** Gloriette
Gartentempel: **10** Monopteros
Gärtnermesser: **5** Hippe

Gärung: **7** Aufruhr, **12** Fermentation
Gas als Brennstoff: **5** Butan, **6** Methan, Propan, **8** Acetylen, Azetylen
Gasausbruch (Sonne): **8** Eruption
Gasbehälter: **9** Gasometer
gasförmige(r)
– ***Grundstoffe:*** **4** Neon, Ozon, **5** Argon, Radon, Xenon, **6** Helium, Thoron, **7** Aktinon, Edelgas, Krypton, **10** Sauerstoff, Stickstoff, **11** Wasserstoff
– ***Zustand:*** **5** Dampf
Gashülle um die Erde: **4** Luft, **11** Atmosphaere
Gasmesser: **6** Gasuhr
Gassenhauer: **8** Schlager
Gassenjunge: **5** Gamin
Gassenvogel: **5** Spatz, **8** Sperling
Gastgeber: **4** Wirt
Gastgeschenke: **6** Xenien
Gasthausangestellter: **4** Ober, **7** Kellner, Pikkolo, **11** Oberkellner
Gasthörer: **9** Hospitant
gastlich: **8** wirtlich
Gastmahl: **5** Diner, Essen, **7** Bankett
Gastpflanze: **11** Schmarotzer
Gastronom: **4** Wirt, **8** Gastwirt, Hotelier, **12** Restaurateur
Gastspielreise: **7** Tournee
Gaststättenbesitzer: → Gastronom
Gaststättengewerbe: **10** Hotellerie, **11** Gastronomie
Gastwirt: **9** Gastronom, **12** Restaurateur
Gastwirtschaften: **3** Bar, Inn, Pub, **4** Café, **5** Hotel, Motel, Logis, Lokal, **6** Bistro, Bodega, Budike, Butike, Casino, Kasino, Kneipe, Posada, **7** Albergo, Kantine, Osteria, Schenke, Taberne, Taverne, **8** Destille, Dorfkrug, Eisdiele, Herberge, Milchbar, Rasthaus, Schwemme, Spelunke, Teestube, **9** Bierstube, Kaschemme, Kretscham, Trattoria, Weinstube, **10** Bierkeller, Kaffeehaus, Konditorei, Nachtlokal, Ratskeller, Restaurant, Trinkstube, Weinkeller, **11** Imbisshalle, Imbissstube, Kaffeestube, Raststaette, Weinschenke, Winzerstube, **13** Stehbierhalle
Gatte: **4** Mann, **6** Gemahl, **7** Ehemann, Gespons
Gatte der
– ***Abigail:*** **5** David
– ***Aerope:*** **6** Atreus
– ***Aglaia:*** **4** Abas
– ***Aischa:*** **8** Mohammed
– ***Aja:*** **6** Haimon
– ***Alkeste:*** **7** Admetos
– ***Alkmene:*** **10** Amphitryon
– ***Amphitrite:*** **8** Poseidon
– ***Andromache:*** **6** Hektor
– ***Andromeda:*** **7** Perseus
– ***Antiope:*** **7** Theseus
– ***Aphrodite:*** **8** Hephaest, **10** Hephaestus, Hephaistos
– ***Arete:*** **8** Alkinoos
– ***Ariadne:*** **8** Dionysos, Dionysus
– ***Bathseba:*** **4** Uria, **5** David, Urias
– ***Baucis:*** **8** Philemon
– ***Brunhilde:*** **7** Gunther
– ***Cassiope:*** **7** Kepheus
– ***Deianira:*** **8** Herakles, Herkules
– ***Desdemona:*** **7** Othello
– ***Elsa von Brabant:*** **9** Lohengrin
– ***Embla:*** **3** Ask, **4** Askr, **5** Asker
– ***Enite:*** **4** Erec, Erek
– ***Eurydike:*** **7** Orpheus
– ***Eva:*** **4** Adam
– ***Fatima:*** **3** Ali
– ***Freia:*** **3** Fro
– ***Frigg:*** **4** Odin, **5** Wodan, Wotan
– ***Gäa:*** **6** Uranos
– ***Glauke:*** **5** Iason, Jason
– ***Hagar:*** **7** Abraham
– ***Hebe:*** **8** Herakles
– ***Hekabe:*** **7** Priamos, Priamus

- ***Helche:*** **5** Etzel
- ***Helena:*** **5** Paris, **8** Menelaos, Menelaus
- ***Hera:*** **4** Zeus
- ***Herodias:*** **7** Herodes
- ***Hippodameia:*** **6** Pelops
- ***Hippolyta:*** **7** Theseus
- ***Iduna:*** **5** Bragi
- ***Ino:*** **7** Athamas
- ***Iokaste:*** **5** Laios, **7** Oedipus
- ***Isis:*** **6** Osiris
- ***Isolde:*** **5** Marke
- ***Josephine:*** **8** Napoleon
- ***Juno:*** **7** Jupiter
- ***Kassiopeia:*** **7** Kepheus
- ***Klytämnestra:*** **9** Agamemnon
- ***Kreusa:*** **5** Iason, Jason, **6** Aeneas
- ***Kriemhild:*** **5** Etzel, **9** Siegfried
- ***Lea:*** **5** Jakob
- ***Leda:*** **9** Tyndareos
- ***Maja:*** **6** Vulkan
- ***Maria:*** **6** Joseph
- ***Maria Stuart:*** **5** Franz, **7** Darnley
- ***Maria Theresia:*** **5** Franz
- ***Mariamne:*** **7** Herodes
- ***Marie-Louise:*** **8** Napoleon
- ***Medea:*** **5** Iason, Jason
- ***Mut:*** **4** Amon, Amun, **5** Ammon
- ***Nanna:*** **5** Baldr, **6** Balder, Baldur
- ***Nephthys:*** **3** Set, **4** Seth
- ***Niobe:*** **7** Amphion
- ***Nofretete:*** **9** Amenophis
- ***Nut:*** **3** Geb
- ***Nyx:*** **6** Erebos, Erebus
- ***Oinone:*** **5** Paris
- ***Penelope:*** **8** Odysseus
- ***Persephone:*** **5** Hades, Pluto
- ***Phädra:*** **7** Theseus
- ***Proserpina:*** **5** Orkus
- ***Rahel:*** **5** Jakob
- ***Ran:*** **5** Aegir
- ***Rebekka:*** **5** Isaak
- ***Rhea:*** **6** Kronos, Uranos
- ***Rhodope:*** **9** Kandaules
- ***Sara:*** **7** Abraham
- ***Sachmet:*** **4** Ptah
- ***Sif:*** **4** Thor, **5** Donar
- ***Sita:*** **4** Rama
- ***Tefnut:*** **3** Shu, **4** Schu
- ***Tethys:*** **7** Okeanos
- ***Thetis:*** **6** Peleus
- ***Thusnelda:*** **5** Armin, **7** Hermann, **8** Arminius
- ***Titania:*** **6** Oberon
- ***Ute:*** **6** Gibich, **7** Dankrat
- ***Venus:*** **8** Hephaest, **10** Hephaestos, Hephaistos
- ***Xanthippe:*** **8** Sokrates

Gatter: **4** Zaun, **6** Gitter

Gattin des

- ***Abraham:*** **4** Sara, **5** Hagar, Sarah
- ***Adam:*** **3** Eva
- ***Admetos:*** **7** Alkeste, **8** Alkestis
- ***Aga Khan:*** **5** Begum
- ***Agamemnon:*** **13** Klytaemnestra
- ***Ägir:*** **3** Ran
- ***Ahasver:*** **6** Esther
- ***Alexander des Großen:*** **6** Roxane
- ***Alkinoos:*** **5** Arete
- ***Amenophis IV:*** **9** Nofretete
- ***Amphion:*** **5** Niobe
- ***Amphitryon:*** **7** Alkmene
- ***Äneas:*** **6** Kreusa
- ***Arminius:*** **9** Thusnelda
- ***Atreus:*** **6** Aerope
- ***Augustus:*** **5** Livia
- ***Bacchus:*** **7** Ariadne
- ***Balder, Baldur:*** **5** Nanna
- ***Bismarck:*** **7** Johanna
- ***Brahma:*** **9** Saraswati
- ***David:*** **6** Michal, Michol, **7** Abigail, **8** Bathseba, **9** Bethsabee
- ***Dionysos:*** **7** Ariadne
- ***Dogen:*** **9** Dogaressa
- ***Donar:*** **3** Sif
- ***Erebus:*** **3** Nyx
- ***Erek:*** **5** Enite
- ***Etzel:*** **6** Helche, **9** Kriemhild
- ***Fro:*** **5** Freia, **6** Freyja
- ***Gunther:*** **8** Brunhild, **9** Bruenhild,

Brunhilde, **10** Bruenhilde
– ***Hades:*** **10** Persephone
– ***Haimon:*** **3** Aja
– ***Hektor:*** **10** Andromache
– ***Hephästos:*** **9** Aphrodite
– ***Herakles:*** **4** Hebe, **8** Deianira
– ***Hermann des Cheruskers:*** **9** Thusnelda
– ***Herodes:*** **8** Mariamne
– ***Herodes Antipas:*** **8** Herodias
– ***Iason:*** **5** Medea, **6** Glauke, Kreusa
– ***Isaak:*** **7** Rebekka
– ***Jakob:*** **3** Lea, **5** Rahel, **6** Rachel
– ***Jupiter:*** **4** Juno
– ***Kaisers Claudius:*** **9** Agrippina, Messalina
– ***Kaisers Heinrich II:*** **9** Kunigunde
– ***Kaisers Justinian:*** **8** Theodora
– ***Kaisers Otto I.:*** **8** Adelheid
– ***Kalifen Ali:*** **6** Fatima
– ***Kandaules:*** **7** Rhodope
– ***Kepheus:*** **8** Cassiope, **10** Kasseopeia, Kassiopeia
– ***Königs Marke:*** **6** Isolde
– ***Kronos:*** **4** Rhea, **5** Rheia
– ***Laios:*** **7** Iokaste
– ***Landgrafen Ludwig von Thüringen:*** **9** Elisabeth
– ***Lohengrin:*** **4** Elsa
– ***Ludwig Bonaparte:*** **8** Hortense
– ***Luther:*** **4** Bora, **9** Katharina
– ***Marcus Antonius:*** **7** Octavia
– ***Marke:*** **6** Isolde
– ***Menelaos:*** **6** Helena
– ***Mohammed:*** **6** Aischa
– ***Napoleon I.:*** **9** Joséphine, **11** Marie-Louise
– ***Napoleon III.:*** **7** Eugénie
– ***Oberon:*** **7** Titania
– ***Odin:*** **4** Fria, **5** Frigg, Frija, **6** Frigga
– ***Ödipus:*** **7** Iokaste
– ***Odysseus:*** **8** Penelope
– ***Okeanos:*** **6** Tethys
– ***Orkus:*** **10** Proserpina
– ***Orpheus:*** **8** Eurydike
– ***Osiris:*** **4** Isis
– ***Othello:*** **9** Desdemona
– ***Paris:*** **6** Helena, Oinone
– ***Peleus:*** **6** Thetis
– ***Pelops:*** **11** Hippodameia
– ***Perikles:*** **7** Aspasia
– ***Péron:*** **5** Evita
– ***Perseus:*** **9** Andromeda
– ***Philemon:*** **6** Baucis
– ***Poseidon:*** **10** Amphitrite
– ***Priamos:*** **6** Hekabe, Hekuba
– ***Ptah:*** **7** Sechmet
– ***Rama:*** **4** Sita
– ***Rembrandt:*** **6** Saskia, **9** Hendrikje
– ***Rubens:*** **6** Helene, **8** Isabella
– ***Saturn:*** **6** Tellus
– ***Siegfried:*** **9** Kriemhild
– ***Sokrates:*** **9** Xanthippe
– ***Theseus:*** **7** Antiope, Phaedra, **9** Hippolyta
– ***Thor:*** **3** Sif
– ***Urias:*** **8** Bathseba
– ***Uranos:*** **4** Gaea, Gaia
– ***Vulkan:*** **4** Maja
– ***Wagner (Richard):*** **5** Minna, **6** Cosima
– ***Xerxes:*** **6** Esther
– ***Zeus:*** **4** Hera, Here, **5** Dione, Metis

Gattung: **3** Art, Typ, **5** Genre, Genus, Rasse, Sippe, Sorte, **6** Gruppe, **7** Ordnung, **9** Kategorie, **10** Geschlecht

Gaudium: **3** Fez, **5** Spass, **6** Freude, **10** Vergnuegen

Gaukelei: **9** Blendwerk, **10** Hokuspokus, Taeuschung

Gaukler: **5** Fakir, **6** Magier, **7** Magiker, **8** Zauberer, **9** Betrueger, **11** Illusionist

Gaumenlaut: **8** Guttural

Gaumensegel: **5** Velum

Gaumenzäpfchen: **3** Huk, **5** Uvula

Gauner: **4** Dieb, **6** Ganeff, Ganove, Nepper, **7** Fallot, Halunke, Stehler, **8** Gangster, **9** Betrueger, Erpresser,

Schlepper, **10** Schwindler, **13** Bauernfaenger
Gaunerei: **6** Betrug, **12** Niedertracht
Gaunersprache: **5** Argot, **9** Rotwelsch
auskundschaften: **9** baldowern
Diebesgut: **4** Sore
falscher Geldschein: **6** Bluete
Gauner: **6** Ganeff, Ganove
Gefängnis: **8** Kittchen
Geld: **4** Kies, Moos, **5** Pinke
Kokain: **4** Koks
Münzfälscher: **6** Kipper, Wipper
Polizist: **5** Bulle, Polyp
Verständigungszeichen: **5** Zinke
Wache: **8** Schmiere
Gaunerzeichen: **5** Zinke
Gazegewebe: **6** Etamin, **7** Estamin
Gazellen: → Antilopen
Gebäck: **4** Brot, Keks, Weck, **5** Bobes, Torte, Wecke, **6** Baiser, Brezel, Eclair, Kuchen, Oblate, Printe, Semmel, Stuten, Waffel, **7** Beignet, Biskuit, Brioche, Krapfen, Kringel, Krokant, Makrone, Stollen, Strudel, **8** Schrippe, Striezel, Zwieback, **9** Broetchen, Gugelhopf, Gugelhupf, Lebkuchen, Negerkuss, Weissbrot, **10** Grahambrot, Mohrenkopf, Plaetzchen, Rundstueck, Salzbrezel, Salzstange, Weizenbrot, Windbeutel, **11** Bienenstich, Knaeckebrot, Pfannkuchen, Schweinsohr, Spekulatius, **12** Apfelstrudel, Pumpernickel, Vollkornbrot, **13** Liebesknochen, Schillerlocke
gebackene
– ***Kartoffelscheibchen:*** **5** Chips
– ***Klößchen:*** **10** Croquettes
– ***Speise:*** **7** Auflauf
Gebälkträger in Menschengestalt: **4** Kore, **6** Atlant, **9** Kanephore, Karyatide
gebändigt: **4** zahm
Gebärde: **5** Geste, **9** Attituede
Gebärdenspiel: **5** Mimik, **9** Pantomine
Gebärdensprache: **13** Gestikulation
Gebaren: **7** Habitus
Gebärmutter: **6** Uterus
Gebäude: **3** Bau, **4** Burg, Haus, Kate, **5** Kiosk, Laube, Villa, **6** Huette, Palais, Palast, **7** Schloss, **8** Bungalow, Pavillon, Schuppen, **9** Blockhaus
Gebäudeanbau: **5** Altan, Erker, **6** Altane, **7** Veranda
Gebäudestütze: **6** Saeule, **7** Pfeiler
Gebäudeteile: **3** Tor, **4** Dach, Esse, Tuer, **5** Anbau, Boden, Erker, Etage, First, Kamin, Trakt, **6** Balkon, Giebel, Keller, Kuppel, Pforte, Portal, Saeule, Schlot, Sockel, Traufe, Treppe, **7** Fassade, Fenster, Gebaelk, Pfeiler, **8** Geschoss, Gewoelbe, Lichthof, Mansarde, **9** Dachstuhl, Fundament, Stockwerk, **11** Schornstein, Treppenhaus
Gebäudevorbau: **5** Erker, **6** Balkon
Gebäudevorsprung: **7** Risalit
gebefreudig: **9** spendabel
Gebeine: **7** Knochen, Skelett
Gebeine von Heiligen: **8** Reliquie
Gebeinurne: **8** Ossarium
geben: **7** reichen
Gebetbuch: **7** Brevier, Missale, Tefilla
Gebetsanrede an Gott: **4** Abba
Gebetsaufruf der Liturgen: **6** Oremus
Gebetshäuser: **6** Tempel, **7** Moschee, **8** Synagoge
Gebetsmantel: **7** Tallith
Gebetsnische in der Moschee: **6** Mihrab
Gebetsruf
– ***der Christen:*** **8** Hosianna
– ***der Mohammedaner:*** **4** Esan
Gebetsrufer: **7** Muezzin
Gebetsschluß: **4** Amen
Gebetsstunde: **4** None
Gebetsteppiche: **5** Konya, Ladik,

8 Panderma
Gebiet: 3 Gau, **4** Fach, Zone, **6** Bezirk, Gegend, Region, Revier, Sektor, Sparte, **7** Bereich, Sektion, Terrain, **8** Distrikt, **11** Territorium
Gebiet
– ***hohen Luftdruckes:*** **4** Hoch
– ***niedrigen Luftdrucks:*** **4** Tief
– ***um den Nordpol:*** **6** Arktis
– ***um den Südpol:*** **9** Antarktis
gebieten: 6 walten, **8** befehlen, **9** herrschen, **12** kommandieren
Gebieter: 4 Herr, **7** Dominus, Padrone, **9** Herrscher, Oberhaupt
Gebieterin: 6 Domina, Herrin, **7** Padrona
gebieterisch: 8 herrisch
gebietlich: 5 zonal, **8** regional
Gebietstrennung: 10 Separation
Gebietskörperschaft: 4 Land, **8** Gemeinde
Gebietsräumung: 11 Evakuierung
Gebietsstreifen: 4 Zone, **8** Korridor
Gebilde: 4 Form, **5** Figur, **7** Gefuege, Gestalt, **8** Struktur
gebildet: 5 urban
Gebinde: 4 Bund, **5** Garbe, Kranz, **7** Strauss
Gebirge: → betr. Land
Gebirgsbildung: 9 Orogenese
Gebirgseinschnitt: 3 Tal, **4** Klus, **5** Klamm, Kluft, Mulde, **6** Kessel, **8** Schlucht
Gebirgsfluß: 3 Ach, **4** Ache
Gebirgsgasthaus: 5 Baude
Gebirgshütte: 5 Baude
Gebirgskamm: 4 Grat
Gebirgskette: 5 Serra, **6** Sierra
Gebirgskunde: 8 Orologie
Gebirgsland
– ***in Äthiopien:*** **5** Kaffa
– ***zwischen Kaspischem und Schwarzem Meer:*** **8** Armenien
– ***in Vorderasien:*** **9** Kurdistan
– ***westlich des Jordans:*** **8** Galilaea
Gebirgslandschaft der Sahara: 3 Air
Gebirgsmulde: 3 Kar
Gebirgspfad: 5 Steig
Gebirgspflanzen: 4 Arve, **6** Arnika, Enzian, **7** Latsche, **8** Siegwurz, Zyklamen, **9** Almrausch, Alpenmohn, Alpenrose, Edelraute, Edelweiss, Legfoehre, **10** Alpenlilie, Bergkiefer, Silberwurz, Soldanelle, Steinbrech, Steinnelke, Trollblume, **11** Almenrausch, Wohlverleih, **12** Zirbelkiefer, **13** Alpenveilchen, **15** Bergwohlverleih
Gebirgsschlucht: 5 Klamm
Gebirgsstock: 6 Massiv
Gebirgsteile: 3 Pik, Piz, **4** Berg, Grat, Kamm, **5** Kuppe, Zacke, Zinne, **6** Gipfel
Gebirgstiere: 4 Gams, **5** Gemse, **9** Alpenhase, Steinbock, Steinhuhn, **10** Alpendohle, Murmeltier, Schneehuhn, Steinadler, **12** Laemmergeier, Schneekraehe, **15** Alpensalamander
Gebirgstruppe in Italien: 6 Alpini
Gebirgsübergang: 4 Pass
Gebirgsunterkunft: 5 Baude, **6** Huette
Gebirgswiese: 3 Alm, Alp, **4** Alpe
Gebißstange des Pferdes: 7 Kandare
Gebläse: 9 Exhaustor, **10** Ventilator
Gebläsevorrichtung: 10 Kompressor
geblättert: 8 lamellar
gebogen: 4 rund, **5** krumm
Geborgtes: 4 Borg, Pump, **5** Leihe, **7** Anleihe
Gebot: 6 Befehl
Gebot (Versteigerung): 4 Mise
Gebotsübertretung: 6 Suende
gebrannter
– ***Baustein:*** **6** Ziegel, **7** Klinker
– ***Ton:*** **10** Terrakotta
– ***Zucker:*** **7** Karamel
gebratenes Fleischklößchen: **7** Bulette, **9** Brisolett, **10** Brisolette, Frikadelle

Gebrauch: **3** Uso, **4** Usus
gebräuchlich: **6** usuell
gebrauchsfertig: **5** parat, **6** bereit
Gebrauchsgegenstand: **7** Artikel, Utensil
gebraucht: **12** antiquarisch
Gebrechen: **6** Fehler, Leiden, Mangel, **9** Schwaeche
gebrechlich: **6** taprig, **7** invalid, **8** invalide
Gebühr: **4** Taxe, **5** Porto, Tarif, **6** Abgabe, **7** Beitrag, Entgelt
Gebühren: **8** Sporteln
gebührenfrei: **7** taxfrei
Gebührenliste: **5** Tarif
gebunden: **6** latent, legato
gebundenes Heft: **10** Broschuere
Geburt: **6** Partus, **7** Eutokie
Geburtshelferin: **7** Hebamme
Geburtsnarbe: **5** Nabel
Geburtsort: **6** Heimat
Geburtsort von
– ***Andersen:*** **6** Odense
– ***Johann Sebastian Bach:*** **8** Eisenach
– ***Balzac:*** **5** Tours
– ***Beethoven:*** **4** Bonn
– ***Bismarck:*** **12** Schoenhausen
– ***Bruckner:*** **9** Ansfelden
– ***Dürer:*** **9** Nuernberg
– ***Haydn:*** **6** Rohrau
– ***Heinrich von Stephan:*** **5** Stolp
– ***Herder:*** **9** Mohrungen
– ***Hölderlin:*** **7** Lauffen
– ***Jesus:*** **9** Bethlehem
– ***Luther:*** **8** Eisleben
– ***Mohammed:*** **5** Mekka
– ***Mozart:*** **8** Salzburg
– ***Napoleon:*** **7** Ajaccio
– ***Samuel:*** **4** Rama
– ***Schiller:*** **7** Marbach
– ***Vasco da Gama:*** **5** Sines
– ***C. M. von Weber:*** **5** Eutin
Gebüschpflanzung: **7** Boskett
Geck: **4** Beau, Fant, Gent, Snob, **5** Dandy, Laffe, **6** Fatzke, **7** Elegant, Stutzer
gedacht: **6** fiktiv, ideell, **8** abstrakt
Gedächtnis: **5** Mneme
Gedächtnisfeier: **9** Jubilaeum
Gedächtnisleistung: **10** Erinnerung
Gedächtnisschwäche: **10** Hypomnesie, **15** Vergesslichkeit
Gedächtnisschwund: **7** Amnesie
Gedächtnisstütze: **5** Notiz, **6** Agenda, **7** Vermerk, **8** Merkbuch, **9** Notizbuch, **10** Denkzettel, **12** Eselsbruecke, **14** Terminkalender
Gedächtnisverlust: **7** Amnesie
Gedanke: **4** Idee, **6** Apercu, Grille, **7** Einfall, **9** Vorschlag
Gedankenaustausch: **7** Debatte
Gedankenblitz: **4** Idee, **6** Apercu
gedankenlos: **10** mechanisch
Gedankensplitter: **10** Aphorismus
Gedankenübertragung: **10** Telepathie
Gedankenverbindung: **11** Assoziation
Gedankenwelt: **11** Mentalitaet
gedanklich: **11** theoretisch
Gedeck: **3** Set, **4** Menu, **5** Menue, **6** Kuvert
gedeckter Tisch: **5** Tafel
gedeihen: **9** florieren, **12** prosperieren
Gedeihen: **4** Flor, **6** Erfolg, Glueck
Gedenkbuch: **5** Album, **8** Memorial
Gedenkfeier: **9** Jubilaeum
Gedenkmünze: **8** Medaille, Plakette
Gedenkstätte: **7** Denkmal, Mahnmal, Marterl, **8** Ehrenmal, Monument, **12** Triumphbogen
Gedenkstein der Wikinger: **10** Bautastein
Gedicht von Vergil: **8** Georgika
Gedichtabschnitt: **7** Strophe
Gedichtform: **3** Lai, Ode, **4** Epos, Lied, Poem, **5** Epode, Gasel, Hymne, Xenie, **6** Ekloge, Elegie, Gasele, Makame, Sonett, **7** Ballade, Kanzone, Romanze, **9** Distichon, Rhapsodie

Gedichtgattung: **7** Kasside
Gedichtsammlung: **5** Diwan, **10** Anthologie
Gedichtsteil: **4** Vers, **7** Strophe
gediegen: **4** fest, rein, **5** reell, solid, **6** massiv, solide, serioes
Gediegenheit: **10** Soliditaet, **11** Seriositaet
gedienter Soldat: **7** Veteran
Gedingelohn: **6** Akkord
gedörrter Dorsch: **10** Stockfisch
Gedränge: **7** Andrang, Gewuehl
gedrängt: **3** eng, **5** knapp, **7** stretto
gedrehte Schnur: **5** Litze, **6** Kordel, **7** Flechte
gedrückt: **9** depressiv
gedrungen: **7** kompakt
Geduld: **7** Langmut, **8** Ausdauer, **9** Gleichmut, Nachsicht
geduldig: **8** gelassen
Geduldspiel: **6** Puzzle, **8** Patience
geeignet: **12** qualifiziert
Gefahr: **6** Risiko, Wagnis, **8** Faehrnis
gefährdet: **9** exponiert
Gefahrenmeldung: **5** Alarm
gefährlich: **7** riskant, **8** kritisch, **10** bedrohlich, unheilvoll
Gefährt: → Fahrzeuge
Gefährte: **6** Kumpan, Sozius, **7** Genosse, Kamerad, Kollege, Partner
Gefährte des Bonifatius: **6** Adalar
Gefährten des Jason: **10** Argonauten → Argonauten
gefahrvoll: **7** riskant, **8** kritisch
Gefallen: **4** Lust, **6** Freude, **8** Belieben, **9** Geschmack, Sympathie, Zuneigung
gefällig: **6** kulant
Gefälligkeit: **5** Gunst, **6** Dienst, **8** Gefallen
Gefälschtes: **6** Falsum, **10** Falsifikat
Gefallsucht: **9** Eitelkeit, **10** Koketterie
gefallsüchtig: **5** eitel, **6** kokett
gefalteter Papierstreifen: **7** Fidibus
gefälteltes Gewebe: **7** Plissee
Gefangener: **9** Arrestant, Haeftling, **10** Straefling, **11** Verhafteter, **13** Zuchthaeusler
Gefangenschaft: **4** Haft, **6** Arrest, **9** Gewahrsam
Gefängnis: **5** Knast, **6** Kerker,**8** Kittchen, **9** Zuchthaus, **12** Strafanstalt
Gefängnisraum: **5** Zelle
Gefasel: **7** Rederei, **10** Geschwaetz
Gefäße: **4** Dose, Fass, Glas, Krug, Kufe, Kump, Napf, Pott, Tank, Topf, Urne, Vase, **5** Bowle, Butte, Eimer, Kanne, Kelch, Kruke, Molle, Pokal, Satte, Tasse, Tonne, Wanne, Zuber, **6** Bassin, Becher, Becken, Buette, Flakon, Kumpen, Kessel, Kuebel, Pfanne, Phiole, Roemer, Schaff, Schale, Seidel, Tiegel, **7** Amphora, Amphore, Ampulle, Bottich, Buechse, Flasche, Karaffe, Retorte, **8** Kanister, Kuevette, Schoppen, **9** Behaelter, Kalebasse, Schuessel, **10** Kasserolle
Gefäß
– ***zum Färben:*** **5** Kuepe
– ***für Fische:*** **6** Bassin, Becken, **8** Aquarium
– ***für Kleintiere:*** **9** Terrarium
– ***aus Kürbisschale:*** **9** Kalebasse
– ***zum Schmelzen:*** **6** Tiegel
– ***für Stimmzettel:*** **4** Urne
– ***für Tierfutter:*** **4** Napf, Trog, **6** Krippe, **7** Traenke
– ***für Treibstoff:*** **4** Tank, **8** Kanister
– ***zum Zerkleinern:*** **7** Moerser
Gefäßerkrankung: **11** Angiopathie
Gefäßgeflecht: **6** Plexus
Gefäßgewebegeschwulst: **6** Angiom
gefaßt: **10** resigniert
Gefecht: **5** Kampf, **6** Assaut, **12** Scharmuetzel
gefeierte Sängerin oder Schauspielerin: **4** Diva, Star
Gefeierter: **7** Jubilar
gefeit: **5** immun, **6** sicher

Gefieder: **6** Federn
gefiedertes Wirbeltier: **5** Vogel
Gefiederwechsel: **6** Mauser
Gefilde der Seligen: **7** Elysium
geflammt: **8** moiriert
Geflecht: **4** Korb, **5** Matte, **6** Gewebe, Gitter, **8** Faschine
geflecktes Pferd oder Rind: **7** Schecke
geflochtene Schnur: **6** Kordel
geflochtener Behälter: **4** Korb
Geflügel: **4** Ente, Gans, Hahn, Huhn, Pute, **5** Erpel, Henne, Puter, Taube, **6** Ganter, Glucke, Gockel, Kapaun, Tauber, Kuecken, **7** Goessel, Taeuber, **8** Enterich, Poularde, Truthahn, **9** Truthenne, **10** Taeuberich
Geflügel zerlegen: **11** tranchieren
Geflügelkrankheit: **4** Roup, Pips, Zips
Geflügelräuber: **5** Fuchs, **7** Habicht
Geflügelrumpf: **8** Karkasse
geflügelte(r, s)
– ***Dichterroß:*** **7** Pegasus
– ***Liebesgott:*** **8** Amorette
– ***Wort:*** **5** Zitat
Gefolge: **5** Suite, Tross, **6** Anhang, Geleit, **7** Eskorte, Kondukt
Gefolgschaft: **9** Anhaenger
Gefolgsleute: **6** Mannen
Gefolgsmann: **6** Vasall, **7** Paladin, **8** Getreuer, Satellit
Gefolgsmann Karls des Großen: **6** Oliver, Roland
geformt: **10** profiliert
Gefräßigkeit: **6** Akorie
Gefriergerät: **7** Froster
gefrorener Schnee: **6** Harsch
Gefrorenes: **3** Eis, **8** Eiscreme, **9** Speiseeis
Gefüge: **6** Aufbau, **8** Struktur, **9** Anordnung, **10** Organismus
gefügig: **5** kirre, **8** gehorsam
Gefühl: **6** Ahnung, Animus, **8** Instinkt, **9** Empfinden, Sentiment
gefühllos: **3** roh, **4** hart, **6** brutal, **7** lieblos, **8** steinern, **10** gemuetsarm, **11** abgestumpft, **13** gleichgueltig, unempfindlich
Gefühllosigkeit: **11** Brutalitaet
Gefühlsbereich: **6** Gemuet
Gefühlsbewegung: **6** Regung, **7** Emotion, **8** Erregung
Gefühlserregung: **6** Affekt, Pathos
gefühlskalt: **6** frigid, **7** frigide
Gefühlskälte: **11** Frigiditaet
gefühlsmäßig: **9** emotional, **10** emotionell, instinktiv
gefühlsmäßige Erkenntnis: **9** Intuition
gefühlsmäßiger Zustand: **5** Laune, **8** Stimmung
Gefühlsmensch: **10** Romantiker
Gefühlsroheit: **8** Zynismus
Gefühlsseligkeit: **16** Sentimentalitaet
gefühlvoll: **7** lyrisch, **10** empfindsam, seelenvoll, **11** sentimental
gefülltes Schmalzgebäck: **7** Beignet, Krapfen, **8** Berliner, **11** Pfannkuchen
gegebene Veranlagung: **8** Naturell
gegebenenfalls: **9** eventuell
Gegebenheit: **7** Umstand, **9** Realitaet
gegen: **3** gen, per, **4** anti, **5** wider, **6** contra, kontra
Gegenansage (Skat): **2** Re, **6** Kontra
Gegenbehauptung: **9** Antithese
Gegenbewegung: **10** Widerstand
Gegenbuchung: **8** Ristorno
Gegend: **3** Gau, **4** Zone, **6** Gebiet, Region, **7** Bereich, Gefilde, **8** Umgebung, **10** Landschaft
Gegendruck: **8** Reaktion
Gegenfüßler: **8** Antipode
Gegengift: **7** Antidot, **9** Antitoxin
Gegenmaßnahme: **11** Repressalie
Gegenpartei: **10** Opposition
Gegenpol
– ***zur Anode:*** **7** Kathode
– ***zur Kathode:*** **5** Anode
Gegenpunkt zum Zenit: **5** Nadir
Gegenrede: **6** Replik, **7** Antwort,

10 Entgegnung, **11** Widerspruch
Gegensatz: **8** Kontrast, **9** Antithese, **10** Opposition, **12** Antagonismus
gegensätzlich: **8** kontraer, **10** adversativ, **13** oppositionell
Gegensätzlichkeit: **10** Polaritaet
Gegenschlag: **8** Reaktion
gegenseitig: **8** mutual, **7** mutuell, **8** reziprok
Gegenspiel: **9** Widerpart
Gegenspieler: **8** Antipode, **11** Widersacher
Gegenstand: **4** Ding, **5** Motiv, Sache, Sujet, Thema, **6** Objekt, **7** Gebilde, Koerper, Materie, **8** Substanz
gegenstandslos: **8** abstrakt
Gegenstand von Heiligen: **8** Reliquie
gegenständlich: **8** objektiv
gegenständlich greifbar: **7** konkret
Gegenströmung: **8** Reaktion
Gegenstück: **7** Pendant
gegenteilig: **8** kontraer
gegenüber: **9** diametral
Gegenüber: **7** Visavis
gegenüberstellen: **10** opponieren
Gegenüberstellung: **9** Vergleich, **13** Konfrontation
Gegenwart: **5** Heute, **8** Praesens, **11** Anwesenheit
gegenwärtig: **6** modern, rezent, **8** anwesend, praesent
Gegenwartsform: **8** Praesens
Gegenwehr: **9** Defensive, **10** Widerstand, **12** Verteidigung
Gegenwert: **5** Preis, **6** Valuta, **7** Entgelt, **11** Aequivalent
Gegenwirkung: **8** Reaktion
gegerbte Tierhaut: **5** Leder
Gegner: **5** Feind, **6** Rivale, **8** Opponent, **10** Konkurrent, Kontrahent, **11** Widersacher, **12** Gegenspieler
Gegner
- ***Cäsars:*** **4** Cato
- ***Luthers:*** **3** Eck

Gegnerin Maria Stuarts: **9** Elisabeth
gegnerisch: **13** oppositionell
gegorene(r, s)
- ***Agavensaft:*** **6** Pulque
- ***Getränk aus Brot u.a.:*** **5** Kwass
- ***Honigsaft:*** **3** Met
- ***Milch:*** **5** Kefir, **7** Joghurt
- ***Stutenmilch:*** **5** Kumys, **6** Kumyss

Gehabe: **5** Getue, Tenue, **7** Alluere, Gebaren, **8** Benehmen, Betragen, **9** Verhalten
gehacktes Schweinefleisch: **4** Mett
Gehalt: **4** Wert, **5** Wesen, **6** Inhalt, **9** Besoldung
gehalten: **9** sostenuto
gehaltlos: **4** leer, **5** banal
gehaltreich: **4** voll, **12** konzentriert
gehaltvoll: **9** praegnant
gehärtetes Eisen: **5** Stahl
gehässig: **6** odioes, **9** malizioes
Gehäuse: **4** Etui, **6** Huelle, Kasten, **9** Behaelter
geheftet: **10** broschiert
Gehege
- ***für Pferde:*** **7** Paddock
- ***zum Einfangen wilder Tiere:*** **6** Korral

geheiligter Brauch: **5** Ritus
geheim: **6** anonym, latent, okkult, sekret, **8** heimlich, **9** verborgen, **10** esoterisch
Geheimbund
- ***der Antike:*** **6** Mysten, **7** Kabiren, **8** Orphiker
- ***in Italien:*** **9** Karbonari
- ***in Neapel:*** **7** Camorra, Kamorra
- ***in Ostafrika:*** **6** Mau-Mau
- ***auf Sizilien:*** **5** Mafia, **6** Maffia
- ***in den USA:*** **10** Ku-Klux-Klan

Geheimbündler in Italien: **7** Mafioso
geheime Naturkraft: **2** Od
Geheimgericht: **4** Feme
Geheimkult bei den Negern Haitis: **4** Wodu, Wudu, **6** Voodoo, Voudou
Geheimlehre: **6** Gnosis, **7** Kabbala,

9 Mysterien, **11** Okkultismus
Geheimnis: **7** Arkanum, **9** Mysterium
geheimnisvoll: **6** okkult, **7** nebulos, **8** mystisch, nebuloes, orphisch, **10** mysterioes, **12** sibyllinisch
geheimnissvolle Ausstrahlung: **2** Od
Geheimpolizei im zaristischen Rußland: **7** Ochrana
Geheimpolizist: **8** Detektiv
Geheimschriftschlüssel: **4** Code, Kode
Geheimwissenschaft: **11** Okkultismus
Geheimzeichen: **7** Chiffre
Geheiß: **6** Befehl
gehemmt: **11** gehaendikapt
Gehilfe: **4** Aide, **6** Helfer, Kommis, **7** Adjunkt, Adlatus, Geselle, Famulus, **8** Adjutant, Komplice, Komplize, **9** Assistent, **11** Mitarbeiter
Gehilfe des Paulus: **5** Titus, **9** Timotheus
Gehirn vom Schlachttier: **6** Bregen
Gehirnhautentzündung: **10** Meningitis
Gehirnkammer: **9** Ventrikel
gehobenes Lebensgefühl: **6** Freude, **8** Euphorie
Gehöft: **3** Gut, Hof
Gehölz: **4** Baum, Hain, Wald, **5** Busch, Forst, **7** Strauch, **8** Gebuesch, **9** Buschwerk, Gestruepp
gehorchen: **8** parieren
gehörlos: **4** taub
Gehörorgan: **3** Ohr
gehorsam: **4** brav, **7** folgsam
Gehorsamsverweigerung: **8** Meuterei
Gehrock: **3** Cut, **7** Cutaway
Gehstange: **6** Stelze
Gehsteig: **8** Trottoir, **12** Buergersteig
Gehunfähigkeit: **6** Abasie
Geier der Anden: **6** Kondor
Geige: **6** Gambe, Viola, **6** Fiedel, **7** Violine
Geigenbauer: **5** Amati, Klotz, **7** Stainer, **8** Guarneri, **10** Stradivari
Geigenteile: **4** Hals, Steg, **5** Boden, Decke, Saite, Zarge, **6** Buegel, **9** Schalloch, **10** Bassbalken, Griffbrett
Geigenvirtuosen: **3** Suk, **5** Elman, Hubay, Stern, **7** Corelli, Menuhin, Tartini, Toselli, **8** Oistrach, Paganini, Sarasate, **9** Zacharias, **11** Kulenkampff, **12** Schneiderhan
Geißblattgewächse: **8** Holunder, Weigelie, **9** Dierville, **10** Schneeball, **11** Schneebeere, Tintenbeere
Geißel: **5** Knute, Plage, **8** Peitsche
Geißelbruder: **10** Flagellant
Geist: **3** Nus, **5** Genie, Ratio, Seele, Wesen, **6** Daemon, Esprit, Essenz, Genius, **8** Gespenst, Spiritus, Verstand, **9** Intellekt
Geist der Toten: **5** Lemur, **6** Lemure
Geister der Toten: **5** Manen
Geisterbeschwörer: **8** Exorzist
Geisterbeschwörung: **10** Exorzismus, **11** Nekromantie
Geistererscheinung: **4** Spuk, **8** Gespenst
Geisterglaube: **11** Daemonismus, Okkultismus, Spiritismus
Geistesanlage: **8** Ingenium
geistesarm: **3** fad, **4** dumm, fade
Geistesarmut: **8** Dummheit
Geistesart: **11** Mentalitaet
Geistesblitz: **4** Idee, **7** Einfall, **9** Intuition
geistesgestört: **3** irr, **4** irre, **5** bloed, **6** bloede, **10** paranoisch
Geisteshaltung: **7** Habitus, **11** Mentalitaet
Geisteskranke: **4** Irre
Geisteskranker: **5** Irrer
Geisteskrankheit: **5** Manie, **7** Irrsinn, **8** Paranoia, Psychose, **9** Katatonie, Monomanie, **13** Schizophrenie
geisteschwach: **5** debil
geistesverwandt: **9** kongenial
Geisteswissenschaften: **4** Jura, **5** Ethik, Logik, **6** Metrik, Poetik,

7 Melodik, **8** Didaktik, Dogmatik, Exegetik, Historik, **9** Denklehre, Dialektik, **10** Ethnologie, Genealogie, Metaphysik, Mythologie, Paedagogik, Philologie, Soziologie, **11** Chronologie, Dramaturgie, Philosophie, Psychologie, Rechtskunde, Seelenkunde, Sittenlehre, Sprachkunde, Staatsrecht, **12** Archaeologie, **13** Psychosomatik

geistig: 6 ideell, mental, sublim, **9** spiritual, spirituos, **10** platonisch, spirituell, spirituoes, **11** immateriell, **13** intellektuell

geistig beschränkt: 4 dumm, **8** borniert

geistig ebenbürtig: 9 kongenial

geistig gesund: 6 normal

geistlich: 10 spirituell

geistliche(r, s)

– ***Amt:*** **7** Dekanat, **8** Pastorat, Vikariat, **9** Episkopat, **10** Pontifikat

– ***Amtsbereich:*** **6** Bistum, **7** Dekanat, Pfarrei, **8** Dechanei, Dioezese, Gemeinde, Parochie, Sprengel, **10** Kirchspiel

– ***Amtstracht:*** **5** Talar

– ***Behörde:*** **12** Konsistorium

– ***Buch:*** **5** Bibel, **7** Brevier, Missale, Psalter, **8** Messbuch, **10** Evangelium, **11** Katechismus

– ***Gesang:*** **5** Credo, Kredo, Kyrie, Messe, Missa, Psalm, **6** Choral, Tedeum, **7** Kantate, Litanei, Motette, Psalter, Requiem, **8** Miserere, **9** Oratorium

– ***Kleidungsstück:*** **4** Albe, **5** Fanon, Infel, Inful, Mitra, Orale, Ornat, Stola, Talar, Tiara, **6** Barett, Birett, Sutane, **7** Soutane, **8** Beffchen, Chorhemd, Messrock

– ***Lied:*** **5** Lauda, Psalm, **6** Choral

– ***Lied des Mittelalters:*** **4** Leis

– ***Negerlied:*** **9** Spiritual

– ***Orden:*** **7** Templer, **8** Jesuiten, Malteser, Paulaner, Serviten, **9** Kapuziner, Theatiner, **10** Augustiner, Barfuesser, Barnabiten, Basilianer, Johanniter, Karmeliter, Kartaeuser, Trappisten, **11** Dominikaner, Karthaeuser, Trinitarier, **12** Benediktiner, Franziskaner, **13** Zisterzienser

– ***Ritterorden:*** **7** Templer, **8** Malteser, **10** Johanniter

– ***Übungen:*** **10** Exerzitien, **12** Meditationen

– ***Vereinigung:*** **5** Orden

– ***Würdenträger:*** **3** Abt, **4** Abbé, Curé, Pope, **5** Abate, Dekan, Papst, Pater, Prior, Vikar, **6** Abbate, Diakon, Kaplan, Moench, Oberer, Pastor, Probst, **7** Bischof, Dechant, Domherr, Eminenz, Nuntius, Pfarrer, Praelat, **8** Kardinal, Katechet, Kleriker, Prediger, Priester, Reverend, Superior, **9** Kanonikus, Kapitular, Lizentiat, Missionar, Patriarch, Presbyter, **10** Erzbischof, Metropolit, **11** Archidiakon, Weihbischof, **13** Fuerstbischof, **14** Superintendent, **15** Konsistorialrat

Geistlicher der Ostkirche: 4 Pope

Geistlichkeit: 6 Klerus

geistlos: 5 schal

geistreicher Ausspruch: 6 Bonmot

geistreicher Einfall: 3 Gag, **4** Idee, **6** Apercu

Geiz: 7 Habgier, **8** Habsucht, Raffgier

Geizhals: 4 Filz, **7** Knauser, Knicker, **10** Geizkragen

geizig: 8 schoflig

Gejammer: 5 Klage, **7** Lamento, **8** Gewinsel, **9** Jeremiade

Gejauchze: 5 Jubel, **8** Hosianna

gekästelt: 7 kariert

gekeimte Gerste: 4 Malz

Gekonntheit: 7 Routine

gekörnt: **9** granuloes
gekörntes Stärkemehl aus Palmenmark: **4** Sago
gekränkt: **7** pikiert
gekräuselter Besatz: **7** Faelbel
gekrönter Dichter: **7** Laureat
Gekröse: **8** Kaldaune
gekrümmte Linie: **5** Bogen, Kurve, **7** Spirale
gekünstelt: **10** affektiert, manieriert
gekünstelte Haltung: **4** Pose
geladenes Teilchen: **3** Ion, **5** Anion
Gelage: **5** Orgie, **8** Zecherei, **9** Bacchanal
Gelände: **4** Land, **6** Gebiet, **7** Terrain
Geländebeschreibung: **11** Topographie
Geländeform: **3** Tal, **5** Ebene, Mulde, Senke, **6** Huegel, **7** Gebirge, **8** Erhebung
Geländekraftwagen: **4** Jeep
Geländer: **9** Bruestung, **10** Balustrade
Geländerstütze: **8** Baluster
Geländestufe: **8** Terrasse
Geländezeichnung: **5** Kroki
Gelaß: **4** Raum, **6** Kammer, Zimmer
gelassen: **8** stoisch
Geläuf: **4** Spur, **7** Wechsel
geläufig: **9** habituell
gelbblühende Ölpflanze: **4** Raps
gelbblühender Strauch: **7** Ginster
gelbbrauner Uniformstoff: **5** Khaki
gelbbräunlich: **7** chamois
gelbgrünes Gas: **5** Chlor
Gelbguß: **7** Messing
Gelbkreuz: **4** Lost, **6** Yperit
gelblich: **4** falb, **5** beige, **7** chamois
gelbrot: **6** orange
Gelbsucht: **8** Ikterus
Gelbwurzel: **7** Kurkuma
Geld: **4** Kies, Moos, Note, **5** Noten, **6** Mammon, Muenze, Schatz, Zaster, **7** Moneten, Penunze, **8** Banknote, **10** Pinkepinke
Geldadel: **11** Plutokratie
Geldanlage: **10** Investment, **11** Investition
Geld leihen: **6** borgen, pumpen
Geldaufnahme: **4** Borg, Pump, **6** Kredit, **7** Anleihe, **8** Darlehen
Geldbehälter: **4** Safe, **5** Kasse, **6** Boerse, Tresor, **8** Kassette, Spardose, **9** Geldkatze, Schatulle, **10** Geldbeutel, Geldboerse, **11** Brieftasche, **12** Portemonnaie
Geldbeihilfe: **10** Stipendium, **14** Unterstuetzung
Geldeinziehung: **7** Inkasso
Geldentwertung: **9** Inflation
Geldfürst: **5** Nabob
Geldgeber: **8** Kreditor, **9** Financier, Finanzier, **10** Glaeubiger
Geldgeschäft: **6** Finanz
Geldherrschaft: **11** Plutokratie
Geldinstitut: **4** Bank, **9** Sparkasse, **13** Darlehnskasse
Geldleute: **6** Finanz
geldlich: **8** monetaer, **9** pekuniaer, **10** finanziell
geldloser Handel: **6** Tausch
Geldmacht: **11** Plutokratie
Geldmittel: **5** Fonds, **8** Finanzen
Geldnehmer: **7** Debitor, **9** Schuldner
Geldprägeanstalt: **6** Muenze
Geldsammlung: **8** Kollekte
Geldschein: **4** Note, **8** Banknote
Geldschrank: **4** Safe, **6** Tresor
Geldstück: **6** Muenze
Geldsumme: **6** Betrag, **7** Kapital
Geldwechsel: **6** Change
Geldwechselstelle: **8** Exchange
Geldwesen: **6** Finanz
Gelee: **7** Gallert, **9** Panaschee
gelegen: **5** recht, **6** genehm, zupass, **8** guenstig, **10** willkommen
Gelegenheit: **6** Anlass, Chance, Zufall, **8** Okkasion, **12** Moeglichkeit
Gelegenheitsarbeit: **3** Job
Gelegenheitsgedicht: **6** Karmen
Gelegenheitskauf: **8** Okkasion

gelegentlich: 10 episodisch
Gelehrsamkeit: 6 Wissen
Gelehrter: 8 Forscher, **10** Akademiker
Gelehrter
– ***am Hofe Karls des Großen:*** **6** Alkuin
– ***des Mittelalters:*** **6** Hraban, **8** Hrabanus
– ***von Rotterdam:*** **7** Erasmus
Geleit: 6 Schutz, **7** Eskorte, Gefolge, Komitat, Kondukt, **9** Bedeckung
Geleitwort: 5 Motto, **6** Devise, **7** Sentenz
Geleitzug: 6 Convoi, Konvoi
Gelenk: 5 Angel, **9** Scharnier
Gelenkleiden: 5 Gicht, **6** Rheuma, **8** Arthrose, **9** Arthritis, **12** Rheumatismus
Gelenkteil: 5 Kugel, **6** Kapsel
Geliebte: 5 Buhle, Kalle, **6** Schatz, **8** Dulzinea, Liebchen, **9** Favoritin, Konkubine, Kurtisane, Maetresse, Maitresse
Geliebte des
– ***Abaelard:*** **7** Heloise
– ***Amadis:*** **6** Ariana
– ***Antonius:*** **9** Kleopatra
– ***Aristoteles:*** **7** Phyllis, **9** Herpyllis
– ***Cäsar:*** **9** Kleopatra
– ***Dante:*** **8** Beatrice
– ***Daphnis:*** **4** Nais
– ***Don Quixote:*** **8** Dulcinea, Dulzinea
– ***Hamlet:*** **7** Ophelia
– ***Hölderlin:*** **7** Diotima
– ***Karl VII. von Frankreich:*** **5** Sorel
– ***Leander:*** **4** Hero
– ***Ludwig XIV.:*** **9** Maintenon, Montespan
– ***Ludwig XV.:*** **7** Dubarry, **9** Pompadour
– ***Nelson:*** **12** Lady Hamilton
– ***Odysseus:*** **5** Circe, **7** Kalypso
– ***Perikles:*** **7** Aspasia
– ***Petrarca:*** **5** Laura
– ***Poseidon:*** **7** Demeter
– ***Radames:*** **4** Aida
– ***Romeo:*** **5** Julia
– ***Samson/Simson:*** **6** Dalila, Delila
– ***Tannhäuser:*** **5** Venus
– ***Tristan:*** **6** Isolde
– ***Zeus:*** **2** Io, **4** Leda, Leto, Maia, **5** Danae, **6** Europa, Semele, **7** Alkmene, Elektra
Geliebter: 5 Amant, Buhle, Galan, **6** Schatz, **9** Liebhaber
Geliebter der
– ***Aida:*** **7** Radames
– ***Aphrodite:*** **6** Adonis
– ***Circe:*** **8** Odysseus
– ***Dalila/Delila:*** **6** Samson, Simson
– ***Demeter:*** **4** Zeus, **6** Jason, **8** Poseidon
– ***George Sand:*** **6** Chopin, Musset
– ***Hero:*** **7** Leander
– ***Isolde:*** **7** Tristan
– ***Julia:*** **5** Romeo
– ***Kalypso:*** **8** Odysseus
– ***Katharina II. von Rußland:*** **5** Orlow, **8** Potemkin
– ***Kleopatra:*** **6** Caesar, **8** Antonius
– ***Klytemnästra:*** **7** Aegisth
– ***Lady Hamilton:*** **6** Nelson
– ***Nais:*** **7** Daphnis
– ***Ophelia:*** **6** Hamlet
– ***Selene:*** **8** Endymion
– ***Tosca:*** **11** Cavaradossi
– ***Turandot:*** **5** Kalaf
Gelingen: 4 Sieg, **6** Erfolg, Glueck
Gelobtes Land: 10 Palaestina
gelockt: 5 kraus, **6** wellig
Geltung: 3 Ruf, **4** Wert, **5** Image, **6** Nimbus, **7** Ansehen, Leumund, **8** Einfluss, Prestige, Renommee, **9** Bedeutung
Geltungsdrang: 7 Ehrgeiz
Gelübde: 3 Eid, **5** Votum, **6** Schwur, **9** Geloebnis, **11** Versprechen
Gemach: 4 Raum, **5** Zelle, **8** Kemenate
gemächlich gehen: 9 schreiten
Gemahl: → Gatte

gemahlenes Getreide: **4** Mehl
Gemahlin: → Gattin
Gemälde: **4** Bild, **5** Ikone, **6** Fresko, **7** Bildnis, Gouache, Oelbild, Pastell, Tableau, **8** Aquarell, Portrait, **9** Konterfei, Stilleben
Gemäldeentwurf: **6** Skizze, Studie
Gemäldesammlung: **7** Galerie
Gemarkung: **4** Flur, **5** Etter
gemäß: **6** analog
gemäßigt: **8** moderato
gemästet: **5** feist
gemein: **5** infam, **7** ruchlos, vulgaer, **8** ordinaer, schoflig
Gemeinde: **3** Ort, **5** Sekte, **7** Kommune, **8** Sprengel, **10** Kirchspiel, **14** Genossenschaft
Gemeindeflur: **4** Mark, **9** Gemarkung
Gemeindeland: **8** Allmende
Gemeindehelfer: **6** Diakon
Gemeindehelferin: **10** Diakonisse
Gemeindekirchenrat: **12** Presbyterium
Gemeinderat: **5** Senat, **9** Magistrat
Gemeindevorsteher: **7** Schulze, Starost, **11** Schultheiss, **14** Buergermeister
Gemeindewiese: **5** Anger
Gemeindezentrum: **7** Rathaus
gemeine Handlung: **5** Untat, **10** Verbrechen
gemeiner Mensch: **7** Subjekt
gemeines Volk: **5** Plebs, **6** Poebel
Gemeinheit: **7** Infamie, **10** Schurkerei, **12** Niedertracht
gemeinhin: **5** vulgo
gemeinnützig: **6** sozial
gemeinsam: **8** simultan, **9** kollektiv, **11** solidarisch
gemeinsames Gespräch: **10** Kolloquium
Gemeinschaft: **3** Ehe, **4** Bund, Clan, Club, Crew, Klub, Team, **5** Bande, Block, Haufe, Herde, Horde, Meute, Rotte, Rudel, Schar, Sippe, Staat, Stamm, **6** Clique, Gruppe, Klasse, Korona, Nation, Partei, Truppe, Verein, **7** Familie, Gremium, **8** Buendnis, Fraktion, **9** Sozietaet, **10** Konsortium, Mannschaft, **12** Gesellschaft, **13** Koerperschaft, **14** Genossenschaft
Gemeinschaft von Sängern: **4** Chor
gemeinschaftlich: **6** kommun, sozial
Gemeinschaftsarbeit: **8** Teamwork
Gemeinschaftserziehung: **11** Koedukation
gemeinschaftsfähig: **6** sozial
Gemeinschaftsgesang: **4** Chor, **5** Kanon
Gemeinschaftsherstellung: **12** Koproduktion
gemeinschaftsunfähig: **7** asozial
Gemeinsinn: **12** Solidaritaet, **13** Kameradschaft
gemeinverständlich: **8** populaer
Gemeinwesen: **3** Ort, **4** Dorf, **5** Stadt, **7** Flecken, Kommune, **8** Gemeinde
Gemenge/Gemisch: **6** Mixtur, **7** Loesung, Melange, **8** Emulsion, Mischung, **9** Gemengsel, **11** Konglomerat
gemessen: **11** zeremoniell, zeremonioes, **13** gravitaetisch
Gemetzel: **8** Massaker
gemischt: **7** meliert, **10** kunterbunt
Gemme: **8** Intaglio
Gemse: **4** Gams, **9** Bergziege
Gemsleder: **7** Chamois
Gemüse: **4** Kohl, **5** Gurke, Lauch, Melde, Ruebe, Salat, **6** Melone, Moehre, Porree, Spinat, Tomate, **7** Endivie, Karfiol, Karotte, Kuerbis, Lattich, Mangold, Paprika, Rotkohl, Spargel, Wirsing, Zwiebel, **8** Broccoli, Chicorée, Chinakohl, Kohlrabi, Pastinak, Portulak, Sellerie, Zucchino, **9** Aubergine, Gruenkohl, Kohlruebe, Mohrruebe,

Rosenkohl, Weisskohl, **10** Blumenkohl, **11** Artischocke, Gartenmelde, **13** Schwarzwurzel
Gemüse in Essig: **10** Mixpickles, **12** Mixed Pickles
Gemüsefüllung: **5** Farce
Gemüsesuppe: **8** Julienne, Minestra
gemustertes Gewebe: **5** Batik
Gemüt: **5** Seele, Wesen, **6** Psyche, **7** Gefuehl, **10** Empfindung, **11** Temperament
gemütlich: **5** intim
gemütliche Plauderei: **7** Plausch
Gemütsart: **8** Naturell, **9** Charakter, **11** Temperament
Gemütsbewegung: **3** Wut, **4** Ekel, Rage, Zorn, **5** Angst, Grimm, Scham, **6** Affekt, Freude, Furcht, Regung, Trauer, **7** Emotion, Ingrimm, **11** Entruestung, **12** Begeisterung, Enthusiasmus, Leidenschaft
Gemütskrankheit: **5** Manie, **7** Raserei, **8** Tobsucht, **9** Schwermut, **11** Melancholie
Gemütsruhe: **9** Gleichmut, **10** Kontenance, Stoizismus
Gemütszustand: **5** Laune, **8** Stimmung
gemütvoll: **11** sentimental
genähte Linie: **4** Naht
genau: **5** exakt, **6** strikt, subtil, **7** akkurat, korrekt, penibel, praezis, richtig, **8** praezise, **9** minuzioes, **10** pedantisch
Genauigkeit: **7** Akribie, **9** Exaktheit, **10** Pedanterie, Praezision, **11** Akkuratesse, Korrektheit
genealogischer Begriff: **3** Ahn, **5** Ahne, **5** Linie, Sippe, Stamm, Zweig, **7** Familie, Vorfahr, **9** Stammbaum, **10** Abstammung, Ahnenreihe, Hauptlinie, Nebenlinie, Verwandter, **11** Seitenlinie, **15** Blutsverwandter
Genehmigung: **6** Lizenz, Patent, Placet, Plazet, **7** Konsens, **9** Billigung, Erlaubnis, Zulassung, **10** Konzession
Geneigtheit: **4** Huld
General
– ***im Burenkrieg:*** **5** Smuts
– ***Friedrichs des Großen:*** **8** Schwerin, Seydlitz
– ***der früheren deutschen Schutztruppe:*** **13** Lettow-Vorbeck
– ***des Großen Kurfürsten:*** **11** Derfflinger
– ***im nordamerikanischen Sezessionskrieg:*** **3** Lee, **5** Grant
– ***Wallensteins:*** **4** Illo, Ilow, **7** Isolani, **11** Piccolomini
Generalsekretäre der UN: **3** Lie, **5** Ghali, Perez, **6** U Thant, **8** Waldheim, **13** Hammarskoeld
Generalsrang: **9** Marschall, **13** Feldmarschall
Generator: **6** Dynamo
Genesender: **14** Rekonvaleszent
Genesung: **7** Heilung, **9** Gesundung, **12** Konvaleszenz, **14** Rekonvaleszenz
Genesungsaufenthalt: **3** Kur
Genesungsheim: **10** Sanatorium
Genfer Reformator: **6** Calvin
Genick: **6** Nacken
Genießer: **7** Aesthet, Gourmet, Sybarit, **8** Bacchant, Gourmand, Lebemann, **9** Epikureer, Schlemmer, **10** Leckermaul, **13** Feinschmecker
Genosse: **6** Kumpan, Kumpel, Sozius, **7** Kamerad, Kollege, Partner, **8** Komplize, Konsorte, **9** Gefaehrte
Genossenschaft: **10** Konsortium
Genre: **3** Art, Typ, **7** Gattung
genuesischer
– ***Seeheld:*** **5** Doria
– ***Titel:*** **4** Doge
genug: **5** basta, **7** sattsam
genügen: **7** reichen
genügend: **10** suffizient, **11** erklecklich

genügend (Doktorprüfung): 4 rite
Genugtuung: 5 Rache, **6** Suehne, **7** Triumph, **12** Befriedigung, Satisfaktion
Genuß: 4 Lust, **5** Wonne, **6** Labsal, Nutzen, Profit, **7** Verzehr, **10** Vergnuegen
Genußgift: 7 Alkohol, Koffein, Nikotin
Genußmensch: → **Genießer**
Genußmittel: 3 Kat, Tee, **4** Coca, Koka, Kola, Mate, Wein, **5** Betel, Kakao, Tabak, **6** Kaffee, **7** Alkohol
genußsüchtig: 9 materiell
genußsüchtiges Leben: 9 Dolce vita
geographische(r, s)
– ***Begriff:*** **3** Ort, Pol, See, Tal, **4** Bach, Berg, Dorf, Land, Meer, Moor, Oase, **5** Ebene, Fluss, Heide, Insel, Kanal, Ozean, Staat, Stadt, Strom, **6** Eiland, Huegel, Kueste, Wueste, **7** Erdteil, Gebirge, Nordpol, Suedpol, **8** Aequator, Horizont, Meridian, **9** Gewaesser, Kontinent, **10** Grossstadt, Kleinstadt, Landschaft, **11** Hochgebirge
– ***Hilfsmittel:*** **5** Atlas, Karte, **6** Globus, **7** Kompass, **8** Seekarte, **9** Landkarte, **10** Planimeter, Projektion
Geologische Formationen: 3 Apt, Dan, Nor, **4** Dyas, Jura, Kulm, Lias, Malm, Perm, Raet, Roet, Sima, **5** Devon, Rhaet, Senon, Silur, Trias, Turon, **6** Danien, Dogger, Eozaen, Karbon, Keuper, Kreide, **7** Azoikum, Barrême, Eiszeit, Emscher, Miozaen, Molasse, **8** Alluvium, Diluvium, Holozaen, Kambrium, Pliozaen, Quartaer, Tertiaer, **9** Algonkium, Archaikum, Oligozaen, Paleozaen, **10** Mesozoikum, Ordovizium, **11** Muschelkalk, Pleistozaen, **12** Paleozoikum
Geometrische(r) Figur/Körper: 4 Oval, **5** Kegel, Kreis, Kubus, Kugel, Raute, Walze, **6** Prisma, Saeule, Trapez, **7** Dreieck, Ellipse, Parabel, Quadrat, Rhombus, Vieleck, Viereck, Wuerfel, **8** Hyperbel, Pyramide, Rhomboid, Zylinder, **9** Ellipsoid, **12** Kegelschnitt, **14** Parallelogramm
Geometrischer Lehrsatz: 10 Pythagoras
Georgien (Staat in Transkaukasien)
Berge: **6** Elbrus, **8** Karakaja, Schchara, **9** Didi-Abuli
Bevölkerung: **6** Swanen, **8** Georgier, Pschawen, **9** Chewsuren, Kechetier
Flüsse: **4** Kura, **5** Rioni
Gebirge: **8** Kaukasus
Hafenstädte: **4** Poti, **6** Batumi, **7** Pizunda, Suchumi
Hauptstadt: **6** Tiflis
Sprache: **9** Georgisch
Staatsoberhaupt: **13** Schewardnadse
Währung: **5** Rubel, **6** Kopeke
Georgine: 6 Dahlie
georgische Königinnen: 6 Tamara, Thamar
Gepäck: 6 Bagage, Koffer, Ranzen, Tasche, **7** Buendel, Seesack, **9** Felleisen, Pakotille, Tornister
gepflegt: 9 soigniert
gepflegt gekleidet: 7 elegant, **13** geschmackvoll
Gepflogenheit: 4 Usus, **5** Sitte, **6** Brauch, Praxis, Usance, **9** Herkommen, Tradition, **10** Gewohnheit
Geplänkel: 12 Scharmuetzel
Geplauder: 7 Plausch, Schwatz, **9** Gespraech, **12** Konversation, Unterhaltung
gepökeltes
– ***Fleischgericht:*** **7** Eisbein, **8** Kas-

seler
– *Rindfleisch:* **10** Cornedbeef
Gepolter: **5** Rumor, **9** Spektakel
Gepräge: **4** Form, Stil, **6** Cachet, **7** Merkmal, **9** Charakter, Wesensart
Gepränge: **4** Pomp, **5** Prunk, **6** Pracht
gerade: **4** eben, just, **6** direkt, **7** ehrlich, **8** aufrecht, **9** justament
geradeaus: **7** stracks
Geradflügler: **6** Grille, Schabe, **7** Ohrwurm, Termite, **8** Heimchen, Heupferd, Kakerlak, **11** Heuschrecke
geradlinig: **6** linear
Geranie: **10** Pelargonie
Gerät: **7** Apparat, Utensil, **8** Material, Requisit, Werkzeug, **10** Instrument
Geräte: → Werkzeuge
Geräteschuppen: **6** Remise
Gerätschaft: **9** Apparatur
geräucherter Fisch: **7** Sprotte, **8** Buecking, **9** Bueckling, **11** Raeucheraal, **13** Schillerlocke, **14** Raeucherhering
gerauhtes Gewebe: **7** Flanell
Geräusch: **3** Ton, **4** Hall, Laut, **5** Klang, Knall, **6** Heulen, Sausen, Schall, **7** Brausen, Geklirr, Klingen, Knallen, Pfeifen, Rasseln, Rattern, **8** Knattern, Knistern, Prasseln, Geklirre, Rascheln, Rauschen, **11** Plaetschern
geräuschlos: **5** leise, still
geräuschvoll: **4** laut
Gerber: **9** Saegebock
Gerberfett: **6** Degras
Gerbrinde: **4** Lohe
Gerbsalz: **6** Tannat
Gerbsäure: **6** Tannin
Gerbstoff: **7** Katechu
Gerechtigkeit: **6** Justiz, **8** Justitia
Gerede: **4** Fama, Salm, **6** Phrase, Schmus, Sermon, Tirade, **7** Bombast, Klatsch, Palaver, Rederei, Tratsch, **8** Geruecht, Larifari, **10** Brimborium, Geschwaetz
geregelte Folge: **5** Reihe, Serie
geregelter Zustand: **7** Ordnung
gereinigt: **10** raffiniert
gereinigter Zucker: **9** Raffinade
gereizt: **7** graetig, pikiert, **8** kribblig
Gericht: **4** Mahl, **5** Essen, **6** Speise
gerichtlich: **10** forensisch
gerichtliche Entscheidung: **6** Urteil
Gerichtsbarkeit: **12** Jurisdiktion
Gerichtsbeisitzer: **8** Assessor, Schoeffe, **12** Geschworener
Gerichtsbeschluß: **6** Urteil
Gerichtsbezirk auf Sardinien: **7** Arborea
Gerichtsdiener: **7** Buettel, Heiduck, Scherge, **8** Haescher
Gerichtshof: **4** Rota, **5** Forum, **7** Areopag, **8** Judizium, Tribunal, **10** Rota Romana
Gerichtskosten: **8** Expensen
Gerichtsordnung Karls V.: **8** Carolina
Gerichtsschreiber: **6** Aktuar
Gerichtssitzung: **6** Termin, **11** Lokaltermin
Gerichtsverfahren: **7** Prozess
Gerichtsvollzieher: **8** Exekutor
Gerichtswesen: **6** Justiz
gerieben: **5** smart, **6** clever
gerillt: **10** profiliert
geringeltes Haar: **5** Locke
geringfügig: **5** klein, wenig, **6** winzig, **7** minimal
Geringfügigkeit: **9** Bagatelle
geringschätzig: **14** despektierlich
geringwertig: **4** mies
Gerinnmittel: **3** Lab
Gerippe: **6** Schema, **7** Skelett
geripptes Gewebe: **4** Kord, Rips, **9** Gabardine
gerissen: **5** smart, **6** clever, schlau, **7** gewieft, **10** routiniert
Gerissenheit: **7** Finesse, **10** Cleverness, Raffinesse
Germanien
Adliger: **7** Edeling

Begräbnisstätte: **10** Huenengrab
Blasinstrument: **4** Lure
Dichtungen: **4** Edda, Saga
Eisenmesser: **3** Sax
Erbhof: **4** Odal
Erdmutter (bei R. Wagner): **4** Erda
Gerichtsverband: **4** Zent
Getränk: **3** Met
Gewandnadel: **5** Fibel
Götter u. Göttinnen: → german. Sagenwelt
Hauptstämme: **9** Irminonen, **10** Herminonen, Ingwaeonen, Istwaeonen
Heerführer: **7** Odoaker
Heiligtum: **9** Irminsul
Königsgeschlechter: **6** Amaler, **10** Merowinger, **11** Arnulfinger
Langschwert: **6** Spatha
Rechtsinstitution: **4** Mund, Munt
Sagenwelt
Angehörige eines Göttergeschlechts: **3** Ase, **4** Asen, Asin, Wane, **5** Wanen
Aufenthaltsstätten:
Asen-Versammlungsraum: **7** Idafeld
Asen-Wohnsitz: **6** Asgard, **7** Godheim
Baldurs Schloß: **7** Glitnir
Elfenwohnsitz: **7** Alfheim
Feuerreich: **6** Muspel, **10** Muspelheim
Freia-Wohnsitz: **8** Folkwang
Freudenwelt mit Walhall: **9** Gladsheim
Freundeshalle in Walhall: **7** Wingolf
Frigga-Palast unter dem Meer: **8** Fensalir
Gefallenenort: **7** Walhall, **8** Walhalla
Heimdall-Palast: **11** Himmelsburg
Hels Reich: **7** Helheim, **8** Niflheim, **9** Nebelheim
Himmelsbrücke: **8** Bifroest
Jotenreich: **9** Jotunheim
Menschenwohnsitz: **7** Midgard
Njörd-Wohnsitz: **6** Noatun
Nornenheim: **9** Urdarborn
Odins Palast: **7** Walhall, **8** Walhalla
Riesenheim des Skadi: **9** Thyrmheim
Riesen-, Zauberreich: **6** Utgard
Sagaheim: **9** Sinkebach
Schwarzalben-, Zwergenheim: **13** Swartalfaheim
Thors Palast: **10** Bilskirner
Ullr-Wohnsitz: **6** Ydalir
Unterwelt: **3** Hel, **7** Helheim, **8** Niflheim
Wanenland: **8** Wanaheim
Bogenschütze: **4** Egil, **5** Egill
Bote des Freyr: **6** Skinir
Botinnen der Freya: **3** Gna, **4** Hlyn
Dichtermet: **7** Odrerir
Drache: **6** Fafner, Fafnir, **10** Fenriswolf
Drache der Hel: **7** Nidhogg
Eis-, Reifriese: **4** Ymir, **5** Hymir
Flammenmeer: **9** Waberlohe
Freia (Göttermutter):
Beiname: **7** Vanadis, Wanadis
Dienerin: **3** Bil
Halsschmuck: **8** Breysing, **11** Brisingamen
Palast: **8** Fensalir, Folkwang
Vertraute: **5** Fulla, Fylla
Gefallenenhalle: **7** Walhall, **8** Wallhalla
Gott der(s)
– *Bogenschützen:* **3** Ull, **4** Ullr
– *Dichtkunst:* **5** Bragi
– *Donners:* **4** Thor, **5** Donar
– *Dunkelheit:* **3** Hod, **4** Hodr, **5** Hoedr, **6** Hoedur
– *Erde:* **8** Fjoergyn
– *Feuers:* **2** We, **4** Loge, Lohe, Loki
– *Friedens:* **3** Fro, **4** Frey, **5** Freyr
– *Frühlings:* **3** Ali, **4** Wali
– *Gerechtigkeit:* **6** Foseti, **7** Forseti
– *Kriegs:* **3** Eru, Tiu, Tyr, Ziu, **4** Odin, **5** Wodan, Wotan, **6** Saxnot

- *Himmels:* **6** Baldur
- *Lichts:* **3** Fro, **6** Baldur, **8** Heimdall
- *Meers:* **5** Aegir
- *Reichtums:* **5** Noerd, **6** Njoerd, **7** Nerthus
- *Schiffahrt:* **5** Noerd, **6** Njoerd
- *Skiläufer:* **3** Ull, **4** Ullr
- *Tages:* **3** Dag, **4** Dagr
- *Toten:* **4** Henn
- *Weisheit:* **6** Kvasir, Kwasir, Quaser
- *Winters:* **3** Ull, **4** Ullr

Götter: **2** Od, **3** Ali, Dag, Eru, Fro, Hod, Ing, Rig, Tiu, Tyr, Ull, Ziu, **4** Dagr, Frey, Henn, Hodr, Loge, Loki, Odin, Thor, Wali, **5** Aegir, Baldr, Bragi, Donar, Freya, Freyr, Hoedr, Noerd, Wodan, Wotan, **6** Baldur, Foseti, Hoedur, Kvasir, Njoerd, Saxnot, Tuisto, **7** Forseti

Götterbote: **6** Hermod, **7** Hermodir

Götterdämmerung: **9** Ragnaroek

Göttergeschlechter: **4** Asen, **5** Wanen

Göttin der(s)

- *Arzneikunst:* **4** Eira
- *Ehe:* **3** War, **4** Lofn, **6** Loeffa
- *Erde:* **4** Gaue, Gerd, **5** Joerd, Rinda
- *Ernte:* **3** Sif, **4** Erke
- *Flüsse und Quellen:* **4** Laga
- *Fruchtbarkeit:* **4** Frea, Fria, Idun, **5** Frigg, Frija, Iduna, **6** Frigga
- *Frühlings:* **6** Ostara
- *Gartens:* **5** Fosta
- *Geschichte:* **4** Saga
- *Herdes:* **4** Frea, Fria, **5** Frigg
- *Jugend:* **4** Idun, **5** Iduna
- *Klugheit:* **6** Snotra
- *Liebe:* **3** Var, War, **4** Wara, **5** Freia, **6** Freyja
- *Meers:* **3** Ran
- *Nacht:* **4** Nott
- *Rechtspflege:* **3** Syn, **4** Sygn
- *Schiffahrt:* **10** Nehalennia
- *Sonne:* **7** Berchta
- *Tugend:* **6** Snotra
- *Unterwelt:* **3** Hel

Göttinnen: **3** Hel, Ran, Sif, Syn, Var, War, **4** Alyn, Eira, Erke, Frea, Fria, Gaue, Idun, Laga, Lofn, Nott, Saga, Sygn, **5** Fosta, Freia, Frigg, Frija, Iduna, Joerd, Rinda, **6** Freyja, Loeffa, Ostara, Snotra, **7** Berchta

Halbgöttinnen: **6** Idisen, Nornen, **9** Walkueren

Hammer des Thor: **9** Mjoellnir

Hund der Hel: **4** Garm, **5** Garmr

Hüterin der goldenen Äpfel: **4** Idun, **5** Iduna

Norne

- *der Gegenwart:* **8** Verdandi, Werdandi
- *der Vergangenheit:* **3** Urd, **4** Wurt, Wyrd
- *der Zukunft:* **5** Skuld

Odin (Göttervater)

Beinamen: **3** Ygg, **7** Grimmer, Harbard, **8** Allvater, Boelwerk, Walwater, **9** Farmagott, Hangagott, Siegvater, **10** Einaeugige, **14** Schimmelreiter

Botinnen: **9** Walkueren

Brüder: **2** Ve, We, **4** Vili, Wili, **6** Hoenir

Dienerinnen: **5** Mista, Rista

Gattin: **4** Frea, Fria, **5** Freia, Freya, Frigg, Frija, **6** Frigga

Geliebte: **4** Grid, **5** Joerd, Rinda, **8** Hildafur

Gesellschafterin: **4** Laga

Mutter: **6** Bestla

Opferpriester: **4** Diar, **7** Drotner

Ratgeber: **4** Mime, **5** Mimir

Roß: **8** Sleipnir

Raben: **5** Hugin, Munin
Söhne: **3** Hod, Tyr, **4** Hodr, **5** Baldr, Bragi, **6** Balder, Baldur, Hermod, **7** Hermodr
Speer: **7** Gungnir
Töchter: **5** Hnoss, **7** Gersemi
Thron: **9** Gladsheim
Vater: **4** Boer, Borr
Wohnsitz: **7** Walhall, **8** Walhalla
Wölfe: **4** Geri, **5** Freki

Reittier
- *des Dag:* **8** Skinfaxe, Skinfaxi
- *des Fro:* **10** Goldborste
- *der Gna:* **9** Hufwerfer, **10** Hofwarpnir
- *des Heimdall:* **8** Goldzopf
- *des Hreidmar:* **5** Grane, Grani
- *des Odin:* **8** Sleipnir
- *des Thor:* **13** Zahnknirscher, Zahnknisterer

Riesengeschlechter: **5** Joten, **7** Thursen
Schatzhütender Zwerg: **7** Andvari, Andwari
Stammutter der Menschen: **5** Embla
Stammvater der Menschen: **3** Ask, **4** Askr, **5** Asker
Totendämon: **5** Draug
Ungeheuer: **15** Midgardschlange
Urgott vor Ankunft der Asen: **6** Kalewa
Urmutter, Seidfrau: **6** Voelva
Wächter an der Himmelsbrücke: **7** Heimdal, **8** Heimdall
Walhall (Palast im Reich Odins)
Baum: **5** Lerad
Empfangsgötter: **5** Bragi, **6** Hermod, **7** Heimdal, **8** Heimdall
Freundeshalle: **7** Wingolf
Goldblättriger Hain: **6** Glasor
Hahn: **11** Gueldenkamm
Himmelsziege: **7** Heidrun
Hüterin des Dichtermets: **8** Gunnloed
Urkuh, die Ymir nährte: **7** Audumla, **8** Audhumla
Weltbär: **10** Sachrimnir
Weltesche: **9** Yggdrasil
Weltuntergang: **9** Ragnaroek
Wolf, der Sonne u. Mond verfolgt: **4** Hate, Hati, **5** Skoll
Zaubernorne: **6** Widolf

Schriftzeichen: **4** Rune
Seefahrervolk: **8** Wikinger
Totendämon: **5** Draug
Volksversammlung: **4** Ding, **5** Thing
Waffen: **3** Ger, Sax
Wassergeist: **3** Nix, **4** Neck, Nixe, **5** Noeck
Weissagerin (bei R. Wagner): **4** Wala
Wintersonnenfest: **3** Jul
Wurfspieß: **3** Ger

Germanenstämme, -völker: **5** Goten, Ubier, **6** Angeln, Bayern, Daenen, Flamen, Jueten, Katten, Marser, Quaden, Rugier, Skiren, Sweben, Warnen, **7** Bataver, Chatten, Chauken, Cimbern, Franken, Friesen, Gepiden, Heruler, Kimbern, Nemeter, Nervier, Sachsen, Scionen, Zimbern, **8** Chamaven, Eburonen, Norweger, Ostgoten, Semnonen, Silingen, Teutonen, Treverer, Triboker, Tubanten, Usipeter, Vandalen, Wandalen, **9** Alemannen, Attuarier, Atuatuker, Bastarner, Brukterer, Burgunder, Cherusker, Mattiaken, Normannen, Sigambrer, Tenkterer, Westgoten, **10** Thueringer, **11** Ampsivarier, Hermunduren, Langobarden, Markomannen, **12** Angelsachsen

gern bereit: **6** willig
gern haben: **6** lieben, moegen, **9** schaetzen
gerodet: **5** urbar

Geröll: **4** Kies, **6** Schutt
Geröllhalde: **4** Gand
Geröllmasse: **7** Moraene
geröstetes Weißbrot: **5** Toast
Gerstensaft: **4** Bier
Gerte: **4** Rute, **5** Zweig
Geruch: **4** Arom, Duft, **5** Aroma, Odeur, **7** Gestank, **9** Witterung
Geruchsorgan: **4** Nase
Geruchsverschluß: **6** Siphon
Gerücht: **4** Fama, **5** Ondit, **6** Gerede
Gerüchte verbreiten: **12** kolportieren
Gerüchtemacher: **10** Kolporteur
Gerümpel: **4** Kram, **6** Abfall, **7** Plunder, Troedel
Gerüst: **7** Gefuege, Gerippe, Gestell, **8** Stellage
gerüstet: **5** parat
Gesalbter: **7** Messias
gesalzener Heringsfisch: **8** Sardelle
gesamt: **4** ganz, **5** total, **6** global, **9** universal, **10** universell
Gesamtansicht: **8** Panorama
Gesamtbetrag: **5** Summe
Gesamtheit: **5** Summe, **9** Inbegriff, **10** Totalitaet, **14** Universalitaet
Gesamtvergütung: **9** Pauschale
Gesamtwissen: **13** Enzyklopaedie
Gesandter: **5** Legat, **6** Envoyé, **7** Nuntius, **11** Ambassadeur, Botschafter
Gesandtschaft: **8** Legation, **9** Ambassade
Gesandtschaftsangehöriger: **7** Attaché
Gesang: **4** Lied, **5** Melos, **6** Cantus
gesangartig: **9** cantabile
gesanglich: **8** kantabel
Gesangschule: **14** Konservatorium
Gesangsgruppe: **4** Chor
Gesangsrolle: **6** Partie
Gesangsstile: **8** Belcanto, Belkanto, Parlando
Gesangsstimme: **3** Alt, **4** Bass, **5** Tenor, **6** Sopran, **7** Bariton
Gesangsstücke: **3** Duo, **4** Arie, Lied, Solo, Song, Trio, **5** Duett, **6** Arioso, Choral, **7** Arietta, Ariette, Chanson, Couplet, Kantate, Kanzone, Terzett, **8** Quartett, **9** Kantilene, Psalmodie, Rezitativ, Volkslied
Gesangsverzierung: **7** Triller, **9** Koloratur
Gesäß: **5** Podex, Sterz
Gesäßpolster: **8** Turnuere, **10** Cul de Paris
gesättigt: **4** satt, **9** saturiert
Geschäft: **5** Firma, Laden, **6** Handel, Metier, **8** Business
Geschäftigkeit: **10** Aktivitaet
Geschäftsauftrag: **10** Kommission
Geschäftsbereich: **7** Ressort, **8** Dezernat
Geschäftsbrauch: **3** Uso
Geschäftsbuch: **6** Kladde, **7** Journal, **8** Inventar, Memorial
Geschäftseinlage: **4** Mise
Geschäftsführer: **4** Boss, Chef, **6** Gerant, **7** Manager, **8** Direktor, Syndikus
Geschäftsführerin: **10** Direktrice
Geschäftsführung: **10** Management
Geschäftsinhaber: **4** Chef, **9** Prinzipal
geschäftskundig: **11** pragmatisch
Geschäftsleitung: **9** Direktion
Geschäftsmann: **7** Manager, **8** Kaufmann, **9** Fabrikant, Produzent, **11** Unternehmer
Geschäftsname: **5** Firma
Geschäftsnebenstelle: **7** Agentur, Filiale
Geschäftsordnung: **6** Statut, **7** Satzung, **9** Reglement
Geschäftspartner: **6** Sozius, **9** Kompagnon, Teilhaber
Geschäftsraum: **5** Buero, **6** Kontor, Office
Geschäftsreisender: **6** Kommis, **9** Vertreter

Geschäftsstelle: **5** Buero, Depot, **6** Kontor, **7** Agentur, Filiale, Kanzlei, **11** Sekretariat
Geschäftsträger: **6** Envoyé, **8** Resident
geschäftstüchtig: **5** smart, **6** clever
Geschäftsunkosten: **6** Spesen
Geschäftsvermittler: **5** Agent, **6** Broker, Makler
Geschäftsviertel einer Großstadt: **4** City
Geschäftswerbung: **7** Reklame
Geschäftswert: **8** Goodwill
Geschäftszweig: **6** Sparte, **7** Branche
gescheckt: **7** meliert
Geschehen: **3** Tat, **7** Vorgang, **8** Begebnis, Ereignis, Handlung
Geschehnisfolge: **4** Zeit
gescheit: **4** klug
Geschenk: **4** Gabe, **6** Spende, **8** Dotation, Praesent, Stiftung, **9** Angebinde, Zuwendung, **10** Dedikation, **13** Gratifikation
Geschichtchen: **11** Histoerchen
Geschichte: **5** Story, **7** Chronik, **8** Anekdote, Historie, **10** Erzaehlung
geschichteter Haufen: **5** Stoss, **6** Stapel
geschichtlich: **10** historisch
geschichtliche Jahrbücher: **7** Annalen
Geschichtsabschnitte: **6** Antike, Urzeit, **7** Neuzeit, Vorzeit, **8** Altertum, **11** Mittelalter
Geschichtsforscher: **10** Historiker
Geschichtsschreiber: **8** Chronist, **13** Historiograph
Geschichtswerk: **7** Chronik
Geschichtswerk des Xenophon: **8** Anabasis
Geschichtswissenschaft: **8** Historik
Geschick: **3** Los, **6** Kismet, **7** Routine, **9** Schicksal, **10** Faehigkeit, Fertigkeit
Geschicklichkeitskünstler: **8** Jongleur, **12** Aequilibrist
Geschicklichkeitsspiel: **4** Jo-Jo, **6** Mikado, **7** Diabolo
geschickt: **5** habil, **6** clever, patent, wendig, **9** praktisch, **12** diplomatisch
Geschirr für Zugtiere: **4** Joch, **6** Kummet, Sielen
Geschirraum (Schiff): **6** Pantry
Geschirrschrank: **7** Buefett
Geschirrteil: **5** Kanne, Tasse, **6** Teller, **7** Terrine, **8** Sauciere, Teekanne, **10** Untertasse
Geschlecht: **3** Sex, **5** Genus, Sexus, Sippe, Stamm, **7** Familie, Gattung, Gebluet, **8** Herkunft, Ursprung, **10** Generation
Geschlecht der deutschen Sage: **10** Nibelungen, Waelsungen
Geschlechterfolge: **10** Generation
Geschlechterkunde: **10** Genealogie
geschlechtlich: **7** sexuell
geschlechtlich entartet: **7** pervers
geschlechtliche Anziehungskraft: **9** Sex-Appeal
Geschlechtlichkeit: **11** Sexualitaet
geschlechtsbetont: **4** sexy
Geschlechtsdrüsen: **7** Gonaden
Geschlechtskälte: **11** Frigiditaet
Geschlechtsleben: **6** Erotik
Geschlechtsreife: **9** Pubertaet
Geschlechtstrieb: **6** Libido
Geschlechtstrieb beim Wild: **6** Brunft, Brunst
Geschlechtsverband: **5** Sippe
Geschlechtswort: **7** Artikel
Geschlechtszelle: **5** Gamet
geschliffene(r, s)
– ***Benehmen:*** **3** Pli
– ***Diamant:*** **8** Brillant
– ***Fläche:*** **7** Facette
– ***Glas:*** **8** Kristall
– ***Glasflasche:*** **7** Karaffe
Geschmack: **4** Stil, **5** Gusto, **7** Eleganz, **8** Hautgoût
geschmacklos: **3** fad, **4** fade, **7** stillos, taktlos, **8** kitschig
Geschmacklosigkeit: **6** Kitsch

Geschmacksorgan: **5** Zunge
Geschmacksrichtung: **4** herb, **5** sauer, suess, **6** bitter, salzig
Geschmacksstoff: **4** Arom, **5** Aroma
geschmackvoll: **4** fein, **5** apart, **6** schoen, **7** elegant, **8** stilvoll, **9** gefaellig, **11** aesthetisch
Geschmeide: **7** Schmuck, **9** Pretiosen, Preziosen, **10** Bijouterie, Kleinodien
geschmeidig: **4** rank, **6** grazil, **8** flexibel, gelenkig
geschnittener Stein: **5** Gemme, Kamée, **6** Glypte
Geschöpf: **4** Tier, **5** Wesen, **6** Mensch, **7** Kreatur, **9** Lebewesen
Geschoß: **5** Kugel, Pfeil, **6** Bolzen, Rakete, **7** Granate, Harpune, Torpedo, **9** Projektil, **10** Schrapnell, **11** Kartaetsche
Geschoß bei Bauwerken: **5** Boden, Etage, Stock, **6** Keller, **8** Beletage, Mansarde, Parterre, **9** Stockwerk, **10** Souterrain
Geschoßdrehung: **5** Drall
Geschoßdurchmesser: **7** Kaliber
geschraubt: **8** prezioes
Geschraubtheit: **5** Getue, **6** Gehabe, **8** Ziererei
Geschrei: **5** Laerm, **6** Geheul, **7** Gezeter, Lamento, **8** Gebruell
geschriebenes Recht: **6** Gesetz
Geschütze: **6** Kanone, Werfer, **7** Moerser, **8** Haubitze, **11** Minenwerfer, **13** Raketenwerfer
Geschützfeuer: **8** Kanonade
Geschützgestell: **7** Lafette
Geschützraum: **9** Kasematte
geschützt: **6** gefeit
Geschütztruppe: **10** Artillerie
Geschwader: **7** Eskader
Geschwaderführer: **9** Kommodore
Geschwätz: **5** Bafel, **6** Gerede, Sermon, **7** Geseire, Klatsch, Rederei, Tratsch, **8** Larifari, **11** Galimathias
Geschwindigkeit: **4** Eile, **5** Tempo
Geschwindigkeitsgrad: **7** langsam, schnell
Geschwindigkeitsmesser: **3** Log, **5** Tacho, **10** Tachometer
Geschwisterkind: **5** Neffe, **6** Nichte
Geschwulst: **4** Myom, **5** Beule, Gliom, Krebs, Lipom, Oedem, Tumor, Zyste, **6** Adenom, Fibrom, Fungus, Kystom, Sarkom, **7** Blastom, Sarkoma, **8** Karzinom
Geschwür: **5** Ulcus, Ulkus, **8** Furunkel, Schwaere, **9** Karbunkel
gesellig: **8** soziabel
Gesellschaft: **4** Klub, Club, **5** Kreis, Runde, **6** Verein, **9** Sozietaet, **11** Foederation, **14** Genossenschaft
Gesellschafter: **6** Sozius, **7** Partner, **9** Aktionaer, Kompagnon, **12** Kommanditist
gesellschaftlich: **6** sozial, **8** soziabel,
Gesellschaftsanzug: **5** Frack, **7** Smoking
Gesellschaftshaus: **6** Kasino
Gesellschaftsinseln: **3** Hao, **4** Anaa, **5** Marua, Tahaa, **6** Moorea, Scilly, Tahiti, **7** Maupiti, Raiatea
Gesellschaftskunde: **10** Soziologie
Gesellschaftskundler: **9** Soziologe
Gesellschaftsraum: **4** Saal, **5** Salon
gesellschaftsschädlich: **7** asozial
Gesellschaftsschicht: **4** Adel, **5** Kaste, **10** Buergertum, **12** Aristokratie
Gesellschaftsspiele: **5** Lotto, **6** Domino, Kegeln, Puzzle, **7** Billard, Knobeln, Krocket, Roulett, Tombola, **8** Lotterie, Roulette, Wuerfeln, **9** Blindekuh, **10** Brettspiel, Verstecken, **11** Kartenspiel, Sackhuepfen, **13** Pfaenderspiel
Gesellschafts-, Modetänze: **3** Fox, Rag, **4** Java, Jive, Slop, Walk, **5** Baion, Blues, Conga, Cueva, Limbo, Lindy, Mambo, Polka,

Raspa, Rumba, Samba, Swing, Tango, Twist, Valse, Waltz, **6** Boogie, Boston, Shimmy, Stroll, Walzer, **7** Calypso, Letkiss, Madison, Onestep, Ragtime, Slowfox, Twostep, **8** Cakewalk, Foxtrott, Schieber, Swingfox, **9** Bossa-Nova, Cha-Cha-Cha, Jitterbug, Marschfox, Paso doble, Quickstep, **10** Charleston, Hully-Gully, **11** Blackbottom, Lambeth-Walk, Rock-and-Roll, Turkeytrott, **12** Boogie-Woogie, English-Waltz, Rheinlaender

Gesetz: **3** Lex, **5** Gebot, Nomos

Gesetzbuch: **5** Kodex, Thora, **6** Talmud, **10** Pentateuch, **12** Code Napoleon, **14** Sachsenspiegel

Gesetzesabschnitt: **9** Paragraph

Gesetzesnachtrag: **7** Novelle

Gesetzessammlung: **12** Kodifikation

Gesetzessammlung des Justinian: **8** Digesten

Gesetzeswiderspruch: **9** Antinomie

gesetzgebend: **10** legislativ

gesetzgebende

– ***Gewalt:*** **11** Legislative

– ***Körperschaft:*** **9** Parlament

Gesetzgeber

– ***im alten Athen:*** **5** Drako, Solon, **6** Drakon

– ***im alten Testament:*** **5** Moses

gesetzlich: **5** legal, loyal, **7** legitim, **9** rechtlich, **12** rechtmaessig

Gesetzlichkeit: **10** Legalitaet

gesetzlos: **5** exlex

Gesetzlosigkeit: **8** Anarchie

gesetzmäßig: **5** legal, **6** normal

gesetzte Ordnung: **5** Recht

gesetzwidrig: **7** illegal, illoyal

Gesicht: **6** Visae, Vision, **7** Antlitz, **8** Grimasse, **12** Physiognomie

Gesichtsausdruck: **5** Miene, **12** Physiognomie

Gesichtsbehaarung: **4** Bart, **5** Braue

Gesichtsfalte: **6** Runzel

Gesichtsfarbe: **5** Teint

Gesichtsknochen: **6** Kiefer, **8** Jochbein, Siebbein, **9** Nasenbein, Stirnbein, **10** Oberkiefer, **11** Unterkiefer, **13** Schlaefenbein

Gesichtskreis: **4** Kimm, **6** Niveau, **7** Sphaere, **8** Horizont, Weltbild

Gesichtsmaske: **5** Larve

Gesichtsnerv: **8** Facialis, **10** Trigeminus

Gesichtspickel: **4** Akne, **6** Pustel, **8** Mitesser

Gesichtspunkt: **6** Aspekt, Moment

Gesichtsschutz am Helm: **6** Visier

Gesichtsteile: **3** Lid, Ohr, **4** Auge, Bart, Kinn, Mund, Nase, **5** Backe, Braue, Lippe, Stirn, Wange, **6** Kiefer, Wimper, **8** Schlaefe, **9** Gruebchen, Oberlippe, **10** Augenbraue, Unterlippe

Gesichtstreffer beim Boxen: **3** Jab

Gesichtsverzerrung: **6** Fratze, **8** Grimasse

Gesichtszüge: **12** Physiognomie

Gesimsleiste: **7** Karnies

Gesimsstreifen: **5** Fries

Gesindel: **3** Mob, **4** Pack, **5** Plebs, **6** Bagage, Poebel, **7** Gesocks, **8** Abschaum, Kanaille, **9** Gelichter, **10** Lumpenpack

Gesinnung: **5** Ethos, **9** Charakter, Ideologie, **11** Mentalitaet

gesittet: **5** human, **10** kultiviert, manierlich, **11** zivilisiert

gesondert: **7** separat

Gesottenes: **3** Sud

Gespann: **8** Fuhrwerk

Gespannkolonne: **5** Treck

Gespenst: **4** Spuk, **5** Geist, Troll, **6** Daemon, Lemure, **7** Phantom

gespenstisches Wesen: **3** Alp

Gespinst: **4** Garn, **5** Faden, Kokon, **6** Gewebe, **7** Filuere

Gespräch: **4** Rede, **6** Dialog, Disput,

7 Debatte, Diskurs, **9** Interview, Plauderei, **10** Aussprache, Diskussion, Kolloquium, **11** Disputation, **12** Konversation, Unterhaltung

Gesprächsstoff: **5** Thema

gespreizt: **10** manieriert, **11** theatralisch

Gespreiztheit: **11** Manierismus

gesprenkelt: **7** meliert

Gestade: **4** Ufer, **6** Kueste, Strand

Gestalt: **4** Form, **5** Figur, **6** Format, Statur, **7** Gebilde, Koerper, **8** Struktur

Gestalten aus Bühnenwerken:

Aida: **4** Aida, **7** Amneris, Radames, Ramphis, **8** Amonasro

Arabella: **5** Djura, Welko, **6** Matteo, Zdenka, **7** Waldner, **8** Adelaide, Mandryka, **11** Fiakermilli

Bajazzo: **5** Beppo, Canio, Nedda, Tonio, **6** Silvio

Barbier von Bagdad: **5** Kalif, **7** Bostana, **8** Margiana, Mustapha, Nureddin, **10** Abul Hassan

Barbier von Sevilla: **6** Figaro, Rosina, Rosine, **7** Bartolo, Basilio, **8** Almaviva, Ambrosio, Fiorillo, **10** Marzelline

Bettelstudent: **3** Eva, Jan, **5** Laura, **7** Bohumil, **9** Palmatica, **10** Bronislawa

Carmen: **4** José, **6** Carmen, Zuniga, **7** Micaela, Moralès, **8** Dancairo, Mercedès, **9** Escamillo, Frasquita, Remendado

Cavalleria rusticana: **4** Lola, **5** Alfio, Lucia, **7** Turridu, **8** Santuzza

Cosi fan tutte: **7** Alfonso, Despina, **8** Ferrando, **9** Dorabella, Guglielmo

Csardasfürstin: **4** Boni, Feri, **5** Edwin, Stasi, Sylva, **7** Anhilte

Dantons Tod: **5** Julie, **6** Lucile, **7** Camille, Georges

Der eingebildete Kranke: **5** Argan, **7** Belinde

Der Geizige: **5** Elise, **6** Valere, **8** Harpagon

Der Widerspenstigen Zähmung: **6** Bianca, Gremio, Schlau, **8** Baptista, Lucentio, **9** Hortensio, Katharina, Petruchio, Vincentio

Der zerbrochene Krug: **3** Eve, **4** Adam, Rull, **5** Licht, **6** Marthe, Walter

Des Teufels General: **6** Harras, **9** Korrianke

Dichter und Bauer: **5** Meyen, **6** Berner

Don Carlos: **4** Posa, **5** Eboli, Feria, Lerma, **7** Philipp

Don Giovanni: **6** Komtur, **7** Masetto, Zerlina, **9** Donna Anna, Leporello

Don Pasquale: **6** Norina, **7** Ernesto, **9** Malatesta

Dreigroschenoper: **3** Ede, **4** Lucy, **5** Brown, Filch, Jenny, Jimmy, Molly, Polly, **6** Kackie, **7** Kimball, Peachum, **12** Mackie Messer

Dreimäderlhaus: **4** Vogl, **5** Grisi, **6** Hederl

Egmont: **4** Alba, **5** Silva, **6** Jetter, Vansen, **9** Klaerchen

Ein Glas Wasser: **4** Anna, **6** Masham, **7** Abigail, **11** Bolingbroke

Elektra: **5** Orest, **7** Aegisth, **12** Chrysothemis, **13** Klytaemnestra

Entführung aus dem Serail: **5** Osmin, Selim, **8** Belmonte, Pedrillo, **9** Blondchen, Konstanze

Ernani: **4** Jago, **6** Elvira, **7** Johanna, **9** Don Carlos, **11** Don Riccardo, Don Ruy Gomez

Falstaff: **4** Ford, **5** Alice, Cajus, **6** Fenton, Pistol, **7** Meg Page,

8 Aennchen, Bardolph
Faust: **5** Faust, **6** Frosch, Marthe, Siebel, Wagner, **7** Brander, **8** Gretchen, Mephisto, Valentin, **9** Margarete
Fidelio: **5** Rocco, **7** Leonore, **9** Florestan, **10** Marzelline
Figaros Hochzeit: **6** Figaro, **7** Bartolo, Basilio, Susanne, **8** Almaviva, **9** Cherubino, **10** Marcellina
Fledermaus: **5** Adele, Frank, **6** Alfred, Frosch, **8** Orlowsky, **9** Rosalinde, **10** Eisenstein
Fliegender Holländer: **4** Erik, Mary, **5** Senta, **6** Daland
Fra Diavolo: **5** Beppo, **6** Matteo, **7** Giacomo, Lorenzo, Zerline, **8** Kookburn
Freischütz: **3** Max, **9** Kuno, **6** Agathe, Kaspar, Kilian, Samiel, **8** Aennchen
Gasparone: **4** Zora, **5** Luigi, **6** Nasone, **7** Benozzo, Erminio, Zenobia, **8** Carlotta, Sindolfo
Glöckchen des Ermiten: **4** Rose, **6** Belamy, **7** Friquet, Sylvain, Thibaut, **9** Georgette
Götterdämmerung: **5** Hagen, **7** Gunther, Gutrune, **8** Alberich, **9** Siegfried, Waltraute, **11** Bruenn-hilde
Götz von Berlichingen: **4** Link, **5** Georg, Lerse, **7** Metzler, **8** Adelheid, **10** Weislingen
Graf von Luxemburg: **4** René, **5** Basil, Jules, Pawel, Renée, Stasa, **6** Angèle, Armand, Didier, **8** Pelegrin
Hamlet: **6** Hamlet, **7** Gertrud, Horatio, Laertes, Ophelia, **8** Claudius, **10** Fortinbras
Hauptmann von Köpenick: **5** Voigt, **8** Hoprecht
Hoffmanns Erzählungen: **5** Franz, **6** Lutter, Stella, **7** Andreas, Antonia, Crespel, Hermann, Lindorf, Mirakel, Niklaus, Olmypia, **8** Hoffmann, **9** Cop-pelius, Giulietta, Nathanael, Schlemihl, **10** Cochenille, Dapertutto, Spalanzani, **13** Pitichinaccio
Im Weißen Rößl: **5** Erich, **7** Jo-sepha, Leopold, Ottilie, **9** Klaer-chen, Sigismund
Kabale und Liebe: **4** Kalb, Wurm, **5** Luise, **6** Miller, Sophie, Walter, **9** Ferdinand
Kaufmann von Venedig: **5** Gobbo, Tubal, **6** Porzio, **7** Antonio, Jessica, Lorenzo, Nerissa, Shylock, Solanio
Kiss Me Kate: **4** Bill, Fred, Paul, **5** Harry, Lilli, Ralph, **6** Hattie, **7** Ann Lane
König Lear: **4** Kent, **5** Edgar, Regan, **6** Edmund, Oswald, **7** Gloster, Goneril, **8** Cordelia, Cornwall
La Bohème: **4** Mimi, **6** Collin, Marcel, Rudolf, **7** Bernard, Musette, **8** Alcindor, **9** Parpignol, Schaunard
Land des Lächelns: **2** Mi, **4** Fu Li, Lisa, Lore, **6** Gustav, **7** Tschang, **8** Sou Chong
La Traviata: **5** Flora, Georg, **6** Alfred, Annina, Gaston, **8** Violetta
Lohengrin: **4** Elsa, **6** Ortrud, **8** Heinrich, **9** Telramund
Lumpacivagabundus: **4** Leim, **5** Peppi, Zwirn
Lustige Weiber von Windsor: **3** Nym, **5** Fluth, **6** Fenton, Pistol, Schaal, **8** Falstaff
Macbeth: **6** Banquo, Duncan, **7** Fleance, Macduff, Malcolm
Madame Butterfly: **4** Goro, Kate,

6 Nakodo, Suzuki, **9** Cho-Cho-San, Linkerton
Madame Pompadour: **7** Belotte, Poulard
Margarethe: **5** Faust, **6** Marthe, Siebel, **7** Brander, **8** Mephisto, Valentin
Maria Stuart: **5** Cecil, Hanna, **6** Dudley, Melvil, Paulet, Talbot, **8** Mortimer, **9** Elisabeth
Martha: **5** Nancy, **6** Lionel, **7** Harriet, **8** Plumkett
Maske in Blau: **4** José, **5** Franz, Pedro, **7** Armando, Evelyne, Gonzala, Juliska
Meistersinger: **3** Eva, **4** Zorn, **5** David, Foltz, Moser, Ortel, Sachs, **6** Evchen, Pogner, **7** Kothner, Schwarz, **8** Stolzing, **9** Magdalena, **10** Beckmesser, Eisslinger, Nachtigall, **11** Vogelgesang
Mignon: **5** Jarno, **6** Mignon, **7** Laertes, Philine, **8** Lothario
Minna von Barnhelm: **4** Just, **5** Minna, **6** Werner, **7** Riccaut, **8** Tellheim. **9** Franziska
My fair Lady: **5** Eliza, **7** Higgins, **9** Doolittle, Pickering
Nabucco: **4** Amon, **5** Rahel, **6** Fenena, Ismael, **7** Abdallo, Abigail, Nabucco, **9** Zacharias
Nachtlager von Granada: **4** Otto, **5** Gomez, Pedro, Vasco, **8** Ambrosio, Gabriele
Nathan der Weise: **4** Daja, **5** Recha, **6** Nathan, Sittah, **7** Saladin
Norma: **5** Norma, Sever, **7** Flavius, Orovist, **8** Adalgisa, Klotilde
Oberon: **4** Puck, **5** Droll, Harun, Hueon, Rezia, **6** Fatime, **7** Titania, **8** Almansor
Opernball: **4** Jean, **5** Henri, **6** Angèle, Aubier, **7** Alfonse, Feodora, Germain, Palmyra, Philipp, **8** Baptiste, Hortense
Othello: **4** Jago, **6** Bianca, Cassio, Emilia, **7** Montano, Othello, Rodrigo, **8** Lodovico, **9** Brabantio, Desdemona
Parsifal: **6** Kundry, **7** Titurel, **8** Amfortas, Klingsor, Parsifal, **9** Gurnemanz
Peer Gynt: **4** Aase, **5** Helga, **6** Anitra, Ingrid, **7** Solveig
Porgy and Bess: **3** Jim, **4** Bess, Lily, **5** Annie, Clara, Crown, Maria, Mingo, Porgy, **6** Serena, **7** Frazier, Robbins, **12** Sporting Life
Postillon von Lonjumeau: **5** Bijou, Corcy, **7** Bourdon
Pygmalion: **5** Eliza, **7** Higgins, **9** Doolittle, Pickering
Rheingold: **4** Erda, Froh, Loge, Mime, **5** Freia, Wotan, **6** Fafner, Fasolt, Fricka, **8** Alberich, Woglinde, **9** Wellgunde, **10** Flosshilde
Rienzi: **5** Cecco, Irene, **6** Orsini, **7** Adriano, Colonna, **8** Raimondo
Rigoletto: **5** Borsa, Gilda, **7** Marullo, **8** Giovanna, **9** Maddalena, Rigoletto, **11** Sparafucile
Ring des Nibelungen: **4** Erda, Froh, Loge, Mime, **5** Freia, Hagen, Wotan, **6** Donner, Fafner, Fasolt, Fricka, **7** Gunther, Gutrune, **8** Alberich, Siegmund, **9** Sieglinde, Waltraute, **11** Bruennhilde
Romeo und Julia: **6** Marcus, Tybalt, **7** Capulet, Lorenzo, **8** Benvolio, Gregorio, Montague, **9** Balthasar
Rose Bernd: **4** Keil, Rose, **5** Bernd, Flamm, **7** Marthel
Rosenkavalier: **4** Ochs, **6** Annina, Duenne, Sophie, **7** Faninal,

8 Octavian, **9** Valzacchi
Salome: **6** Salome, **7** Herodes, **8** Herodias, **9** Jochanaan, Narraboth
Sappho: **5** Phaon, **6** Sappho, **7** Melitta, Rhamnes, **8** Eucharis
Schöne Galathee: **5** Mydas, **7** Ganymed, **9** Pygmalion
Schwarzwaldmädel: **5** Lorle, **7** Blasius, Hannele, Juergen, Malwine, **8** Baerbele
Siegfried: **4** Erda, Mime, **6** Fafner, **8** Alberich, Wanderer, **9** Siegfried, **11** Bruennhilde
Sommernachtstraum: **4** Puck, **5** Egeus, Flaut, **6** Helena, Hermia, Oberon, Squenz, Zettel, **7** Schnock, Theseus, Titania, **8** Lysander, **9** Demetrius, Hippolyta
Tannhäuser: **5** Venus, **7** Hermann, Reinmar, Walther, Wolfram, **8** Biterolf, Heinrich, **9** Elisabeth
Tartuffe: **5** Damis, Orgon, **6** Elmire, Valere, **7** Mariane, **8** Tartuffe
Tausend und eine Nacht: **5** Ifrit, Leila, Massu, Ormuz, **6** Aladin, Ali Baba, Sindbad, **8** Suleiman, **12** Scheherezade
The King and I: **4** Anna, **6** Koenig, Lun Tha, Tuptim, **10** Lady Thiang, **13** Chulalongkorn
Tiefland: **4** Nuri, Pepa, **5** Nando, Pedro, **6** Martha, **7** Tommaso, **8** Moruccio, **10** Sebastiano
Tosca: **5** Mario, Tosca, **6** Cesare, Floria, **7** Scarpia, **8** Spoletta, **9** Sciaronne, **11** Cavaradossi
La Traviata: **5** Flora, Georg, **6** Alfred, Annina, Gaston, **8** Violetta
Tristan und Isolde: **5** Marke, Melot, **6** Isolde, **7** Tristan, **8** Kurwenal, **9** Brangaene
Troubadour: **4** Inez, Luna, Ruiz, **7** Azuzena, Leonore, Manrico, **8** Ferrando
Turandot: **3** Liu, **4** Pang, Ping, Pong, **5** Kalaf, Timur, **6** Altoum, **8** Turandot
Undine: **4** Hans, Hugo, Veit, **6** Martha, Tobias, Undine, Bertalda, **10** Kuehleborn, **11** Ringstetten
Verkaufte Braut: **4** Hans, Muff, **5** Agnes, Kezal, Marie, Micha, **6** Wenzel, **8** Kathinka, Springer, **9** Esmeralda, Kruschina
Viel Lärm um Nichts: **4** Hero, **7** Antonio, Claudio, Don Juan, Leonato, **8** Benedikt, Don Pedro
Vogelhändler: **4** Adam, Weps, **5** Marie, **8** Adelaide, **10** Stanislaus
Der Waffenschmied: **5** Georg, Marie, **7** Adelhof, Brenner, **9** Stadinger, **10** Irmentraut
Walküre: **5** Wotan, **6** Fricka, **7** Hunding, **8** Gerhilde, Helmwige, Ortlinde, Siegmund, Siegrune, **9** Grimgerde, Sieglinde, Waltraude, **10** Rossweisse, **11** Bruennhilde, **12** Schwertleite
Wallenstein: **3** Max, **4** Illo, Seni, **6** Gordon, Terzky, Thekla, **7** Isolani, Wrangel, **11** Piccolomini
Was Ihr wollt: **5** Curio, Fabio, Maria, Viola, **6** Olivia, Orsino, Tobias, **7** Antonio, **8** Malvolio, Valentin, **9** Sebastian
Weh dem, der lügt: **4** Leon, **6** Atalus, Edrita, Gregor, **7** Galomir, **8** Kattwald
West Side Story: **3** Doc, **4** Riff, Tony, **5** Anita, Chino, Maria, **6** Krupke, **8** Bernardo
Der Wildschütz: **7** Baculus, Ranette, **8** Eberbach, Freimann, Gretchen, Kronthal, Pankratius
Wilhelm Tell: **4** Kunz, **5** Berta,

Kuoni, Ruodi, Werni, **6** Arnold, Hedwig, Rudolf, Walter, **7** Gertrud, Gessler, **8** Melchtal, **9** Hildegard, **10** Attinghaus, Baumgarten, **11** Stauffacher
Zar und Zimmermann: **5** Marie, Peter, **6** Lefort, **7** Syndham
Zarewitsch: **4** Iwan, **5** Sonja, **6** Mascha
Zauberflöte: **6** Pamina, Tamino, **8** Papagena, Papageno, Sarastro
Zaubergeige: **5** Gretl, **6** Kaspar, **7** Amandus, Cuperus, Fangauf, **9** Ninabella
Zigeunerbaron: **5** Saffi, **6** Arsena, Kálmán, Sandor

Gestalt der Erde: **5** Geoid
gestalten: **6** bilden, formen, **7** praegen, **10** figurieren, **11** formulieren, konzipieren, **12** konstruieren
gestaltend: **8** formativ, **9** plastisch
Gestalter: **10** Dekorateur, **11** Organisator, **12** Konstrukteur
Gestaltlehre: **11** Morphologie
gestaltlos: **6** amorph
Gestaltung: **9** Formation, **12** Konstruktion
Gestaltungsgraphik: **6** Layout
Gestaltungsgraphiker: **8** Layouter
Geständnis: **7** Aussage, Beichte, **10** Bekenntnis
gestattet: **7** erlaubt
Geste: **4** Wink, **6** Nicken, **8** Gebaerde, **10** Fingerzeig, Kopfnicken, **12** Achselzucken, Handbewegung, **14** Kopfschuetteln
Gestein: **4** Fels, **6** Felsen
Gesteinsarten: → Mineralien
Gesteinsbildung: **10** Lithogenie, **11** Petrogenese
Gesteinsflüssigkeit: **3** Gur
Gesteinshohlraum mit Kristallen: **5** Druse
Gesteinskörnchen: **4** Sand
Gesteinskunde: **10** Lithologie, **11** Mineralogie, **12** Petrographie
Gesteinskundler: **10** Mineraloge
Gesteinsschmelzfluß: **4** Lava, **5** Magma
Gesteinsstruktur: **6** Textur
Gesteinstrümmer: **4** Kies, Sand
Gestell: **4** Bock, Bord, **5** Regal, **6** Rahmen, Stativ, **7** Chassis, Etagere, Geruest, Lafette, **8** Schragen, Stellage
Gestellbrett: **6** Tablar
Gestell für Lampen: **10** Kandelaber
gestellt: **8** situiert
Gestirn: **4** Mond, **5** Komet, Sonne, Stern
Gestirnforscher: **8** Astronom
Gestirnforschung: **10** Astronomie
gestreckt: **4** lang, **6** rasant
gestreckte Flugbahn: **6** Rasanz
Gestrenge Herren: **10** Eisheilige
Gestrüpp: **5** Busch, Hecke, **8** Dickicht
Gesuch: **5** Bitte, **6** Antrag,**7** Eingabe, **8** Ansuchen, Petition, **8** Bewerbung, **11** Bittschrift
gesuchte Haltung: **4** Pose
gesund machen: **8** sanieren
gesund werden: **7** genesen
Gesundbrunnen: **8** Jungborn
gesunden: **7** genesen
Gesundheit: **8** Wohlsein, **11** Wohlergehen, **12** Wohlbefinden
gesundheitlich: **8** sanitaer, **10** hygienisch
gesundheitsgefährdend: **6** giftig
Gesundheitslehre: **7** Hygiene
Gesundung: **7** Heilung, **8** Genesung
getäfelter Fußboden: **7** Parkett
Getändel: **5** Flirt
Getöse: **5** Laerm, Radau, **7** Krawall, **8** Gepolter
getragen (Musik): **6** adagio
getragene Melodie: **9** Kantilene
Getränke:
→ alkohol. Getränke
→ Biere

→ Branntweine (Schnäpse)
→ Fruchtgetränke
→ Kaffeegetränke
→ Liköre
→ Weine
Getränkemischer: **5** Mixer, **8** Barmixer
Getränkerest: **5** Neige
Getreide: **9** Zerealien
Getreidearten: **3** Tef, **4** Dari, Mais, Reis, **5** Durra, Emmer, Hafer, Hirse, Spelt, Spelz, **6** Dinkel, Durrha, Gerste, Roggen, Sorgho, Weizen, **7** Kukuruz, Sorghum, **9** Zerealien, **10** Buchweizen, Welschkorn
Getreidebündel: **5** Docke, Garbe
Getreidefrucht: **4** Korn
Getreidefruchtstand: **5** Aehre
Getreidehaufen: **5** Dieme, Feime
Getreidekorn: **6** Graupe
Getreidekrankheit: **4** Rost, **5** Brand, **7** Mehltau, **8** Gelbrost, **9** Maisbrand
Getreidemaße: **3** Imi, **4** Immi, **6** Bushel, Malter, Simmer, Wispel
Getreidereiniger: **4** Fege, **5** Tarar, **6** Trieur, **8** Windfege
Getreideschädlinge: **9** Blattlaus, Engerling, Kornmotte, Mehlmotte, **10** Kornkaefer
Getreidesieb: **6** Reiter
Getreidespeicher: **4** Silo, **7** Scheune
Getreidestengel: **4** Halm
Getreideunkraut: **4** Rade, **6** Quecke, **8** Kornrade, **9** Kornblume
getrennt: **7** separat
Getrennthaltung: **9** Isolation
getreue Nachbildung einer Vorlage: **9** Faksimile
Getreuer: **7** Paladin
Getriebe: **7** Gewuehl, **8** Mechanik, **9** Apparatur, **10** Raederwerk, **11** Maschinerie, Mechanismus
Getriebeteile: **3** Rad, **5** Achse, Hebel, Raste, Welle, **6** Gelenk, Kurbel, Sperre, Stange, **7** Zahnrad, **8** Schieber, **9** Zahnkranz
Getue: **5** Faxen, Masche, **6** Gehabe, **7** Flausen, **8** Allueren, Ziererei, **11** Affektation
Getümmel: **6** Tumult, **7** Auflauf, Aufruhr, Gewuehl
Getuschel: **8** Gemunkel
geübt: **8** versiert, **10** routiniert
Geübtheit: **7** Routine, **12** Versiertheit
Gewächs: **4** Baum, **5** Blume, **6** Staude, **7** Pflanze, Strauch
Gewächshaus: **9** Kaldarium, Orangerie, Treibhaus, **10** Tepidarium
Gewächsteile: **3** Ast, **4** Dorn, Halm, **5** Blatt, Ranke, Zweig, **6** Bluete, Wurzel, **7** Stengel
gewagt: **7** riskant
gewagtes Geschäft: **11** Spekulation
Gewähr: **7** Haftung, Kaution, **8** Garantie, **10** Sicherheit, **11** Buergschaft
gewährleisten: **11** garantieren
Gewahrsam: **4** Haft, **5** Obhut, **6** Arrest
Gewährsmann: **5** Zeuge, **6** Buerge, Garant, **9** Informant
Gewalt: **5** Macht, Zwang, **10** Herrschaft, **11** Intensitaet
Gewaltherrschaft: **6** Terror, **8** Despotie, Diktatur, Tyrannei, Tyrannis
Gewaltherrscher: **6** Despot, Tyrann, **8** Diktator
gewaltig: **5** enorm, **6** immens, riesig, **8** kolossal, maechtig, **9** kraftvoll, machtvoll, titanisch, **10** exorbitant, gigantisch, monumental, **11** titanenhaft, **12** unermesslich
gewaltsam: **10** tyrannisch
gewaltsam entwenden: **6** rauben
gewalttätig: **6** brutal, rabiat, **7** radikal, violent
Gewalttätiger: **5** Rowdy
Gewaltverbrechen: **4** Mord, Raub, **8** Attentat, Bankraub, Raubmord, **9** Blutrache, Piraterie, Rebellion, Totschlag, Ueberfall, **10** Kidnapping,

Kindesraub, **11** Entfuehrung, Meuchelmord, **12** Menschenraub

Gewaltverbrecher: **6** Killer, **7** Moerder, Raeuber, **11** Bankraeuber, Raubmoerder

gewalztes Eisen: **5** Blech

Gewand: **4** Robe, Anzug, Dress, Kleid, Kluft, **6** Tracht, **7** Kostuem, Uniform → Kleidungsstuecke

Gewandspange: **5** Fibel, **6** Fibula, **7** Agraffe, Brosche

gewandt: **4** agil, **5** alert, flink, smart, **6** patent, wendig, **7** behende, **8** gelenkig, **10** routiniert

Gewandteile: **5** Knopf, **6** Aermel, Kragen, Spange, Tasche, **8** Schnalle

Gewandtheit: **3** Pli, **7** Routine, **8** Geschick, **9** Fixigkeit

Gewäsch: **6** Gerede, **7** Rederei, Tratsch

Gewässer: **3** See, **4** Bach, Maar, Meer, **5** Fluss, Kanal, Ozean, Strom, Teich, **6** Weiher, **7** Rinnsal, Stausee, Tuempel, **8** Randmeer, Wildbach, **9** Binnensee, Nebenmeer, Vulkansee

Gewässerrand: **4** Ufer, **6** Kueste, Strand, **7** Gestade

Gewebearten: **4** Cord, Flor, Gaze, Jute, Kord, Lama, Lamé, Mako, Mull, Opal, Rayé, Rips, Samt, Silk, Taft, Tuch, Zitz, **5** Atlas, Arras, Crêpe, Drapé, Drell, Flaus, Foulé, Fries, Glacé, Khaki, Koton, Krepp, Linon, Loden, Moiré, Mungo, Natté, Nylon, Pikee, Rasch, Satin, Seide, Serge, Tibet, Toile, Tuell, Tweed, Twill, Voile Wolle, Zefir, **6** Batist, Bouclé, Brokat, Chintz, Cotton, Damast, Dralon, Etamin, Felbel, Frotté, Gingan, Jersey, Kaliko, Kattun, Koeper, Kreton, Lampas, Lastex, Leinen, Linnen, Madras, Mohaer, Mohair, Molton, Nessel, Pepita, Perkal, Perlon, Ratiné, Rupfen, Sammet, Struck, Tartan, Textur, Trikot, Velvet, Zephir, **7** Bobinet, Cheviot, Chiffon, Dueffel, Elastik, Estamin, Etamine, Faconné, Filuere, Flanell, Flausch, Foulard, Frottee, Gingham, Kalmuck, Kambrik, Kanevas, Krimmer, Lasting, Lavable, Luester, Luisine, Marengo, Mokette, Mollino, Mouliné, Nanking, Organdy, Organza, Orleans, Ottoman, Pluesch, Popelin, Schappe, Stramin, Swanboy, Trevira, Velours, Vigogne, Welliné, Zanella, **8** Barchent, Buckskin, Cretonne, Drillich, Duchesse, Duvetine, Homespun, Jacquard, Kamelott, Kammgarn, Kaschmir, Kretonne, Leinwand, Marocain, Moleskin, Musselin, Organsin, Popeline, Renforcé, Rohseide, Schotten, Tarlatan, Velveton, Zibeline, Zwillich, **9** Baumwolle, Bourette, Covercoat, Gabardine, Georgette, Glencheck, Halbseide, Kamelhaar, Krepeline, Levantine, Madapolam, Schirting, Trikoline, Vigoureux, Wachstuch, **10** Beiderwand, Crêpe Satin, Ekrueseide, Grègeseide, Kreppsatin, Kunstseide, Manchester, Mousseline, Rippensamt, Zindeltaft, **11** Marquisette, Napolitaine, Streichgarn, **12** Crêpe de Chine, **13** Kraeuselkrepp, **14** Crêpe Georgette

Gewebebrand: **8** Gangraen, **9** Gangraene

Gewebekante: **4** Egge, **7** Salband, **9** Salleiste

Gewebeknoten: **5** Noppe

Gewebelehre: **10** Histologie

Geweberand: **8** Borduere

Gewebeschrumpfung: **8** Atrophie

Gewebestreifen: **4** Band

Gewebeteil: **5** Faden, Faser
Gewebeveredlung: **8** Appretur
Gewebeverpflanzung: **15** Transplantation
Gewebewassersucht: **5** Oedem
Gewebezurichtung: **7** Dekatur, **8** Appretur
Gewebeflüssigkeit: **6** Lymphe
Gewehre: **6** Flinte, **7** Buechse, Muskete, Stutzen, **8** Arkebuse, Drilling, Tesching, **9** Karabiner, **10** Winchester, **12** Hakenbuechse
Gewehrteile: **4** Hahn, Korn, Lauf, **5** Abzug, Kimme, **6** Kolben, Visier, **7** Schloss
Geweih: **6** Stange, **7** Gehoern
Geweihast: **5** Zacke, **6** Spiess, Stange, Zacken, **7** Sprosse
Geweihhaut: **4** Bast
geweihte Hostie: **12** Sanktissimum
Geweihteile: **4** Ende, Rose, **5** Krone, Perle, **6** Spross, **7** Sprosse
gewellt: **5** kraus
Gewerbe: **5** Beruf, **6** Metier, **8** Handwerk, **10** Profession
Gewerbezweig: **6** Handel, **8** Handwerk, **9** Industrie
Gewicht: **4** Last, **5** Druck, Kraft, Masse, Wucht, **6** Buerde, Ladung, **7** Ballast, Schwere, **9** Bedeutung, Nachdruck
Gewichtseinheiten: **3** Lot, **4** Gran, Kilo, Unze, **5** Gramm, Pfund, Tonne, **7** Zentner, **9** Kilogramm, **10** Milligramm, **13** Doppelzentner
Gewichtsklassen: (Schwerathletik): **12** Federgewicht, **13** Bantamgewicht, Leichtgewicht, Mittelgewicht, Schwergewicht, **14** Fliegengewicht, **17** Halbmittelgewicht, Halbschwergewicht, **18** Halbfliegengewicht
Gewichtslehre: **10** Metrologie
Gewichtsmesser: **5** Waage
Gewichtsverlust: **7** Schwund
Gewiegtheit: **10** Raffinesse
Gewinde: **5** Kranz, **6** Feston, **7** Spirale, Strauss, **8** Girlande
Gewinn: **4** Lohn, Plus, Sieg, **5** Preis, **6** Ertrag, Nutzen, Profit, **7** Praemie, Rebbach, Vorteil, **8** Ausbeute, **9** Verdienst
Gewinnanteile: **5** Bonus, **7** Praemie, **8** Tantieme, **9** Dividende
Gewinnanteilschein: **3** Los
gewinnbringend: **8** lukrativ, rentabel
Gewinner: **6** Sieger
Gewinnsucht: **7** Habgier
gewinnsüchtig: **9** habgierig, materiell
Gewinnung von Erzen oder Kohle: **7** Bergbau
Gewinnverteilungskartell: **4** Pool
gewiß: **7** positiv
gewissenhaft: **5** exakt, **7** akkurat, praezis, **8** praezise, **11** sorgfaeltig
gewissenlos: **5** infam, **7** perfide, **10** skrupellos
Gewissensbiß: **4** Reue, **5** Scham, **7** Skrupel
gewissermaßen: **5** quasi, **9** gleichsam, sozusagen
Gewittererscheinungen: **5** Blitz, Hagel, **6** Donner, **7** Graupel, **9** Regenguss, **10** Platzregen
Gewitterwolke: **12** Kumulonimbus
gewitz: **6** schlau
Gewogenheit: **4** Huld, **5** Gnade, Gunst, **7** Neigung, **9** Sympathie, **10** Wohlwollen, **11** Geneigtheit
Gewohnheit: **3** Uso, **4** Usus, **5** Sitte, **6** Brauch, Manier, Uebung, Usande, **9** Tradition, **13** Gepflogenheit
gewohnheitsmäßig: **9** habituell, **10** mechanisch
Gewohnheitsrecht: **9** Observanz
gewöhnlich: **5** banal, vulgo, **6** gemein, normal, **7** vulgaer, **8** ordinaer, **9** allgemein
Gewöhnung: **5** Sucht, **7** Routine, **9** Anpassung

Gewölbe: **5** Voute, **6** Fornix, Kuppel, **7** Rotunde
gewölbeartige Decke: **3** Dom
gewölbtes Tragwerk: **5** Bogen
gewonnener Wettstreit: **4** Sieg
gewundene Straße: **10** Serpentine
gewundener Fluß: **8** Maeander
Gewühl: **6** Trubel, **8** Gewimmel, **9** Gedraenge, **10** Tohuwabohu
gewürfelt: **7** kariert
Gewürz, Würzpflanzen: **4** Anis, Dill, Dost, Kren, Senf, Ysop, Zimt, **5** Asant, Chili, Curry, Essig, Kaper, Lauch, Mazis, Minze, Nelke, Raute, Sesam, **6** Dragon, Dragun, Ingwer, Kaneel, Kassia, Kassie, Kerbel, Kresse, Kubebe, Meiran, Muskat, Piment, Safran, Salbei, Wermut, **7** Beifuss, Cayenne, Fenchel, Kuemmel, Kurkuma, Lorbeer, Majoran, Melisse, Oregano, Paprika, Pfeffer, Sambals, Sukkade, Thymian, Vanille, Zwiebel, **8** Estragon, Kapsikum, Kardamom, Lavendel, Mostrich, Rosenoel, Rosmarin, Sellerie, Zichorie, Zitronat, **9** Basilikum, Knoblauch, Koriander, Tripmadam, **10** Muskatnuss, Petersilie, **11** Anispfeffer, Bohnenkraut, Gurkenkraut, Krauseminze, Meerrettich, Waldmeister, **12** Gewuerznelke, Liebstoeckel, Lorbeerblatt, Schnittlauch
Gewürzinseln: **8** Molukken
Gewürzknospe: **5** Kaper, Nelke
Gewürzliköre: **8** Anisette, **11** Pfefferminz
gewürzlos: **3** fad, **4** fade
gewürzt: **6** pikant
Gewürzständer: **6** Menage
Gewürztunke: **14** Worcestersosse
Gewürzwaren: **10** Spezereien
Gezeiten: **4** Ebbe, Flut, Tide
geziert: **8** prezioes, **9** etepetete, **10** affektiert
geziertes Benehmen: **6** Gehabe
gezogener Wechsel: **6** Tratte
gezogenes Metall: **5** Draht
gezuckert: **8** kandiert
gezwungen: **7** geniert, **8** forciert
Ghana (Staat in W-Afrika)
Berge: **12** Ashantiberge
Bevölkerung: **7** Ghanaer, **8** Ghanesen
Fluß: **5** Volta
Frauenbund der Ashanti: **8** Abusua
Hauptstadt: **5** Accra
Nationalparks: **4** Mole, **6** Kujani
Politiker: **5** Busia, **6** Limann, **7** Nkrumah, **8** Rawlings
Städte u. Orte: **4** Tema, **6** Kumasi, Tamale, **9** Cape Coast, **10** Asamankese, Bolgatanga, **15** Sekondi-Takoradi
Stausee: **3** Bui
Volksstämme: **3** Ewe, Ful, **4** Akan, Mosi, **5** Fanti, Fulbe, Mande, Mossi, **7** Ashanti, Dagbani, Dagomba, Dagumbo, **8** Aschanti, Mamprusi
Währung: **4** Cedi, **6** Pesewa
Gibbonaffen: → Affen
Gicht: **9** Arthritis
Gichtrose: **7** Paeonie
Giebel: **5** First
Giebelfeld der Antike: **8** Tympanon, Tympanum
Giebelverzierung: **10** Akroterium
Gier: **5** Drang, Sucht, **7** Geluest, Habgier, **8** Begehren, **9** Verlangen
gierig: **7** erpicht
Gießbach: **8** Torrente
Gießgefäß: **5** Kanne
Gift: **5** Toxin, **7** Toxikum, **8** Alkaloid, **9** Pharmakon
Gift (Alkaloid) der(s)
– ***Alpenveilchens:*** **8** Cyclamin
– ***Brechnuß:*** **9** Strychnin
– ***Eibe:*** **5** Taxin

- ***Eisenhutes:*** **8** Akonitin
- ***Fieberrinde:*** **6** Chinin
- ***Fliegenpilzes:*** **8** Muskarin
- ***Goldregens:*** **7** Cytisin
- ***Herbstzeitlose:*** **9** Colchicin
- ***Kaffeebohne:*** **7** Koffein
- ***Kartoffel:*** **7** Solanin
- ***Kokastrauches:*** **6** Kokain
- ***Maiglöckchens:*** **11** Convallarin
- ***Mohnpflanze:*** **7** Morphin, **8** Morphium
- ***Mutterkorns:*** **9** Ergotamin, Ergotaxin
- ***Opiums:*** **7** Morphin
- ***Primel:*** **6** Primin
- ***Tabaks:*** **7** Nikotin
- ***Teepflanze:*** **4** Tein, **5** Thein, **7** Koffein
- ***Tollkirsche:*** **7** Atropin

giftfest: **5** immun

Giftgase: **4** Lost, Zyan, **5** Chlor, **6** Pikrin, **7** Adamsit, Lewisit, Phosgen, **9** Blaukreuz, Gelbkreuz, **10** Blausaeure, Gruenkreuz, Kohlenoxid

giftig: **7** toxisch, **11** miasmatisch

giftige Ausdünstung: **6** Miasma

Giftkunde: **11** Toxikologie

Giftpflanzen, Giftstoffe: **4** Arum, Blei, Mohn, Upas, Zink, **5** Arsen, Chrom, Opiat, Opium, Porst, Taxin, **6** Akonit, Barium, Chinin, Codein, Curare, Germer, Heroin, Kodein, Kokain, Kupfer, Kurare, Phasin, Primin, Sumach, **7** Arsenik, Atropin, Cytisin,Gleisse, Koffein, Nikotin, Solanin, Vitriol, **8** Aconitum, Akonitin, Alkaloid, Aronstab, Cyclamin, Einbeere, Eisenhut, Kornrade, Mezerein, Morphium, Muskarin, Nieswurz, Phosphor, Sadebaum, Spartein, Sturmhut, Thallium, Zyankali, **9** Brechnuss, Colchicin, Digitalis, Fingerhut, Giftbeere, Haschisch, Marihuana, Strychnin, Tollbeere, Tollkraut, **10** Belladonna, Blausaeure, Schierling, **11** Bilsenkraut, Convallarin, Tollkirsche

Giftpilze: **7** Lorchel, **8** Erdstern, Risspilz, **9** Faelbling, **10** Satanspilz, Schirmling, Speiteufel, **11** Fliegenpilz, Pantherpilz, **12** Giftegerling, **14** Riesenroetling, **15** Tigerritterling, **19** Knollenblaetterpilz

Giftschlangen: **4** Naja, **5** Aspis, Elaps, Kobra, Mamba, Otter, Viper, **8** Lachesis, Surukuku, **9** Hornviper, Puffotter, Sandviper, **10** Kreuzotter, **11** Grubenotter, **12** Buschmeister, **13** Korallenotter, **15** Brillenschlange, Klapperschlange

Giftstoff: **7** Toxikum

Gigant: **5** Riese

Gilde: **5** Zunft, **6** Innung, Verein, **12** Gesellschaft

Ginsterkatze: **7** Genette

Gipfel: **5** Krise, Kuppe, Zenit, **6** Spitze, Wipfel, **8** Scheitel, **10** Hoehepunkt

Gips: **13** Kalziumsulfat

Gipsart: **9** Alabaster

Gipser: **10** Stukkateur

Gipsornamentik: **5** Stuck, **9** Stukkatur

Giraffenart: **5** Okapi

Giraffengazelle: **7** Gerenuk

Girlande: **6** Feston

Gitarren: → Zupfinstrumente

Gitter: **4** Netz, Rost, Zaun, **6** Gatter

Gittergewebe: **6** Etamin, **7** Estamin, Kanevas, Stramin

Gittersystem: **6** Raster

Gitterwand: **7** Spalier

Gladiole: **8** Siegwurz, **9** Schwertel, **12** Schwertlilie

Glanz: **4** Pomp, Ruhm, **5** Glast, **6** Glorie, Pracht, Schein, **7** Flitter, **8** Brillanz, Schimmer

glänzen: **7** funkeln, **8** gleissen, **9** schillern, **10** brillieren

glänzend: **5** blank, **8** brillant, illuster, **9** fulminant
Glanzhaut: **8** Lioderma
glanzlos: **4** matt
glanzlos machen: **9** mattieren
Glanzmittel: **7** Politur
Glanznummer: **10** Attraktion
Glanzpunkt: **4** Clou
Glanzschicht der Muscheln: **8** Perlmutt, **10** Perlmutter
Glanzüberzug: **4** Lack, **5** Email, Lasur, **7** Emaille
glanzvoll: **8** splendid, **10** bravouroes
glasartiger Überzug: **6** Glasur
Glasbarsch: **5** Snook
Glasermaterial: **4** Blei, Glas, Kitt
Glasflasche: **6** Phiole, **7** Karaffe
glasierte Tonware: **6** Fliese, Kachel, **7** Fayence, **8** Majolika
Glaskolben: **6** Ballon, **7** Retorte
Glasröhrchen mit Arznei: **7** Ampulle
Glasschmelzfluß: **5** Email, **7** Emaille
Glasschrank: **7** Vitrine, **8** Servante
glatt: **4** eben, **5** flach, plano
Glätte: **7** Politur
glätten: **8** polieren, **9** planieren
Glättmaschine: **8** Kalander
Glättwerkzeug: **5** Feile
Glaube: **7** Meinung, **8** Religion, Zutrauen, **9** Vertrauen, **10** Bekenntnis
Glauben schenken: **6** trauen
Glaubensabtrünniger: **7** Renegat
Glaubensbekenntnis: **5** Credo, Kredo, **10** Konfession
Glaubensbuch: **5** Bibel, Koran, **6** Talmud
Glaubenseifer: **10** Zelotismus
Glaubenseiferer: **5** Zelot
Glaubensgemeinschaft: **5** Sekte
Glaubensheld: **9** Maertyrer
Glaubenslehre: **8** Dogmatik
Glaubensloser: **7** Atheist
Glaubenssatz: **5** Dogma
Glaubensvereinigung: **12** Kongregation
Glaubenswechsel: **10** Konversion
gläubig: **5** fromm, **9** religioes
Gläubiger: **8** Kreditor
glaubwürdig: **8** probabel, **11** authentisch
Glaubwürdigkeit: **6** Kredit
Glazialperiode: **7** Eiszeit, **8** Diluvium
gleich: **4** egal, pari, **6** anaolog, direkt, ebenso, **7** homogen, synonym, **9** identisch, kongruent
gleichachsig: **7** koaxial, **8** konaxial
gleichartig, gleichstoffig: **7** homogen, metamer
Gleichartigkeit: **10** Identitaet, **12** Homogenitaet
gleichbedeutend: **7** synonym, **9** identisch
Gleichberechtigung: **8** Paritaet, **12** Emanzipation
gleichbleibend: **6** stetig
gleiche Höhe: **6** Niveau
gleicher Wert: **11** Aequivalent
gleicherweise: **2** so, **4** item, **6** ebenso
gleichfalls: **4** auch, item, **6** ferner
gleichförmig: **7** monoton, uniform
Gleichförmigkeit: **9** Monotonie, **12** Uniformitaet
gleichgerichtet: **8** parallel
gleichgestimmt: **11** sympathisch
Gleichgewicht: **7** Balance
Gleichgewichtskünstler: **11** Equilibrist, **12** Aequilibrist
Gleichgewichtslehre: **6** Statik
gleichgültig: **4** egal, **8** indolent, **9** apathisch, **11** indifferent, **12** phlegmatisch, teilnahmslos, **15** desinteressiert
Gleichgültigkeit: **7** Phlegma, **12** Desinteresse
Gleichheit: **7** Egalité, **10** Identitaet
Gleichklang: **4** Reim, **8** Assonanz
gleichlaufend: **8** parallel, synchron
gleichlaufende Linie: **9** Parallele
gleichlautend: **7** homolog, homonym

gleichliegend: **6** analog, **7** homolog
gleichmachen: **11** nivellieren, **12** emanzipieren
Gleichmaß: **4** Takt, **8** Harmonie, Rhythmus, **9** Symmetrie, **10** Proportion
gleichmäßig: **4** eben, **6** aequal, **7** uniform, **10** rhythmisch, **11** symmetrisch
gleichmäßig wehender Tropenwind: **6** Passat
Gleichmäßigkeit: **12** Uniformitaet
Gleichmut: **8** Ataraxie, **10** Stoizismus
gleichmütig: **7** stoisch
gleichnamig: **7** homolog, homonym
Gleichnis: **6** Symbol, **7** Parabel, **8** Sinnbild, **9** Allegorie
gleichnishafte Redewendung: **8** Metapher
Gleichrichterröhre: **5** Diode
gleichsam: **5** quasi
Gleichstellung: **8** Paritaet, **12** Emanzipation
gleichstoffig: **7** homogen
Gleichwert: **4** Pari
gleichwertig: **11** aequivalent
Gleichwertigkeit: **11** Aequivalenz
gleichzeitig: **8** simultan, synchron
Gleisanlage: **5** Bake, **6** Weiche, **7** Schiene, **8** Bahndamm, Kreuzung, Schranke, Schwelle, **9** Prellbock, Stellwerk, Vorsignal, Warnkreuz, **10** Signalmast, **11** Blocksignal, Blockstelle, Drehscheibe, Hauptsignal
Gleisarbeitergruppe: **5** Rotte
Gleisner: **8** Heuchler, Simulant
Gleitbahn: **7** Rutsche
Gleitboot: **9** Hydroplan
gleiten: **8** rutschen
gleitend: **9** glissando
Gleitschiene: **4** Kufe
gleißend: **5** grell
Gletscher: **4** Kees, **6** Ferner, Firner, **7** Eisfeld, **8** Eisstrom
Gletscherablagerung: **7** Moraene
Gletscherfloh: **13** Springschwanz
Gletschergeröll: **7** Moraene
Gletscherkunde: **11** Glaziologie
Gletscherschnee: **4** Firn
Glied: **4** Teil, **7** Segment
– ***des Fußes:*** **3** Zeh, **4** Zehe
– ***der Hand:*** **6** Daumen, Finger, **10** Ringfinger, **11** Zeigefinger, **12** Mittelfinger
– ***einer Summe:*** **4** Term
Gliederband: **5** Kette
Gliederfüßer: **4** Kerf, **5** Assel, Krebs, **6** Insekt, Spinne, **7** Kruster, **8** Kerbtier, **9** Krebstier, **11** Arthropoden, Asselspinne, Krustentier, **14** Tausendfuesser
Gliedermaßstab: **9** Zollstock
gliedern: **6** ordnen, reihen, **10** gruppieren
Gliederpuppe: **10** Hampelmann, Marionette
Gliederschmerz: **6** Rheuma, **7** Reissen, **12** Rheumatismus
Gliedertiere: **10** Ringelwurm, Zungenwurm, **12** Baertierchen, **14** Stummelfuesser
Gliederung: **5** Kette, Reihe, **6** Aufbau, System, **7** Ordnung, **8** Struktur, **9** Formation, **11** Disposition, Gruppierung, **12** Organisation
Gliederungseinheit: **7** Kolonne
Gliedmaßen: **4** Arme, **5** Beine, **13** Extremitaeten
glimmen: **8** schwelen
glimmendes Feuer: **4** Glut
Glimmstengel: **7** Zigarre, **9** Zigarette
glitzern: **8** gleissen
Glöckchen: **7** Schelle
Glockenblumen: **7** Lobelie, **9** Kampanula, **11** Ballonblume, **13** Teufelskralle
Glockenklang: **8** Gelaeute
Glockenteil: **8** Kloeppel
Glockenturm: **9** Kampanile

Glockenzeichen: **7** Angelus
Glück: **4** Heil, **5** Dusel, **6** Erfolg, Freude, Massel, **9** Seligkeit
Glück wünschen: **11** gratulieren
Glucke: **4** Huhn, **5** Henne
Glücksbringer: **7** Amulett, **8** Maskotte, Talisman, **8** Hufeisen, **9** Kleeblatt, **11** Maskottchen
Glücksfall: **6** Chance
Glücksgöttin: **5** Tyche, **7** Fortuna
Glückspflanze: **4** Klee
Glücksritter: **10** Abenteurer
Glücksspiele: **4** Poch, **5** Boule, Lotto, Makao, Poker, **6** Hasard, Pokern, **7** Knobeln, Roulett, **8** Baccarat, Bakkarat, Lotterie, Roulette, Wuerfeln, **9** Black Jack, Vingt-et-un
Glücksspieler: **9** Hasardeur
Glückwunsch: **11** Gratulation
Glückwünschender: **9** Gratulant
Glut: **4** Lohe, **5** Feuer, Hitze
Gnade: **5** Guete, Segen, **8** Charisma, Schonung, **9** Nachsicht, Verzeihen
Gnadenmittel: **9** Sakrament
Goethes
– ***Freund:*** **9** Tischbein
– ***Freundin:*** **5** Brion, Stein, **10** Friederike
– ***Jugendliebe:*** **5** Brion
– ***Mutter:*** **3** Aja
Goldamsel: **5** Pirol
Goldbrassenfisch: **5** Orade, **6** Dorade
Golddistel: **8** Eberwurz
goldgelb: **6** orange
Goldgräberanteil: **5** Claim
Goldhase Südamerikas: **5** Aguti
Goldland: **5** Ophir, **8** Eldorado
Goldmacher: **5** Adept, **9** Alchimist
Goldmünzen: **3** Ecu, **4** Onca, **5** Altun, Dobla, Eagle, Krone, Toman, **6** Aureus, Condor, Escudo, Florin, Guinee, Gulden, Rijder, **7** Dublone, Dukaten, Fiorino, Florino, Hidalgo, Pistole, Solidus, Zechine, **8** Caroldor, Dareikos, Florenus, Louisdor, Napoleon, **9** Augustdor, Goldkrone, Goldtaler, Rosenoble, Sovereign, **11** Napoleondor, **12** Christiandor, **13** Friedrichsdor
Goldorfe: **5** Aland
Goldparmäne: **7** Renette
Goldschmied: **8** Juwelier
Golf: **3** Bai, **5** Bucht
Golfschlägerträger: **5** Caddy, **6** Caddie
Golfschlägertypen: **5** Spoon, Wedge, **6** Driver, Mashie, Putter, **7** Brassie, Loeffel, Niblick, Treiber
Golfspielbegriffe: **2** As, **3** Par, Tee, **4** Loch, **5** Bogey, **6** Birdie, Bunker, **8** Abschlag, **12** Flaggenstock
Gondelführer: **10** Gondoliere
Gondellied: **9** Barkarole
Gondelstadt: **7** Venedig
Gong: **6** Tamtam
Gönner: **6** Maezen, **9** Foerderer, Protektor
gönnerhaft: **6** jovial
Gönnerschaft: **10** Protektion
Göre: **5** Range
Gosse: **5** Rinne, **9** Rinnstein
gotische(r, s)
– ***Bibelübersetzer:*** **7** Ulfilas, Wulfila
– ***Königsgeschlecht:*** **6** Amaler
– ***Ornament:*** **7** Rosette, **8** Vierpass, **10** Kreuzblume, Spitzbogen
– ***Schrift:*** **7** Fraktur
– ***Spitzgiebel:*** **7** Wimperg
– ***Spitztürmchen:*** **5** Fiale
Götter, Göttinnen:
→ ägypt. Götter, Göttinnen
→ german. Sagenwelt
→ griech. Sagenwelt
→ röm. Sagenwelt
gottergeben: **5** devot
Gottergebenheit: **8** Devotion
göttergleicher Held: **5** Heros
Gotterkenntnis: **6** Gnosis
Gotterlebnis: **11** Offenbarung

Götterlehre: **10** Mythologie
Göttersage: **5** Mythe, **6** Mythos, Mythus, **10** Mythologie
Götterspeise: **8** Ambrosia
Götterspruch: **6** Orakel
Göttertrank: **6** Nektar
Götterwohnsitz: **5** Olymp, **6** Asgard
Gottesacker: **8** Friedhof, Kirchhof
Gottesbote: **5** Engel
Gottesdienst: **4** Kult, **5** Messe, Mette, **7** Andacht
gottesdienstliche Handlungen: **5** Opfer, Gebet, Segen, **7** Andacht, Beichte, **8** Anbetung, **9** Abendmahl, Fuerbitte, Kommunion, **10** Absolution, Einsegnung, Prozession, **12** Konfirmation
gottesdienstliches Brauchtum: **5** Ritus, **6** Ritual
Gottesdienstordnung: **6** Agende, **8** Liturgie
Gotteserkenntnis: **6** Gnosis
Gotteserscheinung: **10** Theophanie
Gottesfurcht: **7** Eusebie
gottesfürchtig: **5** fromm, **8** glaeubig, **9** religioes
Gottesgelehrter: **8** Theologe
Gottesglaube: **7** Deismus
Gotteshäuser: **3** Dom, **5** Stupa, **6** Kirche, Pagode, Tempel, **7** Kapelle, Moschee, **8** Muenster, Pantheon, Synagoge, **10** Kathedrale
Gottesherrschaft: **10** Theokratie
Gotteslästerung: **6** Frevel, **8** Sakrileg, **10** Blasphemie
Gotteslehre: **4** Theologie
Gottesleugner: **7** Atheist
Gottesleugnung: **9** Atheismus
Gottesmutter: **7** Madonna
Gottesname
– ***im Alten Testament:*** **5** Eloah, Jahve, Jahwe, **6** Adonai, Elohim, Jehova
– ***im Islam:*** **5** Allah
Gottesraub: **8** Sakrileg
Gottessohn: **5** Jesus, **7** Heiland, **8** Christus, Erloeser
Gottesurteil: **5** Ordal
Gottesverehrung: **8** Religion
Gottheit (lat.): **5** Numen
Göttinger Dichterbund: **8** Hainbund
göttliche Tugend: **5** Liebe, **6** Glaube, **8** Hoffnung
göttliches Walten: **9** Vorsehung
Gottloser: **7** Atheist
Gottlosigkeit: **6** Asebie, **9** Atheismus
Gottmensch: **8** Christus
Gottseibeiuns: **5** Satan, **6** Teufel
Gottvertrauen: **6** Glaube
Gott-Welt-Einheitslehre: **11** Pantheismus
Götzenbild: **4** Idol, **6** Abgott, **7** Fetisch
Götzendienst: **9** Idolatrie
Gouverneur: **11** Statthalter
Grab: **5** Gruft
Grabbau: **8** Pyramide, **9** Mausoleum
Graben: **4** Dole, Siel, **5** Draen, Fleet, Gosse, Kanal, Rinne, **6** Gracht, Rigole
Gräberfeld des Altertums: **9** Nekropole, **10** Nekropolis
Grabgerät: **6** Spaten
Grabgewölbe: **5** Gruft
Grabinschrift: **3** R.I.P.
Grabmal: **5** Stele, Tumba, **7** Epitaph, Mastaba, Tumulus, **8** Pyramide, **9** Mausoleum
Grabplatte: **5** Stele, **7** Epitaph
Grabsäule: **5** Stele
Grabschrift: **7** Epitaph
Grabstätte des Westgotenkönigs Alarich: **7** Busento
Grad: **4** Rang, **7** Ausmass
Gradeinteilung
– ***an Meßgeräten:*** **5** Skala
– ***beim Thermometer:*** **6** Kelvin, **7** Celsius, Réaumur, **10** Fahrenheit
Gradierwerk: **6** Saline
Grafentitel

G

– ***in England:*** **4** Earl, Lord, **8** Viscount
– ***in Frankreich:*** **5** Comte, **7** Marquis
– ***in Italien:*** **5** Conte, **8** Marchese
Gralsburg: 12 Monsalvatsch, **13** Montsalwatsch
Gralskönig: 7 Titurel, **8** Amfortas
Gralsritter: 7 Titurel, **8** Amfortas, Lanzelot, Parzival, **9** Lohengrin
Gram: 4 Neid, **5** Sorge, **6** Kummer
Grammolekül: 3 Mol
Granatapfelsaft: 7 Sorbett, **9** Scherbett
Grandezza: 6 Wuerde
Graphik: 6 Plakat, **8** Gravuere, **9** Radierung, **10** Stahlstich, **11** Holzschnitt, Kupferstich, Xylographie, **12** Linolschnitt, Lithographie
graphische
– ***Berufe:*** **6** Aetzer, Faktor, Setzer, **7** Drucker, Graveur, Metteur, **8** Kolorist, Ziseleur, **9** Korrektor, Typograph, **10** Handsetzer, Lithograph, **11** Buchdrucker, **12** Stereotypeur, **13** Kupferstecher
– ***Betriebe:*** **6** Verlag, **7** Offizin, **8** Setzerei, **9** Druckerei, **12** Buchbinderei, **13** Buchdrukkerei
– ***Erzeugnisse:*** **4** Band, Buch, Heft, **6** Plakat, **7** Affiche, Foliant, Journal, Katalog, Magazin, Traktat, Zeitung, **8** Bildband, Kalender, **9** Faksimile, Flugblatt, **10** Bilderbuch, Broschuere, **11** Taschenbuch, Zeitschrift, **12** Illustrierte, Reproduktion
– ***Verfahren:*** **9** Radierung, **11** Kupferstich, **12** Lithographie
Grasdecke: 5 Rasen
Gräser: 3 Poa, **4** Aira, **5** Briza, Lolch, **6** Liesch, Melica, Trespe, **8** Bartgras, Kopfgras, Perlgras, Ruchgras, Schmiele, **9** Schwingel, **10** Zittergras
Gräserblüte: 5 Aehre
Grasfläche: 5 Rasen, Weide, Wiese
Grasflur mit Bäumen: 7 Savanne
Grashüpfer: 11 Heuschrecke
Grasland: 5 Egart, Weide, Wiese
Graslandschaft: 5 Pampa, **6** Pampas, Pussta, Steppe, **7** Praerie, Savanne
Grasplatz im Dorf: 5 Anger
Grasschnitt: 4 Mahd, **5** Grumt, **7** Grummet
Grat: 4 Kamm, **5** Kante, **8** Schneide
gratis: 4 frei, **7** umsonst, **9** kostenlos, **13** unentgeltlich
grau: 4 gris, **5** gries
Graubär Nordamerikas: 6 Grisly, **7** Grizzly
Grauen: 5 Graus, **6** Furcht, Greuel, Horror, **7** Abscheu, Grausen, **8** Schauder, **9** Entsetzen, Schrecken
grauenerregend: 8 horribel
graugelb: 4 falb
Grau-in-Grau-Malerei: 9 Grisaille
grausam: 3 roh, **4** wild, **6** brutal, **7** herzlos, **8** viehisch, **10** barbarisch, **12** unbarmherzig
grausamer Mensch: 6 Barbar, Sadist
Grausamkeit: 8 Sadismus
Grausen: → Grauen
Grautier: 4 Esel
Grazie: 5 Anmut, **8** Liebreiz
graziös: 4 zart, **7** anmutig, **8** lieblich
greifbar: 4 real, **7** konkret, **8** effektiv, palpabel, **9** materiell
Greiforgan
– ***des Elefanten:*** **7** Ruessel
– ***der Kraken und Polypen:*** **8** Tentakel
Greifvögel: 3 Aar, **4** Weih, **5** Adler, Aguja, Falke, Geier, Milan, Urubu, Weihe, **6** Kondor, Merlin, **7** Bussard, Gaukler, Habicht, Harpyie, Sperber, **8** Aasgeier, Chimango, Gleitaar, Karakara, Seeadler, Stoesser, **9** Bartgeier, Baumfalke, Bergadler,

Blauadler, Buntfalke, Edelfalke, Goldadler, Graufalke, Jagdfalke, Kornweihe, Kronadler, Palmgeier, Raubadler, Rohrweihe, Sekretaer, Turmfalke, **10** Affenadler, Fischadler, Gabelweihe, Rabengeier, Steinadler, **11** Gaensegeier, Kaiseradler, Kappengeier, Laggarfalke, Roetelfalke, Schelladler, Schreiadler, Wanderfalke, Wiesenweihe, **12** Adlerbussard, Koenigsgeier, Koenigsweihe, Laemmergeier, Moenchsgeier, Schmutzgeier, Sperbergeier, Steppenadler, Steppenweihe, **13** Maeusebussard, Schreibussard, Truthahngeier, Wespenbussard, **14** Schlangenadler, **15** Rauhfussbussard

Greifzange: 8 Pinzette

greisenhaft: 5 senil

Grenada (Inselstadt i. d. Karibik):
Bevölkerung: **8** Grenader
Hauptstadt: **12** Saint George's
Orte: **8** Grand Bay, **9** Grenville
Währung: **4** Cent, **6** Dollar

Grenzabgabe: 4 Zoll

Grenze: 4 Rand, **5** Limit, **6** Extrem, **7** Scheide, **9** Gemarkung

Grenzfall: 6 Extrem

Grenzfläche in der Wetterkunde: **5** Front

Grenzgraben (Gartenbaukunst): **3** Aha

Grenzland: 4 Mark

Grenzlinie: 11 Demarkation

Grenzpassierschein: 6 Carnet, **7** Triptyk

Grenzstein: 3 Mal, **5** Terme

Grenzwall
– *in Asien:* **11** Grosse Mauer, **16** Chinesische Mauer
– *in Germanien:* **5** Limes

Grenzwert: 5 Limit

Griechenland (**6** Hellas, Staat in SO-Europa)

(Das alte Griechenland)

Architekten: **6** Philon, Skopas, **7** Iktinos, Pytheos, Rhoikos, **9** Anthemios, Mnesikles, Sostratos, **10** Hermogenes, **11** Apollodoros

Ärzte: **5** Galen, Rufus, **7** Diokles, Eudoxos, Galenos, Soranos, Aretaios, **9** Demokedes, **10** Herophilos, Oreibasios, Philumenos, **11** Asklepiades, Hippokrates, **12** Erasistratos

Astronomen: **5** Meton, **6** Pappos, Thales, **7** Eudoxos, **8** Hipparch, **9** Aristarch

Bildhauer: **5** Myron, **6** Lysipp, Skopas, **7** Agasias, Antenor, Bryaxis, Kritios, Phidias, **8** Damophon, Geneleos, Kresilas, Lysippos, Nesiotes, Paionios, Pheidias, Polyklet, **9** Alkamenes, Anthemios, Doidalses, Leochares, Pasiteles, Philiskos, Timotheos, **10** Appolonios, Eutychides, Kephisodot, Praxiteles, **11** Agorakritos

Dichter: **4** Bion, **5** Arion, Homer, **6** Glykon, Hesiod, Ibykos, Ibykus, Nonnos, Pindar, Simias, **7** Eupolis, Herodas, Kritias, Meletos, Moschos, Phoinix, Simmias, Sophron, **8** Anakreon, Diagoras, Diphilos, Epicharm, Herondas, Hipponax, Menander, Nikander, Philitas, Plutarch, Thaletas, Theognis, Tyrtaios, **9** Lykophron, Mesomedes, Simonides, **10** Antimachos, Parthenios, Philoxenos, Phokylides, Theokritos, **11** Kallimachos, **12** Aristophanes

Dichterinnen: **6** Erinna, Sappho, **7** Corinna, Korinna, **9** Telesilla

Dichtermusiker: **5** Lasos, **9** Ter-

pander, Timotheos, **10** Terpandros
Dichterroß: **7** Pegasus
Dramatiker: **8** Menander, **9** Aeschylus, Aischylos, Euripides, Sophokles, **12** Aristophanes
Epiker: **7** Musaeus
Erfinder: **5** Heron, **9** Ktesibios, **10** Archimedes
Erzgießer: **6** Onatas, **7** Antenor
Fabeldichter: **5** Aesop, **7** Aesopos, Aesopus, Babrios
Fechtschule: **9** Palaestra
Frau des Sokrates: **9** Xanthippe
Gefäße: **5** Askos, Kylix, Lebes, Pyxis, Zista, Ziste, **6** Hydria, Kotyle, Krater, Pelike, Phiale, Rhyton, **7** Amphora, Amphore, Kyathos, Psykter, Skyphos, Stamnos, **8** Kalathos, Lekythos, Oinochoe, **9** Aryballos, Kantharos, **10** Alabastron, **11** Lutrophoros
Gelehrte: **8** Philitas, **9** Apollodor, Aristarch, Dikaearch, Lykophron, **10** Antimachos, **11** Apollodoros, Kallimachos, **12** Eratosthenes
Geographen: **6** Pappos, **7** Phileas, Pytheas, Skymnos, Strabon, **9** Artemidor, **11** Artemidoros, Megasthenes, **13** Agatharchides
Gesetzgeber: **5** Solon, **6** Drakon
Gerichtshof: **7** Areopag
Geschichtsschreiber: → Historiker
Grammatiker: **7** Didymos, Moschos, **9** Stephanos, Zenodotos, **10** Herodianos, **11** Hephaistion
Historiker: **5** Duris, **6** Appian, **7** Ephoros, Herodot, Timaios, Zosimos, **8** Nikolaos, Polybios, Xenophon, **9** Dionysios, Philistos, **10** Theopompos, Thukydides, **12** Kallisthenes, **13** Agatharchides
Jubelruf: **4** evoe
Kleidungsstücke: **5** Pilos, **6** Chiton, Diadem, Peplon, Peplos, Taenie, **7** Chlaina, Kothurn, Petasos, Chlamys, **8** Himation
Komödiendichter: **6** Krates, **8** Menander, Philemon, **10** Epicharmos, **12** Aristophanes
Kultort: **7** Eleusis
Lyriker: **6** Alkman, Ibykos, Pindar, **7** Alcaeus, Alkaios, Sotades, **8** Anakreon, Kallinos, Pindaros, **9** Simonides, **11** Archilochos, Stesichorus
Maler: **5** Mikon, **6** Nikias, Zeuxis, **7** Apelles, Exekias, **8** Panainos, Polygnot, **9** Apollodor, Euphranor, **10** Eutychides, Melanthios, Parrhasios, Philoxenos, **11** Agatharchos, Apollodoros
Maße
Flächenmaße: **5** Arura, **8** Plethron
Hohlmaße: **4** Chus, **6** Kotyle, Xestes, **7** Choinix, Kyathos, **8** Medimnos, Metretes
Längenmaße: **3** Pus, **6** Orgyia, Pechys, **7** Stadion, **8** Daktylos, Palaiste, Plethron
Massenmaße: **4** Mine, **6** Obolos, Stater, Talent, **7** Chalkus, Drachme, **6** Talanton
Mathematiker: **5** Heron, **6** Pappos, Thales, **7** Eudoxos, Geminos, **8** Archytas, **9** Aristarch, Theodoros, **10** Archimedes, Diophantos, Nikomachos, Theaitetos, **11** Hippokrates
Mathematikerin: **7** Hypatia
Mosaikkünstler: **11** Dioskurides
Münzen, Geldheinheiten: **4** Mine, **5** Glaux, Obole, **6** Obolus, Stater, Talent, **7** Drachme, **8** Dareikos, **12** Tetradrachme
Musiker: **7** Olympos, **8** Thaletas
Musikinstrumente
Fußklapper: **9** Krupezion
Handklapper: **8** Krotalon

Hirtenflöte: **6** Syrinx
Lyra: **8** Barbitos
Metallbecken: **8** Kymbalon
Rahmentrommel: **8** Tympanon
Saiteninstrument: **8** Phormin
Schalmei: **5** Aulos
Schildkrötenleier: **6** Chelys
Signalhorn: **7** Kochlos
Trompete: **7** Salpinx
Zupfinstrument: **4** Lyra, **7** Kithara
Philosophen: **4** Zeno, **5** Lykon, Timon, Zenon, **6** Epikur, Euklid, Platon, Plotin, Thales, **7** Eudemos, Phaidon, Proklos, Pyrrhon, Stilpon, Straton, **8** Archytas, Chrysipp, Demokrit, Diogenes, Hegesias, Heraklit, Longinos, Menippos, Numenius, Origenes, Phaidros, Sokrates, Stobaios, Synesios, **9** Annikeris, Demetrios, Ekphantos, Euhemeros, Karneades, Kritolaos, Panaitios, Philolaos, **10** Anaxagoras, Anaximenes, Aristippos, Arkesilaos, Empedokles, Parmenides, Porphyrios, Pythagoras, Saturninus, Speusippos, Theophrast, Xenokrates, Xenophanes, **11** Aenesidemus, Anaximander, Antisthenes, Aristoteles, Aristoxenes, **12** Theophrastos
Philologen: **6** Simias, **7** Simmias, **12** Aristophanes
Philosophenschulen (Begründer): **4** Stoa (**5** Zenon), **7** Eleaten (**10** Xenophanes), Kyniker (**8** Diogenes), **9** Megariker (**6** Euklid), Skeptiker (**7** Pyrrhon), **10** Kyrenaiker (**10** Aristippos), **11** Pythagoreer (**10** Pythagoras), **13** Peripatetiker (**11** Aristoteles)
Philosophenschüler: **6** Eleate, **7** Stoiker
Philosophensitz: **4** Elea
Politiker: **5** Kleon, Solon, **6** Anytos, **7** Eubulos, Kallias, Phokion, **8** Perikles, **9** Aischines, Aristides, Artemidor, Demetrios, Kallikles, Philistos, **10** Demochares, Hyperbolos, **11** Artemidoros, Demosthenes, Epaminondas, **12** Themistokles
Popularphilosoph: **7** Epiktet
Räuchergerät: **12** Thymiaterion
Redner: **4** Dion, **5** Molon, **6** Isaios, Longos, Lysias, Zoilos, **7** Demades, Gorgias, **8** Antiphon, Himerios, Libanios, Longinos, Theopomp, **9** Aischines, Alkiphron, Andokides, Caecilius, Dionysios, Favorinus, Isokrates, **10** Deinarchos, Hermagoras, Hypereides, **11** Demosthenes
Ringkämpferplatz: **9** Palaestra
Sagenwelt
Amazonen: **6** Otrera, Otrere, **7** Alkippe, Antiope, Prothoe, **9** Hippolyte, Melanippe, **11** Penthesilea
Anmutsgöttinnen: **6** Aglaia, Thalia, **8** Chariten, **10** Euphrosyne
Argonauten: **4** Idas, **5** Butes, Hylas, Zetes, **6** Areios, Augias, Castor (Kastor), Idunas, Kalais, Neleus, Oileus, Peleus, Pollux, Talaos, Tiphys, **7** Admetos, Akastos, Ankaios, Erginos, Kepheus, Klytios, Koronos, Laokoon, Lynkeus, Orpheus, Telamon, Theseus, **8** Euphemos, Herakles, Meleager, Nauplios, Palaimon, Phrontis, **9** Menoitios, Meleagros, **10** Amphidamas, Polyphemos
Argonautenführer: **5** Iason, Jason
Baumgottheit: **6** Dryade
Bergnymphe: **6** Oreade
Fabelwesen: **7** Kentaur, Zentaur
Fährmann der Unterwelt: **6** Charon
Flieger: **6** Ikaros, Ikarus, **7** Daedalos,

Daedalus
Flötenspieler: **7** Marsyas
Fluß der Unterwelt: **4** Styx **5** Lethe, **7** Acheron, **8** Eridanos, Eridanus
Flußgötter: **4** Akis, **5** Ladon, **6** Kedren, **7** Enipeus, Inachos, Marsyas, Peneios, Xanthos, **8** Acheloos, Alpheios, Krimisos, **9** Skamander
Gatte der
– *Aerope:* **6** Atreus
– *Alkestis:* **7** Admetos
– *Alkmene:* **10** Amphitryon
– *Anaxibia:* **6** Nestor
– *Andromache:* **6** Hektor, Helenos
– *Antigone:* **6** Peleus
– *Antiope:* **6** Phokos, **7** Epopeus, Theseus
– *Arete:* **8** Alkinoos
– *Baucis:* **8** Philemon
– *Chloris:* **6** Neleus
– *Dione:* **8** Tantalos
– *Doris:* **6** Nereus
– *Echidna:* **6** Typhon
– *Elektra:* **7** Pylades
– *Europa:* **8** Asterios
– *Eurydike:* **4** Ilos, **5** Kreon, **7** Orpheus
– *Glauke:* **5** Iason, Jason
– *Harmonia:* **6** Kadmos
– *Hebe:* **8** Herakles
– *Hekabe:* **7** Priamos
– *Helena:* **5** Paris, **8** Menelaos
– *Hera:* **4** Zeus
– *Hermione:* **5** Orest, **7** Orestes
– *Hippodameia:* **6** Pelops
– *Ino:* **7** Athamas
– *Iokaste:* **5** Laios, **7** Oedipus
– *Iris:* **8** Zephyros
– *Kassiopeia:* **7** Kepheus
– *Keto:* **7** Phorkis
– *Kleopatra:* **7** Phineus
– *Kreusa:* **6** Aeneas
– *Leda:* **9** Tyndareos
– *Marpessa:* **4** Idas
– *Medea:* **5** Iason, Jason **6** Aigeus
– *Megara:* **6** Iolaos, **8** Herakles
– *Memphis:* **5** Nilus
– *Nephele:* **7** Athamas
– *Niobe:* **6** Amphion
– *Nyx:* **6** Erebos
– *Oinone:* **5** Paris
– *Pandora:* **11** Epimetheus
– *Pasithea:* **6** Hypnos
– *Perse:* **6** Helios
– *Persephone:* **5** Hades
– *Pleione:* **5** Atlas
– *Phaedra:* **7** Theseus
– *Psyche:* **4** Eros
– *Rhea:* **6** Kronos
– *Tethys:* **7** Okeanos
– *Themis:* **7** Iapetos
Gattin des
– *Admetos:* **8** Alkestis
– *Aeneas:* **6** Kreusa
– *Aigeus:* **5** Medea
– *Alkinoos:* **5** Arete
– *Amphion:* **5** Niobe
– *Amphitryon:* **7** Alkmene
– *Asopos:* **6** Metope
– *Athemas:* **3** Ino, **7** Nephele
– *Atlas:* **7** Pleione
– *Epimetheus:* **7** Pandora
– *Erebos:* **3** Nyx
– *Eros:* **6** Psyche
– *Hades:* **10** Persephone
– *Hektor:* **10** Andromache
– *Helenos:* **10** Andromache
– *Helios:* **5** Perse
– *Herakles:* **4** Hebe, **6** Megara
– *Hypnos:* **8** Pasithea
– *Iapetos:* **6** Themis
– *Iason:* **5** Medea, **6** Glauke
– *Idas:* **8** Marpessa
– *Ilos:* **8** Eurydike
– *Iolaos:* **6** Megara
– *Kadmos:* **8** Harmonia
– *Kepheus:* **10** Kassiopeia
– *Kreon:* **8** Eurydike
– *Kronos:* **4** Rhea

– *Laios:* **7** Iokaste
– *Menelaos:* **6** Helena
– *Neleus:* **7** Chloris
– *Nereus:* **5** Doris
– *Nestor:* **8** Anaxibia
– *Nilus:* **7** Memphis
– *Okeanos:* **6** Tethys
– *Orest:* **8** Hermione
– *Orpheus:* **8** Eurydike
– *Paris:* **6** Helena, Oinone
– *Peleus:* **8** Antigone
– *Pelops:* **11** Hippodameia
– *Phineus:* **9** Kleopatra
– *Philemon:* **6** Baucis
– *Phokos:* **7** Antiope
– *Phorkis:* **4** Keto
– *Priamos:* **6** Hekabe
– *Pylades:* **7** Elektra
– *Tantalos:* **6** Dione
– *Theseus:* **7** Antiope, Phaedra
– *Tyndareos:* **4** Leda
– *Typhon:* **7** Echidna
– *Zeus:* **4** Hera, **5** Dione, Metis
– *Zephyros:* **4** Iris
Giganten (Riesen der Gäa): **5** Mimas, Thoas, **6** Agrios, Pallas, **7** Eurytos, Gration, Klytios, **7** Phlegra, **9** Alkyoneus, Enkelades, Ephialtes, Eurymedon, Polybotes, **10** Hippolytos, Porphyrion
Gorgonen: **6** Medusa, **7** Euryale, Sthenno
Gott
– *des Ackerbaus:* **6** Kronos, **9** Aristaios
– *der Dichtkunst:* **5** Apoll, **6** Apollo, **7** Apollon
– *der Diebe:* **6** Hermes
– *des Feuers:* **8** Hephaest, **10** Hephaestus, Hephaistos
– *der Fruchtbarkeit:* **7** Priapos, **8** Dionysos
– *des Hafens:* **8** Palaemon
– *des Handels:* **6** Hermes
– *der Heilkunde:* **8** Aeskulap, **9** Asklepios
– *der Hirten:* **3** Pan
– *der Hochzeit:* **5** Hymen
– *der Jagd:* **8** Aristaios
– *des Krieges:* **4** Ares
– *der Künste:* **5** Apoll, **6** Apollo, **7** Apollon
– *der Liebe:* **4** Eros
– *des Meeres:* **6** Nereus, Triton, **7** Glaukos, Proteus, Thaumas, **8** Poseidon
– *des Nils:* **5** Nilus
– *des Nordwinds:* **6** Boreas
– *des Schlafs:* **6** Hypnos
– *des Schicksals:* **5** Moros
– *des Tadels:* **5** Momos
– *des Theaters:* **8** Dionysos
– *des Totenreichs:* **5** Hades, Pluto, **6** Erebos, Erebus, Pluton
– *des Traums:* **8** Morpheus
– *der Unterwelt:* **5** Hades, Pluto, **6** Erebos, Erebus, Pluton
– *der Wanderer:* **6** Hermes
– *des Weins:* **8** Dionysos
– *der Weissagung:* **5** Apoll, **6** Apollo, **7** Apollon
– *des Weltstroms:* **7** Okeanos
– *der Winde:* **6** Aeolus, Zephyr, **8** Zephyros
– *der Zeit:* **6** Kronos
Götterberg: **5** Olymp
Götterbote: **6** Hermes
Götterbotin: **4** Iris
Göttergeschlecht: **7** Titanen
Sitz: (Berg) **6** Othrys
Söhne: **5** Atlas, Koios, Krios, **6** Helios, Kronos, **7** Iapetos, Okeanos, **8** Hyperion, **10** Epimetheus, Prometheus
Töchter: **4** Rhea, **5** Theia, **6** Phoibe, Tethys, **9** Mnemosyne
Göttermutter: **4** Hera
Götterspruch: **6** Orakel

Göttervater: **4** Zeus
Beinamen: **5** Paean, Soter, **7** Ktesios, **8** Herkeios, Olympier
Diener: **8** Kyklopen
Gattinnen: **4** Hera, **5** Dione, Metis
Geliebte: **2** Io, **3** Aex, Dia, **4** Eris, Leda, Leto, Maia, **5** Danae, Karme, Niobe, Thyia, **6** Aigina, Europa, Selene, Semele, Themis, **7** Alkmene, Antiope, Demeter, Elektra, **8** Taygete, Eurynome, Kallistro, **9** Laodameia, Mnemosyne, **10** Persephone
heil. Hain: **5** Altis
heil. Pflanze: **5** Eiche
heil. Stätten: **6** Dodona, Dodone, **7** Olympia
heil. Tier: **5** Adler
Knechte: **3** Bia, **6** Kratos, **8** Briareos
Nährziege: **8** Amalthea, **9** Amaltheia
Schild: **5** Aegis
Göttin
– *des Ackerbaus:* **7** Demeter
– *der Anmut:* **6** Aglaia, Charis, Thalia, **8** Charitim, **10** Euphrosyne
– *der Blumen:* **7** Chloris
– *der Ehe:* **4** Hera
– *der Erde:* **2** Ge, **4** Gaea, Gaia, **5** Dione
– *des Friedens:* **6** Eirene
– *des Frohsinns:* **10** Euphrosyne
– *der Geburt:* **10** Eileithyia
– *des Gedächtnisses:* **9** Mnemosyne
– *der Gerechtigkeit:* **4** Dike, **6** Themis, **7** Nemesis
– *der Gesetzmäßigkeit:* **7** Eunomia
– *der Gesundheit:* **7** Hygieia
– *des Glücks:* **5** Tyche
– *des Herdes:* **6** Hestia
– *der Jagd:* **7** Artemis
– *der Jahreszeiten:*
attisch: **4** Auxo, **5** Karpo, **6** Thallo
seit Hesiod: **4** Dike, **6** Eirene, **7** Eunomia
– *der Jugend:* **4** Hebe
– *der Kunst:* **4** Muse, **6** Athene
– *der Liebe:* **9** Aphrodite
– *des Meeres:* **6** Thetis, **10** Amphitrite
– *der milden Lüfte:* **4** Aura
– *des Mondes:* **4** Mene, **6** Selene
– *der Morgenröte:* **3** Eos
– *der Nacht:* **3** Nyx, **6** Hekate
– *der Rache:* **7** Erinnye, **8** Eumenide
– *des Rechts:* **6** Themis
– *des Regenbogens:* **4** Iris
– *des Regens:* **7** Plejade
– *des Schicksals:* **5** Moira, **6** Ananke, Klotho, **7** Atropos, **8** Lachesis
– *der Schlacht:* **4** Enyo
– *der Schönheit:* **9** Aphrodite
– *des Sieges:* **4** Nike
– *der strafenden Gerechtigkeit:* **7** Nemesis
– *der Überredung:* **6** Peitho
– *des Unheils:* **3** Ate
– *der Unterwelt:* **6** Hekate, **10** Persephone, Proserpina
– *der Verblendung:* **3** Ate
– *der Vergeltung:* **7** Nemesis
– *der Weisheit:* **6** Athene
– *der Zeit:* **4** Dike, Hore, **6** Eirene, **7** Eunomia
– *des Zufalls:* **5** Tyche
– *der Zwietracht:* **4** Eris
Halbgott: **5** Heros
Heiligtum: **7** Olympia
Helden: **4** Aias, Ajax, **6** Achill, Nestor, **8** Achilles, Diomedes, Herakles, Odysseus, **9** Achilleus, Agamemnon, Idomeneus, Patroklus
Heldengedichte: **5** Ilias, **6** Iliade, **7** Odyssee

Hetäre: **5** Thais
Hochverräter: **9** Ephialtes
Jubelruf: **4** evoe
Jüngling: **6** Adonis, Ephebe, **7** Narziss
Kriegerin: **7** Amazone
Kultort: **7** Eleusis
Kyklopen: **5** Arges, **7** Brontes, **8** Steropes
Märchenland: **3** Aea, Aia, **5** Aiaia
Meergötter: **6** Nereus, Triton, **7** Okeanos, Proteus, **8** Poseidon
Meergöttinnen: **6** Thetis, **7** Galatea, **8** Galathea, Galateia, **9** Leukothea, **10** Amphitrite
Meernymphen: **8** Nereiden, **9** Okeaniden
Meerschlange: **5** Hydra
Mondgöttinen: **4** Mene, **6** Phoebe, Selene
Mundschenk: **7** Ganymed
Musen (Kunstgöttinnen):
Epik: **8** Kalliope
Geschichtsschreibung: **4** Klio, **5** Kleio
Hymnendichtung, Gesang: **10** Polyhymnia
Komödie: **6** Thalia
Liebesdichtung: **5** Erato
Lyrik: **7** Euterpe
Sternkunde: **6** Urania
Tanz, Chorlyrik: **11** Terpsichore
Tragödie: **9** Melpomene
Nymphen (Naturgottheiten):
Bachnymphe: **6** Najade
Baumnymphe: **6** Dryade
Bergnymphe: **6** Oreade
Eschennymphe: **6** Meliai
Meernymphe: **7** Nereide
Ozeannymphe: **8** Okeanide
Quellnymphe: **6** Najade
Seenymphe: **6** Najade
Waldnymphe: **8** Arethusa
Nymphen: **4** Echo, **6** Daphne, Syrinx, **7** Kalypso, **8** Arethusa, Kallisto
Orakelstätten: **6** Delphi, Didyma
Paradies: **7** Elysium
Priesterin in Delphi: **6** Pythia
Rachegöttinnen: **6** Alekto, **7** Megaere, **8** Erinnyen, **9** Eumeniden, Tisiphone
Regengöttinnen: **4** Maia, **6** Merope, **7** Alkyone, Elektra, Kelaino, Sterope, Taygete, **8** Plejaden
Riesen: **5** Argus, Atlas, Titan, **6** Titane
Sagengestalten, -helden: **3** Ino, **4** Aias, Ajax, **5** Argus, Danae, Gorgo, Jason, Medea, Niobe, Orest, Orion, Paris, **6** Achill, Aeneas, Atreus, Augias, Baucis. Charon, Chiron, Europa, Hektor, Helena, Ikaros, Ikarus, Kadmos, Nessos, Nestor, Pollux, Semele, Sirene, Sphinx, Tethys, Teuker, Zyklop, **7** Aegisth, Aktaeon, Alkmene, Alkyone, Antaeus, Ariadne, Daphnis, Elektra, Glaukos, Jokaste, Kekrops, Kerkops, Lynkeus, Oedipus, Omphale, Orestes, Orpheus, Perseus, Priamos, Priamus, Stentor, Theseus, **8** Achilles, Alkestis, Alkinoos, Amalthea, Antigone, Daedalos, Daedalus, Diomedes, Eurydike, Herakles, Herkules, Odysseus, Penelope, Peneleos, Philemon, Podarkes, Polyphem, Sisyphus, Tantalus, **9** Achilleus, Agamemnon, Andromeda, Deukalion, Iphigenie, Philoktet, Philomele, Pygmalion, **10** Amphitryon, Andromache, Epimetheus, Kassiopeia, Prokrustes, Prometheus, **12** Rhadamanthys, **14** Bellerophontes
Schicksalsgöttinnen: **6** Moiren, Klotho, **7** Atropos, **8** Lachesis
Schiff: **4** Argo

Sonnengötter: **5** Titan, **6** Helios, **7** Hyperion
Tempelsklaven: **10** Hierodulen
Todesdämonen: **5** Keren
Totenreich: **5** Hades, **6** Erebus, **8** Tartarus
Ungeheuer: **5** Gorgo, Hydra, **6** Medusa, Meduse, Python, Skylla, **9** Charibdis, **10** Minotaurus
Unterwelt: **5** Hades, **6** Erebus, **8** Tartarus
Wächter (der Io): **5** Argus
Waldgötter: **3** Pan, **5** Satyr
Weissagerin: **6** Pythia
Wettkampf: **4** Agon
Windgötter: **6** Aeolus, Zephyr, **8** Zephyros
Zaubergöttin: **6** Hekate
Zauberin: **5** Circe, Kirke
Scherbe für Notizen: **8** Ostrakon
Schreibtafel: **9** Diptychon
Schriftsteller: **3** Ion, **4** Arat, **6** Aratos, Lukian, Oppian, **7** Polyaen, **8** Aelianus, Aristeas, Heliodor, Oppianus, Xenophon, **9** Alkiphron, Athenaios, **10** Heliodorus, Hellanikos
Schriftsteller: → Dichter
Sieben Weisen Griechenlands: **4** Bias, **5** Solon, **6** Chilon, Thales, **8** Pittakos, **9** Kleobulos, Periander
Sophisten: **6** Zoilos, **7** Georgias, Hippias, **8** Himerios, Prodikos, **9** Kallikles, **10** Protagoras, **11** Trasymachos
spartan. Heeresversammlung: **6** Apella
stellvertret. Nauarch: **10** Epistoleus
Spielwürfel: **8** Astragal
Theater:
Bühne: **10** Proskenion
Bühnengebäude: **5** Skene
Seitenflügel: **10** Paraskenia
Tanzplatz: **9** Orchestra
Zugang: **7** Parodos
Zauschauerraum: **6** Koilon, **8** Theatron
Tempelsklave: **9** Hierodule
Töpfer: **6** Amasis, Sosias, **7** Exekias, Meidias, **9** Andokides, Ergotimos
Tragiker: **7** Agathon, Thespis, **8** Pratinas, **9** Euripides, Sophokles, **10** Phrynichos
Truppenangehörige, -einheiten
Flottenchef: **7** Nauarch
Fußsoldat: **6** Hoplit
Fußvolk: **11** Hypaspisten, **13** Sarissophoren
Kampfformation: **7** Phalanx
Leichtbewaffnete: **6** Theten, **8** Gymneten
Leichtbewaffneter: **5** Helot, **6** Helote
makedon. Elitetruppe: **12** Argyraspiden
makedon. Reiterabteilung: **3** Ile
Phalanxeinheit: **6** Lochos, **8** Enomotie
Phalanxführer: **8** Lochagos
Reitereinheit: **10** Hipparchie
Reiterführer: **8** Hipparch
Schiffskommandant: **9** Trierarch
Söldner: **7** Peltast
Söldnertruppe: **9** Peltasten
Vasenmaler: **5** Duris, **10** Euphronios, Euthymides
Volksstamm: **5** Dorer, **6** Dorier, Ionier, **7** Achaeer, Aeolier
Volksversammlung: **5** Agora
Waffen
Lanze: **7** Sarissa
Lederschild: **5** Pelta
Schwert: **6** Xiphos

(Das neue Griechenland)

Anisbranntwein: **4** Ouzo
Berge: **3** Ida, **5** Giona, Olymp, **6** Ithome, Ithomi, **7** Parnass, **8** Smolikas

Flüsse: **3** Iri, **4** Arda, Arta, **5** Axios, **6** Alpios, Asopos, Louros, Mestra, Nestos, **7** Achelos, Enipeus, Peneios, Strymon, **8** Alpheios, Megdobas, **9** Bouraikos, Salamvria, Vistritsa
Gebirge: **3** Ida, **4** Oeta, Ossa, **5** Olymp, **6** Pelion, Pindos, **7** Helikon, Liakura, Parnass, **8** Hymettos, Taigetos, Taygetos, **10** Pentelikon
Hafen von Athen: **7** Piraeus
Halbinseln: **5** Athos, Morea, **6** Attika, **7** Argolis, **8** Sithonia, **10** Chalkidike, Kassandra, Peloponnes
Hauptstadt: **5** Athen
Inseln: **3** Dia, Ios, Kea, Kos, **4** Milo, **5** Chios, Delos, Elasa, Korfu, Kreta, Leros, Milos, Naxos, Paros, Psara, Samos, Syros, Telos, Thera, Thira, Tinos, **6** Aegina, Andros, Euboea, Gaudos, Ikaria, Ithaka, Kandia, Lemnos, Lesbos, Leukas, Lipsos, Patmos, Rhodos, Skyros, Thasos, **7** Amorgos, Kefalos, Kerkyra, Kythera, Mykonos, Nikaria, Pelagos, Salamis, **8** Mytilene, Santorin, Skiathos, Skopelos, Skorpios, **9** Alonnesos, Karpathos, Zakynthos, **10** Samothrake, **11** Kephallenia, Samothrakei
Inselgruppen: **8** Kykladen, Sporaden, **9** Dodekanes
Dodekanesinseln: **3** Kos, **4** Syme, **5** Kasos, Leros, Telos, **6** Chalke, Lipsos, Patmos, Rhodos, **7** Nisyros, **8** Kalymnos, **9** Karpathos, **10** Astropalia, Astypaleia
Ionische Inseln: **5** Korfu, Paxos, **6** Ithaka, Leukas, **7** Kerkyra, Kythera, **9** Zakynthos, **11** Kephallenia
Kykladen: **3** Ios, Kea, **5** Delos, Milos, Naxos, Paros, Syros, Tinos, **7** Mikonos, **8** Santorin, Seriphos, **9** Andiparos, **11** Folegrandos
Sporaden (Nördl.): **6** Skyros, **8** Skiathos, Skopelos, **9** Halonesos
Kaps: **6** Maleas, Sunion, **7** Akritas, Matapan, **8** Tainaron
Königsname: **4** Otto, Paul, **5** Georg, **10** Konstantin
Landschaften: **4** Elis, **6** Achaia, Attika, Epirus, Phokis, **7** Argolis, Laurion, **8** Arkadien, Boeotien, Lakonien, Magnesia, Thrakien, Thrazien, **9** Messenien, **10** Makedonien, Mazedonien, Thessalien
Lyriker: **7** Seferis
Männerrock: **10** Fustanella
Komponisten: **7** Xenakis, **8** Lambelet, Manzaros, Petridis, **9** Kalomiris, Lavrangas, Poniridis, **11** Theodorakis
Mönchsrepublik: **5** Athos
Mönchshauptort: **6** Kariai
Nationaltracht: **10** Fustanella
Peloponnes-Landschaften: **4** Elis, **6** Achaia, Sikyon, **7** Argolis, Korinth, **8** Arkadien, Lakonien, **9** Messenien
Peloponnes-Tal: **5** Nemea
Politiker: **7** Metaxas, Tsatsos, **9** Venizelos, **10** Damaskinos, Karamanlis, Papandreou, **11** Papadopulos
Sängerin: **9** Mouskouri
Städte u. Orte: **4** Arta, **5** Argos, Athen, Lamia, Nemea, Weria, Volos, Wolos, **6** Aejion, Aigion, Edessa, Janina, Kabala, Patras, Pyrgos, Sparta, Theben, Xanthi, **7** Chalkis, Kalamae, Kalamai, Korinth, Larissa, Lewadia,

Nauplia, Piraeus, Prewesa, Trikala, **8** Agrinion, Iraklion, Komotini, Mytilini, Polygros, Saloniki, Tripolis, **10** Herakleion, **11** Argostolion, **12** Thessaloniki, **14** Alexandrupolis, **15** Alexandroupolis
Verwaltungseinheiten: **5** Demos, Nomos
Volkstanz: **7** Sirtaki
Währung: **6** Lepton (Mz.: **5** Lepta), **7** Drachme
Weine: **5** Bados, Samos, **8** Jenerodi, **9** Malvasier, Zyperwein
griech. Buchstaben: **2** My, Ny, Pi, Xi, **3** Chi, Eta, Phi, Psi, Rho, Tau, **4** Beta, Iota, Jota, Zeta, **5** Alpha, Delta, Gamma, Kappa, Omega, Sigma, Theta, **6** Lambda, **7** Epsilon, Omikron, Ypsilon
Griff: **4** Heft, **5** Knauf, Stiel, **6** Halter, Henkel, Klinke
Griffbrett: **8** Tastatur
Griffstange: **4** Holm
Grill: **4** Rost
Grille: **4** Tick, **5** Laune, **6** Spleen, Zikade, **7** Kaprice, Marotte, **8** Heimchen, Schrulle
grillenhaft: **7** grotesk
Grimasse: **6** Fratze
Grimm: **5** Groll
grimmig: **11** baerbeissig
grimmiger Wächter: **8** Zerberus
Grimmsche Märchenfiguren: **4** Else, Hans, **5** Holle, Trude, **6** Gretel, Knoist, Korbes, Lustig, Maleen, Pfriem, **7** Haensel, Jorinde, **8** Joringel, Rapunzel, Rosenrot, **9** Floehchen, Laeuschen, **10** Allwissend, Daumerling, Daumesdick, Gaensemagd, Katrinelje, Marienkind, Spielhansl, **11** Drosselbart, Einaeuglein, **12** Allerleirauh, Aschenputtel, Dornroeschen, Dreiaeuglein, Froschkoenig, Rotkaeppchen, Zweiaeuglein, **13** Baerenhaeuter, **14** Schneewittchen, **15** Rumpelstilzchen, Schneeweisschen
Grippe: **9** Influenza
grippeartig: **7** grippal, **8** grippoes
grob: **4** derb, rauh, **5** ruede, **6** barsch, massiv, rabiat, ruppig
Grobheit: **7** Sottise
grob gemahlenes Getreide: **6** Schrot
grobe Beleidigung: **7** Affront
Grobian: **6** Flegel
Groll: **3** Pik, **5** Grimm, **7** Ingrimm
Grönland (N-Polarinsel Dänemarks)
Apostel: **5** Egede
Bewohner: **5** Inuit, **6** Eskimo
Insel: **5** Disko
Inselgruppe: **12** Eggersinseln
Kap: **3** Dan, **4** York, **6** Farvel, **8** Farewell
Orte: **4** Etah, **5** Thule, **7** Godhavn, **8** Godthaab
groß: **9** stattlich
großartig: **5** famos, feudal, patent, **7** eminent, **8** grandios, imposant, magnifik, **9** praechtig, **10** monumental, **12** phantastisch
Großartigkeit: **15** Monumentalitaet
Großbauer im zaristischen Rußland: **5** Kulak
Großbehälter: **9** Container
Großbritannien und Nordirland (Inselstaat in W-Europa)
abhängige Gebiete (und ihre Hauptorte): **8** Bermudas (**8** Hamilton), Pitcairn, Hongkong (**8** Victoria), **10** Montserrat (**8** Plymouth), **11** Sankt Helena (**9** Jamestown), **12** Caymaninseln (**10** Georgetown), **14** Jungferninseln (**8** Roadtown)
Dominion: **9** Gibraltar
Kronkolonie: **14** Falklandinseln (**11** Port Stanley)
Länder und Inseln (verbunden

mit der Krone): **3** → Man, **5** → Wales, **7** → England, **10** → Nordirland, → Schottland, **11** Kanalinseln
Nobelpreisträger für
– *Chemie:* **4** Klug
– *Literatur:* **7** Canetti, Golding
– *Medizin:* **4** Vane, **5** Black, Jerne
– *Wirtschaftswissenschaften:* **5** Hicks, Lewis, Meade, Stone
Währung: **5** Penny (Mz. **5** Pence), **8** Sterling, **13** Pfund Sterling
Großbuchstabe: 6 Versal, **7** Initial, Unziale, **8** Majuskel
Größe: 6 Format, **10** Quantitaet
Größenfestsetzung: 7 Normung
Größenordnung: 9 Dimension
Größenverhältnis: 6 Format, **10** Proportion
Größenvorschrift: 4 Norm
Größenwahn: 11 Megalomanie
Großflosser: 6 Gurami, **9** Makropode, **13** Paradiesfisch
großformatiges Buch: 7 Foliant
Großgräser: 4 Rohr, **6** Bambus
Großgrundbesitz: 9 Rittergut, **10** Latifundie, **11** Latifundium
Großgrundbesitzer: 6 Magnat, **8** Agrarier
Großhändler: 8 Grossist
Großherzigkeit: 5 Guete
Großherzog von Luxemburg: 4 Jean
Großherzogin von Luxemburg: 9 Charlotte
Großherzogtum in Mitteleuropa: 9 Luxemburg
Großhirn: 8 Zerebrum
Großindustrieller: 6 Magnat
Großjährigkeit: 11 Muendigkeit
Großkatzen: → Raubkatzen
Großkraftwerk in den Hohen Tauern: 6 Kaprun
Großmacht: 3 USA, **8** Imperium
Großmachtbestrebungen: 13 Imperialismus
Großmarkt: 5 Messe
Großmaul: 7 Prahler, **9** Bramarbas
Großmogul von Indien: 5 Akbar
Großmut: 4 Adel, **5** Guete, **7** Edelmut, **12** Generositaet
großmütig: 4 edel, **7** gnaedig, **8** generoes, tolerant
Großmutter: 3 Oma, **4** Ahne
Großpflanzung: 8 Plantage
Großreinemachen an Bord: 10 Reinschiff
Großspeicher: 4 Silo
Großspiel beim Skat: 5 Grand
Großvater: 3 Opa
großzügig: 5 nobel, **6** kulant, **8** generoes, **9** spendabel
grotesk: 6 bizarr, **7** komisch, **10** wunderlich, **11** exzentrisch, verschroben, **12** phantastisch
grotesker Einfall: 3 Gag
Grottenmolch: 3 Olm
Grube: 4 Grab, Loch, Mine, **5** Gruft, Kuhle, Mulde, Zeche, **6** Lakune
grübeln: 10 simulieren
Grubengas: 6 Methan
Gruft: 4 Grab, **6** Krypta
Grünanlage: 4 Park, **5** Rasen, **6** Garten
grünblau: 4 bleu
Grund: 4 Fond, Sinn, **5** Boden, Motiv, **6** Anlass, Faktor, **7** Anstoss, Ursache, Vorwand, **8** Argument
Grundbalken der Wasserfahrzeuge: 4 Kiel
Grundbegriff: 9 Fundament, Kategorie
Grundbesitz: 7 Domaene, **10** Immobilien, **11** Laendereien
Grundbesitzer: 4 Sass, **5** Sasse, **6** Magnat, **8** Agrarier
Grundbestandteil: 7 Element, Materie
Grundbuch: 8 Kataster
gründen: 10 etablieren, **13** konstituieren
Gründer
– ***des ägyptischen Reiches:*** **5** Menes

– ***des assyrischen Reiches:*** **5** Ninus
– ***des Deutschen Reiches:*** **8** Bismarck
– ***der Heilsarmee:*** **5** Booth
– ***des Hethiterreiches:*** **8** Labarnas
– ***des Jesuitenordens:*** **6** Loyola
– ***der Kinderheime:*** **7** Oberlin
– ***der Kolonie Virginia:*** **7** Raleigh
– ***der neuzeitlichen Olympischen Spiele:*** **9** Coubertin
– ***Ninives:*** **6** Nimrod
– ***Pennsylvaniens:*** **4** Penn
– ***des Perserreiches:*** **5** Cyrus
– ***der Pfadfinderbewegung:*** **11** Baden-Powell
– ***des Protestantismus:*** **6** Luther
– ***der Quäker:*** **3** Fox
– ***Roms:*** **7** Romulus
– ***des Roten Kreuzes:*** **6** Dunant
– ***des Russischen Reiches:*** **5** Rurik
– ***der Sowjetunion:*** **5** Lenin
– ***der SPD:*** **5** Bebel, **10** Liebknecht
– ***des türkischen Reiches:*** **5** Osman

Gründerin
– ***Karthagos:*** **4** Dido
– ***Prags:*** **7** Libussa

Grundfarben: **3** Rot, **4** Blau, Gelb
Grundfläche: **5** Areal, Basis
Grundform: **3** Typ, **6** Schema, **7** Prinzip, **9** Infinitiv
Grundformen: **9** Normalien
Grundgedanke: **4** Idee, **5** Thema, **10** Konzeption
Grundgehalt: **5** Fixum
Grundgesetz: **6** Charta, Statut, **10** Verfassung
Grundkapital: **5** Stock
Grundlage: **4** Fond, **5** Basis, **6** Fundus, Sockel, **7** Prinzip, **8** Substrat, Unterbau, **9** Fundament
Grundlage des Rechnens: **10** Einmaleins
grundlegend: **9** elementar, **11** fundamental
grundlegende Änderung: **7** Umbruch
gründlich: **7** profund, radikal, **8** intensiv
Grundlinie: **5** Basis
Grundmauer: **8** Unterbau, **9** Fundament
Grundpfandrecht: **8** Hypothek
Grundrechnungsarten: **6** Teilen, **8** Abziehen, Addition, Division, **9** Malnehmen, Zuzaehlen, **11** Subtraktion, **14** Multiplikation
Grundregeln: **9** Normalien
Grundrichtung: **5** Trend
Grundriß: **4** Plan, **6** Schema
Grundsatz: **5** Axiom, Regel, **6** Gesetz, Maxime, **7** Prinzip
Grundsatzerklärung: **8** Manifest
grundsätzlich: **11** fundamental, prinzipiell
Grundschleppnetz: **5** Trawl
Grundschuld: **8** Hypothek
Grundstein: **9** Fundament
Grundstimmung: **7** Tendenz
Grundstoff: **7** Element
Grundstoffe: → chemische Elemente
Grundstoff für
– ***Arzneien:*** **6** Anilin
– ***Farben:*** **6** Anilin
– ***Kerzen:*** **7** Stearin
– ***Puder:*** **4** Talk
– ***Salben:*** **7** Lanolin, **8** Vaseline

Grundstücke: **5** Areal, **6** Fundus, **7** Terrain, **8** Parzelle, **10** Immobilien
Grundstückseinfriedung: **4** Fenz, Zaun, **6** Gatter
Grundstücksvermittler: **6** Makler
Grundstücksverzeichnis: **8** Kataster
Grundton: **6** Tonika
Grundzahl: **5** Basis
– ***einer Potenz:*** **6** Wurzel

Grüne Insel: **4** Irland
Grünes Herz Deutschlands: **10** Thueringen
Grünfläche: **5** Rasen, Wiese
Grünfutter: **4** Gras, Klee
grüngrau: **4** oliv

Grünland: **5** Egart, Weide, Wiese, **6** Koppel
Grunzochse: **3** Jak, Yak
Gruppe: **4** Chor, Team, **5** Block, Herde, Rotte, Rudel, Schar, Serie, Sippe, Zweig, **6** Clique, Klasse, Partei, **7** Familie, Gattung, Komplex, Sektion **8** Fraktion, **9** Abteilung, Kategorie, Kollektiv, **12** Organisation
Gruppenarbeit: **8** Teamwork
Gruppengesangswerk: **4** Chor, **7** Motette
Gruppentanz: **6** Reigen, **9** Polonaese, Quadrille
gruppenweise: **9** kollektiv
Gruppierung: **13** Konstellation
Gruß: **3** Ave, **5** Salut, Salve, **6** Servus, **7** Tschues, **8** Honneurs, Reverenz, **10** Kompliment
Gruß der
– ***Angler:*** **9** Petri Heil
– ***Bergleute:*** **9** Glueck auf
– ***Flieger:*** **8** Glueck ab
grüßen: **10** salutieren
Grußform: **6** Diener, Knicks, **8** Handkuss, Umarmung, **9** Bueckling, **10** Handschlag, Verbeugung, Verneigung, **11** Hutabnehmen
Guatemala (Staat in Mittelamerika)
Bevölkerung: **13** Guatemalteken
Halbinsel: **7** Yucatán
Hauptstadt: **13** Guatemala City
Indianer: **3** Mam, **4** Maya
Politiker: **5** Elias, **6** Guzman, Ubicos, **7** Arevalo, Barrios, **8** Cabreras
Ruinenstätten der Maya: **5** Tikal, **8** Sayaxche, Uaxactum
Seen: **10** Atitlánsee, **12** Amatitlánsee
Städte u. Orte: **5** Coban, **6** Jalapa, Zacapa, **7** Antigua, Jutiapa, San José, **9** Esquintla, **10** Chiquimuta, **11** Mazatenango, **13** Puerto Barrios, Quezaltenango
Ureinwohner: **4** Maya, **6** Ladino
Vulkane: **4** Agua, **5** Fuego, **6** Tacana, **9** Tajumulco, Santa Maria
Währung: **7** Centavo, Quetzal
Wappentier: **7** Quetzal
Guckkasten: **7** Diorama, **11** Kaleidoskop
Guinea (Staat in W-Afrika)
Berg: **5** Nimba
Bergbauzentrum: **4** Fria
Bergland: **5** Nimba, **11** Fouta Djalon
Bevölkerung (Stammesgruppen): **3** Ful, **4** Baga, Kono, Nalu, Peul, Toma, **5** Fulbe, Kissi, Ngere, Sussu, **6** Kpelle, **7** Guineer, Landuma, Malinke
Flüsse: **6** Bafing, Gambia, **7** Senegal, **8** Tinkisso
Geheimbund der Baga: **4** Simo
Halbinsel: **7** Conakry
Hauptstadt: **7** Conakry
Insel: **5** Tumbo
Politiker: **5** Conte, Touré
Schultermaske: **5** Nimba
Städte und Orte: **4** Boké, Labé, **6** Dabola, Kankan, Kindia, **7** Seguiri
Währung: **5** Cauri, Franc, **7** Centime
Guinea-Bissau (Staat in W-Afrika)
Bevölkerung (Stammesgruppen): **5** Fulbe, Pepel, **6** Papeis, **7** Balante, Manjaco, **8** Mandingo
Feuchtlandzonen: **5** Lalas
Flughafen: **10** Bissalanca
Flüsse: **4** Geba, **6** Cacheu
Hauptstadt: **6** Bissau
Inselgruppe: **8** Bissagos
Politiker: **6** Cabral, Vieira, **8** Correira
Städte u. Orte: **3** Abu, Boé, **6** Bolama, Cacheu, Empada, **7** Bissara
Währung: **4** Peso, **7** Centavo
Gullivers Zwergenland: **7** Liliput

gültig: **7** wirksam, **9** offiziell, **11** verbindlich
gummiart. Kunststoff: **6** Elaste
gummiartiger Pflanzensaft: **11** Guttapercha
Gummibaum Australiens: **10** Eukalyptus
Gummigewebe: **7** Elastik
Gummiharz: **5** Asant
Gummilack: **9** Schellack
Gummirohstoff: **9** Kautschuk
Gummiüberschuh: **8** Galosche
Gunst: **4** Huld, **5** Gnade, Guete, Hilfe, **9** Zuneigung, **10** Protektion
günstig: **8** opportun
günstige Gelegenheit: **6** Chance
günstigster Bodenzustand für das Wachstum: **4** Gare
Günstling: **7** Favorit, Protegé
– ***des Dionys von Syrakus:*** **8** Damokles
– ***der Zarin Anna Iwanowna:*** **5** Biron
– ***der Zarin Katharina II.:*** **5** Orlow, **8** Potemkin
Günstlingspartei: **9** Kamarilla
Günstlingswirtschaft: **9** Patronanz
Gurgel: **4** Hals, **5** Kehle, **7** Schlund
Gurkenkraut: **4** Dill, **8** Boretsch, **9** Borretsch
Grur: **4** Band, **6** Riemen, **7** Guertel
Gürtel: **3** Obi, **6** Koppel, Riemen, **10** Leibriemen
Gürtellinie: **6** Taille
Gürtelschnalle: **6** Spange
Gürtelweite: **6** Taille
GUS-Staaten: **7** Ukraine, **8** Armenien, Russland, **9** Moldawien, **10** Kasachstan, Turkmenien, Usbekistan, **11** Kirgisistan, **13** Tadschikistan, Weissrussland
Gußbarren: **6** Massel
Gußform: **7** Kokille
Gußmasse: **6** Engobe
gut: **4** edel, fein, lieb, wohl, **5** dufte
gut erzogen: **5** artig
gut gekleidet: **7** elegant
gut schneidend: **6** scharf
Gut: **4** Habe, **5** Ferme, Finca, **6** Besitz, **7** Anwesen, Domaene, **9** Besitztum
Gutachten: **5** Votum, **6** Attest, Parere, **7** Zeugnis, **9** Expertise, Konsilium, **10** Zertifikat, **11** Beurteilung
Gutachter: **7** Experte, **8** Referent
Gutdünken: **4** Wahl, **6** Wunsch, **7** Meinung, **8** Belieben, Erachten
Güte: **4** Wert, **5** Gnade, Gunst, Milde, **8** Bonitaet, **9** Qualitaet
gütemäßig: **10** qualitativ
Güteraustausch: **6** Handel
Güterbeförderung: **9** Transport
guter Ruf: **7** Eudoxie, **8** Renommee
Güterwagen: **4** Lore, **6** Waggon
gut gelaunt: **5** fidel
gutgesinnt: **5** loyal, **7** gewogen
Guthabenseite: **6** Kredit
gutheißen: **8** billigen, **13** sanktionieren
gütig: **4** mild, **5** human, milde, sanft, **7** gnaedig, liberal, **8** herzlich, **9** gefaellig
Gutmütigkeit: **8** Bonhomie
gutsagen: **7** buergen, **9** einstehen, **11** garantieren
Gutsarbeiter: **5** Inste, **6** Knecht
Gutsarbeiterin: **4** Magd
Gutschein: **3** Bon, **5** Kupon, Scrip
Gutschrift: **5** Bonus, **8** Guthaben, **12** Bonifikation
Gutshof in Frankreich: **5** Ferme
Gutsverwalter im MA: **5** Meier
gutwillig: **9** traktabel
Guyana (Staat in S-Amerika)
Bevölkerung: **7** Guyaner
Flüsse: **7** Berbice, **8** Demerara, Pomeroon
Gebirge: **7** Roreima, **9** Pakaraima
Hauptstadt: **10** Georgetown
Politiker: **5** Green, Hoyte, **7** Burnham

Städte u. Orte: **6** Linden, **7** Araraka, Bartica, Charity, **12** New Amsterdam
Währung: **4** Cent, **6** Dollar

Gymnasialklassen: **5** Prima, Sexta, **6** Quarta, Quinta, Tertia, **7** Sekunda, **9** Oberprima, **10** Obertertia, Unterprima, **11** Obersekunda, Untertertia, **12** Untersekunda

Gymnastikgeräte: **4** Band, **5** Keule, **7** Spirale, **9** Gummiball, **10** Sprungseil

H

Haar am Augenlid: **6** Wimper
Haarausfall: **8** Alopezie
Haarausschnitt bei katholischen Geistlichen: **6** Tonsur
Haarbogenentzündung: **8** Furunkel, **11** Furunkulose
Haarbogen über dem Auge: **5** Braue, **6** Brauen
Haarbusch: **7** Panasch
Haarbüschel: **6** Schopf, Zottel, **8** Straehne
Haare auflockern: **9** toupieren, **10** effilieren
Haare wellen: **10** ondulieren
Haarersatz: **6** Toupet, **8** Peruecke
Haarfärbemittel: **5** Henna
haarfein: **8** kapillar
Haarfestiger: **7** Fixativ
Haarfett: **6** Pomade, **11** Brillantine
Haargefäß: **9** Kapillare
Haarkleid: **4** Balg, Fell, Pelz, **5** Vlies, Wolle, **6** Zotten
Haarknoten: **4** Dutt, **7** Chignon
Haarlocke: **5** Tolle, Welle
haarloser Kopf: **6** Glatze
Haarpflegegeräte: **4** Kamm, **7** Buerste, **8** Haarnetz, **9** Haarnadel, **10** Haarklemme, **11** Brennschere, Haarbuerste, Kopfbuerste
Haarpflegemittel: **6** Pomade, **7** Shampoo, **8** Schampun, Shampoon, **10** Haarwasser, Kopfwasser, **11** Brillantine,
Haarpfleger: **5** Bader, **6** Figaro, **7** Balbier, Barbier, Friseur, **8** Coiffeur
Haarspalter: **6** Pedant, **7** Kasuist, **8** Rabulist, **11** Dialektiker, Wortklauber
Haarspalterei: **9** Kasuistik, **10** Rabulistik, **13** Wortklauberei
Haarstoff: **4** Filz
Haartracht: **4** Dutt, **6** Frisur, Knoten, Tonsur, **7** Chignon, **8** Bubikopf, Fontange, Igelkopf, Scheitel, **9** Pagenkopf, Tituskopf, **10** Mozartzopf, Ponyfrisur
Haarwaschmittel: **7** Shampoo, **8** Schampun, Shampoon
Haarwickel: **9** Papillote
Haarwild: **3** Reh, **4** Elch, Hase, **5** Dachs, Fuchs, Gemse, Iltis, **6** Hirsch, Marder, **9** Damhirsch, Kaninchen, Rothirsch, **11** Schwarzwild, Wildschwein
Haarwuchs im Gesicht: → Barttrachten
Habe: **6** Besitz, **7** Fahrnis, **8** Eigentum, Mobilien, **10** Immobilien
Habenseite: **6** Kredit
habgieriger Mensch: **13** Gewinnstreber
Habsucht: **4** Gier, **7** Habgier, **8** Geldgier, Raffgier, **9** Pleonexie
Hackbrett: **6** Cimbal, Cymbal, Zimbal, Zymbal
Hacke: **4** Haue, **5** Karst
Hacken: **5** Ferse, **6** Absatz
Hackfleisch: **4** Mett, **7** Haschee
Hackfleischklößchen: **7** Bulette, **9** Brisolett, **10** Brisolette, **10** Frikadelle
Hackfrucht: **5** Ruebe, **6** Moehre, Wrucke, **7** Karotte, **9** Kartoffel, Kohlruebe, Mohrruebe, **10** Steckruebe, **11** Wasserruebe, Zuckerruebe
Hackwerkzeug: **4** Haue, **5** Karst
Hader: **4** Zank, **5** Fehde, Groll, Zwist, **6** Streit, **7** Gezaenk

Hades: **5** Orkus
Hafen: **4** Port
Hafenanlagen: **3** Kai, **4** Dock, Mole, Pier, **5** Dalbe, Reede, **6** Poller, **10** Anlegesteg, Duckdalben, **11** Schwimmdock, Schwimmkran, Trockendock
Hafenarbeiter: **6** Stauer, **11** Schauermann
Hafenboote: **5** Prahm, **6** Kutter, Schute, **7** Pinasse, **8** Barkasse, Leichter, **9** Schlepper, **10** Bunkerboot, Frachtkahn
Hafenbrücke: **4** Pier
Hafendamm: **4** Mole, Pier
Hafenmauer: **3** Kai, **4** Quai
Hafenpfahl: **5** Dalbe, **9** Duckdalbe
Haferbrei: **8** Porridge
Haff: **4** Noor, **5** Bucht, **6** Lagune
Haft: **6** Arrest, **9** Gewahrsam
Haftanstalt: **10** Gefaengnis
Haftbarmachung: **7** Regress
haften: **7** buergen, **11** garantieren
Haftfäden der Muschel: **6** Byssus
Häftling: **9** Arrestant, **10** Gefangener, Straefling
Haftsumme: **7** Kaution
Haftung: **6** Obligo, **7** Gewaehr, **8** Garantie
Haftzeher: **5** Gecko, **6** Tockee, **8** Taggecko, **10** Mauergecko
Hagelkorn: **7** Graupel, **8** Schlosse
Hagens Beiname: **6** Tronje
hager: **5** duenn, duerr
Hagestolz: **7** Misogam
Hahn: **6** Gockel, Kapaun
Hahn in der Tierfabel: **7** Henning
Hahnenfußgewächse: **6** Akelei, **7** Anemone, **8** Eisenhut, Feigwurz, Nieswurz, Ranunkel, Waldrebe, **10** Trollblume, Winterling, **11** Dotterblume, Rittersporn, Teufelsbart, Wiesenraute, **14** Adonisroeschen, Kuechenschelle, Schwarzkuemmel, **16** Sumpfdotterblume
Haifischarten: **7** Dornhai, Rauhhai, Sandhai, **8** Ammenhai, Engelhai, **9** Hammerhai, Katzenhai, Riesenhai, **10** Krausenhai, **11** Drescherhai, Makrelenhai, Menschenhai
Haimonskinder: **6** Allard, Renaud, **7** Richard, **8** Guiscard
Hain: **3** Loh
Haiti (Inselstaat in der Karibik)
Berg: **10** Pic la Selle
Bevölkerung: **7** Haitier, **9** Haitianer
Golf: **6** Gonâve
Gott: **3** Loa
Hauptstadt: **12** Port-au-Prince
Insel: **6** Gonâve
Politiker: **5** Bazin, **9** Duvalier
Städte u. Orte: **7** Jérémie, **8** Les Cayes, Gonaives, **10** Cap-Haitien
Umgangssprache: **6** Créole
Währung: **6** Gourde, Centime
Haken: **6** Krampe
Hakenbüchse: **8** Arkebuse
Hakenschlinge: **4** Oese
Halbaffen: → Affen
halbamtlich: **9** offizioes
Halbblut: → Mischlinge
Halbbogen: **5** Folio
Halbdunkel: **7** Daemmer, **9** Zwielicht, **10** Daemmerung, **12** Daemmerlicht
Halbedelsteine: → Schmucksteine
Halbfreier: **4** Lite, **8** Hoeriger
Halbgott: **5** Heros
Halbinsel: **9** Peninsula
Halbjahr: **8** Semester
Halbkugel: **11** Hemisphaere
halbleise (Musik): **10** mezzopiano
Halbmesser: **6** Radius
Halbmond: **6** Sichel
Halbperücke: **6** Toupet
Halbporzellan: **7** Fayence, **8** Majolika
halbrunder Griff: **6** Buegel
Halbschaf: **5** Nahur
Halbschuh: **5** Pumps, **6** Opanke, **7** Slipper, **8** Mokassin
halbstark (Musik): **10** mezzoforte

Halbstarker: **7** Beatnik, **8** Hooligan
Halbstiefel: **7** Bottine
Halbwelt: **9** Demimonde
Halbweltdame: **7** Kokotte, 9 Kurtisane
Halbwisser: **9** Dilettant
Halbwüchsige: **8** Teenager, **9** Backfisch
Halbziege: **4** Tahr, Thar
Halfagras: **4** Alfa, **7** Esparto
halftern: **7** zaeumen
Hall: **3** Ton, **6** Schall
Halle: **4** Saal, **5** Lobby, **6** Lounge, **8** Basilika, Peristyl
Halle Odins: **7** Walhall, **8** Walhalla
Hallig: **5** Habel, Hooge, Oland, **6** Groede, **8** Suedfall, **9** Langeness, Norderoog, Suederoog, **10** Nordstrand
Hallighügel: **4** Wurt, **5** Warft, Wurte
Halmgewächs: **4** Gras
Halogen: **3** Jod, **4** Brom, **5** Astat, Chlor, Fluor
Halsabschneider: **8** Wucherer
Halsbinde: **7** Schlips, **8** Krawatte
Halseisen: **7** Garotte, Pranger, **8** Garrotte
Halsentzündung: **6** Angina
Halsfalte des Rindes: **5** Wamme
Halsgeschmeide: **7** Kollier
Halskrankheit: **6** Angina, **10** Diphtherie
Halskrause: **6** Fraese, Kroese
Halsschlagader: **7** Karotis
Halsschmuck: **5** Kette, **7** Kollier
halsstarrig: **4** stur, **7** trotzig, **8** obstinat
Halsteile: **5** Kehle, Kropf, **6** Genick, Gurgel, Nacken, **7** Schlund, **8** Kehlkopf, **10** Adamsapfel, Luftroehre, Zungenbein, **12** Schilddruese, Speiseroehre
Halsteil von Kleidungsstücken: **6** Kragen
Halstuch: **5** Schal, **8** Cachenez
halt: **4** stop, **5** stopp
Halt: **4** Rast, Stopp, **5** Pause, **9** Atempause, **10** Stillstand
haltbar: **5** solid, **6** solide, stabil, **7** durabel, **9** dauerhaft, **10** bestaendig, konsistent
haltbar machen: **12** konservieren
Haltbarkeit: **10** Soliditaet
Haltbarmachung: **13** Konservierung
Halteband: **4** Gurt
Haltestelle: **7** Station
Haltetau: **4** Stag
Haltezeichen in der Musik: **7** Fermate
haltlos: **5** labil
Haltung: **3** Air, **4** Pose, Stil, **5** Tenue, **7** Gebaren, Habitus, Positur, **9** Attituede, Auftreten, **10** Kontenance
Halunke: **4** Lump, **6** Schuft, **7** Schurke
Hamburg (Hansestadt u. Land der Bundesrepublik)
Flüsse: **4** Elbe, **5** Bille, **6** Alster
Promenade: **13** Jungfernstieg
Reeder: **6** Ballin, **8** Woermann
Schriftsteller: **4** Leip
Stadtteile: **4** Horn, **6** Altona, Eilbek, Rissen, Veddel, **7** Barmbek, Farmsen, Harburg, **8** Wandsbek, **9** Bergedorf, **10** Blankenese, Stellingen, Uhlenhorst, **12** Fuhlsbuettel, Finkenwerder
Tierpark: **10** Stellingen
Vergnügungsviertel: **10** Reeperbahn, Sankt Pauli
Wahrzeichen: **6** Michel
Weihnachtsmarkt: **3** Dom
Witzfiguren: **6** Hummel, **9** Klein Erna
hämisch: **9** malizioes
Hamitenvölker: **3** Pul, **4** Gogo, Hima, Nama, **5** Fulbe, Galla, Nandi, Omoro, Somal, Tussi, **6** Korana, Massai, Somali, Tuareg, Wahuma, **7** Watussi

Hammer
– ***der Bergleute:*** **8** Faeustel
– ***des Thor:*** **8** Mjoelnir
hamstern: 6 horten
Hand beim Tier: 5 Pfote, Tatze, **6** Pranke
Handarbeit: 6 Naehen, **7** Haekeln, Sticken, Stopfen, **8** Stricken
Handarbeitsgeschäft: 10 Tapisserie
Handarbeitsstoff: 7 Stramin
Handbeutel: 9 Pompadour
Handbewegung: 4 Wink, **5** Geste
Handbuch: 6 Manual, **10** Kompendium
Händeklatschen: 7 Applaus, Beifall
Handel: 5 Trade, **7** Kommerz, **8** Schacher
Händel: 4 Zank, **6** Streit
handeln: 3 tun, **7** agieren
handelnd: 5 aktiv, **6** taetig
Handelnder: 6 Akteur
Handelsbrauch: 3 Uso, **4** Usus, **6** Usance
Handelsgott: 6 Hermes, Merkur
Handelsgut: 4 Ware, **7** Artikel
Handelsmann: 6 Hoeker, **7** Kraemer, **8** Kaufherr, Kaufmann, Troedler, **9** Hausierer
Handelsmarke: 9 Trademark
Handelsname: 5 Firma
Handelsniederlassung: 5 Depot, **7** Filiale, **8** Faktorei
Handelsplatz: 5 Markt, **6** Boerse
Handelsschiffe: 6 Tanker, **8** Frachter, **10** Kauffahrer, **11** Kuehlschiff, **13** Frachtdampfer, **15** Containerschiff
Handelsvertreter: 5 Agent, **6** Broker, Makler, **9** Reisender
Handelsvertretung: 7 Agentur
Handelszeichen: 5 Marke
Handfertigkeit: 7 Technik
Handfeuerwaffen: 4 Colt, **6** Flinte, Gewehr, Mauser, **7** Buechse, Muskete, Pistole, Stutzen, **8** Browning, Drilling, Revolver, Terzerol, Tesching, **9** Karabiner, **10** Jagdgewehr, Parabellum, **16** Maschinenpistole
Handflügler: → Fledermäuse
Handgelenk: 4 Rist
Handgepäck: 5 Mappe, **6** Koffer, Ranzen, Tasche, **7** Seesack, **8** Rucksack, Tragkorb, **11** Aktentasche
Handgicht: 8 Chiragra
Handglied: → Handteile
handgreiflich: 8 manifest, **9** drastisch, materiell
Handgriff: 5 Stiel, **6** Henkel
Handhabe: 5 Griff, Stiel, **6** Henkel
Handhabung: 4 Dreh, **6** Umgang, **7** Praktik, Technik, **8** Gebrauch, **10** Hantierung, **12** Manipulation
Handharmonika: 9 Akkordeon, Bandoneon, Bandonion, **10** Konzertina
Handklapper: 11 Kastagnette
Handklaviatur der Orgel: 6 Manual
Handköfferchen: 8 Suitcase
Händler
– ***von Altertümern:*** **8** Antiquar
– ***bei der Feldtruppe:*** **11** Marketender
Händlerin bei der Feldtruppe: 13 Marketenderin
Handlesekunst: 10 Chirologie, **11** Chiromantie
Handleser: 9 Chirologe, Chiromant
handlich: 5 habil, **9** praktisch
Handliniendeuter: 9 Chiromant
Handlung: 3 Akt, Tat, **6** Aktion, **8** Leistung
Handlungsbevollmächtigter: 9 Prokurist
Handlungsgehilfe: 6 Commis, Kommis
Handlungsvollmacht: 7 Prokura
Handlungsweise: 3 Tun
Handmähgerät: 5 Sense, **6** Sichel
Handpauke: 8 Tympanum
Handpflege: 9 Manikuere

Handpflegemittel: **4** Krem, **5** Creme, Seife, **8** Glyzerin, **9** Nagellack, **10** Nagelfeile, **11** Nagelschere
Handpflegerin: **9** Manikuere
Handreichung: **5** Hilfe
Handschelle: **6** Fessel, **10** Brasselett
Handschrift: **5** Codex, Kodex, **7** Papyrus, **9** Pergament, **10** Manuskript, Palimpsest
Handschriftendeuter: **10** Graphologe
Handschriftendeutung: **11** Graphologie
Handschriftenmaler: **8** Miniator
Handschuh: **10** Faeustling
Handschuhleder: **3** Kid, **5** Glacé, Nappa
Handstempel: **9** Petschaft
Handstreich: **6** Putsch
Handtäschchen: **8** Ridikuel
Handteile: **4** Rist, **6** Ballen, Daumen, Finger, **8** Knoechel, **10** Ringfinger, **11** Fingernagel, Kleinfinger, Zeigefinger, **12** Mittelfinger
Handtrommel: **8** Tamburin
Handtuchgewebe: **7** Frottee
Handturngeräte: **4** Stab, **5** Keule, **6** Hantel, Reifen, **8** Expander
handwarm: **3** lau
Handwärmer: **4** Muff
Handwaschung des Priesters: **6** Lavabo
Handwerk: **6** Metier, **7** Gewerbe
Handwerker: **5** Maler, Weber, **6** Dreher, Former, Gerber, Gipser, Glaser, Maurer, Nieter, Setzer, Wirker, **7** Baecker, Drucker, Faerber, Fraeser, Friseur, Giesser, Graveur, Metteur, Metzger, Mueller, Optiker, Sattler, Schmied, Selcher, Spinner, Toepfer, **8** Fotograf, Gaertner, Klempner, Konditor, Schuster, Spengler, Tischler, Zimmerer, Ziseleur, **9** Boettcher, Drechsler, Emailleur, Fleischer, Hutmacher, Kloeppler, Lackierer, Leinweber, Lohgerber, Polsterer, Schleifer, Schlosser, Schneider, Schreiner, Schweizer, Steinmetz, Taeschner, Uhrmacher, **10** Buchbinder, Dachdecker, Elektriker, Fassbinder, Kuerschner, Mechaniker, Ofensetzer, Schlachter, Schweisser, Stukkateur, Tapezierer, Zimmermann, **11** Buchdrucker, Feilenhauer, Galvaniseur, Goldschmied, Knopfmacher, Schuhmacher, Stellmacher, **12** Bauschlosser, Fleischhauer, Fliesenleger, Installateur, Parkettleger, **13** Autoschlosser, Kesselschmied, Kupferschmied, Metallstecher, **14** Buechsenmacher, Feinmechaniker, Werkzeugmacher, **16** Schornsteinfeger
Handwerkertitel: **7** Meister, **11** Obermeister
Handwerkervereinigungen: **5** Gilde, Zunft, **6** Innung
Handwerksgehilfe: **7** Geselle
Handwerkszeug: **3** Axt, **4** Ahle, Beil, **5** Feile, Hobel, Kelle, Nadel, Saege, Zange, **6** Bohrer, Hammer, Messer, Pinsel, Raspel, Schere, Spaten, **7** Meissel, **8** Schaufel, Spachtel, **10** Brecheisen, Stemmeisen, **15** Schraubenzieher, Schweissbrenner
Hanfabfall: **4** Werg
Hanffaser: **5** Sisal
Hang: **5** Halde, **7** Neigung, Tendenz
Hängelampe: **5** Ampel
Hanseschiff: **5** Kogge
Hansestädte: **4** Riga, **5** Emden, Halle, Koeln, Memel, Reval, Soest, Thorn, **6** Bergen, Berlin, Bremen, Danzig, Dorpat, Elbing, Goslar, Krakau, Wismar, Zwolle, **7** Arnheim, Breslau, Bruegge, Hamburg, Kolberg, Luebeck, Pleskau, Rostock, Stettin, Utrecht, **8** De-

venter, Duisburg, Hannover, Muenster, Nowgorod, **9** Amsterdam, Antwerpen, Falsterbo, Frankfurt, Lippstadt, Lueneburg, Magdeburg, Salzwedel, Stralsund, **10** Osnabrueck, **11** Koenigsberg, **12** Braunschweig
Hanswurst: 4 Narr, **6** Kasper, **7** Bajazzo, **8** Harlekin
Hanswurst des
– ***englischen Puppenspiels:*** **5** Punch
– ***italienischen Volkstheaters:*** **10** Pulcinella
Happen: 6 Bissen, Imbiss, Stueck
Haremssklavin: 8 Odaliske
Haremswächter: 6 Eunuch
Häretiker: 6 Ketzer, **9** Irrlehrer
harfenart. Spiel: 8 Arpeggio
Harke: 6 Rechen
Harlekin: 4 Narr, **10** Arlecchino
Harm: 4 Gram, Leid, **6** Kummer, **7** Schmerz
harmlos: 4 naiv
Harmonielehre: 8 Harmonik
Harmonika: 9 Akkordeon, Bandoneon, Bandonion, Euphonium, **10** Konzertina
Harn: 4 Urin
Harnisch: 6 Panzer, **7** Kuerass
Harnleiter: 6 Ureter
Harnröhre: 7 Urethra
Harnsäuresalz: 4 Urat
Harnstein: 7 Urolith
Harnstoffverbindungen: 6 Ureide
Harnuntersuchung: 9 Uroskopie
Harnverhaltung: 8 Ischurie
harren: 6 warten
hart: 6 streng, **7** rigoros
Härte: 7 Strenge
Härtegrad: 9 Resistenz
hartgefrorener Schnee: 6 Harsch
Hartgeld: 6 Muenze
Hartgummi: 6 Ebonit
Hartgußform: 7 Kokille
Hartholz: 9 Eisenholz, Kasuarine
Hartmetalle: 5 Titan, Widia
hartnäckig: 4 stur, **9** verbissen, **10** beharrlich
hartschalige Früchte: 4 Nuss, **6** Mandel, **7** Walnuss, **8** Paranuss, **9** Haselnuss, **12** Lambertsnuss
Hartung: 6 Januar, **7** Jaenner
Hartziegel: 7 Klinker
Harzart: 5 Elemi, Kopal, **6** Benzoe, Dammar, Guajak, Mastix, Myrrhe, Storax, Styrax, **7** Galipot, Ladanum, **8** Sandarak, **9** Bernstein, Gummigutt, Kautschuk, Schellack, Terpentin, Weihrauch
Harzer Berge: 7 Brocken, **8** Wurmberg, **11** Rammelsberg
Harzer Granitklippe: 10 Rosstrappe
Harzöl: 9 Terpentin
Harzprodukt: 11 Kolophonium
harzreiches Kiefernholz: 4 Kien
Häscher: 7 Buettel, Scherge
Haschisch: 9 Marihuana
Hase: 5 Lampe, **11** Muemmelmann
Haselmaus: 5 Bilch, Relle, **9** Schlaefer
Haselwurz: 6 Asarum
Hasenampfer: 9 Sauerklee
Hasenarten: 4 Pika, **5** Conie, Lapin, **7** Kaphase, **8** Eselhase, Feldhase, **9** Alpenhase, Kaninchen, Karnickel, Pfeifhase, Polarhase, Stallhase, Tolaihase, **10** Schneehase, **11** Marokkohase, **12** Rotkaninchen, **13** Waldkaninchen, Wildkaninchen, **14** Alpenpfeifhase, Sumpfkaninchen, **15** Alpenschneehase, Wasserkaninchen
Hasenbein: 4 Lauf
Hasenfell: 5 Kanin
Hasenfuß: 5 Memme, **8** Feigling
Hasenlager: 5 Sasse
Hasenmännchen: 7 Rammler
Hasenmaus: 10 Chinchilla
Hasenohren: 7 Loeffel
Hasenpest: 10 Tularaemie
Hasenscharte: 12 Lippenspalte

Hasenschwanz: 5 Blume
Häsin: 5 Zibbe, Zippe
Haß: 5 Groll, Odium
häßlich: 4 mies
Hast: 4 Eile, **5** Tempo
hasten: 5 eilen
hastig: 5 eilig, rasch, **7** schnell
Haube: 4 Helm, **5** Kappe, **6** Hennin, **7** Kalotte
Hauch: 4 Atem, Aura, Duft, Odem, **6** Pneuma, **8** Spiritus
hauchen: 5 atmen
Hauchlaut: 8 Aspirata
Haue: 5 Hiebe, Keile, **7** Dresche, Pruegel, **8** Schlaege
Haufen: 4 Wust, **5** Masse, Menge, Schar, Stoss, **6** Anzahl, Stapel
Haufenwolke: 7 Kumulus
häufig: 3 oft, **8** staendig
häufig besuchen: 13 frequentieren
Häufigkeit: 8 Frequenz
Haumesser: 7 Machete
Haupt: 4 Kopf, **6** Leiter, Spitze, **7** Fuehrer, **9** Anfuehrer
Hauptbetriebszeit: 8 Kampagne
Hauptbuch: 7 Journal
Hauptdarsteller: 11 Protagonist
Hauptfach: 12 Spezialitaet
Hauptgebäude der Ritterburg: 5 Palas
Hauptgedanke: 5 Thema, **11** Quintessenz
Hauptgeschäft: 8 Zentrale
Hauptgeschäftszeit: 6 Saison
Hauptgeschoß: 8 Beletage
Hauptgrundsatz: 6 Maxime
Hauptheiligtum des Islam: 5 Kaaba
Hauptinhalt: 7 Extrakt, **11** Quintessenz
Hauptkirche: 3 Dom, **8** Muenster, **10** Kathedrale
Häuptling: 6 Kazike, **7** Scheich
Häuptling der Apachen: 8 Geronimo
Hauptmahlzeit: 5 Diner, **6** Dinner
Hauptmasse: 4 Gros
Hauptpunkt: 6 Pointe
Hauptraum im antiken Tempel: 5 Cella
Hauptreisezeit: 6 Saison
Hauptsache: 4 Clou, Kern, **6** Pointe, **7** Extrakt, **8** Substanz, **9** Kernpunkt
hauptsächlich: 7 kapital
Hauptschlagader: 5 Aorta
Hauptschlüssel: 12 Passepartout
Hauptstadt: 8 Kapitale, Residenz, **9** Metropole
Hauptstädte der Erde: → betr. Erdteil oder Land
Hauptstraße
– ***in London:*** **10** Piccadilly
– ***in New York:*** **8** Broadway
– ***in Paris:*** **13** Champs-Élysées
Hauptturm einer Burg: 9 Bergfried
Hauptwerk der Kabbala: 5 Sohar
Hauptwort: 5 Nomen, **8** Dingwort, **10** Substantiv
Hauptzeit: 6 Saison
Hauptzeuge: 9 Kronzeuge
Hausanbau: 5 Altan, **8** Terrasse
Hausangestellter: 5 Lakai, **6** Butler, Diener, **7** Bursche
Hausarbeit (Schule): 10 Exerzitium
Hausbewohner: 6 Mieter, **7** Insasse
Häuschen: 6 Chalet, **7** Cottage
Hauseingang: 3 Tor, **4** Tuer
Hausflur: 3 Ern, **4** Eren, Gang, **5** Diele, Flett, Fletz
Hausgeist: 6 Kobold
Hausgewand: 7 Negligé
Hausgrille: 8 Heimchen
Haushalt: 4 Etat, **6** Budget
haushälterisch: 9 rationell
Haushaltsgeräte: 3 Mop, **4** Herd, Sieb, Topf, **5** Besen, Eimer, Kanne, Kelle, Mixer, Reibe, **6** Pfanne, Tiegel, **7** Flasche, Terrine, **8** Kochtopf, Muelleimer, **11** Abfalleimer, Elektroherd, Salzstreuer, Staubsauger, **12** Dosenoeffner, **13** Waschmaschine
Haushaltskunde: 9 Oekonomik

Haushaltsplan: **4** Etat, **6** Budget
Haushofmeister: **6** Butler, **9** Marschall, **10** Majordomus
Hausierer: **6** Pedlar
Hausierhandel: **10** Kolportage
Hauskatzen: **8** Mankatze, **9** Siamkatze, **10** Abessinier, Birmakatze, Chinakatze, **11** Angorakatze, Perserkatze, Zypernkatze, **13** Kurzhaarkatze, Langhaarkatze, **16** Karthaeuserkatze
Hauslehrerin: **11** Gouvernante
Häuslerwohnung: **4** Kate
häuslich: **6** privat
Hausmeister: **6** Pedell, **7** Portier, **9** Concierge, Kalfaktor, Kastellan
Hausrat: **8** Mobiliar
Hausrock: **6** Janker
Hausschuh: **6** Latsch, **7** Latsche, **8** Latschen, **9** Pantoffel, Schlappen
Hausse: **4** Boom
Haustiere: **3** Kuh, Ren, Sau, **4** Bock, Eber, Ente, Esel, Gans, Hahn, Huhn, Hund, Kalb, Lama, Lamm, Pfau, Pute, Zebu, **5** Bulle, Erpel, Geiss, Henne, Kamel, Kater, Katze, Ochse, Pferd, Puter, Ruede, Schaf, Stier, Stute, Taube, Welpe, Zicke, Ziege, **6** Eselin, Faerse, Ferkel, Fohlen, Ganter, Glucke, Gockel, Hammel, Hengst, Kueken, Tauber, Widder, Zickel, **7** Bueffel, Fuellen, Goessel, Huendin, Kuecken, Rammler, Rentier, Schoeps, Schwein, Wallach, **8** Dromedar, Enterich, Maulesel, Maultier, Perlhuhn, Truthahn, **9** Kaninchen, Karnickel, Schafbock
Haustier
– ***der Indios:*** **4** Lama
– ***der Lappen:*** **3** Ren, **7** Rentier
Haustiere: **4** Vieh
Haustürklingel: **7** Schelle
Hausvorbau: **5** Erker
Haut: **4** Balg, Fell, **5** Leder, Pelle, Derma, **6** Huelle, Schale, **9** Epidermis
Haut am Geweih: **4** Bast
Hautabschürfung: **8** Schrunde
Hautabsonderung: **8** Schweiss
Hautarzt: **11** Dermatologe
Hautausschlag: **5** Ekzem, Grind, **6** Schorf, **7** Flechte, Roseola, Roseole
Hautauswuchs: **5** Warze
Hautbemalung: **12** Taetowierung
Hautbläschen: **8** Miliaria
Häutchen: **4** Film, **7** Membran, **8** Membrane
Hautentzündung: **5** Ekzem, **10** Dermatitis
Hautfalte: **6** Runzel
Hautfarbe: **5** Teint
Hautfärbemittel: **8** Schminke
Hautfarbstoff: **7** Pigment
Hautfarbstoffmangel: **10** Albinismus
Hautfinne: **4** Akne
Hautfleck: **7** Sprosse, **9** Muttermal, **10** Leberfleck
Hautflügler: **4** Emse, Imme, **5** Biene, Wespe, **7** Ameise, Drohne, Hummel, Weisel, **8** Hornisse, Wegwespe, **9** Gallwespe, Goldwespe
Hautkrankheit: **5** Ekzem, **6** Herpes, **7** Flechte, Kraetze
Hautkrebs: **8** Kankroid
Hautoberschicht: **9** Epidermis
Hautöffnung: **4** Pore
Hautpflegemittel: **5** Creme, Puder, **11** Mandelkleie
Hautplättchen: **7** Schuppe
Hautpustel: **6** Pickel
Hautriß: **6** Fissur, **7** Rhagade
Hautrötung im Sommer: **11** Sonnenbrand
Hautverdickung: **8** Hornhaut, Schwiele
Hautwucherung: **5** Warze
Hautzellschicht: **7** Epithel
Havel-Zuflüsse: **4** Rhin, **5** Dosse, Nuthe, Plane, Plaue, Spree,

6 Briese, Buckau, Polzow, 7 Stremme, Wublitz,
Hawaii (**14** Sandwichinseln)
Badestrand: **7** Waikiki
Bevölkerung: **10** Hawaiianer
Gitarre: **7** Ukulele
Hafenstadt: **11** Pearl Harbor
Hauptstadt: **8** Honolulu
Inseln: **4** Maui, Oahu, **5** Kauai, Kaula, Lanai, **6** Hawaii, Niihau, **7** Molokai, **8** Kahulaui
Städte: **4** Hilo, Oahu, **8** Honolulu, **11** Pearl Harbor
Vulkane: **3** Kea, Loa, **7** Kikauea, **9** Haleakala, Waialeale
Hearing: **9** Anhoerung
Hebebewegung: **3** Hub
Hebegeräte: **4** Gien, Kran, **5** Spill, Talje, Takel, Winde, **6** Aufzug, Haspel, **8** Elevator, **9** Gangspill, **11** Flaschenzug
Hebel: **5** Griff, **8** Schalter
Hebelarm am Steuerruder: **5** Pinne
Heber für Flüssigkeiten: **7** Pipette, **8** Saugrohr, **9** Saugheber, **10** Stechheber
Hebewerk für Schiffe: **4** Dock, **8** Schleuse
hebräisch(e)
– ***Buchstaben:*** **2** He, **2** Pe, **3** Bet, Jod, Kaf, Kof, Mem, Nun, Sin, Taw, Tet, Waw, **4** Ajin, Alef, Chet, Zade, **5** Aleph, Dalet, Gimel, Lamed, Resch, Sajin, Schin, **6** Samech
– ***Gott:*** **5** Eloah, **6** Adonai
– ***Münze u. Gewicht:*** **5** Sekel
– ***Sohn:*** **3** Ben
Hebrideninseln: **3** Rum, **4** Coll, Eigg, Muck, Mull, Nist, Skye, **5** Barra, Canna, Lewis, Tiree, **6** Harris, Staffa
Hechtbarsch: **5** Amaul, **6** Zander
Hecke: **3** Hag, **5** Busch
Heckenrose: **8** Hagedorn
Heckenstrauch: **5** Buchs, **8** Liguster, **9** Feldahorn, Hagebuche, Hainbuche, Sauerdorn, Weissdorn
Hede: **4** Werg
Heer: **5** Armee
Heeresabteilungen: **5** Armee, Korps, **8** Division, Kompanie, Regiment, **9** Bataillon
Heeresfuhrwesen: **5** Train, Tross
Heeresspitze: **4** Tete
Heerfahne: **6** Panier
Heerführer: **8** Stratege
Heerschau: **6** Parade
Heerwesen: **8** Militaer
Hefe: **4** Germ, Zyma, **6** Baerme
Heft: **6** Kladde, **10** Broschuere
heftig: **4** akut, **6** hitzig, **8** impulsiv, vehement, **9** ungestuem
Heftigkeit: **6** Gewalt, **7** Impetus, Violenz, **8** Schaerfe, Vehemenz, **9** Ungestuem
hegen: **6** hueten, **7** pflegen, schonen
Heidedichter: **5** Loens
Heidekraut: **5** Erika
Heidelandschaft in Westfalen: **5** Senne
Heidelbeere: **9** Bickbeere, Blaubeere, Waldbeere
Heidelberger
– ***Bücherei:*** **8** Palatina
– ***Hofnarr:*** **6** Perkeo
Heidenapostel: **6** Paulus
Heidenbekehrer: **7** Apostel, **9** Missionar
Heidenbekehrung: **7** Mission
Heidentum: **10** Paganismus
Heidepflanzen: **5** Erika, Gagel, **7** Ginster, **9** Kranewitt, Machandel, Wacholder
Heideschaf: **12** Heidschnucke
heidnische Glaubensform: **9** Idolatrie, **11** Abgoetterei, **12** Fetischismus, Polytheismus, **13** Goetzendienst
heidnischer Zauberer: **6** Theurg
heikel: **7** delikat, **8** diffizil

heil: **4** ganz, **6** gesund, intakt, **10** unversehrt
Heil: **4** Wohl, **6** Gloria, **8** Gedeihen
Heiland: **5** Jesus, Soter, **7** Heliand, **8** Christus, Erloeser, Salvator
Heilanstalt: **10** Sanatorium
Heilanzeige: **10** Indikation
Heilbäderkunde: **11** Balneologie
heilbar: **7** kurabel
Heilbehandlung: **3** Kur, **8** Therapie
Heilbehandlung durch Nadelstiche: **10** Akupunktur
Heilbutt: **7** Scholle
heilen: **8** kurieren, sanieren
Heilerde: **3** Bol, **5** Bolus
heilfroh: **5** selig
Heilgehilfe: **4** Sani, **7** Masseur, Pfleger, **10** Sanitaeter
heilig: **4** hehr, **5** sankt, **6** sakral, **10** sakrosankt
heilig (Sprache): **3** san, sao, **5** saint, sankt, santa
Heilige: → Patrone, Patroninnen
heilige (r, s)
– ***Buch der Christen:*** **5** Bibel
– ***Buch des Islam:*** **5** Koran
– ***Buch der Parsen:*** **6** Avesta, Awesta
– ***Handlung:*** **5** Gebet, Opfer, Segen, Taufe, Weihe, **7** Firmung, Trauung, **9** Abendmahl, Kommunion, Sakrament
– ***Käfer der Ägypter:*** **10** Skarabaeus
– ***Schale:*** **4** Gral
– ***Schrein:*** **9** Reliquiar
– ***Schrift der Inder:*** **4** Weda
– ***Schrift der Juden:*** **6** Talmud
– ***Sprache der Buddhisten:*** **4** Pali
– ***Sprache der Inder:*** **8** Sanskrit
– ***Stadt in Äthiopien:*** **5** Aksum
– ***Stadt der Christen:*** **9** Jerusalem
– ***Stadt der Hindus:*** **7** Benares, **8** Varanasi
– ***Stadt der Mohammedaner:*** **5** Mekka, **6** Medina
– ***Stätte:*** **6** Orakel, Tempel, **7** Kultort
– ***Strom in Indien:*** **6** Ganges
– ***Vogel der Germanen:*** **4** Rabe
– ***Vogel der Hindus:*** **4** Pfau
Heiligenbild: **5** Ikone
Heiligenerzählung: **7** Legende
Heiligenschein: **6** Glorie, Korona, Nimbus, **7** Aureole, **8** Mandorla
Heiligenschrein: **9** Reliquiar
Heiliger der
– ***roman. Seeleute:*** **4** Elmo
– ***Schiiten:*** **3** Ali
– ***Teufelsanbeter:*** **3** Adi
heiligsprechen: **12** kanonisieren
Heiligsprechung: **12** Kanonisation
Heiligtum im alten Griechenland: **6** Delphi, **7** Eleusis, Olympia
Heilkunde: **7** Medizin
Heilkundiger: **4** Arzt, **9** Mediziner, Therapeut, → Ärzte
heilkundiger Kentaur: **6** Chiron
Heilmittel: **3** Bor, Jod, Tee, **4** Brom, **5** Droge, Fango, Mazis, Pille, Salbe, Salep, Serum, **6** Arznei, Balsam, Chinin, Dragee, Essenz, Galban, Natron, Pepsin, **7** Aspirin, Elixier, Insulin, Kampfer, Medizin, Menthol, Rizinus, Salizin, Veronal, **8** Borsalbe, Germanin, Pflaster, Remedium, **9** Antitoxin, Impfstoff, Kotorinde, Salvarsan, Strychnin, **10** Aureomyzin, Medikament, Penicillin, 11 Sulfonamide, **12** Bullrichsalz, Streptomyzin
Heilmittelhersteller: **9** Apotheker, **10** Pharmazeut
Heilmittelherstellung: **9** Pharmazie
Heilmittelkunde: **13** Pharmakologie
Heilnahrung: **5** Diaet, **9** Schonkost
Heilpaste: **5** Salbe
Heilpflanzen: **4** Aloe, Anis, Koka, Lein, Ysop, **5** Alant, Asant, Malve, Minze, Raute, Sesel, Ziest, **6** Akonit, Arnika, Dorant, Enzian, Germer, Ingwer, Kalmus, Kassia, Kassie, Mistel, Salbei, Storax,

Styrax, Szilla, Wermut, **7** Betonie, Bryonie, Eibisch, Fenchel, Ginseng, Gleisse, Guensel, Kamille, Kuemmel, Kurkuma, Majoran, Melisse, Quendel, Rettich, Rizinus, Theriak, Thymian, **8** Angelika, Baldrian, Beinwell, Blutwurz, Eberwurz, Eisenhut, Faulbaum, Holunder, Labkraut, Lavendel, Nieswurz, Rosmarin, Sturmhut, Wallwurz, Wegerich, Wundklee, Zichorie, **9** Aberraute, Blutkraut, Digitalis, Engelwurz, Fetthenne, Fingerhut, Gichtrose, Hauhechel, Knoblauch, Kreuzdorn, Leinkraut, Sabadille, Steinwurz, **10** Augentrost, Baerenwurz, Belladonna, Bibernelle, Bitterwurz, Brennessel, Christwurz, Eukalyptus, Gundermann, Huflattich, Kellerhals, Koloquinte, Pimpernell, Pimpinelle, Schafgarbe, Taubnessel, Tormentill, **11** Bilsenkraut, Krauseminze, Meerettich, Schwarzwurz, **12** Baerentraube, Koenigskerze, Liebstoeckel, Pfefferminze, Strophanthus, **14** Herbstzeitlose, **15** Benediktenkraut

Heilpraktiker: **9** Naturarzt, **11** Biochemiker, Magnetiseur

Heilquelle: **6** Therme

Heilschlamm: **5** Fango

Heilstätten: **6** Klinik, Spital, **7** Spittel, **8** Hospital, Lazarett, **10** Poliklinik, **10** Sanatorium

Heiltrank: **7** Elixier

Heilverfahren: **3** Kur, **10** Allopathie, Diathermie, **11** Magnetismus

Heilwurzel: **5** Alant, Salep, **7** Galgant, Ginseng

Heim: **4** Asyl, Hort, **6** Krippe, **8** Herberge

Heimarbeiter: **6** Faktor

Heimat: **6** Daheim, **7** Zuhause, **9** Vaterhaus, Vaterland, **10** Elternhaus

Heimatboden: **7** Scholle

Heimatloser: **7** Apolide

Heimatort: **7** Domizil

Heimatrecht: **9** Indigenat

heimlich: **6** mental, okkult

heimlich beobachten: **10** bespitzeln

heimlicher Groll: **3** Pik

heimliches

– ***Gericht:*** **4** Feme

– ***Schreiben:*** **8** Kassiber

Heimschule: **8** Internat

Heimtrainingsgerät: **7** Tretrad

Heimtücke: **7** Arglist, **10** Falschheit, Hinterlist

heimtückisch: **6** perfid, **9** intrigant

heimtück. Spiel: **6** Kabale, **7** Intrige

Heimweh: **9** Nostalgie

Heirat: **7** Mariage, Trauung, **8** Hochzeit

Heiratsantrag: **6** Freite

Heiratsgut: **7** Mitgift, **8** Dotation

heiße

– ***Quelle:*** **6** Geiser, Geysir

– ***Zone:*** **6** Tropen

heißes alkoholisches Getränk: **4** Grog, **6** Punsch

Heißhunger: **7** Bulimie, **9** Kohldampf

Heißluftbad: **5** Sauna

Heißluftdusche: **4** Foen

Heißsporn: **8** Hitzkopf, **9** Desperado, Fanatiker, **10** Choleriker

Heißwasserbereiter: **6** Boiler

Heißwelle: **10** Ondulation

heiter: **4** froh, **5** fidel, **6** jovial, lustig, munter, sonnig, **8** amuesant, **9** froehlich, humorvoll, vergnuegt, **12** plaesierlich

heiterer Mensch: **11** Sanguiniker

heiteres

– ***Bühnenstück:*** **5** Posse, **7** Schwank, **8** Burleske, Burletta, Komoedie, **9** Lustspiel

– ***Tonstück:*** **7** Scherzo

Heiterkeit: **5** Humor, **8** Frohsinn, **9** Fidelitas

Heizgas: **5** Butan, **6** Propan

Heizgitter: **4** Rost
Heizkörper: **8** Radiator
Heizmaterial: **3** Gas, Oel, **4** Holz, Koks, Torf, **5** Grude, Kohle, Masut, **6** Erdgas, Rohoel, **7** Brikett, Heizoel, Naphtha, **9** Anthrazit, Holzkohle, Nusskohle, **10** Braunkohle, Steinkohle, **11** Eierbrikett
Heizöl: **7** Kerosin
Heizungsanlage: **4** Ofen, **5** Kamin, **7** Gasofen, **9** Heizsonne, **10** Kachelofen, Oelheizung, **11** Elektroofen, **14** Etagenheizung, Zentralheizung
Held: **5** Heroe, Heros, Recke
Held
– ***eines deutschen Volksbuches:*** **5** Ernst, Faust, **6** Robert, **10** Fortunatus
– ***mittelalterlicher Ritterromane:*** **6** Amadis
– ***eines Räuberromans:*** **9** Rinaldini
Heldendarsteller: **8** Tragoede
Heldendarstellerin: **7** Heroine
Heldenerzählung: **4** Sage
Heldengedicht: **4** Epos, **7** Ballade
Heldengedicht
– ***Homers:*** **5** Ilias, **6** Iliade, **7** Odyssee
– ***Vergils:*** **6** Aeneis, **7** Aeneide
heldenhaft: **8** heroisch
Heldenhaftigkeit: **6** Heroik
Heldenlied: **9** Rhapsodie
heldenmäßig (Musik): **6** eroico
Heldenmut: **9** Heroismus
Heldensage: **6** Mythos, Mythus
Heldentum: **9** Heroismus
Heldin: **6** Heroin, **7** Heroine
Heldin eines deutschen Volksbuches: **8** Magelone
helfend: **8** auxiliar, **10** subsidiaer
Helfer: **6** Maezen, **7** Adlatus, Famulus, **9** Assistent, Sekundant
Helfer der Inneren Mission: **6** Diakon
Helfershelfer: **8** Komplice
hell: **5** luzid, **6** limpid
helle Flamme: **4** Lohe
hellgelbgrau: **5** beige
hellhaarige Frau: **8** Blondine
Helligkeit: **5** Glanz, Licht
Hellsehen: **9** Prophetie
helltönend: **4** gell
Helmbohne: **6** Lablab
Helmbusch: **7** Panasch
Helmschmuck: **6** Zimier
Helmtypen: **7** Kaskett, Tschako, **8** Eisenhut, Topfhelm, **9** Schallern, Stahlhelm, Sturzhelm, **10** Raupenhelm, Schutzhelm, Sturmhaube, Tropenhelm, **11** Pickelhaube, Spangenhelm
Helmwappenschmuck: **6** Zimier
Hemdteil: **6** Kragen, **10** Manschette
hemmen: **7** bremsen, hindern, **9** sistieren, **11** okkludieren
hemmend: **9** repressiv
Hemmnis: **8** Stoerung, **9** Hindernis
Hemmung: **7** Skrupel
hemmungslos: **10** skrupellos
Hemmvorrichtung: **5** Raste, **6** Bremse
Henkel: **5** Griff
Henkelgefäße: **4** Krug, Topf, **5** Kanne
Henkergerüst: **6** Galgen, **8** Schafott
Henkersbeil: **8** Richtaxt
Henne: **4** Huhn, **6** Glucke
herab: **6** nieder, **8** abwaerts, herunter
herabsetzen: **6** senken, **10** reduzieren, **14** diskriminieren
Herabsetzung: **9** Reduktion, **15** Diskriminierung
herabstürzende Stein-, Schneemasse: **6** Lawine
herabwürdigen: **11** degradieren, erniedrigen, **12** deklassieren
herausfinden: **7** erraten, **8** eruieren, **9** entdecken, ermitteln, **11** enträtseln
Herausforderer: **11** Provokateur
herausfordern: **6** reizen, **7** trotzen, **11** provozieren
herausfordernd: **9** aggressiv, **10** ostentativ

Herausforderung: **7** Reizung, **11** Provokation
Herausgabe: **7** Edition, **11** Publikation
herausgeben: **7** edieren, **11** publizieren
Herausgeber: **6** Editor, **9** Publizist
Herausgebervermerk: **9** Impressum
herausziehen: **11** extrahieren
herb: **6** bitter, streng, **7** sproede
herbeibringen: **11** apportieren
Herberge: **5** Hotel, Motel, **6** Hospiz, **7** Albergo, **12** Karawanserei
Herbstblumen: **5** Aster, Malve, **6** Dahlie, **8** Eisenhut, Georgine, Zeitlose, **9** Goldraute, Stockrose, **10** Herbstrose, Stockmalve, **12** Chrysantheme, **14** Herbstzeitlose
Herbstmond: **9** September
Herd: **4** Sitz, **5** Grill, **6** Kocher, **8** Ursprung, **9** Gaskocher, **10** Kochplatte
Herde: **3** Zug, **5** Horde, Kette, Rotte, Rudel, **7** Schwarm
Hergang: **7** Prozess, Verlauf
Hering (abgelaichter): **4** Ihle
Heringe: **4** Alse, **5** Alose, Finte, **7** Sardelle, Sprotte, **8** Anchovis, Maifisch, Pilchard, Sardelle, **9** Anschovis, Breitling
Heringsartige: **5** Lachs, Renke, **6** Aesche, Hering, Tarpon, Tarpun, **7** Forelle
Heringsbrühe: **4** Lake
Heringsfangboot: **5** Buese
Heringsspezialitäten: **4** Sild, Sill, **6** Matjes, **8** Buecking, Rollmops, **9** Bueckling
Herkommen: **7** Abkunft, **8** Ursprung, **9** Observanz, Tradition, **10** Deszendenz, Herleitung, Konvenienz
herkömmlich: **12** traditionell, **13** konventionell
Herkunft: **6** Quelle, Wurzel, **8** Ursprung, **9** Herkommen, **10** Abstammung, Deszendenz, Provenienz
Herkunft edler Weine: **8** Kreszenz
Hermann der Cherusker: **5** Armin, **8** Arminius
Herr (Anrede auf)
- ***arabisch:*** **4** Said, Sidi
- ***englisch:*** **3** Sir, **6** Mister
- ***französisch:*** **8** Monsieur
- ***indisch:*** **5** Sahib
- ***italienisch:*** **6** Signor, **7** Signore
- ***malaiisch:*** **4** Tuan
- ***niederländisch:*** **8** Mijnheer
- ***persisch:*** **3** Aga
- ***polnisch:*** **3** Pan
- ***portugiesisch:*** **6** Senhor
- ***russisch:*** **8** Gospodin
- ***spanisch:*** **5** Señor
- ***suahelisch:*** **5** Bwana
- ***türkisch:*** **3** Bei (früher: **6** Efendi, **7** Effendi)

Herrenkleidungsstücke: **3** Cut, **4** Hose, **5** Anzug, Frack, Sakko, Weste, **6** Blazer, Ulster, **7** Paletot, Smoking, **8** Havelock, **9** Klubjacke
Herrendienst: **4** Fron
Herrenhüte: **4** Bibi, **6** Glocke, Melone, **7** Homburg, Zylinder
Herrenschoßrock: **3** Cut, **7** Cutaway
Herrentiere: **8** Primaten
herrichten: **9** frisieren
herrisch: **6** barsch, bruesk, **9** anmassend, **10** despotisch, tyrannisch
herrlich: **5** prima, **8** magnifik, **9** koestlich, praechtig, triumphal, **10** grossartig
Herrschaft: **5** Macht, **6** Regime, **10** Hierarchie
Herrschaft
- ***der Minderheit:*** **10** Oligarchie
- ***der Reichen:*** **11** Plutokratie

herrschaftlich: **6** feudal
herrschaftlicher Diener: **5** Lakai
Herrschaftsaneignung: **10** Usurpation
Herrschaftsgebiet: **11** Territorium
Herrschaftslosigkeit: **8** Anarchie
herrschen: **7** fuehren, **8** gebieten,

regieren
Herrscher: 3 Zar, **6** Despot, Dynast, Kaiser, Koenig, Regent, Tyrann, **7** Monarch, **8** Diktator, Potentat, Verweser, **9** Oberhaupt, Souveraen, **10** Gouverneur, Landesherr, Praesident, Vizekoenig, **12** Serenissimus
Herrscher
– ***des Aztekenreiches:*** **9** Montezuma
– ***von Babylon:*** **6** Nimrod
– ***von Korinth:*** **9** Periander
Herrschergeschlecht: 8 Dynastie
Herrschergeschlecht in Syrien: 10 Seleukiden, Seleuziden
Herrscherkaste im alten Peru: 4 Inka
Herrschersitz: 5 Thron
Herrscherstab: 6 Zepter
Herrschertitel: 3 Zar, **4** Khan, **5** Mogul, Negus, Schah, Tenno, **6** Kaiser, Koenig, Sultan
herrschsüchtiger Mensch: 6 Tyrann
herrühren: 11 resultieren
hersagen: 10 memorieren, rezitieren, **11** deklamieren
herstellen: 11 fabrizieren, produzieren
Hersteller: 9 Fabrikant, Produzent
Herstellung: 10 Produktion, **11** Fabrikation
Herstellungsverfahren: 7 Methode, Technik
herumgehen: 11 zirkulieren
herumraten: 8 raetseln
herumstrolchen: 13 vagabundieren
Herumtreiber: 5 Stenz, **7** Stromer, **8** Streuner, Vagabund
hervorbringen: 6 zeugen, **8** erzeugen, kreieren, **10** erschaffen, **11** produzieren
hervorgehen: 11 resultieren
hervorgehoben (Musik): 7 marcato
hervorheben: 7 betonen, **10** exponieren, **12** akzentuieren, **14** unterstreichen
hervorragend: 5 prima, **7** eminent, **8** brillant, **9** exzellent, prominent, trefflich, **10** grossartig, **11** vorzueglich, **12** vortrefflich, **13** ausgezeichnet
hervorragende Persönlichkeit: 9 Prominenz
hervorwachsen: 9 spriessen
Herz im Kartenspiel: 5 Coeur
Herzeleid: 4 Gram, **6** Kummer, **7** Schmerz, Trauer
Herzensdame: 8 Dulzinea
Herzentzündung: 8 Karditis
Herzerweiterung: 8 Diastole
Herzinnenhaut: 8 Endokard
Herzkrampf: 14 Angina pectoris
herzlich: 5 innig, **7** kordial
herzlos: 3 roh, **4** hart, **5** boese, **7** inhuman, **10** gefuehllos
Herzmittel: 7 Koffein, **9** Digitalis, **11** Strophantin
Herzog: 3 Duc, **4** Duca, Duke
Herzog
– ***von Bayern:*** **7** Tassilo
– ***der Normannen:*** **5** Rollo, **7** Tankred
Herzogin: 8 Duchesse
Herzogin von Brabant: 8 Genoveva
Herzschlag: 7 Systole, **8** Diastole
Hessen (Land der Bundesrepublik)
Berge: **6** Knuell, **8** Feldberg, Meissner, **9** Melibocus, Taufstein, **10** Biedenkopf, **11** Wasserkuppe
Flüsse: **3** Ahr, Ohm, **4** Dill, Eder, Lahn, Main, **5** Fulda, Haune, Nidda, **6** Diemel, Kinzig, Nidder, Wetter, **7** Schwalm, **8** Muemling, **9** Weschnitz
Gebirge, Höhenzüge: **5** Rhoen, Tromm, **6** Taunus, **8** Burgwald, Odenwald, Spessart, **10** Kellerwald, Vogelsberg, Westerwald, **12** Habichtswald, **13** Kaufunger Wald, Knuellgebirge, Rheinhardswald, **15** Rheingaugebirge
Hauptstadt: **10** Wiesbaden
Landschaften: **6** Rodgau, Upland,

Schwalm, Waldeck, **8** Rheingau, Wetterau
Regierungsbezirke: **6** Kassel, **7** Giessen, **9** Darmstadt
Städte u. Orte: **3** Orb, **4** Hoof, Lich, Tann, **5** Bebra, Fulda, Hanau, Nidda, Soden, Voehl, **6** Bad Orb, Biblis, Borken, Emstal, Erbach, Haiger, Hungen, Kassel, Langen, Lollar, Lorsch, Nassau, Sontra, Umbach, **7** Alsfeld, Arolsen, Dieburg, Giessen, Hadamar, Herborn, Hofheim, Homburg, Idstein, Korbach, Limburg, Marburg, Nauheim, Steinau, Usingen, Villmar, Waldeck, Wetzlar, **8** Bad Soden, Baunatal, Bensheim, Eltville, Eschwege, Fritzlar, Guxhagen, Hersfeld, Huenfeld, Niddatal, Nidderau, Weilburg, **9** Darmstadt, Frankfurt, Friedberg, Oberursel, Offenbach, Viernheim, Wiesbaden, Wildungen, **10** Bad Homburg, Bad Nauheim, Battenberg, Biedenkopf, Dillenburg, Gelnhausen, Gross-Gerau, Heppenheim, Hofgeismar, Pfungstadt, Ruedesheim, Schwalbach, **11** Babenhausen, Frankenberg, Koenigstein, Lampertheim, Neu Isenburg, **12** Bad Wildungen, Schlangenbad, **14** Assmannshausen
Stauseen: **7** Edersee, **9** Diemelsee

Hethiter
Hauptstadt: **7** Hattusa, **8** Chattusa
Herrscher: **8** Labarnas, Mursilis, Telepinu, **9** Murschili, Muwatalli, **10** Hattusilis, **11** Hattuschili

Hethiterreich: **6** Chatti
hethit. Königsgott: **6** Santas
Hetze: **4** Hatz, **6** Unrast
hetzen: **5** jagen, **6** hasten
Hetzhund: **5** Ruede
Hetzjagd: **4** Hatz, **8** Parforce
Heuchelei: **4** Cant, **5** Getue, Mache, **10** Bigotterie, Falschheit, Gleisnerei, Simulation
Heuchler: **8** Gleisner, Hypokrit, Simulant, Tartueff, Tartuffe, **9** Froemmler, **10** Pharisaeer
heuchlerisch: **12** pharisaeisch
Heugabel: **5** Forke
Heumond: **5** Heuet, **6** Heuert
Heuschnitt: **4** Mahd
Heuschober: **6** Stadel
Heuschreckenart: **6** Grille, Heimchen, **8** Heupferd, **10** Baumgrille, Feldgrille, Heuhuepfer, **11** Grashuepfer, **15** Gottesanbeterin
Heutrockengestell: **6** Reiter, Reuter
Hexe: **5** Drude, **8** Daemonin, Zauberin
hexen: **7** zaubern
Hexenbesen: **6** Mistel
Hexenfest: **14** Walpurgisnacht
Hexenschuß: **7** Lumbago
Hexer: **6** Magier, **8** Zauberer
Hexerei: **5** Magie, **6** Zauber, **8** Zauberei
Hieb: **3** Hau, **5** Treff, **6** Schlag, **7** Streich
Hiebe: **4** Haue, **5** Keile, **7** Dresche, Pruegel, **8** Schlaege
Hiebwaffen: **6** Saebel, **7** Schwert, **9** Streitaxt, **10** Hellebarde, Schlagring
Hiebwunde: **8** Schmarre
Hifthorn des Roland: **7** Olifant
Hilfe: **6** Schirm, Schutz, **7** Rettung, Stuetze, Sukkurs, **8** Beistand, **9** Assistenz, Errettung
Hilferuf: **3** CQD, SOS
hilfreicher Vorschlag: **3** Rat
hilfsbereit: **9** kollegial, **10** humanitaer
Hilfsboote: **6** Tender, **9** Schaluppe
Hilfsgeistlicher: **5** Vikar, **6** Kaplan
Hilfsgelder: **9** Subsidien
Hilfskraft: **6** Helfer, **8** Adjutant, Beistand, **9** Assistent, **11** Mitarbeiter

Hilfsmeßstabzusatz: 6 Nonius
Hilfsmittel: 7 Utensil, **8** Material, Requisit, **10** Utensilien
Hilfszeitwörter: 4 sein, **5** haben, **6** moegen, sollen, werden, **7** koennen, muessen
Himalajagipfel: 5 Kamet, **6** Lhotse, Makalu, **7** Dapsang, Everest, **9** Annapurna, **10** Dhaulagiri, **11** Gaurisankar, Nanga Parbat, **12** Mount Everest
Himalajastaaten: 5 Nepal, **6** Bhutan
himbeerfarben: 6 fraise
Himmel: 6 Aether, **9** Firmament, **11** Sternenzelt
himmelblau: 5 azurn
Himmelsblau: 4 Azur
Himmelsbote: 5 Engel
Himmelsbrot: 5 Manna
Himmelserscheinung: 9 Nordlicht, **10** Polarlicht
Himmelsfärbung: 5 Roete, **8** Abendrot, **9** Morgenrot
Himmelsforscher: 8 Astronom
Himmelsgewölbe: 7 Sphaere, **9** Firmament
Himmelshalbkugel: 11 Hemisphaere
Himmelskönigin: 5 Maria, **7** Madonna
Himmelskörper: 4 Mond, Nova, **5** Komet, Sonne, Stern, **6** Meteor, Planet, **7** Gestirn, Trabant, **8** Fixstern, Meteorit, Satellit, **9** Planetoid, **11** Wandelstern
Himmelskunde: 10 Astronomie
Himmelspförtner: 6 Petrus
Himmelsrichtungen: 3 Ost, **4** Nord, Sued, West, **5** Osten, **6** Norden, Sueden, Westen, **7** Nordost, Suedost, **6** Nordwest, Suedwest, **9** Nordosten, Suedosten, **10** Nordwesten, Suedwesten
Himmelsschlüsselblume: 6 Primel
Himmelsstürmer: 10 Prometheus
Himmelswächter der nordischen Mythologie: 7 Heimdal
Himmelszelt: 9 Firmament
himmlisch: 10 aetherisch, ambrosisch, **12** paradiesisch
hindern: 7 stoeren
Hindernis: 6 Huerde, Sperre, **7** Hemmnis, Hemmung, **8** Barriere, **9** Barrikade
Hindernis
– ***beim Pferderennen:* 4** Oxer, Wall, **5** Hecke, Knick, Mauer, **6** Gatter, Graben, Huerde
– ***in der Schiffart:* 4 *Riff,* 5** Barre, Nebel, **7** Eisberg, Untiefe, **8** Sandbank, Treibeis
Hindernisbahn: 8 Parcours
Hindernislauf: 11 Huerdenlauf
Hindernispfahl: 8 Palisade
Hinderniswand: 8 Eskalade
Hinderung: 7 Hemmnis, Hemmung
Hindi-Name für Indien: 6 Bharat
Hindufest: 3 Hul
Hindugöttin: 8 Lakschmi
Hinduheiliger: 6 Saddhu
Hindukusch-Stamm: 6 Pathan
Hindu-Wallfahrtsort: 7 Benares, **8** Varanasi
Hinfahrt: 7 Anreise
hinfällig: 5 siech
Hingabe: 4 Kult, **5** Eifer, Liebe, Opfer, **7** Passion, **11** Aufopferung, **12** Begeisterung
hinhaltend: 11 dilatorisch
hinlänglich: 5 genug, **7** sattsam
hinreißend: 10 oratorisch
Hinrichtung: 9 Exekution
Hinrichtungsbühne: 8 Schafott
Hinrichtungsgeräte: 3 Rad, **5** Kreuz, **6** Galgen, Strang, Strick, **8** Fallbeil, Garrotte, Richtaxt, Schafott, **9** Halseisen, Richtbock, **10** Guillotine, Richtstuhl, **13** Wuergschraube
Hinrichtungskommando: 7 Peloton
hinschaffen: 14 transportieren
Hinterbliebene: 5 Waise, Witwe, **6** Witwer

H

hinterbringen: **8** verraten, zutragen
hinterer Backenzahn: **5** Molar
hinterer Sitz im Wagen: **4** Fond
Hintergedanke: **4** List, **6** Tuecke, **7** Arglist, **10** Hinterlist
Hintergrund: **4** Fond, **5** Folie, Tiefe, **8** Prospekt, **10** Background
Hinterhalt: **5** Falle, Lauer, **8** Versteck
hinterhältig: **6** falsch, gemein, perfid, **8** verlogen, **9** arglistig, intrigant, tueckisch, **10** raenkevoll, **13** heimtueckisch, **15** niedertraechtig
hinterhältige Machenschaft: **6** Raenke, **7** Arglist, Intrige
hinterindische Halbinsel: **7** Malakka
hinterindischer Strom: **6** Mekong, **7** Irawadi
hinterindische Staaten: **4** Laos, **5** Birma, Burma, **7** Vietnam, **8** Malaysia, Thailand, **8** Singapur, **10** Kambodscha
Hinterlassenschaft: **4** Erbe, **7** Erbteil, **8** Nachlass
hinterlegen: **10** deponieren
Hinterlegtes: **5** Depot, Pfand, **7** Kaution
Hinterleib der Insekten: **7** Abdomen
Hinterlist: **6** Kabale, Raenke, Tuecke, **7** Arglist, Intrige, **8** Rankuene, **10** Heimtuecke, Taeuschung
Hinterseite: **6** Revers, **7** Ruecken, **9** Kehrseite, **10** Rueckseite
Hinterteil des Schiffes: **4** Heck, **5** Stern, **12** Achterschiff
Hintertreffen: **6** Verzug, **8** Nachteil, **10** Rueckstand
Hinterziehung: **12** Defraudation, **14** Unterschlagung
hinweg: **4** fort, **5** davon
Hinweis: **3** Rat, Tip, **4** Wink, **8** Auskunft, **9** Andeutung, Ratschlag, **10** Fingerzeig
hinweisend: **9** deiktisch
hinweisendes Fürwort: **2** da, **4** dies, dort, jene, **5** diese, jener, jenes, **6** dieser, dieses, selber, selbst, solche, **7** solcher, solches
hinzufügen: **8** addieren
Hinzufügung: **6** Anlage, **8** Addition, Nachtrag, **10** Ergaenzung
hinzuzuzählende Zahl: **7** Summand
Hirn: **6** Bregen, **7** Braegen
Hirnanhang: **9** Hypophyse
Hirngespinst: **4** Trug, **6** Utopie, **7** Phantom, **8** Tagtraum, Trugbild, Wahnidee, **9** Schimaere, **10** Einbildung, **11** Luftschloss
Hirscharten: **3** Dam, Elk, Reh, Ren, **4** Axis, Deer, Elch, Elen, Milu, Pudu, Rusa, Sika, **5** Maral, Moose, **6** Guazuy, Hangul, Huemul, Isubra, Karibu, Mazama, Sambar, Thamin, Wapiti, **7** Meminna, Muntjak, Rentier, **8** Elentier, Zwergreh, **9** Barasinga, Damhirsch, Kantschil, Moosedeer, Rothirsch, Schaufler, Tundraren, Wasserreh, **10** Alaskaelch, Altaimaral, Axishirsch, Bellhirsch, Bergkaribu, Edelhirsch, Kamphirsch, Puduhirsch, Riesenelch, Rusahirsch, Sikahirsch, Trughirsch, Waldkaribu, **11** Altaihirsch, Andenhirsch, Brandhirsch, Gabelhirsch, Leierhirsch, Moschustier, Steppenelch, Sumpfhirsch, **12** Davidshirsch, Gabelmuntjak, Isubrahirsch, Kronenhirsch, Mazamahirsch, Pampashirsch, Pferdehirsch
Hirschbrunstlaut: **7** Roehren
Hirschgeweih: **6** Stange, **7** Gewicht, **8** Gefaenge, Gestaeng
Hirschgeweihansatz: **4** Rose, **10** Rosenstock
Hirschgeweihfell: **4** Bast, **6** Gefege
Hirschgeweihteile: **4** Ende, **5** Gabel, Krone, Perle, **6** Spiess, Spross, **8** Schaufel, **9** Augspross
Hirschjunges: **4** Kalb, **8** Kahlwild, Wildkalb

Hirschkuh: **5** Hinde, **6** Hindin, **7** Rottier
Hirschschwanz: **5** Wedel
Hirschzunge: **6** Graser, Lecker
Hirseart: **5** Fench, **7** Fennich, Sorghum, **8** Eleusine
Hirtenflöten: **6** Syrinx, Zufolo, **7** Fistula, **8** Schalmei, **9** Panfloete
Hirtengedicht: **6** Ekloge
Hirtengott: **3** Pan
Hirtenlied: **6** Ekloge, Idylle, **9** Pastorale, **10** Bergerette, Villanella
Hirtenlieddichter: **9** Bukoliker
Hirtenpoesie: **9** Pastorale
Histörchen: **8** Anekdote
Hitze: **4** Glut, **6** Waerme
Hitzebläschen: **6** Pustel
Hitzemesser: **9** Pyrometer
hitzig: **6** furios
Hitzkopf: **9** Desperado, Fanatiker, **10** Choleriker, Heisssporn
Hitzschlag: **8** Heliosis
Hobelabfall: **4** Span
Hobelmaschine: **6** Fraese
hoch loben: **7** ruehmen
hochachten: **11** aestimieren
Hochachtung: **6** Tribut, **7** Respekt, **8** Reverenz, **9** Verehrung
Hochamt: **5** Messe
hochangesehen: **8** beruehmt
hochbedeutsam: **7** epochal
hochbetagt: **5** uralt, **8** steinalt
Hochbetrieb: **6** Trubel
Hochbild: **6** Relief
Hochdruckgebiet: **11** Antizyklone
Hockdruckkrankheit: **10** Hypertonie
Hochebene: **4** Puna, **6** Meseta, **7** Plateau
hochexplosiv: **7** brisant
Hochfläche: **7** Plateau
hochgebildet: **10** kultiviert
Hochgebirge
– ***in Amerika:*** **5** Anden, **11** Kordilleren
– ***in Asien:*** **8** Himalaja, Nanschan, **9** Karakorum
– ***in Europa:*** **5** Alpen
– ***in Südamerika:*** **5** Anden
– ***in Tibet:*** **6** Dangla
Hochgebirgsnische: **3** Kar
Hochgebirgsziege: **9** Steinbock
Hochgefühl: **5** Stolz, **12** Enthusiasmus
hochgewachsen: **4** rank, **7** schlank
Hochglanz: **7** Politur
hochgradig Begeisterter: **3** Fan
hochgradiger Schwachsinn: **7** Idiotie
Hochgrasebene in Südamerika: **6** Llanos
Hochhaus: **13** Wolkenkratzer
Hochhäuserkontur: **7** Skyline
hochheben: **7** stemmen
hochheilig: **10** sakrosankt
hochherzig: **7** liberal, **9** selbstlos, **10** edelmuetig
Hochherzigkeit: **7** Edelmut
Hochkonjunktur: **4** Boom, **6** Hausse
Hochland
– ***in Asien:*** **4** Iran, **5** Dekan, Pamir, Tibet, **6** Dekhan, **8** Armenien, Mongolei, **9** Kurdistan
– ***in Äthiopien:*** **6** Amhara
– ***in Brasilien:*** **5** Goiás
– ***zwischen Schwarzem Meer und Kaspisee:*** **9** Kaukasien
– ***in Südfrankreich:*** **8** Auvergne
– ***am Toten Meer:*** **4** Edom
– ***in Vorderasien:*** **8** Armenien, **9** Kurdistan
– ***in Vorderindien:*** **5** Dekan, **6** Dekhan
Hochländer: **7** Schotte
Hochmeister des deutschen Ritterordens: **8** Albrecht
Hochmut: **6** Hybris, **7** Duenkel, Hoffart, **8** Arroganz, **9** Anmassung
hochmütig: **6** hybrid, **8** arrogant, blasiert, herrisch, **9** anmassend, **10** dummdreist, hoffaertig, **11** aufgeblasen, duenkelhaft, eingebildet, impertinent
hochrot: **7** vermeil
Hochruf: **5** Eljen, Hurra, Vivat,

8 Hosianna, **9** Halleluja
Hochschulabsolvent: 10 Akademiker
Hochschulbesuch: 7 Studium
Hochschule: 7 College, **8** Akademie, **9** Alma mater, **12** Universitaet, **14** Konservatorium
Hochschüler: 7 Student
Hochschulfestsaal: 4 Aula
Hochschulhalbjahr: 8 Semester
Hochschulinstitut: 7 Seminar
Hochschullehrer: 6 Dozent, Lektor, **9** Professor, **10** Ordinarius
Hochschulleiter: 6 Rektor
Hochschulviertel in Paris: 13 Quartierlatin
Hochsitz: 6 Kanzel
Hochsprunggerät: 4 Stab, **10** Sprungstab
Hochsprungstil: 8 Straddle
höchst: 4 sehr, **6** extrem, **7** maximal, **8** ueberaus, **9** aeusserst
Höchste: 7 Maximum
Hochstapler: 6 Gauner, **9** Betrueger, **10** Schwindler
höchste(r, s)
– ***Beamter im alten Athen:*** **6** Archon, **7** Archont
– ***Begeisterung:*** **7** Ekstase
– ***Berg in Afrika:*** **14** Kilimandscharo
– ***Berg Amerikas:*** **9** Aconcagua
– ***Berg Asiens:*** **7** Everest, **12** Mount Everest
– ***Berg Australiens:*** **15** Mount Kosciuszko
– ***Berg Deutschlands:*** **9** Zugspitze
– ***Berg der Erde:*** **7** Everest, **12** Mount Everest
– ***Berg Europas:*** **9** Montblanc
– ***Berg Großbritanniens:*** **8** Ben Nevis
– ***Berg im Harz:*** **7** Brocken
– ***Berg Japans:*** **8** Fujijama, **11** Fudschijama
– ***Berg Kanadas:*** **10** Mount Logan
– ***Berg des Kaukasus:*** **6** Elbrus
– ***Berg Kretas:*** **3** Ida
– ***Berg Mittelamerikas:*** **9** Tajumulco
– ***Berg Nordamerikas:*** **13** Mount McKinley
– ***Berg der Ostalpen:*** **7** Bernina
– ***Berg Österreichs:*** **13** Grossglockner
– ***Berg der Pyrenäen:*** **5** Aneto
– ***Berg Sachsens:*** **11** Fichtelberg
– ***Berg des Schwarzwalds:*** **8** Feldberg
– ***Berg Spaniens:*** **8** Mulhacén
– ***Berg der Türkei:*** **6** Ararat
– ***engl. Orden:*** **14** Hosenbandorden
– ***Gebirge der Erde:*** **8** Himalaja
– ***Gebirge Europas:*** **5** Alpen
– ***Gebirge Griechenlands:*** **5** Olymp
– ***Gerichtshof im alten Athen:*** **7** Areopag
– ***Glückseligkeit im Buddhismus:*** **7** Nirwana
– ***islam. Würdenträger:*** **5** Wesir
– ***päpstliches Gericht:*** **4** Rota, **10** Rota Romana
– ***Punkt des Himelsgewölbes:*** **5** Zenit
– ***schöpfer. Begabung:*** **5** Genie, **11** Genialitaet
– ***Sorgsamkeit:*** **7** Akribie
höchstbegabt: 6 genial
Höchstbegabung: 5 Genie
höchstentwickelte Säugetiere: 8 Primaten
Höchstleistung: 6 Rekord, **7** Maximum, **10** Superlativ
Hochtal
– ***im Berner Oberland:*** **11** Grindelwald
– ***in Graubünden:*** **7** Engadin
– ***in Tirol:*** **9** Stubaital
Hochtourist: 8 Alpinist, **11** Bergsteiger
hochtrabend: 7 pompoes, **11** bombastisch
Hochverräter: 9 Putschist, **11** Attentaeter, Staatsfeind
Hochwasser an der Küste: 4 Flut, **9** Sturmflut, **10** Springflut

Hochwasserschutz: **4** Damm, **5** Deich, **8** Stauwehr, **9** Talsperre
Hochweide: **3** Alm, Alp, **4** Alpe
hochwertig: **5** prima, **9** exzellent, **11** meisterhaft, vorzueglich, **12** hervorragend, vortrefflich, **13** ausgezeichnet
Hochwildarten: **4** Elch, **5** Gemse, **6** Hirsch, **7** Mufflon, **8** Auerhahn, Auerhuhn, **9** Damhirsch, Rothirsch, Steinbock, **11** Schwarzwild, Wildschwein
hochwuchten: **7** stemmen
Hochzahl: **8** Exponent
Hochzeit: **6** Heirat, **7** Trauung
Hochzeiter: **10** Braeutigam
Hochzeiterin: **5** Braut
Hochzeitslied: **5** Hymen
Hochziel: **5** Ideal, **7** Vorbild
hocken: **6** kauern
Hocker: **8** Taburett
Höcker: **6** Buckel, **6** Ekphym
höckerloses Kamel: **4** Lama
Höckertier: **5** Kamel, **8** Dromedar
Hof um eine Lichtquelle: **4** Halo, **7** Aureole
Hofbeamter: **6** Schenk, **9** Kaemmerer, Marschall, Truchsess, **10** Hofmeister, Kammerherr, Mundschenk, Seneschall
Hoferbe: **6** Anerbe
Hoffnung: **8** Aussicht, **9** Erwartung, **10** Optimismus, Zuversicht
hoffnungslos: **8** desperat, **11** enttaeuscht, verzweifelt
hofieren: **7** flirten, **8** taendeln, umwerben, **9** schoentun
höfische Dichtung: **9** Minnelied, Minnesang
höfische Sitte: **8** Etikette
höfischer Tanz: **6** Pavane, **7** Menuett
höfisches Brauchtum: **8** Etikette, **11** Zeremoniell
höflich: **5** artig, urban, **6** galant, **10** kultiviert, manierlich, ritterlich
höflicher Mann: **8** Kavalier
höfliches Benehmen: **3** Pli, **7** Anstand, Schliff
Höflichkeit: **9** Artigkeit, **10** Courtoisie, Galanterie, Kompliment, Urbanitaet
Höflingspartei: **9** Kamarilla
Hofmacherei: **5** Flirt, **8** Poussage
Hofnarr in Heidelberg: **6** Perkeo
Hofritter: **7** Paladin
Hofsitte: **8** Etikette
Hoftracht: **4** Gala
Höhe: **4** Berg, **6** Gipfel, Niveau
Hohe Schule (Figuren): **6** Levade, Pesade, **7** Lancade, **8** Kapriole, Kurbette, **9** Ballotade, Pirouette
Hoheit: **7** Eminenz, **9** Majestaet
Hoheitsgebiet: **11** Territorium
Hoheitsrecht: **5** Regal
Hoheitszeichen: **6** Emblem, Flagge, Wappen, **7** Kokarde
Höhenkrankheit: **7** Sorocho
Höhenlage: **6** Niveau
Höhenmesser: **10** Hypsometer
Hohen-Tauern-Gipfel: **7** Ankogel, Eichham, **8** Hochnarr, Muntaniz, Schareck, **9** Sonnblick, **10** Breitkogel, **13** Grossglockner, **16** Dreiherrenspitze
Höhenwetterkunde: **9** Aerologie
Höhenzug
– ***bei Braunschweig:*** **3** Elm
– ***im Eichsfeld:*** **4** Duen
– ***der Eifel:*** **9** Schneifel
– ***zwischen Fichtelgebirge und Schwarzatal:*** **11** Frankenwald
– ***in Franken:*** **11** Steigerwald
– ***bei Hannover:*** **3** Ith, **7** Deister
– ***im Harzvorland:*** **3** Elm
– ***in der Mark Brandenburg:*** **8** Flaeming
– ***im Münsterland:*** **5** Haard
– ***in Niedersachsen:*** **3** Elm, Ith, **4** Hils, **7** Deister, Solling
– ***in Nordostfrankreich:*** **8** Argonnen
– ***bei Oschersleben:*** **3** Huy

– ***bei Paderborn:*** **4** Egge
– ***in der Pfalz:*** **6** Haardt
– ***im Sauerland:*** **4** Ebbe, Haar
– ***in Schwaben:*** **3** Alb, **4** Jura
– ***in der Schweiz:*** **9** Morgarten
– ***südlich des Teutoburger Walds:*** **4** Egge
– ***in Thüringen:*** **5** Finne, **9** Hainleite, **11** Kyffhaeuser
– ***im Weserbergland:*** **3** Ith, **4** Hils, **7** Solling, Suentel, **11** Bueckeberge
– ***in Westfalen:*** **4** Haar
Hoherpriester: **5** Aaron, **7** Ananias, Eljasib
Höhepunkt: **4** Akme, Clou, **5** Krise, Zenit, **6** Gipfel, Klimax, Krisis
Höhepunkt einer Krankheit: **4** Akme
höhere(r)
– ***Beamter:*** **3** Rat
– ***Kochkunst:*** **11** Gastronomie
– ***Schule:*** **6** Lyzeum, **7** College, **9** Gymnasium, **10** Oberschule, Realschule, **13** Realgymnasium
– ***Schule für Musik:*** **14** Konservatorium
– ***Schüler:*** **8** Primaner, Sextaner, **9** Quartaner, Quintaner, Tertianer, **10** Gymnasiast, Sekundaner, **12** Oberprimaner, Oberschueler, **13** Obertertianer, Unterprimaner, **14** Obersekundaner, Untertertianer, **15** Untersekundaner
hohl: **6** konkav
Hohlbauwerk: **6** Tunnel
Höhle: **3** Bau, **5** Druse, **6** Grotte, **7** Kaverne,
Höhle
– ***auf Capri:*** **11** Blaue Grotte
– ***des Fuchses:*** **10** Malepartus
– ***in Spanien:*** **8** Altamira
Höhlengans: **7** Casarca, Tadorna
Höhlenkunde: **12** Spelaeologie
Höhlenmensch: **9** Troglodyt
hohler Ball: **6** Ballon
Hohlgesichtsform: **5** Maske
Hohlkopf: **4** Fant, **5** Laffe, **6** Fatzke
Hohlkörper: **4** Rohr, **5** Blase, **6** Roehre
Hohlmaße: **5** Eimer, Fuder, Liter, Metze, **6** Malter, **7** Gallone, **8** Scheffel
Hohlnadel: **7** Kanuele
Hohlraum: **5** Cavum, Lumen, **6** Lakune
Hohlspiegel: **9** Reflektor
Hohltiere: **5** Hydra, Polyp, **6** Meduse, Qualle, **7** Koralle, Schwamm, Seemoos, Seerose, **8** Seefeder, **9** Wachsrose, **10** Aknidarier, Blumentier, Nesseltier, Seeanemone, **11** Ohrenqualle, **12** Leuchtqualle
Hohlweg: **7** Defilee, Engpass
Hohn: **5** Spott, **6** Ironie, **8** Zynismus, **9** Sarkasmus
höhnisch: **7** zynisch, **8** ironisch, **10** spoettisch, **11** sarkastisch
Holdseligkeit: **5** Anmut, **6** Charme, Scharm, **8** Liebreiz
Holland: → Niederlande
Hölle: **5** Orkus, **7** Gehenna, Inferno, **8** Tartaros
Höllenfürst: **4** Arge, **5** Boese, Satan, Urian, **6** Valand, Valant, **7** Satanas, **8** Scheitan, **9** Beelzebub, **10** Pferdefuss, **11** Fliegengott, Haemmerlein, **13** Fliegenfürst, Gottseibeiuns
Höllenhund: **8** Kerberos, Zerberus
Höllenstein: **5** Lapis
höllisch: **8** infernal, **12** infernalisch
Holunder: **6** Attich, Holder, Holler, **7** Flieder
Holzader: **5** Maser, **6** Flader
Holzarten: **4** Teak, **5** Ahorn, Birke, Buche, Eiche, Esche, Limba, Okumé, **6** Fichte, Macoré, **7** Hickory, Ruester, **8** Ebenholz, Mahagoni, Nussbaum, **9** Quebracho, **10** Palisander, Sandelholz
Holzbearbeitungswerkzeuge:

3 Axt, 4 Beil, 5 Saege, 6 Raspel
Holzblasinstrumente: 3 Nay, Nei, 4 Oboe, Piva, 5 Aulos, Tibia, 6 Fagott, Floete, Pommer, Syrinx, 7 Altoboe, Bagpipe, Fistula, Musette, Ottavio, Piccolo, Pikkolo, Rackett, 8 Hornpipe, Jagdoboe, Schalmei, Schwegel, Tarogato, 9 Dudelsack, Panfloete, Schwiegel, 10 Basspfeife, Bombardino, Flageolett, Heckelphon, Klarinette, Querfloete, Querpfeife, Sackpfeife, 11 Baritonoboe, Bassetthorn, Blockfloete, 12 Bambusfloete, Englischhorn, Hirtenfloete, Kontrafagott, 13 Altklarinette, Konzertfloete, 14 Bassklarinette, 15 Mezzosopranoboe, 17 Baritonklarinette
Holzblatt: 7 Furnier
Holzeinlegearbeit: 8 Intarsia, 9 Intarsien
hölzerne(r)
– ***Behälter:*** 5 Kiste, 6 Kasten
– ***Fußform:*** 7 Leisten
– ***Lagerstätte:*** 8 Pritsche
Holzfällerwerkzeug: 3 Axt, 5 Saege
Holzfaß: 4 Kufe
Holzflößung: 5 Trift
Holzfußboden: 7 Parkett
Holzgeist: 8 Methanol
Holzgewächse: 4 Arbe, Arve, Baum, Eibe, Erle Espe, Ilex, Iper, Ulme, 5 Ahorn, Birke, Buche, Eiche, Eller, Esche, Forle, Linde, Myrte, Palme, Pinie, Tanne, Taxus, Weide, Zeder, 6 Akazie, Fichte, Foehre, Forche, Kiefer, Mispel, Pappel, Pisang, Quitte, 7 Eibisch, Flieder, Ginster, Heister, Hickory, Laerche, Latsche, Lorbeer, Oelbaum, Platane, Robinie, Rotdorn, Ruester, Schlehe, Syringe, 8 Birnbaum, Faulbaum, Feldulme, Holunder, Kastanie, Magnolie, Nussbaum, Piassave, Rotbuche, Rottanne, Sykomore, Zypresse, 9 Apfelbaum, Bergahorn, Blutbuche, Buchsbaum, Eberesche, Edeltanne, Goldregen, Gummibaum, Hagebuche, Hainbuche, Korkeiche, Machandel, Mangobaum, Haselnuss, Sauerdorn, Tamariske, Wacholder, Weissdorn, 10 Berberitze, Bergkiefer, Eukalyptus, Feigenbaum, Kirschbaum, Kokospalme, Lebensbaum, Mammutbaum, Mandelbaum, Schlehdorn, Schneeball, Stechpalme, 11 Dattelpalme, Trauerweide, Walnussbaum, Weisspappel, 12 Faecherpalme, Haselstrauch, Maulbeerbaum, Pfirsichbaum, Pflaumenbaum, Rhododendron, Rosskastanie, Silberpappel, Zirbelkiefer, Zitterpappel, 13 Affenbrotbaum, Aprikosenbaum, Vogelbeerbaum, Zwetschenbaum, 14 Zwetschgenbaum
Holzhaus: 6 Chalet, 7 Datscha
Holzkohlenhersteller: 7 Koehler
Holzmaserung: 6 Textur
Holzmeßgerät: 6 Kluppe
Holzpantoffel: 7 Pantine
Holzraummaße: 4 Ster, 7 Klafter, 9 Festmeter
Holzschädlinge: 5 Nonne, 7 Spanner, Spinner, 8 Holzwurm, Totenuhr, 10 Holzbohrer, 11 Klopfkaefer, 12 Borkenkaefer
Holzschlag: 5 Maiss
Holzschneidekunst: 11 Xylographie
Holzschnittkünstler: 9 Xylograph
Holzschuh: 7 Pantine
Holzspan: 8 Splitter
Holzsplitter: 4 Span, 8 Schiefer
Holzstäbchen: 5 Speil
Holzstoff: 6 Lignin
Holzstoß des Köhlers: 6 Meiler
Holzstück: 4 Span, 5 Brett, Latte,

Speil, **6** Leiste
Holztäfelung: 6 Paneel
Holztransport auf Flüssen:
10 Floesserei
Holzung: 3 Hau, **4** Hieb, **9** Einschlag
Holzzaun: 6 Gatter
Holzzeichnung: 5 Maser, **6** Flader,
8 Maserung
Holzzucker: 6 Xylose
Homers Dichtungen: 5 Ilias, **6** Iliade,
7 Odyssee
Homer-Übersetzer: 4 Voss
Honduras (Staat in Mittelamerika)
Bevölkerung: **10** Honduraner
Flüsse: **4** Coco, Ulua, **5** Aguan,
6 Patuca, **9** Choluteca
Gebiet (Schwemmland): **9** Mosquitia
Gebirge: **4** Pija, **6** Agalta
Golf: **7** Fonseca
Hauptstadt: **11** Tegucigalpa
Indianer: **5** Payas, **7** Jicaque
Inseln: **5** Tigre, Utila, **6** Roatán,
7 Guanaja
Politiker: **4** Cruz, **6** Garcia,
Romero, **7** Andinos, Morales,
8 Arellano
Ruinenstätte der Maya: **5** Copán
See: **5** Yojoa
Städte: **4** Tela, **7** Amapala, La
Ceiba, **8** Trujillo, **9** Comayagua,
10 El Progreso, **12** San Pedro
Sula
Vulkane: **6** Izalco, **9** Coseguina
Währung: **7** Centavo, Lempira
Honigbiene: 4 Imme
Honiglikör: 8 Drambuie, **10** Baerenfang, **11** Meschkinnis
Honigsaft: 4 Seim
Honigwein: 3 Met
Hopfenanbaugebiet in Bayern:
9 Hallertau
Hörapparat: 7 Otophon, **8** Audiphon
Hörbild: 7 Feature
horchen: 8 lauschen
Horcher: 5 Spion, **8** Lauscher
Horde: 5 Bande, Schar, **6** Haufen
Hore: 4 Dike, **6** Eirene, **7** Eunomia
Hörerschaft: 8 Publikum, **10** Auditorium
Hörgerät: 10 Stethoskop
Horizont: 4 Kimm, **6** Niveau,
7 Kimmung
Hormone: 6 Cholin, **7** Insulin,
8 Androgen, Cortison, Glukagon,
Histamin, **9** Adrenalin, **10** Aldosteron, Angiotonin
Hormonpräparat: 10 Anabolikum
Horn: 7 Kornett
Hornbläser: 7 Hornist
Hörnchen: 6 Kipfel
Hornhaut des Auges: 6 Kornea
Hornhautentzündung: 9 Keratitis
Hornhautübertragung: 13 Keratoplastik
Hornhautverdickung: 5 Warze
Hornplättchen: 7 Schuppe
Hornplatte der Seeschildkröte:
10 Schildpatt
Hornschuh mancher Tiere: 3 Huf
Hornsignal (Jagd): 6 Halali
Hornstoff: 7 Keratin
Horntiere: 3 Gnu, Ren, **4** Elch,
Rind, **5** Gemse, Schaf, Ziege,
6 Ducker, Hirsch, **7** Rentier,
8 Antilope, Riedbock, Waldbock,
9 Boeckchen, **10** Pferdebock,
11 Kuhantilope
Hörorgan: 3 Ohr
Hörsaal: 10 Auditorium
Horst: 4 Nest
hörunfähig: 4 taub
Hose: 4 Buex, Buxe, **5** Buxen,
6 Buexen, Shorts, Slacks, **8** Breeches, **9** Blue jeans, Pantalons,
13 Knickerbocker
Hostie: 6 Oblate
Hostienbehälter: 5 Pyxis, **9** Monstranz, **10** Tabernakel
Hostienteller: 6 Patene

Hotel für Autofahrer: **5** Motel
Hotelaufzug: **4** Lift
Hotelbesitzer: **8** Hotelier
Hotelboy: **4** Page
Hotelempfangsbüro: **9** Rezeption
Hotelgewerbe: **10** Hotellerie
Hotelhalle: **5** Foyer, **9** Vestibuel
Hottentottenstamm: **4** Nama, **6** Korana
hübsch: **4** nett, **5** fesch, **6** adrett, proper, schoen
hübsches Äußere: **6** Schick
Hubschrauber: **8** Autogiro, **10** Helikopter
Hüfte: **4** Coxa, **5** Lende
Hüftgelenksverrenkung: **8** Luxation
Hüfthalter: **6** Mieder, **7** Korsett, **9** Korselett
Huftiere: **3** Ren, **5** Kamel, Pferd, Tapir, **6** Hirsch, **7** Giraffe, Nashorn, Schwein, **8** Antilope, **10** Flusspferd
Hüftschmerz: **8** Koxalgie
Hüftumfang: **6** Taille
Hüftweh: **7** Ischias
Hügelgrab: **7** Tumulus
Hügel
– ***in Jerusalem:*** **4** Zion
– ***bei Jerusalem:*** **8** Golgatha
– ***in den Marschen:*** **4** Warf, **5** Warft, Wurte
– ***bei Rom:*** **9** Janiculus
– ***in Rom:*** **7** Aventin, Caelius, Kapitol, Palatin, Viminal, **8** Esquilin, Quirinal
– ***über Troja:*** **9** Hissarlik
Hügelland zwischen Odenwald und Schwarzwald: **9** Kraichgau
Hugenottenführer: **5** Rohan, **7** Coligny
Hühnerkrankheiten: **4** Pips, **9** Eieressen
Hühnerrassen: **6** Brahma, Cochin, **7** Leghorn, Minorka, **8** Kaempfer, Kaulhuhn, **9** Faverolle, Hamburger, Italiener, Orpington, Wyandotte, **10** Andalusier, Brahmahuhn, Seidenhuhn, Weisshaube, **11** Australorps, Cochinchina, **12** New Hampshire, Plymouth Rock, Rhodelaender
Hühnervögel: **4** Pfau, Pute, **5** Fasan, Hokko, **6** Manaul, **7** Hoatzin, Rebhuhn, Wachtel, **8** Auerhuhn, Baumhuhn, Birkhuhn, Kammhuhn, Perlhuhn, Tragopan, Truthuhn, Waldhuhn, **9** Blutfasan, Buntfasan, Buschhuhn, Edelfasan, Gabelhuhn, Glanzhuhn, Goldfasan, Haselhuhn, Helmhokko, Hokkohuhn, Hornfasan, Jagdfasan, Kongopfau, Langschan, Pfaufasan, Ringfasan, Satyrhuhn, Steinhuhn, **10** Argusfasan, Glanzfasan, Hammerhuhn, Schneehuhn, Schopfhuhn, **11** Bankivahuhn, Elliotfasan, Helmwachtel, Mikadofasan, Praeriehuhn, Schakupemba, Schopffasan, Spiegelpfau, Zahnwachtel, **12** Amherstfasan, Diamantfasan, Helmperlhuhn, Koenigsfasan, Rauhfusshuhn, Rheinarthuhn, Zigeunerhuhn, **13** Grossfusshuhn, Schopfwachtel, Talegallahuhn, **14** Moorschneehuhn, **15** Alpenschneehuhn, **16** Taubenwallnister
Huld: **5** Gnade, Gunst
huldigen: **5** ehren, **7** froenen
Huldigung: **7** Ovation, **9** Adoration
Hülle: **4** Etui, Haut, **5** Decke, Pelle, **6** Huelse, Kapsel, Kuvert, Mantel, Schale, **8** Futteral, Konvolut, Ueberzug, Umschlag,**9** Enveloppe, Kartusche
Hülle der Insektenpuppen: **5** Kokon
hüllenlos: **5** nackt
Hülsenfrucht: **4** Arve, Erve, Soja, **5** Bohne, Erbse, Linse, Wicke, **6** Lupine, **7** Erdnuss, **8** Saubohne
Humanisten: **6** Hutten, **7** Erasmus, Grotius, **8** Petrarca, Reuchlin, **11** Melanchthon

Humbug: **6** Unsinn, **7** Nonsens, **9** Flunkerei, Schwindel

Hummel: **6** Bombus, **9** Erdhummel, **10** Mooshummel, **11** Ackerhummel, Steinhummel, **12** Gartenhummel

humoristisch: **6** heiter, **7** burlesk, drollig, grotesk, komisch **9** humorvoll

Hund (abwertend): **5** Toele, **6** Koeter

hundeartige Raubtiere: **4** Enok, Wolf, **5** Adjak, Dingo, Fenek, Fuchs, Guara, Jengi, **6** Buansa, Coyote, Fennek, Kaberu, Kolsun, Korsak, Normik, **7** Bighana, Maikong, Rotwolf, Schakal, **8** Eisfuchs, Falbwolf, Goldwolf, Heulwolf, Rohrwolf, Rotfuchs, Tschango, Waldhund, Warragal, Wildhund, **9** Alpenwolf, Andenwolf, Birkfuchs, Blaufuchs, Buschhund, Canafuchs, Goldfuchs, Graufuchs, Grisfuchs, Kittfuchs, Kohlfuchs, Moorfuchs, Pariahund, Polarwolf, **10** Azarafuchs, Kreuzfuchs, Marderhund, Polarfuchs, Weissfuchs, **11** Goldschakal, Hyaenenhund, Loeffelhund, Maehnenhund, Maehnenwolf, Praeriewolf, Silberfuchs, Wechselwolf, **12** Loeffelfuchs, Maehnenfuchs, Schakalfuchs, Steppenfuchs, Wolfsschakal, Wuestenfuchs, **13** Falklandfuchs, Magellanfuchs, Pyrenaeenwolf, **15** Streifenschakal, **18** Schabrackenschakal

Hundegebell: **8** Geklaeff

Hundejunges: **5** Welpe

Hundekrankheit: **6** Staupe, **7** Tollwut

Hunderassen: **3** Fox, **4** Chin, Mops, Puli, **5** Boxer, Bully, Dogge, Galgo, Laiki, Pudel, Sluki, Spitz, **6** Barbet, Barsoi, Basset, Beagle, Border, Bracke, Buhund, Cocker, Collie, Dackel, Huskie, Kuvasz, Saluki, Scotch, Setter, Slughi, Teckel, Tschin, **7** Afghane, Basenji, Bobtail, Erdhund, Griffon, Klumber, Komodor, Mastiff, Pointer, Rattler, Sheltie, Spaniel, Spitzer, Terrier, Whippet, **8** Akita Inu, Blenheim, Bluthund, Chow-Chow, Elchhund, Hetzhund, Hovovard, Jagdhund, Komondor, Kurzhaar, Labrador, Lakeland, Landseer, Langhaar, Malteser, Papillon, Pinscher, Springer, Pekinese, Samojede, Windhund, **9** Airedaler, Beauceron, Bolognese, Brabancon, Bulldogge, Cattledog, Dachshund, Deerhound, Dobermann, Fuchshund, Greyhound, Happahund, Havaneser, Jaemthund, Lundehund, Nackthund, Otterhund, Pariahund, Polarhund, Retriever, Schnauzer, Tatrahund, Tervueren, Tibethund, Torfspitz, Vogelhund, Windspiel, Wolfshund, **10** Australian, Bergamasco, Bologneser, Dalmatiner, Eskimohund, Foxterrier, Grosspudel, Grossspitz, Hirschhund, Huetespitz, Kleinpudel, Lappenhund, Leonberger, Palasthund, Porcelaine, Rottweiler, Schafpudel, Schipperke, Schosshund, Seidenhund, Sennenhund, Tibetdogge, Toyspaniel, Toyterrier, Weimaraner, Welsh Corgi, Wolfsspitz, Zwergpudel, Zwergspitz, **11** Black-And-Tan, Bull-Mastiff, Bullterrier, Dachsbracke, Entlebucher, Finnenspitz, Huehnerhund, Irishsetter, Jagdterrier, King-Charles, Rehpinscher, Rubyspaniel, Seidenpudel, Seidenspitz, Skyeterrier, Steinbracke, Stoeberhund, Vorstehhund, Wachtelhund, Zwergdackel, **12** Bernhardiner, Cairnterrier, Doppelbracke, Drahthaarfox, Finnenbracke, Gordonsetter, Irishterrier, Karabatschan, Pudelpointer, Schaeferhund, Schweisshund, Tibetterrier, Welshterrier, Zwerggriffon, Zwergspaniel, Zwergterrier, Zwergwachtel, **13** Affenpinscher, Bordeauxdogge, Borderterrier, Bostonterrier, Bullenbeisser, Cockerspaniel, Dandie-Dinmont, Prince-Charles, Pyrenaeenhund, Rattenfaenger, Schifferspitz, Scotchterrier, Wolfswindhund, Zwergpinscher, **14** Langhaardackel, Neufundlaender, Norfolkspaniel, Norfolkterrier, Rattenpinscher, Rauhaardackel, Samojedenspitz, Schnuerenpudel, Shetland-Collie, Zwergschnauzer, **15** Airedaleterrier, Alaskan Malamute, Hochlandterrier, Kromfohrlaender, Mittelschnauzer, Muensterlaender, Riesenschnauzer, Sealyhamterrier, Springerspaniel, **16** Harlekinpinscher, Kerry-Blue-Terrier, Leitschweisshund, Pekingpalasthund, Yorkshireterrier, **17** Bedlingtonterrier, Clydesdaleterrier, Dobermannpinscher, Glatthaarpinscher, Irish-Water-Spaniel, Mastino Napolitano, **19** Gebirgsschweisshund

hundertäugiger Riese: 5 Argus
Hundertjahrfeier: 11 Zentenarium
hundertjährig: 8 saekular
Hundertjähriger: 8 Zentenar
Hundertschaft des römischen Heeres: 8 Centurie, Zenturie
Hundertschaftsführer: 8 Zenturio
Hunderudel: 5 Meute
Hundeschwanz: 4 Rute
Hundezwinger: 6 Kennel
Hündin: 5 Faehe, Petze
Hundsaffen: → Affen
Hundsgras: 6 Quecke
Hundsstern: 6 Sirius
Hüne: 5 Riese
Hünenstein: 6 Menhir
Hunger: 4 Gier, **7** Appetit
Hungerkur: 6 Fasten
Hunnenkönig: 5 Etzel, **6** Attila
Hunsrückgipfel: 9 Erbeskopf
Hürde: 9 Hindernis
Hürdenläufer: 8 Steepler
hurtig (Musik): 5 tosto
Husarenjacke: 6 Dolman
Husarenmütze: 6 Kalpak, Kolpak, **7** Tschako
Husarenrock: 6 Attila
Hussitenführer: 5 Ziska, **6** Prokop
Hustenmittel: 4 Anis, **6** Kodein, Salbei, **8** Guajakol, **10** Eukalyptus
Hüte: 4 Bibi, **5** Toque, **6** Glocke, Melone, Schute, **7** Filzhut, Haarhut, Homburg, Stetson, Wollhut, **8** Lederhut, Sombrero, Strohhut, Zylinder, **9** Panamahut, **10** Kalabreser, Velourshut, **11** Florentiner
hüten: 7 sichern, **8** bewachen, **9** schuetzen
Hüter: 4 Hirt, **5** Hirte, **6** Patron
Hüter
– ***des heiligen Grals:* 7** Titurel
– ***des Nibelungenhorts:* 8** Alberich
Hutmaterial: 4 Bast, Filz, **5** Stroh, **9** Sisalhanf
Hutrand: 6 Krempe
Hutschmuck: 4 Band, **5** Feder, Nadel
Hütte: 4 Bude, **5** Baude
Hütte asiatischer Nomaden: 5 Jurte
Hüttenkunde: 11 Metallurgie
hutzelig: 6 faltig
hygienisch: 8 sanitaer
hypnotischer Zustand: 6 Trance

I

iberische Halbinsel: 7 Spanien
iberischer Volksstamm: 10 Karpetaner
ich hab's gefunden: 7 Heureka
Ichmensch: 6 Egoist
Ichsucht: 8 Egoismus, 11 Selbstsucht
Ideal: 7 Vorbild, 8 Hochziel, 9 Leitstern, 10 Wunschbild
Idealität in der Philosophie: 12 Transzendenz
Idee: 7 Einfall, Gedanke
Ideenlehre: 9 Ideologie
Idol: 6 Abgott, Goetze, 7 Fetisch
idyllisch: 9 arkadisch
illegal: 9 illegitim, 10 irregulaer
Iller-Zuflüsse: 3 Ach, 4 Aach, 7 Rottach, 8 Aiterach
Illusion: 4 Trug, Wahn, 6 Schein, Utopie, 9 Phantasie, 10 Wunschbild, 11 Imagination, Luftschloss
Illusionist: 8 Phantast, Traeumer, Zauberer, 10 Schwaermer
Ilm-Zuflüsse: 4 Emse, 5 Deube, 7 Schorte
Ilmenau-Zuflüsse: 3 Aue, 4 Ilau, Luhe, 5 Netze, 8 Wipperau
Iltisart: 9 Frettchen
im Jahre: 4 anno
im Mittelpunkt befindlich: 9 zentrisch
im Zeitgeschmack: 6 modern
Imbiß: 5 Snack, 6 Bissen, Happen
Imbißstube: 8 Snackbar
Imitation: 10 Faelschung, Falsifikat, Nachahmung
Imitator: 7 Epigone, 9 Nachahmer
Immatrikulationsliste: 8 Matrikel
immer: 5 stets
immergrüne Kletterpflanze: 4 Efeu
immergrüner Strauch: 4 Ilex, 5 Buchs, 7 Lorbeer, 8 Oleander, 9 Buchsbaum
immerwährend: 4 ewig, 6 stetig, 7 dauernd, 8 staendig
immun: 4 tabu, 6 gefeit, 9 straffrei
Immunisierung: 7 Impfung
impertinent: 5 frech, 6 dreist, 10 ungehoerig
Impfpustel: 5 Pocke
Impfstoffe: 5 Serum, 6 Lymphe, 7 Mallein, Vakzine
Imprägnierungsmittel: 11 Karbolineum
Impulsgeber: 7 Emitter
imstande: 5 habil, 6 faehig, 8 tauglich
in Abrede stellen: 12 desavouieren
in alten Zeiten: 5 einst
Inangriffnahme: 10 Initiative
Inaugenscheinnahme: 8 Autopsie
in der Mitte: 7 zentral
in diesem Jahre: 5 heuer
in Falten legen: 9 drapieren
in ferner Zukunft: 5 einst
in Gang bringen: 7 starten
in Gedanken: 6 mental
in Wirklichkeit: 8 realiter
Inbegriff: 4 Kern, 5 Ideal, Summe, Wesen, 6 Ganzes, Inhalt, 7 Ausbund, Komplex, Vorbild, 8 Prototyp, 9 Innerstes, 10 Gesamtheit, Wesenskern
Inbegriff des Bösen: 5 Satan
inbegriffen: 9 inklusive
Inbild: 5 Ideal
Inbrunst: 4 Glut, 5 Hitze, Kraft, 7 Passion, 12 Enthusiasmus, Leidenschaft
indem: 2 da
Indianer: 7 Rothaut

Indianerdorf: **6** Pueblo
Indianerfrau: **5** Squaw
Indianergestalt bei Karl May: **8** Winnetou
Indianerhäuptling in Südamerika: **6** Kazike
Indianerhütte: **6** Wigwam
Indianermischling: **7** Mestize
Indianerpferd: **7** Mustang
Indianerschlitten: **8** Toboggan
Indianerschuh: **8** Mokassin
Indianerstämme: → Amerika
Indianertrophäe: **5** Skalp
Indianerzelt: **4** Tipi, **6** Wigwam
indianische(r, s)
- ***Friedenspfeife:*** **7** Calumet, Kalumet
- ***Gottheit:*** **6** Manitu
- ***Herrscherschicht im alten Peru:*** **4** Inka
- ***Pfeilgift:*** **6** Kurare
- ***Stammeszeichen:*** **5** Totem
- ***Streitaxt:*** **8** Tomahawk
- ***Trophäe:*** **5** Skalp

Indien (Staat in S-Asien)
Affenkönig der Sage: **7** Hanuman
Amtssprache: **5** Hindi
Anrede an Europäer: **5** Sahib
Anrede an Europäerinnen: **8** Memsahib
Anrede an Gebildete: **5** Sahib
Asket: **4** Jogi, Yogi, **5** Fakir, Jogin, Sadhu, Yogin
Atomphysiker: **4** Saha
Berge: **3** Abu, **6** Dewodi, Jhelum, **8** Anaimudi, Mount Abu, **9** Nanda Devi, **10** Doddabetta
Bettelmönch: **5** Fakir, **6** Bhikku, **8** Bhikschu
Bevölkerung: **4** Bhil, **6** Hindus, **7** Tamilen
Dämon: **3** Ahi
Dichter: **5** Amaru, Bhasa, Magha, Vyasa, **6** Dandin, Surdas, Tagore, **7** Bharawi, Bilhana, Valmiki, **8** Jayadeva, Kalidasa, Narayana, Somadeva, **9** Premanand
Dichtermusiker: **9** Tyagaraja
Dienstmädchen: **4** Ayah
Drawidasprachen: **5** Tamil, **6** Teluju, **7** Kamares, **9** Malajalam
Dynastie: **6** Maurya
Ehrentitel: **4** Muni, **7** Mahatma
Eigenname Indiens: **6** Bharat
Eingeborenensoldat des engl. Heeres: **5** Sepoy
Elefantentreiber: **5** Mahut, **6** Kornak, Mahaut
Epen: **8** Ramajana, **11** Mahabharata
Feuergott: **4** Agni
Flächenmaß: **5** Bigha
Flüsse: **3** Son, **4** Luni, **5** Betwa, Bhima, Kistna, Penna, Tapti, **6** Ganges, Jhelum, Kaveri, **7** Chambal, Krishna, Narmada, **8** Ghaghara, Godavari, Mahanadi, **11** Brahmaputra
Frauengewand: **4** Sari
Freiheitskämpfer: **4** Bose, **6** Gandhi
Fürstentitel: **4** Raja, **5** Nisam, Nizam, Radja, **7** Radscha, **11** Maharadscha
Fürstin (ind.): **4** Rani
Fürstinnentitel: **5** Begum, **8** Maharani
Gattin des Rama: **4** Sita
Gebiete: → ind. Staaten, → ind. Unionsterritorien **8** Ostghats, **9** Hindustan, Westghats
gebildeter Hindu: **4** Babu
Gebirge: **7** Nilgiri, Satpura, **8** Aravalli, Kardamom
Geheimbund: **4** Thug
Geldfürst: **5** Nabob
Gelehrtensprache: **8** Sanskrit
Gelehrtentitel: **6** Pandit
Gesellschaftsschicht: **5** Kaste
Gewichte: **3** Guz, Ser, **4** Seer, Sihr, Tola, **7** Chittak
Glaubensgemeinschaft: **5** Sikhs

Götter: **4** Agni, Deva, Dewa, Jama, Kama, Rama, Siva, Siwa, Soma, Waju, Yama, **5** Brahm, Djaus, Indra, Pavan, **6** Brahma, Kumara, Kuvera, Kuwera, Maruts, Pawana, Pulear, Schiwa, Skanda, Varuna, Waruna, **7** Vischnu, Wischnu, **8** Ganescha, Kamadewa
Götterepos: **11** Mahabharata
Göttertrank: **4** Soma
Göttervogel: **6** Garuda
Göttinen: **4** Diti, Kali, Maja, Maya, **5** Aditi, Durga, Schri, **6** Hariti, Holika, Shakti, Uschas, **8** Lakschmi, **9** Saraswati
Grabmal in Agra: **11** Tadsch Mahal
Gründer der Sikhsekte: **5** Nanak
Hafenstädte: **6** Bombay, Cochin, Kandla, Madras, **7** Kalikat, **8** Kalkutta, **9** Bhaunagar
Hauptstadt: **5** Delhi, **8** Neu-Delhi
Heiliger: **4** Guru
heilige Städte: **7** Benares, Sarnath, **8** Varanasi
heilige Tiere: **3** Kuh, **4** Affe, Pfau
Helden der Sage: **4** Rama, **8** Krischna
Heldengedicht: **11** Mahabharata
Herr (Anrede): **4** Shri
Herrscher: **5** Akbar, Asoka, Babur, **7** Aschoka, Humajun, **9** Aurangseb
Inselgruppen (und ihre Hauptorte): **9** Amindiven (**9** Kavaratti), Andamanen (**9** Port Blair), Nikobaren (**9** Port Blair), **10** Lakkadiven (**9** Kavaratti)
Kasten
Dienende: **6** Shudra, **7** Schudra
Freie: **4** Hova
Fürsten, Grundbesitzer: **11** Radschputen
Kaufleute, Händler: **7** Vaishya, **8** Vaischia
Krieger: **9** Kschatria, **10** Kschatriya
Paria: **4** Koli
Priester: **9** Brahmanen
Kastenlose: **5** Paria, **7** Harijan
Komödie: **9** Prahasana
Kultbau: **5** Stupa
Küstengebiet: **6** Konkan, **10** Koromandel
Landmann, Bauer: **4** Ryut
Längenmaß: **3** Guz
Lebenslehrbücher: **5** Sutra
legendärer Weiser: **5** Vyasa, Wjasa
Lendenschurz: **5** Dhoti
Liebesgott: **4** Kama, **8** Kamadewa, Kamamara
Liebeslehrbuch: **9** Kamasutra
Melodietyp: **4** Raga
Musikinstrumente: **4** Wina, **5** Sarod, Sitar, Tabla, **7** Sarangi, Tambura, **8** Mirdanga, Nagasare
Nationalspiel: **6** Carron
Oberhaus: **10** Rajya Sabha
Palmwein: **4** Tari
Partei: **6** Janata
Philosophen: **6** Tagore, **9** Aurobindo, **14** Radhakrischnan
Philosophiesysteme: **4** Joga, **5** Njaja, **7** Mimansa, Samkhja, Wedanta
Physiker: **5** Raman
Politiker: **3** Rao, **5** Desai, Nehru, **6** Gandhi, Sharma, **7** Shastri
Priesterkaste: **9** Brahmanen
Religionen: **5** Sikhs, **7** Shaivas, Shaktas, **8** Schaiwas, Schaktas, Jinismus, Wedismus, **9** Arjasamai, Janinismus, Parsismus, Sikhismus, **10** Buddhismus, Hinduismus, Tantrismus, **11** Dchinismus, Schaktismus, **12** Arjasamadsch, Brahmanismus, Dschainismus
Religionsstifter: **6** Buddha
religiöse Handstellung: **5** Mudra
religiöser Lehrer: **4** Guru

religiöses Symbol: **5** Lotos
Sagengestalten: **3** Ahi, **4** Bali, Kans, Manu, Nala, Nalu, Puru, Rahu, Rama, **6** Ravana, Vasuki, Writra, **8** Waseduwa, **9** Mucalinda, Schudraka
Sänfte, Tragesel: **8** Palankin
Schlangendämon: **4** Naga
Schriften: **4** Weda, **5** Weden, **6** Purana, **7** Rigweda, Vedanga, Wedanta, **8** Aranyaka, Samaweda, Samhitas, **9** Brahmanas, **12** Upanischaden
Schriftsteller: **5** Chand, **7** Bharati
Seelenübung: **4** Joga, Yoga
Sprachen: **4** Gond, Urdu, **5** Hindi, Munda, Orija, Oriya, Tamil, **6** Assami, Bihari, Sindhi, Telugu, **7** Bengali, Kannada, Marathi, Punjabi, **8** Gujarati, Sanskrit, **9** Kaschmiri, Malajalam, **10** Pandschabi, **11** Gudscharati, **13** Radschasthani
Staaten (und ihre Hauptstädte): **3** Goa, **5** Assam (**6** Dispur), Bihar (**5** Patna), **6** Kerala (**10** Trivandrum), Orissa (**10** Bhubaneswar), Punjab (**10** Chandigarh), Sikkim (**7** Gangtok), **7** Gujarat (**11** Gandhinagar), Haryana (**10** Chandigarh), Manipur (**6** Imphal), Tripura (**8** Agartala), **8** Nagaland (**6** Kohima), **9** Karnataka (**9** Bangalore), Meghalaya (**8** Shillong), Pandschab (**10** Chandigarh), Rajasthan (**6** Jaipur), Tamil Nadu (**6** Madras), **10** Westbengal (**8** Kalkutta), **11** Maharasthra (**6** Bombay), **12** Uttar Pradesh (**7** Lucknow), **13** Andrah Pradesh (**9** Hyderabad, **10** Haidarabad), Madhya Pradesh (**6** Bhopal), **15** Himachal Pradesh (**5** Simla), Jammu and Kashmir (**8** Srinagar)
Staatsoberhaupt: **5** Reddy
Städte: **3** Goa, **4** Agra, Luni, Puna, Puri, **5** Ajmer, Delhi, Hubli, Indor, Kolar, Mirat, Patna, Poona, Salem, Simla, Surat, **6** Ambala, Bareli, Baroda, Bhopal, Bombay, Ellora, Indore, Jaipur, Kanpur, Kolait, Madras, Madura, Maisur, Mysore, Nagpur, Rampur, Ratlam, **7** Aligarh, Benares, Bikanér, Calicut, Jodhpur, Kalikat, Lakhnau, Udaipur, **8** Amritsar, Balasore, Bareilly, Calcutta, Cawnpore, Kalkutta, Kolhapur, Rourkela, Sholapur, Srinagar, Varanasi, **9** Ahmadabad, Allahabad, Bangalore, Dschaipur, Koimbatur, Mangaluer, Moradabad, Pandschim, Scholapur, **10** Darjeeling, Haidarabad, Scharanpur, Trivandrum, **11** Dschabalpur, Dschalandar, Dschamnagar, Visagapatam, **12** Dardschiling, **13** Schahjahanpur, **14** Dschamschedpur
Stammvater der Menschen: **4** Manu
Statthalter: **5** Nabob
Tänze: **6** Kathak, **8** Manipuri
Tanzspiel: **6** Nataka
Teeanbauzentren: **5** Assam, **6** Kerala, **7** Nilgiri, **10** Darjeeling
Tempel: **6** Pagode
Tempeltänzerin: **8** Bajadere, Dewadasi
Titel für Gebildete: **4** Babu
Trommel: **5** Tabla, **8** Mirdanga
Unionsterritorien (und ihre Hauptstädte): **3** Diu (**6** Panaji), **5** Daman (**6** Panaji), Delhi (**5** Delhi), **7** Mizoram (**6** Aizawl), **9** Andamanen (**9** Port Blair), Nikobaren (**9** Port Blair),

10 Chandigarh (**10** Chandigarh), **11** Lakshadweep (**9** Kavaratti), Pondicherry (**11** Pondicherry), **16** Arunachal Pradesh (**8** Itanagar), **19** Dadra and Nagar Haveli (**8** Silvassa)

Universitätsstädte: **4** Agra, **5** Delhi, Patna, **6** Bombay, Maisur, Nagpur, **7** Lakhnau

Unterhaus: **8** Lok Sabha

Verbrennungsstätte: **4** Ghat

Währung: **5** Paise, Rupie

Wallfahrtsorte: **4** Puri, **7** Benares, Madurai, **8** Varanasi

Wandermönch: **5** Sadhu

Wasserpfeife: **4** Huka

Wickelgewand: **4** Sari

Witwe: **4** Sati

Wüste: **4** Thar

Indienkunde: **9** Indologie

indifferent: **7** neutral, **8** tolerant, **10** unbestimmt

Indigopflanze: **4** Anil

indoeurop.-indogerman. Völker: **5** Arier, Daker, **6** Balten, Kelten, Slawen, **7** Albaner, Illyrer, Iranier, Phryger, Romanen, Thraker, **8** Albanier, Armenier, Germanen, Griechen, Hethiter, Italiker, **9** Indoarier

Indik-Inseln: **6** Ceylon, **7** Komoren, **8** Sri Lanka, **9** Amiranten, Andamanen, Kerguelen, Malediven, Nikobaren, **10** Lakkadiven, Madagaskar, Maskarenen, Seychellen, **14** Tschagosinseln

Indonesien (Inselstaat in SO-Asien)

Berge: **3** Awu, **4** Raja, **5** Kelut, Murud, **6** Makian, Merapi, Tebang, **7** Tambora, **8** Kinabalu, Krakatau, **10** Papantajan

Bevölkerung: **10** Indonesier → **Indonesien** (Volksgruppen)

Fahrraddroschke: **5** Becak

Flüsse: **4** Musi, **6** Barito, Kampar, **7** Mahakam

Frauengewand: **6** Sarong

Gemsbüffel: **4** Anoa

Gewichte: **4** Thel, **5** Picul

Haupthäfen: **6** Padang, **8** Semarang, Surabaja, **14** Tandjungperiuk

Hauptstadt: **7** Jakarta, **8** Djakarta (früher: **7** Batavia)

Inseln: **3** Aru, Kai, **4** Alor, Bali, Batu, Java, Maja, Muna, Nias, Riau, Roti, Sawu, **5** Babar, Kabia, Pagai, Seram, Sumba, Timor, Wetar, **6** Bangka, Borneo (Kalimantan), Butung, Flores, Lingga, Lombok, Madura, Peleng, Sipora, Togian, **7** Celebes (Sulawesi), Enggano, Marotai, Sumatra, Sumbawa, Siberut, **8** Billiton, Sulawesi (Celebes), Tanimbar, **9** Halmahera, **10** Kalimantan (Borneo)

Inselgruppen: **6** Lingga, **8** Molukken, **11** Sundainseln

Landessprache: **6** Bahasa

Orchester: **7** Gamelan

Politiker: **5** Hatta, **7** Suharto, Sukarno

Schattenspiel: **6** Wayang

See auf Sumatra: **4** Toba, **7** Tobasee

Slums: 6 Gubuks

Städte und Orte auf

- *Borneo (Kalimantan):* **9** Pontianak, Samarinda, **12** Bandjarmasin
- *Celebes (Sulawesi):* **6** Manado, **7** Kendari, Makasar
- *Java:* **6** Malang, **7** Bandung, Jakarta, **8** Djakarta, Semarang, Surabaja, **9** Surakarta, **10** Jogjakarta
- ***Sumatra:*** **4** Deli, **5** Medan, **6** Djambi, Padang, **9** Kutaradja, Palembank, **10** Bangkahulu

Tempelanlage auf Java: **9** Bo-

robudur
Universitätsstädte: **7** Bandung, Jakarta, **8** Djakarta, Surabaja
Vorstadt mit Garten: **7** Kampong
Volksgruppen: **4** Dani, **5** Batak, Dajak, Dayak, **6** Torajas, **7** Lampong, Malaien, Malayen
Vulkane auf
- *Bali:* **4** Agung, **6** Bratan
- *Celebes:* **12** Rantekombola
- *Java:* **6** Merapi, Semeru, Slamat
- *Lombok:* **8** Rindjani
- *Sumatra:* **5** Dempo, **6** Leuser, **8** Kerintji
- ***Sumbawa:*** **7** Tambora

Vulkan in der Sundastraße: **8** Krakatau
Währung: **3** Sen, **6** Rupiah
Induktionsapparat: **8** Induktor, **13** Transformator
Industriediamant: **4** Bort
Industriekonzern: **4** Pool
industrielle Betriebsstätte: **6** Fabrik
Industrienorm: **3** DIN
Industriewerk: **6** Fabrik, **7** Betrieb
Infanteriewaffen: **2** MG, MP, **6** Gewehr, **7** Pistole, **8** Bajonett, Revolver, **9** Karabiner, **11** Handgranate, Panzerfaust, **12** Granatwerfer, Seitengewehr, **15** Maschinengewehr, **16** Maschinenpistole, **18** Schnellfeuergewehr
Infanteristen: **6** Jaeger, **7** Landser, **8** Schuetze, **9** Fuesilier, Grenadier, Musketier
Infektionsausbreitung: **6** Seuche, **7** Endemie, **8** Epidemie
Infektionserreger: **5** Virus, **7** Parasit, 8 Bakterie, Bazillus
Infektionskrankheiten: **4** Aids, Pest, Ruhr, **5** Lepra, Mumps, Polio, **6** Grippe, Masern, Pocken, Seuche, Typhus, **7** Aussatz, Cholera, Malaria, Roeteln, Tetanus, Tollwut, Trachom, Tripper, **8** Blattern, Gasbrand, Schanker, Syphilis, Wundrose, **9** Influenza, Milzbrand, Scharlach, **10** Diphtherie, Gelbfieber, Paratyphus, Windpocken, **11** Fleckfieber, Flecktyphus, Keuchhusten, Starrkrampf, Tuberkulose, Ziegenpeter, **12** Denguefieber, Genickstarre, **14** Kinderlaehmung, **15** Schlafkrankheit, Wundstarrkrampf, **17** Lungenentzuendung
Information: **7** Meldung, **8** Auskunft, Einblick, **9** Belehrung, Nachricht, **10** Mitteilung, **12** Orientierung
Ingenieurfachschule: **9** Technikum, **13** Polytechnikum
Ingenieurwissenschaft: **7** Technik
Ingwergetränk: **9** Gingerale
Ingwergewürz: **8** Kardamom
Inhaber: **8** Besitzer, **11** Eigentuemer
Inhaberpapier: **5** Aktie, **10** Obligation, Pfandbrief
inhalieren: **8** einatmen
Inhalt: **4** Kern, Sinn, **5** Masse, Tenor, Thema, **6** Gehalt, Ladung, **7** Inneres, Materie, **8** Fuellung, Substanz, Wortlaut, **9** Bedeutung
Inhaltsangabe: **6** Rubrum, **9** Summarium, **11** Deklaration
inhaltslos: **4** leer
Inhaltslosigkeit: **5** Leere, **6** Vakuum
Inhaltsübersicht: **8** Resuemee
Inhaltsverzeichnis: **5** Index, **8** Register
Initiative: **7** Anstoss, **8** Anregung, **10** Ausloesung
Initiator: **7** Anreger, Urheber, **9** Anstifter, **10** Inspirator
Injektion: **12** Einspritzung
Injektionsnadel: **7** Kanuele
Inkabecher: **4** Keru
Inkakaiser: **9** Atahualpa
Inkaknotenschrift: **5** Quipu
inmitten: **6** medial, **8** zwischen
in natura: **10** leibhaftig

innehalten: 9 pausieren
innehaltend (Musik): 8 tartando
innen: 5 darin, intus, **6** innert
Innendurchmesser von Rohren: **7** Kaliber
Innenhof: 5 Patio, **6** Atrium, **8** Peristyl
Innenohr: 7 Cochlea, **9** Labyrinth
Innenraum: 9 Interieur
Innenstadt: 4 City, **7** Zentrum
innere Einstellung: 9 Attituede
Innereien: 10 Eingeweide
innerer Trieb: 4 Gier, **5** Drang, **8** Instinkt
inneres Gefüge: 8 Struktur
Inneres der Knochen: 4 Mark
innerhalb: 5 darin, innen, **6** binnen, intern
innerlich: 5 innen, **6** intern
Innewohnen: 8 Immanenz
innewohnend: 8 immanent, **9** inhaerent
innig: 4 lieb, **5** intim, **8** herzlich
innige Zuneigung: 5 Liebe
Innovation: 8 Neuerung
Innung: 5 Gilde, Zunft, **6** Gewerk, **11** Korporation
Inn-Zuflüsse: 3 Alz, **4** Ache, Aill, Alpe, Isen, Rott, **5** Achen, Attel, Glonn, **6** Ziller, **7** Salzach
Inschrift: 7 Legende, **8** Epigraph, Graffito, **11** Inskription
Insekten: 4 Floh, Imme, Kerf, Laus, **5** Biene, Motte, Nonne, Wanze, Wespe, Zirpe, **6** Ameise, Bremse, Dassel, Falter, Fliege, Grille, Hummel, Kaefer, Muecke, Schabe, Spinne, Zikade, **7** Libelle, Moskito, Ohrwurm, Reblaus, Schnake, Termite, **8** Heimchen, Hornisse, **9** Blattlaus, Gallwespe, Maikaefer, **10** Blattwespe, Schwaermer, Zuckergast, **11** Heuschrecke, **12** Ameisenloewe, Hirschkaefer, **13** Eintagsfliege, Schmetterling, Springschwanz, Wasserjungfer, **15** Gottesanbeterin, Silberfischchen
Insektenbekämpfungsmittel: **3** DDT, **7** Kampfer, **8** Leimring, **11** Mottenkugel, **12** Mottenpulver, **14** Fliegenfaenger
Insektenforscher: 10 Entomologe
insektenfressende Pflanzen: **8** Taublatt, **9** Fettkraut, Nepenthes, Sonnentau
Insektenfresser: 4 Igel, Mull, Tana, **6** Desman, Tanrek, Tupaja, **7** Almiqui, **8** Goldmull, Haarigel, Maulwurf, **9** Hundsigel, Schermaus, Spitzmaus, Sternmull, Wychuchol, Zaglossus, **10** Rattenigel, **11** Borstenigel, Kapgoldmull, Ostmaulwurf, Steppenigel, **12** Ruesselratte, **13** Bisamruessler, Blindmaulwurf, Feldspitzmaus, Hausspitzmaus, Waldspitzmaus, **14** Alpenspitzmaus
Insektenkunde: 11 Entomologie
Insektenlarve: 4 Made, **5** Puppe, Raupe, **9** Engerling
Insektenpuppe: 5 Kokon
Insektenwaffe: 7 Stachel
Insel: 3 Oie, **6** Eiland, Hallig, **7** Schaere
Insel (engl.): 4 Isle
Insel (franz.): 3 Ile
Inselgruppe: 8 Archipel
Inselwelt: 9 Insulinde
Inselwelt der Ägäis: 8 Kykladen, Sporaden, **9** Dodekanes
Inselwelt im Pazifik: 8 Ozeanien, **10** Polynesien, **11** Mikronesien
Inserat: 6 Insert, **7** Annonce, Anzeige
insgesamt: 4 ganz, **5** alles, total
Insichgehen: 4 Reue, **5** Busse, **7** Einkehr
Inspiration: 8 Anregung, Eingebung
Instandhaltung: 6 Pflege, **7** Wartung
instand setzen: 10 renovieren
Instandsetzung: 9 Reparatur, **11** Renovierung, **12** Restauration, **13** Restaurierung

Instinkt: 6 Ahnung, Animus
Institut: 7 Anstalt
Instruktion: 9 Anleitung, Anweisung, Belehrung, **10** Vorschrift, **11** Richtschnur, **13** Unterrichtung
Instrument: 6 Geraet, **7** Apparat, **8** Werkzeug, **11** Vorrichtung
Intellekt: 3 Nus, **4** Nous, **8** Verstand
intellektuell: 7 geistig
Intellektueller: 7 Egghead
intelligent: 4 klug, **6** begabt, **8** gescheit, **10** aufgeweckt
Intelligenz: 8 Klugheit, **12** Gescheitheit
intensivieren: 8 steigern, **9** vermehren, **11** verstaerken
Intention: 7 Absicht, Vorsatz, **8** Vorhaben
Interesse: 6 Anteil, **7** Neigung, **9** Teilnahme, **11** Anteilnahme
Interesselosigkeit: 7 Apathie, **9** Lethargie
Interessengruppen: 10 Lobbyisten
Interessenvereinigung: 7 Kartell
interessiert: 9 engagiert, **10** aufmerksam
internieren: 9 isolieren, **11** inhaftieren
Interpretation: 7 Deutung, **9** Auslegung
interstellares Medium: 6 Plasma
Intervalle: 4 None, Prim, Sext, Terz, **5** Quart, Quint, **6** Dezime, Oktave, **7** Sekunde, Septime
Interview: 9 Befragung
Intrigantengruppe: 9 Kamarilla
Intrige: 6 Kabale, Raenke
inwendig: 5 innen, intus, **6** intern
Inzucht: 6 Inzest
Irak (Staat im Mittleren Osten)
Bevölkerung: **6** Iraker, Kurden, **7** Tuerken
Flüsse: **6** Tigris, **7** Euphrat
Hafenstädte: **3** Fao, **4** Basra
Hauptstadt: **6** Bagdad, **7** Baghdad
Kalif: **14** Harun al Raschid
König: **6** Faisal
Landschaften: **9** Kurdistan, **10** Babylonien, **12** Mesopotamien
Ölfeld: **5** Mosul, **6** Kirkuk
Ölhafen: **3** Fao
Partei: **5** Baath
Politiker: **5** Kasim, **7** Hussein
Ruinenstätten: **2** Ur, **4** Uruk, **5** Assur, **6** Nimrud, Ninive, Nippur, **7** Babylon
Städte: **3** Kut, **5** Basra, Mosul, **6** Bagdad, Daurah, Kirkuk, Nedjef, Samara, **7** Baghdad, Kerbela
Sumerische Stadtstaaten: **2** Ur, **4** Uruk, **6** Nippur, **7** Lagasch
Währung: **3** Fil, **5** Dinar
Iran (**7** Persien – Staat im Mittleren Osten)
Berge: **6** Kuhran, **8** Demawend
Bevölkerung: **5** Aseri, Luren, **6** Iraner, Kurden, Perser, **8** Armenier, **10** Belutschen
Dämon: **6** Asmodi
Dichter: **7** Hafis, Saadi, **6** Nisami, Nizami, **7** Dschami, Firdusi, **8** Dschelal, Firdausi
Dynastien: **6** Ilkhan, **7** Pahlawi, **9** Abbasiden, Arsakiden, **9** Omaijaden, Safawiden, **10** Kadscharen, Sassaniden, Seleukiden, **11** Seldschuken
Erdölhafen: **6** Abadan
Erdölinsel: **5** Kharg
Fee: **4** Peri
Flöte: **3** Nay, Nei
Flüsse: **3** Kor, **4** Aras, Mand, **5** Karul, Tilar, **6** Kercha, **9** Kisil Usen
Gattinnen des letzten Schahs: **5** Farah, **6** Soraya
Gebet: **5** Namaz
Gebirge: **6** Elburs, Kuhrud, Sagros, **8** Kopet Dag, **10** Hindukusch
Frauenschleier: **8** Tschador,

Tschadyr
Gedichtform: **5** Gasel, **6** Gasele
Geistlichentitel: **5** Molla, Mulla, **6** Mullah, **9** Ayatollah
Gewichte: **3** Man, **6** Rottel
Götter: **3** Bab, **4** Arez, **5** Chiun, **6** Mithra, Ormuzd, Zerwan, Zurvan, **7** Ahriman, Mithras, Zervana, Zervane
Göttertrank: **5** Haoma
Hafenstädte: **6** Abadan, **7** Buschir, **11** Bender Abbas
Hauptstadt: **7** Teheran
Herrscher: **5** Abbas, Cyrus, Kores, Kyros, **6** Darius, Xerxes, **7** Chosrau, **8** Kambyses, **9** Alexander, **10** Artaxerxes
Herrschergeschlechter: → Dynastien
Herrschertitel: **5** Schah, **12** Schah-in-Schah
Längenmaße: **3** Sar, Zar, **8** Faersakh, Tscherek
Laute: **3** Tar
Münze (alte): **5** Toman
Musikinstrumente: **3** Nay, Nei, Tar
Politiker: **8** Mossadeq, **9** Mossadegh, **13** Rafsandschani
Religionen: **5** Schia, **9** Mazdaznan, Parsismus
Religionsanhänger: **6** Parsen, **8** Babisten, Schiiten, **10** Mazdaisten
Religionsstifter: **4** Babi, Mani, **5** Manes, **9** Zoroaster, **11** Zarathustra
Rohrflöte: **3** Nay, Nei
Ruinenstätten: **4** Susa, **10** Pasargadae, Persepolis
Salzwüste: **5** Kerir
schiit. Ehrentitel: **9** Ajatollah
Schiitenführer: **8** Khomeini
Schahname: **4** Resa, **11** Resa Pahlawi
Schrift: **7** Pehlewi
See: **5** Niris, Urmia
Seefahrer: **6** Skylas
Städte u. Orte: **3** Bam, Kom, Lar, **4** Arak, Ghom, Jesd, **5** Ahvas, Babol, Mahan, **6** Abadan, Dezful, Gorgan, Kaswin, Kerman, Kirman, Rescht, **7** Ardebil, Buschir, Hamadan, Isfahan, Kaschan, Schiras, Taebris, Zahedan, **8** Astrabad, Meschhed, Zaidabad, **10** Halabdscha, **11** Kermanschah
Statthalter: **6** Satrap
Tempelturm: **8** Zikkurat
Teppichstädte: **4** Ghom, **7** Hamadan, Isfahan, Taebris
Titel: **4** Khan, **5** Schah, **10** Schah-in-Schah
Volksstämme im Altertum: **5** Meder, Saken, **6** Alanen, Perser, **7** Baktrer, Iranier, Osseten, Parther, Skythen, **8** Sarmaten
Währung: **4** Rial, **5** Dinar
Wallfahrtsort: **3** Kom, **4** Ghom
Wasserpfeife: **6** Kalian, Kaliun
Wüsten: **3** Lut, **5** Kewir, **11** Desth-i-Kevir

Irland (Inselstaat in W-Europa)
Alphabet: **4** Ogam
Berge: **6** Keeper, Neifin, **7** Brandon, Errigal
Bevölkerung: **4** Iren
Dichter: **4** Shaw, **5** Joyce, Synge, Yeats, **6** Steele, **7** Beckett, Durrell
Eigenname: **4** Eire
Erzählerin: **5** Bowen
Flughafen: **6** Dublin, **7** Shannon
Flüsse: **4** Erne, Suir, **5** Boyne, **6** Barrow, **7** Shannon
Geheimbund: **6** Fenier
Göttinnen: **4** Badb, Dana, Danu, **6** Brigit, **8** Morrigan
Hafenstädte: **4** Cork, **6** Dublin
Hauptstadt: **6** Dublin

Inseln: **4** Aran, **5** Arann, **6** Mullet
Kap: **4** Acla, **6** Chairn
keltischer Name Irlands: **4** Erin
Kloster: **6** Cashel
Landschaft: **9** Connemara
Missionare: **6** Gallus, **8** Columban
Parlament: **4** Dail, **11** Dail Eireann
Patron: **7** Patrick
Philosoph: **7** Erigena, **8** Eriugena
Physiker: **6** Walton, **7** Tyndall
Politiker: **6** Valera, **7** Haughey, Hillery, **8** Reynolds, Robinson, **10** FitzGerald
Provinzen (und ihre Hauptstädte): **4** Cork (**4** Cork), Mayo (**9** Castlebal), **5** Cavan (**5** Cavan), Clare (**5** Ennis), Kerry (**6** Tralee), Louth (**7** Dundalk), Meath (**5** Navan), Sligo (**5** Sligo), **6** Carlow (**6** Carlow), Dublin (**6** Dublin), Galway (**6** Galway), Offaly (**9** Tullamore), **7** Donegal (**7** Lifford), Kildare (**4** Naas), Leitrim (**16** Carrick on Shannon), Wexford (**7** Wexford), Wicklow (**7** Wicklow), **8** Kilkenny (**8** Kilkenny), Laoighis (**11** Maryborough), Limerick (**8** Limerick), Longford (**8** Longford), Monaghan (**8** Monaghan), **9** Roscommon (**9** Roscommon), Tipperary (**9** Tipperary), Waterford (**9** Waterford), Westmeath (**9** Mullingar)
Sagengestalten: **4** Finn, Ogma, **5** Oisin, Umall, **6** Fingal, Ossian, **8** Sigeband, **9** Cuchulinn
Sandhügel: **5** Esker
Schriftsteller: **5** Joyce, **7** Beckett, Durrell, **9** Goldsmith, O'Flaherty
Seen: **3** Eri, Ree, **4** Derg, **6** Erisee
Sprachen: **6** Irisch, **8** Englisch, Gaelisch
Städte u. Orte: **4** Birr, Bray, Cork, **5** Cavan, Ennis, Sligo, **6** Carlow, Dublin, Galway, Tralee, **7** Ballina, Carrick, Clifden, Dundalk, Kildare, Lifford, Wexford, Wicklow, **8** Drogheda, Kilkenny, Limerick, **9** Killarney, Tipperary, Waterford, **10** Queenstown
Untergrundorganisation: **3** IRA
Währung: **5** Pence, Pfund
Wahrzeichen: **8** Shamrock

Ironie: **5** Spott
ironische Dichtung: **6** Satire
irreal: **10** unwirklich
irreführen: **8** vexieren
Irreführung: **5** Bluff
irremachen: **9** verwirren, **10** irritieren
Irrenarzt: **10** Psychiater
Irrenheilkunde: **11** Psychiatrie
irrereden: **10** delirieren, **12** phantasieren
Irrfahrt: **7** Odyssee
Irrgang: **5** Abweg, **9** Labyrinth
Irrgarten: **9** Labyrinth
Irrglaube: **10** Aberglaube
irrgläubig: **9** heterodox
Irrgläubiger: **6** Ketzer, **10** Haeretiker
Irrlehre: **8** Haeresie, Ketzerei
Irrsinn: **8** Wahnsinn, **10** Unvernunft
Irrtum: **6** Errata, Fehler, **7** Erratum, **8** Versehen
Irtysch-Zuflüsse: **2** Om, **3** Omj, Tar, Tui, Uba, **4** Kaba, Tara, **5** Konda, Kurtu, Narim, Oscha, Tobol, Wagai, **6** Abakan, Ischim, Turtas, **8** Demjanka
Isar-Zuflüsse: **3** Rot, **4** Finz, Riss, **5** Achen, Ammer, Amper, Sempt, **6** Jachen, **7** Arzbach, Ellbach, Loisach, Moosach, Rottach, **8** Mossbach, **9** Muehlbach, Pfettrach, Steinbach, **10** Hirschbach, Zellerbach
Iser-Zuflüsse: **6** Koster, **7** Kamnitz, Mohelka
Isère-Zuflüsse: **3** Arc, **4** Arly, Drac,

Fure, **5** Doron, **6** Bagnol, Bourne, Ozeins

Islam (Weltreligion)

vorislam. Zeit

Dämon: **4** Jinn, **5** Jinni, **7** Dschinn
Götterbild: **3** Uza
Götter-, Dämonenberg: **3** Kaf
Göttinnen: **4** Ilat, Sawa, **5** Allat, Aloza, Manat, **6** Alilat, Alitta
Klasse der Dschinn: **6** Marids
mächtiger Dschinn: **5** Ifrit, **7** Ifritah
Sonnengott: **5** Hobal
weibl. Dämon: **8** Jinniyah

Armensteuer: **5** Zakat
Brokattuch (Kaaba): **5** Kiswa
Ehrentitel: **5** Hafis, **6** Schech, **7** Scheich
Fastenmonat: **7** Ramadan, Ramasan
Feste: **6** Bairam, Beiram, **8** Nebi Musa
Frauengemach: **5** Harem, **6** Zenana
Gebete: **3** Asr, **5** Namas, Namaz, Salat, **6** Fatiha
Gebetshaus: **7** Moschee
Gebetsnische (Moschee): **6** Mihrab
Gebetsrichtung nach Mekka: **5** Kibla, **6** Kiblah
Gebetsruf: **4** Esan
Gebetsrufer: **7** Muezzin
Geistlichentitel: **5** Molla, Mulla, **6** Mullah
Gelehrter: **5** Ulema
Gelehrtenstand: **6** Ulemas
Glaube und Beteuerung: **4** Iman
Gott: **5** Allah
Heiliger: **4** Wali, Weli, **7** Marabut
Heiligengrab: **4** Wali, Weli
heiliger Berg: **6** Arafat
heiliger Bezirk: **5** Haram
heiliger Krieg: **8** Dschihad
heiliger Stein (Kaaba): **9** Handschra
heiliges Buch: **5** Koran
Heiligtum in Mekka: **5** Kaaba
Herrschertitel: **5** Kalif, **6** Sultan, **9** Padischah
Hölle: **11** Dschehennem
Korankapitel: **4** Sure
Korankenner: **5** Hafis
Koranschule: **6** Mekteh, **7** Medrese, **8** Medresse
Koranschüler: **5** Softa
Lehrbuch: **5** Sunna
Mekkapilger: **6** Hadsch, **7** Haddsch, Hadschi
Mekkapilgermantel: **5** Ihram
Mekkapilgerreise: **5** Omrah, **6** Hadsch
Moschee in Mekka: **9** Beit Allah
Mutter der Gläubigen: **6** Aischa, Ayesha
Oberpriester: **5** Mufti
Name Jesu: **3** Isa
Ordensältester der Derwische: **3** Pir
Paradies: **4** Adan, **9** Dschennet
Paradiesjungfrau: **4** Huri
Predigtkanzel (Moschee): **5** Karsi, **6** Mimbar
Propheten: **5** Rasul, **8** Mohammed
Rechtsgelehrter: **5** Mufti, Ulema
Rechtsgutachten: **5** Fetwa
Sagengestalt: **5** Chidr
Schicksal: **6** Kismet
Schreiber: **5** Malam
Sekten: **5** Bahai, **6** Drusen, **7** Senussi, **8** Babisten, Hodschas, Imamiten, Ismailia, Schiiten, Sufisten, Sunniten, Zaiditen, **9** Derwische, Hanefiten, Hanifiten, Wahabiten, **10** Assassinen, Ismaeliten, Ismailiten, Wahhabiten
Teufel: **5** Iblis, **6** Asasel, **8** Scheitan
Titel: **4** Imam, Kadi, **5** Kalif, Mufti, Wesir, **6** Sultan, **7** Hadschi
Ungläubiger: **5** Giaur, Kafir
Vorbeter (Moschee): **4** Imam
Wallfahrtsorte: **5** Mekka, **6** Medina

Waschung vor dem Gebet: **6** Abdest
Islamit: **6** Moslem, Muslim, **8** Muselman, **12** Mohammedaner
Isolierfüllstoff: **4** Leca
Isoliermasse: **4** Kitt, **6** Amenit
Isolierstoff: **4** Filz, Glas, Kork, Lack, Teer, Werg, **5** Gummi, **6** Asbest, **7** Bitumen, **9** Glaswolle, Teerpappe
isolierter Draht: **5** Kabel
Island (Inselstaat im N-Atlantik)
Berge: **5** Askja, Hekla, **10** Herdubreid, **11** Bardarbunga
Bevölkerung: **9** Islaender
Bucht: **4** Faxa
Dichter: **7** Laxness, **11** Gudmundsson
Dichtungen: **4** Edda, Saga
Fluß: **8** Joekulsa
Hauptstadt: **9** Reykjavik
heiße Quelle: **6** Geiser, Geysir
normann. Name für Island: **5** Floki
Parlament: **7** Althing
Parlament und Gerichtsstätte früh. Zeit: **11** Thingvellir
Reimgedichte: **5** Rimur
Ringkampf: **5** Glima
Schriftsteller: **5** Nonni, **6** Kiljan, **7** Halldor, Laxness, **10** Gunnarsson
Sprache: **8** Islenska
Städte u. Orte: **3** Vik, **5** Hoefn, **7** Akranes, Selfoss, **8** Akureyri, Keflavik, **9** Grindavik, Kopavogur, Reykjavik
Währung: **5** Eyrir (Mehrzahl: **5** Aurar), Krone
Wasserfälle: **8** Gullfoss, **9** Dittifoss
Israel (Staat im Nahen Osten)
Amtssprache: **6** Iwrith, **10** Hebraeisch
Angehöriger eines Kollektivs: **9** Kibbuznik
annektierte Gebiete: **4** Gasa, Gaza, **8** Westbank, **11** Golanhoehen, **12** Gazastreifen, **13** Westjordanien
antike Bergfestung: **6** Masada
Berge: **5** Meron, Ramon, Saggi, Seguv, Tabor, **7** Oelberg
Bevölkerung: **5** Juden, **7** Israeli, **8** Israelis
Feiertag: **6** Sabbat
Feste: **5** Purim, **6** Passah, **8** Schawu'ot, **9** Jom Kippur, **15** Laubhuettenfest, Versoehnungstag
Flughafen: **3** Lod, **5** Lydda
Flüsse: **5** Faria, **6** Jordan
Gebirge: **6** Karmel, **13** Karmelgebirge
Hafenstädte: **4** Akka, Elat, **5** Eilat, Elath, Haifa, Jaffa, **6** Ashdod, **7** Aschdod
Hauptstadt: **9** Jerusalem
Jerusalem (Bauwerke): **9** Felsendom, **10** Klagemauer, **11** Omar Moschee, **12** Grabeskirche
Juden
im Land Geborener: **5** Sabra
nach Staatsgründung Eingewanderter: **4** Olim
vor Staatsgründung Eingewanderter: **7** Vatiqim
Kollektivsiedlung: **6** Kibbuz
Landessprache: **6** Irrith, Iwrith
Landschaften: **6** Judaea, **7** Samaria, **8** Galilaea, **10** Palaestina
militär. Organisation bis 1948: **6** Hagana
Parlament: **7** Knesset, **8** Knesseth
Parteien: **4** Rafi, **5** Avoda, Likud, Mapai, Mapam, **7** Aschdut, Maarach
Politiker: **5** Begin, Navon, Peres, Rabin, **6** Benzwi, Gurion, Herzog, Shamir, **7** Eschkol, Schamir, Schasar, **8** Scharett,

Weizmann, **9** Ben Gurion
Politikerin: **4** Meir
Schriftsteller: **4** Guri, **5** Carmi, Meged, **6** Gilboa, Hillel, Kishon, Kovner, Yizhar, **7** Schaham, Schamir, **8** Goldberg, Grynberg, **9** Altermann
Seen: **8** Tiberias, **9** Totes Meer, **10** Genezareth
Städte: **4** Arad, Elat, **5** Akkon, Eilat, Elath, Haifa, Holon, Jaffa, **6** Ashdod, Bat Yam, Har Zin, Hadera, **7** Askalon, Herzlya, Netanja, Rehovot, Tel Aviv, **8** Ashqelon, Givataim, Nazareth, Nethanja, Ramat Gan, Tiberias, **9** Jerusalem
Untergrundorganisation (früh.): **5** Irgun, **7** Haganah
Währung: **5** Agora (Mehrzahl: **6** Agorot), **7** Schekel
Wüsten: **4** Juda, **5** Negev

israelit. Gesetzgeber: **5** Moses
Gott der Heerscharen: **7** Zebaoth
Könige: → Bibel
Stämme: **3** Dan, Gad, **4** Juda, Levi, **5** Asser, Ruben, **6** Joseph, Simeon, **7** Sebulon, **8** Benjamin, Isaschar, Naphtali
Stammväter: **3** Ham, Sem, **4** Noah, **5** Jakob, **6** Japhet

Istanbul: **6** Byzanz, **14** Konstantinopel

Italien (Staat in S-Europa)
Abenteurer: **8** Casanova, **10** Cagliostro
Adelsgeschlechter: **4** Este, **6** Borgia, Medici, Orsini, **7** Farnese, **9** Malatesta
Adelstitel: **4** Duca, **5** Conte, **8** Contessa, Marchesa, Marchese, Principe, Visconte, **11** Principessa
Adriahäfen: **4** Bari, **6** Ancona, Pesaro, Rimini, Triest, **7** Pescara, Venedig, Venezia, **8** Barletta, Brindisi, Molfetta
Alpental: **7** Veltlin
Anatom: **7** Galvani
Anrede: **6** Signor, **7** Signora, **9** Signorina
antike Städte: **8** Pompeji, **11** Herculaneum
Artikel: **2** il, la, lo
Arzt: **8** Morgagni
Astronom: **7** Galilei, **12** Schiaparelli
Atomphysiker: **5** Fermi
Autobahn: **10** Autostrada
Autorennstrecke: **5** Monza
Bannerträger: **12** Gonfaloniere
Barockbaumeister: **7** Carlone
Barockmaler: **4** Reni
Baumeister: **6** Solari, **7** Bernini, Carlone, Solario, **8** Bramante, **9** Borromini
Berge: **4** Tosa, **5** Aetna, Amaro, Vesuv, **6** Amiato, Cimone, Ortler, Serino, Tofana, **7** Antelao, **8** Adamello, **9** Gran Sasso, Marmolata, Monte Rosa, **11** Rosengarten, **12** Gran Paradiso
Bevölkerung: **6** Sarden, **7** Albaner, **8** Slowenen, **9** Italiener, **11** Südtiroler, **12** Raetoromanen
Bewohner einer italienischen Insel: **5** Sarde, **10** Sizilianer
Bildhauer: **5** Manzù, **6** Canova, Majano, Pisano, Riccio, **7** Cellini, Fiesole, Ouercia, Sartori, Solario, **9** Donatello, Sansovino, **10** Verrocchio, **12** Michelangelo
Bischofsstadt: **6** Aquino, **7** Orvieto
Blutrache: **8** Vendetta
Buchdrucker: **6** Bodoni
Bürgermeister: **7** Podesta, Sindaco
Bußprediger: **10** Savonarola
Chemiker: **5** Natta
Dichter: **5** Dante, Gozzi, Tasso, **6** Ariost, Silone, Vasari, **7** Alfieri, Aretino, Goldoni, Manzoni, **8** Annunzio, Carducci, Petrarca, **9** Boccaccio, d'Annunzio,

Malaparte, Quasimodo, Sannazaro, **10** Pirandello
Dichterin: **6** Stampa
Dirigenten: **3** Gui, **5** Erede, **9** Toscanini
Elitetruppe: **11** Bersaglieri
Erfinder: **5** Volta, **7** Marconi, **10** Torricelli
Filmstadt bei Rom: **9** Cinecittà
Fingerspiel: **4** Mora
Flüsse: **2** Po, **4** Adda, Arno, Gela, Liri, Mera, Nera, Reno, Sele, Toce, Tose, **5** Etsch, Oglio, Piave, Sesia, Tiber, **6** Aniene, Isonzo, Rubico, Tanaro, Tessin, **7** Busento, Rubikon, **8** Volturno
Flüssigkeitsmaß: **6** Barile
Forschungsreisender: **9** Marco Polo
Frauennamen: **3** Pia, **4** Gina, Mona, Tina, **5** Bella, Elena, Lucia, Maria, Norma, Paola, Viola, **6** Angela, Bianca, Editta, Elvira, Giulia, Marina, Porzia, Renata, Teresa, **7** Antonia, Claudia, Mirella, Valeria, **8** Beatrice, Carlotta, Eleonora, Fiametta, Lucretia, Lucrezia, Teresina, Vittoria, **9** Maddalena, Margarita, **10** Margherita
Frauenverführer: **8** Casanova
Freiheitskämpfer: **7** Mazzini, **9** Garibaldi
Fremdenführer: **8** Cicerone
Fürstengeschlechter: **4** Este, **6** Borgia, Medici, Orsini, **7** Farnese, **9** Malatesta
Gasthaus: **7** Albergo, Osteria, Taverne, **9** Trattoria
Gebirge: **4** Meta, **7** Apennin, **8** Abruzzen, **9** Apenninen, Dolomiten, Marmolata
Gebiete S-Italiens: **11** Mezzogiorno
Gebirgstruppe: **6** Alpini
Geheimbund: **5** Mafia, **6** Maffia, **7** Camorra, Kamorra
Geheimbündler: **7** Mafioso
Geigenbauer: **5** Amati, Santo, **6** de Salo, **7** Maggini, Ruggeri, **8** Bergonzi, Guarneri, Storioni, **10** Stradivari
Geigenvirtuosen: **6** Viotti, **7** Tartini, Vivaldi, **8** Paganini
Geistlicher: **6** Abate
Gendarm: **11** Karabiniere
Gesangsstil: **8** Belcanto
Geschlecht: **11** Piccolomini
Gondelführer: **10** Gondoliere
Gondellied: **9** Barcarole
Hafenstädte: **4** Bari, **5** Gaeta, Genua, Grado, **6** Ancona, Neapel, Reggio, Rimini, Tarent, Triest, **7** Catania, Livorno, Messina, Otranto, Palermo, Ravenna, Salerno, Syrakus, Venedig, **8** Brindisi, La Spezia, Molfetta
Halbinseln: **7** Apulien, **9** Kalabrien
Hartkäse: **8** Parmesan
Hauptstadt: **3** Rom, **4** Roma
Heiliger: **4** Neri
Humanist: **4** Pico
Insel bei Venedig: **6** Burano
Inseln: **4** Elba, **5** Capri, Ponza, **6** Giglio, Ischia, Linosa, Lipari, Salina, Ustica, **7** Asinara, Capraia, Caprera, Panaria, Pianosa, Procida, Tremiti, Vulcano, **8** Sizilien, **9** Favignana, Giannutri, Lampedusa, Sardinien, Stromboli, Ventotene, **11** Monte Cristo, Pantelleria
Jägertruppe: **11** Bersaglieri
Jahrmarkt: **5** Fiera
Jongleur: **8** Rastelli
Kap: **6** Miseno
Käsesorten: **5** Grana, **6** Asagio, Romano, **7** Casiddi, Fontina, Robiola, **8** Bel Paese, Parmesan, **10** Gorgonzola, Mozzarella,

Stracchino
Kirchenkomponist: **10** Palestrina
Klosterbruder: **3** Fra, **5** Frate
Komödiendichter: **5** Gozzi, **7** Goldoni
Komponisten: **3** Feo, Leo, **4** Nono, Peri, **5** Berio, Boito, Verdi, **6** Busoni, **7** Bellini, Casella, Corelli, Menotti, Puccini, Rossini, Salieri, Tartini, Torelli, Toselli, Vivaldi, Zarlino, **8** Cimarosa, Clementi, Gabrieli, Giordano, Mascagni, Marenzio, Petrassi, Respighi, Spontini, Steffani, **9** Cherubini, Donizetti, Malipiero, Paisiello, Pergolesi, Scarlatti, Stradella, **10** Boccherini, Monteverdi, Palestrina, Zingarelli, **11** Frescobaldi, Leoncavallo
Königsnamen: **7** Humbert, **8** Emmanuel
Kugelspiel: **6** Boccia
Laguneninsel Venedigs: **6** Murano
Lagunenstadt: **7** Venedig
Landschaften: **6** Emilia, Friaul, Friuli, Latium, Marche, Marken, Molise, **7** Apulien, Chianti, Piemont, Romagna, Toscana, Toskana, Umbrien, **8** Abruzzen, Benevent, Campagna, Ligurien, Venetien, **9** Kalabrien, Kampanien, Lombardei, **10** Basilikata, Monferrato
Likör: **8** Rosoglio
Luftverkehrsgesellschaft: **3** LAI, **8** Alitalia
Maisgericht: **7** Polenta
Maler: **3** Ugo, **4** Afro, Cima, Reni, Rosa, **5** Carra, Credi, Dolci, Gnoli, Lippi, Lotto, Luini, Palma, Preti, Sarto, **6** Giotto, Grandi, Guardi, Piombo, Sodoma, Tizian, **7** Bellini, Bernini, Cimabue, Cortono, da Vinci, Francia, Gozzoli, Martini, Raffael, Solario, Tiepolo, Uccello, **8** Angelico, Boccioni, Carracci, Crivelli, Granacci, Mantegna, Masaccio, Perugino, Pontormo, Veronese, **9** Canaletto, Carpaccio, Correggio, Cremonini, Giorgione, Pisanello, Segantini, **10** Botticelli, Caravaggio, Modigliani, Signorelli, Tintoretto, **12** Michelangelo, **15** Leonardo da Vinci
Männernamen: **4** Gian, Luca, Tino, Tito, Vico, **5** Aldus, Beppo, Carlo, Guido, Mario, Paolo, Peppo, **6** Amedeo, Arturo, Benito, Cesare, Cosimo, Curzio, Emilio, Enrico, Ermano, Gianni, Giulio, Jacopo, Mattia, Nicola, Pietro, **7** Antonio, Claudio, Ermanno, Eugenio, Gasparo, Giacomo, Ignazio, Lorenzo, Niccolo, Odoardo, Omobono, Santino, Umberto, **8** Agostino, Giovanni, Giuliano, Giuseppe, Marcello, Ottorino, **9** Benedetto, Francesco, **10** Alessandro, Bartolomeo, Bernardino, Cristoforo, Gioacchino, Sebastiano
Märchenfigur: **6** Befana, **9** Pinocchio
Modeschöpfer: **9** Schuberth
Nachrichtenagentur: **4** ANSA
Naturforscher: **7** Galvani
Nobelpreisträger
– *für Chemie:* **5** Natta
– *für Frieden:* **6** Moneta
– *für Literatur:* **7** Deledda, **8** Carducci, **9** Quasimodo, **10** Pirandello
– *für Medizin:* **5** Boret, Golgi, **14** Levi-Montalcini
– *für Physik:* **5** Fermi, Segre, **6** Rubbia, **7** Marconi
Nudelart: **9** Makkaroni, Spaghetti
Nudelteigpastetchen: **7** Ravioli

Opernkomponisten: **5** Boito, Verdi, **7** Bellini, Puccini, Rossini, **8** Cimarosa, Mascagni, **9** Donizetti, **11** Leoncavallo
Ordensbruder: **3** Fra, **5** Frate
Ordensgründer: **4** Neri, **8** Benedikt, **10** Franziskus, **14** Franz von Assisi
Philosophen: **4** Pico, **5** Bruno, Croce, **6** Ficino, **8** Guardini, **10** Campanell
Physiker: **5** Fermi, Segre, Volta, **7** Galilei, Marconi, **10** Torricelli
Polarflieger: **6** Nobile
Politiker: **4** Moro, **5** Amato, Goria, Nenni, **6** Cavour, **7** Cossiga, Einaudi, Gasperi, **9** Andreotti, Togliatti, **11** Machiavelli
Porzellanmanufaktur: **11** Capo di Monte
Prediger: **10** Savonarola
Prinzenhofmeister: **3** Ajo
Räuberhauptmann: **9** Rinaldini, **10** Fra Diavolo
Regionen (und ihre Hauptstädte): **6** Friaul (**6** Triest), Latium (**3** Rom), Marken (**6** Ancona), Molise (**10** Campobasso), **7** Apulien (**4** Bari), Piemont (**5** Turin), Toscana (**7** Florenz), Umbrien (**7** Perugia), **8** Abruzzen (**7** L'Aquila), Aostatal (**5** Aosta), Ligurien (**5** Genua), Sizilien (**7** Palermo), Trentino (**6** Trient), Venetien (**7** Venedig), **9** Kalabrien (**9** Catanzaro), Kampanien (**6** Neapel), Lombardei (**7** Mailand), Sardinien (**8** Cagliari), **10** Basilicata (**7** Potenza)
Reisgericht: **7** Risotto
Religionsphilosoph: **8** Guardini
Revolutionär: **7** Mazzini, **9** Garibaldi
Rotwein: **7** Chianti
Rundfunkgesellschaft: **3** RAI
Sänger: **5** Gigli, **6** Caruso, **9** del Monaco
Sängerin: **5** Milva, Moffo, **6** Callas, **7** Tebaldi, **8** Catalani
Scharfschütze: **11** Bersagliere
Schaumwein: **8** Spumante
Schauspieler: **4** Toto, **6** Brazzi, **7** Vallone, **9** Salvatore
Schauspielerin: **4** Duse, **5** Loren, **6** Masina, **7** Magnani, Mangano, **9** Cardinale, Pampanini, **12** Lollobrigida
Schenke: **7** Osteria, Taverne
Schriftsteller: **5** Verga, **6** Ojetti, Tomasi, **7** Aretino, Barilli, Giraldi, Moravia, **8** Casanova, **9** Giuliani, Lombardo, Malaparte, **10** Balestrini, Pirandello, **11** Castiglione
Schriftstellerin: **7** Deledda
Seen: **4** Como, Nemi, **7** Nemisee, **8** Comersee, Gardasee
Seefahrer: **8** Columbus, Vespucci, **9** Verrazano
Söldnerführer: **8** Colleoni, **11** Condottiere, Kondottiere
Staatspräsidenten: **4** Leone, Segni, **7** Cossiga, Einaudi, Gronchi, Pertini, Saragat, **8** Scalfaro
Staatspräsidentensitz: **8** Quirinal
Städte u. Orte: **3** Ala, Bra, Rom, **4** Asti, Bari, Como, Fano, Gela, Lodi, Nola, Pisa, Riva, Roma, Susa, Todi, Vibo, **5** Adria, Anzio, Aosta, Arona, Atria, Bozen, Capua, Cuneo, Forli, Gaeta, Genua, Goerz, Imola, Lecce, Locri, Lucca, Massa, Meran, Monza, Padua, Paola, Parma, Pavia, Prato, Rieti, Sarno, Siena, Sutri, Terni, Trani, Turin, Udine, **6** Amalfi, Ancona, Andria, Arezzo, Ascona, Assisi, Brixen, Cesena, Faenza,

Foggia, Latina, Loreta, Loreto, Mantua, Milano, Modena, Napoli, Neapel, Novara, Pesaro, Ragusa, Reggio, Rimini, Rivoli, Rovigo, Savona, Stresa, Tarent, Tivoli, Torino, Trento, Trient, Triest, Urbino, Varese, Verona, **7** Belluno, Bergamo, Bologna, Brescia, Carrara, Catania, Cosenza, Cremona, Ferrara, Firenze, Florenz, Legnano, Livorno, Magenta, Mailand, Marsala, Messina, Orvieto, Otranto, Palermo, Paterno, Perugia, Pescara, Pistoia, Portici, Rapallo, Ravenna, Salerno, Sassari, Sorrent, Spoleto, Syrakus, Taranto, Tortona, Trapani, Treviso, Venedig, Vicenza, Viterbo, **8** Agrigent, Barletta, Brindisi, Frascati, Grosseto, La Spezia, Molfetta, Monopoli, Monreale, Piacenza, Pinerolo, Pozzuoli, Rovereto, Taormina, Vercelli, **9** Benevento, Catanzaro, Cerignola, Gallipoli, San Severo, Viareggio, **11** Alessandria, Villafranca, **12** Caltanisetta

Tanz: **10** Saltarello, Tarantella

Überseehafen: **5** Genua

Verschwörer: **6** Fiesco

Völker in Italien: **7** Gallier, Ligurer, **8** Etrusker, Illyrer, Italiker

Vulkan: **5** Aetna, Vesuv, **9** Stromboli

Vulkaninsel: **7** Vulcano, **9** Stromboli

Währung: **4** Lira (Mehrzahl: **4** Lire), **9** Centesimo

Wallfahrtsort: **6** Loreto

Weinschenke: **7** Osteria, Taverne

Weinsorten: **4** Asti, Fara, Faro, Gavi, Giro, **5** Zucco, **6** Barolo, Epomeo, **7** Barbera, Chianti, Cinzano, Frascati, Marsala, Moscato, Vesuvio, **8** Falerner, Furlaner, Grumello, Malvasia, Nebbiolo, Prosecco, **9** Bardolino, **15** Lacrimae Christi

Weltgeistlicher: **5** Abate

Wirtshaus: **7** Albergo, Osteria, Taverne, **9** Trattoria

Wurstsorte: **6** Salami, **10** Mortadella

Zahlwörter: **3** due, sei, tre, una, uno, **4** nove, otto, zero, **5** cento, dieci, sette, venti, **6** cinque, **7** quattro

italische Völker: **5** Osker, **7** Volsker, **8** Etrusker

J

Jacke: **4** Wams, **5** Joppe, Sakko, **6** Blazer, Bolero, Janker, **7** Jackett, **10** Lumberjack
Jackenkleid: **7** Kostuem
Jagdart: **4** Hatz, **5** Beize, **6** Ansitz, Pirsch, **7** Anstand, **8** Beizjagd, **9** Falknerei, Treibjagd, **12** Parforcejagd
jagdbare Tiere: **4** Wild
Jagdbeute: **8** Trophaee
Jagdbezirk: **5** Forst, Jagen, **6** Revier
Jagdergebnis: **5** Beute, **7** Strecke
Jagdfrevel: **12** Wilddieberei
Jagdfrevler: **8** Wilddieb
Jagdgebiet: **6** Revier
Jagdgewehre: **6** Flinte, **7** Buechse, Stutzen, **8** Drilling, Tesching
Jagdgöttin: **5** Diana, **7** Artemis
Jagdhelfer: **7** Treiber
Jagdhorn: **6** Piston
Jagdhunde: **6** Bracke, Setter, Teckel, **7** Spaniel, Terrier, **11** Huehnerhund, Vorstehhund
Jagdhunde als Schar: **5** Meute, **6** Koppel
Jagdkanzel: **8** Hochsitz
Jagdleopard: **6** Gepard
Jagdmesser: **7** Knicker, Weidner, **11** Bowiemesser
Jagdmunition: **5** Kugel, **6** Schrot, **9** Rehposten, **10** Vogeldunst
Jagdpferd: **6** Hunter
Jagdreiter: **6** Pikoer
Jagdrennen: **12** Steeplechase
Jagdruf: **6** Halali, **7** Horrido
Jagdsitz: **6** Kanzel, **7** Anstand, **8** Hochsitz
Jagdtasche: **4** Aser, **8** Weidsack
Jagdtrophäe: **6** Geweih
Jagdwaffen: **5** Bogen, Keule, Lanze, Pfeil, Speer, **6** Flinte, Gewehr, Spiess, **7** Harpune, **8** Armbrust, Blasrohr, Bumerang, Drilling, Saufeder, Wurfholz, **9** Schleuder, **10** Weidmesser, Wurfspiess
Jagdwagen: **5** Break, **7** Dogcart
jagende Eile: **4** Hast, **5** Hetze
Jäger: **6** Nimrod, **8** Chasseur, Weidmann, **9** Gruenrock
Jägerei: **4** Jagd, **8** Waidwerk, Weidwerk
Jägerrucksack: **4** Aser
Jagst-Zuflüsse: **7** Seckach, **9** Erlenbach
Jaguar: **4** Onze, Unze
jäh: **6** abrupt, heftig, **8** impulsiv, **10** ploetzlich
jäh ansteigend: **5** steil
jäher Fall: **5** Sturz
Jahrbuch: **8** Almanach, Kalender
Jahrbücher: **7** Annalen
Jahresabschluß: **6** Bilanz, **9** Silvester
Jahresdrittel: **7** Tertial
Jahreswende: **7** Neujahr
Jahreszahlung: **9** Annuitaet
Jahreszeiten: **4** Lenz, **6** Herbst, Saison, Sommer, Winter, **9** Fruehjahr, Fruehling
Jahrgang: **10** Generation
Jahrgeld: **7** Apanage
Jahrhundert: **8** Saekulum
Jahrmarkt: **3** Dom, **4** Dult, Kerb, **5** Kerwe, Messe, **6** Kirmes, Rummel
Jahrmarktsattraktionen: **8** Schaukel, **9** Karussell, Riesenrad, **10** Achterbahn, **11** Autoscooter, Geisterbahn, Ringelspiel, Schiessbude, **12** Luftschaukel, **15** Kettenkarussell

Jahrtausend: 10 Millennium
Jahrweiser: 8 Kalender
Jahrzehnt: 9 Dezennium
jähzornig: 6 rabiat, **10** cholerisch, **11** aufbrausend
Jamaika (Inselstaat in der Karibik)
***Badestrand:* 16** Doctor's Cave Beach
***Berg:* 9** Catherine
***Bevölkerung:* 10** Jamaikaner
***Dialekt der Bevölkerung:* 6** Patois
***Doline der Karstlandschaft:* 7** Cockpit
***Flüsse:* 5** Cobre, Minho, **9** Rio Grande
***Gebirge:* 13** Blue Mountains
***Hauptstadt:* 8** Kingston
***Politiker:* 5** Seaga, **9** Patterson
***Städte u. Orte:* 8** Ocho Rios, **10** Mandeville, Montego Bay, **11** Port Antonio, Spanish Town
***Währung:* 4** Cent, **6** Dollar
Jammer: 5 Elend, Klage, **6** Misere, **7** Lamento
jammern: 6 heulen, klagen, weinen, **7** greinen, **11** lamentieren
jämmerlich: 5 trist, **9** miserabel
jammervoll: 7 desolat
Jammerrede: 9 Jeremiade
Jangtsekiang-Zuflüsse: 5 Minho, **8** Kankiang, **10** Siangkiang
Januar: 7 Eismond, Hartung, Jaenner, **10** Schneemond
Japan (Inselstaat in O-Asien)
***Abgeordnetenhaus:* 8** Schugi-in
***Adelsstand:* 7** Samurai
***Ahnengedenkfest:* 3** Bon
***Anstandsregeln:* 8** Buschido
***Arzt:* 4** Hata
***Balkentor:* 5** Torii
***Berge:* 3** Aso, **4** Akan, Fuji, **5** Oakan, **6** Mihara, Misaka, Nantai, Ontake, Sakura, **7** Abukuma, **8** Kitagami, **10** Jarigatake, **11** Fudschijama
***Bevölkerung:* 4** Ainu, **7** Japaner
***Binsenmatte:* 6** Tatami
***Blumensteckkunst:* 7** Ikebana
***Bogenschießkunst:* 5** Kyudo
***Brettspiel:* 2** Go, **3** Igo
***Dämon:* 3** Oni
***Dichterin:* 8** Murasaki
***Döschen am Obi:* 4** Inro
***Edelstein:* 3** Aat
***Eigenname Japans:* 6** Nippon
***Feldherrntitel:* 6** Shogun, **7** Schogun
***Feuergott:* 5** Atago
***Filmregisseur:* 3** Ozu
***Flächenmaße:* 3** Tan, **5** Tsubo
***Fluß:* 8** Schinano
***Frauengewand:* 6** Kimono
***General:* 3** Oku
***Gesetzbuch:* 8** Taihorjo
***Gewand:* 6** Kimono
***Gewichte:* 4** Kwan, **5** Momme, Picul
***Gitarre:* 7** Samisen
***Glücksgott:* 5** Hotei
***Hafenstädte:* 4** Kobe, Moje, **5** Akita, Osaka, Sakaj, Tokio, **6** Nagoja, **8** Hakodate, Jokohama, Kanasawa, Nagasaki, Schimizu
***Halbinsel von Honschu:* 3** Izu
***Hauptinsel:* 7** Honschu, Kiuschu, **8** Hokkaido, Schikoko
***Hauptstadt:* 5** Tokio, Tokyo
***Haus der Räte:* 6** Sangi-in
***Heerführer:* 4** Nogi
***heilige Schrift:* 9** Taoteking
***Herrschertitel:* 5** Tenno, **6** Mikado
***Hochadel:* 4** Kuge, **6** Daimio
***Hohlmaße:* 2** To, **3** Sal, Sho, **4** Shoo
***Holzschnitzkünstler:* 7** Sharaku, **8** Harunobu, Toyokuni
***Hosenrock:* 6** Hakama
***Inseln:* 3** Ako, Oki, **4** Sado, **5** Bonin, Jesso, Osumi, **6** Honshu, **7** Honschu, Kiuschu, **8** Hokkaido, Mikimoto, Miyajima, Schikoku

Kaiser: **5** Meiji, **7** Akihito, **8** Hirohito
Kaisertitel: **5** Tenno
kalte Meeresströmung: **7** Ojashio
Kampfsportarten: **4** Judo, Sumo, **6** Aikido, Karate, **8** Jiu-Jitsu, **9** Taekwondo
Kap: **3** Iro
Kimonogürtel: **3** Obi
Klappfächer: **3** Ogi
Kleidungsstücke: **3** Obi, **5** Haori, **6** Hakama, Kimono
Kriegerstand: **7** Samurai
Kurzgedichtform: **3** Uta, **5** Tanka
Landbezirk: **5** Machi
Längenmaße: **2** Ri, **3** Bun, **5** Shaku, **6** Schaku
lyrische Dichtform: **5** Haiku
Maler: **5** Korin, **6** Koetsu, **7** Hokusai, Utamaro, **8** Sesschuh, **9** Mitsunaga
Männermantel: **5** Haori
Meer-, Sturmgott: **8** Susanowo
Mietwagen: **7** Rikscha
Militäradel: **4** Buke
Ministerpräsidenten: **4** Miki, Sato, **5** Ikeda, Kaifu, Ohira, **6** Fukada, Kischi, Suzuki, **7** Aschida, **8** Hatojama, Katajama, Miyazawa
Mondgott: **9** Tsukiyomi
Münzeinheiten (früh.): **3** Rin, Sen
Nahrungsgott: **5** Inari
Name für Japan: **6** Nippon
Nationalgetränk: **3** Tee, **4** Sake
Nationalparks: **5** Nikko, **6** Hakone
Nationalreligion: **12** Schintoismus
Nobelpreisträger
– *für Chemie:* **5** Fukui
Papierfaltkunst: **7** Origami
Pariakaste bis 1871: **3** Eta
Perlenzüchter: **8** Mikimoto
Physiker: **6** Yukawa
Politiker: **3** Ito, **4** Sato, **6** Fukuda, **8** Kuramari, Nakasone
Porzellanmaler: **8** Kakiemon
Priester: **8** Kannushi
Puppenspiel: **7** Bunraku
Reichstag: **5** Kokai
Reiswein: **4** Sake
Religionen: **3** Zen, **8** Tenrikyo, **10** Buddhismus, **11** Shintoismus, **12** Schintoismus, **13** Zen-Buddhismus
Ringkampf: **4** Sumo
Rollbild: **8** Kakemono
Saiteninstrument: **4** Koto
Sänfte: **4** Kago
Satellit: **3** Ume
Schnitzerei am Obi: **7** Netsuke
Schrift: **8** Hiragana
Schriftsteller: **4** Ogai, **6** Soseki, **8** Kawabata, Tanisaki, **9** Rionosuke
Schwertfechten: **5** Kendo
Schwertstichblatt: **5** Tsuba
Seen: **7** Biwasee, Toyasee
Selbstmord: **7** Seppuku, **8** Harakiri
Shintofest: **7** Matsuri
Silbenschriften: **4** Kana, **8** Hiragana, Katakana
Sonnengöttin: **9** Amaterasu
Stadtbezirk: **3** Shi
Städte: **3** Mai, Ono, Ota, Tsu, Ube, **4** Fuke, Gifu, Kobe, Kofu, Kure, Mito, Naha, Nara, Oita, Saga, Tari, **5** Chiba, Esumi, Kioto, Kirju, Notsu, Omuta, Osaka, Otaru, Sakai, Tokio, Urawa, Usuki, **6** Aomori, Hakata, Hikone, Himeji, Jawata, Kokura, Kurume, Nagoja, Namazu, Sasebo, Sendai, Tojama, Yawata, **7** Fukuoka, Imabari, Kotschi, Niigata, Okajama, Okayama, Sapporo, Tottori, Tschiba, **8** Hakodate, Hirosaki, Jamagata, Jokohama, Jokosuka, Kanasawa, Kawasaki, Korijama, Kumamoto, Miyasaki, Nagasaki, Tokosuka, Wakajama, Wakayama,

Yokohama, **9** Amagasaki, Hamamatsu, Hiroshima, Kagochima, Kanassawa, Matsujama, Matsumoto, Schizuoka, Tojohashi, Tokushima, Tschoschi, **10** Hiroschima, Majebaschi
Tempelbau: **6** Pagode
Theaterspiel: **2** No
Todesflieger: **8** Kamikaze
Tokio (früh. Name): **3** Edo
Tuchmalerei: **7** Suiboku
Universität: **5** Todai
Universitätsstädte: **4** Kobe, **5** Kioto, Kyoto, Tokio, Tokyo, **6** Nagaja, Sendai
Unterhalterin: **6** Geisha
Urbevölkerung: **4** Ainu
Urgott: **7** Izamagi
Urgöttin: **7** Izamani
Vergnügungsviertel in Tokio: **5** Ginza
Verwaltungseinheiten: **2** Fu, To, **3** Ken
Volkstheater: **6** Kabuki
Vorhafen von Tokio: **8** Jokohama, Yokohama
Vulkane: **3** Aso, **4** Fuji, **5** Asama, **6** Asosan, Mihara, **11** Fudschijama
Währung: **3** Sen, Yen
Wallfahrtsorte: **3** Ise, **4** Nara, **5** Kioto, Kyoto, Tenri, **8** Kotohira, Miyajima
warme Meeresströmung: **8** Kuroshio
Wegemaß: **2** Ri
Weise: **4** Li-Er, **6** Laotse, Lautan
Wintersportort: **7** Sapporo
Zwergbaum: **6** Bonsai

Jargon: **5** Idiom, Slang
javanischer Tanz: **6** Scrimpi
javanisches Schattenspiel: **6** Wajang
Jazzanhänger: **7** Jazzfan
Jazzinstrumente: **4** Bass, **5** Banjo, **6** Becken, **7** Gitarre, **8** Posaune, Saxophon, Trompete, **9** Vibraphon, **10** Klarinette, Schlagbass, Schlagzeug
Jazzmusiker: **3** May, Ory, **4** Cole, Getz, Gray, Hunt, Kirk, Kyle, Monk, Rich, Shaw, Sims, Tate, Webb, **5** Allen, Baker, Basie, Braff, Brown, Elman, Gibbs, Glenn, Hefti, Hines, Hucko, James, Jones, Kirby, Krupa, Lewis, Nance, Norvo, Prima, Roach, Shank, Stacy, Tatum, Terry, Tyner, Young, Zurke, **6** Barnet, Bauduc, Bechet, Beneke, Bolden, Bostic, Carter, Condon, Crosby, Dorsey, Edison, Fatool, Garner, Herman, Hinton, Hodges, Joplin, Lawson, Miller, Morton, Murphy, Newman, Oliver, Parker, Powell, Redman, Scobey, Sutton, Taylor, Waller, Wilson, **7** Anthony, Berigan, Blanton, Bradley, Buckner, Bushkin, Clayton, Freeman, Goodman, Hackett, Haggart, Hampton, Hawkins, Johnson, Matlock, Nichols, Pollack, Raeburn, Rollins, Russell, Sampson, Shavers, Spanier, Stewart, Ventura, Webster, **8** Anderson, Calloway, Eldridge, Mulligan, Napoleon, Peterson, Sullivan, Tristano, Wettling, Whiteman, Williams, **9** Armstrong, Ellington, Gillespie, Gonsalves, Lunceford, Pettiford, Singleton, Strayhorn, Teagarden, Trumbauer, **10** Carmichael, **11** Beiderbecke, Butterfield
Jazzorchester: **4** Band, **5** Combo
Jazzstil: **3** Rag, Hot, **4** Beat, Cool, **5** Bebop, Blues, Swing, **9** Dixieland, **12** Boogiewoogie
Jazzveranstaltung: **10** Jam Session
je: **3** pro
jeder: **4** alle
jederzeit: **5** immer, stets

jedoch: **4** aber, **5** indes
Jemen – Nord (Staat in Vorderasien)
Berg: **12** Hadur Schuaib
Bevölkerung: **9** Jemeniten
Gebirgsvorland: **7** Scharki
Hauptstadt: **4** Sana
Küstenebene: **7** Tihamah
Städte u. Orte: **3** Ibb, **4** Taiz, **5** Bagil, Mocha, Rauda, Sadah, **7** Hodeida
vorislam. Kultstätten: **5** Marib, Zafar
Währung: **3** Fil, **4** Rial, **5** Dinar
Jemen – Süd (Staat in Vorderasien)
Hauptstadt: **4** Aden, (zeitweise): **7** Al Shaab
Inseln: **5** Perim, **7** Kamaran, Sokotra
Landschaften: **6** Dhofar, **9** Hadramaut
Städte u. Orte: **5** Ahwar, Saiun, Tarim, **6** Saihut, Shibam, **7** Mukalla, Salalah, **8** Zinjibar
Währung: **3** Fil, **4** Rial, **5** Dinar
Jenissei-Zuflüsse: **3** Kan, Kas, Oja, Pit, Sya, Sym, Uda, Ulu, Uss, **4** Agul, Erba, Kass, Krem, Luma, Mana, Syda, Tuba, **5** Aksut, Kheta, **6** Abakan, Angara, Beikem, Jelagu, Ulukem, **7** Kureika, **8** Tunguska
jenseits: **6** irreal, **7** drueben, **12** transzendent, **14** transzendental
jenseits der Alpen: **10** transalpin
Jenseits: **6** Himmel, Hoelle
Jerusalem: **4** Zion
Jesus im Islam: **3** Isa
jetzt: **3** nun, **6** sofort, **8** momentan
jiddisch sprechen: **9** mauscheln
Jiu-Jitsu-Schläge: **5** Atemi
Jobber: **6** Makler, **9** Spekulant, **10** Boersianer
Jobbertum: **8** Agiotage
Jochbogen (med.): **6** Zygoma
Jodverbindung: **5** Jodat, Jodit
Johannisbeere: **7** Ribisel
Johannisbrot: **6** Karobe, Karube
Johannistag: **7** Johanni
Johanniter-Ordensmitglied: **8** Malteser
Jokus: **3** Jux, **5** Spass, **6** Scherz
Jollenkreuzer: **5** Jacht, Yacht
Jongleur: **12** Aequilibrist
jonglieren: **11** balancieren
Jordanien (Staat in Vorderasien)
antike Römerstätte: **6** Gerasa, **8** Djerasch
Bevölkerung: **9** Jordanier
Felsenstadt: **5** Petra
Hafenstadt: **5** Akaba
Hauptstadt: **5** Amman
König: **7** Hussein
Königin: **3** Nur
Städte u. Orte: **4** Maan, **5** Akaba, Irbid, Jenin, Serka, **6** Hebron, Nablus, **9** Bethlehem
Währung: **3** Fil, **5** Dinar
Jubel: **6** Freude
Jubelfeier: **9** Jubilaeum
Jubelfest Feiernder: **7** Jubilar
jubeln: **8** jauchzen, **10** frohlocken, jubilieren
Jubelruf: **6** juchhe, **7** juchhei, **8** Hosianna
Jubelruf der Bacchanten: **4** Evoe
jucken: **8** kribbeln
juckende Anschwellung: **7** Quaddel
Jude: **7** Israeli, **8** Hebraeer, Israelit
Judengegner: **9** Antisemit
Judenkirsche: **10** Belladonna
jüdisch: **8** mosaisch
jüdisch: → auch Bibel, Israel
jüdische(r, s)
– *Bewegung:* **9** Zionismus
– *Bibelauslegungen:* **8** Midrasch
– *Brot:* **5** Matze, **6** Matzen
– *Ehrentitel der Gesetzeslehrer:* **5** Rabbi
– *Erntedankfest:* **7** Zukkoth, **15** Laubhuettenfest

– ***Feste:*** **5** Purim, **6** Passah, **7** Neujahr, **8** Chanukka, **9** Jom-Kippur, **16** Versoehnungsfest
– ***fünf Bücher Mose:*** **5** Thora
– ***Fürst der bösen Geister:*** **6** Asmodi
– ***Gebetbuch:*** **7** Machsor, Tefilla
– ***Gebetsriemen:*** **8** Tefillin
– ***Geistlicher:*** **8** Rabbiner
– ***Gesetzes-, Religionslehrer:*** **8** Rabbiner
– ***Gesetzgeber:*** **5** Moses
– ***Gotteshaus:*** **8** Synagoge
– ***Leuchter:*** **6** Menora
– ***Lichterfest:*** **8** Chanukka
– ***Monatsnamen:*** **2** Ab, Aw, **4** Adar, Elul, Ijar, **5** Ijjar, Nisan, Sivan, Tebet, Tewet, **6** Kislev, Tammus, Tammuz, **7** Schebat, Schewat, Tischri
– ***Mystik:*** **7** Kabbala
– ***Obergewand:*** **6** Kaftan
– ***Passahfeier:*** **5** Seder
– ***Philosophen:*** **5** Buber, Philo, **6** Maimon, Philon, **7** Gabirol, **10** Maimonides, Rosenzweig
– ***Prediger:*** **8** Rabbiner
– ***Priestergeschlecht:*** **10** Makkabaeer
– ***Religion:*** **9** Judaismus, Mosaismus
– ***Religionsbuch:*** **6** Talmud
– ***Religionslehrer:*** **8** Rabbiner
– ***Ruhetag:*** **6** Sabbat
– ***Sagengestalt:*** **5** Golem
– ***Schriftgelehrter:*** **4** Esra
– ***Schriftrolle:*** **4** Thora
– ***Schriftrolle in einer Kapsel:*** **6** Mesusa
– ***Schriftsteller:*** **4** Asch
– ***Sekten:*** **7** Essaeer, Essener, Karaeer
– ***Wissenschaft*** (Religion, Kultur): **9** Judaistik
– ***Würde eines Gesetzeslehrers:*** **8** Rabbinat
– ***Unterwelt:*** **6** Scheol

Judosport
Angreifer: **4** Tori
Anzug: **6** Kimono
Gürtel: **3** Obi
Hose: **5** Zubon
Kämpfer: **6** Judoka
Matte: **6** Tatami
Meistergrad: **3** Dan
Rangstufen: **3** Kyo, Kyu
Verteidiger: **3** Uke

Jugendfreund Friedr. d. Gr.: **5** Katte
Jugendfreund Goethes: **5** Merck
jugendlich: **7** juvenil
Jugendlicher: **8** Teenager
jugendliches Mädchen: **8** Teenager, **9** Backfisch
Jugendstadium bestimmter Tiere: **5** Larve
Juli: **5** Heuet, **6** Heuert, **7** Heumond
Julmond: **8** Dezember
Jumper: **8** Pullover, **11** Strickbluse
Junge: **3** Boy, Bub, **4** Bube, **5** Gamin, Knabe, **6** Knirps
Jünger Jesu: **5** Judas, Lukas, Simon, **6** Paulus, Petrus, Thomas, **7** Andreas, Apostel, Jakobus, **8** Johannes, Matthias, **9** Matthaeus, Nathanael, Philippus, **13** Bartholomaeus
Jüngerin Jesu: **5** Tabea, **9** Magdalena
Jungfer: **9** Maedchen, **10** Demoiselle
Jungfrau: **5** Virgo
Jungfrau von Orleans: **10** Jeanne d'Arc
jungfräulich: **keusch**
Jungfräulichkeit: **11** Virginitaet
Junggeselle: **9** Hagestolz
Jungherr: **6** Junker
Jüngling: **5** Knabe, **6** Bursch, Garcon, **7** Bursche, **8** Teenager
Jüngling
– ***der griechischen Sage:*** **6** Adonis, **8** Hyazinth
– ***im alten Athen:*** **6** Ephebe
Jungpferd: **5** Enter, **6** Fohlen, **7** Fuellen, Remonte
Jungrind: **4** Kalb, **5** Farre, Kalbe,

6 Faerse
Jungschwein: **6** Ferkel, **7** Laeufer
jüngst: **7** neulich, **9** kuerzlich
Jungsteinzeit: **11** Neolithikum
Jungsteinzeitsiedlung am Neuenburger See: **10** Cortaillod
Jüngstenrecht: **7** Minorat
jüngster Lehrling: **5** Stift
Jungwald: **5** Maiss
Juni: **7** Brachet, **9** Brachmond
Jupitermonde: **2** Io, **5** Elara, **6** Ananke, Europa, Sinope, **7** Ganymed, **8** Amathea, Kallisto, Lysithea, Pasiphae
Jupon: **9** Unterrock
Juraformation: **4** Lias
Juristen: **5** Notar, **6** Anwalt, **7** Advokat, Richter, **8** Syndikus, **9** Anklaeger, Justitiar, **11** Verteidiger, **12** Staatsanwalt
juristisches Beweismittel: **3** Eid, **5** Indiz
juristisches Handbuch: **5** Kodex, **8** Digesten, **9** Pandekten
just: **4** eben, **6** gerade
Justizbehörde: **7** Gericht
Jutegewebe: **6** Rupfen
Juwel: **7** Kleinod
Jux: **5** Jokus, Spass, **6** Scherz

K

Kabale: **6** Raenke, **7** Intrige
Kabarettdarbietung: **6** Sketch
Kabarettlied: **4** Song, **7** Chanson, Couplet
Kabarettsänger: **11** Chansonnier
Kabarettsängerin: **11** Chansonette
Kabbelei: **4** Zank, **6** Streit
Kabel: **4** Seil, **6** Trosse, **7** Leitung, **9** Drahtseil
Kabine am Luftschiff: **6** Gondel
Kabinettschef: **7** Kanzler
Kabylenstamm: **3** Rif
Kadaver: **3** Aas
Kadenz (Musik): **7** Melisma
Käfer: **6** Gerber, Walker, **7** Brenner, Erdfloh, Maiwurm, **8** Gelbrand, Hausbock, Heldbock, Totenuhr, **9** Aaskaefer, Gluehwurm, Maikaefer, Oelkaefer, Saegebock, Schreiner, Totenwurm, Trotzkopf, **10** Bockkaefer, Bohrkaefer, Drehkaefer, Eichbock, Julikaefer, Junikaefer, Kornkaefer, Laufkaefer, Mehlkaefer, Mistkaefer, Pappelbock, Rosskaefer, Skarabaeus, Spiessbock, Zimmerbock, **11** Blattroller, Brachkaefer, Buchdrucker, Diebskaefer, Goldschmied, Moschusbock, Rosenkaefer, Siebenpunkt, Speckkaefer, Weichkaefer, **12** Borkenkaefer, Erbsenkaefer, Hirschkaefer, Leuchtkaefer, Marienkaefer, Pillendreher, Rebenstecher, Taumelkaefer, Totengraeber, **13** Feldmaikaefer, Nashornkaefer, Puppenraeuber, **14** Feldsandkaefer, Gluehwuermchen, Johanniskaefer, Kartoffelkaefer, **16** Sonnenwendkaefer
Käferlarve: **9** Engerling
Kaff: **4** Nest
Kaffeebohnenausschuß: **6** Triage
Kaffeegetränke: **5** Mokka, **6** Gloria, **7** Melange, **8** Espresso, **9** Kapuziner, Schwarzer
Kaffeehaus: **4** Cafe, **8** Libresso, **9** Cafeteria, Estaminet, **10** Konditorei
Kaffeerückstand: **4** Satz
Kaffeewirkstoff: **7** Koffein
Kaffeezusatz: **8** Zichorie
Kaffernkorn: **7** Sorghum
Kaffernspeer: **7** Assagai
Kaffern-(Bantu-)Völker: **4** Zulu, **5** Pondo, Tonga, Xhosa, **6** Basuto, **7** Amakosa, **11** Betschuanen
Käfig: **5** Bauer, Koben, **7** Voliere, **9** Verschlag
Kahlkopf: **6** Glatze
Kahn: **6** Nachen
Kaiser von
– ***Annam:*** **6** Bao Dai
– ***Äthiopien:*** **7** Menelik, **13** Haile Selassie
– ***Brasilien:*** **5** Pedro
– ***Byzanz:*** **3** Leo
– ***China:*** **4** Wu Ti, **8** Kao Tsung, Kien-lung, Tao Kuang
– ***Deutschland:*** **5** Franz, **7** Wilhelm, **9** Friedrich
– ***Franzosen:*** **8** Napoleon
– ***Iran:*** **11** Resa Pahlewi, Reza Pahlawi
– ***Japan:*** **7** Akihito, **8** Hirohito, **9** Mutsuhito
– ***Mexiko:*** **10** Maximilian
– ***Österreich:*** **4** Karl, **5** Franz, **9** Ferdinand
– ***Ostrom:*** **8** Arcadius

– ***Rußland:*** **9** Alexander
– ***Westrom:*** **8** Honorius
Kaiserin von
Österreich: **4** Zita
Rußland: **9** Elisabeth, Katharina
kaiserlich: **10** caesarisch
kaiserlicher Palast: **5** Pfalz
Kaiserpfalz am Harz: **6** Goslar
Kaiserreich: **8** Imperium
Kaiserstadt: **6** Aachen
Kaisertitel: **3** Zar, **5** Negus, Schah, Tenno, **6** Mikado, **7** Emperor, **8** Empereur, **9** Imperator
Kakaobaum: **9** Theobroma
Kakaoprodukt: **10** Schokolade
Kaktusarten: **6** Cereus, **7** Lobivia, Opuntia, Opuntie, **10** Igelkaktus, Laubkaktus, **11** Blattkaktus, Kugelkaktus, **12** Binsenkaktus, Fackeldistel, Feigenkaktus, Greisenhaupt, Warzenkaktus, **13** Fluegelkaktus, Gliederkaktus, Melonenkaktus, Saeulenkaktus, Seeigelkaktus, **14** Bischofsmuetze, Korallenkaktus, **15** Kastanienkaktus, Schlangenkaktus, **16** Madagaskarkaktus
Kalauer: **9** Calembour
Kalbsleder: **3** Kid, **7** Boxcalf, Boxkalf
Kalbskeule: **10** Frikandeau
Kalbsmilch: **5** Bries, **6** Thymus
Kalbsnuß: **10** Frikandeau
Kalender: **8** Almanach
Kalendertag im alten Rom: **4** Iden, Idus, **5** Nonen, **8** Kalenden
Kalifengeschlecht: **9** Abbasiden, Omaijaden
Kalifenname: **3** Ali, **4** Omar, **6** Merwan, Othman, **7** Abu Bekr, Ibrahim, Soliman, **8** Almansor, Suleiman, **14** Harun al Raschid
Kaliumkarbonat: **9** Pottasche
Kalkablagerung: **4** Tuff
kalkhaltiger Lehm: **5** Loess
Kalkhochfläche: **5** Karst
kalkreicher Ton: **5** Tegel
Kalkspat: **6** Kalzit, **7** Siderit, **8** Magnesit
Kalkstaublunge: **9** Chalikose
Kalkstein: **6** Donith, Kreide, Marmor, **9** Travertin
Kalmückenhütte: **5** Jurte
kalt: **5** kuehl, **6** frigid, **7** frostig
kaltblütig: **7** rigoros
Kälte: **5** Frost, **6** Kuehle
Kälte empfinden: **7** frieren, **9** froesteln
kalte
Frauenschönheit: **4** Vamp
Tage im Mai: **10** Eisheilige
Kälteprodukt: **3** Eis
Kältesteppe: **6** Tundra
Kaltspeise: **5** Salat
Kaltwasserheilverfahren: **9** Kneippkur
Kalvarienberg: **8** Golgatha
Kalvinist: **9** Hugenotte
Kalziumverbindung: **4** Kalk, **6** Karbid
Kama-Zuflüsse: **2** Ik, **6** Wjatka
Kambodscha (Staat in SO-Asien)
Bevölkerung: **12** Kampucheaner, **13** Kambodschaner, **14** Kamputscheaner
Eigenname: **9** Kampuchea, **11** Kamputschea
Flughafen: **9** Pochenton
Fluß: **6** Mekong
Gebirge: **8** Kardamon, **16** Elefantengebirge
General: **6** Lon-Nol
Hauptstadt: **9** Phnom Penh
König: **7** Sihanuk
Politiker: **6** Pol Pot, **8** Sihanuk
Ruinenstadt: **6** Angkor
See: **8** Tonle Sap
Städte u. Orte: **6** Pursat, **10** Battambang, Kompong Som, **11** Chanthaburi
Tempel in Angkor: **5** Bayon, **9** Angkor Wat
Völker: **3** Lao, Moi, **4** Cham, Thai, **5** Khmer, Phong

Währung: **3** Sen, **4** Riel
Kamele: **4** Lama, Pako, Tulu, **6** Alpaka, Mehari, Vicuna, **7** Guanako, Vikunja, **8** Dromedar, **11** Trampeltier
Kamerad: **6** Freund, Kumpan, **9** Gefaehrte
Kamerun (Staat in W-Afrika)
Bevölkerung: **9** Kameruner
Flüsse: **3** Dja, Nia, **6** Sanaga
Hafenstadt: **5** Duala, **6** Douala
Hauptstadt: **6** Jaunde, **7** Yaoundé
Hochland: **7** Adamaua, **8** Adamaoua
Nationalparks: **4** Waza, **6** Benoué
Politiker: **4** Achu, Biya, **6** Ahidjo
Städte u. Orte: **4** Buea, Edea, Yoko, **5** Bouea, Duala, Garua, Kribi, Kumba, Marua, **6** Garoua, Koumba, Maroua, Tibati, **7** Bamenda, **8** Victoria, **10** Nkongsamba
Völker: **4** Baja, Biya, Duru, Mbum, Wute, **5** Fulbe, Kirdi, **6** Mandja, Odulla, **8** Bamileke
Währung: **5** Franc, **7** Centime
Kameramann: **9** Operateur
Kamin: **4** Esse, **6** Schlot, **11** Schornstein
Kaminzimmer: **8** Kemenate
Kamm: **4** Grat, **7** Ruecken, **8** Scheitel
Kammacherwerkzeug: **4** Iler
Kammechse: **6** Leguan
Kammer: **4** Raum, **5** Gaden, **6** Gemach, Kabuse, **7** Kabuese, **8** Kabinett, Kemenate
Kammer des englischen Parlaments: **8** Oberhaus, **9** Unterhaus
Kammerdiener: **5** Lakai
Kammerherr: **9** Kaemmerer
Kammerjungfer: **4** Zofe
Kammerton: **1** a
Kammgarngewebe: **5** Perlé, **6** Croisé, Melton, Merino, **7** Cheviot, Lasting, Marengo, **8** Whipcord, **11** Charmelaine
Kammzähner: **7** Grauhai
Kampagne: **6** Saison, **7** Feldzug
Kampf: **5** Fehde, Fight, Krieg, **6** Streit, **7** Gefecht, **8** Schlacht, **10** Wettbewerb
Kampfaxt: **5** Barte
Kampfbahn: **5** Arena, **7** Stadion
Kampfbeil: **8** Tomahawk
kämpfen: **6** ringen, **7** fechten, **8** streiten
Kämpfer: **4** Held, **5** Recke, **6** Kaempe, Soldat, **7** Fighter, Krieger, **8** Haudegen, Streiter
Kampferfolg: **4** Sieg
kämpferisch: **8** militant
Kampfesweise: **6** Taktik, **9** Strategie
Kampfeswütiger: **9** Berserker
Kampfgas: **4** Lost, **7** Phosgen
Kampfgefährte: **7** Genosse, Kamerad
Kampfhandlung: **4** Raid, **7** Angriff, Attacke, Gefecht, **8** Guerilla, Invasion, Kanonade, Schlacht, **9** Defensive, Offensive, **10** Belagerung, Kleinkrieg
Kampfjungfrau: **7** Amazone, **8** Walkuere
Kampflinie: **5** Front
Kampfplatz: **5** Arena, **7** Stadion, **8** Walstatt
Kampfplatz im Altertum: **6** Zirkus, **7** Stadion, **9** Colosseum, Hippodrom, Kolosseum, **12** Amphitheater
Kampfrede: **10** Philippika
Kampfreihe: **7** Phalanx
Kampfspiel: **7** Turnier
Kampfsport: **4** Judo, **5** Boxen, **6** Karate, Ringen, **7** Fechten, **8** Jiu-Jitsu
kampfunfähig: **2** k.o., **8** invalide, knockout
Kampfwagen: **4** Tank, **6** Panzer
Kampfzeuge: **9** Sekundant
kampieren: **6** lagern, zelten, **10** biwakieren
kanaanit. Götter: **4** Baal, **6** Baalim,

10 Baal-Berith
kanaanit. Göttinnen: 5 Anath, Belit, **7** Astarte
kanaanitische Königsstadt: 3 Dor
Kanada (Staat in N-Amerika):
***Arzt:* 7** Banting
***Ballspiel:* 8** Lacrosse
***Berge:* 4** Hunt, **5** Logan, Otish, **6** Robson, **8** Columbia, **10** Carruthers
***Bevölkerung:* 8** Kanadier
***Flüsse:* 5** Seal, Yukon, **6** Fraser, Ottawa, **8** Klondike, **9** Mackenzie, Saint John, **12** Saskatchewan
***Hafenstädte:* 6** Quebec, **7** Halifax, **9** Vancouver
***Halbinsel:* 8** Labrador
***Hauptstadt:* 6** Ottawa
***Inseln:* 5** Coats, **6** Mansel, **7** Akpatok, **8** Bathurst, Melville, **9** Anticosti, **10** Baffinland, Banksinsel, Parryinsel, **11** Parryinseln, **13** Belcherinseln, Ellesmereland, Victoriainsel, **14** Somersetisland
***Lyriker:* 5** Cohen, Kirby, Pratt, Smith, **7** Lampman, **8** Marriott
***Mediziner:* 7** Banting, Macleod
***Meeresbuchten:* 8** Jamesbai, **9** Hudsonbai, **15** Sankt-Lorenz-Golf
***Nationalpark:* 5** Banff
Nobelpreisträger
– *für Chemie:* **7** Altmann
– *für Physik:* **6** Taylor
***Olympia-Winterspielort:* 7** Calgary
***Politiker:* 8** Mulroney
Provinzen (und ihre Hauptstädte): **6** Quebec (**6** Quebec), **7** Alberta (**8** Edmonton), Ontario (**7** Toronto), **8** Manitoba (**8** Winnipeg), **10** Nova Scotia (**7** Halifax), **11** Newfoundland (**10** Saint John's), **12** New Brunswick (**11** Fredericton), Saskatchewan (**6** Regina), **15** British Columbia (**8** Victoria), **18** Prince Edward Island (**13** Charlottetown)
***Schriftsteller:* 5** Cohen, Gaspé, Hémon, **6** Graham, Lozeau, **7** Grignon, Leacock, Lemelin, **8** Crémazie, Langerin, Nelligan, **9** Fréchette,
***Schriftstellerinnen:* 6** Blaise, Hébert
***Seen:* 7** Eriesee, **8** Huronsee, **9** Oberer See, **10** Ontariosee, Rentiersee, **11** Manitobasee, Michigansee, Winnipegsee, **12** Athabascasee, Wollastonsee, **13** Michikamausee, Mistassinisee, **17** Grosser Sklavensee, Kleiner Sklavensee
***Städte u. Orte:* 3** Rae, **4** Nain, Hult, **5** Canol, Chimo, Kovik, **6** Dawson, Ottawa, Quebec, Regina, **7** Calgary, Halifax, Harbour, Sudbury, Timmins, Toronto, Windsor, **8** Cochrane, Edmonton, Hamilton, Montreal, Winnipeg, **9** Saint John, Vancouver, **10** Chicoutimi, Saint John's, **11** Fredericton, **13** Charlottetown
***Währung:* 4** Cent, **6** Dollar
Kanal: 5 Fleet, **6** Gracht
Kanal (med.): 6 Ductus
Kanal in Bangkok: 5 Klong
Kanalinseln: 4 Sark, **5** Wight, **6** Jersey, **7** Aurigny, **8** Alderney, Guernsey
Kanalschacht: 5 Gully
Kanalstraße in Holland: 6 Gracht
Kanarienvogel: 12 Harzer Roller
Kanarische Inseln: 5 Ferro, Palma, **6** Gomera, Hierro, **7** La Palma, **8** La Gomera, **9** Lanzarote, Teneriffa, **11** Gran Canaria, **13** Fuerteventura
kandierte Fruchtschale: 7 Sukkade, **8** Zitronat

Kaneel: **4** Zimt
Känguruhs: → Beuteltiere
Kaninchenbock: **7** Rammler
Kaninchenfell: **5** Kanin, **9** Biberette
Kaninchenkrankheit: **10** Myxomatose
Kaninchenrassen: **6** Angora, Russen, Widder, **8** Hermelin, Schecken
Kaninchenweibchen: **6** Haesin
kannenartiges Gefäß: **4** Krug, **5** Pinte
Kannenschnabel: **6** Tuelle
Kante: **4** Grat, Rand
kantig: **5** eckig
Kantinenverwalter: **7** Bottler, **9** Bottelier
Kanufahrer: **6** Kanute
Kanzel: **8** Katheder
Kanzelrede: **7** Predigt
Kanzlei: **11** Sekretariat
Kanzleiformat: **5** Folio
Kanzler: **7** Premier, **10** Chancellor
Kanzler der Kaiserzeit: **8** Bismarck, **15** Bethmann-Hollweg
Kap: **3** Ras, **10** Vorgebirge
Kapelle: **4** Band, **5** Combo, **9** Orchester
Kapellmeister: **8** Dirigent, **10** Bandleader
Kapellmeisterstab: **9** Taktstock
Kapergut: **5** Prise
Kapholländer: **4** Bure
Kapital: **4** Geld, **6** Gelder, **9** Vermoegen
Kapitalanlage: **11** Investition
Kapitalanteil: **5** Aktie
Kapitalausfuhrverbot: **7** Embargo
Kapitalertrag: **6** Zinsen, **7** Rendite
Kapitalgesellschaft: **2** AG, KG, **3** OHG, **4** GmbH
Kapitalmarkt: **6** Boerse
Kapitalverbrechen: **4** Mord, Raub, **7** Seeraub, **8** Attentat, Postraub, Raubmord, **9** Piraterie, **10** Hochverrat, Kidnapping, Kindesraub, **12** Landesverrat
Kapitän: **9** Kommodore
Kapitän bei J. Verne: **4** Nemo
Kapitel: **9** Abschnitt, Kollegium
Kapitelherr: **9** Kapitular
Kaplan: **4** Curé, **5** Vikar, **9** Expositus
Käppchen der
katholischen Geistlichen: **7** Kalotte
Richter: **6** Barett
Verbindungsstudenten: **7** Zerevis
Kappe: **5** Haube, **6** Kaeppi, Muetze, **10** Kugelhaube
Kapriole: **6** Sprung, **10** Luftsprung
Kapsel: **4** Etui, **6** Huelle, Huelse, **8** Futteral, Gehaeuse
Kapuze: **8** Baschlik
Kapuzenkragen: **7** Mozetta, **8** Mozzetta
Kapuzineraffe: → Affen
Kap Verde, Kapverden (Inselstaat im Atlantik vor W-Afrika)
Berg: **10** Pico de Fogo
Bevölkerung: **10** Kapverdier
Hauptstadt: **5** Praia
Inseln: **3** Sal, **4** Fogo, Maio, **5** Brava, **8** Boa Vista, Sao Tiago, **10** Santa Lucia, Sao Nicolau, Sao Vicente, **12** Santo Antonio
Politiker: **5** Veiga, **7** Pereira, **8** Monteiro
Städte u. Orte: **6** Pombas, **7** Calheto, Mindelo, **8** Assomada, Tarrafal, **11** Porto Grande
Umgangssprache: **7** Crioulo
Währung: **6** Escudo, **7** Centavo
Karaibenboot: **6** Piroge
Karakulschafpelz: **9** Persianer
Karawanentier: **5** Kamel, **8** Dromedar, **11** Trampeltier
Karawanserei: **3** Han, **4** Chan
Karbolsäure: **6** Phenol
Kardinalstitel: **7** Eminenz
Kardinaltugend: **5** Liebe, **6** Glaube, **8** Hoffnung, Weisheit
Kardinalsversammlung zur Papst-

wahl: **8** Konklave
Karibenfisch: **6** Piraya, **7** Piranha
kariertes Gewebe: **6** Pepita
Karikatur: **7** Cartoon
Karikaturenzeichner: **10** Cartoonist, **12** Karikaturist
Karikaturisten: **3** Low, **4** Doré, Goya, **5** Busch, Price, Weber, Zille, **6** Loriot, Simmel, **7** Daumier, Gavarni, Hogarth, Matejko, **9** Steinberg, **11** Gulbransson
karitative Anstalt: **4** Heim, **5** Stift
karitativer Warenverkauf: **5** Basar, Bazar
Karl May-Romanfiguren: **5** Halef, Schut, **6** Hannah, **7** Hawkins, Lindsay, **8** Muebarek, Winnetou, **11** Old Firehand, Old Surehand, **12** Kara Ben Nemsi, **14** Old Shatterhand
Karneval: **8** Fasching, Fasnacht, **9** Fastnacht
Karnevalsausschuß: **8** Elferrat
Karnevalsrednerpult: **6** Buette
Karnevalsruf: **5** Alaaf, Helau
Karolineninseln: **3** Jap, Ruk, Yab, **6** Ponape
Karpatenlandschaft: **8** Bukowina, **10** Buchenland
Karpatenteil: **5** Tatra, **8** Beskiden
Karpfenfische: **4** Blei, Nase, Orfe, **5** Aitel, Aland, Barbe, Laube, **6** Blicke, Brasse, Doebel, Schlei, Ukelei, **7** Brachse, Elritze, Guester, Pfrille, Ploetze, Rotauge, Schleie, **8** Blaunase, Goldorfe, Nerfling, Peitzger, Rotfeder, Schmerle, Schupper, Schuster, **9** Goldfisch, Karausche, **10** Bitterling, Gruendling, Weissfisch, **11** Bartgrundel, **13** Moderlieschen, **14** Schlamm-beisser, **15** Schlammpeitzger
Kartäuserkloster
– *bei Grenoble:* **10** Chartreuse
– *in Italien:* **7** Certosa
Karte: **4** Plan, **5** Blatt, **7** Billett
Karte im Tarockspiel: **5** Pagat
Kartei: **9** Kartothek
Kartenfolge: **7** Sequenz
Kartengeduldspiel: **8** Patience
Kartenglücksspiele: **3** Jeu, **4** Poch, **5** Makao, Pharo, Poker, **6** Brelan, Ekarté, Hasard, Pharao, **8** Baccarat, Bakkarat, **9** Black Jack, Mauscheln, **10** Bouillotte, **15** Siebzehnundvier
Kartenlegekunst: **11** Kartomantie
Kartenreiter: **3** Tab
Kartenrest: **5** Talon
Kartenskizze: **5** Kroki
Kartenspiele: **3** Jeu, **4** Jass, Poch, Skat, Tapp, Zego, **5** Enfle, Pharo, Poker, Rommé, Whist, **6** Boston, Bridge, Ekarté, Gaigel, Hasard, Lomber, Pharao, Pikett, Ramsch, Rapuse, Tarock, Watten, **7** Besigue, Binokel, Canasta, L'hombre, Vingtun, **8** Baccarat, Bakkarat, Cribbage, Mariage, Patience, Quartett, **9** Quodlibet, Schafkopf, Vingt-et-un, **10** Doppelkopf, Karnoeffel, **14** Schwarzer Peter, **15** Sechsundsechzig, Siebzehn-undvier
Kartenspielausdrücke: **2** As, re, **3** Pik, Rot, Sau, **4** Auge, Bube, Dame, Daus, Hand, Herz, Karo, Nell, Null, Ober, Satz, **5** Atout, Blatt, Coeur, Ecker, Farbe, Geber, Grand, Gruen, Joker, Jolly, Junge, Kreuz, Pinke, Pique, Point, Stich, Talon, Treff, Unter, Volte, **6** Eckern, Eichel, Herzen, kontra, mogeln, passen, Trumpf, Wenzel, **7** Couleur, Einsatz, Kiebitz, mischen, Schelle, Sequenz, Spieler, Vorhand, **8** bedienen, bekennen, Eckstein, Schellen, Schippen, **9** Grandhand, Schneider, **10** Hinterhand, Mit-telhand, Nullouvert
Kartenstamm: **5** Talon

K

Kartenwerk: **5** Atlas
Kartenwissenschaft: **12** Kartographie
Kartenzeichen: **8** Signatur
Karthager: **6** Punier
karthagische Gottheit: **6** Tanith, **9** Baal-Haman
karthagischer
Feldherr: **8** Hamilkar, Hannibal, **9** Hasdrubal
Seefahrer: **5** Hanno
Karthagos sagenhafte Gründerin: **4** Dido
Kartoffel: **6** Batate, **8** Erdapfel, Erdbirne
Kartoffelbrei: **6** Pueree
Kartoffelgift: **7** Solanin
Kartoffelklößchen: **9** Kroketten
Kartoffelmehl: **7** Staerke
Kartoffelpuffer: **5** Flins, **6** Flinse, Plinse, **11** Reibekuchen
Kartoffelscheibchen: **5** Chips
Kartoffelstäbchen: **6** Fritte, **12** Pommes frites
Karton: **5** Pappe, **9** Schachtel
Kartothek: **6** Kartei
Kasachstan (Staat in Mittelasien)
Flüsse: **3** Jli, **4** Emba, Ural, **6** Ischim, Turgai, **7** Irtysch, **8** Syrdarja
Gebirge: **5** Altai, **6** Alatau, **8** Tianshan, **10** Tarbagatai
Hafenstädte: **5** Aktau, **6** Gurjew, **9** Astrachan
Hauptstadt: **7** Alma-Ata
Landschaften: **5** Turan, **14** Kaspische Senke, **15** Siebenstromland
Seen: **7** Aralsee, **12** Balchaschsee
Städte und Orte: **4** Abai, **5** Saran, Tschu, **6** Aralsk, Jessil, Kentau, Rudnyi, **8** Dshambul, Kustanai, Pawlodar, Temirtau, **9** Ekibastus, Karaganda, **10** Aktjubinsk, Zelinograd, **11** Dsheskasgan, Koktschetem
Währung: **5** Rubel, **6** Kopeke
Wüsten: **8** Kysylkum, Mujunkum
Kaschemme: **8** Spelunke
Kaschmir (Jammu and Kashmir – Gebiet in S-Asien)
Berg: **11** Nanga Parbat
Bergvolk: **5** Hunza
Distrikte (und Hauptort): **5** Hunza, Punch, **6** Gilgit, Ladakh (**3** Leh), Mirpur, **9** Baltistan, **12** Muzzafarabad
Flüsse: **5** Indus, **6** Chenab, Jhelum, **9** Dschihlam
Hauptstadt: **8** Srinagar
Landschaft: **8** Dschammu
Sprache: **9** Kaschmiri
Städte u. Orte: **3** Leh, **5** Jammu, Upshi, **6** Pattan, Skardu, **8** Anantnag, Baramula, Srinagar, **9** Bhadarwah
Käsesorten: **4** Brie, **5** Esrom, Gouda, Quark, **6** Edamer, Harzer, Zieger, **7** Chester, Gervais, Mainzer, Romadur, Stilton, **8** Liptauer, Parmesan, Tilsiter, **9** Allgaeuer, Camembert, Greyerzer, Hartkaese, Limburger, Roquefort, Schweizer, **10** Emmentaler, Gorgonzola, Hollaender, Schabziger, Weichkaese, **12** Schmelzkaese, **13** Kraeuterkaese
Käsespeise: **6** Fondue
Käsestadt
in Belgien: **7** Limburg, **8** Limbourg
in Holland: **4** Edam
Käsestoff: **6** Kasein
Käseteig: **5** Bruch
Käsewasser: **5** Molke
Kasse: **4** Cash
Kasseler Kunstausstellung: **9** Documenta
Kassenführer: **9** Kassierer
Kassenverwalter: **7** Rendant
Kassenzettel: **3** Bon, **5** Beleg, **8** Quittung
Kastanie: **6** Marone

Kästchen: **4** Etui, **8** Kassette, **9** Schatulle
Kaste: **5** Stand
Kaste in Ostindien: **5** Cudra
Kastell: **4** Burg, Fort, **7** Festung, Schloss, **9** Zitadelle
Kasten: **3** Box, **4** Lade, **5** Kiste, Truhe, **7** Schrank, Schrein
Kastor und Pollux: **9** Dioskuren
Kastrat: **6** Eunuch
kastrierter Bulle: **5** Ochse
kastriertes Pferd: **7** Wallach
kastriertes Schaf: **6** Hammel
katalogisieren: **6** ordnen
Katar (Emirat in Vorderasien)
Bevölkerung: **7** Katarer
Hauptstadt: **4** Doha, **6** Ad Doha
herrschende Familie: **8** Ath-Thani
Inseln: **5** Halul, Huwar
Orte: **6** Al Khor, Dukhan, Umm Bab, **7** Umm Said
Währung: **5** Riyal, **6** Dirham
Katarakt: **10** Wasserfall
Kater bei Hoffmann: **4** Murr
Kater in der Tierfabel: **6** Murner
Katheder: **4** Pult, **6** Kanzel
Kathedrale: **3** Dom, **8** Muenster
katholische(r, s)
– ***Aktion:*** **14** Laienapostolat
– ***Altardiener:*** **7** Akoluth
– ***Begräbnisfeier:*** **8** Exequien
– ***Bettelorden:*** **9** Kapuziner, **10** Augustiner, Karmeliter, **11** Dominikaner, **12** Franziskaner
– ***Bischofsversammlung:*** **6** Konzil
– ***Fest:*** **11** Allerseelen, **13** Allerheiligen
– ***Frauenorden:*** **9** Klarissen, **12** Klarissinnen, **15** Karmeliterinnen, Salesianerinnen
– ***Gebet:*** **7** Angelus, **8** Ave Maria
– ***Gebetbuch:*** **7** Brevier
– ***Gedenkfest für die Verstorbenen:*** **11** Allerseelen
– ***Geistlicher:*** **5** Vikar, **6** Kaplan, **7** Bischof, Praelat, **8** Kardinal, Kleriker, **10** Erzbischof
– ***Gerichtshof:*** **4** Rota
– ***Gnadenmittel:*** **6** Ablass, **8** Nachlass, **10** Absolution, **12** Lossprechung
– ***Gottesdienst:*** **5** Messe
– ***Hilfsgeistlicher:*** **5** Vikar
– ***Kirchenlehrer:*** **8** Augustin, **10** Augustinus
– ***Kirchenvater:*** **10** Athanasius
– ***Kurienkardinal:*** **3** Bea
– ***Küster:*** **6** Mesner
– ***Meßbuch:*** **6** Missal, **7** Missale
– ***Meßdiener:*** **6** Levite, **10** Ministrant
– ***Meßgesang:*** **8** Graduale
– ***neuntägige Andacht:*** **8** Novene
– ***Orden:*** **8** Jesuiten, Mauriner, **9** Kapuziner, Minoriten, **10** Augustiner, Karmeliter, Kartaeuser, Trappisten, **11** Dominikaner, **12** Benediktiner, Franziskaner, Kluniazenser, **13** Zisterzienser
– ***Pfarramtsverweser:*** **5** Kurat
– ***Priesterschaft:*** **6** Klerus
– ***Sakramente:*** **3** Ehe, **5** Busse, Taufe, **7** Firmung, **11** Eucharistie, **13** Priesterweihe, **14** Krankensalbung
– ***Seelenmesse:*** **7** Requiem
– ***Stundengebete:*** **3** Non, **4** None, Prim, Terz, **6** Laudes, Vesper, **7** Brevier, Komplet, Matutin
– ***Würdenträger:*** **7** Praelat, **8** Kardinal
– ***Zentralverwaltung:*** **5** Kurie
Kattun: **4** Mako, **5** Zietz, **6** Chintz, Kaliko, **8** Indienne, **9** Schirting, **10** Mignonette
Katzbach-Zuflüsse: **6** Neisse, **8** Steinach, Wilsbach, **13** Schwarzwasser
Katzen: → Hauskatzen → Raubkatzen
Katzenbär: **5** Panda
Katzendarm: **6** Katgut
Katzenfisch: **4** Wels
Katzenjammer: **5** Kater

K

Katzenmusik: 9 Charivari
Kauf: 5 Bezug, **6** Erwerb
Kauf geistlicher Ämter: 7 Simonie
Käufer: 5 Kunde, **8** Abnehmer, **9** Konsument, **11** Verbraucher
Kaufgeschäft: 6 Handel
Kaufhaus: 5 Basar, **9** Warenhaus, **10** Supermarkt
Kaufherrengeschlecht in Augsburg: 6 Fugger, Welser
käuflich: 4 feil, **11** bestechlich
Kauflustiger: 10 Reflektant
Kaufmann: 7 Kraemer, **8** Haendler
kaufmännisch: 9 merkantil
kaufmänn. Angestellter: 5 Clerk
kaufmännischer Brauch: 3 Uso, **4** Usus
kaufmännisches Angebot: 7 Offerte
Kaufmannsgehilfe: 6 Kommis
Kaufsumme: 5 Preis
kaukasische Volksstämme: 6 Alanen, Awaren, **7** Osseten, **12** Tscherkessen, **13** Tschetschenen
Kaukasusgipfel: 6 Elbrus, Kasbek
Kaumuskel: 8 Masseter
Kautabak: 5 Priem
kautschukähnliche Masse: 11 Guttapercha
Kautschukmilch: 5 Latex
Kauwerkzeug: 4 Zahn, **6** Gebiss
Kauz: 4 Type, **6** Unikum, **8** Original
Kavallerist: 4 Ulan, **5** Husar, **8** Dragoner, **10** Kuerassier
Kaviarlieferant: 5 Stoer, **6** Beluga
Kaviarsorte: 6 Beluga, **8** Malossol
keck: 5 frech, **6** munter, **9** schneidig
Keckheit: 7 Schneid, **8** Insolenz
Kegel: 5 Konus
kegelförmig: 7 konisch
Kegeln: 7 Bowling
Kegelschnitt: 5 Kreis, **7** Ellipse, Parabel, **8** Hyperbel
Keglergruß: 7 Gut Holz
Kehlkopf: 6 Larynx
Kehlkopfentzündung: 10 Laryngitis
Kehllaut: 7 Glottal, **8** Guttural
Kehrbild: 7 Negativ
Kehre: 5 Kurve, Wende
Kehre (Kunstflug): 4 Turn
Kehrgeräte: 5 Besen, Feger, **8** Schaufel
Kehricht: 5 Dreck, Muell, **6** Abfall, Schutt, **7** Schmutz
Kehrreim: 7 Refrain
Kehrschleife: 10 Serpentine
Kehrseite: 6 Envers, Revers, **7** Ruecken, **9** Gegenteil, **10** Rueckseite, **11** Hinterseite, **13** Schattenseite
Keil (Schneiderei): 7 Zwickel
Keim: 4 Same, **5** Samen, **6** Ansatz
Keimdrüse: 6 Gonade, **10** Germinalie
keimfrei: 6 steril
Keimfreiheit: 7 Asepsis, **11** Sterilitaet
Keimträger: 2 Ei, **4** Same
keimtötend: 12 antiseptisch
keimtötendes Mittel: 12 Antiseptikum
Keimzelle: 2 Ei, **5** Gamet
keiner: 7 niemand
keinerlei: 6 nichts
keinesfalls: 3 nie, **7** niemals
Kelch: 5 Pokal, **6** Becher
Kelchtuch des Priesters: 5 Velum
Kellergeschoß: 10 Souterrain
Kellergewölbe: 9 Kasematte
Kellermeister: 6 Kuefer
Kellertier: 5 Assel
Kellner: 4 Ober, **6** Garcon, **7** Steward
Kellnerin: 8 Garconne, **10** Stewardess, **11** Serviererin
Kellnerlehrling: 7 Piccolo, Pikkolo
Kelterrückstand: 6 Treber, **7** Trester
keltische(r)
– ***Barde:*** **6** Ossian
– ***Dichter:*** **5** Barde
– ***Feenkönigin:*** **3** Mab
– ***Name für Bretagne:*** **8** Armorika
– ***Name für England:*** **6** Albion
– ***Name für Irland:*** **4** Erin
– ***Priester:*** **6** Druide

- ***Sagengestalten:*** **4** Erek, **5** Artus, **6** Isolde, Merlin, Ossian, **7** Tristan, **8** Parsifal, Parzifal
- ***Sänger:*** **5** Barde, **6** Ossian
- ***Volksstämme:*** **5** Bojer, **6** Parisi, Skoten, **7** Galater, Noriker, Senonen, **8** Bretonen, Sequaner, **9** Helvetier, Tiguriner

Kenia (Staat in O-Afrika)

Berge: **5** Kenya, Nyiru, **11** Kilimanjaro, **14** Kilimandscharo

Bevölkerung: **8** Kenianer

Bantustämme: **4** Meru, **5** Kamba, Kisii, Luhya, **6** Kikuyu

Nilohamiten: **6** Massai, **7** Samburu, Turkana

Niloten: **3** Luo

Volksstamm: **7** Giriama

Flüsse: **4** Athi, Tana, **6** Galana

Geheimbund: **6** Mau-Mau

Grabensystem: **10** Rift Valley

Hafenstadt: **7** Mombasa

Hauptstadt: **7** Nairobi

Naturparks: **5** Tsavo, **8** Aberdare, Amboseli, Marsabit, **10** Massai-Mara

Politiker: **3** Moi, **6** Odinga, **8** Kenyatta

Ruinenstätte: **4** Gedi

Seen: **7** Turkana, **9** Rudolfsee, **10** Hannington

Städte u. Orte: **4** Lamu, **6** Kisumi, Kitale, Nakuru, **7** Malindi, **8** Marsabit, **14** Mombasa-Kilindi

Vulkan: **5** Elgon

Währung: **4** Cent, **8** Shilling

Wüste: **5** Njiri

Kenner: **7** Experte, **8** Fachmann, **10** Kapazitaet

Kennkarte: **4** Pass, **7** Ausweis

kenntlich machen: **9** markieren

Kenntnis: **6** Wissen, **9** Erfahrung

Kennwort: **5** Motto, **6** Losung, Parole, **7** Chiffre

Kennzahl: **6** Nummer

Kennzeichen: **3** Mal, **6** Emblem, Signal, **7** Merkmal, Symptom, **8** Signatur, **9** Charakter, Insignien, Kriterium

kennzeichnen: **9** markieren

kennzeichnend: **7** typisch, **16** charakteristisch

Kennzeichnung: **10** Markierung, **11** Signalement, **13** Spezifikation, **14** Charakteristik

Kennzeichnungszahl: **5** Index

Kentaur: **6** Chiron

keramische Gußmasse: **6** Engobe

keramisches Erzeugnis: **6** Fliese, Kachel, Ziegel, **7** Fayence, Klinker, Tonware, **8** Geschirr, Steingut, **9** Porzellan, Schamotte, Steinzeug, **10** Terrakotta

Kerbe: **5** Kimme, **6** Furche, **10** Einschnitt

K

Kerbtier: **4** Kerf, **6** Insekt

Kerbtierkunde: **11** Entomologie

Kerker: **5** Bagno, **6** Cachot, **7** Verlies

Kerl: **4** Mann, **9** Mannsbild

Kern: **7** Extrakt, **11** Quintessenz

Kernabfall: **7** Fallout

Kernkraftwerk: **4** Pile, **7** Reaktor, **11** Atomreaktor, **13** Atomkraftwerk

Kernkraftwerkorte in der Bundesrepublik Deutschland: **3** Ohu, **4** Hamm, Wyhl, **5** Stade, **6** Biblis, Borken, Kalkar, Lingen, Vahnum, **7** Grohnde, Rehling, **8** Brokdorf, Kruemmel, **9** Esenshamm, Karlsruhe, Pleinting, **10** Wuergassen, **12** Brunsbuettel, **13** Gundremmingen, **14** Neckarwestheim

Kerngehäuse (Obst): **6** Griebs

kernig: **4** urig

Kernland von Vietnam: **5** Annam

Kernobst: **5** Apfel, Birne, **6** Quitte

Kernpunkt: **4** Clou, **11** Quintessenz

Kernspaltung: **7** Fission

Kernspruch: **10** Aphorismus

Kernteilchen: **5** Meson, Quant,

6 Photon, Proton, **7** Neutron, Nukleon, **8** Elektron, Negatron, Positron
Kerntruppe: 5 Garde
Kerzenmaterial: 4 Talg, **5** Wachs, **7** Stearin, **8** Paraffin
Kerzenständer: 8 Flambeau
Kerzenträger: 10 Kandelaber
keß: 5 fesch, flott, **6** dreist, schick
Kessel: 4 Tank, **6** Boiler, **7** Kapelle, Kupelle
Kesselpauken: 7 Timpani
Kesseltreiben: 5 Hetze
Kette: 5 Folge, Reihe, Serie
Kettenfahrzeug: 4 Tank, **6** Panzer, **7** Traktor
Kettengarn: 4 Warp, **6** Chaine
Kettengesang: 5 Kanon
Kettenglied: 6 Schake
Kettenpanzer: 8 Harnisch
Kettenschleppschiff: 5 Tauer
Kettentanz: 6 Chaine
Kettenteil: 5 Glied
Ketzer: 7 Renegat, **10** Haeretiker
Ketzerei: 8 Haeresie, Irrlehre
Ketzergericht: 8 Autodafé, **11** Inquisition
Keuchhusten: 9 Pertussis
Keule: 7 Pistill, **8** Schinken, Schlegel
Keulenstück des Rindes: 4 Ziem
Keuschheit: 8 Reinheit, Unschuld, **11** Virginitaet

Kfz-Zeichen der Bundesrepublik Deutschland:
Aachen AC
Aalen AA
Ahaus BOR
Ahrweiler AW
Aibling (Bad) RO
Aichach AIC
Alfeld (Leine) HI
Alsfeld VB
Altena MK
Altenburg ABG
Altenkirchen (Westerwald) AK
Altötting AÖ
Alzenau AB
Alzey AZ
Amberg AM
Ansbach AN
Arnsberg (Westf.) HSK
Aschaffenburg AB
Augsburg A
Aurich AUR

Backnang WN
Baden-Baden BAD
Balingen BL
Bamberg BA
Bayreuth BT
Beckum (Westf.) WAF
Beilngries EI
Berchtesgaden BGL
Bergheim (Erft) BM
Bergisch Gladbach GL
Bergzabern (Bad) SÜW
Berleburg (Bad) SI
Berlin B
Bernkastel-Kues WIL
Bersenbrück OS
Biberach (Riß) BC
Biedenkopf MR
Bielefeld BI
Bingen MZ
Birkenfeld (Nahe) BIR
Bitburg (Trier) BIT
Böblingen BB
Bocholt BOR
Bochum BO
Bogen SR
Bonn BN
Borken (Westf.) BOR
Bottrop BOT
Brandenburg BRB
Brake BRA
Braunlage (Harz) GS
Braunschweig BS
Bremen HB
Bremervörde ROW

Brilon HSK
Bruchsal KA
Brückenau (Bad) KG
Buchen (Odenw.) MOS
Büdingen (Hessen) FB
Bühl (Baden) RA
Büren (Westf.) PB
Burgdorf (Hann.) H
Burglengenfeld SAD
Büsingen BÜS

Calau CA
Calw CW
Castrop-Rauxel RE
Celle CE
Cham CHA
Chemnitz C
Clausthal-Zellerfeld GS
Cloppenburg CLP
Coburg CO
Cochem (Mosel) COC
Coesfeld (Westf.) COE
Cottbus CB
Crailsheim SHA
Cuxhaven CUX

Dachau DAH
Dannenberg (Elbe) DAN
Darmstadt DA
Daun DAU
Deggendorf DEG
Delmenhorst DEL
Dessau DE
Detmold DT
Dieburg DA
Diepholz DH
Diez EMS
Dillenburg L
Dillingen (Donau) DLG
Dingolfing DGF
Dinkelsbühl AN
Dinslaken WES
Donaueschingen VS
Donauwörth DON
Dortmund DO
Dresden DD
Duderstadt GÖ
Duisburg DU
Düren DN
Dürkheim (Bad) DÜW
Düsseldorf D

Ebermannstadt FO
Ebern HAS
Ebersberg EBE
Eckernförde RD
Eggenfelden PAN
Ehingen (Donau) UL
Eichstätt EI
Eilenburg EB
Einbeck NOM
Eisleben EIL
Emden EMD
Emmendingen EM
Ems (Bad) EMS
Erbach (Odenwald) ERB
Erding ED
Erfurt EF
Erkelenz HS
Erlangen-Höchstadt ERH
Eschenbach (Oberpfalz) NEW
Eschwege ESW
Essen (Bad) OS
Essen E
Esslingen ES
Euskirchen EU
Eutin OH

Fallingbostel FAL
Feuchtwangen AN
Flensburg FL
Forchheim (Ofr.) FO
Frankenberg (Eder) KB
Frankenthal (Pfalz) FT
Frankfurt (Main) F
Frankfurt (Oder) FF
Freiburg (Breisgau) FR
Freising FS
Freudenstadt FDS
Freyung FRG

Friedberg (Hessen) FB
Friedberg (Aichach) AIC
Friedrichshafen FN
Fritzlar-Homberg HR
Fürstenfeldbruck FFB
Fürth FÜ
Fulda FD
Füssen OAL

Gandersheim (Bad) NOM
Garmisch-Partenkirchen GAP
Geilenkirchen-Heinsberg HS
Geldern KLE
Gelnhausen HU
Gelsenkirchen GE
Gemünden (Main) MSP
Gera G
Germersheim GER
Gerolzhofen SW
Gießen GI
Gifhorn GF
Gladbeck RE
Göppingen GP
Görlitz GR
Goslar GS
Göttingen GÖ
Grafenau FRG
Greifswald GW
Grevenbroich NE
Griesbach PA
Groß-Gerau GG
Gummersbach GM
Günzburg GZ
Gunzenhausen WUG
Gütersloh GT

Hagen (Westf.) HA
Halberstadt HBS
Halle HAL
Hamburg HH
Hameln HM
Hamm (Westf.) HAM
Hammelburg KG
Hanau HU
Hannover H
Hannoversch Münden GÖ
Haßfurt HAS
Hechingen BL
Heide (Host.) HEI
Heidelberg HD
Heidenheim (Brenz) HDH
Heilbronn HN
Heinsberg HS
Helmstedt HE
Heppenheim (Bergstr.) HP
Herford HF
Herne HER
Hersbruck LAU
Hersfeld (Bad) HEF
Hildesheim HI
Hilpoltstein RH
Höchstadt (Aisch) ERH
Hof (Saale) HO
Hofgeismar KS
Hofheim (Unterfranken) HAS
Hofheim (Taunus) MTK
Holzminden HOL
Homberg HR
Homburg (Saar) HOM
Homburg (Bad) HG
Horb (Neckar) FDS
Höxter HX
Hünfeld FD
Husum NF

Illertissen NU
Ilmenau IL
Ingolstadt IN
Iserlohn MK
Itzehoe IZ

Jena J
Jever (Friesl.) FRI
Jülich DN

Kaiserslautern KL
Karlsruhe KA
Karlstadt MSP
Kassel KS
Kaufbeuren KF

Kehl OG
Kelheim KEH
Kemnath TIR
Kempen VIE
Kempten (Allgäu) KE
Kiel KI
Kirchheimbolanden KIB
Kissingen (Bad) KG
Kitzingen KT
Kleve KLE
Koblenz KO
Köln K
Königshofen-Grabfeld NES
Konstanz KN
Korbach KB
Kötzting CHA
Krefeld KR
Kreuznach (Bad) KH
Kronach KC
Krumbach (Schwaben) GZ
Kulmbach KU
Künzelsau (Württ.) KÜN
Kusel KUS

Lahr OG
Landau (Isar) DGF
Landau (Pfalz) LD
Landsberg (Lech) LL
Landshut (Bay.) LA
Lauf (Pegnitz) LAU
Laufen (Obb.) BGL
Lauterbach (Hessen) VB
Leer (Ostfriesl.) LER
Leipzig L
Lemgo DT
Leonberg (Württ.) BB
Leverkusen LEV
Lichtenfels (Bay.) LIF
Limburg (Lahn) LM
Lindau (Bodensee) LI
Lingen (Ems) EL
Lippstadt SO
Lohr (Main) MSP
Lörrach LÖ
Lübbecke (Westf.) MI
Lübeck HL
Lüchow DAN
Lüdenscheid MK
Lüdinghausen COE
Ludwigsburg LB
Ludwigshafen (Rhein) LU
Lüneburg LG
Lünen UN

Magdeburg MD
Mainburg (Bay.) KEH
Mainz MZ
Malchin MC
Mallersdorf-Pfaffenberg SR
Mannheim MA
Marburg (Lahn) MR
Marienberg MAB
Marktheidenfeld MSP
Marktoberdorf OAL
Marktredwitz WUN
Marl RE
Mayen KO
Meißen MEI
Meldorf (Holstein) HEI
Melle OS
Mellrichstadt NES
Melsungen HR
Memmingen MM
Meppen EL
Mergentheim (Bad) TBB
Merzig MZG
Meschede HSK
Mettmann ME
Miesbach MB
Miltenberg MIL
Mindelheim MN
Minden (Westf.) MI
Moers WES
Mönchengladbach MG
Monschau (Rheinl.) AC
Montabaur WW
Mosbach (Baden) MOS
Mühldorf (Obb.) MÜ
Mühlhausen MHL
Mülheim (Ruhr) MH

Müllheim (Baden) FR
Münchberg (Ofr.) HO
München M
Münden GÖ
Münsingen (Württ.) RT
Münster (Westf.) MS

Nabburg SAD
Nagold CW
Naila HO
Nauen NAU
Neubrandenburg NB
Neuburg (Donau) ND
Neuenahr-Ahrweiler (Bad) AW
Neumarkt (Oberpf.) NM
Neumünster NMS
Neunburg vorm Wald SAD
Neunkirchen (Saar) NK
Neuß NE
Neustadt (Aisch) NEA
Neustadt bei Coburg CO
Neustadt/Saale (Bad) NES
Neustadt am Rübenberg H
Neustadt (Waldnaab) NEW
Neustadt (Weinstraße) NW
Neu-Ulm (Donau) NU
Neuwied (Rhein) NR
Niebüll NF
Nienburg (Weser) NI
Norden AUR
Nordhausen NDH
Nordhorn NOH
Nördlingen DON
Northeim (Hann.) NOM
Nürnberg N
Nürtingen ES

Oberhausen (Rhein) OB
Obernburg (Unterfr.) MIL
Oberviechtach SAD
Ochsenfurt WÜ
Offenbach (Main) OF
Offenburg (Baden) OG
Öhringen KÜN
Oldenburg (Holst.) OH
Oldenburg i. O. OL
Oldesloe (Bad) OD
Olpe (Biggesee) OE
Opladen GL
Osnabrück OS
Osterholz-Scharmbeck OHZ
Osterode (Harz) OHA
Otterndorf CUX
Ottweiler NK

Paderborn PB
Papenburg-Aschendorf EL
Parsberg (Oberpf.) NM
Passau PA
Pegnitz BT
Peine PE
Pfaffenhofen (Ilm) PAF
Pfarrkirchen PAN
Pforzheim PF
Pinneberg PI
Pirmasens PS
Plön (Holstein) PLÖ
Potsdam P
Prüm (Eifel) BIT

Quedlinburg QLB
Querfurt QFT

Rastatt RA
Ratzeburg RZ
Ravensburg RV
Recklinghausen RE
Regen REG
Regensburg R
Rehau HO
Reichenbach RC
Reichenhall (Bad) BGL
Remscheid RS
Rendsburg RD
Reutlingen RT
Rheda-Wiedenbrück GT
Rheydt MG
Riedenburg (Bay.) KEH
Rinteln SHG
Rockenhausen KIB

Roding CHA
Rosenheim RO
Rostock ROS
Rotenburg (Fulda) HEF
Rotenburg (Wümme) ROW
Roth RH
Rothenburg o. d. Tauber AN
Rottenburg a. d. Laaber LA
Rottweil RW
Rüdesheim (Rhein) RÜD

Saarbrücken SB
Saarburg (Bez. Trier) TR
Saarlouis SLS
Säckingen WT
Salzgitter SZ
St. Goar SIM
St. Goarshausen EMS
St. Ingbert IGB
St. Wendel WND
Saulgau SIG
Scheinfeld NEA
Schleiden (Eifel) EU
Schleswig SL
Schlüchtern HU
Schongau WM
Schrobenhausen ND
Schwabach SC
Schwäbisch Gmünd AA
Schwäbisch Hall SHA
Schwabmünchen A
Schwalbach (Bad) RÜD
Schwalmstadt HR
Schwandorf SAD
Schweinfurt SW
Schwelm EN
Schwerin SN
Segeberg (Bad) SE
Selb WUN
Siegburg SU
Siegen SI
Sigmaringen SIG
Simmern (Hunsrück) SIM
Sinsheim HD
Soest SO

Solingen SG
Soltau (Hann.) FAL
Sonthofen OA
Speyer SP
Springe (Deister) H
Stade STD
Stadthagen SHG
Stadtsteinach KU
Staffelstein LIF
Starnberg STA
Steinfurt ST
Stockach (Baden) KN
Straubing SR
Stuttgart S
Sulzbach-Rosenberg AS
Syke DH

Tauberbischofsheim TBB
Tecklenburg ST
Tettnang FN
Tirschenreuth TIR
Titisee-Neustadt FR
Tölz (Bad) TÖL
Tönning NF
Traunstein (Obb.) TS
Trier TR
Tübingen TÜ
Tuttlingen TUT

Überlingen FN
Uelzen UE
Uffenheim NEA
Ulm UL
Unna UN
Usingen (Taunus) HG

Vaihingen (Enz) LB
Vechta VEC
Verden VER
Viechtach REG
Viersen VIE
Villingen-Schwenningen VS
Vilsbiburg LA
Vilshofen PA
Völklingen VK

Vohenstrauß NEW

Waiblingen WN
Waldeck KB
Waldmünchen CHA
Waldshut-Tiengen WT
Wangen RV
Wanne-Eickel HER
Warburg (Westf.) HX
Warendorf WAF
Wasserburg (Inn) RO
Wattenscheid BO
Wegscheid (Ndb.) PA
Weiden (Oberpf.) WEN
Weilburg LM
Weilheim (Obb.) WM
Weimar WE
Weißenburg (Bay.) WUG
Wernigerode WR
Wertingen DLG
Wesel WES
Westerburg (Westerwald) WW
Westerstede WST
Wetzlar L
Wiedenbrück GT
Wiesbaden WI
Wilhelmshaven WHV
Winsen (Luhe) WL
Wismar WIS
Witten (Ruhr) EN
Wittenberg WB
Wittgenstein SI
Wittlage OS
Wittlich WIL
Wittmund FRI
Witzenhausen ESW
Wolfach OG
Wolfenbüttel WF
Wolfhagen (Bez. Kassel) KS
Wolfratshausen TÖL
Wolfsburg WOB
Worms WO
Wunsiedel WUN
Wuppertal W
Würzburg WÜ
Wurzen WUR

Zeitz ZZ
Zell (Mosel) COC
Zerbst ZE
Ziegenhain HR
Zittau ZI
Zweibrücken ZW
Zwickau Z

Kfz-Nationalitätszeichen:

Afghanistan AFG
Ägypten ET
Albanien AL
Alderney GBA
Algerien DZ
Andorra AND
Arab. Emirate UAE
Argentinien RA
Äthiopien ETH
Australien AUS

Bahamas BS
Bahrein BRN
Bangladesh BD
Barbados BDS
Belgien B
Belize BH
Benin R.B
Bolivien BOL
Botswana RB
Brasilien BR
Brunei BRU
Bulgarien BG
Burundi BU

Chile RCH
China TJ
Costa Rica CR
Côte d'Ivoire CI

Dänemark DK
Deutsche Bundesrepublik D
Diplomat. Corps CD
Dominica WD

Dominik. Republik DOM

Ecuador EC
El Salvador ES

Färöer FR
Fidschi Inseln FJI
Finnland SF
Frankreich F

Gambia WAG
Ghana GH
Gibraltar GBZ
Grenada WG
Griechenland GR
Großbritannien u. Nordirland GB
Guatemala GCA
Guernsey GBG
Guyana GUY

Haiti RH
Hongkong HK

Indien IND
Indonesien RI
Irak IRQ
Iran IR
Irland IRL
Island IS
Israel IL
Italien I

Jamaika JA
Japan J
Jemen YAR
Jersey GBJ
Jordanien JOR

Kambodscha (Kamputschea) K
Kamerun CAM
Kanada CND
Katar Q
Kenia EAK
Kolumbien CO
Kongo RCB
Konsular. Corps CC
Korea (Süd) ROK
Kuba C
Kuwait KT u. KWT

Laos LAO
Lesotho LS
Libanon RL
Liberia LB
Libyen LAR
Liechtenstein FL
Luxemburg L

Madagaskar RM
Malawi MW
Malaysia MAL
Mali RMM
Malta M
Man (Insel) GBM
Marokko MA
Mauretanien RIM
Mauritius MS
Mexiko MEX
Mikronesien FSM
Monaco MC
Myanmar (Birma bzw. Burma) BUR

Namibia SWA
Nauru NAU
Neuseeland NZ
Nicaragua NIC
Niederlande NL
Niederländ. Antillen NA
Niger RN
Nigeria WAN
Norwegen N

Österreich A

Pakistan PAK
Panama PA
Papua-Neuguinea PNG
Paraguay PY
Peru PE

Philippinen RP
Polen PL
Portugal P

Rumänien R
Rwanda (Ruanda) RWA

Saint Kitts SCN
Sambia (Zambia) Z
Samoa WS
San Marino RSM
Sao Tomé STP
Saudi-Arabien SA
Schweden S
Schweiz CH
Senegal SN
Seychellen SY
Sierra Leone WAL
Simbabwe (Zimbabwe) ZW
Singapur SGP
Somalia SP
Spanien E
Sri Lanka (Ceylon) CL
St. Lucia WL
St. Vincent u. Grenadinen WV
Südafrika ZA
Sudan SUDAN
Surinam SME
Swasiland SD
Syrien SYR

Taiwan RC
Tansania EAT
Thailand THA
Togo TG
Transkei SOTHO
Trinidad u. Tobago TT
Tschechoslowakei CS
Tunesien TN
Türkei TR

Uganda EAU
Ungarn H
Uruguay U
USA USA

Vatikan-Stadt SCV
Venezuela YV
Vietnam VN

Zaire ZR
Zentralafrik. Republik RCA
Zimbabwe ZW
Zypern CY

Kfz-Unterstellraum: 6 Garage
Kiefernartige: 4 Arve, **5** Pinie, Pinus, Zirbe, **6** Foehre, Spirke, Zirbel, **7** Latsche, **9** Legfoehre, **10** Bergkiefer, Gelbkiefer, Moorfoehre, Pechkiefer, **11** Sumpfkiefer, **12** Aleppokiefer, Strandkiefer, Traenenkiefer, Zirbelkiefer, **13** Borstenkiefer, Schwarzkiefer, **15** Weymouthskiefer
Kiefernharz: 9 Terpentin
Kiefernholz (harzig): 4 Kien
Kiefernzapfen: 9 Kienapfel
Kielraum des Schiffes: 5 Bilge
Kielwasser: 3 Sog
Kiemen: 9 Branchien
Kiemenatmer: 11 Branchiaten
Kieselalge: 8 Diatomee
Kieselsäure: 7 Aerosil
Kieselsäuresalz: 7 Silikat
Kimme: 5 Kerbe
Kimmung: 8 Horizont
Kimonogürtel: 3 Obi
Kind: 4 Baby, **5** Knabe, **7** Bambino, **8** Maedchen, **9** Saeugling
Kinderbuch: 13 Struwwelpeter
Kinderei: 6 Unsinn
Kinderengel (Figur): 5 Putte
Kinderfahrzeug: 6 Roller, **7** Dreirad
Kinderfrau: 5 Bonne, Nurse, **11** Gouvernante
Kindergärtnerin: 9 Hortnerin
Kinderheilkunde: 10 Paediatrie
Kinderhüter(in): 10 Babysitter
Kinderkrankheiten: 5 Mumps, Polio, **6** Masern, **7** Braeune,

Roeteln, **8** Rachitis, **9** Scharlach, **10** Diphtherie, Skrofulose, Windpocken, **11** Keuchhusten, Ziegenpeter, **14** Kinderlaehmung
Kindermädchen: **5** Bonne, Nurse
Kindermundtuch: **4** Latz
Kinderschaukelbett: **5** Wiege
Kinderspeise: **3** Mus, **4** Brei
Kinderspiele: **6** Fangen, **7** Haschen, Kriegen, **10** Verstecken
Kindertagesstätte: **4** Hort, **12** Kindergarten
Kindertrompete: **4** Tute
Kindesentführer: **9** Kidnapper
Kindesentführung: **10** Kidnapping
Kindeskind: **5** Enkel, **7** Enkelin
Kindheit: **6** Jugend
kindlich: **4** naiv, **6** pueril, **8** infantil, **10** unbefangen
kindliches Benehmen: **9** Naivitaet
Kino: **6** Cinema, **11** Filmtheater
Kinofan: **7** Cineast
Kinostück: **4** Film, **7** Tonfilm, **8** Farbfilm
Kinzig-Zuflüsse: **3** Elm, **6** Gutach, **7** Wolfach, **8** Schutter
Kippwagen: **4** Lore
Kirche: **3** Dom, **7** Kapelle, **8** Basilika, Muenster, **10** Kathedrale
Kirche
– ***in Istanbul:*** **11** Hagia Sophia
– ***in Paris:*** **9** Notre-Dame, **10** Sacré-Coeur
– ***in Reval:*** **4** Olai
Kirchenältester: **9** Presbyter
Kirchenausschluß: **4** Bann, **15** Exkommunikation
Kirchenbann: **8** Anathema
Kirchenchor: **8** Kantorei
Kirchenchorleiter: **6** Kantor
Kirchendiener: **6** Mesner, **7** Kuester, **8** Kirchner, **9** Gloeckner, Sakristan
Kirchenfrevel: **8** Sakrileg
Kirchenfürst: **7** Bischof, **8** Kardinal
Kirchengalerie: **6** Empore
Kirchengemeinde: **6** Pfarre, **7** Pfarrei, **8** Ecclesia
Kirchengesang: **5** Psalm, **6** Choral, **7** Sequenz
Kirchengesangswerk: **7** Motette
Kirchengesetz: **5** Kanon
Kirchenhistoriker: **8** Eusebius
Kirchenlehre: **5** Dogma
Kirchenlehrer: **8** Basilius, **9** Bellarmin, **11** Bonaventura
Kirchenlied oder -musik: **5** Hymne, Kredo, Kyrie, Messe, Missa, Psalm, **6** Choral, Gloria, Tedeum, **7** Motette, **9** Oratorium
Kirchenmusiker: **6** Kantor, **8** Organist
Kirchenmusikinstrument: **5** Orgel
Kirchenprovinz: **8** Dioezese
Kirchenraum: **4** Chor, **7** Kapelle, **9** Sakristei
Kirchenschatz: **7** Zimelie, **8** Zimelium
Kirchensonntage: **5** Oculi, Okuli, **6** Exaudi, Judika, Rogate, Rorate, **7** Kantate, Laetare, **8** Estomihi, Jubilate, Palmarum, **9** Invokavit, **10** Trinitatis, **11** Palmsonntag, Reminiszere, Sexagesimae, **13** Septuagesimae
Kirchenspaltung: **7** Schisma
Kirchenstaat: **7** Vatikan
Kirchenstrafe: **4** Bann, **9** Interdikt
Kirchenväter: **8** Cyrillus, Justinus, **9** Ambrosius, Cyprianus, **10** Augustinus, Hieronymus, **12** Chrysostomus
Kirchenversammlung: **6** Konzil, Synode
Kirchenvorstand: **12** Presbyterium
Kirchhof: **8** Friedhof, **10** Totenacker, **11** Gottesacker, Zoemeterium
kirchlich: **6** sakral, **8** klerikal
kirchliche(r, s)
– ***Aufsichtsbeamter:*** **6** Ephore, **7** Ephorus
– ***Bauwerk:*** **3** Dom, **6** Kirche, Tempel, **7** Kapelle, **8** Basilika,

Muenster, **10** Kathedrale
– ***Bittgesang:*** **7** Litanei
– ***Bittruf:*** **7** Eleison
– ***Brauch:*** **5** Ritus, **6** Ritual
– ***Einkommen:*** **8** Kommende, Pfruende
– ***Gottesdienstordnung:*** **8** Liturgie, Liturgik
– ***Handlung:*** **5** Gebet, Segen
– ***Lobgesang:*** **6** Tedeum
– ***Pfründe:*** **8** Kommende
– ***Umzug:*** **10** Prozession
– ***Weihe:*** **11** Benediktion
– ***Würdenträger:*** **7** Bischof, Praelat, **8** Kardinal, **10** Erzbischof
Kirchspiel: **6** Pfarre, Pfarrei, **8** Parochie, Pastorat
Kirchweih: **6** Kirmes
Kirgisendorf: **3** Aul
Kirgisenhütte: **5** Jurte
Kirgisien (Staat in Mittelasien)
Berge: **8** Pik Lenin, **9** Pik Pobedy
Flüsse: **4** Alai, **5** Naryn, **7** Susamyr
Gebirge: **8** Tianshan, **9** Pamir-Alai
Hauptstadt: **8** Bischkek
Seen: **7** Son-kjol, **8** Issyk-kul, **12** Tschatyr-kjol
Städte und Orte: **4** Osch, **6** Frunse, Tokmak, **10** Rybatschje, **11** Prschewalsk
Währung: **5** Rubel, **6** Kopeke
Kiribati (Inselstaat in Ozeanien)
Bevölkerung: **10** Polynesier, **11** Mikronesier
Hauptstadt: **7** Bairiki
Inseln: **5** Kuria, Makin, **6** Banaba, Maiana, Tarawa, **12** Linieninseln, **13** Gilbertinseln, Phoenixinseln, **14** Christmasinsel
Sprache: **8** Kiribati, **10** Gilbertese
Währung: **4** Cent, **6** Dollar
Kirschensorten: **7** Maraska, Morelle, **8** Amarelle, Weichsel, **12** Sauerkirsche, **15** Schattenmorelle
Kirschlikör: **6** Cherry, **10** Maraschino
kirschrot: **6** cerise
Kitsch: **6** Schund
Kittchen: **5** Knast
Kladde: **4** Heft, **7** Diarium
kläffen: **6** bellen
Klage: **6** Jammer, **7** Querele, **8** Gestoehn, Gewimmer, **10** Beschwerde
Klagelied: **6** Elegie, **7** Lamento, **9** Jeremiade
klagen: **7** jammern, **11** lamentieren
klagend: **8** doloroso, elegisch
Klageschrift: **6** Libell
Klamauk: **3** Fez, Ulk, **5** Laerm, Krach, Radau, Spass, **6** Scherz, Unsinn, **9** Spektakel
Klammer: **5** Klipp, **8** Akkolade
Klang: **3** Ton, **4** Laut, **6** Schall
Klangfarbe: **6** Timber, Timbre
klanglich: **9** akustisch
klanglos: **5** still, stumm
Klangreinheit (Tonwiedergabe): **4** Hi-Fi
Klangschönheit: **8** Harmonie
klangvoll: **5** sonor
Klangwirkung: **7** Akustik
Klappe: **5** Patte, **6** Deckel
Klapper: **6** Rassel
Klapperinstrument: **11** Kastagnette
Klaps: **6** Schlag
klar: **4** hell, rein, **6** lauter, sauber, **7** praezis, **8** deutlich, praezise
Klarheit: **7** Evidenz
Klärung: **11** Defaekation
Klasse: **4** Rang, **5** Kaste, Stand, **6** Gruppe, Rubrik, **7** Gattung, Schicht, **9** Abteilung, Kategorie
Klasse einer früheren höheren Schule: **5** Prima, Sexta, **6** Quarta, Quinta, Tertia, **7** Sekunda, **9** Oberprima, **10** Unterprima, **11** Obersekunda, Untertertia, **12** Untersekunda
Klassenarbeit: **11** Extemporale
Klassenerster: **6** Primus

Klassenleiter: **10** Ordinarius
Klatsch: **6** Gerede, **7** Rederei, Tratsch, **10** Geschwaetz
Klaue: **4** Fang, **5** Pfote, Tatze, **6** Kralle, Pranke
Klause: **9** Eremitage
Klausel: **6** Kautel
Klausner: **6** Eremit, **9** Anachoret, **10** Einsiedler
Klaviere: **5** Piano, **7** Celesta, Fluegel, Pianola, Pianino, Spinett, **10** Fortepiano, Pianochord, Pianoforte, **11** Kielfluegel, Klavizimbel, **14** Konzertfluegel
Klavierspieler: **7** Pianist
Klaviersonate von Beethoven: **10** Pathétique, **12** Appassionata
Klavierteil: **5** Pedal, Saite, Taste
Klebebild: **7** Collage
kleben: **6** haften, kitten, leimen, pappen, **9** kleistern
klebrig: **4** zaeh, **6** viskos
Klebstoffe: **3** Ago, **4** Kitt, Leim, **5** Gummi, Klebe, **6** Gluten, Kleber, **7** Dextrin, Staerke, **8** Kleister
Kleeblattwahrzeichen der Iren: **8** Shamrock
Kleesäure: **10** Oxalsaeure
Klecks: **5** Fleck
Kleid: **4** Robe, **6** Gewand, Tracht, **7** Komplet, Kostuem
Kleidausschnitt: **9** Dekolleté
Kleiderablage: **9** Garderobe
Kleiderbesatz: **5** Borte, Litze, **6** Braeme, Falbel, Tresse, **7** Ruesche
Kleiderbestand: **9** Garderobe
Kleiderschädling: **5** Motte
Kleiderschnitt: **5** Facon, **6** Fasson
Kleidersitte: **4** Mode
Kleiderstoffe: **4** Samt, Taft, Tuch, **5** Satin, Seide, Serge, **6** Jersey, **7** Flanell, Trevira, **8** Musselin
Kleiderumschlag: **4** Saum
Kleiderverschluß: **4** Oese, **5** Knopf, **15** Reissverschluss
Kleiderverwahrerin: **12** Garderobiere
Kleidung: **4** Mode, **5** Dress, Habit, Kluft, **6** Montur, Tracht, **7** Uniform **8** Toilette, **9** Garderobe
Kleidungsstücke: **3** Cut, Top, **4** Cape, Hemd, Hose, Kilt, Pelz, Robe, Rock, Slip, Toga, Wams, **5** Anzug, Bluse, Dress, Frack, Jabot, Jacke, Joppe, Kleid, Kutte, Nicki, Pulli, Sakko, Schal, Schuh, Shirt, Stola, Talar, Tanga, Weste, **6** Anorak, Bikini, Blazer, Bolero, Burnus, Fliege, Gewand, Janker, Jumper, Kaftan, Kasack, Kimono, Kittel, Mantel, Mieder, Pyjama, Sarong, Schurz, Shorts, Shorty, Trikot, Ulster, Umhang, **7** Cutaway, Dessous, Gehrock, Haenger, Jackett, Kamisol, Komplet, Korsett, Kostuem, Litewka, Negligé, Overall, Paletot, Schlips, Smoking, Soutane, Spenzer, Strumpf, Sweater, Twinset, Uniform, **8** Badehose, Breeches, Gamasche, Garnitur, Halstuch, Hemdhose, Kniehose, Krawatte, Leibchen, Mantille, Minikini, Netzhemd, Oberhemd, Pelerine, Polohemd, Puffhose, Pullover, Pumphose, Reifrock, Reithose, Schihemd, Schleier, Schleppe, Schuerze, Westover, **9** Badeanzug, Ballkleid, Beinkleid, Chemisett, Covercoat, Einreiher, Halsbinde, Hausanzug, Hausjacke, Hemdbluse, Hosenrock, Klubweste, Lederhose, Nachthemd, Pelzjacke, Regenhaut, Sporthemd, Texashemd, Ueberrock, Unterhemd, Unterhose, Unterrock, Windjacke, **10** Bademantel, Bratenrock, Brautkleid, Faltenrock, Lederjacke, Lederweste, Lumberjack, Morgenrock, Nietenhose, Pelzmantel, Pluderhose, Reversible, Schlafrock, Schluepfer, Sweatshirt, Trenchcoat,

Wendejacke, Zweireiher, **11** Dirndlbluse, Dirndlkleid, Glockenrock, Jumperbluse, Kasackkleid, Kniestrumpf, Kofferkleid, Kombination, Ledermantel, Lodenmantel, Nachtgewand, Plisseerock, Regenmantel, Reisemantel, Schlafanzug, Sommerkleid, Sportmantel, Strickjacke, Strickkleid, Strumpfhose, Traegerrock, Ueberzieher, Wendemantel, **12** Hosentraeger, Kostuemjacke, Selbstbinder, Sockenhalter, **13** Buestenhalter, Knickerbocker, Matrosenanzug, Strumpfhalter, Umstandskleid, **14** Manchesterhose, Wickelgamasche

klein: 6 fipsig, gering, winzig

Kleinasien: 9 Anatolien

Kleinbauernhaus: 4 Kate

Kleinbild: 8 Miniatur

Kleinbildkamera: 6 Pocket, **12** Pocketkamera

Kleinbuchstabe: 8 Minuskel

kleinbürgerlich: 8 spiessig

kleine, seichte Bucht: 4 Anse

Kleinformat bei Büchern: 6 Duodez

Kleingebäck: 4 Keks, **7** Krokant

kleingewichtig: 6 leicht

Kleinhändler: 7 Kraemer, **10** Detaillist

Kleinhirn: 10 Zerebellum

Kleinigkeit: 4 Deut, **6** Nuance, **8** Bisschen, Fitzchen, Lappalie, **9** Bagatelle

Kleinigkeiten: 8 Minuzien, **11** Quisquilien

Kleinigkeitskrämer: 6 Pedant, **8** Rabulist, **11** Haarspalter, Kritikaster

kleinkalibrige Handfeuerwaffe: 8 Tesching

kleinkariertes Gewebe: 6 Pepita

Kleinkind: 4 Baby

Kleinkram: 7 Plunder

Kleinkrieg: 8 Guerilla

Kleinkunstbühne: 6 Brettl, **8** Kabarett, **11** Ueberbrettl

Kleinkunstwerk: 7 Bibelot

kleinlaut: 6 timid

Kleinlebewelt: 7 Edaphon

kleinlich: 8 pingelig, **10** pedantisch

kleinlicher Mensch: 6 Pedant, **8** Spiesser

Kleinmalerei: 8 Miniatur

Kleinod: 5 Bijou, Juwel, Perle, **6** Schatz

Kleinodien: 7 Juwelen

Kleinschmetterling: 5 Motte

Kleinsiedlung: 6 Weiler

Kleinstaaten in Europa: 6 Monaco, **7** Andorra, **9** San Marino, **13** Liechtenstein

Kleinstädter: 13 Schildbuerger

Kleinstlebewesen: 5 Virus, **7** Mikrobe, **8** Bakterie, Bazillus

Kleinstmaß: 7 Minimum

Kleinstrennwagen: 6 Go-kart

Kleintaxi: 7 Minicar

Kleinwohnung: 9 Apartment, **11** Appartement

kleinwüchsiges Pferd: 4 Pony

Klemme: 4 Clip, Enge, **5** Klipp, Krise, **6** Krisis, **7** Dilemma, **10** Bredouille

Klemmer: 7 Kneifer, **8** Pincenez

Klempner: 8 Blechner, Spengler, **9** Flaschner

Klepper: 6 Maehre

Kletterausrüstung: 4 Seil, **5** Haken, **6** Pickel, **9** Biwaksack, **10** Steigeisen, **13** Kletterhammer

klettern: 7 klimmen, steigen

Kletterpflanzen: 4 Efeu, Liane, **6** Hopfen, Klimme, **7** Bryonie, Glyzine, **8** Klematis, Wistaria, **10** Geissblatt

Klingel: 6 Bimmel, Glocke, **7** Schelle

klingen: 6 toenen

Klinik auf Rädern: 10 Clinomobil

Klippe: 4 Riff, **7** Schaere

Klippfisch: **8** Kabeljau
Kloakentiere: **11** Ameisenigel, **12** Schnabeltier
Kloben: **5** Block, Klotz
klopfen: **6** pulsen, **9** pulsieren
Klopfkäfer: **8** Totenuhr, **9** Totenwurm, Trotzkopf, **10** Brotkaefer, Pochkaefer
Kloß: **7** Knoedel
Kloster: **5** Abtei, Cella, Laura, Lawra, Stift, **7** Konvent, Priorei, **9** Zoenobium, **11** Monasterium
Kloster
– ***am Bodensee:*** **9** Reichenau
– ***in Bulgarien:*** **4** Rila
– ***an der Donau:*** **4** Melk, **10** Wettenburg
– ***in Frankreich:*** **5** Cluny, **6** Corbie, Fleury, **10** Chartreuse
– ***bei Hannover:*** **6** Loccum
– ***in Irland:*** **6** Cashel
– ***in Italien:*** **6** Bobbio, **12** Monte Cassino
– ***in Niederösterreich:*** **4** Melk
– ***in Oberbayern:*** **5** Ettal, **10** Wessobrunn
– ***in Oberfranken:*** **4** Banz
– ***in Prüm:*** **6** Regino
– ***in Schlesien:*** **8** Gruessau
– ***im Schwarzwald:*** **12** Sankt Blasien
– ***in der Schweiz:*** **10** Einsiedeln, **11** Sankt Gallen
– ***in Tibet:*** **4** Sera
– ***an der Weser:*** **6** Corvey
Klosterberg in Griechenland: **5** Athos
Klosterbruder: **3** Fra, **5** Frate, Pater, **6** Frater
Klosterfrau: **5** Nonne
Klostergemeinschaft: **7** Konvent
Klosterinsassen: **5** Nonne, Pater, **6** Moench, Novize, **7** Novizin
Klosterteile: **5** Zelle, **6** Remter, **7** Klausur, **11** Domitorium, Refektorium
Klostervorsteher: **3** Abt, **4** Abbé, **5** Prior, **6** Oberer, Propst, **8** Supereor
Klosterzelle: **6** Klause
Klotz: **5** Block, **6** Kloben
Klubjacke: **6** Blazer
Kluft: **5** Klamm, **6** Spalte, **7** Abgrund, **8** Schlucht
klug: **5** weise, **6** clever, **8** vigilant, **10** aufgeweckt, **11** intelligent, diplomatisch
kluge Berechnung: **10** Diplomatie
Klügelei: **9** Sophistik
kluges Verhalten: **6** Taktik
Klugheit: **5** Ratio, **8** Verstand, Weisheit, **10** Cleverness, Scharfsinn, **11** Intelligenz
Klugredner: **9** Raesoneur
Klumpen: **6** Batzen, **7** Brocken, Scholle
Klüngel: **6** Clique, **7** Koterie
knabbern: **5** nagen
Knabenchor: **8** Kurrende
knabenhaft: **6** pueril
Knall: **9** Explosion, **10** Detonation
knapp: **3** eng, **5** klamm, wenig, **6** gering, schmal, stramm, **8** duerftig, **9** gedraengt, **12** aphoristisch
Knappe des Don Quichote: **11** Sancho Pansa
Knappheit: **9** Praegnanz
Knarre: **6** Rassel
Knauf: **5** Griff, Knopf
knauserig: **6** geizig, **7** schofel
Knauserigkeit: **4** Geiz
Knecht: **3** Enk
Knecht des Abraham: **7** Elieser
knechten: **6** knuten
knechtisch: **6** servil
Knechtschaft: **9** Sklaverei
Kneifer: **8** Pincenez
Kneipen: **3** Pub, **6** Beisel, Bistro, Butike, **8** Destille
knetbar: **9** plastisch
Knetkur: **7** Massage
Knetmasse: **3** Ton, **4** Teig, **10** Plastillin, **11** Plastillina
Knick: **5** Falte, Hecke, Kniff

Kniefall: **10** Proskynese
Kniegeige: **5** Cello, Gambe, Viola, **11** Violoncello
Kniegelenkknorpel: **8** Meniskus
Kniegicht: **7** Gonagra
Kniehosen: **8** Breeches, **13** Knickerbocker
Kniescheibe: **7** Patella
Knierock der Schotten: **4** Kilt
Kniff: **5** Trick, **7** Finesse
knifflig: **7** spinoes, **8** diffizil
Knobel: **7** Wuerfel
Knoblauchbestandteil: **6** Alliin
Knochen: **7** Gebeine
Knochenbruch: **7** Fraktur
Knochenentzündung: **7** Ostitis
Knochenfraß: **6** Karies
Knochengerüst: **7** Gerippe, Skelett
Knochengeschwulst: **6** Osteom, **7** Chlorom
Knochenhaut: **7** Periost
Knocheninneres: **4** Mark
Knochenleim: **6** Glutin, **8** Gelatine
Knochenlücke am kindlichen Schädel: **10** Fontanelle
Knochennaht: **5** Sutur
Knochenriß: **6** Fissur
Knochenschmerzen: **10** Osteoalgie
Knochenverbindung: **6** Gelenk
Knochenwulst: **5** Torus
Knollengemüse: **5** Ruebe, **8** Sellerie
knorpelartige Substanz: **6** Kallus
Knorpelfische: **3** Hai, **5** Stoer, **6** Rochen
Knorpel im Kniegelenk: **8** Meniskus
Knospe: **4** Keim, **6** Spross
Knötchenflechte: **6** Lichen
Knoten: **5** Nodus, **7** Knorren
Knoten im Gewebe: **5** Noppe
Knotenschrift der Inkas: **5** Quipu
Knöterichgewächse: **6** Ampfer, **9** Rhabarber, **10** Buchweizen
Knüller: **3** Hit, **7** Reisser, **8** Schlager, Thriller
Knüpfarbeit: **7** Teppich, **8** Makramee
Knüppel: **5** Stock, **6** Bengel, **7** Knittel, Pruegel
knusperig: **5** kross, **7** rissolé
Knute: **8** Peitsche
Kobold: **4** Butz, Gnom, Puck, **5** Troll, Wicht, **6** Schrat, **13** Klabautermann
Kobolz: **10** Purzelbaum
Kochanleitung: **6** Rezept
Kochdunst: **6** Wrasen
kochen: **6** sieden
Kocher: **7** Rechaud
Kochgefäße: **4** Topf, **6** Kessel, Pfanne, Tiegel, **10** Kasserolle
Kochkunst: **11** Gastronomie
Kochsalzlösung: **4** Lake, Sole
Kochstelle: **4** Herd
Köder: **3** Aas, **5** Luder
Kognakglas: **9** Schwenker
Kohlarten: → Gemüse
Kohldampf: **6** Hunger
Kohlehydrat: **7** Staerke
Kohlenabfall: **4** Grus
Kohlenberg: **5** Halde
Kohlenraum: **6** Bunker
kohlensaures
Natrium: **4** Soda
Salz: **4** Soda, **8** Karbonat
Kohlenschicht: **5** Floez
Kohlenstoff: **4** Russ, **9** Carboneum
Kohlenwagen der Lok: **6** Tender
Kohlenwasserstoffe: **6** Olefin, Pentan, **8** Aethylen, **10** Naphthalin
Kohlenprodukte: **4** Pech, Teer, **6** Anilin
Köhlerhaufen: **6** Meiler
Kohlrübe: **5** Wruke, **10** Steckruebe
Kohlsuppe: **10** Borschtsch
kokettieren: **7** flirten
Kokosbast: **4** Coir
Kokosnußfleisch: **5** Kopra
Kokosnußpalme: **5** Cocos
Koks: **5** Grude
Kokswerk: **7** Kokerei
Kolbenfrucht: **4** Mais
Kolbenweg beim Motor: **3** Hub

Kollege: **6** Kumpan
Kollektion: **7** Auswahl, **9** Sortiment
Kollektivwirtschaft: **5** Artel, **6** Kibbuz, **8** Kolchose, Kombinat
Kolloid: **3** Gel
kolloide Lösung: **3** Sol
Kolonist: **7** Siedler
Kolonne: **5** Reihe, Rotte, Schar
Koloratur: **7** Melisma, Triller
Kolumbien (Staat in S-Amerika)
Berge: **5** Colon, Huila, **6** Cumbal, Purace, Tolima, **14** Cristobal Colon
Bevölkerung: **11** Kolumbianer
Dichter: **4** Caro
Flüsse: **3** Uva, **4** Tomo, **5** Cauca, **6** Atrato, **7** Orinoko, **8** Guaviare, **9** Magdalena
Hafenstädte: **9** Cartagena, **10** Santa Marta, **12** Barranquilla, Buenaventura
Halbinsel: **7** Guajira
Hauptstadt: **6** Bogotá
Indianer: **5** Aruak, **6** Muisca, **7** Chibcha, Guajira
Nationalpark: **10** San Agustin
Nobelpreisträger
– *für Literatur:* **7** Márquez
Politiker: **4** Caro, **5** Ayala, **8** Betancur, Trujillo
Schriftsteller: **7** Marquez
Städte u. Orte: **4** Cali, Mitú, **5** Mocoa, Neiva, Pasto, Tunja, **6** Bogotá, Cúcuta, Ibague, Uribia, **7** Pereira, Popayán, **8** Medellin, **9** Cartagena, Manizales, **11** Bucaramanga, **12** Barranquilla
Verwaltungsgebiete (und ihre Hauptstädte): **4** Meta (**13** Villavicencio), **5** Cauca (**7** Popayán), Chocó (**6** Quibdó), Huila (**5** Neiva), **6** Arauca (**6** Arauca), Boyacá (**5** Tunja), Caldas (**9** Manizales), Narino (**5** Pasto), Tolima (**6** Ibagúe), Vaupés (**4** Mitú), **7** Bolivar (**9** Cartagena), Caquetá (**9** Florencia), Guajira (**6** Uribia), Vichada (**13** Puerro Carreno), **8** Amazonas (**7** Leticia), Casanare, Putumayo (**5** Mocoa), **9** Antioquia (**8** Medellin), Atlántico (**12** Barranquilla), Magdalena (**10** Santa Marta), San Andrés (**9** San Andrés), Santander (**11** Bucaramanga), **11** Cudinamarca (**6** Bogotá), **13** Valle del Cauca (**4** Cali), **16** Norte de Santander (**6** Cúcuta)
Währung: **4** Peso, **7** Centavo
Kombination: **8** Garnitur
Kometennamen: **4** Wolf, **5** Biela, Encke, Kopff, **6** Brooks, Halley, Olbers, Tempel, **8** Kohoutek, Winnecke
komfortabel: **6** bequem, **8** wohnlich
komfortable Kleinwohnung: **9** Apartment, **11** Appartement
Komiker: **8** Humorist
komisch: **4** urig, **7** burlesk, grotesk, skurril, **9** originell
komische Figur: **4** Type, **7** Pierrot, **9** Pierrette
komische Figur in der Oper: **5** Buffo
komischer Einfall: **3** Gag, **4** Witz, **6** Scherz
Kommando: **6** Befehl
Kommandoflagge: **7** Stander
kommend: **5** in spe
Kommentator: **9** Kolumnist
Kommiß: **6** Barras, **8** Militaer
Kommunalverband: **5** Kreis
Komödiant: **4** Mime
Komödie: **5** Posse, **8** Burleske, Schnurre, **9** Lustspiel
Komödie: → Schauspiel
Komoren (Inselstaat im Indik)
Bevölkerung: **7** Komorer
Hauptstadt: **6** Moroni
Inseln: **5** Mwali, **6** Moheli,

Nzwami, **7** Anjouan, Mayotte, **8** Njazidja, **12** Grande Comore
Städte u. Orte: **4** Sima, **6** Moroni, **7** Fomboni, **9** Mutsamudu
Währung: **5** Franc, **7** Centime
Kompagnon: **6** Sozius, **7** Associé, Partner, **9** Teilhaber
kompakt: **4** fest, hart, **5** dicht, **6** massiv, **9** gedrungen
Komparse: **7** Statist
Kompaß: **7** Bussole
Kompaßscheibe: **8** Windrose
Kompaßteile: **4** Korn, **5** Kimme, Nadel, Pinne
Kompetenz: **7** Instanz, **8** Befugnis
komplett: **7** perfekt, **9** vollendet, **12** vollstaendig
Komplice: **5** Spezi, **6** Helfer, **7** Gehilfe, Genosse, **8** Konsorte, **9** Mittaeter
Komplott: **7** Intrige
Komponist: **10** Tondichter
Komponist des Balletts (ohne Artikel)
- ***Abraxas:*** **3** Egk
- ***Antiquar:*** **9** Hindemith
- ***Apollon Musagète:*** **10** Strawinsky
- ***Bauernhochzeit:*** **10** Strawinsky
- ***Chiarina:*** **7** Blacher
- ***Cinderella:*** **10** Prokofieff
- ***Coppelia:*** **7** Delibes
- ***Dämon:*** **9** Hindemith
- ***Dornröschen:*** **12** Tschaikowsky
- ***Dreispitz:*** **7** de Falla
- ***Feuervogel:*** **10** Strawinsky
- ***Frühlingsopfer:*** **10** Strawinsky
- ***Georgica:*** **3** Egk
- ***Geschöpfe des Prometheus:*** **9** Beethoven
- ***Giselle:*** **4** Adam
- ***Hamlet:*** **7** Blacher
- ***Harlekinade:*** **7** Blacher
- ***Herodiade:*** **9** Hindemith
- ***Job:*** **8** Williams
- ***Josephslegende:*** **7** Strauss
- ***Kuß der Fee:*** **10** Strawinsky
- ***La Péri:*** **5** Dukas
- ***La Valse:*** **5** Ravel
- ***Liebeszauber:*** **7** de Falla
- ***Lysistrata:*** **7** Blacher
- ***Mammon:*** **6** Krenek
- ***Nachmittag eines Fauns:*** **7** Debussy
- ***Naila:*** **7** Delibes
- ***Nußknacker:*** **12** Tschaikowsky
- ***Orpheus:*** **10** Strawinsky
- ***Parade:*** **5** Satie
- ***Petruschka:*** **10** Strawinsky
- ***Pulcinella:*** **10** Strawinsky
- ***Puppenfee:*** **5** Bayer
- ***Quadrille:*** **7** Blacher
- ***Reineke Fuchs:*** **10** Strawinsky
- ***Romeo und Julia:*** **10** Prokofieff
- ***Salade:*** **7** Milhaud
- ***Schlagobers:*** **7** Strauss
- ***Schwanensee:*** **12** Tschaikowsky
- ***Semiramis:*** **8** Honegger
- ***Sylvia:*** **7** Delibes
- ***Undine:*** **5** Henze

Komponist des Musicals
- ***Anatevka:*** **4** Bock
- ***Annie Get Your Gun:*** **6** Berlin
- ***Carousel:*** **7** Rodgers
- ***Cats:*** **11** Lloyd Webber
- ***Fiddler on the roof:*** **4** Bock
- ***Funny Girl:*** **5** Styne
- ***Hair:*** **9** MacDermot
- ***Hello Dolly:*** **6** Herman
- ***Kiss Me Kate:*** **6** Porter
- ***Mary Poppins:*** **7** Sherman
- ***My Fair Lady:*** **5** Loewe
- ***Oklahoma:*** **7** Rodgers
- ***Show Boat:*** **4** Kern
- ***South Pacific:*** **7** Rodgers
- ***The King And I:*** **7** Rodgers
- ***West Side Story:*** **9** Bernstein

Komponist der Oper (ohne Artikel)
- ***Abreise:*** **6** Albert
- ***Abu Hassan:*** **5** Weber
- ***Acis und Galatea:*** **7** Haendel
- ***Afrikanerin:*** **9** Meyerbeer

- ***Ägyptische Helena:*** **7** Strauss
- ***Aida:*** **5** Verdi
- ***Albert Herring:*** **7** Britten
- ***Alceste:*** **5** Gluck
- ***Alessandro Stradella:*** **6** Flotow
- ***Almira:*** **7** Haendel
- ***Amelia geht zum Ball:*** **7** Menotti
- ***Anakreon:*** **9** Cherubini
- ***André Chénier:*** **8** Giordano
- ***Antigonae:*** **4** Orff
- ***Apotheker:*** **5** Haydn
- ***Arabella:*** **7** Strauss
- ***Ariadne auf Naxos:*** **7** Strauss
- ***Arme Heinrich:*** **8** Pfitzner
- ***Arme Matrose:*** **7** Milhaud
- ***Armida:*** **5** Gluck
- ***Aroldo:*** **5** Verdi
- ***Aufstieg und Fall der Stadt Mahagonny:*** **5** Weill
- ***Bajazzo:*** **11** Leoncavallo
- ***Barbier von Bagdad:*** **9** Cornelius
- ***Barbier von Sevilla:*** **7** Rossini
- ***Bärenhüter:*** **6** Wagner
- ***Bastien und Bastienne:*** **6** Mozart
- ***Belfagor:*** **8** Respighi
- ***Benvenuto Cellini:*** **7** Berlioz
- ***Bernauerin:*** **4** Orff
- ***Betrogene Kadi:*** **5** Gluck
- ***Bluthochzeit:*** **7** Fortner
- ***Boabdil:*** **10** Moszkowski
- ***Bohème:*** **7** Puccini
- ***Boris Godunow:*** **10** Mussorgski
- ***Brautwahl:*** **6** Busoni
- ***Campiello:*** **11** Wolf-Ferrari
- ***Capriccio:*** **7** Strauss
- ***Cardillac:*** **9** Hindemith
- ***Carmen:*** **5** Bizet
- ***Carmina Burana:*** **4** Orff
- ***Catulli Carmina:*** **4** Orff
- ***Cavalleria rusticana:*** **8** Mascagni
- ***Christelflein:*** **8** Pfitzner
- ***Cid:*** **8** Massenet, **9** Cornelius
- ***Circe:*** **3** Egk
- ***Columbus:*** **3** Egk
- ***Corregidor:*** **4** Wolf
- ***Cosi fan tutte:*** **6** Mozart
- ***Dalibor:*** **7** Smetana
- ***Dantons Tod:*** **5** Einem
- ***Daphne:*** **4** Peri, **7** Strauss
- ***Debora e Jael:*** **8** Pizzetti
- ***Deidamia:*** **7** Haendel
- ***Diebische Elster:*** **7** Rossini
- ***Djamileh:*** **5** Bizet
- ***Doktor Faust:*** **6** Busoni
- ***Doktor und Apotheker:*** **11** Dittersdorf
- ***Don Carlos:*** **5** Verdi
- ***Don Gil von den grünen Hosen:*** **9** Braunfels
- ***Don Giovanni:*** **6** Mozart
- ***Don Juan:*** **6** Mozart
- ***Donna Diana:*** **8** Reznicek
- ***Don Pasquale:*** **9** Donizetti
- ***Dreigroschenoper:*** **5** Weill
- ***Elektra:*** **7** Strauss
- ***Entführung aus dem Serail:*** **6** Mozart
- ***Ernani:*** **5** Verdi
- ***Eugen Onegin:*** **12** Tschaikowsky
- ***Euryanthe:*** **5** Weber
- ***Evangelimann:*** **6** Kienzl
- ***Enzio:*** **7** Haendel
- ***Falstaff:*** **5** Verdi
- ***Fedora:*** **8** Giordano
- ***Feuersnot:*** **7** Strauss
- ***Fidelio:*** **9** Beethoven
- ***Figaros Hochzeit:*** **6** Mozart
- ***Fliegende Holländer:*** **6** Wagner
- ***Flut:*** **7** Blacher
- ***Fra Diavolo:*** **5** Auber
- ***Frau ohne Schatten:*** **7** Strauss
- ***Freischütz:*** **5** Weber
- ***Friedenstag:*** **7** Strauss
- ***Fürst Igor:*** **7** Borodin
- ***Galatea:*** **9** Braunfels
- ***Gärtnerin aus Liebe:*** **6** Mozart
- ***Geschichte vom Soldaten:*** **10** Strawinsky
- ***Gioconda:*** **10** Ponchielli
- ***Gloriana:*** **7** Britten

- ***Götterdämmerung:*** **6** Wagner
- ***Graf Ory:*** **7** Rossini
- ***Hanneles Himmelfahrt:*** **7** Graener
- ***Hans Heiling:*** **9** Marschner
- ***Hänsel und Gretel:*** **11** Humperdinck
- ***Hans Sachs:*** **7** Lortzing
- ***Heimliche Ehe:*** **8** Cimarosa
- ***Herz:*** **8** Pfitzner
- ***Herzog Blaubarts Burg:*** **6** Bartók
- ***Hiob:*** **12** Dallapiccola
- ***Hochzeit des Figaro:*** **6** Mozart
- ***Hoffmanns Erzählungen:*** **9** Offenbach
- ***Hugenotten:*** **9** Meyerbeer
- ***Idomeneo:*** **6** Mozart
- ***Ilsebille:*** **5** Klose
- ***Intermezzo:*** **7** Strauss
- ***Iphigenie auf Tauris:*** **5** Gluck
- ***Iphigenie in Aulis:*** **5** Gluck
- ***Irische Legende:*** **3** Egk
- ***Irrelohe:*** **8** Schreker
- ***Isabeau:*** **8** Mascagni
- ***Italienerin in Algier:*** **7** Rossini
- ***Jahrmarkt von Sorotschintzy:*** **10** Mussorgski
- ***Jenufa:*** **7** Janacek
- ***Johanna auf dem Scheiterhaufen:*** **8** Honegger
- ***Jolanthe:*** **12** Tschaikowsky
- ***Jonny spielt auf:*** **6** Krenek
- ***Jüdin:*** **6** Halevy
- ***Julius Caesar:*** **7** Haendel
- ***Kalif von Bagdad:*** **9** Boieldieu
- ***Katja Kabanowa:*** **7** Janacek
- ***Kluge:*** **4** Orff
- ***König Hirsch:*** **5** Henze
- ***Königskinder:*** **11** Humperdinck
- ***Konsul:*** **7** Menotti
- ***Kuhreigen:*** **6** Kienzl
- ***Kuß:*** **7** Smetana
- ***Lady Hamilton:*** **5** Heger
- ***Leben des Orest:*** **6** Krenek
- ***Liebe der Danae:*** **7** Strauss
- ***Liebe zu den drei Orangen:*** **10** Prokofieff
- ***Liebestrank:*** **9** Donizetti
- ***Lohengrin:*** **6** Wagner
- ***Louise:*** **11** Charpentier
- ***Lucia di Lammermoor:*** **9** Donizetti
- ***Luise Miller:*** **5** Verdi
- ***Lulu:*** **4** Berg
- ***Lustigen Weiber von Windsor:*** **7** Nicolai
- ***Macbeth:*** **5** Verdi
- ***Macht des Schicksals:*** **5** Verdi
- ***Madame Butterfly:*** **7** Puccini
- ***Mädchen aus dem goldenen Westen:*** **7** Puccini
- ***Magd als Herrin:*** **9** Pergolesi
- ***Manon:*** **8** Massenet
- ***Manon Lescaut:*** **7** Puccini
- ***Mantel:*** **7** Puccini
- ***Margarethe:*** **6** Gounod
- ***Martha:*** **6** Flotow
- ***Maskenball:*** **5** Verdi
- ***Mathis der Maler:*** **9** Hindemith
- ***Mazeppa:*** **12** Tschaikowsky
- ***Medea:*** **9** Cherubini
- ***Medée:*** **7** Milhaud
- ***Meistersinger von Nürnberg:*** **6** Wagner
- ***Mignon:*** **6** Thomas
- ***Mond:*** **4** Orff
- ***Nabucco:*** **5** Verdi
- ***Nachtlager von Granada:*** **8** Kreutzer
- ***Nachtwandlerin:*** **7** Bellini
- ***Neues vom Tage:*** **9** Hindemith
- ***Neugierige Frauen:*** **11** Wolf-Ferrari
- ***Norma:*** **7** Bellini
- ***Notre dame:*** **7** Schmidt
- ***Nürnberger Puppe:*** **4** Adam
- ***Oberon:*** **5** Weber
- ***Ödipus Rex:*** **10** Strawinsky
- ***Ödipus der Tyrann:*** **4** Orff
- ***Orpheus:*** **4** Orff, **10** Monteverdi
- ***Orpheus und Eurydike:*** **5** Gluck, **6** Krenek
- ***Othello:*** **5** Verdi

- ***Palestrina:*** **8** Pfitzner
- ***Parsifal:*** **6** Wagner
- ***Peer Gynt:*** **3** Egk
- ***Pelléas und Mélisande:*** **7** Debussy
- ***Penelope:*** **10** Liebermann
- ***Perlenfischer:*** **5** Bizet
- ***Peter Grimes:*** **7** Britten
- ***Phaeton:*** **5** Lully
- ***Pique Dame:*** **12** Tschaikowsky
- ***Porgy und Bess:*** **8** Gershwin
- ***Postillon von Lonjumeau:*** **4** Adam
- ***Prinz von Homburg:*** **5** Henze
- ***Prozeß:*** **5** Einem
- ***Raskolnikoff:*** **12** Sutermeister
- ***Raub der Lukretia:*** **7** Britten
- ***Regimentstochter:*** **9** Donizetti
- ***Revisor:*** **3** Egk
- ***Rheingold:*** **6** Wagner
- ***Rienzi:*** **6** Wagner
- ***Rigoletto:*** **5** Verdi
- ***Rinaldo:*** **7** Haendel
- ***Rodelinde:*** **7** Haendel
- ***Romeo und Julia:*** **6** Gounod, **7** Blacher, Haendel
- ***Rose vom Liebesgarten:*** **8** Pfitzner
- ***Rosenkavalier:*** **7** Strauss
- ***Rusalka:*** **6** Dvorak
- ***Ruslan und Ludmilla:*** **6** Glinka
- ***Sadko:*** **14** Rimski-Korsakow
- ***Salome:*** **7** Strauss
- ***Samson und Dalila:*** **10** Saint-Saens
- ***Schauspieldirektor:*** **6** Mozart
- ***Schlaue Füchslein:*** **7** Janacek
- ***Schneider Wibbel:*** **6** Lothar
- ***Schuld der Frauen:*** **10** Liebermann
- ***Schwanda der Dudelsackpfeifer:*** **10** Weinberger
- ***Schwarze Spinne:*** **12** Sutermeister
- ***Schweigsame Frau:*** **7** Strauss
- ***Schwester Angelica:*** **7** Puccini
- ***Siegfried:*** **6** Wagner
- ***Simone Boccanegra:*** **5** Verdi
- ***Sizilianische Vesper:*** **5** Verdi
- ***Sly:*** **11** Wolf-Ferrari
- ***Sommernachtstraum:*** **7** Britten
- ***Stumme von Portici:*** **5** Auber
- ***Susannens Geheimnis:*** **11** Wolf-Ferrari
- ***Tannhäuser:*** **6** Wagner
- ***Telefon:*** **7** Menotti
- ***Tiefland:*** **6** Albert
- ***Titus:*** **6** Mozart
- ***Tobias Wunderlich:*** **4** Haas
- ***Tosca:*** **7** Puccini
- ***Toten Augen:*** **6** Albert
- ***Traviata:*** **5** Verdi
- ***Tristan und Isolde:*** **6** Wagner
- ***Troubadour:*** **5** Verdi
- ***Turandot:*** **7** Puccini
- ***Undine:*** **8** Lortzing
- ***Vamypr:*** **9** Marschner
- ***Verkaufte Braut:*** **7** Smetana
- ***Verlobung in San Domingo:*** **3** Egk
- ***Vier Grobiane:*** **11** Wolf-Ferrari
- ***Violanta:*** **8** Korngold
- ***Waffenschmied:*** **8** Lortzing
- ***Walküre:*** **6** Wagner
- ***Weiße Dame:*** **9** Boieldieu
- ***Wenn ich König wär:*** **4** Adam
- ***Widerspenstigen Zähmung:*** **5** Goetz
- ***Wildschütz:*** **8** Lortzing
- ***Wilhelm Tell:*** **7** Rossini
- ***Wozzeck:*** **4** Berg
- ***Xerxes:*** **7** Haendel
- ***Zampa:*** **6** Hérold
- ***Zar und Zimmermann:*** **8** Lortzing
- ***Zauberflöte:*** **6** Mozart
- ***Zaubergeige:*** **3** Egk
- ***Zwei Witwen:*** **7** Smetana

Komponist der Operette (ohne Artikel)

- ***Abenteuer der Liebe:*** **10** Vetterling
- ***Abschiedswalzer:*** **11** Schmidseder
- ***Alt-Wien:*** **6** Lanner
- ***Ännchen von Tharau:*** **8** Strecker
- ***Arme Jonathan:*** **10** Milloecker
- ***Balkanliebe:*** **8** Kattnigg
- ***Banditen:*** **9** Offenbach
- ***Banditenstreiche:*** **5** Suppé

- ***Berliner Luft:*** **6** Lincke
- ***Bettelstudent:*** **10** Milloecker
- ***Bezauberndes Fräulein:*** **8** Benatzky
- ***Blindekuh:*** **7** Strauss
- ***Blume von Hawaii:*** **7** Abraham
- ***Boccaccio:*** **5** Suppé
- ***Bozena:*** **6** Strauss
- ***Brüderlein fein:*** **4** Fall
- ***Bruder Straubinger:*** **6** Eysler
- ***Cagliostro in Wien:*** **7** Strauss
- ***Casanova:*** **6** Lincke
- ***Clivia:*** **6** Dostal
- ***Cloclo:*** **5** Lehár
- ***Csárdásfürstin:*** **6** Kálmán
- ***Dollarprinzessin:*** **4** Fall
- ***Dorf ohne Glocke:*** **8** Kuenneke
- ***Drei alte Schachteln:*** **5** Kollo
- ***Dreimäderlhaus:*** **5** Berté
- ***Drei Musketiere:*** **8** Benatzky
- ***Dubarry:*** **10** Milloecker
- ***Eva:*** **5** Lehár
- ***Extrablätter:*** **6** Dostal
- ***Fatinitza:*** **5** Suppé
- ***Feuerwerk:*** **8** Burkhard
- ***Fidele Bauer:*** **4** Fall
- ***Fledermaus:*** **7** Strauss
- ***Försterchristl:*** **5** Jarno
- ***Frasquita:*** **5** Lehár
- ***Frau Luna:*** **6** Lincke
- ***Frau ohne Kuß:*** **5** Kollo
- ***Friederike:*** **5** Lehár
- ***Gasparone:*** **10** Milloecker
- ***Geisha:*** **5** Jones
- ***Giuditta:*** **5** Lehár
- ***Glückliche Reise:*** **8** Kuenneke
- ***Goldene Pierrot:*** **6** Goetze
- ***Goldne Meisterin:*** **6** Eysler
- ***Gräfin Mariza:*** **6** Kálmán
- ***Graf von Luxenburg:*** **5** Lehár
- ***Hochzeitsnacht im Paradies:*** **9** Schroeder
- ***Hofrat Geiger:*** **4** Lang
- ***Hoheit tanzt Walzer:*** **6** Ascher
- ***Hopsa:*** **8** Burkhard
- ***Ihre Hoheit, die Tänzerin:*** **6** Goetze
- ***Im weißen Rößl:*** **8** Benatzky
- ***Jabuka:*** **7** Strauss
- ***Juxbaron:*** **5** Kollo
- ***Kellermeister:*** **6** Zeller
- ***Keusche Suanne:*** **7** Gilbert
- ***Kleine Hofkonzert:*** **4** Nick
- ***Königin einer Nacht:*** **6** Meisel
- ***Land des Lächelns:*** **5** Lehár
- ***Landstreicher:*** **7** Ziehrer
- ***Lauf ins Glück:*** **7** Raymond
- ***Leichte Kavallerie:*** **5** Suppé
- ***Letzte Walzer:*** **6** Strauss
- ***Liebe Augustin:*** **4** Fall
- ***Liebe in der Lerchengasse:*** **10** Vetterling
- ***Liselott:*** **8** Kuenneke
- ***Lustige Witwe:*** **5** Lehár
- ***Lysistrata:*** **6** Lincke
- ***Madame Pompadour:*** **4** Fall
- ***Mädi:*** **5** Stolz
- ***Manina:*** **6** Dostal
- ***Maske in Blau:*** **7** Raymond
- ***Mikado:*** **8** Sullivan
- ***Monika:*** **6** Dostal
- ***Nacht in Venedig:*** **7** Strauss
- ***Nanon:*** **5** Genée
- ***No, no, Nanette:*** **7** Youmans
- ***Obersteiger:*** **6** Zeller
- ***Opernball:*** **9** Heuberger
- ***Orpheus in der Unterwelt:*** **9** Offenbach
- ***Paganini:*** **5** Lehár
- ***Pariser Leben:*** **9** Offenbach
- ***Polenblut:*** **6** Nedbal
- ***Puppchen:*** **7** Gilbert
- ***Rose von Stambul:*** **4** Fall
- ***Saison in Salzburg:*** **7** Raymond
- ***Schöne Galathee:*** **5** Suppé
- ***Schöne Helena:*** **9** Offenbach
- ***Schön ist die Welt:*** **5** Lehár
- ***Schwarzwaldmädel:*** **6** Jessel
- ***Sissy:*** **8** Kreisler
- ***Tanz ins Glück:*** **5** Stolz
- ***Ungarische Hochzeit:*** **6** Dostal
- ***Veilchenmädel:*** **13** Hellmesberger

- ***Vielgeliebte:*** **6** Dostal
- ***Vetter aus Dingsda:*** **8** Kuenneke
- ***Victoria und ihr Husar:*** **7** Abraham
- ***Vogelhändler:*** **6** Zeller
- ***Walzertraum:*** **6** Strauss
- ***Wiener Blut:*** **7** Strauss
- ***Zarewitsch:*** **5** Lehár
- ***Zigeunerbaron:*** **7** Strauss
- ***Zigeunerliebe:*** **5** Lehár
- ***Zirkusprinzessin:*** **6** Kálmán
- ***Zwei Herzen im Dreivierteltakt:*** **5** Stolz

Komponisten der Orchesterwerke
- ***Bagatell-Ouvertüre:*** **6** Rixner
- ***Ballszenen:*** **13** Hellmesberger
- ***Bolero:*** **5** Ravel
- ***Der Zauberlehrling:*** **5** Dukas
- ***Ein Amerikaner in Paris:*** **8** Gershwin
- ***Erinnerung an ein Ballerlebnis:*** **4** Bund
- ***Grand-Canyon-Suite:*** **5** Grofé
- ***London-Suite:*** **6** Coates
- ***Rhapsody in blue:*** **8** Gershwin
- ***Serenade in blue:*** **7** Plessow
- ***Südlich der Alpen:*** **7** Fischer
- ***Teufelstanz:*** **13** Hellmesberger
- ***Warschauer Konzert:*** **9** Addinsell

Kompositionsabschnitt: **4** Satz
Kompositionsstil: **10** Polyphonie
Kompott: **7** Roester, **9** Panaschee
Kompromiß: **9** Ausgleich, Vergleich
kompromittieren: **9** blamieren, **12** blossstellen
Konditor: **9** Patissier
Konditorwaren: → Gebäck, → Torten
Konfekt: **7** Praline
Konfektmasse: **7** Nougat
Konferenz: **6** Tagung, **7** Sitzung, **8** Beratung
Konfession: **10** Bekenntnis
Konfessionsloser: **9** Dissident
Konfirmation: **10** Einsegnung
Konflikt: **6** Streit
konfus: **3** irr

Kongo (Staat in Äquatorial-Afrika)
Bergland: **7** Mayombe
Bevölkerung: **4** Teke, **5** Kongo, **6** Bateke, **7** Bakongo, **8** Pygmaeen, **10** Kongolesen
Flughafen: **8** Maya Maya
Flüsse: **5** Sanga, **6** Kouyou, Motara, Sangha, Ubangi, **7** Kouilou
Hauptstadt: **11** Brazzaville
Politiker: **6** Youlou, **7** Milongo, Ngouabi, **13** Sassou-Nguesso
Sprachen: **7** Kikongo, Lingala, **12** Franzoesisch
Städte u. Orte: **3** Ewo, **4** Mené, **5** Elogo, **6** Mayama, Mbinda, Ouesso, Owando, Sibiti, **7** Dolisie, Gambona, Loubomo, Pangala, **11** Pointe Noire
Tal: **8** Niarital
Währung: **5** Franc, **7** Centime

Kongo-Zuflüsse: **5** Sanga, **6** Busiri, Kassai, Lomami, Lukuga, Sangha, Ubangi, **7** Aruwimi, Lualaba, Luapula

König
engl.: **4** King
franz.: **3** Roi
ital.: **2** Re
lat.: **3** Rex
span.: **3** Rey

Königin
engl.: **5** Queen
franz.: **5** Reine
ital.: **6** Regina
lat.: **6** Regina
span.: **5** Reina

Königin der Blumen: **4** Rose
königlich: **5** regal, royal
königliches Brettspiel: **6** Schach
Königsberger Philosoph: **4** Kant
Königsburg in London: **5** Tower
königstreu: **5** royal
Königstreue: **10** Royalismus
Königswahl im Mittelalter: **3** Kur
konjugieren: **6** beugen

K

konkret: **4** real, **8** wirklich
Konkurrent: **6** Gegner, Rivale
Konkurrenz: **10** Rivalitaet
Konkurs: **4** Gant, Ruin, **6** Pleite, **8** Bankrott, **9** Falliment, **12** Fallissement
Konkursschuldner: **6** Kridar, **8** Kridatar
Konkursvergehen: **5** Krida
Könner: **6** Kanone, **7** Meister, **9** Routinier
Konsequenz: **5** Folge, **7** Schluss, **9** Folgerung
Konsonant: **7** Mitlaut
konstant: **4** stetig, **10** bestaendig
Konstrukteur des Volkswagens: **7** Porsche
Kontaktblättchen: **7** Lamelle
Kontaktmann: **9** Informant
Konterfei: **8** Portrait
Kontinente: **5** Asien, **6** Afrika, Europa, **7** Amerika, Erdteil, Eurasien, **9** Antarktis, **10** Australien
Kontodifferenz: **5** Saldo
Kontoseite: **4** Soll, **5** Haben
Kontrabaßtuba: **8** Helikon
Kontrakt: **4** Pakt, **7** Vertrag, **8** Abkommen, **10** Konvention, **12** Vereinbarung
Kontrolle: **5** Probe, **8** Pruefung, Revision, **10** Inspektion
Kontrollpunkt: **10** Checkpoint
Kontur: **6** Umriss, **7** Skyline
Konzentrationsausgleich: **6** Osmose
konzentrierte Lösung: **6** Essenz
Konzept: **6** Skizze, **7** Entwurf
Konzern: **5** Trust
Konzerthäuser: **5** Odeon, Odeum, **12** Philharmonie
Konzerthaus in Köln: **10** Guerzenich
Konzertunternehmer: **10** Impresario
Konzession: **6** Lizenz, **9** Zulassung
Kopf: **5** Haupt, **8** Schaedel
Kopf der Säule: **8** Kapitell
Kopfbedeckungen: **3** Fes, Hut, Ros, **4** Bibi, Helm, **5** Haube, Kappe, Mitra, Tiara, Toque, **6** Barett, Birett, Glocke, Kaeppi, Kalpak, Kapuze, Kolpak, Melone, Muetze, Panama, Turban, **7** Homburg, Kalotte, Kapotte, Stetson, Tschako, **8** Sombrero, Strohhut, Tarbusch, Tschapka, Zylinder, **9** Dreispitz, Kaeppchen, Kapotthut, Zweispitz, **10** Kalabreser, **11** Angstroehre, → Hüte
Kopffüßer: **5** Krake, Polyp, Sepia, **6** Kalmar, **7** Octopus, **8** Seepolyp, **11** Schiffsboot, Tintenfisch
Kopfhaut mit Schopf: **5** Skalp
Kopfjäger
in Assam: **4** Naga
auf Borneo: **5** Dajak
Kopflederzeug für Zug- und Reittiere: **4** Zaum
Kopflosigkeit: **5** Panik, **10** Verwirrung, **13** Durcheinander
Kopfschlagader: **7** Karotis
Kopfschmerz: **8** Migraene
Kopfschmuck: **4** Haar, **5** Haube, Krone, Mitra, Tiara, **6** Diadem, Geweih, Maehne, **7** Gehoern, **8** Aigrette, **9** Stirnreif
Kopfschutz: **4** Helm
Kopfseite (Münze): **5** Avers
Kopfstimme: **7** Falsett
Kopfteile: **3** Ohr, **4** Auge, Kinn, Mund, Nase, **5** Backe, Braue, Lippe, Stirn, Wange, **6** Kiefer, **7** Antlitz, Gesicht, **8** Kinnlade, Schaedel, Schlaefe, **9** Kinnbacke, **10** Oberkiefer, Ohrmuschel, **11** Unterkiefer
koptisches Geheimwort: **7** Abraxas
Koralleninsel: **5** Atoll
Korallentiere: **7** Koralle, Seerose, **8** Seefelder, **9** Madrepore, **10** Seeanemone, **11** Hornkoralle, Riffkoralle, **12** Lederkoralle, Steinkoralle, Sternkoralle

Korankapitel: **4** Sure
Koranauslegung: **6** Tefsir
Koranschule: **7** Medrese, **8** Medresse
Korb: **5** Kiepe, Zaine
Korb am Luftballon: **6** Gondel
Korbballspiel: **10** Basketball
Korbblütlerpflanzen: **5** Alant, Aster, Inula, Madie, **6** Arnika, Dahlie, Distel, Klette, Pippau, Saflor, Zinnie, **7** Beifuss, Bertram, Gazanie, Gerbera, Kamille, Lattich, Mutisie, Scharte, Telekie, **8** Eberwurz, Erigeron, Gemswurz, Goldrute, Grindela, Igelkopf, Kuhblume, Pestwurz, Rainkohl, Silphium, Zichorie, Zweizahn, **9** Alpendost, Baerenohr, Bocksbart, Edelweiss, Filzkraut, Flohkraut, Hainsalat, Ligularie, Samtblume, Sonnenhut, **10** Berufkraut, Greiskraut, Huflattich, Knopfkraut, Loewenzahn, Ochsenauge, Parakresse, Schafgarbe, Sonnenauge, Strohblume, Wasserdost, **11** Artischocke, Bitterkraut, Eselsdistel, Ferkelkraut, Jerichorose, Kragenblume, Kratzdistel, Kugeldistel, Leberbalsam, Papierblume, Rasselblume, Ringelblume, Sommeraster, Sonnenblume, Sonnenbraut, Spitzklette, Wucherblume, **12** Alpenlattich, Alpenscharte, Flokkenblume, Gaensedistel, Hasenlattich, Hundskamille, Maedchenauge, Mariendistel, Milchlattich, Ramtillkraut, Traubenkraut, **13** Habichtskraut, Kokardenblume, Sonnenfluegel, Schwarzwurzel, **15** Benediktenkraut, Gaensebluemchen, Katzenpfoetchen
Korbflasche: **6** Ballon, **8** Demijohn
Korbsäbel: **8** Pallasch
Kordart: **10** Manchester
Kordeinlage (Reifen): **8** Karkasse
Kordel: **6** Schnur, Spagat, **7** Strippe
Kordilleren in S-Amerika: **5** Anden
Korea – Nord (Staat in O-Asien)
  Berg: **9** Puksubaek
  Bevölkerung: **8** Koreaner
  Dynastien: **2** Yi, **5** Koryo, Silla
  Flüsse: **3** Nam, **6** Imjin, **9** Chongchon
  Grenzfluß zu China: **4** Jalu
  Hafenstädte: **5** Nampo, **6** Wonsan, **7** Hungnam, **8** Chongjin
  Hauptstadt: **10** Pjoengjang
  Nationalsport: **9** Taekwondo
  Politiker: **3** Kim
  Städte: **5** Haeju, Najin, Nampo, **6** Wonsan, **7** Hamhung, Hungnam, Kaesong, Sinuiju, Songnim, **8** Chongjin
  Währung: **3** Won, **4** Chon
Korea – Süd (Staat in O-Asien)
  Berge: **4** Jiri, Odae
  Flüsse: **3** Han, Kum, Nam, **4** Geum, **6** Bughan, Pukhan, **7** Hangang, Nagdong, Naktong
  Hafenstädte: **5** Mokpo, Pusan, Ulsan, **6** Inchon
  Hauptstadt: **5** Seoul
  Inseln: **5** Geoje, Yeosu
  Kap: **6** Janggi
  Nationalsport: **9** Taekwondo
  Politiker: **4** Hwan, Rhee
  Städte: **5** Busan, Jinju, Masan, Mogpo, Pusan, Puwan, Taegu, Ulsan, **6** Gunsan, Inchon, Jeonju, Kunsan, Mokpho, Pohang, Suweon, **7** Chongju, Daejeon, Kwangju, Taejeon, **8** Chongjin, Seongnam
  Tempelstadt: **7** Kyongju
  Währung: **3** Won, **4** Chon
Kork: **6** Pfropf, **7** Stopfen, **8** Pfropfen, Stoepsel
Kornblume: **4** Rade, **5** Zyane
Körnchen: **8** Granulum
Körnerfrüchte: **4** Mais, Reis, **5** Emmer, Hafer, Hirse, **6** Dinkel,

K

Gerste, Roggen, Weizen
Kornett: 6 Piston
körnig: 9 granuloes
Kornkäfer: 6 Wiebel
Kornmahlbetrieb: 6 Muehle
Körnung: 11 Granulation
Körper: 4 Leib, **6** Korpus
Körperabsonderung: 4 Harn, Urin, **6** Sekret, **8** Schweiss
Körperbau: 7 Habitus
Körperbautypen: 8 Pykniker, **9** Leptosome, **10** Astheniker, Athletiker
Körperdecke: 4 Haut
Körpererfrischung: 3 Bad, **6** Dusche
Körperertüchtigung: 5 Spiel, Sport, **6** Turnen, **9** Gymnastik
Körperflüssigkeit: 4 Blut, **6** Lymphe, Sekret
Körperglieder: 3 Arm, **4** Bein, Hand, Fuss
körperhaft: 9 plastisch
Körperhülle: 4 Haut, **6** Chitin
körperlich: 7 konkret, kubisch, **8** physisch, **9** materiell, somatisch
körperliche Masse: 8 Substanz
Körperlichkeit: 7 Plastik, **12** Plastizitaet
Körperorgane: 4 Darm, Herz, Milz, Nerv, **5** Blase, Leber, Lunge, Magen, Niere, **6** Druese, Gehirn, Muskel, **8** Dickdarm, Kehlkopf, Mastdarm, **9** Blinddarm, Duenndarm, Harnblase, **10** Luftroehre, Zwerchfell, **11** Gallenblase, **12** Gebaermutter, Wurmfortsatz
Körperpflege: 3 Bad, **7** Hygiene, **9** Manikuere, Pedikuere
Körperschaft: 7 Gremium, **11** Korporation, Vereinigung
Körperschwäche: 8 Adynomie, Asthenie, Kachexie
Körperteile: 3 Arm, Ohr, **4** Bein, Fuss, Hals, Hand, Knie, Kopf, Leib, Nase, Wade, **5** Bauch, Brust, Haupt, Kreuz, Lende, Organ, Rumpf, **6** Becken, Genick, Huefte, Leiste, Muskel, Taille, Weiche, **7** Gesaess, Ruecken, **8** Schenkel, Schulter, **9** Brustkorb, Unterleib
Körperverfassung: 12 Konstitution
korrekt: 5 exakt, genau, **7** richtig, **8** tadellos, **10** fehlerfrei
Korridor: 4 Flur, Gang, **5** Diele
Korsar: 5 Pirat, **8** Bukanier, **10** Freibeuter, Seeraeuber
Korsett: 6 Mieder
Korsika (Insel im Mittelmeer)
Berge: **5** Cinto, **7** Rotondo
Bevölkerung: **6** Korsen
Diktator im 18. Jh.: **5** Paoli
Eigenname: **5** Corse
Flüsse: **4** Golo, **7** Gravone, **9** Tavignano
Hauptstadt: **7** Ajaccio
Kaps: **4** Muro, **5** Corse
„König" der Insel 1736: **6** Neuhof, **7** Neuhoff
Städte u. Orte: **5** Calvi, Corte, **6** Bastia, **7** Ajaccio, Sarlene, Vivario, **9** Bonifacio, Casamozza, Propriano
korsische Familie: 9 Bonaparte
korsischer Sänger: 5 Rossi
Kosakenabteilung: 6 Sotnie
Kosakenbluse: 6 Kasack
Kosakenführer: 6 Ataman, Hetman
Kosakenpeitsche: 7 Nagaika
Kosename für Goethes Mutter: 3 Aja
Kosmetikartikel, -mittel: 5 Puder, Rouge, **6** Lotion, **8** Schminke, Tagcreme, **9** Lippenrot, Nagellack, Puderdose, **10** Nachtcreme, **11** Brauenfarbe, Lippenstift, Puderquaste, **12** Schminkstift, **14** Gesichtswasser, **16** Augenbrauenstift
kosmetische Verschönerung: 6 Make-up

Kosmos: **3** All, **4** Welt, **7** Weltall, **9** Universum
Kost: **5** Essen, **6** Speise, **7** Nahrung, **10** Ernaehrung, **11** Verpflegung
Kost und Wohnung: **7** Pension
kostbar: **4** edel, **7** erlesen, **8** prezioes, splendid, wertvoll
Kostbarkeit: **5** Juwel, **7** Kleinod, **8** Raritaet
Kostbarkeiten: **7** Juwelen, Schmuck, **9** Pretiosen, Preziosen, **10** Geschmeide
kosten: **9** goutieren, probieren, **11** degustieren
Kosten: **5** Preis, **6** Spesen, **7** Aufwand, **8** Ausgaben, Auslagen, Expensen, **9** Gebuehren
Kostenanschlag: **11** Kalkulation
kostenlos: **6** franko, gratis, **7** umsonst
Kostenrechnung: **11** Liquidation
köstlich: **4** fein, **6** lecker, **7** delikat, **9** delizioes, **11** schmackhaft
kostspielig: **5** teuer, **9** luxurioes
Kostümzeichnung: **8** Figurine
Kot des Wilds: **6** Losung
Krabbe: **6** Granat, **7** Garnele, **8** Krevette
Krach: **5** Eklat, Laerm, Radau, Rumor, **6** Rabatz, Randal, Unruhe, **7** Krakeel, Krawall, **9** Spektakel, **14** Kladderadatsch
krachen: **7** bersten, platzen, **9** krepieren
Kraft: **5** Agens, Force, **6** Gewalt, Potenz, **7** Dynamik, Energie, Staerke, **11** Intensitaet
Kraftbrühe: **8** Bouillon, Consommé, **9** Konsommee
Kraftdroschke: **4** Taxe, Taxi
Krafteinheit: **4** Pond
Kräfteverfall: **8** Kachexie, Marasmus, **11** Hyposthenie
Kraftfahrer: **9** Chauffeur
Kraftfahrzeuge: **3** Bus, Car, **4** Auto, Krad, Taxe, Taxi, **5** Coupé, Moped, Truck, **6** Brummi, Kabrio, Laster, **7** Omnibus, Traktor, Trecker, **8** Kleinbus, Kraftrad, Motorrad, Roadster, **9** Automobil, Lastwagen, Limousine, Rennwagen, **10** Kabriolett, Kraftwagen, Lieferauto, Sportwagen, **11** Fernlastzug, Lieferwagen, Motorroller, **14** Lastkraftwagen, **15** Kabriolimousine
Kraftfahrzeug-Kennzeichen: → Kfz-Zeichen
Kraftfahrzeugschein (Grenzübertritt): **7** Triptik
Kraftfülle: **7** Sthenie
kraftgespannt: **9** dynamisch
kräftig: **5** stark, **6** deftig, robust, stabil, **8** intensiv
Kräftigungsmittel: **7** Tonikum
kraftlos: **3** fad, **4** fade, matt
Kraftlosigkeit: **8** Asthenie, Impotenz
Kraftmaschine: **5** Motor, **7** Turbine, **10** Lokomobile
Kraftmaß: **3** Vis
Kraftmensch: **6** Athlet
Kraftstoff: **6** Benzin, Benzol
Kraftstoffbehälter: **4** Tank, **8** Kanister
Kraftübertragung: **12** Transmission
kraftvoll: **7** lapidar, **10** athletisch
Kraftwagen: → Kraftfahrzeuge
Kraftwagenaufbau: **10** Karosserie
Kraftwagenführer: **6** Fahrer, **9** Chauffeur
Kraftwagengestell: **7** Chassis
Kragstein: **7** Konsole
Krake: **8** Oktopode
Kralle des Greifvogels: **4** Fang
Kram: **4** Tand, **6** Ramsch, Tinnef, **7** Krempel, Plunder, Troedel, **9** Firlefanz
Krampf: **7** Spasmus
Krampfader: **5** Varix
krampfartig: **9** spasmisch
krampfhaftes Zusammenziehen der Muskeln: **3** Tic
Kran (Schiff): **5** Davit

krank: 5 marod, 6 malade
kränkelnd: 5 siech
Krankenbehandlung: 8 Therapie
Krankenbericht: 8 Bulletin
Krankenbesuch: 6 Visite
Krankenfahrzeug: 9 Rollstuhl
Krankentransportgerät: 5 Trage
Krankentransportwagen: 8 Ambulanz
Krankenhaus: 6 Klinik, Spital, 7 Spittel, 8 Hospital, Lazarett, 10 Poliklinik, Sanatorium
Krankenhaus in Berlin: 7 Charité
Krankenhausabteilung: 7 Station, 8 Ambulanz
Krankenhauspersonal: 7 Pfleger, 9 Schwester
Krankenkost: 5 Diaet
Krankenpfleger: 9 Samariter, 10 Sanitaeter
Krankenpflegerin: 9 Schwester, 10 Diakonisse
Krankenstube (Militär): 6 Revier
Kranker: 7 Patient, 8 Invalide
krankhaft: 6 abnorm, morbid, 7 anormal, 12 pathologisch
krankhafte Überempfindlichkeit: 8 Allergie
krankhaftes Verlangen: 5 Manie, Sucht
Krankheiten: 4 Aids, Lues, Pest, Rose, Ruhr, Star, 5 Brand, Ekzem, Gicht, Krebs, Kropf, Lepra, Mumps, Polio, Tumor, 6 Angina, Asthma, Grippe, Masern, Pocken, Raeude, Rheuma, Typhus, 7 Anaemie, Aussatz, Cholera, Flechte, Katarrh, Malaria, Neurose, Roeteln, Skorbut, Tetanus, 8 Beriberi, Blattern, Karzinom, Migraene, Neuritis, Paralyse, Pellagra, Rachitis, Sklerose, 9 Epilepsie, Gelbsucht, Geschwuer, Leukaemie, Milzbrand, Neuralgie, Scharlach, Veitstanz, 10 Bronchitis, Diphtherie, Gelbfieber, Geschwulst, Paratyphus, Skofulose, 11 Fleckfieber, Guertelrose, Keuchhusten, Parodontose, Tuberkulose, Ziegenpeter, 12 Rheumatismus, Schlaganfall, 13 Muskelschwund, 14 Angina pectoris, Kinderlaehmung, 15 Arteriosklerose, Schlafkrankheit, Zuckerkrankheit
Krankheitsbericht: 9 Katamnese
Krankheitsbeschreibung: 11 Nosographie
Krankheitsbild: 7 Syndrom
Krankheitserkennung: 8 Diagnose
krankheitserregend: 8 pathogen, virulent
Krankheitserreger: 4 Keim, 5 Virus, 6 Kokkus, Vibrio, 7 Mikrobe, Parasit, 8 Bakterie, Bazillus, Trichine, Tuberkel, 11 Spirochaete
Krankheitserscheinung: 6 Anfall, Fieber
Krankheitsherd: 5 Fokus
Krankheitsheuchler: 8 Simulant
Krankheitshöhepunkt: 4 Akme
Krankheitsursache: 4 Noxe
Krankheitsvorgeschichte: 8 Anamnese
Krankheitszeichen: 7 Symptom
Kränklichkeit: 11 Morbositaet
Kränkung: 4 Tort, 6 Insult, 7 Affront, Injurie, 9 Invektive, 10 Schmaehung, 11 Beleidigung
Kranzleiste: 7 Karnies
Krapfen: 7 Beignet
kraß: 6 extrem
Kratersee bei Rom: 4 Nemi
Krätze: 7 Skabies
Kratzer: 4 Riss
Kratzputz: 9 Sgraffito
Kräuselung: 6 Falbel
Kräuselgewebe: 5 Frisé, Krepp, 6 Frotté, 7 Frottee, 8 Frisella, 9 Krepeline
Kräuterkäse: 6 Zieger, 7 Gervais
Kräuterlikör: 11 Krambambuli

Kräutersoße: **9** Remoulade, **11** Vinaigrette
Krawall: **5** Krach, Laerm, **6** Streit, Unruhe, **7** Aufruhr
Krawatte: **6** Binder, Fliege, **7** Schlips, **8** Plastron
Kreatur: **4** Tier, **6** Mensch, **9** Lebewesen
krebsartig: **9** kanzeroes
krebserregend: **10** kanzerogen
Krebsgeschwulst: **8** Karzinom
Krebstiere: **5** Assel, **6** Granat, Hummer, Krabbe, **7** Daphnie, Garnele, **8** Krevette, Languste, Seepocke, **9** Rollassel, Seespinne, **10** Flusskrebs, Mauerassel, Strandfloh, Wasserfloh, Wollkrabbe, **11** Wasserassel, Zehnfuesser, **12** Muschelkrebs, Strandkrabbe, Taschenkrebs, **13** Rankenfuesser, Zehnfusskrebs, **14** Wollhandkrabbe, **15** Einsiedlerkrebs
Krebstierlarve: **8** Nauplius
Kredit: **5** Haben, **7** Anleihe, **8** Darlehen
Kreditanstalt: **4** Bank, **9** Sparkasse
Kreditbrief: **10** Akkreditiv
Kreditgeber: **8** Kreditor
Kreidefelsen auf Rügen: **13** Stubbenkammer
Kreidegebirge auf Kreta: **3** Ida
Kreidestift: **6** Krayon
Kreis: **4** Ring, **5** Runde, **6** Bezirk, Cercle, Gruppe, Korona, Zirkel, Zyklus
Kreisabschnitt: **7** Segment
kreisartig: **4** rund
Kreisarzt: **8** Physikus
Kreisausschnitt: **6** Sektor
Kreisdrehung (Tanz): **9** Pirouette
Kreiselbewegung der Erdachse: **11** Praezession
Kreisellüfter: **15** Turboventilator
kreisförmig: **8** zirkular, zyklisch, **9** zirkulaer
Kreishalbmesser: **6** Radius
Kreislauf: **6** Zyklus, **7** Periode, **11** Zirkulation
kreisläufig: **8** zyklisch
kreisrunder Haarausschnitt: **6** Tonsur
Kreisumfangslinie: **10** Peripherie
Krempel: **6** Tinnef
Kreuzbild: **8** Kruzifix
Kreuzblütler: **4** Raps, Waid, **6** Kresse, **7** Levkoje, Ruebsen, **8** Goldlack, **10** Blaukissen, Finkensame, Graukresse, Hundsrauke, Kruziferen, Nachtviole, **11** Schaumkraut, **13** Brunnenkresse, Steintaeschel
Kreuzbruder: **8** Geissler, **10** Flagellant
Kreuzinschrift: **4** INRI
Kreuzigungsstätte Jesu: **8** Golgatha
Kreuzsprung (Ballett): **9** Entrechat
Kreuzstab des Papstes: **6** Ferula
Kreuzstellung von Satzgliedern: **8** Chiasmus
Kreuzung aus
– ***Löwe u. Tiger:*** **6** Tigron
– ***Mandarine und Orange:*** **10** Clementine
– ***Zebra und Pferd:*** **7** Zebroid
Kreuzungsergebnis: **7** Hybride
Kreuzungsprediger: **8** Bernhard
Kricketkeule: **3** Bat
kriechen: **6** ducken, **8** krabbeln, krauchen, rutschen, **12** scharwenzeln
kriechend: **6** servil
Kriecher: **5** Lakai
Kriecherei: **11** Servilitaet
kriecherisch: **5** devot, **6** servil
Kriechtiere: **4** Teju, **5** Agame, Echse, Gecko, Skink, Waran, **6** Gavial, Kaiman, Leguan, Reptil, **7** Karette, Saurier, **8** Eidechse, Krokodil, Schlange, **9** Alligator, Schleiche, **10** Chamaeleon, Flugdrache, Mauergecko, **12** Schildkroete, **13** Brueckenechse, **14** Blindschleiche
Kriechtierordnungen: **9** Eidechsen,

Krokodile, Schlangen, **13** Schildkroeten, → dort
Krieg: 5 Orlog
Krieger: 5 Degen, Recke, **6** Kaempe, Soldat, **8** Kaempfer, Streiter, **9** Berserker
Kriegerin der griechischen Sage: 7 Amazone
kriegerisch: 11 martialisch
Kriegerkasten: 7 Samurai, **10** Kschatriya
Kriegerstand im Mittelalter: 6 Ritter
Kriegsablehnung: 10 Pazifismus
Kriegsbeendigung: 12 Kapitulation
kriegsbereit: 5 mobil
Kriegsbericht des Xenophon: 8 Anabasis
Kriegsentschädigungen: 12 Reparationen
Kriegsfahrzeug: 4 Tank, **6** Panzer
Kriegsflotte Philipps II.: 6 Armada
Kriegsflugzeuge: 6 Bomber, Jaeger, **10** Aufklaerer, Jagdbomber
Kriegsflugzeugverband: 5 Kette, **6** Gruppe, **7** Staffel, **10** Luftflotte, Geschwader
Kriegsgebiet: 5 Front
Kriegskunst: 6 Taktik, **9** Strategie
Kriegsministerium der USA: 8 Pentagon
Kriegsschiffe: 5 Aviso, U-Boot, **6** Bireme, Galion, Triere, **7** Galeere, Galeone, Kreuzer, Liburne, Monitor, Pentere, Trireme, **8** Fregatte, Galeasse, Korvette, **9** Karavelle, **10** Minenleger, **11** Minensucher, Schnellboot, **12** Linienschiff, Unterseeboot, **13** Panzerkreuzer, **14** Schlachtschiff, **15** Flugzeugträger
Kriegsschiffsverband: 6 Flotte, **9** Flottille, **10** Geschwader
Kriegsschule der USA: 9 Westpoint
Kriegsvolk: 10 Soldateska
Kriminalwissenschaft: 13 Kriminalistik
Krimiautoren: 5 Doyle, **7** Simenon, Wallace, **8** Chandler, **9** Durbridge
Krimiautorin: 8 Christie
Krimifiguren: 6 Holmes, Poirot, Watson, **7** Maigret, Marlowe
Kristallbildung: 15 Kristallisation
Kristallform: 8 Pinakoid, Sphenoid
Kristallgestein: 5 Druse
Kristallverstärker: 10 Transistor
Kristallzucker: 6 Kandis
Kritik: 6 Urteil, **8** Diatribe, Pruefung, **9** Rezension
Kritikaster: 8 Krittler
Kritik der Kritik: 10 Metakritik
Kritiker: 9 Rezensent
Kroatien (Staat in SO-Europa)
Bergland: **9** Slawonien
Bevölkerung: **7** Kroaten
Flüsse: **3** Una, **4** Drau, Save, **5** Donau
Gebirge: **6** Kapela, Velebit
Hafenstädte: **5** Split, **6** Rijeka
Halbinsel: **7** Istrien
Hauptstadt: **6** Zagreb
Inseln: **3** Krk, Pag, Rab, **4** Brac, Cres, Hvar, **5** Mljet, Solta, **6** Losinj, **7** Korcula, Lastova
Landesteil: **9** Dalmatien
Staatsoberhaupt: **7** Tudjman
Städte und Orte: **5** Zadar, **6** Osijek, **8** Karlovac, Varazdin, Vinkovci, **9** Dubrovnik, **13** Slavonski Brod
Währung: **4** Para, **5** Dinar
Krokodile: 6 Gavial, Kaiman, **9** Alligator
Krokusart: 6 Safran
Kronleuchter: 7 Luester
Kronprinz: 6 Infant, **7** Dauphin, **10** Zarewitsch
Kronprinz von Japan: 7 Akihito
Krönungsmantel: 7 Pallium, **8** Pluviale
Krönungsstadt
– ***der deutschen Kaiser:*** **9** Frankfurt
– ***der deutschen Könige:*** **6** Aachen

Kropf: 6 Struma
Kröte: 4 Unke
Krug: 7 Amphora, Amphore
Krummholzkiefer: 7 Latsche, **9** Legfoehre
Krummsäbel: 7 Jatagan
Krümmung: 5 Kurve
Kruste: 5 Borke
Krustentiere: 5 Krebs, **6** Hummer, **7** Garnele, **8** Krevette, Languste, **10** Flusskrebs, → Krebstiere
Kuba (Inselstaat in der Karibik)
***Archipel:* 9** Canarreos
***Beiname:* 11** Zuckerinsel
***Berg:* 8** Turquino
***Bevölkerung:* 7** Kubaner
***Bucht:* 10** Guantanamo
***Fluß:* 5** Cauto
***Gebirge:* 7** Baracoa, Maestra, Organos, **9** Escambray, **12** Guaniguanico
***Halbinsel:* 6** Zapata
***Hauptstadt:* 6** Habana, **7** Havanna
***Insel:* 5** Pinos
***Kap:* 4** Cruz, **5** Maisi, **8** Lucrecia, **10** San Antonio
***Maler:* 3** Lam
***Museumsdorf:* 5** Guamá
***Nationalpark:* 6** Zapata
***Politiker:* 6** Castro, **7** Batista, Guevara (**3** Che)
***Städte:* 6** Bayamo, **7** Baracoa, Holguin, **8** Cardenas, Matanzas, Santiago, **9** Camagueey, **10** Cienfuegos, Manzanillo, Santa Clara, **11** Pinar del Rio
***Tanz:* 8** Habanera
***Währung:* 4** Peso, **7** Centavo
Kübel: 5 Eimer
Kübelwagen: 4 Jeep
Kücheneinrichtung: 4 Herd, **5** Grill, **6** Boiler, Spuele, **7** Ausguss, **8** Anrichte, Backofen, Bratofen, **10** Frigidaire, **11** Wrasenabzug, **12** Brotmaschine, Kuehlschrank, **14** Tiefkühltruhe, **15** Geschirrschrank
Küchengeräte: 4 Sieb, Topf, **5** Kelle, Quirl, Reibe, **6** Pfanne, **8** Trichter, **9** Entsafter, Mixgeraet, **10** Bratpfanne, Kasserolle, **11** Kochloeffel, Schneebesen, Waffeleisen, **12** Dosenoeffner, Kaffeemuehle, Kuechenwaage
Kuchengewürz: 4 Anis, **8** Orangeat, Zitronat
Küchengewürz: 4 Zimt, **5** Essig, Nelke, **6** Muskat, Piment, **7** Pfeffer, Vanille, **10** Muskatnuss, **12** Gewuerznelke, Muskatbluete, → Gewürze
Küchenkraut: 4 Dill, **6** Kerbel, Kresse, **7** Borrago, Majoran, Melisse, Thymian, **8** Estragon, **9** Basilikum, Borretsch, Liebstock, **10** Petersilie, Pimpernell, Pimpinelle, **11** Bohnenkraut, Gurkenkraut, **12** Pfefferkraut, Schnittlauch
Kuchenmasse: 4 Teig
Küchenungeziefer: 6 Schabe, **8** Kakerlak
Kufenfahrzeug: 9 Schlitten
Kugel: 4 Ball
Kugelabschnitt: 7 Segment
Kugelausschnitt: 6 Sektor
Kugelbakterie: 5 Kokke
Kugelkappe: 7 Kalotte
Kugelspiele: 6 Boccia, **7** Billard, **8** Roulette
Kuh, die noch nicht gekalbt hat: 6 Sterke
Kuhantilope: 3 Gnu, **10** Hartebeest
Kuhknecht: 9 Schweizer
kühl: 4 herb, kalt, **6** frigid, frisch, **7** frigide, **10** reserviert
Kuhle: 4 Loch, **5** Grube, Mulde
Kühlschrank: 10 Frigidaire
kühn: 5 mutig, **6** forsch, tapfer, **8** verwegen, **9** wagemutig
Kult: 5 Ritus
Kultbild der Ostkirche: 5 Ikone

Kulthandlung: **5** Gebet, Opfer, **7** Predigt
Kultstätte: **6** Tempel
Kultstätte bei Jerusalem: **3** Lus
Kultur: **5** Anbau, Zucht, **6** Pflege, **7** Bildung
Kulturepochen: **5** Gotik, **6** Antike, Barock, Empire, Rokoko, **7** Klassik, Moderne, Neuzeit, Romanik, **8** Altertum, Romantik, Seicento, **9** Steinzeit, **10** Bronzezeit, Humanismus, Idealismus, **11** Biedermeier, Mittelalter, Renaissance, **12** Klassizismus
Kulturerscheinung: **5** Kunst, **12** Zivilisation
Kultursprache Indiens: **8** Sanskrit
Kulturstätten: **4** Oper, **5** Odeon, Odeum, **6** Museum, **7** Theater, **12** Konzerthalle
Kümmelbranntwein: **7** Aquavit
Kümmellikör: **7** Allasch
Kummer: **4** Crux, Gram, Harm, Leid, **5** Sorge
kümmerlich dahinleben: **10** vegetieren
Kunde eines Rechtsanwalts: **6** Klient
Kundendiest: **7** Service
Künder: **5** Seher, **6** Mahner, **7** Prophet, **9** Weissager
Kundgebung: **4** Demo, **8** Manifest, **13** Demonstration
Kündiger: **7** Experte
Kundschaft eines Rechtsanwalts: **8** Klientel
Kundschafter: **5** Spion, **7** Spaeher, Spitzel, **8** Emissaer
künftig: **5** in spe
Kunst: **4** Epik, Tanz, **5** Musik, **6** Grafik, Tragik, **7** Graphik, Malerei, Plastik, **8** Dichtung, Dramatik, **9** Bildnerei, **11** Architektur, Bildhauerei
Kunst
– ***der Kriegführung:*** **9** Strategie
– ***des Scherenschnitts:*** **12** Psaligraphie
– ***der Selbstverteidigung:*** **4** Judo, **6** Karate, **8** Jiu-Jitsu
Kunstausstellung: **5** Salon
Künstelei: **6** Manier
Kunstepochen: → Kulturepochen
Kunsterzeugnis: **8** Artefakt
Kunstfälschung: **5** Kopie, **9** Imitation, **10** Falsifikat
Kunstfasern: **5** Acryl, Arnel, Ardil, Dolan, Fiber, Lycra, Nylon, Orlon, Redon, Reyon, **6** Acetat, Antron, Dacron, Diolen, Dralon, Grilon, Perlon, Rlovyl, Tergal, Tricel, Vestan, Vinyon, Vyrene, **7** Acrilan, Baanlon, Cupresa, Helanca, Leacril, Nyltest, Trevira, **8** Meraklon, Terylene, **9** Courtelle, Crimplene, Zellwolle, **10** Customagic, Kunstseide
kunstfertig: **7** virtuos, **8** versiert, **10** routiniert
Kunstfertigkeit: **7** Routine, Technik, **12** Virtuositaet
Kunstflugfiguren: **4** Turn, **5** Rolle, **7** Looping
Kunstförderer: **6** Maezen, **7** Musaget
Kustgesang in italienischer Art: **8** Belcanto, Belkanto
Kunstgöttin: **4** Muse, → griech. Sagenwelt
Kunstgriff: **4** Coup, Dreh, **5** Finte, Trick, **7** Finesse, **12** Manipulation
Kunstgriff beim Kartenmischen: **5** Volte
Kunstharz: → Kunststoffe
Kunstharzbeschichtungsmaterial: **6** Teflon, **9** Hostaflon
Kunstkautschuk: **4** Buna
Künstler: **4** Mime, Poet, **5** Clown, Maler, **6** Geiger, **7** Akrobat, Dichter, Komiker, Pianist, Saenger, Taenzer, **8** Dirigent, Dompteur, Fotograf, Grafiker, Jongleur,

Virtuose, Zauberer, Zeichner, **9** Architekt, Bildhauer, Graphiker, Komponist, Regisseur, Rezitator, **10** Komoediant, Kunstmaler, Photograph, **11** Illustrator, Kabarettist, **12** Opernsaenger, Schauspieler

Künstlerentgelt: 4 Gage

Künstlergruppe der Romantik: **9** Nazarener

künstlerisch: 7 musisch

künstlerisches Werk: 4 Opus

Künstlerkolonie bei Bremen: **9** Worpswede

Künstlerleben: 6 Boheme

Künstlername: 9 Pseudonym

Künstlergruppe: 8 Ensemble

Künstlerviertel
- ***von München:*** **9** Schwabing
- ***von Paris:*** **10** Montmartre, **12** Montparnasse

Künstlerwerkstatt: 6 Studio, **7** Atelier

Künstlerzeichen: 8 Signatur

künstlich: 8 imitiert

kunstliebend: 7 musisch

künstliche(r, s)
- ***Damm:*** **4** Wall, **5** Buhne, Deich
- ***Erdmond:*** **6** Satellit
- ***Gummi:*** **4** Buna
- ***Hügel im Marschland:*** **4** Wurt, **5** Warft, Wurte
- ***Mensch:*** **7** Android, **10** Homunkulus
- ***Saphir:*** **6** Amaryl
- ***Wasserbecken:*** **6** Bassin
- ***Wasserlauf:*** **5** Kanal
- ***Weltsprache:*** **3** Ido, **8** Volapuek, **9** Esperanto

Kunstrichter: 8 Kritiker, **9** Rezensent

Kunstrichtung: → Kulturepoche

Kunstrichtungen: 6 Eat-Art, Popart, **8** Verismus, **9** Dadaismus, Tachismus, **10** Jugendstil, **11** Manierismus, Symbolismus, **12** Naturalismus, Surrealismus, **13** Primitivismus, **15** Expressionismus, Impressionismus

Kunstsammlung: 6 Museum, **7** Galerie, **8** Kabinett

Kunstsammlung in
- ***Amsterdam:*** **11** Rijksmuseum
- ***Essen:*** **8** Folkwang
- ***Florenz:*** **5** Pitti, **8** Bargello, Uffizien
- ***Frankfurt am Main:*** **7** Staedel
- ***Madrid:*** **5** Prado
- ***München:*** **10** Pinakothek
- ***Paris:*** **6** Louvre
- ***Sankt Petersburg:*** **8** Ermitage, **9** Eremitage
- ***Wien:*** **9** Albertina

Kunstschule: 8 Akademie

Kunstspringer: 9 Voltigeur

Kunstsprung: 5 Salto

Kunststoffe: 4 Buna, Skai, **5** Plast, **6** Elaste, Igelit, Plaste, **7** Bakelit, Eternit, Plastik, Resopal, Silikon, **8** Astralon, Galalith, Hostalen, Plastics, Perbunan, Styropor, **9** Duroplast, Elastomer, Plexiglas, Zelluloid, Zellulose, **10** Elastomere, Polystyrol, **11** Phenoplaste

Kunsttanz: 7 Ballett

Kunstwerke: 6 Grafik, Statue, **7** Graphik, Plastik, **8** Dichtung, Gemaelde, **9** Zeichnung, **11** Holzschnitt, Kupferstich

Kunstzeitalter: → Kunstepoche

Kunterbunt: 8 Pêle-mêle, **9** Potpourri

Kupfererz: 3 Aes

Kupferlegierung: 6 Bronze, **7** Messing, **9** Neusilber

Kupferoxid: 6 Patina

Kupferspat: 8 Malachit

Kupferstich: 8 Gravuere

Kupferstichverfahren: 9 Aquatinta

Kupfer-Zink-Legierung: 6 Tombak, **7** Messing

Kupfer-Zinn-Legierung: 6 Bronze

Kuppelbau: 7 Rotunde

Kuppel für Radargeräte: 6 Radome

Kuranstalt: 10 Sanatorium

K

Kürbisflasche: **5** Gurde
Kürbisgefäß: **9** Kalebasse
Kürbisgewächse: **5** Gurke, **6** Melone
Kurfürstentum: **9** Elektorat
Kurfürsten von Sachsen: **5** Ernst, **6** August, Johann, **9** Friedrich
Kurier: **4** Bote, **8** Stafette
kurieren: **6** heilen, **9** behandeln
Kurileninseln: **4** Urup, **6** Iturup, **9** Kunaschir
Kurort: **3** Bad, **6** Seebad, **7** Heilbad
Kurpfuscher: **10** Medikaster, Scharlatan, **11** Quacksalber
Kursabschlag: **6** Deport, **7** Disagio
Kursanstieg: **6** Hausse
Kursfall: **6** Baisse
kursieren: **11** zirkulieren
Kursnotierung: **9** Quotation
Kurssturz: **7** Deroute
Kursunterschied: **5** Ekart
Kurve: **5** Bogen, Kehre, Wende, **7** Biegung, Parabel, **9** Kruemmung
Kurvenmesser: **10** Kartometer, Kurvimeter
kurvenreiche Bergstraße: **10** Serpentine
Kurvenschnittlinie: **7** Sekante
Kurvenzeichengerät: **8** Diagraph
Kurzatmigkeit: **9** Tachypnoe
kurz und bündig: **7** lapidar
kurz und treffend: **9** lakonisch
kurz zusammengefaßt: **10** summarisch
Kürzel: **5** Sigel
kurz entschlossen: **9** dezidiert
Kurzgeschichte: **5** Story, **7** Novelle, **8** Anekdote
kurzlebiges Insekt: **10** Ephemeride, **13** Eintagsfliege
Kurzschrift: **5** Steno, **12** Stenographie
Kurzschriftsystem: **12** Stolze-Schrey
Kurzschrifttext: **5** Steno, **10** Stenogramm
Kurzsichtiger: **4** Myop
Kurzsichtigkeit: **6** Myopie
Kurzstreckenläufer: **8** Sprinter
Kurzwarenhandlung: **10** Bonneterie
Kürzung: **5** Abzug, **6** Rabatt, Skonto, **8** Nachlass
Kurzweil: **3** Jux, **5** Jokus
Kusine: **4** Base
Kuß: **7** Busserl
Küste: **4** Ufer, **7** Gestade
Küstenbucht: **4** Haff
Küstenfahrzeuge: **4** Ewer, Kuff, **5** Sloop, Tjalk, **6** Feluke, Kutter, Logger, **8** Trabakel, **9** Schaluppe
Küstenland: **8** Litorale
Küstenschiffahrt: **8** Kabotage
Küstensegelschiff: **6** Logger
Küstenspitze: **3** Kap
Küstenvogel: **5** Moewe
Küster: **6** Mesner, **8** Kirchner, **9** Gloeckner, Sakristan
Kutsche: **3** Cab, **5** Coach, **6** Fiaker, **7** Karosse, **8** Droschke, Equipage, Kalesche
Kuwait (Kuweit – Emirat am Pers. Golf)
Bevölkerung: **7** Kuwaiti, Kuweiti, **8** Kuwaiter, Kuweiter
Emirpalast: **3** Sif
Gebiet: **10** Burganfeld
Hauptstadt: **6** Kuwait, Kuweit
Insel: **7** Falaika
Kopfbedeckung der Kuwaiti: **7** Kefiyah
Staatsoberhaupt: **5** Sabah
Städte: **5** Jahra, **6** Ahmadi, **7** Achmadi, Hawalli
Währung: **3** Fil, **5** Dinar, **6** Dirham
Wüste: **10** Ad Dibdibba
Kwandebele (Staat in S-Afrika)
Bevölkerung: **5** Swasi, Swazi, **6** Manala, **7** Ndebele, Ndzunza
Hauptstadt: **10** Siyabushwa
Politiker: **8** Mahlangu
Währung: **4** Cent, Rand

L

Labferment: **8** Chymosin
Laborgehilfe: **8** Laborant
Laborgeräte: **5** Tubos, **6** Ballon, Filter, Mensur, **7** Pipette, Retorte, **8** Dreifuss, Messglas, **9** Exhaustor, Konverter, **10** Becherglas, **11** Reagenzglas, **12** Messzylinder
Labsal: **6** Balsam, **7** Wohltat, **9** Staerkung
Labung: **5** Trank
Labyrinthfische: **6** Gurami, **9** Makropode
lächerlich: **6** albern, **7** komisch, **8** ridikuel
Lachsfische: **4** Anke, Asch, Salm, **5** Lodde, Renke, Stint, **6** Aesche, Huchen, **7** Felchen, Forelle, Kapelan, Kapelin, **8** Saibling, **9** Rheinsalm, Schnaepel, **11** Bachforelle, Blaufelchen, **12** Bachsaibling, Lachsforelle
Lachkrampf: **7** Gelasma
Lacküberzug: **5** Lasur
Ladebühne: **5** Rampe
Laden: **5** Store, **6** Butike, Trafik, **7** Magazin
Ladenaufbau: **7** Etalage
Ladendiener: **6** Kommis
Ladenhüter: **9** Restanten
Ladentisch: **5** Theke, **6** Tresen
Ladeöffnung: **3** Luk, **4** Luke
Ladung: **4** Last, **5** Fuhre, Kargo, **6** Buerde, Fracht, **7** Ballast
Ladungsarbeiter (seem.): **7** Trimmer
Laffe: **4** Fant, Geck, **5** Dandy, **6** Fatzke, **7** Stutzer
Lage: **3** Ort, **5** Platz, Topos, **6** Stelle, **7** Schicht, Zustand, **8** Position, Stellung, **9** Situation, **11** Sachverhalt, **13** Konstellation
Lagebeschreibung (geogr.): **11** Topographie
Lager: **5** Depot, Store, **6** Vorrat **7** Magazin, **8** Speicher
Lager im Freien: **5** Biwak
Lagerhaufen: **5** Halde, Miete
Lagerhaus: **4** Silo, **5** Depot, **7** Arsenal, Magazin, **8** Entrepot, Speicher
lagern: **5** ruhen, **6** liegen, rasten, **9** kampieren, speichern
Lagerschein: **7** Warrant
Lagerstatt: **4** Bett, Sofa, **5** Couch, Diwan, Liege, **8** Pritsche
Lagerverwalter: **8** Lagerist
Lagune: **4** Haff, **5** Liman
Laguneninsel von Venedig: **6** Murano
Lagunenstadt: **7** Venedig
lähmend: **7** panisch
Lähmung: **7** Akinese, **8** Paralyse
Lahn-Zuflüsse: **3** Aar, Ems, Ulm, **4** Dill, Else, Weil, **5** Allna, Lumda, Solms, **6** Elbach, Kerker, **7** Gelbach, Ohmbach, Ulmbach, Wieseck, **8** Mettbach
Laie: **7** Amateur, **9** Dilettant, **11** Ungelernter
Laienbruder: **3** Fra, **5** Frate, **6** Frater
Laienbrüder,-Schwestern: **7** Oblaten
Laienbruderschaft: **9** Alexianer
Laienrichter: **8** Schoeffe, **12** Geschworener
Lakai: **6** Diener
Lamaarten: **4** Pako, **6** Alpaka, Vicuna, **7** Guanako, Vikunja
Lamento: **5** Klage, **6** Jammer
Lammfelle: **7** Karakul, Krimmer, **9** Persianer, **12** Breitschwanz
Lammfellimitation: **8** Lambskin

Lammfellmütze: **6** Kalpak, Kolpak
Lampe: **5** Ampel, **7** Laterne, Leuchte, Luester, **8** Leuchter, → Beleuchtungskörper
Lampengestell: **10** Kandelaber
Lampion: **7** Laterne
Land: **4** Erde, **5** Acker, Boden, Grund, Staat, **7** Gefilde, **9** Kontinent
Land
– ***der Däumlinge:*** **7** Liliput
– ***des Lächelns:*** **5** China
– ***des Sonnenaufgangs:*** **5** Japan
– ***der tausend Seen:*** **8** Finnland
Landarbeiter: **6** Knecht
Landarbeiterin: **4** Magd
Landbesitz: **3** Gut, Hof, **4** Farm, **7** Anwesen, **8** Plantage
Landedelmann: **6** Junker
Landenge: **7** Isthmus
Landenge
– ***der Krim:*** **7** Perekop
– ***von Malakka:*** **3** Kra
Landeplatz: **5** Hafen, **9** Flughafen, Flugplatz
Landeplatz
– ***für Flugzeuge:*** **5** Piste
– ***für Schiffe:*** **3** Kai, **4** Mole, Pier, **5** Hafen
Länder jenseits der Ozeane: **8** Uebersee
Ländereien: **11** Latifundien
landesfremd: **6** extern
Landeshauptmann im früheren Polen: **7** Starost
Landesherr: **6** Regent, **7** Monarch, **8** Potentat, **9** Souveraen
Landesteile: **3** Gau, **4** Zone, **5** Kreis, **6** Bezirk, **7** Provinz
Landgut: **3** Hof, **4** Farm, **7** Anwesen, **8** Estanzia, Hazienda
Landhaus: **5** Villa, **6** Chalet, **7** Château, Cottage, Datscha, Datsche, **8** Bungalow
Landkartenwerk: **5** Atlas
Landkartenzeichner: **10** Kartograph
ländlich: **5** rural, **8** rustikal, **9** arkadisch, idyllisch
ländliches Dasein: **5** Idyll, **6** Idylle
Landmann: **5** Bauer
Landpolizist: **7** Gendarm
Landschaft: **3** Gau, **6** Bezirk, Gegend, **7** Gefilde
Landschaftsbeschreibung: **11** Topographie
Landschaftsbild: **8** Szenerie
Landschaftstypen: **2** Au, **3** Aue, Tal, **4** Moor, Ried, **5** Ebene, Heide, **6** Kueste, Steppe, Tundra, Wueste, **7** Gebirge, **8** Bergland
Landser: **6** Soldat
Landsitz (ruhiger): **8** Tuskulum
Landsknechtsspieß: **4** Pike
Landspitze: **3** Kap, **5** Hoeft
Landstraße: **8** Chaussee
Landstreicher: **4** Hobo, **5** Tramp, **7** Strolch, Stromer, **8** Vagabund
Landstreitmacht: **4** Heer, **5** Armee
Landungsbrücke: **5** Pier
Landvermesser: **7** Geodaet, **8** Geometer
Landvogt der Tellsage: **7** Gessler
Landwehr: **5** Miliz
Landwirt: **5** Bauer, **6** Farmer, **7** Agronom, Oekonom, **8** Agrarier
Landwirtschaft: **9** Oekonomie, **10** Agrikultur
landwirtschaftliche(r, s)
– ***Anbaufläche:*** **4** Beet, Feld, **5** Acker
– ***Betrieb:*** **3** Gut, Hof, **4** Farm, **8** Plantage
– ***Ertrag:*** **5** Ernte
– ***Erzeugnisse:*** **10** Naturalien
– ***Gebäude:*** **5** Stall, Tenne, **7** Scheune
– ***Geräte:*** **4** Egge, **5** Forke, Hacke, Harke, Pflug, Sense, **6** Fraese, Rechen, Sichel, Spaten, **7** Grubber, **8** Heugabel, **9** Heuwender, **12** Maehdrescher
– ***Kollektiv:*** **8** Kolchose
– ***Personal:*** **7** Gesinde

– ***Speicher:*** **4** Silo, **7** Scheune
Landzunge: **5** Hoeft, **7** Nehrung
Längenkreis: **8** Meridian
Längenmaße: **2** My, **4** Elle, Fuss, Zoll, **5** Meile, Meter, **6** Mikron, **8** Seemeile, **9** Dezimeter, Kilometer, **10** Millimeter, Zentimeter
Längenmesser: **10** Pantometer
Längenmessung: **11** Longimetrie
Langeweile: **5** Ennui, **8** Einerlei
Langfinger: **4** Dieb, **7** Stehler
Langfisch: **4** Leng
langhalsige Glasflasche: **6** Phiole
längliche Vertiefung: **3** Nut, **5** Riefe, Rille, **6** Furche
länglichrund: **4** oval, **6** oblong
Langmut: **6** Geduld
Langobardenkönige: **4** Klef, Tato, **5** Wacho, **6** Alboin, Audoin, Codeoc, Klaffo, **7** Agilulf, Aripert, Ariwald, Aistulf, Authari, Ratchis, Rodwald, Rothari, **8** Adelwald, Grimwald, Luitpert, Walthari, **9** Luitprand, Perktarit, Raginpert, **10** Desiderius
längsachsig: **5** axial
langsam: **6** traege, **7** pomadig
langsam (Musik): **5** lento, **6** adagio, **9** larghetto, sostenuto
langsamer werdend (Musik): **10** ritardando
langsames Musikstück: **5** Largo, **6** Adagio
längsgerippter Stoff: **4** Cord
Längsrinne: **5** Riefe
Längsschnitt: **6** Profil
längster Strom der Erde: **3** Nil
längstes Gebirge der Erde: **11** Kordilleren
langweilig: **3** fad, oed, **4** fade, **6** mopsig, **7** monoton, **8** ennuyant
Lanze: **5** Speer, **6** Spiess, **10** Hellebarde
Lanzenreiter: **4** Ulan, **5** Husar, **7** Lancier, **8** Dragoner
Lanzettfisch: **9** Amphioxus
Laos (Staat in SO-Asien)
Berg: **7** Phon Bia
Bevölkerung: **3** Jao, Lao, Meo, **4** Miao, Thai, Yaoe, **6** Laoten
Flüsse: **5** Namhu, **6** Mekong
Gebirge: **13** Traminplateau, **14** Bolovenplateau
Hauptstadt: **9** Vientiane
Politiker: **7** Kaysone, **9** Pathet Lao, Phomvihan, **10** Siphandone, Suvannavon, **12** Suvanna Phuma
Sprache: **3** Lao, **8** Laotisch
Städe: **5** Pakse, **11** Savannakhet, **12** Luang Prabang
Währung: **2** At, **3** Kip
läppisch: **3** fad, **4** fade
Lärm: **5** Krach, Radau, Rumor, **6** Rabatz, Randal, Trubel, Tumult, **7** Getoese, Klamauk, Krakeel, Krawall, **9** Spektakel
lärmen: **5** toben, tosen, **7** poltern, rumoren, **9** krakeelen, **10** spektakeln, **11** randalieren
lärmend: **4** laut
Lärminstrumente: **6** Rassel, **7** Klapper
Larve: **4** Made, **5** Maske, Puppe, Raupe, **6** Nymphe
Larve des Maikäfers: **9** Engerling
lasch: **3** lax, **5** leger, **6** salopp, **7** laessig
lässig: **3** lax, **5** lasch, leger, **6** salopp, **10** nonchalant
lässige Umgangssprache: **5** Slang
Lässigkeit: **11** Nonchalance
Last: **4** Joch, Onus, **5** Muehe, **6** Buerde, Ladung, **7** Gewicht
Lastenaufzug: **8** Elevator
Lastenheber: **4** Kran, **6** Bagger
Laster: **5** Sucht, **6** Suende, **7** Unsitte
Lästerung: **5** Fluch, **6** Frevel, **10** Blasphemie, Schmaehung
lästig: **10** genierlich
Lastkahn: **5** Prahm, **6** Schute, **8** Leichter

Lastkraftwagen: **5** Truck, **6** Brummi, Laster
Lastschiffe: **6** Tanker, **8** Frachter, **11** Transporter
Lasttiere: **4** Esel, Lama, Muli, **5** Kamel, **8** Dromedar, Maulesel, Maultier, **11** Trampeltier
lateinisch
aber: **3** sed
acht: **4** octo
Acker: **4** ager
also: **4** ergo
anders: **5** alias
Arzt: **7** medicus
auch: **5** alias
auf diese Weise: **3** ita
aus: **2** ex
bete: **3** ora
Buch: **5** liber
Buchstabe: **6** litera
Bürger: **5** civis
Ding: **3** res
drei: **4** tres
durch: **3** per
ebenso: **4** item
Ehre: **5** honor
eins: **4** unus
Ende: **5** finis
Erde: **5** terra
Erinnerung: **7** memoria
es ist erlaubt: **5** licet
Fläche: **4** area
folglich: **4** ergo
Frau: **6** femina
Freund: **6** amicus
Freundin: **5** amica
Frieden: **3** pax
früher: **4** olim
fünf: **7** quinque
für: **3** pro
Gattung: **5** genus
gegen: **6** contra
Gesetz: **3** lex
Gott: **4** deus
groß: **6** magnus
gut: **4** bene
Hand: **6** manus
Haus: **5** domus
ich: **3** ego
im Jahre: **4** anno
innen: **5** intus
Irrtum: **5** error
ist: **3** est
je: **3** pro
König: **4** rex
Königin: **5** regina
Kreis: **5** orbis
Kreuz: **4** crux
Krone: **6** corona
Kunst: **3** ars
Kupfer: **3** aes
Leben: **4** vita
Liebe: **4** amor
Löwe: **3** leo
Luft: **3** aer
Meer: **4** mare
Mond: **4** luna
Mutter: **5** mater
Nacht: **3** nox
Name: **5** nomen
nämlich: **4** enim
nein: **3** non
neun: **5** novem
nicht: **2** ne
nichts: **5** nihil
Recht: **3** ius
Sache: **3** res
sechs: **3** sex
Seite: **6** pagina
sieben: **6** septem
Sieg: **8** victoria
Sitten: **5** mores
so: **3** ita, sic
Sohn: **6** filius
sondern: **3** sed
Sonne: **3** sol
Straße: **3** via
Stunde: **4** hora
Tag: **4** dies
Teil: **4** pars

Tischdecke: **5** tapet
Tor: **5** porta
über: **5** super
und: **2** et
unter: **3** sub
Vater: **5** pater
Vaterland: **6** patria
Vernunft: **5** ratio
Verstand: **5** ratio
vier: **8** quattuor
Volk: **7** populus
von Anfang an: **5** ab ovo
vor: **4** ante
Vorzeichen: **4** omen
Wasser: **4** aqua
Weg: **4** iter
Werk: **4** opus
Wort: **6** verbum
Zahl: **7** numerus
zehn: **5** decem
Zeichen: **6** signum
Zeit: **6** tempus
zu diesem Zweck: **5** ad hoc
zur Sache: **5** ad rem
Zustand: **6** status
zwei: **3** duo
zweimal: **3** bis
zwischen: **5** inter

lateinische(s)
– ***Bibelübersetzung:*** **5** Itala, **7** Vulgata
– ***Grußwort:*** **3** ave, **5** salve

Lateinschrift: **7** Antiqua
Laterne: **5** Lampe, **7** Lampion, Leuchte
Laternenträger: **10** Kandelaber
Lattengestell: **5** Horde
Lattenkiste: **6** Harass
Lattenzaun: **6** Staket
Laubbäume: **4** Albe, Aspe, Else, Erle, Espe, Iper, Sale, Ulme, Urle, **5** Abele, Ahorn, Alber, Birke, Buche, Eiche, Eller, Esche, Linde, Weide, **6** Akazie, Felber, Pappel, **7** Heister, Platane, Robinie, Rotulme, Ruester, **8** Bergerle, Bergulme, Feldulme, Grauerle, Kastanie, Rotbuche, Salweide, **9** Abelbaum, Bergahorn, Blutahorn, Blutbuche, Feldahorn, Goldbuche, Gruenerle, Haarbirke, Hagebuche, Hainbuche, Kopfweide, Korkahorn, Korkeiche, Krimlinde, Moorbirke, Palmweide, Sandbirke, Suedbuche, Tamariske, Waldbuche, Weisserle, Weissulme, Zerreiche, **10** Bruchweide, Dornakazie, Flaumeiche, Gruenlinde, Herbsterle, Hopfenbaum, Mannaesche, Massholder, Spitzahorn, Steineiche, Stieleiche, Weissbirke, Weissbuche, Zwergbirke, **11** Blumenesche, Eschenahorn, Felsenahorn, Flatterulme, Hopfenbuche, Myallakazie, Papierbirke, Purpurweide, Schwarzerle, Silberahorn, Silberlinde, Silberweide, Sommereiche, Trauerbuche, Traueresche, Trauerweide, Weisspappel, Wintereiche, Winterlinde, Zuckerahorn, **12** Edelkastanie, Faecherahorn, Faechereiche, Kassiaakazie, Lorbeerweide, Rosskastanie, Schirmakazie, Schwarzbirke, Schwarzbuche, Schwarzesche, Silberakazie, Silberpappel, Strauchbirke, Traubeneiche, Zitterpappel, **13** Baumhaselnuss, Floetenakazie, Katechuakazie, Schimmelweide, Schwarzpappel, Senegalakazie, **14** Pyramidenbuche, Scharlacheiche, **15** Pyramidenpappel, **16** Schlangenhautahorn
Laube: **7** Salette, **8** Salettel
Laubengang: **7** Pergola
Laubgewinde: **5** Kranz, **6** Feston, **8** Girlande
Laubhüttenfest: **7** Sukkoth
Laubwerk in der bildenden Kunst: **9** Feuillage
Lauchart: **5** Bolle, **6** Porree, **7** Zipolle, Zwiebel, **9** Knoblauch, Schalotte,

11 Perlzwiebel, 12 Schnittlauch
Lauf: 4 Gang, Kurs 6 Sprint
Laufbahn: 8 Karriere
Laufbrett: 4 Steg
Laufbrücke zwischen Schiff und Ufer: 7 Gangway
Laufbursche: 3 Boy, 4 Bote, Page
laufende Rechnung: 12 Kontokorrent
Läufer: 8 Sprinter
Lauffläche des Schuhs: 5 Sohle
Laufgang (Kirche): 9 Triforium
Laufgarten für Pferde: 7 Paddock
Laufgehege des Viehs: 6 Koppel
Laufgraben: 5 Sappe
Laufkäfer: 11 Goldschmied, 13 Puppenraeuber, 14 Feldsandkaefer, Goldlaufkaefer
Laufleine für Pferde: 5 Longe
Laufschiene: 4 Kufe
Laufschuh: 6 Spikes
Laufvögel: 3 Emu, Moa, 4 Kiwi, Rhea, 5 Nandu, 6 Kasuar, 7 Strauss
Lauge: 4 Base
Laugensalze: 8 Alkalien
launenhaft: 6 bizarr, 10 kaprizioes
launig: 7 humorig
launisch: 5 moros
Lausbub: 5 Gamin, Range, 6 Bengel
Lausbub bei Wilhelm Busch: 3 Max, 6 Moritz
lauschen: 7 horchen
Läuse-Ei: 4 Niss, 5 Nisse
Laut: 3 Ton, 4 Hall, 5 Klang, 6 Schall, 9 Geraeusch
laut (Musik): 5 forte, 10 fortissimo
laut rufen: 8 bruellen, schreien
lauter: 3 pur, 4 rein, 6 schier, 7 integer, 8 gediegen
Lauterkeit: 11 Integritaet
lautgemäß: 10 phonetisch
Lautlehre: 8 Phonetik
Lautstärkemaß: 4 Phon
Lautstärkemesser: 10 Phonometer
Lautstärkemessung: 11 Phonometrie
Layout: 6 Skizze, Entwurf
Lebehoch
ital.: 6 evviva
jap.: 5 banzai
lat.: 5 vivat
ungar.: 5 eljen
Lebemann: 4 Roué, 7 Playboy, 9 Bonvivant
Leben: 4 Sein, Vita, 6 Dasein, 8 Existenz
lebendig: 3 vif, 4 rege, 5 mobil, quick, vital, 7 lebhaft, 9 organisch, 11 anschaulich
Lebendigkeit: 10 Mobilitaet, Vitalitaet
Lebensabend: 5 Alter
Lebensabriß eines Verstorbenen: 7 Nachruf
Lebensabschnitte: 5 Alter, 6 Jugend, 8 Kindheit
Lebensart: 4 Stil, Takt, 7 Manieren
Lebensbaum: 5 Thuja
Lebensbejahender: 8 Optimist
Lebensbejahung: 10 Optimismus
Lebensbereich: 6 Milieu
Lebensbeschreibung: 10 Biographie
Lebensbund: 3 Ehe
Lebensdauer: 5 Alter
Lebensende: 3 Tod, 6 Exitus
Lebenserinnerungen: 8 Memoiren
lebensfähig machen: 8 sanieren
Lebensfreude: 8 Euphorie, 12 Enthusiasmus
lebensgefährlich: 8 toedlich
lebensgefährlicher Stoff: 4 Gift
Lebensgefährte: 5 Gatte, 6 Gattin, Gemahl, 7 Ehefrau, Ehemann, 8 Gemahlin
Lebensgeist: 8 Spiritus
Lebensgemeinschaft: 3 Ehe, 8 Symbiose, 9 Zoenobium, 10 Biozoenose
Lebensgrundsatz: 5 Ethos, 6 Maxime
Lebenshaltung: 8 Standard
Lebenshauch: 4 Atem, Odem, 6 Pneuma
Lebenskraft: 10 Vitalitaet

lebenskräftig: **5** vital
Lebenskreis: **6** Milieu, **7** Sphaere
Lebenskunde: **8** Biologie
Lebenslage: **9** Situation
Lebensmittel: **2** Ei, **4** Brot, Fett, Mehl, Obst, Reis, **5** Fisch, Kaese, Milch, Wurst, **6** Butter, Furage, Zucker, **7** Fleisch, Gemuese, **8** Proviant, **10** Viktualien
Lebensmittelvergiftung: **10** Botulismus
Lebensprinzip: **6** Maxime
Lebenssaft: **4** Blut, **7** Elixier
Lebenssubstanz: **11** Protoplasma
Lebensunterhaltszahlung: **8** Alimente
lebensverneinender Mensch: **9** Pessimist
lebensvoll: **5** vital
Leber (med.): **5** Hepar
Leberentzündung: **9** Hepatitis
Leberfleck: **8** Chloasma
Lebersekret: **5** Galle
Lebewesen: **4** Tier, **6** Mensch, **7** Kreatur, Pflanze, **9** Geschoepf, **10** Organismus
Lebewohl: **3** Ade, **4** Ciao, **5** Adieu, Valet, **6** tschau
lebhaft: **3** vif, **4** rege, **5** alert, quick, vital, **6** munter, **10** aufgeweckt, **15** temperamentvoll
lebhaft (Musik): **5** mosso, **7** allegro, stretto
lebhafter Mensch: **11** Sanguiniker
lebhaftes Musikstück: **5** Rondo, **7** Allegro
Lebhaftigkeit: **11** Temperament
Lebkuchenstadt: **9** Nuernberg
leblos: **3** tot, **5** starr, **7** devital
lecker: **7** delikat, **9** koestlich
Leckerbissen: **11** Delikatesse
Leckermaul: **7** Gourmet, **8** Gourmand, **9** Geniesser
Lederfleck: **7** Riester
Ledergurt: **6** Riemen
Lederhaut (Auge): **6** Sklera
Lederhersteller: **6** Gerber
ledern: **4** zaeh
Lederpeitsche: **5** Knute, **7** Nagaika, **8** Kantschu
Lederschuh der Indianer: **8** Mokassin
Ledersorten: **3** Kid, **5** Basil, Glacé, Nappa, **7** Boxcalf, Chagrin, Chamois, Juchten, Korduan, Rindbox, Saffian, **8** Chevreau, Krokodil, Maroguin, **9** Wildleder, **11** Ziegenleder
Lederstreifen: **4** Gurt, **6** Riemen
Lederverarbeiter: **7** Sattler, **8** Schuster, **9** Hutmacher, **11** Hutmacherin, Schuhmacher
Lederwams: **6** Koller
Lederwarenstadt: **9** Offenbach
ledig: **3** bar, **4** frei, **5** bloss, **6** allein, **10** ungebunden
lediglich: **3** nur
leer: **4** hohl, inan, **6** blanko, vakant **7** nichtig, **9** inhaltlos
Leere: **4** Oede, **6** Vakuum
leere Redensart: **6** Phrase
leeres Gerede: **6** Schmus, **7** Schnack, **8** Larifari, **9** Schmonzes
Leergut: **7** Fastage, Fustage
leerpumpen (seem.): **6** lenzen
Leerseite: **5** Vakat
Legende: **4** Sage
Legendarbuch: **8** Legendar
leger: **3** lax, **6** salopp, **7** laessig
Legföhre: **7** Latsche
Legierungen: **5** Dural, Talmi, **6** Bronze, Tombak, **7** Messing, **10** Konstantan
Legionsangehöriger: **8** Legionar, **9** Legionaer
Legitimation: **4** Pass, **7** Ausweis, **8** Passporte, **9** Kennkarte
Leguane: **6** Anolis, **8** Basilisk, **9** Meerechse, **10** Drusenkopf
Lehen: **7** Benefiz
Lehmart: **3** Ton
Lehnsessel: **7** Bergère, **8** Fauteuil

Lehnsmann: 6 Vasall
Lehnsverband: 4 Clan
Lehnsverhältnis: 11 Feudalitaet
Lehnsverrat: 7 Felonie
Lehnswesen: 11 Feudalismus
Lehramt: 8 Dozentur, Lektorat, 9 Professur
Lehranstalten: 3 Uni, 6 Lyzeum, Pennal, Schule, 7 Seminar, 8 Akademie, Internat, 9 Gymnasium, Technikum, 10 Hochschule, Realschule, 12 Universitaet, 13 Gewerbeschule, 14 Konservatorium
Lehraufgabe: 6 Pensum
Lehrauftrag: 8 Dozentur, Lektorat, 9 Professur
Lehrbefähigung: 8 Fakultas
Lehrbuch: 5 Fibel, 10 Kompendium
Lehre: 5 Dogma, Kunde, 7 Doktrin, Lektion, Theorie, 8 Schulung, 9 Erziehung, 10 Ausbildung, 11 Instruktion
Lehre vom (von):
– ***Ackerbau:*** 9 Agronomie
– ***Arzneimittelzubereitung:*** 9 Pharmazie
– ***ausgestorbenen Lebewesen:*** 14 Palaeontologie
– ***Bakterien:*** 13 Bakteriologie
– ***Bau und Geschichte der Erde:*** 8 Geologie
– ***belebten Natur:*** 8 Biologie
– ***Beseelung:*** 9 Animismus
– ***Blut:*** 9 Serologie
– ***Boden:*** 9 Pedologie
– ***Chemie an lebenden Organismen:*** 9 Biochemie
– ***Denken:*** 5 Logik
– ***Dichtkunst:*** 6 Poetik
– ***Duftstoffen:*** 9 Osmologie
– ***Energie:*** 9 Energetik
– ***Entstehung des Menschen:*** 13 Anthropogenie
– ***Erbgesundheit:*** 7 Eugenik
– ***Erzverarbeitung:*** 11 Metallurgie
– ***Geisteskrankheiten:*** 11 Psychiatrie
– ***Giften:*** 11 Toxikologie
– ***Gleichgewicht der Körper:*** 6 Statik
– ***Gleichungen:*** 7 Algebra
– ***Körperbau der Lebewesen:*** 8 Anatomie
– ***Krankheiten:*** 10 Pathologie
– ***Leben:*** 8 Biologie
– ***Lebensvorgängen:*** 11 Physiologie
– ***Lebensweise der Tiere:*** 9 Ethologie
– ***Licht:*** 5 Optik
– ***Liebe:*** 6 Erotik
– ***mathematischen Gleichungen:*** 7 Algebra
– ***menschlichen Körper:*** 11 Somatologie
– ***Mißbildungen:*** 11 Teratologie
– ***räumlichen Größen:*** 12 Stereometrie
– ***Redekunst:*** 8 Rhetorik
– ***Riechstoffen:*** 9 Osmologie
– ***Satzbau:*** 6 Syntax
– ***Schall:*** 7 Akustik
– ***Schießen:*** 9 Ballistik
– ***Schönen:*** 9 Aesthetik
– ***Sein:*** 9 Ontologie
– ***Übersinnlichen:*** 11 Okkultismus
– ***unbelebten Dingen der Natur:*** 6 Physik
– ***Verbrechen:*** 12 Kriminologie
– ***Verhalten der Tiere:*** 9 Ethologie
– ***Versmaßen:*** 6 Metrik
– ***Wappen:*** 8 Heraldik
– ***Wasser:*** 10 Hydrologie
– ***Wetter:*** 12 Meteorologie
– ***Widerhall:*** 10 Katakustik
lehren: 11 instruieren, 12 unterrichten
Lehrer: 5 Tutor, 6 Dozent, Lektor, Mentor, Pauker, 7 Trainer, 8 Erzieher, Magister, 9 Paedagoge, Professor, 10 Instruktor, Praezeptor
Lehrer
– ***des Achill:*** 6 Chiron
– ***Alexanders des Großen:***

11 Aristoteles
– ***der Anatomie:*** **6** Anatom
– ***des Aristoteles:*** **5** Plato, **6** Platon
– ***Beethovens:*** **5** Neefe
– ***Dürers:*** **8** Wolgemut
– ***Karls des Großen:*** **6** Alkuin
– ***Platons:*** **8** Sokrates
– ***des Telemach:*** **6** Mentor
Lehrerpult: 8 Katheder
Lehrfabel: 6 Apolog
Lehrfahrt: 9 Exkursion
Lehrgang: 4 Kurs, **6** Kursus
lehrhaft: 10 didaktisch
lehrhafte Erzählung: 5 Fabel
Lehrherr: 7 Meister, **9** Prinzipal
Lehrkörper: 9 Kollegium
Lehrling: 5 Azubi, Eleve, Stift, **7** Pikkolo
Lehrmeinung: 5 Dogma
Lehrplan: 8 Programm
lehrreich: 10 informativ, instruktiv, **11** interessant
Lehrsatz: 5 Dogma, These, **7** Doktrin, Theorem
Lehrstuhl: 9 Professur
Lehrstunde: 7 Lektion
Leibbinde: 8 Schaerpe
Leibbürge: 6 Geisel
Leibchen: 6 Mieder, **7** Korsett
Leibeigener: 6 Sklave
Leibesertüchtigung: 5 Sport, **6** Turnen, **9** Gymnastik, **12** Bodybuilding
Leibesfrucht: 5 Fetus, **6** Embryo, Foetus
Leibesfülle: 10 Embonpoint
leibhaftig: 4 real, **7** konkret, **8** dinghaft, wirklich
leiblich: 9 korporell, somatisch
leibliche Erzieher: 6 Eltern
Leibrente: 7 Apanage
Leibriemen: 4 Gurt, **6** Koppel, **7** Guertel
Leibschmerz: 5 Kolik
Leibwache: 5 Garde
– ***des Papstes:*** **10** Nobelgarde
Leibwächter: 7 Trabant, **8** Satellit
Leibwächter
– ***bayrischer Könige:*** **10** Hartschier
– ***orientalischer Herrscher:*** **8** Mameluck
Leichenausgrabung: 11 Exhumierung
Leichenbeschauer: 7 Coroner
Leichenfeierlichkeiten: 10 Funeralien
Leichengift: 7 Ptomain
Leichenöffnung: 7 Sektion, **8** Autopsie, **9** Obduktion
Leichenschauhaus in Paris: 6 Morgue
Leichenverbrennungsanlage: 11 Krematorium
Leichenzug: 7 Kondukt
Leichnam: 5 Mumie, **6** Leiche, **7** Kadaver
leicht: 5 flott, leger, **7** einfach, **8** muehelos unschwer, **10** gewichtlos
leichtathletische Übungen: 5 Gehen, **6** Laufen, Werfen, **8** Springen, Waldlauf, **9** Schwimmen, Zehnkampf, **10** Dreisprung, Fuenfkampf, Hochsprung, Weitsprung, **11** Huerdenlauf, Kugelwerfen, Speerwerfen, Staffellauf, **12** Diskuswerfen, Hammerwerfen, Kugelstossen, Marathonlauf, Steinstossen, **13** Hindernislauf, Stafettenlauf, **14** Stabhochsprung
leichtathletische Geräte: 4 Stab, **5** Kugel, Speer, **6** Diskus, Hammer
Leichtblütiger: 11 Sanguiniker
leichtfertig: 6 frivol
leichtfertiges Mädchen: 8 Grisette
Leichtfuß: 8 Libertin, Luftikus, **13** Schwerenoeter
leichtgläubig: 6 arglos
leichtlebig: 5 flott, **10** liederlich
Leichtmetalle: 3 Alu, **6** Kalium, **7** Caesium, Natrium, **9** Aluminium, Beryllium, Magnesium

leichtsinnig: 7 achtlos, sorglos, **10** unbesonnen, **11** fahrlaessig
leichtsinniger Mensch: 7 Holdrio, **8** Hallodri
Leid: 4 Weh, **4** Crux, Gram, Harm, **5** Uebel, **6** Kummer, Trauer, **7** Schmerz, **8** Truebsal
leid tun: 5 reuen
Leideform: 6 Passiv
Leiden (med.): 7 Tormina
Leiden: 9 Gebrechen, Gebresten, Martyrium
Leiden Christi: 7 Passion
leidend: 6 passiv
Leidenschaft: 6 Pathos, **7** Passion, **8** Inbrunst, **10** Fanatismus
leidenschaftlich: 9 enragiert
leidenschaftlich (Musik): 6 brioso, **7** furioso, **8** patetico, **9** affetuoso
leidenschaftlicher Jäger: 6 Nimrod
Leidenschaftlichkeit: 6 Furore, **12** Enthusiasmus
Leidensgeschichte Christi: 7 Passion
leidlich: 8 passabel
Leier: 4 Lyra
leihen: 6 borgen, pumpen
leimartig: 6 viskos
Lein: 6 Flachs
Leine: 4 Seil, **6** Schnur, Strick, Zuegel, **7** Strippe
Leine-Zuflüsse: 3 Aue, **4** Else, Ihme, Ilme, **5** Auter, Garte, Nasse, Ruhme, Saale, Soese, Wende, **6** Kaspau, Stette, Wiesel, **7** Westaul, **8** Innerste
Leinengewebe: 5 Drell, **6** Inlett, Linnen, **8** Leinwand, **9** Weisszeug
Leinentuch: 5 Laken
Leinwand: 7 Buckram
leise (Musik): 5 piano
leise sprechen: 6 raunen, **9** fluestern
Leistenbruch: 6 Hernie
Leistung: 3 Tat, **6** Arbeit, Dienst, Effekt, Ertrag, **8** Funktion
leistungsfähig: 3 fit, **6** potent
leistungsfähig machen: 8 sanieren
Leistungsfähigkeit: 6 Potenz, **9** Kondition, Potential
Leistungslohn: 6 Akkord
Leitartikler: 9 Kolumnist
Leitbild: 5 Ideal
leiten: 6 lenken, **7** managen, **8** regieren, **9** bugsieren, vorstehen, **10** dirigieren
leitende Angestellte: 10 Direktrice
leitender Angestellter: 8 Direktor, **9** Prokurist
Leiter: 4 Boss, Chef, **6** Leader, Lenker, Regens, **7** Manager, **8** Direktor
Leiter
– ***eines Bankgeschäftes:*** **7** Bankier
– ***einer Behördenabteilung:*** **9** Dezernent
– ***einer Bühne:*** **9** Intendant
– ***des diplomat. Korps:*** **5** Doyen
– ***der Kirchenmusik:*** **6** Kantor
– ***eines Klosters:*** **3** Abt, **5** Prior
– ***eines Orchesters:*** **6** Leader, **8** Dirigent, **13** Kapellmeister
– ***der Politik eines Staates:*** **7** Kanzler, Premier
– ***einer Redaktion:*** **13** Chefredakteur
– ***einer Rundfunkanstalt:*** **9** Intendant
– ***einer Schule:*** **6** Rektor, **8** Direktor
– ***des Spielmannszuges:*** **12** Tambourmajor
– ***einer Sportmannschaft:*** **8** Kapitaen, Teamchef, **11** Equipenchef
– ***eines Theaters:*** **9** Indendant
Leiterin: 6 Chefin, **10** Directrice
Leiterteil: 4 Holm, **7** Sprosse
Leitfaden: 5 Kanon, **8** Handbuch, **9** Vademekum, **10** Kompendium
Leitgedanke: 4 Idee, **5** Motiv, Thema
Leitsatz: 5 These
Leitseil für Pferde: 5 Longe
Leitspruch: 5 Motto, **6** Devise
Leitung: 4 Rohr, **5** Kabel, Kanal, Regie, **8** Aufsicht, Fuehrung,

9 Direktion
Leitungsdraht: **5** Kabel, Litze
Lektüre: **9** Lesestoff
Lemuren: → Affen, Halbaffen
Lena-Zuflüsse: **3** Sin, Zin, **4** Anga, Beri, Muna, **5** Aldan, Bolma, Nijua, Talba, Tokko, Witim, Wolwo, **6** Botama, Moloda, Nimana, Olekma, **7** Beledui, Bergere, Kirenga, Mankara, Sjnjaja, Tschaga, Tschara, Tschuja, Tschura
Lendenstück: **5** Filet, **9** Rumpsteak
lenken: **7** steuern, **8** regieren, **10** dirigieren
Lenkhebel (Schiff): **5** Pinne
Lenkrad: **6** Steuer, Volant
lenksam: **8** flexibel, **9** traktabel
Lenzing: **5** Maerz
Leopard: **7** Panther
Leprastation in Nigeria: **3** Itu
Lernabschnitt: **7** Lektion
lernen: **5** ueben, **9** studieren
Lernzeit: **5** Lehre
Lesart: **7** Fassung, Version, **8** Variante
Lesbierin: **7** Tribade
Lese: **5** Ernte
Lesebuch: **5** Fibel
Lesepult in mittelalterlichen Kirchen: **4** Ambo
Lesestoff: **8** Lektuere, **9** Literatur
Lesotho (Basutoland – Staat in S-Afrika
Bevölkerung: **5** Sotho, **6** Basuto, **8** Lesother
Fluß: **6** Oranje
Hauptstadt: **6** Maseru
Höhenzug: **12** Drakensberge
König: **10** Moshoeshoe
Orte: **7** Quthing, **8** Mafeting, **10** Mokhotlong
Sprache: **5** Sotho, **7** Se Sotho
Währung: **4** Loti, (Mehrzahl: **6** Maloti), **7** Lisente
Lettland (Baltenstaat)
Berg: **7** Gaising
Bevölkerung: **5** Kuren, Liven, Selen, **6** Letten, **9** Semgaller
Eigenname: **7** Latvija
Flüsse: **5** Duena, Gauja, **6** Windau, **7** Lielupe
Hauptstadt: **4** Riga
Landschaften: **7** Kurland, Livland, **10** Lettgallen
See: **12** Lirbahner See
Städte u. Orte: **4** Ogre, **5** Libau, Mitau, Valka, **6** Madona, Tukums, Windau, Wolmar, **8** Rositten, Duenaburg, Goldingen
Währung bis 1940: **3** Lat, **6** Santim (Mehrzahl: **7** Santimu)
Währung: **15** Lettischer Rubel
letzte(r)
– ***Aztekenherrscher:*** **9** Montezuma
– ***Kaiser von Annam:*** **6** Bao Dai
– ***Kaiser von Äthiopien:*** **13** Haile Selassie
– ***Kaiser von China:*** **4** Pu Yi
– ***Kaiser vom Iran:*** **11** Resa Pahlawi, Reza Phalavi
– ***Kaiserin von Österreich:*** **4** Zita
– ***König von Ägypten:*** **5** Faruk
– ***König von Albanien:*** **4** Zogu
– ***König von Bulgarien:*** **6** Simeon
– ***König von Irak:*** **6** Faisal, Feisal
– ***König von Italien:*** **7** Humbert, Umberto
– ***König von Jugoslawien:*** **5** Peter
– ***König von Libyen:*** **5** Idris
– ***König von Montenegro:*** **6** Nikita, Nikola
– ***König von Portugal:*** **6** Manuel
– ***Königin von Ägypten:*** **8** Narriman
– ***Königin von Bulgarien:*** **8** Giovanna
– ***Königin von Italien:*** **9** Marie-José
– ***Kronprinz von Montenegro:*** **6** Danilo
– ***Ostgotenkönig:*** **4** Teja
– ***Wandalenkönig:*** **7** Gelimer
– ***Westgotenkönig:*** **8** Roderich
– ***Zar von Rußland:*** **7** Nikolaj,

8 Nikolaus
letztwillige Verfügung: **9** Testament
Leuchte: **5** Kerze, Lampe, **7** Laterne
leuchten: **9** irisieren
leuchtend: **8** luminoes
leuchtendblau: **10** umarin
leuchtender Schein: **5** Glanz
Leuchter: **8** Flambeau, **10** Kandelaber
Leuchtkäfer: **9** Gluehwurm
Leuchtkörper: → Beleuchtungskörper
Leuchtöl: **9** Petroleum
Leuchtstärkeeinheit: **4** Phot
Leuchtstoff: **8** Phosphor, **9** Luziferin
Leuchtturm: **4** Faro, **6** Pharus
Leuchtzeichen: **5** Fanal
Leugner der Dreifaltigkeit: **9** Unitarier
Leumund: **3** Ruf, **7** Ansehen **8** Renommee
leutselig: **6** jovial
Lexikonverfasser: **11** Lexikograph
Libanon (Staat im Nahen Osten)
Bevölkerung: **8** Libanesen
Ebene: **10** Bekáaebene, **11** Bekáagraben
Flüsse: **6** Litani, **7** Orontes
Hauptstadt: **6** Beirut
histor. Stätten: **6** Byblos, **7** Baalbek, **10** Heliopolis
Kastell: **8** Beaufort
Politiker: **4** Solh, **5** Hrawi, **6** Karamé, **7** Gemayel
Religionsgruppen: **6** Drusen, **8** Maroniten
Städte u. Orte: **3** Sur, **5** Es Sur, Safad, Saida, Sidon, Tyrus, Zahlé, **6** Jessin, Jounié, **7** Baalbek, Tripoli, **9** Bischarri
Währung: **5** Pfund, **7** Piastre
Liberia (Staat in W-Afrika)
Bevölkerung: **3** Gio, Kra, Kru, **4** Kran, Loma, Mano, **5** Bassa, Grebo, Mande, **6** Kpelle, **8** Mandingo, **10** Liberianer
Hauptstadt: **8** Monrovia
Höhenzug: **10** Nimbaberge
Nationalpark: **10** Krahn-Bassa
Politiker: **3** Doe, **6** Sawyer, Tubman, **7** Tolbert
Städte u. Orte: **5** Ganta, **6** Harper, **7** Gbarnga, Tschien, **8** Buchanan, **10** Greenville
Währung: **4** Cent, **6** Dollar
Libyen (Staat in N-Afrika)
Berg: **7** Uweinat
Bevölkerung: **6** Berber, Libyer, Tuareg, **7** Kulughi
Bucht: **5** Syrte
Geröllwüste: **5** Serir
Hafenstädte: **5** Derna, **6** Tobruk, **7** Bengasi
Hauptstadt: **8** Tripolis, **9** Tarabulus
histor. Stätten: **6** Kyrene, **8** Sahratha
König bis 1969: **5** Idris
Landschaften: **6** Fessan, Fezzan, **9** Cyrenaika, **13** Tripolitanien
Oasen: **3** Gat, **5** Djalo, **6** Mursuk, **7** Gadames
Oasengruppe: **5** Kufra
Ordensgemeinschaft: **7** Senussi
Politiker: **7** Gaddafi, Ghadafi
Sandwüste: **3** Erg
Städte u. Orte: **3** Hun, **4** Surt, **5** Derna, Nalut, Sebha, **6** Al Kums, Murzuk, Tobruk, **7** Bengasi, Zawiyah, **8** Misratah
Stufenland: **6** Nefusa
Währung: **5** Dinar, **6** Dirham
licht: **4** hell
Lichtband: **8** Spektrum
Lichtbild: **4** Foto, **5** Photo
Lichtbildgerät: **6** Kamera, **12** Photoapparat, Pocketkamera
Lichtbildner: **8** Fotograf, **10** Photograph
Lichtbildsammlung: **9** Photothek
Lichtbildstreifen: **4** Film
Lichtbildwerfer: **10** Epidiaskop
Lichtblick: **8** Hoffnung
Lichtbrecher: **6** Prisma

Lichtbrechung: **10** Refraktion
lichte Weite: **5** Lumen, **7** Kaliber
lichtempfindliche Schicht: **8** Emulsion
Lichtengel: **6** Cherub, Seraph
Lichterfest der Juden: **8** Chanukka
Lichterscheinung bei elektrischer Entladung: **5** Blitz, **9** Elmsfeuer, Nordlicht, 10 Polarlicht
Lichtfülle: **5** Helle
Lichtgehäuse: **7** Laterne
Lichtlehre: **5** Optik
lichtlos: **6** dunkel, duster, **7** duester, finster
Lichtöffnung: **7** Fenster
Lichtpause: **5** Kopie
Lichtpocken: **6** Hidroa
Lichtquant: **6** Photon
Lichtquelle: **5** Birne, Feuer, Kerze, Lampe
Lichtschein um Sonne und Mond: **3** Hof, **4** Halo, **7** Aureole
Lichtschimmer: **6** Schein
Lichtspielhaus: **4** Kino, **6** Cinema, **7** Kintopp, **11** Filmtheater
Lichtstärkeeinheit: **6** Candela
Lichtstärkemesser: **10** Photometer
Lichtstärkemessung: **11** Photometrie
Lichtstromeinheit: **5** Lumen
lieb: **4** nett
Liebe: **5** Amore, Amour, Minne, **7** Hingabe, **9** Zuneigung
Liebelei: **5** Flirt, **14** Techtelmechtel
Liebeleien: **7** Amouren
liebenswert, liebenswürdig: **4** nett, **6** galant, gentil, **8** charmant
Liebesapfel: **6** Tomate
Liebesbeweis: **4** Kuss
Liebesgabe: **6** Spende, **7** Almosen, **8** Oblation
Liebesgötter: **6** Eroten, **9** Amoretten
Liebesknochen: **6** Eclair
Liebeskunst: **6** Erotik
Liebesleben: **6** Erotik, **11** Sexualitaet
Liebesmahl der Urchristen: **5** Agape
Liebesspiel der Vögel: **4** Balz
Liebesverhältnis: **7** Liaison
Liebhaber: **5** Amant, Buhle, Galan, **7** Seladon, **8** Verehrer
Liebhaber einer Beschäftigung: **3** Fan, **7** Amateur, **8** Hobbyist, **9** Dilettant
Liebhaberei: **5** Hobby, **7** Passion
Liebling: **6** Belami, Mignon, Schatz, **7** Darling, Favorit, **10** Guenstling
Liebling
– ***des Apollo:*** **8** Hyazinth, **10** Hyakinthos
– ***des Kaisers Hadrian:*** **8** Antinoos
– ***des Zeus:*** **7** Ganymed
Lieblosigkeit: **9** Impietaet
Liebreiz: **5** Anmut, **6** Charme, Grazie
Liebschaft: **7** Liaison
Liebschaften: **7** Amouren
Liechtenstein (Fürstentum in Mitteleuropa)
Berg: **12** Sareiser Joch
Bevölkerung: **15** Liechtensteiner
Hauptstadt: **5** Vaduz
Orte: **6** Eschen, Malbun, Mauren, Ruggel, Schaan, **7** Balzers, Gamprin, Planken, Triesen, **11** Triesenberg, **12** Schellenberg
Währung: **6** Rappen, **7** Franken
Lied: **4** Song, **5** Melos, **6** Shanty, **7** Chanson, Couplet, **9** Spiritual, **10** Gospelsong
Lied der französischen Revolution: **5** Ça ira
liedartig: **7** lyrisch
Liederlichkeit: **11** Libertinage
Liedform: **7** Sestine
liedmäßige Dichtung: **5** Lyrik
liedmäßiges Tonstück: **6** Arioso
Liedteil: **7** Strophe
Liedvortrag: **6** Gesang
Lieferschein: **6** Faktur
Liegemöbel: **4** Bett, Sofa, **5** Couch, Diwan, Liege, **7** Kanapee, **8** Pritsche, Ottomane, **10** Liegestuhl,

L

12 Chaiselongue
Liegenschaften: **10** Immobilien
Ligusterschwärmer: **6** Sphinx
Liköre: **5** Crème, Gilka, Lachs, **6** Cassis, Cherry, **7** Advokat, Allasch, Anisett, Curaçao, Rosolio, **8** Advocaat, Aperitif, Noisette, **9** Boonekamp, Cointreau, Pruenelle, **10** Anislikoer, Baerenfang, Chartreuse, Eierlikoer, Knickebein, Maraschino, Nusslikoer, **11** Benedictine, Honiglikoer, Kakaolikoer, Kroatzbeere, Meschkinnis, Mokkalikoer, Nikolaschka, Stonsdorfer, **12** Ananaslikoer, Benediktiner, Cherry Brandy, Enzianlikoer, Ingwerlikoer, Kaffeelikoer, Kirschlikoer, **13** Apricot Brandy, Bananenlikoer, Danziger Lachs, Gewuerzlikoer, Kuemmellikoer, Pflaumenlikoer, **18** Danziger Goldwasser
Liktorenbündel: **6** Faszes
lilarot: **6** zyklam
Liliengewächse: **4** Aloe, **5** Agave, Binse, Lilie, Tulpe, Yucca, **6** Funkie, Scilla, **7** Affodil, Spargel, Tritome, **8** Affodill, Einbeere, Grasbaum, Maiblume, Taglilie, **9** Baerlauch, Blaustern, Goldstern, Hyazinthe, Weisswurz, **10** Agapanthus, Feuerlilie, Maeusedorn, Milchstern, Puschkinie, Veltheimia, **11** Baerenlauch, Drachenbaum, Kaiserkrone, Meerzwiebel, Tuerkenbund, **13** Madonnenlilie, Maigloeckchen, Schattenblume, Schusterpalme, **14** Herbszeitlose
lind: **4** mild
Linderungsmittel: **6** Balsam
Linie: **6** Strich, **7** Strecke
Linie in der Geometrie: **5** Kreis, Kurve, Sehne, **6** Gerade, **7** Sekante, Spirale, **8** Tangente, **9** Diagonale
linienförmig: **6** linear
Linienführung: **6** Duktus, Trasse
Liniennetz: **6** Raster
Linienzeichnung: **9** Guilloche
linke Kontoseite: **4** Soll, **5** Debet
linke Schiffsseite: **8** Backbord
Linse an optischen Geräten: **6** Okular
liparische Inseln: **6** Lipari, Salina, **7** Alicudi, Panaria, Vulcano, **8** Filicudi, **9** Stromboli
Lippe (med): **6** Labium
Lippe vom Tier: **5** Lefze
Lippe-Zuflüsse: **4** Ahse, Alme, Bega, **5** Pader, Thune, **6** Glenne, Stever, **7** Heubach, Seeseke, Umebach
Lippenblütler (bot): **7** Labiate
Lippenblütler: **4** Ysop, **5** Minze, Polei, Ziest, **6** Andorn, Coleus, Salbei, **7** Guensel, Majoran, Melisse, Monarde, Quendel, Thymian, **8** Brunelle, Gamander, Hohlzahn, Lavendel, Satureja, Floehkraut, Goldnessel, Gundermann, Taubnessel, Wolfstrapp, **11** Bohnenkraut, Katzenminze, Wasserminze, **12** Pfefferkraut, Pfefferminze, **13** Basilienkraut, Schwarznessel
Lippenlaut: **6** Labial
List: **5** Dolus, Finte, Kniff, Trick, **7** Finesse
Liste: **7** Tabelle, **8** Register
Liste beliebter Schlager: **5** Chart
listig: **5** smart, **6** clever
Litauen (Baltenstaat)
Bevölkerung: **7** Litauer, **10** Samagitier, Schamaiten
Dichter: **6** Sruoga, **7** Vydunas
Eigenname: **7** Lietuva
Flüsse: **2** Aa, **5** Neris, Venta, **6** Njemen, **8** Sventoji
Gebiet: **10** Samagitien, Schamaiten
Großfürsten: **7** Gedimin, Jagaila, **8** Vytautas
Hauptstadt: **5** Wilna, **7** Vilnius

Königsgeschlecht: **10** Jagellonen
Schriftsteller: **7** Putinas
Schriftstellerin: **5** Neris
Staatsoberhaupt: **11** Landsbergis
Städte u. Orte: **5** Kelme, Memel, Utena, **6** Jonava, Kaunas, Papile, Plunge, Trakai, **7** Telschi, **8** Polangen, Salantai, Schaulen, **9** Heydekrug, Tauroggen, Wirballen
Volkslied: **5** Daina
Währung bis 1940: **4** Cent (Mehrzahl: **6** Centas), **5** Litas (Mehrzahl: **4** Litu, **5** Litai)
Währung: **5** Rubel, **6** Kopeke
literarischer Zeitungsteil: **10** Feuilleton
literarisches Jahrbuch: **8** Almanach
Literaturforscher: **9** Philologe
Literaturwissenschaft: **10** Philologie, **11** Germanistik
Liturgie: **5** Ritus, **6** Kultus
liturgische Geräte u. Einrichtungen: **5** Altar, Kelch, Kreuz, **6** Hostie, Kanzel, Missal, Patene, **7** Missale, **8** Reliquie, Ziborium, **9** Monstranz, Paramente, **10** Tabernakel
liturg. Kleidung(steile): **4** Albe, **5** Amikt, Fanon, Infel, Inful, Mitra, Orale, Ornat, Stola, Tiara, **6** Birett, Casula, **7** Manipel, Soutane, **8** Dalmatik, Humerale, Pileolus, Pluviale, Zingulum, **9** Tunicella, **10** Manteletta
liturg. Wechselgesang: **8** Antiphon
Litze: **4** Band, **5** Borte, Galon, **6** Schnur, Tresse
Livland: → **Lettland**
livrierter Diener: **5** Lakai
Lizenz: **8** Befugnis, **9** Erlaubnis, Zulassung, **10** Konzession
Lob: **4** Ruhm, **5** Preis, **7** Beifall, **11** Anerkennung
Lobby: **11** Wandelhalle
Lobeserhebung: **5** Eloge
Lobgesang: **5** Hymne, Lauda, **6** Gloria, Hymmus, Tedeum, **10** Magnifikat
Loblied: **8** Enkomion, **10** Dithyrambe, **11** Dithyrambos
lobpreisen: **9** benedeien
Lobpreisung: **6** Gloria
Lobrede: **5** Eloge, **8** Laudatio
Lobrederei: **6** Schmus
Lobredner: **9** Enkomiast
Loch: **4** Gatt, Leck, **5** Kuhle
lochen: **11** perforieren
Loch im Eis: **4** Wune
löchrig: **6** poroes
Lochstechgerät: **4** Ahle
Lochung: **11** Perforation
Lockenwickel: **9** Papillote
locker: **3** lax, **5** leger, **9** spongioes
lockere Erde: **4** Mulm
Lockerung der Sitten: **14** Demoralisation
Lockmittel: **6** Koeder
Lockspitzel: **4** Agent, **16** Agent provocateur
lodernde Flamme: **4** Lohe
löffelartiges Schöpfgerät: **5** Kelle
Logenbruder: **10** Freimaurer
Logis: **6** Bleibe
logischer Beweisschluß: **7** Epagoge
Lohn: **4** Gage, Sold, **5** Heuer, **6** Gehalt, Salaer, **7** Entgelt, Honorar, **9** Besoldung, Einkommen, Verdienst
Lohnkutsche(r): **6** Fiaker
Lohnsatz: **5** Tarif
Löhnung
– *der Soldaten:* **4** Sold
– *der Schiffsmannschaft:* **5** Heuer
Loire-Zuflüsse: **4** Ance, Aron, Cher, **5** Arzon, Bebre, Borne, Erdre, Indre, Maine, **6** Allier, Nièvre, Vienne, **7** Mayenne
Loisach-Zufluß: **8** Partnach
Lokale: → Gaststätten
lombardische Adelsfamilie: **8** Visconti

L

Londoner
- ***Bauwerk:*** **5** Tower
- ***Galerie:*** **4** Tate
- ***Glockenturm:*** **6** Big Ben
- ***Mundart:*** **7** Cockney
- ***Opernhaus:*** **12** Covent Garden
- ***Park:*** **8** Hyde-Park
- ***Polizei(gebäude):*** **12** Scotland Yard
- ***Rathaus:*** **9** Guildhall
- ***Stadtteile:*** **4** Soho, **5** Acton, Brent, Cheam, Erith, Hayes, Penge, **6** Barnes, Barnet, Bexley, Camden, Coombe, Ealing, Fulham, Harrow, Hendon, Heston, Ilford, Leyton, Malden, Merton, Morden, Newham, Poplar, Purley, **7** Barking, Chiswik, Croydon, Eastham, Enfield, Feltham, Hackney, Lambeth, Mayfair, Westham, **8** Crayford, Edmonton, Woodford, **9** Battersea, Greenwich, Orpington, Tottenham, Wimbledon, **10** Harlington, Paddington, **11** Whitechapel
- ***Zeitung:*** **5** Times

Lorbeerbaum: **6** Laurus
Los ohne Gewinn: **5** Niete
Löschung: **6** Storno, **9** Debardage
lose: **8** instabil, **9** schuetter
löslich: **7** solubel
Loslösung: **10** Separation
Lossprechung: **10** Absolution
Losung: **5** Motto, **6** Devise, Parole, **8** Kennwort, **9** Stichwort
Lösung: **8** Ergebnis, Resultat
Lösungsaufgabe: **7** Raetsel
Lösungsmittel: **5** Xylol, **6** Aceton, Azeton, Benzin, Benzol, Toluol, **7** Alkohol, Dekalin, **9** Terpentin
Lötmaterial: **4** Zinn
lotrecht: **8** vertikal
Lotsenfisch: **5** Pilot
Lotterieanteilschein: **3** Los
Löwe (poetisch): **3** Leu
- ***in der Tierfabel:*** **5** Nobel

Lübecker
- ***Bildhauer:*** **4** Berg
- ***Komponist:*** **9** Buxtehude
- ***Spezialität:*** **8** Marzipan
- ***Stadtteile:*** **8** Schlutup, **11** Travemuende
- ***Wahrzeichen:*** **10** Holstentor

Lücke: **5** Leere, Spalt, **6** Spalte, **7** Bresche, **8** Oeffnung, **9** Desiderat, Durchlass
Ludolfsche Zahl: **2** Pi
Luft (griech): **2** Aer
Luft (Präfix): **4** Aero
Luftabsaugegerät: **10** Ventilator
Luftbewegung: **3** Boe, Zug, **4** Wind, **5** Brise, Orkan, Sturm **6** Taifun, Trombe, Zephir, **7** Tornado, **8** Hurrikan
Luftbild: **9** Aerophoto
Lüftchen: **5** Brise
luftdicht: **10** hermetisch
Luftdruckanzeiger: **7** Aneroid
Luftdruckaufzeichner: **10** Variometer
Ludtdruckmaße: **3** Bar, **4** Torr, **8** Millibar
Luftdruckmesser: **9** Barometer
Lüfter: **10** Ventilator
Luftfahrt: **10** Aeronautik
Luftfahrzeuge: **6** Ballon, Rakete, **7** Drachen, **8** Flugzeug, Zeppelin, **10** Helikopter, Luftschiff, **12** Hubschrauber → Flugzeuge
Luftfeuchtigkeitsmesser: **10** Hygrometer
luftförmiger Körper: **3** Gas
Luftforschung: **9** Aerologie
Luftgeist: **5** Ariel, **6** Sylphe, **8** Sylphide
Lufthülle der Erde: **11** Atmosphaere
luftig: **5** duenn, zugig, **6** windig
Luftikus: **8** Windhund
Luftklappe: **6** Ventil
luftleerer Raum: **6** Vakuum
Luftmangel: **6** Asthma
Luftmesser: **9** Aerometer

Luftpost: **7** Airmail
Luftreifen: **4** Pneu, **9** Preumatik
Luftreiniger: **6** Filter
Luftröhre: **7** Trachea, Trachee
Luftröhrenast: **8** Bronchie
Luftröhrenkatarrh: **10** Bronchitis
Luftrolle: **5** Salto
Luftsack: **4** Balg
Luftschicht: **12** Troposphaere, **13** Stratosphaere
Luftschiff: **5** Blimp, **8** Zeppelin
Luftschiff Amundsens: **5** Norge
Luftschiffkabine: **6** Gondel
Luftschloß: **6** Utopie, **8** Illusion, **9** Schimaere
Luftschraube: **9** Propeller
Luftschutzbau: **6** Bunker
Luftspiegelung: **11** Fata Morgana
Luftsprung: **5** Salto, **8** Kapriole
Lufttaxi: **8** Aerotaxi
Lufttrübung: **5** Dunst, Nebel
Lüftung: **11** Ventilation
Luftvorwärmer: **11** Regenerator
Luftwaffeneinheiten: **7** Staffel, **10** Geschwader
Luftwechsel: **11** Ventilation
Luftwirbel: **3** Sog, **6** Trombe
Lüge: **4** Trug, **9** Geflunker, Schwindel
Lügenbaron: **12** Muenchhausen
Lügner: **8** Fabulant, **10** Schwindler
lukrativ: **8** rentabel
Lumme: **3** Alk, **6** Teiste → Alken
Lümmel: **5** Flaez, Rowdy, **6** Flegel, Ruepel, **7** Lorbass, **8** Hooligan
Lump: **6** Gauner, Schuft, **7** Halunke, Schurke, **8** Kanaille
Lumpen: **5** Hader, **7** Plunder
Lumpenpack: **3** Mob, **8** Gesindel
Lumperei: **7** Infamie
Lunge (med.): **5** Pulmo
Lungenbläschen: **7** Alveole
Lungenentzündung: **9** Pneumonie
Lungenkrankheit: **8** Silikose
Lungentätigkeit: **6** Atmung
Lurche: **3** Olm, **5** Molch, **10** Salamander
Lurchlarve: **6** Quappe
Lust: **5** Eifer, Laune, Wonne, **6** Begehr, Genuss, Libido, **7** Geluest, Neigung, **8** Begierde, **9** Verlangen
Lustbarkeit: **4** Fest
lüstern: **8** faunisch
Lustgefilde: **7** Elysium, **8** Paradies
lustig: **5** fidel, **6** heiter, **8** amuesant, **9** froehlich
lustige Erzählung: **8** Anekdote, **9** Humoreske
lustiger Einfall: **3** Gag
Lüstling: **4** Faun, Roué, **9** Lustmolch
Lustschloß
– ***bei Paris:*** **7** Trianon, **9** Malmaison
– ***in Versailles:*** **7** Trianon
Lustspiel: **5** Posse, **7** Schwank, **8** Burleske, Komoedie
Lustspiel: → Schauspiel
Lustspielfiguren: **7** Pierrot, **9** Kolombine, Pantalone, Pierrette, **10** Arlecchino
Lustwäldchen: **7** Boskett
lustwandeln: **9** spazieren, **11** promenieren
Lutherstadt: **8** Eisleben
Luxemburg (Großherzogtum in Mittel-Europa)
Bevölkerung: **11** Luxemburger
Burgruinen: **7** Vianden, **10** Hollenfels
Flüsse: **3** Our, Syr, **4** Sure, **5** Sauerm, **7** Alzette
Großherzog: **4** Jean
Hauptstadt: **9** Luxemburg
Höhenzug: **7** Oesling
Landschaften: **7** Gutland, Oesling
Physiker: **8** Lippmann
Politiker: **6** Santer
Reiseschriftsteller: **7** Jacques
Sprache: **14** Letzebuergisch
Städte u. Orte: **4** Esch, **5** Beles, **6** Mersch, Remich, **8** Diekirch,

Petingen, **9** Clerveaux, **10** Bettemburg, Echternach, **11** Duedlingen, Ettelbrueck, **12** Differdingen, Schifflingen
Währung: **5** Franc, **7** Centime
luxuriöse Kleinwohnung: 9 Apartment, **11** Appartement
Luxus: 4 Pomp, **6** Pracht, **7** Aufwand
Luxuswagen: 8 Equipage
Lymphorgan: 4 Milz
Lyriker: 4 Poet, **7** Dichter
lyrisch (Musik): 6 lirico
lyrisches Gedicht: 3 Ode, **4** Lied, **5** Hymne, **6** Elegie, **7** Kanzone

M

Maas-Zuflüsse: 3 Bar, Kil, Rur, **4** Amer, Chee, Geer, Geul, Jaar, Merk, Neer, Roer, **5** Anden, Domel, Lesse, Niers, Vaise, Vence, Wamme, **6** Barnob, Chiers, Crelle, Houile, Hoyoux, Mouzon, Ourthe, Sambre, Samson, Semois, **7** Schwalm, Wiseppe, **8** Hermeton, Mehaigne, Molignée, Sermonne
Mache: 5 Getue, **7** Theater
machen: 3 tun, **6** bilden, **7** handeln, treiben, **8** bereiten, bewirken, erzeugen, fertigen, schaffen, **9** erledigen, **10** herstellen, **11** fabrizieren, produzieren, unternehmen, vollfuehren
Machenschaft: 6 Kabale, Raenke, **7** Intrige, Umtrieb, **9** Winkelzug, **11** Raenkespiel, **12** Manipulation, **13** Quertreiberei
Machenschaften: 13 Machinationen
Macher: 10 Hersteller
Macht: 5 Kraft, **6** Gewalt, Potenz, Regime, **7** Groesse, Staerke, **8** Einfluss, Regiment, **9** Nachdruck, Regierung, Vermoegen, Vollmacht, **10** Autoritaet, Herrschaft
Machtbereich: 7 Sphaere
Machthaber: 4 Herr, **6** Despot, Regent, Tyrann, **8** Diktator, Gebieter, Potentat, **9** Herrscher
mächtig: 5 gross, stark, **6** massig, **7** wirksam, **8** gewaltig, kraeftig, **9** kraftvoll, machtvoll, stattlich, **10** ueberlegen, **12** wirkungsvoll, **13** einflussreich
machtlos: 7 schwach, **8** kraftlos, unfaehig, **12** unvermoegend
Machtstreben: 13 Imperialismus
Machwerk: 8 Elaborat, **10** Pfuscherei
Madagaskar (Inselstaat im westl. Indik)
Amtssprache: **8** Malagasy
Bevölkerung: **4** Bara, Hova, Howa, **6** Aloala, Merina, **8** Betsileo, Sakalava, **10** Madagassen
Gebiete: **6** Menabe, **7** Ambongo, Imerina, **8** Bemaraha
Gebirge: **9** Ankaratra, **11** Andringita
Hauptstadt: **10** Tananarive, **12** Antananarivo
Inseln: **6** Nosy Bé, **11** Sainte Marie
König im 19. Jh.: **6** Radama
Politiker: **9** Tsiranana, **10** Razanamasy
Rikscha: **12** Pousse-Pousse
See: **7** Alaotra
Sprache: **4** Howa
Städte: **6** Fianar, **7** Androka, Majunga, Toliary, **9** Antsirabé, Toamasina, **11** Antsiranana
Stadtfestung in Antananarivo: **4** Rova
Währung: **5** Franc, **7** Centime
Mädchen: 4 Dirn, Girl, Maid, **6** Maedel, **7** Flapper, **8** Teenager, **9** Backfisch
Mädchen für alles: 8 Faktotum
Mädchennamen: → Frauennamen
Mädchenoberschule: 6 Lyzeum
Mädchenstatue: 4 Kore
madegassischer Rakenvogel: 5 Kurol
Magazin: 5 Laden, Lager, **8** Speicher
Magenfahrplan: 11 Speisekarte
Magengeschwür: 5 Ulkus
Magenkatarrh: 9 Gastritis
Magenkrampf: 5 Kolik

Magensaftbestandteil: 6 Lipase, Pepsin
Magenschleimhautentzündung: 9 Gastritis
Magenschnaps: 7 Bittere
Magenspiegel: 10 Gastroskop
Magenstein von Wiederkäuern: 6 Bezoar
Magenteile bei Wiederkäuern: 4 Netz, **5** Wanst, **6** Pansen, **7** Psalter, **8** Labmagen, **9** Netzmagen
mager: 7 fettarm, **8** leptosom
Magie: 6 Zauber
Magie treiben: 7 zaubern
Magier: 8 Zauberer
magischer
– ***Gegenstand:*** **7** Fetisch
– ***Schutz:*** **7** Amulett, **8** Talisman
magische Silbe im Brahmanismus: 2 Om
magisches Zeichen des Mittelalters: 10 Drudenfuss, Pentagramm
Magnesiumsilikat: 4 Talk, **6** Talkum, **10** Meerschaum
Magnetende: 3 Pol
Magnetstahl: 4 Alni
Magyar: 5 Ungar
Mähgerät: 5 Sense, **6** Sichel
Mahl, Mahlzeiten: 5 Diner, Essen, Jause, Lunch, Menue, **6** Brunch, Dinner, Gelage, Imbiss, Souper, Speise, Vesper, **7** Bankett, Eintopf, Schmaus, **8** Dejeuner, Picknick, **9** Abendbrot, Nachtmahl, **10** Abendessen, **11** Fruehstueck, Fuenfuhrtee, Mittagessen, **15** Sektfruehstueck
Mahlprodukt: 4 Mehl, **5** Kleie, **6** Griess
Mahlzahn: 5 Molar
Mahnbrief: 7 Epistel, Monitum
Mähne: 5 Tolle, **6** Schopf
mahnen: 8 anhalten, erinnern, monieren
Mahner: 7 Prophet
Mahnmal: 7 Denkmal, **8** Monument
Mahnpredigt: 9 Paraenese
Mahnruf: 6 Appell, **7** Memento, **9** Menetekel
Mahnung: 7 Epistel, Memento, Monitum, Warnung, **10** Erinnerung
Mähre: 7 Klepper
Maifisch: 4 Alse
Maifröste: 10 Eisheilige
Maikäferlarve: 9 Engerling
Mailänder Oper: 5 Scala
Mainzer Karnevalsruf: 5 Helau
Main-Zuflüsse: 3 Iff, Itz, Kem, **4** Aalb, Erfa, Kahl, Kell, Lohr, Sinn, Unke, Wern, **5** Mudau, Nidda, Rodau, Saale, **6** Bieber, Elsawa, Kinzig, Rodach, Tauber, Vokach, **7** Aschaff, Baunach, Erdbach, Regnitz
Mais: 3 Zea, **7** Kukuruz, **10** Welschkorn
Maiseiweiß: 4 Zein
Maisflocken: 7 Popcorn
Maisschnaps: 6 Pulque, **10** Tschitscha
Maisspeise: 7 Polenta
majestätisch (Musik): 7 maestoso
Majorität: 8 Mehrheit
Makedonien (Staat in SO-Europa)
Fluß: **6** Vardar, Wardar
Gebirge: **5** Korab, **10** Šarplanina
Hauptstadt: **6** Skopje
Seen: **8** Ohridsee, **9** Prespasee
Städte und Orte: **4** Stip, **5** Debar, Ohrid, **6** Bitola, Kočani, Prilep, Tetovo, **8** Kumanovo, Strumica
Währung: **5** Denar
Makel: 5 Fleck, Odium, **7** Schande, **11** Schandfleck
makellos: 4 rein, **6** sauber, **7** integer, richtig, **8** tadellos, **10** fehlerfrei, unbefleckt, vollkommen
mäkeln: 8 kritteln, noergeln
Makler: 6 Broker, Sensal, **7** Mittler, **10** Vermittler
Maklergebühr: 8 Courtage, Sensalie,

Sensarie

Mal: **5** Fleck, Makel, Marke, **7** Zeichen, **10** Markierung, **11** Kennzeichen

Malaienboot: **4** Prau

Malaiendolch: **4** Kris

Malaiengewand: **6** Sarong

Malaienorchester: **7** Gamelan, **8** Gamelang

Malaienschwert: **6** Parang

Malaiischer Archipel: **9** Insulinde

malaiischer Volksstamm auf Borneo: **5** Dajak

Malariaform: **8** Quartana

Malariamittel: **6** Chinin

Malariamücke: **9** Anopheles

Malawi (Staat in SO-Afrika)

Berg: **6** Mlanje

Bevölkerung: **6** Chewa, Marawe, Nyanja, **7** Nkhonde, **8** Malawier

Fluß: **5** Shire

Hauptstadt: **7** Lilongwe

Nationalparks: **5** Nyika, **6** Lengwe, **7** Kasungu, Liwende

Politiker: **5** Banda

Seen: **9** Malawisee, Njassasee

Sprache: **8** Chichewa

Städte: **5** Mzuzu, Zomba, **6** Salima, **13** Blantyre-Limbe

Währung: **6** Kwacha, **7** Tambala

Malaysia (Staat in SO-Asien)

Berge: **5** Murud, **6** Gunong, **8** Kinabalu, **11** Gunong Tahan

Bevölkerung: **6** Semang, **7** Malaien, **9** Malaysier

Gliedstaaten (und ihre Hauptstädte): **5** Perak (**4** Ipoh), Sabah (**12** Kota Kinabalu), Kedah (**8** Alor Star), **6** Johore (**11** Johore Bahru), Pahang (**7** Kuantan), Penang (**10** Georgetown), Perlis (**6** Kangar), **7** Malakka (**7** Malakka), Sarawak (**7** Kuching), **8** Kelantan (**9** Kota Bahru), Selangor (**8** Shah Alam), **9** Trengganu (**14** Kuala Trengganu), **13** Negri Sembilan (**8** Seremban)

Hauptstadt: **11** Kuala Lumpur

Inseln: **6** Labuan, Penang

Landenge von Malakka: **3** Kra

Nationalpark: **11** Taman-Negara

Städte: **4** Ipoh, Sibu, **5** Kudat, **6** Kangar, Pinang, **7** Bintulu, Kuantan, Kuching, Kuibalu, Malakka, Taiping, **8** Sandakan, **9** Kota Bharu, Port Klang, **11** Butterworth, Johore Bharu

Währung: **3** Sen, **7** Ringgit

Malediven (Inselstaat in S-Asien)

Bevölkerung: **7** Divessi, **9** Malediver

Flughafeninsel: **6** Hulule

Hauptstadt: **4** Malé

Parlament: **6** Majlis, **7** Majilis

Segelboot: **5** Dhoni

Sprache: **6** Divehi

Währung: **5** Laari, **7** Rufiyaa

Maler: **6** Kubist, **8** Kleckser, **9** Buchmaler, **10** Genremaler, **11** Portraetist, **12** Landschafter, **13** Expressionist, Impressionist

Malereien: **6** Fresko, Guasch, **7** Gouache, Pastell

Malerfarben: **5** Ocker, Siena, Umbra, **6** Coelin, **8** Chromrot, **9** Chromgelb, Zinkweiss

Malergeräte: **5** Quast, **6** Pinsel, Spatel, **7** Palette, **8** Spachtel, **9** Staffelei

malerisch: **9** pittoresk

Malerkreis der Romantik: **9** Nazarener

Malermaterial: **3** Oel, **4** Lack, **5** Farbe, **6** Firnis

Malheur: **4** Pech, **6** Unfall, **8** Unglueck

Mali (Staat in W-Afrika)

Berg: **10** Bandiagara

Bevölkerung: **5** Dogon, Fulbe, **6** Malier, Mauren, Tuareg, **7** Bambara, Malinke, Songhai,

8 Sarakole
Flüsse: **4** Bani, **5** Bakoy, Niger
Hauptstadt: **6** Bamako
Politiker: **5** Keita, Toure, **6** Konare, Traoré
Städte: **3** Gao, San, **4** Kita, Nara, **5** Kayes, Mopti, Nioro, Ségou, **7** Kontila, Sikasso, **8** Timbuktu
Währung: **5** Franc, **7** Centime
Malnehmen: 14 Multiplikation
malnehmen: 14 multiplizieren
Malta (Inselstaat im Mittelmeer)
Bevölkerung: **8** Malteser
Hauptstadt: **8** Valletta, **10** La Valletta
Inseln: **4** Gozo, **6** Comino
Orte: **5** Marsa, Mdina, Nadur, Rabat, **6** Mostar, Sliema, **8** Victoria
Politiker: **7** Mintoff
Währung: **3** Mil, **4** Cent, Lira
malvenfarbig: 5 mauve
Malvengewächse: 5 Urena, **6** Althee, Ibisch, Malope, **7** Eibisch, **8** Hibiskus, **11** Kaesepappel, Schoenmalve, **13** Strauchpappel
Malzzucker: 7 Maltose
Mammutbaum: 7 Sequoie
Man (Insel – Teil Großbritanniens)
Berg: **8** Snaefell
Bevölkerung: **4** Manx
Hauptstadt: **7** Douglas
Kap: **4** Ayre
managen: 6 leiten, **11** unternehmen, **12** organisieren
Mandant: 6 Klient
Mandat: 7 Auftrag, **9** Vollmacht
Mandelentzündung: 6 Angina
Mandelgebäck: 7 Makrone
Mandelkonfekt: 8 Marzipan
Manege: 5 Arena
Manegenrand: 5 Piste
Mangel: 5 Armut, Manko, Minus, **6** Bedarf, Defekt, Fehler, **7** Defizit, Pinuria, **10** Beduerfnis, Entbehrung
Mängelanzeige: 11 Reklamation
mangelhaft: 8 defektiv, **12** unvollkommen
Mangelkrankheiten: 5 Oedem, **7** Skorbut, **8** Beri-Beri, Rachitis
mangelndes Vertrauen: 10 Misskredit
Manie: 5 Sucht, **12** Besessenheit
Manier: 3 Art, **4** Stil, **5** Genre, Mache, Sitte, Weise, **8** Benehmen, Eigenart
Manieren: 8 Benehmen
Manikürgerät: 10 Nagelfeile
Manilahanf: 9 Musafaser
Maniokmehl: 7 Tapioka
Maniokwurzel: 7 Kassawa
Manko: 5 Minus
Mannsbild: 4 Kerl
Mann von Lebensart: 8 Kavalier, **9** Gentleman
Mann ohne Schatten: 9 Schlemihl
Mannen: 8 Vasallen
Männerhaß: 9 Misandrie
Männerhaus auf den Palauinseln: 3 Bai
Männerherrschaft: 11 Patriarchat
Männerkindbett: 7 Couvade
Männernamen: 3 Ede, Ivo, Kai, Kay, Leo, Lou, Max, Odo, Per, Teo, Udo, Uli, Uwe, **4** Adam, Alex, Arne, Arno, Axel, Bert, Bodo, Boto, Carl, Curt, Dirk, Egon, Emil, Emmo, Erek, Erik, Fred, Gerd, Gero, Gert, Golo, Hans, Hein, Hugo, Ingo, John, Jost, Jupp, Karl, Klas, Knut, Kuno, Kunz, Kurt, Lutz, Niko, Nils, Olaf, Otto, Paul, Piet, Pitt, Ralf, Rolf, Rudi, Sepp, Theo, Tilo, Toni, Veit, Wido, Wilm, Wolf, **5** Achim, Adolf, Aegid, Alban, Albin, Alois, Aloys, Alwin, Anton, Armin, Artur, Asmus, Aurel, Benno, Bernd, Boris, Bruno, Claus, David, Edgar, Edwin, Egolf, Erich, Ernst, Erwin, Eugen, Ewald,

Fedor, Felix, Ferdl, Frank, Franz, Fritz, Georg, Goetz, Guido, Gustl, Hagen, Hansi, Harri, Harry, Heino, Heinz, Horst, Ignaz, Jakob, Jobst, Jodok, Joerg, Josef, Klaus, Konni, Lando, Malte, Odilo, Oskar, Otmar, Peter, Poldi, Ralph, Roger, Romeo, Sally, Seppe, Simon, Urban, Waldo, Willi, Willy, Xaver, **6** Adrian, Albert, Alfons, Alfred, Anatol, Anselm, Arnold, Arnulf, Arthur, August, Beatus, Cosimo, Damian, Detlef, Dieter, Edmund, Eduard, Edward, Egbert, Egmont, Eilard, Eilert, Eilmar, Erhard, Fabian, Feodor, Frowin, Gerald, Gerold, Gernot, Gerolf, Gerrit, Gerwig, Gerwin, Gregor, Gustaf, Gustav, Hannes, Harald, Helmut, Herwig, Herwin, Hiesel, Hilmar, Hubald, Hubert, Hunold, Jochem, Jochen, Johann, Joseph, Julius, Junius, Justus, Kaspar, Kilian, Konrad, Lorenz, Lothar, Ludger, Ludolf, Ludwig, Lutwin, Magnus, Markus, Martin, Michel, Moritz, Notker, Oliver, Ortwin, Oswald, Othmar, Pinkas, Radulf, Rainer, Reiner, Ratbod, Reimar, Robert, Roland, Rudolf, Rupert, Sebald, Sigurd, Silvan, Sixtus, Stefan, Thomas, Tobias, Ulrich, Viktor, Victor, Volker, Walram, Walter, Wenzel, Werner, Wigand, Wilmar, Witold, **7** Agathon, Albhard, Amadeus, Andreas, Aribert, Balduin, Barthel, Bastian, Bertold, Bertram, Blasius, Dankmar, Dankrad, Dietger, Diether, Dietmar, Dominik, Donatus, Eberwin, Eckbert, Eckhard, Eginolf, Eilhard, Eibrich, Einhard, Eligius, Emanuel, Erasmus, Eustach, Fidelis, Florens, Florian, Friedel, Frieder, Formund, Gabriel, Gebhard, Gerbert, Gerhard, Gilbert, Gisbert, Gottlob, Gottram, Gottwin, Guenter, Gundolf, Gunther, Guntram, Hartmut, Hartold, Hartwig, Hartwin, Helmold, Helmuth, Henning, Herbald, Herbert, Hermann, Herward, Hugbald, Humbald, Humbert, Ingbert, Ingomar, Irmbert, Joachim, Juergen, Kamillo, Karsten, Kasimir, Klemens, Lambert, Landolf, Landolt, Landuin, Lantwin, Leopold, Liebwin, Luitger, Luitwin, Manfred, Mangold, Markolf, Marzell, Meinald, Meinbod, Meinolf, Meinrad, Meinulf, Michael, Nantwin, Nepomuk, Norbert, Ortlieb, Otfried, Ottokar, Ottomar, Pankraz, Philipp, Raimund, Ratbert, Rathard, Rathold, Ratmund, Reinald, Reinolf, Reinulf, Richard, Rodrigo, Romuald, Ruthard, Sergius, Severin, Steffen, Stephan, Stoffel, Tankred, Theodor, Tilmann, Vinzenz, Volkmar, Walburg, Walther, Wernher, Werther, Wigbert, Wilhelm, Wolfram, **8** Adalbert, Adelbert, Aegidius, Albrecht, Augustin, Benedikt, Benjamin, Bernhard, Bernward, Berthold, Bertrand, Biterolf, Boerries, Bogislaw, Burkhard, Dagobert, Dankward, Dietbald, Dietbert, Diethelm, Dietrich, Eberhard, Ebermund, Egbrecht, Edelbert, Eginhard, Ehregott, Eilfried, Filibert, Fridolin, Friedgar, Friedger, Giselher, Giselmar, Gottbert, Gotthard, Gotthelf, Gotthold, Gottlieb, Gottwald, Guntbald, Guntbert, Guenther, Hartmann, Heinrich, Helfgott, Helmward, Herfried, Heribert, Hildemar, Horstmar, Hubertus, Johannes, Justinus, Karlmann, Konradin, Konstanz, Kunibert,

Landolin, Landrich, Lebrecht, Leonhard, Leuthold, Liebhard, Luithard, Luitpold, Manfried, Markward, Matthias, Meinhard, Melchior, Neidhard, Nikolaus, Ratfried, Reginald, Reinbald, Reinbold, Reinbert, Reinhard, Reinhold, Roderich, Ruediger, Ruprecht, Siegbert, Siegmund, Siegward, Silvanus, Thankmar, Theobald, Traugott, Valentin, Valerian, Waldemar, Weikhard, Wendelin, Wilfried, Winfried, Wladimir, Wolfgang, Wolfhard, Wunibald, **9** Alexander, Archibald, Balthasar, Christian, Christoph, Degenhard, Dietfried, Dominikus, Eckbrecht, Engelbert, Ferdinand, Florentin, Friedbert, Friedhelm, Friedrich, Giselbert, Gottfried, Gundobald, Gundobert, Hildebert, Hildefons, Hilderich, Karlheinz, Kornelius, Lambrecht, Lamprecht, Leberecht, Reinfried, Sebastian, Siegfried, Sigismund, Silvester, Theophill, Willibald, **10** Eustachius, Friedebert, Gottschalk, Hieronymus, Hildebrand, Konstantin, Laurentius, Pankratius, Theoderich, **11** Christophel, Engelbrecht, **12** Fuerchtegott, **13** Bartholomaeus

Männerstimmlagen: **4** Bass, **5** Tenor, **7** Bariton, **11** Bassbariton

männerverderbende Frau: **4** Vamp

Manneskraft: **10** Virilitaet

Mannestugend: **3** Mut

Manneszier: **4** Bart

Manneszucht: **9** Disziplin

Mannigfaltiges: **5** Varia

männlich: **5** viril, **8** maskulin

männliche(r, s)

– ***Alpenwild:*** **4** Gams

– ***Biene:*** **5** Drohn, **6** Drohne

– ***Blutsverwandter:*** **5** Agnat

– ***Ente:*** **5** Erpel, **8** Enterich

– ***Falke:*** **6** Terzel

– ***Fisch:*** **7** Milcher, **8** Milchner

– ***Gans:*** **6** Ganser, Ganter, **10** Gaenserich

– ***Geschlecht:*** **10** Maskulinum

– ***Greifvogel:*** **6** Terzel

– ***Hase:*** **7** Rammler

– ***Hauptwort:*** **10** Maskulinum

– ***Huhn:*** **4** Hahn, **6** Gickel, Gigerl, Gockel

– ***Hund:*** **5** Ruede

– ***Kaninchen:*** **7** Rammler

– ***kastriertes Rind:*** **5** Ochse

– ***kastriertes Schaf:*** **6** Hammel, **7** Schoeps

– ***Katze:*** **5** Kater

– ***Pferd:*** **6** Hengst, **7** Wallach

– ***Reh:*** **4** Bock

– ***Rind:*** **5** Bulle, Ochse, Stier

– ***Schaf:*** **4** Bock, **6** Hammel, Widder, **7** Schoeps

– ***Schwein:*** **4** Eber

– ***Verwandter:*** **3** Opa, **5** Eidam, Enkel, Neffe, Oheim, Onkel, Vater, **6** Bruder, Cousin, Vetter

– ***Vogel:*** **4** Hahn, **5** Erpel, **6** Ganter, Roller, Tauber, **9** Tauberich, **10** Taeuberich

– ***Wildkatze:*** **5** Kuder

– ***Wildschwein:*** **5** Basse, **6** Keiler

– ***Zuchtrind:*** **5** Bulle

Mannschaft: **4** Crew, Team

Mannschaftsdienstgrad: **9** Gefreiter, **13** Obergefreiter, **14** Stabsgefreiter

Mannschaftsraum auf Schiffen: **4** Back, **5** Logis

mannstolles Weib: **11** Nymphomanin

Mannweib: **6** Virago

Manschetten: **7** Stulpen

manövrieren: **8** lavieren

Mäntel: **6** Raglan, Ulster, **7** Haenger, Paletot, **8** Havelock, **9** Covercoat, Redingote, **10** Dufflecoat, Trenchcoat

Mantelstoffe: **5** Tweed, **7** Marengo, **9** Covercoat

Manteltiere: **5** Salpe, **8** Tunicata, **10** Feuerwalze, Seescheide
Manuskript: **11** Handschrift
Mär: **4** Sage, **5** Fabel, Kunde
March-Zuflüsse: **4** Tess, **5** Thaya
Märchen(titel)figuren
– ***bei Andersen:*** **2** Ib, **3** Ida, Ole, Per, Tuk, **5** Klaus, **6** Holger, **8** Rosenelf, **12** Christinchen, **13** Daeumelinchen
– ***bei Grimm:*** **4** Else, Hans, **5** Holle, Trude, **6** Gretel, Knoist, Korbes, Lustig, Maleen, Pfriem, **7** Hansel, Jorinde, **8** Joringel, Rapunzel, Rosenrot, **9** Floehchen, Laeuschen, **10** Allwissend, Daumerling, Daumesdick, Gaensemagd, Katrinelje, Marienkind, Spielhansl, **11** Drosselbart, Einaeuglein, **12** Allerleirauh, Aschenputtel, Dornroeschen, Dreiaeuglein, Froschkoenig, Rotkaeppchen, Zweiaeuglein, **13** Baerenhaeuter, **14** Schneewittchen, **15** Rumpelstilzchen, Schneeweisschen
– ***bei Hauff:*** **4** Mimi, Muck, Munk, Said, Wilm, **5** Ahuli, Hanne, Urban, **6** Achmed, Amarza, Archaz, Mukrah, Munkin, Zemira, **7** Benezar, **8** Almansor, **10** Wetterbock, **11** Niesmitlust, **12** Kraeuterweiss, **13** Glasmaennlein, **16** Hollaendermichel
– ***in „1001 Nacht“:*** **3** Rok, **4** Roch, Rock, **5** Duban, Zaher, **6** Aladin, Djafar, Mahmud, **7** Alibaba, Ibrahim, Sindbad, **8** Nureddin, Tamlicha, **10** Schahzeman, Scheherban, **11** Zauberpferd, **12** Scheherazade, Scheherezade, **14** Harun Al Raschid
Märchengestalten: **3** Fee, **4** Elfe, Gnom, Hexe, **5** Riese, Troll, Zwerg, **6** Kobold
märchenhaft: **9** fabelhaft, wunderbar, **10** mirakuloes, **12** phantastisch
Märcheninsel bei Mörike: **6** Orplid
Märchenland: **7** Liliput, **15** Schlaraffenland
Märchenland (griech. Sage): **3** Aea, Aia, **5** Aiaia
Märchenriese: **4** Oger
Märchenspiel: **6** Feerie
Marder: → Raubtiere
Marderhund: **4** Enok, **8** Seefuchs
Marianeninseln: **4** Guam, Rota, **5** Pagan, **6** Saipan, Tinian
Mariendarstellung: **7** Madonna
Marinedienstgrade: **4** Maat, **7** Matrose, **8** Obermaat, **9** Bootsmaat, **11** Obermatrose
Marineleitung: **12** Admiralitaet
Marineoffiziere: **7** Admiral, **8** Kapitaen, **11** Vizeadmiral, Konteradmiral, **16** Kapitaenleutnant, **17** Fregattenkapitaen, Korvettenkapitaen
Marineoffiziersschüler: **6** Kadett, **9** Seekadett
Marionette: **6** Popanz
Maritza-Zufluß: **4** Arda
markant: **7** typisch, **11** ausgepraegt
Marke: **3** Mal, **7** Merkmal, Zeichen
Markgraf: **7** Marques, Marquis, **8** Marchese, Marquess
Markgraf
– ***von Brandenburg:*** **8** Albrecht
– ***unter Kaiser Otto dem Großen:*** **4** Gero
Markierung an Meßgeräten: **4** Grad, **5** Skala
markig: **6** kernig, **7** lapidar, pulpoes
markig (Musik): **7** marcato
märkischer Dichter: **7** Fontane
märkisches Adelsgeschlecht: **5** Arnim
märk. Raubrittergeschlecht: **7** Quitzow
Markt: **5** Messe
Markt im Orient: **4** Souk, **5** Basar,

Bazar
Marktplatz
– ***in der Antike:*** **5** Agora, Forum
– ***in Italien:*** **6** Piazza
Marktschreier: **10** Scharlatan
Marktwert: **4** Kurs
Marmelade: **3** Jam, **10** Konfituere
Marmorarten: **8** Cipollin, **9** Cipollino, Pavonazzo
Marokko (Staat in NW-Afrika)
Berge: **6** Sarhro, **7** Toubkal
Bevölkerung: **6** Araber, Berber, **7** Kabylen, **10** Marokkaner
burgähnliches Dorf: **6** Kasbah
Dynastien: **8** Saaditen, **9** Alaouiten, Almohaden, Meriniden, **11** Almoraviden
Flüsse: **3** Gru, **4** Draa, **5** Sebou
Gebirge: **3** Rif, **5** Atlas
Hafenstädte: **6** Tanger, **7** Tetouan, **10** Casablanca
Hauptstadt: **5** Rabat
heilige Stadt: **11** Moulay Idris
Kap: **4** Ghir
König: **6** Hassan
Ruinenstätte: **9** Volubilis
Städte: **3** Fes, **4** Safi, **5** Oujda, **6** Agadir, Knitra, Meknes, Tanger, **7** Kenitra, Tetouan, **10** Casablanca, Marrakesch
– ***Sultan bis 1961:*** **6** Jussuf
– ***Währung:*** **6** Dirham, **7** Centime
Marotte: **4** Tick, **5** Laune, **6** Spleen
Marsch (Musik): **6** Marcia
Marschall
– ***Napoleons I.:*** **3** Ney, **5** Murat, Soult
– ***Napoleons III.:*** **4** Niel
– ***Vorwärts:*** **8** Bluecher
Marschboden: **4** Fenn, Klei, **7** Schlick
Marschformation: **7** Kolonne
Marschhügel: **4** Warf, Wurt, **5** Warft, Wurte
Marschland
– ***am Meer:*** **3** Kog, **4** Koog, **6** Helder, Polder
– ***an der Unterelbe:*** **9** Altes Land, Kehdingen
– ***unterhalb Bremen:*** **9** Stedingen
Marschpause: **4** Rast
Marschrichtung: **6** Route
Marshallinseln (Inselstaat in Ozeanien)
Atolle: **6** Bikini, **8** Eniwetok
Bevölkerung: **11** Mikronesier
Hauptstadt: **5** Uliga
Inselgruppen: **5** Ralik, Ratak
Inseln: **6** Jaluit, Majuro
Orte: **5** Uliga, **6** Jaluit, Majuro
Währung: **4** Cent, **6** Dollar
Marsmonde: **6** Deimos, Phobos
Marter: **4** Pein, Qual, **6** Folter, Tortur
Martinstag: **7** Martini
Märtyrer: **5** Alban, Georg, Menas, Simon, **6** Damian, Gereon, Markus, Petrus, **7** Blasius, Emmeran, Florian, Pankraz, Stephan, **8** Polykarp, **9** Sebastian, Stephanus, **10** Laurentius, Pankrazius, **13** Bartholomaeus
Märtyrerin: **6** Agatha, **7** Barbara, **8** Dorothea, **9** Felicitas, Margareta
März: **7** Lenzing, **8** Lenzmond
Maschenware: **7** Gewirke
Maschinen: **5** Motor, Pumpe, **7** Apparat, Turbine, **9** Generator
Maschinen für Erdarbeiten: **5** Ramme, 6 Bagger, **7** Skraper
maschinenmäßig: **10** maschinell, mechanisch
Maschinenmeister: **10** Maschinist
Maschinenmensch: **7** Roboter
Maschinensatz: **8** Aggregat
Maschinenteile: **3** Rad, **4** Keil, **5** Achse, Feder, Kette, Konus, Lager, Oeler, Rotor, Stift, Welle, **6** Bolzen, Bremse, Kolben, Kurbel, Stator, Ventil, Zapfen, **7** Trommel, **8** Exzenter, Getriebe, Schieber, Schraube, Zylinder, **9** Gestaenge
Maschinerie: **8** Getriebe, **9** Apparatur
maschineschreiben: **6** tippen

Maserung: **4** Ader, **7** Geaeder
Maskareninseln: **7** Réunion, **9** Mauritius, Rodriguez
Maske: **5** Larve, **8** Maskaron
Maskenanzug: **7** Kostuem
Maskenball: **7** Redoute
Maskenfest: **9** Maskerade, **12** Mummenschanz
Maskenmantel: **6** Domino
Maskentreiben: **8** Fasching, Karneval
Maskierung: **10** Vermummung, **11** Verkleidung
Maskottchen: **7** Amulett, **8** Talisman
Maß: **5** Model, Prise, **7** Quantum, **8** Standard
Massaker: **7** Blutbad, **8** Gemetzel
Masse: **5** Menge, **8** Haeufung, Vielzahl, **10** Quantitaet
Maßeinheit
– ***für Arbeit:*** **5** Joule
– ***der astron. Länge:*** **6** Parsec, **9** Lichtjahr
– ***der Ausstrahlung:*** **4** Eman
– ***der Beleuchtungsstärke:*** **3** Lux
– ***für Chemiefaser:*** **6** Denier
– ***für Dämpfung:*** **3** Bel, **7** Dezibel
– ***des Drehmoments:*** **11** Newtonmeter
– ***für ebenen Winkel:*** **3** Gon
– ***der elektrischen Kapazität:*** **5** Farad
– ***der elektrischen Leistung:*** **4** Watt, **10** Voltampere
– ***der elektrischen Spannung:*** **4** Volt
– ***der elektrischen Stromstärke:*** **6** Ampere
– ***des elektrischen Widerstands:*** **3** Ohm
– ***der Elektrizitätsmenge:*** **7** Coulomb
– ***für Energie:*** **5** Joule, **11** Newtonmeter
– ***der Fluidität:*** **3** Rhe
– ***der Frequenz:*** **5** Hertz
– ***der Garnstärke:*** **6** Denier
– ***der Geschwindigkeit (Schiff):*** **6** Knoten
– ***der Goldfeinheit:*** **5** Karat
– ***der Kraft:*** **3** dyn, **6** Newton
– ***der Lautstärke:*** **4** Phon, **7** Dezibel
– ***der Leistung:*** **4** Watt, **8** Kilowatt, **11** Newtonmeter
– ***der Leuchtdichte:*** **5** Stilb
– ***der Leuchtstärke:*** **4** Phot
– ***der Lichtstärke:*** **7** Candela
– ***des Lichtstroms:*** **5** Lumen
– ***der Linsenstärke:*** **8** Dioptrie
– ***des Luftdrucks:*** **3** Bar, **4** Torr, **8** Millibar
– ***der magnetischen Feldstärke:*** **7** Oersted
– ***des Magnetismus:*** **5** Gauss
– ***der Masse:*** **9** Kilogramm
– ***des radioaktiven Gehalts:*** **4** Eman
– ***der radioaktiven Strahlung:*** **5** Curie
– ***des Rhythmus:*** **4** Takt
– ***für den Schall:*** **4** Phon, **7** Dezibel
– ***der Selbstinduktion:*** **5** Henry
– ***der Silberfeinheit:*** **3** Lot
– ***der Stoffmenge:*** **3** Mol
– ***der Telegraphiergeschwindigkeit:*** **4** Baud
– ***der Temperatur:*** **6** Kelvin, **7** Celsius
– ***der Wärme:*** **4** Grad, **7** Kalorie
– ***der Zeit:*** **7** Sekunde
Maßeinteilung: **5** Skala
Massenangst: **5** Panik
Massenerkrankung: **6** Seuche, **8** Epidemie
Massenkundgebung: **4** Demo, **13** Demonstration
Massenmord: **8** Massaker
Massenopfer: **9** Hekatombe
Masseteilchen: **9** Korpuskel
maßgebend: **8** normativ, **9** gewichtig, kompetent, prominent, **11** autoritativ
maßgeblicher Umstand: **6** Faktor
Maßgeblichkeit: **10** Autoritaet
massig: **4** dick, voll, **5** stark, **6** robust, schwer, **10** voluminoes

mäßig: **3** mau, **4** flau, **6** frugal, gering
mäßigen: **10** moderieren, **11** temperieren
Mäßigkeit: **9** Temperenz, **10** Soliditaet
maßlos: **5** enorm, **6** ueppig, **9** unbaendig, ungeheuer, **10** unbegrenzt, **12** uebertrieben
maßloses Verlangen: **4** Gier
Maßnahme: **3** Akt, Tat, **6** Aktion, **8** Handlung
Maßschneider: **6** Tailor, **8** Tailleur
Maßstab: **4** Norm, **5** Kanon, **6** Lineal, **9** Zollstock
Maß- und Gewichtskunde: **10** Metrologie
maßvoll: **6** modest
Masthahn: **6** Kapaun
Masthuhn: **6** Poulet, **8** Poularde
mastloses Boot: **4** Kahn, **5** Barke
Mastspitze: **3** Top, **4** Topp
Mastteil: **3** Rah, Top, **4** Bram, Mars, Rahe, Stag, Topp, **5** Royal, Wante, **6** Brasse, Saling, Spiere, Stenge, **7** Pardune
Mater: **7** Matrize
Material: **5** Stoff
Materie: **5** Masse, Stoff, **8** Substanz
materiell: **12** substantiell
materieller Schaden: **7** Verlust
Materieteilchen: **4** Atom, **7** Molekel, **8** Molekuel, Partikel, **9** Korpuskel
mathematische Begriffe: **3** Lot, Pol, **4** Grad, Plus, Zahl, **5** Achse, Basis, Binom, Bogen, Bruch, Fokus, Glied, Hoehe, Kante, Kegel, Kreis, Kubus, Kugel, Kurve, Linie, Minus, Punkt, Radix, Raute, Sinus, Summe, **6** Faktor, Formel, Gerade, Mittel, Nennbar, Potenz, Prisma, Quader, Radius, Sektor, Strahl, Teiler, Trapez, Trinom, Winkel, Wurzel, **7** Algebra, Analyse, Divisor, Dreieck, Ellipse, Flaeche, Kathete, Komplex, Kosinus, Loesung, Maximum, Minimum, Parabel, Produkt, Prozent, Quadrat, Rhombus, Segment, Sekante, Sphaere, Tangens, Vieleck, Viereck, Zaehler, **8** Abszisse, Addition, Analysis, Dezimale, Dividend, Division, Exponent, Funktion, Hyperbel, Integral, Ordinate, Primzahl, Pyramide, Quotient, Resultat, Tangente, Zylinder, **9** Asymptote, Diagonale, Differenz, Gleichung, Grundzahl, Halbkreis, Kongruenz, Konstante, Kubikzahl, Parallele, Quersumme, Vertikale, **10** Brennpunkt, Grundlinie, Halbmesser, Hypotenuse, Komponente, Koordinate, Peripherie, Proportion, Regeldetrie, Senkrechte, **11** Durchmesser, Horizontale, Integration, Koeffizient, Logarithmus, **12** Differential, **13** Trigonometrie, **14** Parallelogramm, **15** Kreisausschnitt, **16** Integralrechnung
mathematische Hilfsmittel: **6** Abakus, Lineal, Zirkel
Matratzenstoff: **5** Drell
Mätresse: **8** Geliebte
Matrize: **5** Mater
Matrose: **4** Gast, Maat, **6** Laskar, Sailor, **7** Janmaat, Mariner
Matrosenlied: **6** Shanty
Matrosenlöhnung: **5** Heuer
matt: **3** mau, **4** flau, **5** muede, **6** kaputt, truebe, **7** schwach, **8** glanzlos
mattgelb: **5** creme
Mauer: **4** Wand
Mauerabschluß: **5** Zinne
Mauerbruch: **7** Bresche
Mauerkrone: **5** Zinne
Mauerleiste: **4** Sims
Mauerlücke: **7** Bresche, Scharte
Mauerpfeffer: **5** Sedum, **9** Fetthenne, Tripmadam
Mauerpfeiler: **6** Lisene
Mauerraute: **12** Streifenfarn

Mauerritze: **4** Fuge
Mauersalat: **7** Lattich
Mauerverkleidung: **4** Putz, **6** Paneel, Tapete, **7** Verputz
Mauervertiefung: **6** Nische
Mauerverzierung: **4** Sims, **5** Fries, **7** Risalit
Mauervorsprung: **5** Erker, **7** Konsole
Maul: **6** Rachen, **8** Schnauze
Maul
– ***beim Rotwild:*** **5** Aeser
– ***bei Schafen und Ziegen:*** **6** Muffel
Maulbeerbaum: **5** Morus
Maulbeerfeigenbaum: **8** Sykomore
Maulesel: **4** Muli, **5** Mulus
Maulheld: **7** Poltron
Maultrommel: **10** Brummeisen
Maulwurf: **5** Scher
Mauretanien (Staat in NW-Afrika)
Bevölkerung: **3** Ful, **5** Fulbe, **6** Mauren, **7** Bambara, **8** Tukuloer, **11** Mauretanier
Hauptstadt: **10** Nouakchott
Politiker: **6** Daddah, **8** Haidalla
Städte u. Orte: **4** Atar, Nema, **5** Boghé, Kaedi, Kiffa, Rosso, **8** Zouérate, **10** Chinguetti
Währung: **5** Khoum, **7** Ouguiya
Mauritius (Inselstaat im Indik vor SO-Afrika)
Bevölkerung: **5** Inder, **9** Mauritier
Hauptstadt: **9** Port Louis
Inseln: **7** Agalega, **8** Cargados, **9** Rodriguez
Politiker: **8** Jugnauth, Ringadoo
Städte u. Orte: **7** Triolet, **8** Curepipe, Rose Hill, Souillac, **9** Mahebourg, **10** Beau Bassin, **12** Quatre Bornes
Währung: **4** Cent, **5** Rupie
Mäuseartige, – verwandte: → Nagetiere
mausen: **7** stehlen
Mausoleum bei Agra: **11** Tadsch Mahal
mechanisch: **9** technisch, unbewusst, **10** maschinell, **12** selbsttaetig
mechanische Musikinstrumente: **7** Phonala, Pianola, **8** Spieluhr, **9** Spieldose, **10** Phonograph, **11** Orchestrion
Mechanismus: **4** Werk, **9** Triebwerk, **11** Maschinerie
meckern: **8** noergeln
Mecklenburg-Vorpommern (Land der Bundesrepublik)
Adelsgeschlecht: **6** Buelow, Moltke
Dichter: **5** Groth, **6** Reuter
Flüsse: **4** Elde, Sude, **5** Havel, Peene, **6** Randow, Trebel, Uecker, Warnow, **8** Recknitz, Tollense
Halbinsel: **5** Drass
Hauptstadt: **8** Schwerin
Ostseeinsel: **6** Ruegen, Usedom
Seen: **7** Mueritz, **9** Plauer See, **11** Tollensesee, **13** Kummerower See, Schweriner See
Städte und Orte: **4** Plau, **5** Laage, Mirow, Waren, **6** Anklam, Dargun, Dassow, Demmin, Jarmen, Wismar, **7** Parchim, Rostock, Schwaan, **8** Guestrow, **9** Sternberg, Stralsund, **10** Greifswald, **11** Neustrelitz, **12** Ueckermuende, **14** Neubrandenburg
Medikamentenform: **5** Pille, Salbe, **6** Dragée, **8** Tablette, **9** Zaepfchen
medischer König: **8** Astyages
Mediziner: **4** Arzt, **7** Medikus
medizinische Betäubung: **7** Narkose, **11** Anaesthesie
medizinische Instrumente: **5** Nadel, Saege, Sonde, Zange, **6** Schere, Trokar, **7** Spritze, **8** Hoerrohr, Lanzette, Pinzette, Skalpell, **10** Stethoskop
Medizinmann: **5** Piaje, **8** Schamane
meerblau: **6** marine

Meerassel: **5** Ligia
Meerbricke: **14** Meeresneunauge
Meerbusen: **3** Bai, **4** Golf, **5** Bucht, Fjord
Meerbusen
- ***an der Emsmündung:*** **7** Dollart
- ***zwischen Frankreich und Spanien:*** **7** Biskaya

Meerdattel: **11** Bohrmuschel
Meerdrachen: **6** Rochen
Meerechse: **6** Leguan
Meerenge: **4** Belt, Gatt, Sund
Meerenge zwischen
- ***Ägäis und Marmarameer:*** **10** Hellespont, **11** Dardanellen
- ***Europa und Asien:*** **8** Bosporus, **11** Dardanellen
- ***Irland und Schottland:*** **9** Nordkanal
- ***Norwegen und Jütland:*** **9** Skagerrak
- ***Ostsee und Kattegat:*** **4** Sund
- ***Rotem Meer und Golf von Aden:*** **11** Bab-el-Mandeb
- ***Schweden und Jütland:*** **8** Kattegat

Meerengel: **8** Engelhai
Meeresalge: **4** Tang, **7** Rotalge, **8** Blaualge, Goldalge, **9** Braunalge, Gruenalge
Meeresbewegung: **5** Welle, **7** Duenung, **8** Brandung, Grundsse, Sturzsee
Meeresbucht: **3** Bai, **4** Golf, Haff, **5** Fjord, **6** Foerde
Meeresbucht
- ***an der Küste von Mosambik:*** **10** Delagoabai
- ***an der nordamerikanischen Atlantikküste:*** **13** Chesapeakbai
- ***in Norwegen:*** **5** Fjord
- ***in Schottland:*** **5** Firth

Meereskrebse: **6** Granat, Hummer, Krabbe, **7** Garnele, **8** Languste
Meereskunde: **13** Ozeanographie
Meeresküste: **6** Strand, **7** Gestade
Meeresmuschel: **6** Auster
Meerespflanze: **4** Alge, Tang
Meeresraubfisch: **3** Hai, **6** Rochen → Haie
Meeressäugetiere: → **6** Robben, → **8** Seekühe, → **4** Wale
Meeresschildkröte: **7** Karette
Meeresschlamm: **7** Schlick
Meeresschnecke: **6** Nerita
Meeresstraße
- ***bei Neuguinea:*** **6** Torres
- ***in Nordjütland:*** **8** Limfjord

Meeresströmung: **5** Drift, Trift
Meeresströmung des Atlantiks: **9** Golfstrom
Meeresstrudel in der Straße von Messina: **9** Charybdis
Meeresvögel: **3** Alk, **4** Lund, Skua, **5** Lumme, Moewe, **6** Teiste, **7** Pinguin, Scharbe, Toelpel, Tordalk, **8** Albatros, Kormoran, **9** Bootsmann, **10** Eistaucher, Seetaucher, **11** Seeschwalbe, Tropikvogel, **12** Fregattvogel
Meerfee: **8** Melusine
Meergottzepter: **7** Trident, **8** Dreizack
Meerjungfrau: **4** Nixe, **6** Undine
Meerkalb: **7** Seehund
Meerkatzen: → Affen
Meerpfau: **9** Lippfisch
Meerrettich: **4** Kren
Meerschweinchen: → Nagetiere
Meerteufel: **6** Rochen
Meerzwiebel: **6** Szilla
Megäre: **5** Furie, **7** Erinnye
mehlartiges Mineral: **3** Gur
Mehlschwitze: **4** Roux, **9** Einbrenne
Mehlspeisen: **7** Omelett, Strudel, **8** Omelette, **11** Pfannkuchen, **13** Palatschinken, **15** Kaiserschmarren
Mehr: **4** Plus
mehrarmige Flußmündung: **5** Delta, **7** Aestuar
mehrdeutig: **7** homonym, **8** aequivok
Mehrdeutigkeit: **10** Amphibolie

Mehrehe: **9** Polygamie
Mehrertrag: **7** Surplus
mehrfach: **3** oft, **7** haeufig, **8** multipel
mehrfarbig: **4** bunt, **9** gemustert
Mehrgebärende: **9** Multipara
Mehrheit: **5** Masse, **9** Ueberzahl, **10** Majoritaet, **11** Pluralitaet
Mehrphasenstrom: **9** Drehstrom, **12** Wechselstrom
mehrsätziges Tonstück: **4** Fuge, **5** Suite, **6** Sonate, **8** Sinfonie
mehrseitig: **12** multilateral
mehrsprachig: **9** polyglott
mehrstimmig: **8** polyphon
Mehrzahl: **6** Plural
Meierei: **8** Molkerei
Meiereiprodukte:
→ Käsesorten,
→ Milchprodukte
5 Sahne, **6** Butter
meinen: **5** sagen, **6** denken, finden, **8** bedeuten, erachten
Meinung: **6** Glaube, Urteil, **7** Annahme, Ansicht, **9** Vermutung, **10** Anschauung, Auffassung, Schaetzung, Standpunkt, **12** Dafuerhalten, Ueberzeugung
Meinungsaustausch: **7** Debatte, **10** Diskussion
Meinungsstreit: **8** Querelen
Meinungsumfrage: **10** Demoskopie
Meinungsverschiedenheit: **7** Dissens, **9** Divergenz
Meisen: → Singvögel
Meister: **4** Baas, **6** Kenner, **7** Koenner, Maestro, **8** Lehrherr, Magister, Virtuose
Meister in einer Sportart: **8** Champion
meisterhaft: **7** virtuos, **10** bravouroes
Meisterschaft: **10** Championat, **12** Virtuositaet
Meistersinger: **4** Zorn, **5** Foltz, Moser, Ortel, Sachs, **6** Pogner, **7** Kothner, Schwarz, **8** Stolzing
Meistersingerliedform: **3** Bar
Meistersingerstadt: **9** Nuernberg
Mekkapilger: **7** Hadschi
Mekkapilgerreise: **5** Omrah, **6** Hadsch
Meldereiter: **8** Stafette
Meldung: **7** Rapport
Melker: **9** Schweizer
Melodie: **4** Lied, **5** Weise, **6** Cantus, **9** Kantilene
Melonenbaum: **6** Papaye
memorieren: **6** lernen, pauken
Menge: **4** Zahl, **5** Masse, Prise, **6** Anzahl, Fuelle, Haufen, Ration, **7** Portion, Quantum, **8** Vielheit, **10** Quantitaet
mengen: **7** mischen
Mengenbegriff: **4** Gros, Paar, **5** Stieg, **6** Schock, **7** Dutzend
mengenmäßig: **11** quantitativ
Mennige: **6** Minium
Mensch: **6** Person
Mensch
– ***künstlich erzeugter:*** **10** Homunkulus
– ***mit fehlender Farbstoffbildung:*** **6** Albino
– ***vernunftbegabter:*** **11** Homo sapiens
– ***von großer Körperkraft:*** **8** Herkules
– ***von hoher Denkart:*** **8** Idealist
– ***mit Schönheitssinn:*** **7** Aesthet
Menschen: **4** Volk, **5** Leute
Menschen aus fernen Ländern: **6** Exoten
Menschenaffen (zool.): **12** Anthropoiden → Affen
menschenähnlich geformte Zauberwurzel: **7** Alraune
menschenähnliches Tier: **4** Affe
Menschenalter: **10** Generation
Menschenansammlung: **5** Menge, **7** Auflauf
Menschenfeind: **10** Minsanthrop
Menschenfresser: **9** Kannibale, **13** Anthropophage

M

Menschenfreund: 11 Philanthrop
menschenfreundlich: 5 human, **8** soziabel, **10** humanitaer
Menschengattung: 5 Rasse
Menschenkunde: 9 Ethologie, **13** Anthropologie
Menschenliebe: 13 Philanthropie
Menschenraub: 10 Kidnapping, **11** Entfuehrung
Menschenentführer: 9 Kidnapper
menschenunwürdig: 7 inhuman
Menschenwürde: 10 Humanitaet
menschlich: 5 human
menschliche Tonfigur: 5 Golem
Menschwerdung: 11 Inkarnation
Mensurnarbe: 7 Schmiss
Merkbuch: 6 Agenda, **8** Memorial, **9** Notizbuch, **10** Memorandum
merken: 6 achten, **7** spueren, wittern, **8** behalten, **10** einpraegen, wahrnehmen
Merkmal: 5 Index, Indiz, Marke, **6** Moment, Signum, **7** Kennung, Symptom, Zeichen, **8** Attribut, Eigenart, Gepraege, **9** Anzeichen, Charakter, Kriterium, **10** Indikation, Markierung, **11** Kennzeichen
Merkspruch: 7 Sentenz
Merkwort: 5 Lemma
merkwürdig: 6 bizarr, kurios, **7** seltsam, **9** originell, sonderbar, **10** eigenartig
Merkwürdigkeit: 8 Kuriosum, **11** Kuriositaet
Merkzeichen: 8 Notabene
meßbar: 10 mensurabel
Meßbuch des Priesters: 7 Missale
Meßdiener: 6 Mesner, **9** Sakristan, **10** Ministrant
Messe für Verstorbene: 7 Requiem, **11** Seelenmesse
messen: 6 peilen
Messer des Chirurgen: 8 Skalpell
Messerblatt: 6 Klinge, **8** Schneide
Messestädte
Buchhandel: **7** Leipzig, **9** Frankfurt
Industrie: **5** Koeln, **8** Hannover
Lederwaren: **9** Offenbach
Spielwaren: **8** Nuernberg
Technik: **8** Hannover
Meßgebet vor der Kommunion: 8 Agnus Dei
Meßgeräte: 3 Log, Lot, Uhr, **5** Lehre, Waage, **6** Kluppe, Lineal, Nonius, **7** Echolot, Kompass, Sextant, **8** Bandmass, Massstab, Metronom, Senkblei, **9** Barometer, Manometer, Messlatte, Zollstock, **10** Hygrometer, Mikrometer, Schublehre, Tachometer, **11** Chronometer, Elektroskop, Thermometer
Meßgesangbuch: 8 Graduale
Meßgewand: 4 Albe, **5** Kasel
Meßglas: 6 Mensur
Messias: 5 Mahdi, **7** Heiland
Messing: 6 Tombak
Meßlatte der Geodäten: 5 Jalon
Meßopfer: 11 Sakrifizium
Meßröhre für Flüssigkeiten: 8 Buerette
Meßstab: 6 Lineal
Metalle: 3 Cer, Zer, **4** Blei, Gold, Niob, Thor, Uran, Zink, Zinn, **5** Chrom, Eisen, Titan, **6** Barium, Erbium, Indium, Kalium, Kobalt, Kupfer, Mangan, Neodym, Nickel, Osmium, Platin, Radium, Silber, Tantal, Tellur, Wismut, **7** Antimon, Gallium, Hafnium, Iridium, Kadmium, Kalzium, Lanthan, Lithium, Natrium, Niobium, Rhenium, Rhodium, Terbium, Thorium, Thulium, Vanadin, Wolfram, **8** Rubidium, Samarium, Scandium, Silizium, Thallium, Vanadium, **9** Aluminium, Beryllium, Germanium, Magnesium, Molybdaen, Palladium, Plutonium, Ruthenium, Strontium, Zirkonium, **10** Promethium, **11** Quecksilber,

12 Protactinium
Metall mit Goldüberzug: 6 Doublé, Dublee
Metallabfall: 7 Schrott
Metallarbeit mit schwarzer Verzierung: 6 Niello
Metallarbeiter: 7 Metaller
Metallbearbeitungsmaschine: 8 Drehbank
Metallbildnerei: 8 Toreutik
Metallblättchen: 7 Lamelle, 10 Pailletten
Metallblock: 5 Ingot
Metallbolzen: 4 Niet
Metalldraht für Goldstickereien: 4 Lahn
Metallegierung: 5 Dural, 6 Alpaka, Bronze, 7 Messing, 10 Konstantan
Metallfaden: 5 Draht
Metallfolie: 8 Stanniol
Metallfraß: 4 Rost, 9 Korrosion
Metallgeld: 6 Muenze
metallhaltiges Gestein: 3 Erz
Metallmischung: 9 Legierung
metallisches Bindemittel: 3 Lot
Metallring: 4 Oese
Metallsalz: 6 Haloid
Metallschließe: 6 Zwinge
Metallschneider: 7 Graveur
Metallstab: 4 Zain
Metallstang: 5 Barre, 6 Barren
Metallstecher: 8 Ziseleur
Metallverzierung: 6 Niello
Metallzeichnung: 6 Gravur, 8 Gravuere
Meteor: 5 Bolid
meteorologische Begriffe: 4 Grad, Hoch, kalt, Tief, warm, Wind, 5 Frost, Hagel, Kalme, Klima, Nebel, Regen, Sicht, Wolke, 6 diesig, frisch, heiter, Kaelte, Knoten, Schnee, Waerme, wolkig, 7 bedeckt, Celsius, Nieseln, Ostwind, Schauer, Zyklone, 8 Abflauen, bewoelkt, Gewitter, Gradient, Graupeln, Millibar, Nordwind, Randtief, Suedwind, Teiltief, Warmluft, Westwind, 9 Boeigkeit, Hochnebel, Kaltfront, Luftdruck, Okklusion, Polarluft, Sturmtief, Warmfront, Windpfeil, Windfahne, Witterung, wolkenarm, wolkenlos, 10 Auslaeufer, Azorenhoch, Bewoelkung, Bodennebel, Hitzewelle, Hochsommer, Islandtief, Meeresluft, Nachtfrost, Pappschnee, Polarfront, Schneefall, Sichtweite, Temperatur, Windstille, 11 Antizyklone, Aprilwetter, halbbedeckt, Kaeltesturz, Kaeltewelle, Schneedecke, Spruehregen, Trockenheit, Trockenzeit, Wettersturz, Windstaerke, Zentralhoch, Zentraltief, 12 Feuchtigkeit, Hitzeperiode, Niederschlag, Sonnenschein, Windrichtung, Zwischenhoch, 13 Festlandsluft, Hochdruckkeil, Kaelteperiode, Luftstroemung, Waermeperiode, 14 Mittelmeerluft, Kaelteeinbruch, Tiefauslaeufer, Tiefdruckrinne, Trockenperiode, Waermeeinbruch, Waermegewitter, 15 Hochdruckgebiet, Temperatursturz, Tiefdruckgebiet, 17 niederschlagsfrei, Schauertaetigkeit, 19 Niederschlagsgebiet, Temperaturrueckgang
Meteorstein: 8 Meteorit
Meteorströme: 7 Lyriden, 8 Leoniden, 9 Perseiden, 12 Quadrantiden
Methode: 5 Weise, 6 System, 9 Verfahren
Methylalkohol: 9 Methanol, 9 Holzgeist
Metier: 5 Beruf, 7 Gewerbe
Metzelei: 7 Blutbad, 8 Gemetzel, Massaker
Metzger: 9 Fleischer, 10 Schlachter
meucheln: 6 morden
Meute: 5 Horde, Rudel, Schar

Mexiko (Mexico – Staat in Mittel-Amerika)
Agaveschnaps: **6** Pulque
Architekten: **5** Reyna, **7** Candela, **8** Palacios
Aztekenherrscher: **9** Montezuma
balladenart. Lied: **7** Corrido
Berge: **5** Alban, **7** Orizaba, **9** Paricutin, **12** El Chinchonal, Iztaccihuatl, Popocatépetl
Bevölkerung: **9** Mexikaner
Flüsse: **5** Verde, Yaqui, **6** Balsas, Sonora, **9** Rio Grande, Rio Panuco
Gebirge: **11** Sierra Madre
Hafenstädte: **7** Tampico, **8** Mazatlán, Veracruz
Halbinseln: **7** Yucatán, **11** Kalifornien, **17** Niederkalifornien
Hauptstadt: **6** Mexico, Mexiko, **10** Mexico City
Hut: **8** Sombrero
indian. Urbevölkerung: **4** Maya, **5** Otomi, Yaqui, **7** Azteken, Olmeken, **8** Mixteken, Tolteken, **9** Zapoteken
Inseln: **6** Cancum, Cedros, Holbox, **7** Clarion, Cleofas, Cozumel, Mujeres, Socorro, Tiburon, **9** Guadelupe, Magdalena, **10** Maria Madre
Kaiser von Mexico: **10** Maximilian
Kap: **7** Catoche, **8** San Lucas, **10** Corrientes
Komponisten: **5** Ponce, **6** Chavez, **8** Mendoza
Landenge: **11** Tehuantepec
Lyriker: **3** Paz
Maisfladen: **8** Tortilla
Maler: **6** Orozco, Rivera
Nobelpreisträger
– *für Frieden:* **6** Robles
– *für Literatur:* **3** Paz
Musikergruppe: **8** Mariachi
Philologe: **5** Reyes
Philosoph: **3** Zea
Politiker: **4** Diaz, **6** Calles, Madero, **7** Hurtado, **8** Carranza
Präsidenten: **4** Diaz, **5** Lerdo, **6** Juarez, Madero, **16** Salinas de Gortari
Revolutionsführer: **5** Villa, **6** Zapata
Rinderhirt: **7** Vaquero
Ruinenstätten: **3** Ake, **7** El Tajin, **8** Palenque, **10** Monte Alban, **11** Chichen Itzá, Teotihuacán
Sänger: **7** Domingo
Schriftsteller: **5** Azuda, Munez, Rubin, Rulfo, Yanez, **6** Guzman, Romero, **7** Arreola, Delgado, Fuentes, **11** Castellanos
Schulterdecke: **6** Poncho
Staaten (und ihre Hauptstädte): **6** Colima (**6** Colima), Mexico (**13** Toluca de Lerdo), Oaxaca (**14** Oaxaca de Juarez), Puebla (**6** Puebla), Sonora (**10** Hermosillo), **7** Chiapas (**15** Tuxtla Gutiérrez), Durango (**7** Durango), Hidalgo (**13** Pachuca de Soto), Jalisco (**11** Guadalajara), Morelos (**10** Cuernavaca), Nayarit (**5** Tepic), Sinaloa (**8** Culiacán), Tabasco (**12** Villahermosa), Yucatán (**6** Mérida), **8** Campeche (**8** Campeche), Coahuila (**8** Saltillo), Guerrero (**22** Chilpancingo de los Bravo), Tlaxcala (**21** Tlaxcala de Xicoténcatl), Veracruz (**14** Jalapa Enriquez), **9** Chihuahua (**9** Chihuahua), Michoacán (**7** Morelia), Nuevo León (**9** Monterrey), Querétaro (**9** Querétaro), Zacatecas (**9** Zacatecas), **10** Guanajuato (**10** Guanajuato), Tamaulipas (**14** Ciudad Victoria), **11** Quintana Roo (**8** Chetumal), **13** San Luis Potosi (**13** San Luis Potosi), **14** Aguascalientes (**14** Aguascalientes), **17** Baja

California (**5** La Paz), **19** Baja California Norte (**8** Mexicali)
Städte und Orte: **4** Leon, **5** Altar, La Paz, Tepic, **6** Colima, El Paso, Jalapa, Laredo, Merida, Oaxaca, Puebla, Toluca, **7** Camargo, Durango, Morelia, Nogales, Orizaba, Reynosa, Rosario, Tampico, Tijuana, Torreon, **8** Acapulco, Campeche, Culiacan, Mazatlan, Mexicali, Poza Rica, Progreso, Saltillo, Veracruz, **9** Chihuahua, Monterrey, **10** Guanajuato, Hermosillo, Manzanillo, **11** Guadalajara, Tehuantepec, **12** Villahermosa
Umschlagtuch: **6** Serape
Vulkane: **6** Colima, **7** Jorulla, Orizaba, **9** Paricutin
Währung: **4** Peso, **7** Centavo
Mieder: 6 Taille, **7** Korsett, **9** Korselett
Miene: 3 Air
Mienenspiel: 5 Mimik
mies: 6 gemein, **7** wertlos, **8** schlecht
Miesmacher: 8 Noergler, **9** Defaetist, Pessimist
Miesmacherei: 11 Defaetismus
Miesmuschel: 7 Mytilus
Miete: 4 Feim, **5** Dieme, Feime, **6** Diemen, **7** Entgelt
Mietkutsche: 6 Fiaker
Mietverhältnis: 5 Pacht
Mietwagen: 4 Taxe, Taxi, **8** Droschke, **9** Taxameter
Mikronesien (Förder. Staaten im Pazifik)
Hauptstadt: **7** Kolonio (auf Pohnpei)
Inselstaaten: **3** Yap, **4** Truk, **6** Kusaie, **7** Pohnpei
Migräne: 9 Hemialgie
Mikroskop: 7 Binokel
Milben: 5 Zecke, **9** Gallmilbe, **11** Kraetzmilbe, **12** Polstermilbe
Milchbonbon: 9 Karamelle
Milchdrüse bei Säugetieren: 5 Euter
Milcheiweiß: 6 Kasein
Milchfett: 4 Rahm, **5** Obers, Sahne, **7** Schmant
Milchkaffee: 7 Melange
Milchprodukte: 4 Rahm, **5** Kaese, Kefir, Molke, Obers, Quark, Sahne, **6** Butter, **7** Joghurt, Schmant, **11** Schlagsahne, → Käsesorten
Milchsaft (Pflanze): 5 Latex
Milchstraße: 7 Galaxie, Galaxis
Milchwirtschaftsbetrieb: 7 Meierei, **8** Molkerei
Milchzucker: 7 Laktose
mild: 3 lau, **4** lind, **5** sanft, **6** gelind, guetig
Milde: 5 Guete, **8** Sanftmut, **9** Indulgenz, Nachsicht
milde Gabe: 7 Almosen
mildern: 7 lindern, **9** maessigen, **12** abschwaechen
mildtätig: 9 karitativ, **10** humanitaer
Mildtätigkeit: 7 Karitas
Militär: 6 Barras, **7** Kommiss, **9** Wehrmacht
Militärakademie der USA: 9 West Point
Militärarzt: 9 Feldscher, Stabsarzt
Militärbündnis: 4 Nato, **7** Entente, **14** Warschauer Pakt
Militärhospital: 8 Lazarett
militärische(r, s)
– *Abendsignal:* **13** Zapfenstreich
– *Dienstgrade und -ränge:* **4** Maat, **5** Major, **6** Charge, Kadett, Oberst, **7** Admiral, Flieger, General, Kornett, Pionier, **8** Kapitaen, Korporal, Leutnant, Obermaat, Offizier, Sergeant, **9** Faehnrich, Feldwebel, Gefreiter, Grenadier, Hauptmann, Kommodore, Marschall, **10** Kommandant, Sanitäter, **11** Rittmeister, Vizeadmiral, **12** Fahnenjunker, Generalmajor, Grossadmiral, Oberleutnant,

13 Feldmarschall, Generaloberst, Konteradmiral, Oberbootsmann, Oberfeldwebel, Obergefreiter, Unteroffizier, **14** Oberstleutnant, Stabsfeldwebel, Stabsgefreiter, **15** Generalleutnant, **16** Fregattenkapitaen, Korvettenkapitaen, **20** Generalfeldmarschall

– ***Einheiten:*** **3** Zug, **5** Armee, Korps, **7** Brigade, Staffel, **8** Batterie, Division, **8** Eskadron, Kompanie, Regiment, **9** Abteilung, Bataillon, Schwadron, **10** Armeekorps, Geschwader

– ***Fahrzeuge:*** **4** Jeep, **5** Truck

– ***Führung:*** **4** Stab, **8** Kommando, **11** Generalstab, **13** Hauptquartier

– ***Gebäude:*** **7** Kaserne

– ***Geleit:*** **7** Eskorte

– ***Graben:*** **5** Sappe

– ***Gruß:*** **5** Salut, Salve

– ***Kopfbedeckungen:*** **4** Helm, **6** Kaeppi, **7** Tschako, **8** Tschapka

– ***Löhnung:*** **4** Sold

– ***Offiziersränge:*** → Dienstgrade

– ***Reitertruppen:*** **7** Husaren, **8** Dragoner, **10** Kavallerie, **11** Kuerassiere

– ***Tauglichkeitsprüfung:*** **9** Musterung

– ***Übungen:*** **5** Drill, **8** Manoever, **10** Exerzieren

– ***Zeremonie:*** **9** Fahneneid

Militärmusiker: 7 Hornist, Pfeifer, Tambour, **8** Trommler, **9** Spielmann, **12** Tambourmajor

Militärmusikstück: 6 Marsch, **13** Zapfenstreich

Militärpferd: 7 Remonte

Miliz in Israel: 7 Hagana

Milz: 4 Lien, **5** Splen

Milzbrand: 7 Anthrax

Milzentzündung: 9 Splenitis

Milzgeschwulst: 7 Splenom

Mimosengewächs: 6 Akazie

minder: 7 weniger, **8** geringer

Minderbetrag: 5 Minus

Mindergewicht (Münze): 8 Remedium

Minderheit: 8 Diaspora, **10** Minoritaet

minderjährig: 8 minorenn, **9** unmuendig

mindern: 7 kuerzen, **8** abnehmen, **10** reduzieren, verringern, **11** herabsetzen, **12** beschraenken

Minderung: 9 Reduktion, **12** Herabsetzung, Verringerung

minderwertig: 7 wertlos, **8** inferior, schlecht, **9** schludrig, **10** mangelhaft, schluderig

minderwertige(r, s)

– ***Buch:*** **9** Schmoeker

– ***Schnaps:*** **5** Fusel

– ***Tabak:*** **7** Knaster

– ***Ware:*** **6** Schund, **7** Plunder, **9** Ausschuss

Mindestmaß, -menge, -wert: 7 Minimum

Mineralien (ohne Schmucksteine): 3 Alm, Bol, Erz, Gur, Jet, Lei, Ton, Wad, **4** Bims, Gips, Grit, Jett, Kalk, Lava, Lehm, Mika, Sand, Spat, Talk, Tuff, **5** Aetit, Alaun, Albin, Albit, Aplit, Augit, Baryt, Bolus, Borat, Cerit, Dazit, Dunit, Flint, Flinz, Gagat, Gault, Glanz, Gneis, Halit, Hauyn, Jodit, Lasur, Lydit, Magma, Norit, Ocker, Ophit, Pyrit, Silex, Tegel, Trapp, Trass, Urtit, Wacke, **6** Alunit, Amiant, Anatas, Arkose, Asbest, Axinit, Azurit, Basalt, Bauxit, Biotit, Bornit, Bromit, Bruzit, Chirit, Cuprit, Dakeit, Desmin, Diabas, Diorit, Eolith, Felsit, Flysch, Gabbro, Galmei, Granit, Gummit, Iolith, Kalzit, Kaolin, Kiesel, Kniest, Korsit, Kreide, Leuzit, Marmor, Mergel, Niobit, Nosean, Oolith, Orthit, Oxalit, Perlit, Sinter, Syenit, Sylvin, Tektit, Thorit, Tillit, Tripel, Uralit,

Uranit, Zinkit, Zoisit, **7** Alkinit, Allanit, Andesin, Andesit, Ankerit, Arsenit, Autunit, Basanit, Bixbyit, Bleierz, Borazit, Braunit, Brekzie, Bronzit, Celsian, Chlorit, Chromit, Davidit, Demelee, Diallag, Disthen, Dolerit, Dolomit, Eklogit, Enargit, Epsomit, Erdharz, Erdsalz, Euxenit, Fayalit, Fluorit, Fuchsit, Galenit, Gibbsit, Glimmer, Goethit, Graphit, Greisen, Helenit, Helizit, Hepatit, Hornerz, Hyperit, Ilmenit, Karboid, Krokoit, Limonit, Linarit, Liparit, Melinit, Menakan, Minette, Molasse, Monazit, Orangit, Peperin, Petalit, Phyllit, Porphyr, Pottlot, Pyroxen, Quarzit, Realgar, Saléeit, Salizit, Sanidin, Selenit, Siderit, Silikat, Smaltin, Steatit, Stilbit, Tonerde, Trachyt, Wurtzit, Xenotim, Zeolith, Zinkerz, **8** Akanthit, Alphitit, Amphibol, Anglesit, Anhydrit, Anorthit, Aragonit, Argentit, Arkansit, Atakamit, Axiolith, Bergmehl, Belemnit, Bentonit, Bismutit, Blauspat, Carnotit, Chabasit, Chilenit, Chromerz, Cipollin, Covellin, Diagolit, Diatomit, Eisstein, Enstatit, Erythrin, Farberde, Feldspat, Galaktit, Geyserit, Granulit, Haarkies, Haematit, Hoevelit, Idrialin, Johannit, Kalkspat, Kalktuff, Kieserit, Kinzigit, Kobaltin, Kolumbit, Kryolith, Lichenit, Liebigit, Magmatit, Magnesit, Magnetit, Manganit, Margarit, Melaphyr, Melilith, Mikrolin, Migmatit, Millerit, Moldavit, Muskovit, Nemolith, Nephelin, Nickelin, Omphazit, Patrinit, Pechuran, Pegmatit, Periklin, Perlspat, Pisolith, Plutonit, Proustit, Rhetinit, Rhodizit, Rhyolith, Salpeter, Saturnit, Scheelit, Schiefer, Sukzinit, Sumpferz, Sylvanit, Sylvinit, Tantalit, Tremolit, Tungstit, Uraninit, Uranotil, Variolit, Vulkanit, Willemit, Zerussit, Zeunerit, Zinkspat, Zinnober, **9** Alabandin, Alabaster, Algodonit, Andrewsit, Anthrazit, Antigorit, Antimonit, Argyrodit, Aromalith, Arsenkies, Australit, Batholith, Batrachit, Beinbrech, Bergleder, Berzeliit, Bimsstein, Bildstein, Bleiglanz, Bleilasur, Blutstein, Bournonit, Brannerit, Braunspat, Calaverit, Caledonit, Carnallit, Carrollit, Chalkosin, Chrysotil, Colemanit, Duckstein, Eierstein, Eisenkies, Eisenrahm, Eisenspat, Elaeolith, Entrochit, Fasergips, Felsophyr, Flussspat, Forsterit, Gadolinit, Garnierit, Giftstein, Gismondin, Glauberit, Glaukodot, Glaukonit, Goldstein, Grammatit, Granophyr, Grauwacke, Gruenerde, Gruenerit, Gruenling, Halloysit, Heulandit, Hornstein, Huebnerit, Hyalophan, Idrialith, Jenkinsit, Jodsilber, Kaledonit, Kalkstein, Karinthin, Karstenit, Kersantit, Kieselgur, Kimberlit, Kobalterz, Kollophan, Kordierit, Kuckersit, Kupfererz, Lakkolith, Lanthanit, Laumontit, Leopoldit, Leukolith, Leukophan, Leukophyr, Limburgit, Linsenerz, Manganerz, Marialith, Mascagnit, Matlockit, Maucherit, Melaconit, Melanosom, Menakanit, Miargyrit, Mikroklin, Mimetesit, Moissanit, Mottramit, Nagelkalk, Natrolith, Naumannit, Nekrolith, Nontronit, Norbergit, Northupit, Ophiolith, Orthoklas, Orthophyr, Ottrelith, Palagonit, Pandermit, Paragneis, Paragonit, Pechkohle, Pechstein, Peridorit, Perlstein, Phlogopit,

Phonolith, Phosgenit, Pikrolith, Polybasit, Porphyrit, Prismatin, Pyrolusit, Pyroxenit, Pyrrhotin, Rauschrot, Reissblei, Riebeckit, Ringelerz, Ryakolith, Salzstein, Samarskit, Sandstein, Sattlorit, Schmirgel, Seekreide, Seladonit, Selenblei, Sengierit, Sepiolith, Serpentin, Silbererz, Sitaparit, Skapolith, Smaragdit, Speerkies, Sphalerit, Stalagmit, Stalaktit, Steinsalz, Stephanit, Tafelspat, Talkstein, Thorianit, Thuringit, Torbernit, Traegerit, Travertin, Triphylin, Tuffstein, Tungstein, Uranophan, Vanadinit, Verrucano, Walpurgin, Websterit, Whitneyit, Wiesenerz, Wolframit, Ytterspat, Zinnstein, **10** Adlerstein, Aktinolith, Alaunstein, Apophyllit, Arsenolith, Bitterkalk, Bittersalz, Bitterspat, Braunstein, Bromsilber, Cassiterit, Chalkolith, Chessylith, Chloanthit, Chrysokoll, Cinnabarit, Donnerkeil, Eisenglanz, Eugenglanz, Feuerstein, Franklinit, Graphitoid, Gruenstein, Hausmannit, Honigstein, Hornblende, Kalksinter, Karpholith, Kassiterit, Katzengold, Kerargyrit, Kieselerde, Kieselspat, Klaustatit, Klingstein, Kupferkies, Kupferspat, Leberstein, Lepidolith, Magnetkies, Malakolith, Manganspat, Meerschaum, Milchstein, Nebelstein, Orthogneis, Pechblende, Pentlandit, Plagioklas, Pyrargyrit, Rautenspat, Rogenstein, Rotbleierz, Rotzinkerz, Schwerspat, Smithsonit, Speckstein, Sperrylith, Stahlstein, Strohstein, Teratolith, Tjujamunit, Totenstein, Tropfstein, Uranopilit, Vermiculit, Weissstein, Wuerzstein, Wundererde, Zinkblende, Zinkbluete, Zinnwaldit, **11** Arsenblende, Arsenkupfer, Arsenopyrit, Auripigment, Bitterstein, Brausestein, Buntbleierz, Chalkopyrit, Eisenoolith, Erbsenstein, Fingerstein, Fliessstein, Froschstein, Glanzkobalt, Granodiorit, Hemimorphit, Himbeerspat, Hydrozinkit, Keraphyllit, Kobaltglanz, Konglomerat, Krokydolith, Kupferglanz, Kupferindig, Kupferlasur, Mandelstein, Molybdaenit, Oelschiefer, Purpurstein, Pyromorphit, Raederstein, Schieferton, Seifenstein, Sonnenstein, Selensilber, Silberglanz, Speiskobalt, Sphaerolith, Strahlstein, Trachytglas, Tutenmergel, Uranocircit, Uranospinit, Uranglimmer, Uranpecherz, Uranvitriol, Wollastonit, **12** Agalmatolith, Antimonglanz, Blatterstein, Eisenvitriol, Gruenbleierz, Hoellenstein, Hydrargillit, Kalifeldspat, Katzensilber, Kieselgalmei, Kieselkupfer, Kieselsinter, Klapperstein, Kobaltbluete, Lepidokrokit, Manganblende, Manganschaum, Pfennigstein, Pfefferstein, Pharmakolith, Probierstein, Quarzporphyr, Rhodochrosit, Rotkupfererz, Rubinglimmer, Schillerspat, Schwarzstein, Schwefelkies, Sprudelstein, Uranothallit, Weissbleierz, Wolframocker, Wuerfelstein, **13** Brandschiefer, Brauneisenerz, Buntkupfererz, Diatomeenerde, Ergussgestein, Flechtenstein, Keratophyllit, Kieselzinkerz, Porzellanerde, Roteisenstein, Rotgueldigerz, Rotnickelkies, Schieferstein, Stinkschiefer, Strahlzeolith, Teufelsfinger, Tiefengestein, Uranosphaerit, Veilchenstein, Waldbildstein, **14** Auswurfgestein, Buntkupferkies, Eruptivgestein, Graubraunstein, Kieselschiefer, Molybdaenglanz, Natronfeldspat, Schlangenstein, Spateisenstein,

Wuerfelzeolith, **15** Brauneisenstein, Chloritschiefer, Chromeisenstein, Eisenrogenstein, Fischaugenstein, Glimmerschiefer, Grauspiessglanz, Grueneisenstein, Kalkuranglimmer, Laugensalzstein, Obsidianporphyr, Schroeckingerit, Sedimentgestein, Titaneisenstein
mineralische
– ***Ablagerung:*** **6** Sinter
– ***Faser:*** **6** Asbest
mineralisches Fett: 8 Vaseline
Mineralkörner: 4 Kies, Sand
Mineralöl: 6 Erdoel, **7** Heizoel, **9** Dieseloel, Petroleum, Schweroel
Mineralschlamm: 5 Fango
Mineralwasser: 7 Brunnen, Selters, Sprudel, **10** Saeuerling
Minister islamischer Staaten: 5 Wesir
Minister Karl des Großen: 7 Einhard
Ministerium
– ***in England:*** **6** Office
– ***in USA:*** **10** Department
Ministerpräsident: 7 Kanzler, Premier
Minne: 5 Liebe
Minnesänger: 4 Aist, **6** Reimar, **7** Hadlaub, Rainmar, **10** Troubadour, **11** Tannhaeuser
minuziös: 6 subtil, **7** penibel, sorgsam, **9** kleinlich, **10** pedantisch
Mirakel: 6 Wunder, **9** Wundertat
Mischbrett für Farben: 7 Palette
mischen: 5 mixen, **6** mengen, **8** melieren, panschen, **9** vermengen
Mischfarbe: 7 Melange
Mischgericht: 5 Salat, **6** Ragout
Mischgetränke: → Mixgetränke
Mischlinge: 5 Casco, Chino, Cubra, Mango, Maure, Pardo, Zamba, Zambo, **6** Cafuso, Jambos, Ladino, Mustio, **7** Bastard, Burgher, Caboclo, Castize, Mestize, Mulatte, **8** Bastaard, Eurasier, Halfcast, Mameluco, Zambaige, Zambaigo, **9** Terzerone, **10** Angloinder, Quarterone, Quinterone
Mischmasch: 8 Pelemele, **9** Charivari, Quodlibet, **12** Sammelsurium, **13** Durcheinander
Mischung: 6 Mixtur, **7** Gemenge, Gemisch, Melange, **9** Gemengsel, Legierung
Mißbehagen: 6 Unlust, **8** Verdruss
Mißbildung: 8 Monstrum, **11** Abnormitaet, Deformation
mißbilligen: 9 verpoenen
Mißbilligung: 5 Ruege, Tadel
Mißbrauch: 6 Abusus, **11** Profanation
Mißerfolg: 4 Flop, Pech, **6** Fiasko, **8** Reinfall, **10** Fehlschlag, **14** Kladderadatsch
Missetat: 5 Untat, **6** Frevel, Suende, **7** Malefiz, **10** Verbrechen
Missetäter: 7 Frevler, Suender, **10** Boesewicht, Delinquent, Verbrecher, **11** Uebeltaeter
Mißfallen: 5 Unmut, **7** Abscheu, **8** Verdruss, **10** Widerwille
mißgebildet: 6 anomal, **7** difform
Mißgeburt: 8 Monstrum
Mißgeschick: 4 Pech, **5** Panne, **7** Malheur, **8** Desaster, Unglueck, **10** Fatalitaet, Kalamitaet
mißgestaltet: 9 monstroes
mißgestimmt: 11 uebellaunig
Mißgriff: 6 Fehler, Irrtum, **7** Fauxpas, **8** Verstoss
Mißgunst: 4 Neid
mißgünstig: 5 livid, **6** scheel, **8** neidisch
Mißgünstiger: 6 Neider, **16** Scheelsuechtiger
mißhandeln: 13 maltraetieren
Mißheirat: 11 Mesalliance
Mißhelligkeit: 10 Diskrepanz, **11** Uneinigkeit
Missionar
– ***Burgunds:*** **8** Columban
– ***der Deutschen:*** **10** Bonifatius

– *der Grönländer:* **5** Egede
– *am Rhein:* **4** Goar
– *der Westgoten:* **7** Ulfilas
Mississippi-Zuflüsse: 4 Ohio, **8** Arkansas, Missouri, Red River, **9** Wisconsin
Mißklang: 9 Dissonanz, **10** Kakophonie, **11** Disharmonie
mißlich: 7 prekaer, **10** unangenehm
Mißmut: 5 Grant, **6** Aerger, **7** Unwille, **8** Verdruss, **12** Verbitterung
Missouri-Zufluß: 11 Yellowstone
Mißstand: 5 Uebel, **7** Schaden
Mißtrauen: 3 Arg, **7** Argwohn, Skepsis
mißtrauisch: 9 skeptisch
Mißvergnügen: 8 Verdruss
Mißverhältnis: 7 Ametrie
mißverständlich: 6 unklar
Mißverständnis: 6 Irrtum
mißverstehen: 5 irren
Mißwirtschaft: 10 Korruption, Vergeudung
Mist: 4 Dung, **7** Duenger, Kompost
Mistgabel: 5 Forke
Mistkäfer: 10 Rosskaefer, Skarabaeus, **12** Pillendreher
mit: 3 per
Mitangeklagte: 9 Konsorten
Mitarbeit: 5 Hilfe, **7** Beitrag, **9** Assistenz, Teilnahme
Mitarbeiter: 6 Helfer, **7** Famulus, Gehilfe, Kollege, **9** Assistent
Mitarbeitergruppe: 4 Stab, Team
mitbestimmende Kraft: 10 Komponente
Mitbewerber: 6 Rivale
miteinander: 8 zusammen
Mitesser: 4 Akne, **6** Pickel, Pustel
Mitfahrer: 6 Sozius
Mitfahrerin: 5 Sozia
Mitgefühl: 4 Takt, **5** Guete, **9** Sympathie, Teilnahme, **10** Humanitaet, **11** Anteilnahme, **14** Barmherzigkeit, Naechstenliebe
Mitgift: 3 Dos, **8** Dotation, **9** Aussteuer
Mitglied
– *des Ältestenrats:* **7** Senator
– *englischen Oberhauses:* **4** Peer
– *einer englischen wissenschaftlichen Gesellschaft:* **6** Fellow
– *einer islamischen Sekte:* **8** Derwisch
– *einer Kapitalgesellschaft:* **9** Aktionaer
– *eines Leipziger Kirchenchors:* **8** Thomaner
– *der Regierung:* **8** Minister
Mithelfer: 6 Kumpan, **8** Komplice, Komplize
Mithilfe: 7 Beitrag, **8** Kumpanei
mithin: 4 ergo, **8** folglich
Mitinhaber: 6 Sozius, **7** Associé, Partner, **9** Kompagnon, Teilhaber
Mitkämpfer: 10 Kombattant
Mitlaut: 9 Konsonant
mitleidlos: 4 hart, **6** streng
Mitschuldiger: 8 Komplice
Mitschwingen: 8 Resonanz
Mitspieler: 7 Partner
Mitspieler beim Whist: 4 Aide
Mitstudent: 11 Kommilitone
Mittagessen: 5 Diner, Lunch, **6** Dinner
Mittagslinie: 8 Meridian
Mittagsruhe: 6 Siesta
Mittagstisch für Studenten: 5 Mensa
Mittäter: 8 Komplice, Konsorte, **13** Helfershelfer
Mitte: 7 Zentrum, **8** Zentrale
mitteilen: 5 sagen, **6** melden, **7** kundtun, **8** verraten, **9** berichten, eroeffnen, **10** offenbaren, **11** anvertrauen, informieren
Mitteilung: 5 Brief, Kunde, **6** Report, **7** Meldung, **9** Botschaft, Nachricht, **10** Kommuniqué, **11** Bekanntgabe, **13** Kommunikation
Mittelalter (geolog.): 10 Mesozoikum
mittelalterlich: 9 mediaeval
mittelalterliche(r, s)
– *Auseinandersetzung:* **5** Fehde

- ***Ausrufer:*** **6** Herold
- ***Besitzform:*** **5** Lehen
- ***Edelmann:*** **6** Ritter
- ***Festung:*** **4** Burg
- ***Frauengemach:*** **8** Kemenate
- ***Gebot:*** **4** Bann
- ***Gefolgsleute:*** **8** Vasallen
- ***Gericht:*** **4** Feme
- ***Geschütz:*** **12** Feldschlange
- ***Glockenturm:*** **8** Belfried
- ***Goldmacher:*** **5** Adept, **9** Alchimist
- ***Gutsverwalter:*** **5** Meier
- ***Handwerkervereinigung:*** **5** Gilde, Zunft
- ***Heilmittel:*** **7** Theriak
- ***Jagdwaffe:*** **8** Armbrust
- ***Juristenschule:*** **11** Glossatoren
- ***Kaufmannsbund:*** **5** Hansa, Hanse
- ***Kriegerstand:*** **6** Ritter
- ***Kriegsschiff:*** **7** Galeere
- ***Panzerhemd:*** **7** Bruenne
- ***Philosophie:*** **10** Scholastik
- ***Reiterkampfspiel:*** **6** Buhurt
- ***Ritterkampfspiel:*** **7** Turnier
- ***Sänger:*** **10** Troubadour, **12** Minnesaenger
- ***Schandpfahl:*** **7** Pranger
- ***Schild:*** **8** Tartsche
- ***Segelschiffe:*** **5** Kogge, **7** Galeone, **9** Karavelle
- ***Sekte:*** **10** Albigenser
- ***Städtebund:*** **5** Hansa, Hanse
- ***Steuer:*** **4** Bede
- ***Tanzlied:*** **5** Rondo
- ***Waffen:*** **5** Barte, Gleve, **8** Armbrust, **10** Hellebarde, **11** Morgenstern
- ***Zoll:*** **6** Akzise

Mittel-Amerika

Staaten (und ihre Hauptstädte): **4** Kuba (Cuba – **6** Habana, **7** Havanna), **5** Aruba (**10** Oranjestad), Haiti (**12** Port-au-Prince), **6** Belize (**8** Belmopan), Mexiko (Mexico – **6** Mexico), Panama (**14** Ciudad de Panama), **7** Antigua (und Barbuda) (**10** Saint John's), Bahamas (**6** Nassau), Grenada (**12** Saint George's), Jamaika (**8** Kingston), **8** Barbados (**10** Bridgetown), Dominica (**6** Roseau), Honduras (**11** Tegucigalpa), **9** Costa Rica (**7** San José), Guatemala (**17** Ciudad de Guatemala), Nicaragua (**7** Managua), **10** El Salvador (**11** San Salvador), Saint Lucia (**8** Castries), **12** Saint Vincent (**9** Kingstown), **15** Saint Kitts-Nevis (**10** Basseterre), **22** Dominikanische Republik (**12** Santo Domingo)

mittelbar: **8** indirekt

Mitteldinge zwischen Gut und Böse: **9** Adiaphora

Mittellinie: **5** Achse

mittellos: **3** arm, **5** elend, **10** beduerftig

Mittellosigkeit: **3** Not, **5** Armut, Elend

Mittelmeerinseln: **2** If, **3** Kos, **4** Elba, Gozo, **5** Capri, Chios, Delos, Ibiza, Korfu, Kreta, Leros, Malta, Milos, Naxos, Samos, **6** Cypern, Euboea, Ischia, Ithaka, Lemnos, Lesbos, Rhodos, Zypern, **7** Korsika, Kythera, Minorca, Salamis, **8** Mallorca, Santorin, Sizilien, Skorpios, **9** Sardinien

Mittelmeerinselgruppen: **8** Balearen, Kykladen, Pityusen, Sporaden, **9** Dodekanes

Mittelmeerstaaten: **5** Malta, **6** Libyen, Israel, Syrien, Zypern, **7** Italien, Libanon, Marokko, Spanien, Tuerkei, **8** Aegypten, Albanien, Algerien, Tunesien, **10** Frankreich, **11** Jugoslawien, **12** Griechenland

Mittelmeerwind: **7** Etesien, **9** Schirokko

Mittelpunkt: **3** Pol, **4** Kern, **7** Zentrum,

8 Zentrale, 9 Metropole, 10 Brennpunkt, Hauptsache, 11 Schwerpunkt
Mittelsmann: 5 Agent, 6 Makler, 7 Mittler, 8 Mediater
Mittelsperson (Seance): 6 Medium
Mittelstück des Rades: 4 Nabe
Mittelwert: 12 Durchschnitt
Mittelwort: 8 Partizip, 11 Partizipium
mitten: 7 zentral
Mittönen: 8 Resonanz
mitunter: 9 temporaer
Mitwirkung: 11 Kooperation
Mixgeräte: 6 Shaker, 8 Strainer, 10 Dashbottle
Mixgetränke: 4 Fizz, Flip, Sour, 5 Sling, Smash, 6 Crusta, 7 Cobbler, Egg-Nogg, 8 Cocktail, Highball, 10 Fancydrink, Shortdrink, 13 Knickerbocker
Möbelplüsch: 6 Mokett
Möbelstile: 6 Empire, 7 Régence, 10 Directoire, 11 Chippendale, Renaissance
Möbelstücke: 4 Bank, Bett, Bord, Pult, Sofa, 5 Couch, Diwan, Liege, Spind, Stuhl, Tisch, Truhe, 6 Hocker, Sessel, 7 Buefett, Kanapee, Kommode, Kredenz, Schemel, Schrank, Schrein, Vertiko, Vitrine, 8 Anrichte, Eckcouch, Esstisch, Fussbank, Teewagen, 9 Bettcouch, Garderobe, Lehnstuhl, Sideboard, 10 Blumenbank, Doppelbett, Klubsessel, Korbsessel, Nachttisch, Rauchtisch, 11 Ohrensessel, Wandschrank, 12 Anbauschrank, Ausziehtisch, Besenschrank, Chaiselongue, Schreibtisch, 13 Beistelltisch, Fernsehsessel, Schaukelstuhl, 14 Buecherschrank, Kleiderschrank, Kuechenschrank, Schirmstaender
Mobiliar: 8 Inventar
Moçambique (Mosambik – Staat in SO-Afrika)
Bevölkerung: 5 Bantu, Lomwe, Makwa, Shona, Tonga, 5 Angune, Schona, 7 Makonde, 10 Mosambiker
Einheitspartei: 7 Frelimo
Flüsse: 4 Save, 5 Lurio, Shire, 7 Limpopo, Lugenda, Sambesi
Gebirge: 6 Namuli, 12 Lebomboberge
Hafenstädte: 5 Beira, 6 Maputo, Nacala, 9 Quelimane
Hauptstadt: 6 Maputo
Insel: 8 Bazaruto
Kap: 10 Corrientes
Nationalparks: 8 Bazaruto, 9 Gorongosa
Politiker: 6 Machel, 8 Chissano, Machungo
Städte und Orte: 4 Sena, Tete, 5 Beira, Pemba, 6 Cuamba, Maputo, Nacala, Xai-Xai, 7 Angoche, Nampula, 8 Lichinga, Marromeu, 9 Inhambane, Quelimane
Staudamm: 11 Cabora Bassa
Währung: 7 Centavo, Metical
Modalität: 3 Art, 5 Weise, 9 Bedingung
Mode: 5 Sitte, 6 Brauch, 7 Fashion
Modeartikel: 11 Accessoires
Modell: 3 Typ, 5 Model, 6 Muster, 7 Entwurf, Vorbild
Modell für Theaterkostüme: 7 Figurine
Modellierstoff: 9 Plastilin, 10 Plastilina
Modenarr: 5 Dandy, 6 Gigerl, 7 Elegant, Stutzer
Moderfleisch: 3 Aas
Modernität: 5 Neues, 7 Neuheit
Modesalon: 8 Boutique
Modeschöpfung: 6 Design, 8 Kreation
Modetanz: → Gesellschaftstänze
Modevorführer: 8 Dressman
Modevorführerin: 9 Mannequin
Modewarenhändler: 6 Modist

modisch: **6** schick, **7** en vogue
modisch gekleidet: **7** elegant
modischer Aufwand: **7** Eleganz
Modus: **3** Art, **4** Form, **5** Weise
mögen: **6** lieben, wollen, **8** gefallen
möglich: **9** potential, **10** potentiell, **11** praktikabel
möglicherweise: **9** eventuell
Möglichkeit: **6** Chance, **7** Dynamis
Möglichkeitsform: **10** Konjunktiv
Mohammedaner: **6** Moslem, Muslim, **7** Islamit, **8** Muselman, Sarazene
Mohammedanerin: **7** Moslime, Muslime, **10** Muselmanin
mohammedanisch: → islamisch, → orientalisch
mohammedanische(r, s)
- ***Bettelmönch:*** **8** Derwisch
- ***Einsiedler:*** **4** Wali, **7** Marabut
- ***Fastenmonat:*** **7** Ramadan, Ramasan
- ***Fest:*** **6** Bairam, Beiram
- ***Frauengemach:*** **5** Harem, **6** Zenana
- ***Gebetsrufer:*** **7** Muezzin
- ***Gebetsteppich:*** **6** Namasi
- ***Gelehrtenstand:*** **6** Ulemas
- ***Gelehrter:*** **5** Ulema
- ***Gott:*** **5** Allah
- ***Gotteshaus:*** **7** Moschee
- ***Heiligengrab:*** **7** Marabut
- ***Heiliger:*** **7** Marabut
- ***Heiligtum:*** **5** Kaaba
- ***Männernamen:*** **3** Ali, **4** Omar, **5** Ahmed, Osman, **7** Mustafa
- ***Name für Jesus:*** **3** Isa
- ***Paradiesmädchen:*** **4** Huri
- ***Rechtsgelehrter:*** **5** Mufti
- ***Religionsbuch:*** **5** Koran
- ***Richter:*** **4** Kadi
- ***Sekten u. Orden:*** **5** Bahai, **6** Drusen, **7** Senussi, **8** Babisten, Hodschas, Imamiten, Ismailia, Schiiten, Sufisten, Sunniten, Zaiditen, **9** Derwische, Hanefiten, Hanifiten, Wahabiten, **10** Assassinen, Ismaeliten, Ismailiten, Wahhabiten
- ***Titel:*** **4** Kadi, **5** Kalif, Mufti, Ulema, Wesir
- ***Vorbeter:*** **4** Imam
- ***Wallfahrtsorte:*** **5** Mekka, **6** Medina

Mohammeds
- ***Frau:*** **6** Aischa
- ***Geburtsort:*** **5** Mekka
- ***Helfer:*** **4** Omar
- ***Pferd:*** **7** Alborak
- ***Schwiegersohn:*** **3** Ali
- ***Tochter:*** **6** Fatima

Mohrrübenart: **7** Karotte
Molche: **3** Olm, **5** Lurch, **10** Salamander
Moldau-Zuflüsse: **6** Beraun, Salawa, Sazava, **7** Maltsch, Mastnik, Wottawa
Moldawien (Staat in SO-Europa)
Flüsse: **5** Pruth, **7** Dnjestr
Hauptstadt: **8** Chisinau (russ.: **10** Kischinjow)
Städte und Orte: **5** Belzy, Kagul, **6** Komrat, Soroki, **7** Bendery, **8** Tiraspol
Stausee: **9** Dubossary
Währung: **5** Rubel, **6** Kopeke
Mole: **4** Pier
Molekulargewicht: **3** Mol
Molukkeninseln: **3** Obi, **4** Buru, **5** Ambon, Ceram, **9** Halmahera
Moment: **2** Nu, **10** Augenblick
Monaco (Fürstentum in S-Europa)
Bevölkerung: **10** Monegassen
Fürst: **1** Rainier
Hauptstadt: **6** Monaco
Herrscherfamilie: **8** Grimaldi
Sprache: **9** Monegasco
Stadtbezirke: **10** Monte Carlo, **11** La Condamine, **11** Fontvieille
Währung: **5** Franc, **7** Centime
Monarch: **6** Fuerst, Kaiser, Koenig
Monarchist: **8** Royalist
Monatsletzter: **6** Ultimo

Monatsnamen (alte u. neue): **3** Jul, Mai, **4** Juli, Juni, **5** April, Feber, Heuet, Maerz, Maien, **6** August, Heuert, Januar, **7** Brachet, Eismond, Ernting, Februar, Hartung, Heumond, Hornung, Jaenner, Julmond, Lenzing, Neblung, Oktober, **8** Dezember, Eismonat, Gilbhard, Gilbhart, Heumonat, Lenzmond, Nebelung, November, Weinmond, Windmond, **9** Brachmond, Erntemond, Lenzmonat, Nebelmond, Ostermond, Scheiding, September, Weidemond, Weinmonat, Wonnemond, **10** Brachmonat, Christmond, Erntemonat, Herbstmond, Ostermonat, Schneemond, Wandelmond, Wintermond, Wonnemonat, **11** Christmonat, **13** Weinlesemonat, **14** Fruehlingsmond

Mönch: **4** Lama, **5** Frate, Pater, **6** Eremit, Frater, **7** Profess, **8** Guardian, Klausner, Professe

Mönch
- ***in der Probezeit:*** **6** Novize
- ***von St. Gallen:*** **8** Ekkehard

Mönchsorden: **8** Jesuiten, Paulaner, **9** Kapuziner, Theatiner, **10** Augustiner, Barfuesser, Basilianer, Johanniter, Karmeliter, Kartaeuser, Trappisten, **11** Dominikaner, Karthaeuser, Trinitarier, **12** Benediktiner, Franziskaner, **13** Bettelmoenche, Zisterzienser

Mönchsrepublik in Griechenland: **5** Athos

Mönchstracht: **5** Kutte

Mönchswohnung: **5** Zelle, **6** Klause, **7** Kloster, **9** Eremitage, **11** Einsiedelei

Mönchszelle: **5** Cella

Mond: **7** Trabant, **8** Satellit

Monde des
- ***Jupiter:*** **2** Io, **5** Elara, **6** Ananke, Europa, Sinope, **7** Ganymed, **8** Amalthea, Kallisto, Lysithea, Pasiphae
- ***Mars:*** **6** Deimos, Phobos
- ***Neptun:*** **6** Triton, **7** Nereide
- ***Saturn:*** **4** Rhea, **5** Dione, Janus, Mimas, Titan, **6** Phoebe, Tethys, Themis, **7** Japetus, **8** Hyperion, **9** Enceladus
- ***Uranus:*** **5** Ariel, **6** Oberon, **7** Miranda, Titania, Umbriel

Mondfahrzeug: **5** Rover, **8** Lunochod

Mondfinsternis: **7** Eklipse

Mondkunde: **11** Selenologie

Mondphasen: **7** Neumond, **8** Halbmond, Vollmond

Mondsenke: **4** Mare

Mondsonden: **4** Luna, **5** Lunik, Sojus, **6** Apollo, Ranger → Satelliten

mondsüchtig: **9** somnambul

Mondsüchtiger: **10** Somnambule

Mondumlauf: **8** Lunation

Mongolei (Staat in Zentralasien)

Berg: **8** Sochondo
Bevölkerung: **7** Chalcha, Tuwiner, **8** Kasachen, Mongolen, **14** Burjatmongolen
Filzhütte: **5** Jurte
Flüsse: **4** Tola, **6** Orchon, **7** Kerulen, Selenga, **8** Dsabchan
Gebirge: **5** Ektag, **7** Changai, **9** Gobi-Altai
göttlich verehrter Berg: **8** Bogdo-ula
Gründer des Mongolenreichs: **13** Dschingis-Khan
Hauptstadt: **9** Ulan-Bator
Hauptstadt (früher): **4** Urga
Herrschertitel: **4** Chan, Khan
Nationaltracht: **3** Del
religiöses Steinmal: **3** Obo
Ruinenstadt: **9** Karakorum
Seen: **7** Ubsa-nur, **9** Kirgis-nur
Städte: **7** Darchan, **8** Eerdenet, **10** Choybalsan, Suche-Bator

Statthalter: **7** Perwane
Währung: **5** Mongo, **6** Tugrik
Wüste: **4** Gobi, **6** Schamo
Mongolenherrscher: **5** Timur, **6** Kublai, **13** Dschingis-Chan, Dschingis-Khan
Mongolenhütte: **5** Jurte
Mongolenvölker: **3** Mon, **5** Mogol, Schan, **6** Hunnen, **7** Tataren, **8** Giljaken, Ostjaken, Tungusen, **9** Burjaeten, Dsungaren, Samojeden, **10** Kalmuecken
Monokel: **7** Einglas
Monotonie: **8** Einerlei
Monstrum: **8** Scheusal, **9** Ungeheuer
Montenegro (Staat in SO-Europa)
Berge: **6** Covčen, **8** Durmitor
Flüsse: **3** Lim, **4** Piva, Tara
Gebirge: **15** Albanische Alpen
See: **10** Skutarisee
Städte und Orte: **3** Bar, **5** Budva, Kotor, **6** Nikšić, **7** Cetinie, **9** Hercegnor
Monument: **3** Mal, **7** Denkmal
Moorboden: **6** Quebbe
Moorgrund: **4** Darg
Moorland: **4** Fehn, Fenn, Ried, Veen, Venn, **5** Bruch, Sumpf
Moorleuchten: **8** Irrlicht
Moorpflanze: **5** Gagel
Mooskunde: **9** Bryologie
Moostierchen: **8** Bryozoen
Moral: **4** Ehre, **5** Ethik
Moralist: **7** Ethiker
Morast: **6** Modder
Morava-Zuflüsse: **4** Ibar, **5** Gruza, Pusta, **7** Cetinja, Toplica
Mordanschlag: **8** Attentat
morden: **6** killen, toeten, **8** meucheln
Mörder: **6** Killer
Mörder
– *des Agamemnon:* **7** Aegisth
– *des Kotzebue:* **4** Sand
– *des Lincoln:* **5** Booth
– *des Siegfried:* **5** Hagen
Mörderin des Marat: **6** Corday
Mordwut: **4** Amok
Morgenandacht: **4** Hora
Morgenempfang bei Fürsten: **5** Lever
Morgengebet: **4** Prim
Morgenkleid: **7** Negligé
Morgenland: **6** Orient, **7** Levante
Morgenländer: **9** Orientale, **10** Levantiner
morgenländisch: → orientalisch
Morgenstern: **5** Venus, **7** Luzifer, **8** Hesperos, **10** Phosphoros
Morgenveranstaltung: **7** Matinee
morsch: **6** morbid, **8** bruechig
morsen: **6** funken
Mörserkeule: **7** Molette
Moschee
Gebetsnische: **6** Mihrab
Predigtkanzel: **5** Korsi, **6** Mimbar
Turm: **8** Minarett
Moschus: **5** Bisam
Mosel-Zuflüsse: **3** Alf, Bey, Elz, Syr, **4** Ache, Cone, Eltz, Kyll, Orne, Saar, Salm, **5** Andry, Brohl, Euron, Luetz, Madon, Ruwer, Sarre, Seile, Sauer, **6** Endert, Lieser, **7** Meurthe, Vologne, **8** Terrouin
Moskauer Kaufhaus: **3** Gum
Moskauer Stadtburg: **5** Kreml
Mostrich: **4** Senf
Motorfahrzeuge: → Kraftfahrzeuge
Motorrad: **4** Krad, Mofa, **5** Moped, **6** Enduro, **10** Feuerstuhl
Motorrad-Geländerennen: **9** Moto-Cross
Motorschlepper: **7** Traktor, Trecker
Motorsportveranstaltunge: **6** Rallye, **10** Sternfahrt
Motorstarter: **8** Anlasser
Mottenschutzmittel: **7** Kampfer, **9** Nexalotte, **10** Naphthalin
Mozartstadt: **8** Salzburg
Mucke: **5** Laune, **6** Fliege, Spleen
Mücken: **5** Gelse, **6** Gnitte, Gnitze,

7 Moskito, Schnake, 9 Anopheles
Muckertum: 7 Moralin, 10 Bigotterie
müde: 4 matt, 6 kaputt, marode, 7 schlapp, 8 ermattet, 10 abgespannt, erschoepft, schlaefrig
Muffe: 7 Fitting
müffig: 6 faulig, 7 moderig
Mühe, Mühsal: 4 Fron, Last, 5 Plage, 6 Tortur, 8 Sorgfalt, Strapaze, 9 Plackerei, 10 Beschwerde, Schinderei, 11 Anstrengung
Mühlenfachmann: 7 Mueller
Mühlenprodukte: 4 Mehl, 5 Kleie, 6 Griess
Mühlstein: 4 Grit
mühsam: 8 diffizil
Mulde: 5 Kuhle, Senke, 6 Becken, 8 Synkline
Mulde vor Hochgebirgswänden: 3 Kar
Müll: 5 Dreck, 6 Abfall, 8 Kehricht
Mumm: 3 Mut, 4 Elan, 7 Schwung
Mümmelmann: 4 Hase
Mummenschanz: 9 Maskerade
Mumpitz: 5 Unfug, 6 Unsinn, 9 Schwindel
Mumps: 9 Parotitis, 11 Ziegenpeter
München
Festplatz: 5 Wiesn, 14 Theresienwiese
Flughafen: 17 Franz-Josef-Strauss
Gemäldegalerie: 10 Pinakothek
Humorist: 8 Valentin, 10 Weissferdl
Jahrmarkt: 4 Dult
Maler: 7 Lenbach
Sportanlage: 14 Olympiastadion
Stadtteile: 4 Laim, Riem, 5 Solln, 6 Allach, Aubing, Pasing, 7 Moosach, 8 Daglfing, 9 Schwabing, 11 Nymphenburg, 13 Geiselgasteig
Vergnügungsviertel: 9 Schwabing
Verkehrszentrum: 7 Stachus, 10 Karlsplatz
Volksfest: 11 Oktoberfest
Wahrzeichen: 7 Bavaria, 12 Frauenkirche
Mundart: 5 Idiom, Slang, 6 Patois, 7 Dialekt
Mundausschlag: 7 Aphthen
mündelsicher: 8 pupillar, 12 pupillarisch
munden: 9 schmecken
Mundfäule: 9 Stomakaze
Mundfessel: 6 Knebel
mündig: 8 majorenn
Mundlaut: 4 Oral
mündlich: 6 verbal, 10 gesprochen, 11 persoenlich
Mundschenk des Zeus: 7 Ganymed
Mundschenkin der Götter: 4 Hebe
Mundteile: 5 Lippe, Zunge, 6 Gaumen, Gebiss, Kiefer, Rachen, 7 Schlund
Mundtuch: 9 Serviette
Mündungsarm
– *der Donau:* 5 Kilia, 6 Chilia, Sulina, 14 Sankt-Georgs-Arm
– *der Memel:* 4 Alge, 5 Gilge
– *des Nils:* 7 Rosette, 8 Damiette
– *der Oder:* 5 Peene, Swine, 8 Dievenow
– *des Rheins:* 3 Lek, 4 Oude, Waal, 7 Merwede
– *der Weichsel:* 5 Nogat
Mündungsbucht der Flüsse Parana und Uruguay: 7 La Plata
Mündungstyp bei Flüssen: 5 Delta, 7 Aestuar, 8 Trichter, 10 Aestuarium
Mündungstrichter der Garonne: 7 Gironde
Mundvorrat: 6 Furage, Ration, 7 Zehrung, 8 Proviant, 11 Verpflegung
Munition: 7 Granate, Patrone, Torpedo
Münster: 3 Dom, 6 Kirche, 10 Kathedrale
munter: 3 vif, 4 agil, froh, wach, 5 alert, flink, vital, 6 forsch, heiter, 7 lebhaft

Munterkeit: 11 Temperament
Münzbeschriftung: 7 Legende
Münzkunde: 10 Numismatik
Münzprüfer: 7 Wardein
Münzrückseite: 6 Revers
Münzvorderseite: 5 Avers
Murg-Zufluß: 3 Oos
Murmel: 6 Marbel, Marmel, **7** Klicker, **8** Schusser
Murmeltier: 8 Marmotte
murren: 6 klagen, **7** knurren, raunzen, **8** noergeln
mürrisch: 7 brummig, grantig, mufflig, **11** uebellaunig, **13** verdriesslich
mürrischer Mensch: 6 Muffel, **9** Griesgram, **11** Nieselpriem
Mus: 4 Brei, **6** Pueree
Muscheln: 6 Auster, **8** Bohrwurm, Molluske, **9** Pfahlwurm, **10** Kammmuschel, **11** Bohrmuschel, Herzmuschel, Miesmuschel, Nussmuschel, Perlmuschel, **12** Flussmuschel, Malermuschel, Teichmuschel, **13** Wandermuschel, **14** Dreieckmuschel
Muschelgeld: 5 Kauri
Muschelprodukt: 8 Perle, **8** Perlmutt, **10** Perlmutter
Muschelschale: 8 Coquille
Muschelstil (Rokoko): 8 Rocaille
Muse
– ***der Astronomie:*** **6** Urania
– ***der erz. Dichtkunst:*** **8** Kalliope
– ***des Gesangs:*** **7** Euterpe, **8** Polymnia, **10** Polyhymnia
– ***der Geschichtsschreibung:*** **4** Klio
– ***der heiteren Dichtkunst:*** **6** Thalia
– ***der Komödie:*** **6** Thalia
– ***der Liebesdichtung:*** **5** Erato
– ***des Lustspiels:*** **6** Thalia
– ***der lyrischen Dichtung:*** **7** Euterpe
– ***der Musik:*** **8** Polymnia, **10** Polyhymnia
– ***der Quelle:*** **6** Egeria, **7** Kamoene
– ***der Sternkunde:*** **6** Urania
– ***der Tanzkunst:*** **11** Terpsichore
– ***der Tragödie:*** **9** Melpomene
Musenberg: 7 Helikon, Parnass
Musenführer: 7 Musaget
Musenquelle: 10 Hippokrene
Musenroß: 7 Pegasus
Musensohn: 9 Kuenstler
Museum: 7 Galerie, **8** Kabinett, **13** Kunstsammlung
Museum in
– ***Amsterdam:*** **11** Rijksmuseum
– ***Berlin:*** **13** Antikenmuseum, **18** Voelkerkundemuseum
– ***Essen:*** **8** Folkwang
– ***Florenz:*** **5** Pitti, **8** Bargello, Uffizien
– ***Frankfurt:*** **7** Staedel, **17** Senckenberg-Museum
– ***Halle/Saale:*** **16** Moritzburg-Museum
– ***Kamenz:*** **13** Lessing-Museum
– ***Köln:*** **21** Wallraf-Richartz-Museum
– ***London:*** **11** Tate-Galerie
– ***Madrid:*** **5** Prado
– ***München:*** **10** Glyptothek, Pinakothek
– ***Paris:*** **6** Louvre
– ***Sankt Petersburg:*** **8** Ermitage, **9** Eremitage
– ***Stockholm:*** **7** Skansen
– ***Wien:*** **9** Albertina
Museumsbeamter: 6 Kustos, **11** Konservator
Musical von
– ***Berlin:*** **15** Annie get your gun
– ***Bernstein:*** **13** West Side Story
– ***Bock:*** **8** Anatevka, **16** Fiddler on the roof
– ***Herman:*** **10** Hello Dolly
– ***Kern:*** **8** Show Boat
– ***Lloyd Webber:*** **4** Cats, **20** Jesus Christ Superstar, **14** Phantom der Oper
– ***Loesser:*** **12** Guys and dolls
– ***Loewe:*** **10** My fair lady
– ***MacDermot:*** **4** Hair

- ***Newley:*** **12** Stop the world
- ***Porter:*** **10** Kiss me Kate
- ***Rodgers:*** **8** Carousel, Oklahoma, **11** The king and I, **12** South Pacific
- ***Sherman:*** **11** Mary Poppins
- ***Styne:*** **9** Funny Girl
- ***Youmans:*** **11** No, no, Nanette

Musicalkomponisten: **4** Bock, Kern, **5** Loewe, Styne, Weill, **6** Berlin, Newley, Porter, Rogers, **7** Loesser, Sherman, Youmans, **8** Gershwin, **9** Bernstein, MacDermot, **11** Lloyd Webber

musikalische Vortragsbezeichnung für

- ***abnehmend:*** **7** calando, **9** smorzando
- ***alle:*** **5** tutti
- ***anmutig:*** **8** gracioso
- ***anschwellend:*** **9** crescendo
- ***aufgeregt:*** **7** agitato
- ***ausdrucksvoll:*** **10** espressivo
- ***ausgehalten:*** **6** tenuto
- ***bebend:*** **7** tremolo, vibrato
- ***beharrlich:*** **8** ostinato
- ***belebt:*** **7** animato
- ***beschleunigt:*** **9** alla breve
- ***beseelt:*** **7** animato
- ***betont:*** **7** marcato, **8** marcando
- ***betrübt:*** **8** doloroso
- ***breit:*** **5** largo
- ***deutlich:*** **7** marcato
- ***erregt:*** **7** agitato
- ***ersterbend:*** **7** morendo, **9** smorzando
- ***etwas langsam:*** **9** larghetto
- ***etwas schneller:*** **9** andantino
- ***feierlich:*** **8** maestoso
- ***feurig:*** **6** brioso, focoso
- ***fließend:*** **7** andante
- ***gebunden:*** **6** legato
- ***gedehnt:*** **5** tenuto, **9** sostenuto
- ***gehalten:*** **9** sostenuto
- ***gemäßigt:*** **8** moderato
- ***genug:*** **5** assai
- ***getragen:*** **6** tenuto, **7** portato, **10** portamento
- ***gezupft:*** **9** pizzicato
- ***gleitend über die Klaviertasten:*** **9** glissando
- ***halbleise:*** **10** mezzopiano
- ***halbstark:*** **10** mezzoforte
- ***heftig:*** **7** agitato, **9** impetuoso
- ***heiter:*** **7** allegro
- ***klagend:*** **7** dolendo, dolente, **8** doloroso, **9** lacrimoso, lamentoso
- ***kurz abgestoßen:*** **8** staccato
- ***langsam:*** **5** largo, lento, **6** adagio
- ***laut:*** **5** forte
- ***lebhaft:*** **4** vivo, **6** brioso, vivace, **7** allegro
- ***leidenschaftlich:*** **7** furioso, **10** passionato
- ***leise:*** **5** piano
- ***lieblich:*** **7** amabile
- ***liedartig:*** **9** cantabile
- ***lustig:*** **7** scherzo
- ***markiert:*** **7** marcato, **8** marcando
- ***mäßig langsam:*** **7** andante
- ***mäßig schnell, mäßig lebhaft:*** **10** allegretto
- ***mit Feuer, Schwung:*** **6** brioso
- ***mittel:*** **5** mezzo
- ***munter:*** **10** allegretto
- ***nachdenklich:*** **5** serio
- ***nicht zu langsam:*** **8** non lento
- ***pointiert:*** **8** staccato
- ***ruhig:*** **5** dolce
- ***ruhiger werdend:*** **7** calando
- ***sanft:*** **5** dolce, **6** adagio
- ***scherzhaft:*** **11** capriccioso
- ***schnell:*** **6** presto, rapido, **7** allegro
- ***schneller werdend*** **: 11** accelerando
- ***schwächer werdend:*** **9** smorzando, **10** diminuendo
- ***schwingend:*** **7** tremolo, vibrato
- ***sehr:*** **5** assai, molto, **6** troppo

- ***sehr laut:*** **10** fortissimo
- ***sehr leise:*** **10** pianissimo
- ***sehr schnell:*** **11** prestissimo
- ***sofort:*** **5** tosto
- ***sprechend:*** **8** parlando
- ***ständig wiederholt:*** **7** ostinat, **8** ostinato
- ***stark:*** **5** forte
- ***stürmisch:*** **7** furioso, **9** impetuoso
- ***süß:*** **5** dolce
- ***tändelnd:*** **7** giocoso
- ***trocken:*** **5** secco
- ***verliebt:*** **7** amoroso
- ***verlöschend:*** **7** morendo, **9** smorzando
- ***verstärkt:*** **7** forzato, **8** sforzato, **9** sforzando
- ***wachsend:*** **9** crescendo
- ***wenig:*** **4** poco
- ***Wiederholung:*** **6** da capo
- ***wieder streng im Takt:*** **8** misurato
- ***wild:*** **7** furioso
- ***würdevoll:*** **8** maestoso
- ***zärtlich:*** **7** amoroso
- ***ziemlich:*** **5** assai
- ***zurückhaltend:*** **8** ritenuto, **10** ritardando

musikalisches
- ***Ausstattungsstück:*** **5** Revue
- ***Bühnenwerke:*** **4** Oper, **5** Revue, **7** Musical, **8** Operette, **10** Musikdrama
- ***Thema:*** **5** Motiv
- ***Übungsstück:*** **6** Etuede
- ***Vorspiele:*** **7** Prélude, **10** Ouvertuere, Praeludium, **12** Introduktion

Musikaufführung: **7** Konzert

Musikdrama: **4** Oper

Musiker: **6** Geiger, Oboist, **7** Bassist, Blaeser, Cellist, Drummer, Hornist, Pianist, Pfeifer, **8** Floetist, Trommler, **9** Cembalist, Fagottist, Gitarrist, Posaunist, Streicher, Trompeter, Violinist, **10** Bratschist, **11** Holzblaeser, Saxophonist, **12** Blechblaeser, Klarinettist, Schlagzeuger

Musikfest: **8** Festival

Musikhalle: **5** Odeon, Odeum, **7** Orpheum

Musikinstrumente: → Blasinstrumente, → Streichinstrumente

Musikinstrumente: **3** Nay, Nei, Tar, **4** Bass, Gong, Horn, Lure, Lyra, Oboe, Tuba, **5** Banjo, Bongo, Cello, Fidel, Gambe, Geige, Harfe, Laute, Leier, Orgel, Pauke, Piano, Regal, Viola, **6** Becken, Cornet, Cymbal, Fagott, Fiedel, Floete, Glocke, Pfeife, Piston, Rassel, Tamtam, Zimbal, Zinken, Zither, **7** Alphorn, Bandola, Bandura, Bassett, Bombard, Cembalo, Clairon, Fanfare, Fluegel, Gitarre, Helikon, Klampfe, Klapper, Klavier, Kornett, Mandola, Musette, Okarina, Pikkolo, Posaune, Psalter, Spinett, Trommel, Violine, **8** Bratsche, Hautbois, Jagdhorn, Saxophon, Schalmei, Tamburin, Triangel, Trompete, Waldhorn, Xylophon, **9** Balalaika, Bandoneon, Bassgeige, Bombardon, Dudelsack, Hackbrett, Harmonika, Harmonium, Kniegeige, Mandoline, Oktachord, Sousaphon, Vibraphon, Zupfgeige, **10** Bombardino, Flageolett, Klarinette, Kontrabass, Querfloete, Querpfeife, **11** Blockfloete, Kastagnette, Kesselpauke, Violoncello, **12** Englischhorn, Glockenspiel, Hammondorgel, Schellenbaum, **13** Mundharmonika, Pikkolofloete, Ziehharmonika

Musikkapellen: **4** Band, **5** Combo, **7** Big Band, **8** Jazzband, **9** Orchester, **10** Musikkorps, **13** Spielmannszug

Musikkneipe: **12** Tingeltangel

Musiknote: → Tonbezeichnung

M

Musikschule: **14** Konservatorium
Musikstücke: **4** Fuge, Tanz, **5** Credo, Etude, Hymne, Kanon, Kyrie, Largo, Messe, Missa, Rondo, Suite, **6** Choral, Etuede, Marsch, Pavane, Reigen, Sonate, Tedeum, **7** Ballett, Kantate, Menuett, Motette, Prélude, Requiem, Romanze, Scherzo, Tokkata, **8** Berceuse, Chaconne, Fantasie, Kavatine, Laendler, Madrigal, Nokturno, Notturno, Serenade, Sinfonie, Sonatine, **9** Barkarole, Capriccio, Humoreske, Impromptu, Kantabile, Kantilene, Kapriccio, Larghetto, Oratorium, Pastorale, Phantasie, Polonaise, Potpourri, Rezitativ, Rhapsodie, Sarabande, Variation, **10** Intermezzo, Ouvertuere, Paraphrase, Praeludium, Staendchen, **11** Passacaglia, **12** Divertimento
Musikveranstaltung: **7** Konzert
Musikwerk (lat.): **4** Opus
Musikwerke: **10** Musikalien
Musikzeichen: **4** Note
Musikzeichen in den Psalmen: **5** Sela
Muskatbaumgewächs: **6** Virola
Muskatblüte: **5** Mazis
Muskelbau: **10** Muskulatur
Muskeleiweiß: **6** Myosin
Muskelerschlaffung: **6** Atonie
Muskelkrampf: **7** Krampus, **10** Katalepsie
Muskellehre: **8** Myologie
Muskelreißen: **6** Rheuma
Muskelschmerz: **7** Myalgie
Muskelschwund: **8** Atrophie
Muskeltrainer: **8** Expander
Muskelzucken: **3** Tic
muskulös: **10** athletisch, herkulisch
Muße: **4** Ruhe, **5** Otium, **6** Ferien, Urlaub, **8** Freizeit, **9** Nichtstun
Müßiggänger: **7** Bummler, Flaneur, **8** Tagdieb, **9** Bummelant, Faulenzer, **10** Nichtstuer, Schlaraffe
Muster: **3** Typ, **4** Form, Norm, **5** Dekor, Model, **6** Design, Dessin, Fasson, Modell, Schema, **7** Aufriss, Entwurf, Exempel, **8** Analogie, Beispiel, Exemplar, Formular, Prototyp, Standard, **9** Paradigma, Schablone
Musterbild: **5** Ideal, **8** Archetyp
Musterentwerfer: **8** Designer, **11** Modellierer
Mustergewicht: **6** Etalon
mustergültig: **5** ideal, **8** normativ, **9** kanonisch, klassisch, **11** einwandfrei, meisterhaft, vorbildlich, **12** exemplarisch
Musterung: **8** Maserung, Pruefung, **10** Ornamentik
Musterurteil: **9** Praejudiz
Musterzeichner: **8** Designer, **11** Dessinateur
Mut: **4** Mumm, **6** Traute, **7** Bravour, Courage, Schneid, Wagemut, **9** Kuehnheit, **10** Tapferkeit, **11** Beherztheit, **12** Verwegenheit, Zivilcourage, **17** Unerschrockenheit
Mutation: **12** Stimmwechsel
mutig: **6** tapfer, **8** verwegen, **9** schneidig, **10** bravouroes, couragiert
mutlos: **7** verzagt, **10** aengstlich, resigniert, **12** decouragiert
mutmaßlich: **10** praesumtiv
Mutter
– ***des Abel:*** **3** Eva
– ***des Adonis:*** **6** Myrrha
– ***des Achill:*** **6** Thetis
– ***des Amor:*** **5** Venus
– ***der Andromeda:*** **10** Cassiopeia, Kassiopeia
– ***der Antigone:*** **7** Iokaste
– ***der Aphrodite:*** **5** Dione
– ***des Apollon:*** **4** Leto
– ***des Ares:*** **4** Hera, Here

– *der Artemis:* **4** Leto
– *der Aurora:* **5** Theia
– *des Balder:* **5** Frigg, Frija
– *des Buddha:* **4** Maja
– *des Caligula:* **9** Agrippina
– *des Cupido:* **5** Venus
– *des Daniel:* **7** Abigail
– *der Demeter:* **4** Rhea, **5** Rheia
– *der Diana:* **6** Latona
– *des Dionysos:* **6** Semele
– *der Dioskuren:* **4** Leda
– *der Elektra:* **13** Klytaemnestra
– *der Eos:* **5** Theia
– *des Eros:* **9** Aphrodite
– *des Esau:* **7** Rebekka
– *der Forseti:* **5** Nanna
– *der Freia:* **5** Skadi
– *des Gernot:* **3** Ute
– *des Giselher:* **3** Ute
– *der Gracchen:* **8** Cornelia
– *des Gunther:* **3** Ute
– *der Haimonskinder:* **3** Aja
– *der Hebe:* **4** Hera, Here
– *des Hektor:* **6** Hekabe, Hekuba
– *der Helena:* **4** Leda
– *der Hera:* **4** Rhea, **5** Rheia
– *des Herakles:* **7** Alkmene
– *des Hermes:* **4** Maia, Maja
– *der Hermione:* **6** Helena
– *des Hyperion:* **4** Gaea
– *der Iphigenie:* **13** Klytaemnestra
– *des Ismael:* **5** Hagar
– *der Ismene:* **7** Iokaste
– *des Jakob:* **7** Rebekka
– *Johannes des Täufers:* **9** Elisabeth
– *des Joseph:* **5** Rahel, **6** Rachel
– *der Juno:* **4** Rhea
– *des Jupiter:* **4** Rhea
– *des Kain:* **3** Eva
– *der Kassandra:* **6** Hekabe, Hekuba
– *des Kastor:* **4** Leda
– *der Kriemhild:* **3** Ute
– *des Kronos:* **4** Gaea
– *des Kupido:* **5** Venus
– *der Maria:* **4** Anna
– *des Mars:* **4** Juno
– *der Musen:* **9** Mnemosyne
– *Napoleons I.:* **8** Laetitia
– *Napoleons III.:* **8** Hortense
– *des Neptun:* **4** Rhea, **5** Rheia
– *des Nero:* **9** Agrippina
– *des Ödipus:* **7** Iokaste
– *des Odysseus:* **8** Antiklea
– *des Orest:* **13** Klytaemnestra
– *des Paris:* **6** Hekabe, Hekuba
– *des Parzival:* **10** Herzeleide
– *des Peer Gynt:* **4** Aase
– *des Pegasus:* **6** Medusa
– *des Perseus:* **5** Danae
– *des Pollux:* **4** Leda
– *des Poseidon:* **4** Rhea, **5** Rheia
– *des Remus, Romulus:* **4** Rhea
– *der Salome:* **8** Herodias
– *des Salomo:* **8** Bathseba
– *des Seth:* **3** Eva
– *des Siegfried:* **9** Sieglinde
– *des Somnus:* **3** Nox
– *des Sultans:* **6** Walide
– *des Telemach:* **8** Penelope
– *des Thor:* **6** Frigga
– *des Tiberius:* **5** Livia
– *des Triton:* **10** Amphitrite
– *des Tyr:* **6** Frigga
– *des Uller:* **3** Sif
– *des Vulcanus:* **4** Juno
– *des Zeus:* **4** Rhea, **5** Rheia

Mutterbiene: **6** Weisel, **8** Koenigin
Mutterboden: **5** Humus
Mutterkuchen: **8** Plazenta
Mutterrecht: **11** Matriarchat
Mutterschaf: **5** Zibbe, Zippe
Mutterschwein: **3** Sau
Mutwille: **8** Petulanz, Uebermut
Myanmar (auch Birma oder Burma, Staat in SO-Asien)
Flüsse: **6** Saluen, **7** Irawadi, **8** Chindwin
Gebirge: **6** Arakan
Haumesser: **3** Dah
Hauptstadt: **6** Rangun, **7** Rangoon

Nobelpreisträger
– *für Frieden:* **3** Kyi
Orte und Städte: **4** Pegu, **5** Mogok, Pagan, Prome, **6** Lashio, **7** Bassein, Henzada, **8** Mandalay
Volksstämme: **3** Mon, **4** Shan, **5** Karen, **6** Tschin, **8** Katschin
Währung: **4** Kyat, Pyas

Myrtengewächse: 7 Eugenia, Guayave, **10** Eukalyptus, Jaboticaba, Pimentbaum, **11** Schoenfaden
mysteriös: 6 dunkel, obskur, unklar, **8** mystisch, **11** raetselhaft, **13** geheimnisvoll
Mysterium: 9 Geheimnis
Mythe: 4 Sage, **6** Mythos, Mythus

N

Naab-Zuflüsse: **4** Luhe, Vils, **5** Ascha
Nabelschwein: **6** Pekari
Nabenbohrer: **5** Naber
nach Abzug: **5** netto
nach außen gewölbt: **6** konvex
nach innen gewölbt: **6** konkav
nachahmen: **8** kopieren, **9** imitieren
Nachahmer: **6** Kopist, **7** Epigone, **8** Imitator, **9** Plagiator
Nachahmung: **5** Kopie, **6** Mimese, **7** Parodie, Plagiat, **8** Attrappe, **9** Imitation, **10** Falsifikat
Nachbarvolk der alten Juden: **8** Moabiter
Nachbesserung: **8** Retusche
nachbilden: **8** kopieren, **14** rekonstruieren
Nachbildung: **5** Kopie, **6** Modell, **8** Attrappe, Klischee, **9** Faksimile, Imitation, **10** Falsifikat, **12** Reproduktion
Nachbildung der Erdkugel: **6** Globus
nachdenken: **6** sinnen, **8** gruebeln, **9** sinnieren, **10** ueberlegen, **12** reflektieren
Nachdenken: **10** Meditation
nachdenklich: **8** besonnen
Nachdruck: **6** Akzent, Aplomb, **7** Emphase, Energie, Reprint, **8** Betonung, **11** Intensitaet
nachdrücklich: **9** ultimativ
nacheinander: **9** sukzessiv
Nacheiszeit: **11** Postglazial
Nachfolge: **10** Sukzession
Nachfolger: **4** Erbe, **7** Epigone, Juenger, **9** Anhaenger
Nachfolger
– ***Alexanders des Großen:*** **8** Diadoche
– ***des Elias:*** **5** Elisa
– ***Homers:*** **8** Homeride
– ***Mohammeds:*** **7** Abu Bekr
– ***des Moses:*** **5** Josua
– ***des Petrus:*** **5** Linus
– ***des Rurik:*** **4** Oleg
nachforschen: **13** recherchieren
Nachforschung: **5** Suche, **9** Erkundung, Recherche, **10** Ermittlung
Nachfrage: **11** Erkundigung
nachgeahmt: **7** kopiert, **8** imitiert, **9** parodiert
nachgeben: **7** weichen
nachgelassen: **6** postum, **7** posthum
Nachhall: **4** Echo, **8** Resonanz
Nachhelfer: **9** Repetitor
Nachkommen: **4** Kind, Sohn, **5** Enkel, **6** Spross, **7** Enkelin, Tochter, **9** Enkelkind, **10** Deszendent, Kindeskind, **11** Sproessling, Stammhalter
Nachkommenschaft: **10** Deszendenz
Nachkommenschaft von Tieren: **4** Brut, Wurf
Nachkömmling: **10** Deszendent
Nachlaß: **4** Erbe, **5** Abzug, **6** Rabatt, Skonto, **8** Kuerzung, **9** Erbschaft, Reduktion, **12** Ermaessigung
Nachlaßanteil: **5** Legat
Nachlaßempfänger: **4** Erbe
nachlässig: **5** leger, **6** salopp, **9** schlampig, schludrig, **10** schluderig
Nachlässigkeit: **11** Nonchalance
Nachmittagsmahlzeiten: **5** Jause, **6** Vesper, **11** Fuenfuhrtee
nachprüfen: **10** revidieren
Nachprüfer: **7** Revisor
Nachprüfung: **8** Revision

Nachrede: **6** Epilog, Gerede, **7** Klatsch, Tratsch, **8** Gemunkel, Munkelei, **10** Laesterung, **11** Verleumdung
Nachricht: **4** Avis, **5** Kunde, **7** Meldung, **8** Bescheid, Depesche, **9** Botschaft, Schreiben, Telebrief, Telegramm, **11** Information
Nachrichtenmittel: **4** Funk, **5** Radio, **6** Presse, **7** Telefon, Zeitung, **8** Rundfunk, Telephon, Telegraf, **9** Fernsehen, Telegraph, **11** Television, **12** Fernsprecher, **13** Fernschreiber
Nachrichtenüberbringer: **4** Bote, **9** Informand
Nachrichter: **6** Henker
Nachruf: **6** Epilog, **8** Grabrede, Nekrolog, **10** Gedenkrede
Nachschlagewerke: **7** Lexikon, **10** Diktionaer, **11** Woerterbuch, **13** Enzyklopaedie, **15** Sachwoerterbuch
Nachschlüssel: **8** Dietrich, **12** Passepartout
Nachschrift: **6** Diktat, **12** Postskriptum
Nachschubgebiet: **6** Etappe
Nachschubtruppe: **6** Train, Tross
nachsehen: **9** verzeihen, **10** revidieren
Nachsicht: **5** Milde, **6** Geduld, **6** Indult, **8** Schonung, Toleranz, **9** Indulgenz
nachsichtig: **4** mild, **5** milde, **6** guetig, **7** duldsam, gnaedig, **8** geduldig, tolerant, **10** glimpflich, langmuetig, weitherzig
Nachsilbe: **6** Sulfix
nachsinnen: **10** meditieren, simulieren
Nachspeise: **7** Dessert
Nachspiel: **6** Epilog
Nächstenliebe: **6** Agape, **7** Karitas, **10** Altruismus
Nachsteuer: **6** Surtax, **7** Surtaxe
Nachströmung: **3** Sog
Nachteil: **5** Damno, **7** Schaden, Verlust, **8** Einbusse
Nachtfalter: **4** Eule, **5** Nonne, **6** Glucke, **12** Kupferglucke, **14** Fichtenspinner, Schwammspinner
Nachtgespenst: **3** Alp, **4** Mahr, **5** Drude, **7** Inkubus, **9** Nachtmahr
Nachtgewand: **6** Pyjama, **7** Negligé
Nachtgottesdienst: **5** Mette
nächtigen: **8** logieren
Nachtisch: **7** Dessert, Kompott
Nachtlager im Freien: **5** Biwak
Nachtlokal: **3** Bar, **9** Nightclub
Nachtmusik: **8** Nocturne, Nokturne, Notturno
Nachtrag: **10** Supplement, **12** Postscriptum
Nachtragsgesetz: **7** Novelle
Nachtschattengewächse: **5** Tabak, **6** Tomate, **7** Solanum, **9** Aubergine, Kartoffel, **10** Mandragore, Stechapfel, **11** Bilsenkraut, Eierpflanze, Tollkirsche
Nachtvögel: **3** Uhu, **4** Eule, Kauz → Eulen
Nachtwache des röm. Heeres: **7** Vigilie
Nachtwandeln: **14** Noktambulismus
Nachwein: **5** Lauer
Nachweis: **5** Beleg, **6** Beweis, Quelle, **7** Urkunde, **8** Dokument
Nachweis der Abwesenheit: **5** Alibi
Nachwort: **6** Epilog
Nachwuchsschauspielerin: **7** Starlet, **8** Starlett
Nackenstück der Schlachttiere: **4** Kamm
nackt: **5** bloss, **10** huellenlos, **11** unbekleidet
Nacktheit: **8** Nuditaet
Nadelbäume: **4** Arbe, Arve, Eibe, Seve, **5** Forle, Pinie, Tanne, Thuja, Tsuga, Zirbe, **6** Fichte, Foehre, Forche, Kiefer, Kussel, Strobe, Zirbel, **7** Agathis, Kuschel, Laerche, Latsche, Redwood, Sequoie,

8 Farneibe, Hibabaum, Knieholz, Konifere, Kopfeibe, Rotttanne, Sadebaum, Taxodium, Zypresse, **9** Araukarie, Blautanne, Douglasie, Edeltanne, Krummholz, Legfoehre, Sevenbaum, Steineibe, Sumpfeibe, Wacholder, **10** Andentanne, Bergfoehre, Bergkiefer, Bunya-Bunya, Gelbkiefer, Lebensbaum, Mammutbaum, Pechkiefer, Sandkiefer, Scheineibe, Waldkiefer, Weisstanne, **11** Balsamtanne, Dammarabaum, Goldlaerche, Kaurifichte, Kegelfichte, Ketelleeria, Kugelfichte, Prachttanne, Purpurtanne, Riesentanne, Schirmtanne, Sicheltanne, Silbertanne, Stechfichte, Sumpfkiefer, Zwergkiefer, **12** Aleppokiefer, Hemlocktanne, Kranewitbaum, Schirmkiefer, Strandkiefer, Trauerfichte, Zirbelkiefer, **13** Omorikafichte, Schwarzkiefer, Sprossentanne, Sumpfzypresse, Traenenkiefer, **14** Nordmannstanne, Scheinzypresse, Schimmelfichte, Zwergwacholder, **15** Schlangenfichte, Weymouthskiefer, **16** Kandelaberfichte, Riesenlebensbaum, Riesenmammutbaum, Sandarakzypresse, Schierlingstanne, **17** Kuestenmammutbaum

Nadelloch: **4** Oehr

Nadelpalme: **6** Raphia

Nadelwald: **4** Tann

Nagel: **5** Stift, **6** Zwecke

Nagelblume: **5** Nelke, **7** Flieder

Nagelpflege: **9** Manikuere, Pedikuere

Nagetiere

Hörnchenartige: **3** Feh, **5** Biber, Bobak, **6** Gopher, Hackee, Schilu, Suslik, Taguan, Ziesel, **7** Assapan, Marmota, **8** Burunduk, Chipmunk, **9** Flugbilch, Marmotte, **10** Murmeltier, Perlziesel, Springhase, Zenkerella, Zieselmaus, **11** Feheichhorn, Kanadabilch, Praeriehund, Taschenmaus, **12** Erdhoernchen, Rothoernchen, Taschenratte, **13** Baumhoernchen, Eichhoernchen, Flughoernchen, Grauhoernchen, **14** Kaenguruhratte, Streifenziesel, Waldmurmeltier, **15** Alpenmurmeltier, Backenhoernchen, Leopardenziesel, Taschenspringer, **16** Borstenhoernchen, Dornschwanzbilch, **17** Steppenmurmeltier, **18** Stacheltaschenmaus, Zwergflughoernchen, **19** Riesenflughoernchen, **20** Dornschwanzhoernchen

Mäuseartige: **4** Maus, Ratz, **5** Ratte, **8** Bandmaus, Baummaus, Buntmaus, Fettmaus, Grasmaus, Hausmaus, Tanzmaus, Waldmaus, **9** Brandmaus, Hausratte, Pestratte, Weissmaus, Zwergmaus, **10** Backenmaus, Berbermaus, Nasenratte, Ohrenratte, Wassermaus, **11** Borkenratte, Fruchtratte, Klettermaus, Springratte, Stachelmaus, Wanderratte, **12** Feldhausmaus, Halsbandmaus, Hamsterratte, Haus-Hausmaus, Schwimmratte, Streifenmaus, **16** Greifschwanzmaus, **18** Mosaikschwanzratte

Mäuseverwandte: **5** Bilch, Relle, **9** Bilchmaus, Blessmull, Blindmaus, Dscherboa, Haselmaus, Huepfmaus, Kahlratte, Nackmull, Schlaefer, **10** Birkenmaus, Eichelmaus, Schlafmaus, Springmaus, **11** Bambusratte, Sandgraeber, **12** Stachelbilch, Streifenmaus, **13** Baumschlaefer, Feldhuepfmaus, **14** Blinddarmbilch, Maulwurfsratte, Pferdespringer, Salzkrautbilch,

Schnellwuehler, **15** Gartenschlaefer, Siebenschlaefer, **17** Wuestenspringmaus, **18** Pinselschwanzbilch, **19** Zwergpferdespringer, Stumpfschnauzenmull

Stachelschweine und Verwandte: **4** Cuiy, Degu, Guti, Mara, Paka, **5** Aguti, Gundi, Urson, **6** Cuandu, Nutria, **8** Bergpaka, Goldhase, Pakarana, Tukotuko, Viscacha, Wollmaus, **9** Baumratte, Hasenmaus, Igelratte, Kammratte, Rohrratte, Trugratte, **10** Biberratte, Chinchilla, Hutia-Conga, Kammfinger, Pampashase, **11** Felsenratte, Ferkelratte, Fingerratte, Lanzenratte, **12** Baumstachler, Stachelratte, **13** Borstenferkel, Greifstachler, Kubabaumratte, Wasserschwein, **14** Stachelschwein, **15** Meerschweinchen, Quastenstachler, **19** Borstenbaumstachler, **21** Angorameerschweinchen, Struppmeerschweinchen

Wühler, Hamster: **6** Illing, **7** Erdmaus, Hamster, Lemming, **8** Feldmaus, Mollmaus, Rennmaus, **9** Ackermaus, Reisratte, Schermaus, Wuehlmaus, **10** Bisamratte, Fischratte, Nackratte, Rattenkopf, Roetelmaus, Schneemaus, Wurzelmaus, **11** Felsenratte, Goldhamster, Hoehlenmaus, Kurzohrmaus, Wasserratte, Wuestenmaus, **12** Erdwuehlmaus, Grosshamster, Maehnenratte, Sandrennmaus, **13** Baumwollratte, Kaninchenmaus, Waldwuehlmaus, Weissfussmaus, **14** Alpelwuehlmaus, Untergrundmaus

nagetierähnliche Säuger: → Hasen

Nahe-Zuflüsse: **4** Glan, Idar, Wies, **6** Simmer, **8** Idarbach

Näherin: **8** Grisette

Nähfaden (Chirurg): **6** Katgut

Nähgeräte: **5** Nadel, **6** Schere, **9** Fingerhut

Nahkampf: **7** Infight

Nähmaterial: **4** Garn, **5** Seide, Wolle, Zwirn

Nährboden: **8** Substrat

nahrhaft: **12** substantiell

Nährmittel: **4** Sago, **5** Nudel, **6** Graupe, Griess, Nudeln, **7** Graupen, **12** Haferflocken

Nährmitteleinheit: **3** Nem

Nährmutter: **4** Amme

nährstoffreich: **7** eutroph

Nahrung: **3** Atz, **4** Kost, **6** Futter, Speise, **7** Fressen, **9** Nutriment, **12** Lebensmittel

Nahrungsaufnahme: **9** Ingestion

Nahrungsmittel: **2** Ei, **3** Oel, **4** Brot, Fett, Mais, Mehl, Obst, Reis, Sago, **5** Fisch, Hirse, Honig, Kaese, Milch, Speck, Wurst, **6** Butter, Graupe, Griess, Nudeln, Zucker, **7** Fleisch, Gebaeck, Gemuese, Schmalz, **8** Backware, Schinken, **9** Gefluegel, Kartoffel, Margarine, Marmelade, Suessware, **10** Konfituere, Schokolade, **12** Haferflocken

Nahrungsaufnahme des Wilds: **5** Aesen

Nähstelle: **4** Naht

Nahtbesatz: **6** Paspel

namenlos: **6** anonym, **8** unsagbar

Namenschützung: **9** Onomantie

Namenszeichen, Namenszug: **6** Signum, **7** Paraphe, **8** Signatur, **9** Autogramm, Monogramm, **12** Paraphierung

namhaft: **7** bekannt, **8** beruehmt, illuster, populaer, **9** angesehen, bedeutend, **10** renommiert

Namibia (Staat in SW-Afrika)

Berg: **9** Brandberg
Bevölkerung: **5** Ambos, Namas, **6** Bantus, Herero, Tswana, **7** Damaras, Ovambos, **8** Kavangos, **9** Bergdamas, **11** Kaokolander, **12** Buschmaenner, Hottentotten
Buchten: **13** Walfischbucht, **14** Luederitzbucht
Freiheitsbewegungen: **5** Swanu, Swapo
Gebiet: **13** Etoschapfanne
Hauptstadt: **7** Windhuk
Mischlinge: **6** Baster
Städte: **5** Otavi, Outjo, **6** Tsumeb, **7** Gobabis, **8** Rehoboth, **9** Karasburg, Luederitz, **10** Otjivarongo, Swakopmund, **11** Walfischbai, **12** Grootfontein, Keltmanshoop
Währung: **4** Rand
Wildpark: **7** Etoscha
Wüsten: **5** Namib, **8** Kalahari

Nansens Polarschiff: **4** Fram
Napf: **5** Satte, **9** Schuessel
Napfkuchen: **9** Gugelhupf
Naphtha: **6** Erdoel
Narbe: **7** Schmiss, **8** Schmarre
Narbe in Bauchmitte: **5** Nabel
Narbenbildung: **6** Ulosis
Narbenleder: **5** Nubuk, **7** Chagrin, Saffian
Narbung (Papier, Gewebe): **8** Gaufrage
Narkosearzt: **11** Narkotiseur, **13** Anaesthesist
narkotisieren: **9** betaeuben
Narkosemittel: **6** Aether, Evipan, **7** Lachgas, **8** Novocain, **10** Chloroform
Narr: **3** Fex, Tor, **5** Clown, **7** Bajazzo, **8** Gracioso, Harlekin, **9** Hanswurst, **11** Spassmacher, **12** Eulenspiegel, **13** Possenreisser
Narr der spanischen Komödie: **8** Gracioso
Narretei: **5** Posse, **8** Allotria, Tollheit
närrisch: **4** toll, **6** albern, **11** ausgelassen
Narzissengewächs: **5** Agave, **6** Clivia
Nase mancher Tiere: **7** Ruessel
näselnd: **5** nasal
Nasenentzündung: **8** Rhinitis
Nasenheilkunde: **10** Rhinologie
Nasenklemmer: **7** Kneifer, **8** Pincenez
Nasenlaut: **5** Nasal
Nasenloch des Pferdes: **7** Nuester
Nasenlöcher: **5** Nares
Nasenschmerz: **9** Rhinalgie
Nasenspiegel: **9** Rhinoskop
Nasenstüber: **4** Fips
Nasenwucherung: **5** Polyp
naseweis: **7** vorlaut, **9** vorwitzig
nasführen: **9** duepieren
Nashorn: **10** Rhinozeros
naß: **5** humid, **6** humide
Nationalflagge von
– ***Frankreich:*** **9** Trikolore
– ***Großbritannien:*** **9** Union Jack
– ***USA:*** **15** Stars and Stripes
Nationalheiliger Irlands: **7** Patrick
Nationalheld
– ***der Schweiz:*** **10** Winkelried
Tiroler: **5** Hofer
Nationalheldin der Tschechen: **7** Libussa
Nationalökonom: **9** Volkswirt
Nationalspiel
– ***der Basken:*** **6** Pelota, **9** Chiestera
– ***der Nordamerikaner:*** **8** Baseball
Natriumverbindung: **4** Soda, **6** Natron, **8** Kochsalz, **10** Aetznatron, **11** Glaubersalz
Naturallohn: **7** Deputat
Naturanlage: **5** Trieb, **8** Instinkt
Naturdünger: **4** Mist, **5** Guano, **6** Jauche
Naturerscheinungen: → Niederschläge, → Winde
Naturerscheinungen: **3** Eis, Tau,

4 Ebbe, Flut, Reif, Wind, Woge, **5** Blitz, Frost, Hagel, Nebel, Regen, Sturm, Welle, Wolke, **6** Donner, Lawine, Meteor, Schnee, **8** Abendrot, Erdbeben, Gewitter, Irrlicht, Seebeben, Unwetter, **9** Elmsfeuer, Morgenrot, Nordlicht, Sturmflut, **10** Kugelblitz, Regenbogen, Fata Morgana, **12** Niederschlag, **14** Meeresleuchten, Mondfinsternis, Wetterleuchten, **16** Sonnenfinsternis

Naturerzeugnisse: 10 Naturalien

naturfarben: 4 écru, **5** beige

naturgemäß: 6 genium

Naturgewalten: 8 Elemente

Naturglaube: 12 Naturalismus

Naturgummi: 9 Kautschuk

Naturheilkunde: 10 Physiatrie

Naturkatastrophen: 6 Lawine, **8** Erdbeben, Seebeben, Sintflut, **9** Erdrutsch, **14** Vulkanausbruch, **15** Ueberschwemmung

Naturkraft: 2 Od, **6** Physis

Naturkunde: 8 Biologie

natürlich: 4 echt, naiv, **7** einfach, erdhaft, **8** naturell, physisch, schlicht, **13** ungekuenstelt

natürlicher Zaun: 3 Hag, **5** Hecke

Naturschutzgebiet: 8 Reservat

Naturschutzgebiete: → betr. Länder

Naturseidenfaden: 5 Grège

Naturtrieb: 8 Instinkt

Naturtrompete: 7 Fanfare

Naturwissenschaften und Teilgebiete: 5 Optik, **6** Chemie, Physik, Statik, **7** Akustik, Botanik, Dynamik, Genetik, Kalorik, Kinetik, **8** Biologie, Geologie, Mechanik, Zoologie, **9** Biochemie, Biophysik, Geophysik, Kinematik, **10** Astronomie, Atomphysik, Geographie, Kernphysik, Mathematik, **11** Mineralogie, **12** Meteorologie

Nauru (Phosphatinselstaat im W-Pazifik)
***amtl. Name Naurus:* 6** Naoero
***Bevölkerung:* 9** Nauruaner
***Hauptstadt:* 5** Yaren
***Sprache:* 11** Nauruanisch
***Währung:* 4** Cent, **6** Dollar

Nautiker: 5 Lotse, **9** Navigator

nautische Geräte, Instrumente: 3 Log, Lot, **4** Bake, Boje, Mlre, **5** Pegel, Tonne, **6** Flagge, Oktant, **7** Bussole, Echolot, Kompass, Sextant, **8** Fernrohr, Periskop, Teleskop, **9** Nebelhorn, Sturmball, **10** Leuchtturm, Seezeichen, **11** Feuerschiff, Leuchtfeuer, **14** Kreiselkompass

nautisches Maß: 5 Faden, Kabel, **6** Knoten, **8** Seemeile

neapolitanischer Bettler: 9 Lazzarone

Nebel: 3 Fog, **4** Smog

Nebelhorn: 6 Sirene, **7** Foghorn

nebelig: 6 diesig

Nebelmonat: 8 November

nebenbei: 5 extra

Nebenbestimmung: 7 Klausel

Nebenbuhler: 6 Rivale, **10** Konkurrent

Nebenbuhlerschaft: 10 Rivalitaet

Nebeneinander: 10 Koexistenz

Nebeneinnahmen: 8 Sporteln

Nebenfigur: 8 Figurine

Nebenform: 5 Abart

Nebenfrau: 5 Kebse, **9** Konkubine

Nebenfrau Abrahams: 5 Hagar

Nebengebäude: 5 Anbau, Gaden, **10** Dependance

Nebenhandlung: 7 Episode

nebenher: 10 begleitend

Nebenperson: 8 Figurant

Nebenraum: 7 Alkoven

Nebenraum der Kirche: 9 Sakristei

Nebenrolle: 6 Charge

Nebensache: 8 Lappalie, **9** Bagatelle

nebensächlich: 8 peripher, **10** episodisch

Nebensächliches: 8 Staffage

Nebenspeise: 11 Hors d'oeuvre
Nebenstelle: 7 Filiale
Nebentischchen: 8 Servante
neblig: 5 trueb, **6** diesig, **7** dunstig
Neckar-Zuflüsse: 3 Elz, Enz, **4** Aich, Erms, Fils, Murr, Prim, Rems, Sulm, **5** Ammer, Echaz, Eyach, Glatt, Jagst, Ulfen, Zaber, **6** Echatz, Elsenz, Kocher, Lauter, **7** Koersch, Starzel, **8** Leinbach, Steinach
necken: 4 uzen, **6** foppen, **7** spotten, **8** frotzeln, haenseln, sticheln, **9** aufziehen
Neckerei: 2 Uz
neckischer Geist: 6 Kobold
Neffe: 6 Nepote
Neffe
– *Abrahams:* 3 Lot
– *des Königs Artus:* 5 Gawan, **6** Gawein
negativ geladenes Ion: 5 Anion
negative Elektrode: 6 Katode, **7** Kathode
negatives Elementarteilchen: 8 Elektron
Neger: 4 Mohr, **7** Negride, **9** Afrikaner, Schwarzer
negerähnliche Rassengruppen: 8 Negroide
negieren: 8 ablehnen, **9** verneinen
Nehrung: 4 Lido
neidisch: 6 scheel, **12** missguenstig
Neige: 4 Rest
neigen: 6 beugen, **9** tendieren, **11** inklinieren
Neigung: 4 Hang, Lust, **5** Drang, Gusto, Trend, Trieb, **6** Abfall, Talent, Faible, **7** Tendenz, **8** Schraege, Vorliebe, **9** Interesse, Schwaeche, Sympathie, **11** Inklination, Schraegheit
Neigungsmesser: 10 Klinograph, Klinometer
Neigungswinkel: 11 Inklination
Neinsager: 8 Negierer
Nelkengewächse: 5 Miere, **9** Leimkraut
Nelkenpfeffer: 6 Piment
Nenner in der Bruchrechnung: 6 Teiler, **7** Divisor
Nennform: 9 Infinitiv
Nennwert: 4 Pari
Nennwort: 5 Nomen
Nepal (Staat in S-Asien)
***Adelsfamilie bis 1951:* 5** Rana
***Berge:* 7** Everest, Manaslu, **9** Annapurna, **10** Dhaulagiri, **12** Mount Everest
***Bevölkerung:* 3** Rai, **5** Limbu, Magar, Newar, Tharu, **6** Bothia, Gurkha, Gurung, Sunwar, Tamang, **7** Sherpas, Thakali, **9** Nepalesen
***Fluß:* 7** Tsangpo
***Gebiete:* 5** Tarai, **6** Manang
***Gebirge:* 7** Siwalik, **8** Himalaja, Himalaya
***Hauptstadt:* 8** Katmandu
***König:* 8** Birendra
***Sprache:* 6** Nepali
***Städte:* 5** Patan, **7** Birganj, **8** Bhatgaon, **9** Bhaktapur, Nepalganj, **10** Biratnagar
***Tal:* 7** Pokhara
***Währung:* 5** Mohur, Paisa, Rupie
Nervenarzt: 9 Neurologe, **10** Psychiater
Nervenentzündung: 8 Neuritis
Nervenerschütterung: 6 Schock
Nervengeflecht: 6 Plexus
Nervengewebe: 4 Glia
Nervenkitzel: 9 Sensation
Nervenknoten: 8 Ganglion
Nervenkranker: 9 Neuropath
Nervenleiden: 7 Neurose, **8** Psychose, **11** Neuropathie
Nervenschmerz: 9 Neuralgie
Nervenschwäche: 7 Aneurie, **11** Nervositaet, **12** Neurasthenie
Nervenverdickung: 6 Neurom

Nervenzelle: **6** Neuron
Nerz: **4** Mink, **6** Marder
Nesselgewächse: **5** Pilea, Ramie, Urera, **8** Boemeria, Laportea, **10** Brennessel, Hanfnessel, Heimglueck
Nesseltiere: **6** Meduse, Qualle, **7** Koralle
Nest: **5** Horst, Kobel
Nestgelege: **4** Brut, Eier
nett: **4** lieb, **6** adrett, gentil, proper, **11** appetitlich
Nettigkeit: **10** Kompliment
Netz: **4** Garn, **5** Falle
netzartig: **7** filiert
netzartiges Gewebe: **5** Tuell
Netzätzung: **9** Autotypie
Netzflügler: **9** Florfliege, **14** Ameisenjungfer
Netzhaut des Auges: **6** Retina
Netzmacher: **6** Seiler
neuartig: **6** modern
Neubekehrter: **8** Proselyt
Neubildung: **12** Regeneration
Neudruck: **7** Reprint
Neuerer: **10** Reformator
Neueröffnung: **10** Vernissage
Neuerscheinung: **8** Novitaet
Neuerung: **6** Reform
neueste Mode: **10** Dernier cri
Neufassung: **6** Remake
Neugestaltung: **6** Reform, **11** Renovierung, **14** Reorganisation
Neugrat: **3** Gon
Neuguinea: **5** Irian → Papua-Neuguinea
Neuheit: **5** Novum, **8** Novitaet, **9** Nouveauté, **11** Modernitaet
neuheitlich: **7** modisch
Neuling: **6** Novize, **9** Anfaenger, Gruenhorn
Neunauge: **6** Bricke, **8** Lamprete
Neuneck: **7** Nonagon
Neuordung: **6** Reform, **14** Reorganisation
Neureicher: **6** Raffke, **8** Parvenue
Neuseeland (Inselstaat in Ozeanien)
Berge: **6** Egmont, **8** Aspiring, **9** Mount Cook
Bevölkerung: **5** Maori, **13** Neuseelaender
Ebene: **15** Canterburyebene
Fluß: **9** Hutt River
Gebiet: **5** Otago
Hauptstadt: **10** Wellington
Inseln: **6** Bounty, **7** Chatham, **8** Campbell, Kermadec, **9** Antipoden, Nordinsel, Suedinsel, **12** Stewartinsel
Nationalparks: **6** Egmont, **9** Tongariro
Papagei: **3** Kea
Schnepfenstrauß: **4** Kiwi
Seen: **8** Tauposee, **9** Te-Anau-See
Singvogel: **3** Poe
Sprache: **5** Maori, **8** Englisch
Städte: **6** Napier, Oamaru, Timaru, **7** Dunedin, Rotorua, **8** Auckland, Blenheim, Hamilton, Hokitika, Kaikoura, Tauranga, **11** New Plymouth, **12** Christchurch
Vulkane: **7** Ruapehu, **9** Ngauruhoe, **11** White Island
Währung: **4** Cent, **6** Dollar
Neusilber: **6** Alpaka, **8** Argentan
Neuverfilmung: **6** Remake
Neuzeit: **7** Moderne
New Yorker
– *Börsenviertel:* **10** Wallstreet
– *Fluß:* **6** Hudson
– *Geschäftsstraße:* **8** Broadway
– *Opernhaus:* **3** Met, **17** Metropolitan Opera
– *Stadtteile:* **5** Bronx, **6** Queens, **8** Brooklyn, Richmond, **9** Manhattan
Nibelungengestalten: **3** Ute, **4** Atli, Mime, **5** Etzel, Hagen, **6** Attila, Gernot, Volker, **7** Gunther, **8** Alberich, Brunhild, Dankwart,

Giselher, Ortlieb, Pilgrim, **9** Brunhilde, Dietlinde, Kriemhild, Siegfried, **12** Hildebrand
Nibelungenmutter: 3 Ute
Nibelungenschwert: 7 Balmung
– ***bei R. Wagner:*** **7** Nothung
Nibelungenstadt am Rhein: 5 Worms
Nicaragua (Nikaragua – Staat in Mittel-Amerika)
Bevölkerung: **12** Nicaraguaner
Fluggesellschaft: **6** Lanica
Flüsse: **4** Coco, **9** Rio Grande
Hauptstadt: **7** Managua
Indianersprache: **7** Chibcha
Indianerstämme: **7** Miskito, Nicarao
Lyriker: **5** Dario
Politiker: **6** Ortega, Somoza, **8** Chamorro
Städte: **4** Léon, **6** Esteli, Masaya, **7** Corinto, Granada, **8** Jinotega, **9** Matagalpa, **10** Bluefields, Chinandega, **12** Puerto Isabel, **13** Puerto Cabezas
Vulkan: **7** El Viejo
Währung: **7** Centavo, Cordoba
nichtamtlich: 6 privat, **11** inoffiziell
Nichtchrist: 5 Heide
Nichteinmischung: 12 Desinteresse
Nichtfachmann: 4 Laie, **7** Amateur, **9** Dilettant
nichtig: 4 inan
Nichtigkeit: 8 Lappalie
Nichtjude: 3 Goi
Nichtleiter: 8 Isolator
Nichtmetall: 9 Metalloid
Nichtmohammedaner: 5 Giaur, Kafir
Nichts: 4 Null, Zero, **5** Leere, **6** Vakuum
nichts als: 3 nur
Nichtskönner: 8 Stuemper
Nichtsnutz: 4 Lump, **8** Faulpelz, Tagedieb, **10** Schlawiner, Tunichtgut, **11** Taugenichts
Nichtsoldat: 8 Zivilist
nichtssagend: 4 fade, **5** banal, platt, **7** farblos
Nichtstun: 5 Musse
nichtswürdig: 9 miserabel
Nichtswürdiger: 4 Lump, **6** Schuft, **7** Halunke
Nichtwissen: 8 Ignoranz
Nichtwisser: 8 Ignorant
Nidda-Zufluß: 6 Wetter
niederdeutscher Dialekt: 5 Platt
niederdeutsche Dichter: 5 Groth, Raabe, Storm, **6** Reuter
niedere Pflanzen: 4 Alge, Moos, **7** Flechte
niederes
– ***Lebewesen:*** **6** Amoebe, **9** Einzeller
– ***Volk:*** **5** Plebs, **6** Poebel
Niedergang: 4 Ruin, **7** Verfall, **8** Dekadenz
niedergeschlagen: 7 traurig, **9** depressiv, **10** deprimiert
Niedergeschlagenheit: 10 Depression
Niederholz: 7 Dickung, **8** Dickicht, **9** Gestruepp, Unterholz
Niederkunft: 6 Geburt, **10** Entbindung
Niederlage: 6 Abfuhr, **7** Filiale, **8** Schlappe
Niederlande (Staat in W-Europa)
Admirale: **5** Tromp, **6** Ruyter
Architekten: **4** Kerk, **6** Keyser
Astronomen: **4** Oort, **6** Sitter
Bildhauer: **6** Sluter
Chemiker: **4** Hoff
Dramatiker: **7** Rotgans
Dichter: **4** Cats, **5** Hooft, **6** Vondel, **7** Bredero, Huygens, **8** de Coster, **10** Timmermans
Eierlikör: **8** Advocaat
Fluggesellschaft: **3** KLM
Flugzeugkonstrukteur: **6** Fokker
Flüsse: **3** Eem, Lek, **4** Maas, Roer, Waal, **5** Yssel, **6** Dinkel, Vechte, **7** Schelde
Flüssigkeitsmaß: **3** Kan, Vat
Freiheitskämpfer: **5** Geuse
Fürstengeschlecht: **7** Oranien

Hafenstädte: **9** Amsterdam, Rotterdam
Hauptstadt: **9** Amsterdam
Humanisten: **7** Erasmus, Grotius
Inseln (und Orte): **5** Texel (**7** Den Burg), **7** Ameland (**3** Nes), **8** Schouwen (**9** Zieriksee), Vlieland (**12** Oost Vlieland), **11** Rottumeroog, **12** Terschelling, **13** Rottumerplaat
Käsesorten: **5** Gouda, **6** Edamer
Käsestädte: **4** Edam, **5** Gouda, **7** Alkmaar
Kauffahrteischiff: **6** Fleute
Komponisten: **5** Isaac, Lasso, **6** Brumel, **7** Obrecht, **8** Ockeghem, Willaert
Königinnennamen: **7** Juliane, **10** Wilhelmina
Königin seit 1980: **7** Beatrix
Küstenfahrzeug: **3** Aak, **4** Aake
Lyriker: **4** Poot, **8** Marsmans
Maler: **3** Bol, Dou, Mor, Oud, Vos, **4** Bril, Cuyp, Dyck, Eyck, Goes, Gogh, Hals, Heda, Kalf, Maes, Neer, **5** Bosch, Bouts, David, Goyen, Hooch, Hoogh, Ketel, Metsu, Orley, Steen, Velde, **6** Duiker, Mabuse, Massys, Ostade, Patini, Potter, Rubens, Scorel, Weyden, **7** Aertsen, Beyeren, Brouwer, Hobbema, Memling, Patinir, Pourbus, Seghers, Snyders, Teniers, Vermeer, **8** Breughel, Brueghel, Doesburg, Jordaens, Mostaert, Rietveld, Ruisdael, Terborch, **9** Honthorst, Rembrandt, Steenwijk, **10** Wouwermans
Mathematiker: **6** Stevin, **7** Brouwer, **8** Snellius
Münze (alt): **4** Deut
Nobelpreisträger für
– *Chemie:* **4** Hoff, **5** Debye
– *Medizin:* **9** Einthoven
– *Physik:* **4** Meer, **5** Waals, **6** Zeeman, **7** Lorentz, Zernike
Politiker: **4** Witt, **5** Hoorn, **7** Lubbers
Philosophen: **7** Spinoza, **8** Geulincx
Physiker: **4** Meer, **5** Debye, Waals, **6** Stevin, Zeeman, **7** Huygens, Lorentz, Zernike
Physiologe: **9** Einthoven
Provinzen (und Verwaltungssitze): **6** Drente (**5** Assen), **7** Geldern (**7** Arnheim), Limburg (**10** Maastricht), Seeland (**10** Middelburg), Utrecht (**7** Utrecht), **9** Friesland (**10** Leeuwarden), Groningen (**9** Groningen), **10** Overijssel (**6** Zwolle), **11** Nordbrabant (**13** Herzogenbusch), Nordholland (**7** Haarlem), Suedholland (**7** Den Haag)
Regierungssitz: **7** Den Haag
Schachmeister: **4** Euwe
Schnaps: **7** Genever
Schriftsteller: **4** Eyck, **5** Bloem, Claes, Claus, Eeden, Holst, Kloos, **6** Dekker, Gijsen, Gorter, Lennep, Verwey, **7** Gezelle, Hermans, Mulisch, Nijhoff, Willems, **8** Schendel
Seefahrer: **6** Tasman, **7** Barents
Seehelden: **5** Tromp, **6** Ruyter
Städte: **3** Ede, Epe, Oss, **4** Edam, Haag, **5** Assen, Breda, Delft, Emmen, Gouda, Hoorn, Sneek, Venlo, Weert, **6** Arnhem, Ermelo, Leiden, Lochem, Renkum, Rhenen, Velsen, Zwolle, **7** Arnheim, Den Haag, Geldrop, Haarlem, Heerlen, Hengelo, Tilburg, Utrecht, Zaandam, **8** Deventer, Enschede, Nimwegen, Rijswijk, Roermond, Schiedam, Zaanstad, **9** Amsterdam, Apeldoorn, Den

Helder, Dordrecht, Eindhoven, Groningen, Harlingen, Heemstede, Hilversum, Rotterdam, Zandvoort, **10** Amersfoort, Leeuwarden, Middelburg, Vlissingen, **11** Vlaardingen, **13** Herzogenbusch
Überseegebiete (Antillen): **4** Saba, **5** Aruba, **7** Bonaire, Curacao, Maarten, **9** Eustatius
Völkerrechtler: **5** Asser
Wacholderbranntwein: **7** Genever
Währung: **4** Cent, **6** Gulden (**6** Florin)

niederlassen: **10** etablieren
Niederlassung: **7** Filiale, Kolonie, **10** Ansiedlung
niederlegen: **10** deponieren
niedermetzeln: **12** massakrieren
Niedersachsen (Land der Bundesrepublik)
Berge: **9** Bruchberg, Wuermberg, **10** Achtermann
Flüsse: **3** Ems, **4** Elbe, Luhe, Oker, Oste, **5** Aller, Hunte, Leine, Weser
Gebiete u. Landschaften: **6** Goerde, **7** Artland, **8** Wendland, **9** Ammerland, Arensberg, Jeverland, Kehdingen, Oldenburg, **13** Harlinger Land, Weserbergland, **16** Lueneburger Heide
Gebirge: **4** Harz, **12** Wesergebirge, **13** Wiehengebirge
Gewässer: **7** Duemmer, **14** Steinhuder Meer, **17** Zwischenahner Meer
Hauptstadt: **8** Hannover
Höhenzüge: **3** Elm, Ith, **4** Hils, **7** Deister, Solling, Suentel, **9** Huemmling, **17** Fuerstenauer Berge
Inseln: **5** Juist, **6** Borkum, **7** Baltrum, Memmert, Neuwerk, **8** Langeoog, **9** Norderney, **10** Spiekeroog, Wangerooge, **11** Luetjehoern
Meeresbuchten: **7** Dollart, **8** Leybucht, **9** Jadebusen
Regierungsbezirke (und Landkreise):
8 Hannover (**8** Diepholz, Hannover, Nienburg, **10** Hildesheim, Holzminden, Schaumburg, **13** Hameln-Pyrmont)
Weser-Ems (**4** Leer, **5** Aurich, Vechta, **7** Emsland, **8** Bentheim, **9** Ammerland, Friesland, Oldenburg, **10** Osnabrück, **11** Cloppenburg, Wesermarsch)
9 Lueneburg (**5** Celle, Stade, **6** Uelzen, Verden, **7** Harburg, **8** Cuxhaven, **9** Lueneburg, Osterholz, Rotenburg, **17** Luechow-Dannenberg, **19** Soltau-Fallingbostel)
11 Braunschweig (**5** Peine, **6** Goslar, **7** Gifhorn, **8** Northeim, Osterode, **9** Helmstedt, **10** Goettingen, **13** Wolfenbuettel)
Städte: **4** Elze, Leer, Syke, **5** Brake, Celle, Emden, Jever, Melle, Peine, Stade, Uslar, Varel, **6** Alfeld, Aurich, Bassum, Goslar, Gronau, Hameln, Lehrte, Lingen, Loehne, Meppen, Norden, Seesen, Soltau, Uelzen, Vechta, Verden, Winsen, **7** Einbeck, Gifhorn, Muenden, Muender, Rinteln, Springe, **8** Bentheim, Burgdorf, Cuxhaven, Diepholz, Hannover, Harzburg, Herzberg, Neustadt, Nienburg, Nordhorn, Northeim, Osterode, Wittlage, Wittmund, **9** Buxtehude, Braunlage, Helmstedt, Lueneburg, Nordenham, Oldenburg, Osterholz, Rotenburg, Wolfsburg, **10** Aschendorf, Bueckeburg,

Dannenberg, Duderstadt, Goettingen, Hildesheim, Holzminden, Lauterberg, Osnabrück, Otterndorf, Salzgitter, Stadthagen, **11** Cloppenburg, Delmenhorst, Gandersheim, Langenhagen, Westerstede, **12** Bersenbrueck, Braunschweig, Bremervoerde, Fuerstenberg, Quakenbrueck, **13** Fallingbostel, Wilhelmshaven, Wolfenbuettel

Niederschlag: **8** Sediment, **9** Kondensat

Niederschläge: **3** Fog, Tau, **4** Duft, Firn, Guss, Mist, Reif, **5** Bruma, Dunst, Hagel, Harst, Morok, Nebel, Regen, **6** Harsch, Husche, Schnee, **7** Graupel, Nieseln, Rauheis, Schauer, Schmutt, **8** Eisregen, Nassauer, Rauhreif, Schlosse, **9** Eisnadeln, Hagelkorn, Paramitos, Landregen, Gestoeber, Rauhfrost, **10** Dauerregen, Platzregen, **11** Spruehregen, Wolkenbruch, Nieselregen, **12** Eiskoernchen, Hagelschauer, Pulverschnee, Regenschauer, **13** Frostgraupeln, Schneetreiben, **14** Graupelschauer, **15** Schneegestoeber

Niederschlag beim Boxen: **2** K.o., **8** Knockout

Niederschlagsaufzeichner: **10** Chinograph

Niederschlagsmesser: **10** Ombrometer

niederschmetternd: **12** katastrophal

Niederschrift: **5** Notiz, **6** Diktat, **9** Protokoll, **10** Manuskript, Stenogramm

Niedertracht: **7** Bosheit, Infamie, **8** Gaunerei, **10** Gemeinheit

niederträchtig: **5** infam, **6** gemein, **9** malizioes

Niederung: **2** Au, **3** Aue, Tal, **5** Senke

Niederwild: **3** Reh, **4** Hase, **5** Dachs, Fasan, Fuchs, Iltis, **6** Marder, **7** Rebhuhn, Wachtel, **8** Schnepfe, Wildente, Wildgans, **9** Kaninchen, **10** Murmeltier, **12** Waldschnepfe, **13** Sumpfschnepfe

niedlich: **4** fein, nett, **7** drollig, huebsch, reizend, **8** charmant, zierlich, **11** possierlich

niedrig: **4** tief, **6** gemein, **7** ruchlos, vulgaer

niedriger Luftdruck: **4** Tief

niedrigst: **7** minimal

niemals: **3** nie, **6** nimmer

niemand: **6** keiner

Niere: **3** Ren, **7** Nephros

Nierenausscheidung: **4** Harn, Urin

Nierenbaum: **6** Acajou

Nierenentzündung: **9** Nephritis

Nießbrauch: **11** Ususfruktus

Niete: **4** Null, **8** Versager, **10** Fehlschlag

Niger (Staat in W-Afrika)

Bevölkerung: **3** Ful, **5** Fulbe, **6** Haussa, Nigrer, Tuareg, **7** Songhai, **8** Dscherma, Sahelier

Flüsse: **5** Niger, **8** Komadugu

Gebirge: **3** Air

Hauptstadt: **6** Niamey

Landschaften: **5** Manga, **8** Damergou

Politiker: **5** Diori, **8** Cheiffou, Kountché

Städte u. Orte: **5** Arlit, Bilma, **6** Agadez, Akouta, Maradi, Tahoua, Zinder, **7** Teguida, Tessoua

Steppe: **8** Tintumma

Währung: **5** Franc, **7** Centime

Wüsten: **6** Kaouar, Ténéré

Nigeria (Staat in W-Afrika)

Bevölkerung: **3** Edo, Ibo, Oba, Tiv, **5** Fulbe, **6** Haussa, Ibibio, Kanuri, Tuareg, Yoruba, **7** Tanouri

Flüsse: **5** Benue, Niger, **6** Sokoto, **8** Komadugu

Fürst der Egba in Abeokuta: **5** Alake
Gebiete: **5** Benin, Bornu, **6** Biafra, Sokoto
Gebirge: **10** Josplateau
Hauptstadt: **5** Lagos (in Bau: **5** Abuja)
Hochland: **8** Bauchi
Jorubafürst: **3** Oni
Jorubafürstensitz: **3** Ife, Oyo
Nobelpreisträger für Literatur: **7** Soyinka
Politiker: **5** Buhari, **8** Schagari, **9** Babangida
Städte u. Orte: **3** Aba, Ife, Iwo, Jos, Oyo, **4** Oron, **5** Abuja, Bonny, Enugu, Ogoja, Warri, Zaria, **6** Ibadan, Ilesha, Ilorin, Kaduna, Owerri, Sokoto, **7** Calabar, Katsina, Makurdi, Onitsha, **8** Abeokuta, Ajaokuta, **9** Maidaguri, **12** Port Harcourt
Währung: **4** Kobo, **5** Naira

Niger-Zuflüsse: **4** Boni, **5** Benue
Nilinseln: **6** Philae, **11** Elephantine
Nilmündungsarme: **7** Rosette, **8** Damiette
Nilotenstämme: **3** Luo, **4** Nuer, **5** Dinka, Lango, **8** Atscholi, Schilluk
Nilquellflüsse: **5** Mwogo, **6** Kagera
Nilstaudämme: **4** Isna, **5** Asyut, **6** Assuan
Nil-Zuflüsse: **5** Sebat, **7** Atbara
Nimbus: **5** Glanz, **7** Ansehen
nimmer: **3** nie, **7** niemals
nimmermüde: **7** rastlos
Nimmersatt: **6** Marabu
Ninive (assyr.): **5** Ninua
Nirgendland: **6** Utopia
Nische: **5** Apsis, **6** Blende, Exedra
Nischenwölbung: **6** Koncha, Konche
Niue (Inselstaat im Pazifik)
Bevölkerung: **10** Polynesier
Hauptort: **5** Alofi
Währung: **4** Cent, **6** Dollar

Niveau: **4** Rang, **5** Stufe, **10** Hoehenlage
Nixe: **6** Undine, **7** Lorelei, **8** Melusine
Noahs Schiff: **5** Arche
nobel: **4** edel, **5** adlig, **7** vornehm, **9** freigebig
Nobelpreisträger: → betr. Länder
Nobilität: **4** Adel
Nomadenzeltdorf: **3** Aul
nomadischer Araber: **7** Beduine
Nominalwert: **8** Nennwert
Nomination: **7** Nennung, **9** Benennung
nonchalant: **5** leger, **7** laessig
Nonnenorden: **9** Ursulinen, **14** Ursulinerinnen, **17** Benediktinerinnen
Nonnenschleier: **6** Weihel
Noor: **4** Haff
Nordamerikaner: **6** Yankee
nordamerikanischer
– ***Bär:*** **6** Grisly, **7** Baribal, Grizzly
– ***Bauernhof:*** **4** Farm
– ***Grasebene:*** **7** Praerie
– ***Halbinseln:*** **6** Alaska, **7** Florida, **8** Labrador, **11** Kalifornien
– ***Hirsche:*** **3** Elk, **6** Karibu, Wapiti
– ***Landwirt:*** **6** Farmer
– ***Präriepferd:*** **7** Mustang
– ***Rinderhirt:*** **6** Cowboy, **7** Vaquero
– ***Viehwirtschaft:*** **5** Ranch
– ***Viehzüchter:*** **7** Rancher
– ***Wildrind:*** **5** Bison

norddeutscher Landschaftstyp: **5** Geest, Heide, **6** Marsch
norddeutsche Dichter: **4** Leip, Fock, **5** Groth, Storm, **6** Geibel, Reuter
Nordeuropäer: **5** Daene, Finne, Lappe, **7** Schwede, **8** Norweger
nordeuropäische Halbinsel: **12** Skandinavien
nordfriesische Inseln: **4** Sylt, **5** Amrum, Foehr, Hooge, **8** Pellworm, **10** Nordstrand
Nordirland (6 Ulster – Teil des Vereinigten Königreichs von

Großbritannien und Nordirland)
Berge: **6** Antrim, Mourne, **7** Sperrin
Distrikte: **4** Ards, Down, **5** Larne, Moyle, Omagh, **6** Antrim, Armagh, **7** Belfast, Lisburn, **8** Limavady, Strabane, **9** Ballymena, Coleraine, Cookstone, Craigavon, Dungannon, Fermanagh, Northdown, **11** Ballymoney, **11** Castlereagh, Londonderry, Magherafelt, **12** Newtownabbey, **13** Carrickfergus
Flüsse: **4** Bann, **5** Foyle, Lagan, **10** Blackwater
Halbinsel: **4** Ards
Hauptstadt: **7** Belfast
Insel: **7** Rathlin
Seen: **4** Erne, **5** Neagh
Städte: **5** Larne, Newry, Omagh, **6** Antrim, Armagh, Bangor, Kilrea, **7** Lisburn, **8** Strabane, **9** Ballymena, Coleraine, Portadown, **11** Enniskillen, Londonderry

nordische(r, s)
– *Dichter:* **6** Skalde
– *Dichtungen:* **4** Edda, Sage
– *Götter:* → german. Götter
– *Hirsch:* **3** Ren, **7** Rentier
– *Kobold:* **5** Troll
– *Weihnachtsfest:* **3** Jul

Nordkap
– *von Rügen:* **6** Arkona
– *von Tunesien:* **9** Kap Blanco

Nordlandtiere: **3** Ren, **4** Elch, Elen, **7** Rentier

nördlich: **6** boreal

nördlichste(r)
– *Punkt Alaskas:* **6** Barrow
– *Punkt Amerikas:* **12** Kap Murchison
– *Punkt Asiens:* **12** Tscheljuskin
– *Punkt der Erde:* **7** Nordpol
– *Punkt Europas:* **7** Nordkap
– *Spitze Amerikas:* **7** Boothia
– *Stadt Europas:* **10** Hammerfest

Nordmeerinsel: **6** Island

Nordmeerschnecke: **7** Whalaat

Nordpolargebiet: **6** Arktis

Nordrhein-Westfalen (Land der Bundesrepublik)
Berge: **5** Hunau, **6** Homert, **8** Ebschloh, **10** Fuchskaute, Langenberg, **11** Kahler Asten, Michelsberg, Ziegenhelle
Flüsse: **3** Ems, Rur, **4** Alme, Erft, Ruhr, Sieg, **5** Agger, Issel, Lippe, Niers, Rhein, Weser, **6** Berkel, Moehne, Wupper, Vechte
Gebirge u. Höhenzüge: **4** Egge, Haar, **5** Eifel, Haard, Ville, **6** Homert, **10** Haarstrang, Zitterwald, **11** Ebbegebirge, Eggegebirge, **13** Siebengebirge, Weserbergland, Wiehengebirge, **14** Arnsberger Wald, Rothaargebirge
Hauptstadt: **11** Duesseldorf
Landschaften: **5** Senne, **9** Sauerland, **10** Siegerland, **12** Muensterland, Suederbergland
Regierungsbezirke (und Kreise):
5 Koeln (**6** Aachen, Dueren, **9** Erftkreis, Heinsberg, **10** Euskirchen
7 Detmold (**5** Lippe, **7** Herford, Hoexter, **9** Paderborn, **10** Guetersloh)
8 Arnsberg (**4** Olpe, Unna, **5** Soest, **6** Siegen)
Muenster (**6** Borken, **8** Coesfeld, **9** Steinfurt, Warendorf, **14** Recklinghausen)
11 Duesseldorf (**5** Kleve, Neuss, Wesel, **7** Viersen, **8** Mettmann)
Städte: **4** Bonn, Hamm, Marl, Olpe, Rees, Unna, Werl, **5** Ahaus, Ahlen, Essen, Hagen, Hemer, Herne, Kamen, Kleve, Koeln, Lemgo, Moers, Neuss,

Oelde, Soest, Wesel, Wiehl, **6** Aachen, Altena, Beckum Bochum, Borken, Brilon, Bruehl, Bueren, Dueren, Herten, Hilden, Honnef, Kalkar, Kempen, Loehne, Luenen, Menden, Minden, Rheine, Rheydt, Siegen, Witten, **7** Bocholt, Bottrop, Detmold, Duelken, Duelmen, Erkrath, Geldern, Haltern, Herford, Hoexter, Juelich, Krefeld, Opladen, Schwelm, Viersen, Warburg, **8** Arnsberg, Bergheim, Coesfeld, Dortmund, Duisburg, Emmerich, Erkelenz, Gladbeck, Iserlohn, Meschede, Mettmann, Monschau, Muenster, Ratingen, Siegburg, Solingen, **9** Berleburg, Bielefeld, Dinslaken, Hattingen, Lippstadt, Luebbecke, Muehlheim, Paderborn, Remscheid, Schleiden, Warendorf, Wuppertal, **10** Euskirchen, Leverkusen, Oberhausen, Sennestadt, **11** Duesseldorf, Gummersbach, Tecklenburg, **12** Grevenbroich, Luedenscheid, Wiedenbrueck, **13** Burgsteinfurt, Castrop-Rauxel, Geilenkirchen, Gelsenkirchen, Luedinghausen, **14** Recklinghausen, **16** Bergisch-Gladbach, Moenchengladbach

Stauseen: **10** Ruhr-Stausee, **11** Olef-Stausee, Urft-Stausee, **12** Agger-Stausee, Bever-Stausee, Bigge-Stausee, Verse-Stausee, **13** Ennepe-Stausee, Lister-Stausee, Moehne-Stausee

Nordschottland: 10 Kaledonien

Nordskandinavier: 5 Lappe

Nordwind

– ***im Ägäischen Meer:*** **6** Boreas

– ***in Italien:*** **10** Tramontana

– ***im Golf v. Mexiko:*** **5** Norte, **6** Norder

– ***in der Schweiz:*** **4** Bise

– ***in Südfrankreich:*** **7** Mistral

nörgeln: 6 maulen, murren

Nörgler: 9 Querulant, **11** Kritikaster

Norm: 5 Kanon, Regel, **6** Muster, **7** Ordnung, Vorlage, **8** Standard, **11** Richtschnur

Normalmaß: 6 Etalon

Normanne: 8 Waraeger, Wikinger

Normannenfürsten: 5 Roger, Rurik, **7** Tankred, **8** Guiscard

Normannenstamm: 3 Rus

normannische Inseln: 4 Sark, **5** Sercq, **6** Jersey, **8** Alderney, Guernsey

Normenmaß: 3 DIN

normwidrig: 6 abnorm

Norne der

– ***Gegenwart:*** **8** Verdandi, Werdandi

– ***Vergangenheit:*** **3** Urd

– ***Zukunft:*** **5** Skuld

Norwegen (Staat in N-Europa)

Berge: **6** Gausta, **9** Snoehetta, **11** Glittertind

Berglandschaft: **10** Dovrefjell

Bevölkerung: **6** Finnen, Lappen (**5** Samen, **7** Kwaenen), **8** Norweger

Bildhauer: **8** Vigeland

Bürgerrechtsvertreter: **10** Ombudsmann

Dichter: **3** Lie, Moe, **5** Aasen, Ibsen, **6** Hamsun, **8** Kielland, **9** Bjoernson

Dichterin: **6** Undset

Dramatiker: **5** Ibsen, **7** Heiberg, **9** Bjoernson

Eigennamen: **5** Noreg, Norge

Fjorde: **3** Ran, **5** Sogne, **6** Namsen, **9** Hardanger

Flüsse: **3** Nea, Loug, Mals, Otra, **5** Folla, Orkla, **6** Glomma, Lougen, **7** Orsdals

Fylker (und ihre Hauptstädte):

4 Oslo (**4** Oslo), **5** Troms (**7** Tromsoe), **7** Hedmark (**5** Hamar), Oppland (**11** Lillehammer), Ostfold (**4** Moss), Akershus (**4** Oslo), **8** Buskerud (**7** Drammen), Finnmark (**6** Vadsoe), Nordland (**5** Bodoe), Rogaland (**9** Stavanger), Telemark (**5** Skien), Vestfold (**9** Toensberg), **9** Aust-Agder (**7** Arendal), Hordaland (**6** Bergen), Vest-Agder (**12** Kristiansand)
Hauptstadt: **4** Oslo
Held: **8** Frithjof
Hochplateau: **11** Jotunheimen
Inselgruppen: **7** Lofoten, **11** Spitzbergen
Inseln: **4** Vega, **5** Hitra, Senja, **6** Froeja, Smoela, **8** Jan Mayen, Svalbard, **11** Baereninsel
Kap: **7** Nordkap, **9** Lindesnes
Komponisten: **4** Bull, **5** Grieg, **6** Thrane, **7** Kjerulf, Sinding, **8** Svendsen, **9** Halvorsen, **10** Borgstroem
Könige: **4** Erik, Knut, Olaf, Olav, **6** Haakon, Sigurd, Sverre
König seit 1991: **6** Harald
Längenmaß: **4** Alen
Landschaften: **6** Ofoten, Opland, **7** Hedmark, **8** Finnmark, Rogaland, Telemark, **9** Helgeland
Maler: **5** Munch
Mathematiker: **3** Lie, **4** Abel
Name für
– *Amt, Provinz:* **5** Fylke
– *Bergland:* **5** Fjell, Vidda
– *Insel, Klippe:* **5** Schaere
– *Meeresbucht:* **5** Fjord
– *Parlament:* **8** Storting
– *Provinzgouverneur:* **9** Fylkemann
– *Provinzparlament:* **10** Fylkesting
– *Volkskammer:* **7** Lagting, **9** Odelsting
Nobelpreisträger für
– *Chemie:* **6** Hassel
– *Frieden:* **5** Lange, **6** Nansen
– *Literatur:* **6** Hamsun, Undset
– *Physik:* **7** Giaever
– *Wirtschaftswissenschaften:* **6** Frisch, **8** Haavelmo
Philosoph: **4** Aall
Polarforscher: **6** Nansen, **7** Amundsen, Sverdrup
Politiker: **3** Lie, **6** Nordli, **7** Willoch, **10** Brundtland, Gerhardsen
Sängerin: **8** Flagstad
Schriftsprache (früh.): **7** Riksmal
Schriftsteller: **3** Lie, **4** Brun, Dass, Duun, **5** Kinck, Krohg, Vinje, **6** Bredal, Wessel, **7** Garborg, **8** Kielland, **9** Halvorsen, **10** Borgstroem
Schriftstellerinnen: **5** Skram, **6** Undset
Sprachen: **6** Bokmal, **7** Nynorsk
Städte u. Orte: **2** As, **3** Gol, Lom, Nes, Tau, **4** Alen, Alta, Amot, Elga, Moss, Oslo, Tana, **5** Banak, Bodoe, Skien, **6** Baerum, Bergen, Namsen, Narvik, **7** Alesund, Arendal, Drammen, Tromsoe, **8** Kirkenes, Levanger, **9** Haugesund, Kongsberg, Stavanger, Trondheim, **10** Hammerfest, **12** Kristiansand, Kristiansund
Währung: **4** Oere, **5** Krone

Not: **5** Armut, Elend, Zores, **6** Misere
Not leiden: **4** darben
Notbehelf: **6** Ersatz, **7** Reserve
Notenschlüssel: **6** Clavis
Notenzeichen: **4** Apex
Nothelfer(innen): **5** Georg, Vitus, **7** Barbara, Blasius, Erasmus, **8** Achatius, Aegidius, Cyriacus, Cyriakus, **9** Dionysius, Katharina, Margareta, Margarete, Pantaleon, **10** Eustachius, **13** Christophorus
Nötigung: **5** Zwang, **8** Pression,

10 Kompulsion
Notizbuch: **6** Agenda
Notlage: **10** Bredouille, Kalamitaet
notleidend: **3** arm, **5** elend
Notlüge: **6** Flause, **7** Ausrede, Vorwand, **9** Ausflucht
Notruf: **3** CQD, SOS, **6** Mayday
notwendig: **7** obligat, **12** erforderlich, integrierend
Novellenbuch
– ***des Bocaccio:*** **10** Decamerone
– ***der Margarete von Navarra:*** **10** Heptameron
November: **7** Neblung, **8** Nebelung, Windmond, **9** Nebelmond
Novität: **5** Novum, **7** Neuheit
nüchtern: **9** prosaisch, **11** realistisch
Nuckel: **5** Nuggi, **6** Nuppel, Nutsch, Sauger, **9** Schnuller
Nudeln: **7** Nockerl, **8** Spaetzle, **9** Makkaroni, Spaghetti
Null: **4** Zero
Nummer: **4** Zahl, **6** Ziffer
nun: **2** so, **4** dann, **5** jetzt
nur: **5** bloss, **6** allein
Nürnberger
– ***Baumeister:*** **6** Beheim
– ***Bildhauer:*** **5** Kraft, Stoss, **6** Krafft
– ***Buchhändler:*** **4** Palm
– ***Dichter:*** **5** Sachs
– ***Erfinder der Taschenuhr:*** **7** Henlein
– ***Erzgießer:*** **4** Kern, **7** Vischer, **8** Floetner, **9** Jamnitzer, Labenwolf
– ***Geograph:*** **6** Behaim
– ***Kupferstecher:*** **5** Beham
– ***lat. Name:*** **5** Noris
– ***Maler:*** **5** Beham, Solis, **6** Duerer, **9** Feuerbach
– ***Philosoph:*** **9** Feuerbach
– ***Spezialität:*** **9** Lebkuchen
Nußart: **5** Areka, **7** Walnuss, **8** Paranuss, **9** Betelnuss, Haselnuss, Kokosnuss
nußartige Frucht: **5** Ecker, **6** Eichel, Mandel, **7** Erdnuss, **8** Kastanie, Pistazie, **9** Buchecker, **10** Pimpernuss
Nußkonfekt: **5** Nugat, **6** Nougat, **7** Krokant
Nute: **4** Fuge, **5** Rille, Rinne
Nutzanwendung: **6** Praxis, **9** Paraenese
Nutzen: **6** Gewinn, Profit, **7** Rebbach, Vorteil
Nutzeffekt: **7** Wirkung
Nutzland: **4** Feld, Wald, **5** Acker, Weide
Nutzleistung: **6** Effekt
nützlich: **8** opportun, **11** pragmatisch
Nützlichkeit: **9** Utilitaet
Nützlichkeitslehre: **13** Utilitarismus
Nutznießer: **11** Interessent, Schmarotzer
Nutztier der Lappen: **3** Ren, **7** Rentier
Nutzungsgebühr: **4** Zins, **5** Miete
Nutzungsrecht: **11** Niessbrauch
Nymphe: **6** Dryade, Egeria, Najade, Oreade, **7** Galatea, Nereide, **8** Galateia, Okeanide → griech. Sagenwelt

O

Oasenstadt in
– ***Ägypten:*** **4** Siwa, **5** Siwah, **6** Charga, Dachla, **7** Alamein, Faráfra, **8** Baharieh
– ***Algerien:*** **4** Tuat, **6** Biskra, **8** Ghardaia
– ***Libyen:*** **3** Gat, **5** Kufra, Mursuk, **7** Gadames
– ***Tunesien:*** **3** Dus
– ***Turkestan:*** **4** Aksu, Anau
– ***Turkmenistan:*** **4** Mary
Obacht: **9** Beachtung, **14** Aufmerksamkeit
Obdach: **4** Asyl, Heim, **5** Logis, **6** Schutz, **8** Herberge, Zuflucht, **9** Heimstatt, **10** Unterkunft
Obduktion: **7** Sektion, **8** Autopsie
oberbayer. Städte: **5** Toelz, **6** Dachau, Erding, **7** Aibling, **8** Freising, Miesbach, Muenchen, Penzberg, Weilheim, **9** Landsberg, Muehldorf, Rosenheim, Starnberg, **10** Ingolstadt, Traunstein, Wasserburg, **11** Reichenhall, **13** Berchtesgaden
Oberbefehl: **8** Kommando
Oberbefehlshaber: **14** Generalissimus
Oberen Zehntausend: **8** Upper ten, **10** Hautevolee, **11** High-Society
Oberer: **8** Guardian, Superior
Oberflächenbeschaffenheit: **4** eben, rauh, **5** glatt
oberflächlich: **6** seicht, **7** ungenau, **9** fluechtig
Oberflächlichkeit: **14** Dilettantismus
oberfränk. Städte: **3** Hof, **4** Selb, **5** Naila, Coburg, **7** Bamberg, **8** Bayreuth, Kulmbach, Neustadt, **9** Wunsiedel, **11** Lichtenfels
obergäriges Bier: **4** Gose, **6** Weisse
Obergeschoß: **5** Etage, **8** Beletage
Obergewalt: **8** Supremat, **10** Suprematie
Oberhaupt
– ***eines Beduinenstammes:*** **6** Scheik, **7** Scheich
– ***der Ismailiten:*** **7** Aga Khan
– ***der katholischen Kirche:*** **5** Papst
– ***der Kosaken:*** **6** Ataman, Hetman
– ***des Lamaismus:*** **9** Dalai Lama
– ***der Schiiten:*** **4** Imam
Oberhaut: **9** Epidermis
Oberherrschaft: **10** Suprematie
Oberklasse: **7** Selekta
Oberlicht: **8** Skylight
Oberschenkelknochen: **5** Femur
oberschlesische Witzfiguren: **5** Antek, **7** Frantek
Oberschule: **6** Lyzeum, **9** Gymnasium
Oberschulfach: **6** Latein, **10** Griechisch
Oberschulklasse: → Gymnasialklassen
Oberst: **7** Colonel
oberste Dachkante: **5** First
oberster Teufel: **9** Beelzebub
Oberstimme: **6** Cantus, **7** Diskant
Oberton: **9** Konsonanz
Obhut: **6** Aegide, Pflege, Schutz, **9** Fuersorge, Gewahrsam
Objekt: **4** Ding, **5** Sache, **10** Gegenstand
objektiv: **4** real, **7** gerecht, neutral, **8** dinglich, sachlich, wirklich, **12** tatsaechlich, **13** vorurteilslos
Obliegenheit: **7** Aufgabe, Pflicht, **8** Funktion
Obligation: **7** Haftung

Obrigkeit: **10** Autoritaet
Obst: → Früchte
Obstbrei: **3** Mus
Obstflüssigkeit: **4** Most, Saft
Obstspeise: **7** Kompott
Obstkunde: **9** Pomologie
Obstpresse: **6** Kelter, Torkel
Obstwein: **4** Most
Ob-Zuflüsse: **2** Om, Ui, **3** Ass, Ket, Sob, Wag, **4** Agan, Alei, Bija, Inja, **5** Jugan, Katun, Matyn, Polui, Salym, Sinja, Sosva, Susun, Tabla, Tobel, Wagai, **6** Kaslim, Surgut, **7** Irtysch, Tschaja, Tschani, **8** Tschulym, Vagiusan
öde: **4** leer, **5** trist, **6** einsam, **8** geistlos, **9** eintoenig
Odem: **4** Atem, **5** Hauch
Oder-Mündungsarme: **5** Peene, Swine, **8** Dievenow
Oder-Zuflüsse: **4** Lohe, Ohle, Olsa, Oppa, **5** Bober, Weide, **6** Neisse, Stober, Warthe, **7** Bartsch, **8** Katzbach, Klodnitz, Malapane, **9** Weistritz
Odin: **5** Wodan, Wotan
Odins
– ***Roß:*** **8** Sleipnir
– ***Speer:*** **7** Gungnir
Odium: **4** Hass, **5** Makel, **9** Abneigung
Ofengitter: **4** Rost
offen: **4** frei, **5** frank, **6** vakant
offenbar: **7** evident, **8** flagrant, manifest, sichtbar
Offenbarung: **10** Apokalypse, **13** Manifestation
offene Feuerstätte: **5** Kamin
offener Gebäudeaufbau: **5** Soeller
offenkundig: **6** publik, **8** eklatant, flagrant, **9** notorisch, sichtlich
offensichtlich: **8** eklatant, **10** ostentativ
Offensive: **7** Attacke, Angriff
öffentlich: **5** offen, **6** publik, **9** offiziell
öffentliche(r, s)
– ***Abgabe:*** **4** Maut, Zoll, **6** Steuer
– ***Ankläger:*** **12** Staatsanwalt
– ***Ärgernis:*** **5** Eklat, **7** Skandal
– ***Bekanntmachung:*** **8** Aufgebot
– ***Erklärung:*** **8** Manifest
– ***Haushalt:*** **4** Etat
– ***Versammlung:*** **7** Meeting
Öffentlichkeit: **8** Publikum, **9** Publicity, **11** Publizitaet
Öffentlichkeitsarbeit: **9** Publicity
Offerte: **6** Antrag, **7** Angebot
offiziell: **11** autoritativ
Offiziersränge: **5** Major, **6** Oberst, **7** General, **8** Leutnant, **9** Hauptmann, **11** Rittmeister, **12** Generalmajor, Oberleutnant, **14** Oberstleutnant, **15** Generalleutnant
Offiziersanwärter: **6** Kadett, **9** Faehnrich, **12** Fahnenjunker
Offiziersgehilfe: **8** Adjutant
Offiziersheim: **6** Kasino
Öffnen einer Leiche: **8** sezieren
Öffnungen: **3** Luk, Tor, **4** Leck, Loch, Luke, Pore, Tuer, **5** Spalt, **6** Hiatus, Hoehle, Luecke, Pforte, Portal, Zugang, **7** Bresche, Eingang, Fenster, **9** Durchlass
Öffnung im Deck: **3** Luk, **4** Luke
Oheim: **3** Ohm, **5** Onkel
Ohio-Zufluß: **9** Tennessee
ohne
– ***Abzug:*** **6** brutto
– ***Bedürfnis:*** **4** satt, **9** zufrieden
– ***Begleitung:*** **4** solo, **6** allein, einsam
– ***Bezahlung:*** **6** gratis, **7** umsonst
– ***Hörvermögen:*** **4** taub
– ***Inhalt:*** **4** leer
– ***Kunstverständnis:*** **8** amusisch, **10** banausisch
– ***Lärm:*** **5** leise, ruhig, still
– ***Makel:*** **8** makellos, tadellos
– ***Namensnennung:*** **6** anonym
– ***Sehvermögen:*** **5** blind
– ***Sprechvermögen:*** **5** stumm
– ***Umweg:*** **6** direkt

– ***Verpackung:*** **5** netto
Ohranhänger: **4** Clip, **5** Klipp, Klips
Ohrenarzt: **7** Otologe
Ohrenheilkunde: **8** Otiatrie, Otologie
Ohrensausen: **6** Bombus
Ohrenschmerzen: **6** Otagra, **7** Otalgie
Ohrenteile: **6** Amboss, Hammer, Vorhof, **10** Gehoergang, **11** Trommelfell
Ohrfeige: **7** Dachtel, Watsche, **10** Backpfeife, **11** Maulschelle, **13** Backenstreich
Ohrgehänge: **4** Girandola
Ohrkanal: **4** Tuba, **6** Syrinx
Ohrknopf: **6** Bouton
Ohrspeicheldrüse: **7** Parotis
Ohrspeicheldrüsenentzündung: **5** Mumps, **9** Parotitis, **11** Ziegenpeter
Oise-Zuflüsse: **3** Cam, Don, Nar, Ure, **4** Foss, Lark, **5** Aisne, Gland, Ouzel, Theve, Trent, Verse, **6** Aronde, Avelon, Breche, Calder, Viasne, **7** Ailette, Brandon, Derwent, Noirien, Nonette, Therain, **8** Authonne, Sauceron
Oka-Zuflüsse: **3** Pra, Upa, Zna, **4** Guss, Nara, Para, Ugra, **6** Moskwa, Ossetr, Pronja, Protwa, Tarasu, Tescha, **7** Mokscha
Oker-Zuflüsse: **4** Gose, Ilse, **5** Ecker, Radau
okkultischer Begriff: **4** Aura
Oktober: **8** Gilbhard, Weinmond, **9** Weinmonat
Ölbaumfrucht: **5** Olive
ölig: **6** fettig
Ölleitung: **8** Pipeline
Ölpflanzen: **4** Lein, Mohn, Nuss, Raps, Senf, Soja, **5** Kapok, Olive, Sesam, **6** Flachs, **7** Erdnuss, Oelbaum, Rizinus, Ruebsen, **8** Oelpalme, **9** Baumwolle, **10** Kokospalme, Mandelbaum, **11** Sonnenblume
Ölsäure (ungereinigte): **5** Olein
ölsaures Salz: **5** Oleat
olymp. Sieger: **11** Olympionike
Olympisches Weltkomitee: **3** IOC
Oman (Sultanat in Vorderasien)
Gebirge: **11** Omangebirge
Hauptstadt: **6** Maskat
Landschaft: **6** Dhofar
Städte u. Orte: **3** Sur, **4** Ibri, **5** Nizwa, Suhar, **6** Maskat, Matrah, **7** Salalah
Währung: **4** Rial, **5** Baiza
Onkel: **3** Ohm, **5** Oheim
Oper von (ohne Artikel)
– ***Adam:*** **8** Toreador, **17** Wenn ich Koenig waer'
– ***d'Albert:*** **8** Tiefland
– ***Auber:*** **6** Esprit, **10** Fra Diavolo, **16** Stumme von Portici
– ***Beethoven:*** **7** Fidelio
– ***Bellini:*** **5** Norma, **14** Nachtwandlerin
– ***Berg:*** **4** Lulu, **7** Wozzeck
– ***Berlioz:*** **8** Trojaner
– ***Bittner:*** **7** Bergsee, **9** Mondnacht
– ***Bizet:*** **6** Carmen, **8** Djamileh, **13** Perlenfischer
– ***Blacher:*** **4** Flut, **13** Nachtschwalbe
– ***Bodart:*** **9** Sarabande
– ***Boieldieu:*** **10** Weisse Dame
– ***Borodin:*** **10** Fuerst Igor
– ***Braunfels:*** **6** Voegel
– ***Britten:*** **8** Gloriana, **11** Bettleroper, Peter Grimes, **13** Albert Herring, **15** Raub der Lukretia, **17** Sommernachtstraum
– ***Busoni:*** **6** Sigune, **8** Turandot, **9** Brautwahl, **10** Arlechino, **11** Doktor Faust
– ***Chabrier:*** **10** Gwendoline
– ***Charpentier:*** **6** Louise
– ***Cherubini:*** **6** Louise, **13** Wassertraeger
– ***Cimarosa:*** **12** Heimliche Ehe
– ***Cornelius:*** **3** Cid, **16** Barbier von Bagdad

- ***Debussy:*** **19** Pelleas und Melisande
- ***Delibes:*** **5** Lakmé
- ***Donizetti:*** **11** Don Pasquale, Liebestrank, **16** Regimentstochter, **17** Lucia di Lammermoor
- ***Dvorak:*** **7** Rusalka
- ***Egk:*** **5** Circe, **7** Revisor, **8** Columbus, Peer Gynt, **11** Zaubergeige
- ***Einem:*** **7** Prozess, **10** Dantons Tod
- ***Flotow:*** **5** Fatme, Indra, **6** Martha
- ***Fortner:*** **12** Bluthochzeit
- ***Gershwin:*** **12** Porgy and Bess
- ***Giordano:*** **6** Fedora, **12** André Chénier
- ***Gluck:*** **6** Armida, Armide, **7** Alceste, Orpheus, **8** Telemach
- ***Gounod:*** **10** Margarethe
- ***Händel:*** **4** Ezio, Nero, Poro, **5** Admat, Serse, Siroe, Teseo, **6** Admeto, Alcina, Almira, Daphne, Oreste, Ottone, Xerxes, **7** Orlando, Rinaldo, **8** Atalanta, Berenice, Deidamia, Florindo, Tamerlan, **9** Ariodante, Feramonde, Radamisto, Rodelinde, **12** Julius Caesar, **14** Acis und Galatea
- ***Henze:*** **7** Re Cervo, **12** Koenig Hirsch
- ***Herold:*** **5** Zampa
- ***Hindemith:*** **9** Cardillac, **14** Mathis der Maler, **15** Harmonie der Welt
- ***Hoffmann:*** **6** Undine
- ***Honegger:*** **6** Judith, **8** Antigone
- ***Humperdinck:*** **13** Koenigskinder, **16** Haensel und Gretel
- ***Janacek:*** **6** Jenufa, **13** Katja Kabanowa
- ***Kienzl:*** **9** Kuhreigen, **12** Evangelimann
- ***Korngold:*** **8** Violenta, **9** Tote Stadt
- ***Kreutzer:*** **8** Melusine
- ***Leoncavallo:*** **7** Bajazzo
- ***Lortzing:*** **6** Undine, **10** Opernprobe, **11** Wildschuetz, **13** Waffenschmied, **16** Zar und Zimmermann
- ***Marschner:*** **6** Vampyr, **11** Hans Heiling
- ***Mascagni:*** **4** Iris, Nero, **7** Isabeau, **8** Parisina, **19** Cavalleria rusticana
- ***Massenet:*** **5** Le Cid, Manon, Thais, **6** Sappho
- ***Menotti:*** **6** Konsul, Medium, **7** Telefon
- ***Meyerbeer:*** **7** Prophet, **10** Hugenotten, **11** Afrikanerin
- ***Milhaud:*** **12** Medée Bolivar
- ***Moniuszko:*** **5** Halka
- ***Monteverdi:*** **7** Orpheus
- ***Mozart:*** **5** Titus, Zaide, **7** Don Juan, **8** Idomeneo, **9** Mitridate, **10** Lucio Silla, **11** Don Giovanni, **12** Cosi fan tutte, Zauberfloete, **15** Figaros Hochzeit, **18** Gaertnerin aus Liebe, **19** Bastien und Bastienne
- ***Mussorgsky:*** **12** Boris Gudunow
- ***Orff:*** **4** Mond, **5** Kluge, **9** Antigone, **10** Bernauerin
- ***Pergolesi:*** **13** Magd als Herrin
- ***Pfitzner:*** **4** Herz, **10** Palestrina, **13** Christelflein
- ***Puccini:*** **5** Tosca, **6** Bohème, **8** La Bohème, Turandot, **12** Manon Lescaut, **14** Gianni Schichi, **15** Madame Butterfly, **17** Schwester Angelica
- ***Reznicek:*** **10** Donna Diana, **14** Ritter Blaubart
- ***Rimski-Korsakow:*** **5** Mlada, Sadko, **10** Zarenbraut, **16** Schneefloeckchen
- ***Rossini:*** **7** Graf Ory, Tancred, **8** Angelina, **11** Wilhelm Tell, **17** Barbier von Sevilla
- ***Saint Saens:*** **15** Samson und Dalila
- ***Schillings:*** **6** Moloch, **8** Ingwelde, Mona Lisa

- ***Schreker:*** **13** Schatzgraeber
- ***Schumann:*** **8** Genoveva
- ***Smetana:*** **4** Kuss, **7** Dalibor, Libussa, **14** Verkaufte Braut
- ***Spohr:*** **5** Faust, **8** Jessonda
- ***Strauss:*** **6** Daphne, Salome, **7** Ariadne, Elektra, Guntram, **8** Arabella, **9** Capriccio, Feuersnot, **10** Intermezzo, **11** Friedenstag, **13** Liebe der Danae, Rosenkavalier, **15** Ariadne auf Naxos, Schweigsame Frau, **16** Frau ohne Schatten
- ***Strawinsky:*** **5** Mawra, **10** Nachtigall, Oedipus Rex
- ***Sutermeister:*** **5** Niobe, **11** Zauberinsel, **12** Raskolnikoff, **13** Romeo und Julia
- ***Thomas:*** **6** Mignon
- ***Tschaikowsky:*** **7** Mazeppa, **8** Jolanthe, Zauberin, **9** Pique Dame, **11** Eugen Onegin
- ***Verdi:*** **4** Aida, **6** Aroldo, Ernani, **7** Macbeth, Nabucco, Othello, **8** Falstaff, Traviata, **9** Don Carlos, Rigoletto, **10** Maskenball, Troubadour, **11** Luise Miller, **18** Macht des Schicksals
- ***Wagner:*** **6** Rienzi, **8** Parsifal, Walkuere, **9** Lohengrin, Rheingold, Siegfried, **11** Tannhaeuser, **12** Liebesverbot, **13** Meistersinger, **16** Tristan und Isolde, **17** Goetterdaemmerung, **20** Fliegender Hollaender
- ***Weber:*** **6** Oberon, **7** Silvana, **8** Preziosa, **9** Abu Hassan, Euryanthe, **11** Freischuetz, **12** Peter Schmoll
- ***Weill:*** **16** Dreigroschenoper
- ***Weingartner:*** **7** Orestie, **8** Genesius
- ***Wolf:*** **10** Corregidor
- ***Wolf-Ferrari:*** **3** Sly, **9** Campiello, **17** Schmuck der Madonna, Susannes Geheimnis
- ***Zillig:*** **5** Opfer, **10** Windsbraut

Operationsmesser: **8** Lanzette, Skalpell

operative

- ***Abtrennung eines Gliedes:*** **10** Amputation
- ***Heilbehandlung:*** **9** Chirurgie

Operette von (ohne Artikel)

- ***Abraham:*** **11** Ball im Savoy, **14** Blume von Hawaii
- ***Benatzky:*** **15** Im weissen Roessl, **16** Kleinstadtzauber
- ***Berté:*** **15** Dreimaederlhaus
- ***Bromme:*** **10** Ball an Bord, Marie-Luise, **11** Maskottchen
- ***Burkhard:*** **5** Hopsa, **9** Feuerwerk
- ***Dostal:*** **6** Clivia, Manina, Monika, **12** Vielgeliebte, **13** Extrablaetter, **18** Ungarische Hochzeit
- ***Eysler:*** **13** Donauliebchen, **15** Goldne Meisterin, Schuetzenliesel, **17** Bruder Straubinger
- ***Fall:*** **11** Fidele Bauer, **13** Liebe Augustin, **15** Bruederlein fein, Madame Pompadour, **16** Dollarprinzessin
- ***Genée:*** **5** Nanon
- ***Gilbert:*** **8** Puppchen, **12** Autoliebchen, **14** Keusche Susanne
- ***Goetze:*** **8** Adrienne
- ***Granichstaedten:*** **5** Orlow, **7** Lolotte, **11** Walzerliebe
- ***Hellmesberger:*** **14** Veilchenmaedel
- ***Heuberger:*** **9** Opernball
- ***Jarno:*** **15** Foersterchristl, **16** Musikantenmaedel
- ***Jessel:*** **17** Schwarzwaldmaedel
- ***Jones:*** **6** Geisha
- ***Kálmán:*** **12** Faschingsfee, **13** Graefin Mariza, **14** Herbstmanoever, **15** Czárdásfuerstin, Hollandweibchen, **16** Zirkusprinzessin
- ***Kattnigg:*** **11** Balkanliebe
- ***Kollo:*** **8** Juxbaron, Marietta,

12 Frau ohne Kuss, 18 Drei alte Schachteln
– *Kreisler:* 5 Sissy
– *Künneke:* 8 Liselott, 9 Traumland, 14 Dorf ohne Glocke, 16 Glueckliche Reise, Vetter aus Dingsda
– *Lang:* 12 Hofrat Geiger, 14 Lisa benimm dich
– *Lanner:* 7 Alt-Wien
– *Lehár:* 3 Eva, 6 Cloclo, 8 Giuditta, Paganini, 9 Frasquita, 10 Friederike, Zarewitsch, 12 Fuerstenkind, Lustige Witwe, Rastelbinder, 13 Tangokoenigin, Zigeunerliebe, 16 Graf von Luxemburg, Land des Laechelns, Schoen ist die Welt
– *Lincke:* 6 Grigri, 8 Casanova, Frau Luna, 10 Lysistrata, 11 Liebestraum, 12 Berliner Luft
– *Meisel:* 17 Ein Walzer fuer dich, 18 Koenigin einer Nacht
– *Millöcker:* 9 Gasparone, 12 Arme Jonathan, 13 Bettelstudent
– *Nedbal:* 9 Polenblut
– *Nick:* 18 Das kleine Hofkonzert
– *Offenbach:* 7 Kreolin, 8 Banditen, 9 Périchole, 12 Madame Favart, Pariser Leben, 13 Schoene Helena
– *Raymond:* 11 Maske in Blau, 13 Lauf ins Glueck, 16 Saison in Salzburg
– *Schmidseder:* 15 Abschiedswalzer
– *Schröder:* 8 Isabella
– *Stolz:* 5 Maedi, 7 Peppina, 11 Tanzgraefin, 12 Venus in Seide
– *Straus:* 6 Bozena, 8 Marietta, 11 Walzertraum
– *Strauß:* 6 Indigo, Jabuka, 7 Ninetta, 10 Fledermaus, Wiener Blut, 11 Waldmeister, 13 Zigeunerbaron, 14 Nacht in Venedig
– *Strecker:* 17 Aennchen von Tharau
– *Sullivan:* 6 Mikado
– *Suppé:* 9 Boccaccio, Fatinitza, 15 Schoene Galathee, 16 Banditenstreiche, 17 Leichte Kavallerie
– *Vetterling:* 8 Dorothee
– *Zeller:* 11 Obersteiger, 13 Vogelhaendler
– *Ziehrer:* 13 Landstreicher

Operettenform: 7 Musical

Operettenkomponisten: 4 Fall, Lang, Nick, 5 Berté, Genée, Jarno, Jones, Kollo, Lehár, Stolz, Suppé, 6 Bromme, Dostal, Eysler, Goetze, Jessel, Kálmán, Lanner, Lincke, Meisel, Nedbal, Straus, Zeller, 7 Abraham, Gilbert, Raymond, Strauss, Ziehrer, 8 Benatzky, Burkhard, Corzilius, Kattnigg, Kreisler, Kuenneke, Strecker, Sullivan, 9 Heuberger, Offenbach, Schanzara, Schroeder, 10 Milloecker, 11 Schmidseder, 13 Hellmesberger, 15 Granichstaedten

Opernarie: 8 Kavatine

Operngesangspartie: 4 Arie, 7 Arietta, Ariette, 8 Kavatine

Opernhaus in
– *Barcelona:* 5 Liceo
– *London:* 12 Covent Garden
– *Mailand:* 5 Scala
– *New York:* 3 Met, 12 Metropolitan

Opernkomponisten: 3 Egk, 4 Adam, Berg, Orff, Wolf, 5 Auber, Bizet, Einem, Gluck, Henze, Spohr, Verdi, Weber, Weill, 6 Albert, Bartók, Busoni, Dvorak, Flotow, Glinka, Gounod, Hérold, Kienzl, Mozart, Thomas, Wagner, Zillig, 7 Bellini, Berlioz, Bittner, Blacher, Borodin, Britten, d'Albert, Fortner, Graener, Haendel, Janácek, Menotti, Milhaud, Nicolai, Puccini,

O

Rossini, Smetana, Strauss, **8** Cimarosa, Gershwin, Giordano, Goldmark, Honegger, Korngold, Lortzing, Mascagni, Massenet, Pfitzner, Reznicek, Schreker, **9** Beethoven, Boieldieu, Cherubini, Cornelius, Donizetti, Hindemith, Kreutzer, Malipiero, Marschner, Meyerbeer, Moniuszko, Pergolesi, **10** Monteverdi, Mussorgski, Saint-Saens, Schillings, Strawinsky, Weinberger, **11** Charpentier, Humperdinck, Leoncavallo, Mussorgskij, Wolf-Ferrari, **12** Sutermeister, Tschaikowsky, **14** Rimski-Korsakow

Operntext: 8 Libretto

Opfer: 6 Obolus, Spende, Tribut, **7** Hingabe, **9** Hekatombe, **11** Sakrifizium

Opfergabe: 5 Votiv, **6** Obolus, **9** Votivgabe, **10** Scherflein

opfern: 7 spenden, **8** schenken

Opferpriester im alten Rom: **5** Augur, **6** Haruspex

Opferschale: 6 Phiale

Opfertisch: 5 Altar

Opfertod: 9 Martyrium

opiumhaltiges Heilmittel: 5 Opiat

Opiumtinktur: 8 Laudanum

Opponent: 5 Feind, **6** Gegner

optischer Telegraph: 8 Semaphor

optische Geräte: 4 Lupe, **5** Linse, **6** Brille, **7** Sehrohr, **8** Fernglas, Fernrohr, Periskop, Semaphor, Teleskop, **9** Mikroskop, Opernglas, Perspektiv, **10** Stroboskop, **11** Feldstecher, **12** Zielfernrohr, **15** Scherenfernrohr

optische Linsen: 6 Okular, **8** Objektiv

optisches Spielzeug: 11 Kaleidoskop

Opus: 4 Werk

Orakelpriesterin: 6 Pythia, **7** Sibylle

Orakelstätte im alten Griechenland: **6** Delphi, Dodona

Oratorium
- ***von Händel:*** **4** Saul, **5** Josua, **6** Esther, Joseph, Salomo, Samson, Semele, **7** Deborah, Jephtha, Messias, Susanna, **8** Belsazar, Herakles, Theodora, **13** Alexanderfest
- ***von Haydn:*** **10** Schoepfung, **12** Jahreszeiten

Orchester: 4 Band, **7** Kapelle, **8** Jazzband, **9** Swingband, **11** Bordkapelle, Tanzkapelle, **13** Ballorchester, Blasorchester, Tanzorchester, **14** Opernorchester, Radioorchester, Salonorchester, **15** Militaerkapelle, Studioorchester, Zigeunerkapelle, **16** Fernsehorchester, Streichorchester, **17** Sinfonieorchester

Orchesterleiter: 8 Dirigent, **10** Bandleader, **13** Kapellmeister

Orchestersuite von Händel: **10** Feuerwerk, **11** Wassermusik

Orchesterwerk: 8 Sinfonie

Orchideen: 4 Disa, **5** Vanda, Dingel, **6** Laelia, Orchis, **7** Ragwurz, Vanille, **8** Cattleya, Nestwurz, Oncidium, **9** Braunelle, **9** Zahnlippe, Zweiblatt, **10** Venusschuh, **11** Frauenschuh, Knabenkraut, **12** Korallenwurz, **13** Kuckucksblume, Kuckuckskraut, Waldhyazinthe

Orchideenknolle: 5 Salep

Ordensband: 6 Kordon

Ordensbruder: 3 Fra, **5** Frate, **6** Frater, Moench

Ordensgeistlicher: 5 Pater

Ordenshaus geistl. Ritterorden: **8** Kommende, Komturei

Ordensoberer: 5 Prior

Ordensritter: 6 Komtur

Ordensschwester: 5 Nonne

Ordensstifter: 4 Neri

Ordenstracht: 4 Habit

Ordensversammlung: 7 Kapitel

ordentlich: **4** brav, **6** adrett, solenn, **7** akkurat, **12** reputierlich
ordentliche Professur: **10** Ordinariat
ordentlicher Professor: **10** Ordinarius
Order: **5** Edikt, **6** Befehl, **7** Auftrag, **10** Bestellung
ordnen: **6** regeln, **7** sichten, **8** gliedern, **9** einteilen, rangieren, **10** regulieren, **11** disponieren, **12** organisieren
Ordnung: **5** Nomos, Regel, **9** Disziplin
ordnungsgemäß: **4** rite, **9** rationell, **12** statutarisch
Ordnungshüter: **8** Polizist
Ordnungsliebe: **12** Akkuratesse
Ordnungsprinzip: **6** System
Ordnungszahl: **8** Ordinale
Organ: → Körperorgane
Organentfernung: **7** Ektomie
Organisation: → UN-Organisationen
Organisator: **7** Manager
organische Stickstoffverbindungen: **5** Amino
organischer Rohstoff: **5** Droge
Organist: **6** Kantor
Organlage: **7** Eutopie
Orgel: **6** Regal, **7** Positiv, **8** Portativ, Kinoorgel, **12** Hammondorgel, **14** Wurlitzer Orgel
Orgelspieler: **8** Organist
Orgelteile: **5** Pedal, **6** Manual, Pfeife, **8** Register, Windlade, Windwerk
Orient: **7** Levante, **10** Morgenland
Orientale: **5** Syrer, **6** Araber, Iraner, Perser, Syrier, Tuerke, **7** Israeli, **8** Armenier, Libanese, **10** Levantiner
orientalische(r, s)
– ***Bettelmönch:*** **5** Fakir, **8** Derwisch
– ***Branntwein:*** **4** Raki
– ***Dolmetscher:*** **8** Dragoman
– ***Farbstoff:*** **5** Henna
– ***Frauengemach:*** **5** Harem, **6** Zenana
– ***Frauenname:*** **5** Fatme, Naide, **6** Aischa, Fatima, **7** Suleika
– ***Fürstentum:*** **6** Emirat
– ***Gaukler:*** **5** Fakir, **8** Derwisch
– ***Gedichtform:*** **5** Gasel, **6** Gasele, Ghasel
– ***Geschäftsviertel:*** **4** Souk, **5** Basar
– ***Gewand:*** **3** Aba, **6** Burnus, Kaftan
– ***Gewicht:*** **6** Kantar
– ***Herberge:*** **13** Karawanserei
– ***Hose:*** **8** Schalwar
– ***Kau- und Genußmittel:*** **3** Kat
– ***Kopfbedeckung:*** **3** Fes, **6** Turban, **8** Tarbusch
– ***Männername:*** **5** Ahmed, Murad, Osman, Sadik, Selim, Yasul, **6** Mahmud, Mehmed, **7** Mustafa, Soliman, **8** Mohammed, Suleiman
– ***Mantel:*** **6** Burnus
– ***Markt:*** **4** Souk, **5** Basar
– ***Ochsenwagen:*** **5** Araba
– ***Polizeisoldat:*** **6** Kawass
– ***Reisegesellschaft:*** **8** Karawane
– ***Reisspeise:*** **5** Pilau, Pilaw
– ***Richter:*** **4** Kadi
– ***Titel:*** **3** Aga, Beg, Bei, Bey, Dei, Ras, **4** Chan, Emir, Imam, Kadi, Khan, Wali, **5** Kalif, Mogul, Mudir, Mufti, Mulla, Nabob, Nisam, Schah, **6** Mullah, Pascha, Scheik, Sultan, **7** Hadschi, Scheich
– ***Wasserpfeife:*** **8** Nargileh
– ***Zauberwort:*** **5** Sesam
Orientteppiche: **3** Mir, **4** Arak, Gohm, Nain, **5** Herat, Heris, Kelim, Ladik, Mahal, Saruk, Senne, **6** Afghan, Anatol, Berber, Bidjar, Kerman, Kirman, Perser, Sarugh, Smyrna, **7** Buchara, Hamedan, Isfahan, Isparta, Kaschan, Keschan, Keshuan, Mesched, Schiras, Schiraz, Taebris, **8** Luristan, Meschhed, Serabend, **9** Chorassan, Ferraghan, **10** Muschkabad
Original: **4** Kauz, **6** Unikum,

7 Vorlage, 9 Urschrift
original: 4 echt
originell: 4 urig
Orinoco-Zuflüsse: 3 Aro, Pao, 4 Meta, Tomo, 5 Caura, 6 Arauca
Orkane: 6 Taifun, 7 Tornado, 8 Hurrikan
Orkneyinseln: 3 Hoy, 4 Eday, Fara, 6 Burray, Sanday, 7 Westray, 8 Mainland, Stronsay
Ornamente: 6 Feston, Krabbe, 7 Rosette, Spirale, 8 Akanthus, Arabeske, Eierstab, Groteske, Laubwerk, Maeander, Palmette, Rocaille, Zickzack, 10 Rankenwerk
Ort: 4 Dorf, Kaff, 5 Markt, Platz, Stadt, 6 Stelle, 7 Flecken, 8 Siedlung
Ort
– ***der gefallenen Helden:*** 7 Walhall, 8 Walhalla
– ***der Gefangennahme Jesu:*** 10 Gethsemane
– ***der Seligkeit:*** 8 Paradies
orthodoxer Geistlicher: 4 Pope
örtlich: 5 lokal
Örtlichkeit: 5 Lokal, 10 Lokalitaet
ortsansässig: 6 hiesig, 8 heimisch
Ortsbeschreibung: 11 Topographie
Ortsbestimmungsgerät auf See: 7 Sextant
Ortsfall: 7 Lokativ
ortskundiger Schiffsführer: 5 Lotse
Ortsveränderung: 5 Reise
Ortsvorsteher
– ***in Italien:*** 7 Podesta
– ***in der Türkei:*** 7 Muchtar
Ortungsverfahren: 5 Radar
Öse: 8 Schlaufe, Schleife, Schlinge
osmanischer Baumeister: 5 Sinan
Osten: 7 Levante, 10 Morgenland
Ostermond: 5 April
Osteuropäer: 4 Este, 5 Balte, Lette, Russe, 7 Litauer, 8 Ukrainer, 10 Weissrusse
ostfinnischer Volksstamm: 8 Karelier, Udmurten
ostfränkische Königin: 9 Brunhilde
ostfriesische Inseln: 5 Juist, 6 Borkum, 7 Baltrum, 8 Langeoog, 9 Norderney, 10 Spiekeroog, Wangerooge
ostfries. Städte: 4 Leer, 5 Jever, Varel, 6 Aurich, Lingen, Meppen, Norden
Ostgotenkönige: 4 Teja, 6 Aorich, Berich, Totila, 7 Ararich, Badwila, Erarich, Ildibad, Walamer, Widemer, Witiges, 8 Geberich, Hunimund, Winithar, Witiches, 9 Ermanrich, Theodahad, Theodemer, 10 Athalarich, Theoderich, Thorismund, 11 Amalasuntha
ostgotisches Königsgeschlecht: 6 Amaler, 9 Amelungen
Ostkap Asiens: 8 Deschnew
Ostkirchenoberhaupt: 10 Metropolit
östlicher Teil des Frankenreiches: 10 Austrasien
Österreich (Staat in Mittel-Europa)
Abtei: 4 Melk
Afrikaforscher: 6 Slatin
Alpenpässe: 4 Fern, Lueg, 5 Loibl, Thurn, 6 Gerlos, Tauern, 7 Arlberg, Brenner, 8 Fernpass, Ploecken, 9 Semmering, 10 Katschberg, Tauernpass
Anthroposoph: 7 Steiner
Architekten: 3 Ehn, 4 Loos, 5 Bauer, 6 Rainer, Wagner, 7 Hollein, Olbrich, 8 Hoffmann
Barockbaumeister: 7 Fischer
Baumeister: 4 Beer
Benediktinerabtei: 4 Melk
Berge: 5 Zimba, 7 Ankogel, Olperer, 8 Eisenhut, Kreuzeck, Oetscher, Pfaender, Reisalpe, Stuhleck, 9 Dachstein, Hochvogel, 10 Fluchthorn, Frauenalpe, Hochfeiler, Hochkoenig, Wild-

spitze, **11** Hochgolling, Zuckerhuetl, **12** Duerrenstein, Hochreichart, **13** Grossglockner, Grossvenediger, Ploeckenstein, **14** Parseierspitze
Bildhauer: **6** Pacher, **7** Pilgram, **8** Zumbusch, **12** Schwanthaler
Bundeskanzler: **4** Figl, Raab, **8** Dollfuss, Vranitzky, **11** Schuschnigg
Bundesländer (und ihre Hauptstädte): **4** Wien, **5** Tirol (**9** Innsbruck), **8** Kaernten (**10** Klagenfurt), Salzburg (**8** Salzburg), **10** Burgenland (**10** Eisenstadt), Steiermark (**4** Graz), Vorarlberg (**7** Bregenz), **15** Oberoesterreich (**4** Linz), **17** Niederoesterreich (**4** Wien)
Bundespräsidenten: **5** Jonas, Seitz, **6** Miklas, Renner, **7** Klestil, Koerner, Schaerf, **8** Hainisch, Waldheim, **14** Kirchschlaeger
Chemiker: **4** Auer, Kuhn, **9** Zsigmondy
Dichter: **4** Roth, **5** Brock, Lenau, Rilke, Trakl, **7** Nestroy, Raimund, Stifter, Waggerl, **9** Weinheber, **11** Anzengruber, Grillparzer, **12** Hofmannsthal, **14** Feuchtersleben
Dirigenten: **5** Boehm, **6** Krauss, **7** Karajan
Dramatiker: **7** Bronnen, Nestroy, Raimund, **8** Bruckner, **11** Anzengruber, Grillparzer
Feldherren: **4** Daun, **5** Eugen, **6** Laudon, **8** Radetzky, **10** Prinz Eugen, **13** Schwarzenberg
Feldmaß: **4** Joch
Filmschauspieler: → Schauspieler
Flüsse: **3** Inn, Mur, **4** Ager, Drau, Enns, Isel, Raab, Sill, **5** March, Thaya, Traun, **6** Ziller
Forscher: **6** Harrer
Gebäck: **6** Beugel
Geiger: **8** Kreisler, **12** Schneiderhan
Gewicht: **4** Deka
Gletscher: **8** Pasterze
Gruß: **6** Servus
Hauptstadt: **4** Wien
Kaiser: **4** Karl, **9** Ferdinand, **11** Franz-Joseph
Kaiserin: **4** Zita
Kardinal: **6** Koenig
Komponisten: **4** Berg, Fall, Toch, **5** Einem, Genée, Haydn, Lehár, Stolz, Suppé, **6** Dostal, Hummel, Kálmán, Kienzl, Krenek, Lanner, Mahler, Mozart, Pleyel, Straus, Webern, Zeller, **7** Bittner, Ditters, Raymond, Schmidt, Strauss, Ziehrer, **8** Benatzky, Bruckner, Kattnigg, Kreisler, Reznicek, Schubert, **9** Heuberger, **10** Milloecker, Schoenberg
Kunsthistoriker: **5** Riegl
Kurorte: **4** Hall, Zell, **5** Baden, Ischl, Zuers, **6** Aussee, Fuschl, Ramsau, Reutte, Velden, **7** Bad Hall, Gmunden, Seefeld, Villach, **8** Bad Ischl, **9** Bad Aussee, Zell am See, **10** Badgastein, Kitzbuehel, **11** Sankt Gilgen, **13** Sankt Wolfgang
Landschaften: **6** Wachau, **7** Pinzgau, **8** Hausruck, Montafon, **9** Marchfeld, Seewinkel, **10** Innviertel, **11** Waldviertel, Weinviertel, **12** Muehlviertel, Wiener Becken, **13** Salzkammergut, Tullner Becken
Luftfahrtgesellschaft: **3** AUA
Maler: **4** Mikl, **5** Bauer, Fuchs, Klimt, Boeckl, Hutter, Makart, Rainer, Ringel, Schuch, **7** Hausner, Lehmann, Schiele, **8** Attersee, Hollegha, Pongratz,

Stenvert, **9** Kokoschka,
11 Maulpertsch, Waldmueller
Mediziner: **6** Barany
Minnesänger: **7** Dietmar
Musikhistoriker: **7** Koechel
Nachrichtenagentur: **3** APA
Nobelpreisträger für
Chemie: **5** Pregl, **6** Frisch, Lorenz, Perutz, **9** Zsigmondy
Frieden: **5** Fried, **7** Suttner
Medizin: **5** Loewi, **6** Barany, Frisch, Lorenz, **11** Landsteiner
Physik: **4** Hess, **5** Pauli, **12** Schroedinger
Operettenkomponisten: **4** Fall, **5** Genée, Lehár, Stolz, Suppé, **6** Dostal, Straus, Zeller, **7** Raymond, Strauss, Ziehrer, **8** Benatzky, Kattnigg, **10** Milloecker
Pandurenoberst: **6** Trenck
Philosoph: **5** Riehl
Physiker: **4** Hess, **5** Pauli, **6** Lieben, Stefan, **7** Doppler, **12** Schroedinger
Physikerin: **7** Meitner
Polarforscher: **5** Payer
Politiker: **4** Beck, **5** Beust, **6** Taaffe, **8** Andrassy
Psychologe: **5** Freud
Schauspieler: → Schauspieler
Schlösser: **4** Anif, **6** Laudon, **9** Belvedere, **11** Schoenbrunn
Schriftsteller: **4** Bahr, Habe, Lind, Roth, Saar, **5** Broch, Celan, Fried, Jonke, Kafka, Musil, Rilke, Rosei, Spiel, Trakl, Zweig, **6** Gruber, Polgar, Simmel, Strobl, Weigel, Werfel, **7** Canetti, Doderer, Torberg, Viertel, Waggerl, **8** Bachmann, Bruckner, Czibulka, Roda-Roda, Rosegger, **9** Waldinger, **10** Schnitzler, Wassermann, **11** Schreyvogel
Schriftstellerinnen: **4** Baum, **7** Selinko
Seen: **7** Mondsee, **8** Attersee, Traunsee, **10** Weissensee, **11** Woerthersee, Wolfgangsee, **12** Ossiacher See, **13** Neusiedler See, **15** Millstaetter See
Showkünstler: **8** Juergens, **9** Alexander
Staatsmänner: **7** Kaunitz, **10** Metternich
Städte u. Orte: **3** Erl, Laa, **4** Enns, Graz, Hall, Linz, Melk, Ried, Wels, Wien, Ybbs, **5** Bruck, Geras, Ischl, Krems, Lienz, Steyr, Tulln, **6** Gmuend, Leoben, **7** Bludenz, Braunau, Bregenz, Ebensee, Gmunden, Hallein, Seefeld, Spittal, Villach, **8** Dornbirn, Eisenerz, Kufstein, Moedling, Radstadt, Salzburg, **9** Feldkirch, Hallstatt, Innsbruck, Sankt Veit, **10** Eisenstadt, Kapfenberg, Kitzbuehel, Klagenfurt, Schladming, **11** Knittelfeld, **12** Heiligenblut, Sankt Poelten
Tänzer: **10** Kreutzberg
Tänzerin: **7** Elssner
Unterwasserforscher: **4** Hass
Vortragskünstler am Piano: **8** Igelhoff, Kreissler
Währung: **8** Groschen, Schilling
Walzerkönig: **7** Strauss
Zeichner: **5** Kubin

ostfränk. Epos: **6** Ortnit

Ostpreußen → Provinz Preußens
Berge: **7** Damerau, **10** Tannenkopf, **16** Kernsdorfer Hoehe
Dichterin: **6** Miegel
Flüsse: **3** Apt, **4** Alle, Arge, Dost, Ilme, Lega, Lyck, Omet, Ossa, Wiek, **5** Baude, Deime, Gilge, Guber, Jarft, Liebe, Nehme, Parwe, Pissa, Sorge, Tilse, Zaine, **6** Bahnau, Goldap,

Inster, Omulef, Pasmar, Pissek, Pregel, Soldau, Weeske, **7** Drewenz, Rominte, Rosogga, **8** Angerapp, Passarge, **9** Beisleide, Frisching, Schwenzek
Hauptstadt: **10** Koenigsberg
Höhenzüge: **3** Alk, **9** Goldberge, **10** Alkgebirge, **12** Seeskerhoehe
Honiglikör: **10** Baerenfang
Landschaften: **6** Barten, **7** Ermland, Masuren, Samland, **8** Natangen, Oberland, **10** Hockerland, Pomesanien, **12** Westpreussen, **13** Rominter Heide
Lümmel, Taugenichts: **7** Lorbass
Mädchen: **7** Marjell, **11** Marjellchen
Ostseebäder: **5** Cranz, **6** Kuhren, Nidden, Pillau, **7** Neukrug, **8** Rauschen, **9** Heydekrug, **10** Palmnicken
Pferderassen: **9** Trakehner, **10** Ermlaender
Philosoph: **4** Kant
Seen: **7** Aryssee, **8** Dobensee, Mauersee, Roschsee, **9** Mukkersee, Nariensee, Niedersee, Omulefsee, Sorgensee, **10** Beldahnsee, Blankensee, Drausensee, Gehlandsee, Lansker See, Schobensee, Wulpingsee, **11** Geserichsee, Haschnersee, Jagodner See, Sellmentsee, Spirdingsee, **12** Goldapgarsee, Loewentinsee
Städte u. Orte: **4** Lyck, **5** Cranz, Eylau, Memel, **6** Elbing, Goldap, Pillau, Tapiau, Tilsit, Wehlau, **7** Loetzen, Roessel, **8** Osterode, Wormditt, **9** Allenburg, Gumbinnen, Guttstadt, Heilsberg, Heydekrug, Mohrungen, **10** Allenstein, Braunsberg, Frauenburg, Insterburg, Neidenburg, Nikolaiken, Ortelsburg, Palmnicken, Rastenburg, **12** Deutsch-Eylau

oströmische
– ***Hauptstadt:*** **6** Byzanz, **14** Konstantinopel
– ***Feldherren:*** **6** Narses, **7** Belisar
– ***Kaiser:*** **4** Leon, Zeno, **5** Zenon, **6** Julian, Valens, **8** Arcadius, Basilios, **9** Justinian, **10** Konstantin, Theodosius

Ostseebuchten: **4** Wiek, **6** Schlei
Ostseehäfen: **3** Abo, **4** Kiel, Riga, **5** Libau, Lulea, Reval, Turku, Visby, **6** Danzig, Elbing, Kalmar, Malmoe, Pillau, Wismar, **7** Luebeck, Rostock, Stettin, **8** Helsinki, **9** Leningrad, Stockholm, Stralsund, **10** Kopenhagen, Puttgarden, **11** Koenigsberg
Ostseehalbinseln: **4** Hela, **5** Darss, **7** Nehrung
Ostseeinseln: **3** Oie, **4** Moen, Moon, Poel, **5** Alsen, Dagoe, Moeen, Oesel, **6** Fuenen, Oeland, Ruegen, Samsoe, Ummanz, Usedom, Wollin, **7** Fehmarn, Gotland, Laaland, Lolland, Seeland, **8** Bornholm, **9** Hiddensee, **9** Langeland
Ostseemeerengen: **4** Belt, Sund
Ostseezuflüsse: **4** Kemi, Leba, Oder, Oulu, Rega, **5** Duena, Memel, Trave, **6** Pregel, Stolpe, Warnow, Wipper, **8** Passarge, Weichsel
Otter: **5** Viper
Ouvertüre: **7** Auftakt, **10** Einleitung
oxidieren: **6** rosten
Oxidierung: **4** Rost
Ozeane: → Weltmeere

P

Paarungsspiel der Vögel: **4** Balz
Paarungszeit: **6** Brunft, Brunst
Paarzeher, -hüfer: **3** Kuh, Reh, Ren, **4** Elch, Elen, Lama, Rind, Zebu, **5** Bison, Gemse, Kamel, Okapi, Schaf, Ziege, **6** Hirsch, Seekuh, Wisent, **7** Bueffel, Gazelle, Giraffe, Moschus, Mufflon, Rentier, Schwein, **8** Antilope, Dromedar, Horntier, Nilpferd, **9** Damhirsch, Steinbock, **10** Flusspferd, **11** Bukkelochse, Trampeltier, Wildschwein
Pachtgeld: **4** Zins, **5** Miete
Pachtgut in Frankreich: **5** Ferme
Pachthof: **3** Gut, **7** Domaene
Pack: **3** Mob, **5** Plebs, **6** Bagage, Poebel, **8** Gesindel, **9** Gelichter
Packeis: **6** Toross
Packen: **5** Paket, **6** Ballen, **7** Buendel
Packmaterial: **9** Emballage
Pädagoge: **6** Lehrer, **8** Erzieher
pädagogischer Begriff: **3** Lob, **4** Note, **5** Ruege, Tadel, **6** Fleiss, Strafe, Zensur, **7** Zeugnis
Paddel: **5** Ruder
Paddelboote: **4** Kanu, **5** Kajak, **8** Faltboot, Kanadier
Page: **3** Boy, **5** Groom
Pagenschule: **7** Pagerie
Pakistan (Staat in S-Asien)
Berg: **10** Nanga Parbat
Bevölkerung: **6** Brahni, Sindhi, **7** Panjabi, Paschtu, **8** Pathanen, **9** Pakistani, **10** Belutschen, Pakistaner, Pandschabi
Flüsse: **4** Ravi, Soan, **5** Indus, Karak, **6** Chenab, Jhelum, Sutlej
Frauenquartier der Pathanin: **5** Purda
Gebirgsketten: **12** Kirthar Range, **13** Sulaiman Range
Hafenstadt: **7** Karachi
Hauptstadt: **9** Islamabad
Landschaften: **4** Sind, **6** Panjab, Panyab, **9** Pandschab, **13** Belutschistan
Politiker: **6** Bhutto, Sharif, **8** Chaudhry, Ziaul-Haq, Zia ul-Huq
Sprachen: **4** Urdu, **6** Baruhi, Pashtu, **7** Paschtu, **10** Pandschabi, **12** Belutschisch
Städte u. Orte: **4** Bela, Sibi, **5** Bannu, Kalat, Kotri, **6** Lahore, Multan, Quetta, Sukkur, Taxila, **7** Karachi, Sialkot, **8** Lyallpur, Peshawar, Sargodha, **9** Faisalbad, Hyderabad, Shikarpur, **10** Bahawalpur, Rawalpindi
Täler: **4** Swat, **6** Kaghan
Wüsten: **4** Thal, **5** Tharr, **6** Kharan
Währung: **5** Paisa, Rupie
Pakt: **7** Vertrag, **8** Abkommen, Buendnis, Kontrakt
Paladine Karls des Großen: **6** Oliver, Roland
Palast: **6** Palace, Palais, **7** Palazzo, Schloss
Palasthund: **8** Pekinese
Palästina: **6** Kanaan
Palästinenserführer: **6** Arafat
Palästinenser-Organisation: **3** PLO
Palau (Inselstaat in Ozeanien)
Hauptstadt: **5** Koror
Politiker: **5** Salii, **7** Etpison
Währung: **4** Cent, **6** Dollar
Palmblatt: **5** Wedel
Palmblattfaser: **8** Piassava
Palmenarten: **3** Agu, Dum, **5** Areka,

Sabal, **6** Arenga, Howeia, Raphia, Rotang, **7** Attalea, Euterpe, Geonoma, Palmito, Pandane, Phoenix, **8** Borassus, Dumpalme, Oelpalme, **9** Livistona, Sagopalme, Weinpalme, **10** Kokospalme, Wachspalme, Zwergpalme, **14** Betelnusspalme

Palmenfrucht: **6** Dattel, **9** Kokosnuss

Palmenmark: **4** Sago

Palmfarn: **5** Cycas

Palmfaser: **8** Piassava

Palmlilie: **5** Yucca

Palmsonntag: **8** Palmarum

Palmwein: **5** Toddy

Palolowurm: **6** Nereis

Pampashase: **4** Mara

Pampasstrauß: **4** Rhea, **5** Nandu

Pampelmuse: **10** Grapefruit

Panamá (Staat in Mittelamerika)

Berg: **8** Chiriqui

Bevölkerung: **7** Chibcha, **8** Panamaer, **9** Panamenen

Flüsse: **5** Gatun, **7** Caimito, Chagres

Gebiete: **6** Azuero, Darién, **8** Veraguas

Halbinsel: **6** Azuero

Hauptstadt: **6** Panamá

Inseln: **5** Coiba, Taboga, **10** Toboguilla

Meeresbucht: **8** Limonbai

Politiker: **6** Endara, **7** Noriega

See: **8** Catunsee

Städte u. Orte: **4** Pina, **5** Colon, David, Gatun, **6** Balboa, Cativa, Chitré, Darién, Gamboa, **7** Escobal, Paraiso, **10** Miraflores, **15** Puerto Armuelles

Währung: **6** Balboa, **8** Centesimo

Panamaholz: **9** Sassafras

panamerikanische Union: **3** OAS

Pandurenführer: **6** Trenck

Panflöte: **6** Syrinx, **7** Fistula

Panne: **8** Stoerung, **10** Misserfolg

Panorama: **9** Rundblick, Rundsicht

Pantherkatzen: **4** Onze, **5** Irbis, **6** Jaguar

Pantoffel: **8** Babusche, **9** Pampusche

Pantoffelblumen: **10** Tigerblume, **11** Frauenschuh

Pantoffeltierchen: **10** Infusorien, Infusorium

Panzer: **8** Harnisch, Ruestung

Panzerabwehrwaffen: **7** Bazooka, **11** Panzerfaust

Panzerechsen: **6** Gavial, Kaiman, **8** Krokodil, **9** Alligator

Panzerhemd: **7** Bruenne

Panzerreiter: **10** Kuerassier

Panzerschrank: **6** Tresor

Papageien: **3** Ara, Kea, **4** Jaco, Jako, Kaka, Lori, **5** Arara, Makao, **6** Kakadu, Kakapo, Nymphe, **7** Amazone, Corella, Rosella, Sittich, **8** Arakanga, Ararauna, **11** Buntsittich, Rosenkakadu, Smaragdlori, **13** Wellensittich

Papageiblume, -feder: **7** Amarant

Papageienkrankheit: **10** Psittakose

Papageienname: **4** Lora

Papiersorten: **5** Krepp, Pappe, Velin, **6** Karton, **7** Buetten, Papirin, Papyrin, **9** Oelpapier, Pergament, **14** Zeitungspapier

Papierbeutel: **5** Tuete

Papierblatt: **5** Bogen

Papierformate: **5** Folio, Oktav, Quart, **6** Duodez

Papiergeld: **4** Note, **6** Schein, **8** Banknote, **9** Assignate

Papierlaterne: **7** Lampion

Papierschnitzel: **8** Konfetti

Papierstaude: **7** Papyrus

Papierstreifen zum Anzünden: **7** Fidibus

Papierzählmaß: **4** Ries, **7** Neuries

Pappe: **6** Karton

Pappelarten: **4** Aspe, Espe, **5** Abele, **10** Graupappel, **11** Spitzpappel, Weisspappel, **12** Silberpappel, Zitterpappel, **13** Schwarzpappel,

15 Pyramidenpappel
Pappschachtel: 6 Karton
Paprikafrüchte: 8 Peperoni
Papstkrone: 5 Tiara
päpstlich: 5 papal
päpstliche(r, s)
– ***Amt:* 5** Papat
– ***Behörde:* 4** Rota, **5** Kurie, **7** Datarie, **10** Sekretarie
– ***Botschafter:* 7** Nuntius
– ***Entscheid:* 9** Dekretale, **11** Dekretalien
– ***Erlaß:* 5** Breve, Bulle
– ***Gesandter:* 5** Legat
– ***Gewandteil:* 5** Fanon, Orale, **6** Fanone
– ***Insignie:* 11** Fischerring
– ***Kopfbedeckung:* 5** Tiara, **7** Kalotte, **8** Pileolus
– ***Leibwache:* 10** Nobelgarde, **14** Schweizergarde
– ***Regierungssitz:* 5** Sedes
– ***Residenz:* 7** Vatikan
– ***Schreiben:* 5** Breve, Bulle, **9** Enzyklika
Papstnamen: 3 Leo, **4** Paul, Pius, **5** Cajus, Donus, Eugen, Felix, Konon, Lando, Linus, Soter, Urban, **6** Agapet, Agatho, Albert, Calixt, Cletus, Gregor, Johann, Julius, Lucius, Markus, Martin, Petrus, Sixtus, Viktor, **7** Adeodat, Anaklet, Anterius, Damasus, Hadrian, Hilarus, Hyginus, Klemens, Marinus, Romanus, Sergius, Stephan, Theodor, Ursinus, Zosimus, **8** Agapetus, Anicetus, Benedikt, Eulalius, Eusebius, Fabianus, Formosus, Gelasius, Hippolyt, Honorius, Innozenz, Liberius, Nikolaus, Pelagius, Siricius, Valentin, Vigilius, Vitalian, **9** Alexander, Coelestin, Cornelius, Deusdedit, Dionysius, Dioscurus, Euaristus, Evaristus, Hormisdas, Marcellus, Paschalis, Philippus, Pontianus, Severinus, Silverius, Silvester, Sisinnius, Symmachus, Zacharias, **10** Anastasius, Bonifatius, Eleutherus, Konstantin, Laurentius, Melchiades, Sabinianus, Simplicius, Theodorich, Zephyrinus, **11** Eutychianus, Marcellinus, Telesphorus, **13** Christophorus
Papstpalast in Rom: 7 Lateran, Vatikan
Papsttum: 8 Papismus
Papua-Neuguinea (**7** Niugini – Inselstaat in Ozeanien)
***Berge:* 5** Hagen, **6** Giluwe, **7** Wilhelm, **9** Lamington
***Bevölkerung:* 9** Papuas, **10** Melanesier
***Flüsse:* 3** Fly, **4** Ramu, **5** Sepik, **6** Kikori, Purari
***Hauptstadt:* 11** Port Moresby
***Inseln:* 4** Buka, Vitu, **5** Boigu, Tabar, **6** Saibai, Tagula, **9** Neuirland, **12** Bougainville, **13** Neubritannien
magisches Ritual der Papuas: **5** Cargo
***Städte u. Orte:* 3** Lae, Wau, **4** Daru, **5** Wrawa, Wewak, **6** Aitape, Bulole, Goroka, Kerema, Madang, Rabaul, **8** Kandrian, **10** Popondetta
***Währung:* 4** Kina, Toea
Paradebett: 8 Katafalk
Paradewaffe: 10 Hellebarde
Paradies: 4 Eden, **6** Dorado, **7** Elysium, Nirwana, **8** Eldorado
Paradiesapfel: 6 Tomate
Paradiesjungfrau des Koran: 4 Huri
Paraguay (Staat in S-Amerika)
***Bevölkerung:* 8** Guaranis, **12** Paraguayaner
***Departements:* 5** Chaco, **6** Guairá, Itapua, **7** Amambay, Caagazu, Caazapá, **8** Asuncion, Boqueron,

Misionen, Neembuco, San Pedro, **9** Canendiyú, Paraguari, **10** Concepción, Cordillera
Flüsse: **7** Bermejo, **8** Paraguay, **9** Pilcomayo
Gebiet: **5** Chaco, **9** Gran Chaco
Hauptstadt: **8** Asuncion
Indianersprache: **7** Guarani
Politiker: **5** Lopez, **7** Francia, **9** Rodriguez, **10** Stroessner
Städte u. Orte: **5** Irala, **6** Fortin, **7** Caazapá, Esteros, Formosa, Igalimi, Formosa, Igalimi, **8** Caaguazu, **10** Concepción, **11** Encarnación, **12** Hernandarias
Währung: **7** Guarani, **9** Centesimo
Parallelogramm: **5** Raute, **7** Rhombus
Parana-Zuflüsse: **7** Iguassu, **8** Paraguay, **9** Rio Salado
parat: **6** bereit, fertig
Pardelkatze: **6** Ozelot
Parforcejagdleiter: **6** Master
Parfüm: **5** Odeur, **7** Moschus
Parfümfläschchen: **6** Flakon
Parfümöl: **9** Patschuli
Pariser
– *Bauwerke:* **9** Notre-Dame, **10** Eiffelturm, **13** Arc de Triomphe
– *Bettler:* **8** Clochard
– *Flughafen:* **4** Orly, **9** Le Bourget
– *Gassenjunge:* **5** Gamin
– *Kathedrale:* **9** Notre-Dame
– *Leichenschauhaus:* **6** Morgue
– *Modistin:* **9** Midinette
– *Museum:* **6** Louvre
– *Opernhaus:* **5** Opéra
– *Prachtstraße:* **13** Champs Élysées
– *Staatsgefängnis:* **8** Bastille
– *Stadtteile:* **3** Les, **4** Cité, **5** Bercy, Passy, **7** Auteuil, **8** Belville, Charonne, Grenelle, **10** Montmartre
– *Universität:* **8** Sorbonne
– *Universitätsviertel:* **13** Quartier Latin
– *Untergrundbahn:* **5** Métro
– *Wahrzeichen:* **10** Eiffelturm
Parkanpflanzung: **7** Boskett
Parkuhr: **10** Parkometer
Parlamente: **4** Duma, Rada, Sejm, **5** Senat, **6** Kammer, **7** Knesset, Landtag, **8** Knesseth, Storting, **9** Bundestag, Reichstag, Unterhaus, **11** Nationalrat, Volkskammer, **15** Nationalkonvent, Volksvertretung, **16** Abgeordnetenhaus
Parlamentarier: **11** Delegierter, Deputierter, **12** Abgeordneter, **14** Volksvertreter
Parlamentariergruppe: **8** Fraktion, **9** Koalition, **10** Opposition
parlamentarisches Abstimmungsverfahren: **4** Wahl, **9** Ballotage, **12** Hammelsprung
Parlamentsaussprache: **7** Debatte
Parlamentsgebäude in Washington: **7** Kapitol
Parlamentsvorhalle: **5** Lobby
Parole: **6** Devise, Losung, **8** Kennwort, **10** Schlagwort, Wahlspruch
parsischer Gott des Dunkels: **7** Ahriman
Part: **5** Rolle, **6** Anteil, Stimme
Partei: **6** Clique, Gruppe, **8** Fraktion, **9** Kamarilla
Partei in der Französischen Revolution: **9** Jakobiner
Parteigröße (abwertend): **5** Bonze
Parteigruppe: **8** Fraktion
parteiisch: **9** subjektiv, **11** tendenzioes
parteilos: **7** neutral
Parteilosigkeit: **12** Neutralitaet
Parteiwirtschaft: **7** Koterie, **8** Kluengel
Partie: **4** Part, Teil, Tour, Trip, **5** Reise, Rolle, Runde, **7** Ausflug
Partisan: **11** Franktireur, **13** Freischaerler
Partner: **6** Sozius, **7** Genosse, **9** Kompagnon, Teilhaber
Partnerschaft zwischen Städten:

8 Jumelage
Parzen: **6** Klotho, **7** Atropos, **8** Lachesis
Paß im Gebirge: (franz.) **3** Col, (span.) **4** Paso, (ital.) **5** Colle
Passagier: **8** Fahrgast, Fluggast, **9** Reisender
Passagierraum: **6** Abteil, Gondel, Kabine
Passahbrot: **5** Matze, **6** Matzen
passatartige Winde im Mittelmeer: **7** Etesien
passend: **5** habil, **7** gelegen, **8** adaequat, angenehm, guenstig, opportun
Paßgänger: **6** Zelter, **10** Lipizzaner
Passierschein (russ.): **7** Propusk
Passion: **6** Leiden, **8** Vorliebe, **11** Liebhaberei, **12** Leidenschaft
Passionssonntag: **6** Judika, **7** Laetare
Passionsspielort
– ***in Oberbayern:*** **12** Oberammergau
– ***in Tirol:*** **3** Erl
Passionswoche: **8** Karwoche
passiv: **8** untaetig, **12** teilnahmslos
Paßvermerk: **5** Visum
Paste: **4** Krem, **5** Creme
Pastenbehälter: **4** Tube
Pastetenarten: **3** Pie, **7** Bouchée, Pirogge, Ravioli, Rissole, Timbale, **8** Grisette, Krustade, **9** Vol-au-vent
Pastetenbäcker: **9** Patissier
Pastetenbäckerei: **10** Patisserie
Pate: **4** Gode, Gote, **8** Gevatter
Patenkind: **4** Pate, **5** Patin
Patriarch
– ***von Alexandria:*** **8** Cyrillus
– ***der armenischen Kirche:*** **10** Katholikos
– ***von Konstantinopel:*** **7** Phoitus, **9** Nestorius, **12** Chrysostomus
Patron: **7** Goenner, **9** Foerderer, Protektor, **10** Schutzherr, **14** Schutzheiliger
Patron
– ***der Adligen:*** **5** Georg
– ***der Angler:*** **6** Petrus
– ***der Ansager in Rundfunk und Fernsehen:*** **7** Gabriel
– ***der Apotheker:*** **6** Damian, Kosmas, Loyola, **7** Michael
– ***der Arbeiter:*** **5** Josef, **6** Joseph, **7** Jakobus, **9** Tarsicius
– ***der Architekten:*** **6** Thomas
– ***der Armen:*** **3** Ivo, **5** Franz, **6** Damian, Kosmas, **10** Laurentius
– ***der Artisten:*** **5** Georg
– ***der Ärzte:*** **5** Lukas, **5** Damian, Kosmas, Loyola, **9** Pantaleon
– ***der Aussätzigen:*** **7** Lazarus
– ***der Autofahrer:*** **13** Christophorus
– ***der Bäcker:*** **10** Laurentius
– ***der Bauern:*** **6** Medard
– ***der Bauhandwerker:*** **8** Mathias
– ***von Bayern:*** **6** Rupert, **7** Severin
– ***der Bergsteiger:*** **8** Bernhard
– ***der Bettler:*** **6** Martin, **7** Alexius, **8** Aegidius, Martinus
– ***der Bibliothekare:*** **10** Laurentius
– ***der Bierbrauer:*** **9** Gambrinus
– ***der Bildhauer:*** **5** Lukas, **6** Thiemo, **8** Johannes
– ***Böhmens:*** **6** Prokop, Wenzel, **7** Nepomuk
– ***der Brautleute:*** **8** Wunibald
– ***der Briefmarkensammler:*** **7** Gabriel
– ***der Deutschen:*** **7** Michael
– ***der Dichter:*** **5** David, **6** Gregor, **7** Prosper
– ***der Ehe:*** **8** Antonius
– ***der Einsamen:*** **5** Franz, **8** Aegidius
– ***von England:*** **5** Georg, **6** Becket
– ***gegen Fallsucht:*** **6** Velten, **8** Valentin
– ***der Familie:*** **5** Josef, **6** Joseph
– ***des Fernsehens:*** **7** Gabriel
– ***gegen Feuersnot:*** **7** Donatus, Florian
– ***der Finanzbeamten:*** **9** Matthaeus

- **_der Fischer:_ 6** Petrus
- **_der Flieger:_ 5** Elias
- **_der Gärtner:_ 4** Adam, **13** Christophorus
- **_der Gefangenen:_ 8** Leonhard
- **_der Gepäckträger:_ 9** Aquilinus
- **_gegen Gewitter:_ 7** Donatus
- **_gegen Gicht:_ 8** Valentin
- **_der Goldschmiede:_ 4** Eloi, **7** Eligius, **8** Bernhard
- **_gegen Halskrankheiten:_ 7** Blasius
- **_der Handwerker:_ 5** Josef, **6** Joseph
- **_der Haustiere:_ 7** Egidius, **8** Aegidius, Antonius
- **_der Hutmacher:_ 9** Philippus
- **_der Infanteristen:_ 9** Mauritius
- **_der Ingenieure:_ 5** Josef, **6** Joseph
- **_von Irland:_ 7** Patrik, **9** Patricius
- **_der Jäger:_ 8** Hubertus, **10** Eustachius
- **_der Juristen:_ 3** Ivo
- **_der kath. Kirche:_ 6** Joseph
- **_der kath. Schulen:_ 6** Thomas
- **_der Kaufleute:_ 7** Michael
- **_der Kinder:_ 8** Nikolaus
- **_der Kinobesitzer:_ 8** Johannes
- **_der Klempner:_ 7** Wilhelm
- **_der Köche:_ 9** Paschalis, **10** Laurentius
- **_der Kranken:_ 7** Lazarus, **8** Johannes, Kamillus, Leonhard
- **_der Krieger:_ 8** Ignatius
- **_der Künstler:_ 5** Lukas
- **_der Kupferschmiede:_ 4** Veit
- **_der Liebenden:_ 5** Anton
- **_von Mailand:_ 9** Gervasius, Protasius
- **_der Maler:_ 5** Lukas
- **_der Männer:_ 8** Bernhard
- **_von München:_ 5** Benno
- **_der Musiker:_ 3** Leo, Odo, **5** David, **6** Arnold, Gregor, **8** Germanus, Johannes
- **_von Neapel:_ 9** Januarius
- **_von Nürnberg:_ 8** Sebaldus
- **_der Optiker:_ 6** Hubert, **8** Hubertus
- **_von Österreich:_ 7** Koloman, Severin
- **_gegen Pest:_ 6** Rochus, **7** Cyprian
- **_der Pferde:_ 4** Eloi, **6** Georg, **6** Martin, **7** Eligius, Stephan, **8** Leonhard, **9** Mauritius, Stephanus, **10** Hippolytus
- **_der Philosophen:_ 6** Justin
- **_der Pilger:_ 7** Jakobus, Raphael
- **_der Polizisten:_ 7** Severus
- **_der Prediger:_ 12** Chrysostomus
- **_von Regensburg:_ 8** Wolfgang
- **_der Reisenden:_ 5** Anton, Josef, **6** Joseph, Martin, **13** Christophorus
- **_der Reiter:_ 5** Georg, **7** Michael
- **_der roman. Seeleute:_ 4** Elmo
- **_des Rundfunks:_ 7** Gabriel
- **_von Rußland:_ 7** Andreas
- **_der Sänger:_ 3** Leo, **6** Gregor, **8** Johannes
- **_der Sattler:_ 9** Crispinus, **12** Crispinianus
- **_der Schauspieler:_ 5** Vitus
- **_der Schiffer:_ 6** Petrus, **7** Erasmus, **8** Nikolaus, **13** Christophorus
- **_der Schlosser:_ 6** Petrus
- **_der Schmiede:_ 4** Eloi, **7** Eligius
- **_der Schneider:_ 6** Martin, **8** Martinus
- **_der Schreiner:_ 6** Joseph
- **_der Schriftsteller:_ 5** Franz, **8** Johannes
- **_der Schuhmacher:_ 9** Crispinus, **12** Crispinianus
- **_der Schüler:_ 8** Nikolaus
- **_der Schützen:_ 9** Sebastian
- **_Schwedens:_ 4** Erik, **5** Erich
- **_der Schweine:_ 8** Antonius
- **_der Schweiz:_ 5** Klaus
- **_der Seeleute:_ 9** Brandanus
- **_der Steinmetzen:_ 7** Reinhold
- **_der Stenographen:_ 7** Kassian
- **_der Studenten:_ 8** Aloysius
- **_der Tierärzte:_ 7** Eligius
- **_der Tischler:_ 5** Josef, **6** Joseph, Petrus, Rochus, **7** Guntmar,

Joachim, **8** Matthias
– ***der Uhrmacher:*** **6** Petrus, **7** Eligius
– ***von Ungarn:*** **7** Stephan
– ***der USA:*** **7** Cabrini
– ***von Venedig:*** **6** Markus
– ***der Verfolgten:*** **7** Raimund
– ***der Waisen:*** **3** Ivo, **5** Josef, **6** Joseph, **7** Vinzenz, **10** Hieronymus
– ***gegen Wassernot:*** **7** Nepomuk
– ***des Wetters:*** **6** Petrus
– ***der Wirte:*** **4** Goar
– ***der Winzer:*** **4** Goar, **5** Urban
– ***von Würzburg:*** **6** Kilian
– ***der Zimmerleute:*** **5** Josef, **6** Joseph
– ***der Zollbeamten:*** **9** Matthaeus

Patronenkammer: **7** Magazin

Patronin
– ***Amerikas:*** **4** Rosa
– ***der Architekten:*** **7** Barbara
– ***der Armen:*** **4** Anna
– ***der Artilleristen:*** **7** Barbara
– ***der Augenkranken:*** **5** Lucia
– ***der Autofahrer:*** **9** Franziska
– ***der Bauern:*** **8** Notburga
– ***der Bergleute:*** **7** Barbara
– ***der Bettler:*** **9** Elisabeth
– ***der Bibliothekare:*** **9** Katharina
– ***der Bildhauer:*** **6** Martha
– ***von Böhmen:*** **8** Ludmilla
– ***der Brautleute:*** **6** Hedwig
– ***von Brüssel:*** **6** Gudula
– ***der Büßerinnen:*** **4** Afra
– ***der Dichter:*** **8** Caecilia
– ***der Dienstboten:*** **4** Zita
– ***des Elsaß:*** **6** Odilia
– ***der Feuerwehr:*** **7** Barbara
– ***der Fischer:*** **6** Verena
– ***der Gärtner:*** **3** Eva, **7** Gertrud
– ***der Georgier:*** **4** Nina
– ***gegen Gewitter:*** **7** Barbara
– ***der Hausfrauen:*** **4** Anna, **6** Martha, Sabina
– ***von Irland:*** **8** Brigitte
– ***der Jungfräulichkeit:*** **5** Agnes
– ***der Kaufleute:*** **4** Anna
– ***der Kirchenmusik:*** **8** Caecilia
– ***der Köche:*** **7** Barbara
– ***der Lehrerinnen:*** **6** Ursula
– ***der Mädchen:*** **7** Barbara, **9** Katharina, Margereta
– ***der Mägde:*** **8** Notburga
– ***der Malteser:*** **6** Agathe
– ***gegen Mäuse- und Rattenplage:*** **7** Gertrud
– ***der Musik:*** **8** Caecilia
– ***von Paris:*** **8** Genoveva
– ***der Philosophen:*** **9** Katharina
– ***der Reisenden:*** **7** Eulalia, Gertrud
– ***der Sänger:*** **8** Caecilia
– ***von Schlesien:*** **6** Hedwig
– ***der Stewardessen:*** **4** Bona
– ***der Torwarte:*** **5** Lucia
– ***der Verfolgten:*** **9** Elisabeth
– ***der Waisen:*** **9** Elisabeth
– ***der Wissenschaftler:*** **9** Katharina
– ***der Witwen:*** **4** Anna, **6** Sophia
– ***gegen Zahnschmerzen:*** **9** Apollonia
– ***der Zigeuner:*** **5** Sarah

Patrouille: **7** Streife, **10** Spaehtrupp

Pauke: **7** Timpano, Timpani, Trommel

Paukenhöhle (Ohr): **8** Tympanum

Pause: **4** Rast, **5** Kopie, **9** Intervall

Paulusbriefempfänger: **7** Epheser, Galater, **8** Kolosser, **9** Korinther, Philipper

Pavillon: **5** Kiosk

Pech: **4** Harz, Teer, **7** Malheur, **8** Unglueck, **10** Misserfolg, **12** Missgeschick

Pechkohle: **3** Jet, **4** Jett, **5** Gagat

Pechvogel: **9** Schlemihl

pedantisch: **7** penibel, **8** pingelig, **9** kleinlich

peilen: **5** orten

Pein: **4** Qual, **6** Marter, Tortur, **7** Schmerz, **8** Drangsal

peinlich: **5** fatal, **6** genant, heikel, **7** delikat, penibel, prekaer, **8** diffizil, shocking, **10** unangenehm

peinlich berührt: 10 indigniert
Peitsche: 5 Knute, **7** Fuchtel, Geissel, Nagaika, **8** Kantschu, **10** Karbatsche, **12** Ochsenziemer
Pelle: 4 Haut, **6** Schale
Pelz: 3 Feh, Kid, **4** Mink, Nerz, Seal, **5** Biber, Bisam, Fuchs, Iltis, Kanin, Luchs, Otter, Skunk, Slink, Vlies, Zobel, **6** Fohlen, Marder, Nutria, Ozelot, Pijiki, Serval, Suslik, **7** Karakul, Krimmer, Mufflon, Opossum, Seebaer, Seehund, Zorilla, **8** Hermelin, Maulwurf, Rotfuchs, Sealskin, **9** Astrachan, Blaufuchs, Kaninchen, Persianer, Sealbisam, Waschbaer, Wildschur, **10** Bisamratte, Chinchilla, Edelmarder, Murmeltier, **11** Silberfuchs, **12** Breitschwanz
Pelzkrawatte: 7 Koller
Pelzkragen: 3 Boa
Pelzsamt: 6 Felbel
Pelztierjäger: 7 Trapper
Pelzverarbeiter: 10 Kuerschner
Pelzwerk: 9 Rauchware
Pendel: 11 Perpendikel
Pendeluhr: 8 Penduele, **9** Regulator
Pennbruder: 8 Clochard
Pergamentpapier: 5 Velin, **7** Papyrin
Periode: 6 Epoche, Umlauf, Zyklus, **8** Zeitraum
Periodenzahl: 8 Frequenz
Peripherie: 4 Rand, **7** Umkreis
Perser: 6 Iraner
Persien: → **Iran**
Personalangaben: 9 Nationale
Personalausweis: 4 Pass, **9** Kennkarte
Personenaufzug: 4 Lift, **9** Fahrstuhl, **11** Paternoster
Personenbeschreibung: 11 Signalement
Personenstandsregister: 8 Matrikel
persönlich: 5 eigen, **6** privat, **8** privatim, **9** subjektiv, **11** individuell
persönliche Fürwörter: 2 du, er, es, **3** dir, ich, ihm, ihn, ihr, sie, uns, wir, **4** euch, **5** ihnen
Persönlichkeit: 9 Charakter, **10** Individuum, **13** Personalitaet, **15** Individualitaet
Persönlichkeitsbild: 5 Image
Persönlichkeitsforschung: 9 Ethologie
Peru (Staat in S-Amerika)
Berge: **8** Coropuna, Yerupaja, **9** Ausangate, Huascarán
Bevölkerung: **8** Peruaner
Bevölkerung (indian.): **4** Pano, **5** Aruak, Aimara, Aymara, Tukano, **7** Quechua, **8** Ketschua
Canyon: **8** Tinajani
Eroberer: **7** Pizarro
Flüsse: **4** Napo, **7** Maranon, Pastaza, Ucayali, **8** Apurimac, Huallaga, Putumajo, **9** Urumbamba
Gebirge: **8** Anden
Hauptstadt: **4** Lima
indian. Herrscherkaste: **4** Inka
Inkaherrscher: **5** Manco, **9** Atahualpa, **10** Tupac Amaru
Inseln: **5** Lobos, **7** Chincha
Landschaftsräume
Anden: **6** Sierra, **7** Montana
Küste: **5** Costa
Tiefland: **5** Selva
Lyriker: **6** Eguren, **7** Vallejo
Nationalspeise: **5** Pollo
Politiker: **5** Elias, Pardo, Prada, Terry, **6** Leguia, Puente, **7** Pierola, **8** Alvarado, Bermúdez, Fujimori, **10** Bustamante
Schriftsteller: **5** Palma, **6** Romero, **7** Alegria, Chocano, **8** Arguedas, Calderon, Valcárel
See: **5** Junin, **8** Titicaca
Sprachen: **6** Aimara, Aymara, **7** Quechua, **8** Ketschua
Städte u. Orte: **3** Ica, Ilo, **5** Cuzco, Pisco, Piura, **6** Callao, Huaraz, **7** Iquitos, **8** Arequipa, Chan

Chan, Chiclayo, Chimbote, Huancayo, Trujillo
Verwaltungsbezirke (und ihre Hauptstädte): **3** Ica (**3** Ica), **4** Lima (**4** Lima), Puno (**4** Puno), **5** Cuzco (**5** Cuzco), Junin (**8** Huancayo), Pasco (**12** Cerro de Pasco), Piura (**5** Piura), Tacna (**5** Tacna), **6** Ancash (**6** Huaráz), Callao (**6** Callao), Loreto (**7** Iquitos), Tumbes (**6** Tumbes), **7** Huánuco (**7** Húanuco), **8** Amazonas (**11** Chachapoyas), Apurimac (**7** Abancay), Arequipa (**8** Arequipa), Ayacucho (**8** Ayacucho), Moquegua (**8** Moquegua), **9** Cajamarca (**9** Cajamarca), San Martin (**9** Moyobamba, **10** La Libertad (**8** Trujillo), Lambayeque (**8** Chiclayo), **12** Huancavelica (**12** Huancavelica)
Wüste: **5** Nazca
Währung: **3** Sol, **4** Inti, **7** Centavo
Perückenmacher(in): **10** Posticheur (**11** Posticheuse)
Petersilie: **4** Silk, **5** Silge, **7** Peterle, **9** Peterlein
Petrarcas Angebetete: **5** Laura
Pfad: **3** Weg
Pfadfinder: **5** Scout, **8** Boy Scout
Pfadfinderin: **9** Girl-Scout
Pfadfindertreffen: **8** Jamboree
Pfaffenhütchen: **11** Spindelbaum
Pfahl: **6** Pflock, **7** Pfosten
Pfahlgruppe zum Festmachen der Schiffe: **9** Duckdalbe
Pfahlhindernis: **8** Palisade
Pfahlwerk: **6** Staket
Pfalzgraf: **7** Palatin
Pfandrecht an Grundstücken: **8** Hypothek
Pfändung (österr.): **9** Exekution
Pfannkuchen: **6** Plinse, **7** Krapfen, Omelett, **8** Berliner, Omelette, **10** Eierkuchen, **13** Palatschinken
Pfarramt: **8** Pastorat
Pfarrbezirk: **8** Parochie, **10** Kirchspiel
Pfarrer: **6** Pastor, **8** Priester, Reverend
Pfefferfresser: **5** Tukan
Pfeffergurke: **9** Cornichon
Pfeife (türk.): **8** Tschibuk
pfeifen: **6** pusten, **7** floeten
Pfeifenanzünder: **7** Fidibus
Pfeifenholz: **7** Bruyère
Pfeifenstrauch: **6** Jasmin, **10** Osterluzei
Pfeifentabak: **4** Shag
Pfeil des Stierkämpfers: **10** Banderilla
Pfeilbehälter: **7** Koecher
Pfeiler: **5** Pilar, **7** Pfosten, Stuetze, **8** Pilaster
Pfeilerabschluß: **8** Kapitell
Pfeilerspiegel: **7** Trumeau
Pfeilgift: **4** Upas, **6** Curare, Kurare
Pfeilhecht: **9** Barrakuda
Pfeilkraut: **10** Sagittaria
Pfeilwurz: **7** Tapioka
Pfeilwurzmehl: **9** Arrowroot
Pferch: **6** Huerde, Korral
Pferd von
– ***Alexander d. Gr.:*** **10** Bukephalos
– ***Don Quichote:*** **9** Rosinante
– ***Karl May im Orient:*** **3** Rih
– ***Mohammed:*** **7** Alborak
– ***Odin:*** **8** Sleipnir
– ***Siegfried:*** **5** Grane
– ***Winnetou:*** **7** Iltschi
Pferde
Abzeichen: **5** Stern, **6** Blesse, **7** Laterne, **8** Schnippe, **9** Bluemchen, **11** Stichelhaar
Bürsten: **8** Striegel, **11** Kardaetsche
Decken: **7** Woilach, **10** Schabracke
Fuhrwerke: **6** Fiaker, **7** Kremser, Kutsche
Fuß: **3** Huf
Gangarten: **4** Pace, Pass, Trab, Zelt, **6** Canter, Galopp, Kanter,

Redopp, **7** Allure, Passade, Passage, Renvers, Schritt, Travers, **8** Entrepas, Karriere, **10** Handgalopp, Seitengang, **11** Arbeitstrab, Linksgalopp, Rechtsgalopp, **12** Schulschritt

Gebißstange: **7** Kandare

Geschirr (Reit- u. Zaumzeug): **4** Gurt, Kumt, Zaum, **5** Gerte, Longe, Pilar, Siele, Sporn, **6** Bremse, Buegel, Gebiss, Kummet, Sattel, **7** Halfter, Kandare, Woilach, Zuggurt, **8** Geschirr, Hifthorn, Hufeisen, Jagdhorn, Jagdrock, Kappzaum, Maulkeil, Peitsche, Reithose, Striegel, Zaumzeug, **9** Bauchgurt, Jagdkappe, Kinnkette, Laufleine, Reitfrack, Reitgerte, Spitzkumt, **10** Halsriemen, Hohlgebiss, Kehlriemen, Maulgatter, Sattelgurt, Schabracke, Sitzriemen, Sprenggurt, **11** Beissstange, Beizaeumung, Kardaetsche, Kopfgestell, Nasenriemen, Reitstiefel, Scheuklappe, Steigriemen, Stirnriemen, **12** Backenstueck, Bodenblender, Buegelriemen, Gebissstange, Genickstueck, Kniegamasche, Kumtgeschirr, Reitpeitsche, Sattelkissen, Springsattel, **13** Schweifriemen, Trensenzuegel, **14** Kandarenzuegel

Herde in russ. Steppe: **5** Tabun

Knecht (ungar.): **6** Csikos

Körperteile: **4** Kamm, **5** Bohne, Hanke, Koete, Ruebe, **6** Kruppe, Maehne, **7** Nuester, Schweif, **8** Ganasche, Kastanie

Krankheiten: **4** Ramm, Rehe, Rotz, Spat, **5** Druse, Galle, Leist, Mauke, Raspe, **6** Durine, Feifel, Giemen, Koller, Raeude, Rehhuf, Schale, Skalma, Staupe, **7** Einbiss, **8** Harnwinde, **9** Kreuzrehe, Piephacke, **12** Pfeiferdampf

Laufleine: **5** Longe

nach der Farbe: **5** Falbe, Fuchs, Rappe, **6** Blesse, Scheck, **7** Brauner, Schecke, **8** Isabelle, Rehfalbe, Rotfuchs, Schimmel, **9** Goldfuchs, Hellfuchs, Kohlfuchs, Kohlrappe, Lehmfuchs, Mausfalbe,**10** Brandfuchs, Braunfuchs, Glanzrappe, Mohrenkopf, **11** Dunkelfuchs, Kupferfuchs, Rotschimmel, Semmelfalbe, **12** Blauschimmel, Goldisabelle, Grauschimmel, Rappschimmel, Schwarzfuchs, **13** Apfelschimmel, Eisenschimmel, Milchschimmel, Schweissfuchs, **14** Mohrenschimmel, Muskatschimmel, Silberschimmel, **15** Fliegenschimmel

Namen: **3** Run, **4** Gaul, Hack, Ross, **5** Enter, Guest, Gurre, Pacer, Pinto, Rappe, Stute, Zosse, **6** Fohlen, Hengst, Kracke, Maehre, Maiden, Mucker, Zossen, **7** Fuellen, Gaenger, Remonte, Twenter, Wallach, **8** Schinder, Zugpferd, **9** Ackergaul, Handpferd, Karossier, Lastpferd, Reitpferd, **10** Beschaeler, Deckhengst, Koerhengst, **11** Klopfhengst, Sattelpferd, **12** Stangenpferd, **13** Lungenpfeifer, **14** Deichselpferd

Rassen: **3** Cob, Kob, **4** Pony, **5** Konik, **6** Araber, Berber, Bronco, Hunter, Huzule, Jucker, Perser, Senner, Tarpan, **7** Belgier, Hackney, Mustang, Noriker, Suffolk, **8** Ardenner, Badenser, Bosniake, Halbblut, Kaltblut, Rottaler, Togopony,

Turkmene, Vollblut, Warmblut, Wildpony, **9** Batakpony, Bergpferd, Boulogner, Brabanter, Cleveland, Delhipony, Duelmener, Haflinger, Karabaier, Ostfriese, Percheron, Pinzgauer, Trakehner, Wildpferd, **10** Andalusier, Clydesdale, Doppelpony, Exmoorpony, Fjordpferd, Holsteiner, Islandpony, Kleinpferd, Lipizzaner, Madurapony, Panjepferd, Thueringer, Zwergpferd, **11** Gotlandpony, Korsikapony, Mittelpferd, Oldenburger, Orlowtraber, Schleswiger, **12** Hannoveraner, Huzulenpferd, Karpatenpony, Shetlandpony, **13** Anglonormanne, Brandenburger, Campagnapferd, Limousinpferd, Mecklenburger, Nordwalespony, Suedwalespony, **15** Frederiksborger, Przewaldskipferd

Reitbahnen: **9** Hippodrom, **10** Tattersall

Reitfiguren: **5** Volte, **6** Pesade, Piaffe, **7** Lancade, **8** Kruppade, **9** Pirouette

Reitknecht: **5** Groom

Reitsportbegriffe: **4** Pace, Pass, Polo, Trab, Zelt, **5** Arrêt, Groom, Pilar, Volte, **6** Canter, Equipe, Galopp, Kanter, Koppel, Master, Levade, Pesade, Piaffe, Pikoer, Redopp, Sprung, Zelter, **7** Alluere, Amazone, Falkade, Paddock, Passade, Passage, Renvers, Schritt, Travers, **8** Assiette, Entrepas, Eskapade, Kapriole, Karriere, Kruppade, Kurbette, Military, Parieren, Reitbahn, Stutbuch, Zureiter, **9** Ballotade, Fuchsjagd, Hippodrom, Pirouette, **10** Changieren, Handgalopp, Jagdreiten, Reitknecht, Seitengang, Tattersall, **11** Arbeitstrab, Linksgalopp, Prallsprung, Schleppjagd, Schulreiter, Springpferd, **12** Dressurpferd, Rechtsgalopp, Schulschritt, **13** Dressurreiten, Schnitzeljagd, Turnierreiter, **15** Tuernierreiterin

Rennen: **4** Heat, **5** Derby, **8** Handikap, Parcours, **10** Jagdrennen, Trabrennen, **11** Flachrennen, Springderby, **12** Einzelrennen, Galopprennen, Steeplechase, Steherrennen, **13** Huerdenrennen, **14** Zukunftsrennen, **15** Hindernisrennen, **16** Ausgleichsrennen

Rennhindernisse: **4** Oxer, Rick, **5** Hecke, Mauer, **6** Gatter, Graben, Huerde

Rennplatz

- *in Deutschland:* **4** Horn, Riem, **10** Baden-Baden, **11** Hoppegarten
- *in England:* **5** Ascot, Epsom
- *in Frankreich:* **9** Vincennes

Rennsportbegriffe: **3** Box, **4** Feld, Heat, Oxer, Rush, Rick, Sieg, Toto, Turf, Ziel, **5** Break, Crack, Derby, Groom, Hecke, Platz, Quote, Speed, Spurt, Stall, Start, Sulky, Track, **6** Abhang, Ablauf, Finish, Gatter, Graben, Huerde, Jockei, Jockey, Kalada, Kleber, Maiden, Mucker, Pullen, Rabbit, Reiter, Steher, Traber, **7** Distanz, Einlauf, Gelaeuf, Gestuet, Favorit, Flieger, Steward, **8** Handikap, Outsider, Rennbahn, Steepler, Tribuene, Vorwette, **9** Aufgalopp, Darkhorse, Fuehrring, Rennstall, Totokasse, **10** Buchmacher, Jagdrennen, Rennreiter, Trabrennen, Wettschein, Zielgerade, Zielkamera, **11** Dreierwette, Sattelplatz, Springderby, Stallknecht,

Startnummer, Totalisator, Wettannahme, Zielpfosten, Zielrichter, **12** Aussenseiter, Einlaufwette, Steeplechase, Steherrennen, Trabrennbahn, **13** Flachrennbahn, Hindernisbahn, Huerdenrennen, Trabrennwagen
Rennwetten: **4** Sieg, **5** Platz, **11** Dreierwette, **12** Einlaufwette, **14** Zwillingswette
Satteldecken: **7** Woilach, **10** Schabracke
Sattelteile: **4** Bock, Horn, Sitz, **5** Knopf, **6** Tasche, **7** Pausche, Zwiesel
Sport: **4** Turf
Sportler: **6** Jockei, Jockey, Reiter
Sportlerin: **7** Amazone
Sprünge: **7** Falkade, **8** Eskapade, Kapriole, Kurbette, **9** Ballotade
Stand: **3** Box
Wagen: **6** Fiaker, **7** Kremser, Kutsche
Zaum: **6** Trense, **7** Kandare
Zucht: **7** Gestuet

Pfingstgrün: **4** Maie
Pfingstrose: **7** Paeonie
Pfingstvogel: **5** Pirol
Pfirsichart: **9** Nektarine
Pflanzen unter Naturschutz: **6** Akelei, Enzian, **7** Aurikel, Seerose, **8** Baerlapp, Eisenhut, **9** Edelweiss, **10** Christrose, Feuerlilie, Seidelbast, **11** Frauenschuh, Riemenzunge, Tuerkenbund, **12** Alpenanemone, Kohlroeschen, **13** Alpenveilchen
Pflanzen aus fernen Ländern: **6** Exoten
Pflanzenanbau: **6** Kultur, **10** Agrikultur
Pflanzenausschwitzung: **4** Harz, **5** Wachs
Pflanzenauszug: **6** Essenz, **7** Tinktur
Pflanzenextrakt: **7** Elixier
Pflanzenfarbstoff: **7** Karotin, **11** Chlorophyll
Pflanzenfaser: **4** Akon, Bast, **5** Fiber, Sisal
Pflanzenfrucht: **4** Nuss, **5** Beere, **6** Zapfen
Pflanzenkeim: **4** Same
Pflanzenkost: **7** Rohkost, **12** Vegetabilien
Pflanzenkostesser: **10** Vegetarier
Pflanzenkrankheiten: **4** Rost, **6** Schorf, **7** Mehltau, **8** Chlorose
Pflanzenkunde: **7** Botanik
Pflanzenkundler: **9** Botaniker
Pflanzenleim: **7** Staerke
Pflanzenmilch: **5** Latex, **9** Kautschuk, **11** Guttapercha
Pflanzennährstoffe: **4** Dung, Kali, **7** Duenger
Pflanzenorganumwandlung: **12** Metamorphose
Pflanzenreich: **5** Flora
Pflanzensaft: **5** Manna
Pflanzensammlung: **9** Herbarium
Pflanzenschaft: **4** Rohr
Pflanzensenker: **7** Ableger
Pflanzensproß: **5** Trieb
Pflanzenstengel: **4** Halm, **5** Stiel
Pflanzenteile: **3** Ast, **4** Dorn, Halm, Kern, Laub, **5** Aehre, Beere, Blatt, Borke, Dolde, Faser, Kelch, Nadel, Ranke, Rinde, Rispe, Stamm, Stiel, Trieb, Wedel, Zelle, Zweig, **6** Bluete, Frucht, Knolle, Knospe, Kolben, Schote, Senker, Spross, Traube, Wipfel, Wurzel, **7** Stachel, Stengel, Zwiebel, **9** Kaetzchen
Pflanzentrieb: **6** Schoss, Spross, **7** Ableger, **11** Schoessling
Pflanzenwelt: **5** Flora, **10** Vegetation
Pflanzgut: **4** Saat
pflanzlich: **9** botanisch, vegetabil, **11** vegetarisch
pflanzliche(r, s)
– ***Gelatine:*** **8** Agar-Agar
– ***Nahrungsmittel:*** **12** Vegetabilien

– ***Oberflächengewebe:*** **4** Kork
– ***Reizbewegung:*** **6** Nastie
– ***Seitentrieb:*** **7** Ableger
– ***Wirkstoff:*** **6** Sorbit
Pflanzung: **4** Kamp, **8** Plantage, **10** Baumschule
Pflaume (botan.): **6** Prumus
Pflaumensorten: **7** Krieche, **8** Quetsche, Spilling, Zwetsche, **9** Damaszene, Mirabelle, Reneklode, Zwetschge, **11** Eierpflaume, Reineclaude, **12** Haferpflaume, Haferschlehe
Pflaumenbranntwein: **9** Slibowitz, Sliwowitz
Pflaumenmus: **6** Powidl
Pflege: **4** Hege, **5** Obhut, **9** Fuersorge
Pflegeanstalt Bodelschwinghs: **6** Bethel
Pflegeheim: **8** Hospital
pflegen: **6** warten, **8** betreuen, umsorgen
Pfleger: **5** Tutor, **7** Kurator, Vormund, Waerter, **9** Samariter, **10** Fuersorger, Sanitaeter
Pflegling: **7** Muendel, Patient
Pflegschaft: **7** Kuratel
Pflicht: **5** Gebot, **7** Aufgabe, **12** Obliegenheit
Pflichtanteil: **10** Kontingent
Pflichtgebot: **9** Imperativ
Pflock: **5** Pfahl, Pilar, **7** Pfosten
pflügen: **6** ackern, **7** rigolen
Pflugmesser: **4** Sech
Pflugspur: **6** Furche
Pflugteil: **4** Sech, **5** Schar, Sterz
Pförtner: **7** Portier, **9** Concierge
Pförtnerraum: **4** Loge
Pfosten: **5** Pfahl, **6** Balken, Poller, Strebe, **7** Pfeiler
Pfosten zum Festmachen der Schiffe: **6** Poller
Pfote: **5** Tatze, **6** Pranke
Pfriem: **4** Ahle
Pfropfen: **4** Kork, **6** Korken, **6** Zapfen, **8** Stoepsel
Pfropfbastard in der Gärtnerei: **8** Chimaere
Pfropfenbildung (Blutgefäß): **7** Embolie, **9** Thrombose
Pfründe: **7** Benefiz, **8** Sinekure
Pfuhl: **5** Sumpf, **7** Pfuetze, Tuempel
Pfuscher: **8** Boenhase, **9** Dilettant
Pfütze: **5** Lache, Pfuhl
phäakische Königstochter: **8** Nausikaa
Phantasie: **8** Trugbild, **10** Einbildung, **11** Vorstellung, **14** Erfindungsgabe
phantasiearm: **9** prosaisch
phantasieren: **7** spinnen, **10** delirieren, fabulieren
Phantast: **8** Traeumer, **10** Romantiker, Schwaermer
phantastisch: **7** seltsam, **9** traumhaft, wunderbar, **10** unwirklich, **11** unglaublich
phantastische Erzählung: **8** Groteske
Phantom: **8** Trugbild
Pharaonengrab: **8** Pyramide
Pharaonennamen: **5** Menes, **6** Cheops, Ramses
Pharmazeut: **9** Apotheker
Philippinen (Staat in SO-Asien)
Bevölkerung: **5** Bicol, Iloco, Moros, **6** Bontok, Ifugao, **7** Bisayas, Tagalen, **8** Igoroten, **9** Filipinos, Ilongoten, **11** Philippiner
Fluß: **7** Cagayan
Halbinsel Mindanaos: **9** Zamboanga
Hauptstadt: **6** Manila, **10** Quezon City
Inselgruppe: **4** Sulu
Inseln: **4** Cebu, **5** Bohol, Leyte, Luzon, Panay, Samar, **6** Negros, **7** Masbate, Mindoro, Palawan, **8** Mindanao
muslimische Rebellen: **5** Moros
Politiker: **5** Ramos, Roxas,

6 Laurel, Marcos
Politikerin: **6** Aquino
Sprachen: **5** Bocol, Iloco, **7** Cebuano, Tagalog, **8** Pilipino
Staatssprache: **7** Tagalog
Städte u. Orte: **4** Cebu, Mati, **5** Davao, Pasay, **6** Butuan, Iligan, Iloilo, Kalibo, Kiamba, Tarlac, **7** Angeles, Bacolod, Dipolog, **8** Batangas, Cotabato, **9** Zamboanga, **12** Cagayan de Oro
Urbevölkerung: **4** Aeta, **8** Negritos
US-amerik. Stützpunkte: **5** Clarc, Subic
Vulkane: **3** Apo, **5** Mayon, Pulog, Thaal, **8** Urdaneta
Währung: **4** Peso, **7** Centavo
Philister: **8** Spiesser
Philistergott: **9** Beelzebub
philosophische Lehren: **6** Mystik, **7** Deismus, **8** Monismus, Symbolik, **9** Dialektik, Dualismus, Realismus, Sophistik, **10** Empirismus, Humanismus, Idealismus, Metaphysik, Nihilismus, Scholastik, Stoizismus, **11** Pantheismus, **12** Nominalismus, Relativismus, **13** Rationalismus, **14** Subjektivismus, **16** Existentialismus
Phönizier: **6** Punier, **8** Sidonier
phönizische Städte: **5** Sidon, Tyros, **8** Karthago
photographische Begriffe: **3** Box, Dia, **4** Bild, Film, Foto, **5** Blitz, Linse, Photo, **6** Abzug, Blende, Kamera, Platte, Stativ, **7** Negativ, Positiv, **8** Aufnahme, Farbfilm, Objektiv, Rollfilm, **9** Ausloeser, Fixierbad, **10** Belichtung, Blitzlicht, Entwickler, Farbfilter, Irisblende, **11** Fotomontage, **12** Dunkelkammer, Photomontage, **13** Schnappschuss, **14** Tiefenschaerfe
phrasenhaft: **10** rhetorisch
phrygische Göttin: **6** Kybele
phrygischer Sagenkönig: **5** Midas
physikalische
– ***Arbeitseinheit:*** **3** Erg
– ***Krafteinheit:*** **4** Pond
Pianisten (international): **3** Nin, **4** Anda, Foss, **5** Arrau, Demus, Field, Gulda, Liszt, Motta, Pauer, Stech, **6** Cicero, Curzon, Foldes, Gilels, Iturbi, Kempff, Lomond, Sandor, Serkin, **7** Albeniz, Bassler, Brendel, Cliburn, Cziffra, Erdmann, Fischer, Katchen, Richter, Rohloff, **8** Askenase, Backhaus, Horowitz, Pennario, Skrjabin, **9** Bernstein, Casadesus, Cherkasky, Fleischer, Gieseking, **10** Claydermann, Paderewski, Raucheisen, Rubinstein, Wallenborn, Weingarten, **11** Rachmaninow
Pianistinnen (international): **3** Ney, **4** Haas, **5** Kowal, Kraus, Wieck, **6** Haskil, **7** Carreno, Kolessa, Mildner, **8** Schumann, **10** Bassermann
Picke: **5** Hacke, **10** Spitzhacke
Pickel: **4** Akne, **6** Pustel, **8** Mitesser
picken: **6** hacken, **7** stechen, **8** stochern
Pigmentmangel: **10** Albinismus
Pikanterie: **4** Reiz
pilgern: **7** wandern, **10** wallfahren
Pille: **6** Dragée, **8** Pastille
Pilotenkabine: **6** Kanzel, **7** Cockpit
Pilz (botan.): **6** Fungus
Pilz: → Giftpilz → Speisepilz
Pilzbelag in der Mundhöhle: **4** Soor
Pilzblättchen: **7** Lamelle
Pilzfäden: **5** Myzel, **8** Myzelium
Pilzkunde: **9** Mykologie
Pilzkundler: **8** Mykologe
Pilzoberteil: **3** Hut
Pilzvergiftung: **10** Myzetismus
Pimpernuß: **8** Pistazie
Pinsel: **5** Quast
Pirsch: **4** Jagd

Pisang: **6** Banane
Pissa-Zufluß: **7** Rominte
Pistole: **4** Colt, **8** Browning, Terzerol
Pistolentasche: **7** Halfter
Plage: **3** Last, Qual, **5** Elend, Muehe, Uebel, **6** Leiden, Tortur
plagen: **6** muehen, **7** quaelen, **8** schuften
Plakat: **7** Affiche
Plakette: **8** Medaille
Plan: **4** Idee, **5** Karte, **6** Schema, Skizze, **7** Absicht, Entwurf, Konzept, Projekt, **8** Programm, Regelung, Vorhaben, **9** Grundriss, Intention, Zeichnung, **10** Einteilung
Plane: **10** Persenning
Planeten: **4** Erde, Mars, **5** Pluto, Venus, **6** Merkur, Neptun, Saturn, Uranus, **7** Jupiter
Planetenbegleiter: **4** Mond, **7** Trabant, **8** Satellit
Planetoiden: **4** Amor, Eros, Juno, **5** Ceres, Vesta, **6** Adonis, Apollo, Pallas, **7** Ganymed, **10** Geographos
Planke: **5** Bohle, Brett
Plänkelei: **12** Scharmuetzel
planmäßig: **10** methodisch, **12** systematisch
planmäßiges Vorgehen: **6** Taktik, **7** Methode
planvoll: **8** taktisch
Planskizze: **5** Kroki
plastisch: **6** duktil
plastische Darstellungen: **5** Herme, **6** Bueste, Relief, Statue, **8** Skulptur
Platinmetalle: **6** Osmium, **7** Iridium, Rhodium, **9** Palladium, Ruthenium
platt: **3** fad, **4** eben, fade, plan, **5** banal, flach, plump, **6** seicht, **7** trivial, witzlos, **8** geistlos, **12** abgedroschen
plätten: **7** buegeln
Plattensammlung: **9** Diskothek
Plattenspieler: **10** Grammophon
Plattfische: **4** Butt, **5** Zunge, **7** Aalbutt, Ebarmen, Flunder, Scholle, **8** Goldbutt, Heilbutt, Rotzunge, Seezunge, **9** Steinbutt
Plattform: **6** Perron, Podest, **8** Terrasse
Plattform am Mast: **4** Mars
Plättgeräte: **5** Rolle, **6** Mangel, **11** Buegeleisen
Plattheit: **10** Platituede, **12** Trivialitaet
Plattwurm: **8** Bandwurm, **10** Grubenkopf
Platz: **3** Ort, **4** Raum, Sitz, **5** Place, **6** Stelle, Piazza, Square, **8** Quartier
Platzbestimmung: **8** Lokation
platzen: **7** bersten, knallen, **9** krepieren, **10** detonieren, **11** explodieren, zerspringen
Plauderei: **7** Plausch, **9** Small talk, **12** Konversation
Plauderer: **7** Causeur
plaudern: **10** fabulieren
Pleite: **7** Konkurs, **8** Bankrott
Plejaden: **4** Maia, **6** Merope, **7** Alkyone, Elektra, Kelaino, Sterope, Taygete
plötzlich: **6** abrupt, **10** blitzartig
plötzlich auftretend: **4** akut
plump: **4** derb, **9** boeotisch
Plunder: **4** Kram, Tand, **6** Ramsch, Tinnef, **7** Gelumpe, Krempel, Troedel, **10** Krimskrams
Plünderer: **8** Marodeur
plündern: **8** fleddern
Plünderung: **6** Rapuse
Pöbel: **3** Mob, **4** Pack, **5** Plebs, **6** Bagage, **8** Gesindel, **9** Gelichter
pöbelhaft: **6** gemein, **10** plebejisch
Pocke: **7** Variola
Pocken: **8** Variolae, Variolen
poetisch: → **dichterisch**
Pokal: **3** Cup, **5** Kelch, **6** Becher
Pökelflüssigkeit: **3** Lake
Pokerspielbegriffe: **4** Paar, **5** Flush, **7** Triplet, **8** Full Hand, Straight, **9** Full House, **13** Straight Flush

Polargebiete: 6 Arktis, **9** Antarktis
Polargewässer: 7 Eismeer
Polarinsel: 9 Groenland
Polarschiff Nansens: 4 Fram
Polarstern: 9 Nordstern
Polartiere: 7 Eisbaer, Pinguin
Polder: 3 Kog, **4** Koog
Polen (Staat in Mittel-Europa)
Adel: **9** Schlachta
Berg: **13** Meeraugspitze
Burgberg v. Krakau: **5** Wawel
Dichter: **4** Prus, **6** Hlasko, Mrozek, **7** Reymont, Wybicki, **8** Slowacki
Dramatiker: **11** Boguslawski
Flächenmaße: **5** Wloka, **6** Morgow
Flüsse: **3** Bug, Ner, San, **4** Nida, Obra, **5** Bzura, Narew, Wasta, Wista, **6** Pilica, Prosna, Warthe, **8** Weichsel
Gebirge: **8** Beskiden, Karpaten, **9** Hohe Tatra
Gemeindevorstand: **7** Starost
Generäle: **3** Bem, **9** Pilsudski
Gewerkschaftsführer: **6** Walesa
Hauptstadt: **8** Warschau, Warszawa
Herrschergeschlechter: **7** Piasten, **10** Jagellonen
Höhenzug: **8** Roztocze
Komponisten: **5** Baird, Marek, **6** Chopin, Elsner, Spisak, **7** Gomolka, **8** Panufnik, Zelenski, **9** Kamienski, Leopolita, Moniuszko, **10** Moszkowski, Penderecki
Könige: **7** Kasimir, **8** Jagiello, **10** Stanislaus
Landschaften: **8** Galizien, Kujawien, Masowien, **10** Pomesanien, **11** Pommerellen
Landeshauptmann: **7** Starost
Lyriker: **5** Tuwim, **6** Brycht, **9** Slonimski, **10** Nowakowski
Maler: **5** Kobro, **6** Kantor, **7** Berlewi, Matejko, Norblin
Marschall: **9** Pilsudski
Mediziner: **8** Zamenhof
Nationalheiliger: **10** Stanislaus
Nationaltänze: **7** Mazurka, **9** Krakowiak
Nobelpreisträger für
– *Frieden:* **6** Walesa
– *Literatur:* **7** Reymont, **11** Sienkiewicz
Parlament: **4** Sejm
Pianist: **6** Chopin
Politiker: **5** Kania, **6** Gierek, Walesa, **7** Gomulka, **8** Suchocka, **9** Jablonski, Pilsudski, **10** Jaruzelski
Provinz: **12** Woiwodschaft
Provinzbeamter: **6** Woiwod, **7** Woiwode
Sänger: **7** Kiepura
Schriftsteller: **3** Lem, **4** Prus, **5** Nazyk, Pasek, **6** Hlasko, Mrozek, Norwid, **7** Kosmian, Potocki, Reymont, **8** Felinski, Rudnicki, Slowacki, Zapolska, **9** Dabrowska, Odojewski, **10** Kraszewski, **11** Sienkiewicz
Städte: **3** Buk, **4** Kolo, Kulm, Lodz, **5** Konin, Kutno, Lissa, Lomza, Nisko, Plock, Posen, Radom, Thorn, Torun, **6** Berent, Gnesen, Kielce, Kolmar, Konitz, Kosten, Krakau, Lodsch, Lublin, Samter, Tarnow, **7** Bielitz, Gdingen, Kalisch, Rzeszow, Siedlce, **8** Bromberg, Dirschau, Graudenz, Petrikau, Przemysl, Sandomir, Warschau, Zakopane, **9** Auschwitz, Bialystok, Kattowitz, Sosnowiec, Tarnowitz, Tomaschow, **13** Tschenstochau
Tafelland: **8** Lysa Gora
Volksstamm in den Beskiden: **7** Goralen
Währung: **5** Grosz, Zloty, **6** Groszy
polieren: 8 glaetten, **9** schleifen
Poliergerät: 8 Lapidaer

Poliermittel: **7** Politur
politische(r, s)
– ***Anschlag:*** **8** Attentat
– ***Außenseiter:*** **13** Nonkonformist
– ***Handstreich:*** **6** Putsch
– ***Programm:*** **8** Manifest
– ***Umsturz:*** **10** Revolution
– ***Vereinigung:*** **6** Partei
– ***Vorherrschaft:*** **9** Hegemonie
– ***Werberedner:*** **8** Agitator
– ***Werbung:*** **9** Agitation, **10** Propaganda
Politur: **5** Glanz, **7** Schliff
Polizei (Gaunersprache): **7** Polente
Polizeibeamter: **6** Schupo, **7** Gendarm, **10** Schutzmann, **12** Wachtmeister
Polizeibeamter
abwertend: **3** Cop, **5** Bulle, Polyp
– ***im alten Rom:*** **5** Aedil
– ***in England:*** **5** Bobby, **10** Konstabler
– ***in Frankreich:*** **4** Flic
– ***in Italien:*** **11** Karabiniere
Polizeichef in den USA: **7** Sheriff
Polizeifessel: **11** Handschelle
Polizeigewahrsam: **4** Haft
Polizeihelm: **7** Tschako
polizeiliche Durchsuchung: **6** Razzia
Polizeipatrouille: **7** Streife
Polizeiwache: **6** Revier
Polster: **6** Kissen, Pfuehl, **8** Matratze
Polstermaterial: **4** Akon, Werg, **5** Kapok, Watte, **6** Daunen, Federn, **7** Seegras, **8** Rosshaar, **9** Federkern, Holzwolle, **11** Schaumgummi, Schaumstoff
Polstermöbel: **4** Sofa, **5** Couch, Diwan, **6** Sessel, **7** Kanapee, **8** Fauteuile
Poltergeist: **6** Kobold, **13** Klabautermann
poltern: **7** rumoren
polynesische Inseln: **4** Wake, **5** Samoa, Tonga, **6** Hawaii, Jarvis, Malden, Tubuai, **7** Howland, Tuamotu, **8** Manihiki, Starbuck, Tokelau
Pomade: **11** Brillantine
Pomeranzen (kandiert): **7** Chinois
Pommern (Provinz Preußens)
Berge: **8** Dombrowa, Klorberg, **9** Barenberg, Steinberg, **12** Kloensteiner
Flüsse: **4** Ihna, **5** Leba, Oder, Rega, **5** Lupow, Peene, **6** Grabow, Stolpe, **7** Wipper, **8** Persante
Hauptstadt: **7** Stettin
Inseln: **3** Oie, **6** Ruegen, Usedom, Wollin
Seebäder: **4** Binz, Deep, Wiek, **6** Bansin, Eldena, Sellin, **7** Ahlbeck, Goehren, Kolberg, Misdroy, **8** Sassnitz, **9** Zinnowitz, Bodenhagen, **11** Henkenhagen, Stolpmuende, Swinemuende
Seen: **7** Lebasee, **8** Maduesee, **9** Gardersee, Kampersee, **11** Buckower See, Jamundersee, Jassener See, Lantower See, Vietzker See
Städte: **4** Leba, **5** Gartz, Labes, Stolp, **6** Anklam, Bansin, Buetow, Demmin, Eldena, Kammin, Polzin, Pyritz, **7** Altdamm, Belgard, Gollnow, Grimmen, Koeslin, Kolbatz, Kolberg, Naugard, Schlawe, Stettin, Treptow, Wolgast, **8** Pasewalk, Stargard, **9** Lauenburg, Stralsund, **10** Greifswald, Neustettin, Regenwalde, **11** Freienwalde, Greifenberg, Ruegenwalde, Schivelbein, Swinemuende, **13** Schneidemuehl
Pomp: **5** Prunk, **6** Pracht
porig: **6** poroes
Portal: **3** Tor
Portemonnaie: **6** Boerse, **10** Geldboerse

Portier: **4** Wart, **8** Hauswart, **9** Pfoertner
Portion: **4** Part, Teil, **5** Dosis, **6** Anteil, **8** Partikel
portofrei: **6** franko
Portosatz: **9** Frankatur
Porträt: **4** Bild, **7** Bildnis
Portugal (Staat in SW-Europa)
Architekten: **6** Arruda, Boytac, **9** Fernandes
Arzt: **5** Moniz
Außenbesitzungen: **5** Macao, **6** Azoren, **7** Madeira, → Azoren, → Madeira
Besitzungen in Indien bis 1961: **3** Diu, Goa
Bevölkerung: **11** Portugiesen
Dessertweine: **7** Madeira, **8** Portwein
Dichter: **6** Camoes
Distrikte (identisch mit dem Namen des Verwaltungssitzes): **4** Beja, Faro, **5** Braga, Evora, Porto, Viseu, **6** Aveiro, Guarda, Leiria, **7** Coimbra, Setúbal, **8** Bragança, Lissabon, Santarém, Vila Real, **10** Portalegre, **13** Castelo Branco, **14** Viana do Castelo
Entdecker: **3** Cao, **4** Diaz, Gama, **6** Cabral, da Gama, Eannes, **8** Magellan, **9** Goncalves, Magalhaes, **11** de Magalhaes
Flüsse: **3** Tua, **4** Sado, Tejo, **5** Douro, **6** Zezere, **7** Mondego, Sorraia, **8** Guadiana
Gebirge: **7** Estrela
Hafenstädte: **5** Porto, **6** Sagres, **7** Setúbal, **8** Lissabon
Hauptstadt: **8** Lissabon
Inselgruppe: **8** Berlenga
Inselgruppen im Atlantik: **6** Azoren, **7** Madeira
Kaps: **4** Roca, **7** Mondego, Vicente, **10** Sao Vicente
Komponisten: **4** Cruz, **5** Graca, **6** Coelho, Rebelo, Seixas, **7** Almeida, Cassuto, **8** Peixinho
Königsnamen: **4** Joao, Karl, **5** Pedro, **6** Alfons, Manuel, Sancho, **7** Alfonso, Emanuel, **8** Fernando, Heinrich, **9** Ferdinand, Sebastian
Landschaften: **5** Beira, Minho, **7** Algarve, **8** Alentejo, Ribatejo, **11** Estremadura
Lyriker: **4** Lobo, Melo, **7** Quental
Maler: **5** Vasco, **6** Soares, Vieira, **7** Alfonso, Botelho, **9** Goncalves
Nobelpreisträger: **5** Moniz
Politiker: **5** Eanes, **6** Soares, **7** Caetano, Carmona, Salazar
Präsidenten: **4** Pais, **5** Braga, Eanes, Gomes, Lopes, Tomas, **7** Carmona, Spinola
Schriftsteller: **5** Gomes, Redol, Regio, **6** Branco, Namora, Penedo, **7** Ribeiro
Städte u. Orte: **4** Beja, Faro, Ovar, **5** Braga, Evora, Lagos, Porto, Sines, **6** Almada, Aveiro, Lamego, Oporto, Orense, Sagres, Sintra, **7** Amadora, Cascais, Coimbra, Covilha, Estoril, Setúbal, **8** Abrantes, Barreiro, **9** Albufeira
Wahrzeichen Lissabons: **12** Turm von Belem
Währung: **6** Escudo, **7** Centavo
Wallfahrtsort: **6** Fatima
Porzellanerde: **5** Kaolin
Porzellanmanufakturen: **3** Dux, **4** Selb, Wien, **5** Delft, **6** Berlin, Sèvres, **7** Hoechst, Limoges, Meissen, **10** Kopenhagen, **11** Frankenthal, Nymphenburg, **12** Fuerstenberg
Porzellanschnecke: **5** Kauri
Posamenten: **5** Borte, Galon, Gimpe, Litze, **6** Franse, Kordel, Pompon,

Quaste, Tresse, **7** Troddel
Posaune: 8 Trombone
Posaune der Bronzezeit: 4 Lure
Pose: 8 Gebaerde, **9** Federkiel
positive Elektrode: 5 Anode
positives Ergebnis: 6 Erfolg
Posse: 5 Farce, **7** Schwank, **8** Burleske, Komoedie, Schnurre
Possen: 6 Scherz, Unsinn, **7** Streich, **9** Firlefanz, **11** Schabernack
possenhaft: 7 burlesk, komisch, skurril
Possenreißer: 4 Bobo, Narr, **7** Bajazzo, **8** Harlekin
Posten einer Liste: 8 Position
Postenanruf: 5 Werda
Postenkette: 6 Kordon
Postgebäude: 7 Postamt
Postgebühr: 5 Porto
Postkutscher: 9 Postillon, **10** Postillion
Postsendungen: 5 Brief, Karte, Paket, **8** Eilbrief, Luftpost, Rohrpost, **9** Anweisung, Nachnahme, Paeckchen, Phonopost, Postkarte, Telegramm, Wertbrief, Zahlkarte, **10** Drucksache, Warenprobe, **12** Einschreiben, Mischsendung, Schnellpaket, Ueberweisung, Warensendung
Postwertzeichen: 5 Marke, **9** Freimarke, **10** Briefmarke
Postzusteller: 8 Postbote, **12** Brieftraeger
Po-Zuflüsse: 3 Mae, **4** Adda, Arda, Enza, Nura, Orco, Reno, Taco, **5** Banne, Grana, Matra, Lonoa, Oglio, Parma, Sesia, **6** Agogne, Bianco, Brenta, Chiese, Curone, Lambro, Lemina, Mincio, Ongina, Panaro, Tanaro, Tessin, Ticino, **7** Chisola, Chisone, Metette, Rifiuto, Sangone, Trebbia, **8** Crostola, Giandone, Staffora
Pracht: 4 Pomp, **5** Glanz, Prunk, **9** Gepraenge
Prachtbau: 6 Palast, **7** Palazzo
Prachtentfaltung: 4 Pomp, **5** Luxus, Prunk
Prachtexemplar: 11 Kaventsmann
prächtig: 5 famos, prima, **6** superb, **7** kostbar, opulent, pompoes, sueperb, **8** blendend, brillant, herrlich, splendid, **9** fulminant, glaenzend, prunkvoll, **10** grossartig, prachtvoll
Prachtkutsche: 7 Karosse
Prachtstraße: 5 Korso, **6** Avenue, **7** Avenida
Prachtstraße in Paris: 13 Champs Élysées
Prachtstube im holsteinischen Bauernhaus: 5 Pesel
Prädikat: 4 Note, **6** Zensur, **9** Bewertung
Prägeblatt: 5 Folie
Prägeform: 5 Mater
Prägemaschine: 8 Kalander
Prager Burg: 9 Hradschin
Prager Stadtteile: Karlin, 9 Hradschin, **10** Josefstadt
Prägestempel: 6 Stanze
Prägestock: 7 Matrize, Patrize
Prägewalze: 7 Molette
prahlen: 7 angeben, protzen
prahlend: 10 ostentativ
Prahler: 5 Protz, **7** Angeber, **8** Maulheld, **9** Bramarbas, Flunkerer, Grossmaul, Renommist, **12** Aufschneider, Eisenfresser, Schwadroneur, **15** Schaumschlaeger
Prahlerei: 6 Angabe
Praktikant: 9 Volontaer
Praktikum des Medizinstudenten: 9 Famulatur
praktisch: 6 patent, **11** pragmatisch
Pralinenfüllung: 5 Nugat, **6** Nougat, **7** Krokant
Pralinenpackung: 11 Bonbonniere
prall: 4 dick, voll, **6** stramm
Pranger: 3 Kak

Pranke: 5 Klaue, Pfote, Tatze
Präpositionen: → Verhältniswörter
Präriepferd: 7 Mustang
Präriewolf: 6 Cojote, Kojote
Präsent: 4 Gabe, **8** Geschenk
Präsident des Deutschen Sportbundes: 5 Daume
Prasserei: 9 Voellerei
präzise: 5 exakt, genau, **8** treffend, **10** puenktlich
Präzisionsuhr: 11 Chronometer
predigen: 6 mahnen, **9** vortragen
Predigerstand: 6 Kanzel
Predigt: 6 Sermon
Predigtbuch: 8 Postille
Predigtschluß: 4 Amen
Pregel-Zuflüsse: 4 Alle, Auer, Ilme, **5** Deime, Droje, Nehne, Pissa, **6** Auxine, Inster, **8** Angerapp
Preis: 3 Cup, **4** Wert, **5** Pokal, **6** Gewinn, Kosten, Tribut, **7** Entgelt, Praemie
Preisabzug: 8 Refaktie
Preisanstieg: 6 Hausse
Preisaufschlag: 5 Ekart
Preiselbeere: 10 Kronsbeere
preisen: 9 benedeien
Preisgabe: 6 Rapuse, Verrat, **7** Aufgabe
Preisgericht: 4 Jury
Preisgrenze: 5 Limit
Preislied Marias: 10 Magnifikat
Preisnachlaß: 6 Rabatt, Skonto
Preisnotierung: 9 Quotation
Preisrichter: 5 Juror
Preissatz für Leistungen: 5 Tarif
Preisspanne: 5 Marge
Preissturz: 6 Baisse
Preistreiberei: 6 Wucher
Preisunterbietung: 7 Dumping
preiswert: 6 billig
Preiszettel: 7 Etikett
Presseerzeugnisse: 7 Gazette, Journal, Magazin, Zeitung, **11** Zeitschrift, **12** Illustrierte
Preßkohle: 7 Brikett
Prestige: 7 Ansehen, Geltung, **8** Renommee
Preuße: 7 Borusse
preußische(r, s)
– ***Adelsgeschlechter:* 5** Arnim, **6** Buelow, **8** Bismarck, **10** Hindenburg
– ***Baumeister:* 8** Eosander
– ***Dynastie:* 12** Hohenzollern
– ***Feldmarschälle:* 4** Roon, **6** Moltke, **7** Wrangel, **8** Bluecher, **9** Gneisenau
– ***Freikorpsführer:* 6** Schill, **7** Luetzow
– ***Generäle:* 4** Roon, **5** Boyen, Goltz, Yorck, **6** Moltke, Zieten, **7** Ziethen, Wrangel, **8** Bluecher, **9** Gneisenau, **10** Clausewitz, Schlieffen, **11** Scharnhorst
– ***Königin:* 5** Luise
– ***König:* 7** Wilhelm, **9** Friedrich
– ***Kriegsminister:* 4** Roon
– ***Münzen:* 13** Friedrichsdor, **14** Silbergroschen
– ***Reitergeneräle:* 6** Zieten, **8** Seydlitz
– ***Soldatenkönig:* 16** Friedrich Wilhelm
– ***Staatsmänner:* 4** Falk, **5** Stein, **6** Goertz, **7** Caprivi, **8** Bismarck, Humboldt, **10** Hardenberg
prickeln: 7 kitzeln, **8** kribbeln
prickelnd: 6 pikant, **8** reizvoll
Priester: 4 Lama, Pope, **5** Pater, **6** Kaplan, Pastor, **7** Dechant, Pfarrer, **8** Kleriker, **9** Presbyter, **10** Seelsorger, **11** Geistlicher
Priestergewänder: → lithurg. Gewänder
Priesterherrschaft: 11 Hierokratie
Priesterin
– ***in Delphi:* 6** Pythia
– ***bei Plato:* 7** Diotima
– ***der Venus:* 4** Hero
– ***der Vesta:* 8** Vestalin

Priesterstand: 6 Klerus
Priesterweihe: 10 Ordination
primitive Waffe: 5 Keule
primitives Wasserfahrzeug:
7 Einbaum
Prinz
– ***von Baden:*** **3** Max
– ***von Savoyen:*** **5** Eugen
Prinzgemahl der Königin
– ***Elizabeth:*** **7** Philipp
– ***Viktoria:*** **6** Albert
Prise: 5 Beute, Dosis
privat: 8 vertraut, **11** vertraulich
Privatkasse: 9 Schatulle
Privatmann: 9 Privatier
Privatschule: 8 Internat
Privatsekretär Ciceros: 4 Tiro
pro: 2 je, **4** fuer
Probe: 4 Test, **6** Muster, Uebung, **7** Versuch, **8** Pruefung, **9** Kontrolle, **10** Experiment
Probebohrung: 5 Sonde
proben: 5 ueben, **6** testen, **9** versuchen, **11** degustieren
probeweise: 12 provisorisch
Probezeit: 8 Noviziat
Problem: 5 Frage, **7** Aufgabe, Raetsel, **9** Geheimnis
Produkt: 8 Ergebnis, Resultat, **9** Erzeugnis
Produkt gleicher Faktoren: 6 Potenz
Produktion: 9 Erzeugung, Fertigung, **10** Manufaktur, **11** Fabrikation, Herstellung
Produktionsgemeinschaft: 9 Kollektiv
Produktionsstätten: 4 Werk, **6** Fabrik, **7** Betrieb, **10** Manufaktur
Profit: 6 Ertrag, Gewinn, Nutzen, **7** Vorteil
Programm: 10 Repertoire, Spielfolge
Programmiersprachen (EDV):
5 ALGOL, BASIC, COBOL, EXAPT, **7** FORTRAN
Projekt: 4 Plan, **8** Vorhaben
Projektionsapparate: 7 Diaskop, Episkop, **9** Projektor, **10** Bildwerfer, Epidiaskop,
Propaganda: 7 Reklame, Werbung
Prophet: 5 Seher, **6** Mahner, **9** Weissager, **10** Verkuender
Propheten im AT: → Bibel
Prophezeiung: 6 Orakel
Prosadichtung: 4 Saga, **5** Roman, Story, **7** Novelle, **10** Erzaehlung
Protest: 4 Veto, **9** Einspruch
Protestanten: 9 Calvinist, Hugenotte, Kalvinist, **10** Lutheraner, **12** Reformierter
protestantisch: 10 calvinisch, lutherisch, **11** evangelisch
protestantischer Geistlicher:
6 Pastor, **7** Pfarrer, **14** Superintendent
Prototyp: 6 Urbild
Protz: 7 Angeber, Prahler
provenzalischer
– ***Gemüseeintopf:*** **11** Ratatouille
– ***Minnesänger:*** **10** Troubadour
Proviant: 6 Vorrat, **11** Verpflegung
Provinz: 5 Fylke, **7** Wilajet, **10** Departement, **12** Gouvernement
Prozession: 5 Umzug, **9** Wallfahrt
prüfen: 6 eichen, testen, **7** mustern, **8** erproben, **9** probieren, **10** beurteilen, revidieren
prüfend: 8 kritisch
Prüfer: 7 Revisor, **10** Examinator, **11** Kontrolleur
Prüfglas: 11 Reagenzglas
Prüfling: 9 Examinand
Prüfstein: 9 Kriterium
Prüfung: 4 Test, **5** Probe, **6** Examen, **8** Revision, **9** Kontrolle, **10** Inspektion, **11** Exploration
Prüfungsarbeit unter Aufsicht:
7 Klausur
Prüfungsmittel: 7 Reagens, Reagenz
Prüfungsprädikat: 4 Note
Prüfungsurkunde: 6 Diplom
Prügel: 4 Haue, **5** Hiebe, Keile,

Senge, **7** Dresche, **8** Schlaege
Prügelgeräte: 5 Stock, **6** Ziemer
prügeln: 5 hauen, **8** dreschen, schlagen, verhauen
Prügelstrafe (Orient): 9 Bastonade
Prunk: 4 Pomp, **5** Luxus, Staat, **6** Pracht
prunkhaft: 7 pompoes
Prunkhimmel: 9 Baldachin
Prunkkutsche: 7 Karosse
prunklos: 8 schlicht
Prunksarg: 9 Sarkophag
Prunkschiff der Dogen von Venedig: 9 Buzentaur
Prunksucht: 5 Luxus
prunkvoll: 6 feudal, **8** statioes
Psalmendichter: 5 David, **8** Psalmist
Psalmengesang: 9 Psalmodie
Psalmensänger: 9 Laudisten
Psalmenzeichen: 4 Sela
Pseudonym für (Name, Vorname):
– ***Arouet (Francois-Marie):*** **8** Voltaire
– ***Austerlitz (Frederick):*** (Fred) **7** Astaire
– ***Baker (Norma Jean):*** (Marilyn) **6** Monroe
– ***Beer (Jakob Liebmann):*** **9** Meyerbeer
– ***Beyle (Henri):*** **8** Stendhal
– ***Bitzius (Albert):*** (Jeremias) **8** Gotthelf
– ***Blair (Eric):*** (George) **6** Orwell
– ***Bongartz (Heinz):*** (Jürgen) **8** Thorwald
– ***Bötticher (Hans):*** **10** Ringelnatz
– ***Bourgeois (Jeanne F.):*** **12** Mistinguette
– ***Buchinsky (Charles):*** (Charles) **7** Bronson
– ***Clemens (Samuel L.):*** (Mark) **5** Twain
– ***Constantin (Fernand):*** **9** Fernandel
– ***Crocetti (Dino): (Dean)*** **6** Martin
– ***Demskij (Issur Daniil):*** (Kirk) **7** Douglas
– ***Dickens (Charles):*** **3** Boz
– ***Ditzen (Rudolf):*** (Hans) **7** Fallada
– ***Dodgson (Charles L.):*** (Lewis) **7** Carroll
– ***Dupin-Dudevant (Aurore):*** (George) **4** Sand
– ***Emmrich (Curt):*** (Peter) **4** Bamm
– ***Griffith (John):*** (Jack) **6** London
– ***Gumm (Frances):*** (Judy) **7** Garland
– ***Gustafsson (Greta):*** **5** Garbo
– ***Hardenberg (Friedr. v.):*** **7** Novalis
– ***Henschke (Alfred):*** **7** Klabund
– ***Herzog (Emile):*** (André) **7** Maurois
– ***John (Eugenie):*** **7** Marlitt
– ***Juliet (Jean):*** (Hans) **5** Moser
– ***Kaminsky (David D.):*** (Danny) **4** Kaye
– ***Kappelhof (Doris):*** (Doris) **3** Day
– ***Kinau (Hans):*** (Gorch) **4** Fock
– ***Kramer (Erich Paul):*** (Erich M.) **8** Remarque
– ***Kremer (Gerhard):*** **8** Mercator
– ***Lateur (Frank):*** (Stijn) **9** Streuvels
– ***Leach (Archibald):*** (Cary) **5** Grant
– ***Le Sueur (Lucille):*** (Joan) **8** Crawford
– ***Livi (Ivo):*** (Yves) **7** Montand
– ***Marek (Curt W.):*** (Curt W.) **5** Ceram
– ***Moncorge (Jean):*** (Jean) **5** Gabin
– ***Morrison (Marion):*** (John) **5** Wayne
– ***Nithardt (Mathis):*** (Matthias) **10** Gruenewald
– ***Pedersen (Knut):*** **6** Hamsun
– ***Peschkow (Alexej):*** (Maxim) **6** Gorkij
– ***Poquelin (Jean B.):*** **7** Molière
– ***Quoirez (Francoise):*** (Francoise) **5** Sagan
– ***Richter (Jean P. F.): (Jean)*** **4** Paul
– ***Robusti (Jacopo):*** **10** Tintoretto
– ***Schmitz (Theodor):*** (Theo) **6** Lingen
– ***Schwarz (Bernhard):*** (Tony) **6** Curtis
– ***Scicolone (Sophia):*** (Sophia) **5** Loren

– ***Sieber (Maria M.):*** (Marlene) **8** Dietrich
– ***Spencer (Charles):*** (Charlie) **7** Chaplin
– ***Strehlenau (Nikolaus N. Edler von): (Nikolaus)*** **5** Lenau
– ***Suckert (Kurt):*** **9** Malaparte
– ***Theotokopuli (Domenico):*** **7** El Greco
– ***Torsvan (Traven): (B.)*** **6** Traven
– ***Winterfeld (Max):*** (Jean) **7** Gilbert
– ***Zelle (Margarete):*** **8** Mata Hari
Psyche: **5** Seele
psychologisches Experiment: **4** Test
Publizist: **10** Journalist
Pudergrundstoff: **4** Talk, **6** Talkum
Puderzucker: **8** Farinade
Puffmais: **7** Popcorn
Pullover: **6** Jumper, **7** Sweater, Twinset
Pulsader: **7** Arterie
Pulswärmer: **7** Stutzen
Pult: **8** Katheder
Pulverladung: **9** Kartusche
Puma: **6** Kuguar
Pump: **4** Borg, **5** Leihe, **6** Kredit
pumpen: **6** borgen, leihen
Pumpenkolben: **6** Piston
Pumphose: **13** Knickerbocker
Punkt: **5** Point, Topos, **6** Stelle, **7** Flecken
Punkt auf dem Würfel: **4** Auge
pünktlich: **5** exakt, **6** prompt, strikt, **7** praezis, **8** praezise
Punschterrine: **5** Bowle
Pupillenerweiterung: **9** Mydriasis
Puppe: **5** Larve, **10** Marionette
Puppenhülle (bei Insekten): **5** Kokon
Puppenmutter: **5** Kruse
Purzelbaum: **6** Kobolz
purzeln: **6** fallen, **8** stolpern
Puste: **4** Atem
Pustel: **4** Akne, **6** Pickel, **8** Impetigo
pusten: **6** blasen
Putsch: **8** Aufstand, **9** Rebellion
Putten: **6** Genien, **9** Amoretten
Putz: **6** Zierat, **7** Schmuck
Putzbrett des Maurers: **11** Kartaetsche
putzen: **8** polieren, reinigen, saeubern, **9** frisieren
putzig: **11** possierlich
Putzgeräte, -mittel: **3** Mop, **5** Besen, **6** Feudel, **7** Politur, Schrubber, Staubtuch, **11** Staubsauger
Putzmacherin: **8** Grisette, Modistin
putzsüchtig: **5** eitel
Pygmäenstämme in Afrika: **4** Kivu, **5** Twide, **7** Bambuti
Pygmäenvölker in Asien: **4** Aeta, **5** Wedda, **6** Semang, **8** Negritos
Pyrenäengipfel: **5** Aneto, **7** Canigou, **9** Maladetta
Pyrenäenrepublik: **7** Andorra
Pyrenäenvolk: **6** Basken
Pythonschlange: **6** Assala

Q

Quacksalber: 10 Medikaster, Scharlatan, **11** Kurpfuscher
Quaddel: 6 Urtika
Quader: 6 Prisma, **8** Baustein
Quadrangel: 7 Viereck
Quadrillefigur: 3 Eté
Qual: 3 Not, **4** Crux, Last, Leid, Pein, **5** Plage, **6** Folter, Marter, Tortur, **7** Muehsal, Schmerz, **8** Drangsal
quälen: 8 striezen, **10** kujonieren, **13** maltraetieren
Quäler: 5 Kujon, **10** Schikaneur
Quälerei: 8 Schikane
Quälgeist: 5 Drude
Qualität: 4 Wert, **5** Guete
Qualle: 5 Polyp, **6** Meduse
Qualm: 5 Dunst, Rauch, **6** Brodem, Wrasen
Quältrieb: 8 Sadismus, **11** Masochismus
Quantität: 5 Masse, Menge. **7** Groesse
Quantum: 5 Dosis, Menge, Prise, **6** Ration
Quartier: 8 Logement
quasseln: 5 reden
Quast: 6 Pinsel
Quaste: 5 Tolle, **6** Pompon, Zottel, **7** Troddel, **8** Bueschel
Quatsch: 6 Unsinn, **7** Nonsens
Quecksilberverbindung: 7 Amalgam
Quell: 4 Born, **5** Bronn
Quelle: 6 Geysir, Therme, **7** Fundort, **8** Herkunft, Ursprung
Quellfluß
– ***des Amazonas:* 7** Maranon, Ucayali
– ***des Amur:* 5** Argun, **7** Schilka
– ***der Donau:* 4** Breg, **7** Brigach
– ***der Dwina:* 7** Suchona
– ***des Euphrat:* 6** Karasu, **7** Muradsu
– ***des Kongo:* 6** Lukuga, **7** Lualaba
– ***des Paraná:* 9** Rio Grande
– ***des Pregel:* 6** Inster
– ***des Senegal:* 6** Bafing, Bakhoi
– ***der Weser:* 5** Fulda, Werra
– ***des Ubangi:* 5** Uelle
Quellgeist d. nord. Sage: 5 Mimir
Quellgöttin: 6 Egeria, Najade, Nymphe
Quellsee des Blauen Nils: 7 Tanasee
Quendel: 7 Thymian
Quengler: 9 Querulant
quer verlaufend: 11 transversal
Queraxt: 7 Dechsel
Querbalken: 8 Spriesse, Traverse, **9** Architrav
Querbau zur Flußregulierung: 8 Traverse
Querbeil: 7 Deichsel
Querfeldein-Motorradrennen: 9 Moto-Cross
quergestreift: 7 travers
querköpfig: 8 obstinat
Querlinie: 9 Diagonale
Querschiff einer Kirche: 8 Transept
Querschnitt: 6 Profil
Querstange: 3 Rah, **4** Holm, Rahe, **5** Barre
Querulant: 8 Noergler
Querversteifung: 8 Traverse
Quetschung: 9 Kontusion
Quick: 6 munter, **7** lebhaft
Quickborn: 11 Jungbrunnen
Quintessenz: 6 Pointe, **9** Kernpunkt
quittieren: 9 verlassen, **11** bestaetigen
Quittung: 3 Bon, **5** Beleg, Kupon, **6** Acquit
Quodlibet: 9 Potpourri, **10** Kunterbunt
Quote: 6 Anteil

R

Rabatt: **8** Eskompte
Rabe bei W. Busch: **13** Hans Huckebein
Rabe Odins: **5** Hugin, Munin
Rabenvögel: **4** Rabe, **5** Dohle, **6** Elster, Haeher, Kraehe, **8** Kolkrabe, **10** Alpendohle, Saatkraehe, **11** Nebelkraehe, **12** Eichelhaeher, Tannenhaeher
rabiater Mensch: **7** Grobian
Rache: **8** Revanche
Racheakt: **8** Rankuene
Rachegöttinnen: **8** Furie, **6** Alekto, **7** Erinnye, Megaere, Megaira, **8** Eumenide, **9** Tisiphone
rächen: **6** ahnden
Rachen: **4** Fang, **7** Pharynx, Schlund
Rachenblütler: **5** Orant, **7** Nemesie, **8** Wulfenie, **9** Braunwurz, Fingerhut, Leinkraut, **10** Ehrenpreis, Loewenmaul, **12** Koenigskerze
Rachenbräune: **5** Krupp
Rachenmandel: **8** Tonsille
Rachsucht: **8** Rankuene
Radarkuppel: **6** Radome
Radarmessung: **6** Ortung
Radau: **5** Krach, Laerm
Radaubruder: **5** Rowdy, **8** Hooligan
Räderwerk: **8** Getriebe, Mechanik, **11** Mechanismus, **12** Transmission
Radieren: **5** Rasur
Radierung: **5** Stich, **8** Gravuere
Radikaler: **9** Desperado
Radio: **8** Rundfunk
radioaktive Elemente: **4** Uran, **5** Astat, Radon, **6** Curium, Radium, Wismut, **7** Astatin, Fermium, Polonium, Thalium, **9** Centurium, Neptunium, Plutonium
Radkranz: **5** Felge
Radmitte: **4** Nabe
Radrennbahn: **8** Velodrom
Radrennfahrer: **6** Steher, **7** Flieger
Radrennstrecke: **5** Piste
Radteile: **4** Nabe, Pneu, **5** Felge, Kranz, **6** Nippel, Reifen, Ventil, **7** Speiche, **8** Schlauch
Raffel: **5** Reibe
raffen: **6** horten, zerren, ziehen, **8** hamstern, **9** drapieren, schuerzen
Raffgier: **4** Geiz, **8** Habsucht
raffiniert: **5** smart, **6** schlau, **7** gewieft, gewiegt, **8** gerieben, gerissen, **12** durchtrieben
Rage: **3** Wut, **7** Raserei
Ragout aus Wildgeflügel: **5** Salmi
Ragwurzknolle: **5** Salep
Rahenende: **4** Nock
Rahenhalter: **4** Rack
Rahm: **5** Creme, Obers, Sahne
Rahmen: **5** Frame, Kader, Raehm, **7** Chassis, Gestell, Skelett, Traeger
Rainweide: **8** Liguster
Rakenvögel: **4** Hopf, Todi, **5** Kurol, **8** Blaurake, Eisvogel, **9** Wiedehopf, **12** Nashornvogel, **13** Bienenfresser
Rallenkranich: **4** Kagu
Rammkissen (Schiff): **6** Fender
Rammpfahl: **6** Pilote
Ramsch: **6** Schund, Tinnef, **7** Plunder
Rand: **4** Saum, **5** Kante, **6** Krempe
Rand der Manege: **5** Piste
Randbeet: **7** Rabatte
Randbemerkung: **6** Glosse, **10** Marginalie
Rändelrad: **7** Molette
Randgebiet: **10** Peripherie
Randgebirge des Pamir: **4** Alai

Randleiste: **4** Sims, **6** Gesims
Randverzierung: **5** Sicke
Rang: **5** Stand, **6** Charge, Klasse, Niveau, Wuerde, **8** Stellung
Rangältester (diplom.): **5** Doyen
Rangbezeichnung: **5** Titel, **9** Praedikat
Range: **4** Goer, **5** Goere, **8** Wildfang
Rangerhöhung: **10** Avancement
rangmäßig: **7** gradual
Rangordnung: **10** Hierarchie
Rangverlust: **12** Degradierung
Ränke: **4** List, **6** Kabale, Tuecke, **7** Arglist, Intrige, **13** Machinationen
rankenförmige Verzierung: **8** Arabeske
Rankengewächse: **4** Efeu, Wein, **5** Erbse, Liane, **7** Kuerbis
Rankenwerk: **8** Ornament
Ränkeschmied: **9** Intrigant
Ranzen: **7** Raenzel, **8** Rucksack, **9** Felleisen, Tornister
rapid: **7** schnell, **8** reissend
Rappel: **3** Wut, **6** Raptus
Rasauner: **8** Polterer
rasch: **5** flink, flott, flugs, rapid, **6** hurtig, presto, prompt, rapide, rasant, sofort, **7** schnell
rasen: **5** toben
rasend: **4** toll, **6** rabiat, rasant, **10** frenetisch
rasendes Weib: **5** Furie, **7** Maenade, Megaere
Rasenspiele: **4** Golf, **7** Croquet, Kricket, Krocket, **8** Lacrosse
Rasenstück: **4** Sode
Raserei: **3** Wut, **4** Rage, **5** Lyssa, **6** Furore, **8** Tobsucht
Rasier-Vorgang: **5** Rasur
Raspel: **9** Holzfeile
Rassehund: → Hunderasse
Rassenhygiene: **7** Eugenik, **9** Eugenetik
Rassentrennung in Südafrika: **9** Apartheid
rassig: **9** schnittig
Rast: **4** Ruhe, **5** Pause
rasten: **5** ruhen
Rasthaus: → Gaststätten
rastlos: **7** nervoes, unruhig
Rastlosigkeit: **6** Unruhe, **11** Nervositaet
Rastplatz (arab.): **7** Mahalla
Rat: **3** Tip, **4** Wink, **5** Senat, **6** Hinweis, **9** Consilium, Magistrat
Rat der Alten in Sparta: **7** Gerusia
Rate: **5** Quote
Ratespiel: **4** Quiz
Ratgeber: **5** Tutor, **6** Beirat, Mentor, **7** Berater
Ratgeber
– ***Karls des Großen:*** **6** Alkuin
– ***des Telemach:*** **6** Mentor
Rathaus
– ***in Frankfurt a. M.:*** **6** Roemer
– ***in London:*** **9** Guildhall
Ration: **5** Dosis, Menge, **7** Portion
ratlos: **7** perplex
Ratlosigkeit: **6** Aporie
Rätoromane: **7** Ladiner
ratsam: **9** indiziert
Rätselarten: **4** Quiz, **5** Rebus, **7** Homonym, Logical, **8** Anagramm, Scharade, Suchbild, **9** Kreuzwort, Logogriph, Palindrom, **10** Vexierbild, **11** Kryptogramm, **13** Roesselsprung, Silbenraetsel, Zahlenraetsel
Rätselfreund: **5** Rater, **12** Denksportler
rätselhaft: **10** mysterioes
rätselhafte Naturkraft: **2** Od
Ratsherr: **7** Senator
Ratsherr in angelsächsischen Ländern: **8** Alderman
Raub: **6** Rapuse, **8** Kaperung, **9** Piraterie
Räuber: **5** Bravo, **6** Bandit, **7** Brigant, **8** Gangster
Raubfische: **3** Aal, Hai, **4** Salm, Wels, **5** Hecht, Lachs, **6** Barsch, Dorsch, Huchen, Rochen, Zander, **7** Blauhai, Forelle, Piranha,

8 Kabeljau, Saibling, **11** Bachforelle, Schellfisch

Raubinsekt: 7 Libelle

Raubtiere

Hyänen: **6** Hyaene, **7** Erdwolf, **9** Tigerwolf, **10** Strandwolf, **13** Fleckenhyaene, Tuepfelhyaene, **14** Streifenhyaene, **17** Schabrackenhyaene

Katzen: **4** Eyra, Onze, Unze, Puma, **5** Irbis, Kuder, Loewe, Luchs, Manul, Tiger, **6** Fahhad, Gepard, Kuguar, Leopon, Ozelot, Parder, Pardel, Serval, Tigron, **7** Karakal, Leopard, Panther, **8** Kaploewe, Rotluchs, Tigrillo, **9** Baumtiger, Bergkatze, Bergloewe, Falbkatze, Goldkatze, Manxkatze, Rohrkatze, Rostkatze, Sandkatze, Wildkatze, Buschkatze, Jaguarundi, Sumpfluchs, Sundatiger, **11** Bengalkatze, Berberloewe, Borneokatze, Jagdleopard, Massailoewe, Nebelparder, Pallaskatze, Pampaskatze, Pardelkatze, Perserloewe, Servalkatze, Silberloewe, Wieselkatze, **12** Koenigstiger, Senegalloewe, Steppenkatze, Wuestenluchs, **13** Schneeleopard

Marder: **4** Gulo, Jerf, Mink, Nerz, Pami, Ratz, **5** Aonyx, Dachs, Frett, Iltis, Jaerv, Kalan, Noerz, Otter, Ratel, Skunk, Tayra, Zobel, **6** Badger, Charsa, Chingi, Galera, Grison, Hyrare, Marder, Teledu, Wiesel, **7** Surilho, Zorilla, **8** Hermelin, Maushund, Seeotter, **9** Amurdachs, Bandiltis, Frettchen, Meerotter, Stinktier, Vielfrass, Waldiltis, **10** Baummarder, Buntmarder, Edelmarder, Fischotter, Hausmarder, Honigdachs, Krebsotter, Mauswiesel, Stinkdachs, Sumpfotter, **11** Fingerotter, Riesenotter, Silberdachs, Sonnendachs, Steinmarder, Zwerggrison, Zwergwiesel

Schleichkatzen: **4** Byjy, **5** Fossa, Melon, Mungo, Rasse, **6** Musang, **7** Galidia, Genette, Linsang, Zivette, **8** Fanaloka, Mampalon, Manguste, Surikate, **9** Binturong, Ichneumon, Kusimanse, **10** Frettkatze, Hundsfrett, Marderbaer, Scharrtier, **12** Erdhuendchen, Ginsterkatze, Otterzivette, Palmenroller, Pardelroller, **13** Fuchsmanguste, Osborngenette, Pharaonsratte, Wasserzivette, Zebramanguste

Raubtierpfote: 5 Klaue, Talpe, Tatze, **6** Pranke

Raubvögel: → Greifvögel

Rauch: 5 Dunst, Qualm, **6** Abgase, Brodem, Wrasen, **8** Schwaden

rauchen: 6 paffen

rauchende Schwefelsäure: 6 Oleum

Rauchergeräte: 4 Huka, **6** Ascher, Pfeife, **8** Tschibuk, **10** Aschbecher, **12** Aschenbecher, Wasserpfeife, **14** Zigarrenspitze

Räucherhering: 8 Buecking, **9** Bueckling

Raucherkraut: 5 Tabak

Räucherwerk: 6 Myrrhe

Rauchfang: 4 Esse, **5** Kamin, **6** Schlot

Rauchsäule über Vulkanen: 8 Fumarole

Rauchware: 4 Pelz, → Pelze

Raufbold: 5 Rowdy, **8** Hooligan

rauh: 4 derb, grob, **6** barsch, heiser

Rauhblattgewächse: 7 Alkanna, Lappula, Lotwurz, **8** Beinwell, Igelsame, **9** Borretsch, Krummhals, Steinsame, **10** Wachsblume, **11** Lungenkraut, Natternkopf

rauhe Stelle: **10** Unebenheit
Rauhfutter: **3** Heu, **8** Haecksel
Rauhware: **5** Biber, **6** Molton, **7** Flanell, **8** Barchent, Velveton
Raum: **4** Saal **5** Flett, Gaden, Halle, Pesel, Salon, Stube, **6** Gelass, Gemach, Kabine, Kabuse, Kammer, Zimmer, **7** Kajuete, **10** Lokalitaet
Raum
– ***im antiken Tempel:*** **5** Cella
– ***in Burgen:*** **6** Remter, **8** Kemenate
– ***unter dem Dach:*** **3** Oke, **5** Boden, **6** Buehne, **8** Mansarde
Raumausstatter: **9** Polsterer, **10** Dekorateur, Tapezierer
Raumbegrenzung: **4** Wand, **5** Mauer
Raumbegriff: **5** Hoehe, **6** Breite, Laenge
Raumbildgerät: **10** Stereoskop
Raumfähren: **8** Columbia, **9** Discovery, **10** Challenger, Enterprise, **12** Space Shuttle
Raumfahrer: **9** Astronaut, Kosmonaut
Raumfahrt: **11** Astronautik
Raumfahrprogramme der USA: **6** Apollo, Gemini, **7** Mercury
Raumgestalter: **10** Dekorateur
Rauminhalt: **7** Volumen
Rauminhalt (Schiff): **7** Tonnage
Raumlehre: **9** Geometrie
Raumlehrer: **12** Mathematiker
räumliche Tonwiedergabe: **6** Stereo, **12** Stereophonie
Raummaß für Holz: **4** Ster
Raumschiffe der (ehem.) UdSSR: **5** Sojus, **6** Wostok, **7** Woschod
Raumschmuck: **5** Dekor, **10** Dekoration
Raumsicht: **11** Perspektive
Raumstation der USA: **6** Skylab
Raumstationen der (ehem.) UdSSR: **3** Mir, **6** Saljut
Raumüberwölbung: **6** Kuppel
Räumung: **9** Exmission
raunen: **7** wispern
raupenähnliche Seidenschnur: **8** Chenille
Raupenfahrzeug: **9** Bulldozer
Rausch: **5** Dusel, **6** Taumel, **7** Ekstase, Schwips
Rauschgifte: **3** LSD, **4** Koks, **5** Opiat, Opium, **6** Heroin, Kokain, **7** Alkohol, Morphin, **8** Meskalin, Morphium, Muskarin, **9** Haschisch, Marihuana, **10** Narkotikum
Rauschgiftdosis: **4** Trip
Rauschgifthändler: **6** Dealer
Rauschgiftsüchtiger: **9** Narkomane
Rauschgiftverbraucher: **9** Kokainist, **10** Morphinist
Rauschgold: **7** Flitter
Rauschgras: **5** Lolch
Rauschmittel: **10** Narkotikum
Rauschrot: **7** Realgar
Rauschzustand: **8** Delirium
Raute: **7** Rhombus, **14** Parallelogramm
Rayon: **6** Bezirk, **7** Umkreis, **9** Abteilung
Reagenzmittel: **7** Lackmus
Reaktionsauslöser: **11** Katalysator
Reaktionslosigkeit: **7** Apathie
Reaktor: **4** Pile
real: **7** konkret, **8** dinglich, effektiv, wirklich
Rebell: **8** Meuterer, **9** Insurgent, **10** Aufruehrer
Rebensaft: **4** Wein
Rebsorten: **7** Gutedel, **8** Riesling, Silvaner, Traminer, **9** Rulaender, Veltliner, **10** Trollinger, **11** Muskateller, **14** Mueller-Thurgau, **14** Spaetburgunder
Rechen: **5** Harke
Rechenarten: **8** Addition, Division, Integral, **11** Subtraktion, **12** Differential, **14** Multiplikation
Rechenaufgabe: **7** Exempel
Rechenbrett: **6** Abakus
Rechenergebnis: **5** Fazit, Summe, **7** Produkt

Rechenmeister: **5** Riese
Rechnen
– ***mit Buchstaben:*** **7** Algebra
– ***mit Zahlen:*** **10** Arithmetik
Rechnung: **4** Nota, Note, **6** Faktur, **7** Faktura
Rechnungsbehörde: **7** Rentamt, **8** Quaestur, **9** Finanzhof, Kaemmerei, Rendantur
Rechnungsbetrag: **6** Posten
Rechnungsführer: **7** Rendant
recht: **4** just
Recht: **3** Jus, **6** Gesetz
rechte
– ***Schiffsseite:*** **10** Steuerbord
– ***Seite der Buchführung:*** **5** Haben, **6** Kredit
Rechteck: **4** Karo, **7** Quadrat, Rhombus, Viereck, **8** Orthogon, **14** Parallelogramm
Rechtfertigung: **13** Justifikation
rechtgläubig: **8** orthodox
rechtlich, rechtmäßig: **5** legal, loyal, **7** legitim, **9** juridisch
Rechtsanspruch (Grundbesitz): **5** Claim
Rechtsbeistand: **6** Anwalt, **7** Advokat, **8** Syndikus, **9** Justitiar
Rechtsbrauch: **4** Usus
rechtschaffen: **5** loyal, **6** honett, **7** honorig
Rechtschreibung: **12** Orthographie
Rechtschreib-Wörterbuch: **5** Duden
Rechtsgelehrter im Islam: **5** Ulema
rechtskräftig: **5** valid
Rechtskundiger: **6** Jurist
Rechtsmittel: **6** Rekurs, **8** Berufung, Revision, **10** Beschwerde
Rechtsnachfolge: **10** Sukzession
Rechtsorgan: **7** Gericht
Rechtspflege: **6** Justiz, **8** Judizium
Rechtsprecher: **7** Richter
– ***im alten Friesland:*** **5** Asega
Rechtsprechung: **9** Judikatur, **12** Jurisdiktion
Rechtsspruch: **6** Urteil
Rechtsstreit: **7** Prozess
Rechtsverdreher: **8** Rabulist
Rechtsverdrehung: **10** Rabulistik
Rechtsvergünstigung: **7** Benefiz
Rechtsweg: **7** Instanz
rechtswidrig: **7** illegal, **9** illegitim
rechtswidrige Aneignung: **10** Usurpation
Rechtswissenschaft: **3** Jus, **4** Jura, **12** Jurisprudenz
rechtwinklig: **10** orthogonal
rechtzeitig: **6** prompt, **10** puenktlich
Recke: **4** Held, **7** Krieger
Redakteur: **13** Schriftleiter
Rede vor Gericht: **9** Plaedoyer
Redefigur: **10** Synekdoche
Redefluß: **5** Suada, Suade, **6** Tirade
Redekunst: **8** Rhetorik, **9** Dialektik
redekünstlerisch: **10** rhetorisch
reden: **5** sagen, **8** sprechen
Redensart: **6** Phrase, Slogan, **7** Floskel
Redensarten: **10** Brimborium
Rederei: **6** Gerede, **7** Klatsch, Tratsch
Redewendung: **6** Phrase, Slogan, **7** Floskel
redlich: **4** fair, treu, **5** loyal, reell, **6** bieder, wacker, **7** ehrlich, integer
Redner: **6** Orator, **8** Referent, **10** Rhetoriker
Redner der Antike: **6** Rhetor
Rednerbühne: **4** Pult, **6** Kanzel, Podest, Podium, Rostra
rednerisch: **10** oratorisch
Rednitz-Zuflüsse: **4** Zenn, **5** Brunn, Rezat, **6** Aurach, **7** Pegnitz, **8** Rothbach, **9** Schwabach, **10** Schwarzach
Referat: **7** Bericht, Vortrag, **9** Gutachten
Reflektant: **8** Bewerber
Reflektor: **7** Spiegel, **8** Teleskop
Reformatoren: **3** Hus, **6** Calvin, Luther, **7** Zwingli, **10** Bugenhagen,

11 Melanchthon
Regal: 4 Bord, **7** Gestell, **8** Staender, Stellage
rege: 4 agil, **6** eifrig, taetig, **7** rastlos
Regel: 4 Norm, **5** Kanon, **7** Komment, Ordnung, Satzung, **10** Vorschrift
Regelmaß: 5 Kanon
regelmäßig: 6 normal, stetig, **8** geordnet, regulaer, zyklisch, **10** rhythmisch
regelmäßige Folge: 6 Zyklus
regelmäßige Versicherungsleistung: 5 Rente
regelmäßiger Wechsel: 6 Turnus
Regeln: 9 Normalien
regeln: 5 leiten, ordnen, **7** richten, **9** justieren, **10** dirigieren, regulieren
regelrecht: 6 normal, **8** regulaer
regelwidrig: 4 foul, **6** abnorm, anomal, **7** anormal
Regelwidrigkeit: 4 Foul, **8** Anomalie
Regenbach: 8 Torrente
Regenbekleidung: 4 Cape, **6** Anorak, Kapuze, **7** Oelzeug, **8** Pelerine, **10** Trenchcoat, Waterproof, **11** Regenmantel
Regenbogen (meteorol.): 4 Iris
Regenbogenhaut des Auges: 4 Iris
Regengöttin: 7 Plejade → Plejaden
Regenmesser: 8 Udometer, **10** Ombrometer, **11** Pluviometer
Regenschirm: 9 Parapluie
Regenschreiber: 10 Ombrograph
Regent: 7 Monarch, **8** Potentat, **9** Herrscher
Regenwasserbehälter: 8 Zisterne
Regenwolke: 6 Nimbus
Regen-Zuflüsse: 3 Ohe, **4** Cham, **8** Katzbach
Regieassistentin beim Film: 10 Scriptgirl
Regierung: 5 Senat, **6** Regime, **8** Kabinett, Regiment, **12** Gouvernement
Regierung von Rußland: 5 Kreml
Regierungsausschuß: 5 Junta
Regierungsbehörde: 5 Senat, **11** Ministerium
Regierungschef: 7 Kanzler, Premier, **10** Praesident, **15** Premierminister
Regierungsvertreter: 8 Resident, **10** Gouverneur
regierungsfeindlich: 13 oppositionell
Regierungslosigkeit: 8 Anarchie
regierungstreu: 5 loyal
Regierungsmitglied: 8 Minister
Regierungssitz: 8 Residenz
Regierungszeit: 4 Aera
Region: 3 Gau, **4** Zone, **6** Bezirk, Gebiet, Gegend
Regisseur: 11 Spielleiter
Register: 5 Liste, **11** Verzeichnis
Regler: 6 Ordner, **8** Rheostat, **9** Regulator, **10** Einsteller, Thermostat
Regnitz-Zufluß: 5 Aisch
regsam: 4 agil, rege
regungslos: 6 torpid
Regungslosigkeit: 6 Torpor
Rehjunges: 4 Kalb, Kitz
Rehmännchen: 4 Bock, **8** Bockkitz
Rehweibchen: 5 Geiss, Ricke, **8** Kitzkalb, **8** Schmalreh
rehfarbig: 7 chamois
Reibeisen: 5 Reibe, **6** Raffel, Raspel
Reibelaut: 7 Spirans, Spirant, **8** Frikativ
Reibkeule: 7 Pistill
Reibung: 8 Friktion
Reich
– ***der Feuerriesen:*** **10** Muspelheim
– ***der Mitte:*** **5** China
– ***der Riesen:*** **6** Utgard
– ***der Toten:*** **8** Niflheim
reichen: 5 geben, **9** darbieten
reicher Mann: 5 Nabob, **7** Kroesus
Reichhaltigkeit: 8 Opulenz
reichlich: 7 opulent
Reichsritter: 5 Geyer, **6** Hutten, **9** Sickingen, **12** Berlichingen

Reichtum: **6** Mammon
Reif: **4** Ring
Reife des Weins: **5** Firne
Reifendruck: **4** atue
Reifenteil: **6** Ventil, **8** Schlauch
Reifeprüfling: **8** Maturand, Maturant, **10** Abiturient
Reifeprüfung: **3** Abi, **5** Matur, **6** Abitur, Matura, **7** Maturum
Reifezeit: **9** Pubertaet
Reifezustand: **10** Maturitaet
Reifrock: **9** Krinoline
Reihe: **4** Satz, **5** Folge, Kette, Serie, Queue, **6** Zyklus, **7** Kolonne, Sequenz, Stufung, **9** Formation
Reihenfolge: **4** Turn, **6** Turnus, **7** Sequenz, **10** Klassement
reimloses Gedicht: **3** Ode
Reimschmied: **9** Poetaster, Versemacher
rein: **3** pur, **4** klar, **5** netto, **6** genuin, lauter, schier, **8** gediegen
Reinbetrag: **5** netto
Reinfall: **4** Pech, **5** Niete, **6** Fiasko, Pleite, **7** Blamage
Reingewicht: **5** netto
Reinheit: **8** Puritaet
reinigen: **5** baden, fegen, **6** kehren, **7** spuelen, waschen, wischen
Reinigung: **3** Bad, **11** Defaekation
Reinigungsanlage: **10** Raffinerie
Reinigungsgeräte: **3** Mop, Ule, **5** Besen, Feger, Wedel, Wisch, **6** Feudel, **7** Buerste, Klopfer, Schwamm, Wischer, **9** Staubtuch, **11** Staubsauger
Reinigungsprodukt: **9** Destillat, Raffinade
Reisbranntwein: **5** Arrak
Reise: **4** Flug, Tour, Trip, **5** Fahrt, **6** Safari, **7** Ausflug, Passage, **10** Expedition
Reiseausweis: **4** Pass, **9** Kennkarte, Passeport
Reisebedarfsbehälter: **10** Necessaire
Reisedecke: **5** Plaid
Reisegepäck: **6** Bagage, Koffer, Ranzen, Tasche, **7** Seesack, **8** Rucksack, **9** Tornister
Reisegesellschaft
– ***in Afrika:*** **6** Safari
– ***im Orient:*** **8** Karawane
Reisehandbuch: **5** Guide, **8** Baedeker
Reisender: **7** Tourist, **8** Fahrgast, **9** Passagier
Reisesack: **9** Felleisen
Reiseverpflegung: **8** Proviant
Reiseweg: **5** Route, **7** Strecke
Reisewesen: **9** Tourismus, Touristik
Reisewohnwagen: **7** Caravan
Reisgerichte: **5** Paddy, Pilaf, Pilaw, **7** Risotto, **8** Risi-Pisi
Reisiggeflecht: **8** Faschine
reißend: **5** rapid, **6** rapide, rasant
Reißer: **3** Hit, **8** Knueller, Schlager, Thriller, **10** Bestseller
Reißlinie: **11** Perforation
Reiswein: **4** Sake
Reitbahn: **6** Manege, **9** Hippodrom, **10** Tattersall
Reiter: **6** Jockei, Jockey
Reiterabteilung: **6** Beritt, **9** Schwadron
Reiterangriff: **7** Attacke
Reiteraufzug: **9** Kavalkade
Reiterfahne: **9** Standarte
Reiterfähnrich: **7** Kornett
Reitergeneral Friedrichs des Großen: **6** Zieten, **8** Seydlitz
Reiterkampfspiel
– ***im Mittelalter:*** **6** Buhurt, **7** Turnier
– ***in Nordafrika:*** **8** Fantasia
Reitermannschaft: **6** Equipe
Reiterposten: **7** Vedette
Reitersäbel: **8** Pallasch
Reiterschwadron: **8** Eskadron
Reitersoldaten: **4** Ulan, **5** Husar, **8** Dragoner, **10** Kuerassier, **11** Kavallerist
– ***in Nordafrika:*** **6** Spahis
– ***des Mittelalters:*** **7** Reisige

Reiterspiel: **4** Polo
Reiterspiele der Cowboys: **5** Rodeo
Reiterstreifzug: **4** Raid
Reitertruppe: **10** Kavallerie
Reitervölker des Altertums: **5** Hunnen, **7** Skythen
Reiterei: **10** Kavallerie
Reiterzug: **9** Kavalkade
Reitfiguren der Hohen Schule: → Pferdesport
Reithindernisse: → Pferdesport
Reithose: **8** Breeches
Reitjacke im 17. Jh.: **7** Kollett
Reitknecht: **5** Groom
Reitpferde: → Pferdesport
Reitkunst im Zirkus: **9** Equestrik
Reitsitz: **6** Sattel
Reittiere: **4** Esel, Muli, **5** Kamel, Pferd, **8** Dromedar, Maulesel
Reitzeug: → Pferdesport
Reiz: **5** Anmut, **6** Appeal, Charme
reizbar: **7** graetig, **9** erethisch, irritabel, **10** cholerisch
reizen: **7** erregen, **10** irritieren, **11** provozieren
reizend: **8** charmant
Reizleitungsorgan: **4** Nerv
reizlos: **3** fad, **4** fade, **5** bland
Reizmittel: **9** Stimulans
Reizung: **9** Affektion, **11** Stimulation
reizvoll: **5** apart, **6** pikant, **9** attraktiv, **11** interessant
Reklame: **7** Werbung, **10** Propaganda
Reklameträger: **4** Film, **6** Insert, Plakat, Schild, **7** Annonce, Anzeige, Inserat, **9** Flugblatt, **10** Handzettel
Rektor einer Uni: **11** Magnifizenz
rekrutiertes Jungpferd: **7** Remonte
Relation: **9** Beziehung, **11** Verhaeltnis
Religionen: **5** Islam, **8** Judentum, Taoismus, **10** Buddhismus, Hinduismus, **11** Christentum, **12** Schintoismus
Religionsbekenntnis: **10** Konfession
Religionsbücher: **5** Bibel, Koran, **6** Talmud
Religionsfrevel: **8** Sakrileg
Religionsgemeinschaft: **5** Sekte, Orden, **6** Kirche, **8** Diaspora
Religionslehrer: **8** Katechet
Religionsloser: **5** Heide
Religionsstifter: **4** Mani, **5** Jesus, Moses, **6** Buddha, Laotse, **8** Konfutse, Mohammed, **9** Konfuzius, Zoroaster, **11** Zarathustra
Religionsunterricht: **9** Katechese
Religionswissenschaft: **9** Theologie
religiöse(r, s)
– ***Ansprache:*** **7** Predigt
– ***Brauch:*** **5** Ritus
– ***Eiferer:*** **5** Zelot
– ***Erbauungsbuch:*** **8** Postille
– ***Erneuerung:*** **11** Reformation
– ***Flugschrift:*** **7** Traktat
– ***Lied:*** **5** Psalm, **6** Choral
– ***Minderheit:*** **8** Diaspora
– ***Übungen:*** **5** Gebet, **6** Askese, Fasten, **7** Andacht, **10** Meditation
– ***Umgestaltung:*** **11** Reformation
– ***Vereinigung:*** **12** Bruderschaft
– ***Versenkung:*** **10** Meditation
Reliquienschrein: **9** Reliquiar
Reliquientäfelchen: **10** Pacificale
Rembrandts Frauen: **6** Saskia, **9** Hendrikje
Reminiszenz: **7** Anklang
remis: **13** unentschieden
Rennbahn: **4** Turf, **5** Arena, Piste
Rennbeginn: **5** Start
rennen: **5** eilen, **6** hasten, laufen, **8** preschen
Rennpferd: → Pferdesport
Rennreiter: **6** Jockei, Jockey
Rennruderboote: **3** Gig, **5** Einer, **6** Achter, Vierer, Zweier
Rennschlitten: **3** Bob, **8** Skeleton, Snowkart, **9** Bobsleigh
Rennschuhe: **6** Spikes
Rennstrecke: → Autorennstrecke
Rennwagen: **6** Go-Kart

Renommee: **3** Ruf, **7** Ansehen
Rentner: **7** Rentier
Reportage: **7** Bericht
Reptil: → Kriechtiere
Reserve: **9** Notvorrat, Ruecklage
resolut: **7** beherzt, **9** energisch
Resonanz: **4** Echo, **7** Wirkung, **9** Widerhall
Rest: **5** Neige, **6** Relikt, **8** Residuum, Rudiment, **10** Rueckstand
restlos: **4** ganz, **5** total, **7** absolut, voellig
Retter: **5** Soter
Rettich: **4** Radi, **10** Radieschen
Rettung: **4** Heil, **5** Hilfe
Rettungsgerät in der Luftfahrt: **10** Fallschirm
Rettungsschlitten: **4** Akja
Reuegefühl: **8** Bedauern
Revanche: **5** Rache, **10** Vergeltung
Revolte: **7** Aufruhr, **8** Meuterei
Revolver: → Faustfeuerwaffen
Revolution: **7** Umsturz, **8** Aufstand
rezent: **3** neu, **6** frisch
Rezitation: **7** Vortrag
Rhabarber: **5** Rheum
Rheinfelsen: **7** Lorelei, Loreley
Rheininsel: **11** Nonnenwerth
Rheinisches Schiefergebirge (Teile): **5** Eifel, **6** Taunus, Upland, **9** Hunsrueck, **10** Westerwald
Rheinlachs: **4** Salm
Rheinland-Pfalz (Land der Bundesrepublik)
Abtei: **10** Maria Laach
Autorennstrecke: **12** Nuerburgring
Berge: **6** Kalmit, **9** Erbeskopf, **10** Haardtkopf, **11** Donnersberg, Ellersprung, Fuchskauten
Flüsse: **3** Ahr, **4** Glan, Kyll, Lahn, Nahe, Salm, Selz, Wied, **5** Drohn, Mosel, Pruem, Rhein, Ruwer, **6** Alsenz, Lauter, Nister, Pfrimm, Queich, **7** Isenach
Gebirge, Höhenzüge: **5** Eifel, **8** Idarwald, Soonwald, Voreifel, Westrich, **9** Hohe Eifel, Hunsrueck, Schneifel, **10** Ahrgebirge, Moselberge, Westerwald, **12** Hintertaunus, Pfaelzer Wald
Hauptstadt: **5** Mainz
Landkreise: → Regierungsbezirke
Naturparks: **6** Nassau, **9** Nordeifel, Suedeifel, **12** Pfaelzer Wald, **13** Saar-Hunsrueck
Regierungsbezirke:
5 Trier
Landkreise: **4** Daun, **12** Bitburg-Pruem, **13** Trier-Saarburg, **18** Bernkastel-Wittlich
7 Koblenz
Landkreise: **7** Neuwied, **9** Ahrweiler, **10** Birkenfeld, Cochem-Zell, **12** Altenkirchen, Bad Kreuznach, Mayen-Koblenz, **14** Rhein-Lahn-Kreis, **15** Westerwaldkreis, **19** Rhein-Hunsrueck-Kreis
16 Rheinhessen-Pfalz
Landkreise: **5** Kusel, **9** Pirmasens, **10** Alzey-Worms, **11** Germersheim, Mainz-Bingen, **12** Bad Duerkheim, Ludwigshafen, **14** Kaiserslautern, **16** Donnersbergkreis, **20** Suedliche Weinstrasse
Seen: **10** Laacher See, Pulvermaar
Städte u. Orte: **3** Ems, **4** Daun, Diez, Kaub, Kirn, Konz, Zell, **5** Alzey, Kusel, Mainz, Mayen, Pruem, Trier, Worms, **6** Adenau, Bad Ems, Bingen, Cochem, Ehrang, Landau, Speyer, **7** Bendorf, Boppard, Koblenz, Neuwied, Remagen, Simmern, **8** Neuenahr, Neustadt, Saarburg, **9** Ahrweiler, Andernach, Bad Salzig, Duerkheim, Edenkoben, Ingelheim, Kreuznach, Montabaur, Oberwesel, Oppenheim,

Otterberg, Pirmasens, Sankt-Goar, **10** Baumholder, Bernkastel, Birkenfeld, Deidesheim, Gruenstadt, **11** Frankenthal, Germersheim, **12** Bad Duerkheim, Bingerbrueck, Ludwigshafen, Rockenhausen, Zweibruecken, **13** Idar-Oberstein, Schifferstadt, **14** Kaiserslautern, Traben-Trarbach, **16** Sankt Goarshausen
Rheinmündungsarme: 3 Lek, **4** Waal, **7** Merwede
Rheinnixe: 7 Lorelei, Loreley
Rheintochter: 8 Woglinde, **9** Wellgunde, **10** Flosshilde
Rheinzuflüsse: 2 Ay, **3** Ahr, Alb, Eck, Eis, Elz, Erg, Ill, Oos, Ren, Sar, **4** Aach, Aare, Arge, Birs, Erft, Lahn, Maas, Main, Murg, Nahe, Ruhr, Saye, Sayn, Selz, Sieg, Siga, Sorn, Thur, Wied, **5** Acher, Agger, Biber, Brohl, Issel, Itter, Lippe, Modau, Mosel, Nette, Nolla, Pfinz, Rench, Salza, Sauer, Toess, Vecht, Wehra, Wehre, Wiese, **6** Albula, Aubach, Birsig, Durach, Elzach, Ergolz, Fechte, Gutach, Kander, Kinzig, Kraich, Lauter, Neckar, Queich, Tamina, Wisper, Wupper, Wutach, **7** Emscher, **8** Stockach, Sulzbach, **9** Steinbach
rheinisches Mittelgebirge: 5 Eifel, **6** Taunus
Rhesusaffe: → Affen
Rhinozeros: 7 Nashorn
Rhône-Zuflüsse: 3 Ain, Lez, **4** Arve, Cece, Dalo, Doux, Fier, Flon, Gard, Gere, Gier, Glan, Save, Visp, **5** Binna, Berre, Canca, Dalla, Dolon, Doubs, Drôme, Furan, Garon, Isère, Lonza, Morge, Saône, Vinxt, **6** Aygues, Bancel, Borgne, Erieux, Eygues, Gardon, **7** Allaine, Bourbre, Durance, Galaure, Lizerne, Roubion, Salance, **9** Navigenze
rhythmische Bewegung: 4 Tanz
Rhythmuslehre: 8 Rhythmik
richten: 8 urteilen, **9** justieren, **10** dirigieren, **11** orientieren
Richter: 4 Kadi
Richter am päpstl. Hof: 7 Uditore
Richter Israels: 6 Gideon
Richterin im Alten Testament: 6 Debora
Richterkollegium: 5 Senat
richterlicher Entscheid: 7 Judikat
Richterspruch: 6 Urteil
richtig: 3 sic, **7** korrekt
richtigstellen: 11 berichtigen, dementieren
Richtlinie: 9 Anweisung, Direktive
Richtschnur: 4 Norm, **5** Kanon, Regel, **6** Maxime, **8** Standard, **9** Reglement, **11** Instruktion
Richtung: 4 Kurs, **5** Route, Trend, **6** Flucht, **7** Tendenz, **9** Stroemung
Richtungsanzeiger: 5 Pfeil, **6** Winker, **7** Blinker
richtungweisend: 14 programmatisch
Richtwert: 11 Koeffizient
Riechfläschchen: 6 Flakon
Riechstoffe: 5 Ambra, Bisam, Zibet, **6** Karvon, Parfum, **7** Moschus, Parfuem, **8** Rosenoel
Riedgras: 5 Segge
Riegel: 6 Sperre, **8** Baskuele, Schieber
Riemen: 4 Gurt, **5** Ruder, **7** Guertel
Riemen am Pferdgeschirr: 5 Siele
Riemenpeitsche: 5 Knute, **8** Kantschu, **10** Karbatsche
Riemenschuh: 7 Sandale
Riemenwerk: 6 Sielen
Riese: 4 Oger, **5** Huene, Recke, Titan, **6** Gigant, Koloss, Titane
Riese
– ***im alten Testament:*** **7** Goliath
– ***in Drachengestalt:*** **6** Fafner, Fafnir
– ***im französ. Märchen:*** **4** Oger

– *der griechischen Sage:* **5** Argus, Atlas, Titan, **6** Kyklop, Zyklop, **7** Anateus, **8** Polyphem
– *der nordischen Sage:* **4** Ymir, **5** Gymir, **6** Thrym, **6** Fafner, Fafnir, Fasold, Thurse
Riesenechse: **8** Krokodil → Krokodile
Riesenechse (ausgestorben): **10** Diplodokus, **12** Brontosaurus
Riesenelefant: **6** Mammut, **8** Mastodon
Riesengeier: **6** Kondor
Riesengras: **6** Bambus
riesenhaft: **6** immens, **8** kolossal, **9** pyramidal, titanisch, **10** gigantisch, zyklopisch, **11** titanenhaft
riesenhaftes Volk: **8** Enakiter
Riesenkänguruh: **6** Boomer
Riesenkrabbe: **7** Simagan
Riesenschachtelhalme des Erdaltertums: **9** Kalamiten
Riesenschildkröte: **8** Tortugas
Riesenschlangen: **3** Boa, **6** Assala, Python, **8** Anakonda, **13** Tigerschlange, **14** Abgottschlange, Boa constrictor, **15** Koenigsschlange
Riesenstandbild: **6** Koloss
riesenstark: **10** herkulisch
Riesentier der Vorzeit: **7** Saurier
Riesentintenfisch: **5** Krake
Riesenvögel (ausgestorben): **3** Moa, **4** Dodo, **6** Dronte
Riesenvogel der Sage: **3** Rok, **4** Roch, Rock, **5** Greif
Riesenwuchs: **10** Makromelie
Riesenzahl: **7** Myriade
riesig: **5** enorm, **8** kolossal
Riff: **6** Klippe
riffbildendes Nesseltier: **7** Koralle
rigoros: **4** hart, **6** streng
Rille: **3** Nut, **4** Nute, **5** Riefe, **6** Furche
Rinde: **5** Borke, **6** Kruste, Schale
Rindenteil: **4** Bast, Kork
Rinder: **3** Kuh, **4** Kalb, **5** Bulle, Ochse, Stier, **6** Faerse, Farren, Sterke, **7** Staerke
Rinderarten: **3** Jak, **4** Anoa, Gaur, Kudu, Zebu, **5** Bison, Bongo, Gayal, **6** Nilgau, Wisent, **7** Banteng, Bueffel, Kerabau
Rinderfett: **4** Talg
Rinderhirten: **6** Cowboy, Gaucho, **7** Vaquero
Rinderlende: **5** Filet, Steak, **9** Rumpsteak
Rinderwade: **5** Hesse
Rindfleisch (gepökeltes): **10** Corned beef
Rindfleischbrühe: **7** Beeftea
Rindslendenstück: **5** Steak, **9** Beefsteak
Rindsrippenstück: **9** Entrecote
Ring: **4** Reif, **6** Schake
Ring
– *um Mond u. Sonne:* **3** Hof, **4** Halo
– *am Segel:* **5** Legel
Ringelspiel: **9** Karussell
Ringelspinner: **6** Glucke
Ringeltier: **4** Wurm
Ringelwürmer: **4** Egel, Pier, **8** Blutegel, Sandwurm, **9** Regenwurm, **10** Pferdeegel, **11** Roehrenwurm
Ringer: **7** Catcher
Ringergriffe: **6** Nelson, **8** Krawatte, **9** Ueberwurf
Ringflügelflugzeug: **9** Coleopter
ringförmige Koralleninsel: **5** Atoll
Ringmauer: **6** Zingel
Ringstraße: **9** Boulevard
Rinne im Wattenmeer: **5** Priel
Rinnstein: **5** Gosse
Rippe (med.): **5** Costa
Rippenfell (med.): **6** Pleura
Rippenstücke: **6** Karree, **8** Kotelett, **9** Entrecote, Karbonade, Schnitzel
Ripsgewebe: **7** Cannelé, Epinglé, Ottoman
Risiko: **6** Wagnis
riskant: **6** gewagt
Rispengras: **3** Poa

Riß (med.): **6** Fissur
Rist: **5** Spann
Ritter: **8** Edelmann, Kavalier, **9** Caballero
Ritter
– ***der Artusrunde:*** **4** Erec, Erek, **5** Gawan, Iwein, **6** Gawain, Gawein, **7** Tristan, Walwein, **8** Lancelot, Lanzelot, Parsifal, Parzival, Wigalois, **9** Lohengrin
– ***der französischen Sage:*** **8** Blaubart
ritterlich: **6** galant, **8** hoeflich, **11** chevaleresk
ritterlicher Frauendienst: **5** Minne
ritterliches Kampfspiel: **6** Buhurt, **7** Turnier
Ritterorden: **7** Templer, **8** Malteser, **10** Johanniter
Ritterpferd: **4** Ross
Ritterrüstung: **6** Panzer, **8** Harnisch
Ritterschlag: **8** Akkolade
Ritual: **4** Kult, **5** Ritus, **6** Kultus, **8** Liturgie, **11** Zeremoniell
Ritze: **5** Spalt
Rivale: **6** Gegner, **8** Opponent, **10** Konkurrent, Kontrahent, **11** Nebenbuhler, Widersacher
Robben: **7** Seebaer, Seehund, Walross, **8** Blaumann, Meerkalb, Seeloewe, Stellers, **9** Bandrobbe, Bartrobbe, Haarrobbe, Pelzrobbe, Rossrobbe, Seemoench, Suedrobbe, **10** Kegelrobbe, Ohrenrobbe, See-Elefant, Seeleopard, **11** Klappmuetze, Ringelrobbe, Sattelrobbe, **12** Moenchsrobbe, Muetzenrobbe, Weddellrobbe, Zwergseebaer, **13** Rossmeerrobbe, **14** Elefantenrobbe, Krabbenfresser
Robbenfell: **4** Seal
Robbenjunges: **6** Heuler
Robot: **10** Fronarbeit
robust: **4** derb, grob, **5** stark, **6** baerig, **8** kraeftig
Rochenart: **5** Manta, **10** Saegefisch, **11** Stechrochen, **12** Geigenrochen, Zitterrochen
Rock der Schotten: **4** Kilt
Rodelbahn: **5** Piste
Rogen vom Stör: **6** Kaviar
Rogenstein: **6** Oolith
roh: **4** grob, wild, **5** ruede, **6** brutal, brutto, massiv, rabiat, **10** barbarisch, **11** bestialisch, **12** kannibalisch
Rohbaumwolle: **4** Lint
rohe Gewalt: **14** Brachialgewalt
Roheit: **8** Barbarei, **11** Brutalitaet
Roherdöl: **7** Naphtha
Rohform einer Plastik: **5** Bosse
Rohling: **5** Rowdy, **6** Barbar, **7** Grobian, Rabauke
Rohkost: **6** Muesli
Rohmaterial für Kerzen: **5** Wachs, **7** Stearin
Rohölleitung: **8** Pipeline
Rohr: **4** Halm, **5** Binse, **6** Schilf
Röhrchen: **7** Kanuele, **9** Kapillare
Rohrdurchmesser: **7** Kaliber
Röhrennudeln: **9** Makkaroni
Röhricht: **4** Ried, **6** Schilf
Rohrleitung
– ***für Abwässer:*** **4** Siel
– ***unter einem Deich:*** **6** Dueker
– ***für Erdöl:*** **8** Pipeline
Röhrling: **7** Boletus
Rohrteile: **4** Trap, **5** Muffe, **6** Buchse, Nippel, **7** Flansch
Rohrverbindung: **7** Flansch
Rohrverbindungsstück: **6** Nippel
Rohrverengung: **5** Duese
Rohschrift: **7** Konzept
Rohstoff: **8** Material
Rohstoff
– ***zur Bierbereitung:*** **4** Malz, **6** Hopfen
– ***für Düngemittel:*** **8** Ammoniak, Salpeter
– ***für Heilmittel:*** **5** Droge
– ***für Kerzen:*** **5** Wachs, **7** Stearin
– ***für Parfüm:*** **5** Ambra, Zibet,

Moschus, **12** Patschulioel
– ***für Porzellan:*** **6** Kaolin
– ***für Schokolade:*** **5** Kakao
– ***für Textilien:*** **5** Seide, Wolle, **6** Leinen, **9** Baumwolle, **10** Kunstfaser

Rohwolle des Schafs: 5 Vlies
Rokokoornament: 8 Rocaille
Rolands
– ***Braut:*** **4** Alda
– ***Hifthorn:*** **7** Olifant
– ***Schwert:*** **8** Durendal, **9** Durindart, **10** Durandarte

Rolladen: 5 Rollo, **7** Rouleau, **8** Jalousie
Rollbahn für Flugzeuge: 5 Piste
Rolle: 4 Part, **5** Spule, Walze, **6** Mangel, Partie
Rollenfach: 4 Alte, Held, **5** Naive, **6** Heldin, **7** Heroine, **9** Bonvivant
Rollkörper: 3 Rad, **5** Walze
Rollschuhe: 12 Roller-Skates
Roman (ohne Artikel) von
– ***Andersch:*** **6** Efraim
– ***Andres:*** **8** Sintflut
– ***Anet:*** **6** Ariane
– ***Anzengruber:*** **13** Sternsteinhof
– ***Arnim:*** **14** Kronenwaechter
– ***Asch:*** **7** Apostel, **9** Nazarener
– ***Bachmann:*** **6** Malina
– ***Balzac:*** **12** Chagrinleder
– ***Bamm:*** **9** Alexander
– ***Barbusse:*** **5** Feuer
– ***Baum:*** **15** Menschen im Hotel
– ***Bergengruen:*** **11** Grosstyrann
– ***Bouelle:*** **13** Bruecke am Kwai
– ***Broch:*** **12** Tod des Vergil, **13** Schlafwandler
– ***Brod:*** **7** Meister
– ***Bromfield:*** **11** Grosse Regen, **13** Nacht in Bombay
– ***Buck:*** **8** Gute Erde, **11** Haus der Erde
– ***Bunin:*** **4** Dorf
– ***Camus:*** **4** Pest, **6** Fremde
– ***Carossa:*** **8** Arzt Gion
– ***Cervantes:*** **10** Don Quijote
– ***Charrière:*** **8** Papillon
– ***Colette:*** **4** Gigi, **6** Chérie, Mitsou
– ***Conrad:*** **7** Lord Jim, Rettung
– ***Cooper:*** **10** Wildtoeter, **12** Lederstrumpf
– ***Cronin:*** **9** Zitadelle
– ***Dahn:*** **10** Kampf um Rom
– ***Deeping:*** **8** Traeumer, **14** Liebe in Fesseln
– ***Defoe:*** **14** Robinson Crusoe
– ***Dickens:*** **11** Pickwickier, Oliver Twist, **16** David Copperfield
– ***Disraeli:*** **7** Tancred, **10** Vivian Grey
– ***Doderer:*** **8** Daemonen, **10** Merowinger, **15** Strudlhofstiege
– ***Dostojewski:*** **5** Idiot, **7** Spieler, **15** Schuld und Suehne
– ***Dreiser:*** **5** Titan
– ***Dumas (Sohn):*** **9** Demimonde, **12** Kameliendame
– ***Dumas (Vater):*** **4** Kaen, **14** Drei Musketiere
– ***Du Maurier:*** **7** Rebecca
– ***Ebner-Eschenbach:*** **11** Krambambuli
– ***Ende:*** **4** Momo
– ***Ferber:*** **8** Cimarron, Giganten
– ***Feuchtwanger:*** **6** Erfolg, **8** Jud Suess
– ***Fielding:*** **8** Tom Jones
– ***Flaubert:*** **8** Salammbo, **12** Madame Bovary
– ***Fleuron:*** **5** Strix
– ***Fontane:*** **8** Stechlin, **10** Effi Briest
– ***Frenssen:*** **8** Joern Uhl, **11** Hilligenlei
– ***Freytag:*** **5** Ahnen, **12** Soll und Haben
– ***Frisch:*** **7** Stiller, **9** Homo Faber
– ***Galsworthy:*** **8** Jenseits, **11** Forsyte Saga
– ***Ganghofer:*** **13** Klosterjaeger, Martinsklause
– ***Giraudoux:*** **5** Bella

– ***Goethe:*** **14** Werthers Leiden
– ***Gogol:*** **11** Toten Seelen
– ***Golon:*** **9** Angélique
– ***Gorki:*** **6** Mutter
– ***Grass:*** **4** Butt, **10** Hundejahre, **12** Blechtrommel
– ***Green:*** **9** Leviathan, **11** Mitternacht
– ***Greene:*** **8** Attentat
– ***Grimmelshausen:*** **14** Simplicissimus
– ***Gudmundsson:*** **13** Kinder der Erde
– ***Gunnarsson:*** **10** Geaechtete, **12** Leute auf Borg
– ***Habe:*** **9** Tarnowska
– ***Hagelstange:*** **15** Altherrensommer
– ***Halbe:*** **6** Jugend
– ***Hamsun:*** **3** Pan, **6** Hunger, **8** Viktoria, **12** Segen der Erde, **13** Landstreicher
– ***Hartog:*** **4** Mary, **6** Stella
– ***Hauff:*** **12** Lichtenstein
– ***Hemingway:*** **6** Fiesta
– ***Hesse:*** **6** Demian, **9** Unterm Rad, **15** Glasperlenspiel
– ***Heym:*** **8** Lassalle
– ***Hoffmann:*** **9** Kater Murr
– ***Huch:*** **10** Fall Deruga
– ***Hugo:*** **7** Elenden
– ***Immermann:*** **7** Oberhof
– ***Jacobsen:*** **10** Niels Lyhne
– ***Jean Paul:*** **5** Titan, **8** Hesperus
– ***Joyce:*** **7** Ulysses
– ***Kafka:*** **7** Prozess, Schloss
– ***Kästner:*** **6** Fabian
– ***Keller:*** **14** Gruene Heinrich
– ***Kellermann:*** **4** Meer, **6** Tunnel
– ***Kerouac:*** **9** Unterwegs
– ***Kipling:*** **3** Kim
– ***Klabund:*** **6** Bracke, Moreau, **8** Mohammed
– ***Kluge:*** **11** Herr Kortuem, Zaubergeige
– ***Knittel:*** **7** Amadeus, El Hakim, Via Mala
– ***Kurz:*** **7** Vanadis
– ***Lagerkvist:*** **5** Zwerg, **8** Barrabas
– ***Lagerlöf:*** **13** Goesta Berling
– ***Lawrence:*** **14** Lady Chatterley
– ***Lenz:*** **7** Vorbild, **13** Deutschstunde
– ***Lernet-Holenia:*** **9** Standarde, **11** Ljubas Zobel
– ***Lesage:*** **7** Gil Blas
– ***Lewis:*** **7** Babbitt, **12** Hauptstrasse
– ***London:*** **13** Koenig Alkohol, Ruf der Wildnis
– ***Löns:*** **8** Wehrwolf
– ***Mailer:*** **8** Alptraum
– ***Malaparte:*** **4** Haut, **6** Kaputt
– ***Mann (H.):*** **8** Untertan, **10** Goettinnen, **14** Professor Unrat
– ***Mann (Th.):*** **10** Zauberberg, **12** Buddenbrooks, **13** Lotte in Weimar
– ***Mark Twain:*** **9** Tom Sawyer, **15** Huckleberry Finn
– ***Maupassant:*** **6** Bel Ami
– ***McCarthy:*** **6** Clique
– ***Melville:*** **7** Redburn, **8** Moby Dick
– ***Meredith:*** **6** Egoist, **11** Seltsame Ehe
– ***Meyrink:*** **5** Golem
– ***Mitchell:*** **15** Vom Winde verweht
– ***Montherlant:*** **12** Junggesellen
– ***Moravia:*** **8** Agostino, Roemerin
– ***More:*** **6** Utopia
– ***Morgan:*** **5** Quell, **6** Flamme
– ***Neumann (A.):*** **6** Teufel
– ***Pasternak:*** **14** Doktor Schiwago
– ***Penzoldt:*** **11** Powenzbande
– ***Plievier:*** **6** Berlin, Moskau, **10** Stalingrad
– ***Porter:*** **12** Narrenschiff
– ***Priestley:*** **10** Engelgasse
– ***Puzo:*** **4** Pate
– ***Raabe:*** **12** Hungerpastor
– ***Remarque:*** **12** Triumphbogen
– ***Richardson:*** **6** Pamela, **8** Clarissa
– ***Rinser:*** **7** Daniela
– ***Rojas:*** **5** Azana
– ***Rolland:*** **11** Clérambault, **14** Johann

Christof
- ***Roth (J.):*** **4** Hiob, **11** Hundert Tage, **14** Radetzkymarsch
- ***Rousseau:*** **5** Emile
- ***Sagan:*** **15** Lieben Sie Brahms
- ***Sand:*** **5** Lélia, **8** Consuelo
- ***Scheffel:*** **8** Ekkehard
- ***Schnitzler:*** **11** Weg ins Freie
- ***Scholochow:*** **9** Stille Don
- ***Scott:*** **7** Durward, Ivanhoe, Quentin, **8** Waverley, **10** Kenilworth
- ***Segal:*** **9** Love Story
- ***Seidel:*** **10** Wunschkind
- ***Selinko:*** **7** Desirée
- ***Sienkiewicz:*** **8** Quo vadis
- ***Simpson:*** **5** Enkel, **8** Barrings
- ***Sinclair:*** **5** Sumpf, **6** Boston, **9** Petroleum
- ***Solschenizyn:*** **12** Krebsstation
- ***Spoerl:*** **8** Maulkorb, **16** Feuerzangenbowle
- ***Stehr:*** **10** Nachkommen, **11** Heiligenhof, Stundenglas
- ***Steinbeck:*** **15** Jenseits von Eden
- ***Stevenson:*** **11** Schatzinsel
- ***Stifter:*** **6** Witiko, **10** Nachsommer
- ***Streuvels:*** **8** Pruetske, **9** Knecht Jan, **11** Flachsacker
- ***Sudermann:*** **9** Frau Sorge, **10** Katzensteg
- ***Swift:*** **15** Gullivers Reisen
- ***Thieß:*** **8** Tsushima, **10** Verdammten
- ***Tolkien:*** **12** Herr der Ringe
- ***Tolstoi:*** **12** Anna Karenina, Auferstehung, **14** Kreutzersonate, **15** Krieg und Frieden
- ***Tomasi:*** **7** Leopard
- ***Traven:*** **11** Totenschiff
- ***Turgenjew:*** **7** Neuland, **15** Vaeter und Soehne
- ***Updike:*** **8** Ehepaare
- ***Vaszary:*** **3** Sie, **6** Monpti
- ***Voltaire:*** **7** Candide
- ***Voß:*** **12** Zwei Menschen, **14** Alpentragoedie
- ***Waggerl:*** **4** Brot, **12** Jahr des Herrn
- ***Wallace (L.):*** **6** Ben Hur
- ***Walpole (Hugh):*** **6** Jeremy
- ***Wassermann:*** **12** Kaspar Hauser, **13** Fall Mauritius
- ***Waugh:*** **6** Helena
- ***Wells:*** **12** Zeitmaschine
- ***Werfel:*** **5** Verdi, **7** Barbara
- ***Wiechert:*** **7** Majorin, **9** Jedermann, **13** Jerominkinder
- ***Woolf:*** **7** Orlando
- ***Zola:*** **4** Nana, **8** Germinal

Romanabschnitt: 7 Kapitel

romanisches Volk in Südtirol: **7** Ladiner

Romanschriftsteller: 9 Romancier

Römerkastell im Taunus: 8 Saalburg

römische(r, s)
- ***Adelsgeschlechter:*** **5** Chigi, **6** Orsini, **7** Colonna, **8** Borghese
- ***Ältestenrat:*** **5** Senat
- ***Amtsdiener:*** **6** Liktor
- ***Bacchusfest:*** **9** Bacchanal
- ***Badeanstalten:*** **7** Thermen
- ***Baumeister:*** **6** Vitruv, **9** Borromini
- ***Bauwerke:*** **7** Lateran, Vatikan, **8** Pantheon, Quirinal, **9** Kolosseum, **12** Peterskirche
- ***Beamter:*** **6** Zensor, **7** Auditor, Duumvir, Praetor, **8** Praefekt, Quaestor
- ***Belagerungsmaschine:*** **6** Widder
- ***Censor:*** **4** Cato
- ***Dichter:*** **4** Atta, Ovid, **5** Horaz, Lucan, Lukan, **6** Catull, Ennius, Katull, Lukrez, Seneca, Terenz, Tibull, Vergil, **7** Juvenal, Martial, Plautus, Properz, **8** Ausonius, Catullus, Horatius, Phaedrus, Tibullus, **9** Lucretius, Lukretius, Vergilius
- ***Dichterin:*** **7** Colonna
- ***Donauprovinz:*** **9** Pannonien
- ***Dreigespann:*** **5** Triga

- ***Erdgottheit:*** **6** Tellus
- ***Erntegöttin:*** **3** Ops
- ***Fabeldichter:*** **8** Phaedrus
- ***Familienverband:*** **4** Gens
- ***Feinschmecker:*** **8** Lucullus
- ***Feldgott:*** **4** Faun, **6** Faunus
- ***Feldherren:*** **5** Varus, **6** Aetius, Caesar, Marius, Narses, Scipio, **7** Agrippa, Regulus, **8** Agricola, Camillus, Lucullus, Pompejus
- ***Feldzeichen:*** **6** Aquila, Signum, **7** Labarum, **8** Vexillum
- ***Festung:*** **7** Kastell
- ***Feuergott:*** **6** Vulkan, **8** Vulcanus
- ***Filmstadt:*** **9** Cinecitta
- ***Flöte:*** **5** Tibia
- ***Flügeltruppe:*** **3** Ala
- ***Frauengewand:*** **5** Palla
- ***Freiheitsgöttin:*** **8** Libertas
- ***Friedensgöttin:*** **3** Pax
- ***Fruchtbarkeitsgott:*** **4** Faun, **6** Faunus, **7** Priapus
- ***Fruchtbarkeitsgöttin:*** **5** Ceres
- ***Gerichtshof:*** **8** Tribunal
- ***Geschichtsschreiber:*** **5** Nepos, **6** Livius, Sueton, **7** Sallust, Tacitus
- ***Gewänder:*** → röm. Kleidungsstücke
- ***Gewicht:*** **2** As
- ***Glücksgöttin:*** **7** Fortuna
- ***Götter:*** **3** Sol, **4** Amor, Faun, Mars, Mors, **5** Janus, Jocus, Liber, Pluto, **6** Apollo, Cupido, Erebus, Faunus, Kupido, Merkur, Neptun, Quirin, Saturn, Somnus, Tellus, Vulkan, **7** Bacchus, Jupiter, Pluvius, Priapus, **8** Aeskulap, Favonius, Lupercus, Pilumnus, Quirinus, Saturnus, Silvanus, Terminus, Vulcanus, **9** Mercurius, Vertumnus
- ***Gott der Aussaat:*** **6** Saturn, **8** Saturnus
- ***Gott des Feuers:*** **6** Vulkan, **8** Vulcanus
- ***Gott der Fruchtbarkeit:*** **4** Faun, **6** Faunus, **7** Priapus
- ***Gott des Handels:*** **6** Merkur
- ***Gott der Heilkunde:*** **8** Aeskulap
- ***Gott des Krieges:*** **4** Mars
- ***Gott der Liebe:*** **4** Amor
- ***Gott des Meeres:*** **6** Neptun
- ***Gott des Schlafes:*** **6** Somnus
- ***Gott der Schmiedekunst:*** **6** Vulkan, **8** Vulcanus
- ***Gott der Sonne:*** **3** Sol
- ***Gott der Unterwelt:*** **3** Dis, **5** Pluto
- ***Gott des Waldes:*** **4** Faun, **6** Faunus
- ***Gott des Weines:*** **7** Bacchus
- ***Gott des Weinstocks:*** **5** Liber
- ***Gott der Zeit:*** **5** Janus
- ***Götterbote:*** **6** Merkur
- ***Göttervater:*** **7** Jupiter
- ***Göttinnen:*** **3** Nox, Ops, Pax, **4** Cura, Fama, Juno, Luna, Maja, Roma, Spes, **5** Ceres, Copia, Diana, Flora, Furie, Suada, Venus, Vesta, **6** Aurora, Latona, Levana, Libera, Pomona, Tellus, Tutela, **7** Bellona, Fortuna, Majesta, Minerva, Salacia, Veritas, **8** Justitia, Juventas, Libertas, Libitina, Victoria, **9** Concordia, Pudicitia, **10** Abundantia, Proserpina
- ***Göttin des Ackerbaus:*** **5** Ceres
- ***Göttin der Ehe:*** **4** Juno
- ***Göttin der Eintracht:*** **9** Concordia
- ***Göttin des Erdwachstums:*** **4** Maja
- ***Göttin des Erntesegens:*** **3** Ops
- ***Göttin der ewigen Jugend:*** **8** Juventas
- ***Göttin der Familie:*** **4** Juno
- ***Göttin der Freiheit:*** **8** Libertas
- ***Göttin des Friedens:*** **3** Pax
- ***Göttin der Fruchtbarkeit:*** **5** Ceres
- ***Göttin des Frühlings:*** **5** Flora
- ***Göttin der Fülle:*** **4** Upis
- ***Göttin der Gartenfrüchte:***

R

6 Pomona
- *Göttin der Geburt:* **6** Egeria
- *Göttin der Gerechtigkeit:* **8** Justitia
- *Göttin des Glücks:* **7** Fortuna
- *Göttin des häuslichen Herdes:* **5** Vesta
- *Göttin der Hoffnung:* **4** Spes
- *Göttin der Jagd:* **5** Diana
- *Göttin der Jugend:* **8** Juventas
- *Göttin des Krieges:* **7** Bellona
- *Göttin der Liebe:* **5** Venus
- *Göttin des Mondes:* **4** Luna
- *Göttin der Morgenröte:* **6** Aurora
- *Göttin der Nacht:* **3** Nox
- *Göttin der Rache:* **5** Furie
- *Göttin des Rechts:* **8** Justitia
- *Göttin der Sage:* **4** Fama
- *Göttin der Schönheit:* **5** Venus
- *Göttin des Sieges:* **8** Victoria
- *Göttin der Sorge:* **4** Cura
- *Göttin des Weinstocks:* **6** Libera
- *Göttin der Weisheit:* **7** Minerva
- *Grenzgott:* **8** Terminus
- *Grenzwall:* **5** Limes
- *Gruß:* **3** Ave, **5** Salve
- *Hauptmann:* **8** Centurio, Zenturio
- *Hausgötter:* **5** Laren, **7** Penaten
- *Heereseinheiten:* → röm. Truppeneinheiten
- *Heiliger:* **4** Neri
- *Herrschertitel:* **6** Caesar, **9** Imperator
- *Himmelsgöttin:* **4** Juno
- *Hirtengedicht:* **6** Ekloge
- *höchste Regierungsbehörde:* **5** Senat
- *Hügel:* **6** Pincio, **7** Aventin, Caelius, Coelius, Kapitol, Palatin, Viminal, **8** Esquilin, Quirinal
- *Jagdgöttin:* **5** Diana
- *Juristen:* **5** Gajus, **6** Ulpian
- *Kaiser:* **4** Geta, Nero, Otho, **5** Carus, Galba, Nerva, Titus, **6** Avitus, Decius, Gallus, Julian, Marius, Probus, Trajan, Valens, **7** Gratian, Hadrian, Severus, **8** Augustus, Aurelian, Caligula, Claudius, Domitian, Galerius, Honorius, Jorianus, Julianus, Oktavian, Pertinax, Tiberius, Valerian, Valerius, **9** Caracalla, Florianus, Gratianus, Justinian, Mark Aurel, Maxentius, Maximinus, Vespasian, Vitellius, **10** Diokletian, Konstantin, Theodosius, **11** Valentinian, **12** Heliogabalus
- *Kaisergeschlecht:* **6** Julier, **7** Flavier, **8** Claudier
- *Kaiserin:* **9** Messalina
- *Kaiserinnentitel:* **4** Diva
- *Kaiserreich:* **8** Imperium
- *Kalendertag:* **4** Iden, Idus, **5** Nonen, **6** Feriae, **8** Kalenden
- *Kaltwasserbad:* **11** Frigidarium
- *Kampfspielbahn:* **6** Zirkus
- *Klagegesang:* **6** Naenie
- *Kleidungsstücke:* **4** Toga, **5** Palla, Sagum, Stola, **6** Tunika
- *Komödiendichter:* **4** Atta, **6** Terenz, **7** Plautus
- *Könige:* **4** Numa, **5** Ancus, **6** Tullus, **7** Romulus
- *Kriegsgott:* **4** Mars
- *Kriegsgöttin:* **7** Bellona
- *Landpfleger in Palästina:* **7** Pilatus
- *Liebesgötter:* **4** Amor, **6** Cupido, Kupido
- *Liebesgöttin:* **5** Venus
- *Marktplatz:* **5** Forum
- *Meergott:* **6** Neptun
- *Mondgöttin:* **4** Luna
- *Münze:* **2** As, **3** Aes, **5** Denar, **6** Aureus, Quinar, **7** Sesterz, **8** Sesterze
- *Musikinstrument:* **5** Tibia
- *Name Frankreichs:* **7** Gallien
- *Nymphen:* **6** Egeria, Kamene, **7** Kamoene

– ***Patrizier:*** **5** Cinna
– ***Patriziergeschlechter:*** **6** Livier, **8** Claudier, Meteller, **9** Cornelier
– ***Philosophen:*** **6** Seneca, **8** Boethius
– ***Polizeibeamter:*** **5** Aedil
– ***Priester:*** **5** Augur, **8** Haruspex
– ***Priesterin:*** **7** Sibylle, **8** Vestalin
– ***Prokurator:*** **7** Pilatus
– ***Provinz in den Alpen:*** **7** Raetien
– ***Provinz in Kleinasien:*** **4** Asia
– ***Quellnymphe:*** **6** Egeria
– ***Rachegöttin:*** **5** Furie
– ***Rechtsgelehrte:*** **5** Gajus, **6** Ulpian
– ***Redner:*** **6** Cicero
– ***Rednerbühne:*** **6** Rostra
– ***Regierungsbehörde:*** **5** Senat
– ***Reitertruppe:*** **3** Ala
– ***Rundtempel:*** **8** Pantheon
– ***Rutenbündel:*** **6** Faszes
– ***Sakralrecht:*** **3** Fas
– ***Satiriker:*** **7** Juvenal, Martial
– ***Schaukämpfer:*** **9** Gladiator
– ***Schauspieler:*** **9** Histrione
– ***Schicksalsgöttin:*** **5** Parze
– ***Schriftsteller:*** **4** Ovid, **6** Caesar, Cicero, Ennius, Terenz, **7** Juvenal, Martial, Plinius, Tacitus, **8** Apulejus
– ***Schutzgötter:*** **5** Laren, **7** Penaten
– ***Schutzgöttin der Neugeborenen:*** **6** Levana
– ***Schwimmbad:*** **7** Natabio
– ***Seehafen:*** **13** Civitavecchia
– ***Siegesgöttin:*** **8** Victoria
– ***Silbermünze:*** **5** Denar, **7** Sesterz, **8** Sesterze
– ***Soldat:*** **8** Legionar, **9** Legionaer
– ***Sonnengott:*** **3** Sol
– ***Sportplatz:*** **9** Palaestra
– ***Staatsmänner:*** **5** Sulla, **6** Caesar, Marius, **7** Crassus, **8** Camillus, Pompejus, **9** Flaminius, **11** Cincinnatus
– ***Statthalter in Britannien:*** **8** Agricola
– ***Statthalter einer Provinz:*** **6** Eparch
– ***Sturmbock:*** **5** Aries
– ***Titel:*** **6** Konsul, Liktor, Tribun, Zensor, **7** Praetor, **8** Praefekt, **9** Imperator, Prokonsul
– ***Totenfest:*** **8** Feralien
– ***Totengeist:*** **6** Lemure
– ***Totenklage:*** **6** Naenie
– ***Totenseelen:*** **5** Manen
– ***Truppenangehörige:*** **5** Eques, Velit, **8** Legionar, Signifer, **9** Aquilifer, **11** Campidoctor, Clibanarius
– ***Truppeneinheiten:*** **3** Ala, **5** Turma, **6** Legion, **7** Auxilia, Dekurie, Kohorte, Manipel, **8** Centurie, Zenturie, **9** Limitanei, **10** Vexillatio, **12** Praetorianer
– ***Truppenoffiziere:*** **5** Legat, **6** Tribun, **7** Dekurio, **8** Centurio, Zenturio, **9** Imperator
– ***Unterwelt:*** **5** Orkus
– ***Verschwörer:*** **6** Brutus, **8** Catilina
– ***Viergespann:*** **8** Quadriga
– ***Volksführer:*** **6** Tribun
– ***Volksteile:*** **8** Plebejer, Quiriten, **9** Patrizier
– ***Volkstribun:*** **6** Drusus, Rienzi, **8** Gracchus
– ***Vollbürger:*** **7** Quirite
– ***Waffen:*** **5** Aries, Hasta, **6** Onager, **7** Gladius, **8** Balliste, Monankon, Skorpion
– ***Waldgott:*** **4** Faun, **6** Faunus
– ***Warmwasserbad:*** **9** Caldarium
– ***Wasserleitung:*** **9** Aquaedukt
– ***Weisheitsgöttin:*** **7** Minerva
– ***Zahlzeichen:*** **1** I, **2** II, **3** III, **4** IV, **5** V, **6** VI, **7** VII, **8** VIII, **9** IX, **10** X, **50** L, **100** C, **500** D, **1000** M
– ***Zensor:*** **4** Cato
– ***Zweigespann:*** **4** Biga

Röntgenschichtverfahren: **11** Tomo-

R

graphie
rosenförmige Verzierung: 7 Rosette
Rosengarten: 8 Rosarium
Rosenlorbeer: 8 Oleander
rosig: 4 rosé
Rosinen: 6 Zibebe, **8** Korinthe, **9** Sultanine
Roß: → Pferde
Rost zum Braten: 5 Grill
Rostbraten: 8 Grillade, **9** Roastbeef
Rostbratküche: 9 Grillroom
Röstbrot: 5 Toast
rösten: 6 darren, **7** toasten
Röstschnitten: 7 Pafesen
Rostschutzmittel: 7 Mennige
Röstvorrichtung: 5 Darre
Rot beim Roulett: 5 Rouge
Rotation: 4 Tour, **6** Umlauf, **9** Umdrehung
Rotauge: 7 Ploetze
rotbraun: 5 siena
Röte (med.): 7 Erythem
Rötel: 8 Haematit
rote
– ***Rübe:*** **4** Bete
– ***Farbstoffe:*** **5** Eosin, **6** Karmin, Purpur, **7** Fuchsin, Phloxin, Ponceau, **8** Alizarin, Karmesin, **9** Karthamin, **11** Koschenille
– ***Farbtöne:*** **4** pink, rosa, rosé, **5** krapp, rosig, rubin, **6** karmin, **7** purpurn, **8** zinnober
rotierender Körper: 5 Walze, **7** Kreisel
Rotlauf: 8 Erysipel
Rotte: 5 Horde, Meute, Schar, Trupp, **6** Gruppe
Rotunde: 7 Rundbau, **8** Rundraum
Rötung (med.): 5 Rubor
Rotwein: 6 Claret, **7** Rotspon
Rotwelsch: 4 Cant, **5** Argot
Rotwild: 7 Hirsche
Roulettausdrücke: 4 Noir, Pair, Zero, **5** Passe, Rouge, **6** Impair, Manque
Route: 5 Kurs, **7** Strecke

Ruanda (Rwanda – Staat in O-Afrika)
Berge: **8** Muhavura, **9** Karisimbi
Bevölkerung: **3** Twa, **4** Hutu, **5** Tussi, **6** Bahutu, **7** Ruander, Rwander, Watussi
Flüsse: **6** Kagera, **7** Virunga
Hauptstadt: **6** Kigali
Nationalparks: **5** Kagera, **7** Virunga
Politiker: **11** Habyarimana, **13** Nsengiyaremye
See: **7** Kivusee
Sprachen: **9** Kisuaheli, **11** Kinyarwanda
Städte u. Orte: **6** Butare, **7** Gisenyi, **8** Cyangugu, **9** Ruhengeri
Vulkanlandschaft: **7** Virunga
Währung: **5** Franc, **7** Centime
Rübensaft: 5 Sirup
Rubin: 6 Korund
Rubrik: 4 Fach, **6** Klasse, Spalte
ruchlos: 5 boese, infam, **6** gemein
rückbezüglich: 8 reflexiv
Rückbildung: 10 Regression, **12** Degeneration
Rückbuchung: 6 Storno
Rücken: 5 Kreuz, **6** Buckel
Rücken an Rücken: 7 dos à dos
Rückenlast: 4 Reff, **5** Hucke
Rückenmarksschwindsucht: 5 Tabes
Rückenschmerz: 8 Notalgie
Rückenstück
– ***vom Fisch:*** **5** Filet
– ***vom Wild:*** **6** Ziemer
Rückentragkorb: 5 Kiepe
Rückerstattung: 11 Restitution
Rückführung: 9 Recycling
Rückgang in der Wirtschaft: 10 Depression
Rückgrat: 5 Spina
Rückgriff: 7 Regress
Rückhalt: 5 Hilfe, **6** Schutz
Rückkehr: 8 Comeback
Rücklage: 7 Reserve
rückläufig: 9 regressiv
Rücknahme: 8 Ristorno

Rucksack des Jägers: 4 Aser
Rückschlag: 8 Dekadenz, Reaktion, **9** Atavismus
rückschreitend: 8 rekursiv, **9** regressiv
Rückschritt: 8 Reaktion
rückschrittlich: 11 reaktionaer
Rückseite: 5 Verso, **6** Revers
Rücksicht: 7 Pietaet, **8** Toleranz
Rücksichtnahme: 4 Takt, **10** Diskretion
rücksichtslos: 5 krass, **6** bruesk, rabiat, **7** inhuman, radikal, rigoros, **9** fanatisch
rücksichtsvoll: 4 zart, **6** galant, **7** diskret
Rücksitz im Wagen: 4 Fond
Rückstand: 4 Rest, Satz, **5** Neige, **6** Relikt, Verzug, **7** Passiva, **8** Residuum, Rudiment
Rückstand
– ***beim Brauen und Keltern:*** **5** Trub, **6** Drusen, Treber, **7** Trester
– ***bei der Erdölgewinnung:*** **5** Masut
– ***bei der Spirituserzeugung:*** **8** Schlempe
– ***bei der Wundheilung:*** **5** Narbe
– ***bei der Zuckergewinnung:*** **7** Melasse
rückständiger Schuldner: 7 Restant
Rückstrahler: 9 Reflektor, **10** Katzenauge
Rückstrahlung: 6 Reflex, **9** Reflexion
Rücktritt: 9 Demission
Rückvergütung: 8 Refaktie
Rückversicherung: 12 Reassekuranz
rückwirkend: 5 reaktiv, **9** regressiv
Rückwirkung: 8 Reaktion
Rückzug: 8 Retirade, Retraite
rüde: 3 roh, **4** grob, **5** frech
Ruder: 6 Paddel, Pagaie, Riemen
Ruderbank: 5 Ducht
Ruderboote: 3 Gig, **4** Kaik, Kanu, **5** Einer, Kajak, Skiff, Skull, **6** Achter, Gondel, Vierer, **8** Kanadier
Ruderbootsteile: 5 Dolle, Ruder, **6** Riemen
Ruderfüßer: 7 Pelikan, Toelpel, **8** Kormoran, **9** Kopepoden
rudern: 6 pullen, **7** skullen
Ruderschiffe der Antike: 6 Bireme, Triere, **7** Trireme
Ruderschiff des Mittelalters: 7 Galeere
Ruderstange: 5 Stake
Ruf: 4 Ehre, Fama, **6** Nimbus, **7** Leumund, **8** Bonitaet, Renommee, **10** Reputation
Ruf zu den Waffen: 5 Alarm
Rufmord: 12 Diffamierung
Rufname: 7 Vorname
Ruftrichter: 8 Megaphon
Rüge: 5 Tadel, **7** Monitum, Rueffel, Verweis
rügen: 8 monieren
Ruhe: 4 Rast, **5** Musse, Otium, Pause, **6** Schlaf, Siesta, Stille, **7** Phlegma, **8** Erholung, **9** Silentium
Ruhegehalt: 7 Pension
ruhelos: 11 ahasverisch
Ruhelosigkeit: 6 Unrast, **11** Nervositaet
Ruhemöbel: 4 Bett, Sofa, **5** Couch, Diwan, Liege, **7** Kanapee, **8** Bettbank, Ottomane, **9** Bettcouch, **12** Chaiselongue
ruhen: 9 pausieren
ruhend: 6 latent, **8** statisch
Ruhepause: 4 Rast, **6** Siesta
Ruheplatz für Schiffe: 5 Hafen, Reede
Ruhepunkt: 6 Zaesur
Ruhesitz: 8 Tuskulum
Ruhestand: 7 Pension
Ruheständler: 6 Emerit, **7** Rentier, Rentner, **10** Pensionaer
Ruhestörung: 5 Krach, Laerm, Radau, Rumor, **6** Randal
Ruhezeichen in der Musik: 7 Fermate

ruhig: **5** leise, sacht, still, **8** besonnen
Ruhm: **4** Ehre, **6** Gloria, Glorie
Ruhmesglanz: **6** Nimbus
Ruhmeshalle bei Regensburg: **8** Walhalla
ruhmvoll: **7** glorios
Rührmichnichtan: **6** Mimose
rührselig: **11** sentimental
Rührseligkeit: **16** Sentimentalitaet
Ruhr-Zuflüsse: **3** Neb, **4** Baar, Else, Inde, **5** Lenne, Roehr, Sorpe, Volme, Wenne, Winne, **6** Moehne
Ruin: **6** Fiasko, Pleite, **7** Debakel, Konkurs, Verderb, Verfall
Ruinenstadt, Ruinenstätte
– ***in Ägypten:*** **5** Ombos
– ***in Algerien:*** **6** Timgad, Tipasa
– ***in Armenien:*** **3** Ani
– ***in Bengalen:*** **4** Gaur
– ***in Bolivien:*** **10** Tiahuanaco
– ***auf Ceylon:*** **11** Polonnaruwa, **12** Anuradhapura
– ***in England:*** **10** Stonehenge
– ***am Euphrat:*** **4** Mari
– ***in Frankreich:*** **7** Les Baux
– ***in Griechenland:*** **6** Mykene, Tiryns, **7** Mykenae, Olympia
– ***in Guatemala:*** **5** Tikal
– ***in Honduras:*** **5** Copan
– ***im Irak:*** **6** Ninive, **7** Babylon, Samarra
– ***in Italien:*** **7** Pompeji, **11** Herculaneum, Herkulaneum
– ***in Kambodscha:*** **6** Angkor
– ***in Kleinasien:*** **3** Ani, **4** Myra, Side, **5** Milet, Perge, Troja, **6** Didyma, Priene, Sardes, **7** Ephesus, Hattusa, Xanthros, **8** Aspendos, Pergamon, **10** Hierapolis, **13** Halikarnassos
– ***in Mesopotamien:*** **6** Ninive, **7** Babylon
– ***in Mexiko:*** **8** Palenque, **11** Chichen-Itza
– ***in Myanmar:*** **5** Pagan
– ***in Spanien:*** **8** Ampurias
– ***in Syrien:*** **6** Balbek, **7** Baalbek, Palmyra
– ***am Tigris:*** **5** Assur
– ***in Tunesien:*** **8** Karthago
– ***in Turkestan:*** **4** Anau
– ***auf Yukatan:*** **3** Ake, **5** Ticul
Rumänien (Staat in SO-Europa)
Berge: **5** Bihar, Negoi, **6** Mindra, **7** Bihorul, Peleaga, **8** Petrosul, Retjezat, **10** Moldoveanu
Bevölkerung: **6** Ungarn, **7** Szekler, **8** Madjaren, Rumaenen, **15** Banater Schwaben
Bildhauer: **8** Brancusi
Dichter: **8** Eminescu, **10** Alecsandri
Dramatiker: **7** Ionesco, **8** Negruzzi, **9** Caragiale
Flüsse: **3** Alt, Olt, **4** Bega, **5** Mares, Mures, Pruth, **6** Moldau, Sereth
Gebiete: **5** Banat, **6** Moldau, **7** Alfoeld, Baragan, Crisana, Oltenia, **8** Montenia, Walachei, **9** Maramures, **13** Siebenbuergen, **14** Transsilvanien
Gebirge: **7** Apuseni, **8** Karpaten, **14** Banater Gebirge
Geiger u. Komponist: **9** Boulanger
Geigerin: **5** Doina
Glückwunschgesang: **7** Calinda
Hafenstadt: **9** Konstanza
Hauptstadt: **8** Bukarest, **9** Bucuresti
Komponisten: **5** Vieru, **6** Enescu, Krirac, **7** Andricu, **8** Miereanu, **10** Mihalovici, **11** Stephanescu
Könige: **5** Carol, **7** Michael, **9** Ferdinand
Landschaften: **6** Moldau, **8** Walachei
Lied: **5** Doina
Lyriker: **5** Barbu, Vinea, **6** Anghel, Cosbuc, **7** Arghezi, Bacovia, Vlahuta, **9** Minulescu, **12** Alexandrescu

Maler: **7** Luchian, **10** Grigorescu
Moldaukloster: **8** Sucevita
Politiker: **7** Iliescu, **8** Stolojan, **9** Ceausescu
Reigentanz: **4** Hora
Sängerin: **8** Cebotari
Schriftsteller: **4** Goma, **5** Barbu, Preda, **6** Eliade, Hasdeu, **7** Creanga, Slavici, **8** Dumitriu, Petrescu, Popovici, **9** Sadoveanu
Städte u. Orte: **3** Dej, **4** Arad, Blaj, Brad, Cluj, Deva, **5** Anina, Bacau, Borsa, Jassy, Sarat, Sibiu, Turda, **6** Braila, Brasov, Galati, Galatz, Oradea, Satmar, Sinaia, **7** Craiova, Pitesti, Ploesti, **8** Bistritz, Braschow, Bukarest, Pitescht, Temesvar, **9** Bucuresti, Constanta, Konstanza, Kronstadt, Timisoara, **10** Temeschwar, **11** Klausenburg, **12** Grosswardein, Hermannstadt
Touristenzentrum am Schwarzen Meer: **6** Eforie, Mamaia
Währung: **3** Ban (Mz.: **4** Bani), Leu

Rummel: **6** Tamtam, Trubel
Rumpf: **4** Leib, **5** Torso
Rumpf vom Geflügel: **8** Karkasse
Rumpf einer Statue: **5** Torso
Rumpfteile: **4** Leib, **5** Bauch, Brust, **7** Ruecken
Rundbau: **6** Tholas, **7** Rotunde, **8** Pavillon
Rundbeet: **7** Rondell
Rundbild: **5** Tondo, **9** Medaillon
Rundblick: **8** Panorama
Rundblickfernrohr: **8** Periskop
Runddorf (Afrika): **4** Kral
Runde: **5** Kreis, Ronde, **6** Korona
runde Körper: **4** Ball, **5** Kugel
Rundfunkgerät: **5** Radio, Tuner
Rundfunksendeleiter: **9** Intendant
Rundfunksprecher: **7** Ansager, **9** Moderator
Rundfunkstation: **6** Sender
Rundgang: **5** Ronde
Rundgemälde: **5** Tondo, **8** Panorama
Rundgesang: **5** Kanon, Rondo
Rundplatz: **7** Rondell
Rundreise: **7** Tournee
Rundschau: **6** Review
Rundschreiben: **8** Zirkular, **9** Enzyklika
Rundtänze: **5** Polka, **6** Reigen, Walzer
Rundtempel: **9** Gloriette
Rundtheater: **12** Amphitheater
Runenalphabet: **7** Futhark
Runenforscher: **8** Runologe
Runzel: **5** Falte
Rüpel: **6** Flegel, **7** Grobian
Rur-Zuflüsse: **3** Neb, **4** Kall, Urft, Worm, **5** Wuerm
Rüsche aus Spitzen: **5** Jabot
Rußabdruck: **4** Fumé
Rußland (Staat in O-Europa/Asien)
Abenteurer: **8** Rasputin
Adliger: **5** Bojar
Arktisforscher: **7** Wrangel, **8** Wrangell
Bauer: **7** Muschik
Bauernhaus: **4** Isba
Baumeister: **8** Alexejew
Berg: **5** Kamen, **6** Elbrus, Pobeda, **8** Bjelucha, Jamentau, Mus Chaja, **9** Aboringen
Bier: **5** Kwass
Bildhauer: **4** Gabo, **6** Sadkin, **7** Zadkine
Biologen: **10** Mitschurin, **12** Metschnikoff
Branntwein: **5** Wodka
Bretterwagen: **7** Kibitka
Bürgerrechtler: **8** Sacharow
Chemiker: **10** Mendelejew
Clown: **5** Popow
Dichter: **3** Dal, Fet, **4** Blok, **5** Babel, Bunin, Fedin, Gogol, Gorki, **6** Delwig, **7** Rylejew, Tolstoi, **8** Puschkin, **9** Nekrassow, Ostrowski, Tschechow, Turgenjew, **11** Dostojewski,

Gontscharow
Dorfgemeinschaft: **3** Mir
Dramatiker: **9** Ostrowski
Dreigespann: **6** Troika
Dynastie: **7** Romanow
Eichhörnchen: **3** Feh
Feldherren: **7** Kutusow, Suworow
Feldmaß: **9** Desjatine, **10** Dessjatine
Flüsse (asiat.): **2** Ob, Om, **3** Ket, Pur, Tas, Tym, Uda, **4** Agan, Amga, Amur, Lena, Maja, Seja, Tura, Wach, **5** Aldan, Gonam, Soswa, Tobol, **6** Angara, Bureja, Ischim, Kolyma, Marcha, **7** Olenjok, **8** Jenissei, **9** Indigirka
Flüsse (europ.): **3** Don, Oka, Ufa, **4** Kama, Kuma, Luga, Ural, **5** Kuban, Mesen, Wolga, **6** Choper, Dnjepr, Moskwa, Tuloma, **7** Kljasma, Suchona, Wetluga, Wolchow, **9** Petschora
Flüssigkeitsmaße: **5** Wedro, **8** Botschka
Frauengewand: **7** Sarafan
Fürst: **8** Potemkin
Gebirge: **4** Moma, Ural, **5** Altai, Sajan, Tannu, **6** Anjuis, Bureja, Kolyma, **8** Byrranga, Kaukasus, Putorana, Stanowoi
Geheimpolizei: **7** Ochrana
Geistlicher: **4** Pope
Gewicht: **3** Pud, **4** Funt
Großbauer: **5** Kulak
Großfürsten: **4** Iwan, Juri, Oleg, **5** Boris, **6** Dmitri, Feodor, Fjodor, Simeon, **7** Wassili, **8** Wladimir
Gründer des Russ. Reichs: **5** Rurik
Hafenstädte: **6** Rostow, **8** Murmansk, Taganrog, **11** Archangelsk, Wladiwostok, **15** Sankt Petersburg
Halbinseln (asiat.): **5** Gydan, Jamal, **6** Tajmyr, **11** Kamtschatka
Halbinseln (europ.): **4** Kola, **5** Kanin, **8** Varanger
Hauptstadt: **6** Moskau, Moskwa
Heilige der orthodoxen Kirche: **4** Olga
Heiligenbild: **5** Ikone
Heiliger: **5** Boris, Georg, **7** Andreas
Herrschergeschlecht: **7** Romanow
Herrschertitel: **3** Zar
Ikonenmaler: **6** Rublew
Inseln (asiat.): **4** Ajon, **7** Wrangel, **8** Sachalin, Schantar
Inseln (europ.): **8** Kolgujew, **9** Waigatsch, **12** Nowaja Semlja
Kaps (asiat.): **4** Aniw, **5** Enkan, Jakan, **6** Alewin, Gowena, **7** Barykow, Borisow, Buorcha, Deshnew, Kronoki, Nawarin, **8** Skuratow, **9** Aleksandr, **10** Jelisaweta, **12** Tscheljuskin
Kaps (europ.): **8** Sarytsch, **9** Apscheron, Busatschi, **11** Agrachanski
Kollektivwirtschaft: **5** Artel
Komponisten: **3** Cui, **4** Kjui, **6** Glinka, Petrow, **7** Borodin, Tanejew, **8** Skrjabin, **9** Balakirew, Prokofjew, Schaporin, **10** Chrennikow, Kabalewski, Mussorgski, **11** Rachmaninow, **12** Tschaikowsky, **14** Rimski-Korsakow
Kosmonauten: **5** Sedow, Titow, **7** Gagarin, Jegerow, **8** Bykowski, **9** Nikolajew
Kosmonautin: **11** Tereschkowa
Längenmaße: **3** Fut, **7** Arschin, **9** Desjatine, **10** Dessjatine
Maler: **5** Repin, **6** Tatlin, Wrubel, **7** Rubljow
Marschälle: **6** Konjew, **7** Schukow
Mönch: **8** Rasputin
Mondfahrzeug: **9** Lunochod
Mondsonden: **4** Luna, **5** Lunik, Sojus, → Satelliten
Musikinstrumente: **5** Domra,

Dudka, Gudok, Gusli, Kobsa, **7** Bandura, **9** Balalaika
Nachrichtenagentur (früh.): **4** TASS
Nobelpreisträger für
- *Chemie:* **8** Semjonow
- *Frieden:* **8** Sacharow, **11** Gorbatschow
- *Literatur:* **5** Bunin, **9** Pasternak, **10** Scholochow, **12** Solschenizyn
- *Medizin:* **6** Pawlow, **7** Waksman, **12** Metschnikoff
- *Physik:* **6** Bassow, **9** Prochorow, **11** Tscherenkow

Physiker: **4** Tamm, **5** Basow, **6** Landau, **8** Sacharow, **9** Prochorow, **11** Tscherenkow
Politiker: **6** Gaidar, Jelzin
Produktionsgenossenschaft: **7** Kolchos, **8** Kolchose
Regierungssitz: **5** Kreml
Reisebüro: **9** Intourist
Reiter: **5** Kosak
Republiken (autonome – Hauptstadt): **4** Komi (**9** Syktywkar), Mari (**11** Joschkar-Ola), **8** Dagestan (**13** Machatschkala), Jakutien (**7** Jakutsk), Karelien (**12** Petrosawodsk), Tatarien (**5** Kasan), **9** Abchasien (**7** Suchumi), Burjatien (**7** Ulan-Ude), Mordowien (**7** Saransk), Udmurtien (**8** Ischewsk), **10** Adscharien (**6** Batumi), **11** Baschkirien (**3** Ufa), **13** Tschuwaschien (**11** Tscheboxary)
Saiteninstrumente: **5** Domra, **9** Balalaika
Sänger: **10** Schaljapin
Satiriker: **8** Saltykow
Schachmeister: **6** Karpov, Karpow, **8** Aljechin, **9** Botwinnik, **10** Petrossjan
Schriftsteller: **5** Fedin, Gorki, **6** Esenin, Iwanow, Kuprin, Kusmin, Leskow, Saizew, **7** Kawerin, Remesow, Salykin, Simonow, Tolstoi, **8** Garschin, Jessenin, Saltykon, Samjatin, **9** Korolenko, Nekrassow, Pasternak, Selwinksi, Sinjawski, Sumarokow, Tschechow, **10** Lomonossow, **13** Soschtschenko
Schriftstellerinnen: **6** Aliger, Panowa, **8** Berggolz, **9** Achmatowa
Schwarzmeerhäfen: **6** Rostow, **7** Sotschi, **11** Noworossisk
Seen (asiat.): **9** Baikalsee, Chankasee, **10** Tschanysee
Seen (europ.): **5** Elton, **8** Ilmensee, Onegasee, **9** Ladogasee, Peipussee
Sekte: **7** Skopzen
Städte und Orte (asiat.): **4** Omsk, Orsk, **5** Aldan, Bijsk, Bikin, Kansk, Serow, Tomsk, **6** Abakan, Tjumen, Ust-Kut, **7** Angarsk, Barnaul, Bjelowo, Irkutsk, Jakutsk, Magadan, Norilsk, Tobolsk, Tschita, Ulan-Ude, **8** Kemerowo, Nachodka, Rubzowsk, Slatoust, **9** Salechard, Ussurijsk, **10** Chabarowsk, **11** Krasnojarsk, Nowakusnezk, Nowosibirsk, Prokopjewsk, Sowjetskaja, Wladiwostok, **12** Magnitogorsk, **13** Tscheremchowo
Städte und Orte (europ.): **3** Bui, Kem, **4** Perm, Tula, **5** Kasan, Kirow, Kursk, **6** Grosny, Kaluga, Kowrow, Lipezk, Rostow, Tambow, **7** Armawir, Grosnyi, Podolsk, Rybinsk, Saratow, Wologda, Workuta, **8** Ischewsk, Kostroma, Murmansk, Nowgorod, Orenburg, Smolensk, Taganrog,

9 Astrachan, Beresniki, Jaroslawl, Krasnodar, Serpuchow, Stawropol, Wolgograd, **11** Dserschinsk, Sterlitamak, Tschistopol, **12** Petrosawodsk, **13** Jekaterinburg, Machatschkala, **15** Nischni Nowgorod, Sankt Petersburg

Steppensturm: **5** Buran

Sumpf-, Waldlandschaft: **5** Taiga

Suppe: **10** Borschtsch

Tänzer: **5** Fokin, Lifar, **7** Nurejew, **8** Nijinski

Tänzerinnen: **7** Gsovsky, Pawlowa, Ulanowa

Teemaschine: **7** Samowar

Währung: **5** Rubel, **6** Kopeke

Wegemaß: **5** Werst

Windhund: **6** Barsoi

Zaren: **4** Iwan, Paul, **5** Peter, **6** Alexei, Fjodor, **7** Michail, **8** Nikolaus, **9** Alexander

Zarenerlaß: **4** Ukas

Zarensohn: **10** Zarewitsch, **12** Zesarewitsch

Zarentochter: **7** Zarewna

Zarin: **6** Zariza

Zarinnen: **4** Anna, **9** Elisabeth, Katharina

Zeitung: **9** Iswestija

Rüsseltiere: **5** Tapir, **7** Elefant

Rüster: **4** Ulme

rustikal: **4** derb, **5** plump, **10** baeuerlich

Rüstkammer: **7** Arsenal, **8** Zeughaus

Rüstung: **6** Panzer, **8** Harnisch

Rüstungsteile: **4** Helm, **6** Hentze, Meusel, Visier, **7** Bruenne, Kuerass, **8** Harnisch, Kinnreif, **9** Diechling, Halsberge, Schembart

Rute: **4** Zain, **5** Gerte, Zweig

Rutenbündel: **6** Faszes

Rüttler: **8** Vibrator

S

Saale-Zuflüsse (Fränk.): **4** Milz, Sinn, **5** Brend, **6** Thulba, **7** Elsbach, **8** Hatzbach, Schondra
Saale-Zuflüsse (Thüring.): **3** Ilm, **4** Bode, Orla, Roda, **5** Fuhne, Hasel, Lauer, Luppe, Perse, Rinne, Salza, **6** Barget, Brehne, Lamitz, Laucha, Leutra, Wipper, Ziehte, **7** Gleisse, Lomnitz, Loquitz, Regnitz, Selbitz, Sorbitz, Unstrut, **9** Schwarza
Saarland (Land der Bundesrepublik)
Flüsse: **4** Saar, **5** Blies, Prims
Hauptstadt: **12** Saarbruecken
Städte u. Orte: **6** Merzig, **7** Homburg, Limbach, **8** Sulzbach, **9** Ottweiler, Saarlouis, **11** Neunkirchen, Sankt Wendel, Voelklingen, **12** Saarbruecken, Sankt Ingbert
Saar-Zuflüsse: **4** Albe, Bist, Grim, Leuk, Nied, **5** Blies, Prims, **7** Sulzach
Sabbatbrot der Juden: **7** Barches
Säbel: **7** Sarrass, **8** Pallasch
Säbelquaste: **8** Portepee
Sachbearbeiter: **8** Referent, **9** Dezernent
Sachbeschädigung: **8** Sabotage
Sache: **4** Ding, **5** Chose, **6** Objekt, **10** Gegenstand
Sachgebiet: **4** Fach, **6** Sektor, **7** Referat, Ressort, **8** Dezernat
Sachherrschaft: **9** Gewahrsam
Sachkenntnis: **7** Know-how
Sachkenntnisse: **7** Realien
Sachkunde: **9** Pragmatik
sachkundig: **11** pragmatisch
Sachlage: **9** Situation
sachlich: **4** real, **8** objektiv, **9** materiell, **11** pragmatisch, realistisch
sächliches Hauptwort: **7** Neutrum
Sachlichkeit: **13** Objektivitaet
Sachsen (Land der Bundesrepublik)
Flüsse: **4** Elbe, **5** Mulde, Spree, **7** Pleisse, **8** Zschopau, **9** Zwickauer
Gebirge: **10** Erzgebirge
Hauptstadt: **7** Dresden
Landschaften: **8** Vogtland, **11** Oberlausitz, **13** Duebener Heide
Städte und Orte: **3** Aue, **5** Borna, Pirna, **6** Coswig, Plauen, Werdau, **7** Bautzen, Doebeln, Freital, Leipzig, Meerane, Meissen, Zwickau, **8** Auerbach, Chemnitz, Glauchau, Goerlitz, **9** Altenburg, Delitzsch, Eilenburg, **10** Schkeuditz, Schneeberg, **11** Reichenbach
Sachsen-Anhalt (Land der Bundesrepublik)
Berg: **7** Brocken
Flüsse: **4** Bode, Elbe, **5** Helme, Saale, **6** Wipper, **7** Unstrut, **14** Schwarze Elster
Gebirge: **4** Harz
Hauptstadt: **9** Magdeburg
Städte und Orte: **4** Burg, **5** Halle, Zeitz, **6** Dessau, Wolfen, **7** Koethen, **8** Bernburg, Eisleben, Naumburg, **9** Hettstadt, Merseburg, **10** Bitterfeld, Wittenberg, **11** Halberstadt, Quedlinburg, Schoenebeck, Wernigerode, **12** Aschersleben, Haldensleben, Sangerhausen

Sachsenherzöge: **8** Widukind, **9** Wittekind
Sachsenkaiser: **6** Ottone
sächsische(r, s)
– ***Butterbrot:*** **5** Bemme
– ***Evangeliendichtung:*** **7** Heliand
– ***Hauptstadt:*** **7** Dresden
– ***Heiligtum:*** **11** Irminsaeule
– ***Herzogsgeschlecht:*** **9** Billunger
– ***Kaisergeschlecht:*** **12** Liudolfinger
– ***Komponist:*** **7** Krieger
sacht: **4** leis, **5** leise, sanft
sachverständig: **6** expert, **9** kompetent
Sachverständigengutachten: **9** Expertise
Sachverständiger: **7** Experte
Sachwalter: **8** Defensor, Mandatar
Sachweiser: **8** Register
Sackleinwand: **4** Jute
Sackpfeifen: **7** Bagpipe, Musette, **9** Cornemuse, Dudelsack
Safe: **10** Wandtresor, **12** Schliessfach
Saftfülle: **9** Sukkulenz
saftig: **9** sukkulent
saftvoll: **9** sukkulent
Sage: **4** Maer, **5** Kunde, Mythe, **6** Mythos, Mythus
Sägefisch: **6** Rochen
Sagengestalt des Islam: **5** Chidr
Sagengestalten der
– ***Artussage:*** **4** Elsa, Erec, Erek, **5** Enite, Gawan, Iwein, **6** Gawain, Gawein, Modree, Merlin, **7** Ginerva, Kundrie, Laudine, Mordred, Morgana, Titurel, Tristan, Viviana, Walwein, **8** Amfortas, Feirefiz, Klingsor, Lancelot, Lanzelot, Parzival, Wigalois, **9** Lohengrin, Klingsohr, **10** Herzeleide, Trevrizent
– ***Beowulfsage:*** **7** Grendel, Hrodgar
– ***Briten:*** **4** Hood, Lear, Artus, Horsa, Marke, Tegid, **6** Oriana, **7** Hengist, Richard, **8** Caridwen, Gloriane, **9** Brigantia, **10** Loewenherz
– ***Dänen:*** **3** Dan, **4** Gorm, Ogir, Toko, **5** Beowa, Iring, Krake, Ogier, **6** Hamlet, Hettel, Holger, Kudrun, **7** Beowulf, Grendel, Hadding, Hrodgar, Hunding, **9** Hildetand
– ***Deutschen:*** **4** Cisa, Ecke, Wate, **5** Eigel, Faust, Iring, **6** Fasolt, Eckart, Gibeke, **7** Werwolf, Wieland, **9** Ruebezahl, **11** Freischuetz, **13** Rattenfaenger
– ***Dietrichsage:*** **5** Zerre, **6** Witege, **7** Diether, Ebenrot, Nidiger, Seeburg, Wickram, **8** Babehild, Eckehart, **9** Ermanrich
– ***Iren:*** **4** Badb, Dana, Finn, Ogma, **5** Oisin, Umall, **6** Brigit, Fingal, Ossian, **8** Morrigan, Sigeband, **9** Cuchulinn
– ***Kelten:*** **2** Hu, **5** Epona, **6** Ossian, **9** Cernunnus, **10** Nehalennia
– ***Kudrunsage:*** **5** Hilde, **6** Herwig, Kudrun, Ludwig, **7** Hartmut, Kassian
– ***Nibelungensage:*** **3** Ute, **4** Gere, Mime, **5** Bleda, Etzel, Hagen, Mimir, **6** Fafner, Fafnir, Gernot, Gibich, Hunolt, Ortnit, Volker, Werbel, **7** Bloedel, Dankrat, Gunther, Kuperan, Ortlieb, Pilgrim, **8** Alberich, Brunhild, Eckewart, Giselher, Hadeburg, Hornboge, Irnfried, Luediger, Siegmund, **9** Brunhilde, Dietlinde, Kriemhild, Luedegast, Schilbung, Schwemmel, Siegfried, Sieglinde
– ***Rolandsage:*** **4** Alda, **5** Berta, Milon, Garein, Haimon, Ludwig, Mansur, Oliver, Roland, **7** Ganelun, Gerhard, Richard
– ***Schweden:*** **5** Adils, **6** Hoegni, Hother
– ***Schweiz:*** **4** Tell, **8** Melchtal

– ***Slawen:*** **3** Bog, Led, Wit, **4** Baba, Krok, Lada, Mita, Vila, **5** Ljada, Ludki, Mernt, Miche, Minde, Nijam, Perun, Pizzi, Prons, Prowe, Weles, Wesna, Zosim, Zosin, **6** Belbog, Chorsi, Dazbog, Kirnis, Klimba, Kolada, Koleda, Krikko, Kupalo, Marina, Morana, Nehoda, Pogoda, Tawals, Zemina, Zewana, **7** Bochuta, Dobruna, Gorinia, Gorinka, Karewit, Korscha, Leschie, Libussa, Makosla, Marowit, Modeina, Porewit, Radamas, Triglaw, Walgino, Zilsbog, Ziwiena, **8** Ligitsch, Radegast, Marzanna, Swaixtix, Warpulis, Zemargla, Zuttibur, **9** Czernebog, Krasopanj, Swantewit, **10** Matergabia
– ***Thidrekssage:*** **9** Osangtrix
sagenhaft: **8** mythisch, **9** legendaer
sagenhafte(r, s)
– ***assyr. Königin:*** **9** Semiramis
– ***äthiop. Königstochter:*** **9** Andromeda
– ***babylon. König:*** **10** Gilgamesch
– ***Goldland:*** **5** Ophir, **6** Dorado, **8** Eldorado
– ***Gründer Roms:*** **7** Romulus
– ***Gründer Rußlands:*** **5** Rurik
– ***Gründerin Karthagos:*** **4** Dido
– ***Gründerin Prags:*** **7** Libussa
– ***Inseln:*** **5** Thule, **8** Atlantis
– ***König der Ostgoten:*** **8** Dietrich
– ***Könige von Rom:*** **4** Numa, **6** Tullus, **7** Marcius, Tarquin, **10** Tarquinius, **12** Ancus Marcius, **13** Numa Pompilius, **15** Tullus Hostilius
– ***Prinzessin von China:*** **8** Turandot
– ***Stadt an der Ostsee:*** **6** Vineta
– ***Stammvater der Portugiesen:*** **5** Lusus
– ***Tiere:*** **3** Rok, **4** Roch, Rock, **5** Greif, **6** Drache, **7** Einhorn, Phoenix, **8** Lindwurm
– ***tschech. Königin:*** **7** Libussa
Sagenkunde: **10** Mythologie
Sagopalme: **5** Zykas
Sahara (Wüste in N-Afrika)
Bevölkerung: **4** Tubu, **6** Araber, Berber, Tuareg, **8** Saharier
Gebirgsländer: **3** Air, **5** Adrar, **6** Ennedi, Iforas, **7** Ahaggar, Tibesti, **11** Erdi-Plateau, **12** Djado-Plateau
Geröllwüste: **3** Reg
Kieswüste: **5** Serir
Sandwüste: **3** Erg
Steinwüste: **7** Hammada
Winde u. Stürme: **5** Gibli, Samum, **6** Kamsin, **7** Chamsin, **9** Schirokko
Sahne: **4** Rahm, **5** Flott, Obers, **7** Schmant
Sahnebonbons: **6** Toffee, **9** Karamelle
Saiteninstrumente: **3** Tar, **4** Koto, Lyra, Vina, **5** Banjo, Cello, Fidel, Gambe, Geige, Gusla, Harfe, Laute, Leier, Piano, Viola, **6** Cymbal, Fiedel, Zither, Zimbal, **7** Bandola, Cembalo, Fluegel, Gitarre, Kithara, Klampfe, Psalter, Violine, **7** Theorbe, **8** Bratsche, **9** Balalaika, Bassgeige, Hackbrett, Kniegeige, Mandoline, Oktachord, Phorminx, Zupfgeige, **10** Kontrabass, **11** Violoncello
Sakramente: **3** Ehe, **5** Busse, Taufe, **6** Oelung, **7** Firmung, **9** Abendmahl, **11** Eucharistie, **13** Priesterweihe
Sakramentshäuschen: **10** Tabernakel
Salatpflanzen: **6** Ampfer, Kresse, **7** Endivie, Lattich, Mangold, **8** Chicorée, Eskariol, Rapunzel, Zichorie, **9** Feldsalat, Kopfsalat
Saint Christoper und Nevis (Inselstaat i.d. Karibik)
Hauptstadt: **10** Basseterre
Städte: **10** Basseterre, **11** Char-

lestown
Währung: **4** Cent, **6** Dollar
Saint Lucia (Inselstaat i.d. Karibik)
Berge: **5** Piton, **10** Grand Piton, Petit Piton
Hauptstadt: **8** Castries
Sprache: **6** Patois
Städte: **8** Castries, **9** Soufrière
Währung: **4** Cent, **6** Dollar
Saint Vincent und Grenadinen (Inselstaat i.d. Karibik)
Hauptstadt: **9** Kingstown
Währung: **4** Cent, **6** Dollar
Salatwürze: **5** Essig
Salbaderei: **6** Sermon, **7** Litanei
Salben: **5** Creme, Paste, Zerat, **8** Liniment
Salbenbehälter: **4** Dose, Tube
Salbengrundlage: **7** Lanolin, **8** Vaseline
Salböl der katholischen Kirche: **7** Chrisam, Chrisma
Salböltuch: **9** Chrismale
salbungsvoll: **10** pathetisch
Salinenarbeiter in Halle: **7** Hallore
Salomonen (Inselstaat in Ozeanien)
Berg: **12** Makarakombou
Bevölkerung: **10** Melanesier, Polynesier, **11** Mikronesier
Hauptstadt: **7** Honiara
Inseln: **4** Mona, **5** Russe, **6** Nggela, Wagina, **7** Gatukai, Malaita, Rendova, Rennell, Vaghena, Vangunu, **8** Choiseul, Ganongga, **10** Maramasike, **11** Guadalcanal, Santa Isabel, **12** Kolombangara, San Christobal
Orte: **4** Akudi, Gizo, Susu, **5** Munda, **6** Gatere, Tasure, **8** Kirakira, Luluvato, Takataka
Währung: **4** Cent, Dollar
Salzach-Nebental: **7** Gastein
Salzach-Zuflüsse: **3** Ach, Sur, **4** Ache, Suhr, **5** Saale, **6** Lammer, **7** Saalach
Salz der
– ***Aluminiumsäure:*** **8** Aluminat
– ***Blausäure:*** **6** Zyanid
– ***Borsäure:*** **5** Borat
– ***Chlorsäure:*** **7** Chlorat
– ***Essigsäure:*** **6** Acetat, Azetat
– ***Gerbsäure:*** **6** Tannat
– ***Harnsäure:*** **7** Resinat
– ***Kieselsäure:*** **7** Silikat
– ***Ölsäure:*** **5** Oleat
– ***Phosphorsäure:*** **8** Phosphat
– ***Pikrinsäure:*** **6** Pikrat
– ***Salpetersäure:*** **6** Nitrat
– ***salpetrigen Säure:*** **6** Nitrit
– ***Salzsäure:*** **7** Chlorid
– ***Schwefelsäure:*** **6** Sulfat
– ***Schwefelwasserstoffsäure:*** **6** Sulfid
– ***schwefligen Säure:*** **6** Sulfit
– ***Weinsäure:*** **7** Tartrat
– ***Zitronensäure:*** **6** Zitrat
salzbildender chemischer Grundstoff: **7** Halogen
Salzburger Spezialitäten: Nockerln, **12** Mozartkugeln
Salzgestein: **5** Halit
Salzgewinnungsanlage: **6** Saline, **11** Gradierwerk
Salzlösung: **4** Lake, Sole
Salzquelle: **8** Halopege, **10** Halotherme
Salzsee
– ***in Algerien:*** **6** Schott
– ***in Australien:*** **7** Eyre-See
– ***in Bolivien:*** **11** Titicacasee
– ***in der Indusmündung:*** **4** Rann
– ***im Iran:*** **8** Urmiasee
– ***in Nahost:*** **9** Totes Meer
– ***in der Türkei:*** **3** Tus, Tuz, **9** Tuz Goelue
Salzwüste
in Chile: **7** Atacama
im Iran: **3** Lut
Sambia (Zambia – Staat in S-Afrika)
Bevölkerung: **3** Ila, **4** Lozi,

5 Bemba, Ngoni, Rotse, Tonga, **6** Bantus, **7** Sambier
Flüsse: **5** Kafue, **7** Luangwa, Sambesi, **8** Chambezi
Gebiet: **7** Barotse
Gebirge: **8** Muchinga
Hauptstadt: **6** Lusaka
Nationalparks: **5** Kafue, **7** Luangwa
Politiker: **6** Kaunda, **7** Chiluba, **9** Mwanawasa
Seen: **5** Mweru, **9** Bangweulu, **13** Kariba-Stausee
Städte u. Orte: **5** Kabwe, Kitwe, Mansa, Mongu, Ndola, **6** Kasama, Mumbwa, **7** Chipata, **8** Balovalo, Chingola, Luanshya, Mazabuka, Mpulungu, Mufulira, **10** Kalululshi, **11** Livingstone
Sumpf: **7** Busanga
Wasserfälle: **14** Chisimbafaelle, Victoriafaelle
Währung: **5** Kwacha, Ngwee

Same: **4** Keim
Same des Johannisbrotbaums: **5** Karat
Samen: **6** Sperma
Samenhülse: **6** Schote
Sammelband: **8** Konvolut
Sammelbecken: **8** Zisterne, **9** Reservoir
Sammelbuch: **5** Album
Sammelname: **11** Kollektivum
Sammelstelle: **5** Depot
Sammelwerk: **9** Thesaurus
Sammler kostbarer Bücher: **11** Bibliophile
Sammlung: **6** Corpus, Museum, **8** Kollekte, **9** Besinnung, Sortiment, **10** Kollektion
Sammlung
– ***altfriesischer Gesetze:*** **9** Asegabuch
– ***altindischer Lieder:*** **7** Rigweda
– ***altnordischer Dichtungen:*** **4** Edda
– ***altrömischer Rechtssprüche:*** **9** Pandekten
– ***mit Aussprüchen Mohammeds:*** **6** Hadith
– ***berühmter Kriminalfälle:*** **7** Pitaval
– ***von Gedichten:*** **10** Anthologie
– ***von Gemälden:*** **7** Galerie
– ***getrockneter Pflanzen:*** **9** Herbarium
– ***von Psalmen:*** **7** Psalter
– ***kleiner Schriften:*** **7** Parerga, **8** Parergon
– ***von Sehenswürdigkeiten:*** **10** Panoptikum
– ***von Zitaten:*** **9** Analekten

Samoa (West-Samoa – Inselstaat in Ozeanien)
Bevölkerung: **8** Samoaner, **10** Euronesier, Polynesier
Hauptort: **4** Apia
Inseln: **5** Upolu, **6** Manoni, Savaii, Sawaii, **7** Apolima
Orte: **6** Samata, **7** Matautu, Palauli, **8** Lufilufi, **9** Mulifanua
Politiker: **10** Tanumafili
Sprache: **10** Samoanisch
Währung: **4** Sene, Tala

Samoa (USA-Territorium)
Bevölkerung: **10** Polynesier
Hauptort: **8** Pago Pago
Inseln: **4** Rose, **5** Manua, **6** Swains, **7** Tutuila
Ort: **8** Fagatogo

Samt: **6** Velvet, **7** Velours
samtartiges Gewebe: **8** Duvetine
Samtblume: **7** Tagetes
sämtliche: **4** alle
Samuels Erzieher: **3** Eli
Sandale: **6** Opanke
Sandart auf Jütland: **3** Ahl
Sandbank: **4** Riff, **5** Barre
Sandbank in der Nordsee: **10** Doggerbank
Sandelholzöl: **8** Santalol
Sanderbse: **9** Peluschke
sandfarben: **5** beige

Sandhose: **6** Trombe
Sandrasselotter: **3** Efa
Sandsteine: **6** Arkose, **7** Molasse, **9** Grauwacke
Sandsteinfelsen im Teutoburger Wald: **12** Externsteine
Sandwichinseln: **6** Hawaii
sanft: **4** mild, zahm, zart, **5** ruhig, weich, **8** behutsam
Sänfte: **4** Kago, **5** Sedia, **8** Palankin, **11** Portechaise
Sanftmut: **5** Milde
sangbar: **9** melodisch
Sänger (Ausführende): **4** Bass, Skop, **5** Aoede, Barde, Buffo, Tenor, Testo, **6** Altist, Kantor, Skalde, **7** Bariton, Bassist, Orpheus, **8** Rhapsode, **9** Bassbuffo, **10** Troubadour, **11** Bassbariton, Chansonnier, Heldentenor, Jazzsaenger, **12** Minnesaenger, Opernsaenger, **13** Heldenbariton, Kammersaenger, Meistersinger, **14** Baenkelsaenger, Konzertsaenger
Sängerinnen (Ausführende): **8** Altistin, **9** Soubrette, **10** Primadonna, **11** Chansonette, Sopranistin, **12** Chansonnette, **13** Jazzsaengerin, **14** Opernsaengerin, **15** Kammersaengerin, **16** Konzertsaengerin, Mezzosopranistin, **20** Koloratursopranistin
Sänger (international): **3** Erb, Uhl, **4** Barg, Betz, Borg, Groh, Hann, Hess, Hopf, Kunz, Luca, Prey, Uhde, Vogl, **5** Amato, Baylé, Berry, Frick, Gedda, Gigli, Gobbi, Grobe, Hoppe, Joern, Klein, Knote, Kollo, Kónya, Kraus, Lanza, Loehe, Naval, Otnes, Pears, Pinza, Rossi, Ruffo, Siepi, **6** Anders, Austin, Bender, Boehme, Bohnen, Brauer, Caruso, Cordes, Demuth, Doench, Gallos, Gostic, Hotter, Jerger, Kamann, Kipnis, Kipura, Kmennt, Kusche, London, Lorenz, Ludwig, Marten, Patzak, Protti, Schipa, Schock, Scotti, Slezak, Soomer, Taddei, Tauber, Terkal, Thomas, Traxel, Walter, Warren, **7** Andrade, Bertram, Corelli, Dermota, Domingo, Fischer, Gautier, Greindl, Hermann, Hofmann, Kiepura, Niemann, Panerai, Pertile, Rehfuss, Schmidt, Stabile, Strienz, Tibbett, Voelker, **8** Bergonzi, Christow, Melchior, Pattiera, Prohaska, Schmedes, Svanholm, Waechter, **9** Aldenhoff, Bjoerling, del Monaco, di Stefano, Faulhaber, Kirchhoff, Pavarotti, Schlusnus, Wittrisch, **10** Bastianini, Bockelmann, Lauri-Volpi, Metternich, Neidlinger, Schaljapin, Schoeffler, Sutherland, Windgassen, Wunderlich, **11** Fehenberger, **13** Schmitt-Walter, **14** Fischer-Dieskau, **18** Domgraf-Fassbaender
Sängerinnen (international): **3** Bak, **4** Alda, Culp, Davy, Ehnn, Holm, Kemp, Kurz, Lind, Lipp, Pons, Popp, Roon, Sack, Vogl, **5** Anday, Artot, Borkh, Calvé, Danco, Ebers, Freni, Goltz, Grisi, Kalin, Klose, Koeth, Loose, Lucca, Melba, Milva, Moedl, Moffo, Moore, Patti, Price, Siems, Silja, Verna, Zadek, **6** Albani, Berger, Bumbry, Callas, Farrar, Garden, Giebel, Gordon, Gueden, Hempel, Kellog, Kupper, Leider, Ludwig, Onegin, Orgeni, Sailer, Sontag, Stader, Varnay, Wagner, Walker, **7** Barabas, Bianchi, Cuzzoni, Desmond, Destinn, Eggerth, Ferrier, Hellwig, Hoengen, Hollweg, Ivoguen, Jeritza, Jurinac, Kiurina, Lehmann, Leisner, Lemnitz, Materna, Micheau, Milanov, Nilsson, Novotna, Reining, Rysanek, Sciutti,

Schlemm, Schramm, Siebert, Streich, Tebaldi, Toepper, **8** Anderson, Barbieri, Berganza, Catalani, Cebotari, dal Monte, Garrison, Gerhardt, Giannini, Gruemmer, Janowitz, Konetzny, Schrader, Schumann, Seefried, Sembrich, Welitsch, **9** della Casa, Flagstadt, Nikolaidi, Olszewska, Pitzinger, Schroeter, Schwaiger, **10** Schuerhoff, Tetrazzini, Troetschel, **11** Bindernagel, Schwarzkopf, Steingruber, **12** Rothenberger, Teschemacher, **14** Bahr-Mildenburg

San Marino (Staat in S-Europa)
Berg: **6** Titano
Bevölkerung: **12** Sanmarinesen
Festung: **8** La Guaita
Hauptstadt: **9** San Marino
Orte: **7** Faetano, **9** San Marino, **10** Serravalle, **13** Borgo Maggiore
Palast: **7** Valloni
Politiker: **5** Renzi, **9** Franciosi
Sprache: **8** Romagnol, **11** Italienisch
Währung: **4** Lira, Lire

Sanskrittexte: 12 Upanischaden

Sao Tomé und Principe (Inselstaat vor W-Afrika)
Bevölkerung: **6** Bantus, Forros, **9** Angolares, Santomeer
Hauptstadt: **7** Sao Tomé
Inseln: **7** Sao Tomé, **8** Principe
Ort auf Principe: **12** Santo Antonio
Sprache: **7** Crioulo
Währung: **5** Dobra, **7** Centime

Saphir: 6 Korund

Sardine: 8 Pilchard

Sardinien (ital. Insel)
Berge: **4** Albo, Rasu, **5** Ferru, Linas, **7** Limbara
Bevölkerung: **6** Sarden
Eigenname: **8** Sardegna
Flüsse: **5** Tirso, **10** Flumendosa
Gebirge: **3** Ala, **11** Gennargentu
Hauptstadt: **8** Cagliari
Inseln: **7** Asinara, Caprera, **9** Maddalena
Kaps: **6** Caccia, Comino, Frasca, **11** Spartivento
Küstengebiet: **8** Smeralda
Städte u. Orte: **4** Bosa, **5** Olbia, Palau, Tirso, **6** Mandas, Orosei, **7** Dorgali, Teuloda, Tortoli, **8** Carbonia, Iglesias, Muravera

Sarg: 7 Schrein, **9** Sarkophag

Sarggerüst: 8 Katafalk

Sarkasmus: 4 Hohn, **5** Spott

Satan: → Teufel

Satellit: 4 Mond, **7** Trabant

Satelliten, Raumsonden
austral.: **6** Wresat
deutsche: **5** Aeros
japan.: **3** Ume, **4** Kiku
russ. (sowjet.): **4** Luna, **5** Lunik, Sojus, Venus, **6** Kosmos, Meteor, Molnja, Poljot, Proton, Saljut, Wostok, **7** Molnija, Sputnik, Woschod
– ***US-amerikan.:*** **4** Echo, Geos, Vela, **5** Atlas, Samos, Tiros, **6** Apollo, Gemini, Nimbus, Ranger, Syncom, **7** Courier, Mariner, Mercury, Pegasus, Telstar, Transit, **8** Explorer, Surveyor, Vanguard, **10** Discoverer, **13** Mercurykapsel

Satelliten
– ***für Entdeckungen von nuklearen Explosionen:*** **5** Midas, Samos
– ***Nachrichten:*** **5** Relay, **6** Molnja, Syncom, **7** Telstar, **8** Intelsat, **9** Early Bird
– ***Navigation:*** **5** Secor, **6** Navsat
– ***Wetter:*** **5** Heros, Tiros, **6** Meteor, Nimbus, **8** Eumetsat, Meteosat, Vanguard

Satellitenstadt: 6 Suburb

satt: 9 saturiert, **10** befriedigt

Satte: 4 Napf, **6** Schale, **9** Schuessel

Satteldecke: 10 Schabracke

Sattelunterlage: **7** Woilach
Sättigung: **10** Saturation
Saturnmonde: **4** Rhea, **5** Dione, Janus, Mimas, Titan, **6** Phoebe, Themis, Thetys, **7** Japetus, **8** Hyperion, **9** Enceladus
Satz: **3** Set, **6** Sprung
Satz einer Sinfonie: **6** Adagio, **7** Allegro, Andante, Menuett, Scherzo
Satzaussage: **9** Praedikat
Satzbau: **6** Syntax
Satzergänzung: **7** Objekt
Satzgefüge: **7** Periode
Satzgegenstand: **7** Subjekt
Satzlehre: **6** Syntax
Satzstellungslehre: **5** Topik
Satzteil in Klammern: **10** Parenthese
Satzung: **6** Statut
Satzzeichen: **5** Kolon, Komma, Punkt, **7** Klammer, **8** Haekchen, **9** Apostroph, Beistrich, Semikolon, **11** Bindestrich, Doppelpunkt, Strichpunkt, **12** Fragezeichen, **14** Ausrufezeichen, Gedankenstrich, **15** Gaensefuesschen, Trennungsstrich
sauber: **4** rein, **5** blank, **6** adrett, frisch, proper, **8** makellos, **11** appetitlich
Sauberkeit: **8** Reinheit
säubern: **6** putzen, **8** reinigen
Säuberung: **9** Reinigung
Saudi-Arabien (Staat in Vorderasien)
Berg: **5** Sauda
Bevölkerung: **6** Saudis, **7** Araber, **11** Saudi-Araber
Dynastie: **4** Saud
Gebirgsland: **4** Asir
Hauptstadt: **4** Riad, **5** Rijad, **6** Er Riad, Riyahd, **7** Ar Rijad
Könige: **4** Fahd, Saud, **6** Faisal
Küstenebene: **7** Tihamah
Provinzen: **4** Asir, **6** Alahsa
Städte u. Orte: **4** Abha, Taif, **5** Hofuf, Hufuf, Jedda, Mekka, Qizan, **6** Damman, Djidda, Haradh, Khabar, Medina, Najran, Tabouk, **7** Bureida, Dhahran, **8** Buraidah, Dschidda, **10** Al-Mobarraz
Verwaltungseinheiten: **4** Asir, Najd, **6** El Hasa, **7** Nadschd, **8** Hedschas, **10** Nachschran
Währung: **5** Riyal, Qirsh, **7** Hallala
Wallfahrtsorte: **5** Mekka, **6** Medina
Wüsten: **5** Nefud, **10** Rub-el-Khali
Sauerdorn: **10** Berberitze
Sauerkirschenart: **7** Marelle, Morelle, **8** Amarelle, Weichsel, **15** Schattenmorelle
Sauerstofform: **4** Ozon
Sauerstoffverbindung: **4** Oxid, Oxyd
Sauer-Zuflüsse: **3** Our, **5** Irsen
Säufer: **7** Trinker, **8** Saufbold, **10** Saufbruder, **11** Alkoholiker
säugen: **7** naehren, stillen
Säugetierordnungen: **4** Wale, **5** Affen, Hasen, Nager, **6** Robben, **7** Beutler, **8** Primaten, Seekuehe, Zahnarme, **9** Halbaffen, Nagetiere, Paarhufer, Paarzeher, Raubtiere, **11** Beuteltiere, Hasenartige, Unpaarhufer, Unpaarzeher, **12** Flattertiere, Fledermaeuse, Kloakentiere, Ruesseltiere, **13** Pelzflatterer, Schuppentiere, **14** Flossenfuesser, Klippschliefer, Roehrenzaehner, **15** Insektenfresser
Sauggebläse: **9** Exhaustor
Säugling: **4** Baby
Säuglingsnahrung: **3** Mus, **4** Brei, **5** Milch
Saugröhre: **7** Pipette
Saugwirkung: **3** Sog
Saugwurm: **4** Egel
Saugwürmer: **10** Trematoden
Säulen: **7** Obelisk, Stuetze, **8** Baluster
Säule aus einem einzigen Steinblock: **6** Menhir, **7** Obelisk,

8 Monolith
Säulenabschluß: 8 Kapitell
Säulenbogen: 6 Arkade
Säulendeckplatte: 6 Abakus
Säulenfigur: 4 Kore, 9 Karyatide
Säulenform: 8 Baluster
Säulengang: 9 Kolonnade
Säulenhalle: 4 Stoa, 8 Portikus
Säulenheiliger: 6 Stylit
Säulenhof: 8 Peristyl
Säulenkaktus: 6 Cereus
Säulenplatte: 7 Plinthe
Säulentempel: 10 Monopteros
Säulenverbindungsbalken: 7 Epistyl, 9 Architrav
Säulenwulst: 5 Torus
Saum: 4 Naht, Rand, 5 Biese
Saumband: 8 Borduere
säumig: 4 faul, 6 traege
Säumigkeit: 11 Schlendrian
Saumzecke: 5 Argas
saurer Wein: 8 Kraetzer
Saurier: 13 Ichthyosaurus
Sause: 8 Zechtour
Save-Zuflüsse: 3 Una, 4 Krka, Odra, Sava, Sora, 5 Bosna, Bosne, Bosut, Drina, Ilova, Kanka, Lonja, Mirna, Sotla, 6 Isonzo, Pesata, 7 Krapina, Ljubina, Saritza
Schabe: 8 Kakerlak
Schabeisen: 4 Iler, 8 Striegel
schaben: 6 reiben, 7 kratzen
Schabernack: 5 Posse, 6 Possen, Scherz, 7 Streich, 8 Neckerei
Schabkunst: 10 Mezzotinto
Schach: 5 Echec
Schachausdrücke: 3 Zug, 4 Matt, Patt, 5 Remis, Runde, 6 Dualis, Gambit, Gardez, 7 Rochade, 8 Notation, 10 Eroeffnung, 10 schachmatt
Schachfiguren: 4 Dame, Turm, 5 Bauer, 6 Koenig, 7 Laeufer, Roessel, 8 Springer
Schacht graben: 8 abteufen
Schachtel: 3 Box, 6 Karton
Schachtelhalme des Erdaltertums: 9 Kalamiten
Schachspieler: 4 Reti, 6 Morphy, 8 Unzicker, 9 Anderssen
Schachweltmeister: 3 Tal, 4 Euwe, 6 Karpow, Lasker, 7 Fischer, Smyslow, 8 Aljechin, Steinitz, 9 Botwinnik, 10 Capablanca, Petrossian
Schädelbohrer: 6 Trepan
Schädeldach: 7 Kalotte
Schädelinhalt: 4 Hirn, 6 Gehirn
Schädelknochen: 6 Kiefer, Zygoma, 8 Jochbein, Kinnlade, 9 Nasenbein, Stirnbein, 10 Hirnschale, Oberkiefer, 11 Unterkiefer
Schädellücke: 10 Fontanelle
Schädelnaht: 5 Sutur
Schädelstätte: 8 Golgatha, 13 Kalvarienberg
Schaden: 4 Leck, 5 Damno, Panne, 6 Defekt
schadenfroh: 8 haemisch, 9 malizioes
Schadenversicherung: 5 Kasko
Schädling: 7 Parasit, 11 Schmarotzer
Schädling der Weinrebe: 7 Reblaus
Schädlingsbekämpfungsmittel: 6 Ovizid, 8 Akarizid, Fungizid, Herbizid, Larvizid, Pestizid, 9 Nematozid, 10 Insektizid
Schafe: 4 Bock, Lamm, 6 Hammel, Merino, Widder, 7 Mufflon, Schoeps
Schäfchenwolke: 12 Zirrokumulus
Schäferhund: 6 Collie
Schäferin (Hirtendichtung): 7 Phyllis
Schäferlied: 8 Madrigal
Schäferlieddichter: 9 Bukoliker
Schäferlieddichtung: 7 Bukolik
Schäferspiel: 9 Pastorale
Schäferstück: 10 Bergerette
Schaffell: 5 Vlies
schaffen: 8 kreieren, 11 produzieren
Schafinseln (Teil Dänemarks): 8 Faeroeer

Bevölkerung: **9** Faeringer
Hauptort: **8** Tórshavn
Inseln: **5** Vagar, **6** Sandoy, **7** Bordhoy, Eysuroy, **8** Streymoy, Sudhuroy
Schafleder: 3 Kid, **5** Basil, Nappa, **7** Chamois
Schafrassen: 6 Merino, Muffel, **7** Karakul, Mufflon, **8** Schnucke, **12** Heidschnucke
Schafspocken: 5 Ovine
Schaft: 4 Halm, **5** Stiel
Schaft der Vogelfeder: 4 Kiel
Schafwollfett: 7 Lanolin
schäkern: 7 flirten, **10** poussieren
Schale: 4 Haut, **5** Pelle, **6** Huelle, Kruste, Phiale, Schulp
Schale in der Parzifalsage: 4 Gral
Schalenfrüchte: 4 Nuss, **6** Mandel, Marone, **7** Erdnuss, Walnuss, **8** Paranuss, **11** Esskastanie
Schalentiere: 6 Auster, **7** Muschel
Schalenwild: 3 Reh, **6** Hirsch
Schalenwildfährte: 8 Insiegel
Schalk: 4 Narr, **6** Schelm
Schalkragen: 3 Boa, **5** Fichu
Schalksnarr: 12 Eulenspiegel
Schall: 3 Ton, **4** Hall, **5** Klang
Schallehre: 7 Akustik
schallen: 6 gellen, hallen, toenen, **7** knallen, krachen, **8** droehnen
Schallortungsgerät: 5 Sonar
Schallplatte: 6 Disque, Record, Single
Schallplattenautomat: 8 Musikbox
Schallplattengeräte: 10 Grammophon, **14** Plattenspieler
Schallplattenpreis: 6 Grammy
Schallplattensammlung: 9 Diskothek
Schalltechnik: 7 Akustik
Schalltrichter: 8 Megaphon, **10** Sprachrohr
Schallumwandler: 9 Mikrophon
Schallwellenaufnahmegerät: **9** Undograph
Schalteinrichtung: 6 Relais
Scham: 4 Reue
schamhaft: 6 keusch, **11** schuechtern
schamlos: 5 frech, **7** obszoen
Schamott: 4 Kram, Zeug
Schande: 5 Makel, **6** Unehre, Verruf, **7** Blamage, Schimpf, Schmach
Schandfleck: 5 Makel
schändlich: 5 infam, **6** ehrlos, gemein
Schändlichkeit: 7 Infamie
Schandpfahl: 3 Kak, **6** Staupe, **7** Pranger
Schändung: 7 Stuprum
Schankgefäße: 4 Krug, **5** Kanne, **6** Siphon
Schanktisch: 3 Bar, **5** Theke, **6** Tresen, **7** Buefett, **8** Anrichte
Schanzpfahl: 8 Palisade
Schanzwerk: 7 Redoute
Schar: 5 Bande, Kette, Meute, Rotte, Rudel, Trupp, **6** Gruppe, Haufen
Scharbock: 7 Skorbut
scharf: 4 akut, **6** bissig, **9** kaustisch
scharf
– ***gebacken:*** **5** kross
– ***geschnitten:*** **7** markant
– ***gewürzt:*** **6** pikant
– ***umrissen:*** **10** profiliert
Scharfeinstellung des Auges: **13** Akkommodation
schärfen: 6 wetzen, **9** schleifen
Scharfrichter: 6 Henker
Scharfsinn: 5 Geist, **6** Esprit, **8** Verstand
scharfsinnig: 6 subtil, **9** geistvoll, ingenioes, **10** geistreich
Scharmützel: 7 Gefecht, **10** Plaenkelei
Scharnier: 6 Gelenk
Schärpe: 7 Echarpe
Scharte: 5 Kerbe
Schatten: 7 Schemen
Schattenreich: 8 Tartarus, **9** Unterwelt
Schattenriß: 10 Silhouette
Schattenspiel auf Java: 6 Wajang
Schattenstab: 6 Gnomon

Schattierung: **6** Nuance, **7** Toenung
Schatz: **4** Hort, **5** Juwel, **7** Kleinod
Schätzer: **7** Taxator
Schatzkästchen: **9** Schatulle
Schätzung: **4** Taxe, **6** Zensus
Schau: **4** Show, **5** Revue, **11** Ausstellung
Schaubild: **7** Diorama, **8** Diagramm
Schaubühne: **7** Theater, Varieté
Schauder: **6** Grauen, Horror, **7** Grausen
schauderhaft: **7** horrend, **8** horribel
schauen: **5** lugen, **7** blicken
Schauer: **4** Guss
Schauerballade: **7** Moritat
schauererregend: **7** makaber
Schauergeschichte: **7** Moritat
schauerlich: **8** gruselig, stygisch
Schauermann: **7** Trimmer
Schauerroman, -film: **8** Schocker, Thriller
Schaufahrt: **5** Korso
Schaufel: **7** Schippe
Schaufelmaschine: **6** Bagger
schaufeln: **6** graben, **7** buddeln
Schaufler: **4** Elch, **9** Damhirsch
Schaugepränge: **4** Pomp
Schaukämpfer: **7** Catcher, **9** Gladiator
Schaukasten: **7** Vitrine
Schaukel: **5** Wippe, **8** Gautsche
Schaukelbett: **5** Wiege
Schaukelreck: **6** Trapez
Schaum: **6** Geifer, Gischt
Schaum auf dem Bier: **5** Blume
Schaumgebäck: **6** Baiser, **7** Meringe, **8** Meringel, Meringue
schäumen: **10** moussieren
schaumige Süßspeise: **5** Creme
Schaumünze: **8** Medaille, **9** Medaillon
Schaumweine: **4** Sekt, **8** Mousseux, **10** Champagner
Schaumweinverschnitt: **5** Cuvée
Schaupackung: **8** Attrappe
Schauplatz: **5** Arena, Szene, **6** Buehne, Manege, **8** Szenerie
schaurig: **7** gruslig, **8** gruselig
Schauseite: **5** Avers, **7** Fassade
Schauspiele: **5** Drama, Posse, **8** Komoedie, Melodram, **9** Lustspiel, Tragoedie, **11** Trauerspiel
Schauspiel (ohne Artikel) von
– ***Aischylos:*** **5** Perser, **7** Orestie
– ***Anouilh:*** **5** Probe, Medea, Taube, **6** Ardèle, Grotte, Jeanne, Lerche, **7** Colombe, **8** Antigone, Eurydike, Hermelin, Leocadia, **11** Herr Ornifle, **16** Romeo und Jeanette, Walzer der Toreros
– ***Anzengruber:*** **12** G'wissenswurm, Meineidbauer, **16** Kreuzelschreiber
– ***Aristophanes:*** **6** Friede, Plutos, Ritter, Voegel, Wespen, Wolken, **8** Acharner, Froesche, **10** Lysistrata
– ***Audiberti:*** **6** Kaiser, **8** Jungfrau, Weltoper
– ***Bahr:*** **7** Konzert
– ***Barrie:*** **8** Mary Rose, Peter Pan, **13** Johannisnacht
– ***Bauer:*** **6** Change, **14** Magic afternoon
– ***Beckett:*** **8** Endspiel, **14** Warten auf Godot
– ***Brecht:*** **4** Baal, **9** Massnahme, **11** Mann ist Mann, **13** Mutter Courage, **15** Leben des Galilei
– ***Büchner:*** **7** Woyzeck, **10** Dantons Tod, **13** Leonce und Lena
– ***Calderon:*** **10** Dame Kobold, **17** Richter von Zalamea
– ***Camus:*** **8** Caligula, **9** Gerechten, **10** Besessenen, **16** Missverstaendnis, **18** Belagerungszustand
– ***Claudel:*** **5** Stadt, Buerge, Tausch, **7** Ruhetag, **9** Goldhaupt, **12** Mittagswende, Seidene Schuh, **13** Verkuendigung
– ***Cocteau:*** **7** Bacchus, Orpheus, **15** Hoellenmaschine

S

- ***Corneille:*** **3** Cid, **5** Cinna, **6** Mélite, **7** Luegner, Oedipus, **8** Horatius, **9** Polyeucte, **10** Sophonisbe
- ***Dumas:*** **12** Kameliendame
- ***Dürrenmatt:*** **8** Physiker, **18** Besuch der alten Dame
- ***Eichendorff:*** **6** Freier
- ***Eliot:*** **9** Mord im Dom, Pygmalion, **11** Familientag, **13** Cocktail-Party, **15** Privatsekretaer
- ***Euripides:*** **5** Medea, Orest, **6** Hekabe, Helena, Kyklop, **7** Bakchen, Elektra, **8** Alkestis, **9** Iphigenie, **10** Andromache, Hippolytos, Troerinnen, **14** Phoenikerinnen
- ***Frank:*** **4** Ruth, **7** Ursache, **9** Hufnaegel, **12** Aussenseiter
- ***Frisch:*** **7** Andorra, Don Juan, **9** Biografie, Santa Cruz, **13** Graf Oederland, **17** Liebe zur Geometrie, **18** Nun singen sie wieder
- ***Fry:*** **12** Venus im Licht, **14** Koenig Kurzrock
- ***Genet:*** **5** Neger, Zofen, **6** Balkon, **13** Unter Aufsicht
- ***Gide:*** **13** Koenig Oedipus
- ***Giraudoux:*** **6** Judith, Undine, **7** Elektra, **9** Siegfried, **10** Intermezzo, **15** Irre von Chaillot, **16** Sodom und Gomorrha
- ***Goethe:*** **5** Faust, Goetz, **6** Egmont, Stella, **7** Clavigo, **9** Iphigenie, **11** Geschwister, **13** Torquato Tasso, **14** Buergergeneral
- ***Goetz:*** **8** Ingeborg
- ***Gogol:*** **6** Heirat, **7** Revisor, Spieler, Goldoni, **7** Luegner, **10** Kaffeehaus, **11** Mirandolina
- ***Goldoni:*** **10** Kaffeehaus, **18** Diener zweier Herren
- ***Gorki:*** **8** Barbaren, **9** Nachtasyl, **12** Kleinbuerger
- ***Gozzi:*** **4** Rabe, **8** Turandot, **12** Koenig Hirsch
- ***Grabbe:*** **10** Barbarossa, **15** Hermannschlacht
- ***Grillparzer:*** **5** Medea, **6** Sappho, **7** Ahnfrau, Libussa, **10** Argonauten, Gastfreund, **13** Traum ein Leben, **14** Weh dem, der luegt
- ***Gutzkow:*** **11** Uriel Acosta
- ***Halbe:*** **5** Strom, **6** Jugend
- ***Hamsun:*** **5** Armut, **10** Abendroete
- ***Hauptmann:*** **4** Elga, **5** Weber, **6** Ratten, Veland, **7** Atriden, Elektra, **8** Griselda, **9** Biberpelz, Indipohdi, Rose Bernd, **11** Magnus Garbe, **12** Florian Geyer, Friedensfest, **13** Michael Kramer, Schluck und Jau, Und Pippa tanzt, Winterballade, **15** Einsame Menschen, Kollege Crampton, **16** Fuhrmann Henschel, Vor Sonnenaufgang, **17** Dorothea Angermann
- ***Hebbel:*** **5** Gyges, Julia, Rubin, **6** Judith, Moloch, **7** Diamant, **8** Genoveva, **9** Demetrius, **10** Nibelungen, **12** Michelangelo, **13** Agnes Bernauer, **14** Maria Magdalena, **16** Gyges und sein Ring
- ***Hofmannsthal:*** **4** Turm, **5** Faust, **7** Gestern, **9** Jedermann, **10** Schwierige, **13** Rosenkavalier, **14** Unbestechliche, **19** Christinas Heimreise
- ***Holberg:*** **8** Rastlose, **13** Jeppe vom Berge
- ***Ibsen:*** **4** Nora, **5** Brand, **8** Peer Gynt, Wildente, **10** Gespenster, Huenengrab, Volksfeind, **11** Frau vom Meer, Hedda Gabler, Rosmersholm, **13** Johannisnacht, **14** Fest auf Solhaug, Olaf Liljekrans
- ***Ionesco:*** **5** Jakob, **6** Amédée, **7** Stuehle, **8** Gehorsam,

Gemaelde, **10** Nashoerner, Neue Mieter, **14** Automobilsalon
- ***Jarry:*** **9** Koenig Ubu
- ***Jonson:*** **7** Cynthia, Volpone, **9** Alchimist
- ***Kaiser:*** **3** Gas, **10** Kolportage, **12** Soldat Tanaka, **13** Nebeneinander
- ***Kleist:*** **10** Amphitryon, **11** Penthesilea, **15** Prinz von Homburg, **16** Hermannsschlacht
- ***Lenz:*** **8** Soldaten, **10** Hofmeister
- ***Lessing:*** **13** Emilia Galotti, **14** Nathan der Weise, **15** Miss Sara Sampson, **16** Minna von Barnhelm
- ***Lorca:*** **5** Yerma, **12** Bluthochzeit, **13** Mariana Pineda, **16** Sprache der Blumen
- ***Machiavelli:*** **6** Andria, Clizia, **10** Mandragola
- ***Marlowe:*** **4** Dido, **8** Tamerlan
- ***Miller:*** **9** Hexenjagd, **15** Alle meine Soehne
- ***Molière:*** **7** Geizige, **9** Tartueffe, **10** Amphitrion, Misanthrop, **13** Menschenfeind, **15** Schule der Frauen
- ***Molina:*** **10** Liebesarzt, **11** Fromme Marta
- ***Molnár:*** **6** Liliom, **14** Spiel im Schloss
- ***Nestroy:*** **8** Talisman, **17** Lumpazivagabundus
- ***O'Neill:*** **8** O Wildnis, **11** Fast ein Poet, Kaiser Jones, **12** Anna Christie, Tage ohne Ende
- ***Osborne:*** **11** Entertainer, **12** Teufel im Leib, **18** Blick zurueck im Zorn
- ***Ostrowski:*** **4** Wald, **11** Ziehtochter, **16** Schneefloeckchen
- ***Pagnol:*** **5** César, Fanny, **6** Marius
- ***Plautus:*** **8** Goldtopf, **9** Amphitryo, Aulularia, Menaechmi, Zwillinge
- ***Priestley:*** **14** Seit Adam und Eva, **17** Ein Inspektor kommt, Zeit und die Conways
- ***Racine:*** **6** Esther, **7** Athalie, Bajazet, Phaedra, **8** Bérénice, **10** Andromache, **11** Britannicus
- ***Raimund:*** **11** Alpenkönig, **12** Verschwender
- ***Sachs:*** **8** Lukrezia, **11** Kraemerkorb
- ***Sardou:*** **5** Tosca, **9** Cyprienne, **14** Madame sans Gêne
- ***Sartre:*** **7** Fliegen, **12** Ehrbare Dirne, **17** Schmutzigen Haende
- ***Schiller:*** **6** Fiesco, **7** Raeuber, **9** Demetrius, Don Carlos, **11** Maria Stuart, Piccolomini, Wallenstein, Wilhelm Tell, **14** Kabale und Liebe, **15** Braut von Messina, **18** Jungfrau von Orleans
- ***Schnitzler:*** **6** Anatol, Reigen, **8** Freiwild, Liebelei, **10** Paracelsus, **13** Komtesse Mizzi
- ***Schönherr:*** **4** Erde, **11** Weibsteufel
- ***Scribe:*** **10** Glas Wasser
- ***Shakespeare:*** **5** Sturm, **6** Hamlet, **7** Macbeth, Othello, Richard, **8** Coriolan, Heinrich, **9** Cymbeline, **10** Koenig Lear, **11** Was ihr wollt, **12** Julius Caesar, Mass fuer Mass, **13** Romeo und Julia, Timon von Athen, **14** Wintermaerchen, **15** Ende gut, alles gut, **17** Sommernachtstraum, Viel Laerm um nichts, Wie es euch gefaellt, **18** Kaufmann von Venedig, Troilus und Cressida
- ***Shaw:*** **6** Helden, **7** Candida, **9** Pygmalion, **12** Major Barbara, **14** Heilige Johanna, **15** Teufelschueler, **16** Arzt am Scheideweg, **18** Caesar und Cleopatra, Frau Warrens Gewerbe
- ***Sophokles:*** **4** Aias, **7** Elektra, **8** Antigone, **13** Koenig Oedipus

- ***Sternheim:*** **4** Hose, Snob, **8** Kassette, **15** Buerger Schippel
- ***Strindberg:*** **5** Vater, **6** Ostern, **9** Totentanz, **10** Traumspiel, **13** Schwanenweiss, **14** Fraeulein Julie
- ***Sudermann:*** **4** Ehre, **6** Heimat
- ***Terenz:*** **6** Eunuch, Hekyra, **7** Brueder, Phormio
- ***Thoma:*** **5** Moral
- ***Tschechow:*** **4** Baer, **5** Moewe, **6** Iwanow, **10** Onkel Wanja, **12** Kirschgarten, **13** Heiratsantrag, **14** Drei Schwestern
- ***Wedekind:*** **4** Lulu, **5** Musik, **7** Hidalla, **8** Erdgeist, **9** Franziska, **11** Liebestrank, **13** Kammersaenger, **17** Buechse der Pandora, **18** Fruehlings Erwachen
- ***Wilder:*** **10** Alkestiade, **17** Unsere kleine Stadt
- ***Williams:*** **10** Camino Real, **13** Glasmenagerie, **14** Steinerne Engel, **15** Taetowierte Rose, **16** Schlacht der Engel, **19** Endstation Sehnsucht
- ***Zuckmayer:*** **10** Kalte Licht, **11** Ulla Windblad, **13** Katharina Knie, **14** Schinderhannes, **15** Barbara Blomberg, **17** Gesang im Feuerofen, Des Teufels General, **18** Froehliche Weinberg

Schauspielberater: **9** Dramaturg

Schauspieldichter: **10** Dramatiker

Schauspieldichtkunst: **8** Dramatik

Schauspieler: **4** Mime, **6** Akteur, **8** Tragoede, **10** Darsteller, Komoediant

Schauspieler (deutschsprechende): **3** Ode, **4** Abel, Ande, Arno, Bois, Brem, Dohm, Eyck, Graf, Hehn, Held, Hinz, Holt, Kemp, Krug, Loos, Mack, Piel, Polt, Rasp, Rose, Roth, Sima, Vahl, Weck, **5** Adorf, Arent, Bildt, Boehm, Braun, Deppe, Desny, Diehl, Felmy, Forst, Frank, Goetz, Gross, Hasse, Hoven, Kainz, Kerst, Knuth, Lange, Lorre, Moser, Neuss, Orlac, Ponto, Prack, Rilla, Spier, Staal, Teege, Veidt, Voelz, Vogel, Wenck, Wicki, **6** Albers, Balser, Baltus, Bendow, Birgel, Breuer, Bohnen, Caspar, Clarin, Dahlke, de Kowa, Diessl, Drache, Fernau, Froebe, George, Gerron, Giller, Gobert, Godden, Graetz, Hansen, Juhnke, Kinski, Krauss, Lieven, Lingen, Lohner, Lothar, Lowitz, Marian, Meisel, Moissi, Morgan, Muliar, Neutze, Odemar, Platte, Preiss, Sieber, Slezak, Strack, Stuewe, Thimig, Vogler, Waldau, Wepper, Wieman, Wolter, Wussow, **7** Benrath, Borsche, Deltgen, Deutsch, Fischer, Forster, Fritsch, Gebuehr, Girardi, Homolka, Iffland, Kampers, Kieling, Klinger, Kortner, Krueger, Leibelt, Liedtke, Lueders, Lukschy, Meinrad, Minetti, Moeller, Nielsen, Paulsen, Philipp, Raddatz, Regnier, Richter, Riemann, Roberts, Schimpf, Schmidt, Schramm,Tappert, Tiedtke, Trenker, Verebes, Wegener, Wiemann, **8** Ambesser, Bongartz, Borchers, Bressart, Buchholz, Devrient, Eckhardt, Hartmann, Henckels, Jannings, Juergens, Kaeutner, Kayssler, Kloepfer, Leipnitz, Ruehmann, Schumann, Sedlmayr, Soehnker, Thomalla, Waescher, Wallburg, **9** Ackermann, Alexander, Boettcher, Brandauer, Froehlich, Fuetterer, Guelstorf, Harmstorf, Heidemann, Hoerbiger, Hubschmid, Karlweiss, Meyerinck, Pfitzmann, Quadflieg, Schaufuss, Schuenzel, Seyfferth, **10** Bassermann, Gruendgens,

Junkermann, Pallenberg, Qualtinger, Schoenhals, Schoenherr, Vespermann, Wohlbrueck, **11** Albach-Retty, Augustinski, Caninenberg, Falkenstein, Fuchsberger, Fuerbringer, Liebeneiner, Schoenboeck, Schwarzkopf, Semmelrogge, Westermeier, Wischnewski, Winterstein, Biederstaedt, Brausewetter, Schoenfelder

Schauspieler (englischsprechende): **4** Dean, Hope, Kaye, Peck, **5** Berry, Clift, Flynn, Fonda, Gable, Grant, Kelly, Lloyd, Power, Quinn, Tracy, Wayne, **6** Bogart, Brando, Cooper, Cotten, Crosby, Curtis, Ferrer, Heston, Holden, Hudson, Keaton, Murray, Powell, **7** Astaire, Brynner, Chaplin, Connery, Douglas, Granger, Perkins, Sinatra, Skelton, Stewart, Widmark, **8** Chandler, **9** Barrymore, Fairbanks, Lancaster, Valentino

Schauspielergruppe: **8** Ensemble

Schauspielerinnen: **4** Diva, Star, **7** Aktrice, **8** Starlett

Schauspielerinnen (deutschsprechende): **2** Im, **3** Dor, May, **4** Baal, Burg, Dohm, Ehre, Glas, Geri, Gold, Haas, Haid, Helm, Hold, Horn, Jugo, Kinz, Knef, Koch, Matz, Mira, Nagy, Rahl, Saad, Weis, **5** Andra, Brink, Drews, Egger, Haack, Hardt, Hoppe, Kabel, Krahl, Loeck, Ondra, Roekk, Rosar, Treff, Trowe, Uhlen, Uhlig, Wieck, Wuest, **6** Andree, Berger, Bruehl, Dorsch, Elsner, Feiler, Fendel, Haagen, Hamann, Harvey, Horney, Kinski, Locker, Loebel, Markus, Maurus, Meysel, Morena, Nuenke, Palmer, Porten, Pulver, Schell, Sinjen, Sommer, Straub, Thimig, Tilden, Tiller, Wangel, Weigel, Weiser, Werner, Wieder, Wimmer, **7** Bergner, Dagover, Daudert, Ebinger, Fischer, Herking, Huebner, Knoteck, Koczian, Koerber, Koerner, Massary, Muethel, Mueller, Oswalda, Paudler, Peitsch, Richter, Schoerg, Schroth, Sebaldt, Trantow, Trooger, Ullrich, Valetti, Wessely, Ziemann, **8** Benkhoff, Dannhoff, Dietrich, Englisch, Froboess, Hatheyer, Hoeflich, Kaufmann, Kreysler, Leuwerik, Moosheim, Ruetting, Sandrock, Schwiers, **9** Andergast, Hielscher, Landgrebe, Nicoletti, Schneider, Schollwer, Wiedemann, **10** Altrichter, Hesterberg, Kubitschek, Soederbaum, Tschechowa, **11** Hildebrandt, Kueckelmann, Weissgerber, **12** Finkenzeller, **14** Flickenschildt

Schauspielerinnen (englischsprechende): **3** Day, Loy, **4** Page, **5** Davis, Fonda, Kelly, Wyman, Young, **6** Baxter, Harlow, Hobson, Hutton, Lamarr, Monroe, Russel, Taylor, Turner, **7** Allyson, Gardner, Garland, Hayward, Hepburn, McLaine, Russell, Swanson, Winters, **8** Crawford, Fontaine, Gardener, Hayworth, Minnelli, **9** Mansfield, **11** de Havilland

schauspielerisch: **7** mimisch

schauspielern: **5** mimen, **8** posieren

Schauspielhaus: **7** Theater

Schauspielhaus in Wien: **11** Burgtheater

Schauspielkunst: **5** Mimik, **8** Dramatik

Schauspielmusik von Beethoven: **6** Egmont, **8** Coriolan

Schauspielnebenrolle: **6** Charge

Schaustellung lebender Tiere: **3** Zoo, **9** Menagerie, **10** Tiergarten

scheckig: **7** meliert

Scheibe: **4** Puck, **6** Diskus, **8** Schnitte

Scheibe beim Eishockey: **4** Puck

Scheibenkurbel: **8** Exzenter
Scheibenqualle: **6** Meduse
Scheidungsparadies in den USA: **4** Reno
Schein: **4** Trug, **5** Glanz, Licht, **6** Dehors, **7** Fiktion, Banknote
Scheinbahre: **5** Tumba
scheinbar: **9** imaginaer
scheinbare Sonnenbahn: **8** Ekliptik
Scheingelehrter: **7** Sophist
Scheingrund: **8** Praetext
Scheinhandlung: **5** Farce
scheinheilig: **6** bigott
Scheinheiligkeit: **4** Cant, **9** Heuchelei, **10** Bigotterie
Scheinhieb: **5** Finte
Scheinkunst: **6** Kitsch
Scheinmaßnahme: **8** Manoever
Scheinmedikament: **7** Placebo
Scheinwelt: **11** Fata Morgana
Scheinwissen: **9** Sophistik
Scheintod: **8** Asphyxie
Scheitel: **6** Vertex
Scheitelpunkt: **5** Zenit
Scheitholz: **11** Brettzither
Schelde-Zuflüsse: **3** Lys, **4** Leie, Leye, **5** Durme, Haine, Rupel, Selle, **6** Cojeul, Dender, Scarpe, Sensée, **7** Rhosnes, **8** Escailon
Schelle: **6** Glocke, **7** Klingel
schellen: **7** laeuten, **8** klingeln
Schellenbaum: **7** Bumbass
Schellentrommel: **8** Tamburin
Schellfische: **3** Sei, **4** Leng, **5** Torsk, **6** Dorsch, Merlan, **8** Kabeljau
Schelm: **4** Narr, **5** Filou, **6** Schalk, **8** Schaeker, **10** Spassvogel
Schelmenstreich: **7** Partite, **8** Narretei, **14** Eulenspiegelei
Schemen: **8** Schatten
Schenke: → Gaststätten
schenken: **5** geben, **6** opfern, widmen, **7** spenden, stiften, **9** bescheren, **10** dedizieren
Schenkung: **4** Gabe, **5** Opfer, **8** Dotation, **10** Dedikation
Scherbengericht: **11** Ostrazismus
Scheren eines Hundes: **7** Trimmen
Scheren der Schafe: **5** Schur
scherenloser Hummer: **8** Languste
Scherenschnitt: **10** Silhouette
Scherflein: **6** Obolus
Scherge: **7** Buettel, **8** Haescher
Schermaus: **11** Wasserratte
Scherz: **3** Jux, Ulk, **4** Witz, **5** Gaudi, Jokus, Spass, **7** Gaudium, **8** Allotria
scherzhaft: **7** humorig, **8** scherzoso, **9** scherzando
scherzhaft für
– ***Apotheker:*** **12** Pillendreher
– ***Arrest:*** **5** Knast
– ***Arzt:*** **7** Medikus
– ***Binnenländer:*** **9** Landratte
– ***Braut, Bräutigam:*** **7** Gespons
– ***Bücherfreund:*** **9** Leseratte, **11** Buecherwurm
– ***Deutscher:*** **6** Michel
– ***Dieb:*** **10** Langfinger
– ***Eisenhower:*** **3** Ike
– ***englischer Soldat:*** **5** Tommy
– ***Eßwaren:*** **10** Fressalien
– ***Friseur:*** **6** Figaro
– ***Gatte, Gattin:*** **7** Gespons
– ***Gewehr:*** **6** Knarre
– ***Goethes Mutter:*** **3** Aja
– ***Hase:*** **7** Langohr, **10** Schlappohr, **11** Muemmelmann
– ***Intellektuelle:*** **8** Eggheads
– ***Ire:*** **3** Pat
– ***Jäger:*** **9** Gruenrock
– ***Katze:*** **8** Dachhase
– ***Lehrer:*** **6** Pauker
– ***Matrose:*** **7** Janmaat, Mariner, **9** Teerjacke
– ***Nordamerikaner:*** **3** Sam, **6** Yankee, **8** Uncle Sam
– ***Polizist:*** **3** Cop, **4** Flic, **5** Bobby, Bulle, Polli, Polyp
– ***schlechte Handschrift:*** **5** Klaue
– ***Schule:*** **5** Penne

– ***Stiefel:*** **12** Knobelbecher
– ***Student:*** **8** Studiker, **9** Studiosus
scheu: 3 zag
Scheu: 5 Angst
Scheuerlappen: 6 Feudel
scheuern: 6 putzen, reiben
Scheune: 6 Stadel, **7** Scheuer, **8** Speicher
Scheusal: 5 Ekel, **6** Unhold, **8** Monstrum, **9** Ungeheuer
Schicht: 4 Lage, **5** Floez, **8** Emulsion, Sediment
Schicht der Atmosphäre: 11 Ionosphaere
schichten: 7 haeufen, stapeln
Schichtgestein: 8 Sediment
schichtig: 8 lamellar
schick: 5 fesch, **7** elegant, **13** geschmackvoll
Schick: 7 Eleganz
Schicklichkeit: 7 Dekorum, **10** Konvenienz
Schicklichkeitsgefühl: 4 Takt
Schicksal: 3 Los, **5** Fatum, Tyche, **6** Ananke, Kismet, Zufall, **7** Fuegung, **8** Geschick, **9** Vorsehung
schicksalhafter Augenblick: 11 Sternstunde
Schicksalsglaube: 10 Fatalismus
Schicksalsgläubiger: 8 Fatalist
Schicksalsgöttinnen: 3 Urd, **5** Moira, Norne, Parze, Skuld, **6** Ananke, Hather, Hathor, Klotho, **7** Atropos, **8** Lachesis, Werdandi
Schieber: 6 Ganove, Gauner, **7** Onestep
Schiebewand: 7 Kulisse
Schiebeverschluß: 6 Riegel
Schiedsrichter: 6 Umpire, **7** Arbiter
schief: 5 krumm, **6** scheel, **7** schraeg
Schieferart: 5 Gneis
Schieferfelsen: 3 Lei
Schielender: 6 Strabo
Schienbein: 5 Tibia
Schiene: 4 Kufe, **5** Gleis
Schienenechse: 4 Teju
Schienenfahrzeuge: 3 Lok, **4** Tram, **7** Levacar, **8** Draisine, Trambahn, **10** Lokomotive, **12** Strassenbahn
Schienenstrang: 5 Gleis
schier: 4 fast, rein
Schießbedarf: 8 Munition
Schießender: 8 Schuetze
Schiffstypen: 3 Dau, **4** Bark, Ewer, Kuff, **5** Barke, Brigg, Jacht, Kogge, **6** Faehre, Kutter, Logger, Segler, Tanker, **7** Dampfer, Klipper, Pinasse, Schoner, Trawler, **8** Barkasse, Frachter, **9** Schlepper, **10** Eisbrecher, **11** Hecktrawler, Segelschiff, **15** Containerschiff
Schiff
– ***der Argonauten:*** **4** Argo
– ***der Kolumbusflotte:*** **4** Nina, **5** Pinta, **10** Santa Maria
– ***des Noah:*** **5** Arche
– ***des Nordensköld:*** **4** Vega
Schiff ausladen: 8 loeschen
Schiff außer Dienst stellen: 8 abtakeln
Schiffahrtshindernisse: 4 Riff, **5** Nebel, **6** Klippe, **7** Eisberg, Packeis, **8** Treibeis
Schiffahrtskunde: 6 Nautik
Schiffahrtsunternehmen: 8 Reederei
Schiffbruch: 7 Havarie, **9** Strandung, Untergang
Schiff in Gefahr: 6 Seenot
Schifferklavier: 9 Akkordeon
Schiffsankerplätze: 3 Kai, **5** Hafen, Reede
Schiffsaufbau: 7 Kastell
Schiffsbauanlagen: 4 Dock, **5** Werft, **7** Helling
Schiffsbaugerüst: 6 Stapel
Schiffsbelader: 6 Stauer
Schiffsbesatzung: 4 Crew
Schiffsbesatzungsmitglieder: **4** Maat, **5** Moses, **6** Smutje, **7** Matrose, Steward, **8** Kapitaen,

10 Steuermann, **12** Funkoffizier, Rudergaenger
Schiffsbeschädigung: **4** Leck
Schiffsbohrwurm: **6** Teredo
Schiffsdurchgang: **3** Gat, **4** Gatt
Schiffseigner: **6** Reeder
Schiffsfahrrinne: **5** Track
Schiffsfenster: **8** Bullauge
Schiffsflaschenzüge: **4** Gien, **5** Takel, Talje
Schiffsführer: **5** Lotse, **10** Steuermann
Schiffsgeländer: **6** Reling
Schiffsgeschwindigkeitsmesser: **3** Log
Schiffsgrundbalken: **4** Kiel
Schiffshaltetaue: **4** Reep, Stag, **6** Trosse
Schiffshinterteil: **4** Gatt, Heck
Schiffskellner: **7** Steward
Schiffskobold: **13** Klabautermann
Schiffskoch: **6** Smutje
Schiffskommandant: **8** Kapitaen, **9** Kommodore
Schiffskräne: **5** Davit, **8** Ladebaum
Schiffsküche: **8** Kombuese
Schiffsladung: **5** Kargo, **6** Fracht, **7** Ladegut
Schiffslage: **5** Trimm
Schiffsleinwand: **5** Segel, **10** Persenning
Schiffsmannschaft: **4** Crew, **8** Equipage
Schiffsmannschaftsjüngster: **5** Moses
Schiffsmannschaftsraum: **5** Logis
Schiffsmast: **5** Besan
Schiffsoffizier: **10** Steuermann
Schiffsöffnung: **3** Luk, **4** Luke
Schiffsplanke: **5** Weger
Schiffsrand: **4** Bord
Schiffsräume: **3** Gat, **4** Back, Gatt, Koje, **5** Logis, **6** Kabine, Pantry, **7** Kajuete, **8** Kampanje, Kombuese, **9** Kabelgatt
Schiffsraumgehalt: **7** Tonnage
Schiffsreisender: **9** Passagier
Schiffsrippe: **5** Spant
Schiffsrumpf: **5** Kasko
Schiffsschaden: **4** Leck, **7** Havarie
Schiffsschlafstelle: **4** Koje
Schiffsschraube: **9** Propeller
Schiffsseile: **3** Tau, **4** Reep, Stag, Want, **6** Brasse, Trosse, **7** Pardune
Schiffsseiten: **3** Lee, Luv, **8** Backbord, **10** Steuerbord
Schiffsspeisekammer: **6** Pantry
Schiffsspeiseraum: **5** Messe
Schiffsstockwerke: **4** Deck, **8** Lidodeck, Peildeck, **9** Bootsdeck, Hauptdeck, **10** Achterdeck, Sonnendeck, **12** Brueckendeck
Schiffstagebuch: **7** Logbuch
Schiffstagereise: **5** Etmal
Schiffstakelung: **3** Cat
Schiffstaue: **4** Reep, Stag, Want, **6** Brasse, Spring, Trosse, **7** Fallreep
Schiffsverankerungsvorrichtung: **6** Muring
Schiffsverbände: **6** Flotte, **7** Eskader, **9** Flottille, **10** Geschwader
Schiffsverpfändung: **8** Bodmerei
Schiffsvorbau am Bug: **6** Galion
Schiffsvorderteil: **3** Bug
Schiffswächter: **6** Lieger
Schiffswinde: **5** Spill, **9** Gangspill
schiitischer Nationalheiliger: **3** Ali
Schild: **5** Pelta, **6** Aegide
Schild
– ***der Athene:*** **5** Aegis
– ***des Zeus:*** **5** Aegis
Schildbürger der Antike: **9** Abderiten
Schildbürgerstadt (griech.): **6** Abdera
Schilddrüsenerkrankung: **5** Kropf, **6** Struma
Schildknorpel des Kehlkopfs: **10** Adamsapfel
Schildkröte (zoolog.): **7** Testudo
Schildkrötenart: **7** Karette, **8** Matamata
Schildkröteninseln: **9** Galapagos

Schildkrötenverband: 7 Testudo
Schildlaus: 11 Koschenille
Schildlausfett: 3 Age
Schilf: 4 Reet, Ried, Rohr, **5** Binse
schillern: 8 glitzern
schillerndes Gewebe: 9 Changeant
Schimmer: 5 Glanz, **6** Nuance
Schimpf: 7 Affront
schimpfen: 6 keifen, **7** fluchen, geifern
Schindanger: 10 Abdeckerei
schinden: 7 drillen, quaelen
Schinderei: 5 Drill, **6** Tortur
Schindmähre: 7 Klepper
Schippe: 8 Schaufel
Schirm: 6 Pajung, **9** En-tous-cas, Parapluie
Schirmdach: 9 Baldachin
Schirmherr: 6 Patron, **9** Protektor
Schirmherrschaft: 5 Obhut, **6** Aegide, **8** Patronat, **11** Protektorat
Schirmpilz: 7 Parasol
Schirrzeug: 6 Trense, Zuegel, **7** Kandare
Schlacht: 5 Kampf, **7** Gefecht, **8** Bataille
schlachten: 7 metzeln
Schlachtenlenkerin: 8 Walkuere
Schlachter: 7 Metzger, Selcher, **9** Fleischer, **10** Charcutier, **11** Schlaechter, **12** Fleischhauer
Schlachtfeld: 8 Walstatt
Schlachtordnung: 7 Phalanx
Schlachtort
– ***in Apulien (216 v. Chr.):*** **6** Cannae
– ***in Assyrien (331 v. Chr.):*** **9** Gaugamela
– ***in Böhmen (1757):*** **5** Kolin
– ***in Böhmen (1866):*** **12** Koeniggraetz
– ***bei Brüssel (1815):*** **8** Waterloo
– ***in Dänemark (1864):*** **7** Dueppel
– ***an der Elbe (1760):*** **6** Torgau
– ***in Flandern (1914):*** **10** Langemarck
– ***beim Gardasee (1859):*** **9** Solferino
– ***in Griechenland (480 v. Chr.):*** **7** Salamis, **11** Thermopylen
– ***in Griechenland (490 v. Chr.):*** **8** Marathon
– ***in Jugoslawien (1697):*** **5** Zenta
– ***in Kleinasien (333 v. Chr.):*** **5** Issos, Issus
– ***bei Leipzig (1632):*** **7** Luetzen
– ***bei Liegnitz (1241, 1813):*** **9** Wahlstatt
– ***an der Maas (1870):*** **5** Sedan
– ***in Mähren (1805):*** **10** Austerlitz
– ***bei Merseburg (1757):*** **8** Rossbach
– ***bei Moskau (1812):*** **8** Borodino
– ***in Oberitalien (1859):*** **7** Magenta
– ***in Ostpreußen (1914):*** **10** Tannenberg
– ***bei Potsdam (1675):*** **10** Fehrbellin
– ***in Schlesien (1745):*** **14** Hohenfriedberg
– ***in Schlesien (1757):*** **7** Leuthen
– ***in Schottland (1650):*** **6** Dunbar
– ***in der Schweiz (1386):*** **7** Sempach
– ***in Südengland (1066):*** **8** Hastings
– ***in Thüringen (1806):*** **9** Auerstedt
– ***in Ungarn (1687):*** **6** Mohács
– ***in den USA (1863):*** **10** Gettysburg
– ***bei Verona (1866):*** **8** Custozza
– ***bei Wien (1809):*** **6** Wagram
– ***auf Zypern (450 v. Chr.):*** **7** Salamis
schlafähnlicher Zustand: 6 Trance, **7** Hypnose
Schlafanzug: 6 Pyjama
schlafbedürftig: 5 muede
Schläfenlocken: 5 Peies
Schlaferlebnis: 5 Traum
schlaff: 3 lax, **4** lose, **5** lasch, muede, **6** torpid, **7** schlapp, schwach
Schlaffheit: 6 Atonie, Torpor
Schlafkrankheitsüberträger: 8 Glossina, **12** Tsetsefliege
Schlafnische: 7 Alkoven
Schlafnetz: 11 Haengematte
schläfrig: 5 muede, **9** somnolent
Schlafsaal im Kloster: 11 Dormi-

torium
Schlafstätte: **4** Bett, Koje, **5** Lager
Schlafsucht: **9** Lethargie
schlafwandelnd: **9** somnambul
Schlafwandler: **10** Somnambule
Schlafzustand: **6** Trance, **7** Hypnose
Schlag: **4** Coup, Hieb, **5** Klaps, Stoss, Treff, **6** Schock, **7** Fuchtel, Pulsion
Schlagablauf (Jazz): **4** Beat
Schlagader: **5** Aorta, **7** Arterie
Schlaganfall: **9** Apoplexie
Schlagbaum: **5** Barne, **8** Barriere, Schranke
Schläge: **4** Haue, **5** Hiebe, Keile, Senge, **7** Dresche, Pruegel
schlagen: **6** pulsen, **9** pulsieren
schlagend: **8** eklatant
Schlager: **3** Hit, **7** Reisser, **8** Knueller, **10** Attraktion, Bestseller
Schläger: **5** Rowdy, **8** Raufbold
Schläger (Golf): **4** Iron, **5** Baffy, Spoon, **6** Driver, Jigger, Mashie, Niblik, Putter, **7** Brassie
Schlagerliste: **5** Chart
Schlaggeräte: **5** Knute, Stock, **6** Bengel, **8** Kantschu, Knueppel, Peitsche, Pritsche, **10** Karbatsche
Schlaginstrumente: **4** Gong, **5** Pauke, **6** Becken, Claves, Glocke, Rassel, Tamtam, Zimbal, **7** Bumbass, Celesta, Klapper, Maracas, Marimba, Trommel, **8** Carillon, Tamburin, Triangel, Xylophon, **9** Hackbrett, Vibraphon, **11** Kastagnette, Kesselpauke, **12** Glockenspiel, Schellenbaum
Schlaginstrumentengruppe: **10** Perkussion
Schlagrhythmus (Jazz): **4** Beat
Schlagwaffen: **5** Keule, **8** Tomahawk, **9** Streitaxt, **11** Morgenstern
Schlagwort: **6** Slogan
Schlagzeile: **8** Headline
Schlagzeugorchester: **7** Gamelan, **8** Gamelang
Schlamm: **3** Mud, **5** Fango, **6** Modder, Morast, **7** Schlick
Schlammbank: **5** Barre
Schlammfang: **5** Gully, Gumpe
Schlammfisch: **4** Wels
schlammiger Boden: **6** Morast
schlammig: **5** limos, limoes
Schlammpackung: **5** Fango
Schlammstrom im Gebirge: **4** Mure
Schlammvulkan: **5** Salse
schlampig: **6** salopp, **9** inakkurat
Schlange im „Dschungelbuch“: **3** Kaa
Schlangen: **3** Boa, Efa, **4** Naja, **5** Aspis, Elaps, Kobra, Krait, Mamba, Otter, Viper, **6** Assala, Bungar, Natter, Python, Taipan, **7** Sandboa, **8** Aeskulap, Anakonda, Erdviper, Surukuku, **9** Bloedauge, Boomslang, Hornviper, Puffotter, Sandviper, **10** Aspisviper, Gabunviper, Kreuzotter, Netzpython, Tigerotter, Trugnatter, **11** Grubenotter, Hutschlange, Kettenviper, Lanzenotter, Seeschlange, Wiesenotter, **12** Buschmeister, Eierschlange, Felsenpython, Hundskopfboa, Rollschlange, **13** Blindschlange, Koenigspython, Korallenotter, Regenbogenboa, Ruderschlange, **14** Abgottschlange, Boa constrictor, Warzenschlange, **15** Brillenschlange, Klapperschlange
Schlangenanbeter: **5** Ophit
Schlangenbeschwörer: **5** Fakir
Schlangenlinie: **10** Serpentine
Schlangenkopffisch: **6** Channa
Schlangenmakrele: **4** Atun
Schlangenmensch: **13** Kontorsionist
Schlangenuntier: **5** Hydra
Schlangenwurz: **5** Kalla
schlank: **4** rank, **6** grazil
schlapp: **5** muede, **7** schlaff, schwach
Schlapphut: **10** Kalabreser

schlau: 4 klug, **6** clever, patent, **7** gewieft, gewiegt, gewitzt, pfiffig, **8** gerieben, **10** raffiniert
Schlauberger: 5 Filou, **9** Pfiffikus
Schlauchfloß (türk.): 6 Tursuk
schlauchförmig: 8 tubulaer
Schlaufe: 5 Oese, **6** Masche, **8** Schleife, Schlinge
Schlauheit: 4 List, **7** Finesse, **10** Raffinesse
schlecht: 4 mies, **5** boese, elend, uebel, **9** verdorben, **12** minderwertig
schlechte(r, s)
– ***Branntwein:*** **5** Fusel
– ***Brauch:*** **7** Unsitte
– ***Charaktereigenschaft:*** **4** Geiz, Gier, Hass, Neid
– ***Geschäftsgang:*** **6** Flaute
– ***Gewohnheit:*** **5** Unart, **6** Laster
– ***Luft:*** **4** Mief
– ***Mensch:*** **4** Lump, **5** Filou, **6** Gauner, **7** Schurke
– ***Pferd:*** **6** Maehre, **7** Klepper
– ***Ruf:*** **10** Misskredit
– ***Tabak:*** **7** Knaster
– ***Ware:*** **6** Tinnef
schlechthin: 8 geradezu, **10** katexochen
Schlechtwetterfront: 4 Tief
Schlemihl: 9 Pechvogel
Schleichhandel: 9 Schmuggel
Schleichhandel Treibender: 7 Pascher
Schleichkatzen: → Raubtiere
Schleiergewebe: 4 Flor, **5** Tuell, Voile, **6** Batist, **7** Chiffon, **8** Georgette
schleierhaft: 6 unklar, **7** nebulos
Schleierhaube im Mittelalter: 4 Rise
Schleiertuch: 8 Mantilla, Mantille
Schleierwolke: 12 Zirrostratus
Schleife: 4 Oese, **6** Quaste, **8** Schlaufe, Schlinge
schleifen: 8 polieren
Schleifenblume: 6 Iberis
Schleiffläche: 7 Facette
Schleifmittel: 9 Schmirgel
Schleimgeschwulst: 6 Hygrom
Schleimhaut: 6 Mukosa
Schleimhautausschlag: 8 Enathem
Schleimhautentzündung: 7 Katarrh
schleimig: 6 mukoes, **9** schlierig
Schleimpilz: 9 Myxomyzet
schlemmen: 7 prassen
Schlemmer: 6 Lukull, **7** Gourmet, Sybarit, **8** Falstaff, Lukullus
Schlemmerei: 8 Gasterei
schleppen: 6 ziehen, **8** treideln, **9** bugsieren
schleppend: 6 torpid, **11** dilatorisch
Schlepper: 7 Bulldog, Traktor, Trecker
Schleppfrachtkahn: 5 Prahm, Zille
Schleppnetz: 5 Zeese
Schlesien (Provinz Preußens)
Badeorte: **6** Kudowa, **7** Landeck, Reinerz, **8** Altheide, **9** Bad Kudowa, **10** Bad Reinerz
Berge: **6** Zobten, **7** Heuberg, **8** Altvater, Annaberg, **10** Heuscheuer, Sturmhaube, **11** Schneekoppe
Dichter: **5** Logau, Opitz, Stehr, **7** Fleming, **8** Gryphius, Silesius, **9** Hauptmann, Scultetus, **10** Lohenstein, **11** Eichendorff, **14** Hofmannswaldau, **15** Angelus Silesius
Flüsse: **4** Lohe, Oder, Ohle, Orla, **5** Biele, Bober, Queis, Weide, Zuelz, **6** Neisse, Stober, **7** Bartsch, Sprotte, Steinau, **8** Katzbach, Klodnitz, Malapane, **9** Weistritz, **11** Hotzenplotz
Fürstentum: **5** Pless
Gebirge: **7** Sudeten, **8** Iserkamm, **11** Isergebirge, **12** Eulengebirge, **13** Bielergebirge, Katzengebirge, Riesengebirge, **14** Landshuter Kamm, **15** Katzbachgebirge
Hauptstadt: **7** Breslau

Höhenrücken: **5** Chelm
Kloster: **6** Leubus
Städte: **4** Oels, **5** Brieg, Cosel, Glatz, Jauer, Ohlau, Pless, Sagan, Zuelz, **6** Glogau, Haynau, Lauban, Lueben, Neisse, Oppeln, Wohlau, **7** Beuthen, Breslau, Bunzlau, Landeck, Ratibor, Reinerz, **8** Gleiwitz, Goerlitz, Liegnitz, Neustadt, Sprottau, Strehlen, Striegau, **9** Gruenberg, Kreuzburg, Landeshut, **10** Bad Reinerz, Gottesberg, Hindenburg, Hirschberg, Loewenberg, Waldenburg, **11** Dittersbach, Leobschuetz, Reichenbach, Schweidnitz, **12** Frankenstein, Langenbielau, Schmiedeberg
Töpferstadt: **7** Bunzlau
Witzfiguren: **5** Antek, **7** Frantek

Schleswig-Holstein (Land der Bundesrepublik)
Badeorte: **4** Damp, **5** Dahme, Laboe, **8** Groemitz, Haffkrug, Hohwacht, Niendorf, **10** Scharbeutz, Sierksdorf, **11** Kellenhusen, Travemuende, **16** Sankt Peter-Ording
Berge: **8** Kammberg, Pilsberg, **9** Bungsberg, **11** Strezerberg
Bucht: **6** Foerde
Flüsse: **5** Eider, Stoer, Trave, **6** Schlei, **9** Schwartau
Halbinseln: **6** Angeln, **9** Schwansen, **10** Eiderstedt
Hauptstadt: **4** Kiel
Inseln (und Orte): **4** Sylt, (**4** List, **6** Kampen, Keitum, Morsum, Rantum, Tinnum, **7** Hoernum, **10** Westerland), **5** Foehr (**3** Wyk, **7** Nieblum, Utersum), Amrum (**5** Nebel, **8** Norddorf, Wittduen), Hooge, **7** Fehmarn (**4** Burg), **8** Halligen, Pellworm, Suedfall, **9** Helgoland, **11** Nordstrand
Kurorte: **8** Oldesloe, Segeberg, **9** Bramstedt, **10** Geesthacht
Landkreise: **5** Ploen, **8** Segeberg, Stormarn, **9** Pinneberg, Steinburg, **10** Ostholstein, **12** Dithmarschen, **13** Nordfriesland, **18** Herzogtum Lauenburg, Schleswig-Flensburg, **20** Rendsburg-Eckernfoerde
Landschaften: **6** Angeln, **7** Wagrien, **8** Stormarn, **9** Lauenburg, Schwansen, **10** Eiderstedt, **12** Dithmarschen, **13** Nordfriesland
Nationalparks: **6** Aukrug, **9** Westensee, **14** Huettener Berge
Seebäder: **5** Dahme, Laboe, **6** Buesum, **7** Hoernum, **8** Groemitz, Haffkrug, Hohwacht, Niendorf, **10** Scharbeutz, **11** Kellenhusen, Travemuende, **12** Eckernfoerde
Seen: **7** Langsee, Pohlsee, Postsee, **8** Brahmsee, **9** Behler See, Wardersee, Westensee, Wittensee, **10** Ploener See, **11** Selenter See
Städte: **4** Kiel, **5** Eutin, Heide, Husum, Marne, Ploen, Wedel, **6** Moelln, Preetz, **7** Itzehoe, Luebeck, Malente, Meldorf, **8** Elmshorn, Niebuell, Oldesloe, Segeberg, Toenning, Uetersen, **9** Flensburg, Lauenburg, Oldenburg, Pinneberg, Ratzeburg, Rendsburg, Schleswig, **11** Glueckstadt, Neumuenster, Norderstedt, Wesselburen, **12** Eckernfoerde
Vogelschutzgebiet (Nordsee): **8** Trischen

Schleuder: **8** Katapult, **10** Zentrifuge
Schleuderwaffen: **4** Bola, **8** Bumerang, Tschakra
Schleuderware: **6** Ramsch

Schleuderzellen der Moose: 8 Elateren
schleunig: 4 bald, 7 schnell
Schleuse: 4 Siel
schlicht: 6 simpel, 7 einfach
Schlichter: 7 Einiger
Schlick: 6 Morast, 7 Schlamm
Schließe: 6 Spange, 8 Schnalle
Schließer: 7 Portier, 9 Pfoertner
Schließfach: 4 Safe
Schließvorrichtung: 6 Riegel, 7 Schloss, 8 Schieber
Schliff: 3 Pli, 5 Drill, Glanz, 7 Politur
Schlifformen bei Schmucksteinen: 7 Facette, Markise, Rosette, 8 Baguette
schlimm: 3 arg, 4 boes, 5 boese, elend, uebel, 10 pernizioes
Schlinge: 4 Oese, 6 Masche, 8 Schlaufe, Schleife
Schlinge zum Vogelfang: 5 Dohne, 8 Sprenkel
Schlingel: 5 Range, 6 Bengel, 7 Lausbub
Schlingpflanzen: 5 Liane, 6 Hopfen, 10 Geissblatt, Osterluzei → Kletterpflanzen
Schlips: 6 Binder, 8 Krawatte
Schlitten: 3 Bob, Akja, 5 Pulka, Rodel, 6 Troika, 8 Skeleton, Snowkart, Toboggan, 9 Bobsleigh
Schlittengleitschiene: 4 Kufe
Schlitz: 5 Spalt, 6 Luecke, 7 Scharte
Schlitzohr: 6 Gauner
Schloß: 6 Castle, Palais, Palast, Serail, 7 Château, Kastell
Schloß
– ***bei Aberdeen:*** 8 Balmoral
– ***an der Adria:*** 7 Miramar
– ***in Bayern:*** 5 Elmau, 8 Schachen, 9 Linderhof, 11 Nymphenburg, 12 Fuerstenried, Schleissheim, 14 Herrenchiemsee, Hohenschwangau, Neuschwanstein
– ***in Berlin:*** 8 Bellevue, 14 Charlottenburg
– ***nahe Bodensee:*** 5 Salem
– ***bei Bonn:*** 6 Bruehl
– ***bei Brüssel:*** 6 Laeken
– ***im Chiemgau:*** 5 Seeon
– ***in Dänemark:*** 8 Kronborg, 11 Amalienborg, 13 Frederiksborg, 14 Christiansborg
– ***bei Darmstadt:*** 12 Kranichstein
– ***bei Dessau:*** 8 Woerlitz
– ***bei Dresden:*** 8 Pillnitz, 10 Moritzburg
– ***in Düsseldorf:*** 7 Benrath
– ***in England:*** 7 Windsor, 10 Kenilworth
– ***in Gelderland:*** 6 Het Loo
– ***am Genfer See:*** 7 Chillon
– ***bei Granada:*** 8 Alhambra
– ***bei Heilbronn:*** 11 Jagsthausen
– ***bei Innsbruck:*** 6 Ambras
– ***in Istanbul:*** 7 Topkapi
– ***bei Jalta:*** 7 Liwadia
– ***bei Kassel:*** 13 Wilhelmshoehe
– ***auf Korfu:*** 10 Achilleion
– ***an der Loire:*** 4 Usse, 5 Blois, 6 Chinon, Loches, Saumur, 7 Amboise, 8 Chambord, Cheverny, Langeais, 11 Chenonceaux
– ***in Ludwigsburg:*** 8 Monrepos
– ***bei Madrid:*** 8 Escorial
– ***in Norwegen:*** 9 Bergenhus
– ***in Oberfranken:*** 4 Banz
– ***im Odenwald:*** 6 Erbach, 12 Kranichstein
– ***bei Paris:*** 10 Versailles, 13 Fontainebleau
– ***in Paris:*** 9 Tuilerien
– ***bei Potsdam:*** 6 Paretz, 9 Glienicke, 10 Babelsberg
– ***in Potsdam:*** 9 Sanssouci
– ***bei Rastatt:*** 8 Favorite
– ***am Rhein:*** 11 Stolzenfels
– ***in Rom:*** 7 Lateran, 8 Quirinal
– ***bei Salzburg:*** 8 Klesheim,

Mirabell, **9** Hellbrunn, **12** Leopoldskron
– ***im Salzkammergut:*** **6** Fuschl
– ***in Schleswig-Holstein:*** **10** Ahrensburg
– ***in Schottland:*** **8** Balmoral
– ***in Schweden:*** **9** Gripsholm, **13** Drottningholm
– ***bei Stuttgart:*** **8** Solitude, **9** Solituede
– ***im Taunus:*** **8** Kronberg
– ***an der Themse:*** **7** Windsor
– ***bei Toledo:*** **7** Alkazar
– ***bei Triest:*** **7** Miramar
– ***in Versailles:*** **7** Trianon
– ***bei Weimar:*** **7** Tiefurt, **9** Belvedere
– ***in Wien:*** **7** Hofburg, **9** Belvedere, Laxenburg, **11** Schoenbrunn
– ***in Württemberg:*** **12** Lichtenstein
Schloß mit Wehrtürmen: 8 Bastille
Schloßbeamter: 9 Kastellan
Schlote: 4 Esse, **5** Kamin, **9** Rauchfang, **11** Schornstein
Schluchten: 5 Klamm, Kluft, Tobel, **6** Canyon, **7** Couloir
schluchzen: 6 heulen, weinen, **7** greinen
Schluckauf: 9 Singultus
Schlummer: 6 Schlaf
Schlund: 4 Hals, **6** Rachen
Schlupfbluse: 6 Jumper
Schlüpfer: 4 Slip
schlüpfrig: 6 frivol, lasziv, **7** obszoen, **9** schlierig
schlüpfrige Schriften und Bilder: 12 Pornographie
Schlüpfrigkeit: 8 Nuditaet, **11** Obszoenitaet
Schlupfschuhe: 7 Slipper
Schlupfwinkel: 4 Asyl
Schluß: 3 Aus, **4** Ende, Fine, **5** Finis, **6** Finale, Pointe
Schlüssel zu Geheimschriften: 4 Code
Schlüsselblume: 6 Primel
Schlüsselteil: 4 Bart
Schlußergebnis: 5 Fazit, Summe, **8** Resultat
Schlußfolgerung: 10 Konklusion, **11** Syllogismus
Schlußrede: 6 Epilog, **10** Peroration
Schlußsatz (Musik): 6 Finale
Schlußvermerk: 5 Finis
Schlußwort: 4 Amen, **6** Epilog
Schmach: 6 Unehre, **7** Schande, Schimpf, **9** Entehrung
schmachten: 6 gieren, sehnen, **8** duersten
schmachtender Liebhaber: 7 Seladon
schmächtig: 4 zart, **5** duenn, hager, mager, **6** grazil, schmal
schmackhaft: 6 lecker, **7** delikat
Schmäh: 5 Kniff, Luege, Trick
Schmähschrift: 6 Libell, **8** Pamphlet, Pasquill, **9** Invektive
Schmähsucht: 9 Medisance
Schmähung: 4 Tort, **6** Anwurf, **7** Affront, **9** Invektive
schmal: 3 eng, **5** duenn
schmalwüchsig: 8 leptosom
Schmarotzer: 7 Epizoon, Parasit, **8** Entozoon, Trichine, **9** Schnorrer
Schmarotzerblumengewächse: 5 Seide, **6** Mistel, **6** Mistel
schmecken: 6 kosten, munden, **9** goutieren
Schmeichelei: 5 Eloge, **9** Flatterie, **10** Kompliment
schmeicheln: 5 kosen, **8** hofieren
schmeichelnd (Musik): 10 lusingando
Schmeichelname für Goethes Mutter: 3 Aja
Schmeichler: 9 Kalfaktor, **10** Schoentuer
Schmelz: 6 Email, **6** Glasur
Schmelzflocken beim Guß: 9 Granalien
Schmelzfluß beim Vulkanausbruch: 4 Lava
Schmelzgefäße: 6 Muffel, Tiegel

Schmelzüberzug: 5 Email, **7** Emaille
Schmerz: 3 Weh, **4** Gram, Harm, Leid, Pein, Qual, **6** Algema, Kummer
Schmerzempfindlichkeit: 7 Algesie
Schmerzensmutter: 13 Mater dolorosa
schmerzlich (Musik): 8 doloroso
Schmerzlinderungsmittel: 7 Sedativ, **9** Sedativum, **10** Narkotikum
Schmerzlosigkeit: 9 Analgesie
schmerzunempfindlich: 8 indolent
Schmerzunempfindlichkeit: 11 Anaesthesie
Schmetterling(shund): 8 Papillon
Schmetterlinge: 4 Eule, **5** Fuchs, Motte, Nonne, **6** Apollo, Aurora, Falter, Glucke, Ritter, **7** Admiral, Spanner, Spinner, Wickler, **8** Eisvogel, Kohleule, Zuensler, **9** Blaeuling, Gammaeule, Goldafter, Kornmotte, Pelzmotte, Tagfalter, Totenkopf, Weissling, **10** Holzbohrer, Mauerfuchs, Nagelfleck, Ochsenauge, Ordensband, Schwaermer, Widderchen, **11** Augenfalter, Goldene Acht, Moenchseule, Nachtfalter, Sacktraeger, Segelfalter, Tannenpfeil, **12** Apfelwickler, Apollofalter, Augenspinner, Distelfalter, Fichtenmotte, Frostspanner, Glasfluegler, Kaisermantel, Kleidermotte, Kupferglucke, Trauermantel, Weidenbohrer, **13** Baerenspinner, Kohlweissling, Seidenspinner, Sichelspinner, Tagpfauenauge, Taubenschwanz, **14** Fichtenspinner, Kiefernspinner, Schillerfalter, Schwammspinner, Zitronenfalter, **15** Abendpfauenauge, Blutstroepfchen, Nachtpfauenauge, **16** Bienenschwaermer, Schwalbenschwanz
Schmetterlingsblütler: 4 Klee, **5** Bohne, Erbse, Linse, Wicke, **6** Derris, Indigo, Lupine, Mucuna, **7** Erdnuss, Ginster, Luzerne, Robinie, Tragant, **8** Glyzinie, Hornklee, Saubohne, Wistarie, Wundklee, **9** Geissklee, Goldregen, Hauhechel, Sojabohne, Steinklee, Suessklee, **10** Esparsette, Feuerbohne, Geissraute, Serradella, Serradelle, **11** Kichererbse, **12** Besenginster
Schmetterlingsgespinst: 5 Kokon
Schmetterlingslarve: 5 Puppe, Raupe
Schmied der deutschen Sage: 7 Wieland
schmiedbares Eisen: 5 Stahl
Schmiedeblock: 6 Amboss
Schmiedeform: 6 Gesenk
Schmiedegeräte: 5 Zange, **6** Amboss, Gesenk, Hammer, **8** Geblaese, **9** Blasebalg
schmieren: 5 oelen, **6** fetten
Schmierheft: 6 Kladde, **7** Diarium
schmierig: 5 oelig, **6** fettig
Schminke: 5 Rouge, **6** Make-up
Schminkwurz: 7 Alkanna
Schmitz: 4 Hieb, **5** Fleck, **6** Klecks
Schmöker: 8 Schwarte, **9** Scharteke
schmollen: 7 trotzen, zuernen
Schmorgericht: 4 Stew
Schmortopf: 10 Kasserolle
schmuck: 6 adrett, **9** dekorativ
Schmuck: 4 Putz, Ring, Zier, **5** Dekor, Perle, **6** Zierat, Zierde, **7** Dekorum, **8** Ornament, **10** Dekoration
Schmuckbehälter: 9 Schatulle
schmücken: 6 zieren, **9** drapieren, garnieren, verzieren, **10** dekorieren
schmückend: 9 dekorativ, **10** ornamental
Schmuckgeschäft: 10 Bijouterie
Schmuckgewinde: 5 Kranz, **8** Girlande
Schmuckhändler: 8 Juwelier, **9** Bijoubier
Schmuckknopf für das Ohr: 6 Bouton
schmucklos: 8 schlicht
Schmucknadel: 7 Brosche

Schmucksachen: **7** Valoren, **10** Bijouterie

Schmuckspange: **5** Fibel, **6** Fibula, Heftel, **7** Agraffe

Schmucksteine: **2** At, **3** Aat, **4** Jade, Onyx, Opal, Pras, Sard, **5** Achat, Lapis, Mocha, Pyrop, Quarz, Rubin, Rutil, Silex, Sphen, Topas, **6** Adular, Amaryl, Amause, Apatit, Axinit, Ballas, Beryll, Bixbit, Citrin, Epidot, Euklas, Gahnit, Granat, Hyalit, Jadeit, Jaspis, Korund, Kunzit, Leukit, Morion, Olivin, Plasma, Prasem, Pyknit, Saphir, Sarder, Strass, Thulit, Vitrit, Zirkon, Zitrin, Zoisit, Zyanit, **7** Achroit, Alundum, Diamant, Diopsid, Dioptas, Eisspat, Fabulit, Fluorit, Helenit, Idokras, Kallait, Karneol, Lasurit, Melanit, Nephrit, Peridot, Picotit, Prehnit, Rutilit, Schoerl, Sinopel, Smaragd, Smirgel, Spinell, Titanit, Triphan, Tuerkis, **8** Almandin, Amazonit, Amethyst, Andradit, Benitoit, Brillant, Ceylonit, Cymophan, Danburit, Datolith, Dermatin, Edelopal, Enhydrit, Enstatit, Glasopal, Goshenit, Haematit, Heliodor, Herzynit, Hessonit, Hiddenit, Holzopal, Hyazinth, Kaprubin, Kapstein, Labrador, Lazulith, Malachit, Markasit, Moosopal, Morganit, Obsidian, Phenakit, Pistazit, Pleonast, Prasopal, Rhodonit, Rubellit, Rubicell, Sardonyx, Scheelit, Sinhalit, Sodalith, Spodumen, Strahler, Tansanit, Turmalin, Uwarowit, Weltauge, Zymophan, **9** Andalusit, Aquamarin, Atlasspat, Automolit, Avanturin, Bandachat, Baumachat, Beilstein, Berggruen, Bernstein, Blaustein, Brasilian, Carbonade, Chalzedon, Cordierit, Demantoid, Feueropal, Fischauge, Flussspat, Goldstein, Goldtopas, Grossular, Heliotrop, Hornstein, Hydrophan, Kapgranat, Karfunkel, Melandrit, Milchopal, Mondstein, Moosachat, Piemontit, Rhodolith, Skapolith, Sphalerit, Tigerauge, Verdelith, Vermeille, Wolfsauge, Zimtstein, **10** Alexandrit, Amblygonit, Apophyllit, Atlasstein, Augenachat, Bandjaspis, Blutjaspis, Blucklandit, Chrysolith, Chrysopras, Dendrachat, Feuerrubin, Goldberyll, Indigolith, Kapsmaragd, Kascholong, Katzenauge, Kreisachat, Labradorit, Lasurstein, Mohrenkopf, Mokkastein, Prasiolith, Rauchquarz, Rauchtopas, Rosenquarz, Rosenstein, Spessartin, Sternachat, Wasseropal, **11** Ballasrubin, Brasilianit, Lapislazuli, Leukosaphir, Luchssaphir, Nierenstein, Patparachan, Rheinkiesel, Rubinbalais, Saphirquarz, Sonnenstein, Spektrolith, Sternsaphir, Zebrajaspis, Zinkspinell, **12** Arizonarubin, Azurmalachit, Aschenblaser, Bergkristall, Chrysoberyll, Faserschoerl, Harlekinopal, Koenigstopas, Muschelachat, Rhodochrosit, Roehrenachat, Rubinspinell, Wassersaphir, **13** Amazonenstein, Amethystquarz, Chlorospinell, Festungsachat, Kapchrysolith, Korallenachat, Orienttuerkis, Schwimmkiesel, **14** Firmamentstein, Karfunkelstein, Lithiumsmaragd, Perlmutteropal, **15** Almandinspinell, Windkanterachat

Schmuckstreifen: **5** Fries

Schmuckstücke: **4** Reif, Ring, **5** Bijou, Fibel, Gemme, Juwel, Kamee, Kette, Klips, Perle, **6** Diadem, Spange, **7** Agraffe, Armband, Armreif, Brosche, Ehering, Kleinod, Kollier, **8** Solitaer,

9 Anhaenger, Halskette, Medaillon, **10** Siegelring, **14** Krawattennadel
Schmuggel: 14 Schleichhandel
schmuggeln: 7 paschen
Schmuggelware: 11 Konterbande
Schmuggler: 7 Pascher
Schmutz: 3 Kot, **5** Dreck, Unrat
Schnaps: 6 Brandy
Schnäpse: → Branntweine
Schnapsbrenner: 12 Destillateur
Schnapsglas: 8 Stamperl
Schnecken: 5 Kauri, **6** Seeohr, **8** Molluske, Schnegel, **9** Riesenohr, **11** Gastropoden, Wegschnecke, **12** Baumschnecke, Hainschnecke, Tritonshorn, **13** Ackerschnecke, Nacktschnecke, Posthoernchen, **14** Gartenschnecke, Lungenschnecke, Purpurschnecke, **16** Weinbergschnecke
schneckenförmig: 8 spiralig
Schneckenlinie: 7 Spirale
Schnee: 4 Firn, **6** Harsch
Schneeball (botan.): 8 Viburnum
Schneebluse: 6 Anorak
schneefrei: 4 aper
Schneeglöckchen (botan.): 9 Galanthus
Schneehütte: 4 Iglu
Schneeleopard: 5 Irbis
Schneemassensturz: 6 Lawine
Schneemensch: 4 Yeti
Schneerose: 8 Nieswurz
Schneeschuh: 3 Ski, **4** Schi
Schneestürme: 5 Purga, Stiem, **8** Blizzard
Schneid: 3 Mut, **4** Elan, Mumm, **7** Bravour, **8** Tatkraft
Schneide: 6 Klinge
Schneide am Pflug: 5 Schar
Schneidemühle: 9 Saegewerk
Schneider: 8 Tailleur
Schneiderkostüm: 8 Tailleur
Schneiderkunst: 12 Haute Couture
schneidig: 4 kess, **5** fesch, smart, **6** forsch, stramm, zackig, **10** bravouroes
Schneidewerkzeuge: 5 Saege, **6** Messer, Schere, **10** Kreissaege, Motorsaege
Schneise: 8 Lichtung
schnell: 3 fix, **6** eilig, flink, quick, rapid, **6** behend, hurtig, presto, rapide, rasant, rasend, **9** geschwind
Schnelligkeit: 4 Eile, Hast, **5** Tempo, **6** Rasanz, **7** Karacho
Schnellkraft: 13 Elastizitaet
Schnellzug: 7 Express
Schnepfenstrauß: 4 Kiwi
Schnepfenvögel: 5 Knutt, Triel, **7** Jassana, Kiebitz, **8** Dickfuss, Morinell, Watvogel, **9** Bekassine, Brachhuhn, Eulenkopf, Goldralle, Keilhaken, Rennvogel, **10** Brachvogel, Meerrenner, **11** Rotschenkel, **12** Kampflaeufer, Regenpfeifer, Spornkiebitz, Steinwaelzer, Uferschnepfe, Waldschnepfe, Wassertreter, **13** Brachschwalbe, Gruenschenkel, Pfuhlschnepfe, Reiherlaeufer, Strandlaeufer, Sumpfschnepfe, Wasserlaeufer, **14** Austernfischer, Blatthuehnchen, Doppelschnepfe, Odinshuehnchen, **16** Krokodilwaechter
Schnitt: 4 Form, **5** Facon, **6** Fasson
Schnitte: 5 Bemme, **6** Stulle, **7** Scheibe
Schnittholz: 5 Bohle, Brett, Diele, Latte, **6** Balken, Leiste
Schnittlinie durch den Kreis: 7 Sekante
Schnittmeister beim Film: 6 Cutter
Schnittstroh: 8 Haecksel
Schnitzer: 6 Fehler, Lapsus
Schnorchel: 8 Atemrohr
Schnupfen: 8 Rhinitis
Schnupftabak: 6 Makuba, **7** Spaniol
Schnupftabaksdose: 9 Tabatière
Schnur: 4 Band, **5** Leine, Litze,

6 Kordel, Spagat, 7 Strippe, 9 Bindfaden
Schnürband: 6 Nestel, Senkel
Schnürenjacke der Husaren: 6 Dolman
Schnurre: 5 Posse, 7 Schwank, 10 Albernheit
schnurrig: 7 drollig, komisch, spassig, 8 amuesant
Schokoladengrundstoff: 5 Kakao
Schokoladenüberzug: 10 Kuvertuere
schon: 7 bereits
schonend: 7 diskret
schöne Aussicht: 8 Bellevue
schöner Jüngling: 6 Adonis, 8 Hyazinth
Schöngeist: 7 Aesthet, 9 Belesprit
Schönheit: 6 Beauté, Beauty
Schönheitsgöttinnen: 5 Venus, 9 Aphrodite
Schönheitsmittel: 10 Kosmetikum
Schönheitsnorm: 5 Kanon
Schönheitsoperation: 11 Facelifting
Schönheitspflästerchen: 6 Mouche, Musche
Schönheitspflege: 8 Kosmetik
Schonkost: 5 Diaet
Schönschreiber: 10 Kalligraph
Schönschreibkunst: 12 Kalligraphie
schönste Frau des Altertums: 6 Helena
schöntun: 8 hofieren, schmusen, 10 flattieren, 11 schmeicheln
Schöntun: 6 Schmus
schonungslos: 6 brutal, streng, 7 radikal, rigoros, 12 unbarmherzig, 13 unnachsichtig
Schönwettergebiet: 4 Hoch
Schönwetterwolke: 7 Kumulus
Schöpfer: 4 Gott, 5 Autor, 7 Urheber
Schöpfer
– ***der Mickymaus:*** 6 Disney
– ***der Relativitätstheorie:*** 8 Einstein
– ***des Sherlock Holmes:*** 5 Doyle
– ***der Welt:*** 7 Demiurg
– ***des Wiener Walzers:*** 6 Lanner
schöpferisch: 6 genial, 9 produktiv
schöpferische Gestaltung: 5 Kunst
schöpferischer Mensch: 5 Genie
Schöpferkraft: 8 Ingenium, 11 Genialitaet, 12 Kreativitaet
Schöpflöffel: 5 Kelle
Schöpfung: 3 All, 4 Welt, 5 Natur, 8 Kreation, 9 Universum
Schöpfungsgeschichte: 7 Genesis
Schöps: 6 Hammel
Schorf: 5 Borke, Grind, 6 Crusta
Schornstein: 4 Esse, 5 Kamin, 6 Schlot, 9 Rauchfang
Schornsteinaufsatz: 9 Deflektor
Schößling: 4 Lode, 5 Trieb, 6 Spross
Schottland (Scotland – Teil von Großbritannien)
Adelsgeschlechter: 6 Stuart, 7 Douglas
Afrikaforscher: 11 Livingstone
Arzt: 5 Braid
Berge: 4 Hope, More, 5 Attow, Nevis, 7 Merrick
Bevölkerung: 8 Schotten
Bildhauer: 6 Steell
Biologe: 7 Fleming
Branntwein: 6 Whisky
Chirurg: 5 Braid
Dichter: 5 Burns, Scott, 6 Dunbar, 7 Douglas, Lindsay
Dolchmesser: 4 Dirk
Dramatiker: 6 Barrie
Erfinder: 4 Watt
Feldherr: 7 Macbeth
Fjorde: 3 Tay, 5 Clyde, Forth, Lorne, Moray, 6 Solway, 7 Dornoch
Flüsse: 3 Dee, Don, Tay, 4 Earn, Spey, 5 Clyde, Forth, Tweed
Gebiete: 7 Uplands, 8 Galloway, Lowlands, 9 Highlands
Gebirge: 8 Grampian
Gebirgstal: 4 Glen
Grafschaften: 4 Ross, 5 Angus,

Banff, Moray, Nairn, Perth, **6** Argyll, Lanark, **7** Berwick, Lothian, Tibling, Wigtown, **8** Aberdeen, Cromarty, Dumfries, Roxburgh, Stirling, **9** Dunbarton, Inverness, **10** Sutherland
Hafenstädte: **5** Leith, Perth, **6** Dunbar, Dundee, Thurso, **7** Glasgow, **8** Aberdeen, Greenock, **9** Edinburgh
Halbinseln: **4** Skye, **7** Kintyre
Hauptstadt: **9** Edinburgh
Inselgruppen (mit Inseln): **6** Orkney (**3** Hoy, **6** Rousay, Sanday, **7** Westray, **9** Ronaldsay) **8** Hebriden (**3** Rum, **4** Coll, Eigg, Mull, Skye, Uist, **5** Barra, Lewis, Tiree, Tyree, **6** Staffa) Shetland (**4** Unst, Yell, **6** Fetlar, **7** Whalsay, **8** Mainland)
Inseln: **4** Jura, **5** Arran, Islay, **8** Colonsay
Kap: **5** Wrath
Komponist: **5** Field
Könige: **5** Jakob, **6** Duncan, **7** Macbeth, Malcolm
Königshaus: **6** Stuart
Krimi-Autor: **5** Doyle
Mathematiker: **6** Napier
Mediziner: **6** Cronin
Meeresteil (Orkneyinseln): **9** Scapa Flow
Musikinstrument: **7** Bagpipe, **9** Dudelsack
Nationalgericht: **8** Porridge
Nationalheld: **7** Wallace
Nordschottland: **10** Kaledonien
Philosoph: **7** Beattie
Physiker: **8** Brewster
Reformator: **4** Knox
Rock: **4** Kilt
Sagenheld: **6** Fingal
Schäferhund: **6** Collie
Schloß: **8** Balmoral
schottisch für
Berg, Gipfel: **3** Ben
Meeresarm, Fjord: **5** Firth
See: **4** Loch
Sohn (vor Namen): **3** Mac
Schriftsteller: **5** Doyle, Scott, **6** Cronin, **9** Stevenson
Seen: **3** Awe, **4** Ness, Shin, **5** Maree, **6** Linnhe, Lomond
Skotenkönig: **7** Kenneth
Städte u. Orte: **3** Ayr, **4** Oban, **5** Banff, Elgin, Perth, **6** Dundee, Hawick, Thurso, **7** Falkirk, Glasgow, Paisley, **8** Aberdeen, Greenock, Montrose, Stirling, **9** Buckhaven, Dumbarton, **10** Motherwell, **11** Portpatrick
Stammesverband: **4** Clan
Tal: **10** Strathmore
Tänze: **4** Reel, **5** Fling, **9** Ecossaise
Überwurf: **5** Plaid
Umhang: **6** Tartan
Urbevölkerung: **6** Pikten, Skoten
Verschwörer: **7** Douglas
volkstümliche Helden: **5** Bruce, **7** Wallace

schräg: **4** quer, **6** kursiv, schief, **8** diagonal, **11** transversal
Schräge: **7** Neigung, **8** Gefaelle
Schräglage eines Schiffes: **11** Schlagseite
Schräglinie: **9** Diagonale
Schrägstütze: **6** Strebe
Schramme: **4** Riss, **7** Kratzer
Schrank: **5** Spind, **6** Schaff, **7** Schrein
Schrankabteil: **4** Fach
Schranke: **5** Barre, **6** Sperre, **8** Barriere, **10** Schlagbaum
schrankenlos: **4** frei
Schraubenbakterie: **8** Spirille
Schraubengang: **7** Gewinde
Schraubenlinie: **7** Spirale, **8** Schnecke
Schraubenschlüssel: **8** Franzose, **10** Englaender
Schraubensicherung: **6** Mutter, Splint
Schraubenteil: **6** Mutter, **7** Gewinde

Schrecken: **5** Graus, Panik, Pavor, **6** Furcht, Schock, Horror, **7** Grausen, Schauer, **9** Entsetzen
Schreckensherrschaft: **6** Terror, **11** Despotismus, Terrorismus
Schreckgespenst: **6** Popanz
Schreckgestalt: **7** Monster, **8** Monstrum, Scheuche, **9** Ungeheuer
schrecklich: **7** grausig, horrend, **8** terribel, **9** furchtbar, **10** grauenhaft
Schrei: **3** Ruf
Schreibart: **4** Stil, **7** Diktion
schreiben: **15** korrespondieren
Schreiben: **5** Brief, **7** Schrieb
Schreiberling: **8** Skribent
Schreibflüssigkeit: **5** Tinte
Schreibgeräte: **5** Feder, **7** Griffel, **9** Bleistift, **14** Kugelschreiber
– ***der Antike:*** **7** Calamus
Schreibheft: **6** Kladde
Schreibkünstler: **10** Kalligraph
Schreibmaschinenteile: **4** Type, **5** Taste, Wagen, Walze, **8** Farbband, Tastatur, Typenrad, **9** Leertaste, Tabulator, **11** Feststeller, Randsteller, **12** Andruckrolle
Schreibmaterial: **5** Feder, Tinte, **6** Kreide, Papier, **9** Pergament
Schreibschrank: **9** Sekretaer
Schreibtafel des Altertums: **9** Diptychon
Schreibwarenhandlung: **9** Papeterie
Schreibweise: **4** Stil, **6** Duktus
Schreibzimmer: **5** Buero, **6** Kontor, Office, **7** Kanzlei, **11** Sekretariat
schreien: **5** rufen, **8** bruellen
schreiend: **8** flagrant
Schreinerwerkzeuge: **5** Feile, Hobel, Saege, **6** Bohrer, Raspel, **8** Rauchbank, Schmiege, **9** Gratsaege, Krauskopf, **10** Stichsaege
Schreittanz: **6** Reigen
Schreivögel: **5** Pipra, Pitta, **6** Tyrann, **7** Bentawi, Manakin, Kotinga, **8** Lehmhans, **9** Feuerauge, Gloeckner, **10** Erdkleiber, Felsenhahn, Stiervogel, **11** Flammenkopf, Fruchtvogel, Kappenpitta, Schirmvogel, Stammhacker, **12** Ameisenvogel, Glockenvogel, Klippenvogel, Koenigsvogel, Schmuckvogel, Schnurrvogel, Toepfervogel, **13** Buendelnister, Prachtdrossel, Steigschnabel, **14** Kletterdrossel, Pflanzenmaeder, **15** Buschschluepfer, Halsbandkotinga, Neunfarbenpitta
Schreitvögel: **4** Ibis, **6** Jabiru, Marabu, Reiher, Simbil, Sowaku, Storch, **7** Sichler, **8** Flamingo, Loeffler, Waldibis, Waldrapp, **9** Kuhreiher, Schaufler, **10** Graureiher, Hausstorch, Nimmersatt, Rohrdommel, **11** Abdimstorch, Fischreiher, Maehnenibis, Nachtreiher, **12** Kahnschnabel, Purpurreiher, Rallenreiher, Sattelstorch, Schopfreiher, **13** Klaffschnabel, Loeffelreiher, Rosenloeffler, Schattenvogel, Schuhschnabel, Schwarzstorch, **15** Zwergrohrdommel
Schriftform: **4** Type
Schriftführer: **9** Sekretaer
Schriftgattungen: **5** Didot, **6** Bodoni, Futura, Kursiv, **7** Antiqua, Fraktur, Gotisch, Grotesk, **8** Elzevier, **9** Mediaeval, **10** Egyptienne, **11** Normschrift
Schriftgrade (Druck): **4** Perl, Text, **5** Petit, **6** Borgis, Cicero, Korpus, Mignon, Missal, Tertia, **7** Diamant, Garmond, Kolonel, **8** Brillant, **11** Nonpareille
Schriftleiter: **8** Redaktor, **9** Redakteur
Schriftleitung: **9** Redaktion
schriftliche Mitteilungen: **5** Brief, Karte, **8** Eilbrief, **9** Postkarte
schriftliches Machwerk: **8** Elaborat
Schriftmeßleiste: **9** Typometer

Schriftrolle: **7** Papyrus, **9** Pergament
Schriftsetzer: **9** Typograph
Schriftsprache
– ***im Buddhismus:*** **4** Pali
– ***im Hinduismus:*** **8** Sanskrit
Schriftstelle: **5** Zitat, **6** Passus
Schriftsteller: **5** Autor, **7** Dichter, Literat, **9** Publizist, **11** Ghostwriter
Schriftstellerverband: **3** PEN
Schriftstücke: **4** Akte, **5** Brief, **6** Skript, **7** Urkunde, **8** Dokument, Skriptum, Skriptur, **9** Schreiben
Schrifttilgung: **5** Rasur
Schrifttum: **9** Literatur
Schriftwechsel: **13** Korrespondenz
Schriftzeichen: **4** Rune, **9** Buchstabe, **11** Hieroglyphe
Schriftzug: **6** Duktus
schrill: **4** gell, laut, **5** grell
schriller Ton: **5** Pfiff
Schritt: **3** Pas, **4** Step
Schrittmacher: **7** Pionier, **9** Pacemaker, **12** Avantgardist
Schrittzähler: **9** Hodometer, Pedometer, Podometer, **10** Passometer
schroff: **4** grob, jaeh, **5** steil, **6** bruesk, streng
Schrotgewehr: **6** Flinte
Schrott: **6** Abfall
Schrulle: **4** Tick, **5** Laune, **6** Grille, Spleen, **7** Marotte
Schrumpfkopf: **7** Tsantsa
Schrumpfung: **8** Atrophie **10** Retraktion, **11** Kontraktion
Schrunden: **8** Rhagaden
Schubfach: **4** Lade
Schubstange: **6** Pleuel
schüchtern: **5** scheu, **6** genant, **7** zaghaft, **8** befangen, **10** genierlich
schüchterner Liebhaber: **7** Seladon
Schuft: **4** Lump, **5** Kujon, **7** Halunke, Schurke, **8** Kanaille
Schuhband: **6** Nestel, Senkel
Schuhe: **5** Pumps, **7** Opanken, Slipper, Stiefel, **8** Galosche, Sandalen, **9** Mokassins, Moonboots, **10** Halbschuhe, Holzschuhe, Pantoffeln, Skistiefel, Turnschuhe, **11** Pantoletten, Reitstiefel, Sandaletten, Sportschuhe, **12** Damenstiefel, Gummistiefel, Tennisschuhe, **14** Fussballschuhe, Schnuerstiefel
Schuhform: **7** Leisten, Spanner
Schuhmacher: **8** Schuster
Schuhmacherwerkzeuge: **4** Ahle, **5** Kneif, **6** Pfriem, **7** Leisten
Schuhteile: **5** Ferse, Leder, Sohle, Zunge, **6** Absatz, Hacken, Lasche, **9** Decksohle
Schulabschluß: **6** Abitur
Schulabteilung: **6** Klasse
Schularbeit: **7** Aufgabe, Lektion
Schulden: **7** Passiva
schuldbewußt: **5** reuig
Schuldbewußtsein: **4** Reue
Schuldiener: **6** Pedell
Schuldkonto: **5** Debet
Schuldner: **7** Debitor, Restant
Schuldumwandlung: **8** Novation
Schuldverschreibungen: **4** Bond, **8** Promesse, **10** Obligation, Pfandbrief
Schulen: **6** Lyzeum, **7** Alumnat, College, Konvikt, Seminar, **8** Akademie, Internat, **9** Gymnasium, Pensionat, Technikum, **10** Realschule, **11** Grundschule, Volksschule, **12** Sonderschule, Universitaet
Schüler: **5** Eleve, **6** Alumne, **7** Juenger, **9** Pennaeler
Schüler im Mittelalter: **6** Vagant, **7** Scholar
Schülerheim: **7** Alumnat, **8** Internat
Schulfächer: **5** Lesen, Musik, Sport, **6** Chemie, Latein, Physik, Singen, Turnen, Werken, **7** Algebra, Botanik, Deutsch, Rechnen, **8** Biologie, Englisch, Erdkunde,

Religion, Zeichnen, **9** Geometrie, Schreiben, **10** Geographie, Geschichte, Griechisch, Mathematik, Naturkunde, **11** Heimatkunde, **12** Franzoesisch
Schulgefängnis: **6** Karzer
Schullehrer: **6** Pauker, **9** Paedagoge
Schulleiter: **6** Rektor, **8** Direktor
Schullesebuch: **5** Fibel
Schulmeisterstock: **5** Bakel
Schulsaal: **4** Aula
Schultasche: **5** Mappe, **6** Ranzen, **9** Schulthek, **10** Schultheke
Schulter: **6** Achsel
Schulterbinde: **8** Schaerpe
Schultergicht: **6** Omagra
Schulterkragen des Papstes: **5** Fanon, **6** Fanone
Schulterschmerz: **7** Omalgie
Schulterschmuck des Papstes: **7** Pallium
Schulterstück an Uniformen: **9** Epaulette, **13** Schwalbennest
Schulterteil der Kleidung: **5** Passe, **6** Koller, Kragen
Schultertuch: **5** Fichu, Schal, Stola, Velum
Schulterumhang: **8** Mantille
Schulung: **8** Training
Schulzeugnis: **6** Zensur
Schummer: **10** Daemmerung
Schund: **4** Kram, **6** Kitsch, Ramsch, Tinnef, **7** Plunder
Schuppen: **5** Lager, **6** Hangar, Remise, **7** Schauer, Scheune
Schuppenkriechtier: → Kriechtiere
Schüreisen: **10** Feuerhaken
Schürfrecht: **5** Claim
Schurke: **4** Lump, **5** Kujon, **6** Schuft, **7** Halunke, **8** Kanaille
Schürzenjäger: **13** Schwerenoeter
Schüssel: **4** Napf, **5** Krumme, Satte, **6** Schale, **7** Terrine
Schußwaffen: → Faustfeuerwaffen, → Handfeuerwaffen
Schustermesser: **5** Kneif
Schusterwerkzeuge: **4** Ahle, **5** Kneif, **6** Pfriem, **7** Leisten
Schusterzwecke: **5** Pinne
Schutt: **5** Muell, **6** Abfall, **8** Truemmer
Schüttelkrampf: **6** Klonus
schütter: **5** duenn, **9** spaerlich
Schutthalde: **4** Gand
Schutthang: **5** Halde
Schüttstroh: **5** Streu
Schuttstrom im Hochgebirge: **4** Mure, **7** Moraene
Schutz: **3** Hut, **5** Obhut, **6** Aegide, Schirm, **7** Deckung, **9** Copyright, Sicherung, **10** Protektion, Sicherheit
Schutz der Abgeordneten: **10** Immunitaet, **11** Indemnitaet
Schutzanstrich: **6** Firnis
Schutzanzug: **7** Overall
Schutzbild: **9** Palladium
Schutzbinde des Fechters: **8** Plastron
Schutzblech: **10** Kotfluegel
Schutzbrief: **7** Charter
Schutzdach: **7** Markise, Schauer, **9** Baldachin, **10** Tabernakel
Schutzdamm: **4** Wall, **5** Deich
Schützen: **9** Fuesilier, Musketier, **11** Infanterist
schützen: **6** decken, **7** sichern, **8** behueten, **13** praeservieren
schützende Begleitung: **7** Eskorte
Schützer: **9** Protektor, Sekundant
Schützer des Hauses: **7** Penaten
Schutzfarbe: **7** Mennige
Schutzfärbung: **7** Mimikry
Schutzgebiet: **7** Kolonie, **8** Reservat, **11** Reservation
Schutzgeist: **6** Fylgja, Genius, **11** Schutzengel
Schutzgeister: **5** Laren
Schutzgeleit: **6** Convoy, **7** Eskorte
Schutzheilige: **6** Patronin, → Patroninnen
Schutzheiliger: **6** Patron, → Patrone
Schutzherr: **6** Patron, **9** Protektor

Schutzherrschaft: **6** Aegide, **8** Patronat, **9** Patronage, **11** Protektorat
Schutzhüllen: **4** Etui, **8** Futteral, **9** Fingerhut, **10** Persenning
Schutzimpfung: **11** Vakzination
Schutzkissen an Schiffen: **6** Fender
Schützling: **6** Klient, **7** Muendel, Protegé
Schutzmann: **4** Sipo, **6** Schupo, **8** Polizist
Schutzmantel: **6** Kittel
Schutzmarke: **12** Warenzeichen
Schutzmittel: **8** Talisman
Schutzpatron: → Patrone
Schutzpatronin: → Patroninnen
Schutzraum: **6** Bunker, **9** Kasematte, **10** Unterstand
Schutzrecht für Erfinder: **6** Patent
Schutzverband: **7** Bandage
Schutzvorrichtung an Treppen: **9** Gelaender
Schutzwand: **8** Palisade
Schutzzeichen gegen Geister: **10** Drudenfuss, Pentagramm
schwäbische(r, s)
– ***Dichter:*** **5** Hebel, **6** Uhland, **7** Moerike, Wieland, **8** Schubart
– ***Fürstengeschlecht:*** **12** Hohenstaufen
– ***Gebirge:*** **3** Alp
– ***Herzogsgeschlecht:*** **10** Zaehringer
– ***Humorist:*** **8** Reichert
– ***Meer:*** **8** Bodensee
– ***Mehlspeise:*** **8** Spaetzle
– ***Schriftsteller:*** **5** Hauff, **6** Uhland, **7** Moerike
schwach: **4** lahm, matt, **5** muede, muerbe, **7** hilflos
Schwäche: **4** Hang, **6** Faible
Schwächeanfall: **7** Kollaps, **8** Ohnmacht
schwacher Lichtschein: **8** Schimmer
Schwacher Mitlaut: **5** Lenis
schwächlich: **6** morbid, **10** asthenisch
Schwachsinn: **7** Idiotie, **10** Debilitaet, **13** Imbezillitaet
schwachsinnig: **5** debil
Schwachsinniger: **5** Idiot, **6** Kretin
Schwaden: **5** Dampf, Dunst, **6** Brodem, Wrasen
schwalbenähnliche Vögel: **6** Segler, **9** Salangane
Schwall: **4** Flut, **6** Fuelle
Schwalm-Zuflüsse: **4** Berf, Efze, **5** Gilsa
Schwamm: **6** Fungus, **7** Spongia
schwammig: **7** fungoes, **9** spongioes
Schwammkürbis: **5** Luffa
Schwank: **5** Farce, Posse, **8** Burleske, Schnurre, **9** Lustspiel
Schwänke: **8** Fazetien
schwanken: **6** wanken, **7** floaten, pendeln, taumeln, **10** schlingern
schwankend: **5** labil, **8** instabil, variabel
Schwankung: **11** Fluktuation
Schwanz: **4** Rute, **5** Blume, Fahne, Lunte, Sterz, Stoss, Wedel, Zagel, **7** Schweif, **9** Standarte
Schwanzlurche: **3** Olm, **5** Molch, **6** Triton, **7** Axolotl, **8** Kammolch, **10** Salamander, Teichmolch, **13** Brueckenechse, **15** Feuersalamander
Schwanzwurzel des Vogels: **7** Buerzel
Schwäre: **5** Wunde
Schwärmer: **3** Fan, **7** Utopist, **8** Idealist, Phantast, **9** Fanatiker, **10** Enthusiast, Romantiker
Schwärmer (Falter): **9** Totenkopf, **11** Tannenpfeil, **12** Fichtenmotte, **13** Taubenschwanz, **15** Abendpfauenauge
Schwärmerei: **6** Utopie
schwärmerisch: **8** utopisch, **11** orgiastisch, **12** phantastisch
Schwarzafrikaner: **5** Neger
Schwarz beim Roulette: **4** noir
Schwarzbrot: **12** Pumpernickel

Schwarzdorn: **7** Schlehe
Schwarzdrossel: **5** Amsel
Schwarzer: **4** Mohr, **5** Neger
Schwarzer Kohlenstoff: **4** Russ
Schwarzkittel: **11** Wildschwein
Schwarzkünstler: **6** Magier, **8** Zauberer
Schwarzmeerhäfen: **4** Poti, **5** Bafra, Batum, Gagry, Jalta, Sinop, Varna, **6** Amasra, Batumi, Burgas, Eregli, Odessa, Rostow, Samsun, Sulina, Tuapse, **7** Cherson, Kertsch, Sotschi, Suchumi, Trabzon, **8** Taganrog, **9** Constanza, Konstanza, Nikolajew, Trapezunt, **10** Sewastopol, **11** Noworossisk
Schwarzseher: **9** Defaetist, Pessimist
Schwarzseherei: **11** Defaetismus, Pessimismus
Schwarzwal: **5** Grind
Schwarzwaldsee: **7** Titisee, **9** Mummelsee
Schwarzwasserfieber: **7** Malaria
Schwarzwild: **4** Eber, **5** Bache, **6** Keiler, **10** Frischling
schwätzen: **7** kloenen, **9** parlieren
Schwätzer: **7** Causeur, **8** Fabulant, Phraseur, Salbader, **9** Raesoneur, **12** Schwadroneur
Schweden (Sverige – Staat in N-Europa)
Anatom: **7** Retzius
Architekten: **7** Asplund, **8** Almqvist, **9** Markelius, **10** Backstroem
Astronomen: **7** Celsius, **9** Angstroem
Ballonfahrer: **6** Andrée
Berg: **10** Kebnekajse
Bevölkerung: **6** Lappen, **8** Schweden
Bildhauer: **6** Boberg, Miller, Sergel, **8** Oestberg
Bischof: **6** Tegner
Chemiker: **5** Nobel, **8** Svedberg, Tiselius, **9** Berzelius
Dichter: **6** Lidner, Runius, Tegner, **7** Bellman, Thorild, **8** Kellgren, **9** Johansson, **10** Lagerkvist, Strindberg
Dichterinnen: **8** Lenngren, **9** Lagerloef
Dynastie: **10** Bernadotte
Erzstadt: **6** Kiruna
Filmschauspielerinnen: **5** Garbo, **7** Bergman, Leander
Flüsse: **3** Dal, Ume, Vem, **4** Gide, Lule, Pite, **5** Goeta, **7** Ljusnan
Flüssigkeitsmaß: **5** Kanna
Forschungsreisender: **5** Hedin
Gewichte: **4** Pund, **7** Centner
Hafenstädte: **4** Umea, **5** Lulea, **6** Malmoe, **9** Goeteborg, Stockholm, **10** Nynaeshamm, **11** Helsingborg, Trelleborg
Halbinsel: **7** Schonen
Hauptstadt: **9** Stockholm
Inseln (und Ort): **6** Oeland, **7** Gotland, (**5** Visby)
Karikaturist: **9** Hoegfeldt
Komponisten: **5** Roman, Wiren, **6** Alfvén, **7** Berwald, Lidholm, Nilsson, **8** Blomdahl, Lindblad, **9** Attarberg
Könige: **4** Karl, Knut, Olaf, **5** Emund, Erich, Hakon, Oskar, **6** Gustav, Johann, **8** Albrecht
Königinnen: **4** Inge, **5** Silvia, **9** Christine
Königsgeschlechter: **4** Vasa, Wasa, **7** Stenkil, Sverker, **9** Folkunger, Ynglingar, **10** Bernadotte
Landschaften: **7** Dalarna, **8** Norrland, **9** Bohuslaen, **14** Oestergoetland, **15** Vaestergoetland
Längenmaße: **3** Aln, Fot, **5** Stang
Lyriker: **9** Wivallius
Maler: **4** Zorn, **5** Pasch, **6** Birger, Roslin, **7** Hagborg, Larsson,

10 Fahlcrantz
Mediziner: **5** Euler, **8** Theorell, **10** Gullstrand
Museum in Stockholm: **7** Skansen
Nationalparks: **5** Sarek, **6** Abisko
Naturforscher: **5** Linné
Nobelpreisträger
– *für Frieden:* **6** Myrdal
– *für Medizin:* **6** Wiesel, **9** Samuelson
– *für Physik:* **8** Siegbahn
Physiker: **5** Alven, Dalen, **7** Celsius, **8** Siegbahn, **9** Arrhenius
Polarforscher: **6** Andrée, **13** Nordenskioeld
Politiker: **5** Bildt, Palme, **8** Carlsson, Erlander, **9** Arnoldson
Provinzen (und ihre Hauptorte): **6** Kalmar (**6** Kalmar), **7** Gotland (**5** Visby), Halland (**8** Halmstad), Oerebro (**7** Oerebro), Uppsala (**7** Uppsala), **8** Blekinge (**10** Karlskrona), **9** Aelvsborg (**11** Vaenersborg), Jaemtland (**10** Oestersund), Kronoberg (**7** Vaexjoe), Malmoehus (**6** Malmoe), Norbotten (**5** Lulea), Skaraborg (**9** Mariestad), Stockholm (**9** Stockholm), Vaermland (**8** Karlstad), **10** Gaevleborg (**6** Gaevle), Kopparberg (**5** Falun), **11** Joenkoeping (**11** Joenkoeping), **12** Kristianstad (**12** Kristianstad), Vaestmanland (**9** Vaesteras), **13** Soedermanland (**9** Nykoeping), Vaesterbotten (**4** Umea), **14** Oestergoetland (**10** Linkoeping), **15** Vaesternorrland (**11** Haernoesand), **17** Goeteborg och Bohus (**9** Goeteborg)
Regisseur: **7** Bergman
Sängerin: **4** Lind
Schlösser: **9** Gripsholm, **13** Drottningholm
Schriftsteller: **4** Berg, **5** Dalin, Moerk, Sachs, **6** Creutz, Moberg, Munthe, **7** Hansson, Leffler, **8** Sjoeberg, **9** Karlfeldt, Martinson, **10** Wallenberg
Schriftstellerinnen: **3** Key, **8** Lindgren, **9** Lagerloef
schwedisch für
Fluß, Strom: **4** Aelv
Gouverneur: **13** Landshoevding
Parlament: **7** Riksdag
Provinz: **4** Laen
Provinz-Parlament: **9** Landsting
Seebad: **3** Asa
Seen: **7** Storsee, **9** Maelarsee, Siljansee, Vaenersee, **10** Vaettersee
Städte u. Orte: **3** Eda, Lit, Ore, **4** Amal, Ange, Lund, Mora, Sala, Umea, **5** Boden, Boras, Falun, Lulea, Pitea, Visby, Ystad, **6** Gaevle, Kalmar, Kiruna, Malmoe, Motala, **7** Boliden, Ludvika, Oerebro, Uppsala, Varberg, **8** Halmstad, Karlstad, Kramfors, **9** Goeteborg, Gotenburg, Haparanda, Karlskoga, Nykoeping, Stockholm, Sundsvall, Uddevalla, **10** Eskilstuna, Karlskrona, Landskrona, Linkoeping, Nynaeshamn, Oskarshamn, Soederhamn, Trelleborg, **11** Norrkoeping
Statthalter im Mittelalter: **4** Jarl
Theosoph: **10** Swedenborg
Universitätsstädte: **4** Lund, **7** Uppsala, **9** Goeteborg, Stockholm
Währung: **4** Oere, **5** Krone
Wegemaß: **3** Mil
Schwefelsäure: **5** Oleum
Schwefelverbindungen: **6** Sulfat, Sulfid, Sulfit, **7** Vitriol
Schweifstern: **5** Komet

Schweigegebot der Mafia: **6** Omerta
Schweigen: **4** Ruhe, Stille, **9** Silentium
schweigsam: **5** stumm
Schwein
junges: **6** Ferkel, **10** Spanferkel
männliches: **4** Eber, **6** Keiler
weibliches: **3** Sau, **5** Bache
Schweinearten: **6** Pekari, **9** Babirussa, **10** Hirscheber, **11** Edelschwein, Hartlaeufer, Hausschwein, Landschwein, Wildschwein, **12** Bisamschwein, Flussschwein, Nabelschwein, Weideschwein, **13** Bindenschwein, Pinselschwein, Sattelschwein, Warzenschwein, **14** Halsbandpekari, **15** Weissbartpekari, **17** Riesenwaldschwein, **18** Haengebauchschwein
Schweinefette: **5** Speck, **6** Flomen, Liesen, Schmer, **7** Schmalz
Schweinekrankheit: **7** Rotlauf
Schweineparasiten: **5** Finne, **8** Trichine
Schweinsaffe: **8** Lapunder
Schweiß: **13** Transpiration
Schweißmittel: **8** Acetylen, **10** Sauerstoff
Schweiz (Helvetia – Staat in Mitteleuropa)
Alpenpässe: **5** Furka, **6** Julier, Maloja, Susten, **7** Grimsel, Klausen, Simplon, **8** Flueelen, Gotthard, Spluegen
Architekten: **8** Schnebli, **9** Corbusier, **11** Le Corbusier
Arzt: **5** Bovet
Berge: **2** Ot, **3** Aul, Brè, Err, **4** Alis, Buin, Napf, Rigi, **5** Eiger, Mythe, Toedi, Vorab, **6** Honegg, Malura, Moench, **7** Bernina, Pilatus, Saentis, Sardona, **8** Wildhorn, Hochwang, Jungfrau, **9** Bella Tola, Hausstock, Weissfluh, **10** Matterhorn, Sustenhorn, **11** Aletschhorn, Blinnenhorn, Ringelspitz, Wildstrubel
Bergwiese: **6** Ruetli
Bildhauer: **4** Bill, **8** Tinguely, **10** Giacometti, Luginbuehl
Botaniker: **7** Naegeli
Chemiker: **6** Karrer, Werner, **7** Ruzicka
Chirurg: **6** Kocher
Choreograph: **6** Terpis
Clown: **5** Grock
Dichter: **3** Arx, **5** Meyer, Ramuz, **6** Frisch, Keller, **9** Spitteler, **11** Duerrenmatt
Dirigent: **8** Ansermet
Dramatiker: **6** Frisch, **11** Duerrenmatt
Erzieher: **10** Pestalozzi
Flächenmaß: **3** Are, **7** Hektare
Flüsse: **3** Inn, **4** Aare, Emme, Orbe, Thur, **5** Moesa, Reuss, Rhein, Rhone, Saane, **6** Limmat, Tessin, Ticino, **7** Tarmina
Gebirge: **5** Alpen, **7** Bernina, **11** Churfirsten
Geograph: **4** Egli
Gletscher: **6** Gorner, **7** Aletsch
Hauptstadt (eigentlich nur Reg.-Sitz): **4** Bern
Heiliger: **5** Fluee
Historiker: **7** Tschudi, **10** Burckhardt
Hochtal: **7** Engadin
Humorist: **4** Emil
Kantone u. Halbkantone (und ihre Hauptorte): **3** Uri (**7** Altdorf), Zug (**3** Zug), **4** Bern (**4** Bern), Genf (**4** Genf), Jura (**8** Delsberg), **5** Waadt (**8** Lausanne), **6** Aargau (**5** Aarau), Glarus (**6** Glarus), Luzern (**6** Luzern), Tessin (**10** Bellinzona), Wallis (**4** Sion, **6** Sitten), **7** Thurgau (**10** Frauenfeld), Zuerich (**7** Zuerich), **8** Freiburg (**8** Freiburg), Obwalden

(**6** Sarnen), **9** Appenzell mit **12** Ausserrhoden (**7** Herisau), **11** Innerrhoden (**9** Appenzell), Basel-Land (**7** Liestal), Neuenburg (**9** Neuenburg), Nidwalden (**5** Stans), Solothurn (**9** Solothurn), **10** Basel-Stadt (**5** Basel), **11** Graubuenden (**4** Chur), Innerrhoden (**9** Appenzell), Sankt Gallen (**11** Sankt Gallen), Unterwalden mit Obwalden (**6** Sarnen), Nidwalden (**5** Stans), **12** Ausserrhoden (**7** Herisau), Schaffhausen (**12** Schaffhausen), **15** Basel-Landschaft (**7** Liestal)

Käse: **9** Greyerzer, **10** Emmentaler, Schabziger

Käsegericht: **6** Fondue

Komponisten: **5** Hegar, Huber, Suter, **6** Martin, **7** Brunner, Schoeck, **8** Burkhard, Honegger, Schibler, **10** Kelterborn, Liebermann, Wildberger, **12** Sutermeister

Kulturhistoriker: **10** Burckhardt

Kupferstecher: **6** Merian

Kurorte: **4** Lenk, Rigi, Sils, Thun, Zuoz, **5** Arosa, Baden, Davos, Flims, Ragaz, Zinal, **6** Airolo, Arolla, Ascona, Gstaad, Leysin, Lugano, Maloja, Sarnen, Wengen, **7** Champex, Evolena, Locarno, Montana, Muerren, Saas-Fee, Samedan, Vitznau, Zermatt, **8** Brissago, Celerina, Champéry, Disentis, Klosters, **9** Andermatt, Engelberg, **10** Churwalden, Interlaken, Pontresina, Silvaplana, **11** Grindelwald, Lenzerheide, Rheinfelden, Sankt Moritz

Landschaft: **7** Engadin

Luftfahrtgesellschaft: **8** Swissair

Lyriker: **5** Strub, Tavel, **6** Burren, Walter, **7** Lienert, **8** Eggimann

Maler: **4** Klee, Witz, **5** Graff, Wolff, **6** Calame, Hodler, **7** Fuessli, Liofard, **8** Boecklin

Mathematiker: **5** Euler, **6** Guldin, **7** Byrgius

Mediziner: **5** Bovet

Minnesänger: **7** Hadlaub

Nationalheld: **10** Winkelried

Nobelpreisträger

– *für Chemie:* **5** Ernst

– *für Physik:* **6** Rohrer

Pädagoge: **10** Pestalozzi

Philosoph: **5** Barth

Physiker: **7** Piccard, **8** Scherrer

Physiologe: **4** Hess

Politiker: **4** Ador, **5** Celio, Etter, **6** Aubert, Felber

polit. System: **9** Bundesrat, **10** Staenderat, **11** Nationalrat

Psychologe: **4** Jung

Reformatoren: **6** Calvin, **7** Zwingli

Sagenheld: **4** Tell

Schloß: **7** Chillon

Schriftsteller: **3** Ilg, **4** Anet, Heer, Zahn, **5** Hesse, Kauer, Nizon, **6** Bodmer, Geiser, Inglin, Hohler, Keller, **7** Bichsel, Federer, Glauser, Knittel, Lienert, Wiesner, **8** Blattner, Gotthelf, Rousseau, Zschokke, **9** Spitteler, **10** Breitinger

Schriftstellerinnen: **6** Meylan, Walter, **8** Pedretti, **11** Leutenegger

Schwurstätte: **6** Ruetli

Seen: **8** Walensee, **9** Bieler See, Genfer See, **11** Brienzer See, Zuercher See, **14** Neuenburger See, **19** Vierwaldstaetter See

Städte und Orte: **3** Sax, Wil, Zug, **4** Bern, Biel, Brig, Chur, Genf, Sion, Thun, **5** Aarau, Arbon, Baden, Basel, Brugg, Nidau, Olten, Stans, Vevey, **6** Ascona, Ebikon, Glarus, Koeniz, Laupen, Lugano,

Luzern, Morges, Sitten, **7** Herisau, Liestal, Locarno, Samedan, Yverdon, Zuerich, **8** Freiburg, Lausanne, Montreux, Zofingen, **9** Appenzell, Neuchâtel, Neuenburg, Rorschach, Solothurn, **10** Bellinzona, Einsiedeln, Frauenfeld, Winterthur, **11** Sankt Gallen, Sankt Moritz, **12** Schaffhausen
Tanzmusiker: **9** Osterwald
Theologen: **5** Barth, **7** Lavater
Verwaltungsgebiet: **6** Kanton
Währung: **6** Rappen, **7** Centime, Franken
Wallfahrtsort: **10** Einsiedeln
Weine: **5** Cully, **6** Saleve, **7** Dezalay, Faverge, Fendant, Gringet, **9** Malvoisie, **10** Cortaillod
Wintersportorte: **5** Davos, **6** Gstaad, **7** Zermatt, **9** Andermatt, **11** Sankt Moritz

schwelen: 6 blaken, russen, **7** glimmen, qualmen
schwelendes Feuer: 4 Glut
Schwelger: → Schlemmer
Schwelgerei: 5 Orgie
schwelgerisch: 6 ueppig, **10** lukullisch
Schwellung: 5 Beule, Delle
Schwellung des Säulenschafts: 6 Entase, **7** Entasis
Schwemmland: 6 Marsch, **7** Schlick
Schwenker: 3 Cut, **7** Cutaway
schwer: 6 massiv, **8** diffizil, **11** kompliziert
Schwerathleten: 5 Boxer, **6** Ringer, **7** Catcher, **12** Gewichtheber
schwerathletische Übungen: 5 Boxen, **6** Ringen, **7** Catchen, **8** Freistil, **12** Gewichtheben
Schwerbewaffneter
– ***im alten Griechenland:*** **6** Hoplit
– ***im alten Rom:*** **8** Triarier
Schwere: 4 Last, **6** Haerte, **7** Gewicht, **13** Gewichtigkeit
schwere Bodenart: 4 Klei
schwerer Wasserstoff: 9 Deuterium
Schwerfälligkeit: 7 Phlegma
Schwerkraft: 11 Gravitation
Schwermetalle: 4 Blei, Gold, Uran, Zink, Zinn, **5** Chrom, Eisen, **6** Kobalt, Mangan, Nickel, Platin, Silber, Tantal, **7** Cadmium, Kadmium, Wolfram, **11** Quecksilber
Schwermut: 9 Truebsinn, **10** Depression, **11** Melancholie
schwermütig: 7 traurig, **9** depressiv, **10** deprimiert
Schwermütiger: 11 Hypochonder
Schwerreicher: 5 Nabob
Schwerspat: 5 Baryt
Schwert (oriental.): 8 Akinakes
Schwerttypen: 3 Sax, **5** Sachs, **8** Flamberg
Schwerthülle: 7 Scheide
Schwertliliengewächse: 4 Iris, **6** Krokus, Safran, **7** Freesie, **8** Gladiole, Sparaxis, Tritonia, **9** Schwertel
Schwertteile: 5 Knauf, **6** Klinge, **8** Schneide
Schwertwal: 8 Butskopf
schwerwiegend: 11 fundamental
Schwiegersohn: 5 Eidam
Schwiegersohn
– ***des Kaisers Augustus:*** **7** Agrippa
– ***des Laban:*** **5** Jakob
– ***Mohammed:*** **3** Ali
Schwiegertochter: 6 Schnur
Schwiegervater: 9 Schwaeher
Schwiegervater des Jakob: 5 Laban
Schwiele: 5 Beule, Tylom, **6** Kallus
schwierig: 6 heikel, subtil, **7** prekaer, spinoes, **8** diffizil, **11** kompliziert
schwierige Lage: 3 Not, **5** Noete, **6** Klemme, Misere, **7** Dilemma
Schwierigkeit: 5 Krise, **6** Krisis, **7** Dilemma, Problem, **8** Schikane, **9** Kniffelei, Schererei, **10** Kalamitaet, **11** Problematik

Schwierigkeiten: 10 Sperenzien, **11** Sperenzchen
Schwimmbecken: 6 Bassin, **12** Swimmingpool
Schwimmbrücke: 6 Ponton
schwimmendes Seezeichen: 4 Boje
Schwimmkäfer: 8 Gelbrand, **10** Drehkaefer, **12** Taumelkaefer, **18** Kolbenwasserkaefer
Schwimmstile: 5 Kraul, **9** Butterfly, **13** Schmetterling
Schwimmvögel: 3 Alk, **4** Ente, Gans, **5** Erpel, Lumme, **6** Ganter, Saeger, Schwan, Teiste, **7** Pelikan, Pinguin, Scharbe, Taucher, Toelpel, **8** Albatros, Kormoran, **9** Eiderente, **10** Sturmvogel, → Alken, → Enten u. Gänse
Schwindel: 5 Luege, **6** Betrug, Humbug, Taumel, Unsinn, **7** Mumpitz
schwindelig: 10 bluemerant
Schwindler: 6 Gauner, **7** Luegner, **9** Betrueger, **10** Scharlatan
Schwindsucht: 5 Tabes, **8** Phthisis, **11** Tuberkulose
Schwingblatt: 7 Membran, **8** Membrane
Schwingen: 7 Fittich, Fluegel
schwingen: 7 pendeln, **9** vibrieren
schwingender Körper: 6 Pendel
Schwingung: 9 Vibration, **11** Oszillation
Schwingungserzeuger: 10 Oszillator
Schwingungsschreiber: 12 Oszillograph
Schwingungsweite: 9 Amplitude
Schwingungszahl: 8 Frequenz
Schwips: 6 Rausch
Schwirrvogel: 7 Kolibri
Schwitzbad: 5 Sauna
schwitzen: 13 transpirieren
Schwitzkasten: 10 Sudatorium
Schwulst: 7 Bombast, **11** Galimathias
Schwung: 4 Elan, **5** Verve, Wucht, **6** Pathos, **7** Bravour, Dynamik, **8** Vehemenz, **11** Temperament
Schwungbrett: 9 Trampolin
schwungvoll (Rede): 10 oratorisch
Schwur: 3 Eid, **8** Geluebde, **9** Geloebnis
Schwurgericht in Frankreich und der Schweiz: 7 Assisen
Sechseck: 7 Hexagon, Sexagon
Sechsflächner: 8 Hexaeder
sechsfüßiger Vers: 9 Hexameter
Sechspolröhre: 6 Hexode
sechsstimmiges Tonstück: 7 Sextett
Sedimentgesteine: 3 Ton, **4** Kies, Sand, **7** Dolomit, **9** Kalkstein, Sandstein, **11** Schieferton
Seeanemone: 7 Aktinie
Seebärenfell: 4 Seal
See: → betr. Länder u. Staaten
Seefahrer: 4 Cook, **6** Tasman, **8** Magellan, **9** Magalhaes
Seefische: 3 Aal, Hai, **4** Butt, Salm, **5** Lachs, Stoer, **6** Dorsch, Hausen, Hering, Rochen, Schlei, **7** Dornhai, Blauhai, Flunder, Makrele, Muraene, Sardine, Schleie, Scholle, Sprotte, **8** Anchovis, Goldbutt, Heilbutt, Kabeljau, Lamprete, Sardelle, Seezunge, **9** Hammerhai, Igelfisch, Katzenhai, Steinbutt, Thunfisch, Zitteraal, **10** Barramunda, Saegefisch, **11** Kofferfisch, Schellfisch, **12** Seepferdchen, Zitterrochen
Seegang: 7 Duenung
Seehafen von Rotterdam: 9 Europoort
Seehandelsklausel: 3 cif, fob
Seehorizont: 4 Kimm
Seehundfell: 9 Whitecoat
Seeigel (versteinert): 7 Echinit
Seejungfer: 4 Nixe, **7** Libelle
Seekrankheit: 6 Nausea, **8** Kinetose
Seekreide: 3 Alm, **6** Mergel
Seekriegsbeute: 5 Prise
Seekühe: 6 Dugong, Manati, Sirene,

8 Lamantin
Seelachs: **3** Sei, **7** Koehler, Pollack
Seele: **5** Anima, Atman, **6** Gemuet, Psyche
Seelenarzt: **10** Psychiater
Seelenglaube: **9** Animismus
Seelenkunde: **11** Psychologie
Seelenmesse: **7** Requiem
Seelenstörung: **7** Neurose, **8** Psychose
seelisch: **9** psychisch
seelisch beeinflussen: **11** suggerieren
seelische
– ***Ausstrahlung:*** **4** Aura
– ***Beeinflussung:*** **10** Suggestion
– ***Erregung:*** **6** Affekt, **7** Emotion
– ***Erschütterung:*** **6** Schock, Trauma
– ***Krankheit:*** **7** Neurose, **8** Psychose
– ***Niedergeschlagenheit:*** **10** Depression
– ***Verfassung:*** **5** Laune, **8** Stimmung
– ***Wohlbefinden:*** **8** Euphorie
Seelsorger: **5** Kurat, **6** Pastor, **7** Pfarrer, **8** Priester, **11** Geistlicher
seelsorgerisch: **8** pastoral
Seemacht: **6** Flotte, Marine
Seemann: **4** Maat, **7** Mariner, Matrose
seemännisch für
– ***Anrichte:*** **6** Pantry
– ***anheben:*** **7** lichten
– ***ausladen:*** **8** loeschen, **9** leichtern
– ***Bett:*** **4** Koje
– ***Bootskran:*** **5** Davit
– ***Chef, Herr; Aufseher:*** **4** Baas
– ***Decköffnung:*** **3** Luk, **4** Luke
– ***dreieckiges Segel:*** **7** Kluever
– ***entlassen:*** **9** abmustern
– ***Fernglas:*** **6** Kieker
– ***Flaggenaufziehen:*** **6** hissen
– ***mit Flagge grüßen:*** **6** dippen
– ***Haltetau:*** **4** Reep, **6** Brasse
– ***herablassen:*** **6** fieren
– ***hinten:*** **7** achtern
– ***Hinterdeck:*** **10** Achterdeck
– ***hinteres Schiffsende:*** **4** Heck
– ***Horizont:*** **4** Kimm
– ***innere Schiffswand:*** **6** Schott
– ***Kette zum Ankerlichten:*** **7** Kabelar
– ***Kompaß:*** **7** Bussole
– ***Küche:*** **8** Kombuese
– ***kündigen:*** **9** abmustern
– ***Lastenaufziehen:*** **6** hieven
– ***leerpumpen:*** **6** lenzen
– ***linke Schiffsseite:*** **8** Backbord
– ***Lohn:*** **5** Heuer
– ***Mannschaftsunterkunft:*** **5** Logis
– ***Masthaltetau:*** **5** Wante
– ***Mastspitze:*** **3** Top, **4** Topp
– ***Matrose:*** **4** Gast
– ***nach hinten:*** **9** achteraus
– ***Offiziersspeiseraum:*** **5** Messe
– ***Pfosten zum Festmachen:*** **6** Poller
– ***Polster für Schiffswand:*** **6** Fender
– ***quer:*** **5** dwars
– ***Raum für Leckwasser:*** **5** Bilge
– ***rechte Schiffsseite:*** **10** Steuerbord
– ***Richtung bestimmen:*** **6** peilen
– ***Rille:*** **4** Keep
– ***Ruder:*** **6** Riemen
– ***Ruderbank:*** **5** Ducht
– ***rudern:*** **6** pullen
– ***rundes Schiffsfenster:*** **8** Bullauge
– ***Schiffsbrüstung:*** **6** Reling
– ***Schiffseßtisch:*** **4** Back
– ***Schiffsjüngster:*** **5** Moses
– ***Schiffsrippe:*** **6** Spante
– ***Schiffssteuer:*** **5** Ruder
– ***Schiffstau:*** **4** Fall, Reep, **6** Trosse
– ***Schlafstelle:*** **4** Koje
– ***Schüssel:*** **5** Kumme
– ***Seezeichen:*** **4** Bake, Boje
– ***Segel einrollen:*** **6** reffen
– ***Segelstange:*** **3** Rah, **4** Rahe, **6** Gaffel, Spiere, Spriet
– ***Segelzeug:*** **8** Takelage, Takelung
– ***Stellenvermittler:*** **4** Baas, **9** Heuerbaas
– ***Strickleiter:*** **12** Jakobsleiter
– ***Tau zum Zusammenholen der Segel:*** **3** Gei, **6** Geitau
– ***Tau zum Zusammenziehen der***

Segel: **7** Gording
– ***Teil der Trosse:*** **7** Kardeel
– ***treiben:*** **7** driften
– ***Treppe zum Schiff:*** **8** Fallreep
– ***vom Kurs abweichen:*** **6** gieren
– ***vorderes Schiffsteil:*** **3** Bug
– ***Winde:*** **5** Spill
– ***Windschattenseite:*** **3** Lee
– ***Windseite:*** **3** Luv
– ***zurück:*** **4** back
Seemannshandschuhe: **6** Wanten
Seemannshut: **10** Suedwester
Seemannsjacke: **7** Pijacke
Seemannskleidung: **7** Oelzeug
Seemannslied: **6** Shanty
Seemannslohn: **5** Heuer
Seemannsmatratze: **8** Bultsack
Seemannsruf: **4** ahoi
Seemannsspeise: **8** Labskaus
Seemannstanz: **7** Matelot, **8** Matelote
Seenotzeichen: **3** CQD, SOS
Seeoffiziere: **7** Admiral, **8** Kapitaen, **9** Kommodore, **11** Vizeadmiral, **13** Konteradmiral, **16** Kapitaenleutnant, **17** Korvettenkapitaen
Seequappe: **4** Lumb
Seeräuber: **5** Pirat, **6** Korsar, **8** Bukanier, **10** Flibustier, Freibeuter, **12** Stoertebeker
Seerosen: **5** Lotos, **6** Mummel, **8** Nymphaea
Seesäugetiere: **3** Wal, **5** Robbe, **6** Narwal, **7** Delphin, Seehund, Walross, **8** Seeloewe, **10** Seeleopard
Seeschaden: **7** Havarie
Seesoldat: **7** Mariner
Seesperre: **8** Blockade
Seestreitkräfte: **6** Armada, Flotte, Marine, **9** Flottille
Seeungeheuer: **5** Krake, **6** Skylla, **9** Charybdis
Seevögel: → Meeresvögel
Seewalze: **7** Trepang
Seezeichen: **4** Bake, Boje, **5** Tonne, **6** Pricke, Stange, **8** Heulboje, **10** Bakentonne, Kugeltonne, Leuchtboje, Leuchtturm, **11** Feuerschiff
Segel: **4** Bram, Fock, **5** Besan, Royal, **7** Kluever, **8** Beisegel, Rahsegel, **9** Bramsegel, Marssegel, Spinnaker, Stagsegel, **10** Grosssegel, **11** Gaffelsegel, Lateinsegel
Segelausrüstung eines Schiffes: **8** Takelage, Takelung
Segelbootstypen: **4** Slup, Star, Yawl, **5** Dingi, Jacht, Jolle, Pirat, Sloop, **6** Dinghi, Ketsch, Kutter, Soling, **7** Drachen, Tempest, **8** Trimaran, **9** Finndingi, Katamaran
Segelflugbegriffe: **7** Aufwind, Thermik
Segelkommando: **3** Ree
Segelkriegsschiff: **8** Korvette
Segelleine: **5** Schot, **6** Schote
Segelschiffe: **3** Dau, **4** Bark, Hulk, Pink, Slup, Yawl, **5** Brigg, Jacht, Jolle, Kogge, Sloop, Tjalk, **6** Feluke, Galion, Ketsch, Kutter, Logger, Segler, **7** Galeone, Galeote, Klipper, Kreuzer, Schoner, **8** Dschunke, Fregatte, Galeasse, Korvette, **9** Einmaster, Karavelle, **10** Brigantine, Dreimaster, Viermaster, Vollschiff, Zweimaster
Segelschlitten: **8** Eisjacht
Segelstangen: **3** Rah, **4** Rahe, Stag, **6** Gaffel, **9** Bugspriet
Segeltaueinfassung: **4** Liek
Segeltuch: **10** Persenning
Segelwind: **5** Brise
Segen: **4** Heil, **5** Weihe, **10** Tischgebet
Seglerartige Vögel: **6** Klecho, **7** Kolibri, **9** Salangane, **10** Baumsegler, Hummelelfe, Prachtelfe, Riesengnom, **11** Alpensegler, Helmkolibri, Mauersegler, Schmuckelfe, Schweifelfe, **12** Adlerkolibri, Costakolibri, Glanzkolibri, Topaskolibri, Wundersylphe, Zwergkolibri

segnen: **9** benedeien
Segnung: **11** Benediktion
Seher: **7** Kuender, Prophet, **9** Weissager
Seherinnen: **6** Voelva, **7** Pythia, Sibylle
Seherin in Troja: **9** Kassandra
seherisch: **9** visionaer, **11** prophetisch
Seherkunst: **6** Mantik
Sehne: **7** Flechse, **9** Parameter
Sehnenentzündung: **10** Tendinitis
Sehnenschmerz: **8** Tenalgie
Sehnerv: **7** Opticus
Sehnsucht: **9** Verlangen
Sehnsucht nach dem Vergangenen: **9** Nostalgie
Sehöffnung: **7** Pupille
Sehorgan: **4** Auge
sehr: **3** arg, gar
Sehrohr der Unterseeboote: **8** Periskop
Sehschärfe: **5** Visus
Sehweitenmesser: **9** Optometer
seicht: **3** fad, **4** fade, **5** banal, flach, **6** untief, **7** trivial
seichte Stelle: **7** Untiefe
seichter Flußübergang: **4** Furt
Seichtheit: **10** Platituede
Seidelbast: **6** Daphne, **10** Kellerhals
Seidenfadenmaß: **5** Titer
Seidengewebe: **4** Taft, **5** Atlas, Ekrue, Satin, Twill, **6** Batist, Brokat, Damast, Ouvrée, Ramagé, **7** Chiffon, Epinglé, Foulard, Luisine, Organza, **8** Duchesse, Eolienne, Florette, Organsin, Organzin, **9** Georgette, Levantine
Seidenmull: **9** Charmeuse
Seidenplüsch: **6** Felbel
Seidensamt: **7** Velours
Seidenwollbaum: **5** Semal, **6** Bombax
Seidenschnur: **8** Chenille
Seiendes (Philos.): **3** Ens
Seifenbaumgewächse: **3** Aki, **8** Quillaja, **9** Paullinia
Seifenlösung: **5** Lauge
Seiher: **6** Filter
Seihgerät: **4** Sieb
Seil: **3** Tau, **4** Reep, **5** Leine, **6** Schnur, Strick
Seilbahn im Wintersport: **7** Skilift
Seilmaterial: **4** Hanf, **5** Sisal
Seilscheibe: **6** Haspel
Seiltänzer: **12** Aequilibrist
Seilzug: **5** Winde
Seine-Zuflüsse: **4** Aube, Epte, Eure, Oise, **5** Aisne, Cally, Loing, Marne, Nauxe, Orvin, Ource, Sarce, Yonne, **6** Brevon, **7** Aubette, Laignes, Orvanne
Seite: **6** Flanke
Seite
– ***der Buchführung:*** **4** Soll, **5** Debet, Haben, **6** Credit, Kredit
– ***des Dreiecks:*** **7** Kathete, **10** Hypotenuse
– ***des Schiffes:*** **8** Backbord, **10** Steuerbord
Seitenansicht: **6** Profil
Seitenbrett des Fasses: **5** Daube
Seitengewehr: **8** Bajonett
Seitengang (Hohe Schule): **7** Travers
Seitensprung: **8** Eskapade
Seitenstück: **7** Pendant
Seitensumme: **5** Latus
Seitentrieb der Pfanze: **7** Ableger
Seitenwand: **5** Zarge
seitlich: **7** lateral
Sekretär
– ***Ciceros:*** **4** Tiro
– ***Goethes:*** **9** Eckermann
Sekt: **8** Mousseux, **10** Champagner, Schaumwein
Sekten: **7** Quaeker, **8** Adamiten, Mormonen, **9** Darbysten, **10** Mennoniten, **11** Adventisten, **13** Zeugen Jehovas
Sekundant: **5** Zeuge, **6** Helfer, **8** Beistand
Selbstauflösung: **8** Autolyse
selbständig: **6** autark, **7** autonom,

9 souveraen
Selbständigkeit: **9** Autonomie
Selbstbeherrschung: **9** Disziplin
Selbstbedienungskaufhaus: **10** Supermarkt
Selbstbewunderer: **7** Narziss
Selbstbezogener: **6** Autist
Selbstbezogenheit: **8** Autismus
selbstgefällig: **5** eitel, **10** sueffisant
selbstgenügsam: **6** autark
selbstgerecht: **12** pharisaeisch
Selbstgespräch: **7** Monolog
selbstherrlich: **10** caesarisch
Selbstherrscher: **8** Autokrat
Selbstladepistole: **8** Browning
Selbstlaut: **5** Vokal
Selbstlosigkeit: **10** Altruismus
selbstloser Mensch: **7** Altruist
Selbstmord: **6** Suizid, **7** Freitod, Seppuku, **8** Harakiri
Selbstsucht: **8** Egoismus
Selbstsüchtiger: **6** Egoist
selbsttätig: **7** autogen, **11** automatisch
selbsttätiger Apparat: **7** Automat
Selbsttäuschung: **8** Illusion
Selbstüberhebung: **6** Hybris
Selbstvergötterung: **10** Idiolatrie
selbstverständlich: **6** eo ipso, **7** logisch
Selbstverstümmelung: **9** Autotomie
Selbstverteidigungskünste: **4** Judo, **6** Aikido, Karate, **8** Jiu-Jitsu, **9** Taekwondo
Selbstzucht: **6** Askese
selig: **4** froh, **6** wonnig
Seligkeit: **5** Wonne
seligpreisen: **9** benedeien
Seligsprechung: **13** Beatifikation
selten: **3** rar, **9** singulaer
Seltenerdmetalle: **3** Cer, Zer, **5** Radon, Titan, **6** Cerium, Erbium, Neodym, Radium, Tantal, **7** Holmium, Lanthan, Terbium, Thulium, Yttrium, **8** Europium, Lutetium, Samarium, Scandium, **9** Praseodym, Ytterbium, **10** Dysprosium, Gadolinium
Seltenes: **6** Unikum
seltenes Ereignis: **9** Phaenomen
Seltenheit: **6** Unikum, **8** Raritaet, **11** Kostbarkeit, **13** Singularitaet
seltsam: **6** bizarr, kurios, **7** grotesk, komisch, skurril, **8** frappant, **9** sonderbar, wunderbar, **10** eigenartig, **11** merkwuerdig, verschroben, **12** phantastisch
semitische Gottheiten: **4** Baal, **5** Istar, **6** Moloch, **7** Astarte
semitische Völker: **5** Juden, **6** Araber, **8** Aramaeer, Hebraeer, **10** Israeliten
Senatsmitglied: **7** Senator
Sendbote: **6** Kurier, **7** Apostel, **8** Emissaer, **9** Missionar
Sendefolge: **8** Programm
Sendschreiben: **5** Breve, **7** Epistel, **11** Hirtenbrief
Sendung: **7** Auftrag, Mission, Berufung
Senegal (Staat in W-Afrika)
- ***Bevölkerung:*** **5** Dyola, Fulbe, Lebou, Serer, Wolof, **6** Mauren, **7** Malinke, Soninke, Tukulor, **8** Tukuloer, **11** Senegalesen
- ***Hauptstadt:*** **5** Dakar
- ***Insel:*** **5** Gorée
- ***Nationalpark:*** **10** Nikolo-Koba
- ***Politiker:*** **5** Diouf, **7** Senghor
- ***Sprachen:*** **3** Ful, **5** Wolof, **7** Malinke
- ***Städte:*** **5** Dakar, Louga, Thiès, **6** Banjul, **7** Kaolack
- ***Währung:*** **5** Franc, **7** Centime

Senf: **8** Mostrich
Senfgas: **4** Lost
Senkblei: **3** Lot
Senke: **3** Tal
Senker: **7** Ableger, **11** Schoessling
Senkgrube: **6** Kloake, **7** Latrine
Senkkasten, Senkloch: **5** Gully, Gumpe, **7** Caisson

senkrecht: **8** vertikal
Senkrechte: **9** Vertikale
senkrechter Mauerstreifen: **6** Lisene
Senkung (med.): **9** Descensus
Senkwaage: **9** Volumeter, **10** Araeometer
Sennhütte: **6** Chalet
Sensenmann: **3** Tod
Sensenschneide: **6** Dengel
Sentenz: **6** Urteil, **9** Ausspruch, **10** Sinnspruch
separat: **7** einzeln
Separator: **7** Trenner, **9** Schleuder, **10** Zentrifuge
Sepiaschale: **6** Schulp
September: **9** Scheiding, **10** Herbstmond
Serbien (Staat in SO-Europa)
Berg: **11** Suva Rudistl
Flüsse: **3** Lim, **4** Ibar, Save, **5** Donau, Timok, **6** Morava, Nišava, Theiss
Gebirge: **6** Balkan
Geheimbund: **8** Omladina
Hauptstadt: **7** Belgrad
Herschergeschlecht: **9** Obrenowic
Landschaften: **5** Banat, **6** Kosovo, **8** Batschka, **9** Wojwodina, Vojvodina
Städte und Orte: **3** Nis, Peć, **5** Bećej, Šabac, Senta, Vršac, **6** Sombor, **7** Novi Sad, Pančevo, Prizren, **8** Dakovica, Leskovac, Priština, Subotica, **9** Novi Pazar, Prožarevac, Zrenjanin, **10** Kragujevac
Tanz: **4** Kolo
Währung: **4** Para, **5** Dinar
Serie: **5** Folge, Reihe, **6** Gruppe, **7** Sequenz
Serpentine: **5** Kehre, **7** Windung
Servierbrett: **7** Tablett
Sessel: **6** Chaise, **8** Fauteuil
Setzer: **7** Metteur
Setzmaschinen: **8** Linotype, Monotype, **9** Intertype, Typograph, Varityper
Seuche: **4** Pest, **8** Epidemie, Pandemie, **9** Pestilenz
Severn-Zuflüsse: **3** Rea, Wye, Teo, **4** Avon, Teme, Tera
Seychellen (Inselstaat im Indik)
Bevölkerung: **6** Laskar, **7** Kreolen, **8** Malabars, **10** Seycheller
Hauptstadt: **8** Victoria
Inselgruppen: **7** Aldabra, **8** Farquhar, **9** Amiranten, Cosmoledo
Inseln: **4** Cerf, Mahé, **6** Astove, **7** La Digue, Praslin, **10** Assumption, Providence, Silhouette
Politiker: **4** René, **7** Mancham
Währung: **4** Cent, **5** Rupie
Sezession: **8** Spaltung, Trennung, **11** Absonderung
Seziermesser: **8** Skalpell
Shetlandinseln: → Schottland
sibirische(r, s) → Rußland
– ***Eichhörnchen:*** **3** Feh
– ***Pelztier:*** **3** Feh, Zobel
– ***Steppe:*** **5** Taiga, **6** Tundra
– ***Volksstämme:*** **7** Jakuten, Wogulen, **8** Ostjaken, Tungusen, **9** Burjaeten, Samojeden, **12** Tschuktschen
– ***Waldgebiet:*** **5** Taiga
sich ausbreiten: **10** grassieren
sich verstellen: **10** simulieren
sicher: **3** fix, **4** firm, **6** gefeit, **7** fraglos
sicheres Auftreten: **6** Aplomb
sicheres Gefühl: **8** Instinkt
sicheres Urteil: **7** Eudoxie
Sicherheit: **5** Pfand, **6** Schutz, **7** Gewaehr, Kaution, **8** Garantie, **9** Gewahrsam, **10** Gewissheit, **11** Buergschaft
Sicherheitsbehörde: **7** Polizei
Sicherheitsklausel: **6** Kautel
Sicherheitsleistender: **6** Garant
sichern: **11** garantieren

Sicherungsgeleit: 7 Eskorte
Sicherungsmaßnahme: 8 Sanktion
Sicherungsstift: 6 Splint
Sicht: 5 Vista
sichten: 9 sortieren
Sichtgrenze: 8 Horizont
Sichtvermerk: 5 Visum
Sieb: 5 Seihe, **6** Filter
Siebeneck: 8 Heptagon
Siebengestirn: 8 Plejaden
siebenjährig: 9 septennal
Siebener-Ensemble: 7 Septett
Siechtum: 11 Morbositaet
Siedler: 8 Kolonist
Siedlerkollektiv in Israel: 6 Kibbuz
Siedlungen: 3 Ort, **4** Dorf, **5** Stadt, **6** Weiler, **7** Flecken, Kolonie, **9** Ortschaft
Siedlungsplatz der Altsteinzeitmenschen: 4 Abri
Sieg: 6 Gewinn, Gloria, **7** Triumph, **8** Viktoria
Siegel: 6 Plombe, **9** Petschaft
Siegelring des Papstes: 11 Fischerring
Sieger: 6 Erster, **7** Matador, **10** Triumphator
Sieger von Fehrbellin: 11 Derfflinger
Siegerpreis: 3 Cup, **5** Pokal, **7** Lorbeer, **8** Trophaee
Siegesanwärter: 7 Favorit
Siegesbeute: 8 Trophaee
Siegesfreude: 7 Triumph
Siegesgesang: 5 Paean
Siegesgöttinnen: 4 Nike, **8** Victoria, Viktoria
Siegestor: 11 Triumphbogen
Siegeszeichen: 8 Trophaee
Siegfrieds
– ***Erzieher:*** **4** Mime
– ***Frau:*** **9** Kriemhild
– ***Mörder:*** **5** Hagen
– ***Mutter:*** **9** Sieglinde
– ***Pferd:*** **5** Grane
– ***Schwert:*** **4** Gram, **7** Balmung, Nothung
– ***Vater:*** **8** Siegmund
Sieg-Zuflüsse: 4 Ager, Naaf, **5** Agger, Broel, Wisse, **6** Nister
sieghaft: 9 triumphal
Signal: 7 Fanfare, Zeichen
sieghaft: 9 triumphal
Sierra Leone (Staat in W-Afrika)
Berg: **5** Lomba
Bevölkerung: **4** Soso, **5** Fulbe, Limba, Mende, Sussu, Temne, **7** Kreolen, Kuranko, Malinke, **12** Sierraleoner
Hauptstadt: **8** Freetown
Inseln: **7** Sherbro
Politiker: **5** Momoh, **7** Stevens, **8** Strasser
Sprachen: **4** Krio, **5** Temne, **7** Malinke
Städte: **2** Bo, **5** Pepel, **6** Makeni, Kenema, **7** Marampa, Maramya, **8** Pendembu
Währung: **4** Cent, **5** Leone
Signalgeräte: 4 Hupe, **6** Flagge, Glocke, Sirene, Wimpel, **7** Blinker, **9** Nebelhorn, **10** Heliograph
Signalhorn: 4 Hupe, **7** Clairon, Clarino
Signalmast: 8 Semaphor
Signum: 5 Marke, **6** Symbol, **7** Zeichen
Silbenrätsel: 8 Scharade
Silbenschrift in Japan: 8 Hiragana
Silber: 8 Argentum
Silberdachs: 6 Badger
Silberlöwe: 4 Puma, **6** Jaguar
Silberpapier: 8 Stanniol
Silberpappel: 4 Albe, **5** Abele
Silberspitzmaus: 9 Wychuchol
Siliciumverbindung: 5 Silan, Silit, **7** Silikat
Simbabwe (Zimbabwe – Staat in S-Afrika)
Berg: **9** Inyangani
Berg-, Hügelketten: **9** Great Dyke, **12** Intangaberge

Bevölkerung: **5** Bantu, Shona, Tonga, **6** Schona, Zezero, **7** Karanga, Manyiku, Ndebele, **8** Korekore, **9** Simbabwer, Zimbabwer
Fluß: **4** Sabi
Gebiete: **10** Matabeland, **11** Mashonaland
Hauptstadt: **6** Harare (früher: **9** Salisbury)
Nationalpark: **6** Wankie
Politiker: **5** Nkomo, **6** Banana, Mugabe
See: **9** Karibasee
Städte: **5** Gweru (früher: **5** Gwelo) **6** Hwange (früher: **6** Wankie), Kadoma, Kwekwe, Mutare (früher: **6** Umtali), Norton, Que Que, **7** Bindura, Chegutu, **8** Bulawayo, Masvingo, Redcliff, Shurugwi, **11** Chitungwiza
Währung: **4** Cent, **6** Dollar

Sinfonie (ohne Artikel) von
– ***Beethoven:*** **6** Eroica, **9** Pastorale
– ***Mozart:*** **6** Linzer, **7** Jupiter
– ***Schubert:*** **12** Unvollendete
– ***Tschaikowsky:*** **10** Pathétique, **11** Pathetische

Sinfoniker: **5** Hayden, **6** Brahms, Mahler, Mozart, **8** Bruckner, Schubert, Schumann, **9** Beethoven

Singapur (Staat in SO-Asien)
Bevölkerung: **10** Singapurer
Hauptstadt: **8** Singapur
Naturschutzpark: **10** Bukit Timah
Politiker: **3** Wee, **4** Tong
Währung: **4** Cent, **6** Dollar

singbare Tonfolge: **7** Melodie
Singgemeinschaft: **4** Chor
singhalesische Sprache: **3** Elu
Singkreis: **8** Kurrende
Singvögel: **3** Beo, Poe, Sai, **4** Fink, Rabe, Star, **5** Ammer, Amsel, Atzel, Dohle, Fitis, Maina, Merle, Meise, Nonne, Pirol, Sitta, Spatz, Weber, **6** Drongo, Elster, Gimpel, Haeher, Kraehe, Lerche, Menura, Pieper, Pitpit, Roller, Schapu, Stelze, Vireos, Zeisig, **7** Akialoa, Astrild, Drossel, Girlitz, Kleiber, Ortolan, Schwirl, Tangare, Timalie, Trupial, Wuerger, **8** Bergfink, Bobolink, Buchfink, Buelbuel, Dompfaff, Edelfink, Farbfink, Goldfink, Kardinal, Kolkrabe, Kronfink, Kuhvogel, Reisfink, Sakabula, Schwalbe, Sperling, Spoetter, Sprosser, Tschagra, Zilpzalp, **9** Aaskraehe, Atlasfink, Bajaweber, Bandvogel, Bartmeise, Bergdohle, Blaumeise, Blaumerle, Braunelle, Drossling, Fadenhopf, Glanzstar, Goldammer, Goldamsel, Goldweber, Grauammer, Gruenfink, Gruenling, Guttarama, Haarvogel, Haenfling, Kohlmeise, Kuhstelze, Paperling, Papstfink, Reisvogel, Ringamsel, Rohrammer, Rohrspatz, Rosenstar, Staerling, Stahlfink, Starweber, Stieglitz, Tigerfink, Ufermaina, Viehweber, Zaunammer, Zippammer, **10** Alpenamsel, Alpendohle, Bachstelze, Baumpieper, Bergpieper, Blattvogel, Distelfink, Feldlerche, Feuerweber, Gluckvogel, Graudrongo, Grasmuecke, Hohlroller, Indigofink, Kragenhopf, Nachtigall, Neuntoeter, Nusshaeher, Pirolweber, Prachtfink, Rabenvogel, Rotdrossel, Rotschwanz, Saatkraehe, Schmaetzer, Schneefink, Spornammer, Sumpfmeise, Webervogel, Widahvogel, Zaunkoenig, **11** Alektoweber, Alpenkraehe, Baumlaeufer, Beutelmeise, Blaudrossel, Blauwuerger, Bootschwanz, Brachpieper, Einfarbstar, Erlenzeisig, Feldschwirl, Finkenvogel, Gartenammer, Grauwuerger, Hakengimpel, Haubenmeise, Heidelerche, Lap-

penvogel, Honigsauger, Huegelatzel, Kernbeisser, Knorr-Roller, Kollervogel, Kragenvogel, Laubenvogel, Laubsaenger, Laubwuerger, Madenhacker, Maskenweber, Mennigvogel, Nebelkraehe, Nektarinien, Nektarvogel, Nonnenmeise, Pagodenstar, Raubwuerger, Ringdrossel, Rohrsaenger, Rohrschwirl, Rotkehlchen, Schaftstelze, Schneeammer, Schwarzkopf, Schwarzstar, Siedelweber, Singdrossel, Sonnenvogel, Spechtmeise, Steinroetel, Tannenmeise, Trauermaina, Trauermeise, Waldsaenger, Wasseramsel, Weidenammer, Weidenmeise, Weindrossel, Zuckervogel, **12** Birkenzeisig, Blaukehlchen, Brillenvogel, Buschwuerger, Diamantvogel, Dorfschwalbe, Eichelhaeher, Einfarbwidah, Elfenastrild, Erzglanzstar, Feldsperling, Floetenvogel, Gelbspoetter, Goettervogel, Graubuelbuel, Graukopfstar, Harzer Roller, Haubenlerche, Haussperling, Honigfresser, Karmingimpel, Kleidervogel, Klunkervogel, Kuhstaerling, Leierschwanz, Lerchenammer, Mauerlaeufer, Mehlschwalbe, Pfingstvogel, Schwanzmeise, Schwarzamsel, Schwarzvogel, Schwarzwidah, Spottdrossel, Steindrossel, Tannenhaeher, Tuerkisvogel, Trauerdrongo, Uferschwalbe, Vangawuerger, Wasserpieper, Zitronenfink, **13** Bergbraunelle, Berghaenfling, Bluetenpicker, Braunkehlchen, Cistensaenger, Felsenkleiber, Flaggendrongo, Gaertnervogel, Gebirgsstelze, Goldhaehnchen, Granatastrild, Heckensaenger, Kanarienvogel, Klingelroller, Kreuzschnabel, Lapplandmeise, Maskenwuerger, Misteldrossel, Mistelfresser, Paradiesvogel, Paradieswitwe, Priestervogel, Rauchschwalbe, Reisstaerling, Schamadrossel, Schlagschwirl, Schoenbuerzel, Schwalbenstar, Seidensaenger, Seidenschwanz, Stadtschwalbe, Steinsperling, **14** Alpenbraunelle, Baltimorevogel, Braunstaerling, Dorngrasmuecke, Erzhonigsauger, Felsenschwalbe, Floetenwuerger, Grauschnaepper, Hausrotschwanz, Orangeblaufink, Paradieselster, Roetelschwalbe, Rotkopfwuerger, Schneesperling, Schwarzdrossel, Schwatzdrossel, Schneidervogel, Seidenkuhvogel, Siedelsperling, Sperlingsweber, Zaungrasmuecke, Zitronenzeisig, **15** Bartstrichweber, Berglaubsaenger, Haubenstaerling, Heckenbraunelle, Italiensperling, Kanariengirlitz, Langschwanzstar, Orangebaeckchen, Orpheusspoetter, Prachtglanzstar, Rotschwaenzchen, Schillertangare, Schwarzkehlchen, Stachelbuerzler, Steinschmaetzer, Ungluecksshaeher, Veilchenastrild, Waldbaumlaeufer, Waldlaubsaenger, Zwergschnaepper, **16** Atlaslaubenvogel, Gartengrasmuecke, Gartenrotschwanz, Hahnschweifwidah, Rotaugenbuelbuel, Rotscheitelwidah, Schnurrbaertchen, Teichrohrsaenger, Trauerschnaepper, Sumpfrohrsaenger, Wacholderdrossel, Wasserschmaetzer, Wiesenschmaetzer

Singvögel (unechte): → Schreivögel

Sinken der Börsenkurse: **6** Baisse

Sinn: **5** Logos, Ratio, Tenor, Zweck, **6** Sensus

Sinnbild: **6** Emblem, Symbol, **9** Allegorie

Sinnbild: → Symbol

Sinnbild
– ***Bayerns:*** **7** Bavaria
– ***Berlins:*** **4** Baer, **8** Berolina
– ***Christi:*** **8** Agnus Dei
– ***Deutschlands:*** **8** Germania
– ***einer Gesellschaftsschicht:*** **12** Statussymbol
– ***des Handels:*** **10** Merkurstab
– ***der Keuschheit:*** **7** Einhorn
– ***Preußens:*** **8** Borussia
– ***des Sieges:*** **12** Lorbeerblatt
– ***der Unsterblichkeit:*** **7** Phoenix

Sinnbilder der Macht und Würde: **9** Insignien
sinnbildlich: **10** symbolisch
sinnen: **6** denken, **8** gruebeln, **10** meditieren, nachdenken, ueberlegen
sinnende Betrachtung: **10** Meditation
Sinnesart: **5** Wesen, **9** Charakter, Gesinnung, **11** Mentalitaet
Sinnesorgane: **3** Ohr, **4** Auge, Nase
Sinnestäuschung: **4** Wahn, **6** Vision, **8** Illusion, **13** Halluzination
Sinneswahrnehmung: **10** Impression
sinnfällig: **7** konkret
Sinngedicht: **5** Xenie, **6** Xenion, **8** Epigramm
Sinnlichkeit: **3** Sex, **6** Erotik
sinnlos: **6** absurd, albern, **7** paradox, **8** unnoetig, **9** unlogisch
sinnloses Geschwätz: **11** Abrakadabra, Galimathias
Sinnlosigkeit: **11** Absurditaet
Sinnpflanze: **6** Mimose
sinnreich: **9** ingenioes
Sinnspruch: **5** Gnome, Motto, Zitat, **6** Devise, Maxime, **7** Sentenz, **8** Epigramm, **10** Aphorismus
sinnverwandt: **7** synonym
sinnvoll: **10** durchdacht, **12** zweckmaessig
sinnwidrig: **6** absurd, **7** paradox, **9** unlogisch
Sippe: **4** Clan, Gens, **8** Parentel
Sippenbesitz: **4** Odal
Sippeneigentum (germ. Recht): **4** Odal
Sippenkunde: **10** Genealogie
Sippschaft: **6** Clique, **7** Koterie, **8** Kluengel, **9** Mischpoke, **10** Mischpoche
Sitte: **4** Usus, **5** Ethos, **6** Brauch, **7** Anstand, Komment, **9** Herkommen, Tradition
Sitten: **5** Mores
Sittenlehre: **5** Ethik, Moral
Sittenlehrer, Sittenprediger: **8** Moralist
sittenstreng: **11** puritanisch
Sittenverderbnis: **10** Korruption, **14** Demoralisation
sittlich: **7** ethisch, **9** moralisch
sittlich verderben: **14** demoralisieren
sittliche Begriffe: **3** Ruf, **4** Ehre, **5** Ethos, Gebot, Luege, Moral, Treue, **6** Schuld, Suehne, Wuerde, **7** Ansehen, Leumund, **8** Gewissen, Wahrheit, **10** Humanitaet
Sittlichkeit: **5** Ethik, Moral, **10** Moralitaet
sittsam: **6** dezent
Situation: **4** Lage, **7** Zustand
Situationsangst: **11** Kairophobie
Sitz: **5** Platz, **7** Domizil, **8** Residenz

Sitz
– ***der Asen:*** **6** Asgard
– ***der Geister bei den Arabern:*** **3** Kaf
– ***im Parlament:*** **6** Mandat
– ***der Regierung:*** **8** Residenz
– ***der Stadtverwaltung:*** **7** Rathaus
– ***im Theater:*** **4** Loge, Rang, **6** Balkon, **7** Parkett

Sitzbank: **4** Sofa
Sitzbank im Ruderboot: **5** Ducht
Sitzhaltung: **9** Lotossitz
Sitzmöbel: **4** Bank, Sofa, **5** Couch, Stuhl, **6** Hocker, Sessel, **7** Kanapee, Schemel, **8** Fauteuil, Taburett, **9** Drehstuhl, Rohrstuhl, **10** Klapp-

stuhl, Korbsessel, **11** Gartenstuhl
Sitzstreik: **5** Sit-in
Sitzung: **6** Seance, Tagung, **7** Session, **9** Konferenz
Sitzungsbericht: **9** Protokoll
Sitzungsperiode: **7** Session
Sitzwaschbecken: **5** Bidet
Sizilien (Sicilia – ital. Insel)
antikes Volk: **7** Sikuler
Bevölkerung: **10** Sizilianer
Fluß: **5** Salso
Gebirge: **10** Peloritani
Geheimbund: **5** Mafia, **6** Maffia
Hauptstadt: **7** Palermo
Inselgruppen: **5** Egadi → Liparische Inseln → Pelagische Inseln
Inseln: **6** Ustica, **7** Levanzo, **9** Favagnana, Marettino, **11** Pantelleria
Kaps: **4** Faro, **5** Gallo, **7** Passero
Liparische Inseln: **6** Lipari, Salina, **7** Alicudi, **8** Filicudi, **9** Stromboli
Pelagische Inseln: **6** Linosa, **8** Lampione, **9** Lampedusa
Städte u. Orte: **4** Enna, Gela, Noto, **5** Avola, Erice, Patti, **6** Cefalu, Comiso, Licata, Ragusa, Salemi, **7** Catania, Marsala, Messina, Syrakus, Trapani, **8** Pozzallo, Taormina, **10** Barcellona
Vulkane: **5** Aetna, **9** Stromboli
Wein: **7** Marsala
Skalaeinteilung: **4** Grad
Skandal: **5** Eklat, **8** Aufsehen
Skandinavier: **7** Schwede, **8** Norweger
skandinavische(r)
– ***Luftverkehrsgesellschaft:*** **3** SAS
– ***Staaten:*** **8** Norwegen, Schweden
– ***Wühlmaus:*** **7** Lemming
Skatausdrücke: **2** Re, **6** Kontra, **9** Bockrunde
Skatspielarten: **4** Null, **5** Grand, Gucki, **6** Ramsch, **10** Nullouvert, **13** Schieberamsch
Skelett: **7** Gerippe
Skeptiker: **8** Zweifler
Skiausrüstung: **5** Stock, **6** Brille, Muetze
Skipetar: **7** Albaner
Skistrecke: **5** Piste
Skiwettbewerbe: **6** Slalom, **8** Biathlon, Langlauf, **10** Sprunglauf, **11** Skispringen, **12** Abfahrtslauf, Riesenslalom
Skizze: **4** Plan, **6** Design, Layout, Umriss, **7** Entwurf, **9** Brouillon
Sklavenführer: **9** Spartakus
Sklavenschiff: **7** Galeere
Skrupel: **7** Zweifel, **8** Bedenken
Skulptur: **5** Kroki, **6** Glypte, Glyphe, Relief, Statue, **7** Plastik
Skythenstamm: **6** Alanen
Slang: **6** Jargon
Slawenapostel: **6** Kyrill, **8** Cyrillus, **9** Methodius, **10** Konstantin
slawische(r, s)
– ***Fürstentitel:*** **8** Gospodar, Hospodar
– ***Götter:*** **3** Led, Wit, **4** Vila, **5** Ljada, Mernt, Nijam, Perun, Pizzi, Prons, Prowe, Weles, Zosim, Zosin, **6** Belbog, Dazbog, Kirnis, Koleda, Krikko, Kupalo, Pogoda, **7** Karewit, Korscha, Modeina, Porewit, Radamas Triglaw, Walgino, **8** Ligitsch, Radegast, Swaixtix, Warpulis, Zuttibur, **9** Czernebrog, Swantewit
– ***Göttinnen:*** **4** Lada, **5** Wesna, **6** Klimba, Morana, Nehoda, Zemina, Zewana, **7** Gorinia, Makosla, Zilsbog, Ziwiena, **8** Marzanna, Zemargla, **9** Krasopanj, **10** Matergabia
– ***Männernamen:*** **4** Igor, Iwan, Fedor, Pjotr, Wasil, **6** Feodor, **7** Kasimir, **8** Bogeslav, **9** Ladislaus

– *Völker:* **5** Polen, **6** Russen, Serben, Sorben, Wenden, **7** Kroaten, **8** Bulgaren, Ruthenen, Slowaken, Slowenen, Ukrainer, **9** Kaschuben, Obotriten, Pomoranen, Tschechen

Slowenien (Staat in SO-Europa)
Berg: **7** Triglav
Berggruppe: **10** Karawanken, **13** Julische Alpen
Flüsse: **3** Mur, **4** Drau, Gurk, Save, **6** Isonzo
Hauptstadt: **7** Laibach, **9** Ljubljana
Kurort: **4** Bled
Reformator: **8** Dalmatin
See: **10** Zirknitzer
Staatsoberhaupt: **5** Kučan
Städte und Orte: **4** Ptuj, **5** Celje, Cilli, Kranj, **7** Assling, Marburg, Maribor, **8** Jesenice, **9** Krainburg
Währung: **5** Tolar

Snob: **4** Geck, **5** Protz, **7** Angeber

Sockel: **5** Basis, **7** Plinthe, **9** Fundament, Piedestal, Postament

Sockel der Kontinente: **6** Schelf

soeben: **4** just, **6** gerade

sofern: **4** wenn, **5** falls

sofort: **6** prompt, **7** stracks

Sohn
arab.: **3** Ibn
hebr.: **3** Ben
lat: **6** Filius
schott.: **3** Mac

Sohn
– *des Abraham:* **5** Isaak, **6** Ismael
– *des Achill:* **9** Euphorion
– *des Adam:* **4** Abel, Kain, Seth
– *des Aeson:* **5** Iason
– *des Agamemnon:* **5** Orest, **7** Orestes
– *des Agrippina:* **8** Caligula
– *der Alkmene:* **8** Herakles, Herkules
– *der Amphitrite:* **6** Triton
– *des Äneas:* **8** Ascanius
– *der Antikleia:* **8** Odysseus
– *der Aphrodite:* **4** Eros
– *des Apoll:* **8** Aeskulap
– *des Ares:* **4** Eros
– *des Atreus:* **8** Menelaos, **9** Agamemnon
– *des Dädalus:* **6** Ikaros, Ikarus
– *der Danae:* **7** Perseus
– *des David:* **6** Salomo, **7** Absalom, Salomon
– *des Dionysos:* **6** Phanos, **9** Staphylos
– *des Drusus:* **10** Germanicus
– *der Europa:* **5** Minos
– *des Franz Joseph:* **6** Rudolf
– *der Frigga:* **3** Tyr, **4** Thor
– *der Gaea:* **5** Titan, **6** Gigant, Kronos, **7** Japetos, Okeanos, **8** Hyperion
– *Goethes:* **6** August
– *der Hagar:* **6** Ismael
– *des Hamilkar:* **8** Hannibal
– *der Hekuba:* **5** Paris, **6** Hektor, **7** Troilos
– *der Helena:* **9** Euphorion
– *des Helios:* **8** Phaethon
– *der Hera:* **4** Ares, **8** Hephaest, **10** Hephaestos, Hephaistos
– *des Hermes:* **3** Pan, **7** Eudoros
– *der Iokaste:* **7** Oedipus
– *des Isaak:* **4** Esau, **5** Jakob
– *der Isis:* **5** Horos, Horus
– *des Jakob:* **3** Dan, Gad, **4** Juda, Levi, **5** Asser, Josef, Ruben, **6** Joseph, Simon, **7** Sebulon, **8** Isaschar, **9** Naphtali
– *des Japetos:* **5** Atlas, **10** Epimetheus, Prometheus
– *des Joseph:* **7** Manasse
– *des Judas:* **4** Onan
– *der Juno:* **4** Mars, **6** Vulkan, **8** Vulcanus, Vulkanus
– *des Jupiter:* **4** Mars
– *Kaiser Friedrichs II.:* **5** Enzio
– *der Klytämnestra:* **5** Orest, **7** Orestes

– ***des Kronos:*** **4** Zeus, **5** Hades, **8** Poseidon
– ***der Leda:*** **6** Castor, Kastor, Pollux
– ***der Leto:*** **5** Apoll, **6** Apollo, **7** Apollon
– ***der Maia:*** **6** Hermes
– ***der Medusa:*** **7** Pegasus
– ***des Noah:*** **3** Ham, Sem, **6** Japhet
– ***der Nox:*** **6** Somnus
– ***des Odin:*** **3** Tiu, Tyr, Ziu, **4** Thor, **5** Widar, **6** Balder, Baldur, Hoedur
– ***des Odysseus:*** **8** Telemach, **10** Telemachos
– ***des Osiris:*** **5** Horos, Horus
– ***des Parzival:*** **9** Lohengrin
– ***des Peleus:*** **6** Achill, **8** Achilles, **9** Achilleus
– ***der Penelope:*** **8** Telemach, **10** Telemachos
– ***des Priamos:*** **5** Paris, **6** Hektor
– ***des Prometheus:*** **9** Deukalion
– ***der Rhea:*** **4** Zeus, **5** Hades, Orkus, **6** Pluton, **8** Poseidon
– ***der Sara:*** **5** Isaak
– ***des Saturn:*** **6** Neptun, **7** Jupiter
– ***des Saul:*** **8** Jonathan
– ***der Semele:*** **8** Dionysos
– ***der Sieglinde:*** **9** Siegfried
– ***des Siegmund:*** **9** Siegfried
– ***der Sif:*** **4** Ullr, **5** Uller
– ***der Styx:*** **3** Bia, **5** Zelos, **6** Kratos
– ***des Tantalus:*** **6** Pelops
– ***des Telamon:*** **4** Aias, Ajas, Ajax
– ***der Thetis:*** **6** Achill, **8** Achilles, **9** Achilleus
– ***der Ute:*** **6** Gernot, **7** Gunther, **9** Giselher
– ***der Venus:*** **4** Amor, **6** Cupido, Kupido
– ***des Zeus:*** **4** Ares, **5** Apoll, Minos, **6** Apollo, Castor, Hermes, Iasion, Kastor, **7** Apollon, Perseus, **8** Dardanos, Dionysos, Hephaest, Herakles, Sarpedon, Tantalus, **10** Hephaestus, Hephaistos, Polydeukes

Soldat: **7** Gardist, Landser, Veteran, **8** Soeldner, **9** Legionaer, **11** Landsknecht

Soldat
– ***in der ersten Ausbildung:*** **6** Rekrut
– ***der technischen Truppe:*** **7** Pionier

Soldatenlöhnung: **4** Sold
Soldatenunterkunft: **7** Kaserne
Söldner: **9** Legionaer
Söldnerführer: **11** Condottiere
Söldnertruppe: **6** Legion
solide: **7** haltbar, **8** massvoll
Soll: **5** Debet
Söller: **5** Altan
Sologesang: **7** Monodie
Sologesangstück: **4** Arie, **7** Ariette
Solotänzerin: **9** Ballerina
Somalia (Staat in NO-Afrika)
Bevölkerung: **3** Dir, **4** Sabb, **5** Bantu, Darod, Digil, Issas, Somal, **6** Bajuni, Hawija, Hawiya, **7** Amorani, **8** Somalier
Flüsse: **4** Juba, **5** Djuba, **7** Shebeli
Hauptstadt: **9** Mogadishu, **10** Mogadischu
Kaps: **5** Hafun, **9** Guardafui
Nationalhelden: **6** Hassan, **7** Al-Gurey
Nationalpark: **4** Juba, **5** Djuba
Politiker: **5** Barre, **6** Ghaleb
Sprache: **6** Somali
Städte u. Orte: **3** Eil, **5** Adala, Alula, Brava, Hafun, Merca, Obiat, **6** Bosaso, Giohar, Jamama, Meregh, **7** Bardera, Berbera, Erigavo, **8** Hargeisa, Kisimayu
Währung: **9** Centesimo, Schilling

Sommerfrische: **3** Bad, **6** Kurort, Seebad
Sommerhäuser: **6** Chalet, **7** Datscha, Datsche, **8** Bungalow
Sommersitz
– ***des französischen Staatsprä-***

sidenten: **11** Rambouillet
– ***der niederländischen Herrscher:*** **6** Het Loo
Sommersprossen: 9 Epheliden
Sommerwurzgewächse: 7 Hanftod, **9** Orobanche, **10** Kleeteufel
Sonderagent des US-amerik. Geheimdienstes: 4 G-man
sonderbar: 6 kurios, putzig, **7** komisch, paradox, skurril, **9** originell
Sonderdruck: 9 Separatum
Sonderfach: 12 Spezialitaet
Sonderfall: 8 Ausnahme
Sonderform der Operette: 7 Musical
Sondergattung: 5 Abart
Sonderklasse: 5 Elite
sonderlich: 6 kurios
Sonderling: 4 Kauz, **6** Unikum, **8** Original
sondern: 6 ordnen, **7** sichten, trennen, **9** isolieren, sortieren
Sonderraum: 7 Séparée
Sonderrecht: 8 Privileg, Reservat
Sondervergütung: 5 Bonus, **8** Kaplaken, **13** Gratifikation
Sonnenbahn: 8 Ekliptik
Sonnenblende: 8 Jalousie
Sonnendach: 7 Markise
Sonnenferne: 5 Aphel
Sonnenfinsternis: 7 Eklipse
Sonnengeflecht: 11 Solarplexus
Sonnenhof: 4 Halo
Sonnennähe: 7 Perihel
Sonnenschirm: 6 Pajung, **7** Parasol
Sonnenstich: 8 Heliosis
Sonnenstrahlenmesser: 9 Luzimeter
Sonnentau: 7 Drosera
Sonnentierchen: 9 Heliozoon
Sonnenuhr: 6 Gnomon
Sonnenwende: 10 Solstitium
Sonntag
– ***vor Aschermittwoch:*** **8** Estomihi
– ***nach Ostern:*** **6** Exaudi, Rogate, **7** Kantate, **8** Jubilate, **12** Miserikordia, **15** Quasimodogeniti
– ***vor Ostern:*** **5** Oculi, Okuli, **6** Judika, **7** Laetare, **8** Estomihi, Palmarum, **9** Invokavit, **11** Reminiszere, Sexagesimae, **13** Septuagesimae
– ***nach Pfingsten:*** **10** Trinitatis
Sorge: 4 Gram, Leid, **5** Zores, **6** Kummer
Sorgenbrecher: 8 Troester
Sorgfalt: 6 Obacht, **7** Akribie, Bedacht, Umsicht, **8** Vorsicht
sorgfältig: 5 exakt, genau, **7** akkurat, penibel
Sorglosigkeit: 10 Sekuritaet
sorgsam: 5 eigen, **6** subtil
Sorte: 3 Art, **4** Form, **7** Gattung, Spezies, **10** Wertgruppe
sortieren: 6 ordnen, **7** sichten, **8** auslesen
Soßen: 3 Jus, **5** Beize, Tunke, **7** Beiguss, Ketchup, **8** Marinade, **9** Remoulade, **10** Mayonnaise, **11** Hollandaise, **13** Bèchamelsosse
Soßenschüssel: 8 Sauciere
Sozius: 9 Beifahrer, Teilhaber
sozusagen: 5 quasi
Späher: 5 Spion, **7** Spitzel
Spähtrupp: 10 Patrouille
Spalierbaum: 6 Kordon
Spalt: 6 Hiatus, Lakune
Spalte: 4 Riss, **5** Kluft, Ritze, **6** Fissur, Luecke, Rubrik, **7** Kolonne, Scharte, Schlitz, **8** Oeffnung
Spaltgerät: 4 Keil
Spaltkeil: 6 Fimmel
Spaltpilz: 8 Bakterie, Bazillus
Spaltungsirresein: 13 Schizophrenie
Spangen: 5 Fibel, **6** Fibula, Heftel, **7** Agraffe, Brosche
Spanien (Espana – Staat in SW-Europa)
Adelstitel: **7** Hidalgo
Adliger: **6** Grande
Anfeuerungsruf: **3** Olé
Anstandsdame: **5** Duena

Arzt: **6** Servet
Aussprachezeichen: **5** Tilde
Berge: **5** Aneto, **7** Perdido, **8** Mulhacén, Penalara, **9** Pena Labra, Pena Ubina, Pena Vieja, **10** Montserrat, Pena Golosa, Pena Prieta, Torrecilla
Besitzungen in Marokko: **5** Ceuta, **7** Melilla, **9** Alhucemas, **10** Chafarinas, **12** Penon de Velez
Bevölkerung: **6** Basken, **7** Spanier, **8** Galicier, **9** Kastilier, Katalanen
Bildhauer: **4** Cano, **6** de Mena, **8** Chillida, Montanez, Salzillo
Burg: **7** Alkazar
Cellisten: **6** Casals, **7** Cassadó
Dessertweine: **6** Malaga, Sherry, **9** Tarragona
Dichter: **4** Ruiz, Vega, **5** Lorca, Otero, **6** Aleman, Celaya, **7** Gongora, Jimenez, **8** Calderon, **9** Benavente, Cervantes, **10** Lope de Vega, **11** Garcia Lorca
Diktator: **6** Franco
Dramatiker: **4** Vega, **5** Lorca, **6** Casona, Molina, Sastre, **7** Vallejo, **8** Calderon, **9** Echegaray, **10** Lope de Vega, **11** Garcia Lorca
Edelmann: **9** Caballero
Entdecker: **5** Colon, **7** Pizarro, **8** Kolumbus
Eroberer: **6** Balboa, Cortez, Torres, **7** Almagro, Pizarro, **8** Orellana
Erzähler: **7** Alarcon
Feldherr: **4** Alba
Flächenmaße: **6** Fanega, **7** Estadal
Flotte: **6** Armada
Flüsse: **3** Ajo, Asi, Cua, Ega, Sil, Sio, Ter, **4** Ebro, Esla, Ibar, Mino, Onar, Tajo, **5** Duero, Esera, Genil, Jucar, Navia, Odiel, Segre, **6** Aragon, Orbigo, Segura, **7** Guardal, Mijares, **8** Guadiana, **10** Manzanares, **11** Guadalaviar, **12** Guadalquivir
Flüssigkeitsmaße: **4** Bota, Pipa, **5** Caniz, Pinta
Frauennamen: **3** Ena, **4** Ines, Inez, Lola, **5** Elena, **6** Carmen, Elmire, **7** Dolores, **8** Isabella
Füstengeschlecht: **4** Alba
Gebirge: **8** Maladeta, Malditos, **9** Pyrenaeen, **12** Sierra Morena, Sierra Nevada
Geiger: **8** Sarasate
Gemäldesammlung: **5** Prado
Gewichte: **5** Libra, **8** Tonelada
Gitarrist: **7** Segovia
Grenzstadt: **4** Irun
Großinquisitor: **7** Ximenes
Hafenstädte: **4** Adra, Vigo, **5** Cadiz, Gijon, **6** Bilbao, Malaga, Tarifa, **7** Almeria, **8** Alicante, La Coruna, Valencia, **9** Algeciras, Barcelona, Cartagena, Santander, **12** San Sebastian
Hauptstadt: **6** Madrid
Harfenist: **8** Zabaleta
Herrschernamen: **4** Karl, Luis, **6** Alfons, Carlos, Felipe, Ludwig, **7** Alfonso, Amadeus, Philipp, **8** Fernando, **9** Ferdinand, **10** Juan Carlos
Inselgruppen (und Inseln): **7** Kanaren (**5** Ferro, Palma, **6** Gomera, Hierro, **7** La Palma, **8** La Gomera, **9** Lanzarote, Teneriffa, **11** Cran Canaria, **13** Fuerteventura), **8** Balearen oder Pityusen (**5** Ibiza, **7** Menorca, **8** Mallorca, **10** Formentera)
Jacke: **6** Bolero
Kaps: **3** Nao, **4** Gata, **5** Creus, Palos, **6** Ortegal, **9** Formentor, Trafalgar, **10** Finisterre
Kloster: **8** Escorial
Komödiendichter: **9** Benavente
Komponisten: **5** Falla, Milan,

Ortiz, Soler, **7** Albeniz, Bermudo, Cabezon, de Falla, Morales, Pedrell, **8** Guerrero, Sarasate
Könige: **4** Karl, **5** Jakob, Peter, **6** Alfons, Ludwig, Johann, Ramiro, Sancho, Urraca, **7** Bermudo, Philipp, **8** Heinrich, **9** Ferdinand, **10** Berenguela, **10** Juan Carlos
Königinnen: **3** Ena, **6** Sophie, **7** Johanna, Leonore, **8** Isabella
Kriegsflotte: **6** Armada
Küsten: **9** Costa Real, **10** Costa brava, **11** Costa blanca, Costa del Sol, **14** Costa de Levante, **15** Costa de Poniente
Längenmaße: **3** Pié, **4** Vara, **5** Braza, **6** Palmas
Lustspielgestalt: **9** Maskarill
Lyriker: **7** Rosales, **8** Valverde
Maisbrei: **6** Uminta
Maler: **4** Dali, Goya, Gris, Miro, **5** Greco, **6** Ribera, **7** El Greco, Murillo, Picabia, Picasso, Ribalta, **8** Gonzales, Zurbarán, **9** Velazquez
Münzen (alte): **4** Duro, Onza, Real, **5** Medio, **7** Dublone, Pistole
Musikinstrumente: **7** Bandola, **9** Bandurria
Nationalgericht: **6** Paella
Nationalheld: **3** Cid
Nobelpreisträger für
– *Literatur:* **4** Cela, **7** Jimenez, **9** Benavente, **10** Eschegaray
– *Medizin:* **5** Ochoa
Parlament: **6** Cortes
Philosophen: **5** Oliva, **6** Gasset, **13** Ortega y Gasset
Pianisten: **6** Iturbi, **7** Albeniz
Planwagen: **6** Galera
Politiker: **8** González, **9** Fernández
Provinzen: → Regionen
Regionen (und Provinzen): **4** León (**4** León, **6** Zamora, **9** Salamanca), **6** Murcia (**6** Murcia, **8** Albacete), **8** Asturien (**6** Oviedo), Galicien (**4** Lugo, **6** Orense, **8** La Coruna, **10** Pontevedra), Valencia (**8** Alicante, Valencia, **18** Castellón de la Plana), **9** Aragonien (**6** Huesca, Teruel, **8** Zaragoza), **10** Andalusien (**4** Jaén, **5** Cádiz, **6** Huelva, Malaga, **7** Almeria, Córdoba, Granada, Sevilla), Baskenland (**5** Alava, **7** Navarra, Vizcaya, **9** Guipuzcoa), Katalonien (**6** Gerona, Lérida, **9** Barcelona, Tarragona), **11** Estremadura (**7** Badajoz, Cáceres), **13** Altkastilien (**5** Avila, Soria, **6** Burgos, **7** Logrono, Segovia, **8** Palencia, **9** Santander, **10** Valladolid), Neukastilien (**6** Cuenca, Madrid, Toledo, **10** Ciudad Real, **11** Guadalajara)
Schenke: **6** Bodega
Schleiertuch: **8** Mantilla, Mantille
Schnupftabak: **7** Spaniol
Schriftsteller: **4** Cela, **5** Rojas, **6** Baroja, **7** Alarcon, Gracian, Unamuno
Segelschiff: **9** Karavelle
spanisch für
Berg: **4** Pena
Bürgermeister: **7** Alcalde, Alkalde
Bucht: **3** Ria, **5** Bahia
Frau: **4** Doña, **6** Señora
Fräulein: **8** Señorita
Garten: **6** Huerta
Gebirge: **6** Sierra
Gebirgspaß: **4** Paso
Hafen: **5** Porto
Herr: **3** Don, **5** Señor
ja: **2** si
Kap, Landzunge: **4** Cabo, **5** Punta
Küste: **5** Costa
Meer: **3** Mar
Straße: Calle

Staatspartei unter Franco: **7** Falange
Städte u. Orte: **3** Tuy, **4** Irun, León, Lugo, Olot, Orio, Osma, Vigo, **5** Alcoy, Avila, Cadiz, Eciya, Eibar, Gijon, Jerez, Liria, Lorca, Mijas, Ocana, Soria, Tossa, Ubeda, Valls, **6** Bilbao, Burgos, Gerona, Huelva, Huesca, Játiva, Lerida, Madrid, Málaga, Mataro, Murcia, Oviedo, Tarifa, Teruel, Toledo, Tolosa, Tudela, Utrero, Zamora, **7** Almadén, Almeria, Andujar, Badajoz, Cordoba, Granada, La Linea, Logrono, Segovia, Sevilla, Vitoria, **8** Albacete, Alicante, Aranjuez, La Coruna, Pamplona, Valencia, Zaragoza, **9** Algeciras, Baracaldo, Barcelona, Cartagena, Salamanca, Santander, Saragossa, Tarragona, Tomelloso, **10** Hospitalet, Valladolid, **12** San Sebastian
Stierkampfteilnehmer: **5** Chulo, **6** Espada, Torero, **7** Matador, Picador, Pikador, **8** Capeador, Toreador, **9** Cachetero, **12** Banderillero
Tänze: **5** Folia, Jaleo, **6** Bolero, Jacara, **7** Ciacona, Moresca, Muneira, **8** Chaconne, Consuela, Fandango, Flamenco, Guaracha, Habanera, **9** Cachucha, Espagnole, Madrilena, Malaguena, Sarabande, Zapateado, **10** Madrilenja, Seguidilla, **12** Fandanguillo
Tänzerin: **5** Otero
Theologe: **6** Suarez
Urbevölkerung: **6** Iberer
Währung: **6** Peseta, **7** Centimo
Wallfahrtsstätten: **5** Silos, **10** Montserrat
Weine: **5** Jeres, Pasto, Tinto, Xerez, Xeres, **6** Malaga, Sherry, **7** Jimenes, Peralta, **8** Grenacho, Montilla, Pajarete, **9** Tarragona, **10** Manzanares, Manzanilla, **11** Amontillado
Zigeunertänze: **4** Polo, **6** Gitana

spannbar: 9 elastisch
Spanne (Börse): 5 Ekart, Marge
spannend: 10 dramatisch
Spannkraft: 8 Biotonus, **12** Elastizitaet
Spannmuskel: 6 Tensor
Spannung: 7 Tension, **8** Dramatik
Spannungslosigkeit: 6 Atonie
Spannungsmesser: 9 Voltmeter
Spannungsstoß: 6 Impuls
Spargel(kraut): 9 Asparagus
spargelähnliches Gemüse: **13** Schwarzwurzel
spärlich: 4 karg, **5** knapp
sparsam: 9 rationell
spartanisch: 7 einfach, **9** genuegsam
spartanische(r)
– ***Ältestenrat:*** **7** Gerusia
– ***Aristokrat:*** **8** Spartiat
– ***Aufseher:*** **5** Ephor
– ***Bürger:*** **8** Perioeke
– ***Feldherren:*** **8** Leonidas, Lysander, **9** Pausanias
– ***Geschlechter:*** ***7 Agiaden,*** **12** Eurypontiden
– ***Gesetzgeber:*** **6** Lykurg
– ***Könige:*** **4** Agis, **8** Leonidas, Menelaos, **9** Agesilaus, Kleomenes
– ***Senator:*** **6** Geront
– ***Staatssklave:*** **5** Helot
– ***Volksversammlung:*** **6** Apella

Sparte: 4 Fach, **5** Zweig, **6** Gebiet, **9** Abteilung
Spaß: 2 Uz, **3** Fez, Jux, Ulk, **4** Witz, **5** Gaudi, Jokus, Unfug, **6** Scherz, **7** Gaudium, **8** Plaesier, **10** Vergnuegen, **11** Schabernack
Späße: 5 Faxen
spaßhaft: 7 komisch, **11** possierlich

spaßig: **5** ulkig, **6** kurios, **7** burlesk, drollig, komisch
Spaßmacher: **4** Narr, **5** Clown, **6** Kasper, Schalk, Schelm, **8** Harlekin, Witzbold
Spätgeborener: **8** Postumus
spazieren: **7** bummeln, **11** promenieren
Spaziergang: **6** Bummel
Spazierweg: **9** Promenade
spechtartige Vögel: **5** Tukan, **7** Jakamar, **8** Trappist, **9** Bartvogel, Bunttukan, Erdspecht, Faulvogel, Wendehals, **10** Buntspecht, Glanzvogel, Grauspecht, Mausspecht, **11** Gruenspecht, Kleinspecht, Riesentukan, Zwergspecht, **13** Goldbartvogel, Kupferschmied, Honiganzeiger, Perlbartvogel, Schwarzspecht, **14** Pfefferfresser, **16** Rotschnabeltukan
Spechtmeise: **7** Kleiber
Speckstein: **6** Talkum
Speckstückchen: **6** Griebe, Griefe, **7** Grammel
Speer: **3** Ger, **5** Lanze, **6** Spiess
– ***der Kaffern:*** **7** Assagai
– ***des Odin:*** **7** Gungnir
Speichel: **6** Geifer, Saliva, Spucke
Speicher: **4** Silo, **5** Depot, Lager, **7** Magazin, **9** Dachboden, Reservoir
Speise: **4** Kost, Mahl, **5** Essen
– ***der Götter:*** **8** Ambrosia
– ***in Teighülle:*** **7** Pastete
Speisefette: **4** Talg, **6** Butter, Schmer, **7** Schmalz, **9** Kokosfett, Margarine
Speisefische: **3** Aal, **4** Butt, Leng, Salm, **5** Hecht, Lachs, Stoer, **6** Dorsch, Hering, Schlei, Zander, **7** Flunder, Forelle, Karpfen, Makrele, Muraene, Sardine, Schleie, Scholle, Sprotte, **8** Anchovis, Heilbutt, Kabeljau, Lamprete, Menhaden, Saibling, Sardelle, Seezunge, **9** Steinbutt, Thunfisch, **11** Bachforelle, Schellfisch
Speisekrebse: **6** Granat, Hummer, Shrimp, **7** Garnele
Speisemuschel: **6** Auster
speisen: **5** essen, **8** dinieren
Speisenbrett: **7** Tablett
Speisenfolge: **4** Menu, **5** Menue
Speisepilze: **6** Bofist, Bovist, Marone, Reherl, **7** Kuhmaul, Kuhpilz, Lorchel, Morchel, Parasol, Rehling, Reizker, **8** Egerling, Eierpilz, Eselsohr, Gehlchen, Gelbfuss, Gelbling, Hasenohr, Lackpilz, Mehlpilz, Perlpilz, Reifpilz, Rotkappe, Saftling, Tintling, Trueffel, **9** Braetling, Ellerling, Graukappe, Gruenling, Klumpfuss, Krempling, Mousseron, Steinpilz, Taeubling, **10** Birkenpilz, Butterpilz, Champignon, Dotterpilz, Hallimasch, Hartbovist, Herrenpilz, Kaiserling, Ritterling, Schirmpilz, Schmerling, Ziegenbart, **11** Eierschwamm, Maronenpilz, Pfefferling, Pfifferling, Stoppelpilz, Ziegenlippe, **12** Habichtspilz, **13** Herbstlorchel, Kapuzinerpilz, **14** Herbsttrompete, **16** Maronenroehrling
Speiseplatte: **8** Kabarett
Speiseraum: **5** Messe, **6** Kasino, **7** Kantine
Speisesaal
– ***in Burgen:*** **6** Remter
– ***in Klöstern:*** **8** Zoenakel, **11** Refektorium
Speisewirtschaft: **5** Lokal, **10** Restaurant, → Gaststätten
Speisewürze: → Gewürze, → Würzkräuter
Speisezutat: **4** Salz
Spektakel: **5** Krach, Laerm, **7** Aufruhr
Spekulant: **6** Jobber, **8** Baissier, Haussier

Spelunke: **9** Kaschemme
Spende: **4** Gabe, **5** Opfer, **6** Obolus, **7** Almosen, **8** Geschenk, Stiftung, **10** Scherflein
Sperre: **6** Riegel, **7** Embargo, **8** Barriere, Schranke, **9** Barrikade
sperren: **10** arretieren
Sperrfrist: **6** Karenz
Sperrkette: **6** Kordon
Sperrklinke: **5** Raste, **6** Riegel
Sperrschranke: **10** Schlagbaum
Sperrung: **9** Isolation
Sperrung im Buchdruck: **7** Spatium
Sperrzeit: **11** Quarantaene
Spezialgebiet: **6** Sparte, **7** Domaene, Ressort
spezifisches Gewicht: **6** Wichte
Sphäre: **5** Kreis, **6** Umwelt, **7** Bereich
Spiegel eines Buches: **8** Dubluere
Spiegel am Fenster: **5** Spion
Spiegelfernrohr: **9** Reflektor
spiegeln: **12** reflektieren
Spiegelung: **9** Reflexion, **11** Widerschein
Spiel: **6** Partie
Spiele: → Brettspiele, → Glücksspiele, → Kartenspiele
Spielart: **6** Nuance, **8** Variante
Spielbankangestellter: **8** Croupier
Spielbrett: **5** Zabel
Spieleinsatz: **4** Mise, **5** Poule
Spieler: **9** Hasardeur
Spielfläche: **6** Buehne
Spielfolge: **8** Programm
Spielführer (Sport): **8** Kapitaen
Spielkarten: **2** As, **4** Bube, Dame, Daus, Ober, **5** Bauer, Joker, Jolly, Unter, **6** Koenig, Wenzel
Spielkarte im Tarock: **4** Skus, **5** Kaval, Laton, Pagat, Skues
Spielkartenfarben: **3** Pik, **4** Herz, Karo, **5** Kreuz, Treff, **6** Eichel, **8** Schellen, Schippen
Spielkugel: **5** Boule, **6** Marbel, Marmel, Murmel
Spielleiter: **9** Regisseur
Spielleiter beim Glücksspiel: **8** Croupier
Spielleitung: **5** Regie
Spielmann: **7** Hornist, Pfeifer, **8** Minstrel, Musikant, **8** Trommler
Spielmann im MA: **6** Vagant
Spielmarke: **4** Chip, **5** Fiche, Jeton
Spielplan: **10** Repertoire
Spielraum: **5** Marge, **8** Toleranz
Spielsaal: **6** Kasino
Spielscheibe im Eishockey: **4** Puck
Spieltisch der Orgel: **6** Manual
Spielwart: **10** Inspizient
Spielzeuge: **4** Ball, Reif, **5** Puppe, Teddy, **6** Rassel, Roller, **7** Klapper, **8** Spieluhr, **9** Baukasten, Stofftier, **10** Hampelmann, **11** Puppenstube, **12** Bleisoldaten, Zinnsoldaten, **13** Schaukelpferd
Spierling: **5** Stint, **9** Eberesche
Spieß: **3** Ger, **4** Pike, **5** Lanze, Speer, **9** Partisane, **10** Hellebarde
Spießbürger: **7** Banause, **9** Philister
spießbürgerlich: **11** philistroes
Spind: **7** Schrank
Spindel: **6** Kunkel
Spinett: **7** Cembalo, **8** Virginal
Spinnen(tiere): **5** Milbe, Zecke, **6** Kanker, **8** Holzbock, Skorpion, Tarantel, **11** Kraetzmilbe, Kreuzspinne, Vogelspinne, Weberknecht, Wolfsspinne
Spinnenforscher: **11** Arachnologe
Spinnentiere: **10** Arachniden
Spinnereiabfall: **4** Hede, Werg
Spinngerät: **6** Rocken
Spinnmaschine: **9** Selfaktor
Spinnrocken: **6** Kunkel
Spinnwaren: **9** Textilien
Spion: **5** Agent, **7** Spaeher, Spitzel, **11** Schnueffler
Spiralnebel: **8** Galaxien
spiritistische
– ***Mittelsperson:*** **6** Medium

– ***Sitzung:*** **6** Séance
Spiritus: **5** Geist, Sprit, **7** Alkohol, **9** Weingeist, **10** Branntwein
spitzbogig: **6** ogival
Spitzbube: **5** Filou, **6** Gauner, **7** Halunke, **9** Betrueger
Spitze: **5** Krone, Nocke, **6** Gipfel, Nocken, Vorhut
Spitze eines Truppenverbands: **5** Tete
Spitzel: **5** Agent, Spion
Spitzenkönner: **2** As, **7** Experte, **9** Koryphaee
Spitzenkraft: **6** Topman
Spitzenleistung: **6** Rekord
Spitzenrüsche: **5** Jabot
Spitzenschlager: **3** Hit
spitzer Pflanzenteil: **4** Dorn, **7** Stachel
spitzfindig: **6** subtil, **7** spinoes, **12** rabulistisch
spitzfindiger Mensch: **7** Sophist, **8** Rabulist, **11** Dialektiker, **12** Scholastiker
Spitzfindigkeit: **9** Kasuistik, Sophismus, Sophistik, **10** Rabulistik, **11** Sophisterei
Spitzgiebel: **7** Wimperg
Spitzhacke: **5** Picke, **6** Pickel
Spitzhörnchen: **4** Tana
Spitzkeil: **5** Picot
Spitznamen: → umgangssprachlich
Spitzpfeiler: **7** Obelisk
Spitztürmchen: **5** Fiale
Spleen: **6** Grille, **7** Marotte, **8** Schrulle
Splitter: **4** Span, **6** Spliss, **8** Spleisse
splitterfreies Glas: **5** Kinon
Sporenbehälter: **10** Sporangium
Sporenpflanze: **4** Farn, Pilz, **9** Sporophyt
Sporentierchen: **9** Sporozoen
Sportanlage in Gaststätten: **9** Kegelbahn
Sportanzug: **5** Dress, **6** Trikot
Sportarten: **4** Golf, Judo, Polo, **5** Boxen, Gehen, Heben, Rugby, **6** Angeln, Hockey, Kegeln, Laufen, Pelota, Reiten, Ringen, Rodeln, Rudern, Segeln, Squash, Tennis, **7** Barlauf, Curling, Eislauf, Eistanz, Fechten, Kricket, Krocket, Paddeln, Radball, Radpolo, Surfing, Wandern, **8** Athletik, Baseball, Fussball, Korbball, Pingpong, Springen, Wettlauf, **9** Eishockey, Faustball, Gymnastik, Schiessen, Schwimmen, Zehnkampf, **10** Alpinistik, Fuenfkampf, Trabrennen, **11** Bergsteigen, Huerdenlauf, Skispringen, Speerwerfen, Tischtennis, **12** Diskuswerfen, Hammerwerfen, Marathonlauf, Pferderennen, Segelfliegen, **14** Drachenfliegen
Sportboote: **3** Gig, **4** Kanu, **5** Einer, Kajak, Skiff, **6** Achter, Vierer, Zweier, **7** Skuller, **8** Kanadier
Sportbootfahrer: **6** Kanute, **7** Skuller
Sportfeld: **7** Stadion
Sportfischer: **6** Angler
Sportgemeinschaft: **4** Crew, Team
Sportgeräte: **4** Ball, **5** Speer, **6** Diskus, Gewehr, Hammer, Hantel, **8** Expander, Rhoenrad
Sportgröße: **2** As, **5** Crack, **6** Kanone, **8** Champion
Sportkleidung: **5** Dress
Sportlehrer: **5** Coach, **7** Trainer
sportlich
– ***anständig:*** **4** fair
– ***leistungsfähig:*** **3** fit
sportliche
– ***Höchstleistung:*** **6** Rekord
– ***Übungen:*** **8** Training
– ***Wahlübung:*** **4** Kuer
Sportliebhaber: **7** Amateur
Sportmantel: **10** Dufflecoat
Sportplatz: **5** Arena, **7** Stadion
Sportpreis: **3** Cup, **5** Pokal
Sportschlitten: **3** Bob, **8** Skeleton, **9** Bobsleigh
Sportveranstaltungen: **5** Match,

6 Rennen, **7** Meeting, Regatta
Sportwagen: 8 Roadster
Sportwette: 4 Toto
Sportwettkampf: 9 Olympiade
Spott: 4 Hohn, **6** Ironie, Satire, Sarkasmus, **8** Zynismus
Spottbild: 9 Karikatur
Spottdichtung: 6 Satire, **7** Parodie
spöttelnd: 6 mokant
Spötter: 7 Zyniker, **8** Parodist, **9** Satiriker
Spottgedicht: 8 Epigramm
spöttisch: 6 mokant, **7** zynisch, **8** ironisch, **9** satirisch, **11** sarkastisch
spöttischer Kommentar: 6 Glosse
Spottlust: 7 Mokerie
Spottschrift: 6 Satire, **8** Pasquill
Spottvers: 8 Epigramm
Sprache
– ***der alten Römer:*** **6** Latein
– ***der Äthiopier:*** **6** Amhara
– ***einer Berufsgruppe:*** **6** Jargon
– ***der Buren:*** **9** Afrikaans
– ***heuchlerische:*** **4** Cant
– ***in ungebundener Form:*** **5** Prosa
– ***vulgäre:*** **5** Slang
Spracheigentümlichkeit: 5 Idiom
Sprachforscher: 8 Linguist, **9** Philologe
Sprachgestalter: 7 Stilist
Sprachlehre: 9 Grammatik
Sprachreiniger: 6 Purist
Sprachreinigung: 8 Purismus
Sprachrohr: 8 Megaphon
Sprachschatz: 9 Thesaurus
Sprachwissenschaft: 10 Etymologie, Linguistik, Philologie, **11** Germanistik
sprechen: 5 reden, sagen, **8** plaudern, **9** parlieren, vortragen, **10** referieren, rezitieren, **11** deklamieren
Sprecher: 6 Diseur, Redner, **7** Ansager, **9** Rezitator, **12** Conférencier
Sprechfunkgerät: 12 Walkie-talkie
Sprechgerät: 9 Mikrophon
Sprechgesang: 9 Rezitativ
Sprechorgane: 4 Mund, **5** Lippe, Zunge
Sprechstunde: 10 Ordination
Spree-Athen: 6 Berlin
Spree-Zuflüsse: 5 Dahme, Panke, **7** Stinitz, **9** Loecknitz
Spreizschritt: 6 Spagat, **9** Graetsche
Spreizschwanz bei Hühnervögeln: 3 Rad
Sprengel: 7 Pfarrei, **8** Dioezese, Parochie, **10** Kirchspiel
sprengend: 7 brisant
Sprenggeschoß, Sprengkörper: 4 Mine, **5** Bombe, **6** Rakete, **7** Granate, Torpedo, **8** Luftmine, **10** Schrapnell, **11** Handgranate, Kartaetsche
Sprengkraft: 7 Brisanz
Sprengschlag: 9 Explosion, **10** Detonation
Sprengstoffe: 5 Romit, **6** Lyddit, **7** Ekrasit, Dynamit, Kinetit, Melinit, Roburit, **8** Fulgurit, **13** Nitrogelatine, Nitroglyzerin, Schiesspulver, Schwarzpulver, **14** Trinitrotoluol (TNT)
sprenkeln: 8 melieren
Spreu: 4 Kaff, **5** Spelz
Sprichwort: 8 Paroemie
Springbrunnen: 8 Fontaene
springender Punkt: 6 Pointe
Springer: 7 Roessel, **9** Kaskadeur
Sprinterschuhe: 6 Spikes
Spritze: 9 Injektion
Spritzer beim Mixen: 4 Dash
Spritztour: 4 Trip, **7** Ausflug, **9** Abstecher
spröde: 6 pruede
Sproßanlage: 6 Knospe
Sprosse: 5 Stufe
Sprossengerät: 6 Leiter
Spruch: 5 Gnome, **8** Epigramm
Spruchband: 11 Transparent
Spruchgedicht: 7 Priamel

sprudeln: **6** wallen
Sprudelwasser: **4** Soda, **7** Selters
Sprudler: **5** Quirl
Sprühmittel: **5** Spray
Sprühvorrichtung: **5** Duese
Sprühwasser: **6** Gischt
Sprung: **4** Riss, Satz, **5** Salto, **6** Fissur, **7** Kaskade, **8** Kapriole
Sprunggarten für Pferde: **7** Couloir
Sprunggerät: **9** Trampolin
Spukgestalt: **5** Geist
Spule: **5** Rolle, Walze, **8** Wicklung
Spulenring: **6** Wirtel
Spülgerät: **9** Irrigator
Spur: **7** Abdruck, Faehrte, Stapfen
Spürsinn: **5** Flair
Sri Lanka (Ceylon – Inselstaat in S-Asien)
Berge: **9** Adams Peak, **14** Pidurutalagala
Bevölkerung: **5** Moors, Wedda, **6** Weddas, **7** Burgher, Tamilen, Weddhas, **9** Srilanker, **10** Singhalesen
Flughafen: **12** Banderanaike
Halbinsel: **6** Jaffna
Hauptstadt: **7** Colombo
Kap: **6** Dondra
Politiker: **6** Hameed, **9** Gopallawa, Premadasa
Politikerin: **12** Banderanaike
Sprachen: **5** Tamil, **7** Sinhala, **13** Singhalesisch
Städte: **5** Galle, Kandy, **6** Jaffna, **7** Negombo, **8** Moratuwa, **9** Ratnapura, **10** Kurunegala, **11** Polonnaruwa, Trincomalee, **12** Anuradhapura
Ureinwohner: **5** Wedda, **6** Yaksas
Währung: **4** Cent, **5** Rupie
Staat: **5** Reich, **6** Nation
staatenbildende Insekten: **5** Biene, **6** Ameise, **7** Termite
Staatenbund: **11** Foederation, **14** Konfoederation
Staatenbündnis: **5** Union, **7** Allianz, Entente
Staatenlose: **7** Apolide
staatliche Vorschrift: **6** Gesetz
staatlicher Zuschuß: **10** Subvention
Staatsangehörigkeit: **13** Nationalitaet
Staatsbesitz: **5** Aerar, **7** Domaene
Staatschef: **7** Kanzler
Staatsfeind: **9** Anarchist
Staatsformen: **8** Despotie, Diktatur, Republik, Tyrannis, **9** Herzogtum, Monarchie, **10** Demokratie, Oligarchie, Theokratie, **11** Fuerstentum, Kaiserreich, Koenigreich, **12** Aristokratie, Staendestaat, **13** Raeterepublik, **14** Grossherzogtum
Staatsführung: **7** Politik, **9** Regierung
Staatsgebiet: **11** Territorium
Staatsgefängnis
– ***in Paris:*** **8** Bastille
– ***in New York:*** **8** Sing-Sing
Staatsgemeinschaft: **4** Volk, **6** Nation
Staatsgewalt: **9** Exekutive
Staatsgut: **7** Domaene
Staatshaushalt: **4** Etat, **6** Budget, **8** Finanzen
Staatshoheit: **14** Souveraenitaet
Staatskasse: **5** Aerar, **6** Fiskus
Staatskunst: **10** Diplomatie
Staatskutsche: **7** Karosse, **8** Equipage
Staatslenkung: **9** Regierung
Staatsmann: **7** Kanzler, **9** Politiker
Staatsoberhaupt: **6** Regent, **7** Monarch, **10** Praesident
Staatsregierung: **8** Kabinett
Staatsschatz: **5** Aerar, **6** Fiskus
Staatssklave: **5** Helot
Staatsteil in fremdem Gebiet: **7** Enklave, Exklave
Staatsverbrechen: **6** Putsch, **7** Aufruhr, Revolte, **8** Spionage, **9** Rebellion, **10** Hochverrat, Revolution, **12** Landesverrat
Staatsverfassung: **12** Konstitution
Staatsvertreter: **6** Konsul, **7** Attaché,

8 Diplomat, 9 Gesandter, 11 Botschafter
Staatsvolk: 6 Nation
Staatswappen: 6 Emblem
Staatsstreich: 6 Putsch, 7 Umsturz
Stab: 5 Stock, 7 Stecken
Stabreim: 12 Alliteration
Stabsoffiziere: 5 Major, 6 Oberst, 14 Oberstleutnant
Stabtierchen: 8 Bakterie
Stabwerk: 6 Gitter, 8 Ornament
Stachel: 4 Dorn, 5 Sporn
Stachelflosser: 4 Lump, 6 Barsch, 7 Makrele, Seehase, 8 Seebarbe, 9 Lippfisch, 10 Plattfisch, 11 Schellfisch
Stachelhäuter: 7 Seeigel, Trepang, 8 Seegurke, Seelilie, Seestern, Seewalze, 9 Haarstern, 10 Holothurie, 14 Schlangenstern
Stachelhummer: 8 Languste
Stachelpflanze: 6 Distel, Kaktus
Stachelschweine: → Nagetiere
Stacheltier: 4 Igel
stachliges Unkraut: 6 Distel
Stadel: 7 Scheune, Schober
Stadium: 5 Phase, Stufe, 7 Zustand
Stadtadel: 9 Patriziat
Stadtburg: 9 Zitadelle
Stadtburg von
– ***Athen:*** 9 Akropolis
– ***Granada:*** 8 Alhambra
– ***Krakau:*** 5 Wawel
– ***London:*** 5 Tower
– ***Malaga:*** 8 Alcazaba
– ***Moskau:*** 5 Kreml
– ***Prag:*** 9 Hradschin
– ***Rom:*** 10 Engelsburg
– ***Toledo:*** 7 Alcazar
– ***Würzburg:*** 10 Marienberg
Städtebund im Mittelalter: 5 Hansa, Hanse
Stadteingang: 3 Tor
Städter: 7 Buerger
städtisch: 5 urban, 8 kommunal
Stadtkanal: 5 Fleet, 6 Gracht
Stadtmitte: 4 City, 7 Zentrum
Stadtoberhaupt: 14 Buergermeister
Stadtrand: 10 Peripherie
Stadtrat: 5 Senat, 9 Magistrat
Stadtstreicher: 7 Bettler, 8 Clochard
Stadtverwaltung: 9 Magistrat
Stadtviertel: 8 Quartier
Staffelläufer: 8 Stafette
Stagnation: 8 Stockung, 10 Stillstand
Stahlkammer: 4 Safe, 6 Tresor
Stahlplattenklavier: 7 Celesta
Stahlroß: 7 Fahrrad
Stahlseil: 5 Kabel, 6 Trosse
Stall (Schwein): 5 Koben
Stallabteil: 3 Box
Stalldung: 4 Mist
Stallgeräte: 4 Trog, 5 Raufe, 10 Futtertrog
Stallhase: 9 Kaninchen
Stallunterlage: 5 Streu
Stammbaumforscher: 9 Genealoge
stammeln: 8 stottern
Stammeszeichen (indian.): 5 Totem
Stammeszugehörigkeitsgefühl: 11 Tribalismus
Stammhalter: 4 Sohn
Stammiete: 10 Abonnement
stämmig: 6 robust
Stammutter: 3 Eva, 4 Ahne
Stammtischpolitiker: 12 Politikaster
Stammtruppe: 5 Kader
Stammvater: 3 Ahn, 4 Adam, 9 Patriarch
Stammvater der
– ***Edomiter:*** 4 Esau
– ***Griechen:*** 6 Danaus
– ***Hamiten:*** 3 Ham
– ***Israeliten:*** 5 Isaak, Jakob, 7 Abraham
– ***Menschen:*** 4 Adam
– ***Moabiter:*** 3 Lot
– ***Portugiesen:*** 5 Lusus
– ***eines Riesengeschlechts:*** 4 Enak
– ***Semiten:*** 3 Sem

Stammwort: 6 Etymen, **10** Primitivum
Stampfbauweise: 5 Pisee
stampfen: 8 pilieren
Stampfer: 5 Keule, **7** Pistill, **8** Stoessel
Stand: 4 Adel, Rang, **5** Kaste, Stufe, **6** Status, **8** Standard, Stellung, **9** Situation
Standard: 4 Mass, Norm
Standbild: 5 Figur, **6** Statue, **7** Denkmal, **8** Monument, **9** Statuette, **10** Bildsaeule
Ständchen: 8 Serenade
Ständer: 6 Stativ, **7** Etagere, **8** Stellage
Standesbezeichnung: 5 Titel
Standesdünkel: 11 Kastengeist
Standessprache: 5 Idiom
standfest machen: 13 stabilisieren
Standfestigkeit: 11 Stabilitaet
standhaft: 5 ehern
ständig: 5 immer, stets, **8** konstant, **9** habituell, permanent, stereotyp
ständiger Besucher: 9 Stammgast
Ständigkeit: 9 Permanenz
Standleuchter: 10 Kandelaber
Standort: 5 Platz, **7** Station, **8** Position
Standort der Truppen: 8 Garnison
Standpauke: 9 Strafrede
Standpunkt: 7 Ansicht, Doktrin, Meinung
standrechtlich erschießen: 11 fuesilieren
Stange: 4 Stab, **5** Barre, Latte, Stake, Stock, **8** Baskuele
Stangengebiß am Pferdegeschirr: 7 Kandare
Stangengemüse: 7 Spargel
Stänkerer: 9 Querulant
Stapel: 5 Stoss, **6** Haufen
Star (mediz.): 7 Glaukom
Starenvögel: 3 Beo, **9** Rosenstar, **11** Hirtenmaina, Huegelatzel, **12** Madenhacker
stark: 5 forte, **6** robust, **8** intensiv, kraeftig, **10** voluminoes
stark mitgenommen: 10 ramponiert
Stärke: 5 Force, Kraft, Macht, Power, **11** Intensitaet
Stärke aus Maniokwurzeln: 7 Tapioka
Stärkemehl: 4 Sago, **7** Kassawa, Tapioka, **9** Arrowroot
stärkend: 7 tonisch
stärkere Erregung: 6 Affekt
Stärkungsmittel: 7 Tonikum, **8** Roborans
starr: 5 rigid, steif, stier
starr blicken: 7 starren, stieren
Starre (mediz.): 10 Rigiditaet
Starrkrampf: 7 Tetanie, Tetanus
starrsinnig: 4 stur
Starrsucht: 10 Katalepsie
Start (Rakete): 7 Take-off
Startschleuder: 8 Katapult
Statist: 8 Figurant, Komparse
statistische Darstellung: 8 Diagramm
Stätte: 3 Ort, **5** Platz, **6** Stelle
Statthalter: 4 Wali, **5** Nabob, **6** Eparch, Exarch, Satrap, **8** Resident, **10** Gouverneur, Vizekoenig
Statthalter von Jerusalem: 7 Nehemia
stattlich: 8 statioes, **14** repraesentabel
Statue eines nackten Jünglings: 6 Koros
Statur: 5 Figur, Wuchs, **7** Gestalt
Stauanlagen: 4 Damm, Wehr, **5** Mauer, **7** Stausee, **8** Schleuse, **9** Talsperre, **10** Staubecken
Staubbesen: 3 Mop
Staubfaden: 8 Filament
Staubkrankheit: 7 Koniose
Staublunge: 8 Silikose
Staudenharz: 5 Asant
Stauung: 5 Stase, **6** Stasis, **8** Stokkung, **10** Stagnation
Stecher: 7 Graveur
Stechgerät: 4 Ahle, **5** Nadel, **6** Pfriem
Stechheber: 7 Pipette
Stechmücken: 5 Gelse, **6** Gnitte,

Gnitze, **7** Moskito, **9** Anopheles
Stechpaddel: **6** Pagaie
Stechpalme: **4** Ilex, Mate
Steckdose: **6** Buchse
Stecken: **4** Stab, **5** Stock
Steckenpferd: **5** Hobby, **11** Liebhaberei
Steckrübe: **5** Wruke
Stegreifkomposition: **9** Impromptu
Stegreifrede: **9** Extempore
Stegreifvortrag: **13** Improvisation
Stehler: **4** Dieb
Stehltrieb: **11** Kleptomanie
Stehvermögen: **8** Ausdauer
steif: **5** klamm, rigid, starr, **11** zeremoniell, zeremonioes
steifer Hut: **4** Bibi, **6** Melone, **8** Zylinder
Steifheit: **6** Starre, **9** Gravitaet
Steifpapier: **5** Pappe, **6** Karton
steigen: **8** klettern
Steigen der Börsenkurse: **6** Hausse
steigern: **9** forcieren, **11** potenzieren
steigernd: **10** progressiv
Steigerung: **6** Klimax, **9** Erhoehung, Gradation, **11** Progression
Steigerungsstufe: **10** Komparativ, Superlativ
Steiggerät: **6** Leiter
steiler schmaler Weg: **5** Steig
Steilküste: **5** Kliff
Steilküsten: **8** Fataisen, Falaises
Steilwand: **4** Fluh
Stein der Weisen: **7** Elixier
Steinblock: **4** Fels, **6** Felsen
Steinbock: **3** Tur
Steinbrechgewächse: **4** Itea, **5** Ribes, **7** Astilbe, Deutzie, **8** Bergenie, **9** Herzblatt, Hortensie, Milzkraut, **10** Escallonia
Steinchen: **6** Kiesel
Steindruck: **12** Lithographie
Steindrucker: **10** Lithograph
Steinfrucht: → Früchte
Steingarten: **7** Alpinum
Steingrab der Frühgeschichte: **6** Dolmen, **10** Huenengrab
Steingut: **7** Keramik, **9** Wedgewood
Steingutflasche: **5** Kruke
Steinhaue: **5** Bille
Steinholz: **8** Xylolith
Steinkohle: **9** Anthrazit
Steinkohlenprodukte: **3** Gas, **4** Koks, Teer, **6** Anilin, Benzol
Steinkohlenzeit: **6** Karbon
Steinobst: → Früchte
Steinöl: **9** Petroleum
steinreicher Mann: **5** Nabob, **7** Kroesus
Steinsalz: **5** Halit
Steinsammlung: **10** Lapidarium
Steinsarg: **9** Sarkophag
Steinsäule: **6** Menhir, **7** Obelisk
Steinschleudermaschine: **8** Bombarde
Steinschneidekunst: **7** Glyptik
Steinschneider: **7** Graveur
Steinwand: **5** Mauer
Steinwüste der Sahara: **7** Hammada
Steinzeichner: **10** Lithograph
Steinzeichnung: **12** Lithographie
steinzeitliche Wohnstelle: **4** Abri, **8** Pfahlbau
Stellage: **7** Gestell, **8** Staender
Stelldichein: **4** Date, **5** Treff, **6** Dating, **10** Rendezvous, **11** Verabredung
Stelle: **3** Ort, **5** Lokus, Platz, **7** Staette, **8** Position
Stellung: **3** Amt, Job, **4** Lage, Pose, Rang, **6** Posten, **7** Haltung, Positur, **8** Lokation, Position, **9** Situation
Stellung der Gestirne: **13** Konstellation
Stellungswechsel: **10** Jobhopping
Stellvertreter: **4** Vize, **9** Prokurist, Substitut, **13** Repraesentant
Stelzvögel: → Schreitvögel
Stemmeisen: **6** Beitel, **7** Meissel
Stempel: **7** Estampe, Patrize
Stempel der Blüte: **7** Pistill

Stempelabdruck: **6** Siegel
Stengel: **4** Halm, **5** Stiel
stenografisches Kürzel: **5** Sigel
Steppe: **9** Grasebene
Steppe in
– ***Nordamerika:*** **7** Praerie
– ***Rumänien:*** **7** Baragan
– ***Sibirien:*** **6** Tundra
– ***Südafrika:*** **8** Kalahari
– ***Südamerika:*** **5** Pampa, **6** Pampas
– ***Ungarn:*** **6** Pussta
steppenhaft: **8** pontisch
Steppenfuchs: **6** Korsak
Steppenkatze: **5** Manul
Steppenwolf: **6** Kojote
Sterbeort
– ***Beethovens:*** **4** Wien
– ***Bismarcks:*** **13** Friedrichsruh
– ***Bruckners:*** **4** Wien
– ***Casanovas:*** **3** Dux
– ***Goethes:*** **6** Weimar
– ***Hauptmanns:*** **9** Hiddensee
– ***Hofers:*** **6** Mantua
– ***Shakespeares:*** **9** Stratford
– ***Wallensteins:*** **4** Eger
Sterbehilfe (mediz.): **10** Euthanasie
Sterblichkeit: **10** Letalitaet, **11** Mortalitaet
Stereophonie: **9** Raumklang
steril: **8** keimfrei, **11** unfruchtbar
sterilisieren: **12** konservieren
Sternbilder (und ihre Sterne): **4** Baer, Großer (**5** Alkor, Dubhe, Merak, Mizar, **6** Alioth, Elkaid, Megrez, Phekda, **10** Benetnasch), Baer, Kleiner (**6** Kochab, **7** Pherkad, Polaris, **8** Alrukaba, **9** Nordstern, **10** Polarstern), Hase (**5** Arneb, Nihal, **7** Elarneb) Hund, Großer (**6** Mirzam, Sirius, **10** Hundsstern), Hund, Kleiner (**5** Wezen, **6** Adhara, Aludra, Mirzam, Phurud, **7** Prokyon, **9** Algomeiza), Netz, Pfau, Rabe (**4** Kraz, **6** Gienah, **7** Alchiba, Algorab), Wolf, **5** Adler (**5** Atair, **6** Altair, **7** Alshain, Tarazet, **8** Alschain), Altar, Fisch, Südl. (**9** Fomalhaut), Fuchs, Krebs (**6** Al Tarf, Krippe, Meleph, Sertan), Kreuz (**5** Acrux), Krone, Nördl. (**5** Gemma), Krone, Südl., Leier (**4** Wega), Loewe (**4** Duhr, **5** Subra, **7** Algieba, Regulus, **8** Denebola, **9** Aldhafera), Luchs, Maler, Orion (**5** Rigel, **7** Alnilam, Alnitak, Mintaka, **9** Bellatrix, **10** Beteigeuze, Jakobsstab), Pfeil (**4** Sham), Segel, Stier (**7** Alkyone, **9** Aldebaran), Taube, (**5** Phakt), Tukan, Waage, Wagen, Großer → Baer, Großer, Wagen, Kleiner → Baer, Kleiner, **6** Becher (**6** Alkres), Drache (**7** Ettanin, **8** Draconis), Fische (**8** Alrescha), Fliege, Indier, Lineal, Oktant, Schiff (**4** Heck, **5** Segel, **14** Schiffskompass), Schild, Schwan (**4** Sadr, **5** Deneb, Sadir, **7** Albireo, Schedir), Widder (**5** Hamal, **6** Elnath, **8** Mesartun, **9** Mesarthim, Scheratan), Zirkel, **7** Centaur (**5** Agena, Hadar, **7** Toliman, **9** Muliphein), Cepheus (**5** Arrai, Errai, **6** Alfirk, **9** Alderamin), Delphin, Dreieck, Nördl. (**9** Mothallah), Dreieck, Südl. (**6** Alamak), Einhorn, Fuellen (**9** Kitalphar), Giraffe, Kranich (**6** Alnair), Phoenix, Pegasus (**4** Enif, **5** Homam, **6** Markab, Scheat, **7** Algenib), Sextant, **8** Berenike, Eidechse, Eridanus (**5** Cursa, **8** Achernar), Fernrohr, Fuhrmann (**7** Alhajot, Capella, **8** Hassaleh, **10** Menkalinam), Herkules (**10** Ras Algheti), Jungfrau (**4** Heze, **5** Spica, **7** Alaraph, **12** Vindemiatrix), Schlange (**4** Alya, Unuk), Schuetze (**6** Alnasi, Rukbat), Skorpion (**5** Akrab, **6** Diphda, **7** Antares), Walfisch (**4** Mira, **6** Mankab,

Nenkar, **11** Baten-Kaitos, Deneb-Kaitos), **9** Andromeda (**6** Alamak, Mirach, Sirrah), Bildhauer, Goldfisch, Jagdhunde, Luftpumpe, Mikroskop, Pendeluhr, Pferdchen, Steinbock (**5** Dabih, **6** Algedi, **8** Naschira, **10** Sadalzabih), Tafelberg, Zwillinge (**5** Tejat, **6** Alhena, Castor, Pollux, **7** Mekbuda), **10** Cassiopeia (**7** Ruchbar, Schedir), Chamaeleon, Fuechschen, Hinterdeck (**4** Naos), Kamelopard, Wassermann (**9** Sadachbia, Sadalsuud, **10** Sadalmelik), Winkelmass, **11** Grabstichel, **12** Baerenhueter (**5** Mirak, **6** Arctur, Nekbar, **7** Ceginus, Muphrid, **8** Arcturus, **10** Alkalurops), Schwertfisch, **13** Paradiesvogel, **14** Chemischer Ofen, Schiffskompass, Wasserschlange, Nördl. (**7** Alphard, Minchir), **15** Fliegender Fisch, Kiel des Schiffes (**5** Suhel, **6** Tureis, **7** Canopus), **16** Schlangentraeger (**10** Ras Alhague), **18** Berenikes Haupthaar

Sterndeuter: 9 Astrologe
Sterndeuter Wallensteins: 4 Seni
Sterndeutung: 10 Astrologie
Sternfahrt: 6 Rallye
Sternforscher: 8 Astronom, **13** Astrophysiker
Sterngruppe im Stier: 8 Plejaden
Sternhaufen im Krebs: 8 Praesepe
Sternkunde: 10 Astronomie
Sternschnuppe: 6 Meteor, **8** Meteorit
Sternschnuppenschwarm, Sternhaufen im Bild
– ***Bärenhüter:*** **8** Bootiden
– ***Cepheus:*** **9** Cepheiden
– ***Drache:*** **10** Drakoniden
– ***Jungfrau:*** **10** Virginiden
– ***Leier:*** **7** Lyriden
– ***Löwe:*** **8** Leoniden
– ***Orion:*** **9** Orioniden
– ***Perseus:*** **9** Perseiden
– ***Stier:*** **6** Hyaden, **8** Tauriden
– ***Wassermann:*** **9** Aquariden
– ***Zwillinge:*** **9** Geminiden
Sternsystem: 7 Galaxie, Galaxis
Sternwarte: 13 Observatorium
Stethoskop: 8 Hoerrohr
stetig: 8 konstant, **14** kontinuierlich
Stetigkeit: 12 Kontinuitaet
stets: 5 immer, **8** staendig
Steuer: 5 Pinne, Ruder, **6** Lenker, Umlage, Volant, **7** Lenkrad
Steuerband: 9 Banderole
Steuerbehörde: 9 Finanzamt
Steuereinnehmer: 8 Rezeptor
Steuerungsscheibe: 8 Exzenter
Stich im Kartenspiel: 5 Point
Stichkarte: 5 Atout, **6** Trumpf
Stichprobe: 4 Test, **9** Kontrolle
Stichwaffen: 5 Degen, Dolch, Lanze, **6** Spiess, **7** Florett, Schwert, Stilett, **8** Bajonett
Stichwortverfasser: 7 Indexer
Stichwortverzeichnis: 5 Index, **8** Register
Stickerei: 6 Feston, **7** Grelots, **10** Tapisserie
Stickrahmen: 6 Tambur
Stickstoff: 11 Nitrogenium
Stickstoffverbindungen: 4 Azid, **6** Nitrat, Nitrid, Nitrit, **7** Lachgas, **8** Salpeter
Stiefmütterchen: 6 Pensee
Stiefsohn der Phädra: 8 Hippolyt
Stieftochter des Herodes: 6 Salome
Stieglitz: 10 Distelfink
Stielbrille: 7 Lorgnon, **9** Lorgnette
Stier: 4 Toro, **5** Bulle
Stierkampfteilnehmer: 5 Chulo, **6** Espada, Torero, **7** Matador, Picador, **8** Capeador, Toreador, Cachetero, **9** Picadores, **12** Banderillero
Stierkämpferdegen: 5 Spada
Stierkämpfertuch: 4 Capa

Stierkämpfertuchstock: **6** Muleta
Stift: **7** Konvikt, **8** Lehrling
Stifter des
– ***Augsburger Religionsfriedens:*** **9** Ferdinand
– ***Christentums:*** **5** Jesus
– ***Islams:*** **8** Mohammed
– ***Jesuitenordens:*** **6** Loyola
Stifterfigur im Naumburger Dom: **3** Uta
Stiftsdame: **9** Kanonisse, **10** Kanomissin
Stiftsherr: **7** Domherr, **9** Kapitular
Stiftskirche: **5** Abtei, **8** Muenster
Stiftsvorsteher: **3** Abt, **6** Propst
Stiftsvorsteherin: **6** Domina, **9** Aebtissin
Stiftung: **7** Benefiz, **8** Donation, **9** Fundation, Gruendung, Schenkung, **11** Institution
Stil: **3** Art, **5** Genre, **7** Diktion, **8** Gepraege
Stilkunde: **9** Stilistik
still: **5** leise, ruhig, **6** passiv, **10** schweigsam
Stille: **4** Ruhe, **9** Silentium
stille Andacht: **5** Gebet, **13** Kontemplation
Stiller Ozean: **7** Pazifik
Stillhalteabkommen: **10** Moratorium
Stillstand: **10** Stagnation
stillstehend: **8** statisch
Stimmabgabe: **5** Votum
Stimmbildungslehre: **8** Phonetik
Stimmbruch: **8** Mutation
Stimme: **3** Vox, **5** Organ, Votum
Stimme in einem Musikwerk: **4** Part
Stimmgabel: **8** Diapason
Stimmlagen: **3** Alt, **4** Bass, **5** Tenor, **6** Sopran, **7** Bariton, Diskant, **11** Mezzosopran, **11** Bassbariton, **12** Koloratur-Alt, Tenorbariton
Stimmlosigkeit: **7** Aphonie
Stimmritze: **7** Glottis
Stimmung: **5** Laune, **8** Euphorie, **11** Atmosphaere
stimmungsvoll: **7** lyrisch, **10** romantisch
Stimmwechsel: **8** Mutation
Stimmzettelbehälter: **4** Urne
Stimulation: **7** Reizung, **8** Erregung
Stinkfrucht: **6** Durian
Stinkmarder: **4** Ratz, **5** Iltis
Stinktiere: **5** Skunk, **7** Surilho, Zorilla
Stirnbinde: **5** Inful, Mitra
Stirnfleck: **6** Blesse
Stirnreif: **6** Diadem
Stirnseite: **5** Front, **7** Fassade
Stirnvogel: **4** Japu
Stock: **4** Rute, Stab, **6** Bengel, **7** Pruegel, **8** Knueppel
Stockfechten: **5** Kendo
Stockschläge: **9** Bastonade
Stockung: **5** Stase, **6** Stasis, **10** Stagnation
Stockwerk: **5** Etage
Stoff: **5** Masse, Sujet, **6** Gewebe, **7** Materie, **8** Substanz
Stoffdach: **9** Baldachin
Stoff in feinster Verteilung: **7** Kolloid, **8** Emulsion
Stoffart: → Gewebe
Stoffbär: **5** Teddy
Stoffbehälter: **4** Sack, **6** Beutel
Stoffbesatz: **6** Falbel
Stoffe: **9** Textilien
Stoffeinsatz: **7** Zwickel
stofflich: **9** materiell, substantiell
stofflos: **11** immateriell
Stoffwechsel: **12** Metabolismus
Stoffwechselkrankheit: **5** Gicht
Stoizismus: **9** Gleichmut
Stolz: **7** Hochmut, **8** Arroganz, **13** Selbstachtung
Stopfgarn: **5** Twist
Stöpsel: **4** Kork, **6** Korken, **8** Pfropfen
Störfische: **6** Beluga, Hausen, **7** Sterlet, **8** Sterlett
Störrogen: **6** Kaviar
Storch als Glücksbringer: **6** Adebar

Storchenvögel: → Schreitvögel
Storchschnabel zum Zeichnen: **10** Pantograph
stören: **10** irritieren
störend: **10** genierlich
Störung: **5** Panne, **7** Agnosie
Stoß: **4** Puff, **5** Knuff, Prall, Stups, **6** Schubs, **7** Pulsion
– *beim Billard:* **6** Dublee, Doublé
– *beim Fußball:* **4** Kick
Stoßdegen: **7** Florett
Stoßfänger: **6** Puffer
Stoßwaffen: **4** Pike, **5** Lanze, **6** Spiess, **9** Partisane, **10** Hellebarde
Stoßzeit: **6** Saison, **8** Kampagne, Rush-hour
Stövchen: **7** Rechaud
strafbar: **9** kriminell
strafbare Handlung: **6** Delikt, **8** Vergehen, **10** Verbrechen, **12** Uebertretung
strafen: **6** ahnden
strafende Gerechtigkeit: **7** Nemesis, **10** Vergeltung
Straferlaß: **8** Amnestie, **9** Indulgenz, **11** Begnadigung
straff: **5** drall, **6** stramm
Straffälligkeit: **13** Kriminalitaet
Straflosigkeit: **11** Indemnitaet
Strafpredigt: **6** Sermon, **7** Epistel
Strafrede: **10** Philippika
Strafstoß beim Fußball: **5** Elfer, **8** Elfmeter
Straftaten: **4** Mord, Raub, **5** Untat, **6** Delikt, Frevel
Straftäter: **4** Dieb, **7** Moerder, Raeuber, **8** Hijacker, **9** Betrueger, Kidnapper, Luftpirat, **10** Delinquent, Einbrecher, Entfuehrer, Highjacker, Verbrecher, **11** Bankraeuber
Strafvollzugsanstalt: **9** Zuchthaus, **10** Gefaengnis
Strahlenbrecher: **6** Prisma
Strahlenbrechung: **10** Refraktion
Strahlenfacharzt: **9** Radiologe, **13** Roentgenologe
strahlenförmig: **6** radial
Strahlenkörper der Blüte: **3** Rad
Strahlenkranz: **6** Glorie, Korona, Nimbus, **7** Aureole
Strahlenkunde: **10** Radiologie
Strahlensonne (Feuerwerk): **9** Girandola
Strahlentierchen: **11** Radiolarien
Strahltriebflugzeug: **3** Jet
Strahlung: **5** Burst, **9** Emanation, Radiation
Strahlungsmaß: **5** Curie
Strahlungspunkt: **7** Radiant
stramm: **5** drall, prall
Strand: **4** Lido, Ufer, **6** Kueste, **7** Gestade
Strandbad bei Venedig: **4** Lido
Strandläufer: **4** Knut, **5** Knutt
Strandsee: **4** Haff, **5** Etang, Liman, **6** Bodden, Lagune
Strandzone: **7** Litoral
Strapaze: **4** Qual, **5** Muehe, Plage, **9** Plackerei, **11** Anstrengung
Straße: **3** Via, Weg, **5** Allee, Gasse, **6** Avenue, **7** Avenida, **8** Chaussee, **9** Boulevard
Straßenbahn: **4** Tram, **7** Tramway, **8** Trambahn, **11** Elektrische
Straßenbaumaterial: **5** Beton, **6** Splitt, Steine, **7** Bitumen, **8** Schotter
Straßenbelag: **7** Asphalt, Makadam, **8** Pflaster, **15** Fluesterasphalt
Straßenbeleuchtungskörper: **7** Laterne, **10** Kandelaber
Straßenbenutzungsgebühr: **4** Maut
Straßenjunge: **5** Gamin, **8** Hooligan
Straßenpöbel: **3** Mob
Straßenräuber: **6** Bandit, **7** Brigant
Straßensperre: **9** Barrikade
Straßenverkehrsmittel: → Verkehrsmittel
Straßenwindung: **5** Kehre, **10** Serpentine

Straßenzug: **5** Trakt
Strategie: **7** Methode, **8** Vorgehen
Strauch: **5** Busch
Strauchdieb: **11** Wegelagerer, **12** Buschklepper
straucheln: **8** stolpern
Sträucherkunde: **11** Dendrologie
Strauchfrucht: **5** Beere
Strauchwerk: **5** Hecke, **8** Gebuesch
Strauß: **6** Bukett
Straußenfeder auf Frauenhüten: **9** Pleureuse
Straußenvögel: **3** Emu, Moa, **4** Kiwi, Rhea, **5** Nandu, **6** Kasuar, **10** Helmkasuar, **12** Sudanstrauss
streben: **9** tendieren
Streben: **7** Tendenz, **8** Ambition
Strebsamkeit: **5** Eifer, **6** Fleiss, **7** Ehrgeiz
streckbar: **6** duktil
Strecke: **4** Tour, **5** Linie, Piste, Route, **6** Etappe, **7** Distanz
Streckenende im Bergbau: **3** Ort
Streckenmuskel: **6** Tensor, **8** Extensor
Streich: **4** Coup, Hieb, **5** Farce, Posse, Unfug, **6** Possen, Schlag, **8** Eskapade, **11** Schabernack
streicheln: **7** kraulen
streichen: **8** loeschen
Streichgarnstoff: **8** Buckskin
Streichinstrumente: **4** Bass, **5** Cello, Fidel, Gambe, Geige, Gusla, Rebab, Viola, **6** Fiedel, **7** Chrotta, Violine, **8** Bratsche, **9** Bassgeige, Kniegeige, **10** Kontrabass, **11** Violoncello
Streife: **4** Raid, **5** Ronde, Runde, **6** Razzia, **9** Exkursion, **10** Patrouille
Streifen an der Uniform: **5** Biese, Litze, **9** Lampassen
streifig: **8** lamellar
Streifwache: **5** Ronde
Streifzug: **9** Exkursion
Streik: **8** Ausstand
Streit: **4** Zank, **5** Fehde, Hader, Kampf, Knies, Stunk, Zwist, **7** Haendel, Knatsch, Krakeel, Polemik, Querele, **8** Kabbelei, Konflikt, Reiberei, **11** Kontroverse
Streitaxt der Indianer: **8** Tomahawk
streitbar: **11** martialisch
streiten: **6** hadern
Streitfrage: **7** Problem
Streitgesang: **7** Tenzone
Streitgespräch: **6** Disput, **7** Debatte, **10** Diskussion
Streitkunst: **7** Eristik, **9** Dialektik
Streitmacht: **4** Heer, **5** Armee
Streitschrift: **8** Diatribe, Pamphlet
streitsüchtig: **9** aggressiv
streng: **4** hart, herb, **5** rigid, **6** strikt, **7** rigoros
Strenge: **6** Haerte, **12** Rigorositaet
streng geheim: **9** top-secret
strenggläubig: **8** orthodox
Streupulver: **6** Talkum
Striche ziehen: **9** liniieren, **12** schraffieren
Strichelung: **9** Schraffur
Strichpunkt: **9** Semikolon
Strick: **4** Seil, **5** Leine, **6** Schnur, Strang
Strickbeutel: **9** Pompadour
Strickbluse: **6** Jumper
Strickjacke: **8** Pullover, **10** Lumberjack
Strickmaterial: **5** Wolle
Strickwaren: **10** Trikotagen
Strickzeug: **5** Nadel, Wolle
Striegelbürste: **11** Kardaetsche
strikt: **5** genau, **6** streng
strittig: **10** diskutabel
Strohblume: **10** Immortelle
strohfarben,- gelb: **6** paille
Strohhut: **6** Panama, **11** Florentiner
Strohunterlage: **5** Streu
Strolch: **4** Lump, **7** Strizzi
Stromabnehmer: **9** Kollektor
Stromeintrittsstelle: **5** Anode
strömen: **6** pulsen, **9** pulsieren

Stromer: **7** Strolch, **8** Vagabund, **9** Schlingel, **13** Landstreicher
Stromerzeuger: **6** Dynamo
Stromleitung: **5** Draht, Kabel
Strommaßeinheiten: **3** Ohm, **4** Volt, Watt, **5** Farad, **6** Ampère
Strommesser: **11** Amperemeter
Strommeßgerät: **12** Galvanometer
Stromquelle: **7** Element, **8** Batterie
Stromschnelle: **8** Katarakt
Stromspeicher: **4** Akku, **11** Akkumulator
Stromstoß: **6** Impuls
Strömung: **7** Tendenz
Strömung des Meeres: **5** Drift, Trift
Stromwender (techn.): **10** Kommutator
Stromzuführer: **5** Anode
Strophe: **4** Vers
Strophenformen: **6** Ottava, Stanze, **7** Endecha
strukturlos: **6** amorph
Strümpfe: **6** Socken
Strumpfhalter: **6** Straps
Stuckarbeit: **9** Stukkatur
Stuckarbeiter: **10** Stukkateur
Stücklohn: **6** Akkord
Stückmaß für Fische: **4** Wall
Stückzahlmaß: **4** Gros, **6** Mandel, **7** Dutzend
Student: **9** Studiosus
Studentenausschuß: **4** AStA
Studentenblume: **7** Tagetes
Studentenheim: **5** Burse
Studentenmittagstisch: **5** Mensa
Studentenmütze: **7** Zerevis
Studentenverbindung: **5** Korps, **11** Korporation
Studentenviertel in Paris: **13** Quartier Latin
studentische(r, s)
– ***Festabend:*** **7** Kommers
– ***Sitte:*** **7** Komment
– ***Trinkgruß:*** **7** Fiduzit, **9** Schmollis
– ***Trinklied:*** **6** Kantus
– ***Verbindungsdiener:*** **3** Fax
– ***Zweikampf:*** **6** Mensur
Studie: **6** Uebung
Studienanstalt: **3** Uni, **7** Seminar, **12** Universitaet
Studienbeihilfe: **10** Stipendium
Studiengenosse: **11** Kommilitone
Studienhalbjahr: **8** Semester
Studienvorlesung: **6** Kolleg
studieren: **6** lernen, **8** forschen
Studierter: **10** Akademiker
Stufe: **5** Tritt, Phase, **6** Absatz, Niveau, **7** Sprosse
Stufen der Erdgeschichte: **3** Apt, Nor, **4** Raet, **5** Gault, Senon, Turon, **6** Eozaen, Neokom, Tithon, **7** Cenoman, Miozaen, Wealden, **8** Pliozaen, **9** Oligozaen, Paleozaen, **10** Oberkeuper, **11** Unterkeuper
stufenartige Erhöhung: **6** Podest, **7** Estrade, **8** Terrasse
Stufenfolge: **5** Skala, **9** Gradation
stufenförmiger Wasserfall: **7** Kaskade
Stufengestell: **7** Etagere
stufenweise: **8** graduell
Stuhl: → Sitzmöbel
Stuhlteile: **4** Sitz, Steg, **7** Sprosse, **5** Lehne
stummer Darsteller: **7** Statist, **8** Komparse
Stummfilmgag: **9** Slapstick
Stummheit: **8** Mutitaet
Stümper: **8** Pfuscher
Stumpf: **4** Rest, **7** Stummel
stumpfsinnig: **6** stupid, torpid
Stundengebete des Breviers: **3** Non, **4** Hora, Hore, None, Prim, Sext, Terz, **5** Horen, Mette, **6** Laudes, Vesper, **7** Brevier, Komplet, Matutin
Stunden-, Gebetbuch: **7** Brevier, **8** Horarium
Stundung: **10** Moratorium, **12** Prolongation
Stürme: **5** Buran, Metel, Orkan,

Purga, Samum, **6** Barber, Taifun, Zyklon, **7** Burster, Pampero, Tornado, **8** Blizzard, Hurrikan
Sturmbock: 5 Aries, **6** Widder
Sturmdämon: 7 Harpyie
stürmisch: 7 furioso, **9** turbulent
Sturmvögel: 7 Taucher, **8** Albatros, Kaptaube, **10** Eistaucher, Seetaucher, **12** Zwergtaucher, **13** Eissturmvogel, Haubentaucher, Lappentaucher, Sturmschwalbe, **14** Wanderalbatros
Sturz: 4 Fall
stürzende Schnee-, Steinmasse: 6 Lawine
Sturzsee: 7 Brecher
Stutenmilch (gegor.): 5 Kumys
Stützbalken: 6 Strebe, **7** Traeger, **8** Spriesse
Stütze: 4 Halt, **5** Hilfe, **6** Saeule, Strebe, **7** Pfeiler
stutzen: 8 kupieren
Stutzer: 4 Beau, Geck, Gent, **5** Dandy, **6** Gigerl, **7** Elegant
Stützholz im Bergwerk: 7 Stempel
Stützkerbe: 5 Raste
Stütztau: 4 Want
Subordination: 8 Gehorsam, **9** Disziplin
Substantiv: 8 Dingwort, **9** Hauptwort
Subvention: 8 Beihilfe
Suchgerät: 5 Sonde
Sucht: 4 Gier, **5** Manie
Südafrika (Staat in S-Afrika)
***Arzt:* 7** Barnard
***Autonome Gebiete (und ihre Hauptorte):* 6** Lebowa (**7** Seshego), Qwa Qwa (**13** Puthaditjhaba), **7** Kwazulu (**6** Ulundi), **10** KwaNdebele (**9** Siyabuswa)
***Bevölkerung:* 4** Pedi, Zulu, **5** Buren, Sotho, Swasi, Tonga, Venda, Xhosa, **6** Damara, Tsonga, Tswana, **7** Ndebele, **8** Africans, **9** Nordsotho, Suedsotho, **11** Afrikaander, **12** Buschmaenner, Hottentotten
***Bischof (Nobelpreisträger):* 4** Tutu
***Flüsse:* 4** Vaal, **6** Oranje, Tugela, **7** Caledon, Limpopo, Sambesi, **8** Okawango
***Gebirge:* 12** Drakensberge
***Gerichtshofsitz:* 12** Bloemfontein
***Hafenstädte:* 6** Durban, **8** Kapstadt, **13** Port Elizabeth
***Hauptstadt (Regierungssitz):* 8** Pretoria
***Herzchirurg:* 7** Barnard
***Hoheitsgebiete:* 11** Marioninsel, **13** Walfischbucht, **16** Prinz-Eduard-Insel
***Kaps:* 8** Nadelkap, **19** Kap der Guten Hoffnung
***Kolonisten:* 5** Buren
***Nationalpark:* 19** Krueger-Nationalpark
Nobelpreisträger für
– *Frieden:* **4** Tutu
– *Literatur:* **8** Gordimer
– *Medizin:* **7** Theiler
***Parlamentssitz:* 8** Kapstadt
***Politiker:* 5** Botha, Smuts, **7** Viljoen
***Provinzen:* 5** Natal, **9** Transvaal, **10** Kapprovinz, **15** Oranjefreistaat
***Rassentrennung:* 9** Apartheid
***Regierungssitz:* 8** Pretoria
***Republiken (unabhängige Homelands u. ihre Hauptorte):* 5** Venda (**12** Thohoyandou), **6** Ciskei (**5** Bisho), **8** Transkei (**6** Umtata), **14** Bophuthatswana (**8** Mmabathe)
***Schriftsteller:* 5** Miles
***Sprachen:* 8** Englisch, **9** Afrikaans
***Städte:* 5** Paarl, **6** Durban, Soweto, **8** East Rand, Kapstadt, Pretoria, West Rand, **9** Kimberley, **10** East London, **12** Johannesburg, Stellenbosch, **13** Port Elizabeth

Währung: **4** Cent, Rand
Wüste: **8** Kalahari
Südamerika: → betr. Staaten
Ballspiel: **7** Indiaca
Berge: **6** Sajama, **8** Cotopaxi, **9** Aconcagua, Tupungato, **10** Chimborazo, **11** Chimborasso
Besitzer eines Landguts: **10** Haziendero
Boot: **5** Balsa
Echsenarten: **5** Iguan, **6** Anolis, Leguan
Edelholz: **10** Palisander
Farm, Landgut: **8** Hazienda
Farm mit Viehwirtschaft: **8** Estanzia
Faultiere: **2** Ai, **4** Unau
Freiheitskämpfer: **5** Sucre, **7** Bolivar, **9** San Martin
Gebirge: **5** Anden, **11** Kordilleren
Geier: **5** Urubu, **6** Kondor
Getränke: **4** Mate, **6** Chicha
Goldhase: **4** Guti, **5** Aguti
Grassteppe: **5** Llano, Pampa, **6** Llanos
Hanfart: **4** Pite
Hartholz: **9** Quebracho
Haumesser: **7** Machete
Huftier mit Rüsselnase: **5** Tapir
Indianer (span).: **5** Indio
Indianerin (span): **5** India
Indianerstämme: → Amerika, Indianerstämme
Inselgruppen: **9** Feuerland, **14** Falklandinseln
Kamele: **4** Lama, **6** Alpaka, Vicuna, Vikuna, **7** Guanako, Vikunja
Kap: **5** Hoorn
Krokodil: **6** Kaiman
Llanosbewohner: **7** Llanero
Mantel: **6** Poncho
Nagetiere: **4** Guti, Mara, Paka, **5** Aguti, **10** Chinchilla
Nationalheld: **7** Bolivar
Papagei: **3** Ara, **5** Arara
Pfefferfresser: **5** Tukan
Pfeilgift: **6** Kurare
Rackenvögel: **4** Hutu, **6** Motmot
Raubfisch: **7** Piranha
Schildkröte: **5** Arrau
Schlangen: **3** Boa, **8** Anakonda, **14** Abgottschlange, **15** Koenigsschlange
Schwirrvogel: **7** Kolibri
Staaten (und ihre Hauptstädte): **5** Chile (**8** Santiago), **6** Guyana (**10** Georgetown), **7** Ecuador (**5** Quito), Surinam (**10** Paramaribo), Uruguay (**10** Montevideo), **8** Bolivien (**5** La Paz, Sucre), Paraguay (**8** Asuncion), Trinidad (und Tobago; **11** Port of Spain), **9** Brasilien (**8** Brasilia), Kolumbien (**6** Bogota), Venezuela (**7** Caracas), **11** Argentinien (**11** Buenos Aires)
Straußenvögel: **4** Rhea, **5** Nandu
Stöme: **7** La Plate, Orinoko, **8** Amazonas, Rio Negro
Tagelöhner: **4** Peon
Tee: **4** Mate
Viehauftrieb: **5** Rodeo
Viehhirt: **6** Gaucho
Viehhirt in Argentinien: **4** Peon
Vulkane: **5** Huila, Misti, **6** Tolima, **8** Cotopaxi, **10** Chimborazo, **11** Chimborasso
Wurf- und Fanggerät: **4** Bola
Sudan (Staat in NO-Afrika)
alter Name des Sudan: **5** Kusch, **6** Napata
Berge: **5** Marra, **6** Agorro, Gurgei, Harasa, **7** Kinyeti
Bevölkerung: **4** Nuer, Orku, **5** Bornu, Dinka, Fulbe, **6** Haussa, Lokuta, Nubier, **7** Niloten, Sudaner, **8** Djuhaina, Schilluk, **9** Sudanesen, **10** Nilohamiten
Flüsse: **3** Jur, Nil, **5** Sobat, **6** Atbara

Gebiete: **6** Darfur, Gezira, Nubien, **7** Dar Nuba, **8** Kordofan, **12** Bahr el Ghazal
Hafenstadt: **9** Port Sudan
Hauptstadt: **7** Khartum, **8** Khartoum
Politiker: **7** Numeiri
Städte u. Orte: **3** Bor, Wau, **4** Juba, Kaka, **5** Kosti, Nyala, **6** Atbara, Karima, Merowe, Shendi, **7** Dongola, El Nahud, El Obeid, Elobled, Gedaref, Kassala, **8** Omdurman, **9** Port Sudan
Steppe: **6** Bajuda
Sumpfland: **4** Sudd
Währung: **5** Pfund, **7** Piaster

Sudannegervölker: **3** Ewe, **4** Mali, **5** Melle, **6** Haussa, Nubier, Joruba, Senufo, Yoruba, **7** Songhai, **8** Aschanti, Mandingo, Nankanse

südarab. Volk (Dichtung): **4** Asra

Südfrüchte: → Früchte

südländische Nadelbäume: **5** Pinie, Zeder, **8** Zypresse

südlichste(r)
– *Stadt der Erde:* **7** Ushuaia
– *Stadt Europas:* **6** Tarifa
– *Punkt Amerikas:* **8** Kap Hoorn
– *Kap Asiens:* **4** Buru

südostasiatische
– *Halbinsel:* **7** Malakka
– *Landenge:* **3** Kra

Südpolargebiet: **9** Antarktis

Südseeinsel(n): **4** Fiji, Guam, Wake, **5** Nauru, Samoa, Timor, Tonga, **6** Midway, Tahiti, Tuvalu, **7** Fidschi, Vanuatu, **8** Aitutaki, Eniwetok, Kiribati, Marianen, **9** Karolinen, Neuguinea, Salomonen, West-Samoa, **10** Indonesien, Melanesien, Polynesien, **11** Mikronesien, **14** Papua-Neuguinea

Südseeinsulaner: **5** Maori, Papua, **6** Kanake, **10** Melanesier, Polynesier, **11** Mikronesier

Südslawen: **5** Serbe, **6** Kroate, **7** Bulgare, Slowene, **9** Jugoslawe

Südspitze
– *Afrikas:* **7** Agulhas, **8** Nadelkap
– *Amerikas:* **9** Feuerland

Südstaatengeneral (amerik. Sezessionskrieg): **3** Lee

Südweine: **5** Jerez, Samos, Tinto, Xeres, **6** Malaga, Sherry, **7** Madeira, Marsala, **8** Portwein, **9** Malvasier, Tarragona

Südwestwind: **6** Zephir

Südwind am Gardasee: **3** Ora

Suffix: **9** Nachsilbe

Sühne: **6** Strafe

Sühneleistung: **5** Busse

Sühneopfer (röm.): **7** Lustrum

Sultansnamen: **5** Ahmed, Harun, Osman, Murad, Selim, **6** Mehmed, **7** Mustafa, Saladin, Soliman, **8** Suleiman

Sultanserlaß: **5** Irade

Sultanspalast: **6** Serail

Sülze: **5** Aspik

sumerische
– *Erdgöttin:* **2** Ki
– *Göttinnen:* **6** Adagea, Ningal, Ninlil
– *Himmelsgöttin:* **6** Inanna
– *Muttergöttin:* **4** Mami
– *Schreibgöttin:* **6** Nisaba
– *Totengöttin:* **10** Ereshkigal, **11** Ereschkigal

sumerischer
– *Festlandsgott:* **5** Enlil
– *Halbgott:* **5** Etana
– *Heilkundegott:* **2** Ea
– *Himmelsgott:* **2** An, **3** Anu
– *Kriegsgott: Zubaba, Zumama*
– *Luftgott:* **5** Enlil
– *Meergott:* **2** Ea
– *Mondgott:* **5** Nanna
– *Sonnengott:* **3** Utu, **9** Schamasch
– *Wassergott:* **4** Enki
– *Weisheitsgott:* **2** Ea, **4** Enki

sumerisches Ungeheuer: **5** Tamer

Summe: **7** Quantum, **8** Ergebnis, Resultat
Summe der Erbanlagen: **8** Erbmasse
Sumpf, -land: **4** Fehn, Fenn, Luch, Moor, Ried, Veen, Venn, **5** Bruch
Sumpfbiber: **6** Nutria
Sumpferz: **3** Gur
Sumpffieber: **7** Malaria, Tropika
Sumpfgas: **6** Methan
Sumpfgebiet S-Amerikas: **8** Pantanal
Sumpfgrund: **3** Mud
Sumpfhuhn: **5** Ralle
sumpfig: **5** limos, **6** limoes, **7** bruchig
Sumpfotter: **4** Nerz
Sumpfpflanzen: **5** Binse, Porst, Simse, **6** Schilf, **7** Papyrus, **9** Weiderich
Sumpfschnepfe: **9** Bekassine
Sumpfschraube: **11** Vallisneria
Sumpfwald: **9** Dschungel
Sumpfwiese: **3** Loh
Sums: **9** Aufhebens, Umstaende
Sundainseln: **4** Bali, Java, **5** Banka, Sumba, Timor, **6** Borneo, Flores, Lombok, **7** Celebes, Sumatra, Sumbawa, **8** Sulawesi, **10** Kalimantan
Sünde: **6** Frevel
Sündenbekenntnis: **7** Beichte
Sündennachlaß: **6** Ablass
Sündenvergebung: **10** Absolution
Suppeneinlage: **8** Croutons
Suppengemüse: **8** Julienne
Suppenschildkröte: **8** Chelonia
Suppenschüssel: **7** Terrine
Surinam (Staat in S-Amerika)
Berg: **7** Juliana
Bevölkerung: **5** Aruak, **7** Kariben, Kreolen, **8** Morronen, **10** Buschneger, **11** Surinamesen
Buschneger: **5** Djuka, **6** Kwinti, **8** Morronen, Saramaccer
Flughafen: **8** Zanderij
Flüsse: **7** Surinam, **9** Coppename, Corantijn, Marowijne
Gebirge: **17** Wilhelminagebirge
Hauptstadt: **10** Paramaribo
Kleinstädte u. Orte: **5** Goddo, **6** Albina, Aurora, Moengo, Sabana, **7** Batavia, Paranam, **10** Wageningen
Politiker: **5** Arron, **7** Ferrier, **8** Bouterse, **9** Venetiaan, **11** Wijdenbosch
Sprache: **8** Taki-Taki, **9** Surinaams, **10** Saramaccan, **11** Sranan Tongo
Stausee: **10** Brokopondo
Währung: **4** Cent, **6** Gulden
Surplus: **4** Rest, **6** Gewinn, **10** Mehrertrag
süßes Leben: **9** Dolce vita
süßes Nichtstun: **14** Dolcefarniente
Süßholzsaft: **8** Lakritze
Süßkartoffel: **6** Batate
Süßspeisen: **4** Krem, **5** Creme, **7** Auflauf, Custard, Dessert, Kompott, Pudding, **8** Flammeri, Pêlemêle, **11** Plumpudding, **13** Goetterspeise
Süßstoff: **8** Sacharin, **9** Saccharin
Süßwaren: **5** Drops, Nugat, Lolli, **6** Bonbon, Dragee, Nougat, Toffee, **7** Fondant, Konfekt, Krokant, Praline, **8** Lakritze, Lutscher, Marzipan, **9** Karamelle, **10** Schokolade
Süßwasserfische: **3** Aal, **4** Alet, Anke, Blei, Salm, Wels, **5** Aitel, Barbe, Hecht, Lachs, Renke, Stint, Stoer, **6** Barsch, Brasse, Doebel, Groppe, Pricke, Renken, Schlei, Zander, **7** Brachse, Elritze, Forelle, Karpfen, Ploetze, Rotauge, Schleie, **8** Aalraupe, Flussaal, Kaulkopf, Neuauge, Rotfeder, Saibling, Schmerle, Truesche, **9** Goldfisch, Karausche, Stichling, **10** Bitterling, Weissfisch, **11** Bachforelle, **14** Spiegelkarpfen, **15** Schlammpeitzger

Süßwasserpolyp: 5 Hydra
Süß- und Salzwassergemisch:
11 Brackwasser
Süßweine: 5 Samos, **6** Malaga, Sherry, **7** Madeira, Marsala, Tokaier, Tokajer, **8** Jenerodi, Portwein, **9** Malvasier, Tarragona
Swasiland (Swaziland, **6** Ngwane – Staat in SO-Afrika)
Bevölkerung: **4** Zulu, **5** Bantu, Nguni, Swasi, **6** Tsonga
Hauptstadt: **7** Mbabane
Hügelland: **7** Lubombo
König: **6** Mswati, **9** Mandabala
Politiker: **7** Dlamini
Sprache: **7** Isi-Zulu, Si-Swati
Städte u. Orte: **5** Stegi, **6** Siteki, **8** Manzini, **9** Mankaiana, **12** Havelock Mine
Währung: **4** Cent, **9** Lilangeni (Mz.: **10** Emalangeni)
Sybarit: 9 Geniesser, Schlemmer
Symbol: 6 Emblem
Symbol
– *des ägyptischen Sonnengottes:* **6** Sphinx
– *des Christentums:* **5** Kreuz
– *der Eitelkeit:* **4** Pfau
– *des Evangelisten Johannes:* **5** Adler
– *des Evangelisten Lukas:* **5** Stier
– *des Evangelisten Markus:* **5** Loewe
– *des Evangelisten Matthäus:* **5** Engel, **6** Mensch
– *der Feldherrnwürde:* **13** Marschallstab
– *des Friedens:* **5** Taube
– *für Gefahr:* **9** Totenkopf
– *für Gift:* **9** Totenkopf
– *des Glücks:* **9** Kleeblatt
– *des Gottes Schiwa:* **6** Lingam
– *der Hoffnung:* **5** Anker
– *des Islam:* **8** Halbmond
– *der Kaiser-, Königswürde:* **5** Krone, **6** Zepter
– *der Kraft:* **5** Loewe, Stier
– *der Kühnheit:* **5** Adler
– *der Liebe:* **4** Herz
– *der Macht:* **5** Adler, Krone, Loewe, **6** Zepter
– *des Todes:* **7** Skelett, **9** Totenkopf
– *der Unschuld:* **4** Lamm
Symbolfarbe (der, des)
– *Alltags:* **4** Grau
– *Bösen:* **7** Schwarz
– *Faulheit:* **4** Blau
– *Gedeihens:* **5** Gruen
– *Gefahr:* **3** Rot
– *Hoffnung:* **5** Gruen
– *Leidenschaft:* **3** Rot
– *Liebe:* **3** Rot
– *Neids:* **4** Gelb
– *Optimismus:* **4** Rosa
– *Sehnsucht:* **4** Blau
– *Trauer:* **7** Schwarz
– *Treue:* **4** Blau
– *Trostlosigkeit:* **4** Grau
– *Unglücks:* **7** Schwarz
– *Unschuld:* **5** Weiss
– *Verbotenen: Schwarz*
Syrien (Staat im Nahen Osten)
Berg: **4** Akra, **6** Hauran, **9** Aansaryé
Bevölkerung: **5** Syrer, **6** Araber, Kurden, **8** Armenier, **11** Tscherkessen
Dynastie: **10** Seleukiden
Flüsse: **3** Asi, **6** Belich, Chabur, **7** Euphrat, Orontes
Gebirge: **6** Hermon, **11** Antilibanon
Gewichte: **3** Oke, **6** Quantar, Rottol
Hafenstädte: **6** Tartus, **12** Al Ladhakijja
Hauptstadt: **8** Damaskus
Landschaft: **6** Hauran
Partei: **5** Baath
Politiker: **5** Assad, Kazem, **6** Kassem, **8** Kuwwatli
Religionsanhänger, Sekten: **6** Drusen, Yazidi, **8** Alauiten, Alawiten, Christen, Schiiten,

Sunniten, **10** Ismailiten, Schafiiten
Ruinenstätte: **4** Mari, **7** Palmyra, Urganit
Schöpfrad an Gewässern: **6** Norias
Städte u. Orte: **3** Sur, Sor, **4** Dara, Hama, Homs (das alte Emesa), **5** Deraa, Douma, Halab, Haleb, Idlib, Raqqa, **6** Aleppo, Tartus, **7** Banijas, Huraira, Latakia, **8** Kamishli, Kuneitra, Sabadani, **9** Laodikaea, **12** Al Ladhakijja
Stein-, Kieswüste: **6** Harrah
Verwaltungseinheit: **8** Muhafasa
Währung: **5** Pfund, **7** Piastre
Wüstenwind: **8** Scharqi
syrischer
– ***Sonnengott:*** **4** Adad
– ***Sonnengötze:*** **5** Gabal
– ***Stadtgott in Emesa:*** **8** Elagabal
– ***Todesgott:*** **4** Muth
syrische
– ***Kindheitsgöttin:*** **5** Babia
– ***Mondgöttin:*** **3** Ada
Szenenfolge: **6** Szenar, **9** Szenarium
Szenenspiel im alten Griechenland: **5** Mimus
Szenerie: **10** Dekoration, **11** Buehnenbild

T

Tabakanbaugebiet auf Sumatra: **4** Deli
Tabakgift: **7** Nikotin
Tabakdose: **9** Tabatiere
Tabaksorten: **4** Shag, **6** Brasil, Kruell, **7** Sumatra, **8** Machorka, Virginia
Tabakstaublunge: **8** Tabakose
Tabakwaren: **5** Priem, **7** Stumpen, Zigarre, **8** Kautabak, **9** Zigarette, Zigarillo, **11** Feinschnitt, Grobschnitt, **12** Pfeifentabak, Schnupftabak
Tabelle: **5** Liste
Tabernakel: **8** Ziborium
Tadel: **5** Ruege, **6** Kritik, **7** Anpfiff, Schelte, Vorwurf
tadellos: **5** dufte, **6** knorke, **7** korrekt, **8** tipptopp, **10** fehlerfrei
tadeln: **6** ruegen, **8** monieren, **11** kritisieren
tadelsüchtig: **7** spinoes
Tadler: **8** Kritiker
Tadschikistan (Land in Mittelasien)
Berg: **14** Pik Kommunismus
Flüsse: **7** Wachsch, **8** Amu-Darja, Pjandsch
Gebirge: **4** Alai, **5** Pamir
Hauptstadt: **9** Duschanbe
Städte und Orte: **4** Garm, **5** Regar, **6** Chorog, Isfara, Kuljab, **7** Pjandsh, **9** Leninabad, **11** Kalininabad
Währung: **5** Rubel, **6** Kopeke
Tafel: **6** Tabula
Tafelgeschirr: **7** Service
Tafelland: **7** Plateau
Tafelrunde: **6** Korona
Täfelung: **6** Paneel
Tag
– ***vor Aschermittwoch:*** **9** Fastnacht
– ***im römischen Kalender:*** **4** Iden, Idus, **5** Nonen, **8** Calendae, Kalenden
Tagebuch: **6** Manual, **7** Diarium, Journal, Logbuch, **8** Memorial
Tagedieb: **10** Nichtstuer
Tagegelder: **7** Diaeten
Tagelöhner: **4** Kuli, Peon, **8** Haeusler
Tagesangabe: **5** Datum
Tagesbericht: **8** Bulletin
Tagesschriftsteller: **9** Publizist, **10** Journalist
Tagesverzeichnis: **8** Kalender, **11** Kalendarium
Tageszeiten: **5** Abend, Nacht, **6** Mittag, Morgen, **9** Vormittag, **10** Nachmittag
Tageszeitung: **7** Gazette, Journal
Tagewerk: **6** Pensum
Tagfalter: **5** Fuchs, **6** Apollo, **7** Admiral, **8** Eisvogel, **9** Blaeuling, Weissling, **10** Mauerfuchs, Ochsenauge, **11** Augenfalter, Goldene Acht, Segelfalter, **12** Apfelwickler, Apollofalter, Distelfalter, Ritterfalter, Trauermantel, **13** Kohlweissling, Tagpfauenauge, **14** Schillerfalter, Zitronenfalter
Tagraubvögel: → Greifvögel
Tagtraum: **8** Illusion
Tagundnachtgleiche: **12** Aequinoktium
Tagung: **7** Sitzung, **8** Kongress, **9** Konferenz
Tagungsbericht: **9** Protokoll
Taiwan (Formosa – Inselstaat in O-Asien)
Berge: **6** Yu-shan, **8** Morrison

Bevölkerung: **8** Taiwaner, **10** Taiwanesen
Fluß: **7** Tanshui
Hauptstadt: **6** Taipeh
Inseln: **6** Quemoy, **7** Tung-Yin
Inselgruppen: **5** Matsu, **6** Pratas, **7** Ma-zu-dao, Spratly, **10** Pescadores
Partei: **10** Kuomintang
Politiker: **7** Pei-tsun, Teng-hui, **16** Tschiang Kaischek
Schlucht: **6** Taroko
See: **12** Sonne-Mond-See
Städte: **4** Suao, **5** Wuchi, **6** Tainan, **7** Hsinchu, Hua-Lian, Keelung, Taidong, Taitung, **8** Fengshan, Panchiao, Taichung, Tai-Zhong, **9** Kaohsiung
Währung: **4** Cent, **6** Dollar

Takelwerk: **8** Takelage
Takt: **6** Dezenz
Taktart: **6** Metrum
taktlos: **9** indiskret
Taktlosigkeit: **7** Fauxpas, **12** Indiskretion
taktmäßig: **10** rhythmisch
Taktmesser: **8** Metronom, **11** Chronometer
Taktschlag: **7** Battuta
Taktschlagwerk: **8** Metronom
taktvoll: **7** diskret
taktvoller Mann: **8** Kavalier, **9** Gentleman
Taktzeitmaß: **6** Metrum
Tal auf
- ***engl.:*** **6** Valley
- ***ital.:*** **5** Valle
- ***span.:*** **3** Val, **5** Valle

Talar: **4** Robe, **5** Ornat, **6** Sutane
Talgdrüsengeschwulst: **7** Atherom, Steatom
Talisman: **5** Uller, **7** Amulett, **8** Maskotte, **11** Maskottchen
Talkessel: **5** Mulde, Senke
Tampon: **6** Bausch
Tand: **Kram,** **7** Flitter, Plunder, **9** Firlefanz
tändeln: **7** flirten, **9** schaekern, **10** poussieren
Tändler: **8** Schaeker
Tante: **5** Muhme
Tannenbaumschmuck: **5** Kerze, Kugel, Stern, **7** Lametta, **10** Engelshaar
Tansania (Tanzania – Staat in O-Afrika)
Berge u. Vulkane: **4** Kibo, Meru, **6** Rungwe, Schira, **7** Mawensi, **11** Kilimanjaro, **14** Kilimandscharo
Bevölkerung: **3** Luo, **4** Haya, **5** Bantu, Tussi, **6** Massai, Sukuma, **7** Makonde, **8** Dschagga, Nyamwesi, Nyamwezi
Flüsse: **5** Ruaha, **6** Rovuma, Rufiji
Gebiete: **5** Ugogo, **8** Ukonongo, **9** Unyamwezi
Gebirge: **7** Uluguru, **8** Usambara
Hauptstadt: **6** Dodoma, **10** Daressalam, **11** Dar es Salaam
Inseln: **5** Kilwa, Mafia, Pemba, **8** Sansibar
Krater: **10** Ngorongoro
Nationalparks: **6** Mikumi, Selous, **9** Serengeti, Tarangire, **11** Lake-Manyara
Politiker: **5** Msuya, Nakil, **6** Karume, Mwinyi, **7** Nyerere, Warioba
Regionen: **4** Mara, **5** Lindi, Mbeya, Pwani, Rukwa, Tanga, **6** Arusha, Dodoma, Iringa, Kagera, Kigoma, Mtwara, Mwanza, Ruvuma, Tabora, **7** Singida, **9** Shinyanga, **10** Daressalam, **11** Dar es Salaam, Kilimanjaro
Schlucht: **7** Olduvai
Sprache: **7** Suaheli, Swaheli, Swahili, **9** Kisuaheli
Seen: **5** Rukwa, **6** Liassa, Njassa, **7** Manjara, Manyara, **11** Victoria-

see
Städte u. Orte: **4** Wete, **5** Geita, Lindi, Mbeya, Moshi, Tanga, Utete, **6** Arusha, Bukoba, Iringa, Kigoma, Mtwara, Musoma, Mwanza, Songea, Tabora, **7** Singida, **8** Bagamoyo, Morogoro, **9** Shinyanga, **10** Chake Chake, Sumbawanga, **13** Kilwa-Kisiwani
Steppengebiet: **7** Wembere
Währung: **4** Cent, **9** Schilling

Tänze: → Gesellschaftstänze, → Volkstänze
Tanz auf Hawaii: **8** Hula-Hula
Tanzdrehung: **9** Pirouette
Tänzer: **7** Choreut
Tänzerinnen: **9** Ballerina, **11** Balletteuse, **14** Primaballerina
Tänzerin in Indien: **8** Bajadere
Tänzerin in Japan: **6** Geisha
Tanzfest: **4** Ball
Tanzgruppe: **7** Ballett
Tanzkabarett in Paris: **14** Folies Bergères
Tanzkapelle: **4** Band, **7** Bigband
Tanzkunst: **9** Choreutik
Tanzlokale: **5** Diele, Disko, **8** Ballhaus
Tanzmädchen: **4** Girl, **8** Taxigirl
Tanzröckchen: **4** Tutu
Tanzschrift: **13** Choreographie
Tanzschritt: **3** Ete, Pas, **4** Step, **6** Chassé, Croisé
Tanzschuh: **8** Eskarpin
tapfer: **4** brav, **5** mutig, **7** beherzt, **9** schneidig, **10** bravouroes, couragiert
Tapferkeit: **3** Mut, **4** Mumm, **7** Bravour, Courage, Schneid, **9** Heroismus
tarnen: **9** maskieren
Tarnung: **7** Mimikry, **10** Camouflage
Tarockkarte: → Spielkarte im Tarock
Tartüff: **8** Heuchler, **14** Scheinheiliger
Tasche: **5** Mappe
Taschenbesatz: **5** Patte
Taschenbuch: **9** Vademekum, **10** Pocketbook
Taschenpistole: **8** Terzerol
Taschenspieler: **8** Zauberer, **10** Eskamoteur
Taschenspielerei: **8** Zauberei, **10** Eskamotage
Tastatur: **9** Klaviatur
tastbar: **6** taktil, **8** palpabel
Tastbrett: **8** Tastatur
Tasteninstrumente: **5** Orgel, Piano, **7** Cembalo, Fluegel, Klavier, Pianino, Pianola, Spinett, **9** Harmonium, **10** Klavichord, Pianoforte, **11** Klavizimbel, **12** Clavicembalo
Tastenreihe: **6** Manual, **9** Klaviatur
Tastorgan bei Tieren: **5** Palpe, **7** Fangarm, Fuehler, **8** Tentakel
Tat: **6** Aktion
Tatarenmütze: **6** Kalpak, Kolpak
Tatbestand: **6** Faktum
Tatendrang: **4** Elan, **7** Schwung, **10** Initiative
Tatform: **5** Aktiv
tätig: **4** agil, rege, **5** aktiv
tätig sein: **3** tun, **7** agieren, handeln, **8** arbeiten, **9** fungieren
Tätigkeit: **6** Aktion, Arbeit, Praxis, **8** Funktion, **10** Aktivitaet
Tätigkeitsbereich: **6** Revier, **7** Ressort, **9** Kompetenz
Tätigkeitswort: **4** Verb, **6** Verbum
Tatkraft: **7** Energie, Schneid
tatkräftig: **7** resolut, **9** energisch, schneidig
Tatmerkmal: **5** Indiz
Tatsache: **4** Fakt, **6** Faktum, **8** Wahrheit, **9** Politikum, Realitaet, **12** Wirklichkeit
Tatsachenmensch: **7** Realist
Tatsachensinn: **9** Realismus
tatsächlich: **4** real, **7** de facto, **8** effektiv, existent, faktisch, objektiv, realiter, wirklich

tatsächlich so: 3 sic
Tatze: 5 Klaue, Pfote, **6** Pranke
Tau: 4 Reep, Seil, **5** Bulin, Kabel, Leine, **6** Strick
Tau zum
– ***Zusammenholen der Segel:*** **3** Gei, **6** Geitau
– ***Zusammenschnüren der Segel:*** **7** Gording
taub: 4 leer, **9** gehaltlos
Tauben: 4 Dodo, **5** Goura, **6** Dronte, **7** Columba, **8** Flughuhn, **9** Feldtaube, Hohltaube, Krontaube, Lachtaube, Wildtaube, Zahntaube, **11** Felsentaube, Fruchttaube, Ringeltaube, Schopftaube, Steppenhuhn, Turteltaube, Wandertaube, **12** Faechertaube, Maehnentaube, Sandflugtaube, Tuerkentaube
Taubheit: 8 Kophosis, Surditas
Taubnessel: 6 Lamium
Tauchboote: 5 U-Boot, **10** Bathyskaph, **12** Unterseeboot
Tauchervögel: 10 Seetaucher, **12** Zwergtaucher, **13** Haubentaucher, Lappentaucher, Prachttaucher
Tauchvögel: 3 Alk, **4** Lund, **5** Lumme, **6** Teiste, **7** Tordalk, **8** Hornlund, **9** Polarente, Riesenalk, **11** Grollteiste, Ringellumme, **12** Trottellumme, **14** Krabbentaucher, **16** Papageientaucher
Tauende: 4 Tamp, **6** Tampen
Taufbecken: 12 Baptisterium
Taufkapelle: 12 Baptisterium
Taufname ungarischer Könige: **4** Béla
Taufzeuge: 4 Pate, **8** Gevatter
Taugenichts: 7 Lorbass, **8** Faulpelz, Tagedieb, **9** Bummelant, **10** Nichtsnutz, Tunichtgut
tauglich: 3 fit, **7** koscher, **12** qualifiziert
Tauglichkeitsprüfung: 4 Test
Taumel: 6 Rausch, **7** Ekstase, **9** Schwindel
Tausch: 6 Change, **7** Wechsel, **8** Exchange
Täuschung: 4 Dreh, List, Trug, **5** Bluff, Finte, Kniff, Mache, Trick, **6** Betrug, Irrtum, **7** Arglist, **8** Delusion, Gaunerei, **9** Schwindel, **10** Hinterlist, **11** Machination, Verstellung, **12** Manipulation, **13** Mystifikation
Täuschung durch Luftspiegelung: **11** Fata Morgana
Tausend: 4 Kilo, **5** Mille
tausend
– ***Billionen:*** **9** Billiarde
– ***Milliarden:*** **7** Billion
– ***Millionen:*** **9** Milliarde
Tausendfüßer: 5 Assel, **9** Myriapode, Myriopode, **10** Kugelassel, **11** Skolopender, Tausendfuss, **13** Steinkriecher
tausendjährig: 8 millenar
Tausenschön: 7 Amarant, **9** Margarite, **12** Massliebchen, **15** Gaensebluemchen
Tausendstel: 8 Promille
Taustück einer Trosse: 7 Kardeel
Tauwerk eines Schiffes: 8 Takelage
Tauwindung: 5 Toern
Taxus: 4 Eibe
Techniker: 9 Ingenieur
technische
– ***Krafteinheit:*** **4** Pond
– ***Lehranstalt:*** **9** Technikum, **13** Polytechnikum
– ***Vorrichtung:*** **7** Apparat
Techtelmechtel: 5 Flirt, **8** Liebelei
Teehausdame: 6 Geisha
Teemaschine: 7 Samowar
Teenager: 9 Backfisch
teeren: 6 pichen, **9** kalfatern, **12** asphaltieren
Teerfarbstoffe: 6 Anilin, **7** Indulin
Teerprodukte: 4 Pech, **6** Anilin, **7** Bitumen, **11** Karbolineum

Teesorten: **4** Mate, **5** Congo, Pekoe, Yerba, **6** Oolong, **7** Couchon, Souchon, **8** Fannings, Souchong
Teestaub: **4** Dust
Teewirkstoff: **4** Thein
Teezeremoniell (jap.): **7** Chanoyu, **9** Tschanoju
Teich: **5** Etang, **6** Weiher
Teichhuhn: **5** Ralle, **13** Wachtelkoenig
Teig bearbeiten: **6** kneten
Teigwaren: **5** Nudel, **8** Spaetzle, **9** Makkaroni, Spaghetti
Teil: **4** Part, **5** Glied, **6** Partie, Sektor, Stueck, **7** Brocken, Portion, **9** Abschnitt, **10** Bruchstueck
Teil
– ***der Alpen:*** **5** Adula, **6** Tauern, **8** Raetikon, **9** Dolomiten, Karwendel, Meeralpen, **10** Karawanken
– ***des Angelzeugs:*** **4** Rute, **5** Haken, **6** Fliege, Koeder, Pilker, Schnur, Wirtel, **7** Blinker, Spinner
– ***des Auges:*** → Augenteile
– ***des Autos:*** → Teil des Kraftfahrzeugs
– ***des Baumes:*** **3** Ast, **4** Laub, **5** Blatt, Rinde, Stamm, Zweig, **6** Wurzel, **7** Knorren
– ***des Beines:*** **4** Fuss, Knie, Wade, **8** Schenkel, **9** Kniekehle, **10** Schienbein, **12** Oberschenkel, **13** Unterschenkel
– ***der Blüte:*** **5** Kelch, Narbe, **7** Stempel, **11** Staubbeutel, **12** Fruchtknoten, Staubgefaess
– ***des Bruches:*** **6** Nenner, **7** Zaehler
– ***eines Bühnenwerkes:*** **3** Akt, **5** Szene, **6** Aufzug
– ***des Daches:*** **4** Walm, **5** First, Haube, Raehm, Rinne, **6** Kandel, Pfette, Sparre, Strebe, Traufe
– ***der Dampfmaschine:*** **6** Kolben, Regler, Ventil, **8** Exzenter, Schieber, Zylinder, **10** Schwungrad
– ***der Dinarischen Alpen:*** **5** Karst
– ***des Fernrohrs:*** **5** Tubus, **6** Okular
– ***des Flugzeugs:*** → Flugzeugteil
– ***des Fußes:*** **3** Zeh, **4** Rist, Zehe, **5** Enkel, Ferse, Hacke, Sohle, Spann, **6** Ballen, Hacken, **8** Knoechel
– ***des Gedichts:*** **4** Vers, **7** Strophe
– ***der Geige:*** → Geigenteile
– ***des Gesichts:*** → Gesichtsteile
– ***des Gewehrs:*** → Gewehrteile
– ***des Grammophons:*** **6** Kurbel, Tonarm, **8** Trichter, **10** Schalldose, **13** Plattenteller
– ***des Halses:*** → Halsteile
– ***des Hammers:*** **5** Pinne, Stiel
– ***der Hand:*** → Handteile
– ***des Helmes:*** **6** Visier
– ***des Hubschraubers:*** **5** Rotor
– ***des Jacketts:*** **6** Revers
– ***der Kabbala:*** **5** Sohar
– ***der Kalbskeule:*** **10** Frikandeau
– ***der Karpaten:*** **5** Tatra, **8** Beskiden
– ***der katholischen Messe:*** **8** Graduale, **10** Praefation, **11** Offertorium
– ***des Kimonos:*** **3** Obi
– ***einer Kirche:*** **4** Turm, **5** Altar, Apsis, Orgel, **6** Empore, Kanzel, **9** Sakristei
– ***des Klosters:*** **5** Zelle, **6** Remter, **7** Klausur, **11** Dormitorium, Refektorium
– ***des Kniegelenks:*** **8** Meniskus
– ***des Kopfes:*** → Kopfteile
– ***des Körpers:*** → Körperteile
– ***des Kraftfahrzeugs:*** **3** Rad, **4** Hupe, Tank, **5** Motor, **6** Bremse, Reifen, Volant, **7** Auspuff, Blinker, Chassis, Kuehler, Lenkrad, **8** Anlasser, Batterie, Gashebel, Getriebe, Kupplung, Vergaser, Zuendung, **9** Lichthupe, **10** Handbremse,

Karosserie, Kofferraum, Kotfluegel, Motorhaube, Standlicht, **11** Fahrgestell, Gelenkwelle, Heckscheibe, Kardanwelle, **12** Differenzial, Rueckspiegel, Scheinwerfer, Schlusslicht, **13** Lichtmaschine, Rueckstrahler, Stossdaempfer, **14** Scheibenbremse, **15** Scheibenwischer
- ***des Kreisumfangs:*** **4** Grad
- ***des Kühlschranks:*** **8** Absorber
- ***der Leiter:*** **4** Holm, **7** Sprosse
- ***des Magens der Wiederkäuer:*** **6** Omasus, Pansen, **7** Psalter, **8** Labmagen, **9** Netzmagen, **10** Psalterium, **13** Blaettermagen
- ***der Maschine:*** → Maschinenteile
- ***des Mastes:*** **3** → Mastteile
- ***der Mathematik:*** **7** Algebra, **9** Geometrie, **10** Arithmetik, **12** Stereometrie, **13** Trigonometrie
- ***des Mittelmeers:*** **5** Adria, **7** Aegaeis
- ***des Motors:*** **6** Kolben, Pleuel, Ventil
- ***des Mundes:*** **5** Lippe, Zunge, **6** Gaumen, Gebiss, Kiefer, Rachen, **7** Schlund
- ***des Ohrs:*** **6** Amboss, Hammer, **8** Schnecke, **10** Gehoergang, **11** Steigbuegel, Trommelfell, **12** Paukenhoehle
- ***optischer Instrumente:*** **6** Okular, **8** Objektiv
- ***der Orgel:*** **4** Balg, **5** Beber, Pedal, Taste, **6** Bordun, Clavis, Manual, Pfeife, **8** Geblaese, Prospekt, Register, Windlade, Windwerk, **9** Manubrium, Prinzipal, Schweller, Tremulant, Windkanal, **10** Regierwerk, Spieltisch, **11** Pfeifenwerk, **12** Lippenstimme, Zungenstimme
- ***der Pandekten:*** **5** Codex
- ***des Pferdegeschirrs:*** **4** Kumt, Zaum, **5** Siele, **6** Kummet, Sattel, Sielen, Trense, **7** Halfter, Kandare, **11** Steigbuegel
- ***des Pferdestalls:*** **3** Box
- ***des Pfluges:*** **4** Sech, **5** Schar, Sterz
- ***der Physik:*** **5** Optik, **7** Akustik, Dynamik, **8** Mechanik
- ***des Rades:*** → Radteile
- ***des Rheinischen Schiefergebirges:*** **5** Eifel, **6** Taunus, **9** Hunsrueck, **10** Westerwald, **13** Siebengebirge
- ***der Ritterburg:*** **5** Palas, **9** Bergfried
- ***des Ruderboots:*** **5** Dolle, Ruder, **6** Riemen
- ***des Rumpfes:*** **4** Leib, **5** Bauch, Brust, **7** Ruecken
- ***der Rüstung:*** **4** Helm, **6** Visier, **7** Bruenne
- ***des Sattels:*** **4** Horn, **6** Kramme, **7** Peusche, Zwiesel
- ***einer Säule:*** **8** Kapitell
- ***des Scheinwerfers:*** **9** Reflektor
- ***des Schiffes:*** **3** Bug, **4** Deck, Heck, Kiel, Mast, **5** Anker, Ruder, Segel, **6** Kabine, Steven, **7** Kajuete, **8** Kombuese, Laderaum, → Schiff
- ***der Schmiedewerkstatt:*** **4** Esse, **6** Amboss, **9** Rauchfang, **10** Loeschtrog
- ***der Schreibmaschine:*** → Schreibmaschinenteile
- ***des Schuhs:*** **5** Leder, Sohle, Zunge, **6** Absatz, Hacken, Lasche
- ***des Spinnrads:*** **7** Spindel
- ***der Stereoanlage:*** **5** Boxen, Tuner, **8** Receiver, **11** Verstaerker, **14** Endverstaerker, Vorverstaerker
- ***der Sudeten:*** **8** Altvater, **11** Isergebirge, **12** Eulengebirge, **13** Glatzer Kessel, Riesengebirge
- ***des Talmud:*** **6** Gemara, **7** Haggada, Halacha, Mischna
- ***der Talsperre:*** **5** Mauer, **7** Stausee
- ***des Telefonapparats:*** **5** Gabel, **6** Hoerer, Schnur, **8** Anschlag,

11 Hoermuschel, **12** Waehlscheibe, **13** Sprechmuschel
– ***der Tennisanlage:*** **4** Netz
– ***der Trosse:*** **7** Kardeel
– ***der Tür:*** **5** Angel, Haspe, Spion, Sturz, **6** Klinke, Rahmen, **7** Klopfer, Schloss, **8** Druecker, Schwelle
– ***der Uhr:*** **5** Anker, Feder, Krone, Unruh, **6** Pendel, Zeiger, **7** Aufzug, **8** Gangwerk, Gehaeuse, Zugfeder, **10** Schlagwerk, **11** Perpendikel, Zifferblatt
– ***der Uniform:*** **5** Biese, Litze, **6** Emblem, Kordel, **7** Kokarde, **9** Epaulette, **10** Fangschnur, **12** Achselstueck, **13** Schwalbennest, **14** Schulterstueck
– ***des Verdauungsapparats:*** **4** Darm, **5** Magen, **8** Dickdarm, **9** Duenndarm
– ***der Visiereinrichtung:*** **4** Korn, **5** Kimme, **10** Fadenkreuz
– ***des Wagens:*** **3** Rad, **5** Achse, Runge, **7** Chassis, **8** Deichsel, **10** Karosserie
– ***der Wasserwaage:*** **7** Libelle
– ***des Weserberglands:*** **3** Ith, **4** Egge, Hils, **6** Vogler, **7** Deister, Solling, Suentel, **8** Bramwald, **13** Reinhardswald, Wiehengebirge, **15** Teutoburger Wald
– ***des Zellkerns:*** **9** Chromosom
Teilbetrag: **4** Rate, **5** Quote
Teilchen: **4** Atom, **8** Elektron, Partikel, **9** Korpuskel
Teilchenbeschleuniger: **8** Betatron, **9** Zyklotron, **11** Synchrotron
teilen: **10** dividieren
teilende Zahl: **8** Dividend
Teiler bei der Bruchrechnung: **6** Nenner, **7** Divisor
Teilhaber: **6** Sozius, **7** Associé, Partner, **9** Kompagnon
Teilkraft: **10** Komponente
Teilnahme: **7** Beileid, **9** Interesse, **10** Mitgefuehl, **13** Partizipation
Teilnahmebescheinigung: **6** Testat
teilnahmslos: **6** passiv, **8** blasiert, **9** apathisch, **11** indifferent, lethargisch, **14** uninteressiert
Teilnahmslosigkeit: **7** Apathie, **9** Lethargie, **12** Desinteresse
Teilnehmer: **7** Partner, **11** Interessent
Teilstrecke: **6** Etappe
Teilung: **8** Division, Trennung
Teilungszeichen: **5** Divis
teilweise: **7** partial, **8** partiell, **10** partikular, **11** partikulaer
Telefonvermittlung: **8** Zentrale
telegraphieren: **6** kabeln, **7** drahten, **12** depeschieren
Telegramm: **8** Depesche
Telegrammschlüssel: **4** Code, Kode
Tempel
– ***auf der Akropolis:*** **9** Parthenon
– ***für alle Götter:*** **8** Pantheon
– ***in Griechenland:*** **10** Peripteros, **11** Pentastylos
– ***in Indien:*** **6** Pagode
– ***Ostasien:*** **6** Pagode
Tempelberg in Jerusalem: **4** Zion
Tempelbezirk: **9** Peribolos
Tempelfest der Juden: **8** Chanukka
Tempelinnenraum: **5** Cella
Tempeltänzerin: **8** Bajadere, Dewadasi
Temperamentstypen: **10** Choleriker, **11** Sanguiniker, **12** Phlegmatiker, **13** Melancholiker
Temperaturbezeichnung: **3** lau, **4** kalt, warm, **5** heiss
Temperaturmesser: **11** Thermometer
Temperaturregler: **10** Thermostat
Tempo: **4** Takt, **8** Zeitmass
Tempobeschleunigung: **5** Spurt
Tendenz: **3** Zug, **4** Hang, **5** Trend, **7** Neigung
Tennispreis: **8** Davis Cup
Tennissatz: **3** Set

Tennisschläger: **6** Racket, Rakett
Tennisspiel der Basken: **9** Chiestera
Tennisspieler: **5** Lendl, **6** Becker, **7** Conners, **8** Wilander
Tennisspielerinnen: **4** Graf, **5** Evert, **8** Sabatini, **11** Navratilova
Tentakel: **7** Fangarm, Fuehler, **8** Fanghaar
Teppiche: **3** Mir, **5** Abade, Herat, Kasak, Kelim, Ladik, Melas, Yomud, **6** Afghan, Berber, Kirman, Perser, Smyrna, Sultan, **7** Buchara, Derbent, Flokati, Hamadan, Isfahan, Kaschan, Keschan, Taebris, Yueruek, **8** Belutsch, Schirwan, Turkbaff, **9** Bachtiari, Samarkand → Orientteppiche
Teppichwebekunst: **9** Stromatik
Teppichwebeverfahren: **7** Tufting
Termin: **5** Frist, **9** Zeitpunkt, **11** Verabredung
Terrain: **5** Areal
Ter-Zufluß: **4** Onar
Tessiner Weinschenke: **6** Grotto
Teufel: **4** Arge, **5** Boese, Devil, Iblis, Satan, Urian, **6** Belial, Deiwel, Samiel, Voland, **7** Luzifer, Satanas, **8** Mephisto, Scheitan, **9** Beelzebub, **10** Antichrist, Pferdefuss, **11** Fliegengott, **13** Fliegenfuerst, Gottseibeiuns, Hoellenfuerst
Teufelaustreibung: **10** Exorzismus
Teufel der Faustsage: **8** Mephisto, **14** Mephistopheles
Teufelsbeere: **10** Belladonna
Teufelsdreck: **5** Asant
Teufelswerk: **8** Zauberei
Teufelszwirn: **5** Seide
teuflisch: **8** infernal, **9** satanisch, **10** daemonisch, diabolisch, **12** infernalisch
Textabschnitt: **7** Kapitel
Textbuch für Oper u. Operette: **8** Libretto
Texter: **10** Librettist
Textilgewebe: → Gewebearten
Textilgrundstoffe: **5** Seide, Wolle, **9** Baumwolle, **10** Kunstfaser, Kunstseide
Textstelle: **6** Passus
Thailand (früher: **4** Siam – Staat in SO-Asien)
Berge: **3** Kao, **4** Khao, **8** Doi Angka
Bevölkerung: **3** Lao, **4** Shan, Thai, **5** Schan, **8** Siamesen, **11** Thailaender
Dynastien: **6** Chakri, **7** Ayuthya, **9** Ayutthaya
Flächenmaße: **3** Rai, **4** Gnam
Flüsse: **3** Nan, **4** Ping, **5** Menam, **6** Nam Mun
Gewichte: **5** Picul, **6** Kaetti
Hauptstadt: **7** Bangkok
Heiligtum Thailands (Kloster): **10** Wat Phra Keo
Höhenzug: **12** Koratplateau
Hohlmaß: **3** Sad
Inseln: **3** Kut, **5** Chang, Samui, **7** Phangan, Terutao, Tschank, **8** Langkawi
Kanal: **5** Klong
König: **8** Bhumibol, Bhumipol
Königin: **7** Sirikit
Königsnamen: **4** Rama, **8** Naresuan
Königstempel in Bangkok: **3** Wat
Landenge: **3** Kra
Längenmaße: **3** Nen, Sok, Wah, **4** Keup, Khen
Münzeinheit (früh.): **5** Tikal
Sprachen: **4** Thai, **10** Siamesisch
Städte: **3** Nan, Tak, **4** Ubon, **6** Hatyai, **7** Lampang, Pattaya, **8** Chumphon, Khon Kaen, Songkhla, Thonburi, **9** Chiangmai, Udon Thani, Uttaradit, **11** Phitsanulok
Tempelbezirk in Bangkok: **5** Wat Po
thailänd. für Fluß, Strom:

6 Maenam
Umschlagtuch: **6** Panung
Währung: **4** Baht, **5** Stang, **6** Satang
Wegemaße: **2** Wa, **3** Sen, Wah, **6** Schoot

Theater in London: 5 Globe
Theater spielen: 7 agieren
Theateraufzug: 3 Akt
Theatergerät: 8 Requisit
Theaterleiter: 9 Intendant
Theaterplätze: 4 Loge, Rang, **7** Galerie, Parkett, **8** Parterre
Theaterrolle: 7 Rotulus
Theaterspielplan: 10 Repertoire
Theaterspielzeit: 6 Saison
Theaterunternehmer: 10 Impresario
thebanischer
– *Feldherr:* **9** Pelopidas, **11** Epaminondas
– *Königssohn:* **7** Oedipus
Theiß-Zuflüsse: 3 Aga, Age, Ung, **5** Maros, Mures, **7** Koeroes
Theke: 6 Tresen
Themenstellung: 8 Thematik
Themse-Zuflüsse: 3 Lea, Ock, Wye, **4** Cole, Coln, Cray, **5** Bourn, Brent, Churn, Crane, Glyme, Volne, **6** Darent, Kennet, Loddon, Medway, Rodney, **8** Windrush, **9** Ingerburn
Theologe: 5 Kurat, Vikar, **6** Pastor, **7** Pfarrer, **8** Prediger, Priester
theoretisch: 10 akademisch
Thermometergrade: 7 Celsius, **7** Réaumur, **10** Fahrenheit
Tide: 4 Ebbe, Flut
Thrakerkönigin: 6 Ilione
Thronfolge: 10 Sukzession
Thronfolger: 6 Infant, **7** Dauphin, **9** Kronprinz, **10** Zarewitsch
Thronhimmel: 9 Baldachin
Thunfische: 6 Bonito, Germon, **7** Makrele, **14** Koenigsmakrele
Thüringen (Land der Bundesrepublik)
Adelsgeschlecht: **8** Gleichen
Berge: **11** Kyffhaeuser, **15** Grosser Beerberg, **16** Grosser Inselberg
Flüsse: **3** Ilm, **5** Felde, Helbe, Helme, Saale, Werra, **6** Ulster, **7** Unstrut
Gebirge: **3** Ohm, **10** Ohmgebirge
Hauptstadt: **6** Erfurt
Landschaften: **5** Finne, **7** Hainich, **9** Hainleite, **14** Thueringer Wald
Städte und Orte: **4** Gera, Jena, Suhl, **5** Gotha, Greiz, **6** Apolda, Weimar, **7** Ilmenau, **8** Arnstadt, Eisenach, Saalfeld, **9** Altenburg, Meiningen, Soemmerda, Sonneberg, **10** Nordhausen, Rudolstadt, **11** Muehlhausen, **12** Bad Salzungen, **13** Sondershausen

Thymusdrüse des Kalbs: 5 Bries, **9** Brieschen, Broeschen
Tiber-Zuflüsse: 4 Anio, **5** Allia, **6** Aniene, **7** Nestore
Tibestivolk: 4 Teda
Tibet (autonome Region Chinas)
Bevölkerung: **7** Tibeter, **8** Tanguten, **9** Tibetaner
chines. Name Tibets: **7** Sitsang
Gebirge: **6** Kunlun, **8** Himalaja, Himalaya, **9** Karakorum, **13** Transhimalaja
geistl. Führer: **10** Taschi Lama, **13** Pantschen Lama
Hauptstadt: **5** Lhasa
Kloster, Sitz des Dalai Lama: **6** Potala
Kultgerät: **12** Gebetsmuehle
Mönch: **4** Lama
mystische Silben im Lamaismus: **2** Om, **3** Hum, **4** Mani, **5** Padme
Religion: **9** Lamaismus
religiöse Literatur: **9** Kandschur
religiöses Oberhaupt: **9** Dalai Lama
See: **6** Namtso
Segensformel im Lamaismus: **14** Om mani padme hum

Speise: **6** Tsamba
Städte: **5** Lhasa, **8** Gjangtse, **9** Schigatse
Tragtier: **3** Jak, Yak
Wasserpfeife: **4** Huka, **5** Hukah
Tief: **10** Depression
tief: **7** profund, radikal
Tiefdruckgebiet: **7** Zyklone
tiefe Bewußtlosigkeit: **4** Koma
Tiefengestein: **6** Syenit
Tiefengesteinskörper: **9** Lakkolith
Tiefenmaß der Schiffahrt: **5** Faden
Tiefenmesser: **3** Lot, **7** Echolot
Tiefenmessung: **6** Lotung
tiefgreifend: **7** radikal
tiefgründig: **7** profund
Tiefkühlteil des Kühlschranks: **7** Froster
Tiefparterre: **8** Basement, **10** Souterrain
tiefpflügen: **7** rigolen
Tiefpunkt, Tiefstand: **7** Minimum
Tiefseeforschung: **12** Bathygraphie
Tiefseelot: **10** Bathometer
Tiefseetauchgerät: **10** Bathyskaph
tiefste Tiefe des Weltmeers: **12** Bathysphaere
Tiegel: **7** Kapelle
Tier: **7** Kreatur
Tier
– *mit fehlender Farbstoffbildung:* **6** Albino
Tierabrichtung: **7** Dressur
Tieranatomie: **8** Zootomie
Tierart: **7** Spezies
Tierarzt: **10** Veterinaer
Tierbändiger: **8** Dompteur
Tierbändigerin: **9** Dompteuse
Tierbehausungen: **3** Bau, **4** Nest, **5** Bauer, Stall, **6** Gehege, Hoehle, Kaefig, Roehre, **7** Voliere, Zwinger, **8** Aquarium, Vivarium, **9** Terrarium
Tierbuch: **10** Bestiarium
Tiere aus fernen Ländern: **6** Exoten
Tiererzählung: **5** Fabel
Tierfanggehege: **6** Korral
Tierfell: **4** Balg, Pelz
Tierfett: **4** Talg, Tran
Tierforscher: **7** Zoologe
Tierfuß: **3** Huf, **5** Klaue, Pfote, Tatze, **6** Pranke
Tiergarten: **3** Zoo
Tiergeographie: **12** Geozoologie
Tiergruppe: **5** Herde, Horde, Rotte, Rudel, **7** Schwarm
Tierhaut: **4** Balg, Fell, Pelz
tierisch: **10** animalisch, **11** bestialisch
tierische(r, s)
– *Kopfschmuck:* **4** Horn, Kamm, **5** Haube, **6** Geweih, Maehne, **7** Gehoern
– *Milchdrüse:* **5** Euter
– *Nachkommenschaft:* **4** Brut, Wurf
Tierkadaver: **3** Aas
Tierkenner: **7** Faunist, Zoologe
Tierkrankheiten: **4** Pips, Rotz, Spat, **5** Darre, **6** Koppen, Raeude, Staupe, **7** Rotlauf, Tollwut, **9** Milzbrand, **10** Rinderpest, **11** Rauschbrand, **12** Schweinepest
Tierkreis: **8** Zodiakus
Tierkreiszeichen: **5** Krebs, Loewe, Stier, Waage, **6** Fische, Widder, **8** Jungfrau, Schuetze, Skorpion, **9** Steinbock, Zwillinge, **10** Wassermann
Tierkunde: **8** Zoologie
Tierlaus: **5** Milbe
Tierlehrer: **8** Dompteur, Dresseur
Tierleiche: **3** Aas, **7** Kadaver
Tierlippe: **5** Lefze
Tiermund: **4** Fang, Maul, **5** Aeser, **6** Rachen, **8** Schnauze
Tiernahrung: **6** Futter
Tierpark in
– *Hamburg:* **10** Stellingen
– *München:* **10** Hellabrunn
– *Stuttgart:* **8** Wilhelma
Tierprodukte: **2** Ei, **5** Milch, Wolle, **7** Fleisch

Tierschau: **9** Menagerie
Tierverehrung: **8** Zoolatrie
Tierversteinerung: **7** Zoolith
Tierwaffen: **4** Horn, **5** Hauer, Klaue, Tatze, **6** Geweih, Kralle, Pranke, **7** Stachel, **9** Stosszahn
Tierwelt: **5** Fauna, **8** Notogaea, **9** Notogaeis
Tierwohnung: → Tierbehausungen
Tigerfisch: **10** Wasserhund
Tigerkatzen: **9** Goldkatze, Rostkatze, **10** Fischkatze, **11** Bengalkatze, Marmorkatze, **14** Javatigerkatze
Tigerpferd: **5** Zebra
Tigerschlange: **6** Python
tilgen: **8** loeschen
Tilgung: **9** Loeschung, **11** Stornierung, **12** Amortisation
Tintenfische: **4** Pulp, **5** Krake, Polyp, Sepia, **6** Kalmar, **8** Argonaut, Nautilus, Oktopode, **11** Kopffuesser
Tintenfischschale: **6** Schulp
Tintenfischsekret: **5** Sepia
Tip: **4** Wink, **7** Hinweis, **10** Vorhersage
Tippelbruder: **5** Tramp, **8** Vagabund
Tirade: **5** Suada, Suade, **12** Wortschwall
Tiroler
– ***Freiheitsheld:*** **5** Hofer
– ***Gebirgstal:*** **6** Stubai, **9** Pustertal
– ***Hauptstadt:*** **9** Innsbruck
– ***Maler:*** **9** Defregger, **10** Egger-Lienz
– ***Passionsspielort:*** **3** Erl
– ***Weinorte:*** **6** Terlan, Tramin, **7** Kaltern
– ***Zwischenmahlzeit:*** **7** Marende
Tischgedeck für eine Person: **6** Kuvert
Tischler: **7** Ebenist, **9** Schreiner
Tischlerwerkzeuge: **5** Hobel, Saege, **6** Bohrer, Raspel, **9** Hobelbank
Tischtennis: **8** Pingpong
Tischgeschirr: **7** Service
Tischuhr: **8** Penduele
Titel: **3** Rat, **7** Eminenz, **9** Exzellenz, Praedikat, **11** Magnifizenz
Titelbildschönheit: **9** Covergirl, **11** Glamourgirl
Titel
– ***der amerikanischen Vollzugsbeamten:*** **7** Sheriff
– ***asiatischer Fürsten:*** **4** Chan, Khan
– ***der englischen Geistlichen:*** **4** Dean, **8** Reverend
– ***indischer Fürsten:*** **4** Raja, **5** Nisan, **7** Radscha, **8** Maharaja, **11** Maharadscha
– ***indischer Fürstinnen:*** **5** Begum, **8** Maharani
– ***islamischer Herrscher:*** **6** Sultan, **9** Padischah
– ***islamischer Minister:*** **5** Wesir
– ***jüdischer Gesetzeslehrer:*** **5** Rabbi
– ***der Kaiserin von Rußland:*** **5** Zarin
– ***des Kaisers von Äthiopien:*** **5** Negus
– ***des Kaisers von Iran:*** **5** Schah
– ***des Kaisers von Japan:*** **5** Tenno, **6** Mikado
– ***des Kaisers von Rußland:*** **3** Zar
– ***der Kardinäle:*** **7** Eminenz, **9** Exzellenz
– ***katholischer Weltgeistlicher:*** **4** Abbé
– ***des Königs von Ägypten:*** **6** Pharao
– ***des Oberhaupts von Genua und Venedig:*** **4** Doge
– ***des Oberhaupts der Tibeter:*** **9** Dalai-Lama
– ***der Ordensobersten:*** **5** Prior
– ***des Rektors einer Hochschule:*** **11** Magnifizenz
– ***der römischen Kaiser:*** **8** Princeps, **9** Imperator
– ***des spanischen Hochadels:*** **6** Grande
– ***spanischer Prinzen:*** **6** Infant
– ***spanischer Prinzessinnen:*** **8** Infantin
– ***türkischer Beamten:*** **3** Aga,

6 Pascha
– ***des Vizekönigs von Ägypten:*** **7** Khedive
Titelbildchen: 8 Vignette
Titelblatt eines Buches: 10 Frontispiz
Titelgestalt bei
– ***Anouilh:*** **8** Antigone, Euridike
– ***Beethoven:*** **7** Fidelio
– ***Bellini:*** **5** Norma
– ***Berg:*** **4** Lulu, **7** Wozzeck
– ***Berlin:*** **5** Annie
– ***Bizet:*** **6** Carmen
– ***Borodin:*** **4** Igor
– ***Byron:*** **7** Manfred
– ***Cocteau:*** **6** Orphé
– ***Colette:*** **4** Gigi, **5** Chéri, **6** Mitsou, **8** Claudine
– ***Corneille:*** **3** Cid
– ***Defoe:*** **6** Crusoe, **8** Robinson
– ***Dostal:*** **6** Clivia, Monika
– ***Euripides:*** **5** Orest
– ***Flaubert:*** **6** Bovary
– ***Flotow:*** **6** Martha
– ***Genée:*** **5** Nanon
– ***Gershwin:*** **4** Bess, **5** Porgy
– ***Giraudoux:*** **6** Judith, Undine, **7** Elektra
– ***Gluck:*** **5** Paris, **6** Armida, Helena, **7** Alceste, Orpheus, **8** Euridice, Eurydike
– ***Goethe:*** **5** Faust, Goetz, Tasso, **6** Egmont, Stella, **7** Clavigo, Hermann, Werther, **8** Dorothea, **9** Iphigenie
– ***Gounod:*** **5** Faust, **10** Margarethe
– ***Grillparzer:*** **5** Medea, **6** Sappho, **7** Libussa
– ***Händel:*** **6** Xerxes
– ***Hauptmann:*** **4** Elga, **5** Pippa, **7** Hannele, **8** Griselda, **9** Rose Bernd, **12** Florian Geyer, Rautendelein, **13** Michael Kramer
– ***Hausmann:*** **4** Abel, **8** Lampioon
– ***Hebbel:*** **5** Gyges, Julia, **6** Judith, **7** Herodes, **8** Genoveva, Mariamne
– ***Hindemith:*** **6** Mathis
– ***Hölderlin:*** **8** Hyperion
– ***Humperdinck:*** **6** Gretel, **7** Haensel
– ***Ibsen:*** **4** Nora, **5** Brand, **8** Peer Gynt
– ***Kalman:*** **6** Mariza
– ***Kästner:*** **4** Emil, **6** Fabian
– ***Kleist:*** **8** Guiskard, **9** Kaethchen, **10** Amphitryon, **11** Penthesilea
– ***Krenek:*** **5** Jonny
– ***Lehár:*** **3** Eva, **8** Giuditta, Paganini, **9** Frasquita, **10** Friederike, Zarewitsch
– ***Lessing:*** **5** Minna, **6** Nathan, Emilia
– ***Lincke:*** **4** Luna
– ***du Maurier:*** **7** Rebecca, **8** Mary Anne
– ***May:*** **6** Schut, **8** Winnetou, **10** Methusalem, **11** Old Surehand
– ***Millöcker:*** **7** Dubarry, **8** Jonathan
– ***Molière:*** **8** Tartuffe, **10** Amphitryon
– ***Molnar:*** **6** Liliom
– ***Mozart:*** **6** Figaro, **7** Bastien, Don Juan, **9** Bastienne, **11** Don Giovanni
– ***Offenbach:*** **6** Helena, **7** Orpheus
– ***Pagnol:*** **5** Cesar, Fanny, **6** Marius
– ***Pfitzner:*** **10** Palestrina
– ***Porter:*** **4** Kate
– ***Puccini:*** **5** Mahon, Tosca, **8** Angelica, Turandot, **9** Butterfly
– ***Racine:*** **7** Phaedra
– ***Rossini:*** **4** Tell
– ***Schiller:*** **4** Tell, **9** Don Carlos, **11** Maria Stuart, Wallenstein
– ***Schnitzler:*** **6** Anatol
– ***Shakespeare:*** **4** Lear, **5** Julia, Romeo, **6** Hamlet, **7** Macbeth, Othello, **8** Antonius, Coriolan
– ***Shaw:*** **4** Karl, **6** Caesar, **7** Candida, Johanna, **9** Androklus, Cleopatra, Pygmalion
– ***Sophokles:*** **7** Elektra, Oedipus, **8** Antigone
– ***Strauß:*** **6** Salome, **7** Ariadne,

Elektra, **8** Arabella
- ***Suppé:*** **8** Galathee, Fatinitza
- ***Swift:*** **8** Gulliver
- ***Thomas:*** **6** Mignon
- ***Tschaikowsky:*** **6** Onegin, **7** Mazeppa
- ***Verdi:*** **4** Aida, **7** Othello, **8** Falstaff, **9** Rigoletto
- ***Wagner:*** **6** Isolde, Rienzi, **7** Tristan, **8** Parsifal, **9** Lohengrin, Siegfried
- ***Weber:*** **6** Oberon, **9** Abu-Hassan, Euryanthe
- ***Wedekind:*** **4** Lulu
- ***Zola:*** **4** Nana
- ***Zuckmayer:*** **13** Katharina Knie, **14** Schinderhannes, **15** Barbara Blomberg

Titelträger: 7 Titular
toben: 5 rasen
Tobsucht: 4 Amok, **7** Tollwut
tobsüchtig: 7 manisch, **8** furibund
Tochter (lat.): 5 Filia
Tochter
- ***des Agamemnon:*** **7** Elektra, **9** Iphigenie
- ***des Alkinoos:*** **8** Nausikaa
- ***des Amonasro:*** **4** Aida
- ***des Äolus:*** **7** Alkyone
- ***des Atlas:*** **5** Dione, **7** Kalypso
- ***der Ceres:*** **10** Proserpina
- ***des Danaus:*** **7** Danaide
- ***des David:*** **6** Thamar
- ***der Demeter:*** **10** Persephone
- ***der Dione:*** **9** Aphrodite
- ***des Faun:*** **4** Maja
- ***der Gäa:*** **4** Rhea, **5** Rheia, **6** Phoebe, Phoibe, Tethys, Themis
- ***Heinrichs VIII.:*** **9** Elisabeth
- ***der Hekuba:*** **9** Kassandra
- ***der Helena:*** **8** Hermione
- ***des Helios:*** **5** Circe, Kirke
- ***der Hera:*** **4** Hebe, **10** Eileithyia
- ***der Herodias:*** **6** Salome
- ***der Iokaste:*** **8** Antigone
- ***der Juno:*** **8** Libertas
- ***des Jupiter:*** **5** Diana, Irene, Venus, **7** Minerva, **8** Iuventus, **10** Proserpina
- ***des Kadmos:*** **3** Ino, **6** Semele
- ***des Kaisers Augustus:*** **5** Julia
- ***Karls des Großen:*** **4** Emma
- ***der Klytämnestra:*** **7** Elektra, **9** Iphigenie
- ***des Königs Lear:*** **5** Regan, **7** Goneril, **8** Cordelia
- ***des Kronos:*** **4** Hera, Here, **6** Hestia, **7** Demeter
- ***des Laban:*** **3** Lea, **5** Rahel, **6** Rachel
- ***der Latona:*** **5** Diana
- ***der Leda:*** **6** Helena
- ***der Leto:*** **7** Artemis
- ***von Liszt:*** **6** Cosima
- ***des Menelaos:*** **8** Hermione
- ***des Minos:*** **7** Ariadne
- ***des Mohammed:*** **5** Fatme, **6** Fatima
- ***des Nehru:*** **6** Indira
- ***des Nereus:*** **6** Thetis, **7** Galatea, Nereide, **8** Galateia, **10** Amphitrite
- ***des Ödipus:*** **6** Ismene, **8** Antigone
- ***des Okeanos:*** **5** Dione
- ***des Papst Alex VI.:*** **8** Lucrezia
- ***des Priamos:*** **9** Kassandra
- ***der Rhea:*** **4** Hera, Here, Juno, **5** Ceres, Vesta, **6** Hestia, **7** Demeter
- ***des Rigoletto:*** **5** Gilda
- ***des Saturn:*** **5** Juno, **5** Ceres, Vesta
- ***der Skadi:*** **5** Freia
- ***des Tantalus:*** **5** Niobe
- ***der Theia:*** **3** Eos, **6** Aurora, Selene
- ***der Themis:*** **4** Dike, **6** Eirene
- ***des Theoderich:*** **11** Amalasuntha, **12** Amalaswintha
- ***des Thyestes:*** **7** Pelopia
- ***des Uranos:*** **4** Rhea, **5** Rheia, Theia, **6** Phoebe, Phoibe, Tethys, Themis
- ***der Ute:*** **9** Kriemhild
- ***des Zeus:*** **3** Ate, **4** Dike, Hebe,

5 Herse, **6** Athene, Eirene, Helena, Pandia, **7** Artemis, **9** Aphrodite, **10** Eileithyia, Persephone
Töchter
– ***des Atlas:*** **6** Hyaden
– ***des Nereus:*** **8** Nereiden
– ***des Zeus:*** **5** Musen
Tochtergeschwulst: 9 Metastase
Tod: 6 Exitus
Todesanzeige (öst.): 5 Parte
Todesdämoninnen: 5 Keren
todesdüster: 7 makaber
Todesgötter: 5 Hades, Orkus, Pluto, **6** Anubis, Erebus, Pluton, **8** Thanatos
Todesgöttinen: 3 Hel, **6** Hather, Hathor
Todeskampf: 6 Agonie
Todeslauf: 4 Amok
tödlich: 5 letal
Todsünden: 4 Geiz, Neid, Zorn, **7** Hochmut, Wollust, **10** Trunksucht
Togo (Staat in W-Afrika)
Berg: **4** Agou
Bevölkerung: **3** Ewé, Ful, **4** Mopa, **5** Fulbe, Gurma, Kabré, Kabyé, Losso, Temba, Volta, **6** Haussa, Togoer, **7** Watschi, **9** Togolesen
Brandung an der Küste: **6** Kalema
Ebene: **3** Oti
Flüsse: **4** Mono, Ogou
Gebirge: **7** Atakora, **11** Togogebirge
Hauptstadt: **4** Lomé
Politiker: **7** Eyadéma, Olympio, **8** Koffigeh
Städte u. Orte: **3** Kra, **4** Nali, Sada, Zoto, **5** Aného, Vogan, **6** Bassar, Blitta, Palimé, Sokodé, Tsévié, **7** Kpalimé, **8** Atakpamé, Atitogan, **10** Tschaoudjo
Währung: **5** Franc, **7** Centime
toller Einfall: 8 Kapriole
Tollkirsche: 10 Belladonna
Tollwut: 5 Lyssa, **6** Rabies
Tölpel: 6 Kaffer, Lackel, Toffel, **7** Paslack, Toeffel, **8** Pachulke, **9** Tolpatsch
Tomate: 10 Paradeiser, **13** Paradiesapfel
Tomatentunke: 7 Catchup, Ketchup
Ton: 4 Laut, **5** Klang, **6** Schall
Tonabnehmer: 6 Pick-up
Tonabstand: 9 Intervall
tonangebend: 9 kompetent
tonartlich: 5 tonal
tonartlos: 6 atonal
Tonband: 4 Tape
Tonbandgeräte: 8 Recorder, **9** Diktaphon, **11** Magnetophon, **12** Taperecorder
Tonbandsammlung: 9 Phonothek
Tonbezeichnungen: 2 as, es, **3** ais, ces, cis, des, dis, eis, fis, ges, gis, his
Tondichtung: 11 Komposition
Tondichter: 9 Komponist
Tondo: 8 Rundbild
Tonerde: 5 Bolus
tönern: 5 irden
tönernes Blasinstrument: 7 Okarina
Tonfall: 6 Akzent
Tonfarbe: 6 Timbre
Tonflasche: 5 Gurde, Kruke
Tonfolge: 7 Melodie, Passage
Tonga (Freundschaftsinseln – Inselstaat in Ozeanien)
Bevölkerung: **7** Tongaer, **8** Tonganer, **10** Polynesier
Flughafen: **8** Fuaamotu
Hauptinsel: **9** Tongatapu
Hauptstadt: **9** Nukualofa
Inselgruppen: **5** Vavau, **6** Haapai, **7** Otu-Tolu, **9** Tongatapu
Inseln: **3** Ata, Eua, Kao, **4** Late, **5** Tofua, Vavau, **6** Haapai, Nomuka, Tafahi, **9** Tongatapu
König: **5** Tupou
Königin (früh.): **6** Salote
Orte: **3** Mua, **6** Neiafu, Pangai
Vulkaninseln: **3** Ata, Kao, **4** Late,

5 Tofua, **6** Tafahi, **8** Ninafoou
Währung: **6** Paanga, Seniti
Tongebung: 10 Intonation
Tongeschirr: 7 Keramik
Tongeschlechter: 3 Dur, **4** Moll
Tonhalle: 5 Odeon, Odeum, **7** Orpheum
Tonhebung: 5 Iktus
Tonintervall: → Tonstufen
Tonkunst: 5 Musik
Tonkünstler: 7 Musiker, Musikus, **8** Musikant
Tonlehre: 6 Phonik
Tonleiter: 5 Skala
tonlos: 5 stumm
Tonmaß: 4 Takt
Tonne: 4 Fass, **6** Barrel
Tonsatz: 11 Komposition
Tonschicht: 6 Letten
Tonschöpfung: 11 Komposition
Tonsetzer: 9 Komponist
Tonsilben: 2 do, fa, la, mi, re, si, so, ti, **3** sol
Tonstreifen (Film): 10 Soundtrack
Tonstück für
– *acht Stimmen:* **6** Oktett
– *drei Stimmen:* **4** Trio, **7** Terzett
– *fünf Stimmen:* **8** Quintett
– *sechs Stimmen:* **7** Sextett
– *sieben Stimmen:* **7** Septett
– *vier Stimmen:* **8** Quartett
– *zwei Stimmen:* **3** Duo, **5** Duett
Tonstufen: 4 None, Prim, Sext, Terz, **5** Prime, Quart, Quint, Sexte, **6** Dezime, Oktave, Quarte, Quinte, **7** Sekunde, Septime
Tönung: 7 Kolorit
Tonverzierung: 9 Koloratur
Tonwaren: 7 Fayence, Keramik, **8** Majolika, **9** Porzellan, **10** Terrakotta
Tonzeichen: 4 Note
Topf: 4 Pott
Topfblume: → Balkon-, Zimmerpflanzen
Töpfer: 6 Hafner, **7** Haefner, **9** Keramiker
Töpferkunst: 7 Keramik
Töpfermaterial: 3 Ton
Töpferwerkstatt: 7 Poterie
Topfgriff: 5 Stiel, **6** Henkel
Topfverschluß: 6 Deckel
Tor: 4 Narr, **6** Portal
– *beim Fußball:* **4** Goal
Torfstück: 4 Sode
Torheit: 6 Eselei, Unsinn, **8** Dummheit, Narretei, **9** Firlefanz
Torhüter: 6 Keeper
töricht: 4 dumm, naiv, **6** unklug
törichter Mensch: 3 Tor, **4** Narr
törichtes Gerede: 6 Unsinn, **7** Nonsens
Torlauf: 6 Slalom
Tornister: 6 Ranzen
Torsion: 8 Drillung, **10** Verdrehung
Törtchen: 9 Tortelett, **10** Tortelette
Torten: 9 Nusstorte, Obsttorte, **10** Mokkatorte, Sahnetorte, **11** Sachertorte, **12** Erdbeertorte, Himbeertorte
Tortur: 4 Qual, **6** Folter
Torwächter: 7 Portier, **9** Pfoertner
tot: 7 devital, **8** entseelt
tote Last: 7 Ballast
totenähnlich: 7 makaber
Totenbeschwörung: 6 Nekyia, **11** Nekromantie
Totenfährmann: 6 Charon
Totenführer: 6 Hermes
Totenfurcht: 11 Nekrophobie
Totengeister: 5 Manen
Totengeleit: 7 Kondukt
Totenklage im alten Rom: 6 Naenie
Totenkult: 8 Manismus
Totenliste: 8 Nekrolog
Totenmesse: 7 Requiem, **8** Exequien
Totenreich: 3 Hel, **5** Hades, Orkus, **6** Erebos, Erebus, Hoelle, **8** Niflheim
Totenrichter in der griechischen Sage: 12 Rhadamanthys

Totenschrein: 4 Sarg
Totenstadt: 9 Nekropole, **10** Nekropolis
Totschläger: 6 Killer
Trabant: 4 Mond, **8** Satellit, **9** Begleiter
Trabantenstadt: 6 Suburb
Trabrennbahn: 5 Track
Trabrennwagen: 5 Sulky
Tracht: 5 Habit, **7** Kostuem
Trachtenjacke: 6 Janker, **7** Kamisol
Tradition: 5 Sitte, **6** Brauch, **9** Herkommen
Tragband: 4 Gurt
tragbar: 13 transportabel
Tragbett: 5 Bahre, Trage
träge: 4 faul, **5** inert, **7** langsam, pomadig, **8** indolent
Tragebrett: 7 Tablett
Träger: 4 Mast, **6** Balken, Saeule, Strebe, **7** Pfeiler, Stuetze, **8** Traverse
Träger
– ***der Erbanlagen:*** **3** Gen, **9** Chromosom
– ***des Erbguts:*** **2** Id
Trägheit: 6 Torpor, **7** Phlegma, **8** Faulheit, Indolenz, **9** Lethargie
Traghimmel: 9 Baldachin
tragische Spannung: 8 Dramatik
Tragkorb: 5 Butte, Hutte, Hotte, Kiepe
Traglufthalle: 5 Radom
Tragödie: → Schauspiel
Tragsessel: 7 Saenfte, **8** Palankin, **11** Portechaise
Tragstuhl (jap.): 4 Kago
Tragtiere: 3 Jak, Yak, **4** Esel, **5** Kamel, **8** Maultier
Tragweite: 7 Ausmass
Trainer: 5 Coach
trainieren: 5 ueben
Training: 6 Uebung
Trainingsanlage: 9 Simulator
Trainingsgerät: 8 Expander
Trampeltier: 5 Kamel
Träne: 6 Zaehre
Trank des Vergessens: 5 Lethe
Trankopfer: 8 Libation
Transit: 9 Durchfuhr
Transkei (Staat in S-Afrika)
Bevölkerung: **4** Zulu, , **5** Bantu, Xhosa, **9** Sued-Sotho
Flüsse: **3** Kei, **9** Uzimkulu
Hauptstadt: **9** Umtata
Politiker: **9** Matanzima
Städte: **5** Geuwe, **9** Ezibeleni, **11** Ngangelizwe
Währung: **4** Cent, Rand
Transparent: 10 Spruchband
Transparentbild: 3 Dia, **10** Diapositiv
Transportabteilung: 10 Expedition
Transportgut: 6 Ladung
Transportmittel: 3 Bus, Lkw, **4** Bahn, Tram, **5** Karre, Wagen, **6** Karren, Schiff, **7** Lastzug, Omnibus, **8** Flugzeug, Lastauto, **9** Eisenbahn, **11** Lieferwagen
Transurane: 6 Curium, **7** Fermium, **8** Nobelium, **9** Americium, Berkelium, Neptunium, Plutonium, **10** Lawrencium, **11** Californium, Einsteinium, Mendelevium
traubenförmig: 7 razemos
Traubenkirsche: 4 Else, **5** Padus
Traubenkraut: 8 Ambrosia
Traubenpresse: 6 Kelter, Torkel
Traubensaft: 4 Most, Wein
Traubensorten: 5 Gamay, **6** Aramon, Merlot, **7** Elbling, Formint, Gutedel, Lagrein, **8** Cabernet, Riesling, Silvaner, Traminer, **9** Burgunder, Rulaender, **10** Trollinger, **11** Muskateller, **15** Gewuerztraminer
Traubenzucker: 7 Glukose, Glykose, **8** Dextrose
Trauerband: 4 Flor
Trauergedicht: 6 Elegie
Trauergesang: 7 Threnos, **9** Threnodie
Trauergerüst: 8 Katafalk
Trauerspiel: 9 Tragoedie
Trauerspiel: → Schauspiele

T

Trauerspieldichter: **8** Tragoede
Trauerzug: **7** Kondukt
Traufleiste antiker Tempel: **4** Sima
Traumbild: **6** Vision
Träumer: **8** Phantast
Träumerei: **7** Reverie
Traumgesicht: **6** Vision
Traumgott: **8** Morpheus
traumhaft: **9** visionaer
Traun-Zuflüsse: **3** Alm, **4** Ager, **5** Issel, Krems
traurig: **5** trist, **7** desolat, **8** betruebt
Traurigkeit: **8** Truebsal, **9** Tristesse, Truebsinn
Trauung: **6** Heirat, **8** Hochzeit
travers: **4** quer
Treber: **7** Trester
Treck: **3** Zug
Trecker: **7** Traktor, **9** Schlepper
Treff: **5** Kreuz, **6** Eichel
Treffen: **7** Meeting, **9** Begegnung, **11** Versammlung, **13** Zusammenkunft
treffend: **7** praezis, triftig, **8** praezise, **9** praegnant
treffender Ausspruch: **6** Bonmot
Treffer: **3** Hit, **5** Preis, **6** Gewinn
trefflich: **5** famos
treffsicher: **9** praegnant
treiben: **10** pressieren
Treiben des Viehs von den Almen: **7** Abtrieb
treibende Kraft: **5** Agens
Treibgas: **5** Butan, **6** Propan
Treibladung: **9** Kartusche
Treibmittel beim Backen: **4** Hefe, **6** Natron, **9** Sauerteig, **10** Backpulver, **14** Hirschhornsalz
Treibstoffe: **5** Butan, Sprit, **6** Benzin, Benzol, Diesel, Propan
Treibstoffbehälter: **4** Tank, **8** Kanister
trennen: **6** teilen, **8** scheiden, **9** isolieren, losloesen, **10** separieren
Trenner: **9** Separator
Trennlinie: **11** Perforation
Trennschleuder: **10** Zentrifuge
Trennung: **5** Bruch, **7** Teilung, **9** Scheidung, **10** Isolierung
Trennungslinie: **6** Grenze
Trennungsstrich: **5** Divis
Trennungszeichen (Vokal): **5** Trema
Treppe: **6** Stiege
Treppenabsatz: **6** Podest
Treppenhalle: **9** Vestibuel
Treppenteil: **5** Stufe, **6** Podest
Tresen: **5** Theke
Tresse: **5** Biese, Borte, Galon, Litze, **6** Galone
Trester: **6** Treber
Tretanlasser (Motorrad): **11** Kickstarter
Trethebel: **5** Pedal
treu: **7** redlich
Treue: **10** Loyalitaet
treu ergeben: **5** loyal
Treubruch: **6** Verrat, **7** Felonie
treuer Gefolgsmann: **7** Paladin
Treuhänder: **7** Kurator, Trustee
treuherzig: **4** naiv
treulos: **6** perfid, **7** perfide
Triasstufen: **3** Nor, **4** Raet, Roet, **6** Keuper, **13** Buntsandstein
Trick: **4** Dreh, List, **5** Finte, Kniff, **7** Finesse
Trieb: **5** Drang, **6** Impuls, Libido
triebhaft: **8** impulsiv
Triebkraft: **5** Agens, Motor, **7** Dynamik, Energie
Triebkräfte: **8** Agenzien
triebmäßig: **10** instinktiv
Triebwerk: **8** Maschine, Mechanik
Triefauge: **5** Rhyas
triftig: **9** plausibel
Trikot (Ballett, Turnen): **7** Leotard
Trilogie des Äschylus: **7** Orestie
Trimmgeräte: **8** Expander, **9** Bullworker
Trinidad und Tobago (Inselstaat in der Karibik)
Asphaltsee: **9** Pitch Lake

Berg: **5** Aripo
Golf: **5** Paria
Hauptstadt: **11** Port of Spain
Politiker: **6** Clarke, **7** Manning, **8** Williams, **9** Hassanali
Städte: **5** Arima, **11** San Fernando, Scarborough
Währung: **4** Cent, **6** Dollar
Trinkbecher: **3** Cup, **5** Pokal
Trinkbranntwein: → Branntweine
Trinker: **7** Saeufer, **11** Alkoholiker
Trinkgefäße: **4** Glas, Krug, **5** Kelch, Pokal, Tasse, Tulpe, **6** Becher, Humpen, Roemer, Schale, Seidel, **7** Stiefel, **8** Bierglas, Bierkrug, Schoppen, Sektglas, Weinglas, **10** Likoerglas
Trinkgelage: **5** Orgie, **8** Zecherei, **9** Bacchanal
Trinkgeld: **10** Bakschisch
Trinkgruß der Studenten: **7** Fiduzit, **9** Schmollis
Trinklied der Studenten: **6** Kantus
Trinkrunde (stud.): **7** Kommers
Trinkspruch: **4** Skal, Skol, **5** Prost, Toast, **6** Prosit
Trinkstube: **3** Bar, **6** Bistro, **7** Buvette
Tritt (Fußball): **4** Kick
Trip: **5** Reise, **7** Ausflug
Tripmadam: **9** Fetthenne
Triumph: **6** Erfolg, **12** Siegesfreude
trocken: **4** arid, **5** duerr, **9** prosaisch
Trockenfutter: **3** Heu
Trockengestell: **5** Horde, **6** Reiter
Trockenheit: **6** Duerre
Trockenheitsgrad von Champagner: **4** brut
Trockenmalerei: **7** Pastell
Trockenmittel für Ölfarben: **8** Sikkativ
Trockensteppe in Südafrika: **5** Karru, **8** Kalahari
Trockenstoffe: **9** Sikkative
Trockenvorrichtung: **5** Darre
trocken: **6** darren
Troddel: **6** Pompon, Quaste
Trödel: **4** Kram, Tand, **6** Ramsch, Tinnef, **7** Plunder, **9** Firlefanz
Trödler: **7** Bummler
Troja: **5** Ilion
trojanischer
– *Held:* **5** Paris, **6** Achill, Aeneas, Hektor, Nestor, **7** Priamos, Priamus, **8** Achilles
– *Priester:* **7** Laokoon
– *Prinz:* **7** Troilos
Trojas Burg: **8** Pergamon
Trommel: **4** Drum, **5** Bongo, Cassa, Conga, Pauke, **6** Timbal, Tomtom, **7** Pandero, Timpano, **8** Tamburin
Trommelfeuer: **8** Kanonade
Trommelstock: **8** Schlegel
Trommler: **7** Tambour
Trompetenbaum: **7** Katalpa
Trompetenschnecke: **11** Tritonshorn
Trompetensignal: **7** Fanfare
Trompetervogel: **5** Agami
Tropenanzug: **8** Tropical
Tropenbäume: **3** Aki, **5** Palme, **6** Akazie, Sapote, **9** Tamarinde, **13** Affenbrotbaum
Tropenhut: **8** Sombrero
Tropenkrankheiten: **5** Lepra, **7** Aussatz, Malaria, Trachom, Tropika, **8** Kala-azar, **10** Gelbfieber, **15** Schlafkrankheit
Tropenpflanzen: **5** Agave, Palme, **6** Bambus, Kaktus, **7** Opuntie, **8** Orchidee, **11** Abelmoschus
Tropenuniformstoff: **5** Khaki
Tropenvögel: → Papageien, → Singvögel, → Seglerartige
Tropenwind: **6** Monsun, Passat
Tropfstein: **9** Stalagmit, Stalaktit
Tropfsteinhöhle: **6** Grotte
Trophäe des Indianers: **5** Skalp
tropische(r, s)
– *amerik. Riesenkröte:* **3** Aga
– *Anpflanzung:* **8** Plantage
– *Echsen:* **5** Gecko, Skink, Waran,

6 Leguan, **8** Basilisk, **10** Chamaeleon
– ***Früchte:*** **4** Kaki, Kiwi, Lulo, **5** Feige, Guave, Mango, **6** Ananas, Annona, Annone, Banane, Dattel, Limone, Orange, Papaya, **7** Avocado, Avocato, Erdnuss, Guajave, Jambuse, Kumquat, Litschi, **8** Maracuja, Rambutan, **9** Apfelsine, Carambola, Cherimoya, Kokosnuss, Mandarine, Tangerine, **10** Clementine, Grapefruit, Klementine, Mangostane, Pampelmuse, **13** Macadamianuss, **14** Acerolakirsche
– ***Gewächse:*** **5** Agave, Palme, **6** Bambus, Kaktus, Sapote, **7** Opuntie, **8** Orchidee, **9** Tamarinde, **13** Affenbrotbaum
– ***Gewürze:*** **4** Zimt, **5** Curry, **6** Muskat, **7** Pfeffer, Vanille
– ***Grassteppe:*** **7** Savanne
– ***Harz:*** **5** Elemi, **8** Sandarak
– ***Holzarten:*** **4** Teak, **5** Balsa, Limba, **6** Fustik, **8** Ebenholz, Mahagoni, **10** Palisander
– ***Insekten:*** **7** Moskito, Termite, **12** Tsetsefliege
– ***Knollenpflanzen:*** **4** Taro, **6** Batate, Maniok, **10** Topinambur
– ***Landschaftstypen:*** **5** Busch, Pampa, **6** Steppe, Urwald, Wueste, **7** Savanne, **9** Dschungel, Regenwald
– ***Nutzpflanzen:*** **3** Tee, **4** Coca, Cola, Reis, Soja, Taro, **5** Agave, Areca, Areka, Hirse, Kakao, Palme, Sesam, Sisal, Tabak, **6** Ananas, Bambus, Batate, Kaffee, Limone, Maniok, Orange, Papaya, **7** Erdnuss, Oelbaum, Rizinus, Tapioka, **9** Tamarinde, **10** Topinambur, Zuckerrohr, **11** Dattelpalme
– ***Riesengras:*** **6** Bambus
– ***Schlingpflanze:*** **5** Liane
– ***Stechmücke:*** **7** Moskito
– ***Sumpfwald:*** **9** Dschungel
– ***Wurzelknolle:*** **3** Yam, **4** Taro

Troß: **5** Train, **6** Bagage
Trosse: **3** Tau, **5** Kabel
Trossenraum (Schiff): **9** Kabelgatt
trostlos: **3** oed, **4** oede, **5** trist, **7** desolat, traurig
Trottel: **4** Depp, **5** Idiot, **6** Kretin, **8** Bonhomme
Trotz: **8** Renitenz, **9** Eigensinn, Starrsinn, **15** Dickkoepfigkeit
trotzdem: **4** doch, **7** dennoch
trübe: **6** diesig, neblig
Trubel: **5** Laerm, **6** Rummel, Tamtam, Tumult, Unruhe, **8** Wirrwarr, **9** Gedraenge
Trübsal: **3** Not, **5** Elend, **6** Kummer, Trauer
trübselig: **5** trist
Trübsinn: **11** Melancholie
trübsinnig: **7** traurig, **10** deprimiert, **12** schwermuetig, **13** melancholisch
Trugbild: **6** Vision, **7** Phantom, **8** Illusion, **9** Phantasie, Phantasma, Schimaere, **11** Fata Morgana
Trugbilder: **10** Phantasien
trügerisch: **9** scheinbar, **11** illusorisch
Truggebilde: **7** Schemen, **14** Phantasmagorie
Trugschluß: **6** Irrtum, **9** Sophismus
Trümmer: **5** Epave, Ruine
Trümmergestein: **6** Pelite
Trümmerhaufen: **6** Rudera
Trumpf im Kartenspiel: **5** Atout, **7** Couleur
trunken: **12** bacchantisch
Trunksucht: **12** Alkoholismus
Trunksüchtiger: **7** Saeufer, **11** Alkoholiker, Trunkenbold
Truppenabteilungen: **4** Heer, **5** Armee, Korps, **7** Brigade, **8** Division, Eskadron, Kompanie,

Regiment, **9** Abteilung, Bataillon, **10** Armeekorps
Truppenfahne: 6 Banner, **9** Standarte
Truppenführung: 6 Taktik
Truppengattungen: 4 Heer, **6** Marine, **9** Luftwaffe, **10** Artillerie, Infanterie, **12** Panzertruppe
Truppenlager: 5 Biwak
Truppenschau: 6 Parade
Truppenspitze: 4 Tete
Truppenstandort: 8 Garnison
Truppenübung: 8 Manoever
Truppenunterkunft: 7 Kaserne
Truppenversammlung zum Dienst: 6 Appell
Truppenverstärkungseinheit: 7 Sukkurs
Truthahn: 5 Puter
Truthenne: 4 Pute, **5** Trute
Tschad (Staat in Zentralafrika)
Berg: **8** Emi Kussi, **9** Emi Koussi
Bevölkerung: **3** Mai, **4** Mbum, Mubi, Sara, Tama, Tubu, **5** Dadjo, Fulbe, Massa, Tibbu, **6** Buduma, Haussa, Kanuri, Kotoko, Mabang, Sokoro, **7** Bagirmi, Boulala, Kanembu, **8** Hadjerei, Kanembou, Massalit, Tschader
Dynastie: **4** Saif
Flüsse: **5** Ouham, **6** Logone, Schari, **7** Salamat
Gebirge: **6** Ennedi, Ouadai, **7** Tibesti, **10** Gerreberge
Hauptstadt: **8** Ndjamena
Plateau: **6** Borkou
Politiker: **4** Deby, **5** Habré, **7** Queddei, **8** Yodoyman, **10** Tombalbaye
See: **9** Tschadsee
Senke: **6** Bodelé
Städte u. Orte: **3** Ati, Mao, **4** Fada, Faya, Suar, Sarh, **5** Arada, Melfi, Mongo, **6** Abeché, Moundu
Trockental: **6** Ghazal
Währung: **5** France, **7** Centime
Tschechoslowakei (ČSFR – Staat in Mitteleuropa)
Archäologe: **5** Hanka
Berge: **5** Litno, **6** Boubin, **7** Dumbier, **8** Altvater, Lysá hora
Bevölkerung: **8** Hannaken, Slowaken, **9** Tschechen
Dichter: **5** Čapek, Zeyer
Dirigenten: **6** Ančerl, **7** Kubelik
Dramatiker: **3** Tyl, **5** Havel, **6** Kohout, **8** Klicpera
Flüsse (Eigennamen): **4** Eger (Ohře), Elbe (Labe), Gran (Hron), Igel (Iglawa), Iser (Jizera), Sajó (Slaná), Waag (Vah), **5** Eipel (Ipel), March (Morava), **6** Beraun (Berounka), Moldau (Vitava), Theiss (Tisa), **7** Blanitz (Blanice), Wottawa (Otava)
Gebiete (und ihre Hauptstädte): **7** Boehmen, Maehren (**6** Bruenn, Ostrau), **8** Slowakei (**9** Pressburg)
Geigenvirtuosen: **3** Suk, **7** Kubelik
Gebirge: **5** Fatra, Tatra, **7** Sudeten, **8** Beskiden, Karpaten, **10** Erzgebirge, **11** Boehmerwald, **12** Waldkarpaten
Hauptstadt: **4** Prag, **5** Praha
Höhenzüge: **10** Saaer Berge, **12** Iglauer Berge
Komponisten: **3** Suk, **4** Zach, **5** Benda, Novák, **6** Dussek, Dvořák, Fibich, Krenek, Nedbal, Reicha, **7** Janáček, Smetana, Stamitz, Zelenka, **10** Weinberger
Maler: **5** Mánes, **6** Brandl, Brožik, Čermák, Hynais, Reiner
Ministerpräsident der
– *Slowakei:* **6** Meciar
– *Tschechei:* **5** Klaus
Nationalheilige: **7** Libussa
Nobelpreisträger für
– *Chemie:* **9** Heyrovsky

– *Medizin:* **4** Cori
Philosophen: **4** Zumr, **5** Kosik, **7** Bolzano, Masaryk, Sobotka, **8** Comenius
Politiker: **4** Tiso, **5** Beneš, Hacha, Husák, **6** Adamec, Dubček, **7** Benesch, Colotka, Masaryk, Svoboda, **8** Gottwald
Prager
– *Burg:* **9** Hradschin
– *Kirche:* **8** Veitsdom
– *Schloß:* **9** Belvedere
Reformator: **3** Hus
Regisseur: **5** Radok
Rekordläufer: **7** Zatopek
Sänger: **4** Gott
Schriftsteller: **4** Cech, Goll, Neff, Rais, **5** Čapek, Hálek, Hašek, Kafka, Kisch, Teige, Zeyer, **6** Hrubin Máchas, Wolker, Závada, **7** Kundera, Masaryk, Palacky, Seifert, **8** Jungmann, Nováková, **9** Dobrovsky
Städte (und ihre Eigennamen: **4** Asch (Aš), Eger (Cheb), Most (Bruex), Prag (Praha), Saaz (Žatec), Tepl (Teplá), **5** Iglau (Jihlava), Kolin, Nitra, Pisek, Tabor, Znaim (Znojmo), **6** Aussig (Usti nad Labem), Bruenn (Brno), Karwin (Karvina), Kladno, Melnik, Náchod, Neutra (Nitra), Niemes (Mimoň), Ostrau (Ostrava), Pilsen (Plzeň), Poprad, Turnau (Turnov), Tyrnau (Trnava), **7** Altsohl (Zvolen), Budweis, Kaschau (Košice), Klattau (Klatovy), Komotau (Chomutov), Olmuetz (Olumouc), Pistyan (Pieštany), Sillein (Žilina), Teplitz (Teplice), Teschen (Cieszyn), Troppau (Opava), Zwittau (Svitavy), **8** Karlsbad, Preschau (Eperies), Tetschen (Děčín), **9** Pardubitz (Pardubice), Pressburg (Bratislava), Rosenberg, Trautenau (Trutnov), **10** Gottwaldov, Lundenburg (Břeclav), **11** Reichenberg (Liberec), **12** Koeniggraetz
Verwaltungseinheiten: **4** Kraj, **6** Okresy
Währung: **5** Haleř (Mehrzahl: **6** Haleřu), Krone, **6** Heller, Koruna

Tubeninhalt: **5** Pasta, Paste
Tuberkel: **5** Phyma
Tuchfühlung: **6** Konnex, **7** Kontakt
Tuchstreifen: **4** Band
tüchtig: **4** brav, **6** patent, **7** solvent, virtuos
Tüchtigkeit: **5** Arete, **6** Format, **10** Faehigkeit
Tücke: **4** List, **7** Arglist, Bosheit
tückisch: **6** perfid
Tuff: **6** Sinter, **8** Kalktuff
Tüftler: **8** Gruebler
Tugend: **5** Arete
tugendhaft: **4** edel, **6** ehrbar, keusch, **7** sittsam, **8** zuechtig
Tüll: **7** Petinet
Tulpenbaum: **8** Magnolie
Tümmler: **7** Delphin, Zahnwal, **11** Schweinswal, **12** Flaschennase
Tümpel: **5** Suhle
Tumult: **5** Laerm, **6** Trubel, Unruhe, **7** Aufruhr
Tunesien (Staat in N-Afrika)
Berg: **6** Chambi
Bergländer: **5** Dahar, **7** Matmata
Bevölkerung: **8** Tunesier
Ebene: **7** Djefara
Flughäfen: **6** Skanes, **7** Melitta, **10** Le Carthage
Fluß: **8** Medjerda
Gewichte: **5** Rattl, **6** Qantar
Hafenstädte: **4** Sfax, **6** Sousse, **7** Bizerte
Hauptstadt: **5** Tunis
heilige Stadt: **7** Kairuan, **8** Kairouan

Hohlmaße: **4** Ueba, **6** Mettar
Insel: **6** Djerba
Inselgruppe: **8** Kerkenna
Kap: **3** Bon, **5** Blanc
karthag. Ruinenstätten: **5** Urica, **7** Kerkuan, **8** Karthago
Längenmaß: **4** Dhra, Draa
Politiker: **5** Mzali, **6** Karoui, **8** Bourgiba
römische Ruinenstätten: **6** Thugga, **8** Sufetula, **9** Mactaris, **10** Bulla Regia
Salzsumpf: **6** Djerid, **12** Schott Djerid
Speicherburg: **6** Ghorfa
Städte u. Orte: **4** Beja, Sfax, Susa, **5** Gabes, Gafsa, **6** El Djem, Sousse, **7** Biserta, Bizerta, Kairuan, Matmata, **8** Hammamet, Kairouan, Monastir
Titel (früh.): **3** Dei
Währung: **5** Dinar, **8** Millimes

Tunisnuß: **8** Pistazie
Tunke: **5** Sauce, Sosse
Tupfen: **5** Fleck, Punkt, **8** Sprenkel
Türeinfassung: **5** Zarge
Türenteile: **5** Haspe, Spion, **6** Klinke, **7** Klopfer, Laibung, Schloss, **8** Druecker, Schwelle
Türke: **6** Osmane
Türhüter: **7** Portier, **9** Concierge, Pfoertner, Schweizer
Türke: **6** Osmane
Türkei (Staat in Europa/Vorderasien)

Anrede „Herr“: **3** Bei, **6** Efendi
Amtsgebäude: **5** Konak
asiat. Türkei: **9** Anatolien
Baumeister: **5** Sinan
Beamter: **5** Hakim, Hekim, Mudir, **6** Pascha, **7** Muschir
Berge: **3** Ala, **5** Akdag, Arnas, **6** Aladag, Ararat, Nemrut, Uludag
Bevölkerung: **5** Lasen, **6** Kurden, **7** Tuerken
Boot: **4** Kaik, **6** Sandal
Derwischorden: **7** Mewlewi
Dolch: **9** Kandschar, **10** Khandschar
Dramatiker: **5** Oeren, Taner, **9** Oengoeren
Ehrentitel: **3** Pir, **5** Enver, Ghasi, **6** Pascha
Ehrenwache für Diplomaten: **6** Kawass, **7** Kawasse
Eulenspiegel im 14. Jh.: **9** Nasreddin
Finanzminister: **9** Defterdar
Flächenmaße: **6** Doenum, **8** Dscherib
Flüsse: **4** Aras, **5** Gediz, Meriç, Murat, Simav, **6** Ergene, Goeksu, Karasu, Kelkil, Seyhan, **7** Sakaria, Sakarya, **8** Menderes, **10** Kisil-Irmak
Frauenschleier: **8** Jaschmak
Fußsoldat im 14./17. Jh.: **10** Janitschar
Gebetsteppiche: **5** Konya, Melas, **8** Panderma
Gebirge: **6** Taurus, **8** Istranca, Kaukasus
Gewässer zw. Bosporus u. Dardanellen: **11** Marmarameer
Gewichte: **3** Oka, **4** Denk, Okka, **6** Kantar, **7** Tscheki
Golf: **10** Iskenderun
Gründer des Türk. Reichs: **5** Osman
Hafenstädte: **5** Izmir, Sinop, **6** Mersin, Samsun, **7** Antalya, Trabzon, **8** Istanbul, **9** Zonguldak, **10** Iskenderun
Halbinsel: **9** Gallipoli
Harem: **6** Zenana
Hauptstadt: **6** Ankara
Herberge: **3** Han
Hohlmaße: **3** Oka, **4** Kilé
Inseln: **3** Ada, **6** Imbros, **7** Tenedos
Istanbul
früh. Name: **14** Konstantinopel
Hafenbucht: **12** Goldenes Horn

Moscheen: **11** Hagia Sophia, **13** Achmed-Moschee, **15** Suleiman-Moschee
Stadtteile: **4** Pera, **6** Galata, **7** Skutari, **9** Ueskuedar
Kaps: **5** Bafra, **6** Anamur, Koraka, **7** Igneada
Komponisten: **4** Dede, **6** Saygun
Kopfbedeckung (früh.): **3** Fes
Krummsäbel: **7** Jatagan
Küstenfahrzeug: **4** Kaik, **5** Kajik
Landgut: **10** Tschiftlik
Landschaften (antike): **6** Karien, Lydien, Lykien, Mysien, **8** Phrygien
Längenmaße: **3** Dra, Rub, **4** Dhra, **5** Kadem, Kirat
Leibgardist (früh.): **10** Janitschar
Leibrock: **6** Dolman
Männergemach im Haus: **8** Selamlik
Mausoleenstadt: **7** Kayseri
Meerengen: **8** Bosporus, **9** Hellespont, **11** Dardanellen
Minister: **5** Wekil
Musikinstrumente: **3** Nay, Nei, **5** Gaida
Ortsvorsteher: **7** Muchtar
Osmanenherrscher: **5** Ahmed, Murad, Orhan, Osman, Selim, **6** Mahmud, Mehmed, **7** Bajezid, Ibrahim, Mustafa, **8** Suleiman, **9** Suelejman, **10** Abduelaziz, **11** Abduelhamid, Abduelmecid
Peitsche: **8** Kantschu, **10** Karbatsche
Politiker: **5** Oezal, **6** Ecevit, **7** Demirel
Polizist (früh.): **6** Kawass, **7** Kawasse
Präsidenten: **5** Bayar, Evren, Oezal, Sunay, **7** Guersel, Inoenue, **9** Korotuerk, **12** Kemal Atatuerk
Regenmantel: **5** Gaban
Regierung (früh.): **5** Diwan
Regierungsbezirk: **9** Sandschak
Reiter im Heer (früh.): **5** Spahi
Ruinenstätten: **5** Iznik, Milet, Troja, **6** Priene, **7** Ephesus, Hattusa, Miletos, **8** Pergamon, **13** Helikarnassos
Schnaps: **4** Raki
Schriftsteller: **4** Faik, **5** Anday, Ilhan, Nesin, Rifat, **6** Hikmet, **7** Baykurt
Seen: **6** Tuzsee, Vansee, Wansee, **9** Tuzgoelue
Soldatenabteilung: **3** Oda
Speise: **5** Dolma
Städte u. Orte: **3** Mus, Kas, Van, **4** Bolu, Enes, Enez, Ordu, Rize, Urfa, Usak, **5** Adana, Bafra, Bursa, Izmir, Izmit, Konya, Maras, Sinop, Sivae, **6** Amasra, Anamur, Ankara, Edirne, Elazig, Manisa, Mardin, Mersin, Samsun, Seyhan, Smyrna, Tarsus, **7** Antakya, Antalya, Denizli, Erzurum, Isparta, Kayseri, Malatya, Silifke, Trabzon, **8** Erzincan, Istanbul, Karabuek, **9** Adapazari, Balikesir, Eskisehir, Gaziantep, Kirikkale, Trapezunt, Zonguldak, **10** Adrianopel, Diyarbakir, Iskenderun
Statthalter: **4** Wali
Tabakspfeife: **8** Tschibuk
Teppich: **6** Anatol, **7** Yueruek
Titel: **3** Aga, Beg, Bei, Bek, Bey, **4** Agha, Emin, Gazi, Wali, **5** Enver, Ghasi, Ghazi, **6** Pascha, Sultan
Trachtenrock: **6** Dolman
Turbantuch: **5** Sarik
türkisch für
Berg: **4** Dagh
Burg: **5** Hisar
Ebene: **3** Ova

Fluß, Bach: **3** Cay, **5** Nehir
Hafen, Bucht: **5** Liman
Strom: **5** Irmak
Stadt: **5** Sehir
Verwaltungsbezirk: **2** Il (Mehrzahl: **5** Iller), **7** Wilajet
Währung: **4** Lira, **5** Kurus
Wasserpfeife: **8** Nargileh
Wegemaße: **7** Agatsch, Farsang

Türkisvogel: **3** Sai
Turkmenenstämme: **4** Usen, **5** Salor, Saryk, Tekke, Yomud, **6** Alieli, Ersari, **7** Kumanen, **10** Tschauduren
Turkmenistan (Staat in Mittelasien)
Flüsse: **6** Murgab, **8** Amudarja
Hauptstadt: **10** Aschchabad
See: **12** Kara-Bogas-Gol
Städte und Orte: **4** Mary, **7** Kuschka, Serachs, Taschus, Tedshen, **8** Nebit-Dag, **11** Krasnowodsk, Tschardshou
Währung: **5** Rubel, **6** Kopeke
Wüste: **7** Karakum

Turkvölker: **6** Awaren, Sarten, **7** Jakuten, Kasaken, Kumyken, Nogaier, Tuerken, Uiguren, Usbeken, **8** Kirgisen, Tepteren, **9** Teptaeren, Turkmenen, **10** Baschkiren, Karagassen, **11** Krimtataren, Tarantschen, **12** Altaitataren, Karakalpaken, Karatschaier, Kasantataren, Toboltataren, Tschuwaschen, **13** Abakantataren, Barabatataren, Meschtscheren, **15** Aserbaidschaner
Turm der Moschee: **8** Minarett
Türmchen (Gotik): **5** Fiale
Turmdach: **4** Helm
Turmspitze: **4** Apex
Turmvorbau ägyptischer Tempel: **5** Pylon, **6** Pylone
Turnerabteilung: **5** Riege
Turngeräte: **4** Ball, Bock, Reck, Seil, **5** Keule, Pferd, Ringe, **6** Barren, Hantel, Kasten, Leiter, Reifen, Trapez, **8** Rhoenrad, Rundlauf, **9** Trampolin, **11** Kletterseil, Medizinball, **12** Sprossenwand
Turnierreiterin: **7** Amazone
Turnierzweikampf: **5** Tjost
Turnkünstler: **7** Akrobat
Turnübungen: **4** Kuer, **5** Beuge, Felge, Hocke, Kehre, Kippe, Salto, Wende, **6** Flanke, Spagat, Sprung, **7** Hangeln, Spreize, **8** Klettern, Klimmzug, **9** Graetsche, Handstand, Kopfstand, **10** Aufschwung, Bauchwelle, Bodenrolle, **11** Ueberschlag, **12** Hueftschwung
Turnus: **6** Umlauf, **10** Wiederkehr
Turnvater: **4** Jahn
Türverschluß: **6** Riegel, **7** Schloss, **8** Baskuele
Türvorhang: **8** Portiere
Türvorleger: **5** Matte, **9** Fussmatte
Türwächter: **7** Portier, **9** Pfoertner
Tuvalu (früh.: Ellice-Inseln – Inselstaat in Ozeanien)
Bevölkerung: **8** Tuvaluer, **10** Tuvaluaner
Hauptstadt: **8** Funafuti
Inseln: **3** Nui, **6** Niutao, **7** Nanumea, Vaitupu, **8** Funafuti, **9** Nanumanga, Niulakita, Nukufetau, **10** Nukulaelae
Währung: **4** Cent, **6** Dollar

Tuwort: **4** Verb
Typ: **3** Art, **5** Genre, **6** Modell, Urbild
Type: **6** Letter
Tyrann: **6** Despot
Tyrann von
– ***Athen:*** **8** Hipparch, **11** Pisistratus
– ***Samos:*** **10** Polykrates
– ***Syrakus:*** **5** Gelon, **6** Hieron, **9** Dionysios

Tyrannei: **6** Terror, **8** Despotie, Diktatur

U

Übel (mediz.): **5** Malum
übel: **4** flau, mies, **6** gemein, mulmig, **8** schlecht
Übelbefinden, Übelkeit: **7** Malaise
übelgesinnt: **7** illoyal
übellaunig: **7** grantig
Übelstand: **6** Leiden, **10** Kalamitaet
Übeltäter: **7** Frevler, Suender, **10** Boesewicht, Delinquent, Malefikant, Verbrecher, **11** Missetaeter
üben: **7** proben, **9** studieren, **10** exerzieren, trainieren
Überanstrengung: **8** Strapaze
Überbeanspruchung: **6** Stress
Überbein: **8** Ganglion
Überbleibsel: **4** Rest, **5** Epave, Neige, Ruine, Wrack, **6** Relikt, Stumpf, **7** Stummel, **8** Residuum, Rudiment, Truemmer, Rueckstand
Überblick: **5** Schau, **8** Konspekt
Überbringer: **4** Bote, **7** Eilbote
überdeckend: **8** dominant
überdeckt: **8** rezessiv
überdeutlich: **5** krass
Überdruß: **3** Ekel, **5** Ennui, **6** Degout, **7** Abscheu, **10** Widerwille
Übereifer: **10** Fanatismus
Übereinkunft: **7** Vertrag, **8** Einigung, Kontrakt, **9** Abmachung, Agreement, **10** Kompromiss, Konvention, **11** Arrangement
übereinstimmen: **11** akkordieren, **14** sympathisieren
übereinstimmend: **5** einig, **7** homolog, konform, **9** identisch, kongruent, **11** solidarisch
Übereinstimmung: **6** Akkord, **7** Konsens, **8** Harmonie, **9** Einigkeit, **10** Konkordanz, Konvergenz, **12** Solidaritaet
überempfindlich: **8** sensitiv, **10** allergisch
Überempfindlichkeit: **8** Allergie
übererregt: **8** hektisch
Überfahrt: **7** Passage
Überfall: **4** Raid, **8** Attentat, Invasion, **10** Aggression
überfein: **6** subtil, **7** penibel
überfeinert: **11** aesthetisch
Überfeinerung: **11** Hyperkultur
Überfluß: **7** Opulenz
Überführung: **7** Viadukt
Überfülle: **8** Plethora
Übergabe: **12** Kapitulation, **13** Aushaendigung
Übergang(sflug): **10** Transition
Übergangsstelle bei Flüssen: **4** Furt
Übergangszustand: **7** Interim
übergenau: **10** pedantisch
übergeschnappt: **8** spleenig
Übergetretener: **9** Konvertit
Übergewicht: **10** Majoritaet, Praevalenz, **13** Superioritaet
überglücklich: **5** selig
übergroß: **8** kolossal
überhängende Schneemasse: **7** Waechte
überheblich: **8** arrogant, **9** anmassend, **10** hochmuetig, hochnaesig, hoffaertig, **11** duenkelhaft
überhöhter Preis: **4** Nepp, **6** Wucher
überirdisch: **6** mental, magisch, **8** feenhaft, spukhaft, **9** goettlich, himmlisch, spiritual, **10** aetherisch, daemonisch, **11** immateriell, **12** gespenstisch, metaphysisch, transzendent, **13** unkoerperlich,

14 transzendental
überkleiden: **10** kaschieren
überladen: **6** ueppig, **7** protzig, **11** bombastisch, schwuelstig
überlagernd: **8** dominant
Überlagerung: **11** Interferenz
Überlandstraße: **7** Highway, **8** Chaussee
überlassen: **8** abtreten, zedieren
Überläufer: **9** Deserteur
überlebt: **5** passé
überlegen: **6** denken, **8** erwaegen, **10** nachdenken
Überlegenheit: **10** Praevalenz, **13** Superioritaet
überlegt: **8** besonnen, gemessen, **10** methodisch
Überlegung: **9** Reflexion
überliefert: **10** historisch, **12** traditionell
überlieferte Erzählung: **4** Maer, Sage
Überlieferung: **4** Maer, Sage, **5** Sitte, **6** Brauch, **9** Tradition
Übermaß: **10** Enormitaet
übermäßig: **5** enorm, **7** horrend, **8** gewaltig, **9** ungeheuer
übermenschliches Wesen: **5** Geist, **6** Daemon
Übermut: **6** Hybris, **7** Duenkel, **9** Anmassung
übernachten: **6** zelten, **8** logieren, **9** kampieren, **10** biwakieren
Übernahme: **9** Rezeption
Überordnung: **8** Supremat, **10** Suprematie
Überpflanzung von Geweben: **15** Transplantation
Überprüfung: **8** Revision, **9** Kontrolle, **10** Inspektion
überqueren: **9** passieren
überragend: **6** genial, **8** grandios
überraschend: **8** frappant, **10** ploetzlich
überrascht: **7** perplex
überreden: **8** bekehren, **9** verleiten
überreichen: **13** praesentieren
Überreichung: **13** Praesentation, **14** Praesentierung
Überrest: **6** Relikt, **8** Reliquie
überschäumend: **9** turbulent
Überschlag: **5** Salto, **7** Kalkuel, **8** Flicflac, **10** Flickflack
Überschrift: **5** Titel, **8** Headline
Überschuh: **8** Galosche
Überschuß: **4** Plus, **6** Ertrag, Gewinn, **7** Surplus
überseeisch: **8** exotisch, **10** transmarin
überseeisches Gebiet: **7** Kolonie
Überseetelegramm: **5** Kabel, **10** Kabelgramm
übersehen mit Absicht: **10** ignorieren
übersetzen: **11** dolmetschen
Übersetzer: **8** Dragoman, **11** Dolmetscher, Translateur
Übersetzung: **11** Translation
Übersicht: **5** Liste, **7** Tabelle, **8** Diagramm, **9** Schaubild
übersinnlich: **6** okkult, **9** spiritual, **10** irrational, **11** irrationell
übersorgfältiger Mensch: **6** Pedant
überspannt: **6** barock, extrem **7** grotesk, **8** spleenig, **9** exaltiert, fanatisch, **10** exorbitant, hysterisch, verstiegen, **11** extravagant, exzentrisch, verschroben, **12** phantastisch
übersteigert: **6** hybrid
Übersteigerung: **10** Superlativ
Überstrumpf: **8** Gamasche
übertragbar: **8** zessibel
Überträgerin
– ***der Malaria:*** **9** Anopheles
– ***der Schlafkrankheit:*** **12** Tsetsefliege
Übertragung: **4** Giro, **7** Zession, **8** Delation, Transfer, Virement, **9** Kollation, **11** Transfusion, Translation, **13** Transposition, **15** Transplantation

Übertragungsvermerk: 4 Giro, **11** Indossament
übertrieben: 6 extrem, **7** grotesk, **10** exorbitant, **11** extravagant
Übertritt
– ***zum anderen Glauben:* 10** Konversion
– ***zu einer anderen Partei:* 10** Dissession
Übervorteilung: 4 Nepp
überwachen: 11 inspizieren, **13** kontrollieren
Überwachung: 9 Kontrolle, **10** Inspektion
Überwachungsgerät: 5 Wanze, **12** Abhoergeraet
überwältigend: 8 grandios, **8** imposant
Überweisung: 4 Giro, **8** Transfer
überwiegend: 10 praevalent
überzeugend: 7 evident
Überzeugung: 6 Glaube, **7** Glauben, **10** Gewissheit
Überzieher: 7 Paletot
überzuckerte Frucht: 6 Dragée
Überzug: 4 Lack, **5** Email, Lasur, **6** Glasur, Patina, **7** Emaille, Schicht, **8** Futteral, **10** Kuvertuere
üble Nachrede: 11 Verleumdung
übler Ruf: 9 Diskredit
übles Tauschgeschäft: 9 Kuhhandel
üblich: 6 normal, usuell, **7** typisch, **8** regulaer, **13** konventionell
U-Boot-Sehrohr: 8 Periskop
übrigbleibend: 8 remanent
übrigens: 7 àpropos, **8** notabene
Übung: 5 Drill, Probe, Ritus, **7** Routine, **8** Training
Übungen (geistliche): 10 Exerzitien
Übungsgerät: 9 Simulator
Übungsgerät für Boxer: 12 Punchingball
Übungskampf (Boxen): 8 Sparring
Übungskurs: 7 Seminar
Übungsleiter: 7 Trainer
Übungsstück: 6 Etuede, **10** Exerzitium
Ufer: 6 Kueste, Strand, **7** Gestade, **11** Steilkueste
Uferbefestigungen: 3 Kai, **4** Damm, Kaje, Mole, Pier, **5** Deich, **8** Bollwerk, Faschine
Uferpflanzen: 5 Binse, **6** Schilf
Uferschutz: 5 Buhne, Deich
Uferstraße: 3 Kai
Uferstraße der Riviera: 8 Corniche
Uferzone: 7 Litoral
Uganda (Staat in O-Afrika)
***Berge:* 5** Elgon, **6** Moroto, **9** Ruwenzori, **10** Margherita
***Bevölkerung:* 5** Lango, **6** Acholi, Basoga, **7** Baganda, Buganda, Ugander, **10** Banjankore, Karamojong
***Flughafen:* 7** Entebbe
***Flüsse:* 3** Nil, **4** Aswa, Kafu
***Hauptstadt:* 7** Kampala
***Insel:* 4** Sese
***Königreiche früh. Zeit:* 4** Toro, **6** Ankole, **7** Buganda, Bunyoro
***Nationalpark:* 9** Ruwenzori
***Politiker:* 4** Amin, **5** Obote, **6** Adyebo, Kabaka, **7** Kisseka, **8** Museveni
***Seen:* 7** Sekosee, **8** Kiogasee, **10** Albertsee, Eduardsee, **11** Victoriasee
***Städte u. Orte:* 4** Gulu, **5** Jinja, Mbale, **6** Kabale, Kasese, Mororo, **7** Bugembe, Mubende
***Währung:* 4** Cent, **9** Schilling
***Wasserfälle:* 8** Kabalega, **9** Murchison, **10** Owenfaelle
Uhren: 6 Wecker, **7** Pendule, Wanduhr, **8** Penduele, Standuhr, **9** Regulator, **10** Armbanduhr, Taschenuhr, **11** Chronometer
Uhrenteil: → Teile der Uhr
Uhrkettenanhängsel: 8 Berlocke
Uhrpendel: 11 Perpendikel
Ukraine (Staat in Eurasien)

Bildhauer: **10** Archipenko
Dichter: **13** Schewtschenko
Flüsse: **3** Bug, **6** Dnjepr, **7** Dnjestr
Hafenstädte: **6** Odessa, **8** Mariupol, **9** Nikolajew, **10** Sewastopol
Halbinsel: **4** Krim
Hauptstadt: **4** Kiew
Landschaften: **8** Bukowina, Galizien, Podolien, **9** Wolhynien
Staatsoberhaupt: **10** Krawtschuk
Städte: **3** Bar, **4** Kiew, Lwow, Sumy, **6** Donezk, Odessa, **7** Charkow, Cherson, Kertsch, Lemberg, Lugansk, Nikopol, Poltawa, Stalino, Winniza, **8** Gorlowka, Przemysl, Schdanow, Taganrog, **9** Kriwoi Rog, Makejewka, Melitopol, Nikolajew, Schitomir, Slawjansk, Stanislau, **10** Czernowitz, Kirowograd, Sewastopol, Simferopol, **11** Berditschew, Saporoschje, **15** Dnjepropetrowsk, Woroschilowgrad
Universitätsstädte: **4** Kiew, **7** Charkow
Volksstämme: **7** Huzulen, **8** Ruthenen

UKW-Antenne: **5** Dipol
Ulan: **7** Lancier
Ulanenmütze: **8** Tschapka
Ulanenrock: **6** Ulanka
Ulk: **3** Fez, Jux, **5** Gaudi, Jokus, Spass, **6** Scherz, Unsinn, **7** Klamauk, **8** Allotria
ulkig: **7** drollig, komisch, spassig
Ulme: **7** Ruester
Ulmengewächse: **8** Ulmazeen
Ulmer Maler: **8** Zeitblom
um Almosen bitten: **7** betteln
Umarmung: **8** Akkolade
Umbesetzung: **10** Revirement
Umbildung: **11** Metabolismus
umbringen: **6** killen, **7** lynchen
Umbedeutung: **10** Konversion
Umdrehung: **4** Tour, **7** Torsion, Wendung, **8** Rotation, **9** Reversion
Umfang: **5** Dicke, **7** Ausmass, Groesse, Staerke, Volumen, **9** Dimension, **10** Ausdehnung
Umfang des Kreises: **10** Peripherie
umfangreich: **10** voluminoes
umfassend: **6** global, **7** komplex, **8** komplett, **9** kollektiv, universal, **10** universell, **12** konzentrisch, **15** enzyklopaedisch
Umformer: **13** Transformator
Umformung: **14** Transformation
Umfrage: **6** Survey, **7** Enquete, **8** Erhebung
umfriedeter Bezirk: **3** Hag
Umfriedung: **4** Fenz, Zaun, **5** Hecke, Mauer, **6** Gatter, Gehege, Gitter
umgänglich: **8** soziabel, **10** konziliant
Umgangsformen: **7** Anstand, **8** Allueren, Benehmen, Etikette, Manieren
Umgangssprache: **5** Idiom, Slang, **6** Jargon, **7** Dialekt
umgangssprachlich für Polizist
deutscher: **5** Bulle, Polyp
englischer: **5** Bobby
französischer: **4** Flic
US-amerikan.: **3** Cop
US-Amerikaner: **3** Sam, **6** Yankee
US-Soldat: **3** Ami

Umgebung: **6** Milieu, **8** Ambiente
umgehend: **5** rasch, **6** prompt, sofort
umgekehrt: **6** invers, **8** kontraer, **9** diametral
umgeknickte Buchseite: **8** Eselsohr
Umgestalter: **8** Reformer, **13** Reorganisator
Umgestaltung: **6** Reform, **11** Reformation, **12** Metamorphose
Umhang: **3** Boa, **4** Cape, **5** Kotze, Palla, Stola, **6** Poncho, Tartan, **8** Pelerine
umherbummeln: **9** flanieren,

10 schlendern, 11 promenieren
umherirren: 6 spuken
umherirrend: 11 ahasverisch
umherkutschieren: 9 karriolen
Umherschweifender: 6 Nomade, Vagant
umherziehend: 8 ambulant, 9 vagierend
Umhüllung: 9 Emballage
Umkehr: 5 Wende, 7 Wendung
umkehrbar: 10 reversibel
Umkehrung: 9 Inversion, Reversion, 10 Konversion
Umklammerung beim Boxen: 6 Clinch
Umkleideraum: 4 Kaue, 6 Kabine, 9 Garderobe
Umkreis: 10 Peripherie
Umlage: 6 Abgabe, Steuer, 7 Beitrag
Umlauf: 4 Kurs, Tour, 6 Turnus, Zyklus, 8 Rotation, 11 Zirkulation
Umlaufaufzug: 11 Paternoster
Umlaufbahn eines Satelliten: 5 Orbit
Umlauf eines Gestirns: 7 Periode
umlaufen: 8 rotieren, 9 kursieren, 11 zirkulieren
umlaufende Münze: 6 Kurant
Umlaufschreiben: 8 Zirkular
Umlaut: 9 Diphthong
Umrahmung (Foto): 12 Passepartout
Umrandung: 5 Bande, 8 Borduere
umrechnen: 10 reduzieren
Umriß(linie): 6 Kontur, Profil, 10 Silhouette
Umrißzeichengerät: 8 Diagraph
Umschlag: 6 Kuvert, 7 Couvert
Umschlag (Kleidung): 6 Revers
Umschläge (mediz.): 6 Foment, 9 Kompresse, 10 Kataplasma
Umschlagtücher: 5 Schal, Stola, 7 Echarpe
Umschließung: 9 Okklusion
Umschreibung: 10 Metaphrase, Paraphrase, Periphrase
Umschrift: 13 Transkription
Umschweife: 10 Brimborium
Umschwung: 9 Peripetie, 10 Revirement
umsehen: 6 suchen, 8 erkunden, 11 orientieren
Umsicht: 6 Obacht, 7 Bedacht, 8 Sorgfalt, Vorsorge
umsichtiges Verhalten: 6 Taktik
umsonst: 6 gratis, 9 kostenlos, vergebens
Umspanner: 13 Transformator
Umstand: 6 Faktor, Moment, 9 Situation
Umstände: 10 Sperenzien, 11 Sperenzchen
umständlich: 11 kompliziert, zeremoniell
Umstandskrämer: 6 Pedant
Umstandswort: 6 Adverb
Umstandswörter: 2 da, 3 nie, nun, oft, 4 bald, dann, dort, eher, ganz, hier, mehr, noch, sehr, viel, 5 einst, frueh, heute, immer, jetzt lange, nicht, schon, spaet, stets, wenig, zuvor, 6 abends, bisher, damals, danach, ehedem, fortan, jemals, nachts, nimmer, oefter, selten, soeben, vordem, vorher, vorhin, 7 bereits, endlich, mittags, morgens, nachher, seitdem, 8 manchmal
umstellbar: 10 permutabel
Umstellung: 9 Inversion, 11 Permutation
Umstellvorrichtung bei Gleisen: 6 Weiche
Umsturz: 7 Aufruhr, Revolte, 10 Revolution, Subversion
Umstürzler: 6 Rebell, 9 Anarchist, 13 Revolutionaer
umstürzlerisch: 9 subversiv
Umtausch (Geld): 8 Exchange
Umtriebe: 13 Machinationen
Umwandlung: 10 Konversion, 12 Metamorphose, 14 Transfor-

mation
Umwelt: **6** Milieu, **11** Lebenskreis
umweltbedingt: **12** peristatisch
Umweltbelastungen: **4** Smog, **5** Abgas, Laerm, Muell, **6** Abfall, **7** Abbrand, **8** Abwasser, **9** Fluglaerm, Hausmuell, **10** Schadstoff, Sperrmuell, **12** Chemieabfall
Umweltlehre: **9** Oekologie
Umzug: **4** Demo, **9** Aufmarsch, **10** Prozession, **13** Demonstration, **15** Wohnungswechsel
UN (United Nations – Vereinte Nationen)
– ***Generalsekretäre:*** **3** Lie, **5** Perez (de Cuella), **6** U Thant, **8** Waldheim, **13** Hammarskjoeld
– ***Organisationen***
Arbeitsorganisation: **3** ILO
Atomenergie: **4** IAEA
Ausbildung u. Forschung: **6** UNITAR
Entwicklung: **3** IDA
Entwicklungsprogramm: **4** UNDP
Ernährung u. Landwirtschaft: **3** FAO
Erziehung, Wissenschaft, Kultur: **6** UNESCO
Fernmelde-Union: **3** ITU
Finanz-Corporation: **3** IFC
Flüchtlingskommissar: **5** UNHCR
Hilfswerk für arab. Flüchtlinge aus Palästina: **5** UNRWA
Industrielle Entwicklung: **5** UNIDO
Meteorologie: **3** WMO
Seeschiffahrt: **4** IMCO
Umweltprogramm: **4** UNEP
Währungsfonds: **3** IMF
Weltbank: **4** IBRD
Welternährungsprogramm: **3** WFP
Weltgesundheit: **3** WHO
Welthandelskonferenz: **6** UNCTAD
Weltkinderhilfswerk: **6** UNICEF
Weltpostverein: **3** UPU
Zivilluftfahrt: **4** ICAO
Zoll- u. Handelsabkommen: **4** GATT
– ***Sitz:*** **7** New York
– ***Streitmacht:*** **9** Blauhelme
unabänderlich: **4** fest, **9** definitiv, **11** irreparabel
unabänderliches Schicksal: **5** Fatum
unabhängig: **4** frei, **6** autark, **7** absolut, autonom, **9** souveraen, **12** selbständig
Unabhängigkeit: **8** Autarkie, Freiheit, **9** Autonomie
14 Souveraenitaet
unablässig: **5** immer, **7** dauernd
unangebracht: **10** deplaciert, inopportun
unangenehm: **5** fatal, **6** genant, leidig, widrig, **8** misslich, peinlich, **12** unerfreulich
unangenehme Lage: **6** Klemme, **7** Dilemma
unangenehmer Vorfall: **7** Affaere, Skandal
unangenehmes Ereignis: **7** Malheur
Unannehmlichkeit: **8** Malesche, **9** Schererei
unanständig: **7** obszoen
unanständige Redensart: **4** Zote
unanständiger Witz: **4** Zote
unantastbar: **4** tabu, **5** immun, **6** gefeit, **10** sakrosankt
Unantastbarkeit: **10** Immunitaet
unartiges Kind: **4** Balg, Goer, **5** Goere, Range, **10** Frechdachs
unaufdringlich: **6** dezent
unaufhörlich: **14** kontinuierlich
unaufschiebbar: **6** urgent
unausgebildet: **11** rudimentaer
unausgefüllt: **6** blanko
unausstehlich: **6** odioes, **11** impertinent
Unband: **5** Range, **8** Wildfang
Unbarmherzigkeit: **9** Impietaet
unbearbeitet: **3** roh, **8** naturell
unbebaut: **5** brach
unbedeckt: **3** bar, **5** bloss, nackt, offen
unbedeutend: **5** klein, **6** fipsig,

7 nichtig
unbedeutende Kleinigkeit: 8 Lappalie, 9 Bagatelle
unbedingt: 6 streng, strikt, 7 absolut, partout, 8 durchaus, 11 kategorisch, 12 peremtorisch
unbefangen: 4 naiv
Unbefangenheit: 9 Naivitaet
unbefestigter Rand der Straße: 8 Bankette
unbefugt: 11 inkompetent
unbegrenzt: 4 ewig, 6 endlos, 7 zeitlos
Unbehagen: 4 Aura, Gêne, 7 Malaise, Missmut
Unbehaglichkeit: 8 Ungemach
unbeherrscht: 9 zuegellos
unbeholfen: 5 plump, 6 taprig
unbeirrbar: 4 stur
unbekannt: 5 fremd, 6 anonym, obskur
unbekanntes Flugobjekt: 3 Ufo
unbekanntes Gebiet: 7 Neuland
unbekümmert: 3 lax, 10 nonchalant
unbelebt: 11 anorganisch
unbelehrbar: 4 stur, 8 obstinat, 10 eigensinnig
Unbelehrbarkeit: 8 Sturheit
unbenutzt: 3 neu, 5 brach
Unbequemlichkeit: 8 Ungemach
unberechenbar: 10 irrational
unberechnet: 6 gratis, 7 umsonst
unberührbar: 4 tabu
Unberührbare: 5 Paria
unberührt: 6 intakt
Unberührtheit: 11 Virginitaet
unbeschädigt: 4 ganz, heil, 6 intakt
unbescholten: 7 integer, sittsam
Unbescholtenheit: 11 Integritaet
unbeschränkt: 7 absolut
unbeschränkte Herrschaft: 12 Absolutismus
unbeschwert: 4 froh, 6 heiter, leicht, 7 sorglos
unbesetzt: 6 vakant
unbeständig: 5 labil, 8 instabil, 9 wechselnd, 10 inkonstant, 12 inkonsequent, inkonsistent
unbestimmbar: 11 indefinibel
unbestimmt: 3 vag, 4 vage, 5 offen, 6 dubios, obskur, 7 inexakt, infinit, 8 fraglich, 9 indefinit, 11 indifferent, zweifelhaft
unbestimmter Artikel: 3 ein, 4 eine
unbestimmtes Fürwort: 3 man, 11 Indefinitum
unbestimmte Zahlwörter: 4 kein, viel, 5 alles, beide, etwas, manch, wenig, 6 nichts, 7 niemand
unbestreitbar: 7 evident
unbeteiligt: 5 inert, 7 neutral
Unbeteiligtsein: 12 Desinteresse
unbeweglich: 4 stur, 5 starr, steif, 6 leblos, stabil, 7 immobil
unbewegt: 6 torpid
unbewußt: 9 vegetativ
Unbill: 4 Tort, 5 Uebel, 7 Unrecht
unbillig: 7 illoyal
unbotmäßig: 5 frech
Unbotmäßigkeit: 15 Insubordination
und (mathem.): 4 plus
und so weiter: 8 et cetera
undeutlich sprechen: 8 nuscheln, 9 mauscheln
undicht: 4 leck
undichte Stelle: 4 Leck
Unding: 7 Torheit
unduldsam: 10 intolerant
Unduldsamkeit: 10 Intoleranz
undurchsichtig: 4 opak, 5 trueb, 6 obskur, truebe
uneben: 4 rauh, 8 holperig
Unebenmäßigkeit: 10 Asymmetrie
unecht: 6 falsch, 8 apokryph, imitiert, 9 illegitim, 10 kuenstlich
unechter Schmuckstein: 6 Simili
Unechtes: 5 Talmi, 6 Simili, 7 Flitter, 9 Imitation
unehelich: 9 illegitim
uneheliches Kind: 7 Bankert

Unehrlichkeit: **5** Luege, **6** Betrug, **8** Gaunerei, **9** Schwindel, **10** Falschheit, Hinterlist
uneingedeichtes Marschland: **6** Helder
uneigennütziger Mensch: **8** Altruist
Uneigennützigkeit: **10** Altruismus
uneingeschränkt: **5** total, **7** absolut
Uneinigkeit: **10** Diskordanz, Diskrepanz, Zwietracht, **11** Disharmonie
uneinsichtig: **4** stur
unempfänglich: **5** immun, **6** steril, **9** aseptisch, **10** refraktaer
unempfindlich: **6** robust, torpid, **8** indolent, **10** refraktaer
Unempfindlichkeit: **7** Anergie, Apathie, **9** Anenergie
unendlich: **4** ewig, **6** endlos, immens, **7** raumlos, zeitlos, **8** weltweit, **10** grenzenlos
Unendliches (philos.): **7** Apeiron
Unendlichkeit: **3** All, **6** Kosmos, **8** Ewigkeit, **9** Universum
unentbehrlich: **7** obligat
unentgeltlich: **6** franko, gratis, **7** umsonst, **9** kostenlos, **10** kostenfrei
unentschieden: **5** remis, **13** problematisch
unentschlossen: **5** labil, **10** schwankend
Unentschlossenheit: **6** Abulie, **7** Anergie, **9** Anenergie
unentwickelt: **8** infantil, **9** embryonal
unerbittlich: **4** hart, **7** radikal, rigoros, **10** drakonisch
unerfüllbar: **8** utopisch
unerheblich: **10** irrelevant
Unerheblichkeit: **10** Irrelevanz
unerhört: **9** empoerend, **10** skandaloes, **11** hanebuechen
unerkannt: **9** inkognito
unerklärlich: **6** okkult, **7** nebulos
unerläßlich: **6** noetig, **7** obligat, **9** notwendig, **12** integrierend
unerlaubt: **8** verboten
unermeßlich: **5** enorm, **6** immens
unersättlich: **10** nimmersatt
Unersättlichkeit: **6** Akorie
Unerschrockenheit: **3** Mut
unerschütterlich: **7** stoisch
Unerschütterlichkeit: **8** Ataraxie, **10** Stoizismus
unersetzbar: **11** irreparabel
unerträglich: **11** intolerabel
unerwartet: **10** inopportun, ploetzlich
Unfall: **5** Panne, **7** Havarie, Schaden, **11** Katastrophe
unfein: **6** unfair, **7** vulgaer, **8** ordinaer
Unflat: **7** Schmutz
unförmig: **5** plump, **9** monstroes
unfrei: **6** hoerig, **7** gehemmt, **8** befangen
unfreier Mensch: **6** Sklave
unfreundlich: **6** barsch, **8** unwirsch, **12** inkonziliant
Unfriede: **4** Zank, **5** Hader, Krieg, Zwist, **6** Streit, **10** Zwietracht
unfruchtbar: **6** steril, **8** infertil
unfruchtbares Land: **4** Oede, **6** Wueste, **7** Oedland, **9** Wuestenei
Unfruchtbarkeit: **11** Sterilitaet
Unfruchtbarmachung: **13** Sterilisation
Unfug: **3** Jux, Ulk, **5** Posse, Spass, **6** Rabatz, **8** Allotria, **11** Schabernack
Ungar: **6** Madjar, Magyar
Ungarn (Staat in Mittel-Europa)
Adelsgeschlechter: **6** Horthy, **7** Arpaden, Bathory, Rakoczi, **9** Batthyany, Esterházy
Architekt: **7** Pollack
Bevölkerung: **6** Ungarn, **7** Szekler, **8** Madjaren, Magyaren, **10** Bunjewazen
Bildhauer: **6** Donner, **8** Ferenczy
Dessertwein: **7** Tokaier, Tokajer
Dichter: **3** Ady, **6** Madách, **7** Petoefi, **8** Kazinczy, Koelscey, **9** Kisfaludy
Dirigenten: **6** Dorati, **7** Fricsay

Dramatiker: **5** Illes, **6** Molnár
Feldherren: **5** Zriny, **7** Hunyadi
Flächenmaß: **4** Arpa
Flüsse: **3** Séd, **4** Raab, Sajó, Zala, **5** Donau, **6** Kapoes, Szamos, Theiss, **7** Koeroes
Flüssigkeitsmaß: **6** Seidel
Frauennamen: **4** Ilka, **5** Ilona
Fußsoldaten: **6** Honved, Pandur
Gebirge: **5** Buekk, Mátra, Pilis, **6** Mecsek, **7** Gerecse, Cherhát, **8** Karpaten
Geiger: **5** Hubay, **8** Hegedues
Grassteppe: **6** Pussta
Gulaschspeise: **9** Poerkoelt
Hauptstadt: **8** Budapest
Heiliger: **7** Stephan
Herzog: **5** Arpad
Herrscher: **4** Bela, Geza, **5** Franz, **6** Albert, Johann, Joseph, Ludwig, Rudolf, Wenzel, **7** Andreas, Koloman, Leopold, Salomon, Stephan, **8** Emmerich, Matthias, Siegmund, **9** Ferdinand, Ladislaus, Wladislaw, **10** Maximilian
Herrscherinnen: **5** Maria, **13** Maria Theresia
Hirtenhunde: **4** Puli, **6** Kuwasz
Hochruf: **5** Eljen
Höhenzug: **10** Bakonywald
Komitate (Hauptstadt): **3** Vas (**11** Szombathely), **4** Pest (**8** Budapest), Zala (**12** Zalaegerszeg), **5** Békés (**10** Békéscsaba), Fejér (**16** Stuhlweissenburg), Heves (**4** Eger), Tolna (**9** Szekszárd), **6** Nógrád (**11** Salgótarján), Somogy (**8** Kaposvár), **7** Baranya (**4** Pécs), Komárom (**9** Tatabánya), Szolnok (**7** Szolnok), **8** Csongrád (**6** Szeged), Veszprém (Veszprém), **10** Bács-Kiskun (**9** Kecskemét), Hajdu-Bihar (**8** Debrecen), **11** Gyoer-Sopron (**4** Raab, **5** Gyoer)
Komponisten: **4** Láng, **5** Berté, Durkó, Erkel, Hubay, Liszt, **6** Bartók, Kálmán, Kodály, Kurtág, Mosony, **7** Abraham, **8** Dohnányi
Könige: → Herrscher
Längenmaß: **3** Ref
Lyriker: **5** Ronay, Szabó, Vajda, **6** Jekely, József, Kassak, **8** Revicsky
Männernamen: **4** Béla, Imre, **5** Janos, Lajos, **6** Ferenc, Zoltan
Matragipfel: **5** Kekes
Mediziner: **10** Semmelweis
Nationalgericht: **6** Gulyas, **7** Gulasch, **9** Poerkoelt
Naturschutzgebiet: **9** Hortobágy
Nobelpreisträger für
– *Chemie:* **6** Hevesy
– *Medzin:* **6** Bekesy
– *Physik:* **5** Gabor
Operettenkomponisten: **5** Berté, **6** Kálmán, **7** Abraham
Pferdehirt: **6** Csikos
Physiker: **6** Bekesy, Hevesy, Wigner
Pianisten: **4** Anda, **5** Liszt, **6** Foldes
Politiker: **4** Nagy, **5** Grosz, Kádár, Lázár, **6** Antall, Goencz, Nemeth, Rákosi, **7** Károlyi, **8** Losonczi
Schafpelz: **5** Bunda
Schriftsteller: **3** Ady, Hay, **4** Dery, Móra, **5** Arany, Fejes, Jókay, Szabó, Veres, **6** Babits, Molnar, Tamási, **7** Gelléri, Kossuth, Moldova, Petoefi, **8** Gárdonyi
See: **7** Balaton, **10** Plattensee
Städte u. Orte: **3** Acs, Jak, Rum, Vác, **4** Baja, Eger, Gran, Mako, Paks, Pécz, Raab, Tata, **5** Erlau, Fejér, Tokay, **6** Karcag, Mohács, Sopron, Szeged, **7** Miskolc, Szentes, Szolnok, **8** Debrecen, Kaposvár, Szegedin, **9** Esztergom,

Oedenburg, Tatabanya, **11** Salgótárjan, Szombathely, **12** Fuenfkirchen, Steinamanger, **14** Szekesfehérvár, **16** Stuhlweissenburg
Tänze: **7** Csárdás, Czárdás, **9** Kalamaika
Tanzpädagoge: **5** Laban
Tiefebene: **7** Alfoeld, **9** Kisafoeld, **10** Mezoefoeld
Verwaltungsbeamter: **6** Gespan
Verwaltungseinheit: **6** Megyék, **7** Komitat
Währung: **6** Filler, Forint
Währung (alt): **6** Pengoe
Weideland: **6** Pussta
Weine: **7** Erlauer, Tokaier, Tokajer, **8** Masslacz, **10** Lakodalmas
Weinmaß: **5** Antal
Weinorte: **5** Erlau, Tokaj, Tokay
Würdenträger: **3** Ban
Zigeunervorgeiger: **6** Primas

ungeachtet: 5 trotz
ungebetener Zuschauer: 7 Kiebitz, **8** Zaungast
ungebildet: 9 boeotisch, **10** plebejisch
ungebildeter Mensch: 6 Barbar, Prolet, **7** Banause, **8** Plebejer
ungebunden: 4 frei, **5** flott, **7** neutral, **11** emanzipiert
ungebundene Dichtung: 5 Prosa
ungebundenes Künstlertum: **6** Boheme
Ungebundenheit: 8 Freiheit, **12** Emanzipation
ungeduldig: 8 kribblig
ungeeignet: 8 importun
ungefähr: 4 etwa, fast, **5** cirka, zirka, **6** global
ungefalzt: 5 plano
ungefärbt: 8 naturell
ungeformt: 6 amorph
ungegenständlich: 8 abstrakt
ungeheuer: 5 enorm, **9** kolossal, **10** gigantisch
Ungeheuer: 5 Biest, **6** Bestie, Drache, Unhold, Untier, **7** Kaliban, **8** Lindwurm, Monstrum, Ungetuem, **9** Leviathan, **10** Tatzelwurm
Ungeheuer der
- ***griechischen Sage:*** **5** Gorgo, Hydra, **6** Medusa, Meduse, Skylla, Sphinx, **7** Harpyie, **8** Chimaera, Chimaere, Minotaur, **9** Charybdis, **10** Minotaurus
- ***nordischen Sage:*** **6** Fenrir, **10** Fenriswolf

ungeheuerlich: 7 horrend, **8** horribel, **9** monstroes
ungehobelt: 4 derb, grob, krud, **5** plump, ruede, **10** plebejisch
ungehobelter Mensch: 5 Rabau, **6** Flegel, Ruepel, **7** Grobian, Rabauke
ungehörig: 5 frech, **7** vorlaut, **11** impertinent
Ungehörigkeit: 11 Impertinenz, **12** Immoralitaet
Ungehorsam: 15 Insubordination
ungeklärt: 5 offen, **6** dubios, **8** fraglich, strittig, **11** raetselhaft
ungekocht: 3 roh
ungekochte Nahrung: 7 Rohkost
ungekünstelt: 4 naiv, **10** natuerlich
ungeladenes Atomteilchen: 7 Neutron
ungelegen: 8 importun
Ungelegenheiten: 6 Muehen, **8** Verdruss
ungelogen: 4 wahr
Ungemach: 4 Leid, **5** Uebel, **8** Verdruss, **10** Widrigkeit, **12** Missgeschick
ungemustert: 3 uni
ungenannt: 6 anonym
ungenau: 3 vag, **4** vage, **7** inexakt, **9** inakkurat, inkorrekt
ungeniert: 8 zwanglos
ungeordnet: 4 wirr, **6** diffus, **9** chaotisch
ungepflegt: 6 salopp
ungereimt: 6 absurd

ungesäuertes Brot der Juden: **5** Matze, **6** Matzen
ungeschickter Mensch: **7** Toelpel, **9** Tolpatsch
ungeschliffen im Benehmen: **4** krud, **8** rustikal
ungesetzlich: **7** illegal, **8** verboten, **9** illegitim, **10** irregulaer, **12** gesetzwidrig, rechtswidrig, **14** widerrechtlich
Ungesetzlichkeit: **12** Illegalitaet
ungesittet: **5** ruede, **12** kannibalisch
ungesittetes Volk: **5** Plebs, **6** Poebel
Ungestörtheit: **4** Ruhe, **6** Stille
ungestüm: **6** heftig, **8** vehement, **9** draengend, turbulent
Ungestüm: **4** Elan, **7** Impetus, **8** Vehemenz, **9** Turbulenz
ungestüm (Musik): **6** feroce, **9** impetuoso
ungetrübt: **4** klar, rein, **6** lauter
Ungetüm: **6** Koloss, **7** Monster
ungeweiht: **6** profan
ungewiß: **3** vag, **4** vage, **5** offen, **6** dunkel, **8** fraglich, strittig, **11** zweifelhaft
ungewöhnlich: **5** apart, **6** abnorm, anomal, **7** anormal, **8** abnormal, **10** eigenartig, **11** merkwuerdig, **13** extraordinaer
umgezähmt: **4** wild
Ungeziefer: **4** Floh, Laus, **5** Milbe, Motte, Wanze, **6** Fliege, Muecke, Schabe, **7** Brummer, Parasit, Reblaus, Schwabe, **8** Filzlaus, Heimchen, Kakerlak, Kopflaus, **9** Bettwanze, Kakerlake, **10** Hausgrille, Schaedling, Zuckergast, **11** Heuschrecke, Schmarotzer, **12** Stubenfliege, **13** Kuechenschabe, **15** Silberfischchen
Ungeziefervertilger: **12** Kammerjaeger
ungezogenes Kind: **4** Goer, **5** Goere, Range
Ungezogenheit: **5** Unart, **8** Flegelei
ungezwungen: **5** leger, **6** salopp, **7** laessig, **10** burschikos, nonchalant
ungiftig: **8** atoxisch
unglaublich: **9** legendaer
Ungläubiger: **3** Goi, **5** Giaur, Heide, Kafir, **7** Atheist
unglaublich: **10** skandaloes
ungleich: **6** inegal, **9** different
ungleichartig: **8** disparat, **9** heterogen
Ungleichheit: **9** Differenz
Ungleichmäßigkeit: **7** Ametrie, **10** Asymmetrie
Unglück: **3** Not, **4** Pech, Ruin, **5** Elend, **6** Jammer, Misere, **7** Malheur, **9** Tragoedie, **10** Kalamitaet, **11** Schlamassel, Verhaengnis
unglücklich: **8** sinister
unglückliche Verbindung: **11** Mesalliance
Unglücksfall: **11** Katastrophe
Unglücksgeschenk: **14** Danaergeschenk
Unglücksrabe: **9** Schlemihl
Unglückstag: **8** Dies ater
Ungültigkeit: **9** Nullitaet
Ungültigkeitserklärung: **9** Kassation
Ungunst: **8** Nachteil
unhaltbar: **12** inkonsistent
Unheil: **5** Uebel, **9** Verderben
unheilbar: **9** inkurabel
Unheil prophezeien: **10** menetekeln
unheilig: **6** profan
Unheilsverkünderin: **9** Kassandra
unheilvoll: **7** ominoes
unheimlich: **7** makaber, **8** graulich
unheimliche Gewalt: **8** Daemonie
unhöflich: **5** ruede, **6** barsch, bruesk, **7** schroff, **8** stofflig
unhöflicher Mensch: **7** Stoffel
Unhold: **6** Teufel, **7** Kaliban
Unhold der griechischen Sage: **10** Prokrustes
Uniform: **5** Kluft, **6** Montur
Uniformrock: **6** Ulanka, **7** Litewka
Uniformteile: **5** Biese, Litze, **6** Em-

blem, Kordel, **7** Kokarde, **9** Epaulette, **10** Fangschnur, **12** Achselstueck, **13** Schwalbennest, **14** Schulterstueck
uniformierter Diener: 5 Lakai
Unikum: 4 Kauz, **8** Original, **10** Sonderling
Union: 4 Bund, Liga, **7** Verband
Universität: 9 Alma mater
Universität von
– ***Paris:*** **8** Sorbonne
– ***Tokio:*** **5** Todai
Universitätsbesucher: 7 Student
Universitätsdiener: 6 Pedell
Universitätskasse: 8 Quaestur
Universitätsprofessor: 10 Ordinarius
Universitätsprofessorenamt: 10 Ordinariat
Universum: 3 All, **6** Kosmos, **7** Weltall
unklar: 3 vag, **4** vage, **5** trueb, **6** dubios, obskur, truebe, **7** abstrus, inexakt, nebulos, ungenau, **8** nebuloes
unklug: 4 dumm
unkompliziert: 6 simpel, **7** einfach
unkörperlich: 10 asomatisch, **11** immateriell
Unkosten: 6 Spesen, **8** Ausgaben, **9** Gebuehren
Unkrautpflanzen: 4 Rade, **5** Lolch, Melde, Miere, Segge, Simse, Winde, **6** Distel, Quecke, Trespe, Twalch, **7** Giersch, **8** Erdrauch, Erdraute, Hederich, Kornrade, **9** Gauchheil, Zaunwinde, **10** Loewenzahn, **11** Ochsenzunge
unkultiviert: 9 boeotisch
unkultivierter Mensch: 6 Barbar, Flegel, Prolet, Ruepel
Unkundiger: 4 Laie, **9** Dilettant
unlauter: 6 unfair
unlogisch: 6 absurd, **7** abwegig, paradox, **11** widersinnig, **12** inkonsequent
unlöslich: 4 fest, **9** insolubel
Unlust: 9 Abneigung
unmäßig: 6 gierig
Unmäßigkeit: 6 Exzess
Unmenge: 7 Myriade
Unmensch: 6 Bestie
unmenschlich: 7 inhuman, **11** bestialisch
unmittelbar: 6 direkt, sofort
Unmögliches: 6 Unding, **7** Nonsens, **8** Illusion
unmündig: 8 minorenn
Unmut: 6 Aerger, **8** Verdruss
unnachgiebig: 4 stur, **6** streng, **10** konsequent
unnachsichtig: 4 hart, **6** streng, **7** rigoros
unnahbar: 8 exklusiv
Unnatur: 6 Manier, **10** Kuenstelei
unnatürlich: 8 forciert, **10** manieriert
unnütz: 8 importun, **10** ineffektiv
unordentlich: 8 lodderig, **9** inakkurat, schlampig
unordentliche Frau: 6 Vettel, **8** Schlampe
Unordentlichkeit: 7 Schlamperei
Unordnung: 4 Wust, **5** Chaos, **10** Tohuwabohu, **11** Derangement, **12** Sammelsurium
Unpaarhufer, -zeher: 4 Esel, **5** Mulus, Pferd, Tapir, Zebra, **7** Nashorn, **8** Maulesel, Maultier, **10** Rhinozeros
unparteiisch: 7 neutral, **8** objektiv, **11** indifferent
Unparteiischer (Sport): 6 Umpire
Unparteilichkeit: 12 Neutralitaet
unpassend: 10 deplaciert
unpäßlich: 6 malade, **12** indisponiert
Unpäßlichkeit: 13 Indisposition
Unrast: 4 Hast, **5** Hetze, **11** Nervositaet, **13** Ruhelosigkeit
Unrat: 3 Kot, **5** Dreck, **7** Schmutz
Unrecht: 4 Tort, **6** Unbill, **7** Injurie
unrechtmäßig: 7 illegal
unregelmäßig: 8 heterolog,

10 irregulaer
Unregelmäßigkeit: 8 Anomalie, 10 Asymmetrie
unreif: 8 infantil
unreifer Bursche: 4 Fant
unrichtig: 6 falsch, 9 inkorrekt
Unrichtigkeit: 6 Fehler, Lapsus
Unruhe: 5 Rumor, 6 Rabatz, Tumult, 7 Krawall, Theater, 11 Nervositaet
Unruhestifter: 8 Agitator
unruhig: 7 nervoes
unsachlich: 9 subjektiv
unsauber: 9 schmutzig
unschicklich: 8 indezent
Unschicklichkeit: 8 Indezenz
Unschlitt: 4 Talg, 6 Inselt
unschuldig: 4 naiv
unselbständig: 9 subaltern
unsicher: 5 labil, 6 dubios, 7 dubioes, schwank, 8 fraglich, strittig
unsicher machen: 9 duepieren, 10 irritieren
Unsicherheitsfaktor: 6 Risiko
unsichtbar machen: 6 tarnen
unsichtbarmachender Mantel: 9 Tarnkappe, 10 Nebelkappe
Unsinn: 4 Kohl, 5 Stuss, 6 Humbug, 7 Mumpitz, Nonsens, Quatsch, Schnack, 8 Kinderei, Larifari
unsinnig: 6 absurd, 7 abstrus, 9 meschugge
Unsinniges: 6 Unding
Unsittlichkeit: 11 Amoralitaet
unsportlich: 6 unfair
Unsterbliches: 5 Seele
Unsterblichkeit: 9 Athanasie
Unstern: 8 Desaster
unstet: 5 labil, 7 rastlos, unruhig
Unstimmigkeit: 9 Differenz, Dissonanz, 10 Diskrepanz, 11 Disharmonie
unstofflich: 11 immateriell
Unstrut-Zuflüsse: 4 Orl, 4 Gera, 5 Appel, Biber, Hasel, Helme, Lossa, 6 Wipper
Untat: 6 Frevel, Greuel, 10 Verbrechen
untätig: 4 faul, 5 inert, 6 passiv, 7 inaktiv, muessig
unter Umständen: 9 eventuell
Unterarmknochen: 4 Elle, 7 Speiche
Unterbau: 5 Basis, 6 Sockel, 9 Fundament, Grundlage, Postament
Unterbau (altgriech. Tempel): 9 Krepidoma
Unterbindung: 7 Ligatur
Unterbrechung: 4 Rast, 5 Pause
unterdrücken: 6 knuten, 13 tyrannisieren
unterdrückend: 9 repressiv
Unterdrücker: 6 Tyrann
Unterdrückung: 9 Knechtung, 10 Repression
unterentwickelt: 8 primitiv
Unterführung: 6 Dueker, Tunnel
Untergang: 4 Ruin, 7 Verfall, 8 Bankrott, 9 Scheitern, Verderben
untergeordnet: 8 inferior, 9 subaltern
Untergeschoß: 6 Keller, 10 Souterrain
Untergestell der Geschütze: 7 Lafette
Untergrund: 5 Boden, 9 Fundament
Untergrundbahn: 4 Tube, 5 Metro, 6 Subway
Unterhalt: 8 Existenz
unterhaltend: 8 amuesant
Unterhalter: 11 Entertainer
unterhaltsame Beschäftigung: 5 Spiel
Unterhaltsbetrag: 7 Apanage
Unterhaltszahlungen: 8 Alimente
Unterhaltung: 5 Spiel, 7 Diskurs, Plaesier, Schwatz, 9 Gespraech, Plauderei, 10 Diskussion, Kolloquium, 12 Konversation
Unterhaltungsliteratur: 12 Belletristik
Unterhaltungssendung: 8 Talk-Show
Unterhaltungsteil der Zeitung: 10 Feuilleton
Unterhändler: 12 Parlamentaer
Unterhose: 4 Slip
unterirdische Begräbnisstätte:

9 Katakombe
unterirdischer
- ***Donauabfluß:*** **4** Aach
- ***Gang:*** **6** Tunnel, **7** Stollen
- ***Kirchenraum:*** **6** Krypta
Unterjacke: **7** Kamisol
Unterkunft: **4** Asyl, **5** Hotel, Lager, Logis, Motel, **6** Bleibe, Obdach, **7** Gasthof, **8** Quartier, → Gaststätten
Unterkunft
- ***im Gebirge:*** **5** Baude, **6** Huette
- ***für Karawanen:*** **12** Karawanserei
- ***für Kraftfahrer:*** **5** Motel
- ***für Soldaten:*** **7** Kaserne
Unterlage: **5** Basis, Beleg, Matte, **8** Dokument, Substrat, **9** Fundament, Grundlage
Unterlage für Lebkuchen: **6** Oblate
Unterlassung: **8** Omission, **11** Versaeumnis
Unterleib: **5** Bauch, **7** Abdomen
Unternehmen: **4** Werk, **6** Fabrik, **7** Betrieb, **8** Institut, **9** Geschaeft, Operation, **11** Institution, **13** Etablissement
unternehmen: **7** managen, **9** operieren
Unternehmensspitze: **13** Topmanagement
Unternehmer: **7** Manager, **9** Fabrikant, Produzent, **10** Hersteller, **11** Impresario
Unternehmerverband: **8** Syndikat
Unternehmung: **6** Aktion
Unternehmungsgeist: **7** Energie, Wagemut, **10** Aktivitaet, Initiative
Unteroffizier: **4** Maat, **8** Korporal, Sergeant, **9** Feldwebel, **12** Wachtmeister
Unterordnung: **9** Disziplin, **13** Subordination
Unterredung: **6** Disput, **7** Audienz, Debatte, **9** Interview, **10** Diskussion, Kolloquium
Unterricht: **4** Kurs, **6** Kolleg, Kursus, **7** Lektion, **11** Instruktion
unterrichten: **11** informieren, instruieren, orientieren
Unterrichtsgegenstand: **5** Thema, **6** Pensum
Unterrichtsanstalt: → Schulen
Unterrichtslehre: **8** Didaktik, Methodik
Unterrichtsstunde: **7** Lektion
Unterrichtsweise: **7** Methode
Unterrichtung: **9** Belehrung, **11** Information
Unterrock: **5** Jupon, **9** Petticoat
Untersagung: **6** Verbot
Untersatz: **6** Platte, Teller, **10** Bierdeckel
unterscheiden: **7** sondern, trennen, **14** differenzieren
Unterscheidung: **15** Differenzierung
Unterscheidungsmerkmal: **9** Kriterium
Unterschenkelknochen: **9** Wadenbein, **10** Schienbein
Unterschenkelmuskulatur: **4** Wade
Unterschied: **6** Nuance, **7** Abstand, **8** Kontrast, **9** Differenz, Divergenz
Unterschied (kaufm.): **5** Marge, Saldo, **7** Disagio
unterschiedlich behandeln: **14** diskriminieren
Unterschlagung: **12** Defraudation
Unterschlupf: **4** Asyl, **6** Obdach, **8** Zuflucht
Unterschrift: **6** Signum, **7** Paraphe, **8** Signatur, **9** Autogramm, 10 Signierung
unterseeisch: **8** submarin
untersetzt: **8** pyknisch, **9** gedrungen
Unterstand: **6** Bunker, **9** Kasematte
unterstellen: **9** fingieren
Unterstellräume: **3** Box, **5** Stall, **6** Garage, Hangar, Remise, **8** Schuppen, Speicher
Unterstellung: **6** Fiktion, **11** Supposition
unterstreichen: **10** pointieren
unterstützend: **10** subsidiaer

Unterstützter: **10** Stipendiat
Unterstützung: **5** Hilfe, **7** Sukkurs, **8** Beistand, **9** Assistenz, Subsidien, **10** Foerderung, Protektion, Subvention
untersuchen: **9** sondieren
Untersuchender: **8** Visitator, **11** Rechercheur
Untersuchung: **4** Test, **7** Analyse, Enquete, **9** Expertise, **10** Visitation, **11** Exploration
Untersuchungsergebnis: **6** Befund
untertänig: **5** devot, **7** ergeben
Untertauchen: **10** Submersion
Untertemperatur: **11** Hypothermie
Untertreibung: **14** Understatement
Unterwäsche: **4** Hemd, Slip, **5** Jupon, **6** Mieder, **7** Dessous, Korsett, **8** Leibchen, Netzhemd, **9** Trikotage, Unterhemd, Unterhose, Unterrock, **10** Schluepfer
Unterwasserarbeiter: **7** Taucher
Unterwassergeschoß: **7** Torpedo
Unterwassersportler: **8** Aquanaut, Ozeanaut
unterweisen: **11** instruieren
Unterweisung: **5** Lehre, **11** Instruktion
Unterwelt: **3** Hel, **5** Hades, Orkus, **6** Hoelle, **7** Inferno, **8** Jenseits, Tartaros, Tartarus, **10** Totenreich, **16** Verbrecherkreise
Unterweltflüsse: **4** Styx, **5** Lethe, **7** Acheron
unterweltlich: **12** acherontisch
Unterwerfung: **12** Kapitulation
unterwürfig: **3** devot, **6** servil, **7** submiss
Unterwürfigkeit: **5** Demut, **11** Servilitaet
unterzeichnen: **9** signieren, **11** paraphieren
Unterzeichner: **8** Signatar
Untiefe: **5** Barre, **8** Sandbank
Untier: **6** Bestie, **8** Monstrum
Untreue: **6** Verrat, **7** Felonie, **9** Wortbruch
Untüchtigkeit: **8** Impotenz
Untugenden: **4** Geiz, Neid, **5** Unart, **6** Laster, **7** Untreue
untunlich: **10** inopportun
Unübertreffbares: **12** Nonplusultra
unumgänglich: **13** obligatorisch
unumschränkt: **9** souveraen
ununterbrochen: **9** permanent
unveränderlich: **6** stabil, **8** konstant, **9** stereotyp, **10** invariabel
unveränderliche Größe: **9** Konstante
unverblümt: **5** offen, **6** direkt, **8** geradezu
unverbrennbare Faser: **6** Asbest
unverdaulich: **4** krud
unverdientes Glück: **5** Dusel
unverdorben: **7** integer
unverdünnt: **3** pur
unvereinbar: **8** disparat
unverfälscht: **3** pur, **4** echt, rein, wahr, **6** genuin, **8** naturell
Unvergleichliches: **12** Nonplusultra
unvergorener Obstsaft: **4** Most
unverheiratete Grafentochter: **7** Komtess, **8** Komtesse
unverkaufte Druck-Erzeugnisse: **11** Remittenden
unverkennbar: **7** typisch
unverletzbar: **6** gefeit
unverletzlich: **4** tabu, **5** immun, **10** sakrosankt
Unverletzlichkeit: **5** Tabu, **10** Immunitaet
unverletzt: **4** ganz, heil, **6** gesund, intakt
unvermeidlich: obligat
unvermischt: **8** gediegen
unvermittelt: **4** jaeh, **6** abrupt, **10** ploetzlich
unvermittelt auftretend: **4** akut
Unvermögen: **8** Impotenz
unvernünftig: **4** dumm, **6** absurd
unverschämt: **5** frech, **6** patzig, **7** koddrig, **8** insolent, **11** impertinent

Unverschämtheit: **7** Infamie, **8** Insolenz, **11** Impertinenz
unversehrt: **4** ganz, heil, **6** intakt
unversöhnlich: **10** intolerant, **12** inkonziliant
unverständlich: **7** abstrus
unverzüglich: **6** prompt, sofort, **7** stracks, **8** umgehend
Unvollendetes: **8** Fragment
unvollendetes Werk: **5** Torso
Unvollkommenheit: **6** Mangel
unvollständig: **10** elliptisch
unvoreingenommen: **8** objektiv
Unwahrheit: **5** Luege, **8** Notluege, **9** Schwindel, **10** Taeuschung
Unwetter: **7** Schauer, **8** Gewitter, **11** Hagelschlag
unwiderleglich: **7** absolut, **11** apodiktisch
Unwille: **11** Indignation
Unwillen: **4** Zorn, **6** Aerger, **8** Verdruss
unwillig: **7** grantig, **10** indigniert
unwillkürlich: **10** instinktiv, mechanisch, **11** automatisch
Unwillkürlichkeit: **12** Spontanitaet
unwirklich: **6** ideell, irreal, **8** abstrakt, utopisch, **9** imaginaer, **10** spirituell, **11** illusorisch, **12** phantastisch
Unwirklichkeit: **4** Wahn, **6** Utopie, **7** Phantom, **8** Illusion, Trugbild
unwirksam: **7** inaktiv
unwirtlich: **4** rauh
unwissend: **4** dumm, **8** ignorant, **10** ahnungslos
Unwissender: **8** Ignorant
Unwissenheit: **7** Amathie, **8** Dummheit, Ignoranz
unwohl: **6** malade, mulmig
Unwohlsein: **9** Uebelkeit
Unzahl: **6** Legion, **7** Myriade
unzeitgemäßes Verhalten: **13** Anachronismus
unzüchtig: **6** lasziv, **7** obszoen, **9** sittenlos, **11** unmoralisch, **14** pornographisch
unzufrieden: **10** malkontent
unzulänglich: **10** mangelhaft, **12** insuffizient
unzulässig: **8** verboten, **9** inkorrekt
Unzuständigkeit: **11** Inkompetenz
unzuverlässig: **5** labil, **9** inkorrekt, proteisch, **11** flatterhaft, **12** wankelmuetig
unzweckmäßig: **8** importun
unzweideutig: **7** praezis, **8** praezise
unzweifelhaft: **6** sicher, **9** eindeutig, **11** feststehend
üppig: **6** barock, **7** opulent, **8** rundlich, **9** luxurioes, **10** lukullisch
üppig leben: **9** schlemmen
Üppigkeit: **7** Opulenz
uralter Mann: **10** Methusalem
Uranbrenner: **4** Pile, **6** Meiler, **7** Reaktor, **10** Atommeiler, **11** Kernreaktor
Uranusmonde: **5** Ariel, **6** Oberon, **7** Miranda, Titania, Umbriel
Uraufführung: **8** Premiere
urbar machen: **5** roden, **11** kultivieren
Urbevölkerung von
- ***Afrika:*** **5** Neger
- ***Amerika:*** **6** Indios, **8** Indianer
- ***Asien:*** **4** Ainu
- ***Australien:*** **10** Aborigines
- ***Borneo:*** **6** Dayaks
- ***Deutschland:*** **6** Kelten, **8** Germanen
- ***Frankreich:*** **7** Gallier
- ***Griechenland:*** **8** Pelasger
- ***Haiti:*** **5** Taino
- ***Irland:*** **6** Kelten
- ***Italien:*** **6** Italer, **8** Etrusker, Italiker
- ***Japan:*** **4** Ainu
- ***den Kanarischen Inseln:*** **8** Guanchen
- ***Mexiko:*** **7** Azteken
- ***Neuguinea:*** **5** Papua
- ***Neuseeland:*** **5** Maori
- ***den Philippinen:*** **4** Aëta, **7** Negrito
- ***Sachalin:*** **4** Ainu
- ***Schottland:*** **6** Pikten, Skoten

– ***Spanien:*** **6** Basken, Iberer
– ***Sri Lanka:*** **5** Wedda, Yaksas
– ***der Südsee:*** **5** Maori, Papua, **7** Kanaken
Urbild: **3** Typ, **8** Archetyp, Original, Prototyp, **9** Grundform
ureingesessen: **10** autochthon
Urfassung: **8** Original
Urgeschichte: **12** Praehistorie
Urform: **8** Archetyp
urgewaltig: **10** daemonisch
Urgrund: **7** Prinzip, **8** Substanz
Urheber: **5** Autor, **9** Initiator, Verfasser
Urheberanteil: **8** Tantieme
Urkantone der Schweiz: **3** Uri, **7** Schwyz, **11** Unterwalden
Urkontinent: **2** Mu, **8** Gondwana
Urkunden: **5** Bulle, **6** Charta, Charte, Diplom, Patent, **7** Charter, **8** Dokument
Urkundensammlung: **6** Archiv
Urkundsbeglaubiger: **5** Notar
Urlaub: **6** Ferien, **7** Dispens
Urlauber: **7** Tourist
Urmasse: **5** Chaos
Urmensch (nord. Sage): **4** Ymir
Urmund: **11** Blastoporus
Urnenhalle: **11** Kolumbasium
Ursache: **5** Grund, Motiv, **6** Anlass, Faktor
Ursache einer Empfindung: **4** Reiz
ursächlich: **6** kausal
Ursächlichkeit: **11** Kausalitaet
Urschrift: **6** Unikat, **8** Original, **10** Manuskript
urschriftlich: **8** original
Ursprung: **6** Anfang, Quelle, **7** Genesis, **8** Herkunft, **10** Provenienz
Ursprung des Alls in der chinesischen Philosophie: **3** Tao
ursprünglich: **6** genuin, **7** autogen, primaer, primitiv, **8** original, **9** elementar, originaer
Ursprünglichkeit: **13** Originalitaet
Ursprungszeichen: **6** Signet
Urstoff: **7** Element, Materie
Urteil: **5** Votum, **6** Kritik, **7** Judikat, Sentenz, Verdikt, **9** Gutachten, Rezension
Urteilsaufhebung: **9** Kassation
Urteilsenthaltung: **7** Aphasie
Urteilslosigkeit: **7** Akrisie
Urteilsvollstreckung: **9** Exekution
Urtext: **8** Original
Urtierchen: **6** Amoebe, **9** Protozoën, Protozoon, **12** Uhrglaeschen, **13** Sandhaeuschen, **14** Sonnentierchen, **15** Glockentierchen, **17** Pantoffeltierchen
urtümlich: **4** urig, **8** primitiv
Uruguay (Staat in S-Amerika)
Berg: **5** Cerro
Bevölkerung: **9** Uruguayer
Dramatiker: **7** Sánchez
Flüsse: **6** Dayman, **7** La Plata, **8** Rio Negro, **12** Rio de la Plata
Hauptstadt: **10** Montevideo
Lyrikerin: **8** Agustini
Politiker: **5** Areco, **7** Lacalle, **10** Sanguinetti
Schriftsteller: **5** Viana, **6** Moreno, Onetti, Reyles, **9** Benedetti
Städte: **4** Melo, **5** Minas, Salto, **6** Rivera, **7** Artigas, Durazno, **8** Mercedes, Paysandú, **10** Tacuarembó, **12** Punta del Este
Stadtguerilla: **9** Tupamaros
Währung: **4** Peso, **9** Centésimo
Urvater
– ***der Bibel:*** **4** Adam
– ***der Menschheit:*** **6** Henoch
Urwald am Amazonas: **5** Selva, **6** Hylaea
Urwaldgiraffe: **5** Okapi
Urweltelefant: **6** Mammut
Urwelttiere: **7** Saurier, **8** Mastodon, **11** Dinosaurier, **14** Ichthyosaurier
Urwirrwarr: **5** Chaos
urwüchsig: **9** elementar, originell
urzeitliches Meer: **6** Tethys

Urzeugung: 11 Plasmogonie
urzuständlich: 8 primitiv
USA (Staat in N-Amerika)
abhängige Gebiete (Hauptstadt): **4** Guam (**5** Agana), **5** Samoa (**8** Pago Pago), **8** Marianen (**6** Saipan), **9** Karolinen, **10** Puerto Rico (**7** San Juan), **14** Jungferninseln (**15** Charlotte Amalie), Marshallinseln (**6** Majuro), Panamakanalzone (**13** Balboa Heights)
Ansiedler: **8** Squatter
Architekten: **4** Root, **8** Wright, **7** Johnson, Venturi, **8** Sullivan
Astronauten: **4** Bean, Duke, **5** Evans, Glenn, Haise, Irwin, Roosa, Scott, Weitz, White, Young, **6** Aldrin, Anders, Borman, Cernan, Conrad, Cooper, Gordon, Kerwin, Lousma, Lovell, Worden, **7** Bormann, Collins, Grissom, McDivitt, Schirra, Schmitt, Swigert, **8** Garriott, Mitchell, Stafford, **9** Armstrong, Carpenter, Mattingly, **11** Schweikkart
Astronomen: **4** Hale, **6** Hubble, Russel, **7** Newcomb, Shapley
Atom-U-Boot: **8** Nautilus
Außenministerium: **15** State Department
Bakteriologen: **4** Salk, **6** Enders
Ballspiele: **8** Baseball, Football, Lacrosse, Pushball, **10** Basketball
Banknote: **9** Greenback
Baptistenprediger: **6** Graham
Bauernwirtschaft: **4** Farm
Berge: **6** Elbert, Robson, Shasta, **7** Palomar, Rainier, Whitney, **8** Mitchell, **9** Black Dome, MacKinley, Michelson, **10** Blanca Peak, Lassen Peak
Bezirkspolizeichef: **7** Sheriff
Bildhauer: **5** Smith, **6** Calder, Ferber, Lipton, **7** Lippold
Biochemiker: **5** Bloch
Biologen: **5** Tatum, **6** Morgan, Muller, Watson, **7** Stanley, **8** Northrop
Bevölkerung: **8** Chicanos, Indianer, **11** Amerikaner, **11** Exilkubaner, **13** Puertorikaner, **17** Hispanoamerikaner
Bundesstaaten (Abk.) und Hauptstadt:
4 Iowa (Ia) – **9** Des Moines,
Ohio (O) – **8** Columbus,
Utah (Uh) – **12** Salt Lake City,
5 Idaho (Id) – **5** Boise,
Maine (Me) – **7** Augusta,
Texas (Tex) – **6** Austin,
6 Alaska (Alas) – **6** Juneau,
Hawaii (Ha) – **8** Honolulu,
Kansas (Kans) – **6** Topeka,
Nevada (Nev) – **10** Carson City,
Oregon (Oreg) – **5** Salem,
7 Alabama (Ala) – **10** Montgomery,
Arizona (Ariz) – **7** Phoenix,
Florida (Fla) – **11** Tallahassee,
Georgia (Ga) – **7** Atlanta,
Indiana (Ind) – **12** Indianapolis,
Montana (Mont) – **6** Helena,
New York (NY) – **7** Albany,
Vermont (Vt) – **10** Montpelier,
Wyoming (Wyo) – **8** Cheyenne,
8 Arkansas (Ark) – **10** Little Rock,
Colorado (Col) – **6** Denver,
Delaware (Del) – **5** Dover,
Illinois (Ill) – **11** Springfield,
Kentucky (Ky) – **9** Frankfort,
Maryland (Md) – **9** Annapolis,
Michigan (Mich) – **7** Lansing,
Missouri (Mo) – **13** Jefferson City,
Nebraska (Nebr) – **7** Lincoln,
Oklahoma (Okla) – **11** Oklahoma City,
Virginia (Va) – **8** Richmond,
9 Louisiana (La) – **10** Baton

Rouge,
Minnesota (Minn) – **9** Saint Paul,
New Jersey (NJ) – **7** Trenton,
New Mexiko (NMex) – **7** Santa Fé,
Tennessee (Tenn) – **9** Nashville,
Wisconsin (Wis) – **7** Madison,
10 Washington (Wash) – **7** Olympia,
11 Connecticut (Conn) – **8** Hartford,
Kalifornien (Calif) – **10** Sacramento,
Mississippi (Miss) – **7** Jackson,
Northdakota (ND) – **8** Bismarck,
Rhode Island (RI) – **10** Providence,
Southdakota (SD) – **6** Pierre,
12 New Hampshire (NH) – **7** Concord,
Pennsylvania (Pa) – **10** Harrisburg,
Westvirginia (WV) – **10** Charleston,
13 Massachusetts (Mass) – **6** Boston,
Northcarolina (NC) – **7** Raleigh,
Southcarolina (SC) – **8** Columbia,
18 District of Columbia (DC) – **10** Washington

Chemiker: **4** Urey, **5** Doisy, Libby, Ochoa, **6** Calvin, Sanger, Sumner, **7** Pauling, Seaborg, **8** Kornberg, Richards

Dichter/Lyriker: **3** Hay, Poe, **5** Eliot, Pound, Wolfe, Wylie, **6** Millay, Miller, Warren, **7** Emerson, Freneau, Godfrey, Jeffers, Shapiro, Whitman, **8** Whittier, **9** Dickinson, **10** Longfellow

Dichterin: **6** Millay

Dirigenten: **7** Ormandy, **9** Bernstein

Dollar (umgangsspr.): **4** Buck

Dramatiker: **3** Ade, **4** Rice, **5** Albee, Barry, Fitch, Herne, Kopit, Moody, Odets, Vidal, Wolfe, **6** Miller, O'Neill, Osborn, Wilder, **7** Belasso, Godfrey, Hellman, **8** Anderson, Faulkner, Kingsley, Sherwood, Williams

Epiker: **5** Barth, Purdy, **6** Bellow, Styron, Updike, **7** Malamud, **8** Salinger

Erdsatelliten: → Satelliten

Erfinder: **4** Bell, Ford, **5** Morse, **6** Edison, Fulton, Wright, **8** Franklin

Filmstadt: **9** Hollywood

Filmpreis: **5** Oscar

Filmregisseure: **4** Ford, King, Wood, **5** Capra, Kazan, **6** Disney, Koster, Litvak, Welles, Whyler, Wilder, **7** Fleming, Siodmak, **8** Dieterle, Griffith, Hathaway, **9** Hitchcock

Filmschauspieler(innen): → Schauspieler(innen)

Finanzmänner: **5** Dawes, Young, **6** Morgan, **8** Carnegie, **10** Vanderbilt, **11** Rockefeller

Flächenmaße: **4** Acre, Rood

Flagge: **13** Sternenbanner

Flieger: **4** Byrd, **9** Lindbergh

Flugzeugpionier: **6** Wright

Flüsse: **3** Eel, **4** Gila, Ohio, **5** Miami, Yukon, **6** Hudson, **8** Arkansas, Colorado, Missouri, **9** Rio Grande, Tennessee, **11** Mississippi, Yellowstone

Gebirge: **7** Big Horn, Rockies, **11** Alaskakette, Alleghenies, Appalachen, Kordilleren, **12** Sierra Nevada, **13** Felsengebirge, **14** Rocky Mountains, **15** Kaskadengebirge

Gebirgstal: **6** Canyon

Gebirgstäler: **6** Bryce, **11** Grand Canyon

Geigenvirtuosen: **5** Stern,

7 Menuhin
Gelegenheitsarbeiter: **5** Tramp
Generäle: **4** Clay, **7** Norstad, **8** Marshall, **10** Eisenhower, **11** Schwarzkopf
Generäle im Sezessionskrieg: **3** Lee, **5** Grant, **7** Sherman
Genetiker: **6** Beadle
Goldmünze: **5** Eagle
Halbinsel: **6** Florida
Hauptstadt: **10** Washington
Hohlmaße: **4** Pint, **6** Barrel, Bushel, Gallon
Indianer: → Amerika
Indianerbüffel: **5** Bison
Inseln: **6** Hawaii, **6** Aleuten
Jazzmusiker: → Jazzmusiker
Kaps: **3** Cod, **5** Sable, **7** Lookout, **8** Flattery, Hatteras, **9** Mendocino, **10** Conception
Komponisten: **4** Ives, Kern, **5** Bloch, Grofé, Perle, Sousa, Still, **6** Barber, Berlin, Carter, Cowell, Harris, Partch, Piston, Porter, **7** Babitt, Copland, Griffes, Herbert, Menotti, Rodgers, **8** Gershwin, **9** Bernstein, Carpenter
Kriegsministerium: **8** Pentagon
Landschaften: **8** Badlands, **10** Gila Desert
Landstreicher: **4** Hobo, **5** Tramp
Längenmaße: **4** Foot, Inch, Line, Mile, Yard, **5** Chain
Lyriker: → Dichter
Maler: **4** Cole, Kane, **5** Hicks, **6** Eakins, Leutze, **7** Pickett, Pollock, Sheeler, **8** Whistler
Malerin: **12** Grandma Moses
Masseeinheiten: **3** Ton, **4** Dram, **5** Ounce, Pound, **6** Cental, **7** Quarter
Mathematiker: **6** Church, Tarski, Wiener
Mediziner: **4** Cori, **5** Minot, **6** Gasser, Murphy, Weller, **7** Axelrod, Edelmann, Robbins, Theiler, Whipple, **8** Richards, **10** Sutherland
Mondfähren: **5** Eagle, Falke, Orion, **7** Antares, **8** Intrepid, **10** Challenger
Münzeinheiten: **4** Cent, Dime, **7** Quarter
Nationalparks: **4** Zion, **5** Banff, Teton, **6** Arches, **7** Glacier, Sequoia, **8** Yosemite, **14** Rocky Mountains
Nobelpreisträger für
– *Chemie:* **3** Lee, **4** Cech, Cram, Urey, **5** Corey, Karle, Libby, Taube, **6** Calvin, Sumner, **7** Giauque, Gilbert, Onsager, Pauling, Polanyi, Seaborg, Stanley, **8** Hoffmann, Langmuir, Mullikan, Northrop, Pedersen, Richards, Vigneaud, **9** Hauptmann, MacMillan, **10** Herschbach, Merrifield
– *Frieden:* **4** Hull, King, Mott, Root, **5** Balch, Dawes, **6** Addams, Bunche, Butler, Kellog, Wiesel, Wilson, **7** Borlaug, Pauling, **8** Marshall, **9** Kissinger, Roosevelt
– *Literatur:* **4** Buck, **5** Lewies, **6** O'Neill, Singer, **7** Brodsky, **8** Faulkner, **9** Hemingway, Steinbeck
– *Medizin:* **4** Cori, Rous, Wald, **5** Block, Brown, Cohen, Doisy, Elion, Hench, Hubel, Luria, Minot, Ochoa, Tatum, **6** Beadle, Bekesy, Bishop, Carrel, Enders, Gasser, Morgan, Muller, Murphy, Murray, Sperry, Thomas, Varmus, Watson, Weller, **7** Axelrod, Edelman, Hershey, Huggins, Kendall, Lipmann, Robbins, Theiler, Whipple, **8** Blumberg, Cournand, Erlanger,

Hartline, Kornberg, Richards, **9** Goldstein, Hitchings, Lederberg, **10** McClintock, Sutherland, **11** Landsteiner
– *Physik:* **4** Lamb, Rabi, **5** Bethe, Bloch, Esaki, Fitch, Kusch, Segre, Stern, **6** Comton, Cronin, Fowler, Glaser, Ramsey, Townes, Wigner, Wilson, **7** Bardeen, Dehmelt, Kendall, Purcell, **8** Anderson, Brattain, Bridgman, Davisson, Gellmann, Lawrence, Millikan, Schawlow, Schwartz, Shockley, **9** Friedmann, Ledermann, Michelson, **10** Hofstadter, **11** Bloembergen, Chamberlain, Steinberger, **13** Chandrasekhar
– *Wirtschaftswissenschaften:* **5** Solow, Tobin, **6** Debreu, Miller, Sharpe, **7** Stigler, **8** Buchanan, **9** Markowitz, **10** Modigliani
Ozeanflieger: **9** Lindbergh
Parlamentssitz: **7** Kapitol
Parteien: **10** Demokraten, **12** Republikaner
Pelztierjäger: **7** Trapper
Philanthropin: **6** Addams
Philosophen: **5** James, Paine, Quine, **6** Carnap, Harris, Peirce, Watson, **7** Edwards, Emerson, Goodman, **9** Whitehead, **10** Brockmeyer
Physiker: **4** Lamb, Rabi, **5** Henry, Kusch, **6** Glaser, Purcel, Townes, **7** Bardeen, Compton, Rowland, **8** Anderson, Bridgman, Davisson, Langmuir, Lawrence, Millikan, Shockley, **9** Michelson, **11** Chamberlain
Physiologen: **7** Kendall, Macleod
Polarforscher: **4** Byrd, **5** Peary
Politiker: **4** Bush, Dole, Rusk, **6** Shultz, **7** Dukakis, Jackson, **9** Kissinger
Polizeichef: **7** Sheriff
Präsidenten: **4** Bush, Ford, Polk, Taft, **5** Adams, Buren, Grant, Hayes, Nixon, Tyler, **6** Arthur, Carter, Hoover, Monroe, Pierce, Reagan, Taylor, Truman, Wilson, **7** Clinton, Harding, Jackson, Johnson, Lincoln, Madison, **8** Buchanan, Coolidge, Fillmore, Garfield, Harrison, **9** Cleveland, Jefferson, MacKinley, Roosevelt, **10** Eisenhower, Washington
Ragtime-Pianist: **6** Joplin
Raketenversuchsgelände: **12** Kap Canaveral
Raumfahrtbehörde: **4** NASA
Reiterspiel der Cowboys: **5** Rodeo
Revolver: **4** Colt
Rinderhirt: **6** Cowboy, **7** Vaquero
Sänger: → Sänger (international)
Sänger der leichten Muse: **6** Crosby, **7** Sinatra, **9** Belafonte
Sängerinnen: → Sängerinnen (international)
Schallplattenpreis: **6** Grammy
Scheidungsparadies: **4** Reno
Schneesturm: **8** Blizzard
Schriftsteller: **3** Bok, Poe, **4** Bird, Grey, Tate, Wou, **5** Allen, Brown, Crane, Harte, Jaker, James, Jones Lewis, O'Hara, Pound, Ruark, Simms, Twain, Vidal, Wolfe, **6** Algren, Bierce, Cabell, Capote, Cooper, Deland, Fuller, Harris, Irving, Jewett, London, Mailer, Miller, Norris, Ransom, Warren, Wilder, **7** Dreiser, Emerson, Erskine, Farrell, Garland, Howells, Kerouac, Robbins, Roberts, Saroyan, Tarbell, Thoreau, Wallace, **8** Anderson, Caldwell, Faulkner, Melville, Sinclair,

Steffens, Williams, **9** Bromfield, Hawthorne, Hemingway, Steinbeck
Schriftstellerinnen: **3** Lee, **4** Buck, West, **5** Welty, **6** Barnes, Ferber, Hobart, Keller, Parker, Porter, **8** Caldwell, Mitchell, **12** Beecher-Stowe
Seen: **7** Eriesee, **8** Huronsee, Saltlake, **9** Oberersee, **10** Ontariosee, **11** Michigansee, Pyramidlake
Sexualforscher: **6** Kinsey
Soldat: **2** GI
Soldatensender: **3** AFN
Staaten: → USA-Bundesstaaten
Städte: **4** Erie, Gary, Reno, Yuma, **5** Akron, Boise, Fargo, Flint, Macon, Miami, Omaha, Salem, Tampa, Tulsa, Utica, **6** Albany, Boston, Camden, Canton, Dallas, Dayton, Denver, Duluth, El Paso, Fresno, Helena, Juneau, Lowell, Mobile, Newark, Peoria, Pueblo, Tacoma, Toledo, Topeka, Tucson, **7** Atlanta, Buffalo, Chicago, Detroit, Hoboken, Houston, Jackson, Key West, Lincoln, Madison, Memphis, New York, Norfolk, Oakland, Phoenix, Raleigh, Reading, Santa Fé, Seattle, Spokane, Trenton, Ventura, Wichita, Yonkers, **8** Amarillo, Berkeley, Columbia, Columbus, Hartford, Las Vegas, New Haven, Oklahoma, Pasadena, Paterson, Portland, Richmond, San Diego, Savannah, Scranton, Syracuse, **9** Annapolis, Baltimore, Cambridge, Charlotte, Cleveland, Des Moines, Elizabeth, Fall River, Fort Wayne, Forth Worth, Galveston, Knoxville, Lexington, Long Beach, Milwaukee, Nashville, Princeton, Rochester, South Bend, Worcester, **10** Birmingham, Bridgeport, Charleston, Cincinnati, Evansville, Harrisburg, Jersey City, Kansas City, Los Angeles, Louisville, Montgomery, New Bedford, New Orleans, Pittsburgh, Providence, Sacramento, Saint Louis, San Antonio, Shreveport, Somerville, Washington, Wilmington, Youngstown, **11** Chattanooga, Grand Rapids, Minneapolis, Springfield, Tallahassee, **12** Indianapolis, Jacksonville, Oklahoma City, Philadelphia, Salt Lake City, San Francisco
Stahlkönig: **8** Carnegie
Stützpunkt auf Kuba: **10** Guantanamo
Sumpfwildnis (Florida): **10** Everglades
Tänze: **3** Jig, **11** Square dance
Tänzerin: **6** Duncan
Terrororganisation: **10** Ku-Klux-Klan
Tiefseeforscher: **5** Beebe
Trickfilmzeichner: **6** Disney
Universitätsstädte: **5** Omaha, Tulsa, **6** Dallas, Denver, Ithaca, Tacoma, Toledo, **7** Lincoln, Memphis, New York, San José, Seattle, Spokane, Wichita, **8** New Haven, Richmond, Syracuse, **9** Des Moines, Fort Worth, Knoxville, Lexington, Milwaukee, Nashville, Princeton, Worcester, **10** Cincinnati, Little Rock, Los Angeles, Louisville, Pittsburgh, Providence, San Antonio, Washington, **11** Minneapolis, **12** Philadelphia, Salt Lake City, San Francisco
Vergnügungsstadt: **8** Las Vegas
Verkaufsladen: **9** Drugstore

Verteidigungsministerium: **8** Pentagon
Viehhirt: **6** Cowboy, Vaquero
Viehwirtschaft: **5** Ranch
Viehzüchter: **7** Rancher
Währungseinheit: **4** Cent, **6** Dollar
Wasserfälle: **7** Niagara
Weltraumbehörde: **4** NASA
Wildnispolizist: **6** Ranger
Wildpferd: **7** Mustang
Wildrind: **5** Bison
Wolf: **6** Kojote
Wurfseil der Cowboys: **5** Lasso, Riata
Wüsten: **6** Mohave, Nevada, **13** Llano Estacado
Zeitungskönig: **6** Hearst
Zirkusunternehmen: **6** Barnum
Zuchthaus: **8** Sing-Sing

Usbekistan (Staat in Mittelasien)
Flüsse: **8** Amudarja, **10** Serawschan
Hauptstadt: **9** Taschkent
Landschaften: **5** Turan, **6** Ust-Urt, **7** Ustjurt
See: **7** Aralsee
Staatsoberhaupt: **7** Karimow
Städte und Orte: **5** Chiwa, Gasli, Nawoi, Nukus, **6** Kokand, Termes, **7** Buchara, Fergana, Karakul, Karschi, **8** Jangijul, Syrdarja, **9** Andischan, Samarkand, Urgentsch, **11** Kattakurgan, **12** Tschirtschik
Währung: **5** Rubel, **6** Kopeke
Wüste: **8** Kysylkum

V

Vabanquespiel: 8 Wagnis
Vademekum: 9 Leitfaden, Wegweiser, **11** Taschenbuch
vag(e): 8 ungewiss, **10** unbestimmt
Vagabund: 3 Bum, **4** Hobo, **5** Tramp, **7** Stromer, **13** Landstreicher
Vakuum: 5 Leere, **6** Nichts
Vanilleersatz: 8 Vanillin
Vanuatu (Inselstaat im Pazifik – früher: Neue Hebriden)
Bevölkerung: **9** Ni-Vanuatu, **10** Melanesier, Polynesier
Hauptstadt: **4** Vila
Inseln: **3** Epi, Oba, **4** Malo, **5** Efate, Santo, **6** Ambrim, **8** Malekula, **9** Pentecost
Politiker: **6** Carbot, **8** Sokumanu, Timakata
Sprache: **7** Bislama, **10** Bichelamar
Währung: **4** Vatu
Variante: 5 Abart, **6** Lesart, **8** Spielart, **10** Abweichung
Variation: 10 Abwandlung
Varietät: 5 Abart, **8** Buntheit, Spielart
Varietékünstler: 6 Artist, **7** Akrobat → Artisten
Vater
– ***des Abel:*** **4** Adam
– ***des Absalom:*** **5** David
– ***des Achill:*** **5** Peleus
– ***des Agamemnon:*** **6** Atreus
– ***der Aida:*** **8** Amonasro
– ***des Ajax:*** **7** Telamon
– ***der Andromeda:*** **7** Cepheus, Kepheus
– ***der Antigone:*** **7** Oedipus
– ***des Apoll:*** **4** Zeus
– ***des Ares:*** **4** Zeus
– ***der Artemis:*** **4** Zeus
– ***der Athene:*** **4** Zeus
– ***des Bacchus:*** **4** Zeus
– ***des Baldur:*** **4** Odin
– ***des Benjamin:*** **5** Jakob
– ***des Castor:*** **4** Zeus
– ***der Ceres:*** **6** Saturn, **8** Saturnus
– ***der Circe:*** **6** Helios
– ***des David:*** **4** Isai
– ***der Demeter:*** **6** Kronos
– ***der Diana:*** **7** Jupiter
– ***der Dike:*** **4** Zeus
– ***der Dione:*** **6** Uranos
– ***des Dionysos:*** **4** Zeus
– ***der Eirene:*** **4** Zeus
– ***der Elektra:*** **9** Agamemnon
– ***der Eos:*** **8** Hyperion
– ***des Esau:*** **5** Isaak
– ***der Fatima:*** **8** Mohammed
– ***des Fernsehens:*** **6** Nipkow
– ***der Galatea:*** **6** Nereus
– ***der Geschichtsschreibung:*** **7** Herodot
– ***des Hades:*** **6** Kronos
– ***des Ham:*** **3** Noe, **4** Noah
– ***des Hannibal:*** **8** Hamikar
– ***der Hebe:*** **4** Zeus
– ***des Hektor:*** **7** Priamos, Priamus
– ***der Helena:*** **4** Zeus
– ***des Helios:*** **8** Hyperion
– ***des Hephästos:*** **4** Zeus
– ***der Hera:*** **6** Kronos
– ***des Herakles:*** **4** Zeus
– ***des Herkules:*** **7** Jupiter
– ***der Hermione:*** **8** Menelaos
– ***der Hestia:*** **6** Kronos
– ***des Horus:*** **6** Osiris
– ***des Ikarus:*** **8** Daedalus, Daidalos
– ***der Iphigenie:*** **9** Agamemnon
– ***des Isaak:*** **7** Abraham

- *des Ismael:* **7** Abraham
- *der Ismene:* **7** Oedipus
- *des Jakob:* **5** Isaak
- *des Japhet:* **3** Noe, **4** Noah
- *des Joseph:* **5** Jakob
- *der Juno:* **6** Saturn, **8** Saturnus
- *des Jupiter:* **6** Saturn, **8** Saturnus
- *des Kain:* **4** Adam
- *der Kalliope:* **4** Zeus
- *der Kassandra:* **7** Priamos, Priamus
- *des Kastor:* **4** Zeus
- *des Kirchenlieds:* **9** Ambrosius
- *der Kirke:* **6** Helios
- *des Kronos:* **6** Uranos
- *der Landsknechte:* **10** Frundsberg
- *der Lea:* **5** Laban
- *der Libertas:* **7** Jupiter
- *des Lohengrin:* **8** Parsifal, Parzival
- *des Mars:* **7** Jupiter
- *des Menelaos:* **6** Atreus
- *der Menschheit:* **4** Adam, Manu
- *der Mnemosyne:* **6** Uranos
- *der Mönche:* **8** Antonius
- *des Neptun:* **6** Saturn, **8** Saturnus
- *des Nestor:* **6** Neleus
- *der Niobe:* **8** Tantalos, Tantalus
- *des Oedipus:* **5** Laios
- *des Odysseus:* **5** Laertes
- *des Okeanos:* **6** Kronos
- *des Orest:* **9** Agamemnon
- *des Orkus:* **6** Saturn, **8** Saturnus
- *des Paris:* **7** Priamos, Priamus
- *des Perseus:* **4** Zeus
- *des Pluton:* **6** Kronos
- *des Pollux:* **4** Zeus
- *des Poseidon:* **5** Kronos
- *der Proserpina:* **7** Jupiter
- *der Rahel:* **5** Laban
- *der Rhea:* **6** Uranos
- *eines Riesengeschlechts:* **4** Enak
- *des Salomo:* **5** David
- *des Saturn:* **6** Uranos
- *der Selene:* **8** Hyperion
- *der Semele:* **6** Kadmos
- *des Sem:* **3** Noe, **4** Noah
- *des Seth:* **4** Adam
- *des Siegfried:* **8** Siegmund
- *des Telemach:* **8** Odysseus
- *der Tethys:* **6** Uranos
- *des Theaters:* **7** Thespis
- *des Thor:* **4** Odin, **5** Wotan
- *der Thusnelda:* **8** Segestes
- *der Titanen:* **6** Uranos
- *des Tyr:* **4** Odin, **5** Wotan
- *des Vaterlands:* **12** Pater patriae
- *des Volkswagens:* **7** Porsche
- *des Zeus:* **6** Kronos
- *der Zyklopen:* **6** Uranos

Vaterherrschaft: **11** Patriarchat
vaterländisch: **8** national, **11** patriotisch
Vaterlandsfreund: **7** Patriot
Vaterlandsliebe: **12** Patriotismus
Vatermörder: **9** Parricida
Vaterrecht: **11** Patriarchat
Vaterunser: **11** Paternoster
Vatikan: **5** Kurie
Vatikanstadt (Staat in S-Europa) → päpstliche(r, s)
Hügel: **8** Vaticano
Sehenswürdigkeiten: **9** Petersdom, **10** Pinakothek, **11** Petersplatz, **12** Peterskirche, **18** Sixtinische Kapelle
Sommersitz des Papstes: **13** Castel Gandolfo
Spende der Gläubigen: **13** Peterspfennig
Staatsoberhaupt: **5** Papst
Supermarkt: **5** Anona
Wache: **10** Nobelgarde, **14** Schweizergarde
Vechte-Züflüsse: **2** Aa, **5** Regge, Soest, **6** Dinkel
Vegetationsinsel: **4** Oase
vehement: **6** heftig, **9** ungestuem
Veilchen: **5** Viola, Viole
veilchenfarbig: **7** violett
Veitstanz: **6** Chorea
Venenentzündung: **9** Phlebitis

Venenknoten: **5** Varix
venezianische(r, s)
- *Admiral:* **3** Emo
- *Bauwerke:* **8** San Marco, **11** Dogenpalast
- *Brücke:* **6** Rialto
- *Forschungsreisender:* **9** Marco Polo
- *Geschlecht:* **7** Dandolo
- *Goldmünze:* **7** Zechine
- *Gondelführer:* **10** Gondoliere
- *Gondellied:* **9** Barcarole, Barkarole, Barkerole
- *Industrieviertel:* **6** Mestre, **8** Marghera
- *Inselstadtteil:* **6** Murano
- *Kanal:* **11** Canal Grande
- *Künstlerfamilie:* **7** Bellini
- *Maler:* **5** Lotto, Palma, **6** Piombo, Tizian, **7** Bellini, Tiepolo, **8** Crivelli, Veronese, **9** Carpaccio, Giorgione, **10** Tintoretto
- *Staatsoberhaupt:* **4** Doge
- *Wasserfahrzeug:* **6** Gondel

Vechte-Zuflüsse: **2** Aa, **5** Regge, Soest, **6** Dinkel
Venda (Staat in S-Afrika)
Bevölkerung: **8** Vhavenda
Hauptstadt: **10** Thohoyando
Sprache: **8** Chivenda
Städte: **7** Makhado, **9** Makwarela, Shyandima
Währung: **4** Cent, Rand
Venezuela (Staat in S-Amerika)
Berg: **7** Bolivar
Bergland: **6** Guyana
Bevölkerung: **11** Venezolaner
Bevölkerung (indian.): **5** Aruak, Waiká, **7** Kariben
Flüsse: **4** Meta, **5** Apure, Caura, **6** Arauca, Caroni, Tacuyo, **7** Guanara, Guanipa, Orinoco, Paragua, **10** Portuguesa
Halbinsel: **5** Paria, **6** Valdés
Hauptstadt: **7** Caracas
Inseln: **5** Coche, **7** Cubagua, **9** Margarita
Kaps: **6** Codera, **7** Tucacas
Politiker: **4** Paéz, **5** Gómez, **7** Campins, Jiménez, **8** Lusinchi, **9** Rodriguez
Städte: **4** Coro, **5** Amuay, **6** Cumana, **7** Maracay, Maturin, **8** Carupano, La Guaira, Valencia, **9** Maracaibo, **11** Puerto Ordaz, **12** Barquisimeto, Puerto La Cruz, San Cristobal, **13** Puerto Cabello
Stausee: **4** Guri
Währung: **7** Bolivar, Centimo
Venus: **10** Abendstern, **11** Morgenstern
Venuspriesterin: **4** Hero
Verabredung: **4** Date, **6** Dating, **7** Meeting, **10** Rendezvous, **12** Stelldichein
Verabreichung: **11** Applikation
verabschieden: **9** entlassen, **12** suspendieren
verabschiedet: **7** inaktiv, **11** pensioniert
Verabschiedung: **9** Demission, **10** Entlassung, Suspension
verachten: **9** verpoenen
Verächter: **7** Zyniker
verächtlich: **6** abjekt, **7** zynisch, **14** despektierlich
Verächtlichmachung: **15** Diskriminierung
veraltet: **7** obsolet, **8** unmodern, **10** antiquiert
veränderlich: **5** labil, **7** metabol, mutabel, **8** flexibel, variabel, **9** wandelbar
veränderliche Größe: **8** Variable
verändern: **9** variieren
Veränderung: **6** Wandel, **8** Mutation, **9** Variation **12** Modifikation
Veränderung der Erbanlagen: **7** Idation, **8** Mutation, **10** Idiokinese
Verankerungsvorrichtung: **6** Muring

Veranlagung: **8** Naturell, **9** Charakter, **11** Temperament
Veranlassung: **5** Motiv, **7** Ursache, **10** Beweggrund
veranschlagen: **11** kalkulieren
veranstalten: **7** managen, **11** arrangieren, unternehmen, **12** organisieren
Veranstalter: **7** Manager, **8** Promotor
Veranstaltungen: **5** Match, **6** Soiree, **7** Matinee, **8** Festival
verärgert: **7** pikiert, **10** indigniert
verästelt: **11** dendritisch
Verb(um): **8** Zeitwort
Verband: **4** Liga, **5** Union, **6** Verein, **7** Bandage, **9** Formation, **12** Organisation
Verband
– ***von Flugzeugen oder Kriegsschiffen:*** **6** Flotte, **10** Geschwader
– ***kleiner Kriegsschiffe:*** **9** Flottille
Verbandsmittel: **8** Pflaster
Verbandsspitze: **4** Tete
Verbandsstoffe: **4** Gaze, Mull, **5** Watte
verbannen: **7** aechten, **10** ausstossen, **11** deportieren
Verbannung: **4** Exil, **10** Ausweisung, **11** Deportation
Verbannungsorte Napoleons: **4** Elba, **11** Sankt Helena
verbergen: **6** tarnen, **9** maskieren, **10** kaschieren
verbessern: **11** berichtigen, korrigieren, kultivieren, reformieren, **12** retuschieren
Verbesserer: **8** Reformer
Verbesserung: **5** Reform, **8** Retusche, **9** Korrektur, **10** Emendation
Verbeugung: **5** Kotau, **6** Diener, **8** Reverenz, **9** Bueckling, Kratzfuss
verbildet: **6** deform
Verbildlichung: **6** Metapher
verbindlich: **6** kulant, **7** obligat, **10** konziliant, **13** obligatorisch
Verbindlichkeit: **6** Obligo
Verbindlichkeiten: **7** Passiva
Verbindungen: **4** Naht, **5** Nexus, Union, **6** Konnex, Textur, **7** Allianz, Kontakt, Liaison, **8** Kopplung, Kupplung, Synthese, **9** Koalition, **11** Kombination, Mesalliance, Vereinigung, **13** Kommunikation
Verbindungsbalken: **7** Epistyl
Verbindungsfluß zwischen Erie- und Ontariosee: **7** Niagara
Verbindungsgang: **7** Couloir
Verbindungslinie von Orten gleichen (gleicher)
– ***Auftretens best. Erscheinungen:*** **9** Isochrone
– ***Bewölkung:*** **8** Isonephe
– ***Eisbildung auf Gewässern:*** **7** Isopage, **8** Isokryme
– ***Erdbebenstärke:*** **9** Isoseiste
– ***Erdbodentemperatur:*** **12** Isogeotherme
– ***Gewitterhäufigkeit:*** **10** Isokeraune
– ***Luftdrucks:*** **7** Isobare
– ***Minimaltemperatur:*** **8** Isokryme
– ***mittlerer Wintertemperatur:*** **10** Isochimene
– ***monatl. Luftdruckschwankung:*** **13** Isokatanabare
– ***Niederschlagsmenge:*** **8** Isohyete
– ***Polarlichts:*** **9** Isochasme
– ***Schneefalls:*** **9** Isochione
– ***Sonnenbestrahlung:*** **8** Isohelie, Isothere
– ***Temperatur:*** **9** Isotherme
– ***Vegetation:*** **8** Isophane
– ***Wasserverdunstung:*** **8** Isoombre
– ***Windes:*** **7** Isogone
– ***Windgeschwindigkeit:*** **9** Isanemone
– ***Zahlenwerte:*** **9** Isoplethe
Verbindungsgelenk: **6** Kardan
Verbindungsmann: **9** Informant
Verbindungsstelle: **4** Naht
Verbindungsstifte: **4** Niet, **5** Nagel, **6** Bolzen

Verbindungsstücke: **5** Muffe, **6** Bolzen, Lasche, **7** Fitting, Flansch, Klammer
Verbindungsstudent: **5** Fuchs, **6** Bursch
Verbissen: **4** stur, zaeh, **9** fanatisch
verbittert: **6** gallig
Verblendung: **11** Faszination
verblüffend: **8** frappant, **12** sensationell
verblüfft: **7** perplex, **12** konsterniert
verblüht: **4** welk
verborgen: **6** geheim, latent, obskur, okkult, **10** mysterioes, **13** geheimnisvoll
Verbot: **4** Tabu, **9** Interdikt, **10** Inhibition, **11** Prohibition, Untersagung
Verbrauch: **6** Konsum, **7** Verzehr
Verbraucher: **7** Kaeufer, **9** Konsument
Verbrauchssteuer: **6** Akzise
Verbrauchszucker: **5** Melis
Verbrechen: **4** Mord, Raub, **5** Untat, **6** Delikt, **8** Einbruch, Raubmord, Straftat, **9** Diebstahl, **11** Geiselnahme, **14** Vergewaltigung
Verbrecher: **6** Bandit, **7** Moerder, Raeuber, **8** Gangster, Hijacker, **9** Erpresser, Herostrat, Kidnapper, Racketeer, **10** Delinquent, **12** Brandstifter, Geiselnehmer
Verbrecherbande: **4** Gang, **6** Racket
verbrecherisch: **9** kriminell
Verbrecherkneipen: **8** Spelunke, **9** Kaschemme
verbreiten: **11** propagieren
Verbreitung: **10** Kolportage, **12** Promulgation
Verbrennungserscheinungen: **5** Feuer, Rauch, **6** Flamme
Verbrennungsrückstände: **4** Russ, **5** Abgas, Asche, **8** Schlacke
Verbrüderung: **14** Fraternisation
verbuchen: **9** kontieren
verbunden: **11** solidarisch
Verbundenes: **6** Koppel
Verbündete: **9** Alliierte
verbürgen: **11** garantieren
verbürgt: **9** offiziell, **11** authentisch
Verbürgung: **8** Garantie
Verdacht: **7** Argwohn, **10** Misstrauen
verdächtig: **6** obskur, **7** suspekt, **11** fragwuerdig
Verdachtsgrund: **5** Indiz
verdammt: **5** sakra, **9** sapperlot
verdampfen: **11** evaporieren
Verdampfung: **11** Evaporation
Verdauung: **9** Digestion
Verdauungsferment: **3** Lab
Verdauungsflüssigkeit: **8** Speichel
Verdauungsorgane: **4** Darm, **5** Magen
verdecken: **6** tarnen, **9** maskieren, **10** kaschieren
verdeckt: **8** rezessiv
Verderb: **4** Ruin
Verderber: → Teufel
verderblich: **7** ruinoes
Verderbnis der Sitten: **14** Demoralisation
verderbt: **7** korrupt, pervers
verdichten: **12** komprimieren, kondensieren
Verdichter: **9** Kondensor, **10** Kompressor, **11** Kondensator
Verdichtung: **11** Kompression, **12** Kondensation
Verdickung: **5** Wulst
Verdienst: **4** Gage, Lohn, Sold, **5** Heuer, **6** Erloes, Gehalt, Gewinn, Salaer, **7** Entgelt, Honorar, Rebbach
Verdienste: **7** Meriten
Verdienstspanne: **5** Marge
Verdikt: **6** Urteil, **12** Entscheidung
Verdoppelung: **8** Dublette, **11** Duplikation
Verdoppelung (Spieleinsatz): **6** Paroli
verdorben: **7** korrupt, **8** schlecht
Verdrehung: **7** Torsion, **8** Drillung
verdrießlich: **10** aergerlich, **11** baerbeissig
Verdrillung: **7** Torsion

Verdruß: **6** Aerger, **9** Unbehagen
Verdunklung (jur.): **9** Kollusion
verdunsten: **11** evaporieren
Verdunstung: **10** Gradierung, **11** Evaporation
Verdunstungsniederschlag: **9** Kondensat
veredeln: **9** okulieren
veredeltes Eisen: **5** Stahl
Veredelung: **10** Kopulation, **11** Raffination
Veredelungsanlage: **10** Raffinerie
verehren: **6** lieben, **6** benedeien
Verehrer: **3** Fan, **9** Liebhaber, **10** Bewunderer
Verehrer des Schönen: **7** Aesthet
Verehrung: **4** Kult, **6** Kultus, Tribut, **9** Adoration
Verein: → Vereinigungen
vereinbar: **10** kompatibel
Vereinbarung: **9** Absprache, Agreement, **10** Konvention
Vereinheitlichung: **6** Typung, **7** Normung
Vereinigte Arab. Emirate (Staatenbund in Vorderasien)
Emirate: **5** Ajman, Dubai, Kalba, **6** Sharja, **8** Adschman, Fujairah, **10** Fudscheira, **11** Ras el Cheima, Schardschah, **12** Umm el Kaiwain
Hauptstadt: **8** Abu Dhabi
Politiker: **4** Said, Zaid
Städte: **5** Al Ain, Dubai
Währung: **3** Fil, **6** Dirham
Vereinigungen: **4** Bund, Club, Klub, Liga, **5** Gilde, Junta, Trust, Union, Zunft, **6** Innung, Partei, Verein, Zirkel, **7** Komplex, Verband, **8** Syndikat, **9** Koalition, **11** Assoziation, Foederation, Integration, Kombination, Konsortium, **12** Organisation
vereinsamt: **7** desolat, **8** isoliert
Vereinsamung: **9** Isolation, **10** Isolierung
Vereinsblatt: **5** Organ
Vereinslokal: **8** Klubhaus
Vereinssatzung: **6** Statut
vereinzelt: **3** rar, **6** selten, **9** singulaer, **10** sporadisch
vereiste Schneedecke: **6** Harsch
verenden: **7** sterben, **9** krepieren
verengtes Rohrstück: **5** Duese
Verengung der Blutgefäße: **7** Stenose, **8** Stenosis
Vererbung: **10** Hereditaet
Vererbungslehre: **7** Eugenik, Genetik
Vererbungslehrer: **9** Genetiker
Verfahren: **6** Aktion, Praxis, **7** Methode, Praktik, Prozess, Technik, **8** Manoever, Prozedur, Vorgehen, **9** Operation, **10** Behandlung, **12** Manipulation
Verfahren zur Flächenberechnung: **9** Quadratur
Verfall: **4** Ruin, **8** Dekadenz, **9** Dekrement, **10** Korruption, **12** Degeneration
verfallen: **8** dekadent
verfallenes Bauwerk: **5** Ruine
verfälscht: **8** apokryph
verfänglich: **9** suggestiv
Verfärbung (med.): **7** Zyanose, **9** Phaeoderm
verfassen: **11** konzipieren
Verfasser: **5** Autor, **7** Urheber, **8** Biograph, Chronist, Essayist, **9** Novellist, Romancier, **10** Dramatiker, Librettist, **11** Lexikograph
Verfasser von
– *Spottschriften:* **8** Parodist, **9** Satiriker
– *Werbeschriften:* **6** Texter
Verfassung: **6** Charta, **7** Satzung, **9** Kondition, **11** Grundgesetz, **12** Konstitution
Verfassungsurkunde: **6** Charta, Charte
Verfechter: **8** Apologet

verfehlen: 9 mankieren
Verfehlung: 6 Delikt, Irrung, Suende, **7** Fauxpas, **8** Verstoss, **9** Fehltritt, **11** Entgleisung
verfeinern: 11 kultivieren, sublimieren
Verfeinerung: 11 Raffination
Verfettung: 8 Steatose
Verflachung: 10 Banalitaet
Verfluchung: 8 Anathema
Verflüssigung: 12 Kondensation
Verfolgter: 8 Martyrer, **9** Maertyrer
Verfolgung: 6 Pogrom, **8** Fahndung
Verfolgungswahn: 8 Paranoia
verfrachten: 9 spedieren
verfügbar: 6 liquid, **7** liquide, **8** praesent, **10** disponibel
verfügen: 11 disponieren
Verfügungen: 5 Edikt, Order,**6** Dekret, Erlass, **8** Reskript, **9** Anordnung, Regulativ
Verfügungsberechtigter: 9 Disponent
verführen: 8 becircen
Verführer: 7 Don Juan, **8** Casanova, **10** Ladykiller
Verführerin: 5 Circe, **6** Sirene
vergangen: 5 passé
Vergangenheit: 11 Praeteritum
Vergangenheitsformen: 7 Perfekt, **9** Imperfekt, **15** Plusquamperfekt
vergänglich: 7 ephemer
vergeblich: 11 illusorisch
Vergebung: 5 Gnade, **6** Pardon, **10** Absolution, Verzeihung
Vergehen: → Verfehlung
vergeistigt: 10 aetherisch
Vergeltungen: 4 Dank, Lohn, **5** Busse, Rache, **6** Strafe, Suehne, Talion, Undank, **7** Ahndung, **8** Revanche, **9** Retorsion, **10** Genugtuung, **11** Repressalie, **12** Satisfaktion
Vergeltungsmaßnahmen: 10 Sanktionen, **12** Repressalien
Vergeltungstrieb: 12 Ressentiment
Vergessenheitstrank: 5 Lethe
Vergewaltigung: 7 Stuprum
Vergiftung: 8 Toxikose, **10** Entoxismus
Vergleich: 6 Rezess, **10** Kompromiss, **11** Arrangement, Komparation
vergleichbar: 10 komparabel
vergleichsweise: 7 relativ
Vergleichung: 8 Synkrise, **9** Kollation Synkrisis
Vergnügen: 3 Fez, Ulk, **4** Lust, **5** Gaudi, Spass, **6** Freude, **7** Gaudium, **8** Plaesier, **10** Amuesement
vergnüglich: 5 ulkig, **6** lustig, **7** spassig, **12** plaesierlich
vergnügt: 5 fidel
Vergnügungspark in
– ***Kopenhagen:*** **6** Tivoli
– ***Wien:*** **6** Prater
Vergnügungsstätten: 4 Kino, **6** Kasino, Zirkus, **7** Orpheum, Theater, Varieté, **9** Nightclub, **11** Rummelplatz
Vergnügungsviertel von
– ***Hamburg:*** **7** Sankt Pauli
– ***München:*** **9** Schwabing
– ***Paris:*** **7** Pigalle, **10** Montmartre
Vergoldung: 6 Doublé, Dublee
Vergöttlichung: 9 Apotheose
Vergrößerung der Schilddrüse: 5 Kropf
Vergrößerungsgeräte: 4 Lupe, **9** Mikroskop
Vergünstigung: 6 Indult, Rabatt, **7** Vorteil, **8** Nachlass
vergüten: 10 honorieren
Vergütungen: 4 Gage, Lohn, Sold, **5** Bonus, Heuer, **6** Gehalt, Salaer, **7** Apanage, Honorar, Praemie, **8** Tantieme, **9** Abfindung, Bezahlung, Provision, **12** Bonifkation, **13** Gratifikation
verhaften: 9 sistieren, **10** arretieren, festnehmen
Verhaftung: 9 Festnahme, **10** Sistierung, **11** Arretierung, **12** Inhaftierung

Verhalten: **4** Takt, **7** Gebaren, **8** Fairness
verhaltener Zorn: **5** Grimm, Groll, **7** Ingrimm
Verhaltensforschung: **9** Ethologie
Verhaltensregel: **6** Maxime, **9** Direktive, **11** Instruktion
Verhältnis: **7** Liaison, **8** Relation, Sachlage, **9** Situation, **10** Proportion
Verhältnisgröße: **5** Modul, **7** Proporz, **8** Massstab, Relation, **10** Proportion
Verhältnisteil: **5** Quote
Verhältniswahl: **7** Proporz
Verhältniswort: **12** Praeposition
Verhältniswörter: **2** ab, an, in, um, zu, **3** auf, aus, bei, bis, mit, von, vor, **4** fuer, nach, ohne, samt, seit, **5** durch, gegen, neben, nebst, statt, trotz, ueber, unter, wegen, wider, **6** ausser, binnen, hinter, laengs, unweit, sonder, **7** naechst, zufolge, **8** jenseits, waehrend, zuliebe, zuwider, zwischen, **9** diesseits, innerhalb, zunaechst, **10** ausserhalb, gegenueber
verhältnismäßig: **7** relativ, **12** proportional
Verhältniszahl: **11** Koeffizient
verhandeln: **11** konferieren
Verhandlung: **6** Disput, **7** Debatte, Diskurs, Palaver, Prozess, **9** Gespraech, Konferenz, **10** Aussprache, **11** Eroerterung, Unterredung
Verhängnis: **10** Fatalitaet, **11** Katastrophe
verhängnisvoll: **5** fatal, **7** schlimm, **12** katastrophal
verharren: **7** bleiben
verhaßt: **6** odioes
Verhau: **9** Hindernis
verhauchend: **7** morenda, **9** espirando
verheerend: **12** katastrophal
Verheiratete: **7** Ehepaar, **8** Eheleute
Verherrlichung: **9** Apotheose, **13** Glorifikation
verhindernd: **10** prohibitiv
Verhör: **9** Befragung, **10** Vernehmung
verhütend: **10** praeventiv, **14** prophylaktisch
Verhütung: **10** Prophylaxe
Verjüngungsmittel: **7** Elixier
Verkalkung: **8** Sklerose
Verkäufer alter Bücher: **8** Antiquar
Verkaufsapparat: **7** Automat
Verkaufsauftrag: **10** Kommission
Verkaufsbude: **5** Stand
Verkaufshäuschen: **5** Kiosk
Verkaufskartell: **7** Syndikat
Verkaufsleiter: **9** Substitut
Verkaufsschau: **5** Messe
Verkaufsschlager: **8** Thriller, **10** Bestseller
Verkaufsstätten: **5** Laden, Markt, **6** Boerse, **9** Drugstore, Geschaeft, Warenhaus, **10** Supermarkt
Verkaufsstelle für Tabakwaren (öst.): **6** Trafik
Verkaufstisch: **5** Theke, **6** Tresen
Verkehr: **6** Umgang, **8** Frequenz, **13** Kommunikation
Verkehrsdichte: **8** Frequenz
Verkehrshindernisse: **4** Stau, **5** Nebel, **7** Glaette, Stauung, **8** Glatteis, **9** Baustelle, Umleitung
Verkehrsmittel: **3** Bus, Jet, Zug, **4** Auto, Bahn, D-Zug, Obus, Tram, **5** Metro, Moped, S-Bahn, U-Bahn, Wagen, **6** Faehre, Rufbus, Schiff, **7** Autobus, Dampfer, Minicar, Omnibus, Taxibus, Tramway, **8** Bergbahn, Flugzeug, Hochbahn, Motorrad, Seilbahn, **9** Eisenbahn, Linienbus, **10** Kraftwagen, Schnellzug, Triebwagen, Trolleybus, **11** Schwebebahn, Zahnradbahn, **12** Strassenbahn, **13** Drahtseilbahn, Kraftfahrzeug
Verkehrssteuer: **6** Akzise
Verkehrsteilnehmer: **6** Radler,

9 Radfahrer, **10** Autofahrer, Kradfahrer, **11** Fussgaenger, Kraftfahrer, Mopedfahrer, **14** Motorradfahrer

Verkehrswege: 4 Bahn, **7** Strasse, **8** Autobahn, Chaussee, **11** Landstrasse, **13** Bundesstrasse, **14** Schnellstrasse

Verkehrszeichen: 4 Ufer, **5** Kurve, **8** Gefaelle, Kreuzung, Steigung, Vorfahrt, **9** Baustelle, **11** Wildwechsel, **12** Gegenverkehr, **13** Bahnuebergang, **14** Einbahnstrasse

verklären: 12 idealisieren

Verklarung: 10 Seeprotest

Verklärung: 9 Apotheose

verkleiden: 9 maskieren

Verkleidung: 5 Maske, **7** Kostuem, **9** Maskerade

Verkleidungstanz (Antike): 6 Kordax

verkleinern: 10 dezimieren, reduzieren

Verkleinerung: 9 Reduktion, **10** Diminution

Verkleinerungsform: 9 Diminutiv, **11** Diminutivum

Verknüpfung: 6 Knoten, Konnex

verkommen: 8 dekadent

Verkörperung: 11 Inkarnation, **16** Personifizierung

Verkrümmung der Wirbelsäule: 7 Kyphose, **8** Skoliose

verkümmert: 11 rudimentaer

verkündigen: 8 predigen, **12** proklamieren

Verkündiger: 6 Herold, **7** Prophet

Verkündigung: 12 Proklamation

verkürzen: 7 stutzen, **11** diminuieren

Verkürzung: 11 Perspektive

Verladebühne: 5 Rampe

Verladegerät: 4 Kran

Verlagsabteilung: 8 Lektorat

Verlagsangestellte: 6 Lektor, **8** Reporter, **9** Graphiker, Redakteur, **10** Hersteller, **11** Uebersetzer, Werbeleiter, **13** Chefredakteur, **15** Vertriebsleiter

Verlagserzeugnisse: 4 Buch, **7** Magazin, Zeitung, **11** Taschenbuch, Zeitschrift

Verlagsrecht: 9 Copyright

Verlagsvermerk in Druckwerken: 9 Impressum

Verlagszeichen: 6 Signet

verlangen: 8 heischen

Verlangen: 4 Gier, Lust, **5** Drang, Trieb, **6** Begehr, Wunsch, **7** Geluest, **8** Begehren, Begierde, **9** Forderung, Sehnsucht

Verlängerung: 11 Prorogation, **12** Prolongation

Verlängerung des Mastes: 6 Stenge

verlassen: 3 oed, **4** oede, **6** allein, einsam, **8** isoliert

Verlassen eines Ortes: 7 Abreise

verlassene Gegend: 4 Oede, **7** Einoede, **9** Wuestenei

verläßlich: 4 treu, **7** ergeben

Verläßlichkeit: 5 Treue

Verlauf: 7 Prozess, **8** Fortgang, **9** Geschehen

Verlautbarung: 8 Bulletin, **9** Nachricht, **10** Kommuniqué

Verlegenheit: 6 Aporie, Klemme, **7** Dilemma, **10** Bredouille, Zwangslage, **11** Schwulitaet, Zwickmuehle

Verleger: 6 Editor

Verleihung: 6 Lizenz, **9** Kollation, **10** Konzession

Verleihung der Doktorwürde: 9 Promotion

Verleihungsurkunde: 6 Brevet

Verleitung zu einer Straftat: 10 Anstiftung

verletzen: 9 laedieren

verletzt: 4 wund, **7** pikiert

verletzend: 9 kraenkend

Verletzungen: 4 Biss, Riss, **5** Bruch, Stich, Wunde, **6** Fissur, Trauma,

7 Blessur, Fraktur, Laesion
verleugnen: 12 desavouieren
verleumden: 11 diffamieren
Verleumdung: 7 Rufmord, **9** Diskredit, **11** Diffamation
Verleugner: 7 Renegat
Verlies: 6 Kerker
Verlobte: 5 Braut
Verlobter: 10 Braeutigam
verloren: 3 weg, **5** perdu, **6** futsch, **8** abhanden
Verlosung: 7 Tombola, **8** Lotterie
Verlust: 5 Damno, Manko, Minus, **6** Rapuse, **7** Defizit, Schwund, **8** Einbusse, Nachteil
verlustbringend: 10 defizitaer
Verlust der Erinnerung: 7 Amnesie
Verlustgefahr: 6 Risiko
Vermächtnis: 4 Erbe, **5** Legat, **9** Testament
Vermächtnisnehmer: 7 Legatar
Vermählung: 6 Heirat, **7** Mariage, Trauung, **8** Hochzeit
Vermahnung: 10 Admonition
Vermehrung: 7 Zunahme, Zuwachs
vermeil: 7 hochrot
vermeintlich: 7 putativ
Vermengung unlösl. Stoffe: 8 Emulsion
Vermenschlichung: 15 Personifikation, **16** Personifizierung
Vermerk: 4 Nota, **5** Notiz, **6** Glosse, **8** Notabene
vermerken: 8 notieren
Vermessenheit: 6 Hybris
Vermessungsingenieur: 7 Geodaet, **8** Geometer
Vermessungskunde: 9 Geodaesie
Vermieter: 7 Lokator
vermindern: 12 subtrahieren
Verminderung: 10 Degression
Vermischtes: 5 Varia
Vermißtes: 9 Desiderat
vermittelnd: 10 konziliant
Vermittler: 4 Baas, **5** Agent, **6** Broker, Makler, Sensal, **8** Mediator, **10** Kommissar, **13** Kommissionaer
Vermittler von Rennwetten: 10 Buchmacher
Vermittlung: 9 Mediation, **12** Intervention
Vermittlungsbüro: 7 Agentur
Vermittlungsgebühr: 9 Provision
Vermögen: 3 Gut, **4** Habe, **6** Aktiva, Besitz, Schatz, **7** Kapital, **8** Finanzen
vermögend: 5 reich, **10** wohlhabend
Vermögensanlage: 6 Status, **8** Finanzen
Vermögenseinbuße: 5 Damno, **6** Damnum
Vermögenswerte: 6 Aktiva
vermuten: 5 ahnen, **7** erraten
Vermutung: 6 Ahnung, **6** Animus, **7** Annahme, **11** Kombination
vernehmlich: 7 hoerbar
Vernehmung: 7 Verhoer
verneinen: 8 negieren
verneinend: 7 negativ
verneinender Mensch: 8 Nihilist
verneinende Wörter: 3 nie, **4** nein, **5** nicht, **6** nichts, nimmer, **7** niemals
Verneinung: 8 Negation, **9** Negierung
Verneinung aller Werte: 10 Nihilismus
vernichtend: 12 peremtorisch
Vernichtung einer Urkunde: 9 Kassation
Vernunft: 5 Logos, Ratio, **6** Raeson
Vernunftwidrigkeit: 9 Paralogie
vernunftgemäß: 7 logisch, **8** rational
vernünftig: 4 klug, **8** sinnvoll, **9** rationell
Vernunftglaube: 13 Rationalismus
vernunftlos: 8 alogisch
Vernunftsatz: 7 Apriori
vernunftwidrig: 7 paradox, **8** alogisch, **10** irrational
veröffentlichen: 7 edieren
Veröffentlichung: 7 Edition, **11** Publikation

Verordnungen: **4** Ukas, **5** Edikt, Irade, **6** Dekret, Erlass, Rezept, **9** Regulativ
Verpackung: **9** Emballage
Verpackungsbehälter, -material: **4** Dose, Fass, Korb, Sack, Tube, **5** Kiste, Tuete, **6** Beutel, Karton, Papier, **7** Flasche, **9** Container, Schachtel, **10** Packpapier
Verpackungsgewicht: **4** Tara
verpetzen: **11** denunzieren
Verpflanzung: **15** Transplantation
Verpflegung: **4** Kost, **6** Furage, **7** Nahrung, **8** Proviant
Verpflegungssatz: **5** Ration
Verpflegungsunteroffizier: **6** Furier
verpflichtend: **7** obligat, **13** obligatorisch
Verpflichtung: **6** Diktat, Obligo, **10** Engagement
Verpflichtungsschein: **6** Revers, **10** Obligation
Verpuffung: **9** Explosion
Verputzmaterial: **4** Gips, **5** Speis, Stuck, **7** Moertel
Verrat: **7** Felonie, **9** Treubruch
Verräter Jesu: **5** Judas
Verrechnen: **12** kompensieren
Verrechnungsverfahren: **8** Clearing
verrecken: **7** sterben, **9** krepieren
Verrenkung: **8** Luxation, **10** Kontorsion
Verrichtung: **8** Funktion
Verringerung: **9** Reduktion
verrucht: **6** infam, **7** ruchlos
verrückt: **3** irr, **4** toll, **9** idiotisch, meschugge
verrückte Angewohnheit: **6** Spleen
Verrücktheit: **5** Manie, **6** Rappel, Unsinn, **7** Irrsinn, **8** Narretei
verrufenes Lokal: **8** Spelunke, **9** Kaschemme
Verrufserklärung: **7** Boykott
Vers mit 6 Hebungen: **5** Senar
Versager: **4** Null, **5** Niete
Versammlungen: **6** Konzil, Synode, **7** Gremium, Konvent, Meeting, **8** Kongress, **9** Konsilium
Versammlung geistlicher Würdenträger: **7** Kapitel
Versammlungsleiter: **10** Praesident
Versammlungssaal in
– ***Burgen u. Klöstern:*** **6** Remter
– ***Schulen:*** **4** Aula
Versand: **9** Spedition
Versandabteilung: **10** Expedition
Versatzamt: **8** Leihhaus
Versandleiter: **9** Expedient
Versäumnis: **8** Omission, **12** Unterlassung
Versbetonung: **5** Arsis
Verschickung: **10** Verbannung, **11** Deportation
verschieben: **9** rangieren
verschieden: **6** divers, **9** different, heterogen, inhomogen, divergent
verschieden sein: **9** variieren
Verschiedenes: **5** Varia, **8** Allerlei, Diverses
Verschlag: **4** Kaue, **5** Butze, Koben, Stall, **6** Kanter
Verschlagenheit: **6** Tuecke, **7** Arglist, **10** Hinterlist
verschleiern: **6** tarnen
Verschleierung: **9** Kollusion
Verschleiß: **9** Abnutzung
verschleppen: **11** deportieren
verschließen: **11** okkludieren
verschlossen: **10** reserviert
Verschluß: **6** Deckel, Riegel, Siegel, **7** Drossel, Klausur, Schloss, **8** Schnalle, **9** Okklusion
Verschlußlaut: **4** Muta, **5** Media, **6** Klusil, **8** Okklusiv
Verschlußstreifen: **9** Banderole
verschlüsseln: **11** chiffrieren
Verschlüsselung: **9** Kodierung
Verschmelzung: **6** Fusion, **9** Legierung, **11** Assimilation
Verschneidung: **10** Kastration
Verschnittener: **6** Eunuch, **7** Kastrat

verschnittener Hengst: 7 Wallach
verschnörkelt: 6 barock, **7** arabesk
verschroben: 6 bizarr, **11** exzentrisch
Verschrobenheit: 4 Tick, **6** Spleen
Verschrottungsmaschine: 9 Schredder
verschwenden: 5 aasen, **7** prassen
verschwenderisch: 9 luxurioes
Verschwendung: 5 Luxus
verschwiegen: 7 diskret
Verschwiegenheit: 10 Diskretion
verschwommen: 6 diffus
Verschwörer: 10 Konspirant
Verschwörer gegen Cäsar: 6 Brutus, **7** Cassius
Verschwörung: 8 Komplott, **12** Konspiration
Versdichtkunst: 6 Poesie
Versdichtung: 4 Epos
Versehen: 6 Fehler, Irrtum, Lapsus, **7** Erratum, Fauxpas
Verselbständigung: 12 Emanzipation
versenden: 9 spedieren
Versendung: 9 Transport
Versenkung: 10 Meditation, **13** Kontemplation
Verseschmied: 6 Reimer, **8** Versifex, **9** Poetaster
Versform: 6 Stanze
Versfüße: 5 Jambe Paean, **6** Jambus, **7** Epitrit, **8** Anapaest, Daktylus, Dijambus, Spondeus, **9** Dibrachys, Dichoreus, Hexameter, Trochaeus
Versgruppen: 9 Distichon, **10** Tristichon, **12** Tetrastichon
Versicherung: 10 Assekuranz
Versicherungsbeitrag: 7 Praemie
Versicherungsschein: 6 Police
Version: 6 Lesart, **7** Fassung, **10** Abwandlung
Verslehre: 6 Metrik
Versmaß: 6 Metrum
versöhnlich: 8 tolerant, **10** konziliant
Versöhnlichkeit: 8 Toleranz, **10** Konzilianz
Versorgung eines Bergwerks mit Frischluft: 11 Bewetterung
Versorgungsgebiet hinter der Front: 6 Etappe
Verspaar: 9 Distichon
verspotten: 7 hoehnen, **11** ironisieren
Verspottung: 4 Hohn, **7** Parodie, **10** Persiflage
Versprechen: 10 Promission
Versprühmittel: 7 Aerosol
Verstand: 5 Grips, Geist, Ratio, **8** Vernunft, **9** Intellekt
verstandesgemäß: 13 intellektuell
verständig: 9 rationell, **11** intelligent
Verständigungsmittel: 7 Schrift, Sprache
verständlich: 4 klar, **5** luzid, **9** plausibel
Verständnis: 8 Einsicht, Resonanz
verstärken: 9 gradieren
Verstärker: 9 Kondensor, **10** Transistor
Verstärkerröhre: 6 Triode
Verstärkungsteil zwischen Wand u. Decke: 5 Voute
Versteck: 13 Schlupfwinkel
versteckt: 6 latent, **9** ungesehen
versteckter Spott: 6 Ironie
verstehen: 8 kapieren
Versteifung: 6 Strebe, **8** Traverse, **12** Rigiditaet
Versteigerer: 11 Auktionator
Versteigerung: 4 Gant, **7** Auktion, **10** Lizitation
versteinert: 6 fossil
versteinertes Harz: 9 Bernstein
Versteinerungen: 6 Fossil, **7** Ammonit, Echinit, **8** Belemnit, **9** Petrefakt, **10** Ammonshorn, Donnerkeil
Verstellung: 5 Finte, Mache, **9** Heuchelei, **10** Simulation
verstiegen: 11 exzentrisch, extravagant
verstimmt: 6 pikiert, **9** depressiv
Verstopfung der Blutgefäße:

7 Embolie, 9 Thrombose
Verstoß: 4 Foul, 6 Delikt, Fehler, Lapsus, Suende, 7 Fauxpas, 8 Vergehen, 11 Rechtsbruch
verstreut: 10 sporadisch
Versuch: 4 Test, 5 Probe, 10 Experiment
versuchen: 6 testen, 9 probieren
Versucher: 8 Mephisto
Versuchsbühne: 6 Studio
Versuchsraum: 5 Labor, 12 Laboratorium
versuchsweise: 8 tentativ
versunkene Stadt: 6 Vineta
Versunkenheit: 10 Meditation
versunkenes Land: 8 Atlantis
Verswissenschaft: 6 Metrik
Vertagung: 11 Prorogation
vertauschbar: 10 permutabel
Vertauschung: 8 Enallage, 10 Changement
Verteidiger: 6 Anwalt, 8 Defensor, 12 Rechtsanwalt
Verteidigung: 4 Wehr, 6 Abwehr, 8 Apologie, 9 Defensive
Verteidigungsanlagen: 4 Fort, Wall, 7 Bastion, Schanze
Verteidigungsministerium der USA: 8 Pentagon
Verteilung (chem.): 10 Dispersion
vertieft: 6 konkav
vertiefter Teil des Gewindes: 3 Zug
Vertiefungen: 3 Nut, 4 Nute, 5 Delle, Fossa, Kerbe, Mulde, Riefe, Rille, Rinne, 6 Graben, Lakune
Vertikale: 10 Senkrechte
vertonen: 11 komponieren
vertontes Gedicht: 4 Lied
vertrackt: 8 peinlich, 9 verzwickt
Vertrag: 4 Pakt, 6 Rezess, 8 Abkommen, Kontrakt, 10 Konvention, 12 Vereinbarung, 13 Uebereinkunft
Vertrag zwischen Staat und Kirche: 9 Konkordat
verträglich: 10 kompatibel
Vertragsabschnitte: 6 Passus, 7 Klausel, 9 Paragraph
Vertragsantrag: 7 Offerte
Vertragsschließender: 7 Partner, 10 Kontrahent
Vertragsvorbehalt: 7 Klausel
Vertrauen: 5 Fiduz, 6 Glaube, 7 Verlass, 10 Zuversicht
Vertrauensbruch: 6 Verrat, 7 Untreue, 12 Indiskretion
Vertrauensmann: 6 Obmann, 7 Trustee
vertrauensvoll: 6 arglos
vertrauenswürdig: 5 reell, 7 serioes
vertraulich, vertraut: 5 intim, 6 geheim, intern, privat, 7 diskret, kordial, 8 privatim, 9 familiaer
Vertrauter: 5 Spezi, 6 Freund, 7 Intimus
Vertreter: 5 Agent, 8 Exponent, Offizial, 13 Repraesentant
Vertreter
– ***der Anklage:*** 12 Staatsanwalt
– ***des Angeklagten:*** 11 Verteidiger
– ***des Dadaismus:*** 3 Arp, 4 Ball, 5 Ernst, Tzara, 6 Breton, 10 Schwitters, 11 Huelsenbeck
– ***des Existentialismus:*** 6 Marcel, Sartre, 7 Jaspers, 9 Heidegger
– ***des Expressionismus:***
Literatur: 4 Heym, 5 Sorge, 6 Kaiser, Stramm
Malerei: 5 Hofer, Nolde, 6 Heckel, 8 Beckmann, Kirchner, 9 Kokoschka, 15 Schmidt-Rottluff
Plastik: 7 Barlach, 9 Lehmbruck
– ***des Humanismus:*** 6 Hutten, 7 Erasmus, 8 Reuchlin, 11 Melanchthon
– ***des Kubismus:*** 4 Gris, 5 Léger, 6 Braque, 7 Gleizes, Picasso, 9 Feininger
– ***des Rektors:*** 9 Konrektor, Prorektor
– ***eines Staates:*** 6 Konsul, 8 Diplomat, 9 Gesandter,

11 Botschafter
– ***des Surrealismus:***
Literatur: **6** Aragon, Breton, Eluard
Malerei: **4** Dali, **5** Ernst, **6** Tanguy, **7** Chirico
– ***des Symbolismus:***
Literatur: **5** Rilke, **6** Dehmel, George, **7** Rimbaud, **8** Mallarmé, Verlaine, **10** Baudelaire, **11** Maeterlinck
Malerei: **4** Klee, **5** Kubin, **7** Gauguin, **9** Beardsley
Vertretung: 7 Agentur
Vertriebsgestaltung u. -planung: 9 Marketing
vertrocknet: 5 duerr
vertuschen: 10 kaschieren
Verunreinigung: 5 Fleck, **7** Schmutz
Verunstaltung: 11 Deformation
verunzieren: 10 entstellen
Verurteilung: 7 Verdikt
Verve: 7 Schwung
vervielfachen: 14 multiplizieren
Vervielfachung: 14 Multiplikation
vervielfältigen: 6 pausen, **8** kopieren
Vervielfältigungen: 5 Abzug, Kopie, Pause,**6** Doppel, **8** Duplikat, **10** Ablichtung, **11** Durchschlag, **12** Hektographie, Reproduktion, **14** Multiplikation
Vervielfältigungszahl: 6 Faktor
Vervollkommnung: 10 Perfektion
Vervollständigung: 10 Ergaenzung, Komplement, Supplement, **11** Integration
Verwahrung: 4 Veto, **7** Protest, **9** Einspruch
Verwalter: 7 Bottler, Kurator, **8** Verweser, **9** Bottelier, Inspektor, Sequester, **13** Administrator
Verwalter
– ***einer Sammlung:*** **6** Kustos
– ***einer Stiftung:*** **7** Kurator
Verwaltung: 5 Regie, **7** Gestion, **8** Behoerde, **9** Direktion, Inspektur, Magistrat, **10** Management, **12** Gouvernement, **14** Administration
Verwaltungsbehörde: 11 Ministerium
Verwaltungsbezirke: 5 Kreis, **7** Provinz, **8** Distrikt
Verwaltungseinheit in
– ***Deutschland:*** **5** Kreis, **16** Regierungsbezirk
– ***England:*** **6** County
– ***Frankreich:*** **6** Kanton, **11** Departement, **14** Arrondissement
– ***Griechenland:*** **5** Demos, Nomos
– ***Japan:*** **2** Fu, To, **3** Ken
– ***Norwegen:*** **5** Fylke
– ***Polen:*** **12** Woiwodschaft
– ***Schweden:*** **4** Laen
– ***Türkei:*** **7** Wilajet
– ***Rußland:*** **6** Oblast
– ***Ungarn:*** **7** Komitat
Verwandlung: 12 Metamorphose
Verwandte: 3 Ahn, Ohm, Oma, Opa, **4** Base, Mage, Mama, Papa, Sohn, **5** Agnat, Enkel, Gatte, Neffe, Oheim, Onkel, Tante, Urahn, Vater, **6** Bruder, Cousin, Kusine, Mutter, Nepote, Nichte, Urahne, Vetter, **7** Abkomme, Ahnfrau, Ahnherr, Cousine, Enkelin, Tochter, Urenkel, **8** Vetterin, **9** Aszendent, Schwester, Urenkelin, **10** Grossneffe, Grossonkel, Grosstante, Grossvater, **11** Grossmutter, Grossnichte, **12** Urgrossvater, **13** Urgrossmutter
Verwandter: 9 Aszendent
Verwandtschaft: 5 Sippe, **9** Mischpoke, **10** Mischpoche
Verwechslung: 9 Parallage
verwegen: 4 keck, **9** tollkuehn, **11** uebermuetig
verweichlicht: 11 effeminiert
Verweis: 5 Ruege, Tadel, **7** Rueffel
Verweisung von der Univeristät: 10 Relegation
Verwendbarkeit: 7 Eignung

Verwerfung: **9** Ablehnung
Verwesendes: **3** Aas, **5** Luder, **7** Kadaver
verwickelt: **11** kompliziert
Verwicklung: **12** Komplikation
Verwindung: **7** Torsion, **8** Drilling
verwirklichen: **11** realisieren
Verwirklichung: **11** Realisation, **12** Realisierung
verwirren: **9** duepieren
verwirrt: **6** konfus, **7** perplex, **8** betreten, **10** derangiert, paranoisch
Verwirrtheit: **5** Amenz, **7** Amentia
Verwirrung: **9** Konfusion, **11** Derangement
Verwitterung: **9** Korrosion
verworren: **4** wirr, **6** konfus, **7** abstrus, nebulos, **8** nebuloes, **11** kompliziert
verworrenes Gerede: **11** Galimathias
Verworrenheit: **9** Konfusion
Verwundung: **7** Blessur
Verwünschung: **5** Fluch
verwüsten: **9** ruinieren, **10** zerstoeren
verzagt: **12** decouragiert
verzeichnen: **12** registrieren
Verzeichnis: **5** Index, Liste, **7** Bordero, Katalog, Rotulus, Tabelle, **8** Inventar, Matrikel, Register, **10** Uebersicht, **11** Kalendarium
Verzeihung: **5** Gnade, **6** Pardon
verzerren: **10** karikieren
verzerrt: **6** bizarr, **7** grotesk, skurril
verzerrtes Gesicht: **6** Fratze, **8** Grimasse
Verzicht: **5** Opfer, **7** Abandon, Aufgabe, **9** Entsagung, **11** Resignation
verzichten: **6** passen, **8** abdanken, aufgeben, entsagen, **10** abdizieren, **11** resignieren
verzieren: **9** garnieren, **10** dekorieren
verzierte Satteldecke: **10** Schabracke
Verzierung: **5** Dekor, Fries, **6** Zierat, **7** Rosette, **8** Arabeske, Dubluere, Filigran, Garnitur, Ornament, Vignette, **9** Kartusche, **10** Dekoration
Verzinsung: **7** Rendite
Verzögerer: **9** Inhibitor
Verzögerung: **11** Obstruktion, Retardation
Verzückung: **7** Ekstase
verzweifelt: **8** desperat, **10** deprimiert
Verzweiflung: **11** Desperation
verzweigt: **11** dendritisch
Vesperbild: **5** Pieta
Vesperbrot (schweiz.): **4** Zabe, **5** Zabig
Vespermahlzeit: **5** Jause
Vestibül: **5** Foyer, **6** Lounge, **8** Vorhalle
Veteran: **8** Oldtimer, **12** Altgedienter
Vetter: **6** Cousin
Vetterin: **4** Base, **6** Kusine, **7** Cousine
Vetternwirtschaft: **6** Clique, **8** Kluengel, **10** Nepotismus
Viadukt: **10** Talbruecke
vibrieren: **5** beben, **7** zittern, **9** schwingen, **11** tremolieren, tremulieren
Viehbehausung: **5** Stall
Viehfutter: **3** Heu, **4** Gras, Klee, **6** Rueben, Silage, Treber, **7** Melasse, **8** Schlempe
Viehhirten in Amerika: **4** Peon, **6** Cowboy, Gaucho, **7** Vaquero
Viehhüter: **4** Hirt, **5** Hirte
viehisch: **11** bestialisch
Viehseuche (Afrika): **6** Nagana
Viehweide: **6** Koppel
Viehwirtschaften in Amerika: **5** Ranch, **8** Estanzia
Vieleck: **7** Polygon
Vielehe: **7** Bigamie, **9** Polygamie
Vielesser: **8** Gourmand
Vielfalt: **5** Menge, **6** Fuelle
vielfältig: **8** multipel
vielfarbig: **4** bunt, **9** polychrom
Vielflächner: **8** Polyeder

Vielfraß: **4** Jerf, **5** Jaerv, **6** Marder
Vielfresser: **9** Polyphage
Vielfruchtspeise: **11** Tuttifrutti
vielgestaltig: **9** polymorph
Vielgötterei: **12** Polytheismus
Vielheit: **6** Fuelle
viel Lärm um nichts: **6** Tamtam
vielleicht: **9** eventuell, **15** moeglicherweise
Vielmännerei: **10** Polyandrie
Vielschreiber: **8** Skribent
vielseitig: **8** allround, versiert
Vielseitigkeitsprüfung im Reitsport: **8** Military
vielsprachig: **9** polyglott
vielstimmig: **8** polyphon
Vielweiberei: **9** Polygamie, Polygynie
Viereck: **4** Karo, **5** Raute, **6** Karree, Trapez, **7** Quadrat, Rhombus, **8** Rechteck, Rhomboid, Tetragon, **9** Trapezoid, **10** Quadrangel, **14** Parallelogramm
viereckige Körper: **5** Kubus, **6** Quader, **7** Wuerfel
Vierflächner: **9** Tetraeder
Vierfüßer: **9** Tetrapode
Viergespann: **8** Quadriga
Vierkanalwiedergabe: **12** Quadrophonie
Vierpolröhre: **7** Tetrode
vierschrötig: **6** robust
vierteilig: **8** tetramer
Viertel: **5** Quart
Vierteljahr: **7** Quartal
Viertelkreis: **8** Quadrant
viertes Buch Mosis: **6** Numeri
viertgrößter See der Erde: **7** Aralsee
Vietnam (Staat in SO-Asien)
Berg: **8** Fan Si Pan
Bevölkerung: **3** Han, Hoa, Meo, Tai, Tho, **4** Cham, Kinh, Miao, Nung, Thai, Viet, **5** Khmer, Muong, **6** Tscham, **9** Annamiten, **10** Vietnamesen
Flüsse: **4** Dung, **6** Mekong, Songka
Gebiete: **5** Annam, **7** Tonking, **11** Cochinchina, **13** Kotchinchina
Hauptstadt: **5** Hanoi
Kaiser von Annam: **6** Bao Dai
Kaps: **4** Dinh, **5** Ca Mau, Ron Ma
Kommunist: **8** Vietcong
Politiker: **8** Pham Hung, **9** Vo Chi Cong, **11** Ho Tschi Minh
Städte: **3** Hue, **4** Vinh, **5** Dalat, My Tho, **6** Can Tho, Cholon, Da Nang, **7** Bin Dinh, Qui Nhon, **8** Haiphong, Nha Trang, **16** Ho Tschi-Minh-Stadt (früher: **6** Saigon)
Währung: **2** Xu, **3** Hao, **4** Chao, Dong
Viktualien: **12** Lebensmittel
Villenviertel: **7** Cottage
Vils-Zuflüsse: **4** Koll, **5** Achen, **8** Sulzbach, **9** Lauterach
Viola: **8** Bratsche
violett: **4** lila, **6** zyklam, **12** veilchenblau
Violine: **5** Geige, **6** Fiedel → Geigen
Vipernarten: **8** Erdviper, **9** Hornviper, Puffotter, Sandviper, **10** Aspisviper, Gabunviper, Kreuzotter, **11** Kettenviper, **12** Kroetenotter, Nashornviper
Virenlehre: **9** Virologie
Visierteile: **4** Korn, **5** Kimme, **10** Fadenkreuz
Vitaminmangelkrankheiten: **7** Skorbut, **8** Beriberi, Pellagra, Rachitis, **9** Blutarmut
Vögel: → Alken, → Gänse u. Enten, → Eulen, → Greif(Raub)-vögel, → Hühnervögel, → Papageien, → Rakenvögel, → Ruderfüßer, → Schnepfenvögel, → Schreivögel, → Schreitvögel, → Seglerartige, → Singvögel, → Spechtartige, → Straußenvögel, → Sturmvögel, → Tauben, → Tauch(er)vögel, → Ziegenmelker-

artige

Vögel: **3** Aar, Alk, Ani, Ara, Beo, Emu, Kea, Poe, Sai, Uhu, **4** Ente, Eule, Fink, Gans, Huhn, Ibis, Kauz, Kiwi, Pfau, Pute, Rabe, Rake, Skua, Star, Weih, **5** Adler, Ammer, Amsel, Arara, Dohle, Erpel, Falke, Fasan, Geier, Kurol, Lumme, Meise, Milan, Moewe, Pirol, Puter, Racke, Ralle, Spatz, Taube, Tukan, Weber, Weihe, **6** Dommel, Elster, Gimpel, Haeher, Kakadu, Kondor, Kraehe, Lerche, Marabu, Merlin, Pieper, Quesal, Reiher, Roetel, Schwan, Segler, Specht, Stelze, Storch, Zeisig, **7** Amadine, Belchen, Bussard, Drossel, Eisente, Girlitz, Habicht, Kiebitz, Kleiber, Kolibri, Kranich, Kuckuck, Ortolan, Papagei, Pelikan, Pinguin, Rebhuhn, Scharbe, Sittich, Sperber, Strauss, Taucher, Toelpel, Wachtel, Wuerger, **8** Aasgeier, Albatros, Auerhahn, Bergente, Bergfink, Birkhuhn, Buchfink, Dompfaff, Eismoewe, Eisvogel, Flamingo, Graugans, Kardinal, Kolkrabbe, Kormoran, Perlhuhn, Schnepfe, Schwalbe, Seeadler, Sperling, Spoetter, Sprosser, Truthahn, Truthuhn, Waldhuhn, Waldkauz, Wildente, Wildgans, Zilpzalp, **9** Alpenfink, Bartgeier, Bartmeise, Baumfalke, Bekassine, Blaumeise, Blaumerle, Blessgans, Blesshuhn, Brandente, Braunelle, Eiderente, Goldammer, Goldamsel, Goldfasan, Grauammer, Graumeise, Gruenfink, Gruenling, Haenfling, Haselhuhn, Jagdfasan, Kohlmeise, Krickente, Lachmoewe, Raubmoewe, Rohrammer, Rohrspatz, Rosenstar, Salangane, Steinhuhn, Steinkauz, Stieglitz, Sumpfhuhn, Wendehals, Wiedehopf, **10** Alpendohle, Bachstelze, Baumpieper, Blaesshuhn, Buntspecht, Diestelfink, Feldlerche, Fischadler, Grasmuecke, Nachtigall, Neuntoeter, Rotschwanz, Schmaetzer, Schnaepper, Schneehuhn, Sumpfmeise, Zaunkoenig, **11** Baumlaeufer, Gaensegeier, Gruenspecht, Heidelerche, Kernbeisser, Laubsaenger, Mauersegler, Ringeltaube, Rohrsaenger, Rotkehlchen, Seeschwalbe, Singdrossel, Steppenhuhn, Turteltaube, Wanderfalke, **12** Blaukehlchen, Eichelhaeher, Gelbspoetter, Haubenlerche, Koenigsgeier, Mehlschwalbe, Schwanzmeise, Tannenhaeher, Uferschwalbe, Ziegenmelker, **13** Brachschwalbe, Kanarienvogel, Krammetsvogel, Kreuzschnabel, Maeusebussard, Paradiesvogel, Rauchschwalbe, Riesenschwalk, Schwarzspecht, Seidenschwanz, Wellensittich, **14** Austernfischer, Huehnerhabicht, Schwarzdrossel, Staffelschwanz, **16** Gartengrasmuecke, Krokodilwaechter

Vogel
- ***der Antarktis:*** **7** Pinguin
- ***der Athene:*** **4** Eule
- ***der Venus:*** **5** Taube

Vogelbau: **4** Nest
Vogelbauer: **6** Kaefig
Vogelbeerbaum: **9** Eberesche
Vogeldünger: **5** Guano
Vogelerbse: **5** Wicke
Vogelfanggeräte: **5** Dohne, **8** Leimrute
vogelfrei: **5** exlex
Vogelhaus: **7** Voliere
Vogeljagd mit abgerichteten Greifvögeln: **5** Beize, **8** Beizjagd
Vogeljunge: **4** Brut
Vogelkrankheit: **4** Pips
Vogelkraut: **5** Miere, **8** Wegerich,

10 Knoeterich
Vogelkunde: 12 Ornithologie
Vogelkundler: 11 Ornithologe
Vogelmännchen: 4 Hahn
Vogelmuschel: 5 Pinna
Vogelnetz (Jagd): 6 Tirass
Vogelpaarungszeit: 4 Balz
Vogelscheuche: 6 Popanz
Vogelwelt: 5 Ornis
Vogelzug: 9 Migration
Vokabular: 10 Wortschatz
Vokalwerk: 7 Kantate
Volk: 5 Plebs, **6** Nation
Völkerkunde: 10 Ethnologie
Völkerkundler: 9 Ethnologe
Völkerstreit: 5 Krieg
Volksabstimmung: 4 Wahl, **9** Plebiszit, **10** Referendum
Volksaufhetzung: 9 Demagogie
Volksaufwiegler: 8 Demagoge
Volksbelustigung in Spanien: **10** Stierkampf
Volksbeschreibung: 11 Demagogie
Volksbräuche: 8 Folklore
Volksentscheid: 9 Plebiszit, **10** Referendum
Volksfest
– ***in Hamburg:*** **3** Dom
– ***in München:*** **11** Oktoberfest
Volksfeste: 4 Duit, Kerb, **5** Kilbe, Kirwe, Messe, **6** Kirmes, Kirmse, Kirtag, Rummel, **8** Fasching, Karneval, **9** Jahrmarkt, Kirchweih, **13** Schuetzenfest
volksfreundlich: 8 populaer
Volksführer im alten Rom: 6 Tribun
Volksgetränk: 4 Bier
Volksheer: 5 Miliz
Volksheld der Israeliten: 6 Simson
Volksherrschaft: 10 Demokratie
Volkskunde: 8 Folklore
Volkslieder: 4 Leis, **8** Folklore
volksmäßig: 8 populaer
Volksnahrungsmittel: 4 Brot, **9** Kartoffel
Volkspark in Wien: 6 Prater
Volksstämme: → betr. Länder
Volkstänze (international): 3 Jig, **4** Hora, Hula, Kolo, Piva, **6** Folia, Kosak, **6** Bolero, Jacara, Oberek, Redowa, Trepak, **7** Beguine, Bourrée, Csárdás, Forlana, Furiant, Halline, Langaus, Mazurka, Musette, Redowak, Sirtaki, **8** Fandango, Flamenco, Guaracha, Hornpipe, Hula-Hula, Lesginka, Merengue, Plattler, **9** Bandltanz, Krakowiak, Redowaszka, Siciliana, Webertanz, **10** Bergamasca, Kasatschok, Tarantella, Tirolienne, **12** Fandanguillo, Floessertanz, Siebensprung, **13** Siebenschritt
Volkstum: 13 Nationalitaet
volkstümlich: 8 populaer, **9** demotisch
Volksverführer: 8 Demagoge
Volksversammlung der Germanen: **5** Thing
Volksvertretungen verschiedener Länder: 4 Dail, Duma, Rada, Sejm, Junta, Senat, **6** Cortes, Seimas, Sowjet, **7** Althing, Knesset, Lagting, Riksdag, **8** Knesseth, Laghting, Storting, **9** Bundestag, Folketing, Parlament, Reichtstag, Unterhaus, **11** Volkskammer
Volkswirt: 7 Oekonom
Volkszählung: 6 Zensus
voll: 4 ganz, prall, total, **6** global, massiv
Vollblütigkeit: 8 Plethora
vollbrachte Handlung: 3 Tat
vollbringen: 8 schaffen
vollendet: 7 perfekt, virtuos
Vollendung: 6 Finish, **10** Perfektion
vollentwickelt: 4 reif
völlig: 7 absolut, **8** komplett
völlig gleich: 9 identisch
völlige
– ***Gleichheit:*** **10** Identität
– ***Klarheit:*** **7** Evidenz

volljährig: **8** majorenn
vollkommen: **5** ideal, **7** perfekt, **8** makellos, tadellos, **9** klassisch
Vollkommenheit: **10** Perfektion
Vollkommenheitsstreben: **10** Idealismus
Vollkraft: **7** Sthenie
Vollmacht: **6** Mandat, **7** Prokura
Vollmachtgeber: **7** Mandant
vollständig: **4** ganz, heil, **5** total, **7** perfekt, **8** komplett
Vollständigkeit: **10** Totalitaet
vollstimmig (Musik): **5** pieno
vollstrecken: **11** exekutieren
Vollstrecker der Todesstrafe: **6** Henker, **13** Scharfrichter
Vollstreckung: **7** Vollzug, **9** Exekution
volltönend: **5** sonor
Vollversammlung: **6** Plenum
vollziehende Staatsgewalt: **9** Exekutive
vollzogene Handlung: **3** Tat
Volme-Zufluß: **6** Ennepe
von
- ***Rechts wegen:*** **6** de jure
- ***selbst:*** **5** per se, **6** eo ipso, **7** spontan
- ***sich aus:*** **5** per se

vorab: **5** zuvor
vor allem: **8** speziell, **9** besonders
vor allem anderen: **4** erst
vorankommen: **12** prosperieren
Voranschlag: **4** Etat, **6** Budget, **11** Kalkulation
vorantreiben: **9** forcieren
Voranzeige: **4** Avis
Voranzeige zu einem Film: **7** Trailer
Vorarbeit zu einem Werk: **6** Skizze, Studie
Vorarbeiter: **6** Polier
Vorausbestellung von Büchern: **12** Subskription
Voraussage: **8** Prognose, **12** Prophezeiung
vorausschauend: **11** prophetisch
Voraussetzung: **8** Postulat, **9** Praemisse, **11** Praesumtion, Supposition
Voraussicht: **6** Ahnung, **7** Planung
voraussichtlicher Sieger: **7** Favorit
Vorbau: **5** Altan, Erker, **6** Balkon, Loggia, **7** Risalit, Soeller, Veranda
Vorbau am Schiffsbug: **6** Galion
Vorbedeutung: **4** Omen, **9** Auspizium, **12** Prognostikon
Vorbedingung: **9** Praemisse
Vorbehalt: **6** Kautel, **7** Klausel, **8** Reservat, **9** Bedingung, Kondition, **11** Reservation, Restriktion, **14** Einschraenkung
vorbei: **5** passé
Vorbeimarsch: **6** Parade, **7** Defilee
vorbeimarschieren: **10** defilieren, paradieren
Vorbemerkung: **9** Praeambel
Vorbereitung: **8** Training, **12** Praeparation
vorbestellen: **11** reservieren
Vorbestimmung: **5** Fatum
Vorbeter in der Moschee: **4** Imam
vorbeugen: **13** praeservieren
vorbeugend: **10** prohibitiv, **14** prophylaktisch
Vorbeugung: **10** Prophylaxe, **11** Praevention
Vorbild: **4** Idol, **5** Ideal, **6** Modell, Muster, **9** Leitstern, Paradigma
vorbildlich: **5** ideal, **7** typisch, **9** klassich, **12** exemplarisch, **14** programmatisch
Vorbote: **7** Symptom, **9** Anzeichen, **11** Ankuendiger
Vorbühne: **5** Rampe, **10** Proszenium
vordem: **5** einst, **7** frueher
Vorderansicht: **4** Face, **5** Avers, Front, **7** Fassade
Vorderasiaten: **5** Kurde, Syrer, **6** Araber, Iraker, Iraner, Osmane, Perser, Syrier, Tuerke, **7** Afghane, Israeli, Jemenit, **8** Armenier, Libanese, **9** Jordanier,

14 Palaestinenser
Vorderasien: 6 Nahost, 7 Levante
vorderasiatische
– ***Flüsse:*** 6 Jordan, Tigris, 7 Euphrat
– ***Hauptstädte:*** 4 Baku, Riad, 5 Amman, Kabul, 6 Ankara, Bagdad, Beirut, Er Riad, Tiflis, 7 Jerewan, Nikosia, Teheran, 8 Damaskus, 9 Jerusalem
– ***Staaten:*** 4 Irak, Iran, Oman, 5 Jemen, 6 Cypern, Israel, Syrien, Zypern, 7 Libanon, Persien, Tuerkei, 8 Armenien, Georgien, 9 Jordanien, 11 Afghanistan, 12 Saudi-Arabien, 13 Aserbaidschan
Vordergiebel: 10 Frontispiz
Vorderseite: 5 Avers, Front, 7 Fassade
vorderste Linie: 5 Front
Vorderteil des Schiffes: 3 Bug
Vorderwagen von Geschützen: 6 Protze
Vordruck: 9 Formular
voreilig: 9 unbedacht
voreingenommen: 9 subjektiv
Vorentscheid: 9 Praejudiz
vorerst: 9 zunaechst
Vorfahren: 3 Ahn, 4 Ahne, 5 Urahn, 6 Urahne, 9 Aszendent, 10 Altvordern, Grossvater, 11 Grosseltern, Grossmutter
Vorfall: 5 Eklat, 7 Affaere, Episode, Prolaps, Skandal, 8 Ereignis, 9 Prolapsus, 11 Begebenheit
vorfühlen: 9 sondieren
Vorführdame: 9 Mannequin
Vorführmann: 8 Dressman
Vorführer im Kino: 9 Operateur
Vorführungen: 4 Show, 5 Schau, 10 Experiment, 13 Demonstration
Vorgabe: 8 Handikap
Vorgaben im Sport: 4 Odds
Vorgänge: 5 Szene, 6 Ablauf, 7 Prozess, 8 Prozedur, 9 Geschehen, 11 Begebenheit
Vorgebirge: 3 Kap, Ras, 4 Cape
vorgeben: 10 simulieren
vorgeblich: 6 fiktiv
Vorgefühl: 6 Ahnung, Animus
Vorgehen: 6 Taktik, 7 Methode
Vorgeiger einer Zigeunerkapelle: 6 Primas
Vorgelände einer Festung: 6 Glacis
Vorgeschichte: 12 Praehistorie
Vorgeschichte einer Krankheit: 8 Anamnese
vorgeschichtliche(r, s)
– ***Begräbnisplätze:*** 7 Tumulus, 9 Urnenfeld, 10 Hockergrab, Huegelgrab, Huenengrab
– ***Beil:*** 4 Kelt
– ***Fundorte:*** 5 Nydam, 6 Buchau, La Tène, 7 Hallein, 8 Altamira, Aurignac, 9 Cro-Magnon, Hallstatt, Trundholm, 10 Heidelberg, Neandertal, Willendorf
– ***Geräte:*** 5 Fibel, 9 Faustkeil, Steinbeil
– ***Grabbau:*** 6 Dolmen
– ***Heiligtum in Südengland:*** 10 Stonehenge
– ***Hügelgrab:*** 7 Tumulus
– ***Kultdenkmal:*** 6 Dolmen
– ***Menschen:*** 8 Aurignac, 9 Cro-Magnon, 10 Neandertaler, Peking-Mensch
– ***Werkzeug:*** 8 Artefakt
Vorgeschmack: 5 Probe, 9 Anzeichen
vorgeschobene Person: 9 Strohmann
Vorgesetzter: 4 Boss, Chef, 6 Patron, 7 Meister, 8 Direktor, Superior, 9 Prinzipal, Vorsteher, 10 Dienstherr, Praesident
Vorhaben: 4 Plan, 7 Absicht, Projekt, 9 Intention
Vorhallen: 5 Foyer, Lobby, 6 Atrium, Entree, Lounge, 9 Vestibuel, 10 Propylaeen
Vorhaltung: 5 Tadel, 7 Mahnung
vorhanden: 8 anwesend, effektiv,

existent, wirklich, **12** gegenwaertig
Vorhandensein: 8 Existenz
Vorhänge: 5 Store, **7** Gardine, Portiere
Vorhemd: 9 Chemisett, **10** Chemisette
vorher: 4 eher, erst, **5** zuvor, **7** frueher
Vorherbestimmung: 3 Los, **5** Fatum, Kismet, **9** Schicksal
Vorherrschaft: 6 Primat, **8** Dominanz, **9** Hegemonie
vorherrschend: 8 dominant
Vorhersage: 3 Tip, **6** Orakel, **8** Prognose, **9** Prophetie, **11** Offenbarung, **12** Prophezeiung
Vorhof (Herz): 6 Atrium
Vorhölle: 6 Limbus
Vorhut: 10 Avantgarde
vorjähriger Schnee: 4 Firn
Vorkämpfer: 7 Pionier, **11** Protagonist, Bahnbrecher, Wegbereiter, **12** Avantgardist
Vorkommnis: 5 Kasus, **7** Affaire, Episode, **8** Ereignis
vorladen: 8 zitieren
Vorladung: 9 Evokation
Vorlage: 6 Dessin, Layout, Modell, Muster, Schema, **8** Original, **9** Schablone
Vorläufer: 7 Prodrom
vorläufig: 11 einstweilen
vorläufige(r)
– ***Ernennung:*** **11** Designation
– ***Regelung:*** **7** Interim
– ***Zustand:*** **11** Provisorium
vorlaut: 7 altklug, **8** naseweis, **9** ungezogen, **10** fuerwitzig, **11** schnodderig
vorlegen: 13 praesentieren
Vorleger: 5 Matte, **9** Fussmatte
Vorlesung: 6 Kolleg, **7** Lektion
Vorlesungsraum: 8 Hoersaal
Vorliebe: 4 Hang, **6** Faible, **7** Neigung, Passion, **9** Schwaeche
Vormachtstellung: 9 Hegemonie
vormals: 5 einst, **6** ehedem, **7** frueher
Vormerkbuch: 6 Agenda, **8** Memorial, **14** Terminkalender
vormerken: 11 reservieren
Vormilch: 9 Kolostrum
Vormittagsveranstaltung: 7 Matinee
Vormund: 5 Tutor, **7** Kurator
Vormundschaft: 5 Tutel, **7** Kuratel
vornehm: 4 edel, **5** nobel, **6** feudal, **7** elegant, **8** exklusiv, illuster, ladylike, **10** hochherzig, **11** chevaleresk, fashionable, **12** distinguiert, **13** gentlemanlike, **14** aristokratisch
vornehme(r, s)
– ***Benehmen:*** **8** Noblesse
– ***Buhlerin:*** **9** Kurtisane
– ***Bürger:*** **9** Patrizier
– ***Denken:*** **8** Noblesse
– ***Gesellschaft:*** **8** Highlife, Upperten, **10** Hautevolee, **11** High-Society
– ***Herr:*** **8** Seigneur, **13** Grandseigneur
– ***Welt:*** **8** Highlife
Vornehmheit: 7 Eleganz, **8** Noblesse
Vornehmtuer: 4 Snob
Vornehmtuerei: 9 Snobismus
Vorplatz: 4 Flur, **5** Diele, **8** Korridor → Vorhalle
Vorprüfung der Medizinstudenten: 8 Physikum
Vorrang: 6 Primat, **10** Praeferenz, Praevalenz, Prioritaet
Vorrat: 5 Store, **7** Reserve, **8** Proviant
vorrätig (kaufm.).: 4 loco
Vorratshäuser: 4 Silo, **5** Lager, **6** Stadel, **7** Magazin, Scheune, **8** Entrepot, Speicher
Vorratskammer: 5 Gadem, Gaden
Vorratsraum auf Schiffen: 4 Gatt, **9** Hellegatt
Vorratswagen der Dampflok: 6 Tender
Vorraum: → Vorhallen
Vorrecht: 7 Monopol, **8** Privileg, **10** Prioritaet, **11** Privilegium
– ***des Erstgeborenen:*** **7** Majorat
– ***des Letztgeborenen:*** **7** Minorat

Vorrede: **6** Prolog
Vorreiter bei der Parforcejagd: **6** Pikoer
Vorrichtung: **7** Apparat, **10** Instrument
vorrücken: **10** avancieren
Vorsager: **9** Souffleur
Vorsagerin: **10** Souffleuse
Vorsatz: **4** Plan, **5** Dolus, **7** Absicht, **8** Vorhaben
Vorschlag: **3** Rat, Tip, **7** Angebot, Offerte, **10** Anerbieten
Vorschlußrunde: **10** Semifinale
Vorschrift: **4** Norm, **5** Edikt, Gebot, Kanon, Order, Regel, Ritus, **6** Befehl, Dekret, Erlass, Formel, Gesetz, Rezept, Statut, **7** Satzung, **9** Anordnung, Anweisung, Reglement, Regulativ, **10** Verfuegung, Verordnung, **11** Instruktion, Richtschnur
vorschriftsmäßig: **6** normal, **8** regulaer
Vorschriftswidrigkeit: **13** Inkorrektheit
Vorschuß (Geld): **6** Avance
Vorsegel: **4** Fock, **7** Kluever
Vorsehung: **3** Los, **5** Fatum, **6** Kismet, **7** Fuegung, **9** Schicksal
Vorsicht: **7** Bedacht, **12** Behutsamkeit
vorsichtig: **7** bedacht, **8** behutsam
Vorsichtsmaßregel: **6** Kautel
Vorsilbe: **5** Affix, **7** Praefix
Vorsilben: **2** ab, an, be, in, um, un, zu, **3** auf, aus, bei, dar, ent, her, mit, ver, vor, **4** nach, **5** ueber, unter
vorsintflutlich: **9** archaisch
Vorsitz: **10** Praesidium
Vorsitzender: **6** Senior, **7** Praeses, **8** Chairman, Praeside, **10** Praesident
Vorspeise: **6** Entree, **11** Hors d'oeuvre
Vorspiegelung: **5** Bluff, **10** Simulation, **14** Phantasmagorie
Vorspiel: **6** Entree, Prolog, **7** Intrade, **9** Praeambel, **10** Einleitung, Ouverture, Praeludium, **12** Introduktion
Vorspinnmaschine: **5** Flyer, **6** Fleier
vorspringender Gebäudeteil: **7** Risalit
vorspringender Rand: **4** Sims
Vorspruch: **6** Prolog
Vorsprung: **6** Avance
Vorstadt: **6** Suburb, **8** Faubourg, **9** Suburbium
Vorstand: **6** Leiter, **9** Direktion, **10** Praesidium, **11** Direktorium
Vorstecknadel: **7** Brosche
Vorsteckstift: **7** Splint
Vorsteher: **5** Prior, **6** Parnes, Regens, **8** Direktor, Superior, **9** Inspektor
Vorsteher
– ***einer Dorfgemeinde:*** **7** Schulze, **11** Schultheiss
– ***einer Fakultät:*** **5** Dekan
– ***eines Kirchenchors:*** **6** Kantor
– ***eines Klosters:*** **3** Abt, **5** Prior, **8** Superior
– ***eines Theaters:*** **9** Intendant
– ***der urchristlichen Gemeinde:*** **9** Presbyter
Vorsteherin einer Schwesternschaft: **6** Oberin
vorstellbar:10 imaginabel
Vorstellung: **4** Idee, **7** Benefiz, **13** Praesentation
Vorstellungsbild: **5** Image
Vorstellungskraft: **9** Phantasie
Vorstellungsverknüpfung: **11** Assoziation
Vorstellungsvermögen: **11** Imagination
Vorstoß (Rennen): **4** Rush
vortäuschen: **9** fingieren, markieren
Vortäuschung: **5** Mache, **7** Theater, **10** Simulation
Vorteil: **4** Plus, **6** Ertrag, Gewinn, Profit, **8** Avantage, **9** Advantage
vorteilhaft: **8** opportun, **10** profitabel
Vortrag: **7** Referat, **10** Darbietung, Rezitation, **11** Deklamation

Vortrag vor Gericht: **9** Plaedoyer
Vortragender: **6** Dozent, Lehrer, Lektor, Redner, Solist, **8** Referent, Sprecher, Rezitator
Vortragskünstler: **6** Diseur, **9** Rezitator, **10** Deklamator
Vortragskünstlerin: **7** Diseuse, **11** Rezitatorin
Vortragslehre: **8** Methodik
Vortragsreihe: **4** Kurs, **6** Kursus
vortrefflich: **6** probat, superb, **7** sueperb, **9** exzellent
Vortriebskraft: **5** Schub
vorüber: **6** vorbei, **9** vergangen
vorübergehen: **9** passieren
vorübergehend: **7** ephemer, **8** momentan, **9** temporaer, **10** episodisch, zeitweilig, **13** kommissarisch, **14** interimistisch
vorübergehende Vereinigung von Unternehmen: **10** Konsortium
Vorübergehender: **7** Passant
Vorurteil: **9** Praejudiz, **12** Befangenheit
vorurteilslos: **7** liberal, **8** objektiv
Vorurteilslosigkeit: **13** Objektivitaet
Vorvergangenheit: **15** Plusquamperfekt
Vorwand: **5** Finte, **7** Ausrede, **8** Praetext
vorwärts: **6** avanti
vorwärtskommen: **10** arrivieren
vorweg: **4** erst, **6** zuerst
Vorwegnahme: **12** Antizipation
Vorweihnachtszeit: **6** Advent
vorweltlich: **6** fossil
vorwiegend: **10** praevalent
Vorwort: **6** Prolog
Vorwurf: **5** Ruege, Tadel, **7** Rueffel, Schelte
Vorzeichen: **4** Omen, **6** Aspekt, **7** Prodrom, **12** Prognostikon
vorzeigen: **13** praesentieren
Vorzeigen eines Wechsels: **5** Vista
vorzeitig (med.): **9** praematur
Vorzimmer: **4** Flur, **5** Diele, **6** Entree
Vorzug: **10** Praeferenz
vorzüglich: **4** edel, **5** famos, prima, **6** superb, **7** erlesen, kapital, sueperb, **8** exquisit, **9** exzellent, **10** primissima
vorzugsweise: **8** speziell, **10** katexochen
vulgär: **6** gemein, **8** ordinaer, **10** anstoessig
Vulkane in
- ***Afrika:*** **4** Fako, Kibo, Meru, **6** Elgon, Kenio, Teide, **6** Pelada, **7** Mawensi, **8** Era Kohor, **7** Virunga, **9** Namlagira, Niragongo, **10** Pico Volcano, **11** Pico de Teide, **13** Piton de Neiges
- ***Amerika:*** **4** Agua, **5** Fuego, Huila, Maipo, Misti, Pelée, **6** Ampato, Colima, Helens, Izalco, Katmai, Osorno, Sangay, Sajama, Shasta, Purace, Tolima, **7** Chillán, Iliamna, Jorulla, Rainier, San José, **8** Antisana, Cotopaxi, Tinakula, **9** Paricutin, Tajamulco, **10** Chimborazo, Lassen Peak, Santa Maria, **12** Citlaltépetl, Popocatépetl
- ***der Antarktis:*** **6** Erebus
- ***Asien:*** **3** Apo, Aso, **4** Taal, **5** Asama, Bromo, Kelut, **6** Ararat, Asosan, Merapi, Semeru, **7** Ternate, **8** Demawend, Korintji, Krakatau, Urdaneta, **9** Asamajama, Ercias, Dag, Kirishima, **11** Fudschijama, **12** Schiwelutsch
- ***Australien und Ozeanien:*** **3** Kea, Loa, **5** Balbi, **7** Kilauea, Orohena, Ruapehu, **8** Mauna Kea, Mauna Loa, Matavanu, Thurston, **9** Ngauruhoe
- ***Europa:*** **6** Aetna, Askja, Hekla, Vesuv, **6** Elbrus, Kasbek, **7** Vulcano, **8** Santorin, **9** Stromboli

Vulkanausbruch: **8** Eruption

V

Vulkanerguß: **4** Lava
Vulkangesteine: **4** Bims, Lava, Tuff, **5** Trass, **6** Basalt, Diabas, Diorit, Gabbro, Syenit, **7** Andesit, Liparit, Porphyr, Trachyt, Obsidian, **9** Bimsstein, Phonolith
Vulkaninsel
– ***im Nordmeer:*** **8** Jan Mayen
– ***in der Sundastraße:*** **8** Krakatau
vulkanische Lavabröckchen: **7** Lapilli, Rapilli
vulkanisierter Kautschuk: **5** Gummi
Vulkansee: **4** Maar
Vulkantrichter: **6** Krater, **7** Caldera

W

waagerecht: **4** plan, **10** horizontal
waagerechte Fläche: **6** Niveau
Waagerechte: **8** Abszisse, **11** Horizontale
Wabe: **5** Ross, **5** Rosse
Wabenkröte: **4** Pipa
Wache: **5** Ronde, **6** Posten
wachend: **5** vigil
Wacholder: **9** Kranewitt, Machandel, **11** Kramtsbeere, **13** Krammersbeere
Wacholderbranntweine: **3** Gin, **7** Genever, **9** Machandel, Wacholder, **11** Kranewitter, Steinhaeger
Wacholderdrossel: **13** Krammetsvogel
wachsam: **8** vigilant, **10** aufmerksam, hellhoerig, vorsichtig
wachsame Augen: **10** Argusaugen
wachsartige Substanz: **8** Paraffin
Wachsbewegung (Pflanze): **8** Nutation
Wachsbildnerei: **11** Zeroplastik
wachsbleich: **4** fahl, **5** blass
Wachsfigurenschau: **10** Panoptikum
Wachsgravierung: **11** Zerographie
Wachslicht: **5** Kerze
Wachsmalerei: **9** Enkaustik
Wachssalbe: **5** Zerat
Wachstumsdrüse: **6** Thymus
Wächter: **4** Hirt, **5** Hirte, **6** Hueter, **7** Waerter, **8** Aufseher, **9** Aufpasser, **11** Beschuetzer
Wächter
– ***der griechischen Sage:*** **5** Argus, Zerberus
– ***des Himmels:*** **6** Cherub, **7** Heimdal, **8** Heimdall
– ***des Nibelungenhorts:*** **8** Alberich
Wachtraum: **8** Illusion, Trugbild
Wachturm: **5** Warte, **10** Luginsland
Wadenbein: **6** Fibula
Wadenstrumpf: **7** Stutzen
Waffen: **3** Ger, **4** Colt, Kris, Mine, Pike, Tank, **5** Aries, Barte, Bogen, Bombe, Degen, Dolch, Gleve, Keule, Lanze, Speer, **6** Flinte, Gewehr, Kanone, Panzer, Rakete, Saebel, Spiess, **7** Assagai, Bazooka, Buechse, Jatagan, Moerser, Muskete, Petarde, Pistole, Sarrass, Schwert, Stilett, Stutzen, Torpedo, **8** Arkebuse, Armbrust, Bajonett, Balester, Balliste, Blasrohr, Bombarde, Browning, Falkaune, Flamberg, Haubitze, Kartaune, Luftmine, Pallasch, Revolver, Terzerol, Tesching, Tomahawk, Tretmine, **9** Atombombe, Falkonett, Geschuetz, Handschar, Karabiner, Partisane, Stahlrute, Streitaxt, Wurfkeule, **10** Brandbombe, Hellebarde, Schlagring, Winchester, **11** Bowiemesser, Handgranate, Minenwerfer, Morgenstern, Panzerfaust, Stalinorgel, Wasserbombe, **12** Feldschlange, Granatwerfer, Hakenbuechse, Totschlaeger, **13** Flammenwerfer, Gummiknueppel, Raketenwerfer, **14** Repetiergewehr, **15** Maschinengewehr, Trommelrevolver, **16** Maschinenpistole, **18** Schnellfeuergewehr
Waffengang: **5** Kampf
Waffengattungen: **4** Heer, **6** Marine, **8** Pioniere, Reiterei, **9** Luftwaffe, **10** Artillerie, Infanterie, Kavallerie, **12** Panzertruppe, **13** Gebirgstruppe, **15** Luftlandetruppe, **16** Fallschirm-

jaeger
Waffenlager: 7 Arsenal, **8** Zeughaus
Waffenrock: 6 Dolman, Ulanka, **7** Litewka, Uniform
Waffensportart: 7 Fechten, **9** Schiessen, **14** Bogenschiessen, 17Armbrustschiessen, Pistolenschiessen, **18** Tontaubenschiessen
wagen: 9 riskieren
Wagen: 3 Bus, Cab, Car, Gig, **4** Auto, **5** Break, Coach, Karre, Kupee, **6** Chaise, Karren, Troika, **7** Berline, Dogcart, Karosse, Karriol, Kibitka, Kremser, Kutsche, Rikscha, Vehikel, **8** Gefaehrt, Karriole, Landauer, **9** Automobil, Britschka, Limousine, Rollwagen, **11** Leiterwagen, Postkutsche
Wagenabteil: 5 Coupé
Wagenaufbau: 10 Karosserie
Wagenbauer: 6 Wagner, **11** Stellmacher
Wagendecke: 5 Plane
Wageneinstellraum: 6 Garage, Remise
Wagenfahrgestell: 7 Chassis
Wagenführer: 6 Fahrer, Lenker, **8** Kutscher, **9** Chauffeur
Wagenkolonne: 4 Pulk, **5** Treck
Wagenladung: 5 Fuder, Fuhre
Wagenrücksitz: 4 Fond
Wagenschaufahrt: 5 Korso
Wagenteile: 3 Rad, **5** Achse, Runge, **7** Chassis, **8** Deichsel, **10** Karosserie
Wagenumzug: 5 Korso, Treck
waghalsiger Unternehmer: 8 Spekulant
Wagnis: 6 Hasard, Risiko
Wahl: 4 Kuer, **8** Elektion
Wahl einer Staatsangehörigkeit: 6 Option
Wahl zwischen
– ***zwei Möglichkeiten:*** **11** Alternative
– ***zwei unangenehmen Dingen:*** **7** Dilemma
wählen: 6 kueren
Wähler: 6 Optant
Wählerauftrag: 6 Mandat
Wahlfeldzug: 8 Kampagne
wahlfrei: 10 fakultativ
Wahlgang: 10 Abstimmung
Wahlspruch: 5 Motto, **6** Devise, Losung, Maxime
Wahlstimme: 5 Votum
Wahlübung: 4 Kuer
wahlweise: 10 alternativ, fakultativ
Wahlzettelbehälter: 4 Urne
Wahn: 4 Trug, **6** Schein, **8** Illusion, **10** Einbildung, **11** Imagination, **13** Halluzination
Wahnsinn: 7 Irrsinn, **9** Phrenesie
wahnsinnig: 3 irr, **4** irre, **5** insan, **11** phrenetisch
Wahnvorstellung: 7 Phantom, **9** Obsession, **13** Halluzination
Wahnwitz: 8 Aberwitz
Wahrheit: 8 Tatsache, **9** Realitaet
wahr machen: 11 realisieren
wahrnehmbar: 11 perzeptibel
wahrnehmen: 11 perzipieren, **12** registrieren
Wahrnehmungsorgane: 3 Ohr, **4** Auge, Nase, Nerv, Sinn
Wahrsagekunst: 6 Mantik, **9** Prophetерie
Wahrsager: 5 Augur, Seher, **8** Haruspex, Mantiker, Telepath, **9** Astrologe, Chirologe, Chiromant, Handleser, Hellseher, **11** Kartenleger, Sterndeuter
Wahrsagerin: 6 Pythia, **7** Sibylle
wahrsagerisch: 12 sibyllinisch
Wahrsagung aus
– ***Bibelstellen:*** **12** Bibliomantie
– ***Linien im Sand:*** **9** Geomantie, Geomantik
– ***Namen:*** **9** Onomantie
– ***Tiereingeweiden:*** **11** Hieromantie
– ***Zahlen:*** **13** Arithmomantie
Wahrsagung

- ***durch Heraufbeschwörung Verstorbener:*** **11** Nekromantie
- ***mit Stäbchen und Wünschelrute:*** **12** Rhabdomantie

wahrscheinlich: 8 probabel, **10** praesumtiv
Wahrspruch: 6 Urteil, **7** Verdikt
Währung: → betr. Länder
Währungsabwertung: 11 Devaluation, Devalvation
Währungsgeld: 6 Valuta
Wahrzeichen: 6 Emblem, Symbol, Wappen
Wahrzeichen von
- ***Athen:*** **9** Akropolis
- ***Bamberg:*** **6** Reiter
- ***Berlin:*** **8** Funkturm, **12** Siegessaeule, **16** Brandenburger Tor
- ***Bern:*** **15** Zeitglockenturm
- ***Braunschweig:*** **13** Loewendenkmal
- ***Bremen:*** **6** Roland
- ***Brüssel:*** **7** Atomium
- ***Frankfurt:*** **6** Roemer
- ***Hamburg:*** **6** Michel
- ***Kopenhagen:*** **12** Meerjungfrau
- ***London:*** **5** Tower, **6** Big Ben
- ***Lübeck:*** **10** Holstentor
- ***Moskau:*** **5** Kreml
- ***München:*** **12** Frauenkirche
- ***New York:*** **15** Freiheitsstatue
- ***Paris:*** **10** Eiffelturm
- ***Rio de Janeiro:*** **9** Zuckerhut
- ***Trier:*** **10** Porta Nigra
- ***Wien:*** **7** Steffel, **9** Riesenrad

Wald: 3 Hag, **4** Hain, Tann, **5** Forst
Wald an tropischen Küsten: 8 Mangrove
Waldbäume: → Laubbäume, → Nadelbäume
Waldbezirke: 3 Hag, **5** Jagen, **6** Revier
Waldblumen: 6 Akelei, Primel, **8** Eisenhut, Waldrebe, **9** Waldziest, **10** Immergruen, **13** Maigloeckchen, **15** Hasengloeckchen
Waldböcke: 4 Kudu, **5** Bongo, Eland, Nyala, **6** Nilgau, **8** Blaubull, **9** Sitatunga
Wäldchen: 4 Hain
Waldfrüchte: 4 Pilz, **5** Beere
Waldgebiet
- ***am Amazonas:*** **6** Selvas
- ***in Sibirien:*** **5** Taiga

Waldgeist: 6 Schrat, **7** Schratt, **9** Schraetel
Waldgiraffe: 5 Okapi
Waldgott: 3 Pan, **4** Faun, **5** Satyr, **6** Faunus
Waldgrundstück: 3 Hag
Waldhegegebiet: 8 Schonung
Waldhorn: 5 Corno
Waldhüter: 5 Heger, **8** Foerster
Waldlichtung: 8 Schneise
Waldnymphe: 6 Dryade
Waldpflanzen: 4 Farn, Moos, **8** Aronstab
Waldrand: 7 Lisiere
Waldrebe: 5 Liele, Niele, **6** Nielen, **8** Clematis, Klematis
Waldschädlinge: 5 Nonne, **7** Spanner, Spinner, **9** Gallwespe, Maikaefer, **11** Kieferneule
Waldschlucht: 5 Tobel
Waldtiere: 3 Reh, **4** Hase, **5** Dachs, Fuchs, **6** Hirsch, **11** Wildschwein, **13** Eichhoernchen
Waldung: 5 Forst
Waldwiese am Vierwaldstätter See: 6 Ruetli
Wale: 4 Inia, Orca, **6** Beluga, Killer, Narwal, Seiwal, **7** Blauwal, Delphin, Edelwal, Finnwal, Grauwal, Mordwal, Nordwal, Pottwal, Raubwal, **8** Brydewal, Butzkopf, Cachelot, Doegling, Entenwal, Glattwal, Grindwal, Pilotwal, Tuemmler, Weisswal, Zwergwal, **9** Bartenwal, Buckelwal, Layardwal, Nordkaper, Suedkaper, **10** Biskayawal, Braunfisch, Einhornwal, Furchenwal, Schwarzwal,

Schwertwal, Seedelphin, **11** Gruendelwal, Neutuemmler, Schnabelwal, Schweinswal, **12** Flaschennase, Flussdelphin, Groenlandwal, Zwergpottwal, **13** Gangesdelphin, Rissosdelphin, Zwergglattwal

Wales (Teil von Großbritannien)
Berg: **7** Snowdon
Bevölkerung: **7** Waliser
Flüsse: **3** Wye, **6** Severn
Gebirge: **8** Cambrian, **9** Glamorgan
Halbinseln: **5** Gower, Lleyn
Hauptstadt: **8** Cardiff
Insel: **8** Anglesey
Sprache: **5** Welsh
Städte: **5** Flint, **6** Bangor, **7** Cardiff, Merthyr, Rhondda, Swansea, **8** Goodwick, Pembroke
Ureinwohner: **6** Kymren

Walfanggerät: **7** Harpune
Walfische: **8** Zetazeen → Wale
Walküren: **8** Gerhilde, Helmwige, Ortlinde, Siegrune, **9** Grimgerde, Waltraute, **10** Rossweisse, **13** Schwertleite
Walkürenroß bei Wagner: **5** Grane
Wall: **4** Damm, **5** Deich
Wallach: **3** Run
Wallensteins
– *Astrologe:* **4** Seni
– *Beiname:* **9** Friedland
– *Sterbeort:* **4** Eger
Waller: **4** Wels
Wallfahrer: **6** Pilger, **7** Hadschi, Pilgrim
Wallfahrtsort
– *in Bayern:* **4** Wies, **7** Andechs, **10** Altoetting
– *auf Ceylon:* **5** Kandy
– *in Frankreich:* **7** Lourdes
– *in Indien:* **4** Puri, **8** Varanasi
– *im Iran:* **8** Meschhed
– *in Italien:* **6** Loreto
– *in Japan:* **3** Ise, **4** Nara, **5** Kioto, Kyoto, Tenri, **8** Kotohira, Miyajima
– *im Kanton Schwyz:* **10** Einsiedeln
– *der Mohammedaner:* **5** Mekka, **6** Medina
– *am Niederrhein:* **8** Kevelaer
– *in Oberbayern:* **7** Andechs
– *in Oberschlesien:* **8** Annaberg
– *in Polen:* **13** Tschenstochau
– *in Portugal:* **6** Fatima
– *in Sigmaringen:* **6** Beuron
– *in der Steiermark:* **9** Mariazell
– *in Tirol:* **5** Absam
– *in den Vogesen:* **8** Ronchamp
– *in Westfalen:* **4** Werl, **7** Neviges
Wallung: **10** Kongestion, **11** Blutandrang
Walprodukte: **4** Tran, **5** Ambra, Barte, Zetin, **6** Walrat, **8** Cetaceum, **9** Fischbein
Walze: **5** Rolle, **8** Zylinder
Wälzer: **7** Foliant
Walzerkomponisten: **6** Komzak, Lanner, **7** Strauss, **10** Waldteufel
Wams: **5** Joppe, **7** Kamisol, Kollett
Wand: **5** Mauer, **8** Paravent
Wandalenkönige: **7** Gelimer, Wisumer, **8** Hunerich, **9** Geiserich, Godegisel, Gunderich, Hilderich, **10** Guntherisch
Wandbehang: **10** Tapisserie
Wandbekleidungen: **6** Fliese, Paneel, Tapete. **7** Lambris
Wandbretter: **4** Bord, **5** Butze, Regal, **7** Konsole
Wandel: **5** Wende, **7** Wechsel
wandelbar: **8** variabel, **9** proteisch
Wandelbarkeit: **10** Labilitaet
Wandelform: **5** Abart
Wandelgang: **5** Foyer
Wandelhalle: **5** Lobby
Wandelröschen: **7** Lantana
Wandelstern: **6** Planet
Wanderbühne: **8** Schmiere, **13** Thespiskarren
Wanderer: **6** Pilger, **7** Tourist
Wanderhändler: **9** Hausierer

Wanderhirt: **6** Nomade
wandernd: **8** ambulant
Wanderprediger: **10** Evangelist
Wanderung: **4** Tour, **5** Fahrt, **6** Marsch, **7** Ausflug, **9** Exkursion
Wandervölker: **8** Beduinen, Zigeuner
Wandfliesen: **8** Azulejos
Wandgestell: **5** Regal, **7** Etagere, Konsole
Wandlaus: **5** Wanze
Wandler: **5** Trafo, **13** Transformator
Wandmalerei: **6** Freske, Fresko, **9** Sgraffito
Wandpapier: **6** Tapete
Wandpfeiler: **8** Pilaster
Wandplatte: **6** Fliese
Wandschirm: **8** Paravent
Wandspiegel: **7** Trumeau
Wandtäfelung: **6** Paneel
Wandteil des Fasses: **5** Daube
Wandteppiche: **5** Kelim, **6** Gobelin, Verdure, **10** Tapisserie
Wandteppich aus Flandern: **6** Arazzo
Wandverzierung: **5** Fries
Wandvorsprung: **4** Sims, **5** Erker, **7** Konsole, Risalit
Wange: **5** Backe
Wangenrot: **5** Rouge
wankelmütig: **5** labil, schwankend, **12** inkonsequent, unbestaendig, **14** unentschlossen, unzuverlaessig, wetterwendisch
Wanzen: **9** Baumwanze, Bettwanze, Langwanze, Raubwanze, Uferwanze, **10** Blindwanze, Feuerwanze, Lederwanze, Plattwanze, Ruderwanze, **11** Schildwanze, Wasserwanze, **12** Wasserreiter, **13** Wasserlaeufer
Wapitihirsch: **3** Elk
Wappenblume: **5** Lilie
Wappenbuch: **7** Armorial
Wappenfigur (Ritterhelm): **6** Zimier
Wappenkunde: **6** Blason, **8** Heraldik
Wappenkundiger: **10** Heraldiker
Wappenschild: **6** Blason
Wappenseite (Münze): **6** Revers
Wappenspruch: **6** Devise
Wappentiere: **4** Baer, **5** Adler, Loewe, **6** Drache, **7** Einhorn, **11** Doppeladler
Waräger: **3** Rus, **8** Wikinger, **9** Normannen
Warägenfürsten: **4** Oleg, **5** Rurik
Warenangebot: **9** Sortiment
Warenausfuhr: **6** Export
Warenausfuhrhändler: **9** Exporteur
Warenausfuhrverbot: **7** Embargo
Warenausstellung: **5** Messe
Warenauswahl: **9** Sortiment, **10** Kollektion
Warenballen: **5** Kollo
Wareneinfuhr: **6** Import
Wareneinfuhrhändler: **9** Importeur
Warengattung: **7** Artikel
Warengeber: **7** Automat
Warenhaus: **8** Kaufhaus, **10** Supermarkt
Warenhausabteilung: **5** Rayon
Warenlager: **5** Stock, **6** Vorrat, **7** Magazin, **8** Schuppen, Speicher
Warenliste: **7** Katalog
Warenmarkt: **5** Messe
Warenmenge: **6** Posten
Warenposten: **6** Partie
Warenräume: **5** Laden, Lager, **8** Speicher
Warenrechnung: **6** Faktur, **7** Faktura
Warenschau: **5** Messe, **11** Ausstellung
Warenschild: **7** Etikett
Warenstück: **6** Ballen
Warenumhüllung: **9** Emballage
Warenverkehr: **6** Handel
Warenvorrat: **5** Lager
Warenzeichen: **5** Marke, **9** Trademark
Warenzusammenstellung: **9** Sortiment
Warmbäder (antike): **7** Thermen
warme(r, s)
– ***alkoholisches Getränk:*** **4** Grog,

6 Punsch, 9 Gluehwein
- *Aufwind:* **7** Thermik
- *Fallwind:* **5** Foehn
- *Mittelmeerwind:* **9** Schirokko
- *Quelle:* **6** Therme

Wärmebett für Frühgeburten: **8** Couveuse
Wärmeeinheiten: **4** Grad, **7** Kalorie
Wärmegrad: **10** Temperatur
Wärmelehre: **7** Kalorik, Thermik
wärmeliebend: **10** thermophil
Wärmemesser: **11** Thermograph, Thermometer
Wärmeregler: **10** Thermostat
Wärmeschutzstoff: **6** Asbest
Wärmespeicher: **10** Thermophor, **11** Regenerator
Wärmespender: **4** Ofen, **5** Kamin, Sonne
Wärmestrahler: **8** Radiator
Warmhaltegefäß: **14** Thermosflasche
Warmhaltegeräte: **7** Rechaud, **10** Thermophor
Warmluftballon: **12** Montgolfiere
Warmwasserbereiter: **6** Boiler
warnend: **12** exemplarisch, **13** symptomatisch
Warngeräte: **4** Hupe, **6** Glocke, Sirene, Typhon, **7** Blinker, **9** Nebelhorn
Warnungszeichen: **5** Alarm, **9** Menetekel
Wartezeit: **6** Karenz
Warthe-Zuflüsse: **3** Lis, Ner, **4** Obra, **5** Lenza, Netze, **6** Glowna, Grabia, Prosna, Samica, **7** Lutinja, **8** Sadlowka
Wartturm einer Burg: **9** Bergfried
Warzen: **7** Papille, **8** Karunkel
warzenartig: **8** papillar
Waschbecken: **5** Lavor, **6** Lavoir
Wäschehalter: **7** Klammer
Wäscherolle: **6** Mangel
Wäschestoffe: **4** Mako, **5** Linon, Nylon, Zefir, **6** Batist, Byssus, Damast, Dralon, Kattun, Kreton, Leinen, Linnen, Molton, Perkal, Perlon, Zephir, **7** Finette, Flanell, Zanella, **8** Barchent, Cretonne, Irisette, Kretonne, Popeline, **9** Charmeuse
Wäschetrockner: **7** Tumbler
Waschfässer: **5** Balge, Zuber, **6** Buette
Waschlösung: **5** Lauge
Waschmittel: **4** Soda, **5** Borax, Seife
Waschräume: **3** Bad, **4** Kaue, **8** Toilette, **10** Badezimmer
Wasser in gasförmigem Zustand: **5** Dampf
Wasserablaufloch: **3** Gat, **4** Gatt
wasserabstoßend: **10** waterproof
Wasserbau: **12** Hydrotechnik
Wasserbauwerke: **4** Wehr, **8** Schleuse, **9** Staumauer
Wasserbehälter: **4** Tank, **5** Eimer, **6** Bassin, Boiler, Kessel, **8** Kanister, Zisterne
Wasserbehandlung: **9** Kneippkur, **13** Hydrotherapie
Wasserbruch (med.): **9** Hydrozell
Wasserbüffel: **4** Arni, **7** Kerabau
wasserdicht: **10** hermetisch, waterproof
wasserdichte Querwand im Schiff: **6** Schott
wasserdichter Seemannshut: **10** Suedwester
wasserdichter Stoff: **5** Loden, **9** Segeltuch, **10** Persenning
Wasserfahrzeuge: → Boote, → Kriegsschiffe, → Schiffe, → Segelschiffe
Wasserfall: **7** Kaskade, **8** Katarakt
Wasserfall in
- *Afrika:* **7** Stanley, **8** Victoria
- *Argentinien:* **7** Iguassu
- *Chile:* **10** Pilmaiquen
- *Finnland:* **6** Imatra
- *Frankreich:* **8** Gavarnie

– ***Island:*** **9** Dittifoss
– ***Italien:*** **4** Toce, Tosa
– ***Nordamerika:*** **7** Niagara, **8** Yosemite, **11** Yellowstone
– ***Norwegen:*** **4** Kile, **6** Rjukan, Vettis
Wasserfarbenbild: **8** Aquarell
Wasserfarn: **6** Azolla
Wasserflasche: **7** Karaffe
Wasserfloh: **7** Daphnia, **9** Kladozere
Wasserflugzeug: **9** Hydroplan
Wassergeister: **3** Nix, **4** Neck, Nixe, **5** Noeck, **6** Nickel, Nymphe, Undine, **8** Melusine
Wasserglas: **7** Silikat
Wasserglätte: **11** Aquaplaning
Wassergraben: **5** Kanal, **6** Gracht
Wasserhebewerk: **11** Paternoster
Wasserhose: **6** Trombe
Wasserhühner: **5** Ralle, **6** Lietze, **7** Belchen, **10** Blaesshuhn
Wasserjungfer: **7** Libelle
Wasserkäfer: **8** Gelbrand
Wasserlage eines Schiffs: **5** Trimm
Wasserläufe: **4** Bach, **5** Creek, Fleet, Fluss, Kanal, Rinne, Strom, **6** Graben, Gracht, **7** Fiumara, Fiumare, Rinnsal, **8** Torrente
Wasserlauf im Watt: **5** Balge, Priel
Wasserleitung: **9** Aquaedukt
Wasserleitung unter einem Deich: **6** Dueker
wasserliebend: **9** hydrophil
Wasserloch: **4** Kolk, **5** Suhle, **7** Tuempel
wasserloses Flußbett: **4** Wadi
Wassermelone: **6** Arbuse, **8** Zitrulle
Wassermolch: **7** Axolotl
Wasserpest: **6** Elodea
Wasserpfeife: **4** Huka, **5** Hukka, **6** Kalian, Kaliun, **8** Nargileh, Tschibuk
Wasserpflanzen: **4** Alge, Tang, **5** Lotos, **7** Seerose, Taennel, **9** Hornblatt, **10** Blasentang, Froschbiss, Wassernuss, Wasserpest, Wasserrose, **11** Tannenwedel, **14** Wasserschlauch
Wasserpfütze: **5** Lache
Wasserreservoir: **7** Stausee, **8** Zisterne
Wasserrinne: **4** Runs, **5** Runse
Wasserrose: **5** Lotos
Wasserschlange (Sage): **5** Hydra
Wasserschöpfwerke: **6** Goepel, Sakije, **7** Schaduf
Wasserspeicher: **8** Zisterne, **9** Reservoir
Wassersportarten: **5** Kraul, **6** Rudern, Segeln, **7** Paddeln, Surfing, Tauchen, **9** Schwimmen, Wasserski, **10** Wasserball, Wasserpolo, **11** Surfriding
Wassersportveranstaltung: **7** Regatta
Wasserstandslehre: **11** Hydrostatik
Wasserstandsmesser: **5** Pegel
Wasserstelle in der Wüste: **4** Oase
Wasserstoffe: **7** Tritium, **8** Hydrogen, **11** Hydrogenium
Wasserstoffisotope: **7** Tritium, **9** Deuterium
Wasserstoffkern: **6** Proton
Wasserstoffverbindung: **4** Amin, **5** Amino
Wasserstraße: **5** Kanal → Wasserläufe
Wasserstraße zwischen New York und Brooklyn: **9** East River
Wasserstraße in Holland: **6** Gracht
Wasserstrudel: **4** Neer
Wassersucht: **5** Oedem, **7** Hydrops
Wassertierwelt: **6** Nekton
Wasservögel → Alken, → Gänsevögel, → Ruderfüßer, → Sturmvögel
Wasservorwärmer bei Dampfkesselanlagen: **10** Economiser
Wasserwaage: **6** Niveau, **7** Libelle
Wasserwirbel: **4** Neer, **7** Strudel
Wasserzapfstelle: **7** Hydrant
Wattebausch: **6** Tampon, Tupfer

Watteninsel: 6 Hallig
Wattgebiet zwischen Elbe und Weser: 10 Knechtsand
Watvögel: → Schnepfenvögel
Weberdistel: 5 Karde
Weberkamm: 4 Ller, Riet
Weberknecht: 6 Kanker
Webkante: 4 Egge, 7 Salband, 9 Salleiste, Selfkante
Webstreifen: 4 Band
Webwaren: 9 Textilien
Wechsel: 5 Wende, 6 Akzept, Change, Tausch, Tratte, Turnus, 7 Rimesse
Wechselaussteller: 8 Trassant
Wechsel des Federkleids: 6 Mauser
Wechselbegriff: 8 Korrelat
Wechselbezogener: 7 Trassat, 9 Akzeptant
Wechselbürgschaft: 4 Aval
Wechselfeuchtpflanze: 9 Tropophyt
Wechselfieber: 7 Malaria
Wechselgebet: 7 Litanei
Wechselgesang: 5 Kanon, 8 Antiphon
Wechseljahre: 12 Klimakterium
wechselnde Gemütsstimmung: 5 Laune
Wechselnehmer: 9 Remittent
Wechselnote (Musik): 8 Cambiata
Wechselrahmen: 12 Passepartout
Wechselrede: 6 Dialog
Wechseltierchen: 6 Amoebe
wechselseitig: 6 mutual, 7 mutuell, 8 reziprok
Wechselseitigkeit: 9 Dualitaet, 11 Mutualitaet
Wechselstube: 8 Exchange
Wechselübertragung: 11 Indossament
Wechselübertragungsempfänger: 10 Indossatar
Weckruf: 5 Alarm, 6 Appell, 8 Reveille
Weg: 4 Pfad, 5 Route, Steig, Stieg, 7 Gehbahn, Strecke
Weg eines Flusses: 4 Lauf
Wegbereiter: 7 Pionier, 11 Protagonist, Vorkaempfer, 13 Avantgardist
Wegelagerer: 6 Bandit, 10 Raubritter, 11 Strauchdieb, 12 Buschklepper
Weggenosse: 6 Kumpel, 7 Kamerad, 9 Gefaehrte
wegjagen: 8 schassen
Wegkrümmung: 5 Kurve
Weglänge eines Kolbens: 3 Hub
Wegmesser: 9 Pedograph
wegmüde: 6 marode
Wegstrecke: 4 Kurs, 5 Route
Wegwarte: 8 Zichorie
Wegweiser: 5 Guide, 9 Vademekum
Wegzehrung: 8 Proviant
Weh: 4 Leid, 6 Kummer, 7 Schmerz
Wehgeschrei: 5 Zeter
Wehklage: 7 Lamento
wehklagend (Musik): 9 lamentoso
Wehmut: 6 Trauer
wehmütiges Gedicht: 6 Elegie
wehmutsvoll: 8 elegisch
Wehmutter: 7 Hebamme
Wehrmacht: 8 Militaer
Wehrmachtsteile: 4 Heer, 6 Marine, 9 Luftwaffe
Wehrturm: 9 Bergfried
Weib (böses): 5 Furie, 6 Vettel, 7 Megaere
Weib (zänk.): 9 Xanthippe
Weiberfeind: 7 Misogyn
Weiberfreund: 8 Philogyn
Weiberhaß: 9 Misogynie
weiblich, weibisch: 7 feminin
weibliche(r, s)
– ***Bühnenfach:*** 4 Alte, 5 Naive, 6 Heldin, 7 Heroine
– ***Fisch:*** 7 Rogener
– ***Fuchs:*** 5 Faehe
– ***Hauptwort:*** 9 Femininum
– ***Haustiere:*** 3 Kuh, Sau, 4 Huhn, 5 Henne, Katze, Stute, 6 Eselin, 7 Huendin
– ***Hund:*** 5 Faehe, Petze
– ***Kaninchen:*** 5 Zibbe
– ***Luftgeist:*** 8 Sylphide

– ***Märchenwesen:*** **3** Fee, **4** Elfe, Hexe, **6** Riesin
– ***Pferd:*** **5** Stute
– ***Reh:*** **5** Geiss, Ricke
– ***Rind:*** **3** Kuh, **6** Faerse
– ***Schaf:*** **5** Zibbe
– ***Schwein:*** **3** Sau, **5** Bache
– ***Wolf:*** **5** Faehe
weich: **5** dolce, sanft, **6** morbid
Weichheit: **5** Milde
Weichkaramelle: **6** Toffee
Weichkäsesorten: **4** Brie, **5** Quark, **7** Romadur, Stilton, **8** Romadur, **9** Camembert, Limburger, Roquefort, **10** Gorgonzola, **11** Butterkaese, **12** Schmelzkaese → Käse
Weichling: **5** Memme, **7** Kinaede, **8** Feigling
Weichsel-Mündungsarm: **5** Nogat
Weichsel-Zuflüsse: **3** Bug, Leg, San, **4** Laka, Ossa, Sola, Spla, **5** Brake, Bzura, Grime, Nidda, **6** Bosura, Chodel, Czarna, Montau, Pilica, Wieprz, **7** Drewenz, Dunajec, Radomka, Wisloka, **8** Kamienna, Liplanka
Weichtiere: **5** Krake, **7** Muschel, **8** Schnecke, **8** Molluske
Weichtierklassen: **8** Muscheln, **9** Schnecken, **11** Kopffuesser
Weichtierkunde: **11** Malakologie
Weide: **3** Alm, Alp, **4** Alpe, **5** Anger, Matte, Trift, Wiese, **6** Koppel
Weidenbaum: **4** Sale, **6** Felber
Weidengerte: **4** Zain
Weidezaun: **4** Fenz
Weidmann: **6** Jaeger
weidmännisch für
– ***Aas:*** **5** Luder
– ***Afterfleck:*** **7** Spiegel
– ***Auge:*** **5** Licht, Seher
– ***Bein:*** **4** Lauf
– ***Blut:*** **8** Schweiss
– ***Dächsin:*** **4** Fehe, **5** Faehe
– ***Dachsschwanz:*** **4** Zain, **7** Buerzel, Puerzel
– ***Eckzahn:*** **5** Haken, Hauer, **6** Grandl, **7** Grandel
– ***Eingeweide:*** **8** Aufbruch, **9** Geraeusch, Gescheide
– ***Falkenjagd:*** **5** Beize
– ***fett:*** **5** feist
– ***fressen:*** **5** aesen
– ***Füchsin:*** **4** Fehe, **5** Faehe, **6** Faehin
– ***Fuchsschwanz:*** **5** Fahne, Lunte, **6** Stange, **9** Standarte
– ***Fuß des Federwilds:*** **8** Staender
– ***Geweihteile:*** **4** Bast, Ende, Rose, **5** Krone, **6** Furche, Stange, **7** Sprosse, **10** Rosenstock
– ***grasen:*** **5** aesen
– ***Hase:*** **5** Lampe, **6** Krumme
– ***Hauer:*** **6** Gewaff
– ***Hetzhundeschar:*** **5** Meute
– ***Hetzjagd:*** **4** Hatz
– ***Iltis:*** **4** Ratz
– ***Innereien:*** **9** Geraeusch
– ***Jagd:*** **4** Weid
– ***Jagdbeute:*** **7** Strecke
– ***Jagdkanzel:*** **8** Hochsitz, **9** Hochstand
– ***Jagdmesser:*** **6** Nicker, **13** Hirschfaenger
– ***Jagdstuhl:*** **9** Sitzstock
– ***junges Reh:*** **4** Kitz
– ***junges Wildschwein:*** **10** Frischling
– ***Köder:*** **5** Luder, **6** Anbiss
– ***Lockfutter:*** **7** Kirrung
– ***männlicher Hase:*** **7** Rammler
– ***männliches Wildschwein:*** **4** Eber, **6** Keiler
– ***Maul:*** **4** Fang, **5** Aeser, **6** Geaese
– ***Neuschnee:*** **4** Neue
– ***Ohr des Haarwilds:*** **5** Loser, Luser, **8** Lauscher
– ***Ohr des Hasen:*** **7** Loeffel
– ***Ohr des Schwarzwilds:*** **6** Teller
– ***Rucksack:*** **4** Aser
– ***Rüssel des Schwarzwilds:*** **7** Gebrech, **8** Gebraech

– ***Salzstelle:*** **5** Lecke
– ***Schulter des Wilds:*** **5** Blatt
– ***Schwanz des Dachses:*** **4** Zain, **7** Buerzel, Pucrzel
– ***Schwanz des Fuchses:*** **4** Rute, **5** Fahne, Lunte, **6** Stange, **9** Standarte
– ***Schwanz des Hasen:*** **5** Blume
– ***Schwanz des Hundes:*** **4** Rute
– ***Schwanz des Reh- und Rotwilds:*** **5** Wedel
– ***Schwanz des Wildscheins:*** **7** Buerzel, Puerzel, **9** Federlein, **10** Schmoerkel
– ***Sprossen am Hirschgeweih:*** **5** Enden
– ***Spur:*** **7** Faehrte, **11** Trittsiegel
– ***Spur als Abdruck:*** **5** Tritt
– ***Spur des Federwilds:*** **7** Gelaeuf
– ***Wedel:*** **5** Blume
– ***weibliches Reh:*** **5** Geiss, Ricke
– ***weibliches Rotwild:*** **5** Alttier, **10** Schmaltier
– ***weibliches Wildschein:*** **5** Bache, **7** Wildsau
– ***weiden:*** **5** aesen
– ***Wildblut:*** **8** Schweiss
– ***Wildschweinzähne:*** **5** Haken, Hauer, **6** Gewaff, **7** Haderer
– ***Zunge:*** **6** Lecker

Weihe: **5** Segen, **7** Segnung, **10** Ordination, **11** Benediktion, **12** Konsekration
Weihelied: **5** Hymne, **6** Hymnus
Weiher: **5** Teich
Weihgeschenk: **5** Votiv, **6** Exvoto
Weihnachtsbaumschmuck: **6** Kerzen, **7** Lametta, **10** Engelshaar
Weihnachtsgebäck: **6** Printe, Stolle, **7** Stollen, **9** Lebkuchen, **11** Spekulatius, **13** Pfefferkuchen
Weihnachtsgeschenk: **8** Julklap
Weihnachtslied (engl.): **5** Carol
Weihnachtsmann: **8** Nikolaus
Weihnachtsrose: **8** Nieswurz
Weihnachtsspiel (franz.): **4** Noel
Weihnachtsstern: **10** Poinsettie
Weihnachtssymbol: **6** Krippe
Weihnachtsvorzeit: **6** Advent
Weihrauch: **8** Olibanum
Weihwasserkessel: **3** Ama
Weihwasserwedel: **9** Aspergill
Wein des letzten Jahrgangs: **8** Heuriger
Weinanbaugebiete in
– ***Deutschland:*** **3** Ahr, **4** Nahe, Saar, **5** Baden, Mosel, Rhein, Ruwer, **7** Franken, **8** Rheingau, Schwaben, **10** Rheinpfalz, **11** Mittelrhein, Rheinhessen
– ***Frankreich:*** **5** Loire, Médoc, Rhône, **6** Graves, **7** Burgund, Côte d'Or, **8** Provence, **9** Champagne, Languedoc, Mâconnais, Sauternes, **10** Beaujolais, Châlonnais, Roussillon
– ***Italien:*** **7** Chianti, Piemont, Toskana, **8** Campagna, **9** Lombardei, Suedtirol

Weinbauer: **6** Winzer
Weinbaufachmann: **8** Oenologe
Weinbaukunde: **9** Oenologie
Weinbeeren: **6** Rosine, Zibebe, **8** Korinthe, **9** Sultanine
Weinberg: **7** Wingert
Weinbergschädlinge: **7** Mehltau, Reblaus, **10** Rebstecher, **13** Ruesselkaefer
Weinbrand: **6** Cognac, Kognak
Weindrossel: **5** Winze, **10** Rotdrossel
Weinduft: **6** Bukett
Weingeist: **8** Aethanol
Weine
deutsche: **6** Domtal, Eisler, **7** Ahrwein, Kroever, **8** Erbacher, Nahewein, Saarwein, Saumagen, Uerziger, **9** Alsheimer, Badenwein, Durbacher, Eltviller, Feuerberg, Fuchsloch, Moselwein, Rheinwein, Ruwerwein, **10** Affentaler, Meer-

spinne, Piesporter, Taubenberg, **11** Bocksbeutel, Drachenblut, Duerkheimer, Edenkobener, Frankenwein, Graefenberg, Meersburger, Niersteiner, Oppenheimer, Pfaffenberg, Schlossberg, **12** Bernkasteler, Geisenheimer, Hattenheimer, Markgraefler, Markobrunner, Pfaelzerwein, Schwabenwein, **13** Klostergarten, Liebfraumilch, Stich den Buben, **14** Kaiserstuehler, Kroetenbrunnen, **15** Rheinhessenwein, **16** Hex von Dasenstein

französische: **5** Lunel, Macon, Medoc, Yquem, **6** Barsac, Claret, Graves, Pontac, **7** Chablis, Clairet, Lafitte, Margaux, Pommard, **8** Bergerac, Bordeaux, Cantenac, Monachet, Pouillac, **9** Burgunder, Clairette, Hermitage, Sauternes, **10** Beaujolais, Chambertin, Frontignac, Roussillon, **11** Préfontaine

griechische: **5** Bados, Samos, Santo, **8** Jenerodi, **9** Malvasier, Zyperwein

italienische: **4** Asti, Salo, **6** Barolo, Verdea, **7** Asprino, Barbera, Broglio, Chianti, Cincano, Marsala, Martini, **8** Furlaner, Grumello, Sassella, **9** Calabrese, Malvaglia, **11** Sorrentiner, **15** Lacrimae Christi

jugoslawische: **6** Vugava, **7** Cividin, Moscato, Negotin, Picolit, Refosco, Ribolla, **8** Malvasia, Prosecco, **8** Moslavina, **10** Dalmatiner, Maraschino

österr. u. tirol.: **8** Heuriger, Kraetzer, Terlaner, Traminer, **9** Veltliner, Voeslauer, **10** Magdalener, **11** Kalterer See, **16** Gumpoldskirchner, Klosterneuburger

portugiesische: **7** Colares, Madeira, **8** Portwein, **9** Malvasier, **11** Carcavellos, Portugieser, **12** Kanarienwein

schweizerische: **5** Cully, **6** Saleve, **7** Dezalay, Faverge, Fendant, Gringet, **8** La Marque, **9** Malvoisie, **10** Cortaillod

spanische: **5** Jerez, Pasto, Tinto, Xeres, Yerez, **6** Malaga, Sherry, **7** Jimenes,Peralta, **8** Alicante, Grenacho, Montilla, Pajarete, **9** Tarragona, **10** Manzanares, Manzanilla, Moscatello

ungarische: **5** Menes, **6** Ruster, **7** Tokaier, Tokajer, **8** Masslacz, **10** Lakodalmas, Szamorodny

Weinernte: 4 Lese

Weingeist: 5 Sprit, **7** Alkohol, **8** Spiritus

Weinglas: 6 Roemer

Weinhauer: 6 Winzer

Weinhefe: 6 Drusen

Weinkelter: 6 Trotte

Weinkrüge: 6 Bembel, Krater

Weinlagerraum: 6 Keller, **8** Kellerei

Weinmaß: 5 Fuder

Weinmischgetränke: 5 Bowle, **7** Schorle

Weinorte

– ***an der Ahr:*** **4** Rech, **6** Dernau, **8** Altenahr, **9** Ahrweiler, Mayschoss, **11** Walporzheim

– ***in Baden-Württemberg:*** **7** Durbach, Lauffen, **8** Ihringen, Neuweier, Varnhalt, **9** Besigheim, Heilbronn, Meersburg, Stockheim, **11** Ingelfingen, 13 Sasbachwalden

– ***in Frankreich:*** **2** Ay, **4** Dizy, **6** Beaune, **7** Chablis, Mareuil, Musigny, Sillery, **8** Bordeaux, **9** Meursault, Perpignan, **10** Richebourg

– ***an der Hardt:*** **9** Duerkheim, Edenkoben, Maikammer

– ***in Mainfranken:*** **4** Zeil, **7** Iphofen, Stetten, Volkach, **8** Hochheim, **9** Karlstadt, Kitzingen, Roedelsee, Sommerach, Wuerzburg, **10** Dettelbach, Eibelstadt, Hammelburg, **11** Escherndorf, Wiesenbronn, **12** Randersacker, **13** Frickenhausen

– ***am Mittelrhein:*** **4** Kaub, **5** Steeg, Unkel, **7** Boppard, **8** Braubach, **9** Bacharach, Oberwesel, Sankt Goar, **10** Leutesdorf, **16** Sankt Goarshausen

– ***an der Mosel:*** **3** Alf, **4** Neef, Zell, **5** Dhron, Erden, Kroev, **6** Cochem, Graach, Uerzig, Wehlen, **7** Enkirch, **8** Mesenich, Neumagen, Piesport, Wintrich, **9** Zeltingen, **10** Bernkastel, Brauneberg, **11** Kluesserath, Trittenheim, **14** Traben-Trarbach

– ***im Nahegebiet:*** **9** Kreuznach, Monzingen, Sarmsheim, **10** Heddesheim, Winzenheim

– ***in Österreich:*** **4** Rust, **5** Krems, Oggau, **7** Purbach, **6** Grinzing, Mailberg, Nussdorf, **9** Moerbisch, **14** Donnerskirchen, Klosterneuburg, **15** Gumpoldskirchen

– ***in der Pfalz:*** **5** Forst, **8** Leistadt, Herxheim, Mussbach, Ungstein, **9** Duerkheim, Edenkoben, Kallstadt, Maikammer, **10** Deidesheim, Gruenstadt, Wachenheim, **11** Koenigsbach, **12** Friedelsheim, Gimmeldingen, Ruppertsberg

– ***im Rheingau:*** **6** Erbach, Winkel, Eltville, Hochheim, Kiedrich, Oestrich, Vollrads, **9** Rauenthal, Steinberg, **10** Geisenheim, Hallgarten, Hattenheim, Ruedesheim, **11** Martinsthal, **12** Johannisberg, **14** Assmannshausen

– ***in Rheinhessen:*** **5** Worms, **6** Bingen, **7** Alsheim, **8** Dienheim, **9** Bodenheim, Ingelheim, Nierstein, Oppenheim, **10** Laubenheim, Nackenheim, **11** Guntersblum, **13** Oberingelheim

– ***an der Ruwer:*** **5** Kasel, **8** Sommerau, Waldrach, **9** Gruenhaus, **10** Eitelsbach

– ***an der Saar:*** **3** Ayl, **6** Kanzem, Ockfen, Serrig, Wawern, **9** Wiltingen

– ***in Südtirol:*** **5** Meran, **6** Terlan, Tramin, **7** Kaltern

– ***in Ungarn:*** **5** Erlau, Tokaj

Weinpalme: **8** Borassus

Weinpresse: **6** Kelter, Torkel

Weinqualitätsausdrücke: **4** dick, edel, firn, herb, artig, blank, duenn, weich, **6** blumig, duftig, feurig, kernig, nervig, rassig, **7** elegant, trocken, wuerzig, **8** fruchtig, lieblich, spritzig, **9** ausgebaut, **10** aromatisch, koerperarm, **11** bukettreich

Weinschaum(soße): **8** Chaudeau

Weinschaumsoße, -creme: **8** Zabaione, **10** Zabaglione

Weinschenken: **6** Bodega, **7** Taverne

Weinschlauch (türk.): **6** Tursuk

Weinstock: **4** Rebe

Weise: **8** Vorgehen, **9** Verfahren

Weinstube: **7** Buvette

Weintraubensorten: **8** Riesling, Silvaner, Traminer, **9** Rulaender, Veltliner, **11** Muskateller

weinen: **6** heulen, **7** flennen, greinen

weise: **4** klug

Weise (Musik): **4** Lied, **7** Melodie

Weiser: **6** Denker, **9** Philosoph

Weisheit: **8** Klugheit

Weisheitsgöttinnen: **6** Athena, Athene, **7** Minerva

Weissager: **5** Seher, **7** Prophet

Weissagerinnen: **6** Pythia, **7** Sibylle

Weissagung: **6** Orakel, **9** Prophetie, **12** Prophezeiung
Weißbinder: **9** Boettcher, **11** Anstreicher
Weißbleierz: **8** Cerussit
Weißblütigkeit: **9** Leukaemie
Weißbrotbrei für Füllungen: **6** Panade
Weißbrotscheibe mit überbackenem Käse: **11** Welsh rabbit, **12** Welsh rarebit
Weißbrothäppchen: **8** Kanapees
Weißbrotschnitte (belegt): **8** Sandwich
Weißbrotschnitte (geröstet): **5** Toast
Weißbrotschnitte (gebacken): **6** Bofese, Pafese, Pofese, Povese, **7** Crouton
Weiße Elster-Zuflüsse: **4** Auma, Eula, **5** Weida, **7** Pleisse, **8** Aschbach, **10** Floessbach
weiße(r, s)
– ***Blutkörperchen:*** **9** Monozyten, **10** Leukozyten, **11** Lymphozyten
– ***Pferd:*** **8** Schimmel
– ***Sklavin:*** **8** Odaliske
– ***Stirnfleck:*** **6** Blesse
Weißfische: **4** Albe, Alet, Alse, Nase, **6** Aland, Hasel, **6** Doebel, Ukelei, **7** Elritze, Ploetze, Rotauge, **8** Rotfeder, Stroemer, **9** Schneider, **10** Bitterling, Schiedling, **13** Moderlieschen
Weißhandgibbon: **3** Lar
Weißherbst (Wein): **4** Rosé
Weißkäse: **5** Quark
weißlich-gelb: **4** écru, **5** ekrue
Weißling (Fisch): **6** Merlan
Weißling (Mensch, Tier): **6** Albino
Weißmacher: **9** Aufheller
Weißpappel: **5** Abele
Weißpfennig: **5** Albus, **6** Witten
Weißrußland (Staat in Eurasien)
Flüsse: **5** Duena, **6** Dnjepr, Njemen, **7** Pripjet, **8** Beresina
Hauptstadt: **5** Minsk
See: **11** Narotschsee
Städte und Orte: **5** Brest, Gomel, Pinsk, **6** Grodno, Orscha, **7** Mogilew, Witebsk, **8** Bobruisk, Borissow, **13** Baranowitschi
Währung: **5** Rubel, **6** Kopeke
Weißsucht: **10** Albinismus
Weißwal: **6** Beluga
Weißwurz: **6** Quecke, **8** Rainfarn, **13** Maiglöckchen, **14** Salomonssiegel
Weisung: **5** Gebot, Order, **6** Befehl, **7** Auftrag, Geheiss, **9** Direktive
Weite: **6** Breite, Lichte, Umfang
Weiterentwicklung: **11** Progression
weitherzig: **5** large, **8** tolerant
weitläufig: **6** diffus, **11** schwuelstig
Weizenarten: **5** Emmer, Spelt, **6** Dinkel, **7** Einkorn
Welfenpartei: **7** Guelfen
welk: **7** hutzlig
Welle: **4** Woge
Wellenbewegung: **10** Undulation
Wellenbrecher: **4** Mole
Wellenreiten: **7** Surfing
Wellenreiter: **6** Surfer
Wellenschaum: **6** Gischt
Welschkorn: **4** Mais, **7** Kukuruz
Welschkraut: **7** Wirsing
Welse: **6** Bagadu, Waller, Weller, **8** Katfisch, **9** Kreuzwels, **10** Zitterwels, **11** Katzenfisch
Welsquappe: **8** Aalrutte
Welt: **3** All, **4** Erde, **5** Natur, **6** Globus, Kosmos, Mundus, **9** Universum, **11** Makrokosmos
Weltalter: **4** Aeon
Weltanschauungen: **9** Ideologie, Realismus, **10** Fatalismus, Idealismus, Nihilismus, Optimismus, Pazifismus, **11** Kommunismus
Weltbaumeister: **7** Demiurg
Weltbetrachtung: **9** Ideologie
Weltbürger: **10** Kosmopolit
Weltbürgertum: **15** Kosmopolitismus
Weltenbummler: **12** Globetrotter

Weltenschöpfer: **4** Gott
Weltentstehungslehre: **10** Kosmogonie
Weltesche: **9** Yggdrasil, **10** Yggdrasill
Weltfrieden als Idee: **10** Pazifismus
Weltgeist: **3** Nus
Weltgeistlicher: **4** Abbé, **6** Abbate
weltgewandt: **5** urban
Welthilfssprachen: **3** Ido, **6** Novial, **7** Mondial, **8** Volapuek, **9** Esperanto, Universal, **11** Interglossa, Interlingua, Interlingue, Mundolingue
Weltkugel: **6** Globus
weltlich: **6** profan, **8** saekular
Weltmacht: **3** USA
Weltmachtstreben: **13** Imperialismus
Weltmann: **8** Kavalier, Seigneur, **9** Gentleman, **11** Gentilhomme
weltmännisch: **5** urban
Weltmeere: **5** Indik, Ozean, **7** Pazifik, **8** Atlantik
Weltordnung: **6** Kosmos
Weltraum: **3** All, **6** Kosmos
Weltraumfahrer: **9** Astronaut, Kosmonaut
Weltraumfahrt: **11** Astronautik, Kosmonautik
Weltraumflugkörper: → Satelliten
Weltraumkunde: **10** Astronomie
Weltreich: **6** Empire, **8** Imperium
Weltreligionen: **5** Islam, **8** Judentum, **9** Judaismus, **10** Buddhismus, **11** Christentum
Weltschmerz: **11** Melancholie, Pessimismus
Weltschöpfer: **7** Demiurg
Weltschöpfer in der persischen Mythologie: **6** Ormuzd
Weltseele: **5** Atman, **6** Pneuma, **7** Demiurg
Weltsportveranstaltung: **9** Olympiade
Weltstadt: **9** Metropole
Weltstrom in der griechischen Sage: **7** Okeanos
weltumfassend: **11** oekumenisch
Weltumsegler: **4** Cook, **8** Magellan, **9** Magalhaes
weltumspannend: **6** global, **9** universal, **13** international
Weltuntergang in der nordischen Sage: **9** Ragnaroek
Weltvernunft: **5** Logos
Weltverstand: **3** Nus
Weltweisheit: **11** Kosmosophie
Wemfall: **5** Dativ
Wende: **5** Sorbe
Wendekommando auf See: **3** ree
Wendekurve: **5** Kehre
wenden: **6** kehren, **8** umkehren
Wendel: **7** Spirale, **8** Schnecke
Wendemantel: **10** Reversible
Wendepunkt: **5** Krise, **6** Krisis, **9** Peripetie
wendig: **5** alert, **8** versatil
Wendung: **4** Tour, **5** Krise, **6** Krisis, Umkehr, **9** Umschwung
Wendung beim Fechten: **5** Volte
Wenfall: **9** Akkusativ
wenig geneigt: **5** abhold
weniger: **5** minus
Wenzel: **4** Bube, **5** Unter
Werbefachmann: **12** Propagandist
Werbemittel: **5** Brief, **6** Insert, Plakat, **7** Annonce, Anzeige, Inserat, **8** Prospekt, **10** Handzettel
Werberedner: **8** Agitator
Werberummel: **8** Ballyhoo
Werbeschlagwort: **6** Slogan
Werbeträger: **4** Film, **6** Medium, **7** Zeitung, **8** Rundfunk, **9** Fernsehen, **11** Zeitschrift, **13** Litfasssaeule
Werbeträgerfachmann: **8** Media-Man, **9** Media-Mann
Werbung: **7** Reklame, **9** Agitation, Publicity, **10** Propaganda, **15** Public Relations
Werdegang: **7** Verlauf, **11** Entwicklung
Werden: **7** Genesis
Werfall: **9** Nominativ
Werftanlagen: **5** Helge, **6** Helgen,

7 Helling, **11** Hellingkran, Trokkendock
Werg: **4** Hede
Werk: **4** Opus, **6** Arbeit, **7** Produkt, **8** Kreation, **10** Schoepfung
Werke des Bildhauers: **6** Relief, Statue, **7** Plastik, **8** Skulptur
Werksspeiseraum: **7** Kantine
Werkstatt des Künstlers: **6** Studio, **7** Atelier
Werkstoffe: **4** Gips, Glas, Holz, **5** Blech, Pappe, Stahl, Stein, **6** Eisen, Metall, Papier, **7** Plastik, **8** Material
Werkzeuge: **3** Axt, Lot, **4** Ahle, Anke, Beil, Dorn, Haue, Iler, Keil, Riet, Sech, **5** Feile, Hacke, Hobel, Karst, Kelle, Saege, Walze, Zange, **6** Amboss, Beitel, Bohrer, Hammer, Haspel, Kluppe, Kratze, Messer, Pfriem, Pinsel, Raspel, Schabe, Schere, Spatel, Stanze, Zirkel, Zwinge, **7** Beissel, Leisten, Meissel, Schaber, Schippe, Spindel, Stichel, **8** Faeustel, Reibahle, Schaufel, Schlegel, Spachtel, Stampfer, Stoessel, Strehler, **9** Bandsaege, Geissfuss, Hobelbank, Hohleisen, Kanthaken, Laubsaege, Naehnadel, Schlaegel, Weberkamm, **10** Instrument, Loetkolben, Stecheisen, Stemmeisen, **11** Kartaetsche, **12** Fuchsschwanz, Schraubstock, Stahlbuerste, **13** Gewindebohrer, Glasschneider, Schraubzwinge, **15** Schraubenzieher, Vorschlaghammer
Werkzeug (vorgeschichtlich): **8** Artefakt
Werkzeug der Kammacher: **4** Iler
Werkzeugmaschinen: **6** Fraese, Presse, Stanze, **8** Drehbank, **12** Bohrmaschine
Wermutbranntwein: **7** Absinth
Werra-Zuflüsse: **3** Arn, Dam, **4** Elte, Ifta, **5** Hasel, Herpf, Nesse, Pfitz, Truse, Wehra, Wohra, **6** Ulster, **7** Gelster, Hoersel, **8** Katzbach, Weisbach
Werre-Zuflüsse: **2** Aa, **4** Bega
wert: **4** lieb, **5** teuer
Wert: **5** Guete, Preis, Valor, **6** Belang, Gehalt, Nutzen, Valuta, **7** Geltung, **8** Bonitaet, **9** Bedeutung, Qualitaet
Wertabzug: **7** Diskont
Wertberichtigung: **10** Dekredere
Wertbestimmung: **9** Valvation
werten: **9** zensieren
Wertermittler: **7** Taxator
Wertermittlung: **8** Taxation
Wertigkeit: **6** Valenz
Wertloses: **4** Kram, Tand, **5** Talmi, **6** Kitsch, Ramsch, Schund, Tinnef, **7** Flitter, Plunder, **8** Schamott, **9** Geruempel, **10** Krimskrams
Wertlosigkeit: **9** Nullitaet
Wertmesser: **8** Massstab
Wertpapiere: **3** Kux, **5** Aktie, **7** Valoren, **8** Effekten, **10** Obligation, Pfandbrief
Wertpapierausgabe: **8** Emission
Wertpapiererneuerungsschein: **5** Talon
Wertpapierinhaber: **9** Aktionaer
Wertpapiermarkt: **6** Boerse
Wertpapierverzinsung: **7** Rendite
Wertsachen (hinterlegte): **9** Depositen
Wertsachenfach: **4** Safe
Wertsachenverwahrer: **9** Depositar
Wertschätzung: **4** Taxe, **7** Achtung
Werturteil: **6** Kritik
wertvoll: **5** teuer, **7** kostbar, **8** prezioes
Wertvolles: **5** Juwel
Wertzeichen: **5** Marke, **10** Briefmarke
Wesen: **3** Art, **4** Usie, **5** Genre, Natur, **6** Essenz, Person, **8** Essentia, Substanz

Wesen einer Sache: **11** Quintessenz
wesenhaft: **12** substantiell
Wesensart: **8** Naturell, **9** Charakter, **11** Temperament
Wesensbestandteil: **3** Zug
Wesensgehalt: **4** Herz, **5** Seele, **6** Essenz, Pointe, **7** Extrakt, Zentrum, **8** Substanz, **10** Hauptsache, **11** Knalleffekt, Quintessenz
wesensgleich: **9** identisch
Wesensgleichheit: **10** Identitaet
Wesensverwandschaft: **10** Affinitaet
wesentlich: **7** primaer, **9** essential, **10** essentiell, **12** integriert, substantiell, **14** hauptsächlich
Weser-Zuflüsse: **3** Arn, Aue, Ils, **4** Alen, Esse, Lune, **5** Aller, Baune, Bever, Emmer, Exter, Fulda, Hamel, Hunte, Lenne, Lesum, Nethe, Ochte, Werra, Werre, **6** Diemel, Drepte, Geeste, Niemen, Ochtum
Wesfall: **7** Genitiv
Wespen: **8** Hornisse, Wegwespe, **9** Feldwespe, Goldwespe, Grabwespe, Lehmwespe, **10** Dolchwespe, **11** Faltenwespe, **12** Schlupfwespe
Wespenbiene: **6** Nomada
Weste (ärmellos): **5** Gilet
Westen: **8** Okzident
Westeuropäer: **3** Ire, **5** Brite, Flame, **7** Belgier, Schotte, Wallone, **8** Franzose, **10** Englaender, Hollaender, **13** Niederlaender
Westfriesische Inseln: **5** Texel, **7** Amerland, **8** Vlieland, **12** Terschelling, **15** Schiermonnikoog
westgermanische Volksstämme: **6** Angeln, Quaden, **7** Franken, Friesen, **12** Angelsachsen
Westgotenkönige: **5** Agila, Egika, Leowa, Tulga, Wamba, **6** Ataulf, Erwich, Eurich, Wallia, Witika, **7** Alarich, Kindila, Sisibut, Theudis, **8** Rekkared, Roderich, Sigerich, **9** Amalarich, Gunthimar, Leowigild, Sisinanth, Swinthila, Witterich, **10** Athanagild, Athanarich, Rekiswinth, Theoderich, Thorismund, **11** Kindaswinth, Theodigisel
Westindische
– ***Inseln:*** **4** Cuba, Kuba, Saba, **5** Aruba, Haiti, **6** Tobago, **7** Anegada, Antigua, Barbuda, Jamaika, Tortuga, **8** Anguilla, Barbados, Dominica, Orchilla, Sombrero, Trinidad, **9** Los Roques, Margarita, **10** Blanquilla, Guadeloupe, Martinique, Santa Lucia, **11** Grande Terre
– ***Indianerstämme:*** **5** Aruak, **8** Karaiben
– ***Inselgruppen:*** **7** Bahamas, **8** Antillen, **12** Virgininseln
– ***Seeräuber:*** **8** Bukanier, **10** Flibustier
– ***Volksweise:*** **7** Calypso
westliches Verteidigungsbündnis: **4** NATO
westlicher Punkt
– ***Asiens:*** **4** Baba
– ***Europas:*** **4** Roca
westlicher Teil der arab. Welt: **7** Maghreb
Westsibirier: **5** Mansi, **6** Wogule
Westslawen: **6** Sorben, Wenden
Westspitze Afrikas: **8** Kap Verde
Westwind: **6** Zephir
wett: **5** quitt
Wettannahme: **11** Totalisator
Wettbewerb: **10** Konkurrenz
Wette beim Sport: **4** Toto
wetteifern: **12** konkurrieren
wetten: **5** wagen, **6** tippen, **9** riskieren
Wetter: **5** Klima
Wetterfühligkeit: **9** Biotropie
Wetterglas: **9** Barometer
Wetterhahn: **9** Windfahne
Wetterkunde: **12** Meteorologie
Wetterschutz (Kleidung): **4** Coat,

5 Kotze, **6** Anorak, **8** Oeljacke, Pelerine, **9** Regenhaut, Windjacke, **10** Trenchcoat, **11** Friesennerz, Regenmantel, Regenschirm
Wetterschutzhülle (Antenne): **5** Radom
Wetterschutzdecke: **5** Plane
Wetterwarte: **13** Observatorium
wetterfester Stoff: **5** Loden
Wettfahrt auf dem Wasser: **7** Regatta
Wettgesang: **7** Tenzone
Wetthinweis: **3** Tip
Wettipsgeber: **7** Tipster
Wettkampf: **3** Agon, **5** Match, **7** Turnier
Wettkampfbeginn: **5** Start
Wettkämpfer: **6** Athlet, **7** Agonist
Wettlauf: **6** Rennen
Wettquote: **4** Odds
Wettstreit: **10** Rivalitaet
Wettvorhersage: **3** Tip
Whistspiel: **6** Robber
Wicht: → Zwerge
wichtig: **8** relevant, **10** essentiell
Wichtigtuer: **8** Poseur, **7** Angeber, Prahler, **12** Aufschneider
Wickel: **5** Rolle, Spule, **6** Huelle, **7** Buendel, Knaeul, Packung
wickeln: **9** volvieren
Wicklung: **5** Spule
wider: **3** gen, **5** gegen, **6** kontra, **8** entgegen
Widerhall: **4** Echo, **8** Resonanz
widerlicher Mensch: **4** Ekel
widernatürlich: **6** abnorm, **7** pervers
Widerpart: **6** Gegner
widerrechtlich: **7** illegal, **8** verboten, **9** illegitim, **10** irregulaer, **12** gesetzwidrig, rechtswidrig
widerrechtliche Besitzergreifung: **10** Usurpation
Widerruf: **7** Dementi, **10** Revokation
widerrufen: **11** annullieren, dementieren
Widersacher: **5** Feind, **6** Gegner, **9** Widerpart, **10** Antagonist
Widerschein: **6** Reflex, **7** Abglanz, **9** Reflexion, **10** Spiegelung
widersetzlich: **8** renitent, **10** rebellisch
Widersinn: **7** Torheit, **8** Narretei
widersinnig: **6** absurd, **7** paradox
widerspenstig: **8** obstinat, renitent, **10** refraktaer
Widerspenstigkeit: **8** Renitenz, **11** Obstination
widerspiegeln: **12** reflektieren
widersprechen: **10** opponieren
widersprechend: **8** disparat
Widerspruch: **6** Rekurs, **7** Protest, **10** Opposition, **13** Kontradiktion
Widerspruch von Gesetzen: **9** Antinomie
widersprüchlich: **12** inkonsequent
Widersprüchlichkeit: **12** Inkonsequenz
widerspruchlos: **10** konsistent
Widerstand: **9** Resistenz
widerstandsfähig: **4** zaeh, **6** stabil, **9** resistent
Widerstandskämpfer: **8** Partisan
Widerstandskraft: **7** Energie
widerstandslos: **10** resigniert
Widerstreit: **8** Konflikt, **9** Kollision, Zwiespalt, **12** Antagonismus
widerwärtig: **4** fies, **6** odioes
Widerwärtigkeit: **8** Ungemach
Widerwille: **4** Ekel, **6** Degout, **8** Aversion, **9** Abeneigung, **10** Antipathie, **11** Animositaet
widmen: **10** dedizieren
Widmung: **9** Zueignung, **10** Dedikation
widrig: **8** kontraer
Wiederauffrischung: **12** Regeneration
Wiederaufleben: **11** Renaissance
Wiederaufnahme: **7** Reprise
Wiederbelebung: **8** Anabiose, **11** Reanimation
wiedereinrichten: **10** reduzieren
Wiedereinsetzung: **14** Rehabilitation
Wiedererinnerung: **8** Anamnese, Palimnese

Wiedergabe: **7** Version, **10** Photokopie, **11** Nachbildung
12 Reproduktion
Wiedergutmachung: **5** Busse, **6** Suehne, **7** Regress, **8** Revanche, **10** Reparation, Vergeltung, Verguetung, **13** Kompensierung, **14** Entschaedigung
wiederherstellbar: **9** reparabel
wiederherstellen: **10** renovieren, reparieren, **12** restaurieren, **14** rekonstruieren
Wiederherstellung: **9** Reparatur, **10** Reparation, **11** Restitution, **12** Restauration
Wiederherstellung
– ***der Gesundheit:*** **8** Genesung, **14** Rekonvaleszenz
– ***des guten Rufes:*** **12** Ehrenrettung, **14** Rehabilitation, **15** Rehabilitierung
wiederholen: **10** repetieren, **14** rekapitulieren
Wiederholung: **6** Dakapo, **7** Rapport, Reprise, Sequenz, **8** Ostinato, **9** Rueckfall, **10** Repetition, **14** Rekapitulation
Wiederholung (Stoffmuster): **7** Rapport
Wiederholungszeichen: **5** Tilde
Wiederkäuer: **3** Gnu, Reh, Ren, Yak, **4** Anoa, Arni, Elch, Elen, Gaur, Lama, Rind, Zebu, **5** Bison, Eland, Gayal, Gemse, Kamel, Okapi, Schaf, Ziege, **6** Hirsch, Seekuh, Wisent, **7** Banteng, Bueffel, Gazelle, Giraffe, Kerabau, Kouprey, Moschus, Mufflon, Rentier, **8** Antilope, Dromedar, Horntier, Nilpferd, **9** Damhirsch, Steinbock, **10** Flusspferd, Rotbueffel, **11** Buckelochse, Gemsbueffel, Trampeltier, **13** Gabelhorntier, **14** Kaffernbueffel
Wiederkehr: **6** Turnus, Zyklus
Wiederkehr (med.): **6** Relaps
wiederkehrend: **9** remontant, stereotyp, **10** periodisch
Wiederkunft Christi: **7** Parusie
Wiedertäufer: **12** Anabaptisten
wiederum: **7** dagegen, **8** nochmals
Wiegendruck: **9** Inkunabel
Wiegenfest: **10** Geburtstag
Wiegenlied: **7** Lullaby, **8** Berceuse
Wiener
– ***Arzt:*** **5** Freud, **8** Billroth, **11** Auenbrugger
– ***Ausflugsorte:*** **8** Grinzing, Nussdorf
– ***Auwaldgebiet:*** **5** Lobau
– ***Bauwerke:*** **7** Hofburg, **8** Ballhaus, Ringturm, **9** Belvedere, **11** Burgtheater, Schoenbrunn, Stephansdom
– ***Chirurg:*** **8** Billroth
– ***Dichter:*** **12** Hofmannsthal
– ***Dramatiker:*** **7** Nestroy, Raimund, **11** Anzengruber
– ***Entertainer:*** **9** Alexander
– ***Flughafen:*** **6** Aspern, **9** Schwechat
– ***Geiger:*** **8** Kreisler
– ***Hauptstraße:*** **4** Ring, **11** Ringstrasse
– ***Komponisten:*** **4** Nick, **5** Haydn, Lehár, Suppé, **6** Dostal, Eysler, Lanner, Mahler, Mozart, Straus, **7** Nicolai, Strauss, Ziehrer, **8** Schubert, **9** Heuberger, **10** Milloecker
– ***Lokal:*** **5** Beisl, **6** Beisel
– ***Lustspieldichter:*** **7** Nestroy
– ***Maler:*** **5** Klimt, **6** Makart, **9** Danhausen, Kokoschka
– ***Museum:*** **9** Albertina
– ***Pferdedroschke:*** **6** Fiaker
– ***Pianisten:*** **5** Gulda, **7** Brendel
– ***Psychologe:*** **5** Freud
– ***Residenz:*** **7** Hofburg
– ***Sänger:*** **6** Slezak
– ***Schauspieler:*** **4** Sima, **5** Forst, Kainz, Moser, **6** Thimig,

7 Meinrad, 9 Hoerbiger
- *Schauspielerinnen:* Ott, 4 Weis, 5 Krahl, 7 Wessely
- *Schauspielhaus:* 11 Burgtheater
- *Schlösser:* 9 Belvedere, 11 Schoenbrunn
- *Schriftsteller:* 4 Bahr, 10 Schnitzler
- *Stadtteile:* 5 Lainz, 6 Aspern, Wieden, 7 Liesing, 8 Grinzing, Nussdorf, 9 Ottakring, Schwechat, Simmering, 10 Josefstadt
- *Tänzerin:* 7 Elssler
- *Volkspark:* 6 Prater
- *Wahrzeichen:* 7 Steffel, 9 Riesenrad, 11 Stephansdom
- *Walzerkomponisten:* 6 Lanner, 7 Strauss
- *Zitherspieler:* 6 Karras

Wiesel: 6 Marder, 8 Hermelin, 10 Mauswiesel, 11 Zwergwiesel
Wieselkatze: 4 Eyra, 10 Jaguarundi
Wiesenblumen: 6 Primel, 9 Margerite, 10 Loewenzahn, 15 Gaensebluemchen
Wiesengrund: 2 Au, 3 Aue
Wiesenpflanzen: 4 Gras, Klee, 5 Sinau, 6 Akelei, Ampfer, 7 Luzerne, Strenze, 8 Ranunkel, 9 Pechnelke, 13 Spitzwegerich
Wiesenralle: 13 Wachtelkoenig
Wikinger: 3 Rus, 8 Normanne, Waraeger
Wikingerstadt bei Schleswig: 8 Haithabu
wild: 4 toll, 6 furios, 9 turbulent, 11 orgiastisch, 12 kannibalisch
Wild: 3 Reh, 4 Elch, Elen, Gams, Hase, 5 Dachs, Fasan, Fuchs, Gemse, 6 Hirsch, Marder, Muffel, Wiesel, 7 Damwild, Mufflon, Rotwild, Wachtel, 9 Damhirsch, Kaninchen, Rothirsch, 11 Schwarzwild, Wildschwein
Wildbach: 8 Torrente
Wildbienenzüchter: 7 Beutner
Wildblumen: 5 Erika, 6 Akelei, Distel, Enzian, 7 Aurikel, Beifuss, Guensel, 8 Eberwurz, Eisenhut, Erdrauch, Narzisse, Veilchen, 9 Edelweiss, Fingerhut, Kornblume, Mannstreu, Margerite, Pechnelke, 10 Berufkraut, Ehrenpreis, Hahnenfuss, Heidekraut, Huflattich, Immergruen, Loewenzahn, Nachtkerze, Schafgarbe, 11 Bilsenkraut, Klatschmohn, Knabenkraut, Rittersporn, Tollkirsche, Zwergprimel, 12 Flockenblume, Glockenblume, Glockenheide, Koenigskerze, 13 Habichtskraut, Maigloeckchen, Schwanenblume, 14 Herbstzeitlose, 15 Hasenglöckchen, Schluesselblume, 16 Schneegloeckchen
wilde(r, s)
- *Gelage:* 5 Orgie
- *Krieger:* 9 Berserker
- *Kriegsschar:* 5 Horde
- *Mensch:* 6 Barbar
- *Tier:* 6 Bestie

Wildgeflügel: → Federwild
Wildgeschmack: 8 Hautgout
Wildhunde: 4 Enok, Wolf, 5 Adjak, Dingo, Fenek, Fuchs, Guara, Jengi, 6 Buansa, Coyote, Fennek, Kojote, Kolsun, Korsak, Normik, 7 Maikong, Rotwolf, Schakal, 8 Warragal, 10 Marderhund, 11 Maehnenwolf
Wildkatze: 5 Kuder
Wildleder: 7 Chamois
Wildnis: 7 Einoede
Wildpfad: 7 Wechsel
Wildpferde: 5 Zebra, 6 Quagga, Tarpan, 7 Mustang
Wildpflege: 4 Hege
Wildpfleger: 5 Heger
Wildragout: 5 Civet
Wildrinder: 2 Ur, 3 Jak, Yak, 4 Anoa, Arni, Gaur, 5 Bison,

6 Wisent, 7 Banteng, Bueffel, 8 Auerochs, 9 Auerochse, 14 Kaffernbueffel

Wildschafe: 5 Arkal, 6 Argali, Muffel, 7 Mufflon

Wildschütz: 6 Jaeger, 8 Wilddieb, Wilderer

Wildschweine: 5 Bache,6 Keiler, 10 Frischling, 13 Schwarzkittel

Wildseide: 11 Fagaraseide

Wildziegen: 3 Tur, 4 Tahr, Thar, 6 Bezoar, 7 Markhor

Wilhelm-Busch-Figuren: 3 Bax, Max, 4 Kuno, Molo, Niep, Pief, Piep, Plum, 5 Bolte, Boeck, Bunke, Fibel, Fipps, Fritz, Graps, Jette, Koeck, Knopp, Nanni, Nolte, Quast, Zwiel, 6 Boetel, Doeppe, Fritze, Gripps, Helene, Hiebel, Jochen, Kruell, Mienzi, Moritz, Munzel, Plisch, Sutitt, 7 Boeckel, Laempel, Lenchen, Julchen, Rueppel, Schlich, Schnick, Schrupp, 8 Filuzius, Klecksel, Baehlamm, 9 Huckebein, Mickefett, 10 Babbelmann, Bartelmann, Bockelmann, Daeumeling, Klingebiel, 11 Hinterstich, Hoppenstedt, 12 Knickebieter, 13 Bullerstiebel

Willenlosigkeit: 6 Abulie

Willensstärke: 7 Energie, 8 Tatkraft

Willkürherrschaft: 8 Despotie, Diktatur, Tyrannei, Tyrannis, 11 Despotismus, 12 Absolutismus

Willkürherrscher: 6 Despot, Tyrann, 8 Diktator

willkürlich: 10 despotisch, tyrannisch

Wimpel: → Fahnen

Wimpernstift, -tusche: 7 Mascara

Wind

– ***des Indik:*** 6 Monsun

– ***im Mittelmeer:*** 7 Etesien, Ponente

– ***der trop. Ozeangebiete:*** 6 Passat, Zyklon

Winde u. Stürme in

– ***Afrika:*** 5 Gibli, Sahel, Samum, 6 Ghibli, Kamsin, 7 Chamsin, Dschani, Levanto, Viracao, 8 Chichili, 9 Harmattan

– ***Amerika:*** 4 Taku, 5 Junte, Norte, Yalca, Zonda, 6 Barber, Boorga, Brisas, Norder, 7 Barines, Brisote, Chinook, Collada, Minuano, Pampero, Puelche, Reboyos, Suracon, Tornado, 8 Blizzard, Coromell, Hurrikan, Temporal, 9 Abroholos, Papagayos, Turbonado, 11 Chocolatero

– ***Asien:*** 3 Ebe, 4 Kaus, 5 Barat, Belat, Buran, Colla, Imbat, Karif, Purga, Sarma, 6 Baguio, Shamal, Taifun, Typhon, 7 Afghane, Bohorok, Gending, Schemal, 8 Koembang, Nortadas, Scharaff, 9 Elephanta

– ***Australien:*** 7 Burster

– ***Europa:*** 3 Ora, 4 Bora, Bise, Jauk, 5 Autan, Breva, Foehn, Garbe, Greco, Joran, Marin, Ostro, Rebat, 6 Austru, Borino, Bornan, Meltem, Nemere, Solano, Sopero, Sureot, Tivano, 7 Criador, Crivetz, Emwatis, Galerne, Karajol, Leveche, Maestro, Mistral, Paesano, Schlern, 8 Aurassos, Boraccio, Levanter, Libeccio, Marinada, Solaures, Suchowei, Vaudaire, 9 Dramundan, 10 Tramontana

Windbluse: 6 Anorak

Winde: 5 Spill, 6 Haspel, 7 Spindel

Windgeist: 7 Harpyie

Windgeschwindigkeitsmesser: 10 Anemometer

Windgötter: 6 Aeolus, Boreas, Zephyr, 8 Zephyros

Windharfe: 10 Aeolsharfe

Windhose: 6 Trombe

Windhunde: 5 Sluki, 6 Barsoi,

Saluki, Slughi, **7** Afghane, Whippet, **9** Greyhound, Windspiel
windig: 5 zugig
Windkunde: 10 Anemologie
Windlade (Orgel): 10 Ventilabro
Windmonat: 8 November
Windröschen: 7 Anemone
Windschattenseite: 3 Lee
Windschief: 5 krumm, **8** verzogen
Windschirm: 8 Paravent
Windseite: 3 Luv
Windspiel: 6 Mobile
Windstille: 5 Kalme, **6** Flaute
Windstoß: 3 Boe
Windung: 5 Kurve, **6** Wendel, Wirbel, **7** Drehung, Spirale, **8** Schnecke, **10** Serpentine
Wink: 3 Rat, Tip, **7** Hinweis, **10** Fingerzeig
Winkel: 4 Ecke
Winkel zwischen Dach und Fußboden: 3 Oke
Winkelfunktionen: 5 Sinus, **6** Sekans, **7** Cosinus, Kosinus, Tangens, **8** Cosekans, Kosekans, **9** Cotangens, Kotangens
Winkelmaß: 3 Gon, **4** Grad, **6** Minute, **7** Neugrad, Sekunde
Winkelmesser: 10 Goniometer, **12** Transporteur
Winkelmeßgeräte: 6 Oktant, **7** Bussole, Sextant, **9** Theodolit
Winkelteil: 4 Grad, **6** Minute, **7** Sekunde
Winkelzug: 4 Dreh, **5** Finte, Kniff, Trick, **7** Finesse
Winkelzüge: 13 Machinationen
winklig: 7 angular
Winteraster: 12 Chrysantheme
Winterkrabben (zool.): **3** Uca
Winterkresse: 11 Barbenkraut
Wintermajoran: 4 Dost
Wintersonnenwende: 3 Jul
Wintersport: 6 Rodeln, Slalom, **7** Bosseln, Curling, Eislauf, Eistanz, Skilauf, Torlauf, **6** Biathlon, **9** Bobfahren, Eishockey, Eissegeln, **10** Skijoering, **11** Skilanglauf, Skispringen, **12** Abfahrtslauf, Eiskunstlauf, Eisschiessen, **13** Eisschnellauf
Wintersportanlagen: 5 Loipe, **7** Bobbahn, Eisbahn, Skilift, **9** Rodelbahn, **10** Eisstadion, Sessellift, **13** Sprungschanze
Wintersportgeräte: 3 Bob, Ski, **4** Puck, Schi, **5** Rodel, **6** Skibob, **8** Skeleton, **9** Bobsleigh, Schlitten
Wintersportbekleidung: 8 Après-Ski
Wintersportplatz
– ***im Allgäu:*** **4** Isny, **9** Sonthofen, **10** Nesselwang, Oberstdorf
– ***am Arlberg:*** **10** Sankt Anton
– ***am Brenner:*** **8** Steinach
– ***im Erzgebirge:*** **14** Oberwiesenthal
– ***in Frankreich:*** **3** Dax, **8** Chamonix, Grenoble
– ***im Harz:*** **8** Schierke, **9** Braunlage, **10** Hahnenklee, **11** Andreasberg
– ***in den Hohen Tauern:*** **10** Badgastein
– ***in Japan:*** **7** Sapporo
– ***in Niederschlesien:*** **12** Schreiberhau
– ***in Oberbayern:*** **6** Inzell, Kreuth, **8** Garmisch, **9** Tegernsee, **10** Ruhpolding, Schliersee, **12** Oberammergau
– ***bei Oslo:*** **12** Holmenkollen
– ***im Pinzgau:*** **4** Zell
– ***in der Rhön:*** **8** Gersfeld
– ***im Salzkammergut:*** **6** Aussee
– ***im Sauerland:*** **12** Meinerzhagen
– ***im Schwarzwald:*** **8** Neustadt, **12** Freudenstadt
– ***in der Schweiz:*** **4** Zuoz, **5** Arosa, Davos, Flims, **7** Parsenn, Samedan, **9** Andermatt, **10** Pontresina, **11** Sankt Moritz
– ***in der Steiermark:*** **9** Mariazell,

10 Schladming
– ***am Tegernsee:*** **7** Wiessee
– ***im Thüringer Wald:*** **7** Oberhof, **8** Steinach
– ***in Tirol:*** **5** Lienz, **7** Lermoos, Seefeld, **10** Kitzbuehel, **11** Sankt Johann
Winterstiefel: **9** Moonboots
Winzer: **9** Weinbauer, Weinhauer, Weinzierl
Winzergerät: **6** Kelter, Torkel
winzig: **5** klein, **7** minimal
Wippe: **8** Schaukel
Wirbel: **6** Trubel, **7** Strudel
wirbelnd: **9** turbulent
Wirbelsäule: **5** Spina, **9** Rueckgrat
Wirbelsäulenverbiegung: **7** Kyphose
Wirbelsäulenverkrümmung: **7** Lordose
Wirbelsturm: → Winde
wirbellose Tiere: **9** Mollusken
Wirbeltiere: **11** Vertebraten
Wirbeltierklassen: **6** Fische, Lurche, Voegel, **9** Amphibien, Reptilien, **11** Kriechtiere, Saeugetiere
wirken: **9** fungieren, reagieren
wirklich: **4** real, wahr, **5** reell, **8** effektiv, existent, realiter
wirkliche Dinge: **7** Realien
Wirklichkeit: **8** Tatsache, **9** Realismus, Realitaet
Wirklichkeitsform: **9** Indikativ
wirklichkeitsgetreu: **11** realistisch
Wirklichkeitsmensch: **7** Realist
Wirklichkeitssinn: **9** Realismus
Wirklichkeitstreue: **12** Naturalismus
wirksam: **5** aktiv, **8** effektiv, **9** drastisch, **10** effektvoll, **11** imponierend
Wirkstoffe: **4** Tein, **5** Enzym, **6** Hormon, Sekret, **7** Ferment, Koffein, Nikotin, Vitamin
Wirkstoff gegen Krankheitserreger: **12** Antibiotikum
Wirkung: **5** Fazit, **6** Effekt, Erfolg, **8** Ergebnis, Reaktion, Resonanz, Resultat
Wirkungsbereich: **7** Sphaere, **13** Aktionsradius
Wirkungsfähigkeit: **9** Potential
Wirkungsgrad: **10** Nutzeffekt
Wirkungskraft: **7** Dynamik, Energie
Wirkungskreis: **7** Sphaere, **8** Ingerenz
wirkungslos: **10** ineffektiv
wirkungsvoll: **10** effektvoll, **14** repraesentabel
Wirkware: **6** Trikot, **9** Charmeuse, Trikotage
wirr: **6** konfus
wirr reden: **6** faseln
Wirrsal: **9** Labyrinth
Wirrwarr: **5** Chaos, **6** Gewirr, Rapuse, Trubel, Unruhe, **8** Menkenke, **9** Charivari, Unordnung, **10** Kunterbunt, Tohuwabohu, **12** Kuddelmuddel, **13** Durcheinander
Wirte: **6** Schenk, **7** Padrone, **8** Hotelier, **12** Restaurateur
Wirtschaft: → Gaststätten
Wirtschafterin: **7** Mamsell
wirtschaftlich: **8** rentabel, **10** finanziell, **11** oekonomisch
wirtschaftlich unabhängig: **6** autark
wirtschaftliche Unabhängigkeit: **8** Autarkie
Wirtschaftlichkeit: **9** Oekonomie
Wirtschaftsaufschwung: **4** Boom, **6** Hausse, **12** Prosperitaet
Wirtschaftsformen: **6** Handel, **7** Gewerbe, **8** Handwerk, **9** Industrie, **14** Landwirtschaft, **15** Forstwirtschaft
Wirtschaftskunde: **9** Oekonomie
Wirtschaftslenkung (staatl.): **10** Dirigismus
Wirtschaftsordnung: **12** Kapitalismus
Wirtschaftsprüfer: **7** Revisor
Wirtschaftsrückgang: **9** Rezession
Wirtschaftsunternehmen: **5** Firma, **7** Betrieb
Wirtschaftszweig: **7** Branche

Wirtshaus: → Gaststätten
Wirtshaus in
- ***England:*** **3** Inn, Pub
- ***Frankreich:*** **4** Café, **6** Bistro, **7** Auberge
- ***Italien:*** **7** Albergo, Osteria, Taverne, **9** Trattoria, **10** Ristorante
- ***Spanien:*** **5** Fonda, **6** Posada, **11** Restaurante

Wissen um die Verwirklichung: **7** Knowhow
Wissender: **5** Myste, **10** Esoteriker
Wissenschaft vom (von)
- ***Altertum:*** **12** Archaeologie
- ***der Arbeit des Menschen:*** **9** Ergonomie
- ***Bau der Körperteile:*** **8** Anatomie
- ***Denken:*** **5** Logik, **11** Philosophie
- ***der Erde:*** **8** Geologie
- ***Gott:*** **9** Theologie
- ***den Göttern:*** **10** Mythologie
- ***den Insekten:*** **11** Entomologie
- ***Leben:*** **8** Biologie
- ***den Pflanzen:*** **7** Botanik
- ***seel. Leben:*** **11** Psychologie
- ***der Sprache:*** **10** Philologie
- ***den Steinen:*** **11** Mineralogie
- ***den Sternen:*** **10** Astronomie
- ***den Tieren:*** **8** Zoologie
- ***Volkstum:*** **10** Ethnologie

Wissenschaftler: **8** Forscher, **9** Gelehrter
wissenschaftliche(r, s)
- ***Abhandlung:*** **5** Essay, **12** Dissertation
- ***Behauptung:*** **5** These
- ***Betrachtungsweise:*** **7** Theorie
- ***Fach:*** **9** Disziplin
- ***Forschung:*** **7** Studium
- ***Streit:*** **7** Polemik
- ***Unterhaltung:*** **10** Kolloquium
- ***Untersuchung:*** **7** Analyse
- ***Versuch:*** **4** Test, **10** Experiment
- ***Vortrag:*** **6** Kolleg

Wissenschaftsgruppe: **9** Fakultaet
Wissensdurst: **7** Neugier
Wissensgebiet: **7** Domaene
Wissensschatz: **9** Thesaurus
wissenswert: **11** interessant
Wissenszweig: **6** Sparte
Witterung: **5** Klima
Witwenblume: **7** Knautia
Witz: **3** Gag, **5** Spass, **7** Kalauer
witzig: **5** ulkig, **6** launig, **7** humorig, spassig
witziger Einfall: **3** Gag
Witzreden: **8** Fazetien
Wochenende: **7** Weekend
Woge: **5** Welle, **7** Brecher
Wohl: **4** Heil, **5** Segen, **6** Glueck, Nutzen, Vorteil, **8** Gedeihen
Wohlbefinden: **6** Aponie
wohlbeleibt: **9** korpulent
Wohlbeleibtheit: **10** Embonpoint
wohlerzogen: **5** artig, **10** manierlich
Wohlfahrtspflege: **9** Fuersorge, **11** Sozialhilfe
Wohlgefallen: **5** Gusto, **7** Behagen, **9** Sympathie
Wohlgefühl: **8** Euphorie
Wohlgenährtheit: **9** Eutrophie
Wohlgeruch: **4** Arom, Duft, **5** Aroma, Odeur
wohlgesinnt: **4** hold, **7** geneigt
Wohlklang: **7** Melodie, **8** Euphonie, Harmonie, **9** Konsonanz
wohlklingend: **9** melodisch
Wohllaut: **8** Euphonie
wohllautend: **9** melodioes
wohlriechend: **10** aromatisch
wohlriechende Pflanzen: **5** Narde, **6** Reseda
wohlschmeckend: **6** lecker, **7** delikat
Wohlstand: **8** Gedeihen, **12** Prosperitaet
Wohltäter: **6** Maezen, **7** Goenner, Stifter, **9** Foerderer, Samariter
wohltätig: **9** karitativ, **10** humanitaer
Wohltätigkeit: **7** Karitas
Wohltätigkeitsorganisation: **7** Caritas

Wohltätigkeitsverkauf: **5** Basar
wohltönend: **9** melodisch, **10** harmonisch
Wohlverleih: **6** Arnika
Wohlwollen: **4** Huld, **5** Guete, Gunst, **9** Affektion, **11** Jovialitaet
wohlwollend: **6** jovial, **7** zugetan
Wohnboot in China: **6** Sampan
wohnen: **8** logieren
Wohngeld: **5** Miete
Wohngemeinde: **3** Ort, **4** Dorf, **5** Stadt
Wohnheim für Theologiestudenten: **7** Konvikt
Wohnhügel auf den Halligen: **4** Warf, Wurt, **5** Warft, Wurte
wohnlich: **11** komfortabel
Wohnräume: **5** Salon, Stube, **6** Gemach, Zimmer, **7** Boudoir, **9** Esszimmer, **11** Spielzimmer, **12** Herrenzimmer, Kinderzimmer, Schlafzimmer, Speisezimmer
Wohnräume auf Schiffen: **6** Kabine, **7** Kajuete
Wohnsitz: **7** Domizil
Wohnturm der Jungsteinzeit: **6** Nurage, **7** Nuraghe
Wohnung: **4** Heim, **5** Logis, **6** Daheim, **7** Domizil, Zuhause, **8** Quartier
Wohnung und Kost: **7** Pension
Wohnungsangabe: **7** Adresse, **9** Anschrift
Wohnungseinrichtung: **8** Mobiliar
Wohnungsflur: **5** Diele, **8** Korridor
Wohnungsnehmer: **6** Mieter
Wohnungswechsel: **5** Umzug
Wohnwagen: **7** Caravan
Wohnwagenanhänger: **7** Trailer
Wölbung: **5** Wulst, **7** Palatum, Rundung
Wölfe Odins (Wotans): **4** Geri, **5** Freki
Wölfin: **5** Faehe
Wolfsbohne: **6** Lupine
Wolfsmilchgewächse: **4** Hura, **5** Hevea, **6** Croton, Maniok, Sapium, **7** Manihot, Rizinus, **8** Jatropha, Mallotus, **9** Aleuritis, Antidesma, Hippomane, **11** Bingelkraut, **13** Kautschukbaum, Wunderstrauch
Wolfsspinne: **8** Tarantel
Wolga-Zuflüsse: **2** Ik, **3** Oka, Sok, Usa, **4** Ilet, Kama, Masa, Neja, Pura, Sura, Utka, **5** Aigna, Dubna, Jelan, Kudma, Nemda, Rutka, Tmaka, Usola, **6** Alatyr, Besdna, Mescha, Mologa, Ossuga, Samara, Sestra, Twerza, Unscha, **7** Karaman, Kotoros, Swijaga, Wetluga, **8** Kostroma, Tschagra, **10** Tereschka
Wolkenhöhenmesser: **10** Ceilometer
Wolkenkratzerlinie: **7** Skyline
Wolkenkuckucksheim: **6** Utopie, **11** Luftschloss
Wolkentypen: **6** Nimbus, Zirrus, **7** Kumulus, Stratus, **8** Eiswolke, Mammatus, **10** Faserwolke, Federwolke, Quellwolke, Regenwolke, Wogenwolke, **11** Altokumulus, Altostratus, Beutelwolke, Castellatus, Haufenwolke, Nimbuswolke, Wasserwolke, **12** Kumulonimbus, Laemmerwolke, Lenticularis, Quellcumulus, Nimbostratus, Schichtwolke, Zirrokumulus, Zirrostratus, **13** Gewitterwolke
Wollabnahme: **5** Schur
Wollsorten: **8** Angora, Merino, Mohaer, Mohair
Wolldecken: **5** Plaid, **6** Tartan
Wollelieferanten: **4** Lama, Pako, **5** Kamel, Schaf, Ziege, **6** Alpaka, Merino, **7** Guanako, Vikunja, **11** Angoraziege, **15** Angorakaninchen
Wollfett: **7** Lanolin
Wollgewebe: **4** Lama, **5** Loden, Rasch, Tibet, Tweed, **6** Angora, Merino, Mohair, **7** Cheviot, Chevron, Flausch, Krimmer,

Marengo, **8** Homespun, Kammgarn, Zibeline, **9** Kamelhaar, **11** Streichgarn, **12** Espagnolette
Wollhaar Neugeborener: 6 Lanugo
Wollmaterial: 4 Filz
Wollsatin: 7 Lasting
Wollschafrasse: 6 Merino
Wollseidenstoff: 9 Veloutine
Wollstoffe: 4 Tuch, Drapé, Loden, **6** Serail, **7** Cheviot, **8** Kaschmir, **9** Covercoat, Glencheck
Wollust: 7 Ekstase
Wonne: 4 Lust, **9** Seligkeit
Wonnemonat: 3 Mai
wonnig: 12 paradiesisch
Workshop: 4 Kurs, **7** Seminar, **10** Ferienkurs
Wort: 5 Logos, **7** Vokabel
Wortbedeutungslehre: 8 Semantik, **11** Semantologie
Wortbruch: 6 Verrat, **7** Felonie, Meineid, Untreue
wortbrüchig: 6 untreu
Wortbrüchiger: 9 Verraeter
Wörterbücher: 7 Lexikon, **9** Thesaurus, **10** Diktionaer, **13** Enzyklopaedie, **20** Konversationslexikon
Wörterbuchverfasser: 11 Lexikograph
Wortergüß: 6 Tirade
Wörterverzeichnis: 7 Glossar, **9** Vokabular, **11** Nomenklatur
Wortforschung: 10 Etymologie
Wortführer: 5 Doyen, **6** Obmann, **8** Sprecher
Wortgleichklang: 4 Reim
wortkarg: 9 lakonisch
Wortklauberei: 9 Sophistik
Wortkürzel: 5 Sigel
Wortlaut: 4 Text, **5** Tenor
wörtlich: 6 verbal, **10** verbaliter
wörtlich anführen: 8 zitieren
wörtliche Wiedergabe: 5 Zitat
Wortschatz: 5 Lexik, **9** Thesaurus, Vokabular
Wortschwall: 4 Wust, **5** Suada, Suade, **6** Tirade, **7** Bombast, **9** Redefluss
Wortspiel: 7 Quibble, **9** Calembour, **10** Calembourg
Wortstreiter: 9 Eristiker
Wortstreiterei: 7 Eristik
Wortteile: 5 Silbe, **6** Endung, Suffix, **7** Praefix, **8** Vorsilbe, **9** Nachsilbe
Wortverdreher: 7 Kasuist, Sophist, **8** Rabulist, **11** Dialektiker, Haarspalter
Wortvertauschung: 8 Enallage
Wortwechsel: 6 Dialog, Disput, **9** Rededuell, **11** Disputation, Kontroverse
Wortweiser: 8 Register
Wortwiederholung: 7 Anapher
Wortwitz: 7 Kalauer
Wortzusammensetzung: 10 Kompositum
Wrasen: 5 Dampf, Dunst
Wucher: 10 Ausbeutung
Wucherungen: 5 Polyp, **8** Zirrhose
Wuchs: 6 Statur, **7** Gestalt, **8** Wachstum, **10** Vegetation
Wuchsstoff: 5 Auxin
Wucht: 5 Druck, Kraft, **6** Gewalt, **7** Gewicht, Schwere, Staerke, **8** Vehemenz, **10** Heftigkeit
wuchtig: 6 massiv, **7** lapidar, pesante
Wühlechse: 5 Skink
Wühler oder Hamster: 6 Illing, **7** Erdmaus, Hamster, Lemming, **8** Feldmaus, Mollmaus, Rennmaus, **9** Ackermaus, Reisratte, Schermaus, Wuehlmaus, **10** Bisamratte, Fischratte, Nachtratte, Rattenkopf, Roetelmaus, Schneemaus, Wurzelmaus, **11** Felsenratte, Goldhamster, Hoehlenmaus, Kurzohrmaus, Wasserratte, Wuestenmaus, **12** Erdwuehlmaus, Grosshamster, Maehnenratte, Sandrennmaus, **13** Baumwollratte, Kaninchenmaus, Waldwuehlmaus, **14** Alpenwuehl-

maus
Wulst an dorischen Säulen: 7 Echinus
Wundabsonderung: 5 Eiter
Wundarzneikunde: 9 Chirurgie
Wundarzt: 7 Chirurg, 9 Feldscher
Wundbehandlung: 7 Aseptik, 10 Antiseptik
Wunde: 6 Trauma, 7 Blessur
Wunder: 6 Mirakel, 9 Phaenomen
wunderbar: 5 prima, 8 herrlich, 9 praechtig, 10 grossartig, mirakuloes, 12 maerchenhaft, phantastisch
Wunderdinge: 10 Mirabilien
Wunderdoktor: 9 Eisenbart
Wunderglaube: 11 Mystizismus
wunderlich: 6 kurios, 7 grotesk, komisch, 11 verschroben
Wunderlichkeit: 4 Tick, 6 Spleen, 7 Marotte
Wundermittel: 7 Arkanum, Panazee
wunderwirkende Schale: 4 Gral
Wundheilung: 9 Intention
Wundkruste: 6 Schorf
Wundmal: 5 Narbe, 6 Stigma, 7 Schmiss
Wundrose (med.): 8 Erysipel
Wundstarrkrampf: 7 Tetanus
Wundverband: 7 Bandage, 8 Pflaster
Wunsch: 5 Bitte, 6 Begehr, 7 Geluest, 8 Begehren, Begierde, 9 Verlangen
Wunschbild: 4 Idol, 5 Ideal, 6 Utopie, 8 Illusion, 11 Luftschloss
Wunschform: 7 Optativ
Wünschelrute: 8 Detektor
wünschenswert: 11 desiderabel
Wunschform: 7 Optativ
Wunschtraum: → Wunschbild
Würde: 4 Ehre, 6 Charge, 7 Achtung, Ansehen, 9 Grandezza, Gravitaet
würdevoll: 13 gravitaetisch, majestaetisch
würdig: 8 pastoral, 14 repraesentabel, repraesentativ
würdigen: 5 ehren, 6 achten
Wurf: 4 Brut, 5 Fasel
Wurf mit gleicher Augenzahl: 5 Pasch
Würfel: 5 Kubus, 6 Knobel, 8 Hexaeder
würfelförmig: 7 kubisch
würfeln: 7 knobeln, paschen
Wurfholz: 8 Bumerang
Wurfkugeln in Südamerika: 4 Bola
Wurfmaschine: 8 Katapult, 9 Schleuder
Wurfscheibe: 6 Diskus
Wurfschlinge, Wurfseil: 5 Lasso, Riata
Wurfspiel: 7 Bosseln
Wurfspieße: 3 Ger, 5 Lanze, 7 Assagai, Harpune, 10 Banderilla
Wurfwaffen: 3 Ger, 5 Lanze, Speer, 6 Spiess, 8 Bumerang, Tomahawk, 9 Schleuder, Streitaxt
Würgegriff beim Ringen: 8 Krawatte
Würmer: 4 Egel, Pier, 8 Bandwurm, Blutegel, Molluske, Sandwurm, Spulwurm, Trichine, 9 Prielwurm, Regenwurm, 10 Gruebenkopf, 11 Roehrenwurm, 12 Essigaelchen
Wurmfisch: 5 Inger
Wurmfortsatz des Blinddarms: 8 Appendix
wurmstichig: 5 madig
Wursthaut: 5 Pelle
Wurstkraut: 7 Majoran
Wurstsorten: 6 Salami, Wiener, 8 Teewurst, 9 Blutwurst, Bockwurst, Bratwurst, Jagdwurst, Kabanossi, Mettwurst, Presskopf, 10 Knackwurst, Landjaeger, Leberwurst, Mortadella, Weisswurst, 11 Frankfurter, Zungenwurst, 12 Schlackwurst, 13 Zervelatwurst
Wurstvergiftung: 10 Botulismus
Wurzel: 5 Radix
Wurzelfüßer: 6 Amoebe
Wurzelgemüse: 4 Bete, 5 Lauch, Ruebe, 6 Moehre, Porree, 7 Karotte,

Rettich, **8** Sellerie, **9** Mohrruebe, **13** Schwarzwurzel
Wurzelholz: 7 Bruyère
Wurzelmännchen: 7 Alraune
Wurzelstock (Pflanze): 6 Rhizom
würzig: 4 rass, **5** raess, **6** pikant, **10** balsamisch
Würzpflanzen: 4 Dill, Dost, Kren, **5** Asant, Lauch, Maggi, Minze, **6** Eppich, Kerbel, Porree, Salbei, **7** Beifuss, Fenchel, Majoran, Melisse, Quendel, Thymian, **8** Estragon, Portulak, Rosmarin, **9** Basilikum, Borretsch, Knoblauch, Koriander, **10** Petersilie, Wurstkraut, **11** Bohnenkraut, Gurkenkraut, **12** Liebstoeckel, Meerrettich, Schnittlauch
Würzsaucen: 5 Chili, **7** Catchup, Ketchup, **8** Marinade, **9** Remoulade, **10** Mayonnaise
Wust: 5 Chaos
wüst: 3 oed, **4** oede
Wüste in
- ***Afrika:*** **5** Namib, **5** Sahara, **8** Kalahari
- ***Amerika:*** **4** Gila, **6** Nevada, **7** Atacama
- ***Arabien:*** **5** Nefud
- ***Asien:*** **3** Lut, **4** Gobi, Thar, **5** Kewir, Nefud, Tharr, **6** Schamo, **7** Karakum, **8** Registan
- ***Israel:*** **5** Negeb, Negev
- ***Kasachstan:*** **8** Mujunkum
- ***Turkmenistan:*** **7** Karakum
- ***Usbekistan:*** **8** Kysylkum

Wüstenbewohner: 6 Araber, **7** Beduine
Wüstenei: 4 Oede, **7** Einoede
Wüstenflußtal: 4 Wadi
Wüstenfuchs: 5 Fenek, **6** Fennek
wüstenhaft: 4 arid
Wüsteninsel: 4 Oase
Wüstenkönig: 5 Loewe
Wüstenluchs: 7 Karakal
Wüstenschiff: 5 Kamel
Wüstling: 4 Asot, Roué, **6** Sadist, Unhold, **8** Libertin
Wut: 4 Rage, **5** Furor, **7** Raserei
Wutausbruch: 6 Koller, Rappel, Raptus, **7** Raserei
wüten: 5 rasen, toben, **10** grassieren
wütend: 6 furios, rabiat, rasend, **9** enragiert
wütendes Weib: 5 Furie, **7** Megaere

Z

zaghaft: **5** timid, **11** schuechtern
Zaghaftigkeit: **10** Timiditaet
zähe: **4** fest, **10** konsistent, **11** hartnaeckig
Zähflüssigkeitsmesser: **12** Viskosimeter
Zahl
abzuziehende: **10** Subtrahend
hinzuzuzählende: **7** Summand
über dem Bruchstrich: **7** Zaehler, **8** Dividend
unter dem Bruchstrich: **6** Nenner
von der etwas abgezogen werden soll: **7** Minuend
Zahlen beim Roulette
gerade: **4** pair
ungerade: **6** impair
Zahlen von 1 bis 10
englisch: **3** One, Six, Ten, Two, **4** Four, Five, Nine, **5** Eight, Seven, Three
französisch: **2** Un, **3** Dix, Six, **4** Cinq, Deux, Huit, Neuf, Sept, **5** Trois, **6** Quatre
italienisch: **3** Due, Sei, Tre, Uno, **4** Nove, Otto, **5** Dieci, Sette, **6** Cinque, **7** Quattro
lateinisch: **3** Duo, Sex, **4** Octo, Tres, Unus, **5** Decem, Novem, **6** Septem, **7** Quinque, **8** Quattuor
Zahlenergebnisse: **5** Summe, **6** Potenz, Wurzel, **7** Produkt, **8** Quotient
Zahlenglücksspiele: **5** Bingo, Lotto
Zahlengröße
eingliedrige: **5** Monom, **7** Mononom
zweigliedrige: **5** Binom
dreigliedrige: **6** Trinom
viergliedrige: **9** Quadrinom
Zahlenlehre: **10** Arithmetik
Zahlenlehrer: **12** Arithmetiker, Mathematiker
zahlenmäßig: **9** numerisch
Zahlenrätsel: **12** Arithmogriph
Zahlenreihe: **7** Kolonne
Zahlentafel: **7** Tabelle
Zahlenwahrsagerei: **13** Arithmomantie
Zählmaße: **4** Gros, Ries, **6** Ballen, Mandel, Schock, Stiege, Stueck, **7** Dutzend
Zahlmeister: **16** Rechnungsfuehrer
Zahlstelle: **5** Kasse
Zahltag: **6** Ultimo
Zähluhr: **9** Taxameter
Zahlung ins Ausland: **8** Transfer
Zahlungsabzug: **6** Skonto
Zahlungsanweisung: **6** Scheck
Zahlungsaufforderung: **7** Mahnung
Zahlungsaufschub: **8** Stundung, **10** Moratorium
Zahlungsbefehl: **12** Mahnbescheid
Zahlungsbescheinigung: **8** Quittung
Zahlungseinstellung: **6** Pleite, **7** Konkurs
zahlungsfähig: **6** liquid, **7** liquide, solvent
Zahlungsfähigkeit: **6** Kredit, **7** Solvenz
Zahlungsfrist: **4** Ziel
Zahlungsmittel: **4** Geld, Note, **6** Devise, Muenze, Scheck, Valuta, **7** Devisen, Wechsel, **8** Banknote, Hartgeld
Zahlungsort eines Wechsels: **7** Domizil
zahlungsunfähig: **6** pleite, **8** bankrott, illiquid, **9** insolvent
Zahlungsunfähigkeit: **6** Pleite, **7** Konkurs, **8** Bankrott, **9** Insolvenz

Zahlwort: **8** Numerale
Zahlzeichen: **6** Ziffer
zahm: **5** kirre
zahnarme Säugetiere: **9** Edentaten, Faultiere, **12** Guerteltiere, **13** Ameisenbaeren
Zahnarzt: **7** Dentist
Zahnbein: **6** Dentin
Zahnersatz: **8** Prothese, **11** Jakketkrone
Zahnfäule: **6** Karies
Zahnfleischentzündung: **6** Ulitis
Zahnfleischschwund: **11** Parodontose
Zahnfüllung: **6** Plombe
Zahnheilkunde: **10** Dentologie
Zahnkarpfen: **5** Guppy, Platy, **7** Helleri, **8** Bachling, **9** Hechtling, **10** Blackmolly
Zahnlaut: **6** Dental, **8** Dentalis
Zahnmark: **5** Pulpa
Zahnrad: **6** Ritzel
Zahnschmerz: **9** Dentalgie, **10** Odontalgie
Zahnwurzel: **5** Radix
Zahnwurzelgeschwür: **7** Parulis
Zaire (Staat in Zentralafrika)
Berg: **10** Margherita
Bevölkerung: **4** Luba, **5** Bantu, Mongo, Zande, **6** Zairer, **7** Bakongo, **8** Mangbetu, Pygmaeen
Flüsse: **5** Ituri, Kasai, Kongo, Lindi, Lulua, Luvua, Uelle, Wamba, **6** Busira, Kwango, Lomami, Lukuga, **7** Aruwimi, Lualaba, Maringa, Sankuru, Tshuapa
Gebiete: **4** Kivu, **5** Kasai, Shaba, **6** Baluba
Gebirge: **7** Matumba, **9** Ruwenzori
Hauptstadt: **8** Kinshasa
Krater: **10** Nyaragongo
Nationalpark: **7** Virunga
Politiker: **6** Mobuto, **7** Lumumba, Mulumba, **8** Kasawubu, Tschombé
Pygmäenstämme: **5** Mbuti, **7** Bambuti
See: **9** Albertsee
Städte u. Orte: **4** Goma, **5** Bumba, **6** Bukavu, Kikwit, Likasi, Matadi, **7** Kabinda, Kananga, **8** Bandundu, Mbandaka, **9** Kisangani, **10** Lubumbashi
Vulkanberge: **7** Virunga
Währung: **5** Sengi, Zaire, **6** Likuta (Mehrzahl: **6** Makuta)
Zander: **6** Schill, **7** Fogasch, Fogosch, **11** Hechtbarsch
Zank: **5** Hader, Krach, Zwist, **6** Streit, **7** Gekeife, Krakeel, Querele
zanken: **6** hadern, **7** belfern, **8** streiten
Zankerei: **8** Kabbelei
zänkisches Weib: **9** Xanthippe
Zäpfchen: **13** Suppositorium
Zapfen: **5** Konus, **6** Duebel, **8** Stoepsel
Zapfenstreich: **8** Retraite
Zapfer: **6** Kuefer, **10** Schankwirt
Zapfstelle: **7** Hydrant
Zar
– ***der Bulgaren:*** **6** Simeon
– ***von Rußland:*** **4** Iwan, Paul, **5** Boris, Peter, **6** Feodor, **7** Nikolaj, **8** Nikolaus, **9** Alexander
Zarenerlaß: **4** Ukas
Zarin von Rußland: **4** Anna, **9** Elisabeth, Katharina
zart: **4** fein, mild, **5** dolce, sanft, **6** dezent, fragil, morbid, subtil, **7** delikat, **9** liebevoll, **10** aetherisch, empfindsam, **11** mimosenhaft
zartbesaitet: **10** empfindsam
zart gebaut: **10** asthenisch
zarter Bartwuchs: **5** Flaum
Zartgefühl: **4** Takt, **6** Dezenz
zartgliedrig: **6** grazil
Zartheit: **5** Milde, **6** Grazie, **8** Feinheit
zärtlich: **5** innig, **7** amabile, **8** herzlich, **9** liebevoll
Zärtlichkeit: **4** Kuss, **5** Liebe, **10** Liebkosung

Zauber: **5** Magie, **6** Charme, Scharm, **7** Glamour, Hexerei, **14** Phantasmagorie
Zauberer: **5** Hexer, Magus, **6** Magier, **7** Bilwiss, Magiker, **16** Schwarzkuenstler
Zauberer in der Artussage: **6** Merlin, **8** Klingsor
Zauberformeln: **5** Sesam, **7** Abraxas, **10** Hokuspokus, Simsalabim, **11** Abrakadabra
zauberhaft: **7** magisch, **8** charmant
Zauberin: **4** Hexe, **5** Drude
Zauberin in Homers Odyssee: **5** Circe
Zauberkunst: **5** Magie
Zauberkünstler: **6** Magier, **10** Eskamoteur, **11** Illusionist, → Zauberer
Zauberkunststück: **10** Eskamotage
Zaubermittel: **7** Alraune, Elixier, **8** Talisman
Zauberpriester: **8** Schamane
Zauberschutzmittel: **7** Amulett, **8** Talisman
Zaubertrank: **7** Elixier
Zauberwesen: **7** Alraune
Zauberwurzel: **7** Alraune
Zauderer: **9** Kunktator
Zaumzeug: **6** Trense, Pelham, Zuegel, **7** Halfter, Kandare
Zaun: **4** Fenz, **5** Etter, Hecke, **6** Gatter, Gitter, Staket, **8** Palisade
Zaungast: **7** Kiebitz
Zebra: **6** Quagga
Zeche: **5** Grube, **8** Bergwerk
Zecherei: **5** Orgie, **6** Gelage
Zedrat: **8** Zitronat
Zehe: **7** Digitus
Zehn Gebote: **7** Dekalog
Zehneck: **7** Dekagon
Zehnereinteilung: **6** Dekade
Zehnflächner: **8** Dekaeder
Zehnkampfübungen: **10** Hochsprung, Weitsprung, **11** Huerdenlauf, Speerwerfen, **12** Diskuswerfen, Kugelstossen, **14** Stabhochsprung
Zehnpfennigstück: **6** Zehner, **8** Groschen
zehnteilig: **7** dezimal, **9** dekadisch
Zehnzahl: **6** Dekade
Zehrung: **4** Kost, **7** Nahrung
Zeichen: **3** Mal, **4** Wink, **5** Fanal, Marke, Pfeil, **6** Emblem, Signal, Signum, Stigma, Symbol, **7** Hinweis, Merkmal, **11** Signalement
Zeichen
– ***des Erzbischofs:*** **7** Pallium
– ***der Herrscherwürde:*** **5** Krone
– ***gegen Zauberei:*** **10** Drudenfuss, Pentagramm
Zeichenerklärung: **7** Legende
Zeichengeräte: **6** Lineal, Zirkel, **8** Diagraph, **10** Pantograph, **14** Storchschnabel
Zeichensetzung: **13** Interpunktion
Zeichensprache: **8** Symbolik, **13** Gestikulation
Zeichentinte: **6** Tusche
Zeichnung: **6** Dessin, **8** Diagramm
Zeichnung
– ***im Holz:*** **5** Maser, **8** Maserung
– ***auf Metall, Stein:*** **6** Gravur, **8** Graffito
Zeidler: **5** Imker
zeigen: **6** dartun, weisen
Zeit: **6** Tempus
Zeit
– ***der Ausbildung:*** **5** Lehre, **7** Studium
– ***nach der Hochzeit:*** **13** Flitterwochen
– ***vor Weihnachten:*** **6** Advent
Zeitabschnitte: **3** Tag, **4** Jahr, **5** Monat, Woche, **6** Dekade, Epoche, **7** Lustrum, Pentade, Periode, **8** Biennium, Saekulum, Semester, **9** Dezennium, Lichtjahr, Triennium, Trimester, **10** Millennium, **11** Jahrhundert, Jahrtausend
Zeitalter: **4** Aeon, Aera, **8** Saekulum

Zeitangabe: **5** Datum
Zeiteinheiten: **6** Minute, Stunde, **7** Sekunde
Zeitfolge: **11** Chronologie
Zeitform: **6** Tempus, **7** Futurum, Perfekt, Zukunft, **8** Praesens, **9** Gegenwart, Imperfekt, **13** Vergangenheit
zeitfremd: **9** inaktuell
zeitgemäß: **6** modern, **7** aktuell, **8** up to date
Zeitgeschmack: **4** Mode
zeitgleich: **8** synchron
zeitlich: **8** temporal
zeitlich unbegrenzt: **4** ewig
Zeitmaße (Musik): **4** Takt, **5** Tempo, **8** Rhythmus
Zeitmesser: **3** Uhr, **9** Sonnenuhr, **10** Chronometer, → Uhren
zeitnah: **4** akut, **6** modern, **7** aktuell
Zeitnehmer: **12** Kampfrichter
Zeitnot: **4** Eile
Zeitpunkt: **5** Datum, **6** Moment, Termin
Zeitrechnung: **4** Aera
Zeitschriften: **7** Journal, Magazin, **12** Illustrierte
Zeitspanne: **9** Intervall
Zeitungen: **5** Organ, **7** Gazette, Journal
Zeitungsanzeigen: **6** Insert, **7** Annonce, Inserat
Zeitungsaufsatz: **7** Artikel
Zeitungslüge: **4** Ente
Zeitungsmitarbeiter: **8** Reporter, **9** Publizist, Redakteur, **10** Journalist
Zeitungsschriftstellerei: **11** Publizistik, **12** Journalismus
Zeitungsspalte: **6** Rubrik, **7** Kolumne
Zeitungswesen: **6** Presse, **11** Publizistik
Zeitungsverkäufer in Frankreich: **7** Camelot, **8** Kamelott
Zeitvertreib: **5** Hobby, Spiel, **10** Vergnuegen, **12** Steckenpferd
zeitweilig: **9** temporaer
zeitweilige Aufhebung: **10** Suspension
Zeitwort: **4** Verb, **6** Verbum
zeitwörtlich: **6** verbal
zellbildend: **7** zytogen
Zellengewebe: **7** Epithel
Zellenlehre: **9** Zytologie
Zellfarbstoff: **9** Zytochrom
Zellgewebsfaser: **8** Fibrille
Zellkern: **7** Nukleus
Zellkernteilung: **7** Amitose
Zellplasma: **11** Protoplasma
Zellschicht der Pflanzen: **10** Endodermis
Zellstoff: **9** Zellulose
Zellsubstanz: **6** Plasma
Zellteilung: **7** Amitose
Zelluloseverbindung: **7** Viskose
Zellwand der Sporen (Moos, Farn): **5** Exine
Zellwucherung: **5** Krebs
Zelt: **4** Tipi, **5** Jurte, **6** Wigwam
Zeltdorf der Nomaden: **3** Aul
Zeltlager: **4** Camp
Zeltleben: **7** Camping
Zeltpflock: **6** Hering
Zelttuch: **5** Plane
Zensor: **7** Pruefer
Zensur: **4** Note, **7** Zeugnis, **9** Praedikat
Zentralafrika (Staat in Äquatorial-Afrika)
- ***Berge:*** **11** Kayagangiri, Mongos Berge
- ***Bevölkerung:*** **4** Baja, **5** Banda, Bantu, Ngala, **6** Mandja, **7** Mandija, **8** Pygmaeen
- ***Flüsse:*** **5** Kotto, Ouham, **6** Loboye, Schari, Ubangi
- ***Gebirgsmassiv:*** **6** Bakoré
- ***Hauptstadt:*** **6** Bangui
- ***Kaiser:*** **7** Bokassa
- ***Nationalpark:*** **11** Saint-Floris
- ***Politiker:*** **5** Dacko, **8** Kolingba
- ***Pygmäenvolk:*** **7** Babinga

Städte u. Orte: **3** Obo, **4** Bria, Nola, **5** Bouar, Ndelé, Sibut, **7** Bakouma, Bambari, **9** Bangassou, Berbérâti, Bossangoa
Währung: **5** Franc, **7** Centime
Zentrifugalkraft: **10** Fliehkraft
Zentrum: **4** City, Kern, **5** Mitte, **10** Innenstadt, **11** Mittelpunkt
zerbrechlich: **6** fragil, morsch
zerbrochen: **6** kaputt, **6** diffrakt
Zerfall: **4** Ruin
zerfallenes Bauwerk: **5** Ruine
Zerfallserscheinung: **4** Rost, **5** Moder
Zerfallsprodukt des Urans: **6** Radium
zergliedern: **13** spezifizieren
Zergliederung: **7** Analyse
Zerkleinerungsmaschinen: **4** Wolf, **6** Muehle
Zerknall: **9** Explosion, **10** Detonation
zerknallen: **10** detonieren, **11** explodieren
Zerknirschtheit: **4** Reue
zerknittern: **8** knuellen
zerlegen: **8** sezieren, **11** tranchieren
Zerlegung: **7** Analyse, **9** Demontage, **11** Dispersion
zermalmend: **7** brisant
Zermalmung: **11** Trituration
zernagen: **11** korrodieren
zernagend: **8** korrosiv
Zerrbild: **9** Karikatur
Zerreißprobe: **9** Crashtest
Zerreißung: **6** Rhexis, Ruptur
zerren: **6** ziehen
zerrissen: **8** schizoid
zersetzen: **14** demoralisieren
zersetzend: **10** destruktiv
Zersetzung: **5** Moder, **8** Faeulnis, **11** Destruktion
Zerspanungsmechaniker: **6** Dreher
Zerstäuberflüssigkeit: **5** Spray
zerstören: **9** erodieren, ruinieren, **10** demolieren
zerstörend: **8** korrosiv, **9** subversiv, **10** destruktiv
zerstörtes Schiff: **5** Wrack
Zerstörung: **9** Korrosion
Zerstörungswut: **11** Wandalismus
zerstörungswütig: **10** vandalisch, wandalisch
zerstoßen: **8** pilieren
zerstreut: **6** diffus, fahrig, **7** dispers, **10** sporadisch
Zerstreuung von Lichtstrahlen: **9** Diffusion, **10** Dispersion
zertrümmern: **10** demolieren, **11** atomisieren
Zerwürfnis: **6** Streit, **10** Entzweiung
zerzaust: **10** derangiert
Zettelkästen: **6** Kartei, **9** Kartothek
Zeug: **5** Stoff, **8** Schamott, **9** Textilien
Zeughaus: **7** Arsenal
Zeugnis: **6** Attest, Diplom, Testat, Zensur, **10** Zertifikat
Zeugnisnoten: **3** gut, **7** sehr gut, **9** genuegend, **10** mangelhaft, **11** ausreichend, ungenuegend, **12** befriedigend
zeugungsunfähig: **6** steril, **8** impotent
Ziborium: **5** Kelch
Zichorienart: **8** Chicorée
Ziege: **5** Geiss, Zibbe, Zicke, Zippe, **6** Zickel, **8** Zicklein, **9** Geisslein
Ziegelsorte: **7** Klinker, **9** Backstein
Ziegenantilope: **5** Goral
Ziegenleder: **3** Kid, **5** Glacé, Nappa, **7** Chamois, Saffian, **8** Chevreau, Maroquin
Ziegenpeter: **5** Mumps, **9** Parotitis
Ziegenwolle: **6** Mohaer, Mohair
Ziehharmonika: **9** Akkordeon, Bandoneon, **10** Konzertina, **15** Schifferklavier
Ziehmutter: **4** Amme
Ziehung: **9** Auslosung
Ziel: **5** Telos, **6** Objekt, **8** Endpunkt, **9** Intention
zielbewußt: **10** konsequent
Zielbewußtheit: **10** Konsequenz
zielen: **8** visieren

Zielgerät: **7** Diopter
Ziellosigkeit: **6** Atelie
zielstrebig: **10** konsequent
Zielstrebigkeit: **10** Konsequenz
Zielvorrichtung: **4** Korn, **5** Kimme, **6** Visier, **10** Fadenkreuz
Zierarbeit (aufgenäht): **11** Applikation
Zierarbeit aus feinem Draht: **8** Filigran
Zierat: **5** Dekor, **8** Ornament
Zierband: **8** Maeander
Zierbildchen: **8** Vignette
Zierblume: → Zierpflanzen
zierend: **10** ornamental
Ziererei: **5** Getue, Mache, **6** Gehabe, Gewese, **9** Pruederie, **11** Affektation, **14** Manieriertheit
Zierfiguren: **6** Nippes
Zierfischbehälter: **8** Aquarium
Zierfische fürs Aquarium: **5** Barbe, Betta, Danio, Guppy, Molly, Platy, **6** Gurami, Skalar, **7** Helleri, Rasbora, **8** Goldorfe, **9** Goldfisch, Makropode, **10** Buntbarsch, Fadenfisch, Kampffisch, **11** Maulbrueter, Neonsalmler, **13** Korallenfisch, Teleskopfisch, **14** Keilfleckbarbe, Schwerttraeger, **15** Schleierschwanz
Ziergefäß: **4** Vase
Zierknopf: **5** Bosse
Zierkürbis: **9** Cucurbita
Zierleiste an griech. Bauten: **4** Kyma, **8** Kymation
zierlich: **6** grazil
Ziermotiv: **8** Palmette
Zierornament: **10** Flamboyant
Zierpflanzen: → Balkon-, Zimmerpflanzen
Zierpflanzen: **4** Efeu, Iris, Rose, **5** Aster, Buchs, Canna, Kalla, Kanna, Lilie, Malve, Myrte, Nelke, Palme, Phlox, Tulpe, Winde, Yucca, Yukka, **6** Aralie, Aukuba, Azalea, Azalee, Azalie, Cissus, Clivia, Coleus, Dahlie, Daphne, Diptam, Funkie, Jasmin, Krokus, Lupine, Mispel, Primel, Reseda, Salvie, Szilla, Zinnie, **7** Amarant, Ardisie, Aurikel, Begonie, Eibisch, Flieder, Fuchsie, Geranie, Ginster, Kamelie, Lantana, Levkoje, Lobelie, Lorbeer, Mahonie, Opuntie, Paeonie, Pandane, Petunie, Rizinus, Tagetes, Teerose, Verbene, **8** Akanthus, Bandgras, Bignonie, Caladium, Camellia, Eisenhut, Evonymus, Gardenia, Gardenie, Georgine, Geranium, Gladiole, Gloxinie, Goldlack, Goldrute, Herlitze, Hibiskus, Kornrade, Liguster, Magnolie, Masslieb, Monstera, Narzisse, Oleander, Orchidee, Portulak, Ranunkel, Rosmarin, Tuberose, Veilchen, Zyklamen, **9** Amaryllis, Asparagus, Balsamine, Bartnelke, Cineraria, Dickblatt, Eberraute, Fetthenne, Forsythie, Gauchheil, Geissbart, Goldregen, Gummibaum, Heliotrop, Hortensie, Hyazinthe, Korydalis, Mannstreu, Paulownia, Sauerdorn, Schwertel, Zinerarie, **10** Belladonna, Berberitze, Buntnessel, Ehrenpreis, Feuerlilie, Geissblatt, Hahnenkamm, Immergruen, Kellerhals, Loewenmaul, Montbretia, Nachtkerze, Nachtviole, Pelargonie, Pimpernuss, Sanseveria, Wachsblume, Winterling, **11** Kaiserkrone, Kalzeolarie, Klatschmohn, Maennertreu, Pfingstrose, Rittersporn, Schoenlilie, Selaginella, Zimmerlinde, Zimmertanne, **12** Chrysantheme, Gauklerblume, Fensterblatt, Glockenblume, Koenigskerze, Philodendron, Rhododendron, Tradeskantie, **13** Alpenveilchen, Maigloeckchen
Zierschrank: **7** Vertiko

Zierspargel: 9 Asparagus
Ziervogel: 4 Pfau
Ziffer: → Zahlen
Zigarettendose: 9 Tabatiere
Zigarettenrest: 5 Kippe
Zigarren: 7 Stumpen, **9** Giftnudel, Zigarillo
Zigarreneinlage: 5 Puppe, **6** Wickel
Zigarrenrest: 7 Stummel
Zigarrensorten: 6 Brasil, **7** Havanna, Importe, Sumatra, Stumpen, **8** Virginia, **9** Fehlfarbe, Zigarillo
Zigarrenteile: 7 Einlage, Umblatt, **9** Deckblatt, **10** Bauchbinde
Zigeuner (Wandervolk)
Gruppen: **3** Ben, Rom, **4** Kale, Phen, Roma, **5** Cinte, Sinte, Sinti
Namen: **5** Gipsy, Tater, **8** Gitano, **7** Tattare, **8** Bohèmien
Patronin: **5** Sarah
Sprache: **6** Romani
Tänze: **4** Polo, **6** Gitana, **8** Flamenco
Tanzlied: **10** Zingaresca
Totengeist: **4** Mulo
Zigeunerhuhn: 6 Hoazin
Zigeunerin: 6 Gitana
Zimmer: 4 Bude, **5** Salon, Stube, Gemach, **8** Kabinett
Zimbabwe: → Simbabwe
Zimmer der Dame: 7 Boudoir
Zimmerdecke: 7 Plafond
Zimmereinrichtung: 8 Mobiliar, **10** Meublement
Zimmergruppe im Hotel: 5 Suite, **11** Appartement
Zimmerpflanzen: → Balkon- und Zimmerpflanzen, → Zierpflanzen
Zimmertanne: 9 Araukarie
zimperlich: 6 pruede, **9** etepetete
Zimperlichkeit: 8 Ziererei, **9** Pruederie
Zimt: 6 Kaneel, **8** Zinnamom
Zimtapfel: 6 Annona, Annone
Zimtbär: 7 Baribal
Zimtbaum: 8 Zinnamom
Zink mit Kupfer: 6 Bronze
Zinkerz: 6 Galmei
Zinn: 7 Stannun
Zinnerz: 10 Kassiterit
Zinnfolie: 8 Stanniol
Zinnober: 9 Vermillon
Zins: 5 Miete, **6** Abgabe, Ertrag, Tribut
Zinsabzug: 7 Diskont
zinsbringend: 8 rentabel
Zinsertrag: 7 Rendite
Zinsschein: 5 Kupon, **6** Coupon
zinstragende Geldsumme: 7 Kapital
Zinsvergütung: 7 Diskont
Zipperlein: 5 Gicht, **7** Podagra
Zirbeldrüse: 8 Epiphyse
Zirbelkiefer: 4 Arbe, Arve, Zirm, Zirn
Zirkuskünstler: 5 Clown, **6** Artist, **7** Akrobat, **8** Dompteur
Zirkusreitkunst: 9 Equestrik
Zirkusrund: 6 Manege
Zirpe: 6 Zikade
Zischlaut: 8 Sibilant
Ziseleur: 7 Stecher, **12** Stahlstecher, **13** Kupferstecher
Zisterzienserabtei
– ***bei Eberswalde:*** **6** Chorin
– ***in Tirol:*** **5** Stams
Zitatensammlung: 9 Analekten
Zitronat: 6 Zedrat
Zitronenfruchtschale: 7 Sukkade, **8** Zitronat
zitronensaures Salz: 6 Zitrat
Zitrusfrüchte: 5 Etrog, Lumie, **6** Limone, Orange, **7** Zitrone, **9** Apfelsine, Mandarine, Pomeranze, Tangerine, **10** Grapefruit, Klementine, Pampelmuse
Zitrusfrüchte (botan.): 6 Agrumi, **7** Agrumen
Zitterlaut: 7 Vibrant
zittern: 7 bibbern, **9** vibrieren, **11** tremulieren
Zittern: 5 Trema, **6** Tremor, **9** Tatterich
Zitterpappel: 4 Espe
Zivil: 6 privat, **11** buergerlich
zögern: 5 zagen, **6** zaudern

zögernd: **8** tentativ, **10** ritardando
Zöglinge: **5** Eleve, **6** Alumne, Kadett, **8** Schueler
Zölibat: **12** Ehelosigkeit
Zoll: **4** Maut, **6** Akzise, Douane
Zollamt: **6** Douane
Zollausschlußgebiet am Wasser: **9** Freihafen
zollfreier Stapelplatz: **8** Entrepot
Zollpassierschein: **6** Carnet
Zollstock: **8** Massstab
Zollvergehen: **9** Schmuggel
Zoo: **8** Tierpark
Zooanlagen: **6** Gehege, Kaefig, **7** Voliere, Zwinger, **10** Freigehege
Zoologie: **9** Tierkunde
Zorn: **6** Rochus
Zornausbruch: **6** Raptus
zornig: **7** fuchtig, wuetend
Zubehör: **5** Annex, **7** Armatur, Utensil, **8** Requisit, **10** Accessoire, Utensilien
Zubringer: **4** Bote, **8** Conveyer, **9** Lieferant
Zucht: **5** Anbau, Moral, Mores, Sitte, **6** Kultur, Raeson, **7** Ordnung, **8** Benehmen, **9** Disziplin
Zuchthaus: **8** Kriminal
züchtig: **4** rein, **6** keusch, **7** integer, sittsam, **10** tugendhaft, **11** unverdorben
züchtigen: **8** schlagen
Zuchtlosigkeit: **14** Demoralisation
Zuchtstammbuch: **8** Herdbuch
Zuchtwahl: **9** Selektion
Zucker in Orangeschalen: **7** Mannose
Zuckerarten: **6** Kandis, **7** Karamel, **8** Dextrose, Fructose, Fruktose, **9** Raffinade, **12** Fruchtzucker, Invertzucker, **13** Traubenzucker
Zuckerguß: **6** Glasur
Zuckersorten: **5** Melis, **9** Hutzucker, **10** Rohrzucker, **11** Puderzucker, **12** Ruebenzucker, **13** Plattenzucker, Wuerfelzucker
Zuckerbäcker: **8** Konditor
Zuckergast: **15** Silberfischchen
Zuckerguß: **6** Glasur
Zuckerinsel: **4** Kuba
Zuckerkörner: **11** Nonpareille
Zuckerkranker: **10** Diabetiker
Zuckerkrankheit: **8** Diabetes
Zuckerlösung: **5** Sirup
Zuckermasse: **7** Fondant
Zuckermehl: **5** Farin
Zuckerrohrschnaps: **3** Rum, **5** Arrak
Zuckersaft: **5** Sirup
Zuckerzeug: → Süßwaren
Zuckung: **3** Tic, **10** Konvulsion
zudringlich: **9** indiskret
Zueignung: **7** Widmung, **10** Dedikation
Zuerkennung: **12** Adjudikation
Zufall: **5** Tyche
zufällig: **11** akzidentell, **12** akzidentiell
Zufluchtsort: **4** Asyl, **6** Obdach, **8** Refugium
Zufluß: → betr. Flußnamen
zufriedengestellt: **9** saturiert
Zufriedenheit: **7** Eukolie
zufügen: **8** addieren, **9** ergaenzen, vermehren, **12** vergroessern
Zug: **5** Treck, **7** Kolonne
Zug der Zeit: **5** Trend, **7** Tendenz
Zugabe: **7** Praemie, **13** Gratifikation
Zugabteil: **5** Coupé, Kupee
Zugang: **3** Tor, **4** Tuer, **6** Pforte, Portal, **7** Einlass, **8** Eintritt, **9** Akzession
zugeknöpft: **10** reserviert
zügellos: **8** dissolut, libertin, **11** orgiastisch
zügellose Horde: **5** Korak
zügelloses Gelage: **5** Orgie
Zügellosigkeit: **8** Athesmie
zugespitzt: **9** pointiert, **12** aphoristisch
Zugeständnis: **10** Kompromiss, Konzession
zugestehen: **11** konzedieren
zugetan: **7** gewogen
zugeteilte Menge: **6** Ration, **7** Portion

Zuggestell: **4** Joch
zugkräftig: **9** attraktiv
zugleich: **8** simultan
Zugmaschinen: **3** Lok, **7** Bulldog, Traktor, Trecker, **9** Bulldozer, Diesellok, Schlepper, **10** Lokomotive
zugrunde gerichtet: **6** kaputt, **8** ruiniert
Zugstück: **4** Clou, **8** Thriller, **10** Attraktion
Zugtiere: **3** Jak, Yak, **4** Esel, Zebu, **5** Ochse, Pferd, **7** Bueffel, **8** Maulesel, Maultier
Zugvögel: **4** Fink, Star, **5** Ammer, Fitis, Pirol, **6** Lerche, Reiher, Storch, **7** Drossel, Kiebitz, Kranich, Kuckuck, Wuerger, **8** Schnepfe, Schwalbe, Spoetter, Sprosser, Wildgans, **9** Wiedehopf, **10** Bachstelze, Grasmuecke, Nachtigall
Zuhause: **4** Heim, **6** Heimat, **7** Wohnung
Zuhörerbühne: **8** Tribuene
Zuhörerschaft: **8** Publikum, **10** Auditorium
Zukost: **7** Beilage
Zukunft: **5** Futur
zukünftig: **5** in spe
Zukunftsaussicht: **11** Perspektive
Zukunftsdeutung: **6** Mantik, **9** Prophetie
Zukunftsform: **5** Futur, **7** Futurum
Zukunftsraum: **6** Utopie
Zukunftsroman: **14** Science-fiction
Zulage: **12** Aufbesserung
zulässig: **9** statthaft
zulässige Abweichung: **8** Toleranz
Zulassung: **6** Lizenz, **9** Admission, **9** Erlaubnis
10 Konzession
Zulassungsbeschränkung: **14** Numerus clausus
Zulauf: **7** Andrang, **8** Frequenz
Zuluneger: **5** Bantu, Nguni, **6** Kaffer
zum Schein: **8** pro forma
zunächst: **4** erst
Zunahme: **5** Wuchs, **8** Wachstum, **9** Ansteigen, Anwachsen, **10** Steigerung, Vermehrung, **11** Progression
Zündmittel: **5** Lunte, **6** Zunder, **9** Detonator
zunehmend: **9** crescendo, **10** progressiv
Zuneigung: **4** Huld, **5** Gunst, Liebe, **9** Affektion, Sympathie
Zunft: **5** Gilde, **6** Innung, Metier
Zunge (med.): **6** Glossa
Zungenlaut: **7** Lingual
Zuordnung: **12** Koordination
Zupfinstrumente aus aller Welt: **2** Ud, **3** Kin, Tar, **4** Bina, Koto, Lyra, Pipa, Vina, **5** Banjo, Crwth, Domra, Harfe, Humle, Kanun, Kobza, Laute, Leier, Telyn, Zanza, **6** Hommel, Hummel, Kinner, Tambur, Tanbur, Zister, Zither, **7** Bandola, Bandula, Bandura, Chrotta, Gitarre, Guarana, Kithara, Klampfe, Mandola, Psalter, Samisen, Tambura, Tanbura, Testudo, Theorbe, Ukulele, **8** Bandasca, Barbiton, Chitarra, Langleik, Phorminx, Shamisen, **9** Arpanetta, Balalaika, Bandurria, Basslaute, Drehleier, Guaranita, Mandoline, Zupfgeige, **10** Basszither, Chitarrone, Pedalharfe, Scheitholz, Tamburizza, **11** Bauernleier, Brettzither, Organistrum, **12** Bambuszither, **13** Hawaiigitarre, Streichzither
zurechtweisen: **9** abkanzeln
Zurechtweisung: **5** Ruege, Tadel, **7** Lektion, Verweis
zurichten: **11** adjustieren
zurück: **6** retour
zurückbleibend: **8** remanent
zurückbringen: **11** apportieren
zurückführen: **10** reduzieren
Zurückführung: **9** Reduktion

zurückgeblieben: **11** rudimentaer
zurückgehend: **9** regressiv
zurückhaltend: **6** dezent, **7** diskret, **8** gemessen, **10** reserviert
Zurückhaltung: **4** Takt, **5** Scheu, **6** Dezenz, **7** Reserve, **9** Retention
zurücklegen: **6** horten, sparen, **8** hamstern, **11** reservieren
Zurücknahme: **8** Widerruf
zurückschlagen: **7** kontern, **8** erwidern, parieren
zurücksenden: **11** remittieren
Zurücksetzung: **9** Kraenkung, **12** Nichtachtung
zurückstrahlen: **12** reflektieren
zurücktretend: **8** rezessiv
Zurückweisung: **9** Rejektion, Repulsion
Zurückziehung: **10** Retraktion
Zurufe: **4** heda, **5** hallo
Zusage: **2** Ja, **8** Bejahung
zusagend: **11** sympathisch
zusammen: **5** alles, **6** gesamt, **7** addiert, mitsamt, **9** inklusive, vereinigt, **11** miteinander
Zusammenarbeit: **8** Teamwork, **11** Kooperation, **13** Kollaboration
Zusammenballung: **11** Konglomerat, **13** Agglomeration, Konzentration
Zusammenbaue: **7** Montage
zusammenbauen: **9** montieren
Zusammenbruch: **4** Ruin, **6** Fiasko, Pleite, **7** Debakel, Kollaps, Konkurs, Verfall, Zerfall, **8** Bankrott, Desaster, **9** Untergang, **11** Vernichtung, **14** Kladderadatsch
zusammendrücken: **12** komprimieren
Zusammendrückung: **11** Kompression
Zusammenfall: **7** Kollaps
zusammenfallend: **10** koinzident
zusammenfassend: **8** pauschal
Zusammenfassung: **5** Fazit, **6** Digest, Zyklus, **7** Komplex, **8** Resuemee, Syllabus, Synopsis, **14** Rekapitulation
Zusammenfügung: **8** Synthese
zusammengedrängt: **3** eng, **5** dicht, **8** kompress
zusammengefaßt: **10** summarisch
Zusammengehöriges: **7** Besteck, **8** Garnitur
Zusammengehörigkeitsgefühl: **12** Solidaritaet
Zusammengetragenes: **11** Kompilation
Zusammenhalt: **7** Einheit, **9** Einigkeit, **13** Einmuetigkeit, Verbundenheit
Zusammenhang: **5** Nexus, **6** Konnex, System, **8** Relation, **9** Kohaerenz, Kontinuum, **10** Konsistenz, Verbindung, Verkettung, **11** Mechanismus
zusammenhängend: **9** kohaerent
zusammenhanglos: **6** abrupt
Zusammenklang: **6** Akkord, **8** Harmonie, **9** Konsonanz
Zusammenkunft: **6** Konzil, Tagung, **7** Konvent, Meeting, Palaver, Sitzung, Treffen, **8** Beratung, Jamboree, Kongress, **9** Begegnung, Symposion, Symposium, **10** Rendezvous, **11** Versammlung, **12** Stelldichein
Zusammenleben: **8** Symbiose, Synoezie
Zusammenlegung: **11** Vereinigung
Zusammenprall: **9** Kollision, **11** Karambolage
Zusammenrottung: **7** Aufruhr, **9** Rebellion
Zusammenschau: **10** Ueberblick
Zusammenschluß: **4** Club, Klub, Liga, **5** Union, **6** Fusion, Partei, Verein, **7** Kartell, Konzern, Verband, **8** Syndikat, **9** Koalition, **11** Assoziation, Integration, Vereinigung
Zusammenschluß
– ***von Handwerkern:*** **5** Gilde, Zunft, **6** Innung
– ***von Unternehmen:*** **4** Pool,

Z

5 Trust, **6** Fusion, **7** Kartell
zusammensetzen: 9 montieren
Zusammensetzspiel: 6 Puzzle
Zusammensetzung: 7 Montage, **10** Kompositum, **11** Komposition, **12** Konstruktion
Zusammenstellung: 5 Liste, **6** System, **7** Fuegung, Katalog, Ordnung, Tabelle, **8** Register, **9** Sortiment, **10** Kollektion, **11** Gruppierung, Kombination
Zusammenstoß: 7 Havarie, **8** Konflikt, **9** Kollision, Renkontre, **11** Karambolage, Kontroverse
Zusammentreffen: 10 Koinzidenz, **13** Konstellation
Zusammenwirken: 8 Synergie, **11** Kooperation
zusammenwirken: 11 kooperieren
zusammenwirkend: 10 konzertant
zusammenzählen: 8 addieren, **9** summieren
Zusammenzählung: 8 Addition, **10** Summierung
zusammenziehen: 13 konzentrieren
Zusammenziehung: 10 Retraktion, **11** Kontraktion, Verdichtung, **13** Konzentration
Zusatz: 7 Additiv, **8** Additive, Einschub, Nachtrag, **9** Anfuegung, **10** Ergaenzung
Zusatzbestimmung: 7 Klausel
Zusatzgerät: 7 Adapter
zusätzlich: 4 plus, **5** extra
Zusatzvergütung: 7 Praemie, **13** Gratifikation
Zuschauer beim Kartenspiel: 7 Kiebitz
Zuschauerempore: 8 Tribuene
Zuschauermenge: 8 Publikum
Zuschlagstoffe (Beton, Mörtel): **4** Kies, Sand, **6** Splitt
Zuschnitt: 6 Fasson
Zuschrift: 5 Brief
Zuschuß: 8 Beihilfe, **10** Subvention
zusetzen: 11 attackieren
zusichern: 11 garantieren
Zusicherung: 11 Versprechen
Zuspitzung: 5 Krise
zusprechen: 8 troesten, **10** addizieren
Zuspruch: 3 Rat, **5** Trost, **7** Andrang, Anklang, Beifall, **8** Gefallen
Zustand: 4 Lage, **6** Status, **7** Stadium, **9** Kondition, Situation, **10** Verfassung, **12** Konstitution, **14** Beschaffenheit
Zustand der Verzückung: 7 Ekstase
zuständig: 8 kompetent
zuständige Behörde: 7 Instanz
Zuständigkeit: 7 Instanz, Ressort, **8** Befugnis, **9** Kompetenz
Zusteller: 4 Bote, **8** Postbote, **9** Lieferant
Zustimmung: 6 Plazet, **7** Konsens, **12** Ratifikation
Zustrom: 7 Andrang
Zutat: 7 Beigabe, Beiwerk, **10** Fourniture, Ingrediens, Ingredienz
Zuteilung: 5 Dosis, **6** Ration, **7** Portion, **9** Anweisung, Dosierung, **10** Kontingent
Zuträglichkeit: 10 Konvenienz
zutraulich: 4 zahm, **5** kirre
Zuträger: 10 Denunziant, Kolporteur
zutreffend: 7 positiv, richtig
Zutritt: 6 Entree
Zutrunk: 5 Prost, **6** Prosit
zuverlässig: 4 treu, **5** reell, solid, **6** solide, **7** ergeben, **8** gediegen, **11** authentisch
Zuverlässigkeit: 10 Reellitaet, Soliditaet
Zuversicht: 8 Hoffnung, **9** Vertrauen
zuvor: 4 erst
zuvorkommend: 6 kulant
Zuvorkommenheit: 10 Galanterie
Zuwachs eines Erbteils: 10 Akkreszenz
Zuwendung: 6 Spende, **8** Dotation, **9** Schenkung, **10** Nestwaerme

Zuwiderhandlung: **8** Verstoss
zuzüglich: **4** plus
Zwang: **4** Gene, Muss, **6** Diktat, **8** Pression, **10** Kompulsion
zwanglos: **5** leger, **9** degagiert
Zwanglosigkeit: **10** Degagement
Zwangsabgabe: **6** Tribut
Zwangsanwendung: **5** Druck, **6** Gewalt, Terror, **9** Noetigung
Zwangsarbeit: **4** Fron
Zwangsherrschaft: **8** Diktatur
Zwangslage: **6** Klemme, **7** Dilemma, Patsche, **9** Zwiespalt, **11** Bedraengnis, Zwickmuehle
zwangsläufig: **11** automatisch
Zwangsmaßnahmen: **6** Strafe, **7** Boykott, **8** Blockade, Sanktion, **9** Ultimatum, **11** Repressalie
Zwangsräumung: **9** Exmission
Zwangsschlaf: **7** Hypnose
Zwangsverschickung: **11** Deportation
Zwangsversteigerung: **4** Gant
Zwangsverwalter: **9** Sequester
Zwangsvollstreckung: **9** Exekution, Pfaendung
Zwanzigflächner: **9** Ikosaeder
Zweck: **4** Ziel, **5** Motiv, **7** Absicht
zweckbestimmt: **5** final
zweckgemäß: **8** opportun
zweckmäßig: **9** praktisch, rationell, **11** praktikabel
Zweckverband: → Zusammenschluß
Zweiblatt: **8** Orchidee
zweideutig: **8** aequivok
zweideutiger Witz: **4** Zote
Zweideutigkeit: **10** Amphibolie
Zweierspiel beim Golf: **6** Single
Zweifel: **7** Skepsis, Skrupel, **8** Bedenken
zweifelhaft: **6** dubios, **7** dubioes, **10** problematisch
Zweifelsucht: **12** Skeptizismus
Zweifingerfaultier: **4** Unau
Zweifler: **9** Skeptiker
Zweifüßer: **6** Bipede
Zweig: **4** Rute, Zain, **5** Gerte, **6** Sparte, **10** Nebenlinie
Zweig des Hauses Bourbon: **5** Condé
Zweiggeschäft: **7** Filiale
zweigeschlechtig: **9** bisexuell
Zweigespann: **4** Biga
Zweiglein: **3** Ros, **4** Reis
Zweigstelle: **7** Filiale, Sektion, **9** Expositur
zweihändiges Schwert: **8** Flamberg
Zweiheit: **9** Dualismus, Dualitaet
zweijährig: **5** bienn
zweijähriger Eber: **6** Bacher
Zweikampf: **5** Duell, Tjost, **6** Mensur
Zweikampfzeuge: **9** Sekundant
zweimastiges Segelschiff: **5** Brigg, **10** Brigantine
Zweipolröhre: **5** Diode
Zweiräder: **4** Velo, **6** Tandem, **7** Fahrrad
zweirädriger Wagen: **5** Sulky, **7** Rikscha
Zweiruderer: **6** Bireme
Zweisamkeit: **13** Beisammensein
zweiseitig: **9** bilateral
zweisitziger Kraftwagen: **5** Coupé
zweistimmiges
– ***Gesangsstück:*** **5** Duett
– ***Musikstück:*** **3** Duo
zweiteilige Badekleidung: **6** Bikini
zweiteiliges Kleid: **7** Komplet
zweites Heu: **5** Grumt, **7** Grummet
zweites Frühstück (schweiz.): **6** Znueni
zweitgrößte Insel der Erde: **9** Neuguinea
zweitrangig: **9** sekundaer
Zweitschrift: **5** Kopie, **6** Doppel, **8** Duplikat
Zweiwertigkeit: **10** Ambivalenz
Zweizahl: **4** Dual, **6** Dualis
Zweizeiler: **9** Distichon
Zwerge: **4** Butz, Gnom, Puck, **5** Troll, Wicht, **6** Knirps, Kobold, **7** Nispuck, Stilzel, Wichtel,

8 Erdgeist, **9** Daeumling, Fenesmann, Fenixmann, Goggolori, Hausgeist, Butzemann, **10** Erdbiberli, Erdwichtel, **11** Butzemummel, Heinzelmann, Liliputaner, Putzemummel, Wichtelmann, **12** Erdmaennchen, **13** Graumaennchen, Klabautermann, **15** Hutzelmaennchen, Rumpelstilzchen, **16** Heinzelmaennchen, Wichtelmaennchen
Zwerg der Nibelungsage: 8 Alberich
Zwergbeutelratte: 7 Marmosa
Zwergenkönig: 6 Laurin
Zwergenland: 7 Liliput
Zwergfalke: 6 Merlin
Zwerghirsch: 4 Pudu
Zwergholunder: 6 Attich
Zwerghuhn: 5 Chabu, **6** Bantam
Zwergkiefer: 7 Latsche, **9** Legfoehre
Zwerglinse: 7 Wolffia
Zwergmeerkatze: 8 Talapoin
Zwergnegervölker: 3 Efe, **4** Akka, **5** Batwa, **8** Pygmaeen
Zwergpalme: 7 Palmito
Zwergpferd: 4 Pony
Zwergstaaten in Europa: 6 Monaco, **7** Andorra, **9** San Marino, **13** Liechtenstein
Zwergwuchs: 8 Nanismus
Zwetschenmus (öst.): 6 Powidl, **7** Powidel
Zwickel: 5 Gehre
Zwicker: 7 Klemmer, Kneifer, **8** Pincenez
Zwiebel (botan.): 7 Zipolle
zwiebelförmiges Organ: 4 Bulbus
Zwiebelgericht: 9 Cipollata
Zwiebelmarmor: 8 Cipollin, **9** Cipollino
Zwiebelgewächse: 4 Iris, **6** Bolle, Lauch, Lilie, Tulpe, **6** Porree, **7** Zipolle, **8** Gladiole, Narzisse, **9** Amaryllis, Knoblauch, Schalotte, **10** Montbretia, **11** Perlzwiebel, **12** Schnittlauch, Schwertlilie, **14** Herbstzeitlose
Zwiefach: 7 doppelt
Zwiegesang: 5 Duett
Zwiegespräch: 6 Dialog
Zwielaut: 9 Diphthong, **10** Doppellaut
Zwiespalt: 8 Konflikt, **11** Uneinigkeit
zwiespältig: 7 uneinig
Zwiespältigkeit: 9 Dualismus, **10** Diskrepanz
Zwietracht: 4 Zank, **5** Fehde, Hader, Krieg, Zwist, **6** Streit, **7** Krakeel, **8** Konflikt, Unfriede, **9** Differenz, Gegensatz, **10** Diskrepanz, **11** Animositaet, Disharmonie, Feindschaft, Uneinigkeit
Zwillingsbruder
– ***des Castor:*** **6** Pollux
– ***des Esau:*** **5** Jakob
– ***des Romulus:*** **5** Remus
zwingend: 9 imperativ, stringent
Zwinger: 6 Kaefig, Kennel
Zwingherr: 6 Tyrann
Zwirnspitze: 10 Mignonette
Zwischenaktmusik: 8 Entreakt, **10** Intermezzo
Zwischenfall: 10 Intermezzo
Zwischenfeld in der Baukunst: 6 Metope
Zwischengericht: 9 Entremets
Zwischengeschoß: 8 Entresol, Mezzanin
Zwischenhandlung: 7 Episode
Zwischenherrschaft: 11 Interregnum
Zwischenlösung: 7 Interim
Zwischenmahlzeiten: 5 Jause, Zimis, **6** Imbiss, Vesper
Zwischenraum: 5 Luecke, **7** Spatium, **9** Intervall
Zwischenregierung: 11 Interregnum
Zwischenspiel: 8 Entreakt, **10** Intermezzo
zwischenstaatlich: 13 international
Zwischenzustand: 7 Interim
Zwist: → Zwietracht
Zwitter: 12 Hermaphrodit
zwitterhaft: 8 androgyn

zwölf Dutzend: 4 Gros
Zwölffingerdarm: 8 Duodenum
Zwölfflächner: 10 Dodekaeder
Zyanose: 9 Blausucht
Zykladeninsel: → Kykladeninseln
Zyklop: 8 Polyphem
Zyklus: 9 Kreislauf
zylinderförmiger Körper: 5 Rolle, Walze
Zylinderhut: 13 Chapeau claque
Zyperngras: 7 Cyperus
Zypern (Cypern – Inselstaat im Mittelmeer)
antike Stätten: 6 Kition, Paphos
Berge: 7 Olympos, 9 Kyparisso
Bevölkerung: 6 Zyprer, 7 Tuerken, 8 Griechen, 9 Zyprioten
Ebene: 8 Mesaoria
Gebirge: 7 Kyrenia, Troodos
Halbinsel: 9 Karpassos
Hauptstadt: 7 Nicosia, Nikosia, 8 Lefkosia, Levkosia
Höhenzug: 5 Phano
Kaps: 4 Gata, 5 Greko, 7 Arnafti, 10 Kormakitis
Nationalheiliger: 8 Barnabas
Politiker: 7 Denktas, 8 Kiprianu, Makarios, 9 Kyprianou, Vassiliou
Städte u. Orte: 5 Kandu, Polis, 6 Paphos, 7 Kyrenia, Larnaka, Salamis, 8 Episkopi, Limassol, Psilatos, 9 Famagusta, Perivolia
Währung: 3 Mil, 4 Cent, Lira, 5 Pfund
Zypressengewächse: 9 Wacholder, 10 Lebensbaum
Zypressenkraut: 9 Santolina
Zyste: 5 Blase, 9 Geschwuer

Notizen

Notizen

Notizen